河南省洛阳正骨医院：

值此贵院建院三十周年之际，特函祝贺！希望运用现代科学技术，发展中医正骨事业，为人民群众造福。

李先念

一九八七年八月一日

中华人民共和国主席李先念同志为洛阳正骨医院建院三十周年题词

世界针灸学会联合会于1987年11月22日在北京成立。中国针灸学会会长胡熙明当选为世界针联主席。23日至26日举行了第一届世界针灸学术大会，来自五十多个国家和地区的一千多名针灸专家出席了大会。

中医药国际学术会议和展览会于1987年7月16日在上海展览中心召开。来自12个国家230多位代表和国内29个省市约500名代表参加了会议。图为大会主席台

（上海市卫生局中医处供稿）

首届全国高等中医教育研讨会1987年6月4日至8日在广州中医学院召开

（国家中医管理局教育司供稿）

青海省藏医学会成立大会暨第一届会员代表大会1987年12月21日至23日在西宁举行图为大会会场。

（王炼供稿）

由国家中医药管理局主办"2000年中医药学继承与发展规划论证会"于1987年4月在京召开。

（沈元岐供稿）

物理学家钱学森教授在"2000年中医药学继承与发展规划论证会"上发言

（沈元岐供稿）

1987年5月10日全国第二次罗布麻药用研究学术会在苏州召开

（沈元岐供稿）

中国药学会理事长楼之岑教授与各地代表讨论如何进一步研究开发罗布麻的综合利用

（沈元岐供稿）

第二届中日内经学术交流会1987年5月2日在天津中医学院召开。图为交流会现场

（天津中医学院供稿）

青海省藏蒙医院院长工作会议1987年12月24日至25日在西宁市举行。图为参加会议的全体代表

（王炼供稿）

首届国际民族医药学术讨论会1987年 2月在印度召开。云南中医学院曾育麟教授出席会议并荣获国际学术金奖。图为大会秘书长阿比杜·诺染克博士(左一)接见并宴请曾育麟教授。

全国中医学院第二届传统保健体育运动会于1987年 8月 1日至 6日在哈尔滨市召开。图为运动会入场仪式

(国家中医管理局教育司供稿)

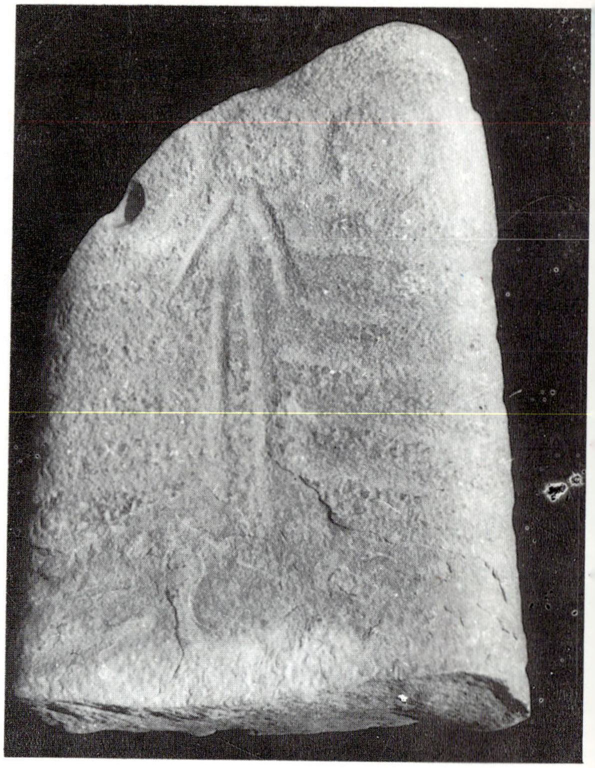

人体结构刻石（正面）

吕智荣供稿

重铸宋代天圣针灸铜人由开封市卫生局和开封市中医学会组织研制成功。高172.5 厘米，具宋天圣铜人的特点，有针入水出之功能。（开封市卫生局供稿）

人体结构刻石（背面）

吕智荣供稿

编辑说明

一、《中医年鉴》是一部中医的综合性专科年鉴，忠实地记录了中医药学术和中医药事业发展的基本情况，是资料性工具书。本卷是《中医年鉴》的第6册。

二、本卷的条目与内容，一般以上一年度12月底为限，以公开发表的资料为依据，少数资料由主管部门或由有关部门提供。

三、本书眉目清楚，框架结构合理，为从事中医药工作及各行同道们沟通信息、交流经验提供了方便。也为从事管理工作的朋友们回顾过去，展望未来收录了行政文件、及医、教、研的管理经验，并收载了中医药界的大事纪等。

四、本卷由"特载"、"概况"、"专论"、"基础理论"、"中药与方剂"、"临床与预防"、"文献研究"、"医史文物"、"杏林人物"、"民族医药"、"国外中医药研究"、"行政管理"、"资料"组成，并附有主题分析索引，主题词笔划检索表。各部分内容如下：

特载：收录了中共中央领导同志对中医工作的指示、题词及讲话。

概况：简述了1987年中医事业、中医工作的发展情况。

专论：通过四个专题，讨论了中医事业发展优势，反映了科研管理的情况。

基础理论：收录了中医理论的研究成果。首列概述，末附参考文献。

中药与方剂：分中药与方剂两个栏目，收录了这两方面理论和实践的研究成果。每栏目首列概述，末附参考文献。

临床与预防：收录了临床各科治疗与研究、预防养生护理方面的进展情况，分传染病、肿瘤、内科、妇科、儿科、外科、伤科、五官科、针灸、推拿、气功、预防养生与护理等十二个栏目。每一栏目首列概述，末附参考文献。

文献研究：分医药古籍、仲景学说和各家学说三个栏目，收录其进展情况。各栏目首列概述，末附参考文献。

医史文物：分医药史料、医史人物和文物史迹三个栏目，收录其研究进展和新的发现。各栏目首列概述，末附参考文献。

杏林人物：收录当代为中医事业作出贡献的人物。人选由各省、自治区、直辖市卫生厅、局和卫生部、国家中医管理局直属单位提出，国家中医管理局审定。本卷共收录了21位杏林人物，介绍其简历及学术成就，按姓氏笔划顺序排列。

民族医药：收载各民族传统医药的应用、研究和活动动态。末附参考文献。

国外中医药研究：收载国外在研究和应用中医药方面的情况。末附参考文献。

行政管理：收录了全国卫生厅(局)长会议文件，中医药的行政文件，中医医疗、教育、科研的管理情况，以及其他管理经验。

资料：收录了1987年中医药界纪事和全国中医药机构。

以上各部分内容除特别注明外，尚未包括台湾省和港澳地区中医药界的情况。

《中医年鉴》已连续出版6卷了，谨向为本书付出辛勤劳动的同志表示衷心感谢。

诚望广大读者批评指正。

1987年7月21日

目录

特　載

在世界针联第一届世界针灸学术大会上的讲话

中华人民共和国副主席　乌兰夫

各位来宾、各位代表、同志们、朋友们：

世界针灸学会联合会正式成立了，与此同时，第一届世界针灸学术大会今天开幕。首先，请允许我代表中国政府和中国人民，对世界针联的成立及学术大会的召开表示热烈的祝贺，对来自世界五十多个国家和地区的六百多名与会代表和各位来宾表示热烈的欢迎。

中国是一个具有数千年文明历史的国家，是中医药学和针灸学的发源地。几千年来，针灸作为我国传统医学的重要组成部分，为中华民族的繁衍昌盛作出了重要贡献。新中国成立后，随着我国同世界各国友好关系的发展，针灸已传播到世界上一百二十多个国家和地区，针灸的奇特疗效和科学价值也已被世界医药学界所公认。这说明，源于我国的针灸学已经走向世界，成为世界医学的一个组成部分，正在为人类的卫生保健事业作出贡献。

我国政府历来重视传统医学包括针灸学的发展。传统医学与现代医学同样是我国卫生事业的重要组成部分。我国宪法明确规定，要同时"发展现代医药和我国传统医药"。去年，为了推动传统医学的发展和振兴，我国成立了直属国务院领导的国家中医管理局。我国政府历来奉行的团结中西医的政策，近年来进一步得到了各级政府部门的普遍重视和认真贯彻，在法律、政策、组织、经济等各个方面保证中医药事业的振兴发展，同时也受到了各国医药界人士与联合国世界卫生组织的密切关注。

今后，中国政府将一如既往地关心支持中国和世界传统医学包括针灸学的发展，关心支持各国在传统医学包括针灸学方面的国际学术交流与合作。世界针联的成立，第一届世界针灸学术大会的召开，将对世界针灸学术的发展产生深远的影响，将成为世界医学发展史上的重要篇章。我相信，通过这次大会，各国针灸学者、专家将进一步互相尊重，互相学习，取长补短，共同提高，把针灸学术的发展推向一个新的阶段，提高到一个新的水平。让我们携起手来，为世界传统医学和针灸学的发展，为实现"二〇〇〇年人人享有卫生保健"而不懈努力。

最后，预祝大会圆满成功！

祝各位代表、各位来宾身体健康！

谢谢大家。

在第四十届世界卫生大会上的讲话

胡　熙　明

主席先生：

首先，请允许我代表中国代表团对您当选为本届大会主席表示热烈的祝贺。

中国代表团认真阅读并听取了总干事马勒博士所作的世界卫生组织1986年工作报告及2000年人人享有卫生保健全球战略的进度报告，对马勒博士为首的世界卫生组织及各区办事处一年来为实现2000年人人享有卫生保健战略目标所作的不懈努力给予高度评价，并对世界卫生组织一年来对中国卫生事业的支持表示衷心的感谢。

总干事在报告中提到本组织所面临的一些重大政策性问题和严峻的财政困难状况，中国代表团对此十分关切，并将在审议有关议程项目时阐明自己的看法。

一个国家实现世界卫生组织战略目标的过程，应该是结合本国国情、充分发挥自己的优势去实现世界卫生组织制定的各项规划的过程。中国是个文明古国，中国的特点和优势之一就是传统医学，它是中华民族几千年来和疾病作斗争的经验总结，它有独特而完整的理论体系和卓越的临床效果，对中华民族的繁衍昌盛曾经发挥并在继续发挥着重要作用。

我国政府一贯重视中医药学在保护人民健康中的作用。新中国成立后，制定了一系列方针、政策，采取有力措施，保护和促进中医药事业的发展。政府设置了各级中医医疗、教育和科研机构，使之成为国家兴办的事业。近十多年来，随着改革的日益深入，这些政策和措施进一步得到明确和加强。政府明确提出要把中医和西医摆在同等重要的地位。1982年已将“发展我国传统医药”写入我国宪法。我国又成立了直属国务院领导的中医药事业的政府最高管理机构——“国家中医管理局”。从而更加加快了中医药事业发展的步伐。目前国家正在制定《中医法》，以使中医药事业在法律的保护下更加迅速健康地发展。

我国现有中医药专业技术人员48万多人，其中包括教授、研究员等高级科技人员。全国开办高等中医学院28所，学科专业已发展到36个。开办中等中医学校30所。30多年来共培养包括中医博士、硕士等高级中医人才7万余名，培养了中级中医人才近10万名。此外，全国11所高等医学院校和79所卫生学校也担负着培养中医人才的任务。还举办有成人高、中等中医教育和各种短期培训班。全国设有独立的中医药研究机构54所。30多年来共取得卫生部级以上科研成果400多项。

目前全国县级以上中医医院已达1500多所。在全国8000多所县级以上综合医院中，95%以上都设有中医科或中医病房。在全国47,000多所乡镇卫生院中，有很大部分是以中医药为主要治疗手段。有的本身就是小型中医专科医院，如我国山西省即有这类中医专科医院300余所。特别是在广大农村，在62.5万多所村卫生所或医疗站工作的129万余名乡村医生，大部分能运用中草药及针灸等技术防病治病。在全国城乡10多万个体开业医生中，中医人员约占三分之二。由于中医奇特的疗效，低廉的价格，深受人民欢迎。中医药学的可靠疗效是其存在的基础，它在诸多方面弥补了现代医学的不足。

我国地大物博，有极其丰富的中药资源，迄今可以确定的中药材有5000多种，全国每年种植中草药的土地达400多万亩。全国有500多个中药厂生产3000多种中成药，以满足全国人民防病治病的需要。

我国传统医药的现状足以说明它在我国卫生保健事业中的重要地位和作用。

我国是一个有十亿人口的大国，但又是一个发展中国家。在我国实现“2000年人人享有卫生保健”的目标，任务是艰巨的。我们在取得上述成绩的基础上，将巩固和提高现有中医机构的效能。到1990年，使县级以上中医医院发展到2000多所。要进一步加强农村三级医疗网的建设，大力发展基层小型中医专科医院，同时为广大乡村培养更多的具有中等中医药学水平的乡村医生。除积极利用现有中药资源外，还要广泛开展中医传统的各种非药物疗法。

我们相信只要充分发展我国卫生事业的特色和优势，团结各方面医药卫生人员，经过我们卓有成效的努力，“2000年人人享有卫生保健”的目标在我国是可以实现的。

从公元六世纪起，中医药学就相继传到亚洲、欧洲及世界许多国家。现在，中医药学的发展和取得的成就日益受到世界各国的注目。它已经成为全人类的共同财富，中医药学应该为实现“2000年人人享有卫生保健”的全球战略做出应有的贡献。我国也愿意在中医药学的医疗、康复、预防保健，中药的研制、生产和开发，以及中医药人才培养等各方面与各国开展友好合作。我们高兴地看到，我国同世界卫生组织以及许多友好国家之间的技术合作，特别是在传统医学方面的交流与合作不断发展，今后我们将继续为发展这种友谊和合作而努力。

主席先生：

世界卫生组织在过去几年里，开始对传统医学的发展给予一定的重视。我们希望在此基础上进一步加强传统医学的发展规划，大力促进传统医学的交流。同时希望世界卫生组织对传统医学包括我国的中医药学给予更多的支持，以便为实现“2000年人人享有卫生保健”的目标发挥更大的作用。

谢谢各位！

概 况

1987年中医工作概况

诸　国　本

1987年是国家中医管理局成立后开始工作的第一年。我国的中医事业开始由过去所处的从属地位转入相对自主发展的新阶段。由于认真贯彻中央书记处1985年6月关于中医工作的指示和党的十三大精神，实行民主化、科学化决策，加强宏观管理，有力地推动了中医事业的发展。截止到年底，全国中医队伍已发展到34.6万人，中药队伍发展到15.9万人；中医医院达1806所，中医床位达16万张；高等中医院校发展到28所，中等中医药学校发展到37所；独立的中医科研机构发展到55个，中医的医疗、教育、科研、外事等各项业务工作都取得了显著成绩。

一

为了加强宏观管理，提高科学管理水平，国家中医管理局在开展大量调查研究的基础上，多次组织专家论证，开始制订到2000年的中医事业发展战略规划。各省、自治区、直辖市地方政府和卫生厅局也都认真研究了中医管理体制的改革问题，继黑龙江、吉林、江苏、四川、浙江等五个省成立省中医管理局之后，1987年又有山东、陕西、湖南、安徽、福建、河北六个省以及重庆、丹东等市成立了中医管理局。在中医事业的规划建设方面，重点加强了北京针灸骨伤学院和黑龙江、成都、湖南、南京、陕西、上海、天津等七个中医学院附属医院的建设，并开始建设西藏、新疆、内蒙古、青海等四个民族医学院。1987年还按照“七五”规划的要求，继续认真抓了“县县建中医医院”的工作，总共新建了县中医医院148所。继江苏、黑龙江、吉林、辽宁四个省实现“县县有中医医院”之后，又有湖南、湖北、江西三个省实现了县县有中医医疗机构。湖南、广东两个省还将集体所有制的县中医医院全部转为全民所有制单位，四川、黑龙江、浙江等省也将大部分集体所有制的县中医医院转为全民所有制。

二

在党的改革开放政策的指引下，中医战线的改革迅速发展，日益深化。绝大多数中医医教研单位积极实行行政首长负责制，加强民主管理，发展横向联合，实行各种形式的业务技术挂钩，努力扩大服务范围，取得了较好的社会效益和经济效益，有力地推动了中医医疗、教学和科研工作。

中医医疗工作紧紧围绕提高临床疗效这个中心，突出抓了虚症的防治和专科建设，分别在贵阳、长春、山西召开了提高中医临床疗效研讨会、急症研究工作会议和全国中医专科医院工作会议，制定了相应的文件。特别是在山西召开的全国中医专科医院工作会议，推广了山西省农村发展中医专科和建设中医专科医院的经验，有效地推动了农村中医事业的发展，为乡、村两级卫生机构的改革开辟了新路子。

中医教育在几年来实行教育改革的基础上，把重点放在整个中医教育体系的规划建设方面，旨在形成一个层次分明、结构合理、专业齐全、形式多样的中医教育体系。在国家教委主持下，修订了普通高等学校本科及研究生专业目录，使中医院校可设置的专业达到21个；同时提出了全国中医学院专业设置和布点的建议；并组织修订了函大、夜大中医专业的教学计划；制订了中医学院办学水平，专业和课程质量的评估方案。增加了5所中医中专。对社会力量办学问题，也在进行调查研究的基础上，提出了初步整顿方案。

中医科研加强了宏观决策，四月份与国家科委一起召开了《2000年中医药学的继承与发展》论证会。十三大以后，又拟定了《科学技术发展纲领·中医药部分》。同时召开了全国中医科研战略研讨会，对中医科研的思路方法以及重大科研课题的选择进行了深入的讨论，提出了中医科研要以治疗医学为重点，带动保健医学、康复医学共同发展。在科研管理上，深入实行课题合同制，设立了优秀青年中医科研基金，制定了《中医科研计划课题管理办法》、《中医科研机构研究室工作暂行规定》以及情报、仪器设备、期刊等管理办法。并对藏医、蒙医、维医等民族医药的研究作了重点支持。同时加强了中医科技成果的评审工作，共评出部级中医药重大科技成果25项，并评选出了13项有突出疗效的中医临床成果，在全国进行了宣传推广。

三

1987年，中医药人员的技术职务评聘工作取得了较大进展。由于历史的原因，过去中医队伍的职称评得少、评得迟、评得低。而且因为中医队伍中约有三分之二的人没有学历，增加了职改工作的难度和复杂性。为了做好这项工作，5月，国家中医管理局与卫生部一道召开了全国中医药人员职称改革工作会议，传达了今年3月在杭州召开的全国职改办主任会议文件，并根据中央领导同志“对于中医的职称问题，要按照中医的标准来评定。对一些老中医，应以实践为主评定”的指示，制定了《关于中医药和中西医结合人员技术职务聘任工作若干问题的意见》，中央职改领导小组还于会后转发了国家中医管理局《关于成立各省、自治区、直辖市中医药技术职务评审委员会的请示》。这次会议和有关文件对各地中医药人员的技术职务聘任工作起了指导和促进作用。截止到年底，全国已有22个省、自治区、直辖市成立了中医药技术职务评审委员会，省一级单位的中医药技术职务评聘工作已基本完成。

四

1987年，中医药学的对外交流与合作继续深入发展。仅由国家中医管理局派往国外考察、访问，进行学术交流和技术合作的团组即达152批，230人次。卫生部副部长兼国家中医管理局局长胡熙明率团访问了法国、西德、瑞士、奥地利、比利时、荷兰、意大利、西班牙等欧洲八国，增进了欧洲人民对我国中医药学的了解。接着胡熙明又率团出席了世界卫生组织第40届世界卫生大会，并在会上发言介绍中医药学在初级卫生保健中的作用，引起了世界各国的极大重视。这次大会还第一次通过了关于发展各国传统医学的提案。

11月，世界针灸学会联合会在北京成立，这是第一个把总部设在我国并且由我国担任主席的国际性学术组织，第一批会员包括世界50个针灸学会和5个国际性团体，代表近百个国家和地区的3万7千多名针灸工作者。接着召开的第一届世界针灸学术大会，共有58个国家和地区的1025名针灸界人士参加。我国领导人乌兰夫、习仲勋、黄华等同志出席了大会开幕式，乌兰夫副主席在会上作了重要讲话。1987年，还在上海举办了中医药国际讨论会，有来自美洲、亚洲等地的200余名国外专家参加。

与此同时，中医药学的对外合作也广泛展开，我国中医专家小组于9月应邀至坦桑尼亚开展艾滋病研究试治工作，短短几个月的时间，取得了使晚期艾滋病病人临床症状好转的苗头；我国与联邦德国、突尼斯、摩洛哥等国分别就合作建立诊所、针灸教学中心、编纂中医名词辞典等事宜达成协议，还同欧洲共同体达成了合作翻译《本草纲目》的协议。世界卫生组织和国家中医管理局再次确认并加强了设在我国的7个传统医学合作中心。我国还承办了在北京召开的世界卫生组织传统医学合作中心主任会议。可以说，1987年是中医药学以前所未有的态势大踏步走向世界的一年。

1987年的中医工作虽然取得了可喜的成绩，但存在的问题仍然很多。中医事业基础薄弱，经费不足，中医机构少、小、差的状况仍然相当严重。中医队伍数量仍然不足，素质不高，专业知识结构不够合理。中医行政管理机构还不健全，管理水平不高，法规建设有待于进一步加强。中医机构的中医特色还不够浓，对西医机构内中医工作的业务指导不够。同时，对社会办医、社会办学及对外交流与合作的管理有待于进一步加强。所有这些，都直接影响了中医学术的发展和事业的前进，有待于在今后的工作中认真加以解决。

專 論

试论中医药学的特点和优势

董建华　　马朋人

什么是中医药学的特点和优势？中医药同现代医药比较，究竟具哪些特点和优势？这些问题，目前众说纷纭，颇不一致。我们认为，中医药学同现代医药学相比，有五大特点和优势。

一、整体的医学模式

1978年，美国心身医学教师、学者恩格尔（G.L.Engel）在《需要新的医学模式——对生物医学的挑战》一书中指出："为了理解疾病的决定因素及达到合理的治疗和预防，医学模式必须考虑到病人、环境及社会……这就要求新的生物－心理－社会医学模式"。从此以后，世界医学模式正在从生物医学模式（Biomedical model）向生物-心理-社会医学模式（Biopsychosocial medical）转化。而中医在长期的临床实践中，在天地人统一的整体观念思想指导下，早已形成了整体医学模式。第一，在病因学方面，中医理论认为，人类的疾病，不仅能由生物的自然界的因素导致，而且还能由心理的和社会的因素形成。风、火、寒、暑、湿、燥六淫之气侵犯人体而发病，是自然界的生态的致病因素；喜、怒、忧、思、悲、恐、惊七情刺激过度而发病，是心理的和社会的致病因素；饥饱失常、劳累过度、房事不节、不良的行为方式和生活习惯，也可归属于社会致病因素的范畴。第二，在治疗学方面，中医理论认为，人类的疾病，既可以用生物的药物（包括植物、动物以及矿物）来调整其生理与心理的变异，也可以用静志安神、怡悦开怀、以疑释疑、移情易性、顺情从欲、说理开导、导引行气和以情胜情的心理疗法来恢复其生理与心理的正常功能。美国学者帕纳蒂（Charles Panati Break-througls）编著的《科学技术的惊人突破》一书，第一篇第一章把"精神因素可以治病，也可能使人受损伤"看作为"整体医学的突破"。其实情志因素可以致病，也可以治病，这在2000年前的中医学著作《黄帝内经》中早就提出来了："喜伤心，恐胜喜"，"怒伤肝，悲胜怒"，"忧伤肺，喜胜忧"，"思伤脾，怒胜思"，"恐伤肾，思胜恐"。第三，在预防疾病与养生方面，中医理论认为，一个人能否健康长寿，这既有生物的自然界的因素，同时又有心理的和社会的等方面的因素，例如《素问·上古天真论》指出："虚邪贼风，避之有时（自然的、生物的因素）；恬惔虚无，真气从之，精神内守，病安从来（心理的因素）；是以志闲而少欲，心安而不惧，形劳而不倦，气从以顺，各从其欲，皆得所愿（心理的和社会的因素）……所以能年皆度百岁而动作不衰"。第四，在生理与心理二者的关系方面，中医理论认为，每一个有生命活动的人，它的形态与神态，生理活动与心理活动，是一个不可分割的统一整体。其一，在人体结构上，中医学认为人的生理现象与心理现象是统一的整体，是不能分割的。例如《素问·调经论》指出："心藏神，肺藏气，肝藏血、脾藏肉，肾藏志，而此成形，志意通，内连骨髓，而成身形五脏"。《素问·宣明五气篇》指出："心藏神，肺藏魄，肝藏魂，脾藏意，肾藏志，是谓五脏所藏"。《灵枢经·本神篇》指出：肝藏血，血舍魂"，"脾藏营，营舍意"，"心藏脉，脉舍神"，"肺藏气，气舍魄"，"肾藏精，精舍志"。

《灵枢经·天年篇》指出："血气已和，营卫已通，五脏已成，神气舍心，魂魄毕具，乃成为人"。心、肺、肝、脾、肾、气、血、精、肉、骨髓、营卫、身形，这些都是属于人的组织结构，神、魂、魄、意、志，这些则是人的心理活动；只有生理现象与心理现象的密切结合成为一个统一的整体时，"乃成为人"。所以历代中医学家强调指出："形不得神，不能自生，神不得形，不能自成"；"形者，神之体，神者，形之用，无神则形不可活，无形则神无以生"。这说明心理活动离不开活动现象而存在，生理活动也离不开心理活动而存在，没有精神活动的形体和没有形体活动的精神，都是不存在的。其二，在机体功能上，中医理论认为，生理活动与心理活动是相互作用的。一方面，形体的盛衰可以直接影响到一个人的心理活动、精神状态，所谓"形盛则神旺，形衰则神惫"，如《伤寒论》讲的："厥身已毙，神明受败"。另一方面，一个人心理活动、精神状态的好坏，反过来也可以影响个体体质的盛衰，如《素问·移精变气论》讲的"得神者昌，失神者亡"；《素问·疏五过论》指出的"精神内伤，身心败亡"。其三，在病理变化上，中医理论认为，生理活动与心理活动也是相互影响的。一方面，一个人患病以后，可以影响他的记忆、思维、情感、意志和性格等心理活动，所谓因病而郁。例如《素问·藏气法时论》指出："肝病者，两胁下痛引少腹，令人善怒，虚则目䀮䀮无所见，耳无所闻，善恐，如人将捕之"。《灵枢经·本神篇》指出："肝气虚则恐，实则怒……心气虚则悲，实则笑不休"。《伤寒论》也指出："太阳病不解，热结膀胱，其人如狂"，"其人喜忘者，必有蓄血"。另一方面，不良的消极的心情也可以引起种种病变。如《丹溪心法·六郁》指出：一有拂郁，诸病生焉，故人身诸病，多生于郁。这就是因郁而病。中医关于形神相得的身心统一观，也是中医整体医学模式的一个重要组成部分。

由鉴于此，国内外的许多科学家（包括医学家）认为，中医的整体医学模式，正是现代医学在新技术革命中追求的目标。因而这是中医药学所独具的基本特点和优势之一。

二、独特的理论体系

在几千年临床实践中，中医药逐渐形成了一整套独特的医学理论体系，其中包括阴阳、五行、八纲、四诊、六淫、七情、五运六气，精、神、津液、气血、五脏六腑，经络，子午流注，药物升降沉浮、四气（寒热温凉）五味（辛酸甘苦咸）、归脏归经等一系列理论，组成了一个完整的、独立的理论体系。

以五脏学说为例，中医理论认为：心、肝、脾、肺、肾五脏的生理功能，是相互联系、相互影响、相互依赖、相互制约的；它们的病理变化，也是相互影响、相互制约的；它们的生理活动、病理变化与心理活动之间，也是相互影响、相互联系的。不仅如此，脏与腑以及它们所属的经脉相互络属，相互配合，组成表里关系，在生理功能与病理变化上，也是相互联系、相互影响的。

（一）在生理功能上，五脏之间是相互制约、相互影响的。如《素问·玉机真脏论》指出："五脏受气于其所生（生我者），传之于其所胜（我克者）；气舍于其所生（我生者），死于其所不胜（克我者）"。意思就是说，五脏中的每一脏器都有生我、我生，克我、我克的生理关系。这种生克制化的关系，说明每一脏器在生理功能上既有它脏资助而不至于虚损，又有它脏的克制而不至于过亢。例如脾（土）之气，其虚时有心（火）生而助之，其亢时又有肝（木）克而抑之；肺（金）之气不足时，脾（土）之气可生之；肾（水）之气过亢时，脾（土）之气可克之。

（二）在病理变化上，五脏之间也存在着相互制约、相互影响的关系。如《素问·玉机真脏论》所说的："肝受气于心，传之于脾，气舍于肾，至肺而死。……肺受气于肾，传之于肝，气舍于脾，至心而死。肾受气于肝，传之于心，气舍于肺，至脾而死"。

（三）五脏的生理活动、病理变化与心理活动之间，也是相互影响、相互联系的。例如《素问·阴阳应象大论》指出："人有五脏，化五气，以生喜怒悲忧恐。故喜怒伤气，寒暑伤形。暴怒伤阴，暴喜伤阳"。汉代唯物主义哲学家王充，对五脏生理活动、病理变化与心理活动之间的关系，曾经作过系统的阐述，他指出："人之所以聪明智惠（慧）者，五脏有病则人荒忽，荒忽则愚痴矣。人死五脏腐朽，腐朽则五常无所托矣，所用藏智者已败矣，所用为智者已去矣"。清代医学家高士宗也曾明确地指出五脏生理活动、病理变化与心理活动之间的关系，他说："喜、怒、忧、悲、思、恐、惊，谓之七情。七情通于五脏：喜通心，怒通肝，忧通肺，悲思通脾，恐通肾，惊通心与肝。故七情太过，则伤五脏"。

（四）脏与腑，一阴一阳，组成表里关系，它们在生理功能与病理变化上，也是相互影响，相互联系的。例如：心与小肠互为络属，便组成一脏一腑的表里关系，心火下移小肠熏蒸水液，常可引起尿少、尿赤、尿热等小肠实热病症；如小肠有热，顺经上熏于心，则可出现心烦、口舌糜烂等症状。肺与大肠具有表里关系，肺气肃降，则大肠功能正常，大便通畅；若肺失肃降，津液不能下达，则可见大便难下，秘结而不通；若大肠积滞不通，也可影响肺气的肃降而引起喘咳。脾与胃具有表里关系，清气不升必然会导致浊气不降，浊气不降也会导致清气不升，如胃气不降的呕吐，常伴有脾气不升的腹泻兼症；脾气不升的腹泻，也常伴见胃气不降的脘痞、干噫、口臭等兼症。肝与胆具有表里关系，肝失疏泄，会影响胆汁的正常排泄；胆汁排泄失常，也会影响肝的正常生理功能，故肝胆证候往往同时并见。肾与膀胱具有表里关系，肾气充足，固摄有权，膀胱开阖有度，水液代谢正常；肾气不足，固摄无权，致使膀胱开阖失常，则可出现小便失禁、遗尿、多尿等病症。

由于五脏之间，脏腑之间，生理功能、病理变化和心理活动之间，存在着这种相互影响、相互联系、相互依赖和相互制约的关系，所以临床时必须认识、掌握和遵循这些相互关系的规律。如《难经·七十七难》指出："见肝之病，则知肝当传之脾，故先实脾气，无令受肝之邪。"《金匮要略》指出："见肝之病，知肝传脾，当先实脾"。张仲景认为，如果"不晓相传，见肝之病，不解实脾，惟治肝也"。这是错误的治疗方法。《东医宝鉴》指出："心与胆相通，心病怔忡，宜温胆为主，胆病战慄癫狂宜补心为主；肝与大肠相通，肝病宜疏通大肠，大肠病宜平肝经为主；脾与小肠相通，脾病宜泻小肠火，小肠病宜润脾土为主；肺与膀胱相通，肺病宜清利膀胱水，膀胱病宜清气为主；肾与三焦相通，肾病宜调和三焦，三焦病宜补肾为主"。

此外，《素问·阴阳应象大论》提出的一整套以情胜情、以情制情的治疗方法："喜伤心，恐胜喜"，"怒伤肝，悲胜怒"，"忧伤肺、喜胜忧"，"思伤脾、怒胜思"，"恐伤肾，思胜恐"。这也是五脏之间生理功能、病理变化与心理活动方面相互影响、相互联系、相互制约的整体系统观，在临床上的具体运用。

这种独特的理论体系，是中医药学的又一特点和优势。

三、灵活的辨证方法

中医治病，辨证的方法是多样化，既有

六经辨证、卫气营血辨证和三焦辨证、综合辨证，又有八纲辨证和脏腑辨证，而且辨证处方的方法是十分灵活的。主要特点如下。

（一）病同证不同则方药不同。例如患的同样是黄疸病，但有阳黄、阴黄和急黄的区别；在阳黄中则有湿热蕴蒸热重于湿或湿重于热，热毒炽盛，胆道阻滞等不同证型；在阴黄中又有寒湿阻遏、脾虚血亏、瘀血停积等不同证型。在治疗，阳黄当从胃着手，以清胃利湿为主；阴黄当从脾着手，以健脾化湿为主；急黄则以清热凉血解毒为重点。同样是阳黄中的湿热蕴蒸，但热重于湿和湿重于热的方药也不一样，前者治以清热利湿，佐以通便，方用茵陈蒿汤加味主之；后者治以利湿化浊，佐以清热，方用茵陈五苓散加减。

（二）证同人不同则方药亦不同。例如在临床上遇到同样患有风寒感冒的病人，体弱者临床表现为恶寒发热，汗出脉缓；而体质强壮者则可能表现为另外一些症状如恶寒发热，无汗而喘，身痛骨节疼痛，脉浮紧等；素有水饮内停者除恶寒发热外，尚见咳嗽喘息，痰多清稀，或肢面浮肿；素体阳虚者则感寒直中阴分，而症见恶寒发热，脉沉。由于各人的体质不同，所以治疗方药也完全不同，体弱者可用桂枝汤，体强者可用麻黄汤，水饮内停者宜用小青龙汤，素体阳虚者则宜用麻黄附子细辛汤助阳解表。

（三）人同时不同则方药亦不同。由于天时气候的变异，生活环境的不同，虽然是同一种疾病，患在同一个人身上，但证候表现也会产生差异。如同样是病伤于寒而导致的热病，因为季节不同，其证状也不一样，先夏至日者为病温，后夏至日者为病暑，治疗上夏至前发病的按风热风温处理，夏至后发病的则应按暑温、伏暑治疗。

（四）时同地不同则方药亦不同。一个人在相同的季节，但在不同的地域患相当的疾病，其临床表现也有差异。如南方潮湿，疾病常兼湿化；北方刚燥，疾病多兼燥化。因此在治疗上立法方药也是不同的。例如同样是感冒，北方多寒，宜用辛温发散重剂；而南方多热，则宜用辛凉发散轻剂。

这种因证因人因时因地制宜的灵活的辨证方法，也是中医药学独具的特点和优势之一。

四、特殊的治疗手段

中医治病，除了通过口服药物外，还常常采取针灸、推拿、气功、拔罐等特殊手段。

针灸法包括着针和灸两种不同的治疗方法。针刺疗法内容又包括毫针、三棱针、皮肤针、皮内针、火针、电针、耳针、头针、穴位注射、埋线以及针刺麻醉等等。在针刺的手法上，我国历代医家经过长期的临床实践，创造和总结了许多针刺补泻手法。诸如提插补泻法、捻转补泻法、疾徐补泻法、开阖补泻法、迎随补泻法、呼吸补泻法和平补平泻法等，这些不同的针刺手法，既可单独运用，也可以结合使用。灸法包括艾炷灸，其中又可分为直接灸和间接灸，直接灸中又有无瘢痕灸和瘢痕灸两种；间接灸中又有隔姜灸、隔蒜灸、附子饼灸、隔盐灸等不同种类，艾条灸（其中又分为温和灸和雀啄灸两种），温针灸和灯火灸四大类。

推拿法包括着推法（有一指推、二指推、平推、鱼际推、掌根推）、拿法、按法、（又有指按法、掌按法、肘按法）、摩法、滚法、揉法、摇法、（其中又分为摇上肢法、摇下肢法、摇颈法、摇腰法等类）、捻法、搓法、抹法（有指抹法和掌抹法）、掐法、捏法等十二种不同的手法。

气功疗法古代分为导引和吐纳两大派，后代医家则把它分为动功和静功两大类。动功的特点是外动内静，动中求静，以调身导引为主，所谓“外练筋骨皮”，所以也叫外功；静功的特点是外静内动，静中有动，以存想吐纳为主，所谓“内练一口气”，或者叫做“内练精气神”，所以也叫内功。从练功的姿势上来分，可以分为卧功、坐功、站功、行功，其中站功又可分为三圆式、伏虎式、人字桩、天字桩等等，行功包括行步功、五禽戏、峨眉十二桩、易筋经、马家功法、金刚气功等等；从“三调”的运用上分，可以分为“调身功”、“调息功”、“调心功”等等。

拔罐疗法包括拔火罐、拔药罐和拔水罐三种，在拔火罐疗法中又可以分为坐罐、闪罐、走罐和刺血拔罐等不同方法。

古今临床上某些比较棘手的常见病、危重病和疑难病，采用中医的特殊手段治疗，每每能够取得满意的疗效。当前国际上掀起的中医热，就包括着针灸和气功这两种特殊的治疗手段。显见，这无疑亦是中医药学的又一特点和优势。

五、科学的药物配伍

中医治病运用中药，其配伍是有一定准则的。例如《神农本经·名例》指出：“药有七情……有单行者，有相使者，有相畏者，有相恶者，有相反者，有相杀者。凡此七情，合和视之，当用相须、相使者良，勿用相恶、相反者；若有毒宜制，可用相畏、相杀者；不尔，勿合用也。”我国许多中医药学家在与自然和疾病进行长期的反复的斗争中，根据中药具有的四气五味、升降沉浮、归脏归经等特点，逐渐总结了一整套药物配伍的理论和方法。

（一）相须配伍。是指两种性能功能相类似药物的配对，以增强药物的原有疗效。一般而言，这两种药物的性味、归经大体相同。例如，黄柏与知母性味均属苦、寒，均可入肾经。两药合用，能增强泻相火的作用。也可以性同味异相配，如石膏与知母性皆属寒，但其味各异，一辛一苦，两药相伍，则可以增强清泻胃热的作用，《伤寒论》中的白虎汤就是以石膏与知母为伍的。

（二）相使配伍。是指两种性能功效有某种共性药物的配伍，以提高主药的疗效。例如清热泻火的黄连与攻下清热的大黄配伍时，大黄能提高黄连清热泻火的作用。

（三）相畏配伍。是指一种药物的毒性反应及副作用能被另一种药物消除或减轻的药物配伍。例如，半夏的毒性，可以被生姜的配伍而减除。

（四）相杀配伍。是指一种药物能消除、缓减另一种药物的毒性或副作用的配伍。如大枣与乌头相伍，大枣能消除乌头的毒性，防风与附子配伍，防风能缓减附子的毒性。

（五）相反配伍。是指两种药物合用能产生明显的毒性反应或副作用的配伍。如甘草配海藻，乌头配半夏。例如《金匮要略》中的赤丸方，乌头与半夏同用；《医宗金鉴》中的海藻玉壶汤，甘草与海藻同用。

（六）寒热配伍。是指两种药性截然相反的药物配伍应用，以适应于寒热错杂之证。如《韩氏医通》的交泰丸，黄连与肉桂配伍，黄连苦寒，善清心火；肉桂辛热，善温肾火。一寒一热互相为伍，可达到交通心肾的功效。也有利用寒热不同之性互相牵制，以使药物寒热之性趋于平和，甚至达到某一性的统一。如丁香性热，柿蒂性寒，丁香与柿蒂为伍，一寒一热，互相配伍，则寒热之性趋向平和，既可用于寒证也可用于热证，从而扩大了治疗范围。例如《症因脉治》中的丁香柿蒂汤就是丁香与柿蒂为伍同用的。再如大黄苦寒泻下，附子辛热祛寒，大黄与附子配伍为用，一寒一热，取附子之热以制约大黄之寒，两药配伍，则成了温下之剂。例如《金匮要略》中的大黄附子汤就是大黄与附子配伍应用的。

（七）升降配伍。是指一种具有升浮性能的药物与另一种具有沉降性能的药物配伍应用。这类配伍利用两药的一升一降来达到调畅气机的作用，包括升清降浊，升水降火等等。例如白术与半夏，干姜与半夏为伍，可以升清降浊；黄连与肉桂，黄柏与苍术相伍，可以升水降火。

（八）动静配伍。是指一种具有动性的药物（如发表、通阳、行气、活血）与另一种具有静性的药物（如收斂、止呕、纯补无散）相配伍应用。如桂枝与白芍配伍，桂枝发表通阳主动，白芍酸收和营主静；当归与白芍为伍，当归行血活血主动，白芍酸收补血主静。这样一动一静，动中有静，静中有动，动而不过，静而不凝，可以达到调畅气血营卫的作用。

（九）刚柔配伍。是指一种秉性刚烈的药物与另一种秉性柔润的药物配伍应用。例如附子肉桂秉性刚烈，熟地秉性柔润，附子与熟地相配，肉桂与熟地为伍，一刚一柔，刚柔相济，相互调节，可以达到配阴以阳、配阳以阴，阴中求阳，阳中求阴的目的。

（十）润燥配伍。是指一种具有辛香苦燥的药物与另一种具有阴柔滋润的药物相配伍应用。如半夏性燥，麦冬性润，半夏与麦冬为伍，一燥一润，利用两药的相互制约，可以达到燥湿化痰和润燥滋阴的作用。

（十一）补泻配伍。是指一种具有扶助正气的药物与另一种具有驱除邪气的药物相互配伍应用。如人参与苏叶为伍（汗补同用），大黄与甘草合用（下补合用），白术与枳实合用（补消合用），青蒿与鳖甲同用（清补合用），干姜与白术合用（温补合用）等等，它应用于虚实挟杂一类的证候，能起扶正祛邪、双管齐下的作用。

此外，还有辛甘配伍、辛苦配伍、辛酸配伍、酸甘配伍、调和配伍、气血配伍、引经配伍等等。

中药药物的配伍，有严密的科学性。不同的药味配伍，其功能与主治不同，相同的药物配伍，剂量不同时，其功能与主治就与原方不同；相同的药味配伍，剂量也相同，但药物的炮制工艺（生炒、炙、焙等）不同时，则功能和主治与原方也完全不同。中药配伍的这一整套独特的理论与方法，又是现代医药学无法比拟的一大特点和优势。

当然，优势与劣势，都是相对的，都是不断发展变化的。今天的优势，如果不保持不发扬，明天就有可能变成为劣势；今天的劣势，如果急起直追，迎头赶上，虚心学习汲取别人的长处和优点，明天也可能转变为优势。因此，我们认为，继承和发扬中医药固有的传统，首先应该充分认识自己的特点和优势；其次要努力发挥中医药现有的特点和优势。这既是振兴中医药的方向，也是发展中医药事业的一个重要战略措施。

（转自《大自然探索》1988年第1期）

发挥中医临床医学优势的途径

郭　子　光

当前，临床上面临的主要问题，首先是一大批常见的、难治的、逐年增多的慢性疾病。这些疾病属于多因素、多层次、多属性的综合性疾病，在发病及其传变、转归中，人体内因起着主导作用，所以个体差异很大。事实证明，不是找出一方一药能够治疗的。因此，提高中医临床疗效的关键，在于坚持中医辨证论治的诊疗体系，提高辨证论治水平，丰富辨证论治的内容。其次是对急症的救治问题，这是关系能否扩大中医临床领域的问题，也是临床水平高低的集中体现。现将提高中医疗效的具体途径陈述如下：

一、以“证候”为中心，展开多途径、多层次、多方法的研究。辨证论治主要是针对“证候”治疗，对病无常法，对“证”有常方，故有“同病异治，异病同治”之特点。这意味着提高了一个“证候”的疗效，实际上就提高了许多疾病的疗效。纵观过去多年的报道，大宗临床观察和经验总结，多未抓住“证候”这一特点，围绕“证候”研究的也不多，所以许多“证候”确切的脉证指标、传变、转归规律、轻重程度标准等，至今也没有明确的统一的认识，更没有方药的最佳选择，也就不可能形成一套“证候”的诊断、治疗与护理规范，于是十个中医诊治同一个病人，会开出十样处方的情况依然如旧。如此等等，说明抓住“证候”的研究作为突破口，是提高中医疗效的正确途径。根据当前一大批慢性疾病的辨证特点，应当首先以脏腑辨证体系为研究重点，选择品位最高，能带动全局的“证候”，形成全国性大协作展开研究，如阴虚证、阳虚证、湿热证、瘀血证等。由于传统辨证论治是以望、闻、问、切四诊为依据，属于宏观范围，不易发现某些疾病的早期或缓解期，或隐匿型或带毒状态等人体内在的异常变化，存在“无证可辨”的问题；有的疾病虽也有证可辨，但仅凭直觉感官往往不能揭示其本质，容易造成失误；还有一些疾病，如化学中毒、放射病、职业病等，古书上根本没有记载。诸如此类，临床上出现以理化实验检测阳性结果为依据，或与四诊合参的探索性辨证论治形式，将辨证内容实际上导入了微观层次。这是现实的必然，是发展辨证论治学说的又一途径。

二、以“病”为中心展开研究，提高疗效的确定性。多年来，人们习惯于以“病”为中心进行观察总结，也积累了不少的经验，各种疾病都出现了一些有价值的苗头。但因其中有些疾病辨证性较强，规律没摸清楚，因此甲地有效而乙地无效或效果逊色。这些疾病都应当一病一结地进行观察研究，摸清规律，比较方药与治法的最佳选择，包括探索新疗法，一个病一个病地确定下来，逐步形成高疗效、可重复的规范。中医有良好疗效的病种，各科都不少，仅就内外科而言，如乙型脑炎、急性菌痢、流行性出血热、急慢性肝炎、骨折等，包括某些单项指标，如降脂、降糖、降酶、降压、止痛、止咳、止喘、止血等，都出现了较好的疗效。全国专区、市以上中医院、中医科不下数百，如果都在普遍治疗的基础上，突出一、二个疗效最好的病种为各自的特色，进行研究总结，互相协作，交叉验证，确定下来。如此数年，必见成效。

三、加强抢救急危重症的研究，是站稳中医病房阵地，使中医优势得以发挥的关键。现当以内科范围为重点，如高热、出血、闭、脱、惊、厥等症。对于外科急症，则以发挥非手术治疗的特长为重点进行研究总结。

四、努力发掘治疗潜力，恢复和改进许多传统方法的应用，是提高临床疗效的重要途径。例如气功、推拿，经过近几年的不断改进、创新和提高，已发展成两门很有前景的独立学科，而瞩目于世界。仅传统理疗中，就有冷疗、热疗、磁疗、泥疗、砂疗、水疗、蒸气疗等。有些绝妙疗法，或载之古籍，或掌握在老中医手中，或流传民间，而今却很少用诸临床。因此对古籍上记载的东西，要发掘整理、验证、总结、推广；对老中医或民间绝技，可采取奖金鼓励办法，促进献技献方，以免失传。随着健康内涵的改变，身体无病就是健康的传统观念已经过时。健康要求儿童不断增强体质，提高智力；中青年保持最佳心身状态，更有效地从事学习与劳动；老年人不断提高生活质量，益寿延年。与此同时，由于社会竞争激烈，情志疾病日益突出。中医养生、食疗、心理、康复等学科，内容十分丰富，颇有特色，大有发展潜力。目前的问题是，食疗要统一规范，制定出针对各种病证、各种体质的食谱，以便推广应用。要培养专门的“食医”人才，设置食疗科室，开展食疗业务；对于中医心理学，应系统地整理有关中医精神学说与调治方法的文献资料，适当引入一些现代心理检测手段，针对各种心身疾病作出初步规范，迅速培养人才，同时以点带面，设置中医心理调治科室，逐步扩展业务；中医养生学，侧重常人保健、老年摄生的问题，而中医康复学，则主要针对病伤残者，促进其形神复原为目的。二者在理论与方法上有许多共同之处，可以合二为一，竟以康复概之。可先举办二、三个中医康复中心，坚持传统康复理论与方法，摸索规律，总结经验，培养人才，典型引路，逐步扩展。

农村是中医主要临床阵地。除有计划地提高农村中医的诊疗水平之外，还要大力培训掌握颇有竞争力的各种中医专科技术人才，如整骨、针灸、推拿、眼科、肛瘘等。要把中医治疗急症的有效方法迅速向农村推广，并大力推行确具效验的简便易行的非药物疗法，扩大农村中医的业务范围，以满足农村需要。

（转自《中国医药学报》1987年第4期）

中医科研应选好重点带动全局

林　伟

从管理工作的角度看中医科研应抓那些环节作为突破口呢？

首先，要认真贯彻执行“医药结合，全面规划，系统研究，发挥优势，重点突破”的中医药发展方针。不仅“医药结合”，在非药物防治方面也要充分重视开发性系统科研工作，力求有所突破。

不断深化对振兴中医的认识。要从建设有中国特色的社会主义卫生事业的高度来深化认识。发展中医药事业要靠各级党和政府给予相应的人力、物力和财力的保证；还要靠中医药界同志们不断创造出为人民群众防病治病、健康长寿更加优异的成果。这一点尤为重要。同时，要继续完善改革中医管理体制。去年国务院决定成立国家中医管理局，就是因为长期以来中医药事业发展缓慢。这当然有历史的原因，但也有认识上的偏见和管理体制上的问题。因此，国家中医管理局的成立，是历史经验的总结，是党和国家经过深思熟虑做出的重要决策，是建设有中国特色的社会主义卫生事业的一项重大改革，也是改革中医从属地位、振兴中医战略的措施。有人反映，目前中医管理体制似象“高位截瘫”，所以，要尽快逐级设立中医管理机构。

还要抓好用中医的思路积极研制医学仪器，这是当代中医药学发展中刻不容缓的一大课题。应当积极地将中医的理论方法和思路与现代科学技术有机结合，创造出适合于中医特色和临床需要的医疗仪器。它不能是因袭、仿制，而是在中医特有的思路下，创制出西方所没有的医疗仪器。例如，现在已经初具雏型的中医仪器，根据中医脉象学说和大量临床实践记载而研制的脉象仪、脉象模拟教具，根据针灸理论和经验研制的针灸治疗仪、针麻仪，根据气功外气的原理创制的气功仿生仪，根据中医阴阳平衡理论和经络学说创制的经络导平治疗仪，根据中医推拿手法和理论创制的按摩仪等，都是在中医的思路指导下与现代科学技术相结合创造出来的新型仪器，它反映了我国医疗技术的特色和先进水平。当然，不仅除了使现有的新型仪器更加完善、合理、科学外，而且更为重要的是如何广泛深入地用中医的思路开拓医学仪器研制的新天地。

按中医理论的需要挑选有代表性的疾病组织攻关。这可由简到繁，由易到难，由浅到深，循序渐进。要按照举一反三的思路，遵循中医理论的需要和对到2000年健康预测中可能发生的疾病进行深入研究；对中医在治疗常见病、疑难病中出现的可喜的苗头，要抓住深入研究不放；也要积极探索运用中医中药防治艾滋病。

综上所述，在从发展的角度来考虑中医科研战略的同时，不但要考虑到当前应该干什么，还必须考虑到现实的条件下可能干什么，切不可把一些目前缺乏条件、难以实现的要求提得过多，喊得过响，以免挫伤积极性和影响实事求是的科学态度。

（转自《健康报》1987年10月10日）

设立各级中医管理机构，促进中医事业迅速发展

黑龙江省中医管理局　蓝　石

1986年，国务院批准成立国家中医管理局，一些省市相继成立了中医管理机构，中医工作转入相对独立自主发展的新时期，中医事业的发展将得到可靠的组织保证和物质保证，出现了可喜的变化。

但是，国家中医管理局成立后的一年里，仅有黑龙江等11个省和重庆市成立了中医管理局，大多数省市自治区没有独立的中医管理机构，即使已经成立中医局的省份，下面也没有“腿”，使人感到上边中医工作轰轰烈烈，下边中医工作冷冷清清，上级布置的工作很难得到较好的落实。

由于中医局向下没有对口机构，布置的工作往往不能及时传达和安排，以致耽误了工作；另外，中医局为了工作方便，有时不通过卫生局直接对医院下达任务，这样，反而使地市县卫生局对中医局产生想法，认为你们中医局能直接管理中医院就管吧，我们更省心。使中医院在其中左右为难，势必影响中医院的工作。例如某县中医院在过去的两年时间里，县政府和卫生局曾资助50万元用于机构建设和医疗设备购置。今年年初，卫生局长说，今后就不用给中医院经费了，省中医局已从省卫生厅分出去，中医院今后就向中医局要钱吧。又如国家中医管理局设立了中医职称改革领导小组，下发了一些关于中医药人员职务晋升的有关文件，但各省市一般却未成立相应的中医职称评定领导小组，使中医局出现该管又不能管的局面。以上问题的出现，虽然都是暂时的，有些问题有待逐步解决，但中医管理机构的现状又不能不引起我们的注意，尽快研究解决，否则将影响中医事业的发展，辜负当前中医界来之不易的大好形势。

为了解决中医管理机构“高位截瘫”之忧，我认为应该做好以下几项工作：

各省、市、自治区都要成立中医管理局，把中医的条例、法规、经费、医教研机构、国内外学术活动、技术职称等项工作一样样管好，促进中医事业迅速发展。

各地、市最好成立中医管理局，起码各行署、市卫生局都应设立中医科，有管理中医工作的机构，各县卫生局应有中医股或管理中医工作的专职干部，这样在管理上就协调了，也便于省中医局向各行署、市、县卫生局进行业务指导。

搞好中医管理局机关自身建设，理顺管理工作中的领导关系。已成立中医管理局的省，要不断积累经验，加强自身建设，自我完善。在管理程序和方法上，要改变直接管理医院的非正常习惯。省中医局应通过市局到县局来管理医院，决不能一竿子插到底要，调动地市县卫生局的积极性，通过他们管理好中医院。

各级中医院亦要注意隶属关系，有事要请示直接领导机关，不要越级请示或行文，非中医局直属单位在决定重大问题，或需要中医局帮助时，应首先与主管卫生局商量，使中医局和主管卫生局共同解决。

（转自《健康报》1987年7月4日）

基础理論

【概述】

近一年来，中医基础理论研究的主要进展是：在理论探讨方面有一些新的见解，对某些不被人们所注意的理论问题，进行了整理研究；在实验研究方面，大多是扩大样本，重复验证。

（一）藏象学说　藏象学说的研究，多见有关肾的研究报道。脾阴虚、肺阳虚、肝阳虚实在性的讨论，大多持肯定的意见。其中：刘仕英基于命门相火“寄于肝肾”的理论，提出“肝肾阳同源”之说，从而认为肝肾之阳都源于右肾命门之火，温补命门火的治法可通治肝肾之阳不足，从而在理论和实践两方面肯定了肝阳和肾阳的“同源”关系。脾虚的研究，仍然相对集中地以消化道的生理病理为指标，如危北海认为脾气虚所出现的生理、生化指标变化，与吸收不良综合症极为相似，并能用健脾益气治疗得以纠正。许长照通过对十二指肠的组织学检测，发现脾虚组与非脾虚组的十二指肠绒毛组织差异显著。十二指肠绒毛变平、稀疏、脱落多，绒毛顶部上皮变性、坏死多等，是脾虚组十二指肠特征性的变化。对于肺的研究，除了继续往年对肺气虚患者进行肺功能、血液流变学等观察之外，有人对“肺开窍于鼻”提出异议，认为肺不仅“开窍于鼻”，而且与眼、耳、口、舌也有关系，特别是与耳的关系更为密切，肺气不足或肺气失宣均可影响听觉，从而提倡《脾胃论》中说的耳“乃肾之体，而为肺之用”之说。

（二）诊法的研究　脉诊和舌诊的研究，是诊法研究中相对集中的两大方面。脉诊的研究，仍然是以报道临床常见病种的脉象测试结果者较为多见；对于中医各种脉象的脉图定型工作，研究较少。舌诊的研究，仍然多见研究舌质和舌下脉络变化的报道。舌质的研究，有用荧光发生率来观察，发现红色荧光发生率随年龄的增长而下降，白色荧光发生率或无荧光发生率随年龄的增长而上升。有的用微量元素和性激素等测定的方法，分析与舌质色泽变化的关系，发现血清中铜／锌比值升高、E_2／T比值升高，与红绛舌的关系成正比。舌苔的观察，仍然多用印片法和压片法来观察脱落细胞，以探讨舌象的形成机理；也有用测定唾液中溶菌酶、淀粉酶、免疫球蛋白含量及pH值等方法，观察其与舌苔变化的关系。结果发现舌苔厚者，唾液中溶菌酶较舌苔薄者为低，从另一个角度支持了舌苔的形成，与细菌的感染有关。舌下络脉的观察，已被广大临床医所重视。对于舌下络脉变化的形状，有人提出分为“膨胀型”、“苍白型”、“郁虚型”和“隐匿型”四种；有人认为舌下络脉形态与外周微循环状态相一致，可作为外周微循环临床观察的一种简易指标。此外，对于舌下络脉的观察，还多见用血液流变学的方法进行对照分析，认为可作为诊断血瘀的一个指征。

（三）治则治法的研究　治则治法的研究，仍然以活血化瘀法的研究报道较多，但其进展并不明显。有关治疗原则和某些较少用的特殊治法的应用经验，亦屡见报道。如毕工佑报道了“水病治血”；宗祖懋介绍了张子和的吐法；刘英提出了“顺势与逆势用药四法”等。颇得注意的是，在50～60年代广泛讨论已久的“甘温除热法”，近年来又有人提出讨论，从其论点及立论依据来看，仍多主张脾胃的阳虚或气虚，但结合临床治验的经验报道较多，有利于临床上正确掌握应用“甘温除热法”。

此外，在阴阳五行学说的研究方面，仍然多见以控制论、系统论和信息论等方法来论证阴阳五行学说的科学价值；继去年有人用数学方法提出“阴阳方程”和“五行方程”之后，又有人报道了阴阳在平面直角坐标系的定性定量问题。在经络学说方面，仍然停留于循经感传现象的观察和有关经络实质的种种假说。对于辨证方法问题，有人提出了辨证微观化和微观辨证的设想，认为是发展中医辨证的一个重要方面。

综上所述，近一年来的中医基础理论研究的报道，虽然很多，但其进展还不够理想，研究思路、途径和方法还不够宽广，应引起广大中医工作者的足够重视。

（张伯讷）

【脾虚证的研究】

脾的研究涉及到消化、吸收代谢、免疫、内分泌、植物神经功能等方面。近年来，对脾虚本质的研究较为深入。吴家驹等报道同步观察脾虚患者胰功肽试验及木糖吸收试验，结果与过去单项观察结果相一致，即脾虚者胰腺外分泌功能及小肠吸收功能降低。危北海认为脾虚病人多数可见血清胃泌素含量降低，同时指出小肠吸收功能减退、胰分泌淀粉酶功能下降及消化道运动排空速度加快等，总的反映出胃肠道的消化吸收功能减退而形成吸收不良综合征。以健脾益气方药用于消化道手术后恢复期、小儿肠道吸收功能障碍、小儿营养不良性贫血及肿瘤病人的消化系统功能障碍等，都取得明显疗效。为了进一步证实脾与胃肠道运动有关，恽敏观察56例脾虚泄泻患者X线表现，发现除5例肠张力稍有增强外，余均有不同程度的肠排空功能亢进。脾气虚型大小肠均有功能亢进且较明显，脾阳不足型局限于小肠或结肠，且亢进程度有所减弱，脾肾阳虚型亢进程度再度降低。功能变化必然有组织结构上改变。许长照等对54例脾虚患者及29例非脾虚患者的十二指肠进行光镜、电镜、组织化学观察，结果表明，脾虚组十二指肠绒毛变平或损伤多，微绒毛稀疏和脱落多，与非脾虚组相比差异显著。绒毛顶部上皮变性，坏死多，隐窝区细胞分裂相多，绒毛功能部AKP和ACP活性增强，与非脾虚组及正常组相比差异明显，说明十二指肠顶部上皮不是恒定更新，而是衰老、损伤、再生加快。绒毛顶部AKP、ACP活性降低，纹状缘减少，细胞器减少，细胞间隙增宽，基底膜增厚等，使消化吸收及物质交换和屏障作用有所障碍。由于营养物质缺乏，引起上皮细胞萎缩及其单位膜完整性破坏，以及脂质沉淀，又使微绒毛减少，纹状缘酶损失，核糖核酸蛋白质和粗面内质网减少以及细胞器肿胀等，进一步降低消化吸收及屏障作用。上述结果从功能到超微结构，都反证了脾主运化与消化系统的分泌、消化、吸收和运输是符合的。

近年来，对脾虚证的研究，已从脾的整体、系统、器官水平研究逐步进入到细胞分子水平研究。杨畔农认为脾气虚则受纳与运化异常，从而导致气血生化不足，造成红细胞蛋白B区的变化，不能正常地进行阴离子交换（二氧化碳），形成缺氧现象，出现少气懒言、四肢倦怠。由于代偿作用，红细胞膜上碳酸酐酶活性增加，因而又继发地增加碳酸酐酶与血红蛋白结合，使血红蛋白减少或减慢氧气释放，又造成次级缺氧反应，因而出现一系列缺氧和慢性二氧化碳中毒症状。

（丁钰熊）

【肺的研究】

（一）肺与耳的关系　赵景华等从五行属性、经脉流注等方面论述了肺与鼻、耳、目、舌、口均有生理、病理之联系，提示医者在临症中不可只泥于某窍由某脏所主而立法遣方。王陈应从《素问》“手足少阴太阴、足阳明之络，此五络皆会于耳中”和《脾胃论》“耳者上近于天气，肾之窍也，乃肾之体而为肺之用”等著述引申得出耳与肺气的盛衰相关甚切的推论，认为水谷之精气，通过肺的输布，使耳窍得以濡养，从而维持耳窍内环境的稳定；肺气通畅，耳咽管启闭适宜，保持耳窍内外之气的均衡，才能保持耳窍的正常功能；《素问》有“肺病者……虚则少气，不能报息，耳聋嗌干”的叙述，说明肺气虚衰可产生耳聋耳鸣。调气开郁本为治耳聋（耳咽管阻塞）的治法之一，对感受风邪，宣降失司，气壅窍闭或涕浊壅盛，耳咽管阻塞，甚则水液停聚听户的耳病（如急性卡他性中耳炎）可取宣肺清热，行气通窍法为主加减治疗。

（二）肺与膀胱的关系　王春生认为膀胱之所以能正常贮排尿液，虽下受肾阳的气化，中受脾气的转输，但在贮排系统中起决定作用的当是上焦肺的治节、通调。水液入胃，经脾胃消化吸收，然后上输于肺，经肺的调节，合理分配其精微部分流布全身。对剩余水分，一方面下输膀胱，排出体外；一方面通过肺的宣发，外达皮毛，从汗腺排出。正是肺的宣发和肃降的协同作用，有效地调控着汗、尿的正常比例。常用的宣肺利水、温肺化水、益肺固脬等治水方法都体现了肺对膀胱的双向调节作用。

（三）肺与心血的关系　为了证实肺具有“贯心脉而行呼吸”的生理功能，浙江省中医院肺功能研究室做了肺通气功能、有效肺毛细血管血流量、每次心搏出量和心脏指数等方面的测定，结果表明：正常组与肺气虚组之间有非常显著的差异，说明肺气虚对心血有直接的影响，为慢性肺原性心脏病所出现的气虚血瘀诸症采用益气活血法提供了客观依据。王强等从微循环角度对“肺助心行血”的实质进行了探讨。王氏等认为气血的正常运行敷布决不是只需心气推动即可完成，肺与脉道内外营卫气血运行，有着更直接的关系。对血和津液的运行、敷布起作用的气，除了对心脏供氧和营养外，还应包括源于肺又在维持周身百脉对组织血流灌注方面起作用的物质，尤其是与微循环血流有关的物质。这些物质，现代医学已有相当的了解，例如前列腺素、血管紧张素、乙酰胆碱等物质的代谢都与肺的机能有密切关系；血中氧分压的高低及二氧化碳的积聚情况也都与肺功能有关；同时，上述二者又都对微血管平滑肌的运动起着调节作用。所有这些与肺有关而又与血的运行有关的物质，在古代只能统称为之气，现代医学对这些物质的研究，不但为“肺主一身之气，助心行血”、“百脉皆取气于肺”等理论提供了科学证明，为研究肺与微循环之间的关系，开拓了思路。现代医学研究证明，肺组织也参与血中纤维蛋白的形成和溶解，这些对于维持微循环血流都具有重要的意义。中医临床所见“肺”的许多病证，除了可能影响某些活性物质的浓度外，还可能造成血液粘滞性的改变。实验证明，肺虚患者如果通气和换气功能障碍时，全血粘度增加，血行阻力加大；肺部长期感染的病人，容易造成血球凝集，产生一系列瘀血症象；对石棉肺、心肌梗塞等患者，在应用活血化瘀药治疗时，给以大量的补肺气药物后，疗效明显提高。这些都从病理学角度证明中医的肺与现代医学微循环功能之间有密切的关系。王氏等还指出，中医历来认为百脉之气血运动形式并非平稳细流，而是与海潮类同，即所谓“肺朝百脉”，“百脉如潮”之说与现代医学中的“修氏理论”（微动脉的收缩和舒张的自律运动如海潮涌岸，对组织进行灌注）不无暗合之处。故而应重视“百脉如潮”的正确性，按“肺使百脉如潮”的思路，进一步认识中医“肺”的实质，以及其与微循环之间的关系。

（沈施德）

【肾的精气与肝肾之阳的研究】

肾的精气阴阳研究，随着老年医学、康复医学的发展而有所进展，但以“肾”的实验研究开展较多。

（一）关于肾精　张同贵认为肾精可能是核酸、激素、酶类和微量元素等。填精补肾，调整肾的阴阳，有助于增强生育生殖能力。由于“精血同源”，故肾精不足，可有“髓减”，肾酶、雄性激素降低，影响造血功能。补肾药可提高贫血、再生障碍性贫血和粒细胞减少症的疗效。

（二）关于肾气　周洪进等认为人体微量元素的研究，为肾气的探讨开拓了广阔的前景。如人体微量元素锌含量的变化曲线与《内经》人体肾气盛衰变化的曲线颇相一致。人的生殖器官及精子、精液若缺锌可导致人体生长发育障碍。老年性疾病多与体内缺锌有关，阳气衰微的患者血锌含量下降，而临终前“回光返照”时，血锌浓度骤升（因排锌停止）等，认为肾气的物质基础是微量元素锌。

（三）关于肾阳与肝阳　刘仕英撰文认为命门相火说的含义是肾阳与肝阳密切相关，肝肾内寄相火，相火源于命门，命门火可温煦肝阳，肝肾之相火根源于右肾。并提出前贤早将肉桂、川椒、苁蓉等药作为温补肝阳之药，刘氏还介绍了肝肾阳虚的具体病例，用淫羊藿、肉苁蓉、山茱萸等补肾壮元阳而奏效。张同贵提出温补命门之火的中药仙灵脾、仙茅、苁蓉、附片、鹿茸等可调节脏腑的核酸代谢而产生热能，肾阳虚时，各种内分泌激素水平、肝脏核酸含量、肝细胞琥珀酸脱氢酶的活性等降低。温补肾阳后，激素水平升高，肝脏核酸、肝细胞琥珀酸脱氢酶的，能量代谢加速。

（朱抗美）

【气血关系的研究】

气、血关系理论在中医的生理、病理和临床实践中占有极为重要的地位，近年进行了较深入的研究。

肺气有助心行血的功能，肺气虚损则影响到心血的运行。王会仍等从肺通气功能与有效肺毛细血管血流量等方面测定结果表明，正常组与肺气虚组之间有非常显著性差异，肺气虚组的心搏出量和肺通气功能全部低于正常。

“气能行血”之“气”还应包含“心气”，即与心功能有密切关系。朱伯卿等在研究气虚血瘀型心力衰竭临床观察中发现，气虚型心肌梗塞患者的心功能明显差于无气虚者，而使用补气药（黄芪、党参）后可明显改善心功能。加丹参注射液不能明显增加心排量与每搏量，而加黄芪则能明显增加心排量与心搏量。可见“气能行血”的机理之一是气通过对心脏的强壮作用来实现的。其次，气还对血液尤其是通过血小板来体现“气行血”的作用。朱氏报道丹参加黄芪注射液能明显降低全血比粘度及纤维蛋白原，降低血小板的聚集功能，补气药黄芪能增加丹参的活血化瘀作用。王硕仁等对气虚血瘀的冠心病患者用不同剂量的气血注射液（人参、黄芪、当归)后，对血小板粘附和聚集有明显抑制作用，且有使血浆血栓素B_2和血浆6-酮-前列腺素F_{1a}含量明显增加的作用。于世增等报道，四君子汤、四物汤和八珍汤对家兔血小板具有明显抗聚集作用。据目前认为，血小板内的cAMP浓度是调节血小板聚集反应的重要因素，因此，可能上述方剂是通过升高血小板内的cAMP浓度来实现抗血小板聚集作用的。

气血关系第二个重要方面是“气能生血”，即气能影响机体的造血功能。周蔼祥等在人参对人类造血功能影响的实验中发现，不同浓度的人参液对人骨髓基质细胞集落有不同的影响，1/2000人参液可显著促进人骨髓基质细胞生长。但人参液对人骨髓粒系定向干细胞无明显直接影响，提示补气药人参通过作用于人类造血微循环环境的基质细胞，间接影响机体造血功能，即通过促进人类骨髓基质细胞的增殖，影响血细胞的生长，是“气”、“血”之间重要内在联系之一。亦即是中医阳生阴长的观点。此外，发现人参液浓度过高（如1/100）时可完全抑制人骨髓基质细胞，故于世增等提出应用人参治疗血虚，并非剂量越大越好。“气能生血”另一方面表现在能改善红细胞输氧功能。据张晓榕等报道，气血注射液（人参、黄芪、当归）不仅可降低豚鼠心肌耗氧量，因而对心脏起保护作用，同样能降低人、鼠肝线粒体耗氧量，并有解偶联作用，即降低氧化磷酸化效率。此外能使人红细胞2、3-DPG含量明显增多，促使血红蛋白在同样的氧分压下，向组织释放更多的氧，改善红细胞的输氧功能。

（丁钰熊）

【经络实质的研究】

对经络实质的研究仍处于假设性的探讨：

陈子富从信息科学角度对经络加以分析，认为人体生命活动必要发放信息，经络既是构成人体的重要组织结构，又是各系统生命活动相互关联的渠道。人体内外信息的协调控制系统，人体内环境的相对稳定和内外环境的相互适应是经络系统对生命信息协调、控制过程所完成的。病理过程则是经络对人体内外信息的失控。

冀振华等提出经络现象是一种异常态的生命表现。他们发现：（1）国内外有关循经感传研究的大多数资料表明，该现象在病人身上容易出现。通过对照发现，病人的循经感传出现率较“健康人”高四倍多，尤其某些精神系统疾病患者的出现率更高；（2）经络轨迹可随机体内外环境的变化或显现，或隐匿，或延长，或加宽等；（3）感传出现率最高的经脉与有病的脏腑之间存在着相关性；（4）有关经穴的电学特性也具有重要的病理性特点。由此可认为：经络现象可能是一种病态的生命表现，其实质是某种已知组织细胞的潜在功能，而这种功能的显现是以机体内平衡失调为基础的。

刘燕明从进化角度提出，经络八干梯形神经系起源假说。作者用一种神经元的原始八干梯形神经系统纵干走行与经脉体表循行进行比较后，得出“经络是由具有八条纵干的神经系，在胚胎发育过程中经复杂变化演化而来的”假设。

尉迟静提出经络与结缔组织相关学说，认为经络与结缔组织均属生物学的功能系统。都是一种布满全身连续性的组织，都“内属脏腑、外络肢节”，具有运输营养或防御功能，且都能接受针刺信号的刺激等等。

盛德峰提出“肌间隙环境条件”假设，认为（1）肌间隙内应有能产生相应物理化学变化的物质基础，这种理化变化能沿着肌间隙扩延；（2）肌间隙内的神经感受器能把间隙内的理化因子刺激传到大脑皮层，产生针感和循经感传的感觉；（3)肌间隙的理化变化，通过一定的途径与内脏、皮肤保持内在功能联系。产生经络脏腑相关现象和循经皮肤反应等经络现象。

（陈文娟）

【舌诊的实验研究】

在基础理论研究方面，陈泽霖等探讨了阴虚光剥舌的形成机理。发现阴虚光剥舌苔病人的舌上皮细胞因蛋白质代谢障碍而出现变性、坏死、表皮细胞间粘着力减低、微循环障碍等，使舌上皮剥脱加速。张绳祖等发现淡白舌患者的免疫机能最低，在应用温补中药后可得到明显改善。徐正福等观察到红绛舌患者血清中锌低铜高，铜／锌升高，铁降低，性激素测定发现E_2、E_2／T升高，认为这可以作为红绛舌的一个客观指标。秦吉华等对阴虚、阳虚病人舌象客观指标的某些分析中指出，正常人舌面pH接近中性，pH＝7者占64.3％，阴虚病人舌面pH＜7者占56.8％，阳虚病人pH＞7者占51.6％。陈连起等用紫外线照射舌面激发荧光，观察了387名正常人和290例病人，发现红色荧光发生率随年龄增长出现下降趋势；白色荧光发生率及无荧光率随年龄增长而有上升趋势。病人和正常人的白苔和黄苔的红色荧光发生率和白色荧光发生率均有显著的差异。邱曾秀等及秦吉华等均对舌苔脱落细胞进行了研究，前者用印片法，认为舌印片能预测病情轻重、判断疗效；后者用压片法，并选用五种组织化学染色，认为此法有助于探讨病理舌象形成的机理。肖洪等测定唾液中溶菌酶、淀粉酶、免疫球蛋白含量及pH值，但仅黄苔、白腻苔淀粉酶升高，黄苔pH值降低，与薄白苔相比有统计意义。另测定唾液中溶菌酶，病理舌象均较正常苔低，有显著意义，支持舌苔形成与细菌感染有关的学说。俞雪如等初步测试了60例青年学生的舌色，认为可用指标分开。河北省医学科学院试制了舌体测量器，并测量了518例舌体。孙凯伦等观察青紫舌与高凝状态的关系，发现冠心病高血压患者有青紫舌的AT—Ⅲ降低，纤维蛋白原增高，提示有高凝状态。并观察到青紫舌与中风先兆有关。

在舌象调查方面，张伯礼等调查了6708例，正常舌体占89.33%，正常舌质占56.75%，正常薄白苔占53.59%，並结合调查，进行了蕈状乳头计数、舌表面血细胞灌流量测定等客观检查。廖家群等调查了阿勒泰地区哈族老人213人，正常薄白苔仅占22.6%，正常淡红舌质占45.32%，舌体正常占46.31%，舌边齿印占10.83%，舌脉正常者83.75%。朱宝宽等以100例长期食素老人和一般膳食老人100例对照，食素老人以正常舌象（薄白苔、淡红舌）为主，而一般任意膳食老人则以薄黄、黄腻苔为主，紫舌出现率高。血粘度也以任意膳食老人为高，提示人们宜多吃素、少吃荤。

在动物实验方面，为制作各类病理舌象的动物模型，必须要弄清楚何种动物的舌表面结构特征与人类较接近。戴浩良对大鼠、豚鼠、兔、猫、犬、猪、猴七种动物的舌表面结构进行扫描电子显微镜的观察比较，认为猪舌表面乳头结构与人类相似，且价廉易养，比较适宜于制作舌象模型；兔舌表面结构接近人舌，但舌质显露不佳，有时可作为病理舌苔的动物模型。

在临床实验研究方面，秦吉华等对50例胃癌患者进行舌象与舌上皮细胞之间的关系的探讨，並与27例正常人进行对照。正常人舌上皮细胞主要以角化前细胞为主，胃癌患者舌上皮细胞表现角化过度，角化细胞及超角化细胞明显增高，並且见到较多体积小、染色深暗的小角化细胞。作者还对不同舌象的胃癌患者的舌象细胞学特点及舌象与舌上皮细胞角化关系进行了探讨。陈健民等对420例舌下脉进行了观察研究，认为可以按6大项、16小项指标给予评分、综合比较。胡节惠等观察消化性溃疡125例，认为舌质颜色、舌苔情况能协助判断胃脘痛的证型。江汉才等通过胃镜的对照观察，对450例胃、十二指肠疾病患者的舌苔进行了分析，胃癌、胃溃疡以白腻和白腻厚苔多见，十二指肠溃疡以白腻苔为多，慢性浅表性胃炎以白腻和黄腻苔为多。江哲生等观察100例萎缩性胃炎，舌质以淡白舌为主，占70%，舌苔以白腻苔为主，占45%。据此认为中焦虚寒是萎缩性胃炎的病理关键。李德俭等以舌诊为辨证主要依据治疗萎缩性胃炎40例，疗效比较满意。李廷谦等观察272例肺心病舌象，认为随舌色的加深，血粘度也随之增高，而与舌苔无关。213例缓解期肺心病患者的舌象，随紫舌减轻，血液流变性也较急性期有明显下降。陈业孟等观察了358例神经系统病者，发现中风、脑瘤均有青紫舌或舌脉曲张，与其他神经系统疾病的舌象有显著差异，示与瘀血有关。温振英等调查了160例地图舌，木糖吸收率74%降低，血清IgA低于正常者占69%，应用益气健脾法有良好效果。钱心如对地图舌以及剥苔儿童分别用补肾及健脾法进行双盲对照治疗，取得一定疗效。在肿瘤舌诊方面，郭一钦等观察100例口腔颌面部恶性肿瘤的舌质变化，並与100例正常人对照，发现恶性肿瘤组红绛舌、紫舌共占73%，显著高于对照组。齐英杰观察胃癌115例、贲门癌34例、食道癌10例的舌象，以淡白舌及暗红舌为主，与胃炎、溃疡病人的对照组相比，有显著差异。沈霖等对43例胃癌进行舌色与血清溶菌酶活力的对比观察，发现青紫舌、淡白舌者血清溶菌酶均低下，从而可从舌色预测机体对肿瘤的抵抗力程度。胡彩仙观察了各种癌症患者648例，认为以紫舌、裂纹舌、腻苔、舌脉异常出现率高，与临床辨证密切相关。王文运等观察150例肿瘤病人手术前后的舌象，舌前以青紫、暗红舌为多，有74例（49.33%），术后转成红绛舌有77例（51.33%）。刘少翔等观察癌症未扩散组36例及扩散组94例，发现扩散组青紫舌明显增多，血沉增快。因此可把舌质青紫及血沉增快作为癌症复发扩散的信号。韩惠兰等观察102例子宫肌瘤，认为舌质、舌脉、人中沟等异常表现，对子宫肌瘤的诊断和治疗有一定意义。

（陈泽霖　戴豪良）

【舌下络脉的观察和研究】

苏敬武观察了100余例病人，10多个病种，认为舌下络脉可分为四型：（1）膨胀型（气滞血凝型）：舌络短粗状隆突，色质红紫，多见于高血压、高血压心脏病、冠状动脉硬化及阴虚阳亢者等；（2）苍白型(衰败型)：舌络长而瘪，呈灰白色，多见于呼吸系、消化系等恶性肿瘤、慢性消耗性疾病和免疫功能低下者；郁虑型（气型）：舌络纤细或螺旋状，呈暗红色。多见于神经系统疾病；隐匿型：支络不露、色泽淡红，多见于耗竭性慢性病、贫血。李寿山通过对中风不语患者的观察，认为舌下络脉对瘀血有较高的诊断价值。中风初期，舌脉多青紫粗长；久之，气血衰伤，舌脉渐成淡紫、淡红、短细。梁民里道在观察102例冠心病的同时，另选患其他病种而有舌下小血管变化42例、无舌脉变化25例作对照。结果发现：（1）舌下小血管变化程度与冠心病病程有密切相关。因此，舌下小血管变化可作为外周微循环障碍形态观察指标之一。（2）舌下小血管的变化随冠心病人的年龄增长而日趋明显。（3）舌下小血管有变化组的全血粘度、血浆粘度、全血还原粘度都增高，与无变化组对比有非常显著的差异。因此认为测定舌下小血管的变化可作为血瘀证的客观指标和一个常规的诊断方法。王榕平等对1463例正常人观察后认为：观察舌脉应包括长度、充盈度、色泽、迂曲与分枝状况。舌脉是颈内静脉的颅外属支，所以舌脉的异常在一定程度上反映了整体的变化，当某些能引起静脉压升高的因素均可使舌脉度数增加；舌脉度数有随舌质加深、瘀点增多而增加的趋势，可以认为舌脉的充盈、延长、扩张、色泽紫暗与青紫舌在病程改变上可能有类似之处，也可作为血瘀证的临床指标之一，尤其对舌质尚未见青紫或瘀点的血瘀证，更有一定的诊断参考价值。陈健民认为应统一名称，以称“舌下脉”（简称舌脉）为宜，须扩大病种观察，若从血粘度、舌尖微循环、舌面pH值、血高铁血红蛋白等方面探讨，前景广阔。陈健民等观察420例病人，其中有癌症、非癌症见血瘀证者、非癌症无血瘀证者，发现舌下脉异常以癌症组最为严重，无血瘀见证的非癌症组最轻；癌症组血液流变性正常者仅占12.1%。癌症的转移基础之一是血液高粘度状态，而血液高粘状态亦是引起舌下脉异常的原因之一，故舌下脉异常与癌症转移成正相关，舌下脉异常应与青紫舌同等对待。陈氏等为了统一舌下脉的观察标准，拟定了6大项、16小项指标予以评分。这6大指标是舌下脉主干的曲张程度、长度、充盈度、直径、色泽和舌下脉外带的状态。这样，即使舌下脉异常各有侧重，亦能综合比较。

（费兆馥　程珏）

【甘温除热法的探讨】

关于甘温除热的机理，自建国以来约有60余篇争鸣文章，提出了近10种不同观点。唐建刚、刘恒久等、沈君华等对较有代表性的见解作了归纳，主要有（1）脾胃气虚，阴火上冲说；（2）脾胃气虚，心火内炽说；（3）阳损及阴，阴虚发热说；（4）脾失健运，血虚发热说；（5)中气下陷，虚阳外越说；（6）脾胃中虚，升降失常说；（7）浊热阴火上升说；（8）阳道实、阴道虚说；（9)正虚外感六淫说等。其中以脾胃气虚立论居多。任迪夫等认为脾气虚衰日久，导致气不归源，阳无所约而浮于外，则发热。治以甘温补气，使气有所归源，则阳有所约，而热自退。刘恒久认为凡一切既有气虚表现，又有内脏偏亢而出现虚火之病证，都能应用本法。脾胃得健，清阳得升，阴火戢降，其热自平。唐建刚亦认为脾胃气虚，虚阳外越的观点比较接近实际，这类病人的发热常和劳累有关，而与外界气候关系不大，症状以气虚表现为突出，很少出现阴虚表现，故用补中益气汤益气升阳而不用滋阴降火法。通过益气健脾、升提中气的甘温药物，使脾胃气复，枢机运转，清升浊降，气旺则生血，血旺则虚热自潜。李皓平持有同见，甘温除热法所治之发热乃属于脾胃阳虚所致，病本在阳，甘温补阳配阴，阳生阴长，阴阳相维，虚热自退。沈君华等认为对甘温除热机理的争议，问题不在孰是孰非，而在于理解的侧面不一。如将这些侧面组合起来，即能表明本法的机制可统一于脾胃气虚的概念之下。沈氏等认为，若饮食失节，或劳倦、七情损及脾胃之气后，既可出现生化乏力，荣血不足而致血虚发热，亦可因升降失常，出现气虚下陷、中阳不振而虚阳外越，或气血无以养心，心火炽盛，火乘土位。由果导因，脾胃气虚是唯一的焦点。赖畴认为由阳气虚而引起阴分受损是甘温除热法的主要对象。对于中气下陷，脾阳不足，用补中益气汤以补益中气、升发脾阳，只是一种扶阳育阴的方法，未能统括甘温除热的全部精神。赖氏指出，甘温除热的主要精神在于扶阳以济阴，使阳生阴长，阴长以维阳。因此，本法不但适用于各种阳气虚损或下陷之发热，亦可用于血虚发热、肾精亏损发热和津液亏乏发热，与滋阴降火法存在着滋肾益精的交叉关系。龙瑞敏认为本法可应用于脾虚阴火、血虚气泄、元气虚浮、阴盛格阳四个方面，只要辨证正确，无论低热、久热不退或高热，用之疗效确切。李皓平认为还可用于气血两虚兼挟外邪之发热。石占城等用本法治疗上呼吸道感染、脑膜炎、急性风湿热所致的高热；詹学斌用于败血症后期持续高热；廖进昌用于肠伤寒、麻疹合并肺炎、术后感染所致的高热；曹跃远用于癌症术后、结核性胸膜炎及贫血并发长期高热。刘成章对40例内伤发热（包括功能性发热，慢性感染、内分泌疾病、血液病等发热，体温38°～39°C）施以甘温法治之，用补中益气汤加桂枝、大枣等，治愈38例，总有效率达95%。刘氏及廖进昌认为发热属气虚、阳气鼓动无力者均可用本法治之。以发热不退，自汗口渴，舌质淡，舌体胖嫩，脉细弱、濡软或沉细为主症；少气懒言，纳差便溏，面色苍白为次症。刘伍立认为脾虚发热仅是因脾胃气虚、生化不足、津液亏损所致，补中益气汤补益脾气使津液自生，升降复常而津复热退。陈广路认为，气虚发热是甘温除热法的主要适应症，但气虚发热的实质，应视为脾胃虚弱，正气不足，卫气不固，外邪乘虚而入所致的气虚外感症。因此，与其把补中益气汤视为甘温除热剂，莫如称作补气解表方为妥。

（沈施德）

【体质学说研究】

自1984年以来，在理论研究深入的同

时，开始了群体调查工作。1987年8月在秦皇岛市召开的首届全国中医体质学说学术研讨会标志着中医体质学说进入了新的发展阶段。

（一）体质的定义与形成

近年来主要有以下几种观点。王琦提出体质是一种按时相展开的生命过程，是特定躯体素质与相关心理素质的综合体，环境对体质的形成与发展始终起着重要的制约作用。何裕民认为体质指的是个体在先天遗传和后天生长发育基础上所表现出的生理机能上相对稳定的特性。这类特性在生理状态下表现为对外界刺激的反应和适应上的某些差异性。同何氏观点相近，认为体质是倾向于身体素质的还有施毅、宋为民、庞万敏、胡文骏等。薛崇成则从心理角度研究中医体质学说，他制定的DY性格测验表已通过国家级鉴定。饶宏孝认为体质倾向于心身统一。

（二）体质的群体调查

1 我国人群的阴阳分型 薛崇成以中医气质阴阳学说为依据，把人的性格分成太阳、太阴、少阳、少阴、阴阳和平五大类，再根据心理测试原理制成了阴阳分型的问卷，在全国进行了调查，已取得成果。

2.年龄与体质分型 皇甫燕用八纲脏腑的基本原理，把小儿分为正常型、脾胃虚弱型、肝肾不足型、肾气不足型、血虚型五大类。对732例小儿调查的结果发现：正常型500人，占65%；脾胃虚弱型207人，占28%；脾肾不足型16人，占2%；血虚型1人，占0.1%；未发现肾气不足型。胡文骏将体质分为协调、偏亢、偏弱三大类，并在此基础上进一步按脏腑气血的功能特点分设若干亚型。对健康青年进行调查，结果发现：(1)体质的差异普遍存在于人群之中，健康青年的体质并非属于"正常质"。(2)血型的分布与体质类型也有一定联系。(3)血压与体质可能也存在一定联系。(4)性格和体质类型有关。何裕民把体质分为正常质、阴虚质、阳虚质、阴阳两虚质、痰湿质和瘀滞质六大类：其中阴虚质、阳虚质、痰湿质又分为若干亚型。通过调查认为 随着年龄的递增，(1)正常体质者逐渐减少，病理性异常体质者日见增多。(2)体质由较为单一的类型日趋发展到兼挟的错综复杂类型，年龄越大，虚实挟杂、寒热交错的情况越多。(3)虚弱者日渐增多，60岁以上的老年人中，3/4者属于虚弱体质或兼见虚象。(4)瘀滞质或兼瘀滞者日趋增多。(5)虚证比例明显上升，其中，阴虚质和阴阳两虚质与年龄的递增，呈现出极显著或较显著的正相关性。青年以后，阳虚质的比例有下降趋势。

3.性别与体质 何裕民认为女性中属虚性者明显较男性为多，尤以阴虚和阴阳两虚更为突出。男、女体质差异的分年龄及动态分析提示，在重视体质的性别差异同时，还须兼顾年龄因素，把体质变化视作一个动态的发展变化过程。精神情感异常（抑郁淡漠或急躁兴奋），瘀滞质和兼见瘀滞的男性明显多于女性。

4.地域与体质 何裕民通过对1257例调查认为，体型与体质的关系存在着地理区域的差异。就肥胖而言，地处西北的延安，调查对象中接近2/5者属于阳虚或兼见寒象；而地处东南的义乌只占8.3%和4.2%，而正常质却占53.1%，均有极其显著的统计学差异。

（三）体质与证的关系

匡调元认为体质主要是在遗传的基础上、在潜在的环境因素缓慢作用下，在生长、发育和衰老过程中渐进性地形成的个体特殊性。虽然可以改变，但其变化过程是比较缓慢的。而证则是在明显的、特定的、比较急剧的致病因子作用于体质以后形成的临床类型。其进退变化是比较迅速的。证可以很快消失，但"质"依然存在，可成为另一次发病的基础。为了说明二者关系，匡氏提出“质化”的概念，即是指致病因子侵入人体后，其原有属性随病人的体质类型而转化的过程。何裕民认为证是某一特定情况下，某些明显易变的病理特性之总括。它的出现是有时间和条件限制的。而体质是相对稳定的生理特性。个体的生理特性在许多情况下决定着机体对某些病因的易罹性和病变过程的倾向性，因此，证的背后，或多或少地体现着个体的体质特点。秦德平认为临床诊疗除应辨“证”以外，还应辨“质”的阴阳偏颇。

（四）研究方向与方法

潘卫星提出在体质生理学、体质病理学、体质药理学、体质诊断学的基础上建立体质治疗学。匡调元认为应注意体质的地区性差异和遗传性，分型标准及命名必须相对统一，宜随访二次以上再确定其类型，普查对象以人口流动相对稳定的单位为好，以便长期随访，参加普查的工作人员亦需相对稳定，以求评定标准的一致。在体型的测量方法上，匡氏认为可用传统的西方体质人类学的活体测量法。王琦认为可借鉴“立体摄影计量法”和“波纹断层计量法”。匡、王二氏都强调体质的研究应和证、病联系起来，使体质学说进一步发展。

（俞雪如　赵　箭）

参考文献

B

毕工佑　试论水病治血　黑龙江中医药　(6)：8，1987

C

曹跃远　甘温除热法治验数则　新中医　(8)：40，1985

陈广路　气虚发热之我见　吉林中医药　(6)：34，1986

陈连起等　荧光舌象与舌苔关系的观察　中医杂志　(1)：57，1987

陈健民　舌下脉刍议　天津中医　(2)：30，1986

陈健民等　420例舌下脉的临床观察及研究　上海中医药杂志　(5)：46，1987

陈业孟等　358例神经系统疾病舌象临床观察与分析　全国四诊研究第二届学术会议专辑　93页，1987

陈子富　经络是人体内外信息调控系统　福建中医药　(2)：14，1987

陈泽霖等　阴虚光剥舌的综合研究　全国四诊研究第二届学术会议专辑　13页，1987

D

戴豪良等　实验动物舌表面结构扫描电子显微镜的观察　全国四诊研究第二届学术会议专辑　35页，1987

G

郭一钦等　100例口腔颌面部恶性肿瘤舌质变化的研究　全国四诊研究第二次学术会议专辑　67页，1987

H

韩惠兰等　子宫肌瘤患者舌诊望诊的初步研究　全国四诊研究第二届学术会议专辑　79页，1987

何裕民　论肥人多阳虚痰湿，瘦人多阴虚火热　上海中医年会论文　1987年

　　体质研究中若干问题的思考　首届全国中医体质学说学术研讨会论文集　第102页　1987年

何裕民等　略论体质与年龄　中医药学报　(3)：1，1986

　　2268例男女体质差异调查分析　江西中医药　(3)：45，1986

胡彩仙　648例癌症患者舌象与治疗及中医辨证关系　全国四诊研究第二届学术会议专辑　74页，1987

胡节惠等　消化性溃疡125例的舌诊研究与讨论　全国四诊研究第二届学术会议专辑　82页，1987

胡文骏　体质分型研究　湖南中医学院学报　(2)：9，1987

皇甫燕　小儿体质初探——732例调查小结　浙江中医杂志　(8)：379，1986

J

冀振华等　关于经络现象病理属性的讨论　湖北中医杂志　(3)：44，1987

江汉才等　450例胃十二指肠疾病患者的舌苔分析　浙江中医杂志　(6)：261，1987

K

匡调元　关于“体质学”研究的若干问题　北京中医学院学报　(4)：2，1986

L

赖　畴　对甘温除热机理的探讨　新中医　(1)：15，1987

李德俭等　舌诊结合辨证治疗萎缩性胃炎40例　浙江中医

杂志　(9)：395，1987

李皓平　甘温除热法及其临床运用　新中医　(9)：8，1984

李寿山　从舌下络脉谈瘀血证　黑龙江中医药　(1)：29，1987

李廷谦等　272例肺心病舌象变化与血液流变性的关系　全国四诊研究第二届学术会议专辑　89页，1987

李哲生等　100例萎缩性胃炎的舌象分析　全国四诊研究第二届学术会议专辑　80页，1987

梁民里道　舌下望诊初探　福建中医药　(3)：36，1985

龙瑞敏　甘温除热法探讨　贵阳中医学院学报(2)：1，1987

廖家群等　新疆阿勒泰地区哈族老年农牧民舌象调查　全国四诊研究第二届学术会议专辑　95页，1987

廖进昌　浅淡甘温除热法的临床应用　新中医　(12)：37，1986

刘成章　甘温除热法治内伤发热——附40例疗效观察　湖南中医杂志　(4)：14，1987

刘恒久　论气虚发热与甘温除热的机理　中医函授通讯(3)：20，1987

刘伍立　脾虚发热成因辨析　吉林中医药　(6)：34，1986

刘　英　顺势与逆势用药四法　河北中医　(6)：28，1987

刘燕明　从进化角度看经络实质——经络八干梯形神经系起源假设　上海针灸杂志　(4)：27，1986

刘少翔　用舌色结合血沉观察癌症疗效的临床研究　全国四诊研究第二届学术会议　77页，1987

刘仕英　简论肝肾阳同源　黑龙江中医药　(4)：17，1987

P

潘卫星　关于建立中医体质治疗学的意见　中国医药学报(3)：178，1987

庞万敏　眼病体质刍议　辽宁中医杂志　(7)：13，1985

Q

齐英杰等　上消化道肿瘤与舌象变化的关系　全国四诊研究第二届学术会议专辑　68页，1987

钱心如　小儿地图舌、剥苔的临床治疗及相关因素分析　全国四诊研究第二届学术会议专辑　107页，1987

秦德平　浅谈气质及其与辨证施治的关系　广西中医药(2)：4，1984

秦吉华等　胃癌患者舌象与舌上皮细胞关系初探　中西医结合杂志　(1)：30，1987

　　阴虚阳虚病人舌象客观指标的初步分析　中医杂志　(2)：137，1987

　　舌象细胞学检查方法及其临床意义的探讨　全国四诊研究第二届学术会议专辑　23页，1987

邱曾秀等　舌印片在诊治口腔、咽喉溃疡中的应用　全国四诊研究第二届学术会议　30页，1987

R

饶宏孝　论气质　陕西中医　(5)：195，1986

任迪夫等　甘温除热之我见　四川中医　(3)：21，1983

S

沈君华等　甘温除热法新探　浙江中医学院学报　(5)：53，1984

沈　霖等　胃癌患者的舌色变化与血清溶菌酶活力关系的探讨　全国四诊研究第二届学术会议专辑　72页，1987

盛德峰　试谈经络的肌间隙对环境条件　中国针灸(6)：55，1986

施　毅　关于体质学说的讨论　山东中医学院学报(4)，36，1984

　　体质、人格与因人制宜　福建中医药　(3)：40，1986

石占城等　甘温除热法治高热急症举偶　河北中医　(4)：(7)，1987

宋为民　中医体质学说的生物学基础　南京中医学院学报(1)：63，1985

苏敬武　舌下络脉初探　安徽医学　(1)：36，1987

孙凯伦等　青紫舌与高凝状态关系的观察分析　全国四诊研究第二届学术会议专辑　51页，1987

T

唐建刚　浅谈甘温除热法　铁道医学　(3)：177，1984

唐学游　谈情志之变与肺郁　安徽中医学院学报　(1)：5　1987

W

王榕平等　1463例正常人舌下静脉观察分析　福建中医药(5)：39，1986

王　琦等　"中医体质学说的基本原理　首届全国中医体质学说学术研讨会论文集　第11页　1987年

　　中医体质学说研究进展　北京中医学院学报(4)：6，1986

王会仍等　从心肺功能变化看肺气与心血的关系　浙江中医杂志　(1)：30，1987

王硕仁等　气血注射液对冠心病患者血小板功能的影响　中西医结合杂志　(1)：12，1987

王文运等　对150例肿瘤病人手术前后的舌象观察　全国四诊研究第二次学术会议专辑　76页，1987

王　强等　中医"肺助心行血"的实质与微循环的关系刍议　北京中医学院学报　(3)：13，1987

王陈应　耳与肺的关系探讨　山东中医学院学报(2)：9

1986

危北海　中医脾气虚证与"吸收不良综合征"关系的探讨　天津中医　(2)：12，1987

尉迟静　络与结缔组织相关说　南京中医学院学报　(3)：36，1986

温振英等　地图舌的中西医结合临床研究　全国四诊研究第二次学术会议专辑　84页，1987

吴家驹等　脾虚患者胰腺外分泌功能及小肠吸收功能的观察　中西医结合杂志　(5)：316，1987

X

徐正福等　红绛舌、淡白舌与血清某些微量元素、性激素关系的探讨　全国四诊研究第二届学术会议专辑　60页，1987

许长照等　脾虚证患者十二指肠的病理形态及组织化学研究　中西医结合杂志　(12)：722，1987

薛崇成　中医气质学说阴阳分型在我国人群中的分布情况的初步分析　中医杂志　(1)：25，1986

肖洪等　病理舌苔厚薄及苔色与口腔酶及免疫球蛋白关系的研究　全国四诊研究第二届学术会议专辑　62页，1987

Y

杨畔衣　脾气虚证发生机理实验研究　中医杂志　(11)：53，1987

于世增等　补益气血方剂对血小板聚集的影响　中西医结合杂志　(2)：100，1987

俞雪如等　60例青年学生的舌色测试与观察　全国四诊研究第二届学术会议专辑　98页，1987

恽敏　从脾虚泄泻的肠道X线观察对脾主运化的初步探讨　南京中医学院学报　(1)：9，1987

Z

詹学斌　甘温除热法治疗败血症后期持续高热　浙江中医杂志　(8)：365，1986

张伯礼等　天津地区健康人舌象调查和实验研究　全国四诊研究第二届学术会议专辑　18页，1987

张绳祖等　淡白舌与免疫机能关系的初步探讨　全国四诊研究第二届学术会议专辑　51页，1987

张同贵　浅谈祖国医学"肾功能"的物质基础　福建中医药　(3)：4，1987

张晓榕等　气血注射液对心肌耗氧量和红细胞中2,3-DPG含量的影响　中西医结合杂志　(10)：606，1987

赵景华等　试论肺与五官七窍的联系　北京中医学院学报　(2)：15，1987

浙江省中医院肺功能研究室　从心肺功能变化看肺气与心血的关系　浙江中医杂志　(1)：30，1987

周洪进　肾气和寿命的关系　新中医　(1)：54，1987

周霭祥等　人参对人类造血功能影响的实验研究　中国医药学报　(1)：25，1987

朱宝宽等　素食老人舌象观察与血液流变性关系探讨　全国四诊研究第二届学术会议专辑　57页，1987

朱伯卿等　补气活血药治疗气虚血瘀型心力衰竭的临床观察　中西医结合杂志　(10)：591，1987

宗祖懋　试论张子和的吐法　中国医药学报　(6)：43，1987

中药与方剂

(一) 中　药

【概述】

1987年对中药的研究又有新的进展，概述如下。

药性理论：中药药性理论的研究对中药学发展有着重要影响。由于历史条件的限制，中药药性理论大多只是给药以定性，定量分析则是其薄弱环节。徐晓玉为此著文认为，正是这种定性不定量使临床用药伸缩性很大，临床疗效和毒副反应难以掌握，只能停留在临床经验的水平上，不能上升到规范化的高度。要改变这一状况，其中重要一点就是要给中药四气五味定量，徐氏主张可将寒热温凉的每一气和辛甘苦酸咸的每一味再分为强中弱若干个层次，以区别同属一气或一味中药的强弱。当然这种定量方式是否可行，定量的依据是什么，还有待商讨，但给中药药性定量是中药药性理论发展的必然趋势。严永清等分析了辛味中药与归经、作用及化学成份的关系。据统计，在460个常用中药中，辛味药有183个，占39.8%，其中辛温（热）的占总数的57.9%。辛味药归肺、脾、胃三经最多，其次是肝、心、肾三经。辛味药含有多种化学成份，但以含挥发油的最多，其次是各种甙类、生物碱等成份。有关药性理论研究文章还散见于一些学术会议的论文集中。

临床运用：中药临床运用的个案报道较少，取而代之的是临床对比观察及其作用机理探讨。如杨晓慧等报道，用蒲黄提取物治疗113例非特异性溃疡性结肠炎，总有效率在88.6%，与对照组比较，有显著差异。根据患者存在免疫功能失调，经治疗后，免疫功能有不同程度改善的现象，杨氏认为调节免疫功能可能是蒲黄治疗该病的机理之一。易仲杰有关雷公藤对40例顽固性疼痛有效，而且具有起效快，维持时间长，不成瘾，不产生耐药性优点的报道，亦属此例。

药物化学：任世禾等发现不同产地的椒目所含柠檬烯含量有显著差异，而这种差异与其外形、色泽、及饱满程度无关。产地不同的椒目，所含化学成分的种数也存在很大差异。张广强等报道，人工栽培与野生半夏虽然它们的紫外吸收光谱、纸层析图谱、薄层分析图谱和薄层全扫描图谱完全相同，但栽培半夏总生物碱含量及其它对应组分的相对百分含量则高于野生半夏。董海在研究影响三棵针小檗碱变化因素中证实，贮存时间和光照都会降低三棵针内的小檗碱含量，如见光贮存三年的三棵针，所含小檗碱比原生物降低了54.9%，避光贮存的仅降低39.8%。李赛也发现巴戟天炮炙后化学成份发生了质的变化。

中药鉴定：中药材同名异物，假药伪品，互相混用的现象较为普遍，特别是区别鉴定中药饮片、粉末较为困难，为此有关药物鉴定的论文逐年增多。1987年发表了吴代全的“补骨脂与天仙子的鉴别”、刘爱萍的“玳瑁与海龟甲片的鉴别”、廖利平的“三七与伪品血三七的鉴别”、王瑞明等的“中药重楼、拳参的鉴别”、张永清的“全草类药材饮片的性状鉴别”等百余篇论文，特别是张建国的“四十四种矿物药粉末鉴别检索”一文，对白矾、火硝、芒硝、硼砂、食盐等44种矿物药粉末，初步阐明了它们的理化性质，为鉴别矿物药粉末提供了科学依据，填补了矿物中药鉴定学上的空白。

中药炮制与制剂：对于中药炮制的研究，1987年稍有新进展，详见专条的介绍。汤剂是传统的中药主要剂型，它具有一定的优点，也存在不少问题。如卜平指出的，汤剂在煎煮方法上很不规范，其中包括浸泡、加水、煎煮时间、绞药渣等方面，这些因素将直接影响中药疗效的发挥。施顺德也认为：传统剂型存在难以服用，质量难以控制，不能适应急症需要等诸方面问题，因此有必要采用先进技术积极开发中药新剂型。蒋明廉提出了以中药合剂补充或部分代替传统汤剂的设想，可以作为制剂工作者参考。运用现代手段加工中药剂型，还必须注意加工工艺对中药原有疗效的影响。如杨永华等报道，水蒸醇沉处理会使补肾中成药中锌、硒、铁等大部份微量元素丧失，而这些微量元素在治疗肾虚中起重要作用。

药理研究：中药药理研究的内容概括起来主要分三个方面，即大规模的药物筛选、单味药药理作用研究及机理探讨，有效成份药代动力学的研究。药物筛选主要报道有马云鹏等氏利用HDI实验系统筛选了480种中草药的960种粗提物在体外对癌细胞DNA的作用。郑民实等采用反相被动血凝抑制试验，筛选了常用100种中草药对乙型肝炎病毒抗原的抑制作用，结果发现960种中草药粗提物中有83种能直接作用于DNA，其中产生嵌合效应有16种，交绞作用有9种，断链作用有23种，复合效应有35种。100种中草药中对乙型肝炎病毒表面抗原具有抑制作用的有黄芪、贯众、荔枝核、大黄等15种药物的水提物和穿心莲、牛蒡子、凤尾草、贯众、马齿苋、羌活等6种药物的醇提物。单味药研究中，有较高价值的报道很多。如李国栋等报道人参总皂甙可刺激分离的大鼠胰岛释放胰岛素，并可促进葡萄糖引起的胰岛素释放，提示人参临床对糖尿病有一定效果与其促进胰岛素分泌有关。陆平成进行党参助邪为患的研究，发现党参对于金黄色葡萄球菌造成的小鼠败血症，不仅无益，反可使小鼠血中细菌增多，使死亡率增加。这一实验结果证实中医认为补益药在外感邪实情况下使用，有助邪伐正的副作用的科学性。中药的药动学研究在技术上、理论上还存在一定的问题，但其某些有效成份的体内过程，近年来有较大进展。如马郁琪报道，给大鼠静脉注射^{3}H—三七皂甙Rg，^{3}H—三七皂甙Rg能广泛分布于大鼠体内各组织，药时曲线呈二房室模型，各动力参数为$t_1/2a=0.179h$，$t_1/2B=0.40h$，$V_1=18.9ml$；给药二小时，三七皂甙Rg与血浆蛋白结合率为27.6%；三七皂甙Rg，口服吸收较缓慢，在体内残留时间也较长，主要通过胆汁排泄。董圣凯通过氧化苦参碱在家兔体内药动学的研究，发现氧化苦参碱在体内分布迅速，排泄也较快，当静脉按100和500mg/Kg给药时，分布半衰期仅5.8min，消除半衰期只有29.6min。王筠默认为，现已具备建立中药药理学科的条件，它的建立将有助于加快中药药理文献的整理，更有力地推动中药药理学的发展。

1987年3月，中华全国中医学会中药学会成立，对中药研究学术活动的开展将产生重要推动作用。同年12月全国中药学会首届学术会议在武汉召开，会上共交流中药炮制、中药制药、中药鉴定、中药药理、本草研究、中药化学、中药理论等方面论文300余篇，这次会议对于交流近年全国中药研究概况起到了一定的作用。

（李仪奎　马建平）

【几种不同产地、不同品种药用植物的比较研究】

1.解表药

细辛　细辛属植物挥发油已检出以甲基丁香酚、榄香脂和黄樟醚为中国属挥发油特征成分，可作为品质评价指标。杨春澍以此测定短尾细辛所含甲基丁香酚比华细辛高，挥发油也较高，镇痛明显。其他如花叶尾、鼎湖、灯笼、青城、五岭和杜衡等细辛含前二种成分较多，民间早用，可补充习用的细辛。杨广民将湖南细辛属中宜昌、五岭、长茎金耳环细辛与辽宁细辛对照，测定结果挥发油和组分基本相同，与文献基本一致，但其药理与临床尚须进一步研究。顾月翠报道，四川细辛属中巴山与旺苍灯笼细辛，挥发油含量在1.6%以上，经薄层和气相层析，与汉中华细辛相似，且产量大，值得研究开发。

柴胡　柴胡属植物根部主含皂甙与挥发油，茎叶主含黄酮。李鸿英报道烟台柴胡为北柴胡变型，茎叶水溶性部分经聚胺柱层分离得二个主要黄酮醇类化合物——槲皮甙和槲皮素。临床证实其煎剂能退热消炎，杀菌止痛，提取物制成片剂治小儿肺炎180例，有效率93.81%。刘丽娟报道柞柴胡为黑龙江特有，有效成分含量在北柴胡和狭叶柴胡之间，且无毒性，为其利用提供依据。潘胜利报道云南发现三个新种——多枝、韭叶、泸西柴胡。经化学分析，三个新品种是本药有前途的资源。

2.清热药

银花　丁济、黄光中通过对14种银花中异绿原酸和绿原酸测定，以灰毡毛忍冬含量最高，约11%，平均单株产花233克，比正品忍冬高，野生变家种平均单株高达437.5克为良种。叶藏花为忍冬属叶藏花的花蕾及初开花，产量高而易栽培，资源丰富。石素贤等经纸层层析、紫外光谱试验，发现与银花化学成分基本一致，绿原酸及总黄酮含量均高于银花；从抑菌和急性毒性试验与正品基本一致，而溶血性比银花弱，故为一新品种。

黄连　马尾连为毛茛科贝加尔唐松草根茎和根，资源丰富，张承忠用乙醇及乙酸水回流，测定小檗碱，马尾连为1.04%、1.81%，黄连为2.22%、4.82%。故作小檗碱用可倍量代黄连。苏焕然报道太白黄连为毛茛科长果升麻根茎或全草，其性味、功效和主治与黄连相似，其对金黄色和白色葡萄球菌、普通变形和绿脓杆菌抗菌作用相同，而对痢疾杆菌和伤寒杆菌抗菌作用略高，故可代用黄连，

黄柏　黄柏含小檗碱3～7%，抗菌较强，谢道刚报道黄柏和三颗针对白色念珠菌、新型隐球菌，红色发癣菌均显示抑制作用。日本从多种芸香科黄柏属植物中提出极显著抗真菌物质，收率达10%。国内不仅也提出该物质，且从小檗科野生三颗针根中提出，二者俱有抗真菌的医疗作用。

龙胆草　罗集鹏报道龙胆草属九种植物均含龙胆草苦甙、当药苦甙和当药甙，定量分析，坚、三花、德钦、东北和粗糙等龙胆草含龙胆草苦甙较高，故品质较优，可作新资源利用。

苦参　王学武等从苦参中提取总生物碱研制苦参栓，对慢性宫颈炎疗效肯定，对老年性、滴虫性、霉菌性阴道炎及附件炎、盆腔炎也有效，抑菌消炎主要为苦参碱单体，现从宁夏药源苦豆子中提取分离得苦参碱单体制成栓剂，经试验毒副作用小，经治223例慢性宫颈炎，治愈率为49.7%，总有效率为95.95%。

矮地茶　矮地茶中的主要成分是岩白菜素。李旦报道从云南岩菖蒲中也分离到，用最新工艺水提法，收率为2%，镇咳良好。孙殿中等报道从厚叶岩白菜中也提取得到有效成分岩白菜素，经临床证明有镇咳祛痰作用。钱淑报道岩白菜素从紫金牛根茎中提取为0.1～0.2%收率，从虎耳草科华南落新妇根茎中提取收率可达1～2%，同科鬼灯檠属中也可提得。

胖大海　为梧桐科胖大海成熟种子，近年发现进口胖大海中有5%圆粒苹婆种子混入，冯毓秀等鉴定二者系同科同属圆粒胖大海，形态极相似，种皮水浸均膨胀，而叶片形状、种子形态和组织特征不同，种皮水浸液均含糖类，测定多糖分别为4.24%、2.32%，半乳糖和阿拉伯糖比值均为1:1，可见二者组分相似，为圆粒胖大海利用提供参考。

胡黄连　谢培山报道西藏胡黄连为进口胡黄连的近缘植物，经分离鉴定所含环烯醚

萜甙与印度胡黄连主成分一致，二者水醇浸出物、苦味度及毛管象完全一样，故可充分开发利用。

（戴龙瑞）

【炮制的研究】

1.雄黄　《中华人民共和国药典》（1985年版）及各地的现行炮制规范均将干研法与水飞法作为雄黄的法定炮制方法。原思通等以《美国药典》Ag(DDC)比色法测定了雄黄原药材及各种炮制品中As_2O_3含量，对其传统炮制方法进行了研究。结果表明：净选可显著降低雄黄中As_2O_3含量；干研法不能代替水飞法，干研法不能减少As_2O_3含量；水飞法降低雄黄中As_2O_3含量的效果与水温及用水量有规律性关系，在其他条件一致的情况下，增加用水量和提高用水温度可提高降低As_2O_3的效率；前人关于“雄黄见火毒如砒”的经验确有实验根据。雄黄经干热烘烤一小时，样品中As_2O_3的含量与受热的温度有关，从180～220℃三个样品中As_2O_3含量随受热温度的升高而急骤增加，故炮制雄黄禁止高温加热处理。

2.何首乌　叶定江等对生首乌及其炮制品进行了免疫药理学的研究，观察其对小鼠免疫器官(胸腺、脾脏、腹腔淋巴结、肾上腺)的重量，正常白细胞及免疫抑制剂引起白细胞下降和脏器重量下降的对抗免疫抑制剂的作用，腹腔巨噬细胞吞噬能力，红细胞C_3b受体花环及免疫复合花环的影响，结果提示黑豆汁拌蒸32小时的首乌具有增强机体非特异性免疫及增强细胞免疫抑制剂的作用。生首乌则无此作用。九蒸九晒首乌仅能使肾上腺增重，多数实验指标无作用。故就延年益寿、增强免疫效能而言，以黑豆拌蒸32小时为宜。

3.侧柏叶　侧柏叶多炒炭用，亦有生用者。蒋纪洋等对侧柏叶生品及不同炮制品(炒炭、焖煅炭）进行了化学和药理比较，结果如下：(1)不同炮制品挥发油含量较生品降低，焖煅炭降低较小。钙的含量，两种炭制品均较生品为高。（2）用小白鼠剪尾法观察其用药前后的凝血时间，结果证明，生品无显著性差异（$P>0.05$)，两种炭制品均能显著缩短小白鼠凝血时间($P<0.01$)，由此可见，炒炭可增强止血作用的传统理论是有其科学性的。（3）焖煅法制炭，可减少其主要成分挥发油含量的损失，增高钙的含量，加强止血作用。用焖煅法制侧柏叶炭还可避免制炭时产生烟雾对工作人员的刺激。

4.酸枣仁　酸枣仁是中医常用的安神药，有镇静催眠作用。据古代文献记载，生用与炒用的作用不同，“睡多生使，”“不得睡炒熟。”但也有不同报道，用生酸枣仁汤治疗失眠也有催眠作用。为此，娄松年等对生用与炒用的酸枣仁进行了有关的药理试验。结果表明，生、炒酸枣仁对中枢神经系统均呈现镇静、安眠和抗惊作用，两者之间无显著性差异。因而认为文献上关于“睡多生使”及生用与炒用的作用不同的记载可能是误传。

5.黄连　黄连为常用中药，其水煎液具抗菌作用早有报道，但经不同方法炮制后，其抗菌能力有何变化？为此，陈杏科等对黄连及其炮制品进行了体外抗菌研究。结果表明：黄连分别经酒、姜、吴萸制后仍有不同的抗菌活性，且均出现了炮制前未有的对绿脓杆菌的抑制作用。黄连经姜制后对变形杆菌的抑制作用增强，并优于其它炮制品。

6.山药　山药的传统炮制方法较多，杨梓懿对山药的生品和炮制品(清炒品、土炒品、麸炒品)的薯蓣皂甙元和水溶性浸出物的含量进行了测定，结果证明：（1）三种炮制品薯蓣皂甙元的含量较生品均有显著的提高，土炒>清炒>麸炒>生品，说明山药经不同方法炮制后均有利于薯蓣皂甙元的溶出，并以土炒为最好。（2）山药炮制后没有提高水溶性总浸出物的含量。鉴于目前山药生用的较多，但从临床疗效的角度考虑，还以炮制后应用为好。

7.藕节炭　藕节具有止血、消瘀之

功，主治衄血、吐血、便血等各种出血。蒋纪洋等对不同方法炮制的炭制品（炒轻炭、炒中炭、炒重炭、焖煅炭）的鞣质及钙的含量作了测定，并做了凝血实验比较，结果藕节制炭鞣质及钙含量相对增加时，止血作用加强，从而说明中医传统经验认为藕节炒炭可增强收敛止血作用似与鞣质和钙的含量有关；由实验结果亦说明，藕节以炒重炭入药用为佳。

8.黄芪　俞振良等对蜜炙炒黄芪与不同温度蜜炙烘黄芪药理作用进行了比较：蜜炙黄芪经70℃或80℃烘制2小时后与传统蜜炙炒黄芪在LD_{50}、白细胞计数及分类、血红蛋白含量、免疫器官、重量、吞噬指数、碳廓清率、尿量数增加等方面都有相似的结果而无显著差别，故认为70℃或80℃烘烤2小时的蜜炙黄芪完全可以取代传统蜜炙炒黄芪，以利统一工艺标准，便于大规模进行生产。

9.芥子　沈海葆等对芥子炮制前后有效成分——芥子甙进行含量测定，其中炒芥子为3.19%，生芥子为2.50%。又对芥子及其粗粉水煎液进行含量测定，其中炒芥子为1.02%炒芥子粗粉为1.80%；生芥子为0.79%，生芥子粗粉为1.24%。测定结果表明，芥子以炒制品碾粗粉或捣碎入煎剂为宜。为保证疗效，避免副作用，内服应以炒制品碾粗粉入药，外用应以生品临用时碾粉入药。

10.枳壳　《中国药典》（1985年版）规定麸炒枳壳。为探讨炮制对枳壳药理作用的影响，刘孝乐研究了生、炒两种枳壳对兔离体肠管、离体子宫及小白鼠胃肠蠕动的作用，结果表明，两者作用相似，生枳壳水煎液作用强度较强。

（沈道修）

【三七、天麻等名贵药材的真伪鉴别】

（一）三七的真伪鉴别　三七药材为五加科植物三七Panax notoginseng（Burk.）F.H.Chen的根。林幸华、李永亮、郭建纲等报道，近年有把姜科植物姜黄Curcuma longa L.、莪术C.zedoaria Rosc.、广西莪术C. kwangsiensis S.lee et C.F.Liang、郁金C.aromatica Salisb.的根茎仿三七外形加工，伪充三七。其鉴别特征见表（1）

（二）天麻的真伪鉴别　天麻药材为兰科植物天麻Gastrodia elata Bl.的球茎。综

表(1)　三　七　的　真　伪　鉴　别

	三七块根	莪术、广西莪术、郁金根茎的加工品	姜黄根茎的加工品
外形	顶端有茎痕，周围有瘤状突起，并有微突起的横长皮孔及纵皱纹。	有节和节间，顶端有数个加工而成的瘤状突起，有明显的刀锉痕及细纵纹。	由主根茎加工而成者，有须根痕及侧生根茎痕。由侧生根茎加工而成者，一端圆钝，一端为断面。有明显的环节。
击破面	灰绿色、黄绿色或灰白色，角质样。皮部与木部常分离，皮部有细小的棕色树脂道斑点，中心微显放射状纹理。	深绿黄色、棕色或浅棕色。内皮层环明显，黄色，并可见散在的淡棕色点状维管束。	深黄棕色至红黄色，角质样，具蜡样光质，可见点状维管束。
粉末特征	有树脂道及草酸钙簇晶。	有类圆形油细胞，充满黄色油滴。	有油细胞，内含深黄色油状物。
理化反应	取粗粉少许，加水适量，温浸30分钟，过滤，取滤液1毫升，置试管中塞紧，用力振摇，能产生持久性泡沫。粉末放入猪血内，猪血逐渐溶解稀化。	方法同三七。呈负反应。	方法同三七。呈负反应。
气味	气微，味苦而后回甜。	气微香，味苦而辛。	气香特异，味辛微苦。

合陈代贤、冯迈高、叶桂存、袁坚、刘成运、于永合、陈建华等报道，天麻伪品有下列数种：紫茉莉科植物紫茉莉Mivabivis jalapa L.的根；菊科植物大丽菊Dahlia pinnata Cav.的根及西南蟹甲草Cacalia tangutica (Finch)、Hand-Mazz.的块茎；茄科植物马铃薯 Solanum tuberosum L.的块茎；美人蕉科植物芭蕉芋 Canna eduliS Ker-Gawl 的块茎；天南星科植物芋 Colocasia esculenta(L)，Scuott 的块茎。其鉴别特征见表(2)、(3)

表(2) 天麻的真伪鉴别

	天麻	紫茉莉	大丽菊	西南蟹甲草	马铃薯	芭蕉芋	芋
形状	长椭圆形，略扁，皱缩而弯曲。一端有残留的茎基或红棕色的芽胞；另一端有圆脐形疤痕。	圆柱形，加工时压扁，平直或微弯曲。顶端具茎痕或残茎，末端有切削痕。	纺锤形或类椭圆形，加工时多除去外皮，两端常成纤维状。	长椭圆形，压扁。顶端有残留的茎基。	椭圆形，扁缩。一端有茎的残基；另一端无圆脐形疤痕。	卵圆形或长椭圆形。顶端有灰褐色嫩芽，基部有疤痕。	椭圆形或圆锥形，略弯曲。顶端有粗短的芽胞，下端有棕色圆脐形疤痕。
表面特征	表面黄白色至淡黄棕色，可见数圈由小点排成的环纹。	表面灰黄色，有细纵纹及支根痕。	表面灰白色，皱缩有沟纹。	表面灰棕色，半透明，环节明显并有须根痕。	表面黄白色或淡黄棕色，较平滑，有芽眼形成的半月形痕迹。	表面灰黄色，多起白色粉霜。有环纹5～8环，或有纵向散乱的纤维状纹理。	表面淡黄色，有不规则纵沟纹，有时可见点状环纹。
质地	质坚硬，不易折断。	质硬。	体轻，质硬脆。	质坚硬。	质坚硬。	质柔软而润。	质松脆。
断面	平坦，角质样，有白色散生的小点。	略呈角质样，有白色点状同心环数层十数层。	略呈角质样，中间有木心或中空。	灰白色，角质样。未经蒸煮者，髓部纵切面呈隔膜状。	平坦，角质化。	角质样，褐棕色。	角质样，可见散在的纤维状维管束。
气味	味甘，嚼之发脆，有粘性。	嚼后有刺喉感。	味淡。	味微甜。	味淡。	味甜，嚼之有粘性。	水浸后有特殊气味，并有大量粘液。
显微鉴别（横切面）	皮层及中柱薄壁细胞中有草酸钙针晶束。中柱大，其中散列小形周韧及外韧维管束。有少量淀粉粒，多已糊化。	三生维管束排列成数层至十数层，每一维管束为外韧型。薄壁细胞中含大量草酸钙针晶束。淀粉粒多，已糊化。	皮层内有石细胞群散在，近内皮层处有分泌腔，排成不连续的环状，其内及周围可见细小的脂肪油滴。射线部位亦可见分泌腔。有菊糖。	皮层有石细胞，内皮层外侧有分泌腔。维管束内常伴有木纤维和石细胞群，呈波状带。髓部大，亦有石细胞散在。	中柱大，中柱内的外韧及双韧维管束在外围呈环状排列，内侧不规则放射状排列。淀粉粒多，已糊化。可见草酸钙砂晶。	皮层维管束外方有纤维束排成帽状。内皮层及中柱鞘明显，其内侧有一环排列整齐的维管束，中柱维管束排列散乱。有大型分泌腔，胞腔周围可见大型菊糖结晶。	皮层薄，中柱大，中柱内的周木维管束排列散乱。粘液细胞多而大，内含草酸钙针晶。薄壁细胞中含大量淀粉粒，已糊化。

表(3) 天麻及其伪品的理化鉴别

	天麻	紫茉莉	大丽菊	西南蟹甲草	马铃薯	芭蕉芋	芋
醇浸出液加米隆试剂加热。	显玫瑰红色并有黄色沉淀。	显淡乳黄色沉淀。	呈淡棕色沉淀。	呈黄白色絮状沉淀。	呈乳白色沉淀。	呈淡乳黄色沉淀。	呈淡黄白色沉淀。
水浸出液加碘试液。	显酒红色。	显蓝紫色。	显淡棕色。	显黄棕色。	显蓝紫色。	显蓝紫色。	显棕褐色。
醇浸出液的萤光。	显石绿萤光。	显暗蓝灰色萤光。	显湖蓝灰色萤光。		显淡湖蓝灰色萤光。	显暗蓝灰色萤光。	显淡普蓝色萤光。

（洪 恂）

【香橼等40种中草药中的新成分】

中国学者在香橼等40种中草药中发现了61个新成分，其中某些成分还具有一定的生物活性，这对今后中草药药理研究、药物功效关系的探讨、新的人工合成药物的研制及临床治疗等均有一定的参考价值，列表如下：

中草药名及原植物学名	新成分名称	分子式	熔点	生物活性	报道者
1.香橼 Citrus medica L.	枸橼苦素	$C_{28}H_{34}O_{11}$	247-8		何海音等
2.长叶榧 Torreya jackii	长叶榧醇	$C_{20}H_{24}O_6$	155-7		陈仁通等
3.雷公藤 Tripterygium wilfordii Hook. f.	雷二萜酸甲酯 雷公藤碱己 雷酚萜醇 雷公藤宁碱	$C_{31}H_{50}O_4$ $C_{38}H_{47}NO_{18}$ $C_{21}H_{30}O_4$ $C_{42}H_{48}N_2O_{18}$	240-2 153-4 197-9 187-9	对小鼠溶血素形成有显著抑制作用	邓福孝等 何直昇等
4.鼠掌老鹳草 Geranium sibiricum L.	短叶苏木酚酸乙酯	$C_{15}H_{12}O_8$	>330	对金黄色葡萄球菌和大肠杆菌的抑菌浓度分别为0.125mg/ml和0.5mg/ml	郭佳生等
5.黄皮Clausena lansium (Loun.) Skeels	黄皮酰胺 新黄皮酰胺 桥环黄皮酰胺	$C_{18}H_{19}NO_3$ $C_8H_{19}NO_3$ $C_{18}H_{17}NO_2$	239-40 205-6 164-6	对四氯化碳中毒引起的小鼠高谷丙转氨酶有明显的降酶作用	杨明河等
6.酸枣仁 Zizyphus spinosus Hu	zivulgarin	$C_{26}H_{22}O_{15}$	275-7		曹路等
7.刺梨 Rosa roxburghii Tratt.	刺梨酸	$C_{30}H_{48}O_6$	292 (分解)		梁光义
8.暴马子、暴马丁香 Syringa amurensis Rupr.	暴马醛酸甲酯	$C_{11}H_{14}O_6$			梁文藻等
9.毛冬青 Ilex pubescens Hook et Am	毛冬青皂苷甲	$C_{36}H_{56}O_{11}$	285-7 (分解)		秦国伟等
10.栀子Gardenia jasminoides Ellis	栀子花乙酸	$C_{30}H_{46}O_5$	214-6	对大鼠有抗早孕作用	徐任生等
11.黄花棘豆 Oxytropis ochrocephala Bunge	皂苷1(名称未定) 皂苷2(名称未定)		235-7 (分解) 244-8 (分解)		孙荣奇等
12.山蒟 Piper hancei Maxim	山蒟醇 山蒟素B 山蒟素C	$C_{21}H_{26}O_5$ $C_{21}H_{24}O_5$ $C_{23}H_{28}O_6$	 油状物 无色油		李书明等

中草药名及原植物学名	新成分名称	分子式	熔点	生物活性	报道者
13.白水茶 Camellia sinensis L.	山茶甙A 山茶甙B	$C_{20}H_{34}O_{16}$ $C_{27}H_{32}O_{15}$	196-7 328-30		成桂仁等
14.红泽兰 Strobilanthes japonicus (Thunb.) Miq.	红泽兰甙		214-6		黄静等
15.长叶香茶菜 Rabdosia stracheyi (Benth ex Hook. f) Hara	长叶香茶菜甲素		185-7		李广义等
16.大丁草 Gerbera anandria(L.) Sch Bip.	大丁纤维二糖甙 大丁龙胆二糖甙	$C_{22}H_{28}O_{13}$ $C_{22}H_{28}O_{13}$	217-9 155-7		谷黎红等
17.细锥香茶菜 Rabdosia coetsa (Buch.-Ham. ex D. Don)Hera	细锥香茶菜甲素 细锥香茶菜乙素	$C_{23}H_{30}O$ $C_{24}H_{30}O_9$	304-6 165-6		王先荣等
18 花锚 Halenia ellipitica D. Don	花锚甙 去甲氧基花锚甙 2,3,4,5-四甲氧基山酮-1-0-木糖葡萄糖甙	$C_{23}H_{34}O_{16}$ $C_{27}H_{32}O_{15}$	178-80	有明显保肝作用，可增加核糖核酸，增加肝糖元，促进蛋白质的合成，促进肝细胞的再生，加速坏死组织的修复	孙洪发等
19.华佗豆 Ipomoa hardwickii Hemsl	华佗豆碱丁 华佗豆碱戊		>300		刘涛晋等
20.独活、重齿毛当归 Angelica pubescens Maxim. f. biserrata Shan et Yuan	异当归醇 毛当归醇	$C_{20}H_{24}O_7$ $C_{20}H_{26}O_7$			潘竟先等
21.狭香蒲 Typha angustata Bory et Chaub.	香蒲酸	$C_{19}H_{20}O_7$	248-50		徐利锋等
22.大叶柴胡 Bupleurum logiradiatum Turcz.	柴胡毒素 柴胡酮醇 乙酰柴胡毒素 柴胡炔醇	$C_{17}H_{22}O_2$ $C_{17}H_{20}O_2$ $C_{19}H_{24}O_3$ $C_{17}H_{22}O$	54 22 48 36	LD_{50} 3.03mg/kg LD_{50} 3.13mg/kg	赵吉福等
23.甘草 Glycyrrhiza uralensis Fisch	乌拉内酯	$C_{30}H_{44}O_4$	302-3		舒永华等
24.仙茅 Curculigo orchioides Gaertn.	仙茅素A	$C_8H_8O_2Cl_2$ （甙元）	206-8		徐俊平等
25.山香圆叶 Turpinia arguta Seem.	2α-过氧羟基熊果酸	$C_{30}H_{48}O_5$	248-51		方乍浦等
26.毛叶香茶菜 Rabdosia japonica (Burm. f) Hara	毛叶酯 毛叶醇	$C_{28}H_{38}O_{10}$ $C_{20}H_{38}O_4$	216-8 271-272.5		汪茂田等
27.地丁、紫花地丁 Viola yedoensis Mak.	二十四酰对羟基苯乙胺	$C_{32}H_{57}NO_2$	112-112.5		肖永庆等
28.麦冬 Ophiopogon japonicus (Thunb) Ker-Gawl	6-醛基异麦冬黄酮A 6-醛基异麦冬黄酮B	$C_{19}H_{14}O_7$ $C_{19}H_{16}O_6$	170-2 144-5		朱永新等
29.人参（叶）Panax ginseng C. A. Meyer	人参皂甙Rh3 人参皂甙Rh2	$C_{36}H_{60}O_7$ $C_{36}H_{62}O_8$	255-7 288-90		陈英杰等
30.马桶花 Incarvillea arguta Royle	马桶花酮	$C_8H_{10}O_5$	94(升华)	具有较强的抑菌作用和镇静作用	杨模坤等

中草药名及原植物学名	新成分名称	分子式	熔点	生物活性	报道者
31.唐古特瑞香（祖师麻）DaPhene tangutica Maxim	唐古特瑞香甲素	$C_{53}H_{72}O_{11}$		对孕猴中期妊娠引产剂量为300微克／支（羊膜腔注射）	王成瑞等
32.黄瑞香 Daphne giraldii Nitsche	黄瑞香丙素	$C_{43}H_{60}C_{9}$		有刺激皮肤粘膜的作用	王成瑞等
33.海南地不容Stephania hainanensis H.S. Lo et Y. Tsoong	异斯库来碱	$C_{19}H_{21}N_{9}C_{4}$	202-4		方圣鼎等
34.重楼排草 Lysimachia paridiformis Franch.	重楼排草甙		163-5	有兴奋子宫作用	韩定先等
35.五灵脂	五灵脂酸	$C_{20}H_{32}O_{5}$	256-8	有明显的抑制血小板聚集活性和一定的抗菌活性	杨东明等
36.紫草乌 Aconitum delavayi Franch	紫草乌碱甲	$C_{29}H_{39}NC_{6}$	硝酸盐 156	其表面麻醉作用，比可卡因强两倍而毒性略小	蒋山好等
37.苦玄参 Picria fel-tarrae Lour.	苦玄参苷Ⅱ	$C_{42}H_{66}O_{15}$	210-12		金静蓝等
38.西洋参 Panax quinquefolius Linn	人参皂甙RAo		192-3		徐绥绪等
39.海南萝芙木 Rauwolfia venticillata (Lour.) Baill var hainanensis Tsiang	大斯配加春	$C_{40}H_{46}N_{4}C_{3}Cl_{2}$	300（分解）		林茂等
40.野菊花 Chrysanthemum indicum L.	野菊花醇	$C_{15}H_{26}C_{2}$	144-6	具有明显的抗炎作用	于德泉等

（凌罗庆）

【中药含挥发油的研究】

中药内所含的挥发油，其组成成分较为复杂，大多数为单萜或倍半萜的衍生物，此外还含有一些脂肪族和芳香族的化合物，并已发现其中有些成分具有一定的活性，现将最近一年内对挥发油成分的研究扼要介绍如下：

1.党参　党参有补中、益气、生津等作用，用以治疗脾胃虚弱、气血两亏等症。廖杰等从潞党参Codonopsis pilosula(Franch) Nannf.的挥发油中鉴定出32种成分，其中酸性成分11个，约占挥发油总量的50%，主要为棕榈酸，另有中性成分21个，主要成分为十六酸甲酯，其次为正十八烷、正十九烷和正十七烷。以上分析结果表明，党参挥发油中含有大量的脂肪酸，而萜类成分较少，这与一般中药挥发油比较，有显著的差别。

2.土香薷　土香薷Origanum Vulgare L.系唇形科牛至属植物，药用其全草，性凉，味辛，无毒，具有解表理气、利尿、化湿的功效，刘焱夕等从其挥发油中分离出两种主要抗菌有效成分，经色谱及质谱分析，鉴定为百里香酚和香荆芥酚。

3.刺人参　刺人参Oplopanax elatus Nakai.为五加科刺参属多年生具刺灌木，其根、根茎及茎可作药用，具有补气、助阳和兴奋中枢神经等作用，有类似人参的功效。其挥发油含量约0.8～1.2%，抑菌试验表明有抗真菌活性，文献报道，其挥发油对中枢神经系统有抑制作用，有镇静和镇痛等功效，其静脉乳剂对实验动物有抗炎作用。宓鹤鸣等用气-质联用方法鉴定出30种挥发油成分，橙花叔醇、榧叶醇、δ-荜澄茄稀、乙酸龙脑酯和α-十二烯醛等几个化合物的含量占总油的50%以上，是刺人参挥发油的主要成分。

4.地鳖虫　地鳖虫Eupolyhaga sinensis有破血逐瘀、通络理伤的功效，是中医临床治疗外伤的要药。傅桂香等用气-质联用法鉴定出萘、正已醛、正乙基环丁醇、3-甲基丁醛、乙酸乙酯、二氯苯、二甲基二硫醚等20个成分，占挥发油含量的81.86%，其中萘的含量最高，占22.19%，含有大量萘，这在中药中实为罕见。此外各种脂肪醛和芳香醛共占24.96%，这些醛可能是地鳖虫的臭味成分，而二氯苯和二甲基二硫醚在一般中药中也是罕见的，因此地鳖虫挥发油的成分与大多数中药挥发油成分是有较大差别的。

5.狭叶杜香　狭叶杜香Ledum palustre L.var angustum N.Busch 杜鹃花科杜香属植物，是杜香的两个变种之一，民间用以治疗月经不调和不孕症。赵德修等用气-质联用等方法共鉴定出27个挥发油成分，主要成分为桃金娘烯醛(27.02%)、β-侧柏烯(21.63%)、对伞花烃(12.75%)、γ-松油烯(3.65%)、对枯茗醛（2.02%）和β-蒎烯(1.49%)等。

6.细辛　顾月翠等对四川商品细辛11个品种26个样品进行了挥发油的含量测定，得出结论：同一品种因产地不同，油含量与成分相差较大，其主成分也不同，由此可了解细辛的质量，为选用优质药材提供依据。

7.防风　防风为伞形科植物防风 Saposhnikovia divaricata(Turcz.)Schischk的根，王建华等用气-质联用等方法鉴定出辛醛、β-没药烯、王醛、花侧柏烯、β-桉叶醇等20种成分，其中以辛醛含量最高。

8.黄花败酱　败酱有清热解毒、排脓破瘀的作用。马越美等从黄花败酱Patrinia scabiosaefolia Fisch 根和根茎的挥发油中鉴定出α-蒎烯、β-蒎烯、δ-榄香烯、胡椒烯、α-古芸烯、α-香柠檬烯、α-依蓝油烯。δ-荜澄茄烯和γ-榄香烯等9种成分，并用柱层析方法分离得到其中的主要成分为α-古芸烯

9.三七　三七Panax notoginseng (Burk) F.H.Chen有滋补强壮、止血化瘀、消肿止痛的功效。鲁歧等用气-质联用法鉴定出34种挥发油成分，其中5种与人参挥发油成分相同，但γ-依蓝油烯和莎草烯二个成分在人参中尚未发现。鉴于三七挥发油中生理活性较强的倍半萜成分与人参大体相似，但又有与其不同的成分，从而为探讨三七与人参药理作用的异同提供了一定的依据。

10.白苣子　白苣子为兰科植物莴苣Lactuca sativa L.的种子，其挥发油含量约为0.08%，顾维彰等分离检出51个成分，鉴定了其中32个成分，含量较高的是己醇、戊醇、己醛、α-戊基呋喃、己酸、爱草脑、反辛烯酸醇-2等，挥发油的0.2%水溶液有非常显著的利尿作用，且有一定的量效关系。

11.新疆一支蒿　新疆一支蒿 Artemisia rupestris L.的挥发油具有明显的抗过敏作用。徐广顺等通过气-质联用法分析表明有39种挥发油成分，并确证了其中18种相对含量在1%以上的组分，有乙酸香叶酯、α-松油醇醋酸酯、异松油烯、β-松油醇、γ-松油醇、别罗勒烯、2-甲基戊烯-3-醇-1、α-松油醇、月桂烯等12种，因其野生资源丰富，挥发油含量又高，这为进一步开发利用新资源提供了科学依据。

12.生姜　生姜为姜科姜属植物姜 Lingiber officinale Rosc.的根状茎，中医主要用于治风寒感冒和胃寒呕吐。其挥发油含量约0.3～1.2%，林正奎等鉴定出其所含单萜烯以β-水芹烯(10.67%）为主，单萜含氧衍生物虽多，但含量均较低，但倍半萜的含量较高，主要成分有α-姜烯(44.26%)、β-红没药烯(16.20%）、β-檀香醇(10.51%)、α-姜黄烯（1.94%）和姜醇（0.29%)等，此外尚含有一些微量成分，例如紫苏醛、橙花醛和香叶醛，它们都具有很强的抗真菌活性。

（凌罗庆）

【国产西洋参的研究】

西洋参（Panax quinquefolium Linin)别名花旗参。为五加科多年生草本植物。原产于北美洲加拿大的蒙特利尔、魁北克和美国东部。国内自七十年代以来大量引种栽培，并取得了很大的进展。

(一)栽培技术　国内大多数农田有机质含量较少，氮含量也低，刘铁城等人试验结果表明，在秋播地上当年春季或上一年秋季，将腐熟的有机肥施于田间，经耕翻晾晒8～10次，播种前15～30天土壤消毒后使用，经以上处理后能改善生态环境，提高土壤肥力，使参苗生长状况及存苗率明显高于未施肥改土者；三年生平均根重为11.43克，比未经施肥改土的根重提高36.81%；在与平均根重的关系方面，施肥改土的参畦100株一年生参根0.5克以上者占68%，而未经施肥改土的参畦则仅占10%，从而说明了合理的施肥改土能提高西洋参的产量和质量。

刘氏还对北京地区农田栽培的西洋参根部病害情况进行了调查及防治试验。经分离鉴定，西洋参根部腐烂病的致病菌有：立枯病、猝倒病、疫病、根腐病、炭疽病5种，其中以立枯病为害最猖獗，参苗死亡率高达30～40%。日本、美国防治上述土传病害，主要采用多次耕翻晒土，播种前采用氯化苦进行土壤消毒，此法操作复杂，且影响参苗生长。试验采用高效低毒农药—50%多菌灵或棉隆消毒土壤，防治效果明显，存苗率高。

西洋参从果实成熟至种子萌发需经二年左右的时间，温度对种胚的发育具有十分明显的影响。陈莫等人进行了不同时期的温度试验，结果认为西洋参种子胚后熟可分为形态发育和生理后熟两个阶段，在形态发育的前期胚率从8%左右发育至20%（胚长0.4～1mm），约需40～50天，这时间以20℃左右的变温较好，在形态发育的后期，胚率从20%左右发育至66.7%以上（胚长1～3.3mm），需80～100天，这一时期以15℃左右变温较适宜。种胚后熟以5℃左右为适宜，持续时间需3.5～4个月。在适宜的温度下，总共需8.5个月完成整个后熟期，可以提前一年获得经济效益。

（二）化学成分　徐绥绪等人对国产西洋参化学成分进行了研究，采用低压柱层析和Rp-18反相的Lobar柱层析法分离得到18种单体，并已鉴定了16种化合物结构；它们分别为棕榈酸(CQ-1)，齐墩果酸（CQ-3)，β-谷甾醇-3-o-β-D-葡萄吡喃糖甙（CQ-4)，人参皂甙-Rh_1(CQ-5)，-Rg_3(CQ-6)，-Rg_2(CQ-7)，-Rg_1(CQ-8)，-Rf（CQ-9)，-Re（CQ-10)，-Rd（CQ-11)，-Rb_2(CQ-12)，-Rb_1(CQ-13)，-Rc(CQ-14)，蔗糖(CQ-15)，人参三糖(CQ-16)，以及一个新皂甙：人参皂甙-RA_0(CQ-18)。以上化合物中(CQ-1)，(CQ-5)，及(CQ-6)是首次从西洋参分离得到的已知成分。从皂甙类各单体收率来看，其中人参皂甙-Re和-Rb为最高，分别占生药的1.0%及0.8%左右。

刘氏研究不同生育期人参皂甙含量，发现生长第四年参根中人参皂甙含量可达6.36%，与原产美国西洋参相同。

张崇喜研究不同产地，不同年龄，不同规格的西洋参及其不同部位的总氨基酸含量，结果表明，各种西洋参均含有17种以上氨基酸（包括七种人体必需氨基酸和二种半必需氨基酸），其含量各地差异很大并随参龄增长而减少。张氏还测定了黑龙江省森林植物园五常县龙凤山实验场种植的西洋参中挥发油成分，从中鉴定出32种化合物。同时从油脂中分离鉴定出10种脂肪酸。

（史美瑶）

【何首乌的研究】

何首乌根据《中国药典》（1985年版）规定，仅以蓼科蓼属植物Polygonum multiflorum Thunb的块根为正品，生用可通便、解疮毒，炮制后则有补肝肾、益精血、强筋骨的功效。已确定的有效成分为磷脂、羟基蒽醌类和二苯乙烯类化合物，并含有丰富的微量元素。其中铁含量高于当归、阿胶、枸杞等补血药。今将其有关栽培、炮制、质量控制和药理作用方面的研究情况分别介绍如下：

（一）栽培　何首乌在栽培过程中易得锈病，廖寿南等提出防治措施是清除田间遗落地上的病残株叶，一旦发现有病叶，可及时摘去，减少病源。化学防治是在发病初期喷75%敌锈钠300～400倍液，或0.2～0.3波美浓度的石硫合剂，每隔7～10天喷药一次，连续2～3次，可控制本病的发展。

（二）炮制　何首乌有生首乌和制首乌之分，二者功效大不相同。何首乌的炮制从唐代开始使用辅料和采用不同的炮制方法，以后历代在继承的基础上增加了不少炮制方法。甄汉深考证黑豆拌蒸法从唐代一直沿用至今，其应用历史最长。沈道修等实验证明生首乌有明显毒性，炮制后则毒性甚小。凌罗庆等认为生首乌经炮制后，其结合型蒽醌即转变为游离型，炮制时间以蒸32小时为最好。应久皓等认为以压力蒸汽锅进行炮制，则以120℃蒸6小时为最佳。

（三）药理作用　生首乌和制首乌在成分、药理、毒性和功效上均有不同，中医用何首乌以乌须发、悦颜色、益精养血，一般用的均为炮制品，即制首乌，以下介绍的均为制首乌的药理作用。

1.减慢心率和增加冠脉流量　王浴生等认为制首乌对离体蛙心有减慢心率的作用，剂量加大作用更为明显，并能对抗异丙肾上腺素引起的心率加快作用。对在位蛙心也能减慢心率，但比利多卡因作用缓和，并能轻度增加离体兔心的冠脉流量，对垂体后叶素所致的家兔心肌缺血有一定的保护作用。

2.降血脂和抗动脉粥样硬化　王巍等实验证明，何首乌能显著抑制鹌鹑血浆中总胆固醇、甘油三酯、游离胆固醇和胆固醇酯的升高，提高血浆中高密度脂蛋白胆固醇和总胆固醇的比值，并可显著延缓动脉粥样硬化的形成和发展，降低病变率，减轻主动脉病变严重程度。

3.增加红细胞和血红蛋白值　制首乌可使血虚小鼠红细胞和血红蛋白值增加而起到补血的作用。

4.促进肾上腺皮质功能　沈道修等实验表明，对于摘除双侧肾上腺的小鼠，制首乌能使肝糖元大大增高。姚鸣春等实验证明能使11周龄小鼠肾上腺显著增重，并能对抗柴胡、氢化可的松所致小鼠肾上腺的反馈性抑制萎缩。

5.保护胸腺　姚鸣春等实验证明，何首乌可使老年小鼠胸腺不致萎缩，并保持年轻时的水平，对柴胡煎剂或氢化可的松所致小鼠胸腺萎缩也有极显著的对抗作用。

6.提高免疫功能　王浴生等实验证明，何首乌能促进人的淋巴母细胞转化，效果较大肠菌脂糖好，且能激活T淋巴细胞的功能，提高淋巴细胞转化率，诱生γ-干扰素，并能延缓胸腺退化、萎缩或增加其重量的作用。

7.对过氧化物歧化酶（SOD）的影响　姚氏实验证明，何首乌可增加动物体内，特别是老年动物体内的SOD含量，对于柴胡或氢化可的松所致小鼠中SOD含量的下降，何首乌也有非常显著的对抗作用，并使其保持正常水平。SOD（超氧化物歧化酶）是通过吞食一种叫过氧化物的“氧基团”，而起到抗衰老、阻止心脏病发作等作用的。

8.对单胺氧化酶（MAO）活性的影响　MAO分A、B两型，MAO-B的活性与衰老关系密切，人脑中MAO-B活性随年龄增加而上升，故抑制脑中MAO-B的活性是防治老年病及衰老的一种途径，戴尧仁等认为何首乌对MAO-B的抑制作用最强，其抑制率在80%以上，表明何首乌有抗衰老的作用。

9.保肝作用　何首乌养血补肝，临床亦表明服该药可改善肝功能。徐莘华等研究了何首乌在治疗脂肪肝中的作用，经多次重复试验，以浓度为0.33毫克／毫升效果最佳（$P<0.001$），随着何首乌浓度成倍的增加，其转化胆固醇成胆汁酸及排泄作用反而渐减弱，呈负相关，因此临床应用此药时，要掌握合适剂量，才能收到最佳疗效。

（凌罗庆）

【蒲黄的研究】

蒲黄为香蒲科植物水烛香蒲（又名狭叶香蒲）、长苞香蒲或同属他种植物的干燥花粉，是一种止血、活血的常用中药。近年来，对蒲黄的药理研究有一定的进展。

（一）对心血管的影响　湖南省中医药研究院实验研究室药理组实验证明，长苞香蒲的花粉及花丝能使离体蛙心、兔心、豚鼠心心率减慢，但其中有一个提取成分，不仅对心脏无抑制作用，而且明显地加强狗心肺制备心脏的射血功能。黄倩霞等报道，蒲黄能改善心肌的营养性心流量。陈振中等指出，心肌与^{86}Rb具有明显的亲和力，^{86}Rb被心肌摄取量与心肌营养性血流量正相关，与心肌微循环状况亦相关，实验证明，蒲黄有增加小鼠心肌对^{86}Rb摄取量作用。王福云等报道，从长苞香蒲中分离到的异鼠李甙I和槲皮素，有升高心肌cAMP含量的作用。黄淑云等报道，用家兔心肌梗塞模型，以硝基四氮唑蓝作大体标本染色及组织学检查，结果表明，长苞香蒲可以限制梗塞范围，其疗效与异搏定相似。

陈振中等实验证明，蒲黄能使金黄色地鼠夹囊微循环小动脉血流速度增快，毛细血管开放数增加，他们认为，这种作用是治疗冠心病、高脂血症取得疗效的原因之一。湖南省中医药研究所实验研究室药理组的实验证明，长苞香蒲能使麻醉狗血压下降，并推测该作用与M-胆碱能受体或中枢神经反射调节有关。周凤鑫等实验结果表明，蒲黄花粉能明显增加离体兔心的冠脉流量。张彩英等实验证明蒲黄对实验性动脉粥样硬化的发生和发展有明显的防治作用。

（二）对血液及代谢的影响　上海第二医学院病理生理教研室与过鑫昌等经实验和临床研究表明，蒲黄对血小板粘附和聚集有明显的抑制作用，并有轻度增加抗凝血酶Ⅲ活力的作用。同时也证明了蒲黄的“活血化瘀”作用与血小板功能受抑制、减少血小板聚集和血栓的形成有关。曹旅川等实验研究了蒲黄抗急性心肌梗塞的作用，采用Wu，Hoak氏检测兔体内循环血小板聚集比率，观察其对血小板聚集的影响，结果表明，蒲黄组有抗血小板聚集作用，并认为这是蒲黄抗心肌缺血作用的机制之一。

（三）对免疫功能的影响　杨晓慧等报道，蒲黄对细胞免疫和体液免疫功能有抑制作用，而大剂量又有增强巨噬细胞吞噬功能作用。蒲黄可使大鼠的胸腺、脾脏明显缩小，并有增加cAMP含量的趋势。杨氏等在临床实验中观察到，慢性非特异性溃疡性结肠炎与肌体免疫功能失调密切相关，用蒲黄提取物治疗该病可对其有不同程度的调节作用。经全国七所医院113例患者临床试用，总有效率达88.06%。任文华等的实验结果表明，水烛香蒲可使大白鼠巨噬细胞吞噬率增高，但其程度不如脂多糖；还能使血清溶菌酶活性升高，巨噬细胞吞菌率增加。

（四）其它　黄淑云等通过实验后指出，蒲黄的消肿原因，一是促进重吸收，二是降低毛细血管的通透性。何锐等实验结果表明：蒲黄制剂预防肠粘连形成，以浓水剂组（30克／公斤）最好，其次淡水剂组（15克／公斤），再次是乳剂组（15克／公斤）。朱孝金等报道，长苞香蒲水溶部分对金黄色葡萄球菌、弗氏痢疾杆菌、伤寒杆菌、绿脓杆菌、2型副伤寒杆菌、大肠杆菌、史密氏痢疾杆菌等均有较强的抑制作用。耿群美报道，蒲黄注射液对豚鼠、小白鼠中期引产的有效率达81%，腹腔注射最低有效量为2～3克／公斤；实验中还观察到，小剂量时规律性子宫收缩稍增强，大剂量时子宫兴奋作用明显增强，呈不规则收缩和痉挛性收缩，但未见强直性收缩，其引产作用的机制与直接增强子宫收缩作用有关。

（孙文忠）

【川芎的研究】

川芎的药理研究，近年续有进展。据吴余升等报道，川芎嗪的抗凝作用主要是抑制血栓素A_2（TxA_2）的生物合成，且有量效关系，当药物剂量足够大时，可产生完全抑制作用，与TXA_2合成酶的抑制剂类似。聂青松等实验证实，川芎嗪对血小板聚集有抑制作用，这与膜流动性增高，电泳迁移率增大存在相关性。经川芎嗪作用后，血小板表面负电荷增加，由于电荷之间的斥力，使血小板彼此不易接近，从而抑制聚集。这种电荷密度增大的效应，同样可从阳离子特别是Ca^{++}的作用来理解，因血小板含有丰富的Ca^{++}，从而使膜流动性升高，电泳迁移率加快，血小板聚集受抑制，而达到抗凝作用。

王玉良等认为，川芎嗪为一种新的"钙离子拮抗剂。"实验表明，川芎嗪与异搏停为代表的"钙拮抗剂"在心肌力学方面的效应基本相符，川芎嗪能抑制房室结的传导性，对血管平滑肌有选择性的松弛作用，可以说明川芎嗪确具典型的"钙离子拮抗剂"的特性，这对心血管疾病具有特殊治疗价值。翁维良报道，川芎有改善微循环、改善供血作用，实验表明，川芎注射液预先给药，对肾上腺素引起微动脉血流停止或减慢，有十分显著的推迟发生作用，对管径的收缩也有推迟发生作用，对微动脉有轻度扩张作用。这对缓解心绞痛有重要意义。华英圣等实验表明，以川芎Ⅲ碱—川芎哚腹注以后，在不同的时间对小鼠冠脉血流量有一定影响，并且高剂量组比低剂量组的作用明显，不仅吸收快，作用迅速，而且时间也较长。陈四传等认为，川芎在防治脑肾组织缺血时，对体内前列腺素（PGS）含量有影响，实验性急性脑缺血及急性缺血性肾功能衰竭时，肾髓质内前列腺素含量出现不同程度减少，而脑组织内前列腺素含量改变则不显著，用川芎注射液进行防治时，在临床症状改善的同时，脑肾组织内前列腺素含量均比正常组有不同程度的增加。研究抗心肌缺血多采用静脉给药，李连达等认为，这种给药途径，对于成分复杂，常规口服的中药不够合理，故对川芎采用口服给药，发现药物在胃内吸收缓慢，短时间难于达到有效血药浓度，因而症状在给药30分钟时尚无明显减轻，药后120～180分钟，作用达高峰，说明消化道给药虽然起效缓慢，但治疗作用明显，持久，这对研究中药给药途径提供了实验依据。

川芎的化学成分，据许正春的综述可分为三类：一为生物碱类，二为酚性成分，三为挥发油。王义雄等报道，从川芎块茎粗粉中分离得到的另一类活性成分，经鉴定为腺嘌呤与腺苷。人体内若微量元素Zn与Cu的比值增大，往往成为冠心病的诱发因素。马成龙等实验测定27种防治冠心病中草药的金属元素，其中川芎内Zn与Cu的比值仅为2.5，而陆生被子植物（人的植物性食物多属此类）的Zn与Cu的比值则为11.4，因此认为，川芎对改善冠心病患者血清中Zn与Cu的比值可能有一定作用。

（吴燕芳）

【麦饭石的研究】

近年对麦饭石的研究，受到国内外普遍重视。

麦饭石之名早在唐·《千金月令》和宋·《本草图经》中已有记载，其后《证类本草》、《本草纲目》、《本草品汇精要》中也有收录，证明麦饭石已有一千多年的应用历史。据白钢考证，蒙药蛙背石就是麦饭石，说明在少数民族中也早被应用。

麦饭石是一种天然岩石，因其外观象团聚的麦饭而得名。国内已开发利用的地区有辽宁的阜新县和北票县，天津的蓟县，内蒙古哲里木盟的奈曼旗，黑龙江的龙江县以及台湾东部。奈曼旗开采的麦饭石定名为“中华麦饭石”。

麦饭石学名是“角闪石安山岩”，矿脉部都在深山大岭中。据邹金生等报道，麦饭石是多种矿物的集合体，其矿物成分主要有钾长石、斜长石、黑云母和角闪石等。分析结果说明，麦饭石是花岗岩的风化产物，由SiO_2、Al_2O_3、Fe_2O_3、FeO、TiO_3、CaO、MgO、P_2O_5、MnO、K_2O、Na_2O、H_2O^+、CO_2、F、S组成，含有Ni、Zr、Sr、Ba、CO、Cr、Y、Sc、V、Cu、Zn U、Th等13种主要微量元素。麦饭石在水中有微量溶解，溶解度随温度升高而增加，在酸性介质中，溶解度随介质的酸度增加而增加。在5%醋酸中有些微量元素溶解量比水中增加10～100倍。可见《千金月令》中所载使用麦饭石须火煅醋淬九遍的炮制方法，是有科学道理的。谭庆升等报道，北票麦饭石含有三十多种元素，包括稀土元素，其中包含生物体所必须的微量元素。实验证明北票麦饭石对镉、汞、砷、铅等对人体有害的元素有较强的吸附能力；对大肠杆菌、痢疾杆菌、金黄色葡萄球菌、白色念珠菌以及其它致病菌也有较好的吸附能力。王桂山等对《本草纲目》中记载的麦饭石膏及其组成成分(麦饭石、白蔹、鹿角、米醋)作了抗菌实验，结果表明麦饭石膏对所试八种菌均有较好的抗菌作用，验证了李时珍“世传麦饭石膏，治发背疮甚效”，“用敷疮肿无不验”的论断是正确的。米醋抗菌作用明显，白蔹有一定作用，但麦饭石和鹿角无此作用。为何麦饭石无直接的抗菌作用？王氏的看法与胡桂清的实验结果相同。胡氏的动物实验结果表明，中华麦饭石可能有增强细胞免疫功能的作用，因麦饭石本身无抗菌作用，其治疗作用很可能就是调动起机体免疫系统功能的结果。

（洪　恂）

【药用真菌的研究】

真菌类植物在全世界分布范围广，品种多，据初步统计约有25万种左右。近年来，国内对药用真菌的研究进展较快，被开发的真菌药物已有：麦角新硷、猪苓多糖、云芝肝泰、香菇多糖、银孢糖浆、猴菇菌片、银蜜片、灵芝胶囊、香云片、银耳孢子多糖、宁心宝、金水宝胶囊等。摘载如下：

1.冬虫夏草　林树钱等报道，浙江省中药研究所和杭州中药二厂从虫草中分离出虫草头孢菌丝体，通过深层发酵培养，制成虫草头孢菌粉，商品名为“宁心宝”，对房性、室性早搏的疗效较好。张卫等从药理学角度证实了虫草头孢菌粉对心律失常患者确有治疗意义。

海军医学研究所和上海中药三厂从青海采集虫草菌定名为圆柱菌（Scydalilum SP）。药理研究表明能促进小鼠脾系数增加，脾巨核细胞增殖，血中血小板数升高。电镜证实，用药组小鼠所生成的血小板超微结构与正常小鼠血小板超微结构一致，并还可见有颗粒增多，小管系统较为致密发达现象，初步证实虫草菌制剂促使小鼠血小板生成是与促进脾巨核细胞增殖分化成熟密切相关，所生成的血小板不仅数量增加且其超微结构与正常相同。实验还证明，天然冬虫夏草及人工虫草菌丝对小鼠皮下移植Lewis肺癌的原发灶生长和自发肺部转移均有抑制作用，为治疗晚期癌提供了实验依据。

郭用庄等报道，中国医学科学院药物研究所从青海冬虫夏草新鲜标本中分离获得虫草菌—蝙蝠蛾青霉菌，经江西国药厂深层发酵培养而得到虫草菌丝体后，加工制成胶囊剂，商品名为“金水宝胶囊”。临床作双盲随机安慰剂对照观察，提示本品对高脂血症属肺肾不足、痰湿凝聚者，其降胆固醇总有效率为80%，症状改善率为65.2%；降高甘油三脂总有效率为57.9%，症状改善率为64.5%　与对照组比较有显著差异。

林素文等通过体内、外实验研究表明，冬虫夏草及其人工培养菌丝主要是加强吞噬细胞杀菌能力；对淋巴细胞主要亚群均为抑制作用。

2.云芝　许良中等从云芝菌丝体中分离到一种云芝糖肽(PSP)，并与日本的云芝糖肽PSK作了比较，结果表明，PSP与PSK的抗癌生物活性基本相同，二者均对靶细胞增殖具有中等抑制作用，PSP在10000微克／毫升的浓度下，对人肺腺癌细胞株（SPC）仍能引起一系列形态学异常变化，如细胞肿大、核染色质凝聚、锯齿状核等现象。

3.银耳及黑木耳　薛惟建等研究了银耳多糖、银耳孢子多糖和黑木耳多糖的抗溃疡作用，以每天70毫克／公斤灌胃二天，均能明显抑制大量应激型溃疡形成；以每天165毫克／公斤灌胃二天，能促进醋酸型胃溃疡的愈合，对胃酸分泌和胃蛋白酶无明显影响。此外，这三种多糖还有明显的抗炎作用。申建和等实验表明，三种多糖在体内、体外均有明显抗凝血作用，黑木耳多糖较强，银耳多糖及银耳孢子多糖次之。三种多糖对兔凝血酶元时间无明显影响；但能明显延长家兔部分凝血活酶时间。夏尔宁等研究表明，三种多糖对淋巴细胞脱氧核糖核酸（DNA）的生物合成均有影响，且均以黑木耳多糖的促进作用最强。在^{3}H—TdR掺入法中，三种多糖和PHA均有协同作用。实验表明，这三种多糖对机体的细胞免疫有促进作用，从而进一步证明了这三种多糖为免疫促进剂。

（史美瑶）

【抗蛇毒中草药的研究】

1.抗蛇毒中草药　民间蛇药是祖国医药遗产的一个组成部分，历代诸家本草均有记载。王铁僧等根据民间调查访问，治疗蛇伤应用较为广泛而疗效显著的药用植物，作为单方用的有：阴地蕨、蒟蒻、滴水珠、蚤休、扇脉杓兰、斑叶兰（Reichb.f）、盘龙草（绶草）Spiranthes lancea (Thunb) Backer Bakhf et.v.Steenis、细辛、马兜铃、垂盆草、千金子、南蛇藤、凤仙花、白芷、异叶茴芹、双蝴蝶、一枝笔(徐长卿) Cynanchum anicu latum(Bunge) Kitagawa、狗肝菜、接骨草Sambucus Chinensis Lindl、半边莲、东风菜等；作为复方应用的有：龙胆草、牡蒿、菝葜、小蘖、羊乳、天南星、隔山香等。

洪庚辛等在总结民间治疗蛇伤经验的基础上，结合动物保护试验，筛选出19种中草药对眼镜蛇毒中毒小鼠有明显的保护作用，即：隔山香、积雪草、水钱草、石柑子、古羊藤、鸡眼草、苦树皮、海芒果、野癫茄、天胡荽、耳草、毛射香、毛玉叶金花、买麻藤、母草、七叶莲、朱砂莲Aristolochia tuberosa C.F.Liang et S.M. Huang、兰花柴胡Rabdosia serra (Maxim) Hara、苦参Picria fel-terrae Lour。

2.抗蛇毒中成药　沈亚英报道福建蛇药由草河车、天竹根、巴豆仁、大戟、山豆根、冰片等13味药组成。内服：每次20～24粒，每6小时服一次，温开水送下。病情严重者，每隔3～4小时一次。外敷：取本药12～24粒研末，以蜂蜜或冷开水调敷伤口及周围，每天换药一次。

安徽省祁门县蛇伤医疗所报道祁门蛇药，由凌霄花根皮、杏香兔耳风、半边莲、大蓟、青木香、射干等6味药组成。内服：每次8～10片，一日4次，首次量加倍。

湖南省凤凰县中草药医药研究所报道凤凰蛇药，由丛枝蓼、异叶茴芹2味组成。鲜药：每次内服100毫升，每日2～3次。片剂：每次内服15～20片，一日3次，冷开水送服，另取20片加水调匀敷患处。针剂：每日2～3次，每次1支肌注，加0.5%普鲁卡因患处环封。

湖南省郴州地区防治蛇伤科研组报道郴州蛇药，是由丛枝蓼、白花败酱草组成。内服每日4次，每次10片，首次量加倍，温开水送下，重症者可适当增加剂量；外用时将片研成细粉，敷在经处理的伤口上。

6912蛇药研究协作组报道群生蛇药，由蒲公英、大蓟根、马齿苋、五灵脂、商陆等5味药组成。口服片剂，每天4次，首次8片，以后每次4～6片。针剂2毫升肌肉注射，每日2次。

林清河报道熊山蛇药，主要原药为荨麻科植物矮冷水花。酒剂和散剂经11个医疗单位414例蛇伤患者临床试用，治愈408例，好转2例，死亡4例，治愈率为98.55%，有效率为99.03%。

吕绍光报道武夷山蛇药，由白芷、徐长卿、半边莲、黄独、山豆根、大蓟、黄柏等中草药组成。

李怀鹏等报道广西蛇药由藤桔、铁扫帚组成。内服：首次15片，以后每3～4小时一次，每次10片。危重病人服药量加倍，间隔时间亦适当缩短。

3.抗蛇毒中草药的有效成分“广东蛇药”系由柚子叶和蛇王藤2味生药组成。严克东等从这2味生药中分离得到有机酸，其中主要为苹果酸和琥珀酸。有机酸部分是主要有效部分，其在原植物中是以钾和钠盐的形式存在。对蛇毒中毒小鼠的保护作用是以盐的形式起作用，游离酸形式则不起保护作用。进一步的研究证实，脂肪酸钠盐均有保护作用且多元酸钠盐的作用尤为显著，而芳香酸作用不佳。保护作用与钠离子浓度和有机酸本身的性质有关，也和有机酸盐的溶解度有关。再进一步证实单纯无机盐如氯化钠、硫酸钠、氯化钾均有保护作用，而以氯化钠最佳，但有效浓度范围有一定限制，浓度偏高反而无保护作用，这可能与盐的浓度过高可导致实验动物体液平衡失调有关。

氨基酸如甘氨酸、赖氨酸、脯氨酸、精氨酸等均有显著保护作用。一般水溶性好的氨基酸均有保护作用，水溶性差的则无作用。

有机酸钠、钠离子、氨基酸的保护作用，可能与蛇毒的作用方式有关。一种可能是作用于运动终板的后接点膜，阻断了蛇毒的作用。另一种可能是作用于突触前，大量药物的引入，大大增强了乙酰胆碱的释放能力，抵销了蛇毒的作用。

梁彬采用外源性有机酸盐单体和复方做抗蛇毒试验，其有效量，两者相差悬殊。显而易见，广东蛇药中某些共存成分（例如黄酮甙、糖分）的相互作用，使有机酸盐的作用大大增强了。

“广西蛇药”系由藤桔和铁扫帚等3味药组成。周法兴等从藤桔有效部位分离得到琥珀酸和香草酸。从铁扫帚中分离得到琥珀酸。均为抗蛇毒有效物质。

“蛇伤解毒剂”主由白叶藤和半边莲2味药组成。湖南医药工业研究所等报道，从白叶藤中分得醋酸钠、原儿茶酸，从半边莲中分得延胡索酸、琥珀酸、对羟基苯甲酸。用这些成分的单体以及组成的复方，经药理实验证明对小白鼠眼镜蛇毒中毒均有明显的保护作用。

卜芥为天南星科海芋属植物，王维平等通过试验，证明其对眼镜蛇毒、眼镜王蛇毒中毒小白鼠的保护作用均非常显著，对银环蛇毒中毒小白鼠亦有保护作用。卜芥的炮制品（盐炒）作用强于其原生药，说明无机盐起了增强的作用。筛选出的有效部分，经鉴定其中含富马酸、琥珀酸和苹果酸等有机酸。原生药灰分中主要含大量钾(30.09%)、钙(26%)和少量镁(1.9%)、钠(1.4%)，说明卜芥抗蛇毒的作用有赖于无机离子的大量存在。杭越群等报道除有机酸外，尚含有赖氨酸、精氨酸、谷氨酸、苏氨酸等13种氨基酸。

蓍草系菊科植物，全草入药。陈武对106例蝮蛇咬伤患者用蓍草治疗均获痊愈。经刘美兰等分析，蓍草中总氨基酸含量为

0.23%，共有15种氨基酸，其中有6种属于人体必需氨基酸。黄黎等报道蓍草有机酸成分有：琥珀酸、延胡索酸、乌头酸和α-呋喃酸。

萝藦系萝藦科植物，廖时萱等将壳果、根、茎及叶分别制成醇浸膏进行抗蛇毒的动物筛选实验。结果发现壳果对腹蛇中毒小鼠保护率为93%，而茎、叶及根则无保护作用。廖氏等又从中分离得到3种结晶，经鉴定分别为延胡索酸、琥珀酸、L-苹果酸。药理实验证明游离酸对蛇毒中毒小鼠保护作用均较小，但其钠盐对中毒小鼠有明显保护作用，保护率为87.7%。

（杨志芳）

参考文献

A

安徽省祁门县蛇伤医疗所　祁门蛇药治疗毒蛇咬伤1370例临床分析　中草药通讯　(2)：31，1978

B

白钢　蒙药"蛙背石"与麦饭石　内蒙古中医药　(3)：6，1987

卜平　中药汤剂煎法研究近况　中药材　(5)：44，1987

C

曹旅川等　蒲黄对家兔实验性心肌梗塞血小板聚集的影响　中西医结合杂志　(4)：232，1987

陈武　蓍草治疗蝮蛇咬伤106例报告　中草药通讯　(5)：1，1975

陈代贤等　几种伪品天麻的鉴别　中药材科技　(1)：32，1981

陈道明等　冬虫夏草及人工培养菌丝对小鼠血小板生成的影响及其超微结构观察　中药通报　(1)：47，1987

陈国良等　介绍一种伤湿止痛涂膜剂　药学通报　(4)：26，1980

陈建华　天麻伪品芭蕉芋的鉴别　赣南医药　(2)：121～124，1983

陈莫等　西洋参种胚发育的温度要求　中草药　(5)：33，1987

陈仁通等　长叶榧化学成分的研究　中草药　(12)：38，1986

陈四传等　川芎嗪防治脑肾缺血与前列腺素关系探讨(摘要)　中西医结合杂志　(12)：748，1986

陈杏科等　黄连及其炮制品的体外抗菌研究　中成药研究　(5)：18，1987

陈英杰等　人参叶微量新成分的研究　药学学报　(9)：685，1987

陈振中等　蒲黄的实验研究(七)　湖南医药杂志　(5)：58，1979

成桂仁等　白水茶中二种新黄酮甙的结构　药学学报　(3)：203，1987

D

戴尧仁等　某些药物对小鼠单胺氧化酶(B型)活性与影响　中医药信息　(1)：12，1985

丁济等　14种金银花中异绿原酸、绿原酸的测定比较　中草药　(1)：10，1981

丁蔚　斑蝥发泡膜的制备　药学通报　(3)：145，1987

董海　贮存时间对三棵针中小檗碱含量的影响　中药通报　(9)：19，1987

董圣凯　氧化苦参碱在兔体内的药代动力学研究　中草药　(9)：18，1987

邓福孝等　雷二羟酸甲酯和雷公藤春碱的结构　植物学报　(1)：73，1987

邓福孝等　雷公藤倍半萜生物碱的研究　植物学报　(5)：523，1987

邓福孝等　雷酚萜醇的分离和结构　药学学报　(5)：377，1987

邓文龙等　何首乌研究进展　中草药　(3)：42，1987

F

方圣鼎等　千金藤属生物碱的研究Ⅳ　中草药　(4)：2，1987

方乍浦等　山香圆叶化学成分的研究(四)　中草药　(7)：6，1987

冯迈高　商品天麻与芭蕉芋的鉴别　福建中医药　(2)：37，1982

冯毓秀等　二种胖大海的比较研究　中药材　(4)：26，1985

傅桂香等　地鳖虫挥发油的气质谱分析　中药通报　(4)：38，1987

傅连江　中药烧伤膜的制备及应用　中国医院药学杂志　(3)：37，1986

G

耿群美　蒲黄的引产作用及一般药理实验　中西医结合杂志　(5)：299，1985

谷黎红等　大丁草中抗菌活性成分的研究　药学学报　(4)：272，1987

顾维彰等　白芒子挥发油的化学成分及其利尿作用的初步

研究　中药通报　(11)：33，1987

顾月翠等　四川商品细辛挥发油的薄层层析和气相层析　中草药　(7)：11，1987

过鑫昌等　蒲黄对血脂、血小板功能影响的研究　上海中医药杂志　(10)：44，1985

郭恩普　止痒洗剂由汤剂改为袋泡剂型　中成药研究　(11)：9，1987

郭佳生等　鼠掌老鹳草抗菌活性成分的研究　药学学报　(1)：28，1987

郭建纲　真伪三七的简易鉴别法　中药通报　(2)：21，1986

郭用庄等　金水宝胶囊治疗高血脂症　中成药研究　(12)：18，1987

H

韩定献等　重楼排草皂甙的研究　药学学报　(10)：746，1987

杭越群等　卜芥有效成分研究　中草药　(1)：9，1981

何海音等　中药香橼中一个新的三萜苦味素　中草药　(12)：2，1986

何　锐等　蒲黄水煎剂预防肠粘连动物实验报告　湖南医药杂志　(6)：56，1981

何直昇等　雷公藤碱乙、碱庚和碱己的结构　化学学报　(5)：510，1987

洪庚辛等　27种中草药的抗蛇毒作用观察　中草药　(4)：26，1983

胡桂濇等　中华麦饭石对小鼠免疫功能的影响　中医药信息　(3)：44，1987

湖南省郴州地区防治蛇伤科研组　郴州蛇药治疗毒蛇咬伤　临床报告　中草药通讯　(7)：41，1977

湖南省凤凰县中草药医药研究所　凤凰蛇药治疗毒蛇咬伤331例　中草药通讯　(9)：41，1978

湖南省中医药研究所实验研究室药理组：蒲黄的实验研究(一)　湖南医药杂志　(2)：48，1976

湖南省中医药研究所实验研究室药理组：蒲黄的实验研究(二)　湖南医药杂志　(5)：49，1976

湖南医药工业研究所四室等　蛇伤解毒剂抗眼镜蛇毒有效成分的研究　中草药通讯　(9)：1，1978

湖南医药工业研究所六室等　半边莲白叶藤抗蛇毒有效成分药理实验　中草药通讯　(2)：34，1979

华英圣等　川芎Ⅲ号碱——川芎哚对冠脉血流量的影响　中医药学报　(5)：38，1986

黄光中　灰毡毛忍冬的质量研究　中药材科技　(5)：17，1983

黄和意等　泡袋剂工艺条件的优选　中成药研究　(7)：4，1985

黄　静等　中药红泽兰化学成分的研究　药学学报　(4)：264，1987

黄　黎等　蓍草有机酸的药理作用　中药通报　(11)：38，1985

黄倩霞等：蒲黄的实验研究(六)　湖南医药杂志　(4)：48，1979

黄淑云等　蒲黄的实验研究(四)　湖南医药杂志　(2)：54，1978

黄淑云等　蒲黄对家兔实验性急性心肌梗塞的影响　中西结合杂志　(5)：297，1985

黄体忠　止痛膜剂的研制与临床验证　江苏中医杂志　(6)：62，1983

J

江规仁　袋泡剂“轻身降脂乐——5号”浸出速率测定　中成药研究　(7)：8，1986

蒋贵典　中药口腔溃疡膜剂的制备及应用　陕西中医　(8)：352，1985

蒋纪洋等　藕节炭炮制研究　中成药研究　(1)：13，1987

蒋纪洋等　侧柏叶炮制研究初探　中药通报　(11)：20，1987

蒋明廉　中药汤剂剂型改革探讨　中药材　(5)：44，1987

蒋山好等　中国乌头的研究XIV　化学学报　(11)：1101，1987

金静兰等　苦玄参化学成分的研究　化学学报　(11)：1133，1987

L

李　旦　岩菖蒲中岩白菜素水提取实验　中草药　(6)：13，1986

李广义等　长叶香茶菜化学成分的研究　药学学报　(4)：269，1987

李国栋等　人参总皂甙对大鼠胰岛释放胰岛素的作用及其特点　中西医结合杂志　(6)：357，1987

李鸿英　烟台柴胡茎叶黄酮成分的分离与鉴定　中草药　(1)：9，1987

李怀鹏等　广西蛇药治疗毒蛇咬伤506例临床疗效观察　广西医学　(3)：21，1981

李连达等　川芎消化道给药对犬心肌缺血的影响(摘要)　中西医结合杂志　(1)：20，1987

李培全等　芫花萜引产药膜的研制及应用　中国医院药学杂志　(4)：31，1985

李　赛　巴戟天炮炙前后的化学研究　中成药研究　(6)：14，1987

李松谋等　复方虎杖烧伤涂膜剂的制备及应用　1987年全国中药学会学术会议资料，1987

李书明等　山药化学成分的研究　植物学报　(3)：

293，1987
李书明等　山药化学成分研究Ⅱ　药学学报　（3）：196，1987
李秀珍　口腔止血膜的制备　药学通报　（2）：82，1987
李永亮　三七与姜黄的鉴别　中药通报　（3）：22，1986
梁　彬　广东蛇药水溶性有效成分的组合与其协同作用的研究　中药通报　（8）：40，1985
梁光义　刺梨酸的分离与结构研究　药学学报　（2）：121，1987
梁文藻等　暴马子有效成分研究　药学学报　（12）：912，1986
廖杰等　党参化学成分研究Ⅴ　中草药　（9）：2，1987
廖利平　三七与伪品血三七的鉴别　中药通报　（7）：14，
廖时萱等　萝藦抗蛇毒有效成分的研究　中草药　（6）：27，1984
廖寿南等　何首乌的锈病及其防治　中药通报　（2）：13，1986
林　茂等　海南萝芙木季胺碱一大斯配加春的结构　药学学报　（11）：833，1987
林清河　熊山蛇药鉴定会在福建省政和县召开　药学通报　（2）：52，1984
林树钱等　我国药用真菌研究的进展　中药材　（1）：44，1987
林素文等　冬虫夏草及中国拟青霉素对机体细胞免疫功能调节作用　中成药研究　（12）：22，1987
林幸华等　伪品三七的鉴别　中国医院药学杂志　（5）：48，1986
林正奎等　四川生姜精油化学成分研究　有机化学（6）：444，1987
凌罗庆等　何首乌炮制的初步研究（二）　中成药研究　（4）：21，1980
刘爱萍　玳瑁与海龟甲片的鉴定　中药材　（3）：26，1987
刘成运　真伪天麻的简易化学鉴别　中药材科技　（1）：24，1983
刘道芳　泡袋剂"遏云茶"浸出速率的测定　安徽省中药学会学术会议优秀论文选编　68页，1987
刘美兰等　蓍草氨基酸成分的研究　中成药研究　（5）：31，1985
刘丽娟　柴胡属四种柴胡中皂甙的含量分析　中医药信息　（2）：42，1986
刘铸晋等　华佗豆生物碱间的相互转化　化学学报　（5）：514，1987
刘铁城等　西洋参农田栽培施肥改土初步研究　中药材　（1）：7，1987
刘铁城等　西洋参根部腐烂病药剂防治研究　中药材　（2）：1，1987
刘铁城等　西洋参不同生育期根的增长动态及人参皂甙含量变化，中药通报　（5）：16，1987
刘孝乐　炮制对枳壳药理作用的影响　中成药研究　（10）：17，1987
刘焱夕等　土香需挥发油抗菌有效成分的分析　中成药研究　（1）：33，1987
6912蛇药研究协作组　群生蛇药的药理实验与临床观察　中草药通讯　（9）：33，1976
娄松年等　生、炒酸枣仁水煎剂镇静、安眠作用的比较　中成药研究　（2）：18，1987
鲁歧等　三七挥发油成分的研究　药学通报　（9）：528，1987
陆成平　补药"助邪为患"的研究　陕西中医　（10）：471，1987
陆泽俭等　泡袋剂　安徽中医学院学报　（1）：58，1986
吕绍光　武夷山蛇药鉴定会在福建省召开　中草药　（10）：8，1981
罗佳波　袋泡剂及其浸出特点　中成药研究　（12）：45，1983
罗佳波等　中药汤剂的改进　中成药研究　（10）：10，1984
罗集鹏等　中药龙胆草苦甙类的薄层色谱　药学学报　（1）：40，1986

M

马成龙等　27种防治冠心病中草药中金属元素的测定　中草药　（6）：4，1985
马郁琪　3H三七皂甙Rg在大鼠体内的药代动力学研究，中草药　（9）：21，1987
马越美等　黄花败酱挥发油成分的分离与鉴定　药学通报　（2）：69，1987
马云鹏等　480种中草药粗提物在体外对癌细胞DNA作用模式的初步研究　中药通报　（2）：56，1987
密鹤鸣等　刺人参挥发油成分及其抗真菌活性的研究　药学学报　（7）：549，1987

N

聂松青等　川芎嗪对兔血小板膜流动性、电泳迁移率的影响及其与抗凝作用的关系　药学学报　（9）：689，1985

P

潘竞先等　重齿毛当归中异当归醇、毛当归醇及其它香豆素的分离与鉴定　药学学报　（5）：380，1987
潘胜利　柴胡皂甙含量高的柴胡属三新种　中药通报　（5）：16，1983

Q

钱　淑　岩白菜素结晶水的探讨　中草药　（5）：15，1985
秦国伟等　毛冬青化学成分的研究Ⅱ　化学学报　（3）：

249，1987

R

任世禾等　不同产地椒目药材中柠檬烯的含量测定　中草药　（5）：17，1987

任文华等　蒲黄对大白鼠巨噬细胞活力及胆固醇肉芽肿的影响　中西医结合杂志　（3）：176，1984

荣大奇等　何首乌基础研究近况　吉林中医药　（1）：33，1987

S

商敏凤　中药膜剂的研究进展　中成药研究　（9）：1，1987

上海第二医学院病理生理教研室等　蒲黄对血液凝固、血液流变学及血小板功能作用的临床研究　上海中医药杂志　（2）：46，1983

邵忠法等　中药袋泡剂应用基础研究　中成药研究　（4）：1，1987

申建和等　黑木耳多糖、银耳多糖、银耳孢子多糖抗凝血作用　中国药科大学学报　（2）：137，1987

沈道修等　何首乌炮制的药理研究　中成药研究　（1）：21，1982

沈道修等　何首乌炮制方法的研究　同济医科大学学报　（3）：177，1987

沈海葆等　芥子炮制前后有效成分芥子甙的含量比较　中药通报　（4）：18，1987

沈亚英　福建蛇药　中成药研究　（2）：50，1980

施顺德　试论中药剂型的改进　浙江中医学院学报　（1）：21，1987

石素贤等　叶藏花资源利用的研究　中草药　（1）：29，1985

舒永华等　甘草中新三萜皂甙元的分离和结构鉴定　药学学报　（7）：512，1987

苏焕然　大白黄连可作黄连代用品　中医药信息　（1）：25，1985

孙殿中等　复方岩白菜素片生物有效度的测定　中成药研究　（10）：3，1985

孙洪发等　花锚的三种新屾酮甙　植物学报　（4）：422，1987

孙嘉麟　日本汉方新剂型——泡袋剂　中成药研究　（3）：44，1983

孙荣奇等　黄花棘豆化学成分的研究Ⅱ　化学学报　（2）：145，1987

T

谭庆生等　北票麦饭石的研究与应用　辽宁中医杂志　（1）：38，1987

汤灿城　介绍一种鼻用膜剂　药学通报　（4）：27，1980

W

汪茂田等　毛叶酯和毛叶醇的化学结构　化学学报　（9）：871，1987

王成瑞等　黄瑞香生物活性二萜的研究　化学学报　（10）：993，1987

王成瑞等　唐古特瑞香生物活性二萜的研究Ⅰ　化学学报　（10）：982，1987

王福云等　蒲黄的实验研究（八）　湖南医药杂志　（5）：60，1982

王国珍等　烧伤涂膜剂的研制　中草药　（10）：23，1984

王桂山等　麦饭石和麦饭石膏的抗菌作用　中医药信息　（1）：36，1987

王建华等　防风挥发油的化学成分研究　药学通报　（6）：335，1987

王健民　煎剂与袋泡剂的对比讨论　中成药研究　（5）：5，1987

王勤观等　中药口腔溃疡膜剂的制备和应用　药学通报　（2）：82，1987

王瑞明　中药重楼、拳参之鉴别　中药研究通讯　（31）：48，1987

王铁僧等　民间蛇药的整理鉴定　药学通报　（9）：46，1980

王　巍等　制首乌醇提取物预防鹌鹑动脉粥样硬化的研究　中西医结合杂志　（12）：748，1984

王维平等　卜芥抗蛇毒作用的初步药理研究　中药通报　（2）：53，1986

王先荣等　细锥香茶菜甲素和乙素的化学结构　植物学报　（4）：412，1987

王学武等　苦参碱栓剂的研制　中草药　（3）：10，1983

王义雄等　川芎中的另一类活性成分——腺嘌呤和腺苷　中草药　（11）：17，1985

王玉良等　川芎嗪对心血管组织的药理和电生理作用——一种新的"钙拮抗剂？"中西医结合杂志　（5）：291，1985

王浴生等　中药药理与应用　533页，人民卫生出版社　1983

王筠默　中药药理研究的回顾和中药药理学科的建立　药学通报　（7）：385，1987

王尊善等　宫颈药膜的制备及临床应用　中国医院药学杂志　（6）：36，1986

王智华等　从细辛根末与全草煎剂所含挥发油及黄樟醚的测定分析论细辛用量与剂型的关系　上海中医药杂志　（9）：2，1987

魏雪纹等　如意金黄散的剂型改革及临床应用　中药通报　（10）：30，1987

翁维良等　川芎、良姜、细辛对微循环影响的比较　中药通报　(7)：54，1986

吴代全　补骨脂与天仙子的鉴别　四川中医　(5)：46，1987

吴余升等　活血化瘀复方和川芎嗪抑制血栓素A_2生物合成的研究　中西医结合杂志　(3)：169，1985

X

夏尔宁等　黑木耳多糖、银耳多糖、银耳孢子多糖对人淋巴细胞核酸生物合成影响　中国药科大学学报　(2)：141，1987

肖永庆等　地丁化学成分的研究　植物学报　(5)：532，1987

谢道刚　黄柏类及三颗针药用植物中抗真菌物质的制备及抑菌试验　中草药　(12)：23，1981

谢培山　西藏胡黄连化学成分研究　中草药　(8)：5，1983

徐萃华等　何首乌对体外培养肝细胞〔7-^{3}H〕-胆固醇掺入的影响　中医药学报　(3)：39，1987

徐广顺等　新疆一支蒿挥发油化学成分的研究　有机化学　(3)：209，1987

徐　坚　一种泡袋剂浸出速率的测定方法—减量法　中成药研究　(6)：2，1985

徐俊平等　仙茅化学成分的研究Ⅱ　中草药　(5)：2，1987

徐利锋等　香蒲酸的结构　药学学报　(6)：433，1987

徐任生等　抗生育植物栀子花化学成分的研究　化学学报　(3)：301，1987

徐绥绪等　国产西洋参化学成分的研究　沈阳药学院学报　(1)：53，1987

徐绥绪等　中国辽宁栽培西洋参化学成分的研究　药学学报　(10)：750，1987

徐晓玉　浅谈药性理论的定量分析　陕西中医　(6)：255，1987

许良中等　比较两种云芝糖肽对体外人癌细胞株的抗癌作用　上海医科大学学报　(5)：326，1987

许正春　活血化瘀药川芎的研究现状（综述）　北京中医学院学报　(2)：48，1987

薛惟建等　银耳多糖、银耳孢子多糖及黑木耳多糖的抗溃疡作用　中国药科大学学报　(1)：45，1987

Y

严克东等　7118蛇药有效成分的研究Ⅰ、有效部分的提取和分离　药物分析杂志　(2)：65，1981

严克东等　7118蛇药有效成分的研究Ⅱ　总有机酸的纸层分离和鉴定　药物分析杂志　(3)：163，1981

严永清等　药物的辛味与归经　作用及化学成分的关系　中药通报(1)：53，1987

杨春澍　中国细辛属植物挥发油的气相色谱—质谱分析　中药通报　(7)：39，1986

杨东明等　五灵脂活性成分的研究　药学学报　(10)：756，1987

杨广民　湖南细辛属植物资源及利用研究　湖南中医杂志　(4)：40，1986

杨明河等　黄皮叶化学成分的研究　化学学报　(12)：1170，1987

杨模坤等　马桶花抑菌新活性成分马桶花酮的分离及化学结构　药学学报　(9)：711，1987

杨晓慧等　蒲黄的实验研究（九）　湖南医药杂志　(1)：61，1983

杨晓慧等　蒲黄提取物对慢性非特异性溃疡性结肠炎患者免疫状况的影响及疗效观察　中药通报　(8)：48，1987

杨永华　补肾中成药微量元素的分析研究　中药通报(2)40，1987

杨梓懿　山药炮制方法研究　中成药研究　(2)：20，1987

姚鸣春等　何首乌、柴胡对小鼠胸腺、肾上腺以及超氧化物歧化酶和血清蛋白的影响　成都中医学院学报　(4)：49，1983

姚鸣春等　中药何首乌抗衰老作用的研究　药学通报　(11)：28，1984

叶定江等　何首乌及其炮制品的免疫药理学研究　中药通报　(3)：21，1987

叶桂存　天麻的真伪鉴定　中药通报　(1)：10，1982

易仲杰　雷公藤镇痛试验及对顽固性疼痛40例镇痛的观察　上海中医药杂志　(2)：46，1987

应久皓等　何首乌炮制工艺的研究　中成药研究　(11)：14，1985

于德泉等　野菊花化学成分的研究　药学学报　(11)：837，1987

于永合　天麻及其伪品的鉴别　药学通报　(9)：25，1984

俞瑞霞　银翘散袋泡剂治疗急性上呼吸道感染的疗效观察　中成药研究　(4)：21，1986

俞振良等　蜜炙炒黄芪与不同温度蜜炙烘黄芪药理作用比较　中成药研究　(9)：15，1987

原思通等　雄黄传统炮制方法的研究　中药通报　(5)：23，1987

袁　坚　几种常见伪造天麻鉴别　吉林药粘　(1)：79，1983

Z

曾　路等　酸枣仁化学成分研究Ⅱ　药学学报　(2)：114，1987

张彩英等　蒲黄防治家兔实验性动脉粥样硬化的作用原理　中医杂志　(7)：549，1981

张彩英等　蒲黄对实验性动脉粥样硬化和食饵性高胆固醇血症的影响　上海第二医学院学报　(4)：51，1983
张承忠等　马尾连、黄连和黄柏中小檗碱的HPL法测定比较　中草药　(2)：16，1986
张崇禧等　西洋参中总氨基酸成份的分析　中成药研究　(5)：29，1987
张崇禧等　西洋参油脂中脂肪酸类的分离鉴定　中成药研究　(6)：26，1987
张崇禧等　西洋参挥发油成分的分析　中成药研究　(8)：28，1987
张建国　四十四种矿物药粉末鉴别检索　中药材　(2)：29，1987
张广强等　人工栽培与野生半夏化学成分对比分析　中药材　(4)：37，1987
张美仙等　山楂、决明子袋泡剂和煎剂溶出成分的比较　中草药　(5)：15，1987
张淑兰等　冬虫夏草及人工虫草菌丝抗小鼠Lewis肺癌的研究　中药通报　(2)：53，1987
张　卫等　虫草头孢菌粉抗心律失常作用研究　中成药研究　(5)：27，1987
张永清　全草类药材饮片性状比较　山东中医杂志　(4)：36，1987
张咏林等　复方黄连膜剂治疗宫颈糜烂100例　陕西中医　(9)：401，1985
张子杨等　莪术油膜的体外释放度及稳定性研究　中成药研究　(1)：3，1984
赵成林　中药烧伤药膜介绍　中药通报　(5)：28，1984
赵成林等　中药止痒涂膜剂的制备　江苏中医杂志　(4)：23，1986
赵德修等　狭叶杜香挥发油成分的初步研究　植物学报　(2)：189，1987
赵吉福等　大叶柴胡的毒性成分　药学学报　(7)：507 1987
甄汉深　何首乌炮制历史沿革的研究　中成药研究　(6)：17，1987
郑民实等　100种中草药对乙型肝炎病毒表面抗原抑制作用的观察　中草药　(10)：27，1987
周法兴等　广西蛇药中藤桔及铁扫帚的酸性成分分离中草药　(11)：523，1980
周凤鑫等　蒲黄提取液对离体兔心冠脉流量的影响　中成药研究　(1)：41，1984
周荣秋等　中药袋泡剂应用基础研究　中成药研究　(1)：1，1987
朱孝金等　蒲黄水溶部分治疗特发性溃疡性结肠炎　湖南医药杂志　(2)：29，1984
朱永新等　麦冬中高异黄酮的分离和鉴定　药学学报　(9)：679，1987
邹金生等　麦饭石的成分（摘要）　中草药　(1)：42，1987

（二）方　剂

【概述】

1987年方剂学在临床应用的基础上，实验研究发展迅速，为方剂的临床应用提供了现代科学根据。

（一）临床应用　首先是对经方的使用，如对麻黄汤类方、桂枝汤类方、柴胡汤类方、五苓散类方、承气汤类方、泻心汤类方、四逆汤类方以及当归芍药散、葛根芩连汤、薏苡附子败酱散、白头翁汤、乌梅丸等临床报道颇多。如彭治安报道，以小柴胡汤治疗悬饮42例，皆获痊愈，疗程长者45天，短者22天；张连城等以小柴胡汤治疗慢性胆管炎28例，有效率达100%；刘长江等以该方治疗妇女经前期紧张征167例，总有效率为93.41%。游开泓报道，用桃核承气汤治疗肝性血卟啉病35例，其中31例治愈，3例好转，无效1例，有效率达97.1%。郭龙清报道，用大承气汤加味灌肠治疗重症呕吐20例，有效率达90%。王廷敏等以柴胡加龙骨牡蛎汤加减治疗癫狂52例，痊愈39例，好转10例，3例无效，有效率为94.3%。高凤才以泻心汤治疗急性肺出血105例，显效53例，有效44例，无效8例，总有效率达92.37%。当归芍药散不仅用于妊娠病，还应用于妇科月经病、带下，以及内科、外科等多种疾病适应证。

对经方外的古方应用，陈泮朝报道，以蒿芩清胆汤加味治疗胆囊炎48例，其中显效40例，好转6例，有效率为95.8%。张子明用黄芪鳖甲汤治疗功能性低热30例，结果：21例痊愈，显效5例，好转3例，1例无效，有效率达96.67%。金克畅以补阳还五汤加减治疗慢性肾炎41例，结果：治愈19例，好转16例，无效6例，有效率为85.36%；孙旭升用本方加味治疗胃、十二指肠溃疡病34例，治愈18例，好转14例，无效2例，有效率达94.1%。王景春报道，萆薢渗湿汤治疗髂肌静脉血栓形成54例，结果：治愈23例，显效21例，好转8例，总有效率达96.3%。夏全花报道，用阳和汤治疗寒湿痛痹24例，治愈16例，好转8例。肖钢以左归丸加减治疗萎缩性外阴炎25例，其中16例治愈，9例显效。程润泉以十三太保方治疗妊娠恶阻100例，痊愈率达98%。张湘屏用钱氏白术散治疗小儿发热49例，治愈27例，有效14例，无效8例，总有效率为83.67%。王丽报道，用龙胆泻肝汤加减治疗单纯性疱疹性角膜炎34例，治愈27例，好转3例，无效4例，有效率达88.2%。

对自拟方应用的临床报道，汪忻吉以排石汤治疗尿路结石215例，结果：排石率达58.9%，结石下移率为29.7%，有效率达88.6%；蒋先明以溶石汤治疗泌尿系结石32例，痊愈30例，好转1例，平均治愈天数为45天，最短者1天，最长者127天，总有效率达96.88%。邓德明等报道，以升率汤治疗缓慢性心律失常50例，结果显效24例，有效19例，无效7例，有效率达86%。王健中用自拟消癥丸治疗早期肝硬化40例，治愈13例，好转12例，有效率达90%。曾俊辉等以自拟通脉愈痫丸治疗脑外伤继发性癫痫43例，治愈32例，显效3例，好转4例，无效4例，治愈率75%，有效率90.7%。顾乃强等报道，用自制七味新消丸（亦名麝香新消丸）治疗531例急性乳腺炎、丹毒、急性淋巴结炎、痈四种外科病，显效297例，有效190例，无效44例，有效率达91.7%。蔡连香等以自拟养血补肾汤治疗功能性失调血经病（月经稀少、闭经、功能性子宫血）218例，其中治愈115例，无排卵性功血79例恢复排卵者达70例，总有效率为96.78%。王毅夫报道，用家传病明眼丸治疗近视眼300例，586只眼，显效134只眼，有效312只眼，有效率为76.1%。

（二）实验研究　李在邠等对葛根芩连汤抗缺氧作用实验研究，表明具有明显的抗缺氧作用，其机制可能为抗异丙肾上腺素加快心率和降低肾上腺素系统功能的效应，从而减少动物整体的耗氧量，增加心肌耐缺氧能力，提高脑对缺氧的耐受力或降低脑组织的耗氧量，产生明显的抗缺氧作用。佟丽等对上方解热抗菌作用实验研究，表明对五联疫苗感染引起的高热家兔具有显著的降温作用，降温效果与复方阿斯匹林相比似无明显差异，並具有抑制金黄葡萄球菌、痢疾杆菌、肺炎双球菌的作用。李惠林等对半夏泻心汤防治胃溃疡作了实验，表明本方对大鼠幽门结扎型胃溃疡有保护性，对醋酸性胃溃疡有明显治疗作用，其机制可能是有加强胃粘膜、粘液屏障作用，促进粘膜细胞的再生修复。谢家俊等对桂枝茯苓丸作用于中枢神经系统的药理实验证明对小鼠有显著的镇痛和镇静作用，并能显著加强对中枢神经的抑制。

谢人明等就补阳还五汤对心脏功能及心肌营养性血流影响作了研究，实验表明，本方对家兔有缓和降压作用，能显著增强心肌收缩力，对反映心肌耗氧量的心肌能力时间指数有显著降低作用，对小鼠心肌营养性血流量有显著增加作用。于世增等就补益气血的方剂四君子汤、四物汤、八珍汤对血小板聚集的影响作了研究，实验表明，三方均具有明显的抗家兔血小板聚集作用（$P<0.01$），

其中八珍汤作用最大，四君子汤、四物汤二者作用差异不显著，说明了中医气血协同或相关作用的理论。孙大锡等对八正散抑制尿道致病性大肠杆菌的菌毛表达和对尿道上皮细胞的粘附的影响进行了研究，实验结果表明，本方对尿道致病性大肠杆菌（简称VEC）无抑菌作用，其治疗急性尿道感染不是通过抑菌和杀菌作用实现的。VEC经八正散在体外直接处理后，粘附到尿道上皮细胞的能力降低，VEC经本方处理后，编码P菌毛的基因未发生突变，只是表型发生了改变。因此，提示临床使用八正散治疗急性尿路感染必须达到足够的疗程，否则会引起新的复发性感染。

邢蜀林等研究报道，参脉液能抗乌头碱所致的大鼠心动过速，预防给药显著延长由之而致的心律失常出现的潜伏期，治疗给药可恢复动物的正常窦性心律，并能抗垂体后叶素诱发大鼠心肌缺血时心电图变化，降低氯仿引起小鼠室颤的发生率，本药静脉注射使用安全，尹才渊等对降糖丸作了实验研究，证明本方对大鼠四氧嘧啶性高血糖有明显降低作用，同时还能明显降低血清甘油三酯和尿素氮的浓度。戴尧仁等报道了施今墨抗衰老方的药理作用，施氏抗衰老方剂制备液对小鼠脑中单胺氧化酶-B型活性达50%，而对肝中单胺氧化酶-B型活性只有较轻微的抑制；果蝇寿命实验表明，其能延长果蝇平均寿命约21%，确有一定的抗衰老作用。李先荣等对妇康血宁止血作用进行了研究，实验表明其止血作用是通过促进血栓形成和血小板粘附，增加子宫平滑肌的兴奋性和提高雌激素水平的综合作用而实现的。蔡连香等对自拟养血补肾汤作了药理研究，证明其有雌激素样作用，能使丘脑下部及垂体兴奋，使之分泌雌激素，促进卵巢功能恢复，从而达到调经的目的。

此外，一年来对于方剂的理论、方剂剂型的改革，以及单方验方的应用等亦有一些报道，如李飞等“理气方剂配伍方法的探讨、”杨方尧“升降相因与方剂配伍，”杨间知“治疗冻疮验方——七桂散，”曾光华“经前乳房胀痛验方”等，这方面工作也有一定的进展。

（王道瑞）

【银翘散的应用与研究】

（一）临床应用　本方剂型，除散剂外，目前有丸、片、煎、袋泡剂四型。

俞瑞霞报道，用银翘散袋泡剂治疗发热患者28例，其中急性上呼吸道感染25例，辨证属于风热型者22例，风寒型者3例；诸例皆有不同程度的发热，体温高于39℃者10例，在38～39℃者11例，37.5～38℃者4例；其中24例作了血象检查，白细胞总数增高者15例（1万～2万／立方毫米），正常者7例（0.5万～1万／立方毫米），降低者2例，分类嗜中性白细胞增高者15例，尿检作了4例，2例有蛋白（+），白细胞少量。治疗结果，临床治愈23例，占90.2%（其中2例为其他急性感染）。退热时间最短为8小时，最长为72小时，24小时内退热者6例，48小时内退热者10例，72小时内退热者7例，平均为35小时退热。中毒症状大多数随着体温下降而好转，白细胞亦逐渐恢复正常。

王淑梅等总结其多年眼科应用银翘散的经验，如治疗麦粒肿、眼睑丹毒、眼睑炎性水肿，初起可用银翘散加公英、地丁；兼热毒炽盛而局部红肿甚，脉洪数者，本方去豆豉、荆芥，合柴葛解肌汤，兼见脘腹胀满，纳少，便秘者，酌加枳实、厚朴、大黄、芒硝之类；局部硬结不退，或肿胀紫暗者，选用丹参、赤芍、苏木、皂刺、瓜蒌等。又若治疗虹膜睫状体炎、色素膜炎，多以本方加肝经药物疗效为佳，即加用龙胆草、栀子、黄芩、青葙子、茺蔚子、车前子等。若胞轮微红，久治不愈，咽干者，属阴虚火旺，可合用犀角地黄汤。凡遇角膜后沉着物（KP）不退，房水、玻璃体混浊者，用本方合犀角地黄汤，常获良效（犀角可用水牛角30克代替）。若见头痛、舌腻、大便不爽者，加车前子、茵陈、木通、黄柏等。前房积脓可加生石膏、知母、水牛角、厚朴、丹皮；睫状体充血不退加丹参、苏木、桃仁、红花；玻璃体混浊明显加公英、地丁。王氏并举患色素膜炎病案1例，治如上法，服12剂而病瘳。

（二）方义探讨　杜长龄从银翘散药物组成、功用上，对其名曰"辛凉平剂"进行了分析。他认为银翘散的方药组成包含清热解毒的辛凉之品，如银花、连翘、竹叶、牛蒡子、薄荷、竹叶、鲜芦根等，同时也包括疏散风寒的辛温之品，如豆豉、荆芥等，因清吴瑭所谓的"辛凉平剂"并不仅仅是介于"辛凉轻剂"（桑菊饮)和"辛凉重剂"（白虎汤）之间的中剂，而是辛凉、辛温药物组成的平均之剂。王淑梅等认为本方中银花、连翘寒而不凝，苦而不燥，为清热解毒之上品；荆芥、薄荷、豆豉皆可疏风解表，配银花、连翘以散风热。且薄荷尚有退翳明目之功，为眼疾要药。竹叶、甘草、芦根清热生津而不腻，可养护睛珠神水。全方药皆轻清，又有桔梗载之上行，故亦甚符合眼科用药规律。

（三）实验研究　邓文龙等对银翘散进行了药理作用的研究，通过动物实验，结果表明：银翘散具有解热作用，但其解热不是通过对内毒素的灭活解毒所致；具有明显抗炎作用，其抗炎主要是对炎症介质的影响，即对组织胺有明显抑制作用；具有抗过敏作用，其对天花粉所致大鼠和小鼠皮肤被动过敏反应、天花粉对小鼠所致过敏性休克，以及对二硝基氟苯所致小鼠皮肤过敏反应均有明显抑制作用；能增强炎灶巨噬细胞对异物的吞噬能力，但不能增强网状内皮系统对血流中惰性炭粒的吞噬廓清，故有利于感染局部炎症的治疗。

（王道瑞）

【藿香正气散的应用及研究】

藿香正气散近代制成丸、散、片、水等多种制剂，广泛应用于夏秋季节感冒、肠胃型感冒、流行性感冒、急性胃肠炎、消化不良、中暑、痢疾及水土不服等。近据汪鲁谦等报道，应用本方解救食物中毒2例：(1)女性青年因进食腌制萝卜过量，发生急性亚硝酸盐中毒症状，面色发青，唇爪紫绀，气急心慌，恶心呕吐．先予藿香正气丸45克研碎冲服，继用本方加减水煎服，每隔3小时一次，次日诸症若失而愈。(2)中年男子因误食青鱼胆汁污染之鱼肉而发生中毒，腹痛泄泻，恶心欲呕，急予藿香正气丸120克煎汤，分二次饮服，药后中毒症状亦皆迅速消失。林家坤曾治疗一男性尿闭，证属内伤湿滞，复感风寒，膀胱气化失常者，投以藿香正气丸，小便即通，诸症亦除。刘寿永则报道了以藿香正气丸治愈腰痛的验案。

为探讨藿香正气散调理胃肠功能的作用机理，广州中医学院生理教研室陈朝凤等应用不同浓度的藿香正气丸（散）液，对13只家兔的47段离体小肠进行了实验观察。结果表明，低浓度的藿香正气丸（散）液对离体小肠运动的影响，与该肠段的基础活动状态有关，基础活动力较强者，多表现为抑制；基础活动力较弱者，多表现为兴奋，从而呈现双向调节作用。高浓度的藿香正气丸(散)液对离体小肠运动的影响，则完全呈现抑制作用。同时还观察到，高浓度的藿香正气丸（散）液有拮抗乙酰胆碱的作用。根据实验结果，陈氏等认为：本方改善胃肠功能，减轻或消除腹满胀闷，呕吐泻泄等症状，是通过其双向调节作用实现的。高浓度藿香正气丸（散）液对小肠活动的抑制，包括使之收缩力减弱，频率减慢、肌张力降低，则可能是藿香正气丸（散）发挥运脾化湿、理气止痛作用的主要机理。至于高浓度藿香正气丸（散）液拮抗乙酰胆碱的作用，是否说明藿香正气丸（散）是通过与乙酰胆碱竞争受体而抑制副交感神经，从而抑制肠段的运动机能，尚待进一步探讨。

（萧俊平　李贵杰）

【五苓散及其类方的应用】

（一）癃闭　贾斌用五苓散加味治愈产后癃闭20例。其基本方为：桂枝、炒白术、猪苓、茯苓、泽泻、白芍、黄柏、石菖蒲、苍术、炙甘草。阳虚加附子；气虚加党参、黄芪；夹湿加白蔻仁、通草；腹胀重者加乌药、小茴香；小便黄赤加白茅根、蒲公英。治疗结果：最快的1例服药半小时后即排尿通畅，其他病例服药1～2剂后排尿恢复正常。贾经汉亦用五苓散加减治愈功能性尿潴留4例。其中2例因用大剂量阿托品所致，1例因硬膜外麻醉行阑尾切除术后引起，1例因车祸昏迷插导尿管10天拔管后出现，均在服药1～4小时后排尿。王桂荣用五苓散化裁治愈膀胱结石合并尿潴留1例。

（二）泄泻　宋翠琏等用胃苓汤加减（茯苓、猪苓、车前子、滑石、白术、肉桂、木香、厚朴、藿香）治疗74例冬季流行性腹泻，与西药组（氯霉素、痢特灵、土霉素等）47例进行对照观察。两组患者全部出现腹泻、肠鸣、腹痛，2／3病例伴有面色苍白，手足不温，不发热或有低热，少尿，舌淡苔薄白而滑，脉滑或濡迟等寒湿偏胜，中阳被困的证候。治疗结果：胃苓汤组显效65例，好转8例，无效1例，总有效率为98.7%；西药组显效10例，好转20例，无效17例，总有效率为63.8%。两组疗效经统计学处理有显著差异（$P<0.01$）。储洑等用胃苓汤（方中厚朴改半夏）治疗轮状病毒引起的婴儿腹泻（俗称秋季腹泻）25例，与西药组（抗生素、磺胺甲基异噁唑）35例对照，结果：中药组平均退热天数为1.18±0.12天，西药组为2.82±0.23天，两组比较，$P<0.001$；中药组平均止泻天数为2.24±0.19天，西药组为2.97±0.16天，两组比较，$P<0.01$。表明中药组退热及止泻效果明显优于西药组，且无任何不良反应，是治疗轮状病毒肠炎的安全有效方剂。范准成等用五苓散治疗腹泻引起脱水症，共观察347例（其中轻度脱水273例，中度脱水72例，重度脱水2例；高渗脱水20例，低渗脱水20例，等渗脱水307例）；五苓散组116例，五苓散按《伤寒论》原书比例配方、研末，成人每次6克，小儿酌减，日服三次，服药期间可自由饮水。对照一组116例，用复方新诺明加口服补液盐。对照二组115例，用复方新诺明加胃蛋白酶。治疗结果：五苓散组成功率95.7%，对照一组成功率87.1%，对照二组成功率70.4%，而且五苓散组止泻及纠正脱水的时间短于另两组。

（三）肾病　孙界平用五苓散加味治疗早期肾功能不全20例，按辨证施治，脾阳不振型加附子、厚朴、干姜；水湿浸渍型加大腹皮、生苡仁、川椒目、车前子；肾阳衰微型加仙灵脾、巴戟天、鹿角片；脾肾两虚型加厚朴、附子、肉桂、法半夏。治疗结果：显效6例，有效8例，无效3例，恶化3例。总有效率为70%。朱沛冉用五苓散治愈1例因泌尿系感染所致的肾性高血压。

另外，姚芳蔚报道，五苓散及其类方可用治因湿邪上扰而引起的各种眼病，这些眼病多具充血、渗出、水肿、湿疹、糜烂或黄疸等症状。夏永潮用茵陈五苓散加味治疗6例手足心黄患者，均愈。赵明用五苓散治愈1例新生儿因喂冷开水引起的呃逆，服药1剂后呃逆停止。

（朱华德）

【补中益气汤的应用及理论探讨】

（一）临床运用

1.内科　张华英等根据脾胃为后天之本，脾主肌肉、上睑属脾的理论，用补中益气汤化裁治疗眼肌型重症肌无力28例32只眼。其主要表现为眼睑下垂、眼球运动受限、多视、斜视等。结果：痊愈23只眼，显效4只眼，好转3只眼，无效2只眼。刘瑞祥等用本方加味治疗面神经麻痹伴脾虚者，获愈。刘氏等认为，脾虚肌肉纵缓无力亦是面瘫发生的原因之一，所以，针对病因病机用补中益气汤加防风、全虫，并随证加减，如初期表实无汗伴头项痛者加葛根、羌活；若有汗去防风加桂枝、白芍；病夹痰瘀阻络的加白芥子、南星、红花等。何泽郊认为以本方健脾升阳，可达到异病同治的目的，曾用本方加减治愈慢性结肠炎、肠结核与慢性菌痢各1例。

2.外科　洪德华则有用本方治愈泌尿系结石的验案。患者因腰部绞痛入院。诊为“左输尿管膀胱入口处多发性阳性结石。”先行中西医结合总攻排石一个疗程，未效。又据其脾气虚弱之证，改用补中益气汤加鸡内金、炒谷芽、法半夏、六神曲治疗。连服九剂，患者自觉症状解除，再摄片，结石阴影已消失。此虽个别病例，但理法彰然，值得进一步探讨。

3.妇产科　马芸宏等报道用本方加减治愈一例罕见的中期引产后慢性完全性子宫内翻症。患者于妊娠5个月顺利引产后第十五天并发完全性子宫内翻症，经多种西药治疗并作子宫内翻阴道复位术无效，遂改中药治疗。据患者脾气虚陷之临床表现，投大剂补中益气汤，并随证出入，药后子宫逐日上提，共用药三十余天而愈。孙光远与傅德芳等则分别介绍了他们在妇科临床上应用补中益气汤的经验，认为凡因脾胃虚弱、中气不足、清阳不振之经带胎产诸病，用补中益气汤化裁治疗效果满意。

4.耳鼻喉科　王永钦在耳鼻喉科的临床中，基于“脾胃虚则九窍不通”的理论，运用补中益气汤加减治疗由脾胃气虚、清阳不升所致的多种疾病，效果良好。如对于中气不足、清阳不升、耳窍失养的耳鸣；肺脾气虚、卫阳不固、鼻失温养以致清涕不休的鼻鼽；脾胃虚弱、气血不足、喉失温养的声带麻痹；以及脾阳不升、浊阴上泛的口舌生疮等等，投补中益气汤皆有良效。陶洁介绍了用补中益气汤治愈的脾气不足、湿浊不化、上泛鼻窍而脓涕不止的鼻渊与中焦气虚、痰火上炎引起咽中有异物感的喉痹等三则验案。

（二）理论探讨

马新凤著文对补中益气汤的脉证鉴别提出了自己的观点。第一是气虚发热与阳亢发热宜加以鉴别。补中益气汤所治的气虚发热症，脉洪多见于寸关或独见于右关，身热为阵作，面如火燎，或四肢发热，或心中烦热，时间短暂，口渴多不喜饮，或喜热饮，舌淡或边有齿痕。阳亢火热证，脉洪有力，多寸关尺三部并见，持续发热，口渴喜凉饮，舌红苔黄而燥。马氏指出，近年来报道的补中益气汤治验，所述脉象都为弱、细、微脉，很少见洪脉，估计一般医者对细弱脉主虚容易接受，而洪脉亦主虚则难以理解，这样，便局限了补中益气汤的使用范围。第二是气虚所致之腹胀脉弦，宜塞因塞用。腹胀脉弦，一般医者多用疏肝行气之剂治疗，初服尚有效，久服则反转腹胀更甚。此乃病久肝克脾土，脾失健运，浊阴中阻。患者每伴疲倦乏力，少气懒言，食少便溏等，当用补中益气汤塞因塞用；此种腹胀脉弦不同于气机壅塞之腹胀脉弦，宜加区别。

沙建飞对补中益气汤的双向调治作用作了探讨。沙氏用验案说明了补中益气汤具有既能升压又能降压、既能固胎又能催产的作用；并认为，只要病机属中气不足的，投补中益气汤，切之病机，诸症皆除。从而体现双向调治的作用。周明道也通过运用补中益气汤加减治愈的浮肿少尿与消瘦多尿、小便癃闭与小便频数、烦热与恶寒的三组验案，从而阐明了本方的双向调治作用。

（张浩良　华浩明）

【炙甘草汤应用新探】

炙甘草汤具有益气养血、滋阴通阳的作用，源出《伤寒论》，主治“脉结代，心动悸”之症，临床应用颇为广泛。对此，成启予提出一些见解，认为本方在原著主治中冠以“伤寒”二字，一则表示本病为伤寒所致，二则提示邪毒尚未尽解，故临证应用本方应从三个方面掌握。(1)在病因方面，本证始于“伤寒”，亦即热毒犯心所致，故多用于病毒性心肌炎之类的心脏疾患，而对其它慢性心脏病诸如慢性风湿性心脏病、冠心病、肺心病、先天性心脏病、心肌病等所出现的脉结代心动悸则少放，(2)在病期方面，以亚急性或恢复期为宜，而对慢性期后遗症则效果不良，故病程掌握上一般不宜太长，大概以1至6月为宜，若过早用之，反恋邪不解；积久而亏损者则又难以恢复。(3)在辨证方面，本方所治之证应为心气不足，阴血亏损型，即用于邪毒将尽或已尽之时。其主证除脉结代、心动悸外、尚有胸闷气短、头晕乏力、面色少华、舌淡红或嫩红等症。对其它证型如痰浊内阻型、气滞血瘀型及急性期的热毒炽盛，或心阳暴脱者均不宜用。即使证属心气阴血不足适合本方者，也应结合辨病、病期、病程全面衡量，并根据兼证进行适当增减，以期提高疗效。

吴铁据临床体会认为，本方用治心血管病，生地可用250克，炙甘草可用60克而不应少于50克。但若下肢浮肿、脘腹胀满者可适当减至20克，生地不应少于30克，其它药物可在15～25克之间，应用时多去麻仁；兼血瘀加丹参、红花；心动过速加苦参、龙骨；过缓加附子。运用本方要恒守一方，勿轻易变换，应连续服用几十剂方能获效。如吴氏治疗1例病毒性心肌炎、曾用西药疗效不显，病反渐重。证属心气阴两虚，投炙甘草汤去麻仁、大枣、加黄芪、苦参、丹参、龙骨，30剂后症状大减，又服30剂心电图正常，随访5年疗效巩固。又以本方加减疗效病窦综合征1例，服药2个月后诸症悉除，心率由48次／分钟恢复至65～70次／分钟，随访2年未发。徐文德治疗病窦综合征1例，患者心悸气短，心率28～82次／分钟，心电图提示心动过缓、完全性右束枝传导阻滞，胸片显示左心室扩大，证属气阴虚亏，心阳不足，投本方加减4剂后心悸气短大减，心率仍28～82次／分钟，上方加制附片再进20剂，诸症消失，心率70～80次／分钟，传导阻滞消失，追访10个月未发。

王伯超采用本方治妇科出血，炙甘草用量为20～40克，认为可能对丘脑下部-垂体-卵巢三者之间起到调节作用，值得研究。王氏以本方加减，重用炙甘草，治疗妇科出血诸证均获良效。一般偏热者去桂枝加旱莲草或芩、连、柏、山栀；有瘀者加桃仁、红花或失笑散；便溏去麻仁；胎漏因虚者亦去麻仁加菟丝子、续断之类。并附用本方稍予加减治疗崩漏、月经过多、胎漏、恶露不绝各1例，均疗效速捷，3～7剂而收全功。

蒋励力认为，炙甘草不是本方主药。理由有三：(1)本方作用益气养血、滋阴复脉，主治“脉结代心动悸。”然炙甘草益气不及人参，养血不如地黄，滋阴不及阿胶，温通不如桂枝，又无治心动悸脉结代之效，不符“主病之谓君”的原则。(2)本方干地黄用一斤，是炙甘草的4倍，也有悖于李东垣之“君药分量最多”之说。(3)现代药理证实甘草含甘草次酸，有肾上腺皮质激素作用，能促进体内水和钠盐的潴留及钾的排出，长期服用可引起水肿、高血压、低钾血症、头痛、全身倦怠、血压升高，往往会加重心脏负担。蒋氏曾用本方治疗多发性室性早搏属气阴两伤者，用大剂量炙甘草时患者不仅早搏仍发，且增腹胀乏力感；减少炙甘草用量早搏即除，故认为本方对心脏病脉结代心动悸有较好疗效，但炙甘草不宜超过常用量，大剂量炙甘草能抑制毛细血管通透性。

（袁宝权）

【六味地黄丸的应用和研究】

陈菊生根据中医“肾为先天之本：的理论，以填精益肾为法，将六味地黄丸用于优生优育，经治疗3例取效：（1）某女结婚近10年，先后生育4胎，均于满月后小儿两目直视上翻，头项强直，手脚后翘，继而出现耳不聪，目不明，进奶困难，在1岁左右而次第夭亡。当第五胎受孕2月时，嘱孕妇服六味地黄丸达6月之久，后生1女婴，至今健康无恙，智力优于同龄儿。（2）某女第一胎生一男孩，3岁时头仍软弱无力不举，全身痿软无力而不能坐，两目呆痴无神，更不能言语，诊为先天不足，虽服多种药物，效果依然不够理想。该女怀第2胎4个月时，根据辨证先予黄芩、白术5剂清理湿热而安胎，后嘱服六味地黄丸至分娩，生1男婴，现与同龄儿一样健康。（3）某女患过敏性哮喘已10年，另一妇女的丈夫亦患过敏性哮喘，有遗传史。本着“不治已病治未病”的精神，于两女受孕后3个月分别给服六味地黄丸，先后各生一男婴，至今已2岁有余，体质与智力均胜于同龄儿童。

孙少曾等认为病理性室性早搏乃肾中真阳不足，不能上济于心，致使心火亢盛，内扰心神而致，故以六味地黄汤加苦参施治，12例患者分别经8天至3个月治疗，室性早搏及自觉症状全部消失。陈伟报道，钱伯文以六味地黄丸为基础方，随症加减，同时接受放射治疗，连续治疗两年，治愈一例晚期鼻咽癌患者。十年后随访无复发。张有俊根据肾主骨主髓，脑为髓之海，肾阴不足，则脑髓不充，易生诸般脑病的原理，用六味地黄汤加味予以滋阴养血，补肾填精，经治一氧化碳中毒性精神病等后遗症获愈。

关于实验研究方面，傅桂云等发现六味地黄汤与人参有类似的抗低温、抗疲劳、耐高温、耐缺氧、促进小鼠体重增长以及促皮质激素样作用。还能对抗氢化考的松引起的小鼠肾上腺、胸腺萎缩，并能抑制小鼠棉球肉芽肿增长，与生理盐水对照组均有显著差异（$P<0.05$ 或 $P<0.01$）。马伯良等研究表明，六味地黄片（丸）对正常大鼠血脂无明显影响。对实验性高血脂家兔血清胆固醇和甘油三脂有明显降低作用。同时，给药组肝、脾、肾上腺重量亦比对照组明显下降（$P<0.05$）。解剖时肉眼观察，对照组肝脏等脏器都呈现较明显的脂肪沉积，而给药组脏器色泽均较正常。对实验性高血脂大鼠高密度脂蛋白中脂固醇（HDL-C）能明显增高，具有增加HDL-C／TC比值的作用。

（张友海　纪　钧）

【当归芍药散的应用与研究】

（一）临床应用

本方在临床上除用于治疗妊娠腹痛外，还常用于治疗肝脾不调所致的多种疾病。

1.内科杂病　周文川、金芝芳、章火胜、张存贵等报道，用本方加减治疗脾胃、肝胆的多种病症，如去泽泻加蒲黄、砂仁、枳壳治疗胃溃疡、胃炎，加连翘、黄柏等治疗慢性胆囊炎，加茵陈等治疗黄疸病，加乌梅、川椒、川楝子去川芎、泽泻治疗胆道蛔虫，加防风、甘草、大枣治疗腹泻，尤其是金氏曾以本方加大腹皮、桂枝、首乌、鳖甲、党参等治疗肝硬化腹水，前后服药40余剂而病复如常。张天恩、金芝芳、王文铎等报道，用本方原方或加减治疗泌尿系疾病，如输尿管结石，可用原方，或加金钱草、滑石、木通、川楝子等，加红花、桃仁、仙灵脾等活血益肾药治疗前列腺肥大，加白茅根、滑石、小蓟等利尿止血药治疗运动性血尿，加黄芪、桂枝、仙灵脾等治疗慢性肾炎。章火胜、张天恩、张存贵等还报道，用本方原方或加味治疗眩晕、头痛，如章氏以本方加柴胡、全蝎、苍术等，服10剂治愈1例多年头痛。此外余惠民还曾用本方加郁金、丹参、龙骨、牡蛎治愈1例女性周期性精神病。

2.妇科疾患　（1）妊娠疾病：郭天玲等用其原方治疗了92例妊娠高血压综合征，认为本方对轻、中度患者的高血压和预防子痫的发生，具有与西药降压药（复方降压片和肼苯哒嗪）相似的功效，对孕妇及胎儿无不良影响。当归、芍药、川芎、茯苓、白术、泽泻药量比例为1：4：1：1.5：1：1.5，研末为散，每服3克，日二次。朱梨馨等以本方去川芎加桑寄生、钩藤、兰花、煅石决明，水煎服，日一次，治疗了52例中度妊娠高血压综合征，结果分娩无一例发生异常。谷宝森等报道以本方加桑寄生、川断、菟丝子、苧麻根观察了52例先兆流产患者，治愈38例，显效9例，有效1例，无效4例，总有效率达93.4%。（2）月经病症：戚广崇、王星五、徐玉兰等报道了使用当归芍药散（丸）或原方或加减治疗月经过多、崩漏、痛经等，疗效颇著。王文铎、吴昌生等以本方加味治疗经后诸症如月经不调。经行乳胀，舌淡苔白者加柴胡、香附、郁金、橘叶等，舌红苔黄则易为川楝子、蒲公英、丹皮、青皮、山栀等；经行浮肿，心慌气短者加参、芪；腰膝酸冷加补骨脂、巴戟天、仙灵脾；月经失调而肾阴虚者加生地、枸杞子、女贞子、覆盆子等，肾阳虚者加巴戟天、菟丝子、鹿角胶、仙灵脾等；经停水肿加益母草、巴戟天、苡仁、防己等。（3）妇人杂病：周文川、吴昌生等报道用本方加味煎剂治疗附件炎，如带下色黄而臭加蒲公英、黄柏、苡仁、土茯苓等，带下色白而稠加陈皮、党参、芡实、苡仁等。王星五、余惠民等以本方加味或合桂枝伏苓丸，治疗瘀血腹痛。

（二）实验研究

刘平等人曾运用放射免疫测定方法对12例功能性子宫出血病人服当归芍药散前后的血清FSH、LH、E_2及D含量变化进行实验观察，其结果初步提示当归芍药散对上述四种内分泌激素有一定影响。张海莹报道国外亦对此作了研究，认为本方与雌激素并用治疗卵巢功能低下，能明显减少雌激素的用量及延长给药时间。

（王道瑞）

【当归四逆汤的应用】

（一）内科　（1）头痛：曹华勋用本方治疗1例神经性头痛，病人头顶疼痛，遇冷加剧，伴呕吐清水，食欲不振，全身畏冷，时叹息，口和，二便自调，苔白滑，脉沉弦，辨证为寒滞肝脉，肝寒犯胃。遂以当归四逆汤加白芷、吴茱萸温肝散寒，和胃降逆。药仅服二剂，头痛顿减，呕吐亦止，后改用香砂理中汤调理遂愈，随访三月未发。陶政燮介绍陶景宏老中医治验一例厥阴头痛患者，巅顶痛已逾三月，呕吐痰涎，四肢厥冷，胃脘疼痛，舌苔白腻，脉弦紧。证属厥阴寒盛，肝气兼挟痰饮上犯。用本方一剂后头痛即止，连服三剂而愈。（2）心悸：吴孝恺治一患者，心悸，气短，胸闷，舌淡红，苔薄白，脉细而结。证属寒湿阻滞血脉，脉气痹阻。拟本方加麻黄、制附片，3剂后，胸闷心悸等症消失，脉渐充实有力，9剂后，好转出院。（3）肩周炎：郑君莉用本方加羌活、姜黄、蜈蚣粉治疗20例患者　证状表现为肩部疼痛持续一个半月以上，伴有功能障碍及局部压痛。服药15～30天后，痊愈10例，好转8例，无效2例。（4）多发性大动脉炎：陈治水报道治疗一例多发性大动脉炎，病程近二月，上肢麻木冷痛，左手持物困难，伴视物模糊，阵发性昏厥，面色苍白，形体消瘦，四肢发凉，舌质淡，苔薄白，颞动脉及双侧挠动脉搏动消失，两侧颈部及锁骨上区可听到连续性杂音，心肺正常，双上肢血压为零，双下肢血压180/70毫米汞柱。眼底检查：双乳头苍白，视网膜动静脉相吻合，末梢血管闭塞。用本方治疗半月，眩晕头痛大减，无昏厥发作，右寸口脉微细可及。又以原方加黄芪、鸡血藤服半月，双上肢麻木疼痛基本消失，肢末转温，两寸口脉沉细弱，再续服40剂，病愈。出院一年余随访未发作。（5）石淋：陈晓原治一患者，小腹弦急，小便中断，血尿3天，尿路平片示右侧输尿管底端有蚕豆大结石，刻诊：小腹拘急，持续痛胀，按之痛不减，动则痛剧，小便常中断，色红。手足厥冷，舌青紫，苔薄白，脉沉细弦。证属寒凝石结，脉络瘀阻。陈氏选本方加金钱草、牛膝、海金沙进治，药服至6剂就排出结石，诸恙随之冰释。(6) 痿症：吴孝恺治一患者，四肢肘膝关节以下麻木、疼痛，触觉及温度觉消失，腱反射消失，肢体活动障碍，并伴全身畏寒，舌质淡，苔白腻，脉紧。西医诊断为“多发性神经炎”，中医诊属痿躄，投以当归四逆汤合乌头汤后，症状基本消失，痛、温、触觉在指（趾）端未完全恢复外，余无特殊，四肢可自由活动。陶景宏治验一舌痿患者，病程十月余，迭进归脾汤、涤痰汤、加减复脉汤等方药，罔效。陶氏认为恙由寒凝气滞，气血不得温运舌体所致，故以当归四逆汤投之，药服20剂，舌体恢复正常，诸症若失。

（二）皮肤科 (1) 风疹：陶景宏治验一患者，风疹频发，已五载，冬春发作尤频，疹色淡红或苍白，时隐时现，皮肤瘙痒，遇寒加剧，得温稍减，四肢厥冷，舌淡苔白，脉细弱，证为阳虚血亏，风寒痹阻脉络而致。拟本方加麻黄、杏仁治之，共服8剂，诸恙悉除，迄今未发。(2) 多形性红斑：龚景林治一患者，颜面、双手背伸侧见蚕豆至钱币大小斑片，颜色紫暗，中心有水泡略凹陷，呈虹膜样，舌苔薄白，脉细缓。西医诊断为多形性红斑，中医辨证为风寒侵袭，血凝络瘀。方取当归四逆汤温经散寒，通络化瘀。共进13剂，诸症悉平。沈雪康用本方加附片、丹参、红花、党参、黄芪治疗病发多年的寒冷性多形红斑，共诊4次，顽疾痊愈。

（张浩良　阎宝珠）

【瓜蒌薤白白酒汤及其类方的研究和应用】

近人常以本方为基础加活血化瘀类药物治疗冠心病的心绞痛、心肌梗塞、肋间神经痛、肋软骨炎等收到一定疗效。现将一年来有关报道简述于下。

（一）实验研究　贝伟剑进行的药理实验表明：瓜蒌薤白汤的主要成份瓜蒌有扩张冠状动脉，增加冠状动脉血流量，减弱心肌收缩力和减慢心率的作用；能明显提高小白鼠常压缺氧耐受力；也能明显抑制ADP诱导的家兔血小板聚集，并具有一定的促解聚作用。薤白无明显的扩张冠状动脉及增加冠脉血流量的作用，对心脏收缩力的影响也较弱，其它作用与瓜蒌相似。瓜蒌和薤白毒性均较低，两药合用组成复方后对毒性无明显影响；但提高小鼠常压缺氧耐受力作用以及抑制血小板聚集功能的作用比单方强，说明复方有一定优越性。

（二）理论探讨　乔模等认为凡以瓜蒌、薤白为主组成的方剂，专为胸膺部疼痛而设，一般胸痹胸背痛者以瓜蒌、薤白与白酒配伍可愈；若痰浊壅塞，疼痛增重，心痛彻背者，可在上方基础上加半夏以增逐痰下气之功；若痰阻气逆胸痛而满者，又须以瓜蒌、薤白与下气除满的枳实、厚朴配伍，方可奏效。若病势由胸膺延展胃及胁下，宜用枳实薤白桂枝汤（枳实、瓜蒌、薤白、厚朴、桂枝）治之。就病情而言，瓜蒌薤白白酒汤证为胸痹主证，瓜蒌薤白半夏汤证较重，枳实薤白桂枝汤证更甚。

柴中元认为瓜蒌薤白白酒汤有化痰行瘀之功。方中瓜蒌化浊痰，薤白散结气，白酒行瘀血，三者同用，活血开痹，痰瘀同治。胸痹之证本为浊痰结滞于心脉，脉道瘀阻所致，故本方方意即在化浊痰以开痹活血。

（三）临床应用　黄津焕用瓜蒌薤白牡蛎汤治疗心律紊乱38例，辨证属胸阳不振、心痹之证，以瓜蒌、薤白、川芎、当归、黄芪、太子参、陈皮、半夏、远志、酸枣仁、生龙牡为基础方。心区痛甚加丹参、三七粉（冲服）；心律过速加苦参；阳虚伴心动过缓加桂枝。治疗结果：显效21例；有效12例；无效5例。总有效率达86.9%。金万斌用瓜蒌薤白半夏汤加减治疗非化脓性肋软骨炎、乳腺小叶增生病，皆获良效。吴沛田用瓜蒌桂枝汤（由瓜蒌加桂枝汤组成）治疗数例由精神紧张引起的头摇震颤，四肢抖动等症状获效。

（高钦颖）

【中药膜剂的研制和应用】

中药膜剂是近年来研制发展的一种新剂型。有涂膜剂（即涂后迅速干燥，形成具有弹性的薄膜）及膜剂二种，具有制备简单、使用方便、药性稳定性好、吸收快、奏效迅速等特点。按给药途径可分为口服、口含、舌下、植入、眼用、阴道外用、烧伤及皮肤用药膜等。现就中药膜剂的研制及不同给药途径的临床应用情况简述如下：

（一）烧伤用药膜　赵成林报道，选用白芨、虎杖为原料制成烧伤药膜，用于Ⅰ°—Ⅱ°水、火烫伤，直接将药膜贴于有组织液渗出的创面，药膜得水与体温将药物释放出来。临床观察32例，与其它药物比较，该药膜有明显的消炎止痛、保护创面控制感染、防止局部组织液渗出，促进皮肤早日生肌结痂的作用。傅连江报道，由紫草、白芨、地榆油剂改制的烧伤药膜，用于10%以下烧、烫伤52例，对Ⅰ°烧伤贴膜后，5分钟左右可止痛，无一例感染或加服抗生素。李松谋等研制了复方虎杖烧伤涂膜剂，用于治疗各种烫、烧伤病例101例，治愈率达98%以上。一般用药后1～3天结痂，7～12天均可全部脱痂，治疗期平均7～12天，治愈后均无明显瘢痕。王国珍等对紫草油剂进行改制，处方中的白芷、紫草、金银花藤的有效成份，用正交设计法筛选出涂膜剂的处方量、制备条件等，并采用亲水性的PVA为成膜基质，使膜内外有温差，创面膜下水分可通过膜的溶胀形成而被挥发，膜下不易积液，无不适感。

（二）皮肤用药膜　黄体忠采用川芎、钻地风及PVA、甘油、吐温－80研制成止痛药膜，贴于患者最明显的压痛点或适当的穴位，临床治疗颈椎病，腰椎肥大、下肢神经痛等60例，总有效率为91.65%，该药膜敷贴面积小，相应地对皮肤的刺激亦小，贴用时间可保留五天。陈国良等选用生川乌、元胡、干姜、透骨草、羌活等中药配以松香、硝化棉、薄荷油、松节油等制成伤湿止痛涂膜剂，用于各种急性扭伤、挫伤、腰腿痛等，多数在5天内痊愈或好转。该膜涂于皮肤后一分钟左右能形成一均匀薄膜，具粘着力强、不粘污衣物等特点。魏雪纹等将如意金黄散改为涂膜剂用于治疗乳痈、红肿热痛等，临床观察48例，总有效率为92%。

赵成林等研制了止痒涂膜剂，用苦参、生百部、蛇床子、土槿皮等中药，选择无毒性的玉米朊作成膜材料，邻苯二甲酸二丁酯作增塑剂等配制而成，邻苯二甲酸二丁酯能使药膜牢固成型，玉米朊易溶于醇等有机溶剂，难溶于水，故其含醇量不得低于82%，加入香料及着色剂使病人易于接受。丁蔚试制斑蝥发泡沫，敷于皮肤上，能起“微面积的化学性烧伤性刺激作用”，这种刺激首先作用于皮肤的神经感受器，通过复杂的神经反射机理而达到止痛的目的，皮肤上的水泡能很快痊愈而不留疤痕。

（三）口腔与口含用药膜　李秀珍用云南白药、止血淀粉及PVA0.5-88和PVA-124研制出口腔止血膜，用于口腔科拔牙后创面上，2～5分钟左右即达消炎止血目的。病人唾液分泌减少，无不适感，且可马上讲话自如，改变了原先咬合棉球压迫止血等不适。王勤观等将传统使用的口腔溃疡吹口药改制成膜剂．用于治疗单纯性和复发性口腔溃疡35例和29例，治愈好转率分别为97.3%、87.9%，用药膜贴敷后，溃疡部位一般在2～7天内即愈合。

（四）鼻用药膜　汤灿城用辛夷花、白芷、苍耳子、青黛等中药研制成鼻用膜剂，用于治疗急慢性鼻炎、鼻窦炎等，每日于鼻中隔前方贴一次，即可取得明显治疗效果。该药膜可延长药效，使肿大的下甲收缩、呼吸通畅、分泌物减少及头痛减轻。蒋贵典采用口腔溃疡膜剂治疗鼻中隔粘膜溃疡等症，效果满意，无任何毒副作用。

（五）阴道外用膜　王尊善等研制的宫颈膜剂，经临床130例治疗宫颈糜烂，获得满意效果。同时指出药膜的疗效与药膜厚度有关，药膜越薄贴敷患处越牢固，可充分地在患处发挥药效，提高治愈率。李培全等采用芫花萜配以药膜树脂—04等材料研制成芫花萜引产药膜，经药理研究证明，对终止2～5个月妊娠，具有使用方便、操作简单、感染机会少，成功率高，副作用小等优点，尤其对终止2～4个半月妊娠更为理想。张咏林等采用黄连浸液，血竭粉、冰片制成复方黄连膜剂，临床治疗100例宫颈糜烂，一般用药10余次，可见宫颈光滑、症状减轻或消失。张子杨等就治疗早期宫颈癌的莪术油膜进行了体外释放度及稳定性的测定，结果表明，莪术油膜符合一级释放原理，同时一系列参数也显示膜的厚度是影响药物释放的主要因素之一。认为采用快速可靠，简便易行的“单测点法”测定膜剂的稳定性较好。

（徐莲英　蔡贞贞）

【中药新剂型——袋泡剂】

袋泡剂，又称泡袋剂，是中药传统汤剂的改进，以煮散为基础，采用现代工艺和包装方法的一种新剂型。按其浸出溶媒来分类，有沸水泡袋剂和酒泡袋剂两类；按其给药途径和使用方法来分类，可分为内服（汤液、茶饮）和外用（眼科熏洗剂、口腔科用含漱剂、外科皮肤疮疡及感染伤口的洗涤剂）等等。近年来对这一新剂型研究日趋深入。

罗佳波从理论上分析了袋泡剂的优点，认为与汤剂相比，由于袋泡剂是把中药材粉碎成粗末，药材的粉碎度增高，相应的所含成分溶出速率增高，浸出量增加。药材中的挥发性成分是在低于100℃的热水中浸出而能较多地保留，弥补了汤剂中挥发性成分因沸腾煎煮，几乎随水蒸气一起挥发殆尽的不足，同时保持了汤剂通过群煎，使诸药产生协同、拮抗、相乘等作用特点。罗氏等又以生脉饮袋泡剂及煎剂为例作比较实验，结果表明袋泡剂的水总溶出物、乙醇沉淀物、总皂甙、五味子乙素和还原性游离糖均高出煎煮剂。周荣耀等对麻黄汤、桂枝汤、四逆散、香薷散的半生药型袋泡剂和煎剂进行比较实验，两者水总浸出物、醇溶性浸出物、药液的pH值、定性鉴别和含量测定结果基本一致，同时卫生检查表明袋泡剂的杂菌数、霉菌数、大肠杆菌数等大大低于煎剂，符合生药制剂标准。张美仙等对治疗高血脂症的山楂、决明子煎剂改成袋泡剂，经溶出成分量比较，袋泡剂均比煎剂高，同时为高血脂患者长期服用提供了方便。王健民认为袋泡剂可以代替部分煎剂，而一些含大量动、矿物类药物和有效成分很难溶于水的药物组方，该剂型尚有不足。

黄和意等应用双因素方差分析寻找袋泡剂的最佳工艺条件及服用方法，认为药材颗粒细度通过一号筛，颗粒烘烤温度为100℃，10分钟，冲泡时加水量为100毫升，浸泡时间15分钟可获得最佳浸出率。孙嘉麟认为半夏、茯苓等含大量淀粉的药材若成细粉，则接触沸水和表面糊化将阻碍水份渗出。故提出药研成10～32目细粉、5分钟焙烘，浸泡时间10分钟为最好。徐坚采用“减量法”进行袋泡剂浸出速率的测定，与“热浸法”相比，可避免挥发性成分逸出造成的测定误差，测定精密度可提高5～10倍。江规仁也用减量法测定“轻身降脂乐——5号”的浸出速率，筛选出最佳浸出条件为：浸泡三次，每次加水量分别为150毫升、50毫升、50毫升，浸泡时间为10分钟、5分钟、5分钟，浸泡温度90℃。刘道芳的实验表明“遏云茶”以25分钟100℃为最佳浸出条件。

俞瑞霞应用银翘散汤剂改制的袋泡剂，

治疗25例上呼吸道感染患者，治愈率为90.2%，患者退热时间为8～72小时，平均35小时。郭恩普报道由止痒汤剂改成的袋泡剂，使临床用药剂量由原来的每次30克缩减为每次10克，经60例临床观察，新剂型疗效与原汤剂相同，且降低了生产成本。邵忠法等报道原来午时茶每包重13.5克，改成半生药型袋泡剂后每包重5.0克，实验表明质量比原来有所提高，而且也符合卫生标准。

袋泡剂也有不足之处，如浸出温度比汤剂低，这样使厚味、滋补、需重煎的药，药味不易浸出，所以袋泡剂还不能完全取代汤剂（以上两条引用文献见中药栏）。

（徐莲英　蔡贞贞）

【配伍法的研究】

（一）理论探讨　(1)动静相随：陈树章认为中药的性能有刚柔之别，动静之分，人体发病有阳动阴静之差，故临证之际当察病之阴阳动静，权衡动静中药的配伍。动治法，即以动为主辅之以静，运用于临床如牵正散，方中白附子、僵蚕、全蝎均属息风止痉之品，为静药，故牵正散治面瘫早期属于以静制动，效显。中后期属于以静制静，效差。静治法，即从静为主辅之以动，如补血的四物汤，用熟地、当归、白芍三味静药，滋阴填精、和血养肝，川芎一味动药以活血行滞，四药相合，则补中有通，静中有动，使营血周流无阻。例如麻黄是一味“发越阳气”鼓动气血运行的“动”药，用在阳和汤中，使全方补中有行，静中有动，生机勃勃。若病证介于二者之间，用药则需动静相随并用之，“动极者制之以静，阴亢者胜之以阳”，以收“阴平阳秘”之效。如完带汤，主治妇女脾虚肝郁、湿浊下注所致的白带证，方用白术、山药、人参、甘草、白芍五药为静，奏健脾养肝，静以守精之效；柴胡、黑荆芥穗、苍术、陈皮、车前子五药为动，取上下分消，动以除湿。全方有动有静，用药灵活，为动静相随之典型。(2)升降结合：李飞认为理气方剂可分行气、降气二类，行气与降气在配伍方面虽有明显的区别，但也有密切的联系，行气方剂在组成上以行气药为其主要组成部分，但有时亦配降气之品；同样，降气方剂中有时亦用行气之药。这是因为气滞与气逆均为气机失调，两者仅是脏腑的病机不同，再者，气滞与气逆的证候表现，只是在侧重点上有所区别，很难截然分开。麻黄为辛温发汗之品，石膏乃大寒清热之剂，宋小强分析了该两味药在仲景方中，相配严谨灵活，虽应用不越十方，但不限一经一病，药量变动不居，运用出神入化，如在麻黄杏仁甘草石膏汤中宣散郁热，在大青龙汤中发汗除烦，在越婢汤中发越水气，二药一温一凉，一散一清，随着剂量大小有异，而所治病症亦有改变。达美君分析了张锡纯经验，认为张氏凡调肝用柴胡，必佐以生麦芽，因“柴胡之调肝在于升提，生麦芽之调肝在于宣通，”升提与宣通，“相济以成调肝气之功，”则“肝气之郁者自开，遏者自舒，而徐还其疏泄之常矣。”

（二）药对应用　江克明以葎草配苡仁为主药，治疗一患者，证属湿热瘀阻，肝胆失疏、气血不足、肺胃失和型，此药对之中寓清、化、利三法，使湿化热清，取效甚捷。谢卫取生姜30～50克捣烂取汁为1份，取蜂蜜4份，为一日成人量（儿童酌减），按比例混匀于碗中，隔水煎约10分钟，早晚两次分服，连用二天。治疗风寒或虚寒咳嗽、咯稀白痰或少痰，咽喉发痒，咳嗽夜甚，无论新久之咳，用之可取效。陈学勤用龟版配火鱼草，有滋阴扶正与消散祛邪之功，治疗急性或慢性肾炎而有蛋白尿者。用鹿角霜配地鳖虫，两药一补一功、一温一寒，以治腰肌劳损、腰背酸痛、腰椎骨质增生等证，每收良效。陈友宏之师对槟榔伍山楂的临床应用有独特见解。认为槟榔、山楂虽同属温性之品，然槟榔以行气消胀、除痰利水之功见长，若与活血行瘀、健脾消食之山楂相伍为用，可使气血并行，痹痛可除；水液流通，痰无由生；利气导滞，痞积可疗。陈氏临床常以槟榔与山楂为伍，配入它药之中，用治“哮喘”、“痹症”、“痞积”等病，收效显著。吴兴和以制川草乌配蜈蚣，祛风通络治痛痹；以制川草乌配生半夏，祛风化痰治面瘫；以制川草乌配赤石脂，温涩并用，治胸痹。

关于对十八反、十九畏，也是研究中药配伍中的一个比较重要内容，《中医年鉴》1983年卷曾有专条介绍。近年，夏立荣对十八反中的姜半夏与附子，进行了动物急性毒性和血压、心脏的药理实验，比较各制剂LD_{50}的毒性，结果表明混合煎剂或单煎混合剂的毒性均与单煎剂的毒性相似，认为在常量下两药是可以配伍应用的。凌一揆等对生川乌配伍法半夏进行动物实验，经急性、亚急性毒性试验，镇痛和镇吐试验各项指标检测，毒性或副作用不因配伍而增加，镇痛和镇吐作用不因配伍降低，两者配伍后未见“相反”的相互作用出现。

陈馥馨对782个含十八反、十九畏内服方药的组成与主治分析，表明十八反、十九畏並非绝对禁忌，且多用于治疗中风瘫痪、癥瘕、积聚等痼疾险证。姜国峰应用十九畏中的丁香与郁金，治疗呃逆、噎嗝18例，呕吐反胃25例，均收到显效。

（冯海燕　陈　伟）

【经方药量的研究】

（一）经方药量折算的研究　《伤寒论》、《金匮要略》两书所载方剂药物剂量的折算，代有争执，众说纷纭，至今尚无定论。林家坤撰文对目前两种较为广泛接受的观点提出了自己的看法。其一是教材折算法，即汉制一两合今3克，汉制一升合今60～80毫升（湖北中医学院主编的教材《伤寒论选读》）；其二是柯氏折算法，即汉制一两合今15.625克，汉制一升合今200毫升(柯雪帆等《〈伤寒论〉和〈金匮要略〉中的药物剂量问题》）。林氏认为，上述两种折算法，各有优点。一般的轻浅病证，按教材折算法兑换经方药量即可；若属急重病症，患者处于生死关头，所用经方剂量则非按柯氏法折算不可。顾铭印则认为，经方药物剂量的折算，依范文澜先生所著《中国通史简编》的观点，即汉晋一两合今15.6克，与仲景原意相符。但经方的药量之所以要远远大于现在常用剂量。顾氏例举大承气汤验案加以印证，如曾治肠梗阻患者，药用大黄45克、厚朴50克、枳实45克、芒硝50克，半日连进两剂而愈。表明按经方原量服用疗效卓著。曹培琳的观点则与林、顾两氏有别，认为章太炎先生关于汉制药量折算的考证最为可信，即东汉一两合今三钱（9.4克）；曹氏还在对《伤寒论》中若干方剂药量作了分析之后指出，这一折算法符合仲景的用药规律。

《伤寒论》、《金匮要略》、《千金方》以及《外台秘要》等汉唐医籍所载方剂，常用个数（如枚、粒）、容积（如升、斗）、长度（如尺、寸）、比类等特殊计量方式。这些特殊计量如何折算为现代公制克剂量？这是个非常有意义的工作。张浩良等运用严格规定的方法，对汉、唐方剂中25味药的特殊计量进行了实测。如杏仁100粒≈40克；桃仁100粒≈30克；乌梅100枚≈90克；附子中等大1枚≈25克，大者1枚≈30克；生半夏半升≈50克；石膏如鸡子大1枚≈60克等等。这项工作对于我们正确地运用汉、唐方剂并进行科学研究有所裨益。

（二）经方剂量运用探讨　曹培琳对《伤寒论》的处方药量作了探讨。他从东汉一两合今三钱（9.4克）的观点出发，将《伤寒论》方的药量区分为以下四种情况：第一是小量，普通的无毒药品的剂量在六铢至一两间（合今2.3克～9.4克）属小量，如麻黄升麻汤、猪苓汤等，其单味药的剂量最小为六铢，最大为一两；第二是普通量，普通的无毒药物的用量在一两至三两间（合今9.4克～28.18克）属普通量，如四逆汤、附子泻心汤，其单味药的剂量在一两至三两之间。有毒药物的普通量各不相同，附子是一枚，巴豆也是一枚，细辛为半升；第三是大量，普通无毒药品的剂量在三两至半斤间（合今28.18克～75克）的属大量，如小柴胡汤、大陷胸汤方中的柴胡与大黄，其用量分别是半斤与六两。有毒药品大量者，细辛为三两，生附子为一枚；第四是特大量，普通无毒药品的剂量在半斤至一斤间（合今75克～150克）的为特大量，如白虎汤中的石膏用一斤。有毒药品特大量者，如炮附子三枚。以上四种剂量，在《伤寒论》中小剂量使用了317次，普通量使用了261次，大量为64次，而特大量是8次。统计表明我们应用仲景方剂，在一般情况下，当以小剂量或普通量使用为宜。陈永治则对《金匮要略》中的小剂量方药作了分析。陈氏认为，麻黄杏仁薏苡甘草汤、防己黄芪汤、白虎加桂枝汤、半夏干姜散、薏苡附子败酱散以及附子风引汤与《近效》术附汤都属于《金匮要略》的小剂量方剂。这些方剂一次服用量只有七、八克，多者亦不过十几克，但功效却十分卓著，有“轻可去实”之能，值得重视。

（三）细辛用量实验研究　一年来，对于处方中单味药的药量，尤其是有争议的药物，亦有不少人进行了探讨。如细辛的用量素有“辛不过钱”的说法，但也有主张用量过钱者。王智华等从实验研究的角度，通过进行细辛根末与全草煎剂所含挥发油及黄樟醚的测定分析的工作，对细辛用量与剂型的关系作了探讨。王氏等的实验表明：在相同剂量下，细辛根末中的挥发油含量近乎细辛煎煮10分钟后的三倍；又在相同剂量下，根末所含挥发油中有毒成份黄樟醚的含量分别是全草煎煮10、20、30分钟后的4、12和50倍。基于现代药理研究的成果——细辛的功效与毒性的物质基础是其所含的挥发油，而有毒成份主要是黄樟醚，提示了：细辛用末，入丸散剂药量不可过钱，以免发生毒副反应；而入汤药则可以过钱，甚至用5钱也无不良反应。朱祥麟从临床体会中也得出了与王氏等相同的结论，认为细辛入丸散剂用量宜审慎，不可过钱；而入汤剂则不必囿于“辛不过钱”之说。其用细辛治风寒痹痛患者，用量每在6～20克之间，量小则鲜效。朱氏还认为，细辛的这一用量与剂型的关系，在经方中亦有体现。《伤寒论》运用细辛计六方（包括真武汤加减），《金匮要略》用细辛则有十方。细察两书中，凡用细辛于汤剂者，剂量在一至三两之间，而用于丸剂者则其量甚轻。如乌梅丸共十味药，总量达258克，其中细辛18克，占总量7%，其服法“丸如梧子大，先食饮服10丸……稍加至20丸，”可知用量很小。

（张浩良　华浩明）

参考文献

B

贝伟剑　瓜蒌薤白汤的药理研究　中成药研究　(3)：45，1987

C

蔡连香等　养血补肾汤的实验研究　上海中医药杂志　(3)：46，1987

曹华勋　当归四逆汤加减治疗头痛　四川中医　(4)：39，1987

曹培琳　经方处方剂量解难　中医药研究　(1)：43，198

柴中元　《金匮》治瘀十三法　陕西中医函授　(4)：18，1987

陈朝凤等　藿香正气丸对家兔离体小肠段运动双向调节作用的观察　新中医　(2)：52，1987

陈馥馨　782个含十八反、十九畏内服成药方组成与主治分析　中国医药学报　(4)：26，1987

陈菊生　六味地黄丸新用　湖南中医杂志　(2)：7，1987

陈泮朝　蒿芩清胆汤加味治疗胆囊炎48例　江苏中医杂志（5）：8，1987

陈树章　试论动静中药之配伍运用　山西中医（3）：44，1987

陈　伟　六味地黄丸的临床运用经验　中成药研究（10）：33，1986

陈晓原　当归四逆汤治愈石淋一例　四川中医（5）：22，1987

陈学勤　辨证施治用"药对"　上海中医药杂志（1）：31，1987

陈永治　《金匮要略》的小剂量方药　陕西中医（6）：269，1987

陈友宏　槟榔伍山楂的临床应用　四川中医（4）：10，1987

陈治水　当归四逆汤治疗多发性大动脉炎　四川中医（12）：27，1987

成启予　炙甘草汤治脉结代、心动悸之我见　江苏中医杂志（2）：32，1986

程润泉　十三太保方治妊娠恶阻100例　浙江中医杂志（5）：21，1987

储　沨等　胃苓汤治疗轮状病毒肠炎的研究　中医杂志（6）：44，1987

D

达美君　张锡成运用药对的经验　上海中医药杂志（12）：32，1987

戴尧仁等　施今墨抗衰老方制备液对小鼠脑和肝B型单胺氧化酶活性及果绳寿命的影响　中西医结合杂志（4）：224，1987

邓德明等　升率汤治疗缓慢性心律失常50例观察　中医杂志（2）：38，1987

邓文龙　银翘散的药理作用研究　中医杂志（3）：59，1986

杜长龄　辛凉平剂银翘散琐谈　北京中医（2）：36，1986

F

范准成等　五苓散治疗腹泻引起的脱水症临床疗效观察　云南中医杂志（5）：1，1987

傅德芳等　补中益气汤在妇科临床上的应用　辽宁中医杂志（5）：23，1987

傅桂云等　六味地黄汤的药理研究　中成药研究（4）：26，1986

G

高凤才　泻心汤治疗急性肺出血105例　浙江中医杂志（3）：105，1987

龚景林　当归四逆汤在皮肤病中的应用　江西中医药（1）：37，1987

谷宝森等　加味当归芍药散治疗先兆流产　天津中医（6）：39，1986

顾铭印　经方药物剂量之我见　北京中医（3）：14，1987

顾乃强等　七味新消丸的临床观察及药理研究　上海中医药杂志（9）：35，1987

郭龙清　大承气汤加味灌肠治疗重症呕吐　新中医（2）：25，1987

郭天玲等　当归芍药散治疗妊娠高血压综合征临床观察　中西医结合杂志（12）：714，1986

H

何泽郊　补中益气汤治疗慢性肠道疾病　广西中医（2）：19，1987

洪德华　补中益气汤治结石　浙江中医学院学报（2）：53，1987

黄津焕　瓜蒌薤白牡蛎汤治疗心律紊乱38例　北京中医（2）：31，1987

J

贾　斌等　五苓散加味治愈产后隆闭20例　中医杂志（1）：23，1987

贾经汉　五苓散加减治疗功能性尿潴留四例　广西中医药（4）：20，1987

江克明　葎草配苡仁的临床应用　上海中医药杂志（8）：21，1987

蒋励力　炙甘草汤主药质疑　辽宁中医杂志（11）：27，1986

蒋先明　溶石汤治疗泌尿系结石32例　湖南中医杂志（2）：10，1987

姜国峰　丁香与郁金同用临床体会　中医杂志（1）：69，1987

金克畅　补阳还五汤加减治疗慢性肾炎41例　北京中医（6）：29，1987

金万斌　瓜蒌薤白半夏汤的临床应用　内蒙古中医药（1）：12，1987

金芝芳　当归芍药散的异病同治　浙江中医杂志（10）：467，1986

L

李　飞等　理气方剂配伍方法的探讨　江西中医药（2）：39，1987

李惠林等　半夏泻心汤对大鼠实验性溃疡防治作用的研究　陕西中医学院学报（3）：11，1987

李先荣等　妇康血宁止血作用的研究　中成药研究（7）：26，1987

李在邠等　葛根芩连汤的抗缺氧作用　辽宁中医（6）：17，1987

林家坤　服用藿香正气丸的利弊　河北中医（3）：21，1987

林家坤　经方药量刍议　江西中医药　(2)：59，1987

凌一揆　"十八反"药物相互作用的研究——生川乌反法半夏的初步试验　上海中医药杂志　(8)：47，1987

刘长江等　小柴胡汤治疗经前期紧张征167例疗效观察及机理探讨　北京中医　(6)：30，1987

刘　平等　当归芍药散对功能性子宫出血病人血清FSH、LH、E_2、D含量的影响　浙江中医杂志　(10)：472，1983

刘瑞祥等　补中益气汤加味治疗面神经麻痹　内蒙古中医药　(2)：封3，1987

刘寿永　藿香正气丸治愈腰痛　四川中医　(2)：48，1987

陆平成　补药"助邪为患"的研究　陕西中医　(10)：471，1987

M

马伯良等　六味地黄片（丸）降血脂研究　中成药研究　(12)：41，1986

马新凤　补中益气汤脉证辨　浙江中医杂志　(1)：35，1987

马芸宏等　补中益气汤治慢性完全性子宫内翻症　中医函授通讯　(1)：29，1987

P

彭治安　小柴胡汤治疗悬饮——附42例临床观察　湖南中医杂志　(2)：12，1987

Q

乔　模等　胸痹心痛证治浅述　山西中医　(1)：51，1987

戚广崇　当归芍药散在妇科中的应用　中成药研究　(6)：18，1984

S

沙建飞　也谈补中益气汤的双向调治　上海中医药杂志　(4)：12，1987

沈雪康　当归四逆汤加味治愈寒冷性多形红斑　江西中医药(5)：38，1987

宋翠琏等　胃苓汤治疗冬季流行性腹泻　辽宁中医杂志　(3)：26，1987

宋小强　浅析麻黄与石膏配伍在仲景方中的应用　陕西中医函授　(3)：5，1987

孙旭升　补阳还五汤加味治疗胃、十二指肠溃疡病　湖南中医学院学报　(4)：25，1987

孙大锡等　八正散抑制尿道致病性大肠杆菌的菌毛表达和对尿道上皮细胞的粘附的影响　中医杂志　( )：61，1987

孙光远　补中益气汤在妇科的运用　河南中医　(2)：16，1987

孙界平　五苓散为主治疗早期肾功能不全20例，新中医　(7)：44，1987

孙少曾等　六味地黄汤加苦参治疗病理性室性早搏　河南中医　(3)：24，1987

T

陶　洁　补中益气汤在耳鼻喉科临床运用举隅　湖南中医杂志　(3)：24，1987

陶政燮　陶景宏运用当归四逆汤经验介绍　国医论坛　(2)：34，1987

佟　丽等　葛根芩连汤解热抗菌作用的研究　中药通报　(6)：49，1987

W

汪鲁谦等　藿香正气丸的新用　河南中医　(1)：33，1987

汪忻吉　排石汤治疗尿路结石——附215例疗效观察　湖南中医杂志　(2)：8，1987

王伯超　炙甘草汤治疗妇科出血　浙江中医杂志　(10)：463，1985

王桂荣　五苓散治愈膀胱结石合并尿潴留1例　实用中医内科杂志　(1)：28，1987

王健中　消癥丸治疗早期肝硬化40例临床观察　河北中医　(3)：2，1987

王景春　萆薢渗湿汤治疗髂肌静脉血栓形成54例　新中医　(8)：39，1987

王　丽　龙胆泻肝汤加减治疗单纯性疱疹性角膜炎34例　河北中医　(5)：21，1987

王淑梅等　银翘散在眼科临床的运用　辽宁中医杂志　(11)：28，1987

王文铎　当归芍药散临床治验体会　四川中医　(11)：22，1987

王星五　当归芍药散治验　新中医　(2)：20，1986

王廷敏等　柴胡加龙骨牡蛎汤加减治疗癫狂52例总结　国医论坛　(2)：22，1987

王毅夫　病明眼丸治疗近视眼300例观察　河北中医　(2)：17，1987

王永钦　补中益气汤在耳鼻喉科的应用　天津中医　(1)：23，1987

王智华等　从细辛根末与全草煎剂所含挥发油及黄樟醚的测定分析论细辛用量与剂型的关系　上海中医药杂志　(9)：2，1987

吴昌生　当归芍药散的临床应用　浙江中医学院学报　(3)：14，1986

吴沛田　头摇震颤瓜蒌桂枝汤有效　浙江中医杂志　(4)：185，1987

吴　铁　炙甘草汤的临床应用　吉林中医药　(5)：22，1987

吴孝恺　当归四逆汤临床运用体会　成都中医学院学报　(2)：26，1987

吴兴和　乌头配伍的临床应用　上海中医药杂志　(10)：

37, 1987

X

夏立荣　姜半夏与制附子配伍后部分实验研究　中药通报 (5)：52, 1987

夏全花　阳和汤治疗寒湿痛痹24例　湖北中医杂志 (5)：31, 1987

夏永潮　茵陈五苓散加味治疗手足心黄6例　北京中医 (5)：33, 1987

肖　钢　左归丸加减治疗萎缩性外阴炎25例　新中医 (1)：38, 1987

谢家俊等　桂枝茯苓丸对中枢神经系统的药理作用　中成药研究 (7)：26, 1987

谢人明等　补阳还五汤对心脏功能及心肌营养性血流影响的实验研究　中药通报 (2)：51, 1987

谢　卫　姜汁蜂蜜妙治咳嗽　中药通报 (5)：52, 1987

邢蜀林等　参脉液抗心律失常作用及毒性研究　中药通报 (2)：48, 1987

徐文德　炙甘草汤加减治验心动过缓　广西中医药 (1)：27, 1986

徐玉兰　当归芍药散应用举隅　山东中医杂志 (6)：24, 1987

Y

杨方尧　升降相因与方剂配伍　新中医 (7)：18, 1987,

杨问知　治疗冻疮验方——七桂散　四川中医 (2)：9, 1987

姚芳蔚　五苓散类方在眼科上的应用　上海中医药杂志 (5)：30, 1987

游开泓　桃核承气汤治疗肝性血卟啉病35例报告　中医杂志 (5)：36, 1987

余惠民　当归芍药散验案三则　湖南中医杂志 (2)：37, 1987

俞瑞霞　银翘散袋泡剂治疗急性上呼吸道感染的疗效观察　中成药研究 (4)：21, 1986

Z

张存贵等　当归芍药散治验举隅　新中医 (6)：45,1987

张海莹　当归芍药散研究应用概况　吉林中医药 (2)：32, 1987

张浩良等　古方中特殊计量的实测与探讨　浙江中医杂志 (4)：177, 1987

张华英等　补中益气汤治疗眼肌型重症肌无力28例　辽宁中医杂志 (5)：22, 1987

张天恩　当归芍药散的临床应用　陕西中医 (4)：315, 1985

张有俊　六味地黄汤治疗脑病举例　辽宁中医杂志 (12)：23, 1986

章火胜　当归芍药散治验　湖南中医杂志 (2)：34,1987

赵　明　五苓散治疗呃逆的体会　陕西中医学院学报 (3)：50, 1987

郑君莉　当归四逆汤治疗肩周炎的体会　新中医 (7)：53, 1987

周明道　补中益气汤的双向作用验案三组　湖南中医学院学报 (1)：24, 1987

周文川　当归芍药散权变治验　河南中医 (6)：18,1985

朱梨馨等　复方当归芍药散治疗中度妊娠高血压综合征5例临床观察　中级医刊 (7)：50, 1985

朱沛冉　五苓散治愈肾性高血压　四川中医 (7)：22, 1987

朱祥麟　张仲景运用细辛及其剂量之探讨　四川中医 (6)：2 1987

臨床与預防

(一)传 染 病

【概述】

病毒性肝炎　宫伟星等将重症肝炎的治疗法则归纳为清热解毒、开窍通府，活血化瘀、辨证施治、扶正法邪、攻补兼施等法。周嘉善总结了国内11所医院近6年来用中西医结合治疗重症肝炎、肝昏迷501例，存活率46%。杨震用碧云砂乙肝灵（白花蛇舌草　茜草　青黛　土茯苓　丹参　佛手　山楂　灵芝　麦冬　蚕砂等）治疗乙型肝炎341例，总有效率为84.8%，其疗效显著高于辅酶Q_{10}组（44%）和云芝肝泰组（46.8%）。黎运洪用山辣椒外敷肝区发泡治疗慢性肝炎及肝硬化50例，24例治愈，23例显效，3例无效。徐济群用南通蛇药片治疗40例慢性活动性肝炎，对HBeAg转阴率为75%，HBsAg转阴率为60%，抗-HBe转阳率为70%，有较好增强免疫的作用。在病机分型和病理研究方面，顾惠民认为湿邪留恋，湿热交结是慢性肝炎的主要成因，湿困中州，脾土虚弱是慢性肝炎迁延日久的症结所在，湿邪郁久，络脉瘀滞是慢性肝炎难以逆转的重要原因，气阴两虚或肝肾阴虚是慢性肝炎的必然转归。伍春瑢经对慢性乙型肝炎100例的中医辨证分型，与肝脏病理关系进行了探讨，发现该型中迁延性者以实证为主；慢性活动性者以虚证及气滞血瘀为主。

流行性出血热　1987年度报道中医药治疗流行性出血热的文章达30余篇，如周仲瑛等研制清瘟合剂治疗250例，取得了阻断病情进展、越期而过的效果，治愈率达99.6%。胡昌乐用复方丹参注射液加入葡萄糖液中静滴与西药对照组对照，结果急性越期率分别为88.3%、18.3%，死亡率分别为1.7%、15%。

细菌性痢疾　中医药或中西医结合治疗细菌性痢疾的疗效优于西药组。陈治水用双白合剂，谌宁生用菌痢方，向左菊用洁古芍药汤，杨景山用加味升麻葛根汤，治疗本病均取得满意疗效。刘明武以补气回阳法和西药抗休克措施抢救中毒性菌痢休克患者24例，24小时内均脱离休克状态，服药2～6剂而愈。

流行性乙型脑炎　杜力军等对22例本病按卫气营血不同阶段食指阻抗血流图观测，证明在卫气营血不同阶段存在程度不同的血流动力学的改变，自卫气分开始，大脑两侧就存在着血流量供应不平衡的病理变化，且持续到恢复阶段。由此提示，以卫气营血理论辨证治疗乙脑，同时注意疏通络脉，改善大脑乃至全身的供血状态，对于减轻病情，减少后遗症发生都有重要意义。

流行性腮腺炎　以外治法为主治疗本病的报道较多，李成杰用三生药酒和黄乳膏外敷，重者加用部分西药治疗本病50例，疗程3～7天全部痊愈。曹立钢用腮腺炎膏治疗315例，敷药1～3次而愈。王品艳用太乙紫金锭外用治疗小儿腮腺炎50例有效。

其它传染病　刘瑞国治疗钩端螺旋体病30例，按辨证分为暑伤卫气等，湿热交阻，暑热伤肺三型；分别选用方药，平均住院3～6天，全部治愈。刘功钦则用清瘟败毒饮化裁治疗本病68例，治愈65例。姜梅英用加味小柴胡汤治疗地方性斑疹伤寒60例，治愈45例，显效13例，有效2例。杜雨茂等对239例慢性布鲁氏杆菌病，按辨证分为阳气亏虚、阴血不足、气阴两虚、湿热留恋等六型治疗，近、远期治愈率分别为26.8%、24.4%，有效率分别为96.7%、96.4%。陈勇报道24例阿米巴痢疾，服用解毒生化丹（金银花20克，生杭芍15克，甘草6克，三七末3克，鸦胆子10粒用龙眼肉包；先将三七末、鸦胆子用温开水送服，后将余药煎汤温服，日1剂），结果治愈23例，1例无效。平均疗程为5.2天。李真真报道504例百日咳患者，服用百日咳糖浆（天冬　麦冬　栝蒌仁　半夏　竹茹猪胆膏），有效率为99.6%。黄炳初介绍黄福贵治验2例重症炭疽患者，用犀角粉5克（冲服），生石膏60克，生地30克，丹皮、赤芍、生大黄（后下）黄连、知母、黄芩、栀子各10克，银花20克，连翘15克，甘草5克煎服，安宫牛黄丸1粒（吞服），另取生石膏300克，藤黄、雄黄、青黛、生大黄、黄连、生黄柏各50克，六神丸200粒研末，浓茶调匀涂患肢肿胀部位，10日获愈。胆道冲剂临床验证协作组用胆蛔冲剂（乌梅、川椒、黄芩、木香、使君子、槟榔等）治疗胆道蛔虫症216例，77.5%患者服药2日后临床主症、体征消失。王明如用大柴胡汤加减治疗总胆管内遗留的死亡蛔虫18例，5～15天后均治愈。此外中医药治疗肺结核的情况参见有关条目。

（孟宪益）

【急性病毒性肝炎的治疗】

林守诠对住院1307例急性病毒性黄疸型肝炎的中草药疗效分为八组进行比较：(1)每日用乌桕皮60克煎服加维生素B_{12} 100～200微克注射；(2)野葡萄根30克，瘦猪肉30克、黄酒一汤匙，连肉煎炖分二次服；(3)田基黄合剂：田基黄、满天星、积雪草各30克；(4)栀白合剂：栀子、白茅根、蒲公英、六一散；(5)积苓合剂：积雪草　绵茵陈　白茅根　金丝草　黄芩；(6)辨证施治，按热重、湿重、湿热并重分别用茵陈蒿汤加减，茵陈四苓汤或两方加减；(7)茵白合剂：绵茵陈、白茅根、六一散、泽兰；(8)新茵白合剂：茵陈、蒲公英、白茅根、六一散、泽兰。结果：痊愈、基本痊愈均在80%以上，其中以(1)、(6)两组疗效最高，痊愈分别为74%、68.5%，基本痊愈为26%、31.5%，两组与其它各组比较均有显著差异（$P<0.05\sim0.01$）。经对其中800例作1～5年随访，其中发生"急性发作"（指临床症状、体征、肝功能改变与急性表现相似，无慢性体征，未作肝活检）30例（3.75%）；转为慢迁肝12例（1.5%）；慢活肝2例（0.25%）单项转氨酶波动在38～40单位（35单位正常）12例（1.5%），其余744例稳定，远期治愈率为93%，黄文章对本病1713例以虎杖煎（虎杖、茵陈、板蓝根、蒲公英各30克，陈皮10克）治疗，30天为一个疗程。结果：近期疗效：临床治愈1623例，好转80例，无效10例，平均治疗天数27.8天。赵灿鑫从500例急性黄疸型肝炎的治疗比较茵陈、大黄的剂量与煎法，随机分为两组各250例。(1)实验组用茵陈30克（煎好放入，一沸即可），山栀10克，大黄30克，黄柏、连翘各10克，每日一剂；对照组用茵陈30克，山栀、大黄、黄柏、连翘各10克，每日一剂。结果：500例均获痊愈。分别观察两组患者10、15、20、30天的肝功能恢复情况和临床症状消失时间，实验组优于对照组，有明显差异（$P<0.05$），故认为实验组中茵陈、大黄的用量和用法值得推广。

（王育群）

【慢性肝炎的病因病机与治疗】

顾惠民分析了257例慢性肝炎（其中属慢性迁延性肝炎160例，慢性活动性肝炎97例）的病因病机及其治疗：(1)湿邪留恋、湿热交结是慢性肝炎的主要成因。257例中，湿热型149例，占57.98%，用重剂四妙合剂（苍术、黄柏、苡仁、牛膝）取得了较好疗效；(2)湿困中州、脾土虚弱是肝炎迁延的症结所在。从257例的舌象分析，见舌体胖嫩或边有齿印者159例，"脾虚"证状较为明显，如乏力、神疲、纳少等，实验室检查常见SGPT反复异常、絮浊试验轻度异常，A／G比例可有轻度改变，常在清化湿热时配伍益气健脾之剂；（3)湿邪郁久，络脉瘀滞是慢性肝炎难以逆转的重要原因。257例中伴有面色晦滞、肝区疼痛、鼻衄、齿衄、红丝赤缕、肝脾肿大、舌质紫暗、或舌质瘀斑等“瘀证”表现者99例，除个别病例外，基本上符合慢性活动性肝炎的诊断，多有“气滞血瘀”或“气虚血瘀”的病理基础；（4)气阴两虚或肝肾阴虚是慢性肝炎的必然转归。由于湿热留恋、湿遏热郁、热灼津液、脾土虚弱，气血生化乏源而致肝血与肝阴不足、肝气有余、火热灼津、阴津更加亏耗；气郁不畅、气滞血瘀，瘀血日久可化火伤阴，从而出现“湿热未净”、“肝肾阴亏”并存局面，给治疗上造成困难。257例中气阴两虚17例，肝肾阴虚11例，占全部病例的10.89%，但此28例患者，为病程较长，并经相当长的“清热利湿”法治疗而未能愈者。黄建新认为慢性病毒性肝炎主要病理关键是脾运不健，其本质是肝脾同病，其主要因素是湿热、气滞、血瘀，治疗大法是健运脾胃。支军宏对慢性肝炎黄疸的病机概括为：人体正气虚弱，加之湿热疫疠之毒，正邪相争，正不胜邪，湿热毒邪不得发越所致，治疗则应扶正祛邪。汪承柏则认为慢性活动性肝炎长期高黄疸(胆红质>10毫克%)的病例，很难用清热解毒、温化寒湿、活血化瘀治则取效，本病特征是病程长、里热重、瘀热交结，其机理是病人久服苦寒清利之品或误用温药、泻药、激素等而致里热；病程长，影响气血运行而致血瘀；血热血瘀交结，以致黄疸长期不退。因而重用赤芍治疗取得了一定进展。

（王育群）

【慢性乙型病毒性肝炎辨证分型与肝病理变化的关系】

伍春瑢等通过对100例慢性乙型病毒性肝炎（简称慢乙肝）肝活检证实：慢乙肝的中医辨证分型与肝脏病理改变之间存在着某些相关。100例均为住院病例；病程在半年以上，最长达25年；HBsAg连续三次阳性，肝功能绝大多数反复异常；每例均经肝活体组织检查诊断，其中慢性迁延性肝炎59例，慢性活动性肝炎41例。按辨证分为湿热、肝郁脾虚、气滞血瘀、气阴两虚、肝肾两虚、脾肾阳虚等6型。结果：（1)慢乙肝中迁延性肝炎以湿热型及肝郁脾虚型多见（占69.4%），活动性肝炎则以气阴两虚型及气滞血瘀型多见（占58.5%）；（2)分型与组织学改变特点，实证（湿热、肝郁脾虚与气滞血瘀型）64例，虚证（气阴两虚、肝肾两虚与脾肾阳虚型)36例，从中可见先实后虚证象，初见湿热内留，继以气滞血瘀，终显气血阴阳亏损，其病位不外肝、脾、肾、其病证不离虚实两类。与病理诊断对照，慢迁肝59例中，实证44例占74.6%；虚证15例占25.4%；慢活肝41例，实证20例占49.5%，其中气滞血瘀型即占26.8%，虚证21例占50.3%。说明慢迁肝以实证为主，慢活肝以虚证及气滞血瘀型为主。虚实两类的病理组织学变化有其共同特点：即肝细胞变性肿胀，炎症细胞浸润。他们又各有特点，实证以肝细胞排列紊乱、肝细胞松亮、嗜酸性变及小体形成点状坏死、纤维组织增生等改变多见，其中纤维组织增生改变，具有非常显著性意义（$P<0.01$）；湿热型嗜酸性变及小体形成具有显著差异（$P<0.05$），这与临床上慢乙肝在病变过程中所表现的湿热内盛，正气未衰的病理现象吻合；气滞血瘀型的主要病理特点是肝细胞坏死及纤维组织增生，其中碎屑样坏死、点状坏死、界板破坏，统计学处理均有非常显著的意义（$P<0.01$）。同时观察到气滞血瘀型慢活肝多于慢迁肝，这与湿热未尽、肝郁脾虚日久，病由气入血形成气滞血瘀、瘀血内停、肝内血液循环障碍造成肝细胞坏死有关。虚证则以肝细胞明显坏死为特征，其灶性坏死、碎

屑样坏死明显高于实证组，组间差异有非常显著的意义（$P<0.01$），故虚证病程缠绵反复，病位下及肝肾，气血阴阳亏损，表现为正虚无力驱邪外出，余邪留恋体内，与现代医学认为人体免疫功能低下，不能抗御病毒侵扰相一致。

（王育群）

【重用赤芍治疗高黄疸慢性活动性肝炎】

汪承柏等用凉血活血重用赤芍治疗急性胆汁瘀积型肝炎及慢性活动性肝炎重度黄疸病例的消退与顿挫黄疸的有效率均在90%以上，而且优于激素，通过动物实验证明：本法对实验性胆汁瘀积也有明显的顿挫黄疸与利胆作用，初步认为在退黄的同时有降低血浆血栓素B_2（$T\times B_2$）及前列腺素六酮$F_{1}a$（$PGF_{1}a$）的作用．在此基础上汪氏又进一步探讨了本法对肝脏病理的修复，肝组织中HBsAg、HBcAg及血清中乙型肝炎病毒（HBV）标记的转换作用。并选择6例（血小板及凝血酶原时间基本正常）住院病例，于高黄疸期及血清总胆红素（STB）降至5毫克%以下时分别通过腹腔镜及快速肝穿，取肝组织，其中1例于全部生化指标复常后作了第三次肝穿。6例均经临床及首次肝活检确诊为重型慢性活动性肝炎。根据HBV标记及抗HBV阳性有5例为乙型肝炎，另1例为甲、乙型肝炎重叠感染。在用本法治疗前，6例分别用过激素、中药、6912注射液、酶诱导剂、胰高血糖素—胰岛素等药物中的一种或多种治疗，因黄疸加深而改用本法。药用：生地15克，丹参15克，葛根30克，赤芍60克，丹皮15克，根据辨证有所加减。有血浆白蛋白降低或凝血酶原时间延长者，间断输白蛋白及／或新鲜血，有明显消化道症状者每天输10%葡萄糖500毫升，症状缓解后停用。结果：（1）退黄：4例STB降至正常出院，平均54天；另2例分别为3.1及1.6毫克%；6例STB平均降至10毫克%及5毫克%以下的天数分别为14天和20.5天。（2）肝活检：治疗后肝脏病变趋向稳定，碎屑样坏死明显减轻，小叶边缘趋向整齐、清晰、桥样坏死转化为纤维隔，小叶内肝细胞气球样变、嗜酸性坏死、炎性细胞数量及中性白细胞减少、胆汁淤积现象减轻。（3）血清HBV标记转换：HBsHg1/5例转阴，HBeAg2/3例转阴，抗HBC及抗HBC-IgM无明显改善，HBsAg／IgM1/1例转阴，HBV-DNA3/4例转为阴性，抗HBe4/5例转为阳性。（4）肝组织中HBsAg、HBcAg治疗前后转换情况：治疗前查肝组织HBsAg4例，其中2例阳性，治疗后1例转阴，治疗前查肝组织HBcAg4例，其中2例阳性，1例可疑，治疗后2例转阴，1例转为强阳性。

（王育群）

【消除乙型肝炎病毒复制指标的探析】

（一）辨证治疗　陈增潭等对慢性乙型肝炎HBsAg阳性持续一年以上兼有HBeAg阳性及／或DNA-P阳性者分别进行治疗观察。共81例，其中慢性迁延性肝炎42例（占51.9%），慢性活动性肝炎39例（占48.1%），随机分为四组，采用不同治则：（1）组用清热解毒药（金钱草、败酱草、白花蛇舌草、夏枯草、鱼腥草、地丁草）制成糖浆口服共8例；（2）组用清热解毒、健脾补肾中药（白花蛇舌草、草河车、野菊花、虎杖、仙灵脾、党参、枸杞子、茯苓、蚕砂、女贞子）制成糖浆口服共19例；（3）组用凉血解毒、调气补血、佐以健脾益肾药（白花蛇舌草、蒲公英、车前草、野菊花、丹皮、丹参、白茅根、水红花子、黄芪、党参、当归、枸杞子）制成糖浆口服共20例；（4）组治则用药同（3）组，但改为煎服，并随证加减共34例。服药3～6个月，少数病例延长到9个月，并停服其它药物。结果：对肝功能疗效以（4）组最好，多数患者恢复正常或接近正常；（3）组和（2）组次之；（1）组疗效最差。对乙型肝炎病毒复制指标的疗效，以第（4）组为最好，其中HBeAg阴转率为75%

（18/24例），DNA-P阴转率为61.5%（16/26例）；（3）组（2）组次之；（1）组则无1例改善。陈氏等认为，清热解毒药对乙型肝炎急性期的疗效较佳；但对慢性期的疗效欠佳，倘如在清热解毒法则基础上，配合凉血解毒以祛邪，调补气血、健脾补肾以扶正，则其疗效即可明显提高。

（二）单方、协定方 徐济群等对80例慢性乙型活动性肝炎（治疗前以ELISA、RPHA法检测HBsAg、抗HBC、HBeAg均长期阳性），随机分为两组：南通蛇药片组40例，每日服2次，每次10片；对照组40例服齐墩果酸、益肝灵等药，日服3次，每次3片。结果：南通蛇药片组经40天治疗后HBsAg转阴率为60%；抗HBC转阴率为47.5%；HBeAg转阴率为75%；抗HBe转阳率为70%；抗HBs仍为阴性；临床症状及体征均有明显改善或消失；SGPT、TTT、ZnTT、血胆红素等均有不同程度下降。对照组40例，于60天及90天复查，病毒感染复制指标无明显改变，仅肝功能及临床症状有不同程度改善。孙明辉治疗20例乙型病毒性肝炎（治疗前HBsAg、抗HBC、HBeAg、均为阳性，抗HBs、抗HBe均为阴性），以乙肝煎（薏苡仁、茯苓、鸡血藤、丹参、仙灵脾、桑寄生、首乌、菟丝子、黄柏、败酱草、虎杖、焦山楂）为主方，随症加减。经治2个月后，HBsAg转阴5例占25%，抗HBs转阳2例占10%，抗HBeAg转阴13例占65%，抗HBe转阳5例占25%，抗HBC转阴14例占70%；治疗12个月后，HBsAg转阴10例占50%，抗HBs转阳12例占60%，HBeAg转阴19例占95%，抗HBe转阳6例占30%，抗HBC转阴20例占100%。陈立华等对100例慢性乙型肝炎的治疗方法是：偏虚证者，临床以起病缓慢，纳差乏力，面晦唇暗，舌质淡而暗。舌苔薄白或薄黄，脉沉细无力，无黄疸或黄疸轻微为特点，方用"助阳通阳汤"（由黄芪、仙茅、女贞子、柴胡、土茯苓等12味中药组成）；偏实证者，临床以多有急性起病史，有黄疸或黄疸较重，脘闷胁痛、腹胀、便干、尿黄、口干，舌质紫暗、舌苔黄腻，脉象弦数为特点，方用"宽胸解毒汤"（由黄连、半夏、枳实、蒲公英、虎杖等11味中药组成）。经治6个月后，HBsAg 10例转阴占10.7%、抗HBC 12例转阴占12.1%、HBeAg 51例转阴占62.9%、抗-HBe 47例转阳占48.4%，抗-HBcIgM 52例转阴占64.1%、PHSA（血清白蛋白受体）13例转阴占35.1%、HBV-DNA 20例转阴占57.1%。陈氏等还发现：肝功恢复和病情的稳定与否，均与HBeAg和抗-HBe有密切关系，在HBeAg转阴的64例中（包括治疗前即为阴性者）肝功能恢复者57例，而在HBeAg阳性36例中肝功能恢复者仅9例（$P<0.001$）；在抗-HBe阳性的51例中，肝功能恢复的为41例，而在抗-HBe阴性的49例中，肝功能恢复仅22例（$P<0.001$）。提示中医中药治疗本病可能抑制了HBV的复制；促抗-HBe产生，而使肝功能恢复。

（王育群）

【细菌性痢疾的治疗】

陈治水报道治疗600例急性菌痢，对其中350例服双白合剂（翻白草50克，白屈菜25克，水煎2次，浓缩至150毫升），治愈（症状、体征消失；大便每日2次以下，外观正常，镜检正常，细菌培养阴性）337例（96.3%）；150例服双白合剂加TMP，全部治愈；100例服四环素和痢特灵，治愈72例（72%）。3组疗效以服双白合剂加TMP组为佳。杜长江报道124例急性菌痢，服自拟菌痢汤（黄芩、白芍、银花、黄连、大黄、广木香、黄柏、当归），同时加服复方新诺明0.96克，每日2次。结果全部治愈，平均治愈天数为2.5天。谌宁生治疗250例急性菌痢，自拟菌痢方（白头翁、葛根、槟榔、秦皮、黄柏、黄芩、芍药、黄连、木香、甘草），治愈245例，占98%，平均住院5.9天。向左菊治疗68例，用洁古芍药汤随证加减，治愈67例，无效1例。倪爱德等治疗142例急性菌痢，药用白头翁、生地榆、黄连、黄芩、木香、槟榔、赤芍、生大黄，每日煎服1～2剂，腹痛、腹泻，发热较剧者加用中成药或针刺疗法等，结果治愈111例，有效28例 无效3例。杨景山治疗50例，服用加味升麻葛根汤（葛根、升麻、赤芍、甘草），热重加黄连、银花；湿重加藿香，苍术。结果痊愈46例，好转3例，无效1例。侯平年以单味胖大海15克，开水200毫升冲服，治疗200余例菌痢，一般服1～3剂可愈。李国进报道治疗40例慢性菌痢用二花煎剂（用金银花干品30克或鲜品60克加水300毫升煎至150毫升，强地松20毫克研末加入上液），每晚睡前保留灌肠1次，10～14天为一个疗程，同时内服黄连素片0.4克，每日3次，TMP0.2克，每日2次，治愈32例，好转7例，无效1例。大部分患者在2个疗程内治愈。杨侃用珠黄散灌肠治疗小儿菌痢73例，2日内治愈6例，3～6日内治愈67例。用量1岁内患儿每次用珠黄散1支（0.3克），2岁用2支，3～7岁用3支，8岁以上用4支，每日1～2次，以生理盐水30毫升冲调珠黄散，保留时间应在1小时以上。

（孟宪益）

【流行性出血热的治疗与预防】

近年有关中医药治疗流行性出血热的报道约有30余篇，计2000余例，平均治愈率在95%以上 周仲瑛等自制清瘟合剂口服液（大青叶、银花、生石膏、大黄、知母、升麻、鸭跖草等），成人每次50毫升，每日4次，症重者每日5～6次，不能进食者用150毫升保留灌肠，每日1～2次，治疗250例；对照组160例用植物血凝素（PHA）10毫升加入10%葡萄糖溶液中静脉滴注，每日1次。治疗结果：体温恢复时间（天），中药组1.44±1.01，对照组2.5±1.37，$P<0.01$；发生休克者，中药组5例，对照组25例，$P<0.01$；少尿、尿闭者，中药组20例，对照组35例，$P<0.01$；病情经过五期者，中药组0例，对照组26例，$P<0.001$。其它如对肾功能，免疫功能、血液流变学的影响，药后PHA皮试转阳率等，均提示中药组优于对照组。中药组治愈率达99.6%。胡昌乐用复方丹参注射液加入10%葡萄糖液500毫升中静滴与西药对照组比较，越期率分别为88.3%和18.3%、病死率为1.7%和15%，复方丹参组明显优于西药组。李淑香用白虎汤加味（生石膏、白茅根、粳米、银花、板蓝根、丹参、益母草、连翘、知母、锦纹炭、甘草等）治疗47例发热期患者，其中34例越过低血压休克期和少尿期，直接进入多尿期，其余13例在低血压休克期和少尿期症状轻微而安全进入多尿期。周楣声用灸法治疗本症79例，有效率为97.41%。乔富渠对本病少尿期的病因病机进行探讨，认为本病急性肾功能衰竭是由于热毒、腑实、蓄血、蓄水等引起，而分为肾阴亏耗，湿热结聚、肾络瘀阻和肾阳衰败等四个类型和变证、坏症等。并提出抓紧发热期的治疗是决定整个病情的关键，早期给于解毒、祛湿、化瘀、导泻、养阴、利尿之剂是扭转截断病情发展、提高疗效的重要措施。陈波等治疗本病急性肾功能衰竭42例，其中21例以中药结肠透析法，药用：芒硝、丹参、生大黄、生山栀、桃仁、鲜生地、通草、丹皮、车前子等浓煎保留灌肠，每日1～3次，连续4～5天。结果治愈20例；对照组20例，治愈18例。阎晓萍对125例少尿期患者按辨证分为以肺胃热炽、热结阴亏型，用白虎增液承气汤化裁，肝肾阴虚，虚火内生型，用知柏地黄汤化裁；下焦热结、阴伤血瘀型，用桃仁承气汤化裁；服药有困难或药后效不显者用大黄、芒硝各20克，水煎保留灌肠；或以丹参注射液加入10%葡萄糖中静滴。经治后，有123例安全渡过少尿期。郭谦亨等在本病疫区易感人群中志愿者8025人中，对4421人服用出

血热预防片（元参、生地、丹参、丹皮、板蓝根等），结果表明对本病的保护率为76.7%。并对其中100例服药前后测定淋巴细胞转化试验和活性E-玫瑰花环试验，证明中药预防方有增强机体细胞免疫的功能。杨麦青等以《伤寒论》六经辨证治疗本病273例，发现本病传经规律颇为严整。发病伊始有出血症及出凝血机制障碍，免疫复合物形成，补体系统激活等体液内环境改变，亦即从太阳表证扶血分传经，也为本病较多发生蓄血证规律之一。因此，推测太阳传经入腑，经过蓄血，蓄水，结胸，进入休克（少阴病）或产生中毒状态（厥阴病）是本病辨证的根本规律。杨氏将六经辨证治疗流行性出血热的传经规律，编入计算机程序，并用计算机治疗100例，死亡3例。钱士明等对本病61例按卫气营血不同分型阶段，检测周围血液中性粒细胞NAP，POX活力，结果说明中性粒细胞酶代谢参与本病卫气营血传变，测定NAP、POX对于探讨卫气营血机理，指导治疗，提高中医辨证分型的标准，均有一定的价值。

（孟宪益）

【流行性乙型脑炎卫气营血证型与阻抗血流图的关系】

杜力军等对22例流行性乙型脑炎按不同阶段分成卫气、气营、营血、余邪、痊愈5期进行脑、食指阻抗血流图观测，表明在乙脑各期可能存在有血流动力学的改变。其变化比较明显的是卫气组和余邪组，气营组变化介于卫气和营血二组之间。自卫气分阶段开始，大脑两侧就存在着血流量供应不平衡的病理变化，且一直持续到恢复期阶段。国内对正常人多次观测结果表明，两侧波幅值差正常情况下应小于25%，乙脑卫气组波幅差接近25%，气营、营血、余邪等三组则都大于30%，较客观的提示了脑血流量失调的病理变化。并发现卫气分阶段除血液供应不平衡外，脉率明显快于恢复期及痊愈期。说明此阶段以机体功能活动亢进，气血运行加快，鼓舞正气抗邪为主要特点。由于乙脑存在着脑神经细胞水肿、变性、坏死，脑血管扩张充血，炎性渗出，以及血管壁损伤等病理变化，因此脑部血液供应，必然随着病变的加重而受到严重影响，尤以营血分为最，与卫气组和痊愈组比较有统计学意义。杜氏还发现末梢血流量同脑血流量呈同步降低，提示营血分血流量降低，不单纯是脑压增高所致，而与小血管阻力增加、血液粘稠度增高有关。并发现余邪组也明显存在着血流动力学方面的改变。如舒张指数等指标提示乙脑恢复期可能存在着血管弹性降低的病理变化，而且大脑血流量供应也失去平衡。由此说明薛生白有关“口不渴，声不出，与饮食亦不却，默默不语，神识昏迷”等余邪滞络证的论述存在一定的病理基础。

（孟宪益）

【流行性腮腺炎的治疗与预防】

周国钧认为流行性腮腺炎，多因风温毒邪从口鼻侵入机体，兼之内有肝胆积热，壅阻少阳经络，气血流行受阻，郁结于腮颊而致；若受邪较重，则见少腹痛，睾丸肿痛，若邪毒炽盛、内窜心肝、扰乱神明，则见壮热、头痛、呕吐、嗜睡、昏迷、痉厥等症。李成杰报道中西医合治，包括内服外敷法，共治50例全部痊愈。（1)外治法，先用三生酒（生南星、生半夏、生草乌各20克，浸泡于1000毫升酒中，一周后备用）湿敷漫肿部位，再用黄乳膏（黄芩、乳香、没药、虎杖、芙蓉叶各50克研末，用鱼石脂500克调匀）外敷患处。(2)内治法，以中药黄芩、板蓝根、大青叶、银花、地丁、虎杖、薄荷、赤芍、丹皮等煎服，每日1剂，日3次；病情严重者加用抗炎、抗病毒药如病毒灵、青霉素、链霉素等。王品艳报道患儿50例，用太乙紫金锭外涂，部分重症患者加服板蓝根20克，大青叶20克，牛蒡子15克，甘草15克，水煎服日1剂，有合并睾丸红肿者加橘核、荔核、延胡索。显效32例，有效18例，总有效率100%。高震介绍祖传方治疗本病获良效。用法：把蟾蜍后脚吊起，用墨塞入口中两天，墨被蟾蜍口中涎水浸湿，拿出后晒干贮藏，用时加水研末，用毛笔蘸墨汁，面向阳光或亮处，将墨汁涂于患处，每日1次，共涂3次，再服柴胡清肝汤（柴胡、防风、牛蒡子、黄芩、连翘、天花粉、浙贝母）。杨增昌报道治愈79例，内服中药：银花、连翘、板蓝根、玄参、蒲公英、白僵蚕、升麻、柴胡、甘草等；外用：生大黄、青黛各等分研末，用鸡蛋清或米醋调敷患部，每日换药1～3次。其中66例症状较轻者用药3天而愈，其余13例4～6天而愈。曹立钢治疗315例，用腮腺炎膏（穿山甲、乳香、没药、赤芍、连翘、生大黄、栀子、大青叶、板蓝根各等量，五灵脂为各药量的5倍，研末，蜂蜜调成膏），敷于患部，30～36小时换1次药，治愈者223例，3次治愈者39例。肖允明介绍用升降散（炒僵蚕15克，净蝉衣10克，姜黄10克，大黄10克，将四味药为末，黄酒调匀），每服10克，每日2次，治疗本病获得良效。陈岑介绍用夏枯草30克，车前草20克，煎服，同时用仙人掌加白矾适量捣烂外敷，稍干即换，至肿消为止，大部分患者在2～4天内治愈。

关于对本病的预防方面，刘莉云观察2000例，取耳穴压豆法（用0.4厘米×0.4厘米的胶布在中间放一粒王不留行子，粘贴在腮腺穴上，按揉穴位每日2次，每次为50下），7天为一疗程，在易感区（发病的学校班级），进行预防压豆7天，观察21天后不再发生腮腺炎，传染区解除，表明预防效果良好。

（孟宪益）

【百日咳的治疗】

近年来，有关百日咳的临床报道，以自拟处方居多，且取得较好疗效。李真真治疗本病504例，给服百日咳糖浆（天冬、麦冬、栝蒌仁、法半夏、竹茹、猪胆膏），结果痊愈412例，减轻90例，无变化2例，有效率为99.6%。从雨生治疗本病196例，用三子汤（葶苈子、牛蒡子、莱菔子）随证加减，治愈率100%。李云峰等用百日咳Ⅰ号（沙参、百部、杏仁、白芥子、白前、白果、青黛、川贝母、紫菀、板蓝根、葶苈子）煎服，治疗60例，痊愈49例，有效6例，无效5例。周文华用百远葶苈汤（炙百部、远志、葶苈子、杠板归、海浮石、黛蛤散、炙冬花、姜半夏、象贝母、生甘草）治疗本病136例，10剂内咳止者92例，减轻37例，无效7例。张金虎治疗本病42例服用自拟方（百部、冬花、半夏、陈皮、沙参、麦冬、粟壳）有效率为92.9%。金长凯治疗30例，服用自拟方（百部、麦冬、杏仁、桔梗、钩藤、陈皮、马兜铃、瓜蒌、茯苓、生甘草）5～6天后26例痊愈，4例显效。林文宗治疗50例，服用自拟方（僵蚕、全蝎、蝉蜕、地龙、青黛、黄芩、地骨皮、全瓜蒌、胆南星、天竺黄、百部、杏仁、甘草）随症加减，痊愈37例，显效11例，有效2例。汪德云治疗400例，以镇咳活血法为主，药用：百部、紫菀、代赭石、白附子、白僵蚕、川芎、乳香、胆南星等，每日1剂，一般3～6剂即愈。吴妙英等以百部、川贝组成百贝汤，治疗45例，6～9天后均有效。张世文等以六一散加味治疗80例，痊愈49例，好转27例。姚建华等治疗本病痉咳52例，用蜈蚣、甘草粉等量混和，蜂蜜或糖水调服。1～3岁每次1～1.5克，3～4岁每次2～3克，连服5～7天，仅1例无效。吕崇镇报道治疗100例，服用熊胆抑咳散（朱砂、熊胆、姜半夏、橘红、川贝母、款冬花各6克研末），2～3天症减，5～6天痊愈。此外董静认为导致本病的原因主要有二，一是肺中燥痰阻遏气机，肺气不能宣达；二是肺热阴虚，肺失濡养。因此，本病无论是初咳期或痉咳期，均有不同程度的肺阴损伤，治疗上均应重视养阴润肺止咳。并以此法治疗70余例，在止咳和缩短病程上，均有较好效果，一般6～8剂痉咳即止。至于应用穴位注射治疗本病的尚有柳素范、韩志河等；应用针刺治疗的有刘淑萍、李明山等报道，均获良效。

（沈伟礼）

【肺结核的治疗】

胡安黎等辨证治疗肺结核229例，其中肺阴虚型（63例）方用百合固金汤加减；阴虚火旺型（56例）方用秦艽鳖甲散合一贯煎加减；湿热袭肺型（39例）方用白头翁汤加味；气阴两虚型（49例），方用生脉散合清燥救肺汤加减；肺阳虚型（22例），方用真武汤合五苓散加减；并选用百部、黄芩、凌霄花根、仙鹤草、丹参、白芨、黄精、白花蛇舌草等解毒杀菌之品。经治6个月后，痊愈109例，显效80例，有效27例，无效13例，总有效率为94.32%。张明庆报道用复方百部膏（百部、百合、沙参、白芨、银柴胡、麦冬、生地、熟地、天冬、胡黄连、地骨皮、阿胶、川贝末、蜂蜜）治疗肺痨34例，经治3～9个月后，总有效率100%。18例治愈。那学明等报道单用消瘰丸（玄参、牡蛎、夏枯草、地丁、猫爪草、海藻、泽兰）治疗19例成人原发型肺结核，显效12例，有效2例，无效5例。宋光铸报道46例，（空洞型26例，浸润型20例）以“月华丸”合“消瘰丸”化裁（牡蛎、夏枯草、浙贝母、玄参、白芨、天冬、北沙参、百部、甘草）随证加减，40天一个疗程，经治3～4疗程后，治愈26例，显效16例，好转2例，无效2例。肖天仁治疗26例，用干大蓟根100克煎服，每日1剂。同时停用西药，经治6个月后，痊愈4例，好转17例，无效5例。曹凤城以服用桦皮丸（桦皮、蜈蚣、蛇蜕、穿山甲、僵蚕制乳没、炒杏仁、川贝母、桔梗、半夏、百部、蝉蜕）、敛肺丸（百合、百部、白果、蛤粉、儿茶、白矾、沙参、青黛）为主，治疗65例空洞型肺结核，基本痊愈24例，显效26例，好转13例，无效2例。总有效率为96.2%，其中空洞闭合率为58.46%。疗程多在4～9个月之间。此外，还有用中西药同治的报道。如周辉等采用自拟抗痨灵（百部、百合、白芨、杏仁、黄精、猫爪草、太子参、茯苓、丹参、桔梗、黄芩、知母）治疗本病107例，3个月为一个疗程，同时每日服雷米封300毫克。结果显效53例，好转35例，无效19例。与单纯服常规西药治疗组（107例）对比，有显著差异，特别对发热重、血沉明显增快者疗效更佳。邵观清报道用河东蛤蚧丸（紫河车一具、蛤蚧一对，白芨300克、百部100克、川贝200克、黄芪200克，研末蜜丸）每次10克，日服3次，连服3个月，同时服用常规西药抗结核药。经治21例空洞型肺结核，痊愈5例，有效14例，无效2例。疗效优于对照组，差异显著。丁兆生以单味大蒜15克，去皮煮熟，分次一日服完。并配用雷米封每日300毫克。两个月为一疗程。对中毒症状明显的加服中药抗痨汤（生地、麦冬、北沙参、玄参、板蓝根、侧柏叶、夏枯草）。经治19例，症状均有明显改善，X线表现炎性浸润吸收明显，对空洞闭合缩小的疗效更为突出。

程珍祥等治疗本病咯血23例，基本方为：生地、代赭石、丹皮、大黄、牛膝、三七、玄参、阿胶、茜草、麦冬，并随证加减，同时口服云南白药。平均止血时间4.35天。张心茹以阿胶研末，每次20～30克，日2～3次，治疗本病咯血56例，显效37例，有效15例，无效4例。

（沈伟礼）

参考文献

C

曹凤城 中药治疗空洞型肺结核65例疗效观察 河北中医 (4):11, 1987

曹立钢 腮腺炎膏治疗腮腺炎315例 吉林中医药 (1):13, 1987

陈 波等 中药结肠透析疗法抢救重症出血热急性肾功能衰竭21例的初步观察 中医杂志 (3):34, 1987

陈 岑 流行性腮腺炎验方 山东中医杂志 (6):42, 1987

陈立华等 助阳通阳解毒法治疗慢性乙型肝炎100例的临床总结报告 中医杂志 (6):41, 1987

陈 勇 解毒生化丹治疗急性阿米巴痢疾24例疗效观察 北京中医 (4):44, 1987

陈增潭等 中医中药不同治则和分组治疗慢性乙型肝炎疗效分析 中医杂志 (4):23, 1987

陈治水 双白合剂治疗急性细菌性痢疾600例 浙江中医杂志 (7):303, 1987

谌宁生 菌痢方治疗急性菌痢——附250例疗效观察 湖南中医杂志 (6):15, 1986

程珍祥等 肺痨咯血23例临床小结 湖北中医杂志 (1):18, 1987

从雨生 三子汤治疗百日咳196例 湖北中医杂志 (3):40, 1987

D

胆道冲剂临床验证协作组 胆蛔冲剂治疗胆道蛔虫症216例疗效分析 中成药研究 (12):20, 1986

丁兆生 大蒜治疗浸润型肺结核 河北中医 (5):28, 1987

董 静 养阴润肺止咳法治疗百日咳 吉林中医药 (2):18 1987

杜力军等 22例流行性乙型脑炎不同阶段阻抗血流图初步观察 河南中医 (3):42, 1987

杜雨茂等 中医辨证治疗慢性布鲁氏杆菌病239例疗效观察 陕西中医学院学报 (4):1, 1987

杜长江 中西医结合治疗急性细菌性痢疾124例 陕西中医 (12):532, 1987

G

高 震 流行性腮腺炎的中医治疗 中医药学报 (3):54, 1987

宫伟星等 重症肝炎中医中药为主治疗概况 中西医结合杂志 (7):442, 1987

郭谦亨等 中医药预防流行性出血热的研究 中医杂志 (6):35, 1987

顾惠民 试论慢性肝炎的病因病机——附257例分析 上海中医药杂志 (4):2, 1987

H

韩志河 穴位注射治疗百日咳 河北中医 (4):14, 1987

侯平年 胖大海治疗菌痢 中医杂志 (9):45, 1987

胡安黎等 辨证治疗肺结核229例 浙江中医杂志 (11):488, 1987

胡昌乐 复方丹参注射液对流行性出血热越期作用的观察——附60例分析 上海中医药杂志 (4):9, 1987

黄炳初 黄福贵老中医治疗炭疽病验案 江西中医药 (1):11, 1987

黄建新 脾不健运是慢性病毒性肝炎的病理关键 江苏中医杂志 (6):4, 1986

黄文章 虎杖煎剂治疗急性病毒性肝炎1713例疗效观察 福建中医药 (4):27, 1987

J

姜梅英 加味小柴胡汤治疗地方性斑疹伤寒60例 山东中医杂志 (2):24, 1987

金长凯 中医治疗百日咳30例 吉林中医药 (3):36, 1987

L

黎运洪 山辣椒外敷治疗慢性肝炎及肝硬化50例 辽宁中医杂志 (7):27, 1987

李成杰 痄腮的中西合治 贵阳中医学院学报 (2):42, 1987

李国进 治疗慢性菌痢40例小结 湖北中医杂志 (3):26, 1987

李明山 针刺四缝穴治疗百日咳50例 吉林中医药 (6):33, 1987

李淑香 白虎汤加味在流行性出血热发热期的运用 陕西中医学院学报 (4):19, 1986

李云峰等 百日咳1号治疗百日咳60例 浙江中医杂志 (1):14, 1987

李真真 中药治疗百日咳504例疗效观察 新中医 (12):16, 1986

林守诠 急性病毒性黄疸型肝炎1307例中草药疗效比较 福建中医药 (1):31, 1986

林文宗 自拟解痉咳汤治疗百日咳50例 广西中医药 (2):8, 1987

刘功钦 清瘟败毒饮化裁治愈钩端螺旋体病68例 广西中医药 (3):6, 1987

刘莉云 耳穴压豆预防流行性腮腺炎2000例观察 中医药

信息　（1）：43，1987

刘明武　中西医结合治疗毒痢休克24例　湖南中医学院学报　（2）：41，1987

刘瑞国　辨证治疗钩端螺旋体病30例临床体会　江西中医药　（1）：38，1987

刘淑萍　针刺治疗小儿百日咳57例　黑龙江中医　（6）：33，1987

柳素范　穴位注射治疗百日咳51例疗效观察　江西中医药　（5）：45，1987

吕崇镇　熊胆抑咳散治疗小儿百日咳　新中医　（2）：42，1987

N

那学明等　消瘰丸治疗成人原发型肺结核疗效分析　中西医结合杂志　（3）：156，1987

倪爱德等　中药治疗急性菌痢142例观察小结　江苏中医杂志　（7）：3，1987

Q

钱士明　61例流行性出血热中性粒细胞NHP，Pox活力测定结果分析　南京中医学院学报　（1）：22，1987

乔富渠　流行性出血热少尿期辨证论治探讨　辽宁中医杂志　（1）：42，1987

S

邵观清　河东蛤蚧丸治疗21例空洞型肺结核　吉林中医药　（5）：20，1987

宋光铸　"月华消瘰汤"治肺结核46例　新中医　（2）：26，1987

孙明辉　乙肝煎治疗慢性乙型肝炎及对HBV血清学标志改变的观察　中医杂志　（2）：34，1987

W

汪承柏　乙型肝炎的临床研究　陕西中医　（5）：193，1987

汪承柏等　凉血活血重用赤芍治疗瘀胆型肝炎13例报告　中医杂志　（6）：30，1983

　　凉血活血、激素、清热解毒对瘀胆型肝炎退黄疗效的比较　中西医结合杂志　（2）：80，1984

　　凉血活血、激素、清热解毒对瘀胆型肝炎治疗作用的实验研究（摘要）　中西医结合杂志　（6）：362，1984

　　凉血活血重用赤芍治疗重度黄疸肝炎血浆血栓素B_2变化的研究——附6例报告　中西医结合杂志　（6）：326，1985

　　凉血活血方药对慢性活动型肝炎高黄疸的临床观察——治疗前后肝活检血清HBV标记的比较　中医杂志　（6）：38，1987

汪德云　镇咳活血法治疗百日咳　河北中医　（2）：8，1987

王品艳　太乙紫金锭外用治疗小儿腮腺炎50例　黑龙江中医　（3）：21，1987

王明如　大柴胡汤加减治疗总胆管内遗留的死亡蛔虫18例　浙江中医杂志　（3）：104，1987

吴妙英等　百贝汤治疗百日咳50例疗效观察　中华传染病杂志　（4）：244，1986

伍春琮等　慢性乙型病毒性肝炎中医辨证分型与肝脏病理变化关系探讨——附100例肝穿活检分析　湖北中医杂志　（2）：13，1987

X

向左菊　洁古芍药汤治疗急性菌痢68例　湖南中医杂志　（4）：54，1987

肖天仁　大蓟根治疗肺结核26例　浙江中医杂志　（11）：489，1987

肖允明　升降散治疗流行性腮腺炎　浙江中医学院学报　（3）：11，1987

徐济群等　南通蛇药对慢性活动型乙型肝炎病原免疫学指标的初步观察　中医杂志　（3）：32，1987

Y

杨景山　加味升麻葛根汤治疗急性细菌性痢疾50例　四川中医　（7）：19，1987

杨　侃　珠黄散灌肠治疗小儿菌痢经验介绍　中医杂志　（6）：45，1987

杨麦青　运用《伤寒论》六经辨证治疗流行性出血热273例　中医药国际学术会议论文集　第179页，1987

杨增昌　治疗79例流行性腮腺炎（痄腮）的临床观察　新中医　（1）：27，1987

杨　震　碧云砂乙肝灵治疗乙型肝炎341例　陕西中医　（5）：204，1987

姚建华等　蜈蚣甘草粉治疗小儿痉咳52例　南京中医学院学报　（3）：62，1987

阎晓萍　辨证治疗流行性出血热少尿期125例　陕西中医　（1）：9，1987

Z

张明庆　复方百部膏治疗肺痨34例疗效观察　国医论坛　（3）：39，1987

张金虎　百日咳方治疗百日咳42例　陕西中医　（8）：365，1987

张世文等　六一散加减治疗百日咳痉咳期80例　陕西中医　（10）：441，1986

赵灿鑫　从500例急性黄疸型肝炎的治疗看茵陈大黄的剂量与煎法　湖北中医杂志　（6）：23，1987

支宏军　乙型肝炎的临床研究　陕西中医　（5）：193，1987

周国钧　流行性腮腺炎的临床研究进展　新中医　（4）：49，1987

周辉等　自拟抗痨灵配合雷米封治疗肺结核107例临床观察　广西中医药　(4)：18，1986
周嘉善　中医药治疗重症肝炎，肝昏迷的现状与展望　江西中医药　(3)：57，1987
周楣声等　灸法治疗流行性出血热79例临床观察　中国针灸　(4)：15，1987
周文华　百远葶苈汤治疗百日咳痉咳　四川中医　(2)：16，1986
周仲瑛　清气凉营法治疗流行性出血热250例疗效分析及机理探讨　中医药国际学术会议论文集　第179页　1987

(二) 肿　瘤

【概述】

一年来中医中药防治肿瘤的临床研究，仍然是以辨证论治，扶正抗癌为主流，还有在临床治疗观察的同时与相应的实验研究相结合，探讨其疗效机理。简述如下：

肺癌　刘嘉湘等报道用扶正法治疗122例晚期原发性非小细胞肺癌进行前瞻性研究，中医药组辨证分为阴虚、气虚、气阴两虚和阴阳两虚等类型，分别给予滋阴、益气、温阳类扶正中药，与化痰软坚、清热解毒中药酌情同用，化疗组鳞癌用COF化疗方案，腺癌用MOF化疗方案。结果：中药组治后在症状改善、生存质量提高等方面均优于化疗组。中药组治后患者的NK细胞活性、巨噬细胞吞噬活性等免疫活性均有显著提高。陈锐琛等报道中医中药治疗原发性支气管肺癌95例。辨证分为肺郁痰结型、肺壅痰热型、痰毒瘀滞型、气阴两虚型。以基本方(鱼腥草、仙鹤草、猫爪草、天冬、葶苈子、生半夏、蚤休、山海螺)结合辨证分型治疗。治后1年生存率为45.3%(43例)，中数生存期为11个月。

食管癌、胃癌　王济民认为食管癌（或贲门癌）早期以气滞、血瘀型为多，中晚期以血瘀及正虚型为多。正虚型又有气血阴阳之别，以气虚、血虚为多见。一般多为气滞血瘀同时存在，故以理气与活血药并用。张代钊认为食管癌、胃癌早期患者应以祛邪为主，扶正为辅。中期宜攻补兼施，扶正祛邪同时并举。晚期因肿瘤广泛转移，多有气血双亏，应以扶正为主，祛邪为辅。刘浩江报道用旋覆代赭汤加减治疗食管癌手术后并发症取得较好疗效。张锡君认为患者求医多已属晚期，既有痰瘀癥积等邪实的一面，又有气血大亏脾胃虚弱等正虚的一面，治宜攻补兼施，以补为主，重在益气养血、滋阴育阳，健脾调胃，佐以活血化瘀，软坚散结。段凤舞认为胃癌临床表现有三个特点，一为升降失常，二为虚实夹杂，三易旁及四脏。初期正气未虚，中期，每见虚中夹实，虚多实少，寒多热少，晚期气血虚衰，累及到肾，脾肾虚寒。宜忌滋腻及过分苦寒，禁肆意攻伐，以“和”为“贵”。赵树珍将晚期胃癌概括为正虚、血瘀、毒聚，属正虚邪实之证，常用健脾补气、活血化瘀、解毒散结之法。王龙宝根据胃癌体征与舌脉相参，分为痰气凝滞型，瘀毒内阻型及脾胃虚寒型。晚期为脾肾阳虚型。治疗中不可拘泥早期以攻为主，中期攻补兼施，晚期以扶正为主的一般规律，应紧扣胃癌本虚标实之病机，大凡以攻补兼施这一原则为善，对晚期胃癌能奏症状改善，延长生存期之效。饶燮卿等报道用升血汤配合化疗治疗中晚期胃癌63例，与单纯化疗18例进行对比观察。结果：升血汤配合化疗可减轻化疗的毒副反应，治疗后体重增加，血清胃泌素含量提高，小肠木糖吸收率、巨噬细胞吞噬率均未下降；而单纯化疗组后两者均明显下降。动物实验也提示健脾补肾法治疗的效果明显优于单纯的健脾或补肾法。黄永昌亦有以和气养荣法治疗胃癌的临床观察报道。

肝癌 于尔辛等报道了1966～1975年对原发性肝癌的治疗，其中单纯中医药治疗Ⅱ期肝癌63例，结果：健脾理气为主组48例，1年、5年生存率及中位生存期，分别为43.7%、16.7%及12月；非健脾理气组15例的1年生存率为13.3%，中位生存期为5个月。并择51例经病理诊断的Ⅱ期肝癌患者，分别以健脾理气法和非健脾理气法伍用放射治疗。结果：健脾理气加放疗组33例的1年生存率为72.7%，5年生存率为9.1%，中位生存期为19.5月；非健脾理气加放疗组18例的1年生存率为27.8%，中位生存期为6.5月。还以健脾理气中药加放射治疗34例Ⅲ期肝癌，生存1年以上7例（20.6%），中位生存期6个月；对照组（仅予对症支持疗法）143例，生存1年以上者仅1例（0.7%），中位生存期仅1.5个月。潘敏求报道1979～1984年收治了112例原发性肝癌，分为三组治疗。中药组60例（Ⅱ期49例，Ⅲ期11例）用肝复方（黄芪、党参、白术、茯苓、柴胡、穿山甲、桃仁、丹参、苏木、蚤休、牡蛎、鼠妇）进行辨证加减，放疗组24例，化疗组28例（均为Ⅱ期）。治疗后半年及1年生存率，肝复方组分别为43.3%及20%；放疗组为20.8%及8.3%；化疗组为25%及0%。肝复方治后存活三年以上有3例。治后病体稳定率：中药组为78.3%，放疗组为20.8%，化疗组为32%。三组治疗比较说明中药肝复方有明显延长中晚期原发性肝癌患者生存期及稳定期的作用。邱佳信等报道用健脾理气、清热解毒、软坚化痰为基本方治疗123例，1年生存率为32.5%，优于其它方剂治疗97例的1年生存率13.4%。张宗良以活血化瘀为主治疗继发性肝癌8例，药用赤芍、白芍、丹参、桃仁泥、当归、杜红花、地鳖虫、广木香等随证加减。治后大肠癌肝转移4例，分别生存10个月、17个月、42个月，58个月；胃癌肝转移3例，生存13个月1例，25个月2例；肺癌肝转移1例，生存3个月。钱伯文报道以中医辨证治疗肝癌32例，4例曾配合放疗和化疗。结果：生存6年以上1例，2年以上4例，1年以上9例，半年以上18例。

鼻咽癌 廖遇平等报道鼻咽癌57例随机分为中药加放疗组（中药组）31例，单纯放疗组（放疗组）26例。两组病例全部用^{60}钴外照射，剂量及方法相同。中药组开始至放疗结束日止内服中药通窍活血汤加减，一般50剂左右。结果：中药组鼻咽部肿块消退率明显优于放疗组。中药组三年、五年存活率为48.4%，41.9%。分别高于单纯放疗组的42.3%和30.8%。

乳腺癌 宋庆祥用华蟾素治疗乳腺癌23例，其中Ⅲ期11例，Ⅳ期12例；腺癌5例，大汗腺癌3例，乳腺癌术后局部复发和锁骨上下转移者4例，单纯癌8例，不能分类者3例，全部病例均住院治疗。未合并任何化疗抗癌药物。用华蟾素注射液，每次4毫升，每日二次，肌肉注射，连续使用两个月为一疗程。完全缓解1例，部分缓解6例，无变化11例，扩大5例，总有效率为78%。

此外，关于脑部肿瘤、妇科肿瘤及白血病等均参见有关条目。

（刘嘉湘）

【脑部肿瘤】

钱伯文辨证论治213例，均经临床、CT或脑血管与脑室造影检查确诊者。辨证分为痰湿内阻型，方用温胆汤、涤痰汤、导痰汤、指迷茯苓丸；肝胆实热型，方用龙胆泻肝汤；肝肾阴虚型，方用杞菊地黄丸、一贯煎；气血郁结型，方用血府逐瘀汤、补阳还五汤；肝风内动型，方用镇肝熄风汤、羚羊钩藤汤、天麻钩藤汤。同时服用中药复方“777”糖浆（姜半夏、制南星、菖蒲、当归、赤芍），每日3次，每次30毫升。结果213例，5年生存率为29.7%，3年生存率为34.9%，1年生存率为71.2%。徐振晔介绍刘嘉湘经验，运用益气行瘀、软坚化痰法，以补阳还五汤为基础，并配以蛇六谷、生南星、天葵子等药，取得良效。官斌报道用血麝四物汤加味(熟地、赤芍、白芍、当归、川芎、三棱、莪术、红花、桃仁、血通、菖蒲、珍珠母、麝香）治疗脑干肿瘤1例，疗程5个月，随访二年未复发。曹香山亦治疗脑干肿瘤1例，方用益气聪明汤加味，随访未复发。别良忠治疗桥脑肿瘤1例，方用白虎汤合增液承气汤、补阳还五汤，治疗四十余天病情稳定。岳泽民治疗1例脑室管膜癌、开颅未能摘除而缝合的患者，采用益气养阴、化瘀散结法（全当归、川芎、紫丹参、三棱、莪术、全蝎）及自拟消肿方（全蝎、蜈蚣、地鳖虫、壁虎、蟾酥、麝香、三七），随访六年多，无后遗症。袁世民治疗颅内鞍区肿瘤及垂体嗜酸细胞瘤各1例，处方：麻黄、附子、细辛、川芎、干漆、五灵脂、当归、蜈蚣、昆布、海藻、藁本、蔓荆子、白芥子等。治后经CT复查，肿瘤均消失。许菊秀报道用消瘀化痰法（丹参、川芎、葛根、桃仁、昆布、海藻、牡蛎、夏枯草、白芷、天葵子）治疗脑垂体肿瘤4例，均有一定的近期效果，头颅X片复查有不同程度的好转。刘青云用通窍活血汤加味治疗蝶鞍肿瘤1例，蝶鞍摄片无异常。周志东以威灵仙合剂治疗1例转移性脑癌伴发癫狂患者，亦达到症状控制，肿块消失的效果。

（张晓玉）

【非小细胞肺癌的治疗】

孙燕综述了原发性肺癌发病率及死亡率高，生存期短，自然生存期中位数为6个月左右，其中腺癌为4.9月，鳞癌为7.8月，小细胞癌为5个月。刘嘉湘等在回顾总结分析中医辨证治疗晚期原发性肺癌取得疗效基础上，于1980～1985年间，进一步观察了中医药治疗晚期肺癌的疗效。临床选择经细胞学及组织学检查证实的晚期原发性非小细胞肺癌住院患者122例，按照UICC肺癌TNM分期标准，鳞癌60例（Ⅲ期44例、Ⅳ期16例），腺癌62例(Ⅲ期26例，Ⅳ期36例)，均于入院时各随机分为中医药组和化疗组，按前瞻性方案进行对比治疗观察。中医药组根据肺癌表现辨证为阴虚、气虚、气阴两虚及阴阳两虚等类型，分别采用滋阴(南沙参、北沙参、天冬、麦冬、玄参、百合、生地等），益气（人参、黄芪、党参、太子参、白术、茯苓等），温阳（补骨脂、仙灵脾、菟丝子、苁蓉、锁阳、薜荔果等），扶正中药，与化痰软坚（夏枯草、海藻、昆布、生南星、生牡蛎等），清热解毒（石上柏、白花蛇舌草、山豆根、石见穿、苦参、银花等）中药酌情同用，煎汁口服，三个月为一疗程，不用抗肿瘤化疗药及手术或放射治疗。化疗组鳞癌用COF方案（CTX，5～Fu、VCR）静脉注射。腺癌用MOF（MTX，5Fu、VCR）方案，静脉注射。治疗结果：晚期肺鳞癌中药组治疗后一年、二年及三年生存率，分别为66.7%、13.3%及3.3%；化疗组治疗后一年、二年及三年生存率，分别为33.3%、3.3%及0%。中位生存期中药组为465天，化疗组为204天。肺腺癌中药组治后一年生存率为53.8%，化疗组为23.8%，中位生存期中药组为323.5天，化疗组为192天。两组均有显著性差异。治疗后病灶稳定率中药组鳞癌为90%，腺癌为86.67%，均高于化疗组（60%左右）。中数稳定期中药组为6个月，化疗组仅3个月。治后生存质量（临床症状、生活状态、体重）中药组均优于化疗组。实验研究表明，中药组治后巨噬细胞吞噬活性，E玫瑰花结形成率、NK细胞（自然杀伤细胞）活性、cAMP等指数均有显著性升高，化疗组则无明显变化。中药组及化疗组治疗后均可使肺癌患者的血清唾液酸及补体C_3含量有所降低。

（刘嘉湘）

【食管癌的治疗】

闵锋等报道蟾酥水溶液治疗110例食管

癌、贲门癌的临床观察。治疗分三组：甲组61例（未能手术切除或未能手术）；乙组30例（手术切除后）；丙组19例（未能手术切除或未能手术）。甲乙两组单用蟾酥水溶液，丙组是蟾酥水溶液与喃氟啶合用。用法：蟾酥水溶液（江苏盱眙制药厂生产），每次2毫升（10毫克）口服，日三次；喃氟啶每次25毫克口服，日三次。治后一、二年生存率：甲组为44.44～46.51，30.95～33.33；乙组为72.72～78.95，45.45～53.53；丙组为50～66.67（仅观察一年）。临床观察发现：乙组一、二年生存率均高于单纯手术切除组，丙组一年生存率高于甲组，说明蟾酥水溶液有临床使用价值，并与喃氟啶合用有协同作用。刘浩江用旋覆代赭汤治疗食管癌手术后吻合口狭窄，反流性食管炎、胃肠功能紊乱等并发症46例，其对表现为胃气上逆者尤宜，总有效率为91.3%。方兰芬用通阳逐寒法治食道癌1例，X片示食道中段缺损6厘米，用温脾汤合半硫丸、葛花解酲汤加减，五月后症状及X片均改善，存活四年余。何金山临床治愈一例晚期食管癌伴胃小弯淋巴结转移（手术后）用Ⅰ号药散（千金癀，鸡胃癀、茶时癀、九节茶、人工牛黄、血竭、珍珠、冰片等，各研细混匀，每次服15克，日三次），Ⅱ号药散（紫珠草、鲜射干、七叶一枝花等，煎剂口服）合生脉饮，治后一月症状好转。四年后经X片钡餐检查良好。

（汤新民）

【胃癌的治疗及实验研究】

王龙宝等将胃癌分为痰气凝滞，瘀毒内阻、脾胃虚寒和脾胃阳虚四型，采用理气化痰、软坚散结；清热解毒、凉血祛瘀，健脾益气、温中散寒和健脾益气温阳的治法。并结合辨病，攻补兼施。如补养以炒党参、生黄芪、山药、炒白术、白扁豆等扶脾治本；攻破以生莪术、三棱、白花蛇舌草、天龙等祛邪安正。对胃败格药者，单味与多效兼谋。如焦山楂、生莪术消食化积，散瘀行滞；大腹皮、苡仁、茯苓、黄芪行气除胀、利水消肿；焦六曲、白扁豆、山药、生熟苡仁培土止泻；八月扎、枳壳、木香、佛手、枸橘李、川楝子、郁金、青陈皮等疏肝调脾。在用药剂量方面，如黄芪、茯苓、土茯苓、仙鹤草、扁豆、山药、莪术可用至30克，其中扁豆可用至60克；天龙可用至5克；党参、白术不宜超过12克；枳壳、槟榔可适当加重。饶燮卿等用升血汤、生黄芪、太子参、鸡血藤、白术、云苓、枸杞子、女贞子、菟丝子配合化疗治疗中、晚期胃癌63例，并与18例同期患者对比，结果证明升血汤可以减轻化疗的毒副反应，疗后体重增加（$P<0.01$），血清胃泌素含量提高（$P<0.01$），小肠木糖吸收率、巨噬细胞吞噬活性均未下降，而单纯化疗组后两者均下降（$P<0.01$），升血汤组血小板计数明显升高（$P<0.01$），而单纯化疗组则下降。通过实验研究初步证明：升血汤能明显延长艾氏腹水癌小鼠的生存期，健脾补肾法的治疗效果明显优于单纯的健脾或补肾法。邱佳信等研究健脾中药防治消化道恶性肿瘤的作用原理，通过对比，观察到健脾中药如党参、白术、茯苓、甘草等对5-FU杀伤胃癌细胞有明显的增效作用，而对被其杀伤的正常细胞却有一定的保护作用。通过实验还观察到某些健脾中药有反突变和反启动的作用，上述作用提示健脾中药能增强某些西药的疗效，并减少其副作用，朱云华等研究胃癌中虚气滞证的病理形态认为该证占全部病例的63.3%（38/60），均表现了肠型胃癌的特点，其中浸润浆膜及浆膜外的晚期癌占73.7%，发生转移者占60.5%，癌前缘淋巴样细胞反应也较差。还证实分泌硫酸粘液的$Ⅱ_B$型肠化生与胃癌间存在着密切关系。癌旁肠化生也具检出率高、程度重、$Ⅱ_B$型多的特点。陈孝明用抑癌散治疗三例晚期胃癌的疼痛均获减轻或缓解，并生存一年以上，方药组成：

白术、半夏、瓦楞子各30克，木香、血竭各9克，雄黄6克。上药混和、研粉，分成30份，每次一份，用开水冲服，日三次，每次并同服蛋白吸附斑蝥素一剂。

（汤新民）

【肝癌的防治研究】

（一）辨证和治疗

1.证治方面 雷永仲等报道中医药治疗原发性肝癌306例，采用理气活血化痰软坚，清热解毒的治则。基本方：夏枯草、海藻、昆布、蛇舌草、铁树叶、丹参、太子参、赤芍、白芍、桃仁、苡仁、当归、白术、茯苓、甘草、黄芪、漏芦、八月扎、川楝子、郁金、香附、木香、茵陈、车前、炙鳖甲等。其中单纯中医治疗晚期肝癌159例，1年生存率28.93%；Ⅱ期74例，1年生存率24.32%，2年生存率13.51%；Ⅲ期73例，生存半年以上2.74%，1年以上1.37%，平均生存期34.01天。王羲明认为肝癌的形成与体内“正气不足”和外来“邪气滞留”有关，采用扶正与祛邪治疗为基本点，辨虚扶正，辨证祛邪，辨病选药的方法，同时提出由肝病到肝癌的根本变化环节是脾胃的变化，脾虚可能是癌变的关键，应用健脾理气等法则对机体代谢、免疫、血粘度等方面均具有广泛调节作用。钱伯文对32例肝癌辨证分为肝气抑郁，气血瘀滞，热毒内蕴，肝胆湿热，气阴两虚五型，进行治疗，除症状基本消失外，还延长了生存期，其中生存6年以上1例，2年以上4例，1年以上9例，半年以上18例。段凤舞等治疗晚期肝癌4例，其中2例分别存活2年和3年，另2例分别治疗1年1个月和3年多，仍在治疗中。潘敏求等将112例原发性肝癌分为三组，其中中药复方组（黄芪、党参、白术、茯苓、柴胡、穿山甲、桃仁、丹参、苏木、蚤休、牡蛎、鼠妇）60例；放疗组（采用^{60}钴全肝移动条照射）24例；化疗组（从5-氟脲嘧啶、长春新硷为主）28例。治疗后半年及一年生存率，肝复方组分别为43.3%及20%；放疗组为20.8%及8.3%；化疗组为25%及0%。肝复方治后存活三年以上者3例，治后病体稳定率，三组分别为78.3%，20.8%，32%。施志明介绍刘嘉湘的经验认为原发性肝癌系邪毒蕴于肝脏，肝失疏泄，郁久化火，耗伤阴津，应用养阴疏肝解毒法补其耗损之阴津，清解内蕴之邪毒，能取得稳定和缩块的疗效。

2.肝癌疼痛的中医药治疗

(1)推气散加味：胡安黎用推气散加味（姜黄、枳壳、桂心、当归、红藤、厚朴、蜈蚣、郁金、柴胡、丹参、制南星、半夏、大黄、白芍、炙草等研末，每次12克，日3次）治疗晚期肝癌44例，疼痛均有消失，其中3天内消失者23例，4～6天消失者21例。

(2)蟾蒜外敷方：苏宝银应用活蟾蜍3只剥取其皮，将大蒜一枚研细涂在蟾蜍皮上，外敷1例经注杜冷丁未效的肝癌剧痛，经敷一次肝痛大减，再敷二次肝痛渐止。

3.单方验方

(1)黄毒、狼毒：路云飞用黄毒、狼毒治疗16例原发性肝癌，14例于用药2周左右临床症状缓解，且止痛明显。实验证明黄毒、狼毒对小鼠S_{180}有明显抑制作用，同时促进正常机体细胞代谢。

(2)鼠妇：朱胜典用鼠妇粉3克冲服治疗肝癌一例，病情稳定七个月。姚善业等经动物实验证实鼠妇的镇痛作用以口服剂为好，镇痛迅速程度不及杜冷丁，但镇痛作用较杜冷丁持久。

此外，在应用中医中药配合放疗，化疗等中西医综合疗法中，如于尔辛、高林瑞、朱愉恒、李利耕、严济邦及《中西医结合肿瘤杂志编辑组》等都取得较好疗效。

（二）治则的研究

1.健脾理气 吕丽娜等研究健脾理气药对荷肝癌腹水瘤小鼠自然杀伤细胞（NK细胞）活性的影响，采用脾虚模型小鼠，其脾NK细胞活性降低，荷瘤小鼠用健脾理气药治疗可恢复NK细胞活性至正常范围，但用活血化瘀药及清热解毒药则无此作用，用一定量环磷酰胺、NK细胞活性更形降低，但加用健脾理气药有一定调节作用，若荷瘤小鼠先予健脾理气药再给环磷酰胺，可使NK细胞活性恢复良好，瘤体缩小明显。

2.清热解毒　吕桂芝等实验用复方龙葵注射液（龙葵、蛇莓、白英、当归、丹参、郁金的提取成份）连续作用于小白鼠肝癌（H_{22}）腹水型癌细胞，对其增殖有明显阻抑作用，抑制率可达87.35%，$P<0.001$。其作用机理可能是通过抑制癌细胞膜表面上的磷酸二酯酶和（Na^+-K^+）-ATP酶活性使其明显下降，膜表面上的微绒毛明显消退以提高细胞内cAMP水平，调控细胞的增殖和分化。

3.攻逐泻下　程家明介绍邵森林的经验认为，消化道肿瘤需按中医辨证，六腑以"降"为顺，以"通"为补，按照"下能疏肝"的治则，用攻下法治疗一例，大便下乌血块数次，癌肿逐渐缩小变软，经治疗五年，继续健在。

4.扶正祛邪　邱佳信等用健脾理气、清热解毒、软坚化痰为基本方（太子参或党参、珠儿参、炒白术、茯苓、丹皮、银花、岩柏、马兰根、生牡蛎、夏枯草、炙山甲、鳖甲、玫瑰花、绿萼梅、天龙、地龙、八月扎、生南星）治疗123例晚期肝癌，1年生存率32.5%。实验结果提示如下：

(1)对人肝癌细胞（7402）的杀伤能力，以全方作用最强，其中以岩柏、马兰根等清热解毒类药物为强，而健脾类药物白术等仅有较弱作用。

(2)发现白术、茯苓等具有反启动作用。

(3)发现白术能抑制Lewis瘤肺转移，存在着选择性杀伤负责转移细胞亚群的可能。

(4)发现全方在二乙基亚硝胺致肝癌过程中能发挥阻断作用。

（三）中药预防肝癌的研究

韩雪华等从复方木鸡（云芝）冲剂（木鸡、菟丝子、广豆根、核桃树皮等组成）的药理实验结果，证明其对人体和新生大鼠血清AFP有抑制作用，初步提示该药对肝癌前期具有阻断性防治作用。严锡琪等应用建立的黄曲霉毒素B_1（AFB_1）致肝癌作用短期体内实验模型，研究了三种绿茶（广西灵山茶、云南大叶茶和福建鼎坑茶）对AFB_1致肝癌作用的影响。实验结果表明三种绿茶均显示抑制AFB_1的致肝癌作用。r-GT阳性细胞灶的数量明显少于对照组（$P<0.01\sim0.05$），其面积及体积均明显小于对照组（$P<0.01\sim0.05$）。

（四）肝癌检测方面研究

肝瘿线是原发性肝癌望舌诊断的辅助依据之一。王榕平对31例原发性肝癌有肝瘿线患者进行血液流变学测定结果，发现全血粘度、血浆粘度、红细胞压积、血沉、血沉方程K值、红细胞电泳、纤维蛋白原值均明显高于健康人组（$P<0.01\sim0.001$）。

（王羲明）

【急性白血病的治疗】

益气温补法治疗急性白血病（急白）的一些验案值得重视。朴常烈报道重用参芪鹿茸治疗急白2例，疗效较为满意。其中急性淋巴细胞性白血病1例，曾用长春新碱、强的松及多次输血无效，诊见头晕目眩，耳鸣重听，心悸气短，倦怠乏力，口淡无味，纳少腹胀，时有便溏、腰膝酸痛，咳嗽痰白，口唇苍白，舌淡苔白，脉沉细数。药用人参、黄芪、鹿茸、砂仁、白术、陈皮、半夏、茯苓、当归、白芍、甘草，水煎服，续加首乌、龟版、胎盘粉，治疗后症情改善；复查血红蛋白3.5克→8克，红细胞129万→290万，白细胞3600→3800，血小板11万→4.5万；另一例急性粒单细胞性白血病患儿应用高三尖杉酯碱，氢化考的松，红霉素，服香砂六君子汤，选加黄芪、鹿茸、人参、紫河车，治疗后诸症悉平，复查白细胞3520→7000，血红蛋白10克→11克，血小板6万→11万。孙九光治疗急白1例，证属气血两虚，统摄失司、毒陷营分，急进独参汤加味，药用老山参、养血归脾丸，紫丹参、青黛、其后坚守益气养阴，清肝凉血法获完全缓解。倪方平对急粒白1例高热(T41.5℃)，经化疗激素治疗无效，证属阳虚发热，予服补中益气汤15剂，体温控制。

分型论治。霍俊明等对急非淋146例采用病因分型论治，加减用药，温毒湿热型50例，治以清热解毒利湿，方用抗白解毒汤（银花、连翘、蒲公英、桑叶、生地、生石膏、大青叶、车前草、薏苡仁、黄药子、冬葵子、莪术、白花蛇舌草）；阴虚内热型18例，治以清热解毒、养阴凉血，方用石膏地黄汤（生石膏、生地黄、知母、丹皮、银花、板蓝根、地骨皮、银柴胡、山豆根、赤芍、白芍、元参、白花蛇舌草等），或加鹿角粉；气血两虚型78例，治以益气养血，方用人参黄芪汤（人参、黄芪、补骨脂、龟板、当归、生地、熟地、山萸肉、山楂、紫河车、狗脊、猪苓、白花蛇舌草）。配合联合化疗，用羟基脲、阿糖胞苷、6-巯基嘌呤、强的松、氨甲喋呤，或加用正定霉素、环磷酰胺或长春新碱；防治中枢神经系统白血病用氯乙环己亚硝脲。治疗结果：完全缓解75例（51.4%）、部分缓解28例（19.2%）、未缓解43例（29.4%），本组存活5年以上的11例，最高存活为13年半。梁冰等采用中医分型结合西医分组治疗急非淋46例，HOA（高三尖杉酯碱，长春新碱、阿糖胞苷）组25例，不用强的松，加用中药生脉二陈汤（太子参、麦冬、五味子、半夏、茯苓、陈皮、杏仁），与HOA加P(强的松)组21例，不加生脉二陈汤观察比较，结果表明，该方能消除化疗药物引起的恶心呕吐、食欲不振等症状。两组完全缓解率与缓解率统计学上无显著性差异（P>0.05）。郭良耀报道急白50例，其中急粒26例，急淋12例，急单、急早幼粒、红白血病各4例。热毒炽盛型，治以清热解毒，养阴益气；气阴亏虚型，治以养阴益气，清热解毒；气血两虚型，治以益气补血温肾；肝肾阴虚型，治以滋阴补肾凉血。配合化疗，治疗结果：完全缓解和部分缓解各20例，未缓解10例，有效缓解率为80%，其中41例（82%）生存期>1年，最长1例生存3年10个月。

（黄振翘）

【滋养叶细胞肿瘤】

黄跃兰从天花粉引产500余例中发现该药能选择性作用于滋养叶细胞而得到启示，因以天花粉治疗19例恶性滋养叶细胞肿瘤（绒癌5例、恶葡14例）。自1965年以来采用天牙冻干粉阴道后穹窿给药，剂量从0.25克开始，5～7天上药一次，共上药2～6次。或注射用天花粉针剂，首量5毫克加入5%葡萄糖溶液500毫升静脉滴注，3～5天一次，总量为38毫克左右。结果除2例Ⅱ、Ⅲ期绒癌并发恶病质死亡外，17例均获根治。经临床及胎盘病理、实验证实天花粉的作用机理是：（1）能选择性抑制滋养叶细胞并促使坏死。（2）能刺激免疫系统引起非特异性反应，促使白细胞总数和单核细胞升高，并能使受化疗后骨髓抑制而下降的白细胞升高。（3）还可刺激特异性免疫反应，增强T细胞功能。因此天花粉与化疗联合使用是理想的治疗方法。对一般情况差者，可先用天花粉治疗，待情况好转后再予化疗或手术，以减轻化疗副反应。由于天花粉可通过血脑屏障，对脑转移者，及时加用天花粉，可明显提高疗效。蒋立基报道1例绒癌术后1年，右下腹包块11×10×6厘米，极度衰竭，恶病质伴腹胀腹痛。舌暗红、苔黄腻，脉滑数重按无力，属阴虚内热，痰湿阻滞，先针内关、气海、关元、中脘、足三里、三阴交等穴，

5天后痛缓吐止，加服中药（当归、贯众、紫草、赤芍、川楝子、黄药子、花粉、鳖甲、石见穿、菝葜、沙参、玄胡索、蜂房、甘草），外敷硝矾散，治疗后腹块缩小，但右乳肿块2×2立方厘米大小，以逍遥散加减，配合神农丸，针刺等治疗4月余，腹块和乳块消失，症状亦除，现从事田间及家务劳动。张连波认为本病系气滞血瘀、瘀积胞宫所致，治疗上除破血坠胎外，尚须攻下荡涤，以助坠胎之力，故选用雄黄丸加减（明雄、砒石、麝香、桃仁、鬼箭羽、延胡索、川芎）治愈1例良性葡萄胎大出血者。王忠良根据“血得热则行”的理论，在活血化瘀药内加入肉桂10克，治愈二例良性葡萄胎。

（戴德英）

【中医药防治恶性肿瘤的研究】

（一）健脾法治癌原理研究　近年来，健脾法治癌时有报道。以肝癌为例，邱佳信等报道晚期肝癌一年生存率为32.5%，于尔辛等报道Ⅱ期肝癌患者中位生存期为12.0月（对照组仅3月）。由此，关于健脾法治癌的原理研究为人所瞩目。孙喜才等以昆明种小白鼠作为研究动物接种S_{180}观察由黄芪、党参、白术组成的健脾益气方841-A对S_{180}实体瘤增殖的影响，实验结果提示该方对小鼠S_{180}实体瘤的增殖有明显的抑制作用。而在进行药物的分解实验中，仅白术有明显的抑瘤作用。

（二）癌症的中医证型和舌象的研究　郁仁存等观察各证型组治疗前后D-木糖吸收率（%），结果为：正常人26.37±3.96，治疗前的脾虚证组，气虚血瘀组、气血双亏组分别为18.61±2.87、18.24±2.72、14.22±3.17，治疗后分别为21.92±4.56、20.00±2.81、17.42±3.24，气虚证组与正常人组比较$P<0.05$；血清胃泌素虚证87.85±42.82、实证306.37±28、虚实夹杂111.0±68.0。方差分析处理：虚证患者血清胃泌素明显低于正常人，实证患者明显高于正常人，虚实夹杂患者与正常人无显著差异。

朱云华等对中虚气滞证组（38例）胃癌标本进行研究，它们的肿瘤部位依次为胃窦、贲门、胃体，肉眼形态依次为溃疡型、结节型、弥漫浸润型和浅表型；但经病理学表现为高分化癌65.8%，管状腺癌47.4%。粘液染色显示分泌酸性粘液者60.5%，癌旁肠化生为78.9%，重度肠化生为47.4%。

秦吉华等开展了胃癌患者舌象与舌上皮细胞关系的探讨，实验显示：正常人角化前细胞、角化细胞、趋角化细胞分别为54.2%、36.3%、7.7%，胃癌患者为26.62%、59.32%、13.42%。

（三）其它方面　吕桂芝等以复方龙葵注射液（龙葵　蛇莓　白英　当归　丹参　郁金），对肝癌（H_{22}）腹水型癌细胞，腹腔接种造成的肝癌腹水型模型进行观察，结果提示该注射液对肝癌（H_{22}）腹水型癌细胞增殖有抑制作用。

陈志英等应用黄曲霉素B_1致大鼠肝癌作为观察手段，观察茶叶等食用植物对该模型的影响，结果提示茶叶有良好的抑制作用。

孟宪益等提示，人参、黄芪有提高人白细胞干扰素的诱生作用，李红等通过对大鼠胃溃疡模型的研究指出，党参有抗大鼠实验性胃溃疡作用。徐萃华等通过对体外培养肝细胞〔5-^{3}H〕尿嘧啶核苷掺入的研究，提示了黄芪能促进RNA和蛋白质合成。而王道苑等的研究表明，黄芪的多糖则对核糖核酸酶及其抑制因子平衡系统有保护作用。

此外，郭诚杰等应用针刺尾翳、膻中等穴位治疗乳腺增生病时发现针刺可使患者雌二醇含量降低，孕酮含量升高。当然，乳腺癌与内分泌也存在着密切的关系。

（邱佳信）

参考文献

B

别良忠 桥脑肿瘤治验一例 河南中医 (4):40, 1984

C

曹香山 治愈脑干肿瘤一例 新中医 (4):31, 1985

陈锐琛等 中医中药治疗肺癌95例临床观察 北京中医 (1):18, 1987

陈孝明 抑癌散等治疗晚期胃癌疼痛三例 福建中医药杂志 (1):33, 1987

陈志英等 茶叶等六种食用植物对黄曲霉素B1致大鼠肝癌作用的影响 中华肿瘤杂志 (2):109, 1987

程家明 下法在肿瘤治疗中的运用 黑龙江中医药 (6):47, 1987

D

段凤舞 食管癌、胃癌证治 中医杂志 (9):11, 1987

段凤舞等 晚期肝癌四则 黑龙江中医药 (2):17, 1987

F

方兰芬 通阳逐寒法治食道癌 浙江中医杂志 (2):68, 1987

G

高林瑞等 放射合并中药治疗原发性肝癌120例临床分析 肿瘤 (6):281, 1987

官斌 脑干肿瘤治验一例 湖南中医杂志 (4):36, 1985

郭诚杰等 针刺治疗乳腺增生病近远期疗效观察及其机理探讨 中医杂志 (1):47, 1987

郭良耀 中西医结合治疗急性白血病50例临床分析，福建医药杂志 (3):22, 1987

H

韩雪华等 复方木鸡冲剂对肝癌前期的阻断性治疗作用初探 癌症 (1):46, 1987

何金山 晚期食管癌伴胃小弯淋巴结转移(手术后)一例治验 福建中医药 (5):35, 1987

胡安黎 推气散加味治疗肝癌晚期疼痛44例 浙江中医杂志 (3):104, 1987

黄跃兰 天花粉治疗19例恶性滋养叶细胞肿瘤的临床观察 中西医结合杂志 (3):154, 1987

黄永昌 和气养荣法治疗胃癌的临床观察 中医杂志 (12):40, 1986

霍俊明等 急性白血病临床治疗体会与分析 中医杂志 (8):31, 1987

J

蒋立基等 绒癌术后局部转移存活15年 上海中医药杂志 (3):13, 1986

L

雷永仲等 中医中药治疗原发性肝癌，中西医结合防治肿瘤 抗癌中草药学术会议资料汇编第89页，中国中西医结合研究会，1987

李红等 补气药党参抗大鼠实验性胃溃疡作用的研究 中西医结合杂志 (3):163, 1987

李利耕等 中西医结合治疗原发性肝癌生存6年一例 实用肿瘤杂志 (3):44, 1987

梁冰等 中西医结合治疗急性非淋巴细胞性白血病46例疗效观察 河北中医 (3):39, 1987

廖遇平等 通窍活血汤加减配合放射疗法治疗鼻咽癌 中西医结合杂志 (4):214, 1987

刘浩江 旋覆代赭汤治疗食管癌、胃癌手术后并发症 河南中医 (1):22, 1987

刘嘉湘等 扶正法治疗122例晚期原发性非小细胞肺癌的前瞻性研究 中国医药学报 (1):11, 1987

刘青云 蝶鞍肿瘤治验 湖南中医杂志 (4):46, 1986

路云飞 黄、狼毒对晚期肝癌的治疗 肿瘤 (6):250, 1987

吕桂芝等 复方龙葵注射液对肝癌(H_{22})细胞的影响 中西医结合杂志 (2):97, 1987

吕丽娜等 几种中药和中药加化疗对荷瘤动物自然杀伤细胞活性的影响 中西医结合防治肿瘤，抗癌中草药学术会议资料汇编 第41页，中国中西医结合研究会，1987

M

孟宪益等 中药对人脐血白细胞干扰素诱生作用的研究 上海中医药杂志 (7):30, 1987

闵锋等 蟾酥水溶液治疗110例食管贲门癌临床观察，南京中医学院学报 (1):13, 1987

N

倪方平 急性粒细胞性白血病高热治验 四川中医 (2):35, 1987

P

潘敏求等 中药肝复方与放疗、化疗对比治疗中晚期原发性肝癌112例 北京中医 (3):36, 1987

朴常烈 重用参芪鹿茸治疗急性白血病二例 吉林中医药 (2):28, 1987

Q

钱伯文 中医药治疗32例肝癌临床小结 辽宁中医杂志

(4)：13，1987

辨证论治213例颅脑肿瘤的疗效观察　上海中医药杂志　(9)：6，1986

秦吉华等　胃癌患者舌象与舌上皮细胞关系初探——附50例分析　中西医结合杂志　(1)：30，1987

邱佳信等　中医治则在二乙基亚硝胺致肝癌过程中的作用　中西医结合防治肿瘤，抗癌中草药学术会议资料汇编第38页，中国中西医结合研究会，1987

健脾中药防治消化道恶性肿瘤的作用原理研究　上海中医药杂志　(6)：45，1987

健脾理气、清热解毒、软坚化痰方剂治疗晚期肝癌的临床观察及实验研究　中西医结合杂志　(5)：275，1987

R

饶燮卿等　升血汤配合化疗治疗中、晚期胃癌的临床观察及实验研究　中西医结合杂志　(12)：715，1987

S

施志明　刘嘉湘老师运用养阴法治疗肿瘤的经验　辽宁中医杂志　(1)：1，1987

宋庆祥　华蟾素治疗乳腺癌23例疗效观察　中西医结合杂志　(5)：299，1987

苏宝银　蟾蒜外敷止癌痛　四川中医　(5)：31，1987

孙九光　中医药治疗急性早幼粒白血病一例报告　北京中医学院学报　(1)：25，1987

孙喜才等　健脾益气方841—A对小鼠S_{180}实体瘤增殖的影响　陕西中医　(2)：90，1987

孙　燕　肺癌的化学治疗和综合治疗综述　肿瘤防治研究　(2)：108，1984

W

王道苑等　黄芪多糖对核糖核酸酶及其抑制因子平衡系统的保护作用　中西医结合杂志　(2)：93　1987

王济民　食管癌、胃癌证治　中医杂志　(9)：10，1987

王龙宝等　胃癌的辨证施治　上海中医药杂志　(10)：6，1987

王榕平　原发性肝癌的肝瘿线与血液流变学关系初探　中西医结合杂志　(12)：734，1987

王羲明　中医药、中西医结合治疗原发性肝癌新进展　中西医结合防治肿瘤、抗癌中草药学术会议资料汇编第90页，中国中西医结合研究会，1987

王忠良　葡萄胎治验二则　湖南中医杂志　(1)：16，1987

X

徐萃华等　黄芪对体外培养肝细胞〔5—^{3}H〕尿嘧啶核苷掺入的影响　吉林中医药　(2)：31，1987

徐振晔　刘嘉湘治疗恶性脑瘤的经验　上海中医药杂志　(7)：8，1987

许菊秀　消瘀化痰法治疗脑垂体肿瘤4例　中医杂志　(12)：30，1984

Y

严济邦　广西原发性肝癌临床研究概况（文摘）　中西医结合肿瘤杂志　(1)：40，1987

严锡琪等　绿茶对黄曲霉毒素B_1致大鼠肝癌作用的抑制　癌症　(2)：83，1987

姚善业等　鼠妇镇痛作用动物实验报告　北京中医　(3)：44，1987

郁仁存等　恶性肿瘤患者中医证型的研究　中医杂志　(2)：26，1987

于尔辛等　健脾理气法治疗原发性肝癌临床和机理的初步研究　中医杂志　(7)：28，1987

袁世民　脑部肿瘤二例治验　中国医药学报　(1)：37，1987

岳泽民　脑肿瘤一例治验　四川中医　(5)：51，1986

Z

张代钊　食管癌、胃癌证治　中医杂志　(9)：10，1987

张连波等　雄黄丸治愈葡萄胎一例报告　新中医　(1)：40，1987

张锡君　食管癌、胃癌证治　中医杂志　(9)：10，1987

张燮卿等　升血汤配合化疗治疗中、晚期胃癌的临床观察及实验研究　中西医结合杂志　(12)：215，1987

张宗良等　治疗8例转移性肝癌的临床观察　江苏中医杂志　(2)：13，1987

赵树珍　食管癌、胃癌证治　中医杂志　(9)：11，1987

中西医结合肿瘤杂志编辑组　攻打"癌王"有新进展——中西医综合诊治肝癌效果显著　中西医结合肿瘤杂志　(1)：9，1987

朱胜典　鼠妇临床应用二则　四川中医　(3)：25，1987

朱愉恒　Ⅱ期原发性肝癌单纯放疗与化疗加中药治疗的比较　癌症　(2)：123，1987

朱云华等　胃癌中虚气滞证的病理形态研究初探（摘要）　中西医结合杂志　(6)：368，1987

周志东　转移性脑癌癫狂治例　福建中医药　(5)：34，1987

（三）内　科

【概述】

1987年中医内科临床和科研工作，比较突出的有以下四个方面：

（一）对常见病、多发病的诊治　侧重在规律性方面进行系统而深入的探讨。例如对慢性萎缩性胃炎的发病，有人认为湿热久留、肝郁气滞乃本病的主要病因，其病理为胃中积热，气机郁滞，热郁可以伤阴，进而耗气损阳，日久由实转虚，由胃及脾，从而表现为胃阴不足，脾气虚弱，甚则脾胃虚寒。至于本病的治则，有人则认为（1）胃阴不足者治宜濡润，参佐灵动之味；（2）湿热内阻者治宜苦辛，热重者以苦泄为主，佐以芳化，湿重者以辛开为先，参以清泄；（3）肝气郁滞者治宜清降，以顺其和降之性，切忌辛燥香窜之品，以防伤阴耗液。又如对咳喘的诊治，不少医者进一步探讨了治则及其规律，有人主张应以通补督脉为治，具体可以采用温督以平喘、温督以豁痰、温督以化瘀、温督以平冲等法；有人则主张以清肝泻火、暖肝降逆、肃肺化痰、滋燥清肺和益气泄肺为治。再如对慢性肾功能衰竭的诊治，不少医者以泄浊治则为其重点，或用温阳泄浊法，或取益气活血泄浊法，有用化湿解毒泄浊、泻肺泄浊等法，也有人在辨证用药的基础上加泄浊之品灌肠治疗。上述规律性探讨，既体现了百家争鸣的方针，活跃了中医内科学术研究的风气，也有力地促进了临床水平的提高。

（二）对常见病、多发病的辅助疗法　除了采用常规口服汤药法以外，其它具有中医特色的传统疗法，也比较广泛地应用于临床，并且取得了较好的疗效。例如对肾病综合征的治疗，在进药的同时，有的医者介绍了辨证施膳的一整套饮食疗法，诸如黄芪杏仁鲤鱼汤、田鸡冬瓜汤、黄芪山药粥等等。又如对慢性溃疡性结肠炎的治疗，不少医者采用不同药物煎水灌肠法主之。敷脐法，有用于泄泻患者，也有用于肝硬化腹水患者。类如上述具有中医特色的种种特殊治疗手段，临床行之有效，得到推广。

（三）对疑难病的诊治　又有一定新进展。例如，重症肌无力是现代医学颇感棘手的疾患。1987年不少医者进行了多方面的研究。有的医者着重对病因进行了分析，认为脾胃为后天之本，脾主肌肉，上睑属脾，眼肌型重症肌无力病机在肌肉，症在无力，故治疗应以补中益气为大法。有的医者根据辨证，将本病分成三种证型，分别采取不同治法：（1）脾气虚者，治以补气健脾；（2）脾肾气阴两虚者，治以益气补肾；（3）脾肾阳虚者，以温阳益气为法。李庚和先后治疗432例，总有效率达94.9%。为重症肌无力的诊治初步摸索到一些行之有效的理、法、方、药。

（四）科学研究工作，又取得了新成果　例如有的医者用青皮注射液治疗室上性心动过速，取得了比较理想的疗效。有的医者以头痛散调丸塞鼻孔治疗头风（血管性头痛），疗效显著。

（董建华）

【高热的治疗】

近年来中医药治疗内科高热急症取得了一定进展，主要反映在辨证施治，定型守方，改进给药途径三个方面。

（一）辨证施治　席时华等临床观察呼吸系感染高热35例，其中：（1）风寒束表证，治宜祛风散寒解表法（生荆芥、防风、苏叶、桂枝、葛根、生麻黄）。（2）风热袭肺证，治宜疏风清热发表法（生荆芥、连翘、葛根、银花、芦根、霜桑叶)。(3)表里湿热证,治宜化湿清里透表法(藿香、佩兰、香薷、扁豆衣、黄芩、厚朴、滑石、生甘草)。(4)燥热伤肺证,治宜清燥润肺法(北沙参、麦冬、淡豆豉、天花粉、葛根、知母、梨皮、玉竹)。(5)火毒炽肺证,治宜泻火解毒肃肺法(黄芩、生石膏、知母、玄参、贯众、桑白皮、芦根)。(6)痰热壅肺证,治宜清肺化痰解热法(鲜竹沥、天竺黄、川贝母、瓜蒌仁、冬瓜仁、生薏仁、黄芩、苇茎、生石膏)。(7)热盛胆胃证,治宜清热利胆调胃法(生大黄、枳实、生石膏、黄芩、柴胡、葛根、知母、麦冬、生甘草)。结果痊愈33例,明显好转2例,大多在6天内恢复正常。

李艳冬等以辨证分型为主治疗热性病300例(多为上呼吸道感染、肺炎、风湿热、慢支感染)。分别治以辛凉或辛温解表,疏风利湿祛暑,清热解毒,凉血开窍诸法,疗效显著,平均住院时间:上呼吸道感染5天,肺炎17天,风湿热25天。周福梅等收治46例急性热病,其中发热38.5℃以上者35例,辨证分为:(1)冒暑,治以清涤暑热、芳香化湿,主方清暑Ⅰ号方(鲜藿香、鲜佩兰、青蒿、香薷、生地、黄连、六一散等)。(2)暑温,挟风者宜清暑解表、祛风宣肺(桑菊饮合银翘散加减);兼湿者宜清暑化湿(新加香薷饮)。(3)暑秽,治以清热化湿、理气和中,方用清肠合剂(葛根、黄芩、黄连、白芍、广木香、泽泻、鲜藿香、鲜佩兰)。结果25例显效,有效19例,无效2例,有效率95.6%,平均退热天数4.1天,住院天数8.7天。姚公树辨证治疗高热34例(体温在38.5℃~41℃间波动,平均发热时间在半个月以上,证属邪在少阳、痰热中阻,拟用蒿芩清胆汤化裁。结果服药1~3剂,全部退热。刘恒一治疗肺热重证25例(高热均在39℃以上),辨证为热盛血瘀、瘀热阻肺,主用清热解毒逐瘀法,药用:大黄、丹皮、桃仁、丹参、连翘、桔梗、前胡、银花、僵蚕、郁金、甘松、鱼腥草、三七粉等。每日1~2剂,痊愈18例,有效5例,无效2例,有效率92%。聂熹尧根据辨证分型论治:(1)气虚型用补气健脾法;(2)血虚型用养血清热;(3)阴虚型用养阴清热;(4)风热型用疏风清热;(5)湿热型用化湿清热;(6)暑风型用清热息风法等。会诊治疗西药不效者110例,连服3~12剂,结果1~2天退热者23例,3~4天退热者39例,5~6天27例,7~9天7例,有效率87.3%。此外周平安总结高热急症救治临床可分11型治疗;田维君、庞维新亦分别介绍辨证治疗的经验,均能获效。

(二)定型守方 黄星垣在对中医内科急症述评中指出,定型守方治疗高热急症,获效显著。如田令群分析体温在39℃以上的多种感染性高热880例,其中单纯用清热解毒中药治疗587例;用抗生素治疗293例,结果中药疗效不低于抗生素。又上海中医学院研制的"抗炎Ⅰ号",鹿蹄草素分别治疗高热115例、162例,均得退热迅速。姚惕安用解热汤(薄荷、荆芥、生石膏、羌活、黄芩、柴胡等)每4小时服1次,治疗体温39℃以上者55例,40℃以上者6例,其中1~2天痊愈者54例,2~3天愈者2例,总有效率为92%。姚英英采用退热胶囊(石膏、薄荷、连翘、荆芥)治疗53例,每天服4~6次,5天内痊愈43例,总有效率94%。严冰认为凡体温在39℃以上,符合中医卫、气分证标准者,用柴芩蒿石汤,必要时6小时1服,皆可获效。经治64例,3天内痊愈57例,3天以上6例。翁松梅等用麻杏石甘汤加味治疗感染性高热35例,重症1日2剂,1~2天内退热者29例。张建中用猪苓汤加味治疗4例感染性高热,药后2~5剂获愈。

(三)改进给药途径 杜树明分析比较了中药口服剂、肌内和静脉注射剂治疗感染性高热779例的退热效果。其中服汤药者421例,3天内退热的占35%;肌注加口服中药者246例,3天内退热占38.7%;静滴加口服中药者112例，3天内退热占62.85%。程哲采用多种中药剂型联合治疗高热50例，均肌注热可平、柴胡；静滴穿琥宁，每日1次；风热型加银柴冲剂；风寒型加荆防感冒冲剂等。结果上感36例，平均退热为6.8小时；急性扁桃体炎14例全愈；血象复常时间为3.6天。李玺采用清温灵针剂（水牛角、珍珠粉、板蓝根、黄芩等）静脉滴注，治疗外感高热52例，痊愈41例，显效8例，好转2例，无效1例。黄道生等报道中药静脉给药抢救热病急症159例(多为肺炎、中毒性肺炎、急性胆、胰感染、急性泌尿系感染)。(1)邪盛正未虚者，见肺热壅盛用马英针剂（马鞭草、蒲公英等）静滴，或2%黄芩甙静滴，肝胆湿热用茵栀黄针剂，利胆排石针（土茵陈、金钱草、大黄、黄芩、栀子、柴胡等）静滴；热盛动风用醒脑静针剂肌注或静滴、推注。(2)正虚邪祛者，见阴津受损用育阴针或生津针静滴；气阴两虚用参麦针或生脉针静脉推或滴；热厥用枳实针静脉缓推。(3)邪盛正虚者可先攻后补，先用马英针等，继用生津育阴针；也可先补后攻，先用参麦针等，后用清热解毒针，又可攻补兼施，同时用枳实、参麦、马英等针剂(分两条静脉给药)。结果4天内恢复正常112例，明显改善32例，无效15例。

（朱宝贵）

【咳喘治则】

《中医年鉴》已出各卷曾对咳嗽、咳喘的辨证与治疗作了较多的介绍，近年报道，多侧重于治疗原则的探讨。

1.通补督脉　赵升的体会是，本法在治疗老年哮喘中具体运用时，常结合平喘豁痰、化瘀平冲辨证施治。(1)温督与平喘：温督药物以鹿茸为佳，可以鹿角或鹿角霜代之，紫河车、蛤蚧、海马虽力逊于鹿角类，但此三药能温养下元之精血，亦可取用。其他如锁阳、破故纸、菟丝子、仙灵脾等。(2)温督与豁痰：适用于痰饮素盛之老年哮喘患者。(3)温督与化瘀：适用于督肾阳虚，心血瘀阻，心阳不振之症。后两者酌情加用平喘或化瘀药物。(4)温肾与平冲：选用紫石英、代赭石、龙骨、牡蛎、桂枝、炙甘草、胡桃肉、五味子、淡附子等。张宗如自拟紫蛤散亦具温督化痰之意。药取紫河车粉5份，蛤蚧2份，桔梗、陈皮各1.5份，研末装入胶囊，发作期每次3～4粒，缓解每次1～2粒，均每日2次，经治58例哮喘者，痊愈24例，显效29例，进步5例。还有崔雅庭分型治疗慢性支气管炎300例，其中肺肾虚型亦取紫河车、冬虫夏草、补骨脂、熟地、蛤蚧等合入润肺化痰之品而取效。

2.清肝泻火　肝火犯肺在临床上常见于多种慢性呼吸道疾病。杜昌华以《通俗伤寒论》桑丹泻白散（汤）加减治疗多种慢性呼吸道疾病引起的肝火犯肺证30例，基本方药物有：桑叶、丹皮、知母、枇杷叶、桑白皮、黛蛤散、钩藤、地骨皮、黄芩、当归、蝉蜕、生甘草。加减法：大便干结者加生决明子30克，当归加大剂量为12～15克，有痰血加侧柏叶、功劳叶、百部；有胁痛加旋覆花。5天为一疗程。结果：显效（服后咳次大减程度转轻，痰中血丝消失，夜间能安睡）28例；有效（咳次减少一半以上，程度减轻）1例；无效1例。邵金阶以青安甘桔汤（青果、前胡、百部、杏仁、甘草、桔梗、蒲公英、蚤休、安南子，治疗咽痒干咳50例，痊愈43例，无效7例。其中木火刑金，呛咳面红，咳引胁痛，口渴苔黄者，加木蝴蝶、蛤粉、马兜铃。

3.暖肝降逆　对肝咳向来侧重清肝泻肺，但临床所见肝寒致咳之治，尚少有论及者。高铎举出暖肝降逆法的见症有：发作突然且定时，以夜半居多，持续良久，渐渐有痰涎上涌，则郁极而通，方始缓解，平时可如常人。舌多紫暗，脉多紧弦。肝寒则急，宜温以细辛、吴萸；肝急当缓，宜甘缓之炙甘草、仙灵脾；气逆当平，全蝎、地龙可以平之。附有验案，获得显效。

4.肃肺化痰　皮持衡等以中药“咳喘合剂”治疗咳喘证36例，其中痰热型治以本方Ⅰ号（鱼腥草、生麻黄、苦葶苈、胆南星、黄芩）；寒饮型治以本方Ⅱ号（生麻黄、桂枝、胆南星、厚朴、云苓、干姜、细辛）。如寒热夹杂，两型互见者，则审其偏重，仍以Ⅰ号或Ⅱ号治之。结果：痊愈（咳喘、咯痰、肺部罗音基本消失，精神食欲大致正常）痰热型13例，寒饮型5例；显效：痰热型6例，寒饮型2例。贾锐等以十味贝砂散（川贝母、橘红、半夏、胆星、硼砂、朱砂、冰片、甘草、石膏、麻黄）治疗慢性支气管炎359例，治愈293例，占81.6%，好转61例，无效5例。

5.滋燥清肺　赵棣华等以沙参麦冬汤为基础方化裁（方药由沙参、麦冬、玉竹、花粉、生甘草、桑叶、生扁豆组成）治疗伤阴燥咳154例，若久热久咳加地骨皮等。结果痊愈76例，显效54例，有效18例，无效6例。又何秀芬以清肺灵（前胡、杏仁、瓜蒌、桑皮、连翘、黄芩、元参、麦冬、陈皮、鱼腥草、枇杷叶）治疗痰热咳嗽50例，显效以上达46%。

6.益气为主　刘戎谊介绍经验方益气泻肺汤（太子参15～30克，甜葶苈5～10克，大枣15枚）治疗老年人咳喘，若偏热者加淡芩、瓜蒌皮、海蛤壳、冬瓜子、海浮石、赤芍、白芍、带子丝瓜络；偏寒者加半夏、橘红、紫菀、款冬花、马兜铃、苏子。共治67例，其中缓解（服药后症状消失，或惟余轻咳，在一周内咳止，观察三周以上无复发）占60%。对照组8例，缓解占25%。邹佩兰以益气化瘀糖浆（当归、红花、黄芪、党参）治疗慢性支气管炎50例，半年内为一疗程，病在急性期间停用。结果咳嗽临控25例，显效17例；咳痰临控43例，显效7例；喘症临控25例，显效13例；感冒次数明显减少42例，占88.4%。还有黎济民报道以玉屏附子二陈汤（即玉屏风散方加味）治疗风寒咳嗽200例取得较好疗效。

（陆鸿元）

【降逆清泻诸法治疗支气管扩张咯血】

近年对于支气管扩张咯血的治疗仍以降逆下气清肺泻火诸法为主，但在方药化裁运用和临床观察方法上有一定进展。

吴德兴等采用自拟镇冲止血汤治疗支扩咯血54例。药物组成：代赭石60克(先煎)，生地、太子参各30克，桑白皮（吴萸汁炒）12克，百合、百芨各15克，阿胶(烊化)侧柏炭各10克，藕节7枚。每日一剂，服一个月为一疗程，如病情严重，可连服3个疗程。治疗结果全部病例咯血均已停止，咳嗽痰量亦明显减少。陆孝夫治疗支扩咯血经验，亦宗明·缪仲醇“吐血三要法”之旨，即“宜降气不宜降火”等，认为“气降从顺，则血自归经，此不求止而自止也。”常用龙骨、牡蛎、代赭石、怀牛膝、旋覆花等随证加减而取效。姜光华介绍姜春华经验方百合汤：野百合、蛤粉、百部、麦门冬、天门冬、白芨。主治咳嗽年久，经造影诊断为支气管扩张症者，养阴与止血并用，滋阴生津润肺治本，止血疗嗽治标，既可用于发作期，平时亦可预防其复发。

秦子丁等报道了由于不同原因引起的咯血26例（其中支扩23例，另肺癌1例，亚硝酸钠接触所致1例，不明原因1例）。治疗分三组.（1）中西医结合组：中医按辨证论治选用泻白散，十灰散、犀角地黄汤，沙参麦冬汤等，西药采用止血剂及抗生菌素等；（2)辨证论治组：常用中药与前组基本一致，但一律不加用西药;（3）固定处方组：生大黄（后下）、黄芩、黄连、降香（后下）、生地榆、花蕊石（先入）、鲜芦根、大小蓟、丹皮炭、茜草、生地、生甘草，水煎服，每日1～2剂。治疗结果：中西医结合组10例中，近期治愈（咯血迅速停止，胸闷咳嗽等症状消失，停药或在住院期间无反复，健康状况好转，血色素上升）8例，好转（治后连续较大量咯血停止，但痰中夹带血丝及小血块不断，或时隐时现，持续时间较长）1例，无效1例；辨证论治组9例，全部近期治愈；固定处方组7例中，近期治愈6例，好转1例。三组出血量，以大量（400～500毫升/日）中量（200～300毫升/日）为计：（1）组占42.8%；（2）组占12.5%；（3）组占57.1%。各组近期治愈平均止血时间：（1）组9日；（2）组6.44日；（3）组3.16日。固定处方组大中量咯血者4例，除1例肺癌外，全部治愈而平均止血天数亦最短。

（陆鸿元）

【肺痈的治疗】

肺痈（西医称之的肺脓肿）为常见急性热病之一，近年报道中医治疗仍以清热解毒，逐瘀攻下，消肿排脓为主，每获良效。高杰臣等自拟消痈汤（双花、黄芩、杏仁、紫苑、苡仁、陈皮、桔梗、生甘草、桃仁、芦根）治疗10例经多种抗生素治疗失败的肺痈。结果：治愈时间，20天内者5例，30天内者3例，43天内者2例。陈裔清单用消痈汤加味（鱼腥草、苦桔梗、浙贝母、苦杏仁、枯黄芩、粉甘草）治疗84例（初期13例，加用薄荷、淡豆豉；极期43例，加用蒲公英、穿心莲、银花；末期28例加用败酱草，地丁草等）。4天为一疗程，一般在6～9疗程告愈。其中显效（症状消失、实验室、摄片检查均正常）61例；有效（除胸片见有小脓腔残留，其余正常）18例；无效5例，总有效率达94%。刘胜利治疗2例，其中1例为肺痈迁延日久，用济生桔梗汤配太子参、银花、连翘而愈。又张庆武等用大黄牡丹汤化裁；叶耀华仿王清任血府逐瘀汤加减，治疗肺痈均获愈。此外曹联翠等，赵文生、熊继柏、张连贵分别有以千金苇茎汤合桔梗汤加减治疗本病的治验。

焦源等辨证分型治疗肺痈120例，其中（1）热痰壅滞型：治以清热解毒、祛痰排脓，方用加减鱼桔汤（鱼腥草、银花、生苡仁、桔梗、浙贝母、桃仁、芦根、黄芩、甘草）；（2）邪盛正衰型：治以清养补肺法，方选沙参清肺汤（沙参、黄芪、太子参、合欢皮、白芨、桔梗、生苡仁、冬瓜仁、甘草等）；同时配用小量抗生素。结果，治愈89例，显效15例，好转7例，无效9例，总有效率92.5%。吴春清等也辨证分期治疗32例。（1）热毒袭肺期7例，予以宣肺清热、辛凉解表；（2）成痈溃脓期21例，予以清热解毒、化瘀排脓；（3）正虚邪恋期4例，予以养阴补肺，清化痰热。结果，治愈27例，显效4例，无效1例，又如施玉璠治疗2例肺痈重症，除给予清热解毒，排脓化瘀外，还根据辨证分别合用疏利少阳、通腑润燥诸法而愈。

刘桂莲等对肺痈辨证属于寒邪凝敛，壅滞于肺者，采用阳和汤加味（生黄芪、苡仁、冬瓜仁、鱼腥草等）治疗2例，各服药10余剂获愈。随访1～2年未复发。

赵湘筠认为治疗慢性肺脓疡者，先采用宣肺清热法，症状改善后宜益气扶正、清化痰湿佐以化瘀法。姚庆云报道采用桂枝茯苓丸合当归芍药散治愈1例慢性肺脓肿，刘氏认为应用中药活血化瘀，缓消肺部顽痈是可行的。药理研究也证实桂枝茯苓丸是具有镇痛、化瘀、抗炎作用，加上当归芍药散，则减少血管通透性，增强促进炎证渗出物的再吸收。

（朱宝贵）

【肺心病的临床研究与治疗】

近年来对慢性肺原性心脏病（简称肺心病）的临床研究，仍是在辨证分型和治疗的基础上，结合若干实验室的指标探讨其规律性，其中以血气分析尤为一些学者所注重。简介于下：

刘明达、余登霞和李国贤等分别报道了肺心病辨证分型与血气分析，（包括pH、PaO_2、$PaCO_2$、HCO_3等）检查项目的关系。如刘氏检查100例次，其中肺肾气虚外感偏寒型18例次，肺肾气虚外感偏热型47例次，心脾肾阳虚水泛型18例次，痰浊蔽窍型17例次。结果：各型血pH与正常人相比，$P>0.05$，各型间相比，$P>0.05$，认为pH对本病辨证分型无指导意义。PaO_2：肺肾气虚外感偏热型 53.43 ± 14.99（$M\pm SD$，下同），肺肾气虚外感偏寒型59.23 ± 20.01，心脾肾阳虚水泛型47.46 ± 12.64，痰浊蔽窍型40.61 ± 16.39，各型肺心病PaO_2与正常人相比，$P<0.01$，故肺心病急性发作期PaO_2均低于健康人，各型间差异非常显著$P<0.01$，这与临床紫绀轻重程度相吻合。$PaCO_2$：肺肾气虚外感偏寒型 45.08 ± 7.41，肺肾气虚外感偏热型47.98 ± 10.8，心脾肾阳虚水泛型55.91 ± 10.8，痰浊蔽窍型65.62 ± 16.5，各型间差异非常显著，$P<0.01$，提示$PaCO_2$的增高或降低程度能敏感地反映病情的发展与病型的转变。HCO_3：肺肾气虚偏寒型 26.38 ± 5.8，肺肾气虚偏热型28.92 ± 7.71，心脾肾阳虚水泛型 32.51 ± 3.99，痰浊蔽窍型35.0 ± 6.65，肺肾气虚外感偏寒或偏热型与正常人相比，$P>0.05$，心脾肾阳虚水泛型及痰浊蔽窍型均高于正常人，$P<0.01$。刘氏认为以上客观指标有助于临床辨证分型及拟定治疗方案与选择恰当的方药。又黄毓煌中西医结合治疗肺心病急性发作期共50例，中医辨证分型论治为：(1)气虚型治以益气健脾补肾；(2)阴阳两虚型治以益气养阴，通阳利水；(3)阴阳俱衰型治以回阳救逆，息风醒脑。结果：显效11例，好转30例，无效1例，死亡8例，总有效率82%。

吴尧忠观察了32例肺心病缓解期治疗前后血气分析的变化。治疗采用肺心片（由南北沙参、黄芪、玉竹、附片、仙灵脾、补骨脂、丹参、姜黄、虎杖、甘草等药组成）有效率达84.5%。在血气分析中，治疗组32例，经肺心片治后，血液二氧化碳分压（$PaCO_2$）均值下降，治疗前后有非常显著差异（$P<0.05$）；对照组8例均无显著差异，提示该片对肺心病缓解期有改善肺部气体交换的作用。此外，李廷谦采用中西医结合治疗肺心病患者，彭伟等采用川芎嗪治疗失代偿期慢性肺心病取得一定疗效并分别观察了阻抗肺血流图的变化。

在验方运用方面，一般按治标为主或标本并治组方遣药。如宋哈军等自拟中药涤痰利水汤（葶苈子、桑皮、鱼腥草、大腹皮、车前子、防己、莱菔子）治疗12例肺心病心力衰竭，属痰饮水泛型。其中10例平均口服7剂后，症状明显好转，尿量显著增加，心悸气短好转，水肿消退，颈静脉怒张消失，肝脏回缩，能平卧呼吸平稳；2例无效者主要是肾功能衰竭，改用西药治疗。并认为痰湿阻肺是本病的病理关键，邪阻为心衰的主要原因，治疗本病以攻邪为主。李述文采用葶苈五味汤（葶苈子、五味子、附子、赤芍、干姜、白术、茯苓、益母草）为基本方，并随症加味，结果治愈19例(40.4%)，好转24例（51%），无效4例（8.6%）。总有效率91.4%。郭一钦采用双参三紫冲剂（由党参、丹参、苏子、紫菀、紫石英、枸杞子、茯苓、黄芪、仙灵脾组成）治疗早期肺心病28例，每包冲剂含生药20克，于本年夏至及冬至日起连续服药3个月，每日2～3次，每次一包（急性发作期加用中西药以清热化痰，降气平喘），显效11例，好转16例，无效并加重1例，总有效率96.42%。

（陆鸿元）

【缓慢性心律失常的治疗】

缓慢性心律失常中医辨证多属虚证寒证，可表现为惊悸、怔忡、胸痹、厥证等，而以脉迟（或伴结代）为主症。

邓德明等报道应用中药煎剂升率汤（麻黄、附子、细辛、红参、丹参、麦冬、当归、郁金）治疗本症90例获效。在资料完整的50例中，13例为病窦，12例窦缓，25例为窦缓合并Ⅰ°—Ⅲ°房室传导阻滞；其原发病属冠心者23例，病毒性心肌炎9例，肥厚性心肌病4例，未明诊断者14例。临床表现治前均有心悸不安，体倦乏力感觉，多数有畏寒肢冷等表现，其中6例有反复晕厥史；脉沉细迟26例，沉迟涩13例，迟而无力有征象者11例。经用升率汤一疗程（5周）后，自觉症状均见明显改善。各类缓慢性心率均有明显上升，对单纯窦缓合并Ⅰ°房室传导阻滞及病窦患者的疗效更为显著。按1979年全国中西医结合防治冠心、心绞痛、心律失常研究座谈会拟定标准，50例中获显效24例（48%），有效19例（38%），无效7例（14%），总有效率86%，心电图改善29例。张舜明报道用参附汤加味（红参、麦冬、炙甘草、制附子、肉桂粉、黄芪、生地、大枣）治疗2例心动过缓（心率分别为42及44次/分）反复发作者，服药8～9剂后诸症消除，随访2～3年未复发。邵生宽等通过临床观察，认为党参、黄芪、附子、桂枝、丹参、山楂是治疗缓慢心律失常的最常用药物，诸药配合共奏温通心阳、益气健脾、理气活血之效。并列举2例，心率在38～43次/分间之患者（一例为病窦，一例为Ⅲ°房室传导阻滞）服上方加味12～20余剂，使心率稳定在60次/分以上。

苏亚秦等以自拟增脉汤（黄芪或太子参、细辛、赤芍、红花、附片、炙甘草为主，血瘀加三七、五灵脂，肢麻项强加葛根、天麻，脉结代加苦参、黄连，畏寒加桂枝或肉桂）治疗26例迟脉症（脉率经常低于60次/分）的患者，30天为一疗程，结果除1例无效外，其余均由治前平均48.85±5.17次/分增加至平均55.82±5.51次/分，有非常显著性差异（P<0.01）。自觉症状大部改善，总有效率84.6%。据分析该药对心肾阳虚型疗效最好，心阳虚型次之。

（郭天玲）

【病态窦房结综合征的治疗】

杨菊贤等报道应用山西榆杜县阿胶厂生产的参杞阿胶丸（党参、黄芪、阿胶、杞子），治疗按Chang氏标准确定的病态窦房结综合征（下称病窦）30例，停服其他药物。疗程为一个月，结果：（1）主要症状缓解有效率为71.2～100%。（2）心率由51.63±7.15上升至63.4±6.26，心率≥60次/分的有效率为76.67%。（3）心电图提示窦性心动过缓25例，治后有20例恢复正常；窦性停搏4例，治后均消失；窦房阻滞3例，仅存1例；房室传导阻滞3例无变化，有效率73.3%。（4）28例作阿托品试验阳性者，治后仅存9例阳性，有效率为68.96%。（5）窦房结电生理测定6例，治后5例好转，其中平均SNRT、cSNRT、TSNRT均已在正常范围。（6）中医辨证舌象（淡胖或红）有好转者20例，占66.6%。刘王明等进一步验证了护心丹（苏州雷允上药厂生产，内含人参、麝香、丹参、蟾酥等）对病窦的疗效，按配对对照原则，选择26例进行治疗及电生理随访研究。治疗组每日服护心丹3次，每次3～4粒，对照组允许服潘生丁、复方丹参片等不影响心率药物，三个月后复查，结果：（1)临床症状：“昏厥”治疗组2例，未再发作，对照组2例中1例又发2次；“黑蒙”治疗组7例，治后无1例再出现，对照组6例，有2例此期间反复“黑蒙”；“胸闷心悸”治疗组5例明显改善，6例完全消失，2例无变化，对照组仅一例改善。（2）阿托品试验：治疗组平均增加4.23±12.1次/分，对照组平均减少1.77±11.6次/分，两组无显著性差异。（3）电生理检查诸指标，治疗组与对照组比较均有显著改善。王金茹等认为本病多虚少实，病位在心，初起多为气阴两虚，进而心阳亦虚，病久阴阳俱损，温煦推动无力者还可产生瘀滞。经治病窦11例（辨证属气阴虚型5例，阴阳两虚型6例），应用生脉散加味（人参、麦冬、五味子、肉桂、细辛），治疗结果临床症状均有不同程度改善：3例有晕厥发作者随访半年未发；休息时心率提高到62～92次/分，疗效最好者第五天见效；3例Ⅱ°固定型窦房阻滞者用药5～15天时转窦性，8例窦缓者有4例阿托品激发试验转阴性。

朱文政报道用羌桂合剂（桂枝、甘草、羌活、乳香、没药）治疗病窦20例，基本治愈14例（症状缓解，窦性心率>60，停药半年内无复发），好转3例，无效3例。温朝旭等用冠心无忧片（每片含黄杨碱D0.5克、黄芪、麝香、川芎）治疗26例病窦患者（20例原发病为冠心，1例风心，3例心肌炎，2例心肌病），每次2片，每日3次，疗程在半年以上，其中22例每分钟增加心率10次以上（原低于每分钟30次的5例，治疗后每分钟心率增加30次以上），症状也不同程度改善，仅1例改装永久性按需心脏起搏器。

吴贤益等分别用生脉散、四逆汤、麻黄附子细辛汤、补阳还五汤、五苓散等方按辨证化裁治疗病窦17例，结果大多症状改善，有昏厥史者17例除1例外均未再发作。吴氏等特别介绍了玉竹、麦冬与附子配伍，效果良好。附子用量以9克为基点，可用至24克～30克。还有曹锡荣统计了国内运用中药治疗病窦的报道共32篇，其中使用附子（包括其有效成分）者28篇，占73%；32篇中可供统计的455个病例中，用附子的占72.4%（329/455）。

（郭天玲）

【青皮注射液治疗室上性心动过速】

马贵同等观察了青皮注射液对室上性心动过速49例的即刻转率效果，并以17例应用新福林的同类患者进行对照，方法是治疗前预先测血压、心率，然后给予青皮注射液4毫升(每毫升含生药1克），加入25%葡萄糖40毫升中缓慢静脉注射。一旦心率降至130～140次/分，即停止注射。如用药30分钟后仍未转律者为无效。对照组以新福林5～10毫克肌肉注射或加入25%葡萄糖40毫升静脉注射。结果青皮组49例有效42例，无效7例，对照组有效16例，无效1例，二者无显著性差异。马氏等认为青皮注射液转律作用肯定（有效率达85.7%），其优点为：转律时间短（5分钟内转律者占有效数的73.8%，其中2分钟以内成功者16例），用药量少（最少者0.5克，最多为4克，多数在1～2克之间），副作用小（仅2例在转律前一度出现早搏，未作任何处理很快转窦性，血压无一例超过150/100毫米汞柱，不受病例条件限制（49例中36.7%伴有其他心血管病，均有效），无耐药性，反复应用仍有效等。其转律机制主要与升高血压、反射性兴奋迷走神经有关。

关于青皮注射液对阵发性室上性心动过速的即刻转律效果，蒋一鸣等曾对6例女性病例进行过序贯检验研究，结论基本一致。

（郭天玲）

【冠心病心绞痛、心肌梗塞的证治】

近年来，中西医结合诊断、治疗冠心病心绞痛、心肌梗塞，使临床疗效有了明显的提高。

顾景琰等提出冠心病心肌梗塞的基本证型为气虚血瘀证，其一般演变规律为：发病初24小时内以气虚血瘀证为主，24小时后，痰浊中阻症候逐渐明显，表现为浊阻血瘀证，这个阶段可持续两周左右，如果病情恶化，可出现心肾阳虚或阴阳两虚证。顾氏还提出舌苔变化与预后的关系：凡病初舌苔不厚不腻，一般病程变化不多，预后较好；反之就比较险恶。舌质以暗红或淡暗紫或紫舌多见，一般发展为红、光绛舌，如果病程中淡暗舌渐渐转为轻度红舌，多属正气渐复。

洪秀芳等报道以益气活血化瘀为主的“心梗方”（黄芪、党参、丹参、当归、红花、川芎、郁金、降香）和部分西药治疗急性心肌梗塞(AMI)89例，治愈率为88.8%，病死率为11.2%，较之单用西药组50例，病死率24.0%，明显降低（$P<0.05$）。

北京红十字朝阳医院和广安门医院心血管组治疗233例心肌梗塞，随机分为中西药结合组中药用益气活血合剂（黄芪、党参、黄精、丹参、赤芍、郁金）住院病死率为6.5%，西药对照组为14.9%（P<0.01）。在改善三大并发症（心源性休克、心力衰竭、心律失常）方面，中西医结合组入院时的发生率高于西药对照组，但治疗后，对照组明显高于中西组，有统计学的意义。并发症的病死率方面，中西医结合组为9.5%，西药对照组为27.6%（P<0.005）。由此可见，在抢救心肌梗塞中，中医药的运用有着非常显著的重要作用。在抗心律失常方面，中西药结合组也比西药对照组有显著的疗效（P<0.001）。益气活血合剂作动物实验还发现，能提高机体的耐缺氧能力，增强机体耐受力，增加心肌的血流量，能减轻和缩小实验动物心梗的面积，与对照组比较有显著差异。何熹延等在治疗变异型心绞痛中，运用温通祛寒为主的药物（于辨证复方中投以细辛、丁香、荜茇、制附片等）获得较好疗效。他认为可能与该类药物具有β-受体兴奋作用，使冠脉阻力降低，血流增加以及所含挥发油的解痉止痛作用有关。李海旺等以活血化瘀药为主的红川参六味汤（红花、川芎、丹参、制首乌、赤芍、葛根）治疗冠心病心绞痛，有效率为82.9%，其他指标也有改善。胡锦心等以参芍口服液（白芍、人参、甜叶菊）治疗冠心病心绞痛，总有效率为46.6%，与对照组相比有显著差异（P<0.01）；心电图改善有效率为47.2%，而对照组为27.2%。通过电镜观察等，证实参芍液有抑制血小板凝聚功能和改善微循环等作用。

近年来，运用心痛气雾剂治疗冠心病心绞痛屡见报道。陈美华等观察到当患者心绞痛发作时，立即根据辨证，分别给予寒证心痛气雾剂（肉桂、川芎、香附）或热证心痛气雾剂（丹皮、川芎、冰片），采用舌下喷药法，每次朝舌下粘膜按压喷雾1～2下，每下药量约0.3毫升（相当于生药0.10克），通过41例（79例次）临床观察，发现应用寒证心痛气雾剂治疗胸痹心痛偏寒型17例（32例次）有效率为88%，其中显效占56%，心电图有效率为41%；应用热证心痛气雾剂治疗胸痹心痛偏热型24例(47例次)有效率为85%，显效53%，心电图有效率为38%。两种气雾剂在3分钟内达到止痛效果都达50%以上。实验结果表明，该药对垂体后叶素所致的家兔急性心肌缺血有明显的预防作用，其作用与硝酸甘油相近，且疗效与药物剂量有关，说明心痛气雾剂对冠状动脉血管痉挛及心肌缺血乏氧有明显的保护作用，而且无毒副作用和耐药性，使用方便，具有高效速效的止痛作用，是近年来治疗冠心病心绞痛的一种具有中医辨证论治特色的新药。此外王维庭等发现按压至阳穴位能有效地缓解心绞痛。其缓解率为97.5%，效果可重复。

（张　橹　马贵同）

【冠心病血瘀证的研究】

冠心病人常表现有胸闷胸痛、舌色紫暗或瘀斑或瘀点，脉律不整等传统血瘀证候，在用现代医学方法检测客观指标方面，翁维良认为以下几种改变有其显著性：(1)微循环障碍：甲皱微循环检查有微血管袢模糊不清，或见微血管瘀血、血流缓慢或停滞，管袢顶部扩张等。(2)血小板聚集性增高，血浆β-TG(β-血小板球蛋白)含量增高。(3)血液粘度增高，有的血浆粘度增高。(4)红细胞电泳率降低，表明红细胞带电荷减少，易于在血液中发生聚集。(5)体外血栓形成增加，采用Chandler氏法测定体外血栓形成，结果显示，血栓的长度、湿重、干重均较健康人有十分显著的增长，增长率分别为89%、68%、80%。(6)血小板粘附性增高，异常率达84%，尤以不稳定型心绞痛病人为显著。(7)冠状循环指数，心输出量及射血分数降低。(8)血栓弹力图测定异常，不稳定型心绞痛病人的反应时间（r）及凝固时间（k）均缩短。(9)血脂增高，血清总胆固醇、红细胞胆固醇、甘油三酯含量增高，尤以甘油三脂增高更为明显，而高密度脂蛋白胆固醇含量明显降低。(10)红细胞压积增加，红细胞变形能力降低，红细胞中二磷酸甘油酸（2、3-DPG）浓度增高，红细胞表面形态异常等。

胡婉英等同时，还观察46例冠心病患者中，27例兼有传统血瘀症候的患者，其β血栓蛋白(βTG）和血小板第Ⅳ因子(PF_4）值明显高于另外19名无血瘀证的患者，提示冠心病人的βTG和PF_4值的升高与血瘀证有关，可作为一个较为特异的指标。

余真等人则在用活血化瘀的川芎冲剂以自身对照和单盲交叉方法治疗冠心病38例中发现，治疗后患者的血小板聚集性降低，血浆β-血小板球蛋白、血小板第Ⅳ因子、血栓素B_2浓度下降，6-酮-前列素F_{1a}浓度升高，由此说明冠心病血瘀证与血小板的聚集释放和TXA_2/PGI_2平衡失调有关，而活血化瘀的药物正作用于这些环节而起到治疗的效果。

包福助等也报道用活血和益气药为主的扩冠冲剂对59例冠心病心绞痛病人分组进行临床观察和实验研究，发现治疗后使血浆血栓素B_2（TXB_2）降低和6-酮-前列素F_{1a}（6-keto-PGF_{1a}）增加，包氏认为TXB_2的升高和（6-keto-PGF_{1a}）的降低是血瘀症的一个重要的客观指标，也是判断临床疗效较为灵敏的指标。

曹旅川等采用Wu Hoak氏法检测家兔实验性心梗模型内循环血小板聚集比率（PAR），观察到运用活血化瘀药蒲黄组的PAR为0.79±0.04（M±SE）与生理盐水组比有显著差异（$P<0.05$），故其认为PAR亦可作为药物治疗冠心病血瘀证的评价指标之一。

（张　橹　马贵同）

【病毒性心肌炎及其后遗症的证治】

病毒性心肌炎为小儿和成人的常见心脏病，其后遗症主要是早搏和各种传导阻滞。一般认为属体虚感冒、心悸、怔忡、结代脉、心痹、虚劳等病症的范畴，近年报道中医治疗本病有较好疗效。

(一)病因病理　丁光迪认为初起为外感时邪，继而由表入里，邪热伤心，耗伤气阴，故初期以邪实为主，后期是虚实夹杂或以虚为主。曾学文、孙明异认为系正气先亏、尤以心肺气阴两虚为主，温毒病邪乘虚侵入心包，心阴心阳受损，心阳不足则鼓动乏力。而毛如宝则认为除外邪袭肺，由肺入心外，还有饮食不节，寒湿、湿热干犯脾胃及肠道，而脾为心之子，子病及母。

(二)中医分型和治疗　卓堇峰分气阴两虚、阴阳两虚和痰热内阻、胸阳失展三型。根据“损其心者，调其营卫”的原则，确定调和气血（阴），扶正祛邪为治疗本病的基本法则，以益气敛汗生津的生脉散和养血安神，和中缓急的甘麦大枣汤的基本方。如阴阳两虚，频发早搏，宜用炙甘草汤益气通阳，滋阴养血。对于痰热痹阻。胸阳失展者，应合温胆汤，瓜蒌薤白汤化痰散结，通阳宣痹。若初起温邪未清，内热尚存的，常加板蓝根、蒲公英、金银花、连翘等清热解毒之品。张新基将病毒性心肌炎分为三个证型论治。心脾两亏型用归脾汤加减治疗；胸阳不振型用瓜蒌薤白白酒汤治疗，随证加减；另设血瘀痰阻型，该型虽典型病例不多，但着眼于基本病理变化为心肌纤维坏死，心供血量不足和搏出量减少，而本着“瘀血不去，新血不生”的理论，对临床表现有心悸、胸闷、心前区刺痛、恶心欲吐，舌淡暗或边有瘀斑，脉细或结者，用冠心Ⅱ号方（丹参、赤芍、川芎、红花、降香）合苓桂术甘汤加减治疗。张氏所治30例中，痊愈17例（56.7%）；好转8例（26.6%）；无效5例（16.7%）。此外，也有仅行辨病论治的，或根据中医病因病机，或参合中西医病因病机而设一基本方随证加减。如孙武进认为本病有病毒感染病史，以及寒热往来，恶心呕吐，口苦咽干，头晕目眩，气急胸闷，心前区痛等症状，符合少阳病提纲及主证，因用小柴胡汤治疗病毒性心肌炎9例，7例痊愈，2例好转。张宗如认为外感风邪、郁久化热，热入心经，心火亢盛而致本病。而心与小肠相表里，小肠府热不去可导致心火亢盛，故用导赤散泻火清心，引热下行从小便而出。所治64例中，55例痊愈，9例好转。马云龙除辨证分型选方外，又从病程的短长仅作急性期和恢复期治疗。凡病程短于6个月者，按热毒攻心，用清心解毒的心1号方（黄连、金银花、板蓝根各6克，人工牛黄0.6克）；病程长于6个月者，按正虚邪恋，用养阴清热的心2号方(沙参、麦冬、黄精、蚤休各3克)。沈道修用生脉散治疗病毒性心肌炎后遗症早搏和传导阻滞有较好治疗作用。丁氏治疗心肌炎心动过缓验案，先用保元汤合苓桂术甘汤，后改方为黄芪、炙甘草、大枣、麦冬、佛手。因为虽以益气养阴为主，但初起宜祛邪，后期则补虚为主，金抗治疗病毒性心肌炎后病态窦房结综合征一例，用益心气,温心阳,佐以活血化瘀法，药用太子参、麦冬、五味子、附子、细辛、桂枝、麻黄、丹参、川芎、炙甘草等,也取得疗效。

（王锦鸿）

【食道炎的中医治疗】

食道炎的临床主要表现的食道（胸骨后）烧灼样痛，吞咽时尤甚，属中医胸痹、噎证范畴。张新凤、江作霖等认为本病多由饮食不节、食物粗糙或过硬损伤食道而致，杨福义认为以胃酸返流至食管为多见原因。此外，思虑过度，情志不畅，肝气郁结也可导致脾失健运，痰湿积聚而阻塞食道。

沈才栋报道应用加减少阴甘桔汤（桔梗、甘草、黄芩、陈皮、蒌皮、薤白、银花、玄胡、乳香或没药）治疗食道炎获效，其中资料完整的126例，属吞食刺、烫伤者107例；炎症部位在食道上端者41例，中段者52例，下段者23例，上中段合并炎症者6例，中下段合并炎症者3例，全食道炎者1例。结果治愈103例，显效15例，无效8例，有效率93.6%。本方由《外科正宗》少阴甘桔汤加减，有清热解毒、理气活血之效。张氏自拟治噎丸（清半夏、桃仁、栀子、黄连、蜂蜜和药为丸）治疗食道炎31例（其中食道粘膜粗糙者13例），每次1丸含化，每日4次，咽喉干燥加麦冬、元参；痰多加苏子、炒莱菔子，胸骨后憋闷疼痛加苏梗、元胡，舌质暗红、脉涩者加丹参、红花。结果痊愈（病检或食道造形正常，症状消失）24例，占77.4%；好转6例，占19.4%；无效1例,占3.2%,总有效率96.8%。疗程最长2个月，最短10天。杨福义自制食道炎丸（沙参、麦冬、甘草、桔梗、金银花、连翘、胖大海共研细粉，蜜衣为丸）治疗食道炎12例。每日3～5次，每次1～2粒，于两餐之间或空腹含化缓咽，20～40天为一疗程。本方具有清热解毒、养阴生津等作用。药后治愈（症状消失，X线检查无异常）8例；好转3例；无效1例。其中6例经1～6年随访，无复发。江氏报道用半夏泻心汤加赤芍、丹参、三棱、乳香等活血之品，治疗食管裂孔疝并发返流性食管炎而获愈。举治1例，随访一年症状消失。俞尚德报道用黄芪、炙甘草、白芍、蒲公英、蛇舌草、白术、木香、生蒲黄、姜半夏、代赭石治疗1例返流性食管炎并发食管裂孔疝（活检食管下端粘膜鳞状上皮增生），服药2周而愈，追踪观察1年，无复发。

此外，闵长州采用清热解毒、消炎止痛的锡类散治疗本病，获得良效。方法：每日服药3次，每次吞服市售1小瓶量，服药前后分别咽入甘油或食油少许（药后1小时内禁饮食）。举1验案，6次告愈。叶兴江用治食道炎便方（紫丹参、干石斛、白芨片、杭白芍、生甘草、白蜜）治疗食道炎，每日1剂，冷后频服，一般急性食道炎，服后见效甚快。

（朱宝贵）

【胃下垂的辨证分型及其治则】

唐承孝提出治疗胃下垂的辨证分型及其治则：（1）中气下陷，虚寒夹饮型。证见脘腹坠胀隐痛，食后尤甚，喜按喜温，心下悸动，漉漉水声，时有泛酸，口干不饮，大便易溏。治以益气举陷，温阳化饮，和胃降逆。（2）中气下陷，胃络瘀滞型。证见胸膈痞塞，脐腹闷坠，脐上刺痛，按之濡软，胃热嘈杂，时有反胃，形体消瘦，面色晦黯，舌暗淡，苔薄。治以益气运脾升陷，疏肝养血化瘀。（3）中气下陷，肝郁气滞型。证见胸胁不舒，饱胀嗳气，纳食减少，时有反胃，呃逆，噫酸，体重减轻，面色萎黄，舌淡红，苔薄腻，治以益气升清，调肝和脾，芳香化浊。王赞胜报道治疗40例属痰饮停留胃脘病证，治以化饮调气。药用：半夏、陈皮、枳实、茯苓、党参、大腹皮。并认为治疗时以化饮为主，降胃为辅，佐以疏肝健脾。痰饮蠲除，则气机疏通，纳食增加，脏气得养，而正气渐复。结果痊愈16例，显效16例，改善7例，无效1例，总有效率97.5%。王荫龙报道采用疏肝益气法并重用枳壳，治疗胃下垂53例，方药组成：柴胡、炙升麻、炙甘草、枳壳、白芍、玄胡、炒川楝、白术、炒神曲、山楂、党参、黄芪、内金，并随证加减。结果，痊愈42例，有效9例，无效2例，总有效率96.22%。经走访36人，均未复发。屠森等报道采用升胃合剂（升麻、枳壳，每日2次水煎分服），临床随证加味治疗50例患者，结果痊愈10例，显效9例，有效24例，无效7例。此外，杜昌华取补火培土法治疗20例，处方：炙黄芪、焦白术、党参、陈皮、升麻、柴胡、当归、白芍、生枳实、鹅管石、仙灵脾、金樱子、补骨脂、炙甘草。每日一剂，一月为一疗程，一般服药1～2个疗程，取得较好疗效。

（华英兰）

【胃扭转的治则】

杨林风认为治疗胃扭转虽以“通下”为定法，但根据证型不同，一般选用荡积通腑，降逆和胃，健脾消食法；通腑泄浊，清降胃气，温中理脾法；行滞通便，健脾和胃，宽肠理气等法。大便一通，诸证随之而解。杨氏于诸法后，分别举有验案。宾冠华认为其病机为乃肝木克土，横逆犯胃，胃失和降所致。采用芍药甘草汤加砂仁、枳壳，继则用六君子汤加芍药，健脾柔肝，并举例说明，治疗二月，症状恢复。张从善等认为其病机乃胃气不和，脾失健运，以加味生姜泻心汤治疗（生姜、干姜、半夏、黄芩、黄连、党参、甘草、大枣、藿香、陈皮）。并举验案服药8剂，症状消失。王海波认为“急性器官轴型胃扭转”乃肝胃蕴热，复为饮食所伤，食热互结，阻遏气机，胃失和降，腑气不通，为少阳、阳明合病。以大柴胡合厚朴、生姜、半夏、甘草、人参汤治之，并举例说明，前后共服六剂，X线钡剂造影胃体复位，随访一年未复发。孙慕兰认为属胃肠气滞，按以通为用的原则，用行气开滞法，予小承气汤，乌药汤治疗，获得满意疗效。李炳茂报道以养阴理气法治愈胃扭转2例，其处方：麦冬、玉竹、石斛、鸡内金、枳壳、莱菔子、扁豆（或山药）、厚朴（或木香）等。均愈，随访未复发。

（华英兰）

【慢性萎缩性胃炎的治疗】

（一）按照中医的病理演变，探讨本病的证治规律。杨明均认为湿热久留，肝郁气滞为本病的主要病因，疾病初起属实证、热证，病理为胃中积热，气机郁滞。由于热郁可以伤阴，进而耗气损阳，则辨证由实转虚，由胃及脾，从而表现为胃阴不足，脾气虚弱，甚则表现为脾胃虚寒。伤阴、耗气、损阳均为郁热、气滞所导致的病变结果。

郁热、气滞之因不除，伤阴、耗气、损阳的后果就不可避免。因此，虚实兼见、寒热错杂、气滞血瘀并存是本病的临床特点，清热化湿、理气和胃、养胃生津、益气健脾、温中和胃、化瘀通络为本病的主要治则。张林也认为本病初病在胃，久病及脾，脾病多虚，阴损及阳，终致脾胃虚寒。初期辨证为实证、热证，病理是气滞而火郁，再有血瘀；中期是肝郁化火，肝火犯胃，损耗胃阴，病理是胃热与阴虚兼而有之；后期为阴液枯涸，胃络失养，脾失健运，阴损及阳，由热转寒，脾胃虚寒。姚奇蔚对本病的认识是："肝为起病之源，胃为传病之所"。提出：醒胃必先制肝，培土必先制木；安胃以和肝，理阳明以制厥阴。主张用药宜滋而不腻，清而不泄，清滋之中寓流动活跃之性，药以平淡轻灵为务。周桢祥对本病的治疗具体地归纳为三点：（1）胃阴不足宜濡润，需参以灵动之品，药以甘寒濡润、酸甘化阴为第一要，大剂阴柔药中须加入少许灵动之品，如益气助运的参、芪；开胃消食、行气导滞的山楂；芳香醒脾、和胃宽中的菖蒲、佛手花、绿萼梅、谷麦芽。以达到动静结合，滋而不腻，补而不滞。（2）湿热内阻宜苦辛，当辨湿热的偏颇，热重者，苦泄为主，佐以芳化；湿重者，辛开为先，参以清泄。（3）肝气郁滞需条达，宜清宜降，以顺其和降之性，切忌辛燥香窜之品，以防伤阴耗液，可采用张景岳的化肝煎和《伤寒论》的四逆散。戚惠珍以清肝和胃法，药用柴胡、黄芩、郁金、枳壳、川楝子、延胡索、佛手、绿萼梅、蒲公英、青皮、陈皮，为基本方，胃酸偏低者加乌梅、五味子，胆汁返流者加代赭石，胃下垂者重用枳壳等。经治32例，28例获临床治愈，3例无效，1例中转手术。张文尧等也报道辨证分型治疗45例，有效率达97.8%。戴建林在胃阴亏虚，脾失健运时，则以补益胃阴与益气健脾兼施，方用麦门冬汤合小建中汤加味，临床获得满意疗效。

（二）结合胃镜观察的病理变化，寻求本病的治疗最佳方药 一些研究表明，活血化瘀的药物有抗感染，抑制炎症反应，促进创伤愈合，促进增生性疾病的转化与吸收，改变机体的免疫反应，不仅可使萎缩的胃粘膜血液循环得到改善，亦可使颗粒结节等增生性病变转化吸收，病变得以修复。如张林在辨证施治的基础上加用丹参、赤芍、三七、莪术、地龙、坤草等。王小平等加用失笑散、延胡索、乳香、没药、参三七、丹参、刺猬皮等。蒋红玉对病理检查伴有不典型增生与肠上皮化生者，常用金刚藤、白花蛇舌草、僵蚕、壁虎、土茯苓、八月扎、菝葜、生苡仁、莪术、丹参、当归、红花、川芎、三棱、九香虫、黄芪、失笑散、乌梅、枳壳、仙鹤草、白矾、郁金、火硝、制马钱子、炒干漆。戚氏用白花蛇舌草、半枝莲、刺猬皮，3个月为一疗程，治后肠上皮化生见有不同程度的减轻，说明本病的病理改变是可以逆转的。

（蔡　淦）

【胆汁返流性胃炎】

胆汁返流性胃炎又名碱性返流性胃炎。《中医年鉴》1985卷曾作介绍。王健民认为本病属中医"胃脘痛"范畴，除脾胃本身功能失调之外，与肝胆关系尤为密切；宋国增等认为本病发生与二种因素有关：一是幽门机能不全，胃排空能力低下；二是十二指肠内压力增高，使胆汁返流。并推断前者是脾胃气虚之故，后者与肝气郁结有关。但据近年报道，有些学者认为本病与中医所谓"胆瘅"相关联。胆瘅病名，最早载于《内经》。后世往往将其归纳为"口苦"、"呕苦"、"呕胆"、"胆倒"等病症名称。江杨清认为胆瘅除见一般胃病所具有症状外，还有口苦、呕苦、脘胁胀痛、嘈杂、胸脘灼热等，因此它既异于胆病，又别于一般胃病，而是一种特殊类型的疾病，因此有必要将此病独立命名。初步提出胆瘅病的定义如下：胆瘅，是由胆泄过盛，横逆犯胃；胃失和降所致。临床以口苦、呕苦、嘈杂、脘胁胀痛等为特征，或与其它胃病症状并见的一种疾病。江氏对74例胆汁返流性胃炎患者进行了系统治疗观察，符合胆瘅诊断的有68例，占91.9%。同时对胃镜下见有胆汁返流而临床表现不符合胆瘅诊断的，根据“邪在胆，逆在胃”的同一病机和异病同治原则，也可参考胆瘅病进行辨治。

江氏治疗74例，以临床表现为辨证依据，拟定和胃降逆，通降胆胃的基本治则，代表方剂为黄连温胆汤。分证：（1）胆热犯胃证，用温胆汤合小柴胡汤、左金丸化裁。（2）气滞血瘀证，气滞为主者用香苏饮合四逆散加减。血瘀为主者用猬皮香虫汤（董建华教授经验方）合金铃子散加减（炙刺猬皮、九香虫、玄胡索、川楝子、炙五灵脂、香附、陈皮、枳壳、瓦楞子）。（3）寒热错杂证，用半夏泻心汤合黄连温胆汤加减。（4）脾胃虚弱证，用异功散合黄连温胆汤、吴茱萸汤加减。（5）气阴两虚证，用麦门冬汤合黄连温胆汤加减。本组病例，疗程最短3天，最长120天。结果：治愈15例，显效35例，有效19例，无效5例。显效以上占67.6%。疗程结束后6～18个月内，对其中原有大量返流患者中的37例进行了临床随访，不稳定者2例，稳定或基本稳定35例，占94.6%。胃镜随访16例，胆汁返流有反复者3例，稳定率为81.3%。江氏认为辨证施治是提高疗效的关键，且其疗效优于西医药。伯运宽辨证分型：（1）肝胃气滞型60例，治以疏肝和胃，理气止痛。方用胃炎合剂3号糖浆（柴胡、延胡索、木香、浙贝母、白芍、乌贼骨、法半夏、降香、黄连、大黄、甘草、砂仁）；（2）脾胃虚寒型（40例），治以温中理气，健脾和胃。方用胃炎合剂4号（党参、白术、吴茱萸、延胡索、干姜、姜半夏、黄连、大黄、代赭石、降香、乌药、甘草），疗程均为一个月。结果：肝胃气滞型，显效39例，有效18例，无效3例，总有效率95%；脾胃虚寒型，显效28例，有效9例，无效3例，总有效率92.5%。

（周锦明　宋经中）

【慢性溃疡性结肠炎的治疗】

近年来根据张海峰等学者综合介绍采用保留灌肠，敷脐以及内服中药等方法治疗，取得一定的进展。治疗后不仅临床症状改善，而且有些病例经结肠镜复查证实原结肠粘膜充血、水肿和溃疡灶消失或愈后留下瘢痕。简介如下：

（一）灌肠和敷脐药物　其中介绍灌肠效方的例如：郭可达等报道用活血化瘀药（赤芍、丹参、益母草、川芎、牛膝、姜黄、乳香、没药、桃仁、参三七）水煎灌肠，治疗35例，治愈15例，有效17例，无效3例，总有效率为91.4%。刘鼎清氏中药（菊花、地榆、十大功劳叶、苦参、黄芩、大飞扬）水煎加654-2保留灌肠，治疗55例，临床治愈31例，好转21例，无效3例，总有效率为94.5%。其余采用药物灌肠的报道颇多如：（1）李世俊用生地榆、老鹳草、五倍子、明矾，水煎灌肠。（2）马贵同用五倍子、马齿苋，水煎后加青黛散（或锡类散）、三七参粉灌肠。（3）丁柏林用马齿苋、生地榆、白头翁、败酱草、苦参、贯众、地锦草、黄连、甘草、紫草煎水取液，加入儿茶粉、明矾粉、锡类散及普鲁卡因灌肠。（4）马山用如意金黄散，加温水搅匀灌肠。（5）刘善志用白芨、血竭、紫草、儿茶、五倍子、甘草、青黛，水煎灌肠。（6）张桂芝等用蒲公英、金银花、黄柏、赤芍、当归、甘草，水煎灌肠。（7）刘士正用二白汤（白芨、白头翁、黄连、蒲公英）水煎灌肠。（8）杨仁信等用锡类散、冰硼散、云南白药、奴夫卡因，加温水混合后灌肠。（9）赵淑颖等用锡类散、生肌散、云南白药，加温水混合后灌肠。亦有介绍用敷脐药物而取效者，如丁氏用五倍子、虎杖、皂角刺、露蜂房，共研极细，加樟脑粉、麝香少许拌匀，填入脐眼，外用胶布固定。

（二）内服中药为主或配合药物灌肠　雷氏用银茵汤一号（银花、茵陈、广木香、川连、山楂肉、白头翁、莱菔子、枳壳、白芍、甘草）辨证加减煎服与银茵汤二号（银花、茵陈、大黄、槐花、煅牡蛎、诃子）保留灌肠相配合，治疗本病30例，治愈10例，好转20例。杨仁信等用活血化瘀汤（党参、白术、生地、当归尾、川芎、赤芍、甘草）辨证加减煎服治疗31例，有效率为96.77%。韩运琪用阳和汤加减（鹿角片、党参、熟地、苍术炭、白术炭、丹参、肉桂、炮姜炭、炙甘草、白芥子、木香、细辛、赤白芍、莲子肉、薏苡仁）治疗本病，取得较好效果。王延周等用附子厚朴汤（制附子、炮姜、炒白术、厚朴、木香、枳实、白头翁、黄连、黑地榆炭）治疗55例，治愈50例，有效4例，中断1例。范淑惠等用少腹逐瘀汤加减煎服，同时配合活血化瘀药物（如乳香、没药、五灵脂、五倍子、仙鹤草、赤石脂、白芨、煅龙牡、甘草）保留灌肠，治疗13例，治愈5例，好转8例。陈治水用健脾灵片（黄芪、党参、白术、当归、炮姜、乌梅炭、儿茶、元胡、广木香、白芍、茅莓、川连、甘草）治疗60例，治愈40例，显效13例，好转5例，无效2例，总有效率为96.7%。田维君等用党参、黄芪、白术、元胡、炒白芍、木香、乌梅、赤石脂、茅莓、土炒当归、儿茶、炙甘草，治疗脾虚型50例，基本治愈29例，显效14例，好转6例，无效1例，总有效率为98%。倪子到用黄银薏楂汤（黄芪、银花炭、薏苡仁、山楂、党参、山药、茯苓、白芍、木香、桔梗、砂仁、甘草）加减治疗36例，临床症状全部消失者25例，症状基本消失8例，无效3例，总有效率为91.6%。王立基将本病分为肠腑湿热型、脾气虚弱型、肝逆犯脾型、肾阳不足型、肠络瘀阻型五型论治，同时配合红藤煎剂（红藤、生地榆、黄连、千里光、黄柏、锡类散）保留灌肠，取得较好效果。胡建华认为本病多属本虚标实、中寒下热之症，常用痛泻要方加秦皮、马齿苋等。周鸣岐认为本病多呈虚实互现，寒热兼夹之候，治疗首重清化，务求其腑气畅通，而后补之涩之。周氏喜用诃子，认为此药有收涩之功，而无恋邪之弊。尹丹峰介绍程焕章治疗本病的经验是：辨虚实，温脾结合清肠，用理中汤合白头翁；分寒热，和中须佐养津，用北沙参、石斛清养其上，党参、白术健运其中，炮姜温暖其下，葛根升清生津；祛瘀滞，通下毋忘开上，用芍药甘草汤缓急止痛，失笑散祛瘀行血，肉桂、姜黄温经散寒。

孙锡元则根据本病时发时止的特点，采用分期（发作期与缓解期）定方的治法，治疗16例，结果治愈9例，有效6例，无效1例，总有效率为93.8%。发作期用加味薏苡附子败酱汤（薏苡仁、败酱草、蒲公英、生地榆、瓜蒌皮、苦参、赤白芍、茯苓、木香、当归、生甘草），缓解期用参苓白术汤加瓜蒌皮、木香、乌梅，余邪未净加败酱草、生地榆。

（刘道清）

【肝硬化腹水的证治】

（一）辨证论治　谌宁生等辨证分型（各型见证可参阅《中医年鉴》1985卷有关条目，以下从略）治疗本病120例：（1）肝郁脾虚型35例，占29.17%。治以疏肝行气，健脾利湿。药用柴胡、白术、枳壳、白芍、党参、丹参、茵陈、苡仁、大腹皮、防己、鸡内金、炙甘草等加减；（2）气滞血瘀型35例，占29.17%。治以活血化瘀、行气止痛，兼补气血。药用党参、丹参、鳖甲、生地、柴胡、泽兰、丹皮、赤芍、当归、茜草、鸡内金、甘草等加减；（3）湿热蕴结型20例，占16.67%。治以清热解毒，利湿消胀。药用柴胡、赤芍、枳壳、黄柏、栀子、大腹皮、丹参、茯苓、滑石、茵陈、半枝莲、甘草等加减（如热甚加龙胆草、板蓝根、水牛角）；（4）肝肾阴虚型20例，占16.67%。治以养肝益肾，滋阴利水，兼清湿热。药用沙参、生地、山药、生苡仁、茯苓、麦冬、枸杞、丹皮、泽泻、猪苓、赤小豆、大腹皮等加减；（5）脾肾阳虚型10例，占8.32%。治以益脾补肾，温阳利水。药用附片、桂枝、白术、枸杞、巴戟天、淮牛膝、党参、淮山药、茯苓、泽泻、大腹皮、车前子等加减。结果：显效36例，有效58例，总有效率78.33%，无效12例，占10%，死亡14例，占11.67%。其中血清白蛋白明显低于正常值（<3克）者治前71例（59.17%），治后减为52例（43.33%）：白蛋白/球蛋白比值倒置者，治前88例（73.33%），治后减为65例（54.17%），经统计学处理，治疗前后有非常显著性差异。谌氏又认为，肝郁脾虚型疗效较好，有效率85.7%，平均住院时间亦较短，其次为气滞血瘀型，湿热蕴结型疗效最低（50%）。又曹恩泽治疗本病41例，辨证分为气滞湿阻、湿热蕴结、脾肾阴虚、脾肾阳虚四型治疗，结果：显效（症状消失，腹水征（—），白蛋白／球蛋白比值恢复正常）17例，有效（症状部分消失，腹水消退，腹围缩小10厘米，肝功能基本正常）12例，无效5例，死亡7例，总有效率70.73%。张明昌等治疗50例，辨证分为气虚、湿热、阴虚、阳虚四型，结果基本治愈35例占70%。并认为辨证分型与逐水法，可以单用或联合应用，腹水消退后即改用调理固本法，每个阶段的疗程视情况而异，不强求一律。

扶阳利水用于治疗晚期血吸虫病肝硬化腹水，本病重要治则之一。何胥报道临床观察127例，辨证治疗分为（1）脾湿肿满，（2）肝胀络瘀，（3）肾虚气结三型。其中（3）型症见腹部膨隆，腹部光亮绷紧，肢体浮肿，面色黧黑，形体羸瘦，小便不利或少，舌质淡或绛苔厚腻，或少苔、或光剥苔，脉细弱或涩而不畅。治以温肾化气，通利水湿法，方用真武汤加味或金匮肾气丸加减，结果：127例中治愈54例，有效37例，无效36例，总有效率为71.65%。

（二）中西医结合　庄景甫报道采用中西医结合治疗肝硬化腹水100例，中药健脾理气，利尿消胀，佐以养阴。基本方如党参、茯苓、马兰、白术、陈皮、厚朴、泽泻、大腹皮、沙参、玉竹、麦冬、枳实、炙甘草等随症加减。西药对症治疗。结果：显效（腹水退尽，主要症状消失，体征化验有进步）79例，好转（腹水明显减少，浮肿消退，主要症状减轻，体征及化验有进步或无改变）14例，无效7例，总有效率93%。还有高文友采用中西医方法治疗门脉性肝硬化腹水21例，亦取得较好疗效。

（三）验方运用　朱寿长报道，以五参五皮饮（由丹参　黄芪皮各30～60克，茯苓皮30克，党参、北沙参、苦参、玄参、大腹皮、腹水草、木莲果、丹皮、青皮组成）为主治疗本病24例。经治后14例显效，4例有效，3例好转，3例无效。李述文以消胀万应汤加味治疗本病46例。方药组成：大腹皮、陈香橼、川朴、鸡内金、砂仁、莱菔子、神曲、干蝼蛄（焙，分二次吞服）、益母草，水煎服。除阴虚邪结型加鳖甲，其余血瘀湿阻、脾虚气滞两型均不作药味加减，仅从事个别药品剂量调整。结果：治愈（腹水消退，症状消失，肝功能正常）15例，明显好转（腹水消退，症状消失，肝功能轻度异常）19例，好转14例，无效8例，总有效率82.6%。还有骆玉华以加减血府逐瘀汤为主，兼予辨证治疗而取效。劳如玉介绍验方葱白合剂外敷治疗腹水，其法取新鲜葱白10根，加芒硝10克，共捣成泥，敷于脐部神阙穴，上盖塑料薄膜及纱布，用橡皮胶固定，1日1次。经治14例，腹胀消失，尿量明显增加；26例自觉腹胀减轻，尿量增加。以上40例均在敷后半小时至4小时后生效，2例无效。

（陆鸿元）

【胆心综合征的治疗】

胆心综合征似可归属于中医心腹痛的范

畴。西医一般以外科手术为主。徐正福等报道辨证辨病治疗胆心综合征23例，辨证论治分为三型。（1）气郁化火、湿热内盛型，9例。主症：胸闷、脘胀、食欲不振、口干少饮 胃呆纳减。情志不舒或夜寐不熟时，易导致胸胁满痛，便难溲黄。脉弦数、舌边尖红 苔薄黄腻。治以疏肝运脾、清热利湿。药用柴胡、青陈皮、茵陈、碧玉散、生熟苡仁、茯苓、丹参、九节菖蒲、赤芍、生熟军、越鞠丸。（2）阳虚气弱、痰湿痹阻型，8例。主症：心前闷痛、食少神疲、情绪忧郁，时或肝胆区胀痛。脉细弦，苔薄白腻。治宜益气温阳、利胆排石。瓜蒌薤白汤合排石汤，药用黄芪、桂枝、瓜蒌、酒炒薤白头、郁金、醋炒柴胡、海金砂、金钱草、鸡内金片。（3）肝胆气结、心脉瘀滞型，6例。主症：右胁满闷与左上胸掣痛、刺痛相应发作，脉细弦兼结代，舌淡紫，苔薄腻嫩黄。治以疏肝理气、活血化瘀。柴胡疏肝散合丹参饮。药用丹参、檀香、柴胡、青皮、当归、川楝子、赤芍、八月扎、制香附、失笑散、金钱草、鸡内金片。辨病论治：一般病例按中医辨证分型治疗。心肌梗塞患者加用活血、扩血管药，外科患者加用抗生素，654-2。结果：治疗时间最长136天，最短10天，平均42天，患者自觉症状全部消失。徐氏认为其病机是相火引动君火而致君相火盛，因此，无论哪一型均考虑到从君相火盛的暴痛着眼，从实火当泻着手，都要抓住治胆病是该征的关键之举。西药抗生素，乃至手术也都是着重治疗胆道、胆囊病变。若心脏症状明显时也要兼顾之，尤其是急性心肌梗塞时。

张志圣等介绍老中医王信芳医师治疗胆道疾病的验方，经改剂而成的胆乐胶囊（郁金、十八曲、橘皮、山楂、猪胆汁等）治疗一例胆心综合征获效。

（姜志昂　朱宝贵）

【泌尿系感染的证治】

泌尿系感染（如肾盂、输尿管、膀胱、尿道等感染）是一种常见病，多发病。林昭辉认为肾盂肾炎属中医的“淋证”范畴，其所治疗的100例中分为二型：（1）湿热型：予滋阴清热利湿法，方用导赤散加黄连、黄柏、连翘、赤小豆、蒲公英、半枝莲；（2）脾肾虚损型：予培补脾肾法，方用四君子汤或金匮肾气丸、知柏地黄汤加清利湿热药。结果治愈85例、好转9例、无效6例。治疗时间平均为14天。钱天雷分型治疗成人尿路感染85例，其中膀胱湿热型以八正散为主方；膀胱热毒型以五味消毒饮为主方。见尿血加大蓟、小蓟、茅根、琥珀；尿路砂石加金钱草、海金砂等。结果痊愈45例，好转28例，无效12例，有效率达85.9%；疗程3～14天，平均8天。彭绍杰治疗急性尿路感染142例，其中应用中医辨证施治45例（分为膀胱湿热型以八正散加减；肝胆郁热型以龙胆泻肝汤加减；三焦湿热型以三仁汤加减），治愈率为68.89%。西医西药（庆大霉素、复方新诺明、呋喃咀啶）治疗42例，治愈率为73.81%。中西医结合治疗55例，治愈率为94.55%。经统计学处理，以中西医结合疗效最好。

柯联才运用肾舒冲剂（白花蛇舌草、大青叶、海金砂藤、瞿麦、扁蓄）治疗泌尿系感染275例，临床控制154例，显效36例，好转62例，无效23例，总有效率达到91.64%。颜莫娜制成龙葵蔗糖煎剂治疗泌尿系感染30例，5天为一疗程，取得痊愈的时间为2疗程21例，3疗程4例，4疗程3例，6疗程2例。钟新渊以乌蕨合剂（乌蕨、白花蛇舌草、茅根、车前子）为主治疗急、慢性肾盂肾炎73例。其中急性肾盂肾炎43例，疗程大多为20天左右，痊愈39例，好转2例，无效2例；慢性肾盂肾炎30例，疗程多为3～6月，痊愈20例，好转8例，无效2例。陈典梅介绍凤尾草合剂（凤尾草、半枝莲、连翘、萆薢、黄柏）治疗尿路感染有效。

李爱兰应用通淋汤治疗泌尿系感染60例，其中湿热淋、血淋用通淋Ⅰ、Ⅱ号方（均以八正散为主加减）；劳淋用通淋Ⅲ号方（知柏地黄汤加减），临床治愈54例，显效6例。唐茂清以五神汤（银花、茯苓、车前子、牛膝、紫花地丁）并随症加减治疗热淋40例，治愈率为67.5%，总有效率92.5%。汪秀华以消淋汤（蒲公英、生栀子、黄芩、益母草、车前草、金钱草、旱莲草、地锦草、扁蓄草、茅根、甘草）治疗急性泌尿系感染150例。其中急性肾盂肾炎50例，痊愈47例，有效2例，无效1例；慢性肾盂肾炎46例，痊愈42例，有效3例，无效1例；急性膀胱炎、尿道炎54例，全部治愈。150例治疗前作尿培养均为阳性，治疗后130例转阴，尿菌转阴率为86.6%。李碧用苦参通淋汤（苦参、柴胡、黄柏、蒲公英、马齿苋、石苇）治疗泌尿系感染50例，痊愈48例，无效2例。服药3～15剂，一般6剂后临床症状消失，尿常规阴性。

有些学者对本病证的病理机转及其治疗方法进行了探讨。孙建实论述了肾在淋证发病中的作用，认为肾虚是发病的基础；肾是病邪累及的脏腑；肾是疾病转归的关键；补肾既是不可缺少的治则，且可预防复发。郭炳森在分析中医药治疗尿路感染近况时归纳为：辨证分型为一般常用的治疗方法；中西医结合疗法适用于中毒症状重、病程长、机体抵抗力差的患者；单方、验方治疗较为简便。

（陶明龙　叶家瑞）

【急性肾炎的证治】

（一）辨证分型　王承训对150例急性肾炎辨证分为三型：（1）风水泛滥型，方拟越婢汤加减（麻黄、生石膏、生姜、大枣、银花、连翘、赤小豆、坤草、茅根、生甘草等）。（2）水湿浸渍型，拟五苓散加味（桂枝、茯苓、泽泻、猪苓、白术、熟附子、陈皮、生姜等）。（3）湿热壅盛型，拟疏凿饮子加减（羌活、秦艽、槟榔、大腹皮、商陆、茯苓皮、川椒目、木通、赤小豆、黄柏、山药、坤草、泽兰、茅根等）。治疗结果：痊愈116例，显效18例，好转10例，总有效率达96%。盛辉等则认为本病以风热湿毒犯病者多，故以麻黄连翘赤小豆汤为主酌情加减治疗118例，疗程1～3月，结果113例痊愈。基本方：炙麻黄、连翘、赤小豆、桑白皮、生姜皮、小青草、葎草、茜草根、蒲公英、白茅根。还有杨东升介绍以五苓散为主方结合辨证分型加减治疗107例，获得良效。

（二）验方　杨有凤自拟益蜕合剂（益母草、蝉蜕、连翘、赤小豆、茯苓皮、生姜皮、桑白皮、防己），若发热咽痛加板蓝根、黄芩；有皮肤感染加紫黄花地丁、银花；血尿严重者加白茅根、茜草、山栀子；水肿甚者加米仁、冬瓜皮、车前子；尿蛋白流失较多加黄芪、白术、党参、玉米须。王永钧等介绍复方益肾合剂（生黄芪、半枝莲、半边莲、茜草、蒲黄、丹参）治疗本病162例，1～2天开始利尿者87例，3～6天利尿者75例。临床治愈109例，好转29例。连楣山以五草汤（麻含草、益母草、鱼腥草、白花蛇舌草、车前草、车前子、苍术、麻黄）治愈急性肾炎32例。赵长青等自拟茅地汤（地榆、米仁、黄柏、茅根、木香、赤小豆、党参）治疗57例急性肾炎，痊愈52例，占91%。陆鸿滨等认为急性肾炎发病以湿热为主，恢复期湿热未尽者仍占93%左右，从而提出芳化清利为急性肾炎的主要治法，自拟芳化清利汤（佩兰叶、连翘、黄芩、米仁、木通、茅根、石苇、益母草）治疗137例，治愈102例，好转35例。吕修业也认为急性肾炎恢复期，其湿热现象可持续一段时间，故治疗仍以清利为宜。经选用生地、车前子、茯苓、当归、丹参、益母草、鲜白茅根、山药、米仁、甘草等药组方治疗28例，均有效。

关于中西医结合（中药为主，西药为辅）治疗急性肾炎，一般认为可使病程缩短，疗效提高。如周柱亮、张秀林、毛静兰等都曾分别报道了中西医结合治疗本病的临床经验和体会，值得进一步研究和探索。

（张　天　陶明龙）

【泄浊法治疗慢性肾功能衰竭】

（一）温阳泄浊　毛如宝自拟温肾排毒汤（附子、半夏、大黄、紫苏、绿豆、落得打、川连、六月雪、党参、白术、甘草）治疗本病20例，总有效率为75%。贺永清治疗本病25例，将口服液（附子、桂枝、桑白皮、大黄）和灌肠液（附子、大黄、牡蛎、蒲公英）联合应用，有效率达80%。曹恩泽等和陈奕庆等分别报道采用大黄、肉桂、煅龙牡、槐米、锡类散组成的灌肠液治疗本病各25例，其疗效均优于西药对照组。陈贤以温阳泄浊中药为主，中西药结合治疗尿毒症45例，内服药有大黄、附子、云苓、苏叶、半夏、生姜、川连、砂仁，灌肠用大黄、槐米、紫花地丁、蒲公英、生牡蛎、丹皮，结果显效14例，有效13例，与西药对照组有非常显著性差异（$P<0.01$）。周庆芳以温阳益气之附子、白术、黄芪、茯苓、半夏口服，通腑泄浊之生大黄、生牡蛎、六月雪灌肠，治疗尿毒症15例，6例症状消除，8例缓解。还有方淑媛用降氮汤治疗本病19例，刘鲁明用大黄附子汤治疗9例，取得显效的报道。

（二）益气活血泄浊　刘树勋以益气活血药（党参、茯苓、丹参、赤芍、益母草、草果仁、全虫、蜈蚣）口服，以通腑泄浊药（川军、芒硝、槐花、草果仁）灌肠，观察本病20例，有效率达90%。沈壮雷在30例慢性肾功能衰竭病例中，以益气为主的保元汤（黄芪、党参、甘草）加大黄进行治疗，总有效率63.3%。张坚石治疗本病20例，则将健脾补肾、养血通络、化湿降浊融于一方而获良效。

（三）化湿解毒泄浊　洪钦国治疗本病156例，内服汤药（半夏、竹茹、佩兰、陈皮、枳壳、茯苓、积雪草、虎杖、益母草、丹参、蚕砂）同时予以灌肠（药用大黄、党参、甘草、白术）结果缓解34例，好转75例，无效47例。

（四）泻肺泄浊　张颖娟报道以大黄莱菔煎（大黄、桑白皮、莱菔子、草果仁）保留灌肠，方药组成颇有特色。经治20例，16例症状缓解。

（五）其他　李守朝认为脾肾亏损是本病病机，兼见气血不足，湿浊中阻、水湿泛滥、痰浊互结，在辨证用药基础上加用泄浊药物（大黄、生地榆、槐米、生龙牡、苏打粉）灌肠，经治73例，有效率达63%。陈孝伯将本病分为气阴两虚，肝肾阴虚，阴阳两虚，在辨证用药基础上分别加用泄浊药治疗17例，显效8例，好转3例。戴西湖统计了18个单位治疗本病336例，有效率为87.5%，计处方19张，28种药物，分析其中大黄、附子、牡蛎、芒硝、益母草、槐花、川朴等药重复次数最多，分别为19／19、7／19、9／19、4／19、4／19、3／19、3／19，大黄、附子在内服与灌肠方中，均为主药，体现了温阳泄浊治疗本病的普遍性。熊宁宁则认为本病晚期不宜连续口服大黄通腑泄浊，熊氏将泻下组和扶正组作了对照，其有效率分别为31.25%和76.19%，具有非常显著性差异（$P<0.01$）。

各地相继开展用泄浊法治疗本病原理的研究，沈氏在红细胞$Na^{+}K^{+}$-ATP酶的研究中发现，本病升降失衡患者细胞膜离子运转功能障碍，用益气泄浊法（保元汤加大黄）对此障碍起着调节作用。刘慰祖通过对本病治疗前后血锌和铜锌比值的测定，观察到经扶正泄浊的苁蓉、紫蓉、紫苏、党参、半夏、六月雪、败酱草、砂仁、生大黄、川连的治疗，血锌升高，铜锌比值下降。林平青报道，单味大黄或含大黄方剂能使肌酐、尿素氮、甲基胍、胍基、琥珀酸均下降，异常的血游离氨基酸水平趋于正常，与小鼠实验结果一致。

（唐仲伟 余志鼎）

【尿崩症治验】

尿崩症临床主要表现为口舌干燥、烦渴、多饮及多尿等。与中医消渴证中的肾消颇为相似。范仁忠用养阴泄热益气补脾法治疗14例获效。基本方：生地、熟地、龟版、黄连、黄柏、羚羊角、党参、甘草、山药等，口渴甚加石斛、葛根、鲜芦根；尿频加枸杞子、五味子、桑螵蛸。并举案印证：一少男患者，服上方加减，14剂后痊愈，随访15年未复发。吕承全等采用滋肾降火、镇摄固涩（六味地黄丸加味），温补脾肾、益气固摄（全鹿丸和缩泉丸加减）等法治愈3例。尿比重均由1.004左右上升至1.010、1.030左右。随访均未复发。王悦梅用补肾养肝、润燥止渴法治疗一男性老年患者，处方：天冬、石斛、花粉、太子参、枸杞子、桃仁、石青、葛根、知母。4剂后病情明显好转，日饮水由35公斤减为5公斤，再服4剂即愈。林怀真用滋肾育阴、补气缩尿、生津止渴法治一少男，10剂后24小时尿量由8500减至3500毫升，又进15剂后告愈。朱沛冉等用滋阴清热、补肾固摄法治一男性患者，方拟缩泉丸加生地、熟地、玄参、生石膏、葛根、山药、花粉、麦冬、知母、黄柏、益智仁、首乌，服药14剂，24小时尿量由9000毫升减至1500毫升。郜香圃等用养阴清热、生津止渴之玉泉散、缩泉丸、增液汤加桑螵蛸等味，30余剂使一患者尿比重由1.001上升至1.026，24小时尿量从9000毫升恢复至正常范围。郑世岳也施以清热泻火、养阴生津法，分别用玉女煎加减各治愈一例。肖独青等则取温肾阳化肺燥法，药用生牡蛎、黑附片、菟丝子、淡菜等连服50剂，治愈一例。范文亚认为本病的发病机理主要是气虚之故，方选白虎加人参汤化裁，重用益气药如党参（人参更佳）、甘草、黄芪治其本，养阴清热生津药治其标。并例举一案验证。范氏又用温肾养阴、生津止渴之金匮肾气丸加减；滋肾育阴、清热泻火、生津泻火、生津止咳之白虎加人参汤加味，治愈3例。杨文忠用疏脾清热法7剂治愈一患者。方拟龙胆泻肝汤加天花粉、枳实、合欢皮、远志、郁金。夏永潮等和王占玺等分别用复元活血汤合佛手散加减，金匮肾气丸加味，治愈一例脑外伤引起和头部手术后并发尿崩症之患者。

（陆　平）

【癃闭的辨证与治疗】

吴兆华认为癃闭有虚实之辨。实证可分：（1）膀胱湿热型，治拟清热利湿为主，方拟八正散加白茅根、苍术、淡竹叶等。（2）肺热壅盛型，治拟清肺利水，方拟清肺饮或麻杏石甘汤加减。（3）尿路阻塞型，治拟散结化瘀、通利水道，方拟抵当丸或桃核承气汤加减。虚证可分：（1）中气不足型：治则补中益气，升清降浊，方拟补中益气汤合五苓散。（2）肾元亏虚型：治则温阳益气、补肾利尿，方拟济生肾气丸为主，或滋阴补肾、化气行水，方拟猪苓汤合六味地黄丸加减。黄吉赓认为老年癃闭多见于体虚所致前列腺增生患者，早期亦属气淋或劳淋范畴。其治疗经验有：（1）下病治上：癃闭兼有肺系痰饮者，常因肺失宣降，不能行使“通调水道”之职，从而加重排尿困难，当用温开肺气以化寒饮，或肃肺降气以清痰热，取“开其上而下自注也”之效。（2）通利分温清：对气机不畅所致排尿困难者采取通利行水法，须区分寒热，因肺肾虚寒引发气滞水聚者，宜温通利尿法；因湿热久郁下焦，热势壅盛导致关门不利者，当投大剂清热之品。（3）补泻有侧重：由于虚中常夹有实象，故治疗又当辨虚实之偏胜，虚实之动态变化，及时调整方药中之补泻侧重，以避“实实虚虚，损不足而益有余”之误。林天授等认为治疗应以“化气”为本，“通利”为标，根据虚实寒热，脏腑、气血、阴阳进行选方立法。郭维则认为应从肺、脾、肾及瘀阻尿路辨证施治，切勿囿于通利一法。

关于产后癃闭，王贻方报道用家传通气散（苏叶、枳壳、陈皮、木通各6克）治疗本病，获效颇著，一般服1剂即能见效，重证不过2～3剂，经治百余例，除个别外，均效。曹庆棠用自拟益气排尿汤（黄芪、党参、桂枝、白术、茯苓、甘草、桔梗、蟋蟀、泽泻、车前子）治疗123例急性产后尿潴留患者，98例1剂奏效，19例2剂见效，6例3剂见效。陈鸽伟等以排尿汤（黄芪、党参、瞿麦、萹蓄、茯苓、车前子、冬葵子、木通、滑石）治疗本病139例，显效91例，有效38例，无效10例，总有效率达92.8%。

在其他单方验方的治疗方面，丁子念介绍以香葱一握捣成饼状，贴于耻骨上缘，一次即愈。洪素云以自拟淡竹鸡冠汤（淡竹叶、鸡冠花、车前子、木贼草、蒲公英、鲜茅根、生黄芪、党参）取得较满意疗效。陈文正用五子衍宗丸治疗老年性癃闭；又黄志华仿济生肾气丸之意加减，陈开宗用春泽汤合八正散治疗癃闭验案各1例均获显效。郑兴泽对急性肾炎突然小便癃少患者，投以滋阴凉血，行气通癃重剂（鲜墨旱莲、生地、玉竹、黄芪、萹蓄、淡竹叶、生甘草）三剂后诸症大减，排尿通畅，色清肿消。

（张 天 陶明龙）

【肾病综合征的证治及食疗】

肾病综合征（简称肾病）是由多种原因引起的一种临床症候群，其临床特征为大量蛋白尿，低蛋白血症，高脂血症及明显的水肿。属中医"水肿"、"虚劳"等范畴。

陈梅芳将本病分为脾胃阳虚、水湿泛滥，中气不足、脾失健运，湿热，瘀水交阻四型。并认为各型在治疗过程中可互相转化和兼见。治疗可归纳为六法：（1）温肾利水法：用药如熟附块、仙茅、仙灵脾、茯苓、猪苓、泽泻、木通、车前子、带皮槟榔、黑白丑、陈葫芦等，适用于类脂性肾病及慢性肾炎肾病型水肿。（2）壮阳益精养阴法：用药如党参、黄芪、玉竹、熟地、巴戟肉、仙茅、仙灵脾、补骨脂、杜仲、山茱萸、白芍、益智仁、吐丝子、阿胶、鹿角胶、龟版胶等，可制成膏滋药，缓缓图治，对提高血清蛋白，扶助正气，抵抗外邪有相当的作用。（3）调理脾胃法：用药如党参、黄芪、白术、茯苓、山药、米仁根等，能健脾止泻，使肠道内蛋白质丢失减少，改善低蛋白血症，并能减少西药对胃肠道的不良反应。（4）清利湿热法：用药如金钱草、米仁根、萹蓄草、荠菜花、蚕豆花；再如板蓝根、白花蛇舌草、蒲公英、生甘草；又如龙胆泻肝丸、蝉衣、七叶一枝花、大蓟、石苇、黄柏、知母、元参等。本法可防治皮质激素所致的热象，降低激素用量，减少尿蛋白反跳现象。（5）益气固表法：可提高机体细胞免疫功能，减少感染机会。（6）活血化瘀法：可改善微循环，增加肾脏滤过率，改善高凝状态等。张雪梅等报道应用免疫抑制剂治疗肾病，当出现以下副反应时：胃、膀胱出血者，可用小蓟饮子加减；肌肤痤疮或反复感染者，用五味消毒饮加减；见腰痠、脱发、阳萎、性欲减退等症者，可用实脾饮合真武汤；血压偏高，肝阳上亢者，方用麦味地黄丸加减。邵生宽等也认为在撤减激素过程中应加大中药滋阴解毒的比例，如出现肾上腺皮质机能低下的表现时，适当加大阴阳双补药物。

在对症治疗肾病方面也积累一些经验。综合沈庆法、陈贤等经验体会：消除蛋白尿可用黄芪、芡实、米仁、扦扦活、白莲须、蚕茧壳、山药、威喜丸、地龙干等；消除水肿可用河白草、玉米须、陈葫芦、虫笋、白茅根、滑石、带皮槟榔、黑白丑、泽泻等；提高血浆蛋白的药物如龟版（胶）、鳖甲（胶）、鹿角（胶）、杞子、冬虫夏草、黄精、党参、白术、巴戟肉、山萸肉、紫河车、菟丝子，高脂血症可用茶树根、桑寄生、草决明、黄芩、六月雪、半枝莲、白花蛇舌草、茵陈、荠菜花、山栀、黄柏、山楂等。

何厚夫介绍了肾病的辨证施膳：（1）水湿浸渍型：选用黄芪杏仁鲤鱼汤（生黄芪、桑白皮、杏仁、生姜、鲤鱼）去药渣食鱼喝汤。紫蒜鲫鱼煎剂(鲫鱼、紫皮蒜、光杏仁)文火炖熟，食鱼饮汤；黄芪苏叶粥（生黄芪、苏叶、杏仁、赤小豆、粳米）先将杏仁、黄芪、苏叶煎汁，入赤小豆及粳米共煮为粥食用。（2）湿热蕴结型：选用：田鸡冬瓜汤（冬瓜带皮洗500克，青蛙1只）汤渣同服；苡仁绿豆粥(生米仁、赤小豆、绿豆)共煮为粥食用；乌鲤鱼汤（乌鲤鱼、黑白丑末纳于鱼腹中）鱼汤同服；龙须茶（玉米须、白茅根、赤小豆）。(3)脾肾两虚型：选用鲜羊乳500～1000毫升，加蜂蜜适量服用；鲤鱼莲子粥（鲤鱼、莲子、粳米）；党参芡实煲猪肾（党参、芡实、猪肾）共煮汤食用，不放盐或低盐；黄芪山药粥（炙黄芪、山药、茯苓、莲子、芡实）；黄芪炖母鸡(纳黄芪于嫩母鸡腹中，文火炖烂，放食盐少许），分次食肉喝汤。

（张　天　陶明龙）

【原发性血小板增多症的治疗】

原发性血小板增多症属于原因不明的骨髓增生性疾病，较为少见，西医西药应用放射性磷及马利兰等的疗效尚不满意。

钟志贵报道本病，辨证属血癥，予消癥化瘀，益气清热法，药选：丹参、赤芍、桃仁、红花、当归、鳖甲、三棱、莪术、大黄、地骨皮、泽兰、黄芪、青蒿，继后去鳖甲加连翘、玄参、黄药子、水蛭，服药40剂，症情改善，脾肿大缩减，血小板计数／(立方毫米，下同）从86～78万降至16万，再改丸剂调治三个月，期间血小板维持在14～22万，骨髓象复查无异常。

叶怡庭应用桃核承气汤合抵当汤加减，主治本病1例继发脑血栓，曾用马利兰等药物治疗后血小板持续在70万左右，证见上肢麻木，右手运动不能自如，舌质稍红，边有瘀斑、苔薄黄，脉弦，予活血化瘀，养血柔肝法，药选当归、赤芍、白芍、丹参、丹皮、桃仁、生地、红花、玄参、延胡索、牛膝、天花粉、川桂枝、水蛭。治后血小板降至16万，水蛭减量，则血小板又趋上升，后加三棱、莪术、柴胡，进服30剂，血小板已趋正常，脑血栓形成症状也消失，继用养血柔肝法施治。三年后随访，血小板计数为18.9～21.3万。

樊新亚等报道慢粒、血小板增多症15例，应用复方水蛭汤，（黄芪、当归、赤芍、红花、桃仁、三棱、莪术、水蛭、党参）治疗。血象：治前血小板平均94.10±35.43万，治后平均31.92±16.18万（$P<0.01$），白细胞与出凝血时间治疗前后均无明显变化。

薛芳应用滋肾化瘀法治疗本病2例，1例证属湿热阻滞中焦，瘀血出血，先以清化行瘀，后见肾阴不足之证，遂用滋肾化瘀法，药选：生地、玄参、川芎、赤芍、红花、三棱、桃仁、水蛭，服药20剂，复查骨髓象血小板显著减少，治后血小板80万渐降至24万，白细胞从20500降至3600，红细胞治前500万，治后435万。另例证属阴虚火旺，瘀血出血，治以滋肾降火，化瘀止血，药用：生地、玄参、丹皮、知母、黄柏、赤芍、红花、丹参、川芎、益母草、桃仁、紫草、水蛭，随证加减，服药42剂，血小板从160万降至14万，白细胞总数从31000减为11000～13000，骨髓巨核细胞从114～227个减至53个。

张继有等也报道本病1例，素患高血压病血小板130万，治以滋阴凉血，清肝降火，祛瘀通络法，药用：忍冬藤、连翘、柴胡、丹皮、夏枯草、当归、川芎、生地、白芍、地骨皮、知母、甘草、鳖甲，另用犀角米1.5克单煎，方药加减，服用28剂，血小板达18.5万，继服知柏地黄丸，随访1年，血象正常。

（黄振翘）

【扶阳益阴法治疗再生障碍性贫血及其实验研究】

李士杰认为本病阳虚为主，应以阴阳双补为原则，经治再生障碍性贫血（再障）28例，方用生血汤（熟地、山药、仙茅、枸杞子、旱莲草、山萸肉、当归、黄芪、太子参、阿胶）为基本方，随证加减，辅以输血、苯丙酸诺龙。结果：基本治愈7例，缓解10例，部分缓解5例，无效6例，总有效率为78.6%。于爱芬应用补血汤（生地、鳖甲、龟版、白芍、丹皮、黄芪、白术、党参、五味子、大蓟、何首乌、枸杞子、鸡血藤、山药、茯苓、茜草），配合生血散（人参、杜仲、三七、阿胶、鹿茸片、鸡内金）治疗25例，结果：基本治愈17例，缓解5例，明显进步1例，无效2例，总有效率为92%，治后较治前血红蛋白增高5.29克%。红细胞增高3400／立方毫米，血小板增高3.78万／立方毫米，均有显著差异（P<0.01）。华玉祥报道再障200例，分为肝肾阴虚，肝阳亢盛型，药用：丹参、当归、白芍、女贞子、丹皮、旱莲草、仙鹤草、花生衣、桑椹子、玄参、生地、枸杞子、龟版、生龙骨、生牡蛎、党参、黄芪、大枣、鸡内金、麦芽、三七粉、甘草；气血亏损、脾肾阳虚型，药用：黄芪、党参、白术、当归、熟地、人参、鹿茸粉、甘草、白芍、山萸肉。治疗结果：治愈95例，缓解74例，无效31例。有些学者指出，血红蛋白长期不升，兼以化瘀，选加僵蚕、丹皮、三七粉、桃仁或丹参、鸡血藤、当归之类。

关于远期疗效方面，刘大同观察51例（慢性再障46例，急性再障5例）偏于肾阳虚弱者，药用：鹿角胶、补骨脂、陈皮、阿胶、黄芪、巴戟肉、山萸肉、当归、太子参、丹参、枸杞子、鸡血藤、蛇舌草、肉桂；偏于肾阴亏虚，因由血小板低下或合并感染，出血为主者，药用：阿胶、首乌、陈皮、熟地、枸杞子、黄精、当归、党参、太子参、丹参、夜交藤、山萸肉、白术、牡丹皮、白花蛇舌草、泽泻；若肾阳虚衰或病情稳定，但血象久不提升者，取紫河车、鹿角胶、丹参、白芍、巴戟天、陈皮、补骨脂、锁阳、生晒参、菟丝子、鱼鳔、附子、肉桂制成蜜丸，每服丸剂10克，日2～3次。个别病例加用西药，急性再障则中西药合用。随访2～5年，基本治愈29例，缓解9例，明显进步7例，无效6例，总有效率88.2%，其疗效阳虚型高于阴虚型。王作人治疗本病18例应用温摄法（药选人参、炙甘草、炮姜、白术、桃仁、寄生、川断、桑椹子、枸杞子、女贞子、菟丝子、五味子），并随证加减，症情稳定后，予炒皂矾、鹿茸各30克，胎盘4具（焙干），大枣组成丸剂，每丸6克，每次1丸，日服2次，结果：18例基本治愈或缓解，随访1～5年均未复发。此外，赵洪斌报道用补肾健脾、活血化瘀法为主，分型治疗35例，结果：基本治愈22例，缓解5例，明显进步3例，有效4例，死亡1例。对基本治愈者随访6年，缓解及明显进步者随访4～5年均无反复。

在实验研究方面继续受到重视。戴锡孟将治疗再障收效的补血丸（鹿茸、菟丝子、仙灵脾、巴戟天、红参、当归）与其他8种药物对粒系祖细胞（GM-CFu）的作用进行了比较，实验结果表明补血丸对GM－CFu的明显刺激作用优于654-2、一叶萩碱、大力补、植物血凝素、氯化钴、左旋咪唑，低于康力龙，而与丙酸睾丸素无明显差别。王晋源等观察再障及单纯红细胞再障有效方剂生血丸（补阳为主1号，补阴为主2号）对小鼠腹腔巨噬细胞吞噬功能的影响，结果表明：两药组与对照组比较，巨噬细胞吞噬百分率有明显差异，但方药两组并无差异，比较方药两组与对照组对吞噬指数的影响，则有差异或显著差异，药两组之间也无差异。

王氏等认为扶正固本的机理可能与本方对机体免疫功能的影响有关。

（黄振翘）

【健脾生血法治疗缺铁性贫血】

陈信义等报道本病107例，用健脾生血丸（党参、白术、茯苓、陈皮、煅绿矾）治疗，治后血红蛋白从7.49±1.82克%上升到12.9±1.08克%，症状好转率为79%，血红蛋白恢复天数，症状改善均较单用硫酸亚铁为优。唐由君等治疗60例，均为极度与中度贫血，分为归脾汤合绛矾丸加减、硫酸亚铁、归脾汤加减合硫酸亚铁三组进行治疗，结果56例治愈，4例好转，其中单纯中药治疗12例，治愈11例，好转1例，对单用中药或西药治疗疗效不佳的病例，应用中西医结合治疗也获得满意效果。李名栋单用归脾汤治疗本病19例，服药一个月，显效4例，血红蛋白升至10克%以上，总有效率79%。

宋琼芬等报道小儿缺铁性贫血128例，服用升血灵冲剂（健脾益气养血中药加西药铁元素）一月后，126例血红蛋白上升0.5～2.5克，占98.5%。温振英等对健脾益气法治疗小儿营养性缺铁性贫血进行临床研究，其中以本法治疗脾虚型417例，显效350例(84%)，有效67例（16%）。经测定小肠木糖排泄率的变化，治前均值为15.9±3.4%，治后为24.84±8.7%，初步验证了"脾虚生血之源"的本质，提示脾能促进造血营养物的吸收、生化，可能是健脾益气法的机理之一。

（黄振翘　黄松龄）

【补脾益肾化瘀治疗白细胞减少症】

景明付报道对抗精神病药物所致的白细胞减少症，辨证属气血两虚者，采用调补脾肾、益气养血法，即给予抗精神病药的同时加服生血汤，药用黄芪、当归、黄精、鸡血藤、女贞子，随证加减，结果14例均治愈。张家良治疗化疗引起的白细胞减少症45例，辨证属脾肾两虚、气血不足，药用黄芪、当归、炒党参、补骨脂、鹿角片，制成冲剂，一天分2次服，治后一周，显效24例，有效17例，无效4例，总有效率90%。秦德政等对由化疗、放疗引起造血功能障碍，白细胞减少，证属火热毒邪入侵，耗伤气血、津液所致，药用潞党参花粉16克（一天量），分2次冲服，连服30天，经治26例，显效23例，有效1例，无效2例。补气兼以化瘀，行气活血为先，益气养血善后。至于由乱用或滥用激素而致瘀血症，应减撤激素，治用益气活血，方选补阳还五汤。蒋森认为本病的机理以血虚血瘀为标，脾肾亏损为本，故采用黄芪、淫羊藿、补骨脂、当归、鸡血藤、丹参、虎杖、大枣为基本方，分气阴两虚或肾阳不足随症用药，其后加人参、紫河车、灵芝粉吞服。经治28例，近期治愈12例（症状消失，白细胞＞5000／立方毫米，随访三月未复发），显效9例，有效6例，无效1例。童伯良选用当归补血汤加三棱，甘草治疗本病20例，显效8例，有效11例，无效1例；对照组（利血生）显效1例，有效10例，无效9例，两组总有效率分别为95%、55%。还有丁德谨重用炮山甲合入补气补血，滋肝益肾的药物，认为无任何不良反应，且白细胞稳步上升。

据张泉等实验研究表明黄白合剂（黄芪、白花蛇舌草）能升高环磷酰胺所致小白鼠白细胞减少且升白作用优于黄芪组、白花蛇舌草组。

（姚楚芳　黄振翘）

【真性红细胞增多症血瘀的研究】

张大龙再次报道用水蛭等活（破）血逐瘀法治疗真性红细胞增多症（简称真红）20例，并配以平肝阳、泻肝火的中药及潘生丁、降压灵等治疗。治后10例血红蛋白降至正常，6例均有不同程度下降，10例复查骨髓象得到改善。其中观察5例发现治后先症状减轻，血红蛋白1.3～4个月开始下降，2.5～10个月降至正常。陶云卿对真红合并高血压1例辨为肝胆火炽、血热瘀滞，投龙胆泻肝汤合犀角地黄汤加减，药用水牛角（先煎）、生地、龙胆草、黄芩、山栀、赤芍、丹皮、泽泻、紫草、羚羊角2克（另久煎）。守方三月，诸症缓解。血压稳定，脾脏缩小，血红蛋白从17.6克降至13.5克%，红细胞从623万降至478万／立方毫米。马景智报道1例，证由痰湿偏盛、脾胃受损、风痰火热，方用半夏白术天麻汤，先后加用石菖蒲、菊花、僵蚕、胆南星、薏苡仁、泽泻、丹参、红花、赤芍。治疗结果血红蛋白从20克减至14克%，红细胞从700万下降至359万／立方毫米，白细胞、血小板、红细胞压积、骨髓细胞均恢复正常。冯纯初治疗1例，属中医"脉痹"，证为湿热搏结、经络阻塞，方用桃红四物汤加减，药选当归尾、川芎、黄柏、桃仁、赤芍、柴胡、银花、萆薢、生地、甘草，继用鳖甲、地龙、黄芪，结果症情改善，复查血象转为正常。刑月明等报道1例真红，用清热降火、凉血解毒、生津育阴佐以活血法，药选夜交藤、山萸肉、丹参、麦冬、玄参、石斛、山栀、黄连、川芎、炒枣仁，配合牛黄解毒丸，经治5个月，症状均消失。红细胞从880万降至450万／立方毫米，血红蛋白从23.6克降至12克%，白细胞降至8800/立方毫米，血小板14万／立方毫米。

为探讨血瘀证的实质，李景德等分析真红38例，病程均在5年以上，骨髓增生程度及干细胞增生活跃，三系细胞明显增高，皮肤粘膜发红，舌紫、肝脾肿大，有出血倾向，脉缓涩，观察血液动力学及甲皱，球结膜微循环均有异常，全血粘度明显高于正常人，因此认为真红是典型的全身性血瘀证，并为活（破）血逐瘀法的疗效所证实。还提出以红系为主的多能干细胞病态增生应被视为本病血瘀证的本质。不少学者对活（破）血逐瘀中药治疗真红的作用机理进行了研究。分别简介于下：

1.对红系祖细胞的影响　刘蕙玲等应用体外培养红系祖细胞技术观察真红19例，发现经破血中药治疗获缓解的4例患者骨髓中早期红系祖细胞（BFu—e）和晚期红系祖细胞(CFu—e)比治疗前明显减低，特别是骨髓中异常红系祖细胞群体受到明显抑制，继而达到外周血红细胞下降而恢复正常。还发现接受治疗患者骨髓小粒在体外液体培养中间质细胞生长明显萧条，造血细胞维持时间短。表明该药物可能先破坏骨髓间质细胞，继而发生BFu—e减少和异常细胞群体消失。

2.血液流变学的变化　高世嘉等观察到28例真红患者，应用活（破）血逐瘀法治疗后复查15例，8例好转，有的治疗1个月则全血粘度明显降低，红细胞数减少（比积下降），疗程3～5个月的有主要血液流变学指标达到或接近正常。

3.血液动力学改变　朱明娟等对本病10例进行了活血化瘀法治疗前后对比观察，发现治疗后心、脑、肢体血管有明显改善，主要是心输出量增加，特别是每搏输出量增加，脑血管供血增加，阻力降低，外周循环小腿血流量无明显增加。初步结果表明活血化瘀法能纠正血液动力学异常及微循环障碍。

4.微循环变化　李氏等发现真红患者甲皱微循环的功能和形态明显异常。赵国忠等观察活血化瘀药治疗7例真红的微循环变化，通过甲襞、球结膜微循环动态检测及指腹皮肤红细胞灌流量测定，发现微循环改善与临床的表现好转大体一致，并与红细胞增减有较好依从关系。

（黄振翘　吴一民）

【紫癜治则的研究】

（一）治疗原则

1．分型论治，益气为主　有些学者对原发性血小板减少性紫癜，较多属脾虚气弱者，采用归脾汤加减；其次为气阴两亏，阴虚内热，分别选用当归补血汤加味或生脉散合二至丸或天王补心丹，一贯煎合二至丸出入。

如侯跃东以益气养血法为主分型治疗本病44例，结果脾气素虚型26例，显效12例，有效6例，进步6例，无效2例；气阴亏损型14例，显效10例，有效4例；阴虚内热型4例，显效2例，进步2例，总有效率为95.45%。陈心清治疗34例（主要归属脾虚气弱型），显效18例，有效12例，进步2例，无效2例，总有效率94.2%。再如李宗圣等治疗42例，分脾失统摄型32例，选用健脾统血方（生芪、白茅根、五味子、党参、茯苓、当归、白术、枸杞子、阿胶、三七）；脾不藏血型10例，自拟滋阴藏血丸（龟版、牡蛎、黄柏、白茅根、侧柏叶、地榆、枸杞子、杜仲、黄芩、地骨皮、山栀、三七，炼蜜为丸），痊愈及显效率达80%。

2. 益气凉血，标本兼顾　张镜人等认为原发性血小板减少性紫癜以气不摄血与热盛伤络为主，药用党参、黄芪、炙甘草、广犀角粉、大生地、丹皮、赤芍、仙鹤草、土大黄、猪殃殃、红枣、当归，随证加减。经治18例，显效5例，有效5例，进步4例，无效4例，总有效率78%。

3. 清热养阴、活血止血　王建中报道原发性血小板减少性紫癜40例，药用黄芩、山栀、五味子、玄参、生地、麦冬、蒲黄、三七、地榆炭、白药、石苇、红枣，随证加减，反复发作加三白散（白芍、云南白药、白矾），结果痊愈32例，好转6例，无效2例。董宝山报道本病16例，服用“升板胶囊”（生大黄、浓缩水牛角粉、汉三七、生草，加减用药），治愈7例，好转9例。对于过敏性紫癜多用清热养阴、凉血散瘀，如郑翔治疗本病54例（单纯型32例，关节型10例，腹型8例，肾性4例），方用水牛角、生地、赤芍、丹皮；兼风热表证加蝉衣、牛蒡子、防风、野菊、山豆根；关节症加虎杖、桑枝、秦艽、地龙；肠胃症加川连、川柏、知母、大小蓟、蒲黄；高热加紫雪丹。结果显效33例，有效17例，无效4例。阎喜文认为本病多为邪热迫血妄行，治宜疏肝清肠解热、凉血散瘀，故用槐花散加减治疗15例，主药选用槐花、侧柏叶、枳壳、生地、小蓟、丹皮、赤芍，结果临床治愈12例，显效2例，中止治疗1例。

4. 益气养阴，止血生血　杨进治疗血小板减少紫癜50例，指出久病迁延，脾肾亏虚，火扰营血，故拟陆鹤消癜汤（制商陆、仙鹤草、生地榆、党参、白术、山萸、丹参、黄芪、首乌、熟地、玄参、生草）并随证加减。结果痊愈38例，好转10例，无效2例，总有效率为96%。苏尔云认为本病以气虚血瘀为本，采用消斑饮（鸡血藤、当归、商陆、墓头回、仙鹤草、侧柏叶、生黄芪、生地、生甘草）并随症加减。以上均重用商陆先煎3小时。治疗33例，结果治愈15例，良效10例，无效8例，总有效率75.8%，16例随访7～48个月，远期疗效87.5%。

5. 温补脾肾，填精止血　黎志远治疗原发性血小板减少性紫癜23例，并根据《不居集》“内寒则阳虚而阴必走，宜引火归源”的理论，药用黄芪、党参、当归、肉豆蔻、熟地、肉桂、熟附块、山药、仙鹤草、阿胶并随症加减，结果显效6例，有效10例，进步4例，无效3例。

（二）活血化瘀的免疫学研究

邓有安应用活血化瘀方（当归、川芎、红花、鸡血藤、赤芍、益母草、党参、黄芪）为主，治疗血小板减少性紫癜22例，总有效率90.9%。血小板治后较治前增加5.08±0.78万／立方毫米（$P<0.001$），治后PAIgG值大幅度下降，骨髓中颗粒型巨核细胞比例也变小，产板型巨核细胞比例扩大，血小板生成增多，表明药物的免疫抑制作用不但解除或减轻了血小板的免疫病理损伤，而且还对巨核细胞的免疫损伤有明显抑制作用。陈瑞芬对本病15例分血热妄行，阴虚火旺，脾虚气弱，先分别用犀角地黄汤，大补阴丸，归脾汤加减；对照组12例用强的松、

氨肽素。治疗结果，中药组与对照组分别为显效9例、3例，良效3例、2例，进步1例、4例，无效2例、3例。从治疗前后血小板、骨髓象、血小板相关抗体（PA）如：PAIgA、PAIgG、PAIgM及补体C_3观察结果，治后取得显效的各项指标恢复到正常数值。陈氏认为活血化瘀中药抑制了免疫抗体的产生，并刺激巨核细胞分裂，使血小板增多。

（黄振翘　黄松龄）

【血液病血虚证治的实验研究】

郑金福观察血液病血虚证治51例免疫功能变化，其中再生障碍性贫血（再障）21例，阴虚型选大菟丝子饮方；阳虚型选用补肾助阳方；阴阳二虚型选用十四味建中汤或加西药康力龙、大力补等。急性白血病（急白）18例化疗为主，辨证为气阴两虚者选用党参、生地、熟地、天冬、首乌；热毒炽盛者选用白花蛇舌草、七叶一枝花、山豆根、石膏、知母、山栀、丹参等。缺铁性贫血12例选用中药补血片（大枣、山楂等）。实验结果发现，再障组淋转、IgG、IgA均较正常人有显著降低，急白组血虚治前E-R、FC、淋转、IgG均较正常人显著降低，缺铁性贫血组免疫功能基本正常。分析免疫功能与预后关系，再障20例治后显效组与无效组的各项免疫指标无明显差异。急白显效组IgM水平显著高于无效组。

邓成珊等观察血虚为主的血液病74例（包括再障、缺铁性贫血、阵发性睡眠性血红蛋白尿（PNH）　急白）及正常人26例的甲皱微循环变化，本组多见管袢淡红或苍白，视野模糊，管袢排列不齐，管袢数目减少，或血流断线、粒流，甚至管袢淤血、出血。再障与缺铁性贫血分别应用大菟丝子饮、当归补血汤加味或八珍汤等，治疗后的上述变化得到不同程度改善或消失。邓氏等认为甲皱微循环检查当作为检查血虚病人的一项重要客观指标。

周霭祥等研究结果表明：1/2000人参液可显著提高人骨髓基质细胞集落CFu-F的产率，浓度过高反见抑制作用，人参对粒系定向干细胞CFu-C的生长，则无明显直接促进作用，提示人参通过造血微环境中基质细胞的作用，间接影响机体的造血功能，周氏等从“阳生”、“阴长”的关系进行分析，认为补气药物通过促进人类骨髓基质细胞的增殖（阳生），影响血细胞的生长(阴长)。马兰芳等实验结果示当归的补血作用是通过其多糖促进造血干、祖细胞的增殖和分化。王晋源等运用调治脾肾、益肾为主的生血丸Ⅰ（重在壮阳）、Ⅱ(偏于滋阴)号进行小鼠造血干细胞的实验研究，结果表明生血丸对CFu-S、CFu-D、CFu-E有刺激其增殖作用，对CFu-E的影响Ⅰ、Ⅱ号两组差异显著。推测生血丸治疗贫血的机理可能与该药对造血干细胞的影响有关。

（黄振翘）

【甲状腺功能亢进症的辨证及治疗】

王和玉对甲状腺机能亢进(简称甲亢)辨证分为肝郁痰结、阴虚火旺两型。全部用中药治疗，经治15例，治愈8例，好转5例，无效2例，总有效率为86.8%。蒋珠玉报道辨证分型治疗81例，（1）肝郁心热，治以疏肝理气，清心安神。药用：丹皮、栀子、柴胡、赤芍、当归、茯神、山药、生地、黄连、朱砂、玄胡索、炒香附、甘草等；(2)肝胃火旺，治以清泻肝胃。药用：龙胆草、黄芩、生栀子、生地、赤芍、生石膏粉、知母、花粉等；（3）心肾阴虚，治以养心益肾，滋阴清热。药用：生地、五味子、麦冬、天冬、玄参、丹参、太子参、当归、茯神、炙远志、柏子仁、枣仁、朱砂等；(4)痰气凝结，治以燥湿化痰、行气散结。药用：海藻、昆布、海带、半夏、陈皮、茯苓、贝母、炒枳壳、桔梗、郁金、当归、川芎等。结果：3个月内治愈者21例，显效13例，有效5例；6个月内治愈者29例，显效11例。申长征报道治疗32例，其中（1)肝郁痰结型24例，治以消瘿破气，用甲亢Ⅰ号方（黄药子、海藻、昆布、海浮石、海蛤粉、生牡蛎、漏芦、木香、三棱、莪术、陈皮、大黄）随证加味；（2）阴虚火旺型8例，治宜滋阴泻火，用甲亢Ⅱ号方（黄药子、生地、生牡蛎、玄参、黄连、黄芩、黄柏、龙胆草、甘草）随证加味；同时用少量他巴唑。经3～6个月治疗，完全缓解（体征症状消失，实验室检查正常）11例，占34.1%；部分缓解18例，占56.3%。喻继光统计100例甲亢，其中有各种情志因素者93例，认为甲亢属气病，乃“气火伤阴”，治以清气火以救其阴。药用：柴胡、黄芩、法半夏、生龙骨、生牡蛎、生石膏、生铁落、葛根、钩藤、僵蚕、朱砂、甘草、大黄。服用1～3个月，且停用西药。其中服药30～60剂，各项症状、体征消失，体重增加者50例；连服60～80剂，甲瘤消失，目突恢复，脉率正常者41例；无效9例。王建平用消积软坚理气化痰法（夏枯草、荔枝核、橘核、山楂核、生牡蛎、当归、柴胡、茯苓、白芍、青皮、桔梗、川楝子、郁金、昆布、海藻等）治疗10例属痰气凝滞者，结果治愈7例，有效2例，手术1例。还有谢务栋认为甲亢临床表现多为肝阴虚、肝火旺的症状，要抓住虚字予以辨治。一般可分为（1）阴虚阳亢型，（2）脾肾阳虚型，（3）气滞痰凝型，（4）甲亢恢复期（气阴两虚）。至其治法，余惠民则认为甲亢治以肝为要，列举疏肝化痰，舒肝祛瘀；清肝泻胃法；柔肝养心；平肝熄风等法。

张淑芝自拟验方甲亢丸（橘红、半夏、云苓、海藻、昆布、夏枯草、煅牡蛎、大贝母、三棱、黄药子、甘草、琥珀、朱砂）治疗甲亢125例，治愈65例，显效24例，好转23例，无效13例，总有效率为89.9%。曲竹秋等自拟甲亢煎（白芍、乌梅、木瓜、沙参、麦冬、石斛、扁豆、莲肉、柴胡、桑叶、黑山栀、昆布）治疗甲亢60例（病情稳定后按上方配制蜜丸口服以固疗效），治愈28例，基本治愈10例，显效8例，好转11例，无效3例，总有效率95%。沈玉明用经验方甲亢平（太子参、麦冬、玄参、生地、川石斛、浙贝母、夏枯草、生牡蛎、生蛤壳等）治疗40例，治愈24例，显效9例，有效7例，治疗时间最短38天，最长6个月，平均67天，随访1年疗效稳定。张笑平临证经验，甲亢过程中见早搏，即加常山、苦参、芍药，无不有效；如并发周期性麻痹可加用炒山栀、粉丹皮、青皮、陈皮、生白术、太子参、炙黄芪、姜半夏、黄药子、昆布等可获佳效。

姜浩运用中西医结合治疗80例，其中甲组42例（为服西药引起副作用以及因它病不能使用西药而甲亢又未控制者）；乙组38例，分别给予口服维持量及治疗量的他巴唑。两组均经中医辨证：（1）阴虚胃热、肝风内动（32例），治宜滋阴清胃、除蒸息风，散结消瘿为主，常用方为白虎汤合知柏地黄汤加减化裁。（2）脾虚肝旺、气阴两虚（48例），治宜泻肝实脾，益气养阴，化痰散结为主。常用小柴胡汤合生脉饮化裁。结果治愈62例，显效12例，有效6例。乙组较甲组治愈率高，且疗程短。聂有智报道分西药组治疗36例，中西医结合组45例。两组西药相同，中西医结合组加用益气养阴为主的中药：生黄芪、太子参、生地、生白芍、夏枯草、生龙骨、生牡蛎、麦冬、五味子、草决明、炒枣仁、炙甘草。结果西药组痊愈15例（41.6%），显效7例（19.4%）总有效率61%；中西医结合组痊愈34例（75.5%），显效7例（15.5%），总有效率91%，其疗效明显高于西药组，且疗程较短。

（朱宝贵）

【糖尿病及其并发症的治疗与研究】

林兰等报道用益气养阴降糖甲片（黄芪、太子参、黄精、生地、天花粉等）治疗原发性非胰岛素依赖型成人糖尿病38例，其中气阴两虚型者29例，服药前检查三次空腹血糖，均值>150毫克%。3个月为一疗程，用药期采用多导生理记录仪检测左心功能，表明心肌明显受累，左心功能受到一定损伤，用药后，随着血糖、尿糖、血胆固醇、纤维蛋白原下降、血浆胰岛素升高，糖耐量改善，而心功能也有所改善。

李凤翠报道33例非胰岛素依赖型糖尿病气阴两虚病人，经观察24小时尿17-羟类固醇（17-OHCS），17-酮类固醇(17-KS)及尿3-甲基-4-羟基苦杏仁酸（VMA）均明显高于正常对照组（$P<0.01$），血清免疫球蛋白含量IgA、IgM均值非常明显高于正常对照组（$P<0.01$），IgG略低于正常对照组，但差异不显著（$P>0.05$）。33例治疗组服用降糖丸（辽宁中医学院药厂出品）每次15克，每日三次。服药15天治疗前后对比，可见24小时尿17-OHSS、17-KS、VMA水平明显降低，且具有使治疗前增高的IgA、IgM降低至接近正常水平，而降低的IgG又能升高的双调作用，上述各项的指标对临床辨证施治有一定参考价值。

在研制不同配方的中成药治疗本病方面也有新的进展。王德修报道用复方降糖丸（由生晒参、地骨皮、泽泻、生地等九味中药，及适量维生素B_1、C组成）治疗110例，每日4丸，30天为一疗程，治疗期间停服其他任何降糖药物。结果：临床控制48例，显效26例，有效27例，无效9例，总有效率达91.82%，血糖平均下降82.5毫克%（$P<0.01$）。王氏认为本病阴虚火旺、燥热伤阴，耗伤肺脾肾。阴虚为本、燥热为标，互为因果，治疗当以酸甘育阴，救阴清热为主，佐益气生津药。王文林用降糖益心丸治疗113例糖尿病，平均血糖230毫克%，平均治疗时间74.4天。结果：基本治愈20.4%，显效23%，有效40.7%，无效15.9%。其丸药组成：炒苍术、甘草、丹参、怀牛膝、桑寄生、炒白芍、川芎、北五味子、公英、黄精、泽泻、黄连、山药、白术、生地、元参、炒薏米、柴胡、丹皮、枸杞子、麦门冬、葛根、红参须。一日三次，每次15～20丸。王氏认为临床往往三焦不易划清，因此治疗上三焦兼顾，三消同治。且本方对家族史的糖尿病患者效果显著，可能是本方中应用大量补益肾气的药物有关。这是当前治疗遗传性糖尿病的一个值得注意的苗头。

关于糖尿病的病机，张孟林提出从脾胃论治，因为脾为土脏，胃为水海，水赖土存，土赖水润，方能滋阴不息，万物茂生。故以健脾实胃为治本大法，结合三消的轻重和兼证，补以食疗，其效果远比三消分治为好。基本方为：炒苍术、炒白术、淮山药、生黄芪、生地黄、熟地黄、玄参、北沙参、玉竹、五味子、桑螵蛸。临床观察80例，结果：血糖降至150～170毫克%者占51%、在100～120毫克%者占49%。陈国瑶等认为糖尿病以气虚为本，阴虚火旺为标，饮不解渴是气虚不能布津液之故、多尿为肾气不固所致，多食为脾气虚而不是胃阴虚或阴虚火旺。治疗上均应佐以补气之法。本病由于气虚不能化津，加之尿多伤津，故阴虚受伤极为显著，因此养阴生津亦为大法，既可以之改善症状，又从阴中求阳而恢复阴阳平衡。本病各个阶段都存在阴津受伤，即或便溏都要注意养阴生津。陈氏等辨证施治52例，总有效率达94%。治疗中均加入苦瓜干24～60克，血糖高者以苦瓜为菜。并认为苦瓜干有类似胰岛素作用，控制饮食为治疗关键，碳水化合物提高到总热量70%时疗效明显。

关于并发症的治疗，张福麟报道13例确诊为Ⅱ型糖尿病，周围神经症状已持续二年以上，服西药二年以上无效，应用神经——肌电图测运动神经传导速度（MNCV），尺神经为正常最低值的40～45%，正中、胫、腓神经为正常最低值的70%左右。后加用养阴清热，佐以活血通络、涤痰药（北沙参、天花粉、麦冬、玉竹、枸杞子、生地、知母、黄芩、黄连、丹参、泽兰、鬼箭羽及指迷茯苓丸），其他随证加减，连服4.5～5月。结果：神经症状尤其是手足发麻，下肢抽痛，以及手指精细动作不良等症的改变较为显著。四肢运动神经传导速度均值都有提高，在上肢有显著性提高，尺神经MNCV治前（左16.95±5.26，右18.31±4.97）较之治后（左23.52±3.97，右24.85±1.88），治后有明显提高（P<0.01）。

李育才等认为糖尿病酮症的病理机制为阴血燥热，气阴两伤。血脉不和，阴血燥热，血脉不和为本病之标，故首应清热解毒，养血调血消除酮症，继以益气养阴作治本之法。但清热解毒和血要贯穿本病的始终。李氏等自拟清热和血降酮方（生黄芪、山药、玄参、苍术、黄芩、黄连、黄柏、栀子、当归、赤芍、生地、川芎、茯苓、泽泻），兼证随证加减，共治22例，显效16例，酮体(－)；有效5例，酮体减少到(＋)；无效1例。

（褚秋萍　王家渊　何立人）

【肥胖病的病因病机及治疗】

近年有关肥胖病病因的研究较多，张炬等总结了如下几种观点：周文泉认为发病与五个方面有关：（1）人之先天禀赋；（2）过食肥甘，膏粱厚味；（3）久卧久坐，活动过少，则气虚气郁，转输失调，膏脂内聚；（4）外感湿邪入里内蕴；（5）内伤七情，尤与脾肾肝胆密切相关。江幼李认为影响因素有：（1）年龄，多见40岁以上中年；（2）性别，女>男，以经产妇或绝经期后妇女为多；（3）体质，先天禀赋，个体差异；（4）地理环境，北方多于南方；（5）饮食；（6）劳作运动，久卧久坐；（7）精神情志；（8）继发于其他病之后。余永谱等认为脾与西医的消化吸收、血液生成，内分泌机能、免疫功能、植物神经调节都有关，是全身代谢的中心环节，故脾虚为主要病机。左芮文认为，七情内伤，肝郁气滞，气机升降转输失常，以致胆不能正常泌输精汁，净浊化脂，而使浊脂内聚，发为肥胖。还有潘涢民认为，嗜啖肥甘厚味无度，致胃内积热，脾虚不运，精微不得敷布，痰脂瘀积，壅塞肌肤腠理，发为肥胖。曲竹秋等认为，肝木疏泄失司，气化功能紊乱是肥胖病的重要病机，若肝木郁结或疏泄过度，则气机不畅，必要引起机体气化功能失于常度，三焦升降无权，造成膏脂、痰浊、水湿停蓄，肢体肥胖。虽然肝郁日久或横犯中州，下汲肾水会出现脾失健运，肾气不足之象，然其关键仍在肝木。

关于肥胖病的治疗，林辉等用“天雁减肥茶”(主要成分为荷叶、车前草等)治疗单纯性肥胖症338例，服药30天后，体重平均下降2.61千克，胸围下降2.291厘米，腹围下降3.414厘米，脂肪百分率（F%）下降4.409，经统计学处理均有非常显著性差异。胆固醇下降25.921毫克%，甘油三脂下降56毫克%，亦均达非常显著性差异，而对肝功能无影响。（F%＝4.570（D－4.142）×100%、D成人男性＝1.0913－0.00116·X、女性＝1.0897－0.00133·X、X＝（肩甲肌皮皱厚度＋三角肌皮皱厚度cm）。曲氏等从肝论治单纯性肥胖40例，总有效率为95%，方药组成：柴胡、白芍、乌梅、茯苓、荷叶、泽泻。肝火旺盛，烦躁易怒加丹皮、山栀；经闭加益母草、当归、香附；带多加苍术、黄柏，每日一剂，体重下降接近正常标准时，可配成蜜丸，每次9克，每日二次。潘氏则以“海藻轻身汤”（海藻、夏枯草、米仁、白芥子、山楂、泽泻、茵陈、柴胡、番泻叶、甘草等）治疗女性青年肥胖症取得良效。

耳针耳压治疗方法近年广泛应用于肥胖病，陈瑞英等报道针药配合治疗单纯性肥胖95例。方法：耳针，刺入揿针后用胶布固定。并每日服中药一份，用药配合耳针，疗程即7次埋针，25天用药。中药分为6号：Ⅰ，山楂、泽泻、莱菔子、麦芽、神曲、夏枯草、陈皮、炒黑白丑、草决明、茯苓、赤小豆、藿香、茶叶各7克，适用于饮食、二便、睡眠正常，近期肥胖者；Ⅱ，生首乌、夏枯草、山楂、泽泻、石决明、莱菔子、茶叶各10克，适用于肝阳上亢，性格急躁者；Ⅲ，苍术、白术、泽泻、云苓、车前子、猪苓、防己、茶叶各10克，适用于下肢浮肿者；Ⅳ，大黄、枳实、白术、甘草、茶叶各20克，适用于便秘者；Ⅴ，半夏、云苓、陈皮、川芎、枳实、大腹皮、冬瓜皮、制香附、炒泽泻、车前草、炒苍术、白术、茵陈、茶叶各5克，适用于无任何不适，一切正常者；Ⅵ，山楂40克加Ⅰ方，适用于伴甘油三脂增高者。治疗3个疗程，统计有效率达73.68%。王馨芳报道以王不留行子耳压治疗肥胖症50例，治疗后体重下降1公斤以上达94%。取穴，内分泌、卵巢、脑点、肾上腺、交感、脾、胃、口、神门、心。

（褚秋萍　王家渊　何立人）

【逐瘀峻下法治疗肝性卟啉病】

肝性血卟啉病临床中表现为皮肤、腹部及神经系三大症群，与中医的“蓄血证”相近似，游开泓报道，应用桃核承气汤加减治疗肝性血卟啉病35例，基本方药：桃仁、桂枝、大黄、芒硝、白芍、甘草。腹痛甚者加元胡、失笑散；瘀血重者加土鳖虫、丹参；呕吐者加半夏、藿香；腹胀者加枳实、厚朴；黄疸者加茵陈、栀子；血压高者加石决明、夏枯草；烦躁者加天麻、钩藤；谵妄者加珍珠母、琥珀；肢麻者加牛膝、地龙；贫血者加当归、川芎。结果，治愈（临床症状与体征消失，腹痛解除、贫血改善，黄疸消退，血压复常，复查肝功能和尿卟胆原阴性，随访半年以上无复发者）31例，占88.5%；好转（症状与体征基本消失，但有周围神经症状，复查肝功能指标转阴，尿卟胆原弱阳性，随访3～6个月内复发者）3例，占8.6%；1例，占2.9%，总有效力率达97.1%，游氏认为，采用桃核承气汤加减治疗，取桃仁破血逐瘀，桂枝温通血脉，加入芍药缓急止痛，更合调胃承气汤通下腑气，使瘀热消散，营卫和调，腑气通畅，通则不痛。

李凌鸿根据“峻下开结”的治则经治本病1例，方用大承气汤：大黄12克（后下）、芒硝10克（冲），枳实10克、厚朴10克，加水100毫升煎取300毫升二次分服。取得较好疗效。李氏认为，本方治疗阳明腑实证的代表方剂，对于卟啉原在肝内过多郁积所引起的腹部及神经精神病变，能达到“荡涤肠胃，推陈致新”及”安和五脏”的效果。

（王纪龙　许士骠）

【类风湿性关节炎的辨证分型治疗与研究】

裘诗庭统计分析了近几年关于类风湿性关节炎（简称类风关）的治疗，其主要治法约有：(1)发汗通痹法；(2) 理气行痹法；(3)温通经络法；(4)补肾祛寒法；(5)补肾治血法；(6) 扶正培本法。还有重用虫类药、蛇制剂、雷公藤等。

关于类风湿性关节炎临床研究方面也有一定进展。侯丽萍等对历节(类风关) 120个完整案例的病理进行了探讨。首先在调脾固肾取得有效率84.25%的基础上，对所形成的湿热阻络、寒热错杂、气阴两虚、肝肾两虚等四型作出先验判断证候。经第一次计算，其聚类分型结果与病例经验分型的吻合率达到76%。侯氏等经过资料分析后认为，历节起因有二：一则为脾虚气血营卫不足，脾功能不调，此为内因；二则为外邪入侵关节，此为外因。脾虚伤阴累及肝肾。因而在治疗上，也应是始予调脾，终以固肾的动态过程。在治疗过程中调脾利湿的药物应贯以始终。聂志伟等观察了106例类风关甲皱微循环与中医证型的关系(上述病例与101例正常人对比，显示存在着明显的微循环障碍)。其中寒湿型可见：(1) 微血管痉挛的发生率最高，占67.6%；(2)微循环淤滞占20.6%。湿热型中 (1) 与 (2) 的发生率均无明显差异。血瘀型以微循环淤滞为主，而且红细胞淤集、管袢畸形最为严重。气血虚型微循环淤滞47.8%。随着治疗，病情的稳定好转，其甲皱循环障碍也有明显改善。

（一）辨证分型　栗德林报道辨证分型治疗32例：（1）风热型：治宜清热祛风兼除湿邪，用黄柏苍术天南星汤加味（黄柏、苍术、天南星、桂枝、防己、威灵仙、地龙、生石膏、木瓜）；（2）风寒型：治宜散寒祛风除湿，用独活寄生汤加味（独活、寄生、秦艽、防风、细辛、当归、白芍、川芎、生地、杜仲、牛膝、人参、茯苓、甘草、肉桂、雷公藤）；（3）气血亏虚型：治宜益气补血、清热祛湿　用当归拈痛汤加味（当归、茵陈、茯苓、猪苓、白术、泽泻、防风、人参、升麻、黄芩、甘草、苦参、知母、葛根、苍术等）。结果痊愈18例，好转12例，无效2例，总有效率94%。谢海洲等采用扶正培本法为主，治疗本病60例，其中（1）脾胃虚弱，治予健脾益气，化湿和中；（2）气血不足，治予益气养血；（3）肝肾阴虚，治予滋补肝肾；（4）肝肾阳虚，治予温补肝肾；（5）湿热胜，治予清热化湿；（6）寒湿胜，治予温阳祛寒；（7）风湿胜，治予祛风化湿；（8）瘀血，治予活血祛瘀通络为主。结果6例治愈，28例显著好转，好转25例，无效1例。

（二）验方与制剂　（1）雷公藤制剂：宋兆祺等用本方治疗100例，总有效率为93.3%。经X线动态分析，25例中骨质侵蚀破坏治后有比较明显的修复增生者仅5例，另有少数病例改变局限，可能只是病变的反复过程。尹玉茹等用对雷公藤单方和复方治疗本病112例随机分组进行对比，肯定了单方的疗效，且认为配伍寒凉药其疗效并不提高，配伍温热药反而使疗效降低。水煎剂以每日生药25克为宜，酒剂则用以巩固疗效；疗程与疗效无明显关系。干桂琴等概述认为雷公藤生药量每日不能超过40克，复方煎剂以每日15克为宜。李志铭以服风湿宝（复方雷公藤片）为主治疗128例，临床控制41例，显效45例，好转36例，无效6例，总有效率为95.32%，原有78例血沉增快者恢复到正常范围（占76%），类风湿因子由阳性转阴性者67例，转阴率为59%。（2）毛青藤：张兆兴等用本品总碱治疗172例，由120毫克/日开始于两周内递增至300毫克／日，维持此量，共用药3个月。临床治愈17例，显效75例，有效58例，无效15例，因反应停用7例，显效时间为10天～1个月。总有效率达90.3%。其作用可能是通过垂体—肾上腺皮质系统实现其非特异性抗炎作用。（3）蚂蚁：王怀山用玄驹丸（蚂蚁丸）治疗本病36例，30天为一疗程。结果显效27例，好转9例，有效率100%；西药对照组22例，显效12例，好转9例，无效1例。且类风湿因子转阴也优于西药组。郭来旺用蚂蚁丸（蚂蚁、何首乌、熟地、人参、五味子等）治疗20例，完全缓解16例，基本缓解2例，无效2例，总有效率为90%，完全缓解平均30天。吴志成也有用单味蚂蚁烘干蜜丸，治疗本病取效的报道。（4）穿山龙：郭晋才以本品茎、根加工成穿山龙注射液，每日2次，肌肉注射，经治45例，显效率40%，好转率43.3%。黄昌荣也以育阴逐瘀汤（生地、知母、蒺藜、甘草）为基本方，随证加味治疗20例。结果治疗1～2月恢复正常者6例，2～3月者8例，3月以上者3例，无效3例。（5）含蛇制剂：炊积科用自拟乌蛇祛通络汤（乌梢蛇、独活、羌活、当归、防风、细辛、伸筋草、老鹳草、豨莶草、黄芪）治疗42例，并用药渣局部外敷。疗程1～3个月。张忠良等自制追风活络液（威灵仙、乌梢蛇、羌活、制川乌、制草乌、血竭、独活、牛膝等19味中药）治疗23例，1年内痊愈3例，显效12例，好转8例，有效率100%。杨林报道用生马钱子丸（生马钱子、白花蛇、蜈蚣、乌梢蛇、地鳖虫、地龙、赤芍、生甘草）治疗37例，每日口服不超过12丸，饭后吞服，服至全身肌肉有响动及轻微抽动为最佳治疗量。结果治愈18例，显效12例，好转4例，无效3例，总有效率91.8%。(6) 其他：姚树棠等用桂枝芍药知母汤合三藤汤（鸡血藤、海风藤等）加减，治疗15例，痊愈8例，显效5例，好转2例。汤琢成自拟泽补汤（泽漆、补骨脂、虎杖、威灵仙、雷公藤、蛇舌草、秦皮、生地、丹参、当归、全蝎、昆布、海藻、细辛等）治疗35例，痊愈4例，显效9例，有效17例，无效2例，中止治疗者3例。余克涌采用民间消痹方（秦艽、防风、牛膝、白菊花、白芍、川芎、松节、茄子根、天麻、枳壳、大血藤、台乌药、桂枝、陈皮、苍术、虎骨等）加黄酒浸泡30天，治疗12例，治愈5例（3年未发），6例好转，1例无效。钱伯琦以川草乌为主治疗类风关32例，并配用5年以上桑树根熏蒸双手、足心，每天1～2次，15天为一疗程，治愈3例，显效18例，好转10例，无效1例。还有陈之才报道中西医结合治疗140例，总结随访13年，有效率78.56%，原服激素者有68.75%已停止服用。症状好转时，各项化验指标均有明显下降。

（朱宝贵）

【变应性亚败血症治验】

变应性亚败血症（简称亚败），国际标准名称为still病。其特点临床表现为间歇性高热、皮疹及关节症状的三大主症。中医认为本病一般是湿热之邪引起，证属热痹、风湿、寒厥、暑温、虚劳等范畴。郁觉初则根据亚败初起有寒热、咽痛等外感表证，起病急骤，发热是主症且易伤阴，以及病程中有卫、气、营（血）的病理变化，而确认本病为温病。梅恒享从发热、游走性关节痛等诊断一例本病为行痹、湿温范畴。亚败的治疗近年来各地均有报道，有用和解表里小柴胡汤者，有用清热解毒神犀丹加减者，有清温透邪用达原饮者，亦有从阴虚内热用青蒿鳖甲汤者，而从痹论治者亦不少。梅氏及彭世维、王春荣等均以湿热论治为主。梅氏认为系湿热阻滞，气机不利使然，故用除湿透热宣痹法，方以三仁汤化裁：杏仁、蔻仁、苡仁、厚朴、法半夏、藿香、黄芩、猪苓、丝瓜子、扁豆。彭氏则以为湿热蕴结于少阳三焦，故治以清热除湿利胆，佐以芳香化浊，方用蒿芩清胆汤合三仁汤加减，待湿邪化尽再改用青蒿鳖甲汤加味以养阴清热。王氏用清热祛湿解毒法治疗，一例用连翘、双花、板蓝根、土茯苓、丹皮、丹参、赤芍、地骨皮、玄参、坤草、泽兰叶、地龙、滑石、桑叶；另一例用黄芩、黄柏、双花、连翘、生石膏、知母、栀子、蝉蜕、升麻等，均获痊愈。郁氏治疗方案分常法常方和变法变方两个部分。常法常方适用于亚败全过程三个阶段的常见证型。初期邪在卫表阶段用解表法，方以新加香薷饮为主，风寒明显者加荆芥、防风；咽喉疼痛者加板蓝根、白僵蚕；亚败发作期，热炽如火，燔灼气分，累及营分，故用清气凉营法，以白虎汤清气泄热为主，加丹皮、生地、赤芍、大青叶等凉营之品，关节痛甚者加用当归拈痛丸缓急止痛；缓解期为高热之后或久用激素而伤阴耗液，并有瘀阻络脉，可用养阴活血法，以增液汤为基础，合知母滋阴清热，合红花、泽兰以活血和络。至于变法变方，则适于亚败症情多变及激素副作用的影响而使病情变异或顽固难愈非常法所能控制者。如虚实并清法，在出现激素副作用，病情反跳，既有阴虚瘀血见症，又有高热，皮疹、关节痛等实热见症时，用白虎汤合青蒿鳖甲汤加银柴胡、红花、土鳖虫等；化阴祛风法，用于邪热已退，关节痛消失，唯皮疹反复出现，出没不定，顽固不退者，以乌梅、白芍、五味子、生甘草、柴胡、防风、升麻、葛根等八味酸甘化阴，祛风透达；益气固表法，对缓解期防止复发有效，若病后体质虚弱，卫气失固，易遭外邪侵袭者，宜玉屏风散加太子参、白芍、甘草，以益气和阴，固表御邪。经初步观察，中西医结合治疗在控制症情和防止复发方面优于单用泼尼松组。近代研究认为，长期应用糖皮质激素可发生阴虚内热和阴阳两虚并以阳虚为主，而生地、玄参具有调整机体免疫功能和减轻激素副作用的功效，知母具有拮抗氟美松反馈抑制作用，而红花的活血化瘀作用可调节免疫功能和改善内脏功能。因此选用上药可使激素顺利减量，减少复发和巩固疗效。

（王锦鸿）

【中风后遗症的证治】

中风后遗症的证治《中医年鉴》1985卷曾作介绍。近年来在中医辨证治疗及验方、经方治疗方面又有一定进展。

李玉和采用中药配合针刺疗法，治疗30例，辨证分为痰热阻络型19例，治以清热化痰，祛瘀通络，以温胆汤为主方。气虚血瘀型11例，治以益气养血，祛瘀通络。以补阳还五汤为主方。在服任何一种复方药的同时均送服三虫散（全蝎、蜈蚣、白花蛇各等分焙黄研末装胶囊）针刺从头针配面针。结果：脑溢血10例，痊愈5例，显效4例，无效1例；脑血栓形成20例，痊愈14例，显效6例，总有效率为96.7%。其中以偏瘫2周以内即行本法为最理想。本法优于单纯中药组和单纯针刺组。经统计学处理均有显著性差异。傅谦将100例中风偏瘫患者辨证基本归纳为阴虚阳亢、痰湿瘀阻、气虚血瘀、元气虚衰四型配合针灸治疗。其中阴虚阳亢型偏于真阴不足，虚风内动者，治以养血滋阴，柔肝熄风，方用大定风珠加减；偏于阳亢风动，风火相煽者。治以潜阳泻火，镇肝熄风，方用天麻钩藤饮或镇肝熄风汤加减；痰湿瘀阻型，治以涤痰为主，化瘀为辅，方用导痰汤加减（或用严氏涤痰汤）。气虚血瘀型，治以益气活血，疏通经络，方用补阳还五汤加减；元气虚衰型，治以滋阴助阳，补益元气，方用河间地黄饮子加减。结果：中药配合头针治疗组67例，治愈23例，基本治愈28例，好转16例，总有效率为100%。中药配合体针组23例，治愈8例，好转10例，总有效率为93.9%。郭剑华认为采用中药，针灸、推拿等法综合治疗对改善患者的脑部血循及脑缺氧，控制脑水肿，增加病灶周围脑细胞的营养，促进脑组织的修复有着积极的作用，临床疗效明显提高。邵云自拟祛瘀通脉汤（黄芪、桂枝、当归、地龙、牛膝、鸡内金、川芎、丹参、桃仁、甘草）结合针刺治疗126例中风后遗症患者（气滞血瘀型71例，痰浊阻络型38例，阴虚阳亢型17例），结果：治愈52例（其中瘫痪两次者3例），显效40例，好转34例，有效率100%。王文涛辨证分型治疗53例（其中病程最短者7月，最长者达10年）：（1）气虚血瘀证，以益气活血、去瘀通络法，方用补阳还五汤加减。（2）阴虚血瘀证，以养阴生津，化痰通络法，药用鲜生地、麦冬、玄参、丹皮、川石斛、当归、川牛膝、枸杞子、赤芍、地龙等。（3）风痰阻络，以熄风化痰，祛瘀通络法，方用天麻钩藤饮加减。（4）虚风内动证，以滋液熄风法，方用大定风珠加减。并配用针刺治疗。结果：基本痊愈13例，好转35例，无效5例，总有效率90.6%。

孙中云对135例中风后遗症患者于初诊按中医辨证分为：（1）阴虚阳亢，腑气不畅（49例）。基本方药：鳖甲、龟版、牡蛎、大黄、生石膏、郁李仁、火麻仁、番泻叶、王不留行、路路通。（2）气虚血瘀，经脉失养（9例）。基本方药：（生黄芪、丹参、王不留行、路路通、川芎、太子参、伸筋草、豨莶草、络石藤。（3）阴虚血瘀，经脉阻滞（18例）基本方药：阿胶珠、山萸肉、生地、熟地、白芍、龟版、南红花、王不留行、路路通。（4）阳虚血瘀，经脉失养（30例）。基本方药：附子、肉桂、党参、丹参、肉苁蓉、王不留行、路路通。（5）阴阳两虚，血瘀阻络（29例）基本方药为附子、山萸肉、五味子、野於术、南北沙参、菖蒲、远志、牛膝、桃仁。结果：基本痊愈34例（25.2%）；显著好转27例（20%）；好转49例（36.3%）；无效25例（18.5%），总有效率81.5%。

卫剑琴等采用以活血化瘀为主，通经活络为辅，熄风定痉为佐使的组方原则，研制的中风回春片（丹参、忍冬藤、金钱草、白花蛇、红花、地龙等）治疗本症129例，并另设对照组均服“脑得生”进行观察。结果：治疗组129例，痊愈47例（36.43%）；显效42例（32.56%），好转33例（25.58%），总有效率为94.5%；对照组41例，痊愈3例（7 32%）；显效9例（21.95%），好转19例（46.34%），总有效率为75.67%。王德文用家传五虫四藤汤（蜈蚣、地龙、忍冬藤、钩藤、乌梢蛇、地鳖虫、全蝎、鸡血藤、络石藤、黄芪、丹参）随证加减治疗45例脑血管所致的偏瘫。结果基本治愈23例（51.2%）；总有效率为93.4%。石占诚以自拟活血通脉汤（当归、白芍、川芎、红花、丹参、桃仁、牛膝、鸡血藤、乌梢蛇、白花蛇、桂枝、黑附子、神曲、甘草）随证加减治疗因脉络空虚、风痰走窜、闭阻经脉所致的中风后遗症20例，结果：治愈11例（55%）；基本治愈6例（30%）；好转2例（10%）；无效1例（5%）。

中风后遗症所致之偏瘫，一般常以王清任补阳还五汤补气活血，化瘀通络。何建业认为，验之临床，未必尽然，乃改法从肝论治，並选典型病案二则，以资佐证。一是肝阳上亢偏瘫案以龙胆泻肝汤加减治愈。一是肝阴不足偏枯案以一贯煎加味治愈。张宗贵亦用加味龙胆泻肝汤治疗2例半身不遂获效。武长安遵《素问·逆调论》“荣气虚则不仁，卫气虚则不用，荣卫俱虚，则不仁，且不用。”之论，运用桂枝汤加红花、防风等治疗偏瘫24例，治愈15例，显效6例，好转3例，其中服药最少者14剂，最多者103剂，平均58剂。陈嘉也报道用滋水涵木法治愈一例中风后遗偏瘫患者，余希彭以滋阴温督法治愈一例。庄兆坤报道采用滋肾化瘀法治疗本症能获满意疗效。举一例验案仿河间地黄饮子加味，共服20余剂告愈。

（姜志昂　朱宝贵）

【重症肌无力的辨证与治疗】

李庚和对重症肌无力432例的疗效进行了分析，痊愈152例，显效60例，有效198例，无效22例，总有效率达94.9%。其辨证分型与治法：(1)脾气虚型(303例，多为单纯眼肌型)：具有食欲不振，大便烂软等症。舌胖苔薄，脉细。治以补气健脾法，药用：黄芪、党参、升麻、柴胡、白术、当归、陈皮、大枣、甘草。另以黄精、山药、扁豆、胎盘片等为备选药。(2)脾肾气阴两虚型（78例，多为全身型）：可见全身乏力，吞咽咀嚼困难，伴有复视等症。除脾虚见症外，可见舌尖红或苔剥干毛，脉细数等气阴两虚证，治以益气补肾法，药用：党参、黄芪、生地、熟地、山药、枸杞子、山萸肉、龟版、白术、甘草。另以首乌、麦冬、五味子、白芍、阿胶、胎盘片等为备选药。（3）脾肾阳虚型（51例，多为全身型或延髓型）：有显著憎寒，怕冷，便溏，腰酸，吞咽明显困难，全身极度乏力，舌边齿痕，苔薄质淡等脾肾阳虚证。治以温阳益气法，药用党参、黄芪、附子、肉桂、鹿角胶、熟地、山药、枸杞子、山萸肉、当归。另以锁阳、巴戟肉、补骨脂、杜仲、桑寄生、胎盘片等为备选药。

张华英等认为脾胃为后天之本，脾主肌肉，上睑属脾，眼肌型重症肌无力病机重点在肌肉，症在无力，故以补中益气汤为主，先后治疗28例，共32只眼，结果痊愈23只，显效4只，好转3只。舒民军、陈可静等报道各自验案，分别采用益气养血，祛风通络法（钩藤、全蝎、地龙、僵蚕、党参、甘杞子、北芪、当归身、白术、防风、炙甘草）；大益元气，温补脾肾法（黄芪、炙甘草、白芍、肉桂、附片、红参、柴胡、升麻、鸡内金、龟版）而取效。

裘昌林以具有开通经络，透达关节作用的马钱子为主，同时结合辨证辅以补中益气，补益脾肾等法治疗本病8例，结果近期治愈4例，好转1例，无效3例。主药马钱子合六一散，制作成每粒胶囊装炙马钱子粉0.2克。每日3次，每次1粒，饭后即服。每隔2～4日增服1粒，逐渐加至7粒止。如不到7粒，而自觉机体局部有一过性肌肉跳动、抽动感时，亦不可再增加，肌力基本正常后减少马钱子用量，直至终止治疗。

（张友海　纪钧）

【血管神经性头痛的证治】

血管神经性头痛（又名血管性头痛）具有病程长，痛势剧烈，痛有定处的瘀血特点，近年治疗多以活血化瘀为其中心环节，同时结合疾病成因及病变过程中的具体情况而灵活化裁，取得满意效果。（1）活血止痛：邵正泰等用自拟活血止痛汤（当归、川芎、白芷、菊花、白芥子、香附、柴胡、桃仁、甘草）加减治疗本病84例，痊愈69例，好转11例，无效4例，总有效率达95.24％。（2）祛风活血：刘贵仁等认为本病乃由风邪上受，久病脉络瘀阻而成，拟以祛风通络汤（川芎、白芍、葛根、白芷、藁本、细辛、蝉蜕、牛膝、甘草、蜈蚣、全蝎）加减治疗本病110例，痊愈66例，显效22例，有效15例，无效7例，总有效率为93.6％。（3）敛阴潜阳，活血散寒：姚永年分析本病的发病机制为阴虚阳亢或感受风寒，清空被扰，脑部脉络失和，不通致痛，自拟颅痛饮（白芍、钩藤、川芎、细辛、生石决明）治疗56例，痊愈42例，显效9例，无效5例，总有效率为91.1％。（4）理气活血：赵金录依据气行则血行的原理，采用理气通窍法（丹参、川芎、白芍、香附、元胡、茯苓、防风、白芥子、羌活、柴胡、白芷）治疗本病101例，临床治愈86例，有效12例，无效3例，总有效率为97％。（5）益气活血：梁家清等观察本病57例，发现元气虚致使各脏腑器官，经络的气血受阻是形成本病的主要病机，治以补阳还五汤为主，治愈48例，好转7例，无效2例，治愈率达84.2％。治疗时间平均7～12天。此外，周毓海、姜胜基、许彪、宋知行认为本病的发病与肝气郁结密切相关。如周氏对1例患病10余年，屡治鲜效的男性患者，采用疏肝解郁法获愈。随访3年无复发。

外用药物疗法亦有效。刘共和以头痛散（由川芎、乳香、没药、细辛、石膏、天花粉、远志各等量，冰片、全蝎各减半，共为细末而成）治疗血管神经性头痛等头痛病变22例，其总有效率达90％以上，其中17例仅治疗3～6次即获临床治愈。使用时用水调为绿豆大小丸粒，左侧头痛塞入右鼻孔，右侧头痛塞入左鼻孔，全头痛则左右鼻孔交叉使用，每日3次，每次放入1小时左右即可。钟晶华介绍外治法先在头痛区找明显压痛点，按摩3～4分钟，再外敷六安止痛膏（将白芷、木香、乳香、红花、冰片、樟脑捣碎研末，调蓖麻油成软膏，隔日1次。举治一典型病例，4年前出现间歇性右侧头顶颞部针刺样剧痛，疼痛向右侧耳后部放射，其后发作频繁，隔1日即发作1次，每次持续1～2小时之久。采用上法治疗4次，疼痛即未再作。

（张友海　纪钧）

【癫痫的治疗】

（一）发作期治标，缓解期治本　刘殿文等对小儿癫痫发作期用“醒神化痫丸”（太子参、寸冬、五味子、橘红、胆南星、茯苓、僵蚕、钩藤、珍珠母、丹参）治其标，缓解期用“益智聪明丹”（太子参、寸冬、五味子、石菖蒲、益智仁、黄芪、杞子、黄精、陈皮）治其本，共30例，结果显效11例，好转14例，无效5例，总有效率83％。

（二）辨证治疗　曾俊辉等对163例癫痫根据证候特点分为七型：其中“惊痫”12

例，用平肝镇惊安神、豁痰开窍定痫法，方取磁朱丸加龙齿、法半夏、远志、石菖蒲等治疗；“郁痫”32例，用疏肝解郁、泻火化痰开窍法，方取柴胡疏肝散加山栀、郁金、胆星等治疗；“风痫”19例，用平肝息风止痉，佐以活血法，方取镇肝息风汤去天冬、川楝子、茵陈、麦芽，加钩藤、僵蚕、全蝎、当归、丹参等治疗；“痰痫”36例，用豁痰降逆、开窍定痫法，方取五痫丸去乌梢蛇、白附子、雄黄，加川贝、远志、丹参等治疗；“热痫”14例，用清肝泻火，佐以镇惊安神、豁痰息风法，方取龙胆泻肝汤去木通、车前子，加生大黄、钩藤、朱砂、生龙牡等治疗；“瘀痫”43例，用活血通瘀、定痫止痉法，方取补阳还五汤加天麻、全蝎、僵蚕、丹参、菖蒲等治疗；“虚痫”7例，用滋养肝肾、补益心脾法，方取左归丸加党参、白术、酸枣仁、紫河车等治疗。结果：治疗后2年以上未发者74例；发作频率和每次发作时间各减少70%以上者21例；发作频率和每次发作时间各减少25%以上者26例；无效42例。

（三）自拟经验方治疗　张洪海等用祖传“雄黄停痫丸”（雄黄、钩藤、制乳香、琥珀、天竺黄、天麻、全蝎、胆南星、郁金、黄连、木香、荆芥穗、明矾、甘草、朱砂、珍珠、冰片、绿豆），成人每次4～6克，每日2次，三个月为一疗程，服药癫痫停止发作后，续服100天以上。用此方治疗87例癫痫，结果：临床控制（一年以上未发）34例（39.1%），有效（发作减轻、间隔延长）20例（22.9%），无效33例（37.9%），总有效率62%。服药中有4例出现皮疹、发热等过敏现象，停药后即消失。张绍利等用“止痫散”（乌梢蛇480克，壁虎、胆星各100克，地龙120克）治疗27例癫痫，结果：停药一年以上未发，复查脑电图正常者19例，发作减少，间隙延长者7例，无效1例。张氏等体会，该方对儿童及青少年患者效优于大年龄者。杨占林等自拟“抗痫珍羚丸”（珍珠、羚羊角、天竺黄、山栀、龙胆草、牛黄、朱砂、黄连、冰片、白芍、胆南星、川芎、丹参），每丸3克，1岁以下每次1/3丸，1—9岁每次1/2丸，10—15岁每次1丸，每日2次，治疗24例小儿癫痫。结果一年以上未发者20例。发作次数减少2/3，追访半年以上者4例。本方有泻火解毒、定痫息风、育阴潜阳、豁痰开窍、活血化瘀之效。史文祥制“虫矾散”（蜈蚣、白矾、全蝎、胆星、郁金、朱砂、人工牛黄）治疗12例癫痫。结果：1年以上未复发者8例，0.5～1年未复发者3例，半年内复发者1例。

此外，刘玲等临床观察发现“河南囊虫丸2号”（皂角刺、蛇床子、僵蚕、蜈蚣、胆星、朱砂、青礞石）不仅对脑囊虫引起的各种类型癫痫有效，而且对其他癫痫亦有效。以此方治疗180例癫痫，经1～6年观察，（按1979年青岛会议所定疗效标准），显效104例（占57.78%），有效46例（25.55%），效差21例（11.67%），无效8例（4.45%），加重1例（0.55%）。总有效率为82.04%。原脑电图异常者105例，治疗稳定后复查，24例转为正常，46例明显好转，35例变化不明显。

包文奎等发明用不锈钢环俞穴定位法治疗本病。选穴：对癫痫大小发作及精神运动性发作型，选大椎、陶道、身柱、筋缩、脊中；对局限性发作型，选大椎、陶道，配间使、内关、劳宫、照海、筑宾、承山、五处等。每次取1～2穴。确定手术穴位消毒后，在局麻下切开1.5厘米切口，切除部分脂肪组织，将消毒之不锈钢环放入皮下缝合切口，敷以纱布、胶布固定，一个月复查，如仍发作复行第二次手术。以此法治疗癫痫40例，随访一年治愈者（1年未发者）19例，控制（虽未再发作，仍有烦躁、阵发性心悸等发作前预兆者）11例，减轻7例，无效3例。

（王庆其）

【癫狂的治疗与研究】

刘敏霞等以自拟“大黄郁金汤”（郁金50克、大黄30克）。失眠者加炒枣仁、珍珠母；表情淡漠者加黄精、云苓、远志；胸闷者加柴胡、香附、木香。服用汤药一个疗程（30天），经治8例病人均得缓解或治愈，追踪观察12年，治愈4例；坚持正常工作者1例；11年未发作者2例；9年未发作者1例；有效3例；4年缓解发作者（即药后主要症状有缓解）1例；半年没有发作者2例；2个月缓解发作者1例。汪斌以活血化瘀为主（桃仁、丹参、赤芍、莪术、香附、郁金、生大黄、甘草），治疗精神分裂症患者20例。并随证加减。结果：痊愈2例，显著进步8例，进步6例，无效4例。中药组与西药组氯丙嗪650毫克／日疗效相近，且副作用小。王俊国报道用温胆汤加味（法半夏、茯苓、陈皮、枳实、竹茹、菖蒲、黄连、黄芩、胆星、瓜蒌、生铁落、生姜、甘草）并随症加减治疗30例精神分裂症患者，结果：痊愈16例，好转12例，无效2例。葛萍等用柴胡龙牡汤及小剂量抗精神病药治疗各型精神分裂症67例，近期疗效：痊愈1例，显效35例，进步15例，有效率为76.1%。葛氏等治疗的原则是以中医六经辨证方法进行辨证，凡有口苦、咽干、怕风烘热、胸胁苦满、神思疲乏、默默无言、不思饮食、脉弦等少阳证及兼有气滞血瘀者均可选作治疗对象。张传波、宗王清任《医林改错》：“癫狂证，乃气血凝滞，脑气与脏气不接”的瘀血立论，用桃仁承气汤治愈1例气滞血瘀之癫疾。丁德正亦报道用酸枣仁汤(其中酸枣仁重用为60克)治愈1例精神分裂症妄想型患者，至今已十七年未复发。

张永祥等对精神分裂症患者24例治疗，其中18例给服“黄牛角煎剂”（黄牛角20～50克／日），服前4天停止使用其它抗精神病药物，并随证辨证施治，服药时间1～2个月；6例吞服“黄牛角粉”，每日3次，每次3克，同时合并使用小剂量抗精神病药物治疗。结果：痊愈及显效17例（70.83%）；好转6例（25%）；无效1例，总有效率为95.83%。在痊愈及显效病例中，病期三年以内的占100%（8/8），而病期三年以上的16例中，痊愈及显效仅有9例，占56.25%。此外邵继棠认为磁朱丸用于癫狂患者，近期疗效较为肯定。

关于对癫狂证病机和分型方面近年有一定进展。吴瑞曾对300例癫狂患者进行资料分析，因气郁产生痰火血瘀致癫狂者112例（占56%）。其中气郁痰结者69例(34.5%)，气郁化火者27例（13.5%），气郁血瘀者16例（占8%）。吴氏认为治疗首须要考虑“气郁”这一病机特点，而解除气郁应主要从肝着手。另外还须注意对患者进行心理治疗，以有助于解除气郁。张良栋等报道对30例精神分裂症患者进行中医辨证分型，其中阳虚型7例，阴虚型7例，顽痰型9例和热痰型7例，并作了临床实验的对照研究，发现观察组的强啡肽1-8（D1-8）和3-甲氧基-4-羟基苯乙二醇硫酸酯低于健康人，而四型相比的结果为热痰型和阴虚型的环磷酸腺苷高于阳虚型和顽痰型；阴虚型的D1-8高于阳虚和顽痰型。以上提示本组的中医分型，既符合中医精神病传统的“癫、狂”分类原则，也可能为这些病理机制找到一些体内的物质变化的基础。

（姜志昂　朱宝贵）

【活血化瘀治疗顽固性失眠】

赵庆林运用王清任活血化瘀法治疗失眠46例（神经衰弱25例，脑外伤综合征17例，脑动脉硬化4例）。病程三个月以内者17例，9年以上者5例。其中，气滞血瘀证29例，治以血府逐瘀汤，头痛重者重用川芎，头外伤早期加乳香、没药、血竭。若口干口苦，心烦易怒，尿黄舌红，脉弦数加菊花、栀子、夏枯草、丹皮，头晕血压偏高加钩藤、槐花；痰瘀互结证13例，治以血府逐瘀汤合温胆汤加川连、山栀。气虚血瘀证4例，治以补阳还五汤加减。结果：临床治愈22例，显效13例，好转11例。舒盛良以自拟“活血眠通汤”（三棱、莪术、柴胡、炙甘草、白芍、白术、酸枣仁、当归、丹参、茯苓、夜交藤、珍珠母）为主，并随症加减治疗顽固性失眠112例，服药时间平均三周。结果：痊愈30例（27%），显效45例（40%），好转29例（26%），无效8例（7%），总有效率为93%。谢勇等以活血化瘀为主方（丹参、三棱各20～45克，香附、木香各10～25克，当归10～25克，栀子10～20克），神经官能症失眠多配合欢皮、夜交藤、珍珠母；精神分裂症失眠多配礞石、生龙骨、生牡蛎、琥珀。头痛重加川芎、柴胡；癫狂配郁金、菖蒲；狂证配石膏、知母；阴阳气血虚弱者加党参、黄芪等补益之品。治疗失眠症240例（精神分裂症和神经官能症各120例），结果：120例神经官能症患者显效48例（40%），好转42例（35%），无效30例（25%），总有效率为75%）。120例精神分裂症患者中显效33例（27.5%），好转45例（37.5%），无效42例（35%），总有效率为65%。并随机取精神分裂症、神经官能症各40例作了甲皱微循环复查比较。结果：精神分裂症和神经官能症者的甲皱微循环的分数指标，与正常人比较有显著不同，经活血化瘀为主的方药治疗后，各项指标均有明显改善。

（姜志昂　朱宝贵）

参考文献

B

包福助等　扩冠冲剂治疗冠心病心绞痛的临床与实验研究　中西医结合杂志　（6）：341，1987

包文奎等　不锈钢环俞穴定位治疗癫痫　新中医　（4）：27，1987

宾冠华　胃扭转　湖南中医杂志　（5）：46，1987

伯运宽　胃炎合剂治疗胆汁返流性胃炎100例报告　安徽中医学院学报　（4）：32，1987

C

曹恩泽　辨证为主治疗肝硬化腹水41例临床报告　安徽中医学院学报　（1）：28，1987

曹恩泽等　中药保留灌肠治疗慢性肾功能衰竭的临床观察　中西医结合杂志　（7）：429，1987

曹联翠等　巨大空洞的肺化脓症治验　吉林中医药　（2）：20，1987

曹旅川等　蒲黄对家兔实验性心肌梗塞血小板聚集的影响　中西医结合杂志　（4）：232，1987

曹庆素等　产妇癃闭急性治疗　江苏中医杂志　（7）：9，1987

曹锡荣　中药附子治疗病窦的近况　云南中医杂志（6）：36，1987

陈　炳等　胆心综合征7例报告　上海医学　（3）：174，1983

陈典梅　凤尾草合剂治疗尿路感染　江西中医药　（6）：22，1986

陈鼎祺等　中西医结合与单纯西药对急性心肌梗塞并发心律失常223例疗效对比观察　山西中医　（2）：19，1987

陈鸽伟等　产妇癃闭急性治疗　江苏中医杂志　（7）：10，1987

陈国瑶等　辨证施治糖尿病52例报告　广西中医药（3）：1，1987

陈　嘉　中风后遗症治疗琐谈　上海中医药杂志　（3）：22，1985

陈开宗　癃闭治验一例　四川中医　（5）：23，1987

陈可静等　重症肌无力治验一则　湖北中医杂志　（3）：37，1987

陈梅芳等　肾病综合征证治　中医杂志　（9）：4，1984

陈美华等　心痛气雾剂治疗胸痹心痛41例疗效观察　福建医药杂志　（1）：15，1987

陈梅芳　肾病综合征的分型及中西医结合治疗　中华肾脏病杂志　（2）：103，1987

陈奕庆等　中药灌肠治疗慢性肾功能衰竭25例——附25例西药对照　江苏中医　（9）：11，1986

陈瑞芬　中药对原发性血小板减少性紫癜（ITP）患者巨核细胞影响的初步观察　河南中医　（增刊）：39，1987

陈瑞英等　针药配合治疗单纯性肥胖95例临床观察　中医杂志　（7）：25，1987

陈文正　五子衍宗丸治老年性癃闭，小便不禁　四川中医　（5）：19，1987

陈　贤　温补法治疗成人肾病综合征的临床体会　新中医　（4）：29，1984

陈　贤　以温阳泄浊法为主治疗尿毒症45例　新中医（3）：

23, 1986
陈孝伯　扶正缓泄法治疗慢性肾功能不全17例报告　中医杂志　(2)：35, 1987
陈心清　治疗原发性血小板减少性紫癜34例　四川中医　(11)：28, 1987
陈信义等　健脾生血丸治疗缺铁性贫血107例临床观察　中医杂志　(8)：34, 1987
陈裔清　"消痈疡"治疗肺痈84例疗效观察　福建中医药　(5)：23, 1987
陈之才　类风湿性关节炎的治疗重点与法则　上海中医药杂志　(11)：12, 1987
陈之才　中西医结合治疗140例类风湿性关节炎的分析　上海中医药杂志　(5)：7, 1986
陈治水　健脾灵片治疗慢性溃疡性结肠炎60例疗效观察　上海中医药杂志　(5)：21, 1987
陈治水等　健脾灵片治疗慢性溃疡性结肠炎　中医杂志　(10)：28, 1987
谌宁生等　辨证治疗晚期肝硬化腹水120例　陕西中医　(5)：207, 1987
程　星　辨证分型治疗肾病综合征50例　福建中医药　(1)：18, 1987
程　哲　多种中药剂型联合治疗高热——附50例临床观察　成都中医学院学报　(1)：27, 1987
炊积科　中药治疗类风湿性关节炎42例　陕西中医　(6)：172, 1986
崔雅庭　中医治疗慢性支气管炎300例疗效总结　河北中医　(4)：46, 1987

D

戴西湖　治疗慢性肾功能衰竭的方药分析　中医杂志　(5)：64, 1986
戴锡孟等　补血丸与八种治疗再生障碍性贫血药物对粒系祖细胞（GM—CFu）作用的比较　中华血液学杂志　(10)：613, 1987
戴建林　运用经方辨证治疗慢性萎缩性胃炎　辽宁中医杂志　(4)：31, 1987
丁德蘊　重用穿山甲治疗白细胞减少症的体会　河北中医　(3)：44, 1987
丁德正　酸枣仁汤治疗精神病的验案与体会　河南中医　(1)：21, 1987
丁厚第　陆孝夫治疗支扩咯血的经验　江苏中医杂志　(4)：4, 1987
丁光迪　病毒性心肌炎心动过缓治案　江苏中医杂志　(10)：24, 1986
丁子念　香葱治疗急性尿闭　湖南中医杂志　(1)：22, 1987
董宝山　特发性血小板减少性紫癜16例治验　中西医结合杂志　(2)：101, 1987
杜昌华　补火培土法治疗胃下垂20例　四川中医　(1)：33, 1987
杜昌华　桑丹泻白散加减治30例肝火犯肺咳嗽的临床观察　新中医　(4)：24, 1987
杜树明等　清气解毒法治疗高热症的临床观察——附327例分析报告　四川中医　(11)：7, 1987
邓德明等　升率汤治疗缓慢性心律失常50例观察　中医杂志　(2)：38, 1987
邓成珊等　血液病血虚患者74例甲皱微循环的初步观察　中国医药学报　(2)：20, 1987
邓有安　活血化瘀中药治疗血小板减少性紫癜的观察　中医杂志　(9)：25, 1987

F

樊新亚等　中西医结合治疗血小板增多症　河北中医　(3)：9, 1987
范仁忠　养阴泄热益气补脾法治尿崩症　浙江中医杂志　(9)：399, 1986
范述方　类风湿性关节炎的证治　四川中医　(2)：46, 1987
范淑惠等　活血化瘀法治疗慢性结肠炎13例小结　陕西中医函授　(1)：44, 1987
范文亚　尿崩症治验三则　新中医　(8)：38, 1984
范文亚　益气阴除燥热法治疗尿崩症　浙江中医杂志(11)：487, 1987
方淑媛　降氮汤灌注治疗19例氮质血症、尿毒症　上海中医药杂志　(3)：19, 1987
冯纯初　真性红细胞增多症验案一例　新中医　(9)：38, 1987
符为民　中医中药治疗病毒性心肌炎的体会　南京中医学院学报　(2)：20, 1986
傅德元　瘀血型白细胞减少症治验　四川中医　(12)：29, 1987
傅　㼆　中风偏瘫100例辨证治疗　山西中医　(1)：19, 1987

G

高　铎　论喘病治疗五法　北京中医　(6)：25, 1986
高杰臣等　消痈汤治疗肺脓疡10例　北京中医　(2)：25, 1987
高世嘉等　活血逐瘀法治疗真性红细胞增多症血液流变学观察　天津中医　(3)：31, 1987
高友文　中西医方法治疗门脉肝硬化腹水21例观察　陕西中医学院学报　(1)：24, 1987
郜香甫等　尿崩症一例治验　中医杂志　(6)：41, 1984
葛　萍等　柴胡龙牡汤治疗精神分裂症67例临床观察　中

西医结合杂志 （12）：753，1986
顾景琰等　急性心肌梗塞的中医诊治体会　南京中医学院学报　（2）：40，1987
郭炳森　中医药治疗尿路感染近况　河北中医　（4）：28，1987
郭　淮　癃闭从肺脾肾论治　内蒙古中医药　（2）：18，1987
郭剑华　中风后遗偏瘫症的综合治疗　江苏中医杂志　（12）：23，1986
郭晋才　穿山龙治疗类风湿性关节炎　陕西中医　（6）：172，1986
郭可达等　活血化痢药保留灌肠治疗溃疡性结肠炎35例　中西医结合杂志　（8）：500，1987
郭来旺　蚂蚁丸治疗类风湿性关节炎20例疗效观察　山西中医　（3）：17，1987
郭一钦“双参三紫冲剂”治疗早期肺心病28例　上海中医药杂志　（9）：32，1987

H

韩士元　我对类风湿性关节炎的临床证治和认识　新疆中医药　（4）：26，1987
韩运琪　用外科方法治疗慢性非特异性溃疡性结肠炎　浙江中医杂志　（2）：57，1987
何厚夫　肾病综合征蛋白尿治疗八法　江苏中医杂志（9）：5，1987
何厚夫　肾病综合征的药膳疗法　浙江中医杂志　（5）：197，1987
何建业　中风偏瘫以肝论治偶得　四川中医　（12）：15，1987
何熹延等　温通祛寒为主辨证治疗变异型心绞痛一例　南京中医学院学报　（1）：60，1987
何秀芬　清肺灵治疗痰热咳嗽50例临床观察　黑龙江中医药　（4）：16，1987
何子青　中医辨证分型治疗晚期血吸虫病肝硬化腹水——附127例临床观察　湖南中医杂志　（5）：11，1987
贺永清　中药治疗慢性肾功能衰竭25例　陕西中医（12）：535，1986
贺振泉　肥胖症的中医治疗　中医药信息　（4）：6，1987
洪钦国　治疗慢性肾功能衰竭156例临床观察　新中医　（7）：40，1987
洪素云　癃闭治验一得　福建中医药　（3）：62，1987
洪秀芳等　中西医结合治疗急性心肌梗塞疗效初步总结　新疆医学院学报　（1）：54，1987
侯丽萍等　历节病理新探　山西中医　（3）：19，1987
侯跃东　益气养血法治疗原发性血小板减少紫癜44例　四川中医　（6）：31，1987
胡锦心等　参芎口服液治疗冠心病心绞痛的临床观察　中成药研究　（1）：31，1987
胡婉英等　冠心病兼瘀症与β血栓球蛋白和血小板第Ⅳ因子的关系　中西医结合杂志　（6）：338，1987
华玉祥　中医中药治疗再生障性贫血200例　山东中医杂杂　（2）：17，1987
黄昌荣　育阴逐瘀汤加味治疗类风湿性关节炎20例　浙江中医杂志　（6）：262，1987
黄道生等　中药静脉给药抢救热病急症159例的临床观察　湖南中医杂志　（6）：26，1987
黄吉赓　老年癃闭证治偶得　上海中医药杂志　（5）：12，1987
黄星垣　中医内科急症的治疗和研究述评　北京中医学院学报　（2）：1，1987
黄志华　癃闭辨治一得　四川中医　（5）：21，1987

J

贾锐等　十味贝砂散治疗慢性气管炎359例　辽宁中医杂志　（5）：14，1987
江杨清　论胆瘅及其临床研究　中国医药学报　（2）：15，1987
江幼李　肥胖的中医治疗　北京中医学院学报　（2）：26，1985
江作霖　食管裂孔疝治验二例　江苏中医杂志　（8）：9，1986
蒋一鸣等　青皮注射液对阵发性室上性心动过速即刻转律作用的序贯检验研究　中西医结合杂志　（3）：162，1984
蒋红玉　胃粘膜不典型增生与肠化研究进展　湖南中医学院学报　（2）：53，1987
蒋　森　固本养血汤治疗白细胞减少症28例临床观察　黑龙江中医药　（4）：22，1987
蒋运祥整理　甲状腺机能亢进症证治　中医杂志　（1）：16，1987
蒋珠玉　甲状腺机能亢进症之证治——附81例疗效观察　湖南中医杂志　（6）：11，1987
姜光华　姜春华治疗支气管扩张的经验　浙江中医杂志　（1）：2，1986
姜　浩　中西医结合治疗“甲亢”80例疗效观察　北京中医学院学报　（5）：28，1987
姜胜基　偏头痛治疗经验　浙江中医杂志　（3）：108，1987
焦源等　辨证治疗120例肺脓肿疗效观察　陕西中医（10）：440，1986
金　抗　病毒性心肌炎合并病态窦房结综合征一例治验　实用中医内科杂志　（1）：18，1987
景明付　生白汤治疗抗精神病药所致的白细胞减少症　四

川中医 (6):29，1987

K

柯联才等 肾虚冲剂治疗泌尿系感染275例临床总结 福建中医药 (1):7，1987

L

劳如玉 葱白合剂外敷治疗腹水 浙江中医杂志 (11):512，1987

雷在彪 自拟银茵汤治疗慢性溃疡性结肠炎30例 广西中医药 (2):1，1987

黎济民 玉屏附子二陈汤治疗风寒咳嗽200例 湖北中医杂志 (3):31，1987

黎志远 以温补脾肾法为主治疗原发性血小板减少性紫癜23例 湖北中医杂志 (3):24，1987

李爱兰 通淋汤治疗泌尿系感染60例报告 陕西中医学院学报 (3):22，1987

李 碧等 苦参通淋方治疗泌尿系感染50例临床观察 山东中医杂志 (5):12，1986

李炳茂 养阴理气法治疗胃扭转介绍 中医杂志 (1):44，1987

李东成 病态窦房结综合征治验 黑龙江中医药 (1):45，1987

李凤翠 非胰岛素依赖型糖尿病气阴两虚型治疗前后实验观察 辽宁中医杂志 (1):27．1987

李庚和 432例重症肌无力症疗效分析 上海中医药杂志 (12):2，1987

李国贤等 肺心病分型与血气分析 山东中医杂志 (2):35，1987

李海旺 红川参六味汤治疗60例冠心病疗效分析 中西医结合杂志 (5):2，1987

李景德等 从真性红细胞增多症的辨证来认识血瘀证的实质 天津中医 (3):24，1987

李凌鸿 大承气汤治疗肝性血卟啉病1例 中西医结合杂志 (9):553，1987

李名栋 归脾汤治疗缺铁性贫血 中成药研究 (5):20，1987

李士杰 生血汤治疗再生障碍性贫血28例疗效观察 实用中医内科杂志 (1):15，1987

李守朝等 辨证施治为主治疗慢性肾功能衰竭73例 陕西中医 (8):43，1987

李述文 葶苈五味汤治疗慢性肺心病呼吸衰竭47例 吉林中医药 (5):13，1987

李述文 消胀万应汤加味治疗肝硬化腹水46例 吉林中医药 (2):13，1987

李天麟 慢性萎缩性胃炎的辨治 云南中医杂志 (3):25，1987

李文林 类风湿性关节炎 湖南中医杂志 (6):45，1987

李 玺 清温灵治疗外感高热52例 陕西中医 (10):443，1987

李廷谦等 中西医结合治疗肺心病患者的阻抗肺血流图变化 中西医结合杂志 (2):78，1987

李艳冬等 热性病300例辨治分析 辽宁中医杂志 (4):29，1987

李玉和 针药结合治疗中风偏瘫30例 辽宁中医杂志(9):16，1987

李育才等 清热和血法治疗糖尿病酮症22例 辽宁中医杂志 (4):26， 987

治疗糖尿病酮症的体会 辽宁中医杂志 (8):17，1987

李志铭 风湿宝为主治疗类风湿性关节炎128例 新中医 (4):33，1987

李宗圣等 辨证治疗血小板减少症42例 陕西中医 (4):151，1987

栗德林 中医辨证治疗类风湿性关节炎 中医药学报 (6):23，1987

连榻山 五草汤治愈急性肾炎32例 四川中医 (8):15，1987

梁家清等 血管神经性头痛 四川中医 (4):37,1987

梁映寰 病毒性心肌炎治验摘介 新中医 (12):18，1987

廖卫东 病态窦房结综合征的中医治疗 江西中医药 (1):59，1987

林 辉等 "天雁减肥茶"治疗单纯性肥胖症338例疗效观察 北京中医 (2):30，1987

林怀真 尿崩症 福建中医药 (4):16，1987

林 兰等 降糖甲片治疗糖尿病38例的左心功能测定初步观察 中西医结合杂志 (3):148，1987

林平青 大黄治疗慢性肾功能不全 国外医学中医中药分册 (1):37，1986

林天授等 癃闭治疗的类比思维 福建中医药 (3):26，1987

林昭辉 辨证分型治疗肾盂肾炎100例 福建中医药 (4):19，1987

刘大同 以中药为主治疗再障51例远期疗效观察 天津中医 (3):7，1987

刘殿文等 运用强心豁痰法治疗小儿癫痫30例 辽宁中医杂志 (1):19，1987

刘鼎清 中药加654—2 灌肠治疗非特异性溃疡性结肠炎 中西医结合杂志 (8):502，1987

刘共和 "头痛散"治疗头痛22例 辽宁中医杂志 (5):28，1987

刘贵仁等 祛风通络汤治疗血管神经性头痛110例 江苏

中医杂志 (1):7, 1986

刘桂莲等 阳和汤加味治疗肺痈2例 广西中医药(5):19, 1987

刘恒一 清肺解毒逐瘀法治疗肺热急症25例 陕西中医 (1):12, 1986

刘蕙玲等 活血逐瘀中药治疗真性红细胞增多症作用机理的初步探讨 天津中医 (3):26, 1987

刘 玲等 河南囊虫丸2号治疗癫痫180例疗效观察 河南中医 (1):28, 1987

刘鲁明 大黄附子汤加减治疗肾功能衰竭 浙江中医杂志 (9):389, 1986

刘明述 高热治验三则 四川中医 (7):32, 1986

刘明达等 肺心病中西医结合辨证分型与血气分析 中西医结合杂志 (3):142, 1987

刘敏霞等 自拟大黄郁金汤治疗精神分裂症8例 黑龙江中医药 (4):45, 1987

刘戎谊 益气泻肺汤治疗老年人咳喘67例 北京中医(1):55, 1987

刘胜利 中药治疗肺痈二例 广西中医药 (5):19, 1987

刘士正 二白汤保留灌肠治疗溃疡性结肠炎 山东中医杂志 (1):42, 1987

刘树勋等 中药治疗慢性肾功能衰竭尿毒症20例临床观察 黑龙江中医药 (5):37, 1987

刘王明等 护心丹治疗病态窦房结综合征的临床及电生理研究 中西医结合杂志 (5):267, 1987

刘慰祖等 35例慢性肾功能衰竭患者治疗前后血清微量元素的测定及变化 上海中医药杂志 (4):3, 1986

陆鸿滨等 芳化清利法主治成人急性肾炎137例报告 中华肾脏病杂志 (4):224, 1987

吕承全等 治疗尿崩症的心得体会 黑龙江中医药(4):21, 1984

吕修业 急性肾炎恢复期的中药治疗 浙江中医杂志(5):202, 1987

罗逸兰 病毒性心肌炎的中医治疗 广东医学(1):24, 1986

骆玉华 以加减血府逐瘀丸为主治疗肝硬化腹水18例 四川中医 (3):22, 1987

M

马兆兴等 毛青藤总碱治疗类风湿性关节炎172例 陕西中医 (2):54, 1987

马贵同等 青皮注射液对室上性心动过速即刻转律49例报告 中医杂志 (3):38, 1987

马景智 真性红细胞增多症治验一例 新中医 (9):37, 1987

马兰芳等 当归多糖对小鼠造血细胞生成影响的实验研究 中华血液学杂志 (8):495, 1986

毛静兰等 中西医结合治疗急性肾小球肾炎122例临床观察 辽宁中医杂志 (4):45, 1987

毛如宝 自拟温肾排毒汤治疗慢性肾功能不全临床观察 新中医 (7):43, 1987

梅恒享 变应性亚败血症治验一则 湖北中医杂志(3):34, 1987

闵长州 锡类散治疗食道炎 江苏中医杂志 (1):5, 1986

闵 贤等 成人Still病诊断和治疗经验 中华内科杂志 (2):77, 1987

N

倪子到 黄银薏楂汤治疗溃疡性结肠炎36例 湖北中医杂志 (2):16, 1987

聂熹尧 中医会诊治疗110例发热分析 新中医 (7):25, 1986

聂有智 中西医结合治疗甲状腺机能亢进症临床观察 吉林中医药 (6):9, 1987

聂志伟等 106例类风湿性关节炎甲皱微循环观察与中医证型关系之初探 中医药学报 (5):25, 1987

P

潘涢民 海藻轻身汤治疗女性青年肥胖症 浙江中医杂志 (6):274, 1987

庞维新等 辨证治疗急性高热 河北中医 (3):28, 1987

彭绍杰 急性尿路感染142例的临床疗效对比观察 广西中医药 (3):4, 1987

彭世维 变应性亚败血症治验一则 四川中医 (1):51, 1986

彭 伟等 川芎嗪治疗失代偿期慢性肺心病的临床研究 中西医结合杂志 (1):26, 1987

皮持衡等 中药"咳喘合剂"治疗咳喘证36例疗效分析 江西中医药 (4):21, 1987

Q

戚惠珍 清肝和胃法治疗慢性萎缩性胃炎32例疗效分析 浙江中医杂志 (4):155, 1987

钱伯琦 川草乌为主治疗类风湿性关节炎32例，浙江中医杂志 (4):185, 1986

钱天雷 85例尿路感染证治小结 安徽中医学院学报(3):37, 1987

秦德政等 潞党参花粉治疗放疗化疗所致造血功能障碍26例疗效初步观察 中医杂志 (11):25, 1987

秦子丁等 咯血26例分组疗效分析 江苏中医杂志(2):3, 1986

裘昌林 马钱子治疗重症肌无力8例 浙江中医杂志(1):27, 1986

袭诗庭　类风湿性关节炎中医治疗近况　江苏中医（3）：42，1987

曲竹秋等　甲亢煎治疗甲状腺机能亢进60例临床观察　中医杂志　（2）：48，1987

曲竹秋等　从肝论治单纯性肥胖病40例临床观察　北京中医　（3）：23，1987

S

上海第二医学院　内科手册　上海科技出版社　第1版　1981

邵继棠　癫狂莫忘用磁硃　四川中医　（4）：45，1987

邵生宽等　辨证治疗肾病综合征100例　陕西中医（1）：7，1987

邵生宽等　中医治疗缓慢心律失常2例　陕西中医（11）：501，1986

邵金阶　青安甘桔汤治疗咽痒干咳5例　四川中医　（2）：16，1987

邵　云　祛瘀通脉汤结合针刺治疗中风后遗症126例疗效观察　新中医　（1）：37，1986

邵正泰等　活血止痛汤治疗偏头痛84例临床总结　陕西中医　（11）：492，1986

邵祖燕　中医治疗病窦综合征概述　天津中医　（6）：41，1986

申长征　辨证治疗甲状腺机能亢进症　吉林中医药（6）：8　1986

沈壮雷　慢性肾功能衰竭升降失衡证红细胞Na^+、K^+——ATP酶的研究　中西医结合杂志　（7）：400，1987

沈才栋　加减少阴甘桔汤治疗食道炎126例　江苏中医杂志　（9）：10，1987

沈道修　病毒性心肌炎房室传导阻滞治验　湖北中医杂志　（4）：20，1986

沈庆法　中医药治疗肾病综合征　中国农村医学　（4）：49，1986

沈玉明　甲亢平治疗"甲亢"40例　浙江中医学院学报　（6）：22，1986

沈玉明　40例甲状腺机能亢进的临床疗效观察　上海中医药杂志　（2）：17，1987

盛　辉等　麻黄连翘赤小豆汤治疗急性肾炎118例小结　浙江中医杂志　（5）：196，1987

施玉璠　肺痈重证治验二则　成都中医学院学报　（4）：24，1987

石占诚　活血通脉汤治疗中风后遗症20例疗效观察　河北中医　（2）：21，1985

史文祥　虫矾散治疗癫痫12例　浙江中医杂志　（4）：153，1987

舒民军　重症肌无力治验　湖南中医杂志　（3）：封三，1987

舒盛良　活血眠通汤治疗顽固性失眠112例　四川中医　（10）：29，1987

宋兆祺等　雷公藤治疗类风湿性关节炎100例X线动态分析　中华放射学杂志　（4）：237，1987

宋国增等　中西医分组治疗胆汁返流性胃炎54例　中西医结合杂志　（6）：345，1987

宋哈军等　自拟中药涤痰利水汤治疗12例肺心病心力衰竭疗效观察　黑龙江中医药　（3）：43，1987

宋琼芬等　升血灵冲剂治疗小儿缺铁性贫血——附128例临床观察　贵阳中医学院学报　（3）：21，1987

宋知行　镇肝熄风汤加减治疗偏头风　中医杂志　（12）：30，1986

苏尔云　消斑汤治疗原发性血小板减少性紫癜33例　中西医结合杂志　（10）：627，1987

苏亚秦等　自拟增脉汤治疗脉迟症26例　陕西中医　（11）：487，1986

孙建实　肾在淋证发病中的作用　中医函授通讯　（4）：22，1987

孙明异　病毒性心肌炎临证琐谈　中医杂志　（9）：22，1986

孙慕兰　慢性胃扭转　山东中医杂志　（3）：23，1987

孙武德　膈下逐瘀汤合大黄附子汤治疗非特异性结肠炎　浙江中医杂志　（7）：297，1987

孙武进　小柴胡汤治疗病毒性心肌炎　中西医结合杂志　（5）：282，1986

孙锡元　分期治疗溃疡性结肠炎16例　江苏中医杂志　（10）：6，1987

孙中后　中风后遗症135例中医辨证论治初步体会　北京中医　（4）：23，1985

T

汤粉英等　中药治疗病窦心动过缓——过速型合并双结病变一例　江苏中医杂志　（9）：7，1987

汤琢成　泽补汤治疗35例类风湿性关节炎的体会　新中医　（2）：40，1986

唐承孝　胃下垂　新中医　（3）：18，1987

唐茂清　五神汤治疗热淋　黑龙江中医药　（1）：42，1987

唐由君等　60例成人缺铁性贫血的临床分析　山东中医学院学报　（1）：35，1987

陶云卿　真性红细胞增多症合并高血压治例　上海中医药杂志　（6）：15，1987

田维君　高热治验三则　四川中医　（10）：17，1986

童伯良　当归补血汤加味治疗白细胞减少症20例　安徽中医学院学报　（3）：43，1987

屠　森等　升胃合剂治疗胃下垂50例临床小结　上海中医药杂志　（12）：25，1987

W

汪　斌　活血化瘀治疗精神分裂症疗效观察　中西医结合杂志　(12)：736，1986

汪秀华　消淋汤治疗急性泌尿系感染150例　浙江中医杂志　(9)：396，1986

王承训　150例急性肾小球肾炎的治疗和临床观察　上海中医药杂志　(6)：6，1986

王春荣等　清热祛湿解毒法治疗变应性亚急败血症　黑龙江中医杂志　(5)：41，1986

王德文　五虫四藤汤治疗偏瘫45例　浙江中医杂志(5)：208，1986

王德修　复方降糖丸治疗糖尿病110例临床疗效观察　上海中医药杂志　(4)：11，1987

王桂琴　病窦综合征一例治验　辽宁中医杂志　(5)：25，1987

王海波　急性胃扭转治例　浙江中医杂志　(5)：210，1987

王和玉　甲状腺机能亢进疗效观察　内蒙古中医药(2)：22，1987

王怀山　玄驹丸治疗类风湿性和风湿性关节炎的疗效分析　辽宁中医杂志　(4)：33，1987

王健民　蒿芩清胆汤治愈胆汁返流性胃炎　辽宁中医杂志　(5)：41，1987

王建平　"消积软坚理气化痰法"治疗甲状腺疾患有良效　河北中医　(5)：27，1986

王建中　清热养阴活血止血法治疗血小板减少性紫癜40例　湖北中医杂志　(4)：32，1987

王金茹等　生脉散加味治疗病态窦房结综合征11例临床观察　河北中医　(2)：18，1987

王晋源　生血丸对小鼠造血干细胞的影响　西安医科大学学报　(3)：292，1986

王晋源　生血丸对小鼠腹腔巨噬细胞吞噬功能的影响　陕西中医　(10)：473，1987

王俊国　温胆汤加味治疗精神分裂症30例　陕西中医(3)：139，1987

王立基　慢性结肠炎的治疗体会　辽宁中医杂志　(2)：26，1987

王文林　降糖益气丸治疗糖尿病临床疗效观察　天津中医　(1)：26，1987

王文涛　家庭病床中风后遗症53例疗效分析　湖南中医学院学报　(2)：26，1987

王维庭等　按压至阳穴缓解心绞痛临床实验观察　中西医结合杂志　(4)：206，1987

王小平等　慢性胃炎证治概述　江苏中医杂志　(5)：43，1987

王馨芳　耳压治疗肥胖症50例小结　四川中医　(4)：24，1987

王延周等　附子厚朴汤治疗溃疡性结肠炎　中原医刊　(1)：34，1987

王悦梅　尿崩症验案　北京中医学院学报　(5)：38，1987

王贻方　产后癃闭与通气散　浙江中医杂志　(8)：369，1987

王荫龙　疏肝益气法治疗胃下垂53例　湖北中医杂志(5)：16，1987

王永钧等　复方益肾合剂为主治疗急性肾炎162例的临床观察和实验研究　上海中医药杂志　(3)：20，1987

王筠默　青皮升高血压作用机制的研究　中草药通讯(4)：168，1980

王赞胜　化饮调气法治疗胃下垂40例　辽宁中医杂志(9)：20，1987

王占玺等　头部术后并发尿崩症　新中医　(3)：38，1985

王作人　温摄法治疗再生障性贫血18例　山东中医杂志　(4)：18，1987

卫剑琴等　中风回春片治疗中风后遗症129例的疗效观察　中成药研究　(7)：19，1986

温朝旭等　冠心无忧片治疗病窦26例　陕西中医　(11)：489，1987

温振英等　健脾益气法治疗小儿营养缺铁性贫血的临床研究　中西医结合杂志　(8)：469，1987

翁松梅等　感染性高热35例疗效观察　江苏中医杂志(6)：10，1986

翁维良　冠心病血瘀证的研究进展　中医杂志　(6)：64，1987

吴兆华等　癃闭的辨治　新中医　(1)：46，1987

吴春清等　辨证治疗肺痈32例　中医药学报　(3)：23，1987

吴德兴等　镇冲止血汤治疗支气管扩张咯血54例　浙江中医杂志　(11)：490，1987

吴光忠　肺心片治疗缓解期肺心病32例血液气体分析　南京中医学院学报　(1)：40，1986

吴　瑞　癫狂多由气郁生　北京中医　(1)：58，1987

吴贤益等　病态窦房结综合征的中医治疗　山西中医(2)：27，1987

吴志成　蚂蚁治疗类风湿性关节炎　中医杂志　(7)：63，1986

武长安　桂枝汤加味治疗偏瘫24例临床观察　河南中医　(2)：35，1986

X

席时华等　中医药治疗35例呼吸系感染高热的临床观察　河南中医　(1)：23，1987

夏永潮等　复元活血汤合佛手散加减治愈脑外伤性尿崩症1例　中医杂志　(11)：59, 1987

肖独青等　"尿崩证"治验　四川中医　(4)：58,1984

谢海洲等　扶正培本法为主治疗类风湿性关节炎60例　新中医　(2)：37, 1986

谢务栋　浅谈甲亢病因病机及辨证施治　河北中医(6)：31, 1986

谢　勇等　活血化瘀为主治疗失眠症240例报告　中医杂志(3)：34, 1986

刑月明等　中医治疗真性红细胞增多症一例报告　河北中医　(4)：18, 1987

熊继柏　肺痈变证　福建中医药　(1)：45, 1987

熊宁宁　扶正法与泻下法治疗慢性肾衰的临床分析　南京中医学院学报　(1)：15, 1988

徐正福等　中医对胆心综合征的认识与治疗　中医杂志(3)：32, 1983

徐正福等　辨证辨病治疗胆心综合征23例临床分析　中西医结合杂志　(2)：83, 1987

许　彪　酸枣仁汤加味治疗偏头痛　云南中医杂志(2)：21, 1987

薛　芳　滋养肾阴合活血化瘀治疗原发性血小板增多症　辽宁中医杂志　(5)：26, 1987

Y

严　冰　柴芩蒿石汤治疗急性高热64例临床观察　江苏中医杂志　(3)：19, 1986

阎喜久　槐花散治疗过敏性紫癜15例　吉林中医药　(6)：22, 1987

颜莫娜　龙葵蔗糖煎剂治疗泌尿系感染30例　四川中医(5)：14, 1987

杨东升　分型论治急性肾炎107例　湖北中医杂志　(4)：37, 1987

杨福义　食道炎丸治疗食道炎12例　福建中医药　(4)：28, 1982

杨　进　陆鹤消癜汤治疗血小板减少性紫癜50例　陕西中医　(4)：50, 1987

杨菊贤等　参杞阿胶丸治疗病态窦房结综合征3例疗效观察　中西医结合杂志　(2)：96, 1987

杨林凤　胃扭转浅析　(2)：19, 1987

杨　林　生马钱子丸治疗类风湿性关节炎37例　陕西中医(1)：34, 1987

杨明均　慢性胃炎证治规律初探　四川中医　(1)：22, 1987

杨仁信等　中药口服和保留灌肠治疗慢性非特异性溃疡性结肠炎31例疗效观察　河南中医　(1)：26, 1987

杨文忠　疏肝清热法治疗尿崩症　浙江中医杂志　(11)：487, 1987

杨有凤　益蜕合剂治疗急性肾小球肾炎100例报告　广西中医药　(2)：8, 1985

杨占林等　抗痫珍羚丸治疗小儿癫痫24例临床观察　黑龙江中医药　(5)：38, 1987

姚公树　蒿芩清胆汤治疗高热34例　江苏中医杂志　(6)：6, 1987

姚奇蔚　诊治慢性萎缩性胃炎的体会　江西中医药　(1)：8, 1987

姚庆云　桂枝茯苓丸合当归芍药散治愈慢性肺脓肿　江西中医药　(1)：28, 1986

姚树棠等　中医药治疗类风湿性关节炎　陕西中医　(3)：129, 1986

姚惕安　解热汤治疗外感高热61例　陕西中医　(10)：445, 1987

姚英英　退热胶囊治疗发热症53例　陕中医西　(10)：444, 1987

姚永年　颅痛饮治疗血管性头痛56例　浙江中医杂志(12)：555, 1986

叶兴江　治食道炎便方　江苏中医杂志9　(8)：33,1986

叶耀华　肺痈治验　江西中医药　(4)：63, 1986

叶怡庭等　桃核承气汤合抵当汤加减治疗原发性血小板增多症1例　中西医结合杂志　(2)：123, 1987

尹丹峰　程焕章治疗慢性结肠炎经验　浙江中医杂志(7)：298, 1987

尹玉茹等　雷公藤单、复方治疗类风湿性关节炎疗效对比　山东中医学院学报　(2)：42, 1987

田维君等　中西医结合治疗脾虚型慢性溃疡性结肠炎50例临床观察　中西医结合杂志　(5)：295, 1987

游开泓　桃核承气汤治疗肝性血卟啉病35例报告　中医杂志　(5)：36, 1987

于爱芬　辨证治疗再生障碍性贫血25例　吉林中医药(3)：12, 1987

于桂琴等　雷公藤治疗类风湿性关节炎概述　江苏中医杂志　(9)：46, 1987

余登霞等　慢性肺原性心脏病急性发作期中西医结合辨证分型微观辨证探讨　贵阳中医学院学报　(4)：23, 1987

余克诵　消痹方治疗类风湿性关节炎　新中医　(2)：43, 1986

余惠民　从肝论治甲状腺机能亢进症　广西中医药　(5)：23, 1986

余希彭　滋阴温督法治愈半身不遂　四川中医　(11)：20, 1985

余永谱等　单纯性肥胖症300例的中医辨证分型与实验指标间的关系　辽宁中医杂志　(5)：23, 1984

余　真等　川芎冲剂对冠心病患者血小板功能及前列腺素

代谢的影响 中西医结合杂志 (1):8,1987
俞尚德等 返流性食管炎并发食管裂孔疝 浙江中医学院学报 (2):50,1987
郁觉初等 变应性亚败血症的辨证论治——附56例临床分析 南京中医学院学报 (2):12,1987
喻继光 柴胡龙牡汤加减治疗甲状腺机能亢进100例 湖南中医学院学报 (2):29,1986

Z

曾俊辉等 辨证治疗痫证163例的疗效观察 浙江中医杂志 (9):396,1987
曾学文 病毒性心肌炎治验 四川中医 (3):22,1986
张从善等 生姜泻心汤治胃扭转确有疗效 (2):36,1987
张传波 从瘀治癫一得 湖北中医杂志 (3):封底,1987
张大龙 活血逐瘀法治疗真性红细胞增多症20例疗效观察 天津中医 (3):28,1987
张福麟 糖尿病周围神经病变的中医药治疗——附13例临床疗效分析 中西医结合杂志 (3):143,1987
张桂芝等 慢性结肠炎治验 四川中医 (1):43,1987
张海峰等 溃疡性结肠炎证治 中医杂志 (2):9,1987
张洪海等 "雄黄停痫丸治疗87例癫痫疗效观察 上海中医药杂志 (10):27,1987
张华英等 补中益气汤化裁治疗眼肌型重症肌无力28例 辽宁中医杂志 (5):22,1987
张家良等 升白冲剂治疗化疗引起白细胞减少症45例 南京中医学院学报 (4):29,1987
张建中 猪苓汤在急性热病中的运用 四川中医 (4):11,1986
张坚石 扶正祛邪法治疗慢性肾功能衰竭20例 吉林中医药 (5):9,1987
张静乐 心肌炎心律不齐的辨证论治 天津中医 (1):13,1987
张镜人等 肾病综合征证治 中医杂志 (9):4,1984
张镜人等 18例原发性血小板减少性紫癜的治疗体会 上海中医药杂志 (2):28,1987
张 炬等 肥胖症中医研究概况 河南中医 (4):43,1987
张继有等 原发性血小板增多症治验1例 辽宁中医杂志 (12):22,1987
张连贵 肺痈治验 四川中医 (4):30,1987
张良栋等 精神分裂症中医分型的临床研究 中西医结合杂志 (9):526,1987
张 林 祖国医学对萎缩性胃炎的认识与治疗 黑龙江中医杂志 (1):52,1987
张孟林 从脾胃论治疗糖尿病 中医药学报 (3):22,1987
张明昌等 中医治疗肝硬化腹水50例 陕西中医 (5):21,1987
张舜明 参附汤加味治疗心动过缓 四川中医 (3):33,1987
张庆武等 大黄牡丹汤治疗肺脓疡 四川中医 (1):25,1986
张 泉等 "黄白合剂"抗实验性白细胞减少效应的研究 中西医结合杂志 (12):740,1987
张绍利等 止痫散治疗癫痫27例 浙江中医杂志 (9):397,1987
张淑芝 甲亢丸治疗甲状腺机能亢进152例 黑龙江中医药 (1):43,1987
张文尧等 中医治疗萎缩性胃炎伴胃腺异型增生45例临床报导 辽宁中医杂志 (3):15,1987
张笑平 甲状腺疾病治验 中医杂志 (12):17,1986
张秀林 中西医结合治疗急性肾小球肾炎21例报告 河北医学院学报 (4):243,1987
张新凤 治噎丸治疗食道炎31例 山西中医 (2):33,1987
张新基 病毒性心肌炎30例临床总结 湖南中医杂志 (5):17,1987
张雪梅等 免疫抑制剂治疗肾病综合征出现副作用的辨证论治 福建中医药 (3):39,1987
张颖娟 大黄莱菔煎剂治疗慢性肾功能衰竭20例疗效观察 中医药学报 (1):26,1986
张永祥等 黄牛角煎剂治疗精神分裂症24例临床分析 山西中医 (6):26,1986
张志圣等 胆乐胶囊治疗胆心综合征 中医杂志 (3):59,1987
张宗贵 加味龙胆泻肝汤治疗半身不遂二例 云南中医杂志 (1):45,1987
张宗如 导赤散治疗病毒性心肌炎64例 浙江中医杂志 (10):439,1987
张宗如 紫蛤散治疗哮喘58例 吉林中医药 (5):24,1987
张忠良等 追风活络液治疗风湿性关节炎 陕西中医 (12):554,1987
赵长青等 茅地汤治疗急性肾炎57例 吉林中医药 (1):29,1987
赵国忠等 活血化瘀法治疗真性红细胞增多症时对微循环变化观察 天津中医 (3):34,1987
赵洪斌 35例再生障碍性贫血疗效观察 上海中医药杂志 (7):6,1987

赵金录等　理气通窍汤治疗血管性头痛101例　陕西中医　(6)：246，1987
赵棣华等　沙参麦冬汤治疗燥咳154例　四川中医　(4)：25，1987
赵庆林　活血化瘀治疗失眠46例　湖北中医杂志　(2)：35，1986
赵　升　通补督脉法治疗老年哮喘体会　浙江中医杂志　(1)：11，1987
赵文生　重用桔梗治肺痈　四川中医　(2)：21，1987
赵湘筠　治愈慢性肺脓疡一例报告　新中医　(9)：39，1986
郑金福　51例血液病血虚患者的免疫功能观察　中西医结合杂志　(3)：166，1986
郑世岳　尿崩症治验　浙江中医杂志　(3)：111，1985
郑　翔　水牛角地黄汤治疗过敏性紫癜54例　湖北中医杂志　(2)：19，1987
郑兴泽　癃闭治验　四川中医　(5)：24，1987
钟晶华　六安去痛膏治疗头痛　陕西中医　(12)：551，1986
钟念文　235例成人复发性及难治性原发性肾病综合征临床观察　上海中医药杂志　(11)：9，1985
钟新渊　乌蕨合剂为主治疗急、慢性肾盂肾炎73例观察报告　江西中医药　(1)：29，1986
钟志贵　中药治疗原发性血小板增多症1例　中医杂志　(1)：39，1987
周霭祥等　人参对人类造血功能影响的实验研究　中国医药学报　(1)：25，1987
周福梅等　以中医辨证为主治疗急性热病46例临床小结　黑龙江中医药　(1)：18，1987
周平安　热病急证极治　中医药研究　(2)：39，1987
周庆芳　中药为主治疗尿毒症15例　浙江中医杂志　(11)：484，1987
周毓海　肝郁头痛证治初探　浙江中医杂志　(3)：107，1987
周文泉等　肥胖症的中医治疗《传统老年医学研究论文集》　(内部)　139页　1984
周柱亮等　中西医结合治疗急性肾炎42例疗效观察　天津中医　(6)：18，1986
周桢祥　慢性萎缩性胃炎诊治一得　江西中医药　(1)：18，1987
朱明娟等　活血化瘀法治疗真性红细胞增多症血液动力学观察　天津中医　(3)：32，1987
朱沛冉等　缩泉丸加味治疗尿崩症　四川中医　(4)：29，1987
朱寿长　五参五皮饮治疗肝硬化腹水24例　浙江中医杂志　(11)：512，1987
朱文政　羌桂合剂治疗病态窦房结综合征20例　新中医　(1)：26，1987
庄兆坤　滋肾化瘀法治疗中风后遗症　四川中医　(12)：30，1987
庄景甫　中西医结合治疗肝硬化腹水100例　福建中医药　(5)：25，1987
卓董峰　病毒性心肌炎辨治经验与体会　安徽中医学院学报　(1)：26，1987
邹佩兰　益气化瘀糖浆治疗慢性支气管炎50例　湖北中医杂志　(3)：32，1987

（四）妇　　科

【概述】

1987年发扬中医妇科诊治特点取得的成绩，主要表现在临床及实验研究方面。

（一）临床研究　各地对经、带、胎、产、杂等各个领域总结病例，提高疗效方面做了有效的工作。妇产科血证的止血，施先庚报道白地汤治疗功血106例，周志东用滋阴养血，活血祛瘀方治疗子宫出血60例，张雅洁自拟益气固肾止血方治疗子宫出血60例，胡玉荃等用栀母霜汤治疗青春期崩漏86例，甘发生用补肾法治疗经漏症64例，疗效均达到90%以上。赵翠英自拟清化汤治疗子宫内膜炎50例，止血时间平均7.46天。梅振翼等应用重楼排草治疗产后出血597例，止血效果好，与安慰剂相比有显著差异($P<0.001$)，与麦角组相比无明显差异。痛经的止痛效果方面，许仁和用痛经Ⅰ号外敷药，治疗原发性痛经17例，显效4例，好转9例。徐斌超用化膜汤治疗膜性痛经，总有效率86.7%。

宫颈炎用中药局部治疗取得较好疗效。刘淑琴自制消糜栓治疗宫颈糜烂542例，张剑秋用五鱼散治疗宫颈炎103例，何玉芬等用宫颈安治疗172例，有效率皆达到94%以上。钱止维等用黄芪加基因工程干扰素和单独采用基因工程干扰素等局部用药治疗宫颈糜烂164例，黄芪与干扰素联合应用组显效率（60.7%）明显高于单独应用干扰素组（31.8%）（$P<0.02$）。而与加倍量的干扰素相当（59.3%）（$P>0.05$）。黄芪加干扰素组治疗后病毒分离的阳性率由30.4%下降到3.8%。而单纯干扰素组由33.3%下降到10%。

盆腔炎以综合治疗为多。赵翠英自拟妇炎净冲剂治疗87例，总有效率97.7%。叶文贞等用康宁汤保留灌肠治疗50例，治愈38例，好转10例。李竹兰等用丹参注射液静脉滴注，中药灌肠，内服中药等综合治疗102例，有效率达99%。许润三报道四逆散加味治疗输卵管阻塞115例，有效率达84.3%。

不孕症，刘琨等自拟调经促孕丸治疗功能性月经失调不孕308例，妊娠率为35.06%，与西药组相仿，但流产率明显低于西药组。朱西园等自拟泽兰赞育汤治疗无排卵内膜炎、肌瘤等不孕症60例，妊娠率达95%。林至君报道分别用中药人工周期、针刺、针刺加中药人工周期、简化中药人工周期法治疗无排卵不孕症154例，总排卵率为85.06%，妊娠率78.57%。李祥云总结辨证治愈不孕症257例的经验，将不孕症辨证分型归纳为肾气不足、脾肾亏损、肝肾亏损、阴虚内热、肝郁气滞、瘀血阻滞、痰湿凝滞、寒湿凝滞等八种类型。

闭经，祝秀都等报道用针刺、中药相结合诱发排卵59例，总排卵率52.5%。张琼芳用解毒清暑、开郁泄热、益气养阴、调理冲任法治疗8例较长时间接触有机磷农药而致闭经的室女患者，治愈6例。王春林等用八珍益母汤加肉桂、仙灵脾、益母草、胎盘丸治愈席汉氏综合征7例，均获满意疗效。

中药纠正胎位，王金权及郭天玲等用中药纠正胎位分别为17例及77例，有效率分别为94.1%及90.6%。

谈勇等以补肾宁心法治疗更年期综合征108例，分为三组，分别用更年一号、更年二号、更年安合剂进行治疗，总有效率分别为87.3%、81.5%、77.8%。治疗后E_2（血清雌二醇）水平明显上升（$P<0.01$），FSH（促卵泡激素）下降（$P<0.05$），激情素水平亦有所改善。

（二）实验研究　各地根据不同病种、从不同角度开展了实验研究。如林至君对不孕症药物进行动物实验，提示巴戟、菟丝子、肉苁蓉能增加实验大白鼠垂体和卵巢的重量，提高垂体对下丘脑黄体生成激素释放激素（CH-RH)的反应，分泌更多的黄体生成激素（LH），又能提高卵巢HCG/LH受体功能，从而改善内在的神经内分泌调节机制，达到诱发排卵的作用。在月经中期加用活血化瘀的桃仁、红花能明显增加大鼠卵巢子宫静脉血中前列腺素的含量，对成熟卵泡诱发排卵有效。

李道坊等对27例乳腺增生症实验室检测发现，排卵期E_2水平低下是发病的主要因素，使用乳块消后明显提高了排卵期的E_2水平（$P<0.02$），止痛率达96.3%，消块有效率达85.19%。

李玲等应用通管汤治疗输卵管炎症家兔模型，进行通管汤抗炎作用研究，证实通管汤具有对抗输卵管炎变的效应，可能是通过改善组织细胞代谢，抑制成纤维细胞增生，减少炎细胞浸润，以及降低血液粘稠度和血中大分子物质的聚集性，从而改善血液流变性，纠正局部血循环障碍而实现的。

郭仁兴等体外实验证实，猪胆汁粉及其提取物均有强力的杀灭、碎解、消溶人阴道毛滴虫的作用。陈西延、朱金凤等通过动物实验证实，寿胎丸能抑制子宫收缩，加强垂体卵巢促黄体功能，具有雌激素样活性，促进子宫发育，达到安胎目的。其中黄芩有较强的抑制子宫平滑肌收缩作用，可对抗前列腺素（PGF_2）收缩子宫的作用。巴戟、菟丝子、川断可增加子宫重量，促进子宫生长发育。桃仁、红花增加前列腺素含量，促使发育成熟的卵泡诱发排卵。福州市医学科学研究所等自制胜红抗炎素（胜红蓟、刺针草、香连翘、红木香）治疗盆腔炎133例，有效率占90.22%。在此基础上进行了实验研究抗菌试验，发现胜红抗炎素对金黄色葡萄球菌、大肠杆菌、链球菌均有抑制作用。

徐斌超通过血液流变学指标测定，提示膜样痛经患者在行经腹痛时，血液粘滞性较高，经化膜汤治疗后则大致恢复正常，但血球压积治疗前后无明显变化。而测定E_2及P量，提示膜样痛经患者黄体中期E_2明显高于对照组（$P<0.01$），证实化膜汤有调整膜样痛经患者黄体中期血E_2异常升高的作用。

梅振翼等报道止血有效的重楼排草动物实验证实对家兔、豚鼠、小鼠、大鼠的离体子宫和家兔原位子宫均有明显的收缩作用，且对人体妊娠子宫有收缩作用，其收缩作用时间与麦角新碱相似，但较持久。

（曹玲仙）

【痛经的治疗】

许润三辨证分为气滞血瘀型，用活血理气法；寒湿凝滞型，用温经散寒法；气血两亏型，用益气养血法；湿热蕴结型，用行气活血、清热利湿法。羊菊芬治疗寒性痛经分为寒湿凝滞和肾虚寒凝两型。刘埃登认为青春期痛经的辨证，应根据月经的周期、颜色、经量、质地及相关的全身症状，尤其是经期先后疼痛的性质及发作时间等全面分析，分为肾阳不足冲任虚损、肾阴不足冲任失养、寒客冲任瘀血阻滞、热伏冲任等型。

聂玉英用自制痛经灵胶囊（黄芪、桂枝、牛膝、甘草、白芍、当归、川芎、丹皮、吴茱萸）治疗60例，全部获效。吕峰用血府逐瘀汤治疗33例，痊愈27人，好转5人，1例无效。路志正用变通当归四逆散（去细辛，加小茴香、吴茱萸、炮姜、失笑散），刘瑞祥用温经汤，廖千祥用阳和汤，王子瑜用经验方香桂胡珀失笑散（沉香末、肉桂、炒玄胡、琥珀末、生蒲黄、五灵脂）水煎经前服，各治疗一例重症痛经均痊愈。室女痛经的治疗，杨承先等用自拟痛经饮（当归、川楝子、玄胡、小茴香、川芎、乌药、益母草、白芍、甘草）治疗92例，服药1～3个月经周期后，痛止者76例，痛减者16例。罗仰洪总结大通筋（拔契的根茎）注射液治疗101例的经验，有效95例，总有效率为94.06%，其中镇痛时间为10～60分钟，平均镇痛达最大效力时间为30分钟。

徐斌超等用化膜汤治疗30例膜性痛经过程中，对21例治疗前后的血液流变学指标分析结果表明，全血粘度、血浆粘度及血沉均有显著或极显著差异，而血球压积无明显变化（$P>0.05$）。对16例治疗前后血E_2（雌二醇），P（孕酮）测定提示，治疗前黄体中期的E_2非常明显高于对照组（$P<0.01$），而经治后则与其它各期的E_2及四期P一样，与对照组无明显差异（$P>0.05$）。

（王 竑）

【带下的审因论治】

带下病的发生，陈德芳认为主要是由于脾肾虚损、气血郁积以及外邪侵袭等原因，影响任带二脉，以致任脉不固，带脉失约。姜润林总结章文赓治带下病的经验。其一，暴崩或漏下日久，带如漏卮，乃营卫不和，二维失护之故。阳维、阴维之病与营卫不和关系至密，故护维止带，法当协和营卫二气。其二，带下与任督有关。任脉病带，责之于阴；督脉病带，责之于阳。治当滋阴温阳，固任壮督。其三，带下病的形成脾失健运为常，且与肺金相关。调节肺金，从高原导水，使不浸渍带脉，宁洁胞宫。其四，对于外感热病余热移注下元或肝胆湿热下移，脾胃湿热，任脉积湿之带下者，采用渗湿解毒、化瘀诸法，并用土茯苓、臭椿皮、墓头回等腥臭之品，直达下焦，同气相求，以除带脉湿热，清下焦瘀滞。章之赓治疗带下用归脾汤、补中益气汤、六君子汤、逍遥散等方化裁，且谓当归、白芍调阳维，熟地、菟丝子、白薇等调阴维，黄芪、四君子补脾胃、化营血。脾肺气虚时以六君子或参苓白术散中加紫菀、桔梗宣中寓补，佐少量羌活，舒展气机；若湿热明显，在清肝止淋汤、易黄汤中加桑白皮、杏仁、贝母、银花等清气化湿。

陈德芳提出治带九法：益气升阳法，用升阳益胃汤；健脾渗湿法，用完带汤加减；温肾固涩法，用内补丸加减；滋阴降火法，用知柏地黄丸加减；疏肝理气法，用逍遥散加减；活血祛瘀法，用桃仁四物汤加减；清热利湿法，用萆薢渗湿汤加减；攻毒杀虫法，用止带方内服，加味蛇床子散（蛇床子、花椒、苦参、狼毒）外洗。刘浩江用完带汤加减治疗慢性子宫颈炎白带过多47例。其气虚者加黄芪、黄精；血虚者加熟地、熟首乌；肾阴虚者加女贞子、桑寄生；肾阳虚者加熟附片、肉桂；夹湿热者加茵陈、黄柏；夹湿毒者加银花、连翘。结果临床痊愈25例，好转18例，无效4例。李中怡介绍用鲜鱼腥草根30～50克，车前草30克，将两药洗净，捣烂取汁加白糖适量内服，每周2剂，一月为一疗程，适用脾虚湿热下注者。

（李光荣）

【寿胎丸治疗流产的临床与实验研究】

寿胎丸出于《医学衷中参西录》，其组成为菟丝子、续断、桑寄生、阿胶。近年来运用本方加减治疗先兆流产的临床观察与研究有新的进展。周青梅治疗胎动不安150例，疗效为86%。陈金凤观察先兆流产63例，疗效为96%。吴振国报道治疗41例，有效40例。朱金凤等在原方基础上加党参、炒白术、淮山药、白芍、黄芩等药，治疗110例，有效者106例，占96.36%。

对于保胎机制的研究，朱金凤等通过实验发现，寿胎丸能促使黄体生成激素(LH)升高，增强垂体—卵巢促黄体功能。若方中加入黄芩、白芍更好，研究发现黄芩可对抗前列腺素（PGF_2a）收缩子宫的作用，续断、白芍有弱的抗PGF_2a的作用，因此认为寿胎丸之所以安胎有下列三方面的作用：(1) 抑制子宫平滑肌收缩活动；(2) 加强垂体—卵巢促黄体的功能；(3) 具有雌激素样活性作用，促进子宫生长发育。

刘燕宁等就寿胎丸对胎儿影响的问题，随访了用本药保胎所生之小儿30例及对照组27例，结果寿胎丸组身长、体重、头围、胸围及对五官、四肢、五脏、生殖器等检查均为正常。智商测定，两组智商均正常（>90），寿胎丸组智商>120～130者8例，占44.44%；而对照组2例，占10.52%。两组相比$P<0.05$，有显著意义。

（李祥云）

【矫正胎位法】

1983年以来，对于胎位不正的治疗，报道逐年增多，方法各异，效果也较传统的胸膝卧位矫正法为好。

中药治疗方面　郑德安辨证分型施治。肝郁气滞型，用自拟柴芍正胎汤（白术、当归、黄芩、石斛、白芍、柴胡、茯苓、枳壳、佛手、甘草）；脾气虚弱型，用自拟加味四君正胎汤（党参、黄芪、莲子肉、白术、当归、茯苓、枳壳、大腹皮、建神曲、香附、甘草）；肾阴不足型，用自拟归芍地黄汤（淮山药、菟丝子、当归、白芍、熟地、山萸肉、白术、泽泻、茯苓、杜仲、枳壳）。治疗248例，矫正236例，痊愈率95%。郭天玲等用当归芍药散矫正77例臀位胎儿，分为服药甲组（以当归芍药散(片)口服，每日2次，每次5片）45例，服药乙组（同方每日3次，每次5片）32例，对照组42例（以胸膝卧位矫正胎位法）。结果转位率分别为

73.3%、90.6%及66.7%。甲组与对照组比较，差异不显著；乙组与对照组比较有显著差异($P<0.05$)。吴光烈用本方治疗217例，216例有效。谢德聪用本方治疗2例，五剂即转正。徐白磊、汪日祯、符利君等用转胎方（八珍汤加减），疗效均较为满意。向一青报道用保产无忧散治疗30例，仅1例无效。李爱先用减味保产无忧散治疗58例，52例有效，6例无效。尹瑞藏报道参芪四物汤加味，并结合饮水疗法（每天饮糖水2500毫升以上），治疗447例，成功率98.5%，无效0.15%。庞保珍等用转天汤（人参、当归、川芎、牛膝、升麻、附子）治疗94例，84例有效，10例无效。卫明汉用苏芩汤治疗13例，12例有效。此外，张正荣用中药治疗112例，王金权治疗17例，有效分别为105例和16例。

针灸治疗方面　王全仁用针灸至阴穴治疗246例，转为正常者211例，占85.8%。杨德润等悬灸至阴穴治疗69例，有效66例，无效3例。孟春鸾电针至阴穴治疗110例，有效105例，有效率95.4%。丁爱华用激光光照射至阴穴治疗716例，并设对照组651例，其中激光组分为单疗程照射组334例，与对照组相比，近期疗效较对照组高，但复转率比对照组亦高；多疗程照射组382例，回转率与对照组比较，差别有显著意义，远期疗效为84.8%，而对照组为75.3%。王志敏用氦—氖激光照射昆仑穴治疗82例，对照组109例为照射至阴穴，疗效分别为75.6%、73.39%，无明显差异。但昆仑穴矫正胎位的平均治疗次数较至阴穴显著减少($P<0.01$)，1～2次治疗的矫正率也较至阴穴组显著提高($P<0.05$)，且照射昆仑穴每次只用一侧穴位。马爱华用“艾薰足疗法”治疗512例，显效（治疗1～3次，胎位转正常，产时顺产者）354例，有效（治疗4～7次，胎位转正常，产时顺产者）156例，无效（治疗7次以上，胎位未转正常，或胎位转正常后临产前胎位复异常者）2例。治愈率为99.61%。秦广凤等压迫耳穴法（子宫、交感、皮质下、肝、脾、腹），治疗169例，成功138例，成功率为81.66%。傅静常等氦氖激光照射至阴穴矫正围产期臀位1000例，结果转正673例，其中经3次照射转正者521例，占77.4%，经6次照射转正者131例，占19.5%，经9次照射转正者21例，占3.1%。

（张晓玉）

【流产后诸证的治疗】

流产后出现的一些并发症，常见的有发热、阴道出血、腹痛、闭经、月经不调等，《中医年鉴》84年卷、85年卷曾有过介绍，本卷将近年来有特色的治疗方法介绍如下。

（一）人工流产术后腹痛　王忠民等报道，用祛瘀生新法（益母草、丹参、桃仁、红花、当归、延胡、白芍、五灵脂、香附、桂枝、黄芪、炙甘草等），治疗42例，显效者（腹痛明显消失，月经色量及周期正常）29例，有效者（腹痛明显减轻，月经色量大致正常）11例，无效者（腹痛虽减，但其他症状无改善）2例，平均治疗时间1.5天，与用西药对照组相比有显著差异。

（二）引产术后胎盘残留　周升平用扶正化瘀法（黄芪、白术、当归、川牛膝、益母草、延胡索、川芎、生蒲黄、五灵脂）治疗28例，痊愈（症状与体征消失）15例，好转（大部份症状与体征消失，偶有阴道血性分泌物）11例，无效2例。

（三）人工术后出血　王忠民等用澄源塞流法，两步分治。澄源基本方为延胡索、丹参、黄芪、红花、泽兰、五灵脂、益母草、当归、桃仁、川芎。塞流基本方为禹余粮、川续断、牡蛎、菟丝子、太子参、当归、贯仲炭、参三七、侧柏炭、炒白术、阿胶、山药。每日一剂，连服到血止。共治疗33例，一周内痊愈28例，有效3例，无效2例，一周治愈率为84.8%，总有效率为93.9%。

（四）流产后闭经　李炳茂报道，治疗流产后闭经用六种方法。(1) 调补冲任，益肾通经法，用于完全流产、不完全流产、人流刮取过深，损伤冲任而致经闭，方用验方河车益损方（紫河车、熟地、杜仲、川断、鸡血藤、苁蓉、怀牛膝）。(2) 行气活血，开郁通经法，用于肝郁气滞，流产后瘀血未尽之闭经。偏气滞重用香乌得生丹；偏血瘀用膈下逐瘀汤。(3) 补气养血，益冲通经法，用于气血虚弱，气血不足流产后损伤之闭经，方用八珍益母丸。(4) 益肾固本、塞填通经法，方用自拟补肾助孕汤（菟丝子、熟地、紫河车、山萸肉、淮山药、当归、杜仲、淮牛膝、官桂）。(5) 养阴制火、清热通经法，用于素体阴亏，流产后耗伤阴血，虚火内炽之闭经，方用归芍知柏地黄汤。(6) 清化湿热，祛痰通络法，用于痰湿流注下焦之闭经，若偏痰湿用万氏苍莎导痰丸，若偏湿热用止带汤。

（李祥云）

【中药引产】

（一）引产药物及方法

1.中药煎剂引产　周芝兰、孙定隆、王淇等、刘亚玲分别报道用自拟加味芎归汤、复方脱花煎、加味脱花煎及柞木枝、益母草、当归、川芎、红花等为主的引产方煎剂，成功率分别达到89%、83%、81.3%、83.33%。刘氏的药理实验证明当归、益母草、牛膝能兴奋子宫，川芎加强子宫收缩，红花使子宫有节奏性收缩，对已孕子宫更为明显。钱祖琪报道用中药促晚期高危妊娠宫颈成熟及引产71例，单用中药成功率达48.6%，无效的再加催产素静脉滴注，成功率达45.83%，总有效率为94.5%。

2.用牛膝扩宫引产　高耀洁分别用中药牛膝扩张宫颈，引产54例和128例，全部成功。钟德惠用牛膝中期妊娠引产124例，成功率96.8%。牛膝有活血通经，增强子宫收缩作用，湿润后体积膨大3～4倍，能扩张宫颈，诱发宫缩，使胎盘胎膜完整娩出，减少产后出血，以孕4月左右效果最佳。

3.中药制剂引产　天花粉植物蛋白：从73年研制成功至今，进行了万余例统计，成功率达97.3%。使用方法有局部肌肉注射及羊膜腔内注射二种，童莲芬报道门诊应用结晶天花粉蛋白引产40例，成功率95%。

甘遂：林浩然等用50%甘遂无水乙醇注射液，以5mg/kg剂量羊膜腔内注射，中妊引产120例，成功率97.75%，引产时间平均28小时51分，排出均为死胎。

芫花根制剂：黄本立用芫花醇液羊膜腔内穿刺，中妊引产2674例，成功率99.4%。在此基础上张建国等改变剂型，制成芫花萜药膜，早、中期妊娠引产214例，成功率达93.46%。胡琏等则用小剂量芫花醇，即相当于生药130～150mg(原来用400～800mg)中晚期妊娠引产100例，成功率与胎儿致死率均为99%。与大剂量成功率一致，与200例利凡诺成功率对比也一致，但芫花醇组引产时间明显短于利凡诺组（$P<0.001$）。

4.中西医结合方法引产　虞觐冠报道用宫腔内注射乙醇配合中药（皂角、血竭、穿山甲、归尾、桃仁、焦山楂等）内服，中妊引产520例，全部成功，与雷佛奴尔组相比，引产时间明显缩短，出血量明显减少。陈菊仙等则用雷佛奴尔羊膜腔内注射，加活血祛瘀中药（当归、川芎、红花、益母草），中妊引产78例，全部成功；其产程短，出血量少，清宫率低，与单用雷佛奴尔相比有显著意义（$P<0.01$）。

5.各种方法的比较　汪宗俊对芫花萜宫腔注射，芫花萜羊膜腔注射，天花粉肌注，天花粉羊膜腔等多种中妊引产方法进行了比较，认为临床上必须根据孕妇不同孕月，有无心、肝、肾等器质性疾病，及血液方面功能等选用不同的方法，以保证疗效及安全。

（二）引产后娩出胎儿等组织物的形态学改变及引产原理研究

1.甘遂引产原理　于天文等报道甘遂中期引产胎盘与胎儿脏器光镜及电镜观察，蜕膜组织有充血、出血、坏死、绒毛充血出血水肿，胎儿各脏器充血。韩向阳认为甘遂注射液注到羊膜腔后，被羊膜和胎儿吸收，进入胎儿母体血循环，胎儿药物中毒致死，药物使胎儿、蜕膜充血、出血、坏死，促成内生性前列腺素合成，释放增多，引起宫缩流产。于氏通过测定发现，引产时母体血浆中前列腺素水平，于用药后12～15小时明显升高，胎儿娩出后又明显降低。

2.天花粉引产原理　董莲芬、汪宗俊认为天花粉引产原理是天花粉作用于胎盘滋养层细胞，並有一定的细胞专一性，选择性地使胎盘、绒毛合体滋养层细胞变性坏死，促使胎盘激素下降、胎儿死亡，同时蜕膜细胞产生前列腺素发动宫缩而流产。

3.芫花制剂引产后胎儿胎盘病理形态学改变　陈家畅、胡琏、刘复权等分别对芫花制剂引产娩出胎儿、胎盘、脏器、脐带作病理形态方面检测，结果基本相似。胎儿各脏器血管扩张、瘀血充血、出血水肿，甚至心、肝、肺、肾、肾上腺变性坏死，蜕膜细胞退变坏死，病变由胎儿面向母体面逐渐减轻，脐带结缔组织和动、静脉血管壁轻度水肿、出血、增生及血栓形成。芫花制剂对胎儿的影响，由于制剂的不同而有所差异。陈家畅报道芫花酯甲药膜、芫花酯甲注射液引产的胎儿各脏器病变相似，而芫花根注射液引起胎儿胎盘、脏器、脐带病变较前者严重。芫花制剂对胎儿胎盘有退变坏死作用，但对母体则无毒害。继何志藩等研究芫花醇引产对妊娠母体器官影响的动物实验和溶血作用后，丛洪泉等检测黄芫花醇剂引产前后产妇血浆中去甲肾上腺素及肾上腺含量的变化，检测结果证实：药后分娩时妇女血浆NE水平明显下降，与给药前比较，$P<0.05$，分娩后恢复，而血浆E水平则没有明显改变，提示黄芫花醇只通过某种途径抑制肾上腺素能神经末梢的NE释放，没有影响肾上腺髓质功能。刘复权等也利用SCE这一对DNA损伤灵敏的检测指标，进行黄芫花醇液引产致突变效应的检测，结果注药后24小时，48小时的SCE率与注射前的SCE率无差异。

（三）蒲黄注射液中期引产的动物实验

耿群英用50%蒲黄注射液4mg/kg体重对豚鼠，小白鼠中期引产有明显效果，成功率87%。药理实验表明，急性毒性实验LD_{50}为35.57g/kg体重，动物中期引产有效剂量为小白鼠LD_{50}的1/12～1/18。小剂量时，规律性收缩稍增强，大剂量时子宫兴奋作用明显增强，呈不规则收缩和痉挛性收缩，未见强直性收缩，对豚鼠有过敏现象，试管内有溶血作用及减少小白鼠红白细胞总数作用。蒲黄能短暂地抑制蛙离体心脏和降低家兔血压，对豚鼠离体子宫和家兔在位子宫有兴奋作用。

（曹玲仙）

【不孕症】

（一）辨证论治　李祥云辨证分为8型施治：肾气不足型，方用毓麟珠、附桂地黄丸、五子衍宗丸、全鹿丸、龟龄集等；脾肾亏损型，方用内补丸合参苓白术丸或归脾丸；肝肾亏损型，方用六味地黄丸、大补阴丸、调肝汤等；阴虚内热型，方用知柏地黄丸、地骨皮饮子、两地汤等；肝郁气滞型，方用开郁种玉汤、四制香附丸、济生橘核丸等；瘀血阻滞型，方用少腹逐瘀汤、血府逐瘀汤、大黄䗪虫丸、见晛丸、桂枝茯苓丸等；痰湿凝滞型，方用启宫丸、苍附导痰丸、礞石滚痰丸等；寒湿凝滞型，方用温经汤、当归四逆汤、香桂丸、艾附暖宫丸、附子理中汤等。治疗300多例，其中资料较齐全的257例，经治疗后全部治愈并妊娠。刘洪祥治疗105例，分为瘀血型、肾虚型、郁热型三型。瘀血型用归芎山楂汤（当归、山楂、川芎、五灵脂、蒲黄、丹参）；肾虚型偏阳虚者用大温经汤，偏阴虚者用熟地四物汤合生脉散；郁热型用丹栀逍遥散。结果痊愈54例，有效率占51.1%。杨秉秀辨证分为肾阳虚型、肾阴虚型、肝郁肾虚型、肝经瘀滞型、脾虚痰湿型五型，治疗80例，痊愈者51例，占63.75%。五型治愈率以肝郁肾虚型为最高，达71.43%；脾虚痰湿型最低，为50%。刘代庚用通（疏肝调经、活血通经、化痰启宫）、补（滋肾阴、温肾阳、补气血）、温（温经散寒）、清（清热利湿）四法配合使用，疗效较为满意。郑其国介绍郑长松经验为：治输卵管不通用猪蹄甲，治肝郁不孕用生麦芽，治久婚不孕用活血化瘀药，並主张男女双方同时服药。此外，董协栋等用自拟种精汤（马钱子、赤芍、白芍、香附、生地、熟地、补骨脂、川断、山药、山萸肉、羊红檫、枸杞子、当归、淫羊藿、牛膝）加味，朱西园等用自拟泽兰赞育汤（泽兰、益母草、蒲黄、五灵脂、王不留行、柴胡、乌药、香附、黄芪、白术、当归、复盆子、菟丝子、沉香、枸杞）加味，分别取得89%和95%疗效。刘琨等对功能性月经失调引起的不孕症，用调经促孕丸（鹿茸、仙茅、仙灵脾、黄芪、茯苓、丹参、赤芍等）治疗308例，妊娠者108例，妊娠率为35.06%，流产率为9.52%。西药（氯蒧酚）组97例，妊娠36例，妊娠率为37.1%，流产率为30.3%。

（二）周期疗法　郑瑞符报道在月经期以行气活血，经前期以阴阳平补、调理气血、行气活血温阳，经后期以调和气血、补肾养阴，治疗50例，45例受孕，治愈率达90%。杨文兰等治疗原发性不孕132例，以补肾为主，並根据月经周期各个阶段的特点，拟定不同的治法。经后期滋补肝肾、养血调经；经间期补肾益气、温通活血；经前期温肾补脾；行经期活血调经。月经不潮重复服用。连服三月为一疗程。痊愈（受孕）104例，进步（月经周期、经量及基础体温均在正常范围，但未受孕）16例，无效12例，总有效率91%。张绍舜报导经前用温经汤加泽兰等，经后用温经汤、八珍汤、寿胎丸化裁，称为助孕灵，各服四剂为一疗程。治疗25例，怀孕者19例，痊愈率为76%。

（三）综合疗法　林至君治疗无排卵性不孕症分中药人工周期、针刺、针刺加中药人工周期及简化中药人工周期三联法四组。(1)中药人工周期疗法：相应选用促卵泡汤，促排卵汤、促黄体汤、活血调经汤作周期性序贯用药。(2)针刺促排卵法：於行经第11～16天针刺穴位加灸。取穴：三阴交、关元、地机、水道；或归来、大赫、曲骨、血海；或水道、中极、归来、三阴交。(3)针刺加中药人工周期疗法：在服促排卵汤时加用针刺促排卵。(4)三联法组：包括简化中药人工周期、绒毛汤疗法、扩宫送精法联用。治疗154例，痊愈121例，妊娠率为78.57%；诱发排卵者131例，总排卵率为85.06%。周文瑜报道天英消癥方系列方剂，包括口服方（皂刺、蒲公英、柴胡、白芍、穿山甲、红花、当归、乌药、青皮、陈皮、路路通、香附，每日一剂，每周5剂，8周为一疗程），灌肠方（皂刺、蒲公英、川朴、生军、银花藤，每晚一剂，50～100毫升，保留灌肠，经期停用），药包外敷方（皂刺、蒲公英、路路通、威灵仙、乳香、没药、红花、透骨草、赤芍，蒸40分钟，双侧下腹各敷一包，敷30分钟）。可重复使用2～3次。治疗77例，妊娠56例，占72.7%。

（沈丽君）

【乳出异常】

1.缺乳：张宽智报道缺乳辨证分三型：(1)气血两虚，方用八珍汤加减，取公猪蹄一只，先煎熟猪蹄去蹄及油取汤煎药；(2)肝郁气滞，方用四逆汤加减；(3)肝肾虚损，方用自拟养肝益肾汤（生地、杞子、桑椹子、山萸肉、金樱子、当归、丹参、山药、益智仁、麦芽、穿山甲、王不留行子）。治疗119例，总有效率为94.12%，平均疗程为7.5天。斑秀文等用养血柔肝法，疏畅气机，治愈因暴怒而致乳断的患者。张如一等用王不留行子50克与豆腐500克共煮，喝汤吃豆腐，1～2天吃完，亦有一定的疗效。孙克良报道，用金银花15克、蒲公英15克，黄酒少量为引，服3剂即有效。此外，在针灸按摩治疗方面，刘志谦取乳源、乳海、乳泉三穴为"乳三针"，针刺得气后再针膻中穴，共治疗69例，64例有效。解广智治疗265例，选耳穴内分泌、胸、乳、胃、肝、神门、皮质下、脑点，用前泻后补手法，结果痊愈226例，好转23例，总有效率为98%。张如一等报道用维生素B_{12}注入乳根、膻中穴，并用捏、摩、摇、柔等法按摩局部，也有疗效。

2.乳汁自溢：陈良春等曾用益气敛乳，固冲摄血法，药用红参、黄芪、白术、熟地、枣皮、五味子、鹿角霜、炙草而治愈一例。白玉金用固阴煎治愈乳漏一例。孙维民报道一例罕见患者，产后半月，坐起则乳汁不泌，卧则分泌正常，初按中气不足投补中益气汤治疗无效。后宗"乳血同源"、"人卧血归于脾"之旨，补肝汤为主，方用熟地、柏子仁、当归、川芎、麦冬、甘草、枣仁、木瓜、白芍等收效。

3.乳泣：妊娠未产而溢乳，翁充辉用资生丸治疗，戴会禧用芍药甘草汤配以猪肚、红枣。沈学德、高雨苍用丹栀逍遥散加减，分别治愈一例终止哺乳一年多的乳泣患者及二例室女乳泣者。

4.乳衄：陈良春等用丹栀逍遥散，佐以凉血解郁，引血下行之品治疗一例获效。姜兆俊辨证治疗8例，肝火亢盛型药用柴胡、龙胆草、生白芍、青皮、丹皮、炒蒲黄、生地、生山栀、花蕊石、生甘草、三七粉；肝郁脾虚型药用柴胡、香附、当归、白芍、血见愁炭、党参、黄芪、云苓、白术、苡仁、炒枣仁、仙鹤草、甘草。结果痊愈4例，好转4例。

（黄云亮　李祥云）

【子宫肌瘤】

近年来关於子宫肌瘤的研究，在病因病机方面仍注意以"瘀"为基本病因，如宫伟星等综合近代文献资料认为本病可有六淫七情等不同因素的影响，但总归结于气滞血瘀，新血与旧血聚结胞宫，日益长大而形成。赵惠芳等认为子宫肌瘤是属于血瘀所致之"癥瘕"范畴，杨惠华认为是气血凝聚于胞宫而致的血症。在治疗方面也多采用活血化瘀，软坚散结或活血理气化瘀软坚等等。庄妙清以桂枝茯苓丸加三棱、莪术、当归为基本方。杨氏以活络效灵丹合失笑散为主方（丹参、赤芍、生蒲黄、乳香、没药、五灵脂、香附、夏枯草、坤草）治疗60例，有效率为96%。秦秀兰等用消癥汤（丹参、桃仁、赤芍、三棱、橘核、香附、荔枝核、桂枝、山慈菇、山豆根、海藻）加吴萸、莪术，共治疗52例，其中治愈33例，好转17例，无效2例。张传芳等以当归、川芎、赤芍、丹参、泽兰、莪术、三棱为基本方治疗30例，其中治愈5例，显效6例，有效10例，无效9例。赵氏等以三棱、莪术、归尾、丹参、青皮、陈皮、枳壳、乌药、元胡、姜半夏、海藻、昆布、牡蛎、象贝、谷麦芽为主方，配合海藻晶、小金片、夏枯草等中成药，部分患者配合皮硝外敷等，治疗后经量和腰酸、腹胀明显好转，临床有效率为65.5%。周容华用少腹逐瘀汤治疗14例，痊愈8例，显效4例，有效1例，无效1例。

赵惠芳等进一步探索活血化瘀药治疗本病的机制，通过观察61例子宫肌瘤患者甲皱微循环与正常人相比，发现患者微血管血液流动性降低，显示异常管袢增加，微血流速度减慢，袢顶瘀血，血细胞聚集等血流瘀滞现象，认为血瘀证是一种有明显微循环血流紊乱的病理过程，同时发现患者管袢轮廓模糊出现率增加，血色呈现淡暗等局部流量减少的病理变化，此可能与肌瘤患者月经紊乱导致血管内红细胞减少及缺氧，造成毛细血管营养缺乏有关。由此认为，甲皱微循环检查可作为子宫肌瘤血瘀证及活血化瘀治疗效果观察指标。赵守仪等报道了耳廓子宫穴、内分泌穴触诊法诊断本病，如有条索则为阳性，67例子宫穴触诊阳性者，经术后病理诊断符合的为48例，符合率为71.64%。63例内分泌穴阳性者，经术后病理诊断符合的45例，符合率为71.42%。子宫摘除术后半月左右，子宫穴条索大部消失。

（戴德英）

【滴虫性阴道炎】

近二年来，对滴虫性阴道炎的治疗，除了从临床疗效上作进一步探索外，还在发掘中药、提取有效成份方面做了有效的工作。

（一）综合治疗方法　以坐药薰洗为主治疗取得一定的经验和疗效。张俊平报道用清阴汤（用苦参、黄柏、土茯苓、归尾、蛇床子、生姜皮、花椒煎汤过滤，再将枯矾、冰片溶化后冲入）冲洗阴道治疗滴虫性阴道炎117例，全部治愈。何国兴用具有清热解毒、利湿杀虫止痒的参百蛇洗剂（苦参、生百部、蛇床子、木槿皮、龙胆草、黄柏、花椒、地肤子）薰洗外阴，並用消毒纱球浸透药液阴道用药，治疗滴虫性阴道炎56例，有效率96%。张王科应用内服药结合外洗获得良效。内服健脾利湿汤（山药、白术、苦参、车前子、萆薢、黄柏、白果、芡实），外用薰洗方（百部、蛇床子、明矾、银花、苦楝根皮、川椒）。治疗13例，痊愈11例，显效1例，无效1例。

（二）滴见灭的临床和药理研究　滴见灭临床验证协作组报道用水杨柳叶中提取抗滴虫活性成份——邻苯二酚，经乙酰化后制成二乙酰邻苯二酚泡腾片（200～300mg）及栓剂（200mg），命名为滴见灭。其中用片剂治疗364例，栓剂治疗96例，阴转率分别达89.29%和90.63%。二组疗效相仿（P>0.05）。滴维净对照组为89.90%，两组疗效相仿（P>0.05）。但二天转阴率滴见灭90.93%，与滴维净53.93%相比有明显差异（P<0.01）。蒋春亭报道运用滴见灭治疗滴虫性阴道炎304例，用药五天滴虫阴转率为90.13%，其中二天内阴转率为92.7%，並与滴维净作对照，滴维净治疗99例，阴转率89.89%，二天内阴转率53.93%，亦提示两天内阴转率差异显著。资料证明，滴见灭与滴维净阴转率相似，但转阴时间明显提前，可缩短疗程。滴见灭经体外试验表明其抑滴浓度为0.0625%，杀灭浓度为0.25%。药理试验证实对胃、肠、肝、肾无药物性损害，未见变态反应。

（三）．中草药体外抗阴道毛滴虫试验　沙人钰等寻找药理及临床证明具有抗炎、止痛、活血、化瘀、抗癌作用的中草药14种，进行体外抗阴道毛滴虫试验。结果表明：1：2及1：5冬虫夏草醇、1：2八仙花酊、1：2香杏酊、1：2观音竹针剂对滴虫均有致死作用；1：10、1：20冬虫夏草醇有一定杀灭或抑制作用；1：2大通筋，1：2、1：5、1：10香菇多糖，1：2青霉菌丝体水对滴虫仅有暂时抑制或轻微杀灭作用。而冬虫夏草水、青霉菌丝体醇、三尖松、贯仲、红花、山苍子，羧甲茯苓多糖、虫草菌鸭母煎剂等对滴虫无效。14种中草药用玻片法实验，7种对滴虫有效，用培养法实验4种有效。可见培养法检测药效较为可靠，对滴虫的疗效与药物浓度及接触时间有关，药物浓度高，时间长、疗效也高。

郭仁兴等报道了猪胆汁提取物对人阴道毛滴虫杀伤作用的体外实验研究结果：猪胆汁粉及提取物对人阴道毛滴虫有强烈杀灭、碎解、消溶作用。其碎解过程是：首先滴虫的前进能力减弱渐至丧失，虫体逐渐变园，胞质内出现棕黄色颗粒及大空泡，进而颗粒增多、虫体变大直至胞膜破裂、消溶。猪胆汁滴虫碎解的强度依次为去氧胆酸钠(SDC)>

粗制胆酸钠（CSC）＞胆酸钠（SC)纯品＞猪胆汁提取物＞猪胆汁粉，证明本药提取物杀灭及碎解滴虫的主要成分为去氧胆酸钠。因此猪胆汁提取物及有效成分治疗人阴道毛滴虫与目前常用单纯抑制或杀灭滴虫的药物相比，有其优点及实用价值。

（曹玲仙）

参考文献

B

白玉金　固阴煎治愈乳漏　四川中医　(9)：29，1987

斑秀文等　暴怒伤肝乳断治验　广西中医药　(4)：44，1987

C

陈德芳　妇科治带九法　中国初级卫生保健　(3)：26，1987

陈家畅等　芫花酯甲药膜和其它方法引产对胎儿脏器、脐带、胎盘病理形态学改变的比较　河南中医　(4)：17，1985

陈金凤　寿胎丸加减治疗先兆流产　江苏中医杂志（3)：14，1987

陈菊仙等　中西医结合中期引产78例临床观察　中西医结合杂志　(7)：438，1987

陈良春等　乳病三则　湖南中医杂志　(4)：38，1987

陈西延　女性不孕的治疗进展　河北中医　(4)：31，1987

丛洪泉等　黄芫花醇制剂引产前后产妇血浆中去甲肾上腺素及肾上腺素含量的变化　临床医学杂志　(5)：317，1987

D

戴会禧　芍药甘草汤治愈乳泣　新中医　(1)：46，1986

邓耀光　寿胎丸治疗流产　内蒙古中医药　(1)：37，1986

滴见灭临床验证协作组　滴见灭（二乙酰邻苯二酚）治疗滴虫性阴道炎460例临床观察　中草药　(2)：24，1987

董协栋等　自拟种精汤加味治疗不孕100例观察报告　陕西中医函授　(3)：52，1987

丁爱华等　激光光针至阴穴矫正胎儿臀位　中华妇产科杂志　(6)：326，1985

F

福州市医学科学研究所等　胜红抗炎素治疗盆腔炎133例疗效分析　福建医学　(4)：19，1987

傅静常等　氦氖激光照射至阴穴矫正围产期臀位1000例临床观察　中国针灸　(5)：1，1987

G

甘发生　补肾法治疗经漏64例　湖北中医杂志　(2)：24，1987

高耀洁等　中药牛膝扩张宫颈——附128例报告　新医药　(5)：247，1987

用牛膝扩宫引产54例小结　河南中医　(2)：35，1985

高丽苍　室女乳溢治验　江苏中医杂志　(5)：12，1987

耿群英　蒲黄的引产作用及一般药理实验　中西医结合杂志　(5)：299，1985

宫伟星　妇科肿瘤辨治进展　中医药信息　(4)：19，1987

郭红兴等　猪胆汁提取物对人阴道毛滴虫杀伤作用的体外实验研究　中西医结合杂志　(5)：311，1987

猪胆汁提取物对人阴道毛滴虫杀伤作用的体外　实验研究（摘要）　中西医结合杂志　(5)：311，1987

郭天玲等　77例胎儿臀位用当归芍药散矫正的临床观察　上海中医药杂志　(7)：7，1987

H

韩向阳　中药甘遂中期引产作用的研究　医学研究通讯　(4)：114，1985

何国兴　参百蛇洗剂治疗霉菌性滴虫性阴道炎100例　河北中医　(1)：18，1986

何志蕃等　芫花醇引产对妊娠母体器官的影响的动物实验和溶血作用研究　新医学　(3)：136，1983

胡建华　内外合治带下病　四川中医　(6)：30，1987

胡　琏等　小剂量芫花花醇与利凡诺中、晚期妊娠引产临床（300例）与病理（胎儿尸检100例）对比分析　天津医药　(4)：208，1985

何玉芳等　宫颈安治疗宫颈糜烂　河北中医　(4)：30 1987

胡玉荃等　栀母霜汤治疗青春期崩漏86例报告　中医杂志　(6)：46，1987

黄本立　芫花醇液羊膜腔穿刺引产体会及其并发症　新医学　(4)：178，1985

J

蒋春亭等　"滴见灭"治疗滴虫性阴道炎——304例临床疗效观察　安徽医学　(4)：14，1987

姜润林　章文赓治疗带下病的经验　中医杂志　(10)：

17, 1987
姜兆俊　乳衄八例治疗报告　山东中医学院学报　(3)：37, 1986

L

李爱先　减味保产无忧散矫正胎位58例　浙江中医杂志　(2)：62, 1986
李炳茂　治疗流产后闭经六法　辽宁中医杂志　(6)：46, 1987
李道坊等　调和冲任法治疗乳腺增生症27例临床观察　中西医结合杂志　(5)：270, 1987
李　玲等　通管汤对家兔输卵管炎的抗炎作用　中西医结合杂志　(5)：293, 1987
李祥云　辨证治疗不孕症257例的临床报道　中医杂志　(10)：38, 1987
辨证治疗不孕症257例的临床报道　中医杂志　(10)：38, 1987
李中怡　鲜鱼腥草治带下　湖南中医杂志　(2)：24, 1987
李竹兰等　102例盆腔炎疗效观察　上海中医药杂志　(9)：11, 1987
廖千祥　阳和汤治疗痛经　四川中医　(6)：36, 1987
林浩然等　甘遂注射液用于中期妊娠羊膜腔内引产120例分析　福建医药杂志　(1)：23, 1984
林至君　治疗无排卵性不孕症154例小结　湖北中医杂志　(3)：15, 1987
治疗无排卵性不孕症154例小结　湖北中医杂志　(3)：15, 1987
刘埃登　青春期痛经辨治　内蒙古中医药　(2)：13, 1987
刘斌超　化膜汤治疗30例膜性痛经　上海中医药杂志　(1)34, 1987
刘复权等　黄芫花醇液引产致突变效应的检测　河北医学院学报　(1)：54, 1985
刘浩江　完带汤加减治疗妇女白带过多47例　江苏中医杂志　(4)：17, 1987
刘洪祥　辨证治疗女性不孕症105例　山东中医杂志　(5)：22, 1986
刘　琨等　治疗功能性月经失调不孕症308例临床观察　上海中医药杂志　(5)：14, 1987
刘瑞祥　重症痛经　山东中医杂志　(4)：40, 1987
刘淑琴　消糜栓治疗子宫颈糜烂542例临床观察　中西医结合杂志　(5)：280, 1987
刘亚玲　中药在妊娠晚期引产的应用　北京医学　(1)：44, 1985
刘燕宁等　寿胎丸保胎对小儿影响的观察　湖北中医杂志　(4)：26, 1987
刘志谦　乳三针治疗缺乳　辽宁中医杂志　(3)：35, 1987
路志正　变通当归四逆汤治疗痛经厥逆　山西中医　(2)：4, 1987
吕　峰　血府逐瘀汤治疗痛经33例　湖北中医杂志　(1)：14, 1987
罗仰洪　大通筋注射液治疗痛经101例　福建中医药　(1)：16, 1987

M

马爱华　"艾薰足疗法"治疗胎位异常(512例疗效观察)　浙江中医学院学报　(2)：19, 1985
梅振翼等　重楼排草对产后止血的临床观察　中医杂志　(3)：40, 1987
孟春莺　电针至阴穴矫正胎位不正110例　中国针灸　(5)：45, 1983

N

聂玉英　痛经灵胶囊治疗痛经60例　四川中医　(17)：37, 1987

P

庞保珍等　转天汤矫正胎位94例　山东中医杂志　(5)：27, 1987

Q

钱止维等　黄芪与干扰素治疗宫颈糜烂及抗病毒的协用作用　中西医结合杂志　(5)：268, 1987
钱祖淇等　中药促晚期高危妊娠宫颈成熟及引产146例临床分析　上海中医药杂志　(10)：15, 1987
秦广凤等　压迫耳穴法矫治胎位不正169例小结　江苏中医杂志　(8)：31, 1986
秦秀兰等　消癥汤治疗子宫肌瘤卵巢肿瘤88例观察　河北中医　(4)：17, 1987

S

沙人珏等　十四种中草药体外抗阴道毛滴虫试验　福建医药杂志　(3)：29, 1987
沈学德　乳汁自漏治验　辽宁中医杂志　(1)：28, 1987
施先庚　白地汤治疗功能性子宫出血106例报告　湖北中医杂志　(4)：22, 1987
孙定隆　自拟复方脱花煎引产　贵阳中医学院学报　(1)：51, 1987
孙克良　催乳　广西中医药　(6)：24, 1986
孙维民　乳出异常　山东中医杂志　(2)：46, 1987

T

谈　勇等　108例更年期综合症从心肾论治的临床总结　中医杂志　(5)：33, 1987
童莲芬　门诊应用结晶天花粉蛋白引产40例观察　新医药　(1)：23, 1987

W

汪宗俊　引产药物的临床应用　中级医刊　(10)：42，1987

王春林等　运用八珍益母汤治疗席汉氏综合症　辽宁中医杂志　(1)：22，1987

王金权　中药治疗胎位异常17例临床观察　山西中医 (4)：21，1987

王　淇等　加味"脱花煎"治疗"死胎"的临床观察　上海中医药杂志　(10)：29，1987

王全仁　针灸至阴穴治疗胎位不正246例　河南中医 (6)：12，1985

王志敏　氦—氖激光照射昆仑穴矫正胎位的临床观察　中华理疗杂志　(4)：198，1984

王忠民等　祛瘀生新法治疗人流术后腹痛42例报告　天津中医　(1)：22，1987

王忠民等　澄源塞流法治疗人流术后出血33例　上海中医药杂志　(4)：24，1987

王子喻　治疗痛经经验方　北京中医学院学报　(3)：47，1987

吴光烈　加味当归芍药散治疗胎位不正217例临床观察 福建中医药　(4)：18，1984

吴振国　寿胎丸加减治疗先兆流产41例　中原医刊 (3)：8，1987

卫明汉　苏岑汤治疗胎位不正　浙江 中医 杂志　(8)：369，1987

翁充辉　谈谈资生丸治乳泣　新中医 (1)：45，1986

X

向一青　保产无忧散治疗胎位不正30例 河南中医药 (1)：32，1985

谢德聪　胎位不正治验二例　福建中医药　(4)：19，1984

解广智　耳针治疗产后缺乳症265例　吉林中医药　(3)：14，1987

徐白磊　汪日祯　"转胎方"矫正胎位效佳　江西中医药　(4)：22，1987

徐斌超　化膜汤治疗30例膜性痛经　上海中医药杂志　(1)：34，1987

许仁和　"痛经Ⅰ号"外敷治疗原发性痛经　上海中医药杂志　(9)：34，1987

许润三　痛经的辨证与治疗　中级医刊　(1)：49，1987

四逆散加味治疗输卵管阻塞115例总结报告　中医杂志 (9)：41，1987

Y

杨秉秀　辨证治疗不孕证80例临床分析　北京 中医 (2)：16，1987

杨承先等　痛经饮治疗室女痛经92例临床观察　安徽中医学院学报　(1)：33，1987

杨德润等　悬灸至阴穴矫正臀位胎位　四川中医 (6)：42，1984

杨惠华　活血化瘀法治疗子宫肌瘤60例观察　天津中医　(2)：11，1987

杨文兰等　中药人工周期治疗原发性不孕132例临床观察　上海中医药杂志　(6)：18，1987

羊菊芬　寒性痛经的诊治体会　江苏中医杂志　(7)：23，1987

叶文贞等　康宁汤保留灌肠治疗盆腔炎50例　上海中医药杂志　(3)：7，1987

尹瑞藏　参芪四物汤加味合饮水法矫正胎位447例 中原医刊　(5)：33，1987

于天文　甘遂中期引产胎盘与胎儿脏器的光镜及电镜观察　中西医结合杂志　(4)：201，1984

虞觐冠等　宫腔内注射乙醇配合中药内服对中期妊娠520例的引产　上海中医药杂志　(8)：16，1985

Z

张传芳等　中药治疗子宫肌瘤30例临床观察　湖北中医杂志　(4)：17，1986

张建国等　芫花萜药膜早中期引产214例　河南中医 (4)：19，1985

张剑秋　五鱼散治疗宫颈糜烂103例　湖北中医杂志 (4)：56，1987

张俊平　清阴汤治疗滴虫性及霉菌性阴道炎187例 临床观察　江西中医药　(4)：26，1987

张宽智　治疗产后缺乳119例疗效观察　天津中医　(1)：48，1987

张琼芳　药毒致室女闭经证治　上海中医药杂志　(8)：20，1987

张如一等　几种促进母乳分泌方法的效果观察　中西医结合杂志　(2)：89，1987

张绍舜　《金匮》温经汤治疗不孕症25例疗效总结　国医论坛　(2)：26，1987

张王科　健脾利湿汤治疗滴虫性阴道炎　陕西中医 (3)：129，1986

张稚洁　治疗子宫出血60例临床体会　上海中医药杂志　(3)：11，1987

张正荣　中药矫正胎位112例体会　安徽医学　(4)：35，1986

赵翠英　妇炎净冲剂治疗慢性盆腔炎87例分析　上海中医药杂志　(3)：6，1987

子宫内膜炎100例临床分析　上海中医药杂志　(8)：23，1987

赵惠芳等　61例子宫肌瘤患者的甲皱微循环检查分析　中西医结合杂志　(2)：86，1987

赵守仪等　70例子宫肌瘤耳穴触诊的初步观察　北京中医（5）：40，1985

郑德安　符利君　胎位不正治验摘介　新中医　（3）：30，1983

郑其国　郑长松老中医治不孕症用药经验拾零　辽宁中医杂志　（6）：4，1987

郑瑞符　中医治疗不孕症50例临床总结　天津中医（6）：7，1986

郑文贤　寿胎丸加减治疗习惯性流产　江苏中医杂志（1）：23，1986

钟德惠等　中药牛夕用于中期妊娠引产　贵州医药（3）：10，1985

朱金凤等　寿胎丸加味治疗先兆流产的临床观察及实验研究　中西医结合杂志　（7）：407，1987

朱西园等　泽兰赞育汤治疗60例不孕症小结　河北中医（2）：14，1987

祝秀都等　针刺、中药结合诱发排卵59例观察　上海中医药杂志　（3）：12，1987

庄妙清　中西医结合治疗子宫肌瘤的探讨　实用医学杂志（2）：18，1987

周青梅等　寿胎丸治疗胎动不安150例疗效观察　北京中医（5）：39，1987

周容华　少腹逐瘀汤加减治疗子宫肌瘤14例　北京中医（5）：34，1987

周升平　运用扶正化瘀法治疗引产术后残留的体会　辽宁中医杂志　（3）：27，1987

周文瑜　天英消癥方治疗不孕症77例临床分析　中医杂志（12）：31，1986

周芝兰　加味芎归汤引产126例分析　山东中医杂志（5）：26，1987

周志东　用滋阴凉血药为主治疗妇科四种常见血证60例　上海中医药杂志　（5）：16，1987

（五）儿　　科

【概述】

1987年公开发表的儿科论文和召开的儿科急症和剂型改革专题的全国学术会议，反映了本年度中医儿科学术基本状况，归纳起来主要有以下几方面。

（一）儿科急症的治疗　中医儿科急症以高热、重症肺炎、哮喘持续状态、重症腹泻、坏死性肠炎、乙脑、新生儿危重症等方面的报道较为突出。

小儿高热多为外感所致，通过辨证论治探讨其治疗规律，提高疗效，十分重要。汪鑫涛对320例小儿高热分风热外感、风热乳蛾、阳暑感冒、肝风内动（兼惊）辨证治疗，並配用柴胡、银黄等针剂加速退热。由于小儿外感有由寒化热、由表入里的迅速传变特点，表里双解、寒热同用之治法被广泛采用。朱锦善着重介绍了王伯岳老中医这方面的治疗经验。在临床报道中，叶孝礼双解散（银花、连翘、豆豉、栀子、竹叶、板蓝根、厚朴、枳壳），曾桂芳用泻青丸加减（羌活、川芎、防风、栀子、大黄、蚤休、龙胆草），李寿彭用青柴石知二黄汤（青蒿、柴胡、石膏、知母、黄芩、大黄）皆有较好疗效。阎田玉指出，应用涤肠通腑的药物有助于排泄毒素，加速退热，还能改善机体免疫机能。孙绍民等介绍单味大黄饮治疗化脓性扁桃体炎40例，大多于1～2日内退热。关于辛温解表的治法，陈菊仙用葛根汤、刘弼臣用参苏饮，也收到较好疗效，说明了辨证论治的重要性。王景汉还介绍了针刺耳廓神门及神门处怒张血管放血，或加捏皮质下、枕和脑干穴区，对高热惊厥有效。针灸治疗高热惊厥，已被广泛应用。

重症肺炎除应用麻杏石甘汤及葶苈子、桑白皮、黄芩、鱼腥草之类治疗外，加强了清热解毒、活血化瘀、通腑逐邪、扶正救逆的治疗研究。王如文等用解毒消炎注射液（银花、连翘、黄芩、丹参、白头翁、蚤休、瓜蒌、板蓝根、茵陈），疗效高于西药组。阎田玉对呼吸道合胞病毒肺炎用活血化瘀、益气通腑治疗，对危重症加服红参扶正救逆，提高了救愈率。郭玖琳等辅用丹参注射液（丹参、降香）能促进啰音吸收。

对哮喘持续状态的控制，王烈用治哮灵（地龙、麻黄、苏子、姜蚕、射干、侧柏叶、黄芩、贝母、白蘚皮、刘寄奴、苦参、细辛、橘红、甘草、冰片），通过446例的治疗观察，快者2小时内可平喘，平均1日内平喘。

重症腹泻並发肠麻痹治疗较为困难，张茵州等采用行气整肠黄连汤（木香、厚朴、大腹皮、槟榔、枳壳、莱菔子、大黄、玄明粉、黄连），可于4～12小时内见效。夏锡昌用消胀散（苍术、白芷、细辛、牙皂、丁香、肉桂）葱白捣敷脐治疗中毒性肠麻痹，2～3小时即能排矢气，6小时后即腹软。腹泻合并脱水，治疗着重益气生津和养阴增液。另外，倪群芝等用藿香、苍术、厚朴、茯苓等制成中药止泻补液合剂（其中含电解质的浓度与口服补液盐ORS一致）对秋季腹泻脱水治疗观察，疗效优于单纯口服补液盐，並认为中药合剂对肠平滑肌有先兴奋后抑制的双相作用，有利于营养物质的吸收和肠道的静息修复，具有止泻、补液的双重作用。

出血性坏死性小肠炎是危重急腹症，采用中西医结合治疗，提高了疗效。中药的应用侧重于清热解毒、活血化瘀、行气导滞。具体内容，已列专条。

新生儿危重症的病死率很高，王赤梅等提出服用红参，能改善危象，有增强免疫、耐缺氧、抗呼衰心衰、调节体温作用，对新生儿重症肺炎、窒息、颅内出血有效。虞佩兰等对新生儿金葡菌感染败血症分热毒炽盛、肝胆湿热、脾胃失和、邪盛正虚治疗，有助于提高疗效。另外，新生儿硬肿症应用活血化瘀等治法也有新的经验。已列专条。

（二）对常见病、疑难病的治疗　呼吸道病易感儿的防治，仍然是一大课题。中医药对此具有一定的优势。采用健脾益气、培土生金的玉屏风散、四君子汤、五味异功散等能提高机体免疫能力。温振英等认为坚持服药是防治的关键。详见专条。

厌食症的治疗报道较多。隋建屏分胃寒、胃热、食滞、胃阴不足及脾胃气虚治疗；甄长荣等采用健脾结合生津、舒肝、益胃、升提、祛痰、解郁、和胃、消食治疗；汪贻魁用皂荚研末吞服；潘嘉珍等用健脾消导结合微量元素锌、氨基酸等治疗。

佝偻病，董莉丽等采用龙牡壮骨冲剂（牡蛎、龟版、黄芪、白术、山药、五味子、党参、茯苓、鸡内金、甘草、大枣等）治疗，疗效优于西药常规治疗，被认为是防治佝偻病的有效新药。

婴幼儿肝炎综合征，汤锡华用茵陈四苓合剂（茵陈、金钱草、郁金、茯苓、白芍、白术、党参、丹参、山楂、平地木、青陈皮）治疗，疗效满意．而且与加用激素对照治疗，无显著差异。邹德霖等对HBsAg阳性治疗80例，1～3个月后，阴转57例，6个月后对连续3次阴转者30例复查，仅4例反跳，但再治疗后又转阴。用药为：大黄、黄柏、贯众、艾叶、虎杖、丹参、甘草、白术、苍术、女贞子。

急性肾炎的治疗，清热解毒、活血化瘀得到进一步的重视。夏纯民用普济消毒饮治疗，疗效甚佳。戈莉莉等通过103例甲皱微循环的观察及40例治疗小结，认为湿热型微循环异常明显，结合活血化瘀可提高疗效。

病毒性心肌炎的治疗，主要针对热毒侵心及其所致的阴阳气血的损亏、瘀阻情况，辨证论治。详见专条。

小儿皮肤粘膜淋巴结综合征，本年度有廖先齐、钱育寿、谢宗昌等数篇报道，并有较好疗效。

（三）名老中医经验整理　学习和整理名老中医的儿科经验，仍然是很重要的一项工作。已故名医徐小圃、沈仲芳、孙瑾臣、王伯岳，以及江育仁、董廷瑶、张锡君、黎炳南、胡翘武、陈宜根、区少章、隋建屏等的学术经验、医案，得到了进一步的整理和发掘，对指导临床，提高儿科学术水平将起到很好作用。

此外针灸、推拿的治疗应用也很广泛，其中对小儿麻痹后遗症、脑发育不全、疳积、腹泻，以及营养不良性贫血，都有报道。

（江育仁　朱锦善）

【新生儿硬肿症的治疗】

新生儿硬肿症是新生儿住院病例中病死率较高的疾病之一。近年来在温阳益气祛寒的基础上采用活血化瘀治疗，死亡率已明显下降，由于该病主要表现体温不升，全身皮肤冷而硬，呈暗红色，红细胞电泳时间较正常新生儿明显减慢，与中医学中的血瘀征象有相似之处，因而在西医治疗的基础上，结合活血化瘀治法，明显提高了疗效。

史德华报道经治13例新生儿硬肿症，除一般西医治疗外，以复方丹参注射液0.5毫升加入10%葡萄糖液20毫升内，静滴，每日2次。其中轻度硬肿症者6例，2～3日即见到明显效果。对7例中、重度硬肿症者，则以丹参注射液用量加倍，最长8天见效。同时按病情又分别选用了内服温阳药物：四逆汤中加入丹参、桂枝、赤芍；真武汤中加入红花、当归、川芎；或用党参、白术、炙甘草、熟附子、肉桂、白芍、防风、当归煎服，并用药渣温敷硬肿部。结果，全部治愈，平均住院天数为7.3天。谭兴诗拟定温阳活血汤（桂枝6克、白芍8克、桃仁6克、红花6克、当归6克、川芎6克、丹参8克、大枣8克、生姜5克、伸筋草8克、广巴戟8克、黑故脂8克），经治疗2例均痊愈。周慧玲报道，观察丹参西药组（保温、抗生素、激素、纠酸、能量合剂、维生素E及复方丹参注射液2毫升）54例，对照组(不用丹参注射液，其他处理同前)60例。结果丹参西药组痊愈40例，好转3例，死亡11例；对照组痊愈29例，好转5例，未愈1例，死亡25例。丹参西药组治愈率高于对照组，而病死率明显低于对照组（$P<0.05$）。时毓民报道，对新生儿硬肿症属脾肾阳虚、气滞血瘀者，可用温肾健脾、活血化瘀法，方用真武汤加减；热毒蕴郁、气滞血瘀者，则用清热解毒、活血化瘀法，方选黄连解毒汤。除辨证论治外，还加用川芎红花注射液每次每千克体重0.1～0.3毫升，加入10%葡萄糖溶液5～10毫升静脉注射，每日1～2次。用此法治疗本病13例，痊愈11例。

张辉等报道采用广州敬修堂药厂出产的成药跌打万花油（含红花、独活、三棱等二十味温阳祛寒药物），配合抚法、摩法、搓法等手法。以理气和中、舒气活血、散寒化瘀治疗新生儿硬肿症12例，显效8例，有效3例，无效1例。郭玉章等用硬肿膏（肉桂12克、丁香6克、川草乌各15克、乳香15克、没药15克、干姜15克、红花30克、当归30克，共为末，用羊脂及凡士林搅拌成50%软膏）治疗38例轻度患者，28例治愈。15例中度患儿加用复方丹参，治愈4例。硬肿消退的平均时间为14天。崔志新等在西医治疗的同时用新鲜芫荽25～50克，洗净，经沸水烫后揉成小团，轻轻反复涂擦硬肿的局部皮肤，每日4～6次，每次3～5分钟，直至硬肿消退为止。26例硬肿症患儿全部治愈，平均治愈天数为8.2天。

（俞景茂）

【肺炎的临床观察及实验研究】

小儿呼吸道感染性疾病的发病率居首位，其中肺炎的病死率最高。因此，各地仍在对小儿肺炎进行临床观察和实验研究。

乔木林报道运用开肺化痰为主的方法治疗本病取得较好疗效。临床观察100例，根据肺闭痰阻的轻重寒热虚实的属性而选用。宣肃开肺：治肺闭轻症，药用麻黄、桑叶、杏仁、薄荷、牛蒡等，偏风热者主方为麻杏石甘汤，偏风寒者主方为三拗汤。降泻开肺：

治肺闭偏重症，常用葶苈子为主药，并用桑白皮、苏子、枇杷叶等，主方为葶苈大枣泻肺汤等。化痰：治痰浊阻肺，常用前胡、象贝母、瓜蒌、法半夏等，方选定喘汤。涤痰：治闭阻并重，气憋喘急，痰浊内结，药用葶苈子、礞石滚痰丸。乔氏指出：治疗本病常苦辛宣泄并用，辛能宣通肺气，驱邪外达，又能化痰通闭，苦能清肃开闭，清热解毒，又能降泄痰浊。治疗结果：治疗组75例，痊愈63例，好转6例，无效6例，治愈率84%；对照组用常规西药处理25例，痊愈21例，好转4例，治愈率84%。二组疗效比较无显著差异（$P>0.05$）。但在住院天数及发热、气急、啰音消失、咳嗽的时间，治疗组皆优于对照组。

曹风城等报道小儿肺炎110例疗效分析。风邪闭肺型82例肌注清肺Ⅰ号针剂（紫花地丁、连翘、黄芩、丹参），口服化痰合剂（石膏、麻黄、橘红、炒杏仁、黄芩、炒枳壳、紫花地丁、甘草）及平喘合剂（葶苈子、白芥子、百部、青黛、麻黄、钩藤、地龙、银花）。痰热闭肺型25例肌注清肺Ⅱ号针剂(银花、板蓝根、黄芩、丹皮、红花)，口服化痰解毒合剂（板蓝根、黄芩、连翘、鱼腥草、射干、贯众）。热毒炽盛型2例肌注清肺Ⅱ号针剂，口服化痰解毒合剂，酌配紫雪散、安宫散或合用西药。正虚邪恋型1例，口服化痰健脾合剂(太子参、生山药、沙参、生白术、枇杷叶、茯苓、麦冬）。以上针剂均肌注每次2～4毫升，日2次，合剂均每次5～10毫升，日3～4次。结果：痊愈77例占70%，好转33例占30%。

邓启源报道采用钩藤竹黄汤（双钩藤、天竹黄、全蝎、僵蚕、莱菔子、大黄、黄芩、车前子、麻黄、地龙干、生石膏、知母、木通）治疗小儿肺炎166例，结果用药四日，热均先后退尽，六日内症状亦先后消失。郭瑞芝根据中医辨证，将38例小儿肺炎分为风寒、风热两大类。应用宣肺化痰，清热解毒和益阴生津法治疗，结果痊愈35例，好转3例。尚尔书辨证治疗350例小儿肺炎。分为：（1）风寒闭肺型（120例），治以宣肺清热化痰；（2）风温闭肺型（150例），治以清热解毒、宣肺平喘；（3）痰热闭肺型（80例），治以清热化痰、宣肺降逆，佐以活血化瘀。结果痊愈280例，有效55例，无效15例，总有效率为96%。张志朝报道自拟肺炎汤（黄芩、连翘、麻黄、杏仁、麦冬、玄参、紫苑、菊花、桑叶、甘草、虎杖）。治疗120例小儿肺炎，结果痊愈97例，有效21例，无效2例。总有效率为98.3%。邹鼎求等报道用泻肺调中法治疗本病38例。基本方：桑白皮、地骨皮、桔梗、枳壳、黄芩、怀山药、薄荷、陈皮、甘草。每日1剂。结果痊愈37例，无效1例。

刘万朝报道采用口服大蒜浸剂治疗小儿真菌肺炎28例。入院前28例患儿都有长期使用广谱抗生素和激素的病史。入院后除了加强支持疗法外，用口服大蒜浸剂（生大蒜6～9克，冷开水洗净，捣碎，冲入沸水60毫升，浸泡1小时，去渣，分3次口服，以上为1岁儿1日剂量，其他年龄酌情增减）。经治疗，均于7～18天痊愈出院。据实验研究，大蒜内含有“胡油”能调整肠寄生菌，有除毒作用，大蒜对某些深部真菌有一定的疗效。

无锡市第一人民医院儿科报道以0.1%大蒜油注射液，以每公斤体重1.5毫升，加入10至20倍的5%或10%的葡萄糖注射液中，每天分1～2次缓缓静滴，7天为一疗程，同时口服以麻杏石甘汤加减制成的肺炎合剂，每日一剂，浓煎30毫升，分2～3次服完。共治疗94例，痊愈59例，好转21例，无效14例。总有效率为85.1%。

顾梯成报道应用虎柏针剂（每毫升内含虎杖、侧柏叶生药各1克）。治疗小儿肺炎40例，按每天每公斤体重2毫升加入5%葡萄糖内静脉滴注，维持8～12小时，一般连续静滴5～8天。结果，有效32例，无效8例。郭琬琳等报道辅用丹参注射液静滴治疗小儿肺炎，对促进肺部啰音的消散有较好效果。

周荣芝等报道，肺热咳喘2000例中952例（47.6%）为肺炎，889例（44.50%）为支气管炎，159例（7.9%）为哮喘性支气管炎。本组病例中3岁以下者1448例(72.4%)，约占总数的3/4，这个比例数字说明临床观察的结果与传统医学中婴幼儿乃“稚阴”、“稚阳”的理论相吻；同时本组病例在病程中出现呼吸衰竭与心力衰竭的现象，亦与传统医学中气滞血瘀、心阳虚衰之征象颇为一致；并指出肺热咳喘并发呼吸衰竭时，血气分析对发现混合性酸中毒的重要意义，血气分析一方面可以协助临床确诊呼吸衰竭，另一方面又可了解酸碱失衡的详情。

康健报道中西医结合治疗婴幼儿肺炎107例疗效分析。中药组58例，细菌性肺炎用菌肺合剂（银花、板蓝根、枇杷叶、芦根、石膏、杏仁），病毒性肺炎用毒肺合剂（黄芩、石膏、银花、连翘、玄参、丹皮、赤芍、竹叶）。两种肺炎恢复期用肺复合剂（桑白皮、枇杷叶、紫苑、地骨皮、北沙参、菊花、银杏）。均制成浓缩煎剂，每剂30毫升。<6个月7.5毫升/日2次；6个月～1岁10毫升/日2次；1～5岁10～15毫升/日2～3次；学龄儿童15毫升/日3次。西药组49例用抗生素。结果，中药组和西药组分别显效52例、41例，有效4例、7例，无效2例、0例，死亡0例、1例。阎田玉等报道单用中药治疗80例和中药联合抗生素治疗50例的呼吸道合胞病毒肺炎的过程中，体会到中医的活血化瘀法能使疗效提高。韦俊也以中医治疗为主，治疗腺病毒肺炎60例。按卫气营血辨证。即气分热盛型，热入营分型，热动肝风型和毒热内盛、气滞血瘀型。结果痊愈52例，好转4例，死亡4例。总有效率为93.3%。还有潘慧芳、陈进、金炳炎等报道的中西医结合治疗肺炎、重症肺炎和迁延性肺炎，也均有一定疗效。

（曹济民）

【心肌炎的证治】

近年来由于病毒感染增多，心肌炎的报道也逐年增多。运用中医中药治疗小儿心肌炎的疗效也越来越被证实。

史英杰报道，根据我国104个儿科单位和综合医院对九省市1709例病毒性心肌炎患者的调查结果，本病占协作组单位二年入院患儿总数的5.94‰，占门诊、急诊人次的0.14‰。史氏提出：认真研究本病的病因病机，探索其辨证论治规律，已成为中医儿科临床所面临的重要课题，并对中医的辨证分型治疗本病进行了综述性的探讨。临床分型为（1）邪毒侵心，包括风热内侵和湿热内侵；（2）心阳虚脱；（3）气阴两亏；(4)心脾两虚；(5)痰热内羁；(6)气虚血滞；(7)阳虚水停，包括心脾阳虚和心肾阳虚。

靖雨珍等报道本病（按九省市心肌炎协作组诊断标准确诊）40例，以学龄儿童居多。辨证施治分二类。热毒侵心，心阴已虚者35例。主方为南沙参、北沙参、麦冬、五味子、金莲花、大青叶、栝蒌、黄芩、薤白、生甘草。发热较高者加知母或寒水石；多发性期前收缩者加苦参；心率快者加北五加皮。心脾两虚，阳气亏损5例。主方是党参、生黄芪、炒白术、当归、茯神、茯苓、炙甘草、桂枝、薤白、远志。治疗结果痊愈（症状消失，体检正常，心电图正常）9例；基本痊愈（症状消失，体检正常，心电图尚有轻度异常）2例；好转（症状、体征好转，心电图尚未恢复正常）27例；无效2例。平均疗程76.25天。全组病例加用抗菌素者13例；加用强的松者5例；合并心衰加用毛地黄者1例。

李淑琴等报道辨证治疗本病30例。治疗前均经现代医学检查而确诊。年龄均在4～14岁之间。分为四型论治：（1）风温内犯型12例，治以清热解毒，佐以养心。方用银翘散加减（金银花、连翘、板蓝根、薄荷、竹叶、豆豉、牛蒡子、熟地、麦冬）。(2)气阴两虚型9例，治以益气养阴宁心。方用炙甘草汤加减（炙甘草、人参、桂枝、阿胶、生地、麦冬、酸枣仁、五味子、当归）。（3）脾虚湿阻型6例，治以健脾化湿。方用香砂六君子汤加味（人参、茯苓、桂枝、白术、木香、砂仁、石菖蒲、薤白）。(4)心血瘀阻型3例，治以通阳化瘀。方用桃仁红花煎加减（桃仁、红花、丹参、赤芍、川芎、生地、当归、桂枝、薤白）。以上四型，若见发热重加黄芩、石膏，心悸惕惕而动加硃砂、炒枣仁，汗多者可加浮小麦、龙骨、牡蛎，肢肿者加防己、车前等。服药2周为1个疗程。结果：显效19例，占63.3%；有效8例，占26.7%；无效3例，占10%；总有效率为90%。

张永等分析了服药满一个月的16例小儿心肌炎。16例中属慢性期9例，属后遗症4例，并有3例兼有支气管哮喘。辨证也分四型。（1）心阳不振7例，方用桂枝龙牡汤，炙甘草汤，桂枝加附子汤等。（2)心阴亏少5例，方用生脉散，复脉汤为主。（3）心血瘀滞3例，方用血府逐瘀汤加减。（4）湿热阻结1例，辨证用药。此外，症见夹有痰饮、气滞的均须随证论治。结果显效7例，好转6例，有效3例。

俞美玉等报道，运用中药为主治疗12例病毒性心肌炎。12例均为住院患儿，其中5例曾用西药治疗无效。辨证属气阴两虚者11例，心阳不足者1例。治则为益气养阴，活血化瘀、清热解毒。基本方是黄芪、党参、麦冬、白芍、五味子、葛根、郁金、瓜蒌、泽兰、当归、丹参、刘寄奴、炙甘草。在治疗过程中，西药作辅助治疗。住院天数最长31天，最短13天，平均21.5天。结果显效4例，有效8例。

郭孝月报道25例小儿心肌炎，亦以学龄儿童多见，占64%。中医诊断：心悸22例，胸痹2例，悬饮1例。辨证分四型。(1)热毒侵心4例，治以清热解毒为主，佐以滋阴凉血，方用银翘散加减。（2）气阴两虚8例，治以益气养血，滋阴安神，方用炙甘草汤加减。（3）心脾两虚7例，治以健脾养心，方用归脾汤加减。（4）气虚血瘀6例，治以补益心气，活血化瘀，方用生脉散加味。其它治疗：静滴能量合剂16例，用激素10例，口服阿托品1例，乙胺碘呋酮1例，毛地黄1例，未用西药8例。结果：治愈16例，好转6例。总有效率为88%。无效3例。

（娄国菁）

【真菌性肠炎治验】

真菌性肠炎常发生在婴幼儿，由于口服多种广谱抗生素后，肠道菌群失调而引起，其中以念珠菌性肠炎的发病率为最高。临床表现与一般婴幼儿因喂养不当而致的腹泻相仿，便次增加，少则每日3～4次，多则每日20余次，大便呈泡沫样或有粘液，有发酵气味。严重者也可形成溃疡而排血样大便，甚至可造成穿孔而危及生命。

吴明贞报道以马鱼合剂（马鞭草、鱼腥草、防风、广木香、石榴皮、淮山药、炒山楂、甘草）治疗小儿霉菌性肠炎10例。年龄在1～3岁之间，病程1～2个月的有7例，3～4个月的有3例。反复出现黄稀泡沫样便或绿色水样便，每日泄泻3～4次的有6例，每日泄泻10余次的有4例。并伴有消瘦、低热、纳差等症状。大便常规均找到肠道霉菌。其中2例伴有鹅口疮。口服马鱼合剂，随证加减，每日1剂，疗程2-4周。结果，10例全部治愈，大便常规连续3次未见到霉菌。体温、食欲正常，大便成形，体重均有不同程度增加。李治方也报道2例小儿肠道霉菌感染治验，患者年龄1岁左右。病程1例为半月余，1例已1月余。均伴发热，其中1例达40°C伴昏睡。舌淡少津，指纹色淡，大便常规有霉菌或霉菌孢子＋＋～＋＋＋。辨证为脾胃受损，水湿滞留所致，治以健脾、消食、燥湿。药用炒白术（或加苍术）、云茯苓、泽泻、黄芩、黄柏、枯矾、山楂、神曲、甘草、苏条参等。服药1～2剂热退神安、便减纳增，4剂后大便常规霉菌转阴。一年后随访，未见复发。

（程家正）

【灌肠法治疗腹泻】

中药灌肠治疗小儿腹泻解决了服药困难的问题，又是一种值得推广的给药手段。海崇熙报道以中药保留灌肠治疗224例婴幼儿泄泻，辨证分四型用药：火热型以白头翁汤加减；湿寒型以理中汤加减；伤食型以大安丸加减；脾虚型以参苓白术散加减。煎浓汁250毫升、温度适宜。3岁以下的小儿每次灌肠用5毫升，3～6岁的用6～10毫升。保留半小时，每六小时重复一次，用药最少2次，最多6次，平均4次。结果痊愈217例，无效7例，治愈率为96.8%。陈国良报道以保留灌肠，分型治疗58例小儿腹泻。Ⅰ号液由神曲、山楂、诃子、石榴皮组成，适用于伤食型；Ⅱ号液由板蓝根、白花蛇舌草、乌梅、石榴皮组成，适用于风寒型；Ⅲ号液由蒲公英、白花蛇舌草、乌梅、石榴皮、诃子、地锦草组成，适用于脾虚型和脾肾阳虚型；Ⅳ号液由蒲公英、白花蛇舌草、地锦草、地榆、大小蓟组成，适用于湿热型。各浓煎30～60毫升。1岁以下的小儿每次5～10毫升；1～2岁的用10～15毫升；2～3岁的用15～30毫升；3～5岁的用20～30毫升；5岁以上的用50毫升。保留灌肠，每日1次，保留10分钟。经3～5天治疗，痊愈51例，好转4例，无效3例，总有效率为95%。谢伯豪等以清肠液保留灌肠治疗小儿湿热型泄泻67例，其中单纯型（无发热、腹胀、呕吐等症状）56例、混合型（伴有发烧、腹胀、呕吐）11例。清肠液由葛根、白头翁、黄连、黄芩、槟榔组成，制成16%浓度的液体，装入安瓿备用，每支10毫升。每日2次，每次2支，保留灌肠。结果：对湿热型腹泻效果良好，痊愈51例，好转7例，无效9例，总有效率86.6%。熊次英也报道了中药灌肠治疗婴幼儿腹泻70例，药用黄连、乌梅、虎杖、石榴皮、白芨，煎成30～50毫升、每日1次，大便正常后再巩固1～2天。结果：治愈61例，好转6例，无效3例，总有效率为95.71%。作对照组50例以抗生素治疗，治愈22例，好转20例，无效8例，总有效率为84%。经统计学处理，$P<0.001$，有极显著意义。该文提出保留灌肠时的五个注意点：(1)最好在便后进行；(2)宜选择最细肛管或粗导尿管；(3)用5～10分钟缓慢推入；(4)药汁温度以39°～40°C为佳；(5)取下导管时轻按肛门让患儿休息，避免哭闹。

（程家正）

【出血性坏死性小肠炎的治疗】

小儿出血性坏死性小肠炎1985年的《中医年鉴》中已有选条。1987年对本病的报道比往年多。

谢世远等报道用中西医结合治疗本病40例。随机分成治疗组（中西医结合）20例，对照组（西药）20例。从三方面进行治疗。(1)一般治疗，包括护理，抗休克，有效抗生素的应用，肾上腺皮质激素的应用。(2)对症治疗主要对血便严重者，呕吐频繁者，腹痛剧烈者和高热者。(3)中药治疗，以清热解毒、活血化瘀、凉血止血为原则。处方：紫花地丁、凤尾草、刘寄奴、红藤、地榆各16克，仙鹤草31克。腹痛者加延胡索、乌药，腹胀加枳壳、厚朴，体虚者加羊乳、黄芪、红枣。1疗程为7天，2疗程后统计疗效。结果治疗组痊愈（症状体征消失，实验室检查阴性）18例，好转（症状体征消失，大便潜血试验阳性或镜检可见脓细胞）2例。住院最短7天，最长12天，平均9天。对照组痊愈16例，好转3例，死亡1例。住院最短8天，最长16天，平均12天。治疗组疗效明显优于对照组。

施再东等报道采用中西医结合治疗本病84例，也随机分成两组观察对比。中西医结合组42例，对照组（单纯西药）42例。发病的患儿中以5～10岁为多见。本组病例均在5～10月份发病，并且均来自农村。治疗组用马齿苋合剂：鲜马齿苋（取汁冲兑）200～250克，生大黄（后下）10～15克，蒲公英、槐花各30克，桃仁5～10克，赤芍、白芍、生地榆、槟榔各10～30克。见到血便多加黑木耳、生地、白头翁；腹胀较重加炒枳实、木香；腹痛拒按、排便不畅酌加大承气汤；昏厥者加红参、淡附片、麦冬、五味子。西药按常规治疗。结果中西医结合组42例均痊愈（临床症状消失，隐血转阴）。而对照组痊愈31例，好转（症状缓解，隐血未转阴）3例，无效5例（转手术治疗2例，自动出院3例），死亡3例。两组疗效比较，根据卡方测验计算，P值为0.27%（<0.5%），有非常显著的差异。疗程比较，中西医结合组平均6.38天，对照组平均17.13天，亦有明显的差异。

邓泽普报道治疗本病14例，年龄3～14岁，多有饮食失调史，旱谷地区多见。其中肠炎型8例，肠炎伴休克型、休克伴腹膜炎型、休克伴肠梗阻型各2例，并都有舌质红略带紫，苔黄腻，脉濡数，指纹色多青紫的特点。治疗均采用清热解毒、活血化瘀、行气止痛之剂。方用葛根芩连汤加味。方由葛根、黄芩、黄柏、丹参、桃仁、红花、赤芍、槐花、地榆、川楝子、延胡、姜半夏、茯苓、生大黄、枳壳、黄连。并用654-2足三里穴位注射（以解除小肠壁血管痉挛状态和促使肠胃功能紊乱的恢复），每侧穴位1～2毫克，每日1次。同时补液纠正酸中毒，必要时输血，加用抗生素。服药3～7天，腹泻腹胀和发热均消失；大便隐血7～10天转阴；X线腹部透视均恢复正常。平均2周治愈，无一例死亡。

（娄国菁）

【遗尿的治疗】

近年来采用按摩、针灸、外敷疗法以及验方治疗遗尿，取得一定疗效。

曲学英报道采用按摩治疗遗尿症230例。治疗方法：患者仰卧，术者站在其右侧，用右手掌按小腹部（隔衣），左手食指尖压人中穴，均一按一松。在术者右手掌下按时，嘱患者鼓小腹反顶之，然后放松，如此反复按压30次。然后让患者俯卧，术者两拇指分别按于患者肾俞穴上，一按一松。在术者拇指下按时，让患者紧握双拳，全身用力，等术者提指时，即全身放松。如此反复30次。每日按摩一次，15次为一疗程。结果：治愈227例（98.7%）。其中一个疗程治愈170例（75%），两个疗程治愈的52例（23%），三个疗程治愈的5例（2%）。伦洁明报道，运用郑州市盲人按摩诊所王修义大夫手法治疗小儿遗尿4例，经治疗2～6次痊愈。方法：（1）患者取仰卧位，术者在右侧先用掌根或手指于脐下小腹部作顺时针方向按揉5～10分钟，然后点按气海、关元、中极等穴，接着用拇指或中指在耻骨上缘（曲骨穴）经腹部滑压十数次（每次下压待腹肌松弛后进行），使下腹部有酸胀感为宜。（2）患者取俯卧位，术者用按揉法在患者腰骶部按揉约5分钟，然后点按肾俞、膀胱俞、三阴交等穴，最后用擦法于腰骶部1～2分钟术毕。每日1次，6次为1疗程。随访半年未再遗尿。

王泰东等报道采用头针治疗163例患儿。治疗方法分二组：（1）单纯头针组，适用于病程较短，症状较轻者，取双侧足运感区，电针20分钟，隔日一次。（2）针药混合组，适用于病程长，症状重，经其他治疗无效者，采用头针配合缩泉丸或其他中药，个别加用氯酯醒等口服。结果：头针组76例，痊愈46例（60.5%），好转20例（26.3%），无效10例（13.2%）；总有效率为86.8%。针药混合组87例，痊愈29例（33.3%），好转35例（40.2%），无效23例(26.4%)。陈再文报道用头皮针治疗夜尿症37例。治疗方法：选顶中线，即从督脉经的百会穴向前顶穴沿皮斜刺1～1.5寸，留针4～8小时，每日或隔日一次，10～15次为一疗程。结果：基本痊愈6例，显效21例，进步9例，无效1例。

丁福荣等用耳穴贴压法治疗遗尿100例。方法是取耳穴膀胱、肾、脾、胃、心、神门、脑点，将生王不留行贴在0.6厘米正方形的医用橡皮膏上，选穴压籽，每日3次，每次五分钟，睡前必按一次，每6日两耳交替贴覆一次。结果：痊愈74例（74%），显效13例（13%），好转9例（9%），无效4例（4%）。

张晓波报道用外敷药治疗小儿遗尿症。方药制备：白芥子、公丁香、益智仁、乌药、细辛等量共研细末，伤湿止痛膏敷贴，醋适量，取备好的药末用醋调成糊状，视患儿年龄大小，取药适量，置于中极、大赫、三阴交穴位上，贴伤湿止痛膏固定。一般外敷一次即效，如不效可再贴一次。

吕修业报道采用自拟止遗尿方治疗35例，仅一例复发。方药为麻黄、益智仁、黄芪、桑螵蛸、甘草。麻黄用量可较一般常用量偏大。林家坤以日本《汉方治疗百话》中介绍的经验，用葛根汤（葛根、麻黄、桂枝、炙甘草、白芍、生姜、大枣）治疗患儿6例，疗效满意。胡敬煌报道，用新鲜猪膀胱一具，装入益智仁、乌药、小茴香、芡实等各10克，用棉线将口扎紧与鸡内金10克一起用砂锅文火煮至膀胱烂熟，倒出药渣，加入大青盐10克，一剂分二次于早晚空服，连服五剂为1疗程。治愈1例有8年尿床史的患儿。张学文用鸡蛋一只，覆盆子5～7个，治疗小儿遗尿，谓临床使用屡验。

（朱瑞群）

【小儿体质调查及易感儿防治的临床观察】

体弱易感儿的防治，是当前儿童防治医学研究的课题之一。近年来以中医中药研究防治体弱儿反复发生呼吸道疾病的进展是迅速的，疗效也是显著的。

皇甫燕报道小儿体质初探，调查结果：732例中，正常型500人，占68.3%；脾胃虚弱型207人，占28.3%；肝肾不足型16人，占2.2%；血虚型1人，占0.1%；未发现肾气不足型。轻度贫血239人，大部分见于脾胃虚弱型。舌苔大部分正常，有地图舌9人，白腻苔81人，黄腻苔24人。发现年龄越小，体质特征表现就更明显而普遍，随着年龄的增长，体质亦不断变化，如地图舌1年后，9人中有6人好转，脾胃虚弱型1年后，207人中有91人好转，轻度贫血1年后亦普遍好转，说明小儿的体质在不断地发育健全。结论是各体质类型的特征表现一般不属病态，只是潜在着某种病理倾向和对某种病邪的易感性。

温振英等报道培土生金法防治呼吸道病易感儿的临床观察，患儿共266例，年龄6月～11岁，病程短则1年，长则3年。多属下呼吸道感染且平均每月发作1～3次。辨证以脾胃气阴两虚为主。急性感染期有高热或合并有呼吸道外兼症时，予辨证施治或西药对症处理。恢复期或高热间隙治以健脾益气糖浆，本品主要含党参、茯苓各30克、白术、甘草各18克，制成150～200毫升。2岁以内者分10天服用，2～7岁分7天服用，8岁以上分5天服用，每天3次，连服3月为1疗程。结果：本组定期随访3个月以上者共190例中，近期治愈90例，显效53例，有效47例。木糖吸收率目前已被作为判断脾虚证的实验室指标。温氏等在患儿中随机抽样检测了30例。结果表明易感儿在治疗前的木糖吸收率均值为16±3.6%与检测同龄健康儿童20例的木糖吸收率均值25±4.0%相比较，两组差异非常显著（$P<0.001$）；而治疗后复查，则无显著性差异（$P>0.5$）。同时也检测了易感儿在治疗前后的血清免疫球蛋白，从文中的数据说明，易感儿多数有不同程度的免疫功能降低，而治疗后大多数能恢复正常。

孟月华报道对15例常患感冒、气管炎及肺炎等体弱多病的小儿应用“加味玉屏风散”预防反复呼吸道感染。药物组成：生黄芪36克、防风12克、生牡蛎36克、山药36克、白术24克、陈皮24克，共研为粉末备用。服法：2岁以下，每次2克，2岁以上每次3克，均为每日2次，隔日服。疗程：1～3月为一疗程。疗效：服药1周后见效2例；2周见效5例；3周见效6例；1个月见效2例。2例停药后第3个月开始发病。说明“加味玉屏风散”能使机体免疫功能增强。

邹治文等报道了健脾益气方治疗脾虚易感儿临床及实验研究。患儿62例均易患感冒或气管炎，根据发病频度，每月1次为轻度共21例，每月2次为中度共15例，每月3次或3次以上为重度共26例。本组患儿多伴有出汗、面黄肌瘦、纳呆，体重均低于正常小儿标准体重的8%以下。治法：健脾益气方又称强壮灵，由黄芪、浮小麦、茯苓、化橘红、鸡内金等9味药组成，制成冲剂，每袋含生药5克，1～3岁每次1袋，3～5岁每次2袋，5岁以上每次3袋，均每日服3次，连服3个月。治疗结果：（1）每月患感冒或气管炎次数：总治愈率58.1%，总有效率90.3%，其中以重度患儿疗效最好，有效率达100%；（2）厌食：总治愈率85.5%，总有效率90.3%；（3）多汗：总治愈率14.5%，总有效率75.8%；（4）体重：体重增加2公斤以上者20例（40.3%），体重增加有效率90.3%，其中以1～3岁组明显，3～5岁次之。由实验结果可以看出，本方具有增强机体非特异性免疫功能作用，表现在能增强巨噬细胞的吞噬功能，从而提高机体抗病能力。

（曹济民）

参考文献

C

曹凤城等　小儿肺炎110例疗效分析　上海中医药杂志（8）：15，1987

陈功槃　陈宜根儿科用药经验举隅　上海中医药杂志（4）：25，1987

陈国良　中药煎剂保留灌肠治疗小儿腹泻58例　吉林中医药（1）：20，1987

陈菊仙等　葛根汤治疗小儿发热110例　云南中医杂志（2）：35，1987

陈再文　头皮针治疗夜尿症37例疗效观察　浙江中医学院学报（5）：54，1987

陈进等　以银翘麻杏汤为主治疗小儿肺炎123例疗效观察　江西中医药（2）：15，1987

崔志新等　芫荽擦身配合西医治疗新生儿硬肿症26例　中西医结合杂志（8）：501，1987

D

邓启源　钩藤竹黄汤治疗小儿肺炎166例临床疗效观察　江苏中医杂志（12）：7，1987

邓泽普　葛根芩连汤加味佐以654-2穴位注射治疗急性出血性小肠炎14例报告　南京中医学院学报（1）：15，1987

丁福荣等　耳穴贴压法治疗小儿遗尿症100例　中医药学报（4）：32，1987

董莉丽等　防治佝偻病新药：龙牡壮骨冲剂的临床研究　中成药研究（3）：20，1987

G

戈莉莉等　103例小儿急性肾炎甲皱微循环的观察——附40例治疗小结　云南中医杂志（4）：6，1987

顾梯成　虎柏针静脉滴注治疗小儿肺炎40例临床观察　上海中医药杂志（11）：11，1987

郭琰琳等　辅用丹参注射液治疗小儿肺炎疗效观察　中草药（9）：45，1987

郭锦章等　疏利化瘀法治愈新生儿胆道阻塞12例介绍　中医杂志（1）：28，1987

郭瑞芝　小儿肺炎的辨证论治　吉林中医药（6）：15，1987

郭孝月　中西医结合治疗小儿心肌炎25例临床体会　山东中医杂志（6）：23，1985

郭玉章等　硬肿膏治疗新生儿硬肿症疗效观察　中西医结合杂志（3）：177，1987

H

海崇熙　中药灌肠治疗婴幼儿腹泻224例临床观察　安徽中医学院学报（1）：34，1987

胡国俊　胡翘武老中医治疗小儿脾胃失调病证的经验　广西中医药（4）：25，1987

胡敏煌　遗尿治验新方　福建中医药（5）：26，1987

皇甫燕 小儿体质初探——732例调查小结 浙江中医杂志 (8)：379，1986

J

江育仁等 流行性乙型脑炎证治（专题笔谈） 中医杂志 (7)：7，1987

小儿急性肾炎证治（专题笔谈） 中医杂志 (11)：7，1987

金炳炎等 银鱼清肺汤治疗小儿迁延性肺炎12例临床观察 安徽中医学院学报 (1)：30，1987

靖雨珍等 治疗小儿心肌炎40例临床观察 新中医 (1)：28，1987

K

康 健 婴幼儿肺炎107例中西医治疗疗效分析 北京中医 (4)：19，1987

L

李冬生 按摩加龟尾穴拔火罐治疗婴幼儿单纯性消化不良 按摩与导引 (5)：36，1987

李寿彭 青柴石知二黄汤治疗小儿发热 四川中医 (7)：45，1987

李淑琴等 辨证治疗小儿病毒性心肌炎30例观察 黑龙江中医药 (5)：19，1987

李治方 小儿肠道霉菌感染治验二例 陕西中医杂志 (12)：548，1985

廖先齐等 中西医结合治疗皮肤粘膜淋巴结综合征12例 四川中医 (6)：8，1987

林家坤 葛根汤治遗尿 四川中医 (5)：25，1987

刘弼臣 小儿外感疾患用辛温剂的经验 中医杂志 (3)：21，1987

刘万朝 口服大蒜浸剂治疗小儿真菌肺炎28例 中级医刊 (6)：54，1987

吕修业 麻黄治疗遗尿症琐谈 中医杂志 (9)：69，1887

伦洁明 按摩治疗小儿遗尿 广西中医药 (3)：9，1987

M

孟月华 加味玉屏风散预防小儿反复呼吸道感染15例疗效观察 中级医刊 (9)：49，1987

N

倪群芝等 口服中药止泻补液合剂纠正婴幼儿秋季腹泻腹泻脱水情况观察 中医杂志 (9)：35，1987

O

区庆瑞 区少章名老中医治疗经验介绍 新中医 (1)：8，1987

P

潘慧芳 安宫牛黄丸治疗婴幼儿重症肺炎 中西医结合杂志 (5)：300，1987

潘嘉珍等 健脾消导煎与微量元素氨基酸合剂治疗小儿厌食症疗效观察 中西医结合杂志 (1)：42，1987

潘文奎 隋建屏老中医从胃论治小儿厌食症的经验 辽宁中医杂志 (8)：2，1987

Q

钱育寿等 治疗小儿皮肤粘膜淋巴结综合征的体会 上海中医药杂志 (6)：11，1987

乔木林 小儿肺炎及其证治探讨——附100例临床分析 中医杂志 (11)：29，1987

曲学英 按摩治疗遗尿230例疗效观察 山西中医 (5)：45，1987

S

尚尔书 辨证治疗小儿肺炎350例 吉林中医药 (2)：21，1987

沈小芳等 沈仲芳儿科学术经验 中医杂志 (2)：4，1987

施亦农 陈寿春老中医治疗小儿哮喘的经验 辽宁中医杂志 (12)：1，1987

施再东等 急性出血性坏死性小肠炎84例治疗观察 浙江中医杂志 (7)：296，1987

石坚如 徐小圃未刊医案选析 中医杂志 (6)：7，1987

史德华 中西医结合治疗新生儿硬肿症 山西医药杂志 (5)：280，1987

史英杰 小儿病毒性心肌炎的中医分型治疗 中医杂志 (12)：32，1987

时毓民 几种小儿常见病运用活血化瘀法近况 上海中医药杂志 (6)：2，1987

宋知行 重廷瑶老师运用仲景方心得 辽宁中医杂志 (11)：4，1987

孙绍民等 单味大黄饮治疗小儿化脓性扁桃体炎40例临床观察 中西医结合杂志 (11)：695，1987

孙 浩 孙瑾臣儿科医案选按 中医杂志 (4)：12，1987

T

谭兴诗 温阳活血汤加减治疗新生儿硬肿症 四川中医 (1)：12，1987

汤锡华 茵陈四苓合剂治疗婴儿肝炎综合征（附342例分析） 上海中医药杂志 (3)：27，1987

W

汪鑫涛 辨证治疗小儿高热320例 辽宁中医杂志 (11)：26，1987

汪贻魁 皂荚散治疗小儿厌食110例 湖北中医杂志 (1)：25，1987

王赤梅等 红参蒸汁治疗新生儿疾病30例临床观察 中成药研究 (7)：24，1987

王景汉 针刺治疗小儿上感高热惊厥 新中医 (2)：29 1987

王如文等 解毒消炎注射液治疗小儿肺炎（有关免疫功能

的观察） 实用儿科临床杂志 (1)：11，1987

王泰东等 头针治疗遗尿症163例临床分析 中西医结合杂志 (8)：505，1987

王　烈等 小儿治哮灵治疗小儿哮喘的临床观察（附446例临床资料分析） 江苏中医杂志 (1)：11，1987

韦　俊 辨证治疗小儿腺病毒肺炎60例临床观察 陕西中医 (4)：149，1987

温振英等 培土生金法防治呼吸道病易感儿的临床观察 中医杂志 (1)：34，1987

无锡市第一人民医院儿科 中西医结合治疗小儿肺炎94例临床小结 江苏中医杂志 (1)：12，1987

吴明贞 马鱼合剂治疗小儿霉菌性肠炎 湖南中医杂志 (1)：34，1987

X

夏纯民 普济消毒饮治疗小儿急性肾炎 四川中医 (10)：18，1987

夏锡昌等 消胀散治疗小儿中毒性肠麻痹 江苏中医杂志 (10)：5，1987

谢伯豪等 清肠液保留灌肠治疗小儿泄泻67例 湖北中医杂志 (2)：33，1986

谢世远等 中西医结合治疗出血性坏死性小肠炎 浙江中医杂志 (7)：295，1987

谢昭亮等 黎炳南教授学术思想与经验简介 新中医 (12)：6，1987

谢宗昌 辨证治疗小儿脑血管闭塞症合并皮肤粘膜淋巴结综合征1例 上海中医药杂志 (6)：10，1987

熊次英 中药保留灌肠治疗婴儿腹泻 实用护理杂志 (11)：10，1985

阎田玉 治疗小儿感冒的点滴体会 中西医结合杂志 (7)：436，1987

阎田玉等 儿科疾病的临床用药 中西医结合杂志 (9)：567，1987

小儿呼吸道合胞病毒肺炎的中医治疗和体会 中医杂志 (1)：32，1987

余朋千 张锡君治疗小儿呕吐十法 辽宁中医杂志 (7)：4，1987

俞美玉等 中药为主治疗12例小儿病毒性心肌炎 上海中医药杂志 (12)：15，1985

虞佩兰等 中西医结合防治新生儿金黄色葡萄球菌感染 中西医结合杂志 (10)：620，1987

Z

曾桂芳 泻青丸治疗小儿发热62例 四川中医 (7)：47，1987

张晓波 外敷药治疗小儿遗尿症 内蒙古中医药 (2)：7，1987

张学文 小儿遗尿验方 河南中医 (3)：23，1987

张茵州等 行气整肠黄连汤治疗婴幼儿腹泻并发肠麻痹 辽宁中医杂志 (3)：25，1987

张志朝 肺炎汤治疗小儿肺炎120例临床报道 黑龙江中医药 (3)：22，1987

张　辉等 治疗新生儿硬肿症12例报告 北京中医 (5)：42，1986

张　骏 奚伯初儿科医案选 上海中医药杂志 (6)：6，1987

张　永等 中医辨证治疗小儿心肌炎16例小结 辽宁中医杂志 (1)：27，1985

甄长荣等 健脾八法治疗小儿厌食症 辽宁中医杂志 (8)：31，1987

郑　萍等 陈宗颖老中医治疗小儿肾炎的经验 上海中医药杂志 (2)：8，1987

周慧玲 新生儿硬肿症114例临床观察 北京中医 (5)：40，1986

周荣芝等 用现代医学观点探讨小儿肺热咳喘（附2000例临床分析） 天津中医 (5)：23，1987

朱锦善 王伯岳儿科经验介绍 中医杂志 (11)：12，1987

邹德霖等 中药对小儿乙型肝炎表面抗原HBsAg阳性的治疗观察 中医杂志 (3)：54，1987

邹鼎求等 泻肺调中法治疗婴幼儿肺炎38例的体会 中医杂志 (9)：38，1987

邹治文等 健脾益气方治疗脾虚易感儿临床及实验研究 中医杂志 (11)：27，1987

（六）外　科

【概述】

（一）外科 顾伯华等根据几十年的临床经验，把血栓闭塞性脉管炎分四型治疗，即塞湿型相当于病初的缺血期，治以温经散寒祛湿，和营活血；血瘀型相当于中期的营养障碍期，治宜活血化瘀，理气通络；热毒伤阴型相当于患肢干性坏死，治宜清热解毒，滋阴清火；气血两虚型相当于后期，治以益气养血活血。许华封除辨证分型治疗外，加服自制脉疏通水剂治疗，能促进闭塞的血管复通。陈淑长又加肾虚型治疗。马同长认为疼痛是本病最突出的症状，用较多的虫类药以攻坚破积、活血通络、消肿散瘀，而达到“通则不痛”的治疗作用。裴玉昆等制定通脉片治疗该病，认为有解除血管痉挛、促进侧支循环形成、促进血液流速加快、减少血液粘度、阻抑血栓形成的作用。李競对中医外科外用药进行了研究，认为以“腐”作为辨证施治的病理基础是客观的，腐肉多而难脱时，使用祛腐力强的药物，随着腐肉减少而改用去腐力较小的药物，当肉芽组织基本填满缺损时再改用长皮收口的药物。根据这一原则李氏总结了使用去腐生肌散治疗手术后慢性窦道166例，平均治愈天数为23.2天，比用西医治疗方法快。但此类药物均含有汞，多用有吸收、蓄积，并对内脏造成损害的副作用。李氏建议应寻找新的无毒的去腐生肌类药物以取代红升丹等汞制剂，并使“腐去肌生”能得到科学的解释。

（二）皮肤病　朱毅等对中医药为主治疗系统性红斑狼疮进行了探讨，辨证分型为热毒炽盛型，治以清营解毒、凉血护阴；阴虚内热型，治以养阴清热；肝肾阴虚型，治以滋补肝肾；脾肾阳虚型，治以温补脾肾、通阳利水；肝郁气滞型，治以疏肝理气；心脾两虚型，治以补益心脾；风湿热痹，治以清热祛风，利湿通络。基本概括了十多年来各地中医辨证分型的情况。从治疗情况看，当系统性红斑狼疮出现危重症状时，应中药加适量激素和其他西药配合；病情稳定后则以中药为主，递减西药用量，坚持中医中药调治，可有效地稳定病情、延长缓解期。杨虎天用人参果皂甙治疗41例系统性红斑狼疮和其相关病，疗程3个月，表明能提高特异免疫功能。苑勰等用活血化瘀的中药79-2片剂，治疗各型硬皮病414例，总有效率达到96.6%以上。值得提出的是在治疗局限性带状型硬皮病190例中，取得了显效率42.1%，有效率54.7%的疗效是令人鼓舞的。因为本型患者皮肤硬化大部分深达骨膜，伴皮肤与肌肉萎缩，常毁容或致残。本药治疗使已萎缩凹陷的皮损重新隆起，并富有弹性，对改善容貌、恢复劳动力很有帮助。钱冠清等研究证明：活血化瘀的中药组成“通脉灵”能改善血液循环、解除去甲肾上腺素所致的血管痉挛，从而减低血管外周阻力，有利于血管中灌注压增加，可加速侧支循环的建立。朱明娟等认为：“通脉灵”对常压缺氧、减压缺氧、缺血缺氧、氢化物所致组织缺氧均具有明显的保护作用，扩张外周血管，有利于胶原合成和分解代谢平衡，能使闭合血管的开放循环得到明显改善。刘世明等报道中西医结合治疗脓疱性银屑病，分毒热炽盛、湿热蕴积、湿热血瘀三型治疗，配合西药。给中医药治疗严重的银屑病，提供了经验。钟以圣报道单用针刺曲池、然谷穴治疗头癣100例，治愈率为83%，又针刺60例，也取得治愈48例的满意疗效。

（三）肛门病　周醒华等对肛瘘切除一期缝合术进行了探讨，认为成败的关键在于是否彻底清除病灶，正确处理内口、缝合时是否残留死腔，根本问题在于控制感染。如有感染，可放置“红升药线”引流，该药溶液在试管中对绿脓杆菌、乙型溶血性链球菌、大肠杆菌、金黄色葡萄球菌均有不同程度地抑菌作用。可用于瘘管和内口已被清除，仅腔内感染。用此药治愈者，观察5年，未见复发。董耀林认为消痔灵治疗三期内痔，可避免手术产生的不良反应、合并症和后遗症。具有使痔血管收缩，血管产生栓塞、闭塞的作用，使痔间质产生无菌性炎症、以轻、中度纤维化使痔核萎缩消失达到治愈的目的。周氏用外切内剥内扎治疗混合痔404例，效果好，认为方法简单实用、手术时间短，痛苦小，并发症少，患痔多者，均可一次操作完成。

（四）急腹症　尹常健对中医治疗胆石症进行了综述。一般认为：气滞型相当于胆石症稳定期或经过排石的缓解期；湿热型相当于胆石症发作期或并发较严重之胆系感染；毒热型多见于较大结石嵌顿、局部充血水肿及炎症所导致的休克期。肝阴不足、血瘀等较为少见。排石率以湿热型最高，因为处于发作期，胆道压力高，中药治疗可起因势利导的作用。尹氏认为今后应进一步对辨证治疗规律进行临床探讨，加强中药溶石的研究。周俊元等报道综合排石疗法治疗输尿管结石649例，辨证分气结型、湿热型、肾虚型，治疗分小攻、总攻、强攻。排石有效率为76.3%。总结分析认为：适合此法的条件是结石横径小于1厘米，长径小于2厘米；泌尿系无严重解剖变异及病理改变；患侧肾功能尚好。

（马绍尧　顾伯华）

【臁疮的治疗】

曾冲报道溃疡散（大黄、黄柏、白芨各50克，焙黄研粉，密陀僧、儿茶、没药各30克，青黛20克，轻粉10克，冰片5克研极细末，两药混合外敷），治疗下肢溃疡34例，痊愈25例，好转7例，总有效率为94.1%，其疗程最长38天，最少仅12天。魏一鸣等以凤凰衣贴敷治疗慢性溃疡38例，其中下肢溃疡31例。治法：将凤凰衣贴敷疮面后，外盖无菌纱布加压包扎。隔2～4日换一次。凡溃疡面在10平方厘米以内的，贴敷1～2次即愈；创面在10～25平方厘米，贴3～4次可愈。即使创面较大，只要不超过100平方厘米，可不用植皮而获治愈。

蒋海亭等用马钱子膏（马钱子20克，黄丹30克，麻油150毫升，黄蜡适量做成软膏），治疗下肢溃疡22例。具有疗程短，疗效高的优点。结果痊愈19例，明显好转2例，好转1例。对唐福昌应用儿茶二黄散（儿茶3份，黄连、黄柏、冰片、煅白矾、煅龙骨各2份）外敷治疗10例外伤性下肢慢性溃疡，结果全部治愈。治疗时间最长15天，最短只需5天。时广敬应用自制顽疡膏（大将军、乳香、没药、紫草、大枣肉、当归）配合生肌橡皮膏、长皮膏治疗顽固性溃疡8例，其中包括下肢胫前慢性溃疡2例。运用该膏外敷一般换药15～20次，平均30～35天，均获痊愈。李春杰用溃疡散（茄子、地龙、猪头骨、侧柏叶、灯芯、冰片）治疗各种溃疡54例，治愈率达88%。龚景林用木耳散（木耳、白砂糖）治愈一例疮口下陷，边缘隆起，肉色暗红，脓水臭秽，疮口四周皮色紫黑的小腿溃疡已3年的患者。随访4年未见复发。

郑翔等用五皮丹参汤（丹皮、大腹皮、茯苓皮、黄柏皮、白藓皮、丹参、桃仁、红花、苍术、路路通）内服治疗小腿慢性溃疡58例。结果痊愈36例，好转16例，无效6例，总有效率为89.65%。孙玉伦报道治疗下肢溃疡15例，病程最长者32年。平均疗程二周。具体方法：（1）对创面进行清创控制感染外，再用白糖和蜜糖、胰岛素敷于创面。对溃疡大、组织缺损多，可点状植皮。（2）中药内服黄芪内托汤（黄芪、党参、当归、川芎、白芷、银花、防风、黄连、桔梗、木香、甘草），结果15例全部治愈，尹鸿恕等运用红外线照射及阿胶膏外敷治疗小腿慢性溃疡24例，全部治愈。平均疗程37天。

（孙世道）

【带状疱疹的外治疗法】

程墨林等自拟"带状疱疹方"用石灰30克浸入50%酒精100毫升中，密贮24小时，用时摇匀，外敷患处，每日4～6次，治疗100例，多在3天左右疼痛缓解，疱疹干涸、结痂而愈。吴筱南以1克醋调5粒六神丸外敷患处，并内服六神丸，每日3次，治疗35例，均在3～7天痊愈。徐如恩用"秋葵丹"，石膏、硫磺等分研细，再用猫爪刺或满天星适量，捣汁调药末外涂患处，1日3次，一般3～4天可愈。殷大彰用"三黄二香散"，生大黄、黄柏、黄连各30克，制乳没各15克共研细末，加茶叶汁适量调糊外敷患处，1～2日后结痂，疼痛消失，4～6天痊愈。李玉女采用《医宗金鉴》“水晶膏”去糯米加五倍子，紫草等制成糊状或混合剂外用，1日1次，经治20例患者均愈。吴启海用“六一冰硃散”，冰片60克、朱砂10克，共研细末，加入麻油100毫升调糊，先用双氧水擦洗患处，将疱液除尽，再将药均匀涂于患部，每日2～3次，治疗30例，7天内均愈。俞善同报道采用紫金锭、季德胜蛇药各1支，研细末，加板蓝根注射液4毫升，白醋10毫升，冷开水适量，调成糊状，涂擦患部，每日4～5次，治疗10例，4天内痊愈。

王原凤用针在皮损周围每隔1至2厘米点刺放血，隔日1次，5～10天基本治愈，共治83例，有效率98.5%。任仕蓉取患者双侧合谷、曲池；患侧内关，另于皮疹起始部各选一阿是穴即截断头尾法，再于皮损外围选3～6个阿是穴，用泻法留针10～20分钟，每日1次，治验一例多部位发作的患者，3次告愈。

（夏 涵 金华顺）

【扁平疣的治疗】

吴启成用祛疣汤（板蓝根20克，土茯苓、生薏仁、生地、山豆根各15克，木贼10克）治疗65例，痊愈54例，好转7例，无效4例。张舜明用加味桃红四物汤（原方加薏苡仁、板蓝根、夏枯草）治疗扁平疣23例，结果治愈20例，好转3例。罗世成用薏苡仁单味药治疗本病亦获效。李济民用消疣汤（荆芥、生甘草各10克，蝉蜕8克，板蓝根、金银花各30克，苍耳子15克，煎汁，内服外洗各半）治疗扁平疣80例，平均用药6剂，全部治愈，随访1年以上无1例复发。孙刚用防风通圣丸治疗本病47例（其中23例曾经接受中西药治疗无效者）。每次3～6克，每日2次，10天一疗程，连服二个疗程。皮疹全部消退34例，平均服药18天，皮疹大部分消退8例，无效5例。获效中的42例，随访3个月未见复发。饶尚仁参照朱仁康老先生的“马齿苋合剂三方”（马齿苋60克，败酱草15克，紫草15克，龙骨10克，牡蛎10克，当归10克，赤芍8克）加减治疗6例，全部获愈，服药短者14天，长者35天。

陈长江采用生鸡内金20克，加水2000毫升，浸泡2～3天，外搽患处，每日5～6次，一般外搽10天，扁平疣即干涸缩小而脱落，治疗10例，均愈。胡献国采用云故纸15克，加75%酒精100毫升中浸泡一周，外搽患处，7天为一疗程，治疗扁平疣20例，结果一个疗程治愈者15例，二个疗程治愈者5例，随访一年以上，均未见复发。何毅采用自拟木香苡仁去疣汤（木贼、生苡仁、香附）外洗，加鸦胆子去壳外擦，治疗33例，均获痊愈，疗程最长25天，最短6天，平均16天左右。沈玉山自制三味油：浙贝母30克，生苡仁30克，鸦胆子10克，菜油子50克，将加工好的三味药混合，搅匀共入菜子油中，密封浸泡一周后备用。治疗颜面部扁平疣28例，均全部治愈。王廷举用鼠妇（俗称潮虫），随地可取，将其挤破直接涂在疣体上，一般涂3～5次即自行消灭。汤秉恭报道用蟾蜍1只，置开水中煮沸10分钟去蟾蜍，用水洗疣，每日数次，每只煮沸液可洗2～3天，轻者用一只，重者用三只，洗后即干瘪，即而脱落痊愈。

李清芝用耳背放血疗法治疗本病34例，以3次为一疗程，每周一次，结果治疗1～3次痊愈者22例，4～6次痊愈者10例，显效1例，有效1例。张君坦采用南京江浦制药厂的板蓝根注射液8毫升，加入50%葡萄糖注射液20毫升中静脉缓慢推注（20分钟推完）治疗22例。每日一次，5次为一疗程，连续用药。结果痊愈17例，好转3例，无效2例。

（夏 涵 张 明）

【手足癣的治疗】

以薰洗外治法治疗手足癣，颇见功效。何国兴报道苦参洗剂治疗足癣240例，一般浸泡5～7日，局部痒痛消失，渗出物吸收而痊愈，有6例属干燥脱屑，粗糙皲裂者无效。苦参洗剂组成：苦参50克，蛇床子、生百部、川花椒、木槿皮、白鲜皮各25克，明矾30克。合并细菌感染者加黄柏15克。上药加水2000～2500毫升，浸泡1小时，文火煮沸15至30分钟，将药液倒入脚盆内，浸泡患足，每日1～2次，每次10～20分钟。熊金波以丁香苦参汤（丁香、苦参、大黄、黄柏、地榆、明矾、地肤子）外洗治疗足癣并感染12例均愈。黄洪山等应用足癣方：地肤子、蛇床子、苦参、白藓皮、黄柏各20克，渗出多加枯矾25克，上方每日1剂，疗程两周。结果痊愈44例（88%）有效3例（占6%），无效3例。水皰型、糜烂型多在10天内治愈，角化型、混合型治愈天数均超过10天。无效3例属后两型。朱筱平介绍足癣验方：白藓皮、苦参、防风、荆芥、黄柏、苍术、蛇床子、地肤子、白矾、黄精、藿香、鲜葱白。加水煮沸待温浸泡双脚，每日2次，治愈20余例。一般用药4～5剂即愈。沈中林以矾倍醋浸液（白矾、五倍子、地肤子、蛇床子、苦参、大枫子、川椒、黄柏，上药共碾粗末，食醋2斤浸泡5天）。治疗手足癣60余例，每日浸泡2次，浸泡3天瘙痒止，5天脱皮，10天生长新皮，15天痊愈。除4例愈后二月复发外，余均全部治愈。注意新皮一旦长出，即应停止浸泡，此时服用自拟茵陈地肤汤（茵陈、土茯苓、薏仁、地肤子、当归、赤小豆、白藓皮、苦参）3～5剂巩固疗效。陈宗治亦介绍了治疗手足癣的经验，方用：复方食醋液（黄精、大葱头、百部、明矾、黄柏、白藓皮、苦参、藿香、地肤子、蛇床子、花椒，加食醋3斤，浸泡2天即可使用，药渣不必去掉）。经治240例，大部分患者10天告愈。廖玉春将川楝子10枚去皮，加水浸泡至软，用手捏成浆糊状，浸泡局部1小时以上，每天1次。亦可用川楝子加水捣膏，加适量凡士林调匀，厚涂患指（趾），外用纱布胶布固定。2天后更换，直至痊愈。吉照春报道中西药合用治疗足癣300例，治愈270例，无效30例。水泡型、糜烂型多数用药1个疗程（7日）治愈；鳞屑型、皲裂型用药2～3疗程治愈。脚气粉（射干、黄连各20克与升华硫、水杨酸、氧化锌研匀混合即成）适用于糜烂型脚癣；脚气酊（青胡桃皮200克，射干100克，丁香20克，黄连50克，冰醋酸、甘油各50毫升，60%乙醇1000毫升。将胡桃皮切碎，射干、丁香、黄连研成粗粉，加入乙醇中，再加入冰醋酸浸泡七日滤过后加入甘油）适用于水疱型、鳞屑型脚癣；脚气膏（黄连15克、水杨酸3克、苯甲酸6克、冰片2克、羊毛脂10克、凡士林100克。取水杨酸、苯甲酸，加少许液状石蜡研细，冰片加几滴酒精研化，黄连研细粉，逐渐加羊毛脂、凡士林即得）适用于鳞屑型、皲裂型脚癣。

（唐汉钧　汝丽娟）

【荨麻疹的治疗】

俞锡纯等采用活血化瘀法治疗134例慢性荨麻疹，方取桂附血府逐瘀汤（即血府逐瘀汤加附子、肉桂各10克）为基础方，并根据辨证分下列十法治疗。（1）活血辛凉透表法；（2）活血辛温透表法；（3）活血健脾法；（4）活血固表法；（5）清热解肌疏风法；（6）凉血消风法；（7）祛风通络法；（8）健脾利湿法；（9）祛寒化饮法；（10）其他对症法。结果治愈43例，显效32例，有效30例，无效29例。杨国馨以当归饮子加味（当归、黄芪、川芎、白芍、熟地黄、何首乌、荆芥、防风、白蒺藜、甘草），治疗55例，治愈50例，有效3例，无效2例。玄相栋等亦用当归饮子治疗产后荨麻疹，并按血虚挟风热、风寒、郁滞、食滞等四种不同证型随症加减，共治疗35例，治愈28例，好转4例，中断治疗3例。王俊则以通经破瘀法治疗218例，药物：地龙、威灵仙、赤芍、丹皮、桃仁、皂角刺、土茯苓、连翘、地肤子、香附、枳壳、甘草。结果临床治愈193例，有效22例，无效3例。

何应坤运用荆防四物加蝉蜕、连翘、地肤子。治疗24例急性及慢性荨麻疹均愈。姜耀武等应用抗敏灵（党参、黄芪、黄芩、当归、香附、麻黄、细辛、陈皮、荆芥、艾叶、沙棘、甘草、大枣）。治疗本病136例（急性者79例，慢性者57例），治愈92例，显效40例，无效4例。潘斌璋用麻黄蝉衣汤（炙麻黄、蝉衣、槐花、乌梅、大黄、黄柏、甘草、板蓝根），治疗慢性荨麻疹48例，治愈28例，显效12例，有效2例，无效6例。李玉和用二蛇驱风汤（乌梢蛇、当归、防风、僵蚕、赤芍、丹皮、黄芩、苍术、丹参、金银花、生地，另白花蛇1条焙黄研末，每次1.5克，一日2次，吞服，药渣煎汁外洗，每日1～2次，治疗40例顽固性荨麻疹，均愈。

顾成中用全蝎蛋治疗慢性荨麻疹73例，58例治愈，13例显效，2例无效。邹明祥采用《医宗金鉴》胡麻散加减（大胡麻、生首乌、白蒺藜、苦参、威灵仙、牛蒡子、防风、浮萍、蝉衣、甘草）。治疗急性57例中，痊愈35例，显效13例，有效9例；慢性103例中，痊愈42例，显效27例，有效25例，无效9例。王心好用苦参消风汤（苦参、金银花、地肤子、连翘、当归尾、荆芥、防风、僵蚕、蝉蜕、炒苍术、丹参、薄荷、甘草、生姜）加味，治疗20例，痊愈15例，好转5例。陶航用消疹汤（苍术、厚朴、陈皮、甘草、黄芩、连翘、地肤子、茯苓、蝉蜕、丹皮），治疗胃肠型荨麻疹15例，痊愈12例，好转2例，无效1例。周增堂以白虎汤合调胃承气汤治疗荨麻疹6例，董振华用消风散加减，治疗2例顽固性荨麻疹，均愈。苏正兴选用《伤寒论》中桂麻各半汤加减，共治疗30例，均获满意疗效。

蔡学熙报道用葱白汤治疗荨麻疹100例。将葱白切碎15条水煎热服，外用葱白切碎20条水煎局部湿敷，风寒型加荆芥、甘草，风热型加大青叶，连翘。结果全部痊愈。贾锐应用自拟百白马勃酒外擦治疗123例，取百部100克，白鲜皮25克，白芥子20克，马勃15克，60度白酒150毫升。先将四味药用纱布包好，再用开水浇透药包，用煎开的白酒倒入药包碗中，泡片刻即可取药包外擦患处，每日1～2次，结果全部治愈。随访6个月到三年半未见复发。黄秀英用拔火罐治疗200例，取神阙穴，全部治愈。王彪等治疗二例，以针刺大椎穴、膈俞放血，然后拔火罐10分钟，配曲池针刺，留针30分钟，均愈。

（夏　涵　顾荻青）

【白塞氏综合征的证治】

白塞氏综合征属于中医“狐惑病”的范畴，陈敏等以辨证施治为主并随症加减治疗78例，结果治愈49例，好转27例，无效2例，总有效率达97.4%。其中（1）肝胆湿热型（活动期），方用龙胆泻肝汤加减；（2）心经郁热型（活动期），方以导赤散合半夏泻心汤加减；（3）气阴两虚、湿毒留恋型（恢复期），方以升阳益胃汤加减。杨怀珍紧紧抓住肝肾阴虚、湿热蕴毒的本质，将20例患者分成虚实两型，经7～100天治疗均获近期治愈，4例在1～6年中复发，但症状很轻，用上法很短时间即治愈。其中（1）实证属肝经郁火，兼挟风邪者，治以清肝泻火解毒，方用当归龙荟丸（汤）或解毒大青汤，龙胆泻肝汤等随症加减；属肝经湿热者，治宜清热祛湿，方以除湿胃苓汤、泻黄散、清肝渗湿汤等随症加减。（2）虚证属肝肾阴虚，虚火上炎者，治以补益肝肾，养阴清热，方如杞菊地黄汤；属脾肾阳虚者，方如金匮肾气（丸）汤或补中益气汤，六君子汤随症加减。刘世明等将活血化瘀作为治疗本病的中心环节，针对脾胃虚寒、阴虚毒热及肝郁气滞的不同证型，分别给予温肾补脾活血（淡附子、肉桂、党参、白术、干姜、茯苓、三棱、莪术、归尾、赤芍、红花、甘草），滋阴清热解毒活血（生地、银花、连翘、当归、元参、鸡血藤、甘草）、疏肝清热活血（柴胡、薄荷、黄芩、栀子、归尾、赤芍、红花、莪术、陈皮、甘草），必要时短时间配合皮质激素治疗。共治158例，结果痊愈31例，显效62例，有效60例，无效5例，总有效率为96.83%。潘朝明等治愈1例妊娠4月的本病大面积外阴溃疡患者，以补气养血安胎，佐以清热凉血解毒为法，运用八珍汤加生地、蛇舌草加减内服，乌梅、石榴皮、黄柏、当归、甘草煎液湿敷。

陈建兰采用的针拨挑刺大椎穴的方法，配合具有温肾扶阳，清泄毒邪作用的中药及维生素B_6等对16例患者经1疗程治疗，15例临床症状消失或明显改善。针拨挑刺大椎穴的具体方法是：先用2%普鲁卡因注射液在大椎穴进行皮下局麻，然后用三棱针在大椎穴进行挑拨，将大椎穴下肌纤维挑断8～10丝。再用火罐将大椎穴皮下瘀血拔出。最后用消毒纱布敷盖，24小时后将敷盖纱布去掉即可。每周1次，10次为1疗程。

（纪　钧　张友海）

【红斑狼疮的治疗】

（一）辩证施治　张仁综述了中医治疗红斑狼疮的14篇报道并进行分析，其治法有滋阴法，活血法，温阳祛风法和针刺法：共治疗709例，有效率达78.8%。其中痊愈率为22.39%。朱毅等对56例系统性红斑狼疮辨证分为：热毒炽盛型（14例，占25%）治以清营解毒，凉血护阴；阴虚内热型（11例，占19.6%）治以养阴清热；肝肾阴虚型（79例，占33.9%）治以滋补肝肾；脾肾阳虚型（4例，占7.1%）治以温补脾肾，通阳利水；肝郁气滞型（5例，占8.9%）治以疏肝理气；心脾两虚型（1例，占1.8%）治以补益心脾；风湿热痹（2例，占3.7%）治以清热祛风，利湿通络。结果总有效率78.6%，单纯中药治疗有效率55.6%，中药加激素治疗有效率82.9%。陈湘君的辨证分型与朱氏相类似，但对高热者加用安宫牛黄丸，抽搐者加羚羊角、全蝎、钩藤，肝脾肿大者加三棱、莪术，尿蛋白阳性者加玉米须、田字草、金樱子、米仁根等。梁健等辨证分气血两燔、肝热血瘀、气阴两虚、脾肾阳虚、阴阳两虚等，共治346例，有效率为80%以上。李志铭辨证分阴虚内热（26例），热毒壅盛（12例），阴阳两虚（5例）。均重用青蒿、蛇舌草各30～60克。加服复方雷公藤片，每次2～3片，1日3次。治疗43例，有效39例，无效4例。顾伯华等总结了红斑狼疮内脏损害的治疗经验，以肝损害为主者，治宜疏肝理气、养阴清热，药用逍遥散合增液汤加减；以肺部炎症为主者，治宜益气润肺清热，药用四君子汤加炙紫菀、炙冬花、桑白皮、鱼腥草、蛇舌草等，以肾损害为主者，治宜健脾补肾、壮阳利水，药用参苓白术散合二仙汤加减。关于红斑狼疮肾病的治疗参见本年鉴内科有关条目。

（二）古方验方　郑茂荣用六味地黄丸加减治疗本病，认为对轻型初发病例有效。柳维礼应用六味地黄汤治疗8例红斑狼疮患者，治愈2例，有效6例。丁济南从痹论治，基本方：川桂枝、玄参、制川乌、制草乌、仙灵脾，伸筋草、炒荆芥、防风、生甘草。临床应用时随证加减。共治200余例，均有效。朱光斗体会应用增液汤、二至丸、参苓白术散合方，进行辨证加减，可提高疗效。张曼霞、李文耀均用凉血清热解毒的中药使重症患者得到缓解。李氏认为用蜈蚣1条，祁蛇15克，全虫2克，以解毒化斑疗效好。赵威甫等治疗盘状限局性红斑狼疮用青蒿蜜丸制剂，每次2丸，1日3次。治疗8例，基本缓解6例，有效2例。黄德善等用南通蛇药片，开始2天，每次3～5片，1日1～2次；以后每次10片，1日2次。30日为1疗程，暂停1周继续服用3～6疗程后减量维持。1～2周查血、尿常规，1月查血沉、肝功能。9例经6个月到1年的治疗，皮损消退、减轻。

（马绍尧）

【硬皮病的证治】

徐宜厚将其证治归纳为：（1）卫弱肺虚、寒阻肌肤证（浮肿期为主，5例），治以益气固卫、温阳散寒，药用：人参6～10克（另煎兑入，或重用沙参30克），核桃、炙黄芪、桔梗、桂枝、生地、熟地、天冬、麦冬、白术、茯苓、生甘草、五味子。（2）脾肾阳衰、寒湿痹寒证（硬化期为主，18例），治以温阳扶脾、通络活血，药用：党参、生黄芪、茯苓、炒苡仁、炒白术、淡苁蓉、巴戟天、陈皮、淫羊藿、丹参、山药、橘络。（3）元气虚怯、血阻孙络证（萎缩期为主，7例），药用：党参、炒白芍、黄芪、丹参、三棱、莪术、上肉桂、甲珠、炙甘草、路路通、山药、生地、熟地、橘络。随症加减法：如皮肤硬化者加桃仁、制川乌、制草乌、角刺、川芎、甲珠；皮肤萎缩者加龟版胶、鹿角胶；溃疡日久，不易收敛者加白蔹、赤小豆。并配合外治法：浮肿期用透骨草、石菖蒲、川乌、草乌、蕲艾叶、红花、伸筋草、桂枝，加水煎乘热熏蒸10～15分钟，一日1～2次；硬化期用红花、桂枝各10克、50%酒精200～300毫升，密闭浸泡7天，过滤取汁，微微加温，倒5～10毫升药酒于手掌中，趁热温熨，轻巧按摩患处，约10～30分钟，以皮肤色红并有灼热感为度，隔日1次。灸法：用于偏阳虚者，取穴：（1）大椎、肾俞；（2）命门、脾俞；（3）气海、血海；（4）膈俞、肺俞。每次取1组穴位，隔丁桂散灸3～5壮，每周灸3次。连续治疗2个月后，共25例，治愈13例（52%）；好转9例（36%）；无效3例（12%）。

丁素先等报道52例全身性硬皮病，方用：银花、鸡血藤、泽兰、丹参、玄参、首乌、夏枯草、延胡索、郁金、乳香、没药。经3～6个月治疗，显效16例，有效31例，无效3例，死亡2例。刘世金辨证处方（党参、茯苓、苍术、当归、炙甘草、忍冬藤、桂枝、炮姜）。治愈3例系统性硬皮病。樊绍能亦治愈该病2例，内服药：桂枝、麻黄、细辛、威灵仙、当归、红花、羌活、独活、生川乌、黄芪、熟地。外用方：归尾、肉桂各60克，干姜、红花、山花椒各30克，樟脑、细辛各15克，加95%酒精1000毫升，浸泡1周后，局部搽热为度，辜水芳治验：方用桂枝、附片、丹参、杜仲、党参、黄芪、鸡血藤、云苓、大云、三七、菟丝子、红花、阿胶、延胡索。经治1例服药3个月而愈。

苑勰等采取活血化瘀的当归、川芎、红花、葛根等制成片剂，每片含生药1克，每次4～8片，1日3次有414例患者服药90天～1044天，平均333天。其中系统性硬皮病118例，显效率44.7%，总有效率96.6%，局限性硬皮病296例，显效率44.9%，总有效率97.6%。根据临床观察，硬皮病的疗程以不少于3年为好。苑氏等认为（1）该药有扩张血管、改善微循环的作用，在电镜下观察使闭合的血管又重新出现。（2）对胶原纤维代谢有一定作用，治疗前真皮胶原纤维增厚、变粗、均质化排列紊乱，毛囊、汗腺呈压迫性萎缩；治疗大部分恢复正常。（3）对纤维母细胞功能有调节作用，治疗前胞浆粗面内织网扩张，治疗后呈正常静止状态。

（马绍尧　吴奔薇）

【银屑病的辨证与治疗】

近年来中医药治疗银屑病有进展，主要表现在辨证施治和单方验方的收集方面，并在发病因素上进行了探讨，给治疗提供了依据。

（一）辨证施治　张忠水总结了银屑病内治8法。清热解毒法适用于血热风燥型；清肝胆湿热法适用于湿热型；清泻肺热法适用于风热型；凉血祛风法适用于血燥型；活血解毒法适用于血热型；活血通络法适用于血瘀型；养血滋阴法适用于血虚风燥型；调补肝肾法适用于阴虚型。李治牢等报道分三型论治：血热型97例，药用生地、玄参、板蓝根、山栀、蒲公英、野菊、地丁、土茯苓、土贝母、当归、赤芍、桔梗、花粉、甘草；血燥型35例，药用生地、熟地、制首乌、丹参、当归、赤芍、白芍、鸡血藤、土茯苓、白鲜皮、生甘草；血瘀型18例，药用丹参、生地、当归、土元、红花、桃仁、三棱、莪术、牡蛎、透骨草、土贝母、大黄。治愈60例，显效35例，有效31例，无效24例。总有效率84%。尚红等分气血两燔兼风证用凉血消风汤，严重者加水牛角粉1克冲服；血热血瘀证药用土茯苓、生地、玄参、麦冬、山栀、银花、连翘、赤芍、红花、当归、黄芩、板蓝根、大青叶；毒热血瘀证药用土茯苓、茵陈、生地、银花、连翘、石膏、三棱、莪术、地丁、蒲公英、野菊、玄参。共治164例，显效57例，有效70例，无效37例，有效率77.4%。贾忍放分血热型、湿热型、血燥型、血瘀型、寒湿痹阻型、毒热蕴结型治疗。共治疗65例，治愈54例，基本痊愈6例，有效4例，无效1例。

（二）单方验方　陕西省郁金银屑片组用三棱、莪术、土鳖虫、乳香、郁金、木鳖子仁、皂角刺、石菖蒲等中药制成药片，每次3～6片（含生药1.56～3.12克），30日一疗程，连服3个疗程。313例中治愈106例，显效107例，好转70例，无效30例，有效率为90.4%。张育善等用麻黄、川乌、川芎各10克，乌梢蛇、当归、苍术各15克，蛇蜕4.5克，薏苡仁20克，制成糖浆，每次20毫升，1日2次，连服3～8周。本组70例病人，治疗有效率为90%。王效平用山豆根、地骨皮各150克，青黛、制山甲、甘草各30克，苍术100克，冰片10克。研细过80～100目筛，混合均匀，每次10克，1日3次。90日判断疗效，总有效率为93.5%。董永丰等用松香等提取物制成片剂，每片0.15克，每次5～10片，1日2次。治疗460例，总有效率为95.64%。童永良用黄芪30克，黄芩20克，黄连10克，大黄3克（后下），25日1疗程。治疗64例，有效率为90.7%。徐宜厚等从血论治，治疗46例，均愈。

（三）外部治疗　田素琴用白花蛇舌草、山豆根、丹皮、白鲜皮、丹参、蝉蜕、黄芩，提纯后制成栓剂，每次塞入肛门2粒，每日2次。30日为1疗程，共31例，治愈14例，有效15例，无效2例。李忠良用新采来的野芹菜，用其茎叶揉搓成团，在患处揉搓，每次2～3分钟，1日2次。治疗5例稳定期患者，10天内痊愈。进行期不宜应用。

关于脓疱型银屑病症情严重、顽固，难以治愈。刘世明等报道13例。对热毒炽盛型用清瘟败毒饮加减；湿热型予清利湿热法。配合西药强的松、乙双吗啉。结果痊愈3例，显效8例，有效6例。朱思凯等采用中西医结合治愈1例全身性脓疱型银屑病。

另外，李林对银屑病的发病因素进行了调查，多数由几种因素所诱发，气候和感染占84.34%；青少年发病率最高，占67.75%。并认为：青年阳热偏盛，易受外邪侵扰，血热毒邪为主而发病，临床上应以清热解毒凉血法，作为银屑病的重要治则。

（马绍尧）

【白癜风的治法及方药】

聂印提出治疗本病有八法：（1）养血润燥法。药选首乌、白芍、生地、旱莲草、丹参、桑椹子、白蒺藜、僵蚕、荆芥、防风。（2）活血化瘀法。药选当归、赤芍、泽兰、川芎、桃仁、红花、益母草、土鳖虫、丹皮。（3）清热利湿法。药选苦参、黄芩、苡仁、土茯苓、栀子、黄柏、滑石、通草、萆薢。（4）温经通络法。药选桂枝、当归、鸡血藤、威灵仙、细辛、白芍、葱白。（5）疏肝理气法。药选郁金、香附、柴胡、白蒺藜、薄荷、橘叶、香橼、佛手。（6）补益气血法。药选黄芪、白术、党参、鸡血藤、当归、白芍、熟地、肉桂、阿胶、甘草、大枣。（7）补肾滋阴法。药选生地、鳖甲、枸杞、首乌、女贞子、旱莲草、天冬、桑椹、黑芝麻。（8）温补脾肾法。药选菟丝子、桑寄生、仙灵脾、肉苁蓉、首乌、补骨脂、制附子、吴茱萸、艾叶、干姜。崔效如等以祛风为主，针对湿热、肝郁气滞、肝肾阴虚和经络阻滞四种证型，分别给予清热除湿、疏肝解郁、滋补肝肾、通经活络法，经治本病26例，结果痊愈10例，显效13例，有效1例，无效2例，总有效率为92.3%。邵权武运用具有养血活血祛风作用的中药（阿胶、胡麻仁、熟地黄、当归、川芎、赤芍、肉桂、制附片、防风、威灵仙、薄荷、苦参）为基本方加减治疗本病38例，结果痊愈23例，好转13例，无效2例。金启祥等对407例患者分组对比治疗，发现活血化瘀组优于滋肝补肾组，而中药二个组又优于单纯外用复方氮芥酊组和外用左旋多巴霜组，各组间差异非常显著。活血化瘀组其药物为：黄芪、茯苓、生地、制首乌、防风、红花、鸡血藤、泽兰、白术、山药、乌梢蛇、陈皮、当归、郁金、牡丹皮、丹参。治疗面部皮损总有效率达92%。王秀珍等采用内服苏木着色汤（苏木、白蒺藜、何首乌、茺蔚子、蝉蜕、赤芍、大枣）。白斑局部配合日光浴，每次20～30分钟，一日三次。治疗本病36例，痊愈20例，好转12例，无效4例。杨恒裕等认为本病治宜滋肾阴、温肾阳、疏肝健脾、益气和血，以黄芪、当归、川芎、赤芍、白芍、生地、熟地、何首乌、枸杞子、白蒺藜、白芷、桃仁、红花、菟丝子为基础方，肾阳虚加补骨脂、仙灵脾、沙苑子、鹿角霜、附子、肉桂、阳起石；肾阴虚加女贞子、旱莲草、黑芝麻、石斛、丹皮、茜草。同时内服复方胚宝片、复合维生素B，外涂自制0.1%920溶液或霜剂，共治200例，痊愈42例，显效65例，有效76例，无效17例，总有效率为91.5%。蔡维立等用祛白糖浆（刺蒺藜、丹皮、赤芍、生地、当归、丹参、鸡血藤、夜交藤、钩藤）治疗本病185例，结果显效51例，有效116例，无效18例，总有效率达90.3%。冯所安报道广州医学院附属一院以验方白蚀丸（红花、丹皮、紫草苍术、刺蒺藜、龙胆草、补骨脂、何首乌、丹参、灵芝、甘草），日服3次，每次10粒，共治458例，经服3个月，其中显效61例，有效264例，无效133例，总有效率达70.96%。符文增等以黄芪、防风、苍耳子、豨莶草、何首乌、补骨脂、菟丝子、甘草及少量硫酸铜调制成复方白斑素片内服，每日3次，每次4～6片；外搽复方白斑素药水（姜黄、独活、木香、苯海拉明、二甲基亚砜、硫酸铜、山梨醇、甘油及95%酒精配制而成，共治131例、痊愈9例，显效38例，有效60例，无效24例。张华运用硫黄20克研成极细末，掺入豆腐250克内搅匀，温开水每晚睡前1次服下，治疗1例颜面及两手背患病3年的女性患者，用药2周即愈。周超以去白散（枯矾、密陀僧、硫黄、轻粉共研细末调入地塞米松霜中）每日擦患处3～5次，共治22例，治愈16例，好转4例，无效2例。陈洁采用雄黄、密陀僧、白芷、白附子共研细末，以切为平面的黄瓜尾（趁液汁未干）蘸细药末用力擦患处，每日2次，共治34例，用药5～6次，痊愈13例；用药8～10次，痊愈16例，好转5例。

（纪　钧　张友海）

【脱发（斑秃）的辨证与治疗】

（一）辨证论治　郭志峰辨证治疗脱发169例，分血虚型用神应养真丹合归脾汤加减；脾虚型用平胃四苓散合健脾丸加减；肾虚型用二至丸合麦味地黄汤加减；血瘀型用通窍活血汤加减。配合外治法，治愈92例，好转38例，无效39例。许振亚等以滋养肝肾法治肝肾不足者，健脾补血法治气血两虚者，疏通气血法治气血失和者，养血祛风法治血虚风燥者，均有验例。裴正学等治疗斑秃和早秃73例，分脾胃气虚者39例，用党参、白术、茯苓、首乌、当归、女贞子、旱莲草各10克，黄芪20克，生地、枸杞子各12克，陈皮、甘草各6克，木香、草豆蔻各3克。肝郁肾虚者24

例，用党参、白术、当归、生地、女贞子、旱莲草、柴胡各10克，山萸肉、川芎、甘草各6克，白芍15克，茯苓12克、何首乌20克。气阴两损者10例，用首乌、破故纸、丹参各100克，当归、赤芍、生地、熟地、旱莲草、党参、麦冬、五味子、女贞子、白藓皮、木瓜、羌活各70克，研末，炼蜜为丸，每丸9克重，每次1丸，1日2次，服90天。结果治愈24例，有效40例，无效9例。章汉明认为：肝肾亏损以中老年为多；气血两虚以大病后、妇女产后为多；气滞血瘀多病久；也有表现为血热生风的，疗效如何，以辨证是否正确为标准。

（二）单方验方　刘镜斌用脱发再生散（生地、侧柏叶、丹参、五味子、女贞子、白芍、全当归各200克，何首乌300克，红花、川芎、羌活、熟地各100克），混合研细末，过筛备用。每次服30克，日服二次。配合外用生发水，治愈117例，占80.1%；显效8例；有效3例；无效18例。李随兴治疗斑秃25例，用中药丸剂（黄芪、酒熟地、白术、首乌、白芍、肉桂、红参、甘草、大枣、蜂蜜）并随症加减。配合外用药。结果治愈20例，好转4例，无效1例。刘成报治疗20例。基本方为：熟地、首乌、茯苓、沙参、枸杞、女贞子、旱莲草、丹参、蒺藜，并随证加减。配合外用药，治愈20例。江海燕用生发丸，该丸由七宝美髯丹与二至丸组成。每丸重10克，每次1丸，1日3次。治愈2例，显效8例，有效3例，无效8例。此丸对斑秃的疗效优于脂溢性脱发。滋补肝肾，养血祛风的药，配用梅花针弹刺，治疗14例，治愈13例，有效1例。马俊卿用防风通圣散生药10～90克，酒浸1夜，焙干研细末，每次6克，1日2次，治疗50例，治愈49例，无效1例。边天羽、关树昆、孟玉琴、唐炳光、蒋益兰、彭正炎等均分别报道了治愈脱发（斑秃）的治验。

（三）局部治疗　蔡金山等治疗脱发36例，药用斑秃生发灵（黑芝麻50克，何首乌30克，桑椹子20克，用95%酒精1000毫升浸泡20天，过滤，滤液加入10%斑蝥酊500毫升，10%辣椒酊500毫升，少量0.5%氯化高汞，充分溶解后，第二天加入少量5%蓖麻油，搅匀即成）。每日2次，外搽患处。结果治愈17例，显效11例，有效6例，无效2例。陈昌永等用鲜嫩枣树条10余枝，捆成束状，一头用火燃烧，另一头有油汁滴下，容器盛之备用。患者先洗头擦干，用生姜把头皮擦红，以枣枝油外涂，1日3～4次，7天即长发，月余有显效。此外，葛书翰以梅花针叩刺脱发区，治疗9例，治愈8例，显效1例。

（马绍尧　吴奔薇）

【良性乳腺病的研究及其治疗】

（一）辨证施治的研究　李道坊等对56例乳腺增生病病人，在一个月经周期中分别在卵泡期(7天)，排卵期(13天)，黄体期(22天)测试血浆E_2、P、T、FSH、LH、PRL。发现T、P、FSH经统计学处理均在正常范围；E_2与LH在7天、22天时基本正常，而在13天时明显低于正常；PRL值治疗前后均高于正常。因而认为，在一个月经周期中，正常情况下乳腺组织随雌性激素的分泌增加和减少，在组织形态上有增殖与复旧的变化。由于月经中期E_2与LH分泌不足，所以未能出现正常时由于E_2分泌达到阈值而出现的负反馈反应，故而乳腺组织不能由增殖转入复旧，始终处于雌激素不断刺激之中。只有到黄体期时，由于P大量分泌对抗E_2使E_2水平下降时，才会产生迟于正常的、不完全的复旧变化。随着下一个月经周期的到来，乳腺又处于E_2的刺激之中。久而久之，则可在乳腺出现肿块。因此认为排卵前期E_2、LH分泌不足是发病的关键。从中医观点认为乳房与冲任相关。在一个月经周期中，冲任血海有先充盈后疏泄的生理变化。因此设计“乳块消（红白包冲剂）”。红包方于月经前半周期服，白包方于月经后半周期服用。红包方药物有：苁蓉、仙灵脾、何首乌、莪术、海藻等；白包方药物有：柴胡、郁金、苏噜子、天冬、八月扎等。红包方顺月经应充盈时益之，白包方沿月经应疏泄时导之。此法为顺其自然之治，符合经脉之海有满有泄的生理规律，再辅以活血化瘀、化痰软坚之品，以达标本同治。治疗后27例病人复查，各项化验值（除PRL）经统计学处理表明均进入正常范围，并有满意的消块与止痛效果。

李道坊等再以同样的观察方法，观察了乳腺导管扩张综合症病人41例，各项激素治疗前也主要表现为E_2、LH与PRL的异常。经用“溢液方”治疗不仅纠正了周期性激素分泌异常，而且消除或改善了临床症状。作者并做两阶段动物实验，在制成乳腺导管扩张症的动物模型后，以中药组与对照组相比，经组织学与超微结构观察，不仅证实异常的雌性激素刺激是此病发病的主要原因，而且证实了溢液方有拮抗雌激素保护乳腺组织的作用。

（二）外治疗法的改进　杨嘉鑫常在局部用红灵散（雄黄、乳香、月石、青礞石、没药、冰片、火硝、朱砂、麝香）加黑虎丹（磁石、丁香、全蝎、僵蚕、山甲、蜈蚣、蜘蛛、麝香、西黄、冰片）掺于膏药上外贴。崔扣狮外用化瘀膏（青核桃枝、参三七、甘遂、生草）外贴，可起软坚化瘀、祛腐生肌的作用。马栓全等，用消结止痛膏（当归、桂枝、僵蚕、赤芍、乳香、没药、香橼、陈皮、元胡、川楝子、淫羊藿、菟丝子、昆布、海藻、三棱、麝香）外贴，可起温经活血，软坚散结之功。龚允彬报道，用中药内服加雄激素透皮疗法治疗乳腺增生病。内服方为柴胡、香附、白芍、丹参、王不留行、白芥子各12克，海藻、当归各9克，白花蛇舌草15克。每月服10剂为一疗程，月经期停服。在报道的383例中，144例用中药加复方雄激素软膏，疗效高于单用中药组和雄激素软膏外用组。

（三）针刺疗法的应用　郭诚杰等报道，使用针刺治疗乳腺增生病。取穴分甲乙两组。甲组取屋翳、合谷均双侧、膻中；乙组取天宗、肩井、肝俞均双侧。肝火盛者去合谷，加太冲，侠溪；肝肾阳虚者去肝俞，加刺太溪；气血双虚者去肝俞、合谷、加刺脾俞、足三里；月经不调者加刺三阴交；胸闷者加刺外关。每日一次，30次为一疗程，一般3～4疗程可愈。作者观察了20例患者针刺前后的免疫功能，10例病人E_2、P、T的变化。认为针刺可提高人体的免疫功能，降低E_2含量，提高P与T的含量。

（李道坊）

【肛周脓肿的根治】

近年治疗肛周脓肿多采用一次根治，方法以切开与挂线结合。贺平等报道53例，治疗方法：在腰俞穴位麻醉下（小儿用全麻），确定脓肿范围和内口位置，如脓肿和内口在同一方位，采用放射状切口，在波动最明显或溃破处切开，再于肛管内放置一块新洁尔灭纱条，从切口向脓腔注入双氧水和亚甲蓝混合液适量，借以标定内口位置和脓腔范围。找到内口后，将探针从内口或可疑肛窦处探出，沿探针再切开皮肤和皮下组织，然后用橡皮筋经过内口挂线，成人用双股，小儿用单股。橡皮筋以外的脓腔在搔刮清除后，行全层缝合关闭腔穴。如为蹄铁性脓肿，切口采用弧形加放射状，通过内口在后侧挂线。治疗结果：除1例内口处理不妥后遗肛瘘，再次手术外，其余52例均1次治愈，治愈率98%。治愈时间短者10天，最长67天，平均28天。杨培芳报道15例，其中肛门后间隙脓肿4例，骨盆直肠间隙脓肿2例，皮下脓肿9例。术前以软皂水600毫升清洁灌肠，在脓肿顶端放射状或弧形切口，冲洗并清除脓腔及坏死组织，以球头探针探查内口，并切开或挂线（2例挂线，13例切开），术后24小时控制排便，手术次日待便后中药坐浴，保持手术创面清洁。坐浴基本方：桉叶、蒲公英、银花、紫地丁各20克，大黄、黄柏、蚤休、芒硝、马齿苋各15克。治愈时间最短14天，最长28天，平均21天。钱正龙用切开挂线疗法治疗肛周脓肿50例，治愈48例，占96%，好转2例，脓肿治愈后遗留肛瘘待二期手术。疗程最短12天，最长30天，平均21天。要求麻醉必须充分使括约肌松弛，成人首选1%利多卡因20毫升腰俞麻醉或局麻，小儿用氯胺酮麻醉。徐延翰报道以挂线多切口引流法治疗肛周脓肿41例，其中坐骨直肠窝脓肿6例，高位后蹄铁型脓肿（直肠后／前间隙——坐骨直肠窝脓肿）4例，低位蹄铁型或半蹄铁型脓肿7例，骨盆直肠间隙——直肠后间隙——坐骨直肠窝脓肿1例，直肠后间隙——肛管后间隙脓肿1例，肛周脓肿22例。行2个切口引流37例，3个切口3例，4个切口1例。手术方法：将脓肿内口主管作放射状切口，肛管直肠环作挂线，再根据脓腔范围大小，另作放射切口使脓肿引流通畅。治疗效果：一次治愈40例（97.56%），后遗肛瘘1例（2.44%）治愈时间最短10天，最长91天，平均治愈时间28.12天。除手术外，还有报道以中药内服治疗的，金定国以大黄牡丹皮汤治疗热毒型肛痈获效。凡是肛门直肠周围急性化脓性炎症，不论脓已成或脓未成，均可用此方治疗。安秀庄报道由资生汤合青蒿鳖甲汤加减治疗虚寒型肛痈获效。或用小柴胡汤合内疏黄连汤加减治疗实热型肛痈均效。此外，朱俊山报道阿是穴拔罐疗法治疗肛周脓肿79例，治愈70例（89%），好转9例（11%），疗程最短者3天，最长9天，平均住院5天。

（唐汉钧　汝丽娟）

【肛瘘的治疗】

切开术、挂线术是肛瘘的传统治法，近年来在此基础上，又发展了切开缝合术。张燕生等采用“低位切开缝合、高位挂线引流”治疗高位复杂性肛瘘40例均只有1个内口；2个外口者32例，3个外口者6例，4个外口者2例。外口距肛缘最近者4厘米，最远者15厘米，其中3例为后蹄铁形肛瘘。治疗方法：切除肛管直肠下方之瘘管，并将伤口全层缝合；肛管直肠环处用橡皮筋结扎挂线引流。治疗结果：一期愈合率达95%，痊愈日期最短为20天，最长为50天，平均为28.5天。与单纯切开疗法平均疗程44.3天、切开挂线疗法平均疗程56.7天、切开缝合疗法平均疗程37天相比，本疗法缩短了疗程。该疗法优点：无肛门变形及肛门功能障碍；疗程短、痛苦少；引流充分，避免了伤口感染。彭显光等用同样的方法，治疗46例高位复杂性肛瘘，结果经一次手术治愈45例，二次手术治疗1例。最短疗程13天，最长疗程63天，平均35天。徐凌波报道122例，其手术原则：（1）低位肛瘘采用瘘管切除，外口缝合，内口引流术；（2）高位肛瘘采用瘘管部分切除，外口缝合，内口挂线术。所谓瘘管切除是指皮下、粘膜下、内外括约肌间，肛提肌下的管道，不管其走行、弯曲程度和数量多少。只要内口在肛窦或齿线附近，都可以一次将瘘管切除干净。一个完整的瘘管切除应包括内口和外口的切除。内口的切除应将内口所处的肛窦、肛门腺导管一并切除，常规切至齿线上0.5～1.0厘米，其深浅与切除的瘘管底部同。对于外口的切除都要延长切口1.0厘米左右。外口处理有二种方法：一是外口距肛缘2厘米以内的，外口不缝合；另一种距肛缘2厘米以上，不管几个支管都一一切除，并用4号线全层一次缝合，缝至距肛缘1～2厘米止，不留死腔。治疗结果：122例全部治愈。其中低位单纯瘘平均疗程20.8天，低位复杂瘘为25.2天，高位单纯瘘为34天，高位复杂瘘为54.5天，总平均疗程为33.6天。外口缝合伤口6～7天拆线，内口橡皮筋脱落时间7～12天不等，一次手术治愈率98.2%，二次手术2例。黄纬则采用胶圈挂线治疗50例高位肛瘘。结果全部痊愈。其中2例作了两次手术（因内口寻找不准确）本组病人无肛门失禁，无复发。文炎光采用“T”型挂线治疗高位后蹄铁形肛瘘6例，平均治愈时间27天。华钟采用内口切开及外端拖线法治疗肛瘘105例，其方法是切开内口至肛缘外1厘米，其余管道以4～6股7号丝线纵行贯穿引流，每次便后温盐水坐浴换药，每次换药时，来回拖拉引流之丝线数次，使引流通畅。7～10天可将引流丝线剪断拆除。当切开创面愈合时，引流之管道已封闭。术后平均治愈时间为22天。对照组101例则采用肛瘘切开、切开挂线69例，及全切开剔除管壁后缝合32例。平均治愈时间为38天。并有21例因感染拆线作引流伤口处理。王金祥等采用火针治疗肛瘘，在局部麻醉下，用探针寻找瘘管走行及内口，左手食指裹上纱布以防烫伤，再戴上指套探入肛门，将烧红的火针迅速刺入瘘管，使肛瘘管壁及内口组织一次性破坏，达到治疗目的。一般一次可治愈，少数病例需做两次。用此法治疗单纯低位肛瘘47例，高位复杂肛瘘3例，总有效率达90%，无效率10%，痊愈期最短7天，最长15天，平均12.9天，手术对照组，平均治愈时间25.6天。刘铁英报道一次手术治愈痔合并肛瘘134例。采用骶管阻滞麻醉或局部麻醉，首先行肛瘘切开挂线术，然后行痔结扎术。术后用抗生素5天及润肠通便剂。便后用5%腐植酸溶液坐浴，挂线和结扎痔块平均10天左右脱落。施君生等用减创挂线法治疗结核性肛瘘，方法是在肛缘3厘米处作人工外口，行橡皮筋挂线，其余潜行管道不予处理，治疗2例成功。薛予荫重视肛瘘手术后的中药治疗。术后3～5天为余毒未尽期，拟清热解毒，活血行气祛湿，方选仙方活命饮加减；术后5～8天（挂线患者为脱线后5～8天）为经络瘀阻期，拟行气活血，清热解毒，方选通络消肿生肌饮；术后8～10天为生肌长肉期，拟益气养血、健脾祛湿，方选通络消肿生肌饮合当归补血汤出入。徐登贵报道用锡类散治疗肛瘘术后不收口42例，一周内全部愈合。张广博自拟复方地龙膏（地龙20克，大黄炭，大贝母各15克，滑石10克，干姜6克，全蝎3条，蜈蚣2条，梅片3克，共为细末备用，大蒜适量捣烂如泥与上药调和）敷在瘘管内口、外口及肿痛处，治疗200例，治愈率87.6%，平均治愈时间14天。

（唐汉钧　汝丽娟）

【急性阑尾炎的治疗】

（一）急性阑尾炎　张德文应用古方清肠饮（银花、当归、生地榆、麦冬、元参、黄芩、苡仁、甘草）治疗阑尾炎100例，治疗时加蒲公英、紫地丁。小便不利加茯苓、连翘；大便干燥加桃仁、火麻仁，大黄；身热甚者加丹皮。结果92例痊愈（92%）；5例好转（5%）；3例无效（3%）。郑丛勤应用杨春雷老中医自拟加味桂枝汤治疗阑尾炎，实为古方新用，尚未见有类似的报道。药物组成：桂枝、木香各0.9克、白芍1.8克、陈皮、大枣肉各1.2克，生甘草、生姜各0.6克。上药加水100毫升，煎沸5分钟后温服，每日一剂。共治64例（其中32例伴有右下腹肌紧张，22例右下腹可扪及鸽蛋或鸭蛋大小包块，50例体温在37～38℃，12例体温38℃以上。23例白细胞计数1万以上，嗜中性粒细胞80以上）。结果痊愈62例，占96.8%；服药期间病情好转，停药后复发者1例；无效1例。平均服药6天。

（二）妊娠期急性阑尾炎　本病妊娠中医称为“孕痈”，死亡率为2%，并发腹膜炎可高达20%；胎儿死亡率也可高达20%。孙朗清报道45例，其中30例应用中西医结合方法治疗，结果全部痊愈，疗程平均7天，最长1例16天，无流产现象。中医辨证分三型。（1）瘀滞型10例，应用阑尾化瘀汤加减（川楝子、延胡索、苏梗、黄芩、丹皮、川朴、枳壳、大黄、败酱草、鬼针草、银花、连翘）为主；（2）湿热型15例，应用阑尾清化汤加减（银花、连翘、地丁、川楝子、赤芍、川朴、枳壳，大黄、白花蛇舌草、败酱草、丹皮、冬瓜仁）为主；（3）热毒型5例，应用黄连解毒汤加减（黄连、黄芩、黄柏、山栀、银花、连翘、地丁、川朴、枳壳、大黄、白花蛇舌草、败酱草、鬼针草），若胎动不安，阴道出血加益母草、阿胶、生地；高热不退，神昏加安宫牛黄丸，紫雪丹等。若伴严重感染，疗程超过2天，加用抗生素。张亚大报道应用清肠安胎法为主治疗12例，除1例行阑尾切除外，均治愈，无一例发生流产或早产。药用红藤煎合寿胎丸加减。其中有4例患者配合使用抗生素治疗。

（三）阑尾周围脓肿　史习之报道治疗98例阑尾周围脓肿，其中单用中药15例，中西医结合83例。结果痊愈64例（65.3%），有效33例（33.7%），无效1例（合并小叶性肺炎、呼吸衰竭）。总有效率为99%，平均住院14.5天，脓肿包块平均消失时间为11.3天。治疗采用仙方活命饮加减，同时联合选用抗生素两种，后期包块明显缩小或仅有条索，无明显热象时，改用行气活血、清理余热之方剂。

唐德晰等报道1971～1984年间收治375例阑尾周围脓肿，339例采用中西医结合非手术疗法，治愈243例（72%）；好转90例（26%）；无效6例（1.7%）。总有效率98.3%。平均住院8.6天。随访5月至14年的94例中，复发者9例。中医治疗，毒热型（脓肿型）采用行气活血，清热解毒，通里攻下法；瘀热相搏型（腹膜炎型）采用清热解毒，祛瘀散结为主，辅以消肿排肿。并外敷方药大蒜30克，芒硝60克，捣如泥，于肿块皮肤上用油纱包裹，以保持敷药湿润为宜，每天换药1～2次，至包块消失为止。李治方报道自拟内服外敷方治疗100例阑尾周围脓肿，与西药治疗的100例作对照，结果中药组痊愈率83%，明显优于西药组痊愈率58%，（P＜0.01）。

（朱培庭）

【胆道感染、胆石病的治疗与研究】

徐景藩对胆石病的辨证施治提出了三点看法：一是诊治胆道结石，必须联系他脏；二是胆道之湿多与热合，但亦可寒化；三是治法宜疏宜通，还当兼顾脾胃。肝胆湿热蕴结，久而成石，治疗胆石病多用清利湿热之品，已属常法。但病程中也可出现湿从寒化，每不甚多见，也值得重视。临床多见于合并慢性胰腺炎的患者。徐氏主张用制附子为主药，每剂用量一般为5～6克，寒甚者用10克。

肖蜀鲁等报道采用中西医结合方法治疗急性重症胆管炎122例，诊断标准依据1983年全国肝胆管结石专题会议规定的标准（参见《中华外科杂志》第6期）。治疗方法：入院后采取抗感染、抗休克、纠正酸中毒、保护肝功能等措施，同时根据病情使用总攻方案。中药使用排石4号方（石膏、银花各60克，知母24克，大青叶、生大黄、金钱草各30克，赤芍、丹皮、川楝子、厚朴各15克，枳壳12克）煎成450毫升，每次口服或胃管推入150毫升，1日三次，4天为一疗程。结果治愈102例（83.6%），死亡20例（16.4%）。其中非手术治疗82例，治愈71例，死亡11例；中转手术40例，治愈31例，死亡9例。

和胜报道用大承气汤加减为主治疗急性梗阻性化脓性胆管炎103例。中药处方：生大黄50克，厚朴15克，枳壳15克，龙胆草20克，金钱草20克，干姜12克，芒硝20克（冲）。每剂量＞200毫升，第一天服二剂，第二天后每日服一剂。症状改善后大黄减至30克，去芒硝。同时按西医常规治疗。在服中药前半小时内，皮下注射或静滴硫酸阿托品0.5毫克，杜冷丁50毫克，每三小时服中药一次，每次汤药量不少于200毫升，呕吐病人可插胃管注入。在103例中，全程服中药治疗者92例，结果81例治愈（88%）；7例好转（7.6%）；4例死亡（4.4%）。服中药治疗无效而转手术者11例，8例治愈，3例死亡。

和氏认为如连续服中药3剂，在48小时内临床症状无改善甚至继续恶化者，说明患者胆管内多有大块结石嵌顿或存在肿块压迫，造成胆管狭窄，此时当以手术引流减压为主。出现多脏腑功能衰竭兼证时，治宜攻补并施，注意调整脏腑气血阴阳的失调；原方宜去芒硝，减大黄为30克。

俞荣青等报道应用中药合并压迫耳穴，辅以食疗治疗胆石病46例。资料完整的37例有30例排石，排石率为81.1%。除1例肝内胆管结石排净，其余29例均未排净。中药处方：醋柴胡、枳壳、郁金、鸡内金、海金砂、金钱草、川军、白芍、元胡。压迫耳穴：以王不留行子置胶布上，贴耳部肝、胆、脾、胃、胰、十二指肠、小肠、大肠、皮质下等穴位。左右耳穴交替埋压，每3～4天交换一次。食疗：按病人食量间断食猪爪，一般日服一个或半个。疗程：最短11天，最长159天，平均39.3天。俞氏等指出猪爪食疗有诱使胆道感染急性发作之可能性，应选择稳定期胆囊收缩功能较好、胆石较小、食欲及消化尚正常者。

关于实验研究方面，龚传美等应用电刺激耳胆穴对100例健康人及100例胆系疾病患者在实施超声下观察胆囊收缩功能，结果5分钟内正常组胆囊平均面积收缩为6.64立方厘米(64.5%)，异常组为2.43立方厘米(26.6%)，与电刺激前相比均有非常显著差异，$P<0.01$。正常组胆囊收缩功能良好91例，异常组11例，两组相比差异显著，$P<0.01$。此方法可作为检查胆囊收缩功能的途径之一。还有杨雅珍等对大黄及其提取物的利胆、利胰效应进行了实验研究。

（朱培庭）

【血栓闭塞性脉管炎的治疗】

（一）分型论治　许华封通过分型论治血栓闭塞性脉管炎241例，分为阴寒型（相当于缺血期）、气滞血瘀型（相当于营养障碍期）、湿热型（相当于一二期即缺血期和营养障碍期）、热毒型（相当于坏死期）、气血两虚型（可出现于各期）。以内服中药煎剂和各型加服自制脉疏通水剂（麝香、丹参、路路通、制乳香、制没药、制地龙、壁虎）进行治疗。治愈101例，显著好转19例，好转86例，无效8例。治疗最长者183天，最短者35天，平均90天。并认为要根据具体病情分别采取温通清补等法，而各法之中总宜兼及活血通络或温经通络以提高疗效。陈淑长将本病按病情发展先后依次分为阴寒型、血瘀型、化热型、毒热型、气血两虚型、肾虚型治疗。顾伯华认为：脱疽的寒湿型，相当于血栓闭塞性脉管炎的初期，治以温经散寒祛湿，和营活血，方以独活寄生汤加减。血瘀型相当于中期，治以活血化瘀，理气通络，方以桃红四物汤加减。热甚伤阴型相当于后期患肢干性坏死，治以和营活血，养阴清热解毒，方以解毒济生汤或四妙勇安汤加减。气血两虚型相当于后期患肢肌肉萎缩，治以益气养血活血，方以人参养营汤加减。不论何型，每日可用赤豆、红枣、红糖适量，煮熟后代茶代点。

（二）单方、验方　邓文炯用活络通脉清解汤（玄参、银花藤、当归、丹参、川芎、威灵仙、路路通、皂角刺、蒲公英、土茯苓、甘草）为基础方治脉管炎104人，治愈66人，好转32人，无效6人。杨培根等以活血通脉汤（丹参、赤芍、鸡血藤、地龙、乳香、没药、乌梢蛇、当归、红花、甘草、细辛、蜈蚣）加减配合外治法，治疗血栓闭塞性脉管炎11例。治愈6例，显效4例，好转1例。黎镜自拟脉炎散（制松香、水蛭、全蝎）加松桐膏（松香、生桐油）外敷治疗血栓闭塞性脉管炎20例。治愈率100%。马同长报道以溶栓丸1～5号为主治疗血栓闭塞性脉管炎500例；治愈率为55.5%，寒性干性坏疽用温经散寒活血的溶栓丸1号（川乌、草乌、乌梢蛇、水蛭、壁虎）和温经活血止痛的溶栓丸2号（附子、乳香、没药、延胡索、壁虎、水蛭、地龙）。热型湿性坏疽用清热解毒、消肿活血止痛的溶栓丸3号（黄连、金银花、乳香、水蛭、穿山甲、地龙）。虚型用补气养血、活血化瘀的溶栓丸4号（人参、黄芪、当归、水蛭、蜈蚣）。疼痛甚剧者加服溶栓丸5号(乳香、没药、洋金花、三七、延胡索）。裴玉昆等自制通脉片（太子参、黄芪、当归、石斛、玄参、银花、牛膝、水蛭、䗪虫、土鳖虫、乌蛇、罂粟壳、檀香木等）治疗血栓闭塞性脉管炎83例并与低分子右旋糖酐治疗的20例对照，说明通脉片组在静止痛改善率、跛行体症改善、创面愈合率明显优于右旋糖酐组。实验观察，通脉片有促进侧支循环形成，改变血液中的理化性能，能促进血液流速加快，减少血液粘度，改善病人血液的高凝状态，阻抑血栓的形成。卢振初对脉络宁（玄参、石斛、牛膝、银花等）治疗闭塞性周围血管病的机制进行了研究，经治100例后，提示该药能改善患者血液流变性，对血小板聚集有明显的抑制作用，且使局部炎症灶的收敛疼痛消失，有改善免疫功能的作用。

（三）局部治疗　施汉章治虚寒型外敷阳和散（丁香、肉桂、川草乌、樟脑、急性子、乳香、没药、红花），热毒型干性坏死以溃疡纱条或藤黄膏（藤黄粉、白蜡）外敷，湿性坏死以三黄液（黄芩、黄连、黄柏）湿敷，肉芽新鲜时，改用生肌散、溃疡油（珍珠、海螵蛸、血竭、象皮粉、冰片）调敷，或生肌玉红膏(《医宗金鉴》方)外敷。刘维汉对早期用鸡血藤、毛冬青、川椒、石菖蒲、防风、细辛煎水、每晚熏洗患肢15～20分钟；中期用芙蓉叶、黄柏、大黄、赤芍、防风、徐长卿、玄明粉、蝉蜕煎水熏洗患肢；晚期外用大青叶、芙蓉花、黄柏、苦参、黄芩煎水洗涤坏疽肢端，祛除腐肉和脓性分泌物，外盖油纱条或选用有消炎败毒作用之软膏敷贴。郑彬彬对脱疽的局部治疗也辨证处理，分为温经通络法、清热解毒法、活血化瘀法、煨脓生肌法四种。温经通络法：未溃者用温经通络汤（透骨草、艾叶、独活、桂枝、红花、干姜、花椒、附子）水煎后熏蒸和浸洗，已溃者用温经散（炮姜、白花蛇）少许撒创面，外贴阳和解凝膏，清热解毒法：未溃者用清热解毒汤（蒲公英、银花、苦参、黄柏、连翘、白芷、赤芍、紫草、硼砂）洗局部或外用消炎膏（芙蓉叶、大黄、生南星、升麻）外敷，已溃者用白灵药面（煅石膏、白芷、乳香、大贝母、冰片、轻粉、薄荷冰）撒少许于创面，再以黄连膏（黄连、当归尾、生地、黄柏、片姜黄、黄蜡）油纱布覆盖。干性坏疽者用甘草面干包，湿性坏疽用白芷面干包。创口日久有坏死组织，疼痛用全蝎膏（全蝎、蜈蚣、血竭、冰片）纱布条覆盖。活血化瘀法：未溃者用活血化瘀汤（透骨草、当归、牛膝、红花、苏木、茜草、刘寄奴、桂枝、乳香、没药）熏洗，已溃者用化腐生肌面（珍珠、炉甘石、红花、生龙骨、轻粉、冰片）少许撒于创面，用血竭膏纱布块（血竭、当归、紫草、轻粉、三七粉、黄蜡、麻油）覆盖创面。煨脓生肌法：肉芽水肿，创面无脓，久不愈合可用生肌散（制乳香、制没药、煅象皮、煅珍珠、煅石膏、凤凰衣、轻粉、朱砂、冰片）。崔公让按发病时感染情况不同，分为干性及湿性两种。干性坏疽外用10%酒精黄连纱布或10%酒精大黄纱布进行包裹包扎。当坏死组织与健康组织分界清楚并开始分离时，可应用0.5%硝酸银进行解脱。湿性坏疽脓性分泌物多者，可用三黄液黄连液或1:3000高锰酸钾液等局部浸泡湿敷。脓液粘稠有粪臭味或脓液呈蓝绿色者，用10%地榆液、10%大黄地榆液，0.9%明矾液局部浸洗。湿性坏疽发生在足背、手背松软组织部，肿胀发展迅速，局部要划痕减张。感染创面控制后，对坏死组织采用“鲸吞”与“蚕食”方法进行清除。

（马绍尧　陈荣荣）

【深静脉炎及血栓形成的证治】

深静脉炎属于中医"恶脉"、"脉痹"、"血痹"等范畴。本病早期不易发现，待临床症状明显时，往往炎症表现较重且多数会有血栓形成。唐祖宣等认为静脉血栓形成的主要病机为湿、热、瘀。清热通瘀汤（苍术、黄柏、当归、水蛭、薏仁、玄参、银花、黄芪、甘草、全蝎、蜈蚣）治疗43例，其中男性30例，女性13例。病程最长19年，以1～2年者最多。发病部位：单上肢者3例，双上肢者1例，单下肢者21例，双下肢者17例，胸壁者1例。治疗结果：治愈26例（60.47%），显著好转10例（23.26%），好转5例（11.63%），无效2例（4.65%）。总有效率为95.35%。疗程最短16天，最长200天，平均63天。刘维善报道下肢血栓性静脉炎50例，辨证治疗结果：湿热下注型15例，治愈12例，有效3例；气血瘀滞型25例，治愈18例，有效4例，无效3例；脾肾亏虚型10例，治愈5例，有效4例，无效1例。总有效率为92%。三型平均治疗时间分别为41天，105天，120天。王袭祚用自拟蛭泽三藤汤（泽兰50克，鸡血藤30克，水蛭、天仙藤、络石藤各15克，川牛膝、木瓜各12克，乌药6克）治疗深部血栓性静脉炎。收到较好效果。

施汉章对小腿深静脉炎及髂股深静脉炎的辨证，认为急性期属湿热络瘀，治宜清解为主，活血利湿为辅。药用蒲公英、银花、地丁、虎杖、大黄、大戟、赤小豆、赤芍，黄柏。慢性期属筋脉湿瘀未尽，治宜活血化瘀，健脾利湿，方用四物汤合防己黄芪汤加减。王景春则认为本病脾失健运为本，湿、热、瘀为标。治疗关键从湿治脾，应用古方萆薢渗湿汤加减治疗髂股静脉血栓形成54例，男性25例，女性29例。发于左下肢46例，右下肢8例。结果 治愈23例，显效21例，好转8例，仅2例无效 王建平亦以活血化瘀、清热解毒方治愈一例顽固的髂股静脉栓塞，并恢复工作。胡慧明等采用通脉散（壁虎、水蛭）治疗20例血栓性静脉炎，结果：痊愈13例（65%），明显好转4例（20%），进步3例（15%）。

梁树珍对深部静脉炎的治验是，根据辨证采用温经散寒，除湿祛瘀，通络止痛法，药物：附片、薏仁、王不留行、细辛、杏仁、桔梗、升麻、地龙、延胡、海藻、葛根、豨莶草、丹参、当归、麻黄。经治一例服9剂后下肢肿消大半，胀痛缓解，已能下床活动。改用益气养血、活血化瘀、通络止痛药物。服30剂后，下肢肿已消退，步履自如。

由血栓性深静脉炎引起肺栓塞是个危重的并发症，死亡率较高。石晶华治愈2例肺栓塞。该2例血栓性深静脉炎患者，经用清利湿热、行气活血、疏通脉络的中药治疗后，下肢肿胀明显消退，疼痛明显减轻。但病人突然发生呼吸困难，心率增快，咯血胸痛等症，此乃肺栓塞可能。当即予清热润肺，凉血止血为主，药用：百合、生地、熟地、玄参、川贝、桔梗、天冬、麦冬、白芍、黄芩、丹皮、茅根、花蕊石、青黛、双花、三七面。药后肺栓塞症状缓解，继续治疗深静脉炎，前后治疗2～3个月，2例均告痊愈。石氏特别指出，血栓性深静脉炎在患肢肿胀明显时，活血化瘀的力量不应过于峻猛，这样可减少肺栓塞并发症的发生。

（孙世道）

参考文献

A

安秀庄 辨证治疗肛门直肠周围脓肿的体会 河北中医 （1）：30，1987

B

边天羽 治疗斑秃经验介绍 中西医结合杂志 （1）：52，1987

C

蔡金山等 斑秃生发灵搽剂治疗脱发 山东中医杂志 （3）：

50, 1987

蔡维立等　352例白癜风治疗分析　湖北中医杂志（1）：12, 1983

蔡学熙　葱白汤治疗荨麻疹100例　浙江中医杂志（1）：16, 1987

陈建兰　中西医结合治疗16例白塞氏征临床观察　北京中医　（3）：27, 1987

陈昌永等　枣树枝汁治疗斑秃　中西医结合杂志　（2）：108, 1987

陈长江　鸡内金外用治扁平疣　浙江中医杂志　（1）：45, 1987

陈湘君　系统性红斑狼疮的辨证施治　辽宁中医杂志（4）：15, 1987

陈淑长　周围血管病证治　中医杂志　（8）：13,1987

陈宗治　复方食醋液治手足癣　浙江中医杂志　（8）：371, 1987

陈　洁　白癜风外用方　山东中医杂志　（3）：39,1985

陈　敏等　中药治疗白塞氏病78例临床观察　中医药学报（4）：29, 1987

程墨森等　带状疱疹方　江苏中医杂志　（2）：28,1987

崔公让　周围血管病证治　中医杂志　（8）：10,1987

崔扣狮　中药治疗乳腺肿瘤237例　陕西中医　（10）：438, 1987

崔效如等　中医辨证分型治疗白癜风——附26例疗效观察　山西中医　（2）：20, 1986

D

邓文炯　对血栓闭塞性脉管炎的治疗体会　四川中医（2）：30, 1987

丁济南　系统性红斑狼疮从痹论治　中西医结合杂志（6）：327, 1987

丁素先等　52例全身性硬皮病的中西医结合治疗　天津中医　（5）：6, 1987

董耀林　消痔灵治疗三期内痔100例小结　中国肛肠病杂志（4）：26, 1987

董永丰等　银屑平治疗银屑病460例临床观察　陕西中医（12）：535, 1987

董振华　消风散加减治疗顽固性荨麻疹的体会　山西中医（3）：16, 1987

F

樊绍能　中药治愈系统性硬皮病2例　广西中医药　（1）：15, 1987

冯所安等　白蚀丸治疗白癜风458例小结　中成药研究（4）：24, 1985

符文缙等　复方白斑素治疗白癜风131例临床观察　河南中医　（6）：34, 1985

G

葛书翰　针刺治疗斑秃　中医杂志　（7）：35, 1987

龚景琳　木耳散治疗下肢溃疡　湖南中医学院学报（1）：53, 1987

龚允彬　中西医结合治疗乳腺增生病383例临床观察　江苏中医杂志　（11）：3, 1987

龚传美等　电刺激耳胆穴实时超声观察胆囊收缩功能　中西医结合杂志　（5）：273, 1987

辜水芳　系统性硬皮病1例治验　湖北中医杂志　（1）：26, 1987

顾伯华　周围血管病证治　中医杂志　（8）：15, 1987

顾伯华等　中医中药治疗红斑狼疮内脏损害　中西医结合杂志　（6）：327, 1987

顾成中　全蝎蛋治疗慢性荨麻疹　浙江中医杂志　（8）：370, 1987

关树昆　补肾汤治愈斑秃　云南中医杂志　（3）：48, 1987

郭诚杰等　针刺治疗乳腺增生病近远期疗效观察及其机理探讨　中医杂志　（1）：47, 1987

郭志峰　辨证治疗169例脱发小结　浙江中医杂志（6）：259, 1987

H

和　胜　急性梗阻性化脓性胆管炎的中药治疗体会　中医杂志　（8）：42, 1987

何国兴　苦参洗剂治疗足癣　浙江中医杂志　（7）：309, 1987

何应坤　荆防四物汤加味治疗荨麻疹24例　广西中医药（6）：26, 1986

何　毅　木香苡仁去疣汤治疗扁平疣33例　四川中医（5）：42, 1987

贺　平等　切开挂线法治疗肛周脓肿53例　成都中医学院学报　（2）：18, 1987

胡慧明等　通脉散治疗血栓性静脉炎的血液流变学观察及疗效分析　天津中医　（5）：26, 1987

胡献国　故纸酒精液外搽治疗扁平疣20例　湖北中医杂志（3）：25, 1987

华　钟　内口切开及外端拖线治疗肛瘘105例　辽宁中医杂志　（12）：28, 1986

黄德善等　南通蛇药片治疗盘状红斑狼疮的研究　临床皮肤科杂志　（3）：167, 1987

黄冠群　滋补肝肾、养血祛风治斑秃　内蒙古中医药（2）：45, 1987

黄红山等　足癣方治疗足癣50例　四川中医　（5）：47, 1987

黄秀英　拔火罐治疗荨麻疹验证200例有效　新中医（3）：31, 1987

黄　伟　高位肛瘘胶圈挂线治疗50例临床分析　天津中医

(5)：33，1987

J

吉照春　中西药合用治疗脚癣300例　陕西中医（6）：248，1987

贾忍放　辨证治疗银屑病65例　陕西中医　（2）：58，1987

贾　锐　自拟"百白马勃酒"外擦治疗荨麻疹123例 陕西中医函授　（2）：38，1987

江海燕　生发丸治疗脱发21例疗效观察　四川中医（4）：47，1987

姜耀武等　抗敏灵治疗荨麻疹136例临床研究　中医函授通讯　（2）：41，1987

蒋海亭等　马钱子膏治疗下肢溃疡　陕西中医　（1）：35，1987

蒋益兰　斑秃　湖南中医杂志　（6）：51，1987

金定国　大黄牡丹汤治疗热毒型肛痈　浙江中医药（4）：166，1987

金启祥等　中西药合并治疗407例白癜风的临床疗效观察　临床皮肤科杂志　（1）：9，1983

L

李春志　溃疡散治疗溃疡　湖南中医杂志　（2）：50，1987

李道坊　调和冲任治疗乳腺增生症　上海中医药杂志（12）：12，1987

李道坊等　调和冲任法治疗乳腺增生症27例临床观察　中西医结合杂志　（5）：270，1987

乳腺导管扩张综合征的中医治疗和病理机制的研究　上海中医学院、上海市中医药研究院学报　（1）：7，1987

李济民　消疣汤治疗扁平疣　浙江中医杂志　（8）：370，1987

李清芝　耳背放血疗法治疗扁平疣34例疗效观察　河南中医　（3）：19，1987

李随兴　中药治疗斑秃25例　中西医结合杂志　（3）：177，1987

李文耀　一例系统性红斑狼疮治验　江西中医药　（3）：33，1987

李玉和　二蛇驱风汤治顽固性荨麻疹　浙江中医杂志（8）：370，1987

李玉女　治带状疱疹验方二则　新中医　（11）：8，1987

李忠良　野芹菜治疗银屑病5例　中西医结合杂志（9）：540，1987

李志铭　红斑狼疮临证心得——附43例报告　辽宁中医杂志　（3）：22，1987

李治方　自拟内服外敷方治疗阑尾周围脓肿100例　湖北中医杂志　（4）：33，1987

李治牢等　中药治疗银屑病150例临床总结　陕西中医函授　（6）：15，1987

李　竞　关于中医外科外用药的研究　中医杂志　（1）：59，1987

李　林　银屑病发病因素的探讨　中西医结合杂志（6）：374，1987

黎　镜　脉炎散治疗血栓闭塞性脉管炎　新中医　（2）：34，1987

梁　健等　中西医结合治疗全身性红斑狼疮346例临床观察　天津中医　（4）：4，1987

梁树珍　深部静脉炎治验　四川中医　（11）：39，1987

廖玉春　川楝子膏治甲癣　浙江中医杂志　（8）：371，1987

刘成报　中西医结合治疗斑秃20例疗效观察　中西医结合杂志　（2）：108，1987

刘镜斌　脱发再生散和生发水治疗脱发146例　中西医结合杂志　（7）：438，1987

刘世金　辨证治愈系统性硬皮病3例　四川中医　（5）：39，1987

刘世明等　中西医结合治疗白塞氏病158例报告　天津中医　（4）：19，1987

刘世明等　中西医结合治疗脓疱性银屑病13例 天津中医　（5）：10，1987

刘铁英　中西医结合一次手术治愈痔合并肛瘘134例　中西医结合杂志　（4）：244，1987

刘维汉　周围血管病证治　中医杂志　（8）：13，1987

刘维善　辨证治疗下肢血栓性静脉炎50例　湖南中医学院学报　（3）：17，1987

柳维礼　六味地黄汤治疗红斑狼疮　湖南中医杂志（2）：31，1987

卢振初　"脉络宁"治疗闭塞性周围血管病的机制研究　江苏中医杂志　（5）：32，1987

罗世成　薏苡仁治疗扁平疣　湖南中医杂志　（1）：54，1987

M

马俊卿　防风通圣散治疗油风　内蒙古中医药　（2）：43，1987

马同长　血栓闭塞性脉管炎以溶栓丸为主治疗的临床研究　上海中医药杂志　（7）：14，1987

马栓全等　消结止痛膏外贴治疗乳腺增生149例　陕西中医　（10）：441，1987

孟玉琴　脱发治验二则　辽宁中医杂志　（2）：33，1987

N

聂　印　中医治疗白癜风八法　辽宁中医杂志　（4）：25，1986

P

潘斌璋 麻黄蝉衣汤治疗慢性荨麻疹 浙江中医学院学报 (5):21, 1987

潘朝明等 白塞氏综合征 (大面积外阴溃疡)治验一例 新中医 (1):37, 1987

裴玉昆等 通脉片治疗血栓闭塞性脉管炎的疗效观察 中医杂志 (1):36, 1987

裴正学等 辨证治疗斑秃和早秃73例初步报告 中医杂志 (7):63, 1987

彭显光等 高位挂线低位缝合疗法治疗高位复杂性肛瘘46例临床观察 (3):32, 1987

彭正炎 脱发案1则 四川中医 (5):35, 1987

Q

钱冠清等 通脉灵对微血管生长影响的研究 天津中医 (3):39, 1987

钱正龙 切开挂线法治疗肛周脓肿50例 云南中医杂志 (2):32, 1987

秦管中 中医药治疗带状疱疹的进展 河北中医 (1):24, 1987

R

饶尚仁 扁平疣六例治验 江西中医药 (4):62,1987

任仕蓉 针刺治疗带状疱疹 四川中医 (6):52, 1987

S

陕西省郁金银屑片研制组 郁金银屑片治疗银屑病313例临床观察 中医杂志 (10):41, 1987

尚 红等 中西医结合治疗银屑病146例临床观察 天津中医 (4):21, 1987

邵权武 中药治疗"白癜风"38例 湖北中医杂志 (6):15, 1985

沈玉山 三味油治疗颜面部扁平疣28例 四川中医 (5):42, 1987

沈中林 矾倍醋浸液治疗手足癣 四川中医 (5):45, 1987

施汉章等 周围血管病证治(专题笔谈) 中医杂志 (8):8, 1987

施启生等 诚刘挂线法治疗结核性肛瘘 江苏中医杂志 (1):16, 1987

石晶华等 血栓性深静脉炎引起肺栓塞2例治验 北京中医 (4):48, 1987

时广敬 自制顽疡膏配合生肌橡皮膏、长皮膏治愈顽固性溃疡8例报告 中西医结合杂志 (3):175, 1987

史习之 中西医结合治疗阑尾脓肿98例 中西医结合杂志 (5):298, 1987

苏正兴 加减桂麻各半汤治疗荨麻疹 四川中医 (5):40, 1987

孙朗清 中西医结合治疗妊娠期急性阑尾炎30例疗效观察 福建中医药 (3):18, 1987

孙玉伦 中西医结合治疗下肢溃疡15例 安徽中医学院学报 (2):28, 1987

孙 刚 防风通圣丸治疗扁平疣47例 江苏中医杂志 (7):18, 1987

T

汤秉恭 治疣验方 四川中医 (10):12, 1987

唐德晰等 中西医结合治疗急性阑尾脓肿339例 四川中医 (1):38, 1987

唐福昌 儿茶二黄散治疗外伤性下肢慢性溃疡 四川中医 (5):29, 1987

唐炳光 以中药为主治疗斑秃 湖南中医杂志 (3):55, 1987

唐祖宣等 清热通瘀汤治疗静脉血栓形成43例疗效观察及甲皱微循环变化 中西医结合杂志 (4):235, 1987

陶 航 消疹汤治疗胃肠型荨麻疹15例报告 中医杂志 (7):33, 1987

田素琴 白疕栓治疗银屑病31例 辽宁中医杂志 (11):30, 1987

童永良 四黄汤治疗进行期寻常性银屑病64例 陕西中医 (2):57, 1987

W

苑 鄹等 中药79-2片剂治疗硬皮病疗效观察 中国医药学报 (3):17, 1987

王建平 治愈髂股静脉栓塞一例 新中医 (8):40, 1987

王金祥等 "鞍钢火钟"治疗肛瘘临床观察 黑龙江中医药 (4):38, 1986

王景春 萆薢渗湿汤治疗髂股静脉血栓形成54例 新中医 (8):39, 1987

王廷举 治疗扁平疣验方 河北中医 (3):23, 1987

王心好 苦参消风汤治疗荨麻疹20例 河南中医 (2):11, 1987

王效平 消银散治疗银屑病46例临床观察 临床皮肤科杂志 (2):102, 1987

王秀珍等 苏木着色汤治疗白癜风36例疗效观察 北京中医 (3):26, 1987

王原凤 围刺治疗带状疱疹 辽宁中医杂志 (9):38, 1987

王 彪等 针刺放血拔罐治愈荨麻疹 黑龙江中医药 (3):36, 1987

王 俊 通经破瘀法治疗荨麻疹218例 湖北中医杂志 (3):封底, 1987

魏一鸣等 凤凰衣贴敷治疗慢性溃疡38例 中医杂志 (6):56, 1987

文炎光　“T”型挂线疗法治疗高位后蹄铁形肛瘘　中国肛肠病杂志　(3)：23，1987

吴启成等　祛疣汤治疗扁平疣65例　陕西中医　(2)：75，1987

吴启海　“六一冰硃散”治疗带状疱疹　上海中医药杂志　(9)：34，1987

吴筱南　醋调六神丸治疗带状疱疹35例　浙江中医杂志　(4)：162，1987

X

肖蜀鲁等　中西医结合治疗急性重症胆管炎122例　中西医结合杂志　(8)：502，1987

熊金波　丁香苦参汤外洗治疗足癣　湖南中医杂志(3)：13，1987

徐登贵　肛瘘术后不收口方　江苏中医杂志　(2)：2，1987

徐景藩　诊治胆石症的八点体会　中医杂志　(12)：13，1987

徐凌波　瘘管切除治疗肛瘘122例临床总结　新疆中医药　(3)：26，1986

徐如恩　秋葵丹治缠腰火丹　四川中医　(5)：48，1987

徐延輸　挂线多切口引流法治疗肛周脓肿41例　四川中医　(8)：38，1987

徐宜厚等　从血论治进行期银屑病46例　陕西中医(2)：56，1987

徐宜厚等　硬皮病30例临床观察　中国医药学报　(3)：43，1987

许华封　分型论治血栓闭塞性脉管炎214例　新中医(2)：32，1987

许振亚等　脱发的治疗经验　中医杂志　(7)：16，1987

玄相栋等　当归饮子加味治疗产后荨麻疹35例临床总结　黑龙江中医药　(4)：29，1987

薛子茵　浅谈肛瘘术后中药的应用　天津中医　(4)：42，1987

Y

杨怀珍　狐惑病治验——附20例临床分析　辽宁中医杂志　(9)：23，1987

杨虎天　免疫调节中草药治疗红斑狼疮　中西医结合杂志　(6)：328，1987

杨国馨　当归饮子加味治疗荨麻疹55例　湖北中医杂志　(3)：封三　1987

杨嘉鑫　王桂章老中医治疗乳癖的经验　江苏中医杂志　(11)：8，1987

杨培芳　一次根治肛肠周围脓肿15例体会　内蒙古中医药　(3)：20，1987

杨培根等　自拟活血通脉汤治疗血栓闭塞性脉管炎　新中医　(2)：36，1987

杨雅珍等　大黄及其提出物对大白鼠利胆、利胰效应的实验观察　中西医结合杂志　(3)：166，1987

殷大彰　三黄二香散外敷带状疱疹有捷效　新中医(2)：44，1987

尹常健　中医治疗胆石症的研究进展　中医杂志　(9)：63，1987

尹鸿恕等　红外线照射加阿胶膏治疗小腿慢性溃疡24例　中西医结合杂志　(4)：241，1987

俞荣青等　中药合并压迫耳穴治疗胆石症的观察　中医杂志　(8)：54，1987

俞善同　带状疱疹外敷效方　新中医　(11)：8，1987

俞锡纯等　活血化瘀法治疗134例慢性荨麻疹　天津中医　(5)：7，1987

Z

曾　冲　溃疡散治疗下肢溃疡34例　湖南中医杂志(2)：45，1987

张德文　清肠饮治疗阑尾炎100例体会　浙江中医杂志　(4)：161，1987

张东铭等　肛门神经的解剖学观察　中国肛肠病杂志　(4)：7，1987

张广博　复方地龙膏治疗肛门直肠瘘200例　四川中医　(3)：28，1987

张君坦　板蓝根静脉注射治疗扁平疣22例观察　福建医药杂志　(5)：59，1987

张曼霞　治疗重症系统性红斑狼疮1例　四川中医　(7)：26，1987

张舜明　加味桃红四物汤治疗扁平疣23例　四川中医　(5)：44，1987

张亚大　清肠安胎法为主治疗妊娠期阑尾炎12例　南京中医学院学报　(1)：16，1987

张燕生等　“低位切开缝合，高位挂线引流”治疗高位复杂性肛瘘40例　北京中医学院学报　9(5)：17，1986

张育善等　驱风宣卫合剂治疗银屑病70例疗效观察　新疆中医药　(2)：26，1987

张忠水　银屑病的中医药治疗概述　浙江中医杂志　(12)562，1987

张　华　硫黄豆腐汤治疗白癜风验案　浙江中医学院学报　(3)：54，1984

张　仁　中医治疗红斑狼疮概况　浙江中医杂志　(4)：187，1987

章汉明　章真如治疗脱发的经验　湖北中医杂志　(4)：13，1987

赵威甫等　中药青蒿治疗盘状红斑狼疮扫描电镜观察　临床皮肤科杂志　(3)：126，1987

郑茂荣　六味地黄汤加减治疗系统性红斑狼疮　中西医结合杂志　(6)：329，1987

郑彬彬　周围血管病证治　中医杂志　(8)：11，1987

郑丛勤　加味桂枝汤治疗阑尾炎64例疗效观察　浙江中医杂志　(2)：58，1987

郑　翔等　五皮丹参汤治疗小腿慢性溃疡58例　湖北中医杂志　(4)：10，1987

钟以圣　针刺治疗头癣60例临床对照观察　中医杂志 (8)：51，1987

周俊元等　综合排石疗法治疗输尿管结石649例分析及实验研究　中医杂志　(8)：38，1987

周醒华　外切内剥内扎治疗混合痔404例临床分析　中西医结合杂志(10)：598，1987

周醒华等　肛瘘切除一期缝合术的探讨　中国肛肠病杂志　(4)：24，1987

周增堂　白虎汤合调胃承气汤治愈荨麻疹6例小结　国医论坛　(3)：11，1987

周　超　去白散治疗白癜风　上海中医药杂志　(9)：34：1987

朱光斗　养阴益气法在系统性红斑狼疮中的应用　中西医结合杂志　(6)：329，1987

朱俊山　阿是穴拔罐疗法治疗肛周脓肿　中国肛肠病杂志　(3)：41，1987

朱明娟等　通脉灵治疗硬皮病肢体血流图观察　天津中医 3：35，1987

朱思凯等　中西医结合治愈全身性脓疱型银屑病一例报告　临床皮肤科杂志　(1)：51，1987

朱筱平　治足癣验方　湖南中医杂志　(4)：20，1987

朱　毅等　中医药为主治疗系统性红斑狼疮探讨　中医杂志　(8)：44，1987

中医药为主治疗系统性红斑狼疮探讨——附56例临床资料分析　中医杂志　(8)：44，1987

邹明祥　胡麻散加减治疗荨麻疹160例　浙江中医杂志　(10)：454，1987

（七）伤　科

【概述】

1987年中华全国中医骨伤科学会先后组织了二次全国性的学术交流。第一次会议收到论文139篇，有149位中医骨伤科专业人员参加。第二次会上交流论文38篇，有90多位中医骨伤科专业人员参加。此外，在上海市召开的“中医药国际学术会议和展览会”上收到骨伤科论文90余篇，有70多位中外学者参加。河南省洛阳正骨医院纪念建院30年的学术讨论会上，收到论文527篇，有248位骨伤科专家参加。这些学术论文涉及到中医骨伤科的各个领域，如骨折、脱位、伤筋、内伤等，不仅有临床最新进展，还对实验研究进行了交流；不仅探讨学术，还对骨伤科事业的发展前景进行讨论预测。对推动中医骨伤科的发展起到了积极的作用。

文献研究是继承和发扬我国骨伤科宝贵遗产的一项重要基础工作，认真研究有价值的古代文献，将会对推动学术水平和技术的提高有重要的启迪。韦以宗研究了《仙授理伤续断方》，认为该书动静结合治疗骨折的观点不仅来自实践经验的总结，也深受道家学说的影响。书中全面论述了整复、固定、练功、内外用药等治疗骨折的四大法则，为中医骨伤科学奠定了基础。周启俊对日本汉方医学家丹波元简所著《救急选方》(公元1801年)进行了整理研究，认为该书基本上反映了他在中医理论上认识损伤疾病的方式和诊疗手段的特点。朱钢对练功导引在颈肩腰腿痛防治中的应用，进行了文献整理研究。

实验研究是促进骨伤科学术发展的一个重要方面。通过实验研究，有助于阐明中医中药促进损伤修复的机理。胡生宇等通过临床和实验研究，指出郑怀贤研制的半月板外敷药对损伤半月板的血液循环有改善作用，从而提供营养，促进愈合。柴本甫通过长期的实验研究，论证了活血药丹参促进骨折愈合的有效性。符诗聪对手法治疗肘后血肿的实验研究，论证了其手法作用的原理。

手法整复及固定是治疗骨折的重要环节，也是中医骨伤科的特色和优势。因此，这一课题的研究始终为各地所重视，不断有新方法问世。姜明轩认为中西医结合治疗胫腓骨骨折疗效优于其它疗法。钟理用联合夹板固定尺骨鹰嘴骨折有愈合快、关节功能恢复快的优点。王寅、贾金鼎等将气功疗法引向骨折治疗，据初步观察有一定疗效。

内伤的诊断和治疗是中医骨伤科的重要内容。头部内伤的治疗，辨证重点各有侧重，如采用平肝降逆、活血祛瘀，或施之以和解少阳、内通阳明，或分早、中、后三期分期治之。此外，王建辉用舒筋散，钱宗懑用宣肺化痰治疗胸肋挫伤（含肋骨骨折六例），均收到了明显疗效。王文远采用中医中药活血祛瘀、清热理气治疗肋软骨炎245例，总有效率达100%。周少逸用疏肝行气、活血散结治疗非化脓性肋软骨炎24例，结果均获痊愈。

骨质增生症的内服药治疗除了单用补益肝肾法外，尚有用祛寒湿、强筋骨、化瘀血、通经络等法的临床报道，进一步深化了中医学对此病的认识。腰腿痛的防治报道甚多，有采用手法、外用药、体位疗法、内治法，以及针灸并用等等。

在今年的报道中，对伤科急重症的中医中药或中西医结合治疗亦有开展。符光利采用中西医结合治疗脑外伤后昏迷、呕吐、二便失禁。唐宝山以中医为主治疗肝脾联合伤，並对家犬动物模型进行了实验研究，结果表明：在严格掌握适应症的条件下，以中药为主的非手术治疗，疗效优于对照组。

（施杞 朱钢）

【锁骨骨折的整复与固定】

成人锁骨骨折是一个多发病，骨折多有移位，诊断一般无困难，手法整复也比较容易，只是难以维持对位，有多种固定方法，但效果均不满意。

苏宝恒等指出，对锁骨骨折的治疗，不能有旋转移位残留及重迭移位存在，至少也要变上下移位为前后移位；这样，肩锁、胸锁关节少受损害，日后锁骨功能可充分发挥；减少创伤性关节炎的发生；从外形上看，也无明显畸形。手法整复的要点在于保证两肩在水平位上的背伸牵引，不能有提肩力发生。方法：患者取坐位，助手站于背后，膝部抵于患者两肩胛之间脊柱上，两手搬牵两肱骨头，用力在肩关节水平使两肩缓缓背伸，不能有提肩或扭转发生。当重迭被牵开后，术者在前方捏拿骨折错位的局部，使两骨折端嵌插为最理想的复位。成功后，助手不能放松背伸牵引，直至固定完毕。关于固定方法，苏氏总结有六种：（1）“T”字板固定法；（2）石膏绷带固定法；（3）“8”字绷带固定法；（4）单“8”字绷带固定法；（5）手术切开复位内固定；（6）双圈固定法。他认为，这些固定方法均不完善；其中双圈固定法对锁骨中、外1/3段骨折较好，但要掌握其使用要点：（1）选用合适的双圈分别套在双肩上，助手从背后拉紧双圈，在骨折处迭放高低垫等，将圈环压在骨折的近端上，并用扎带在前后侧系牢，保持伤侧高位、健侧低位；（2）在背后双圈最低位系紧。张勇应用肩肘带（改用毛巾、别针固定）治疗锁骨骨折30余例，具有简单、安全、可靠的特点。苏培基等应用弹力带固定锁骨骨折17例（其中有1例是陈旧性骨折），治疗结果：达解剖复位3例，近似解剖复位6例，良好5例，尚可3例；17例外观均无明显畸形，功能全部恢复。方法：用310×7.5×0.1cm弹力带一条，带的两端及一端相距40、50、60cm处分别缝上粘合带；先行正骨手法复位，然后骨折端（通常为锁骨中1/3处）放置纸壳高低垫，用胶布先固定压垫，腋窝放置棉垫，然后用弹力带作双肩8字固定，大致绕3至4层左右，松紧适中。苏氏并对弹力带进行了物理性能测定，结果表明，其拉力比较恒定，从100cm延伸到110cm以上延伸长度与拉力成正比。锁骨中1/3处气囊压垫的压力测定，显示骨折端压力的稳定性弹力带固定较绷带固定为优；他认为，弹力带固定后，能通过压垫的作用使骨折端不再跷起，并且通过弹力带的松紧拉力调节使肩关节不会被固定在绝对强迫性体位，符合生物力学要求，对骨折愈合有利，值得进一步研究。

（方东行）

【股骨颈骨折的治疗】

刘伯亮等对410例股骨颈囊内骨折的患者进行了随访分析；对310根正常人股骨上段有关解剖学结构进行了X线测量，并对8个带髋臼的股骨上段和15根正常人股骨上段进行了骨折极限强度加压试验；讨论了髋关节承受力的大小和合力方向；认为在Garden氏分类的第Ⅲ型中再分为易整复型和难整复型，更符合临床实际和易于阐明某些难复位病理机制。易珍瑜治疗10例股骨颈骨折的患者（其中内收型6例，基底型2例，无移位2例），采用手法复位后加牵引，再用2～3根3mm钢针经皮固定，骨折愈合后取出；平均随访2.3年，其中优5例，良3例，无效2例。

（朱　钢）

【中药与静磁贴片合用促进骨折愈合的研究】

王维佳将48只家兔双侧桡骨中段人工造成3mm横断缺损，并分为甲乙两组；甲组服复方中药散剂（根据中医理论以及临床接骨常用药和经动物实验筛选组成：早中期用参三七、当归、红花、血竭、川断、骨碎补、地鳖虫、醋煅自然铜，中晚期用川断、骨碎补、地鳖虫、醋煅自然铜、炙黄芪、白术、杞子、补骨脂），并在右桡骨缺损处掌背侧对贴规格为3×1.5×0.5厘米，表面为800～1000GS的磁块（S、N极相对贴），左桡骨缺损处不贴磁块；乙组不服中药，在右桡骨处贴相同磁块，左侧不用磁块；这样同一只家兔形成左右两侧用磁块和不用磁块的对照，甲组与乙组又可进行用中药和不用中药的组间对照。实验结果：中药与静磁贴片合用侧疗效最佳，X线、组织学检查较既不用中药也不用磁块的空白侧愈合提前一周以上，骨痂强度增加、血管再生速度快、骨折端的微量元素沉积增加、电子显微镜观察钙盐沉积较多；单纯用中药侧在X线、组织学、微量元素沉积方面较单纯用磁块侧略佳；空白侧最差。王氏并将此法应用于临床，共治疗新鲜骨折23例，均于复位后1～7天开始服药及贴磁片，2～3周后X线显示骨折端骨痂明显者14例，2～4周骨痂明显者8例，2～3月骨痂明显者一例（为双重骨折）。无软组织不良病变和骨不愈合或迟缓愈合发生。王氏认为，本方法还具有使用方便、价格低廉、在可靠的固定下可进行功能锻炼、用药期间无不良反应等优点。

（方东行）

【损伤修复的实验研究】

近年来，不少学者对中医药促进骨折愈合和某些损伤修复的原理，从X线、亚细胞层次的组织学、组织化学及代谢等方面进行了实验研究。

柴本甫等在50只新西兰兔桡骨处造成了3mm的骨缺损，分对照组和治疗组，治疗组每天注射中药丹参。通过透射电镜观察表明，丹参可使骨生成细胞分布部位及数量增加；使成纤维细胞的蛋白合成活动旺盛，细胞正常变性过程加快；胶原纤维增多并进入成纤维细胞的胞质内；有增多的破骨细胞出现在不同的骨痂部位，促进骨的改建；成纤维细胞肿胀的线粒体内出现众多的致密钙颗粒，使骨痂有更多更早的钙盐沉积。

孙炳烈等报告了平乐内服接骨丹对骨折愈合的研究结果，他们把44只大耳兔和120只大白鼠做成骨折动物模型，分实验和对照两组，通过X线、组织学和组织化学及^{3}H-TdR放射自显影的研究，证明内服此药能使骨折愈合时间提前36.62%（$P<0.01$）。组织学研究证明该方有促进骨痂提前生长的作用；组织化学研究表明ALP增多，活性增强；^{3}H-TdR放射自显影证明用药能促进骨原生细

胞增殖，加速细胞内DNA合成，成骨细胞机能活跃，标记指数较对照组多211‰（$P<0.01$）。

胡声宇等用手术方法造成兔膝关节半月板不同类型损伤，用郑怀贤的半月板外敷药制成浸剂湿敷损伤关节，通过组织学观察表明，治疗的结果有71.4%的半月板损伤已愈合，主要由肉芽组织填充，同时见到软骨细胞本身有增殖。

符诗聪等对魏指薪治疗肘后血肿的手法机理进行了研究，他们应用^{51}铬标记红细胞示踪技术进行动物实验，其结果提示：魏氏手法的作用机理是驱散血肿，加快组织对积血的吸收，减轻关节滑膜的炎性反应。

（施 杞 朱显华）

【脱位的治疗】

王乐天应用杠杆原理治疗下颌关节脱位。其法："将塑料牙柄制成7.5×1.2×0.4cm的塑料片一块，横立跨置于下颌骨两侧第二磨牙上，术者左手固定其头部，右手托其下颌前缘正中向上用力，当上、下中切牙侧观欲近时，术者托着的右手拇指向患者颈部方向推一下，即复位"。王国晋以苏氏左右外推法治疗本症。单脱者，术前双手拇指置两侧下颌骨下颌支后上方，余指把住下颌骨体轻轻左右摇动数次，在患者不加注意时，突然用力将下颌骨向患侧后推；双脱者，双手握下颌骨轻轻摇动后，先向右侧后推，继而左侧后推；即可复位。

姜华文等采用膝顶挽肘牵拉旋转法治疗肩关节脱位38例，皆获一次复位成功。以右侧为例：患者取仰卧位，患肩稍外展，医者右下肢屈膝屈髋，以膝顶住患肩腋窝，患肢前臂旋后、曲肘，医者左前臂挽住患肘部，右手握住患肢手腕，运用膝顶与左臂牵拉的相反力量牵引，使肱骨头离位达肩胛盂时，用左前臂杠杆力量稍稍外旋同时内收患肩，迅速松膝即可闻入骱响声。朱金山采用肩杠复位法：患者取站立位，医者先以肩峰处置于患肩腋下，背靠着患者的胸，两手抓住其手腕部，运用医者肩峰的顶力即可复位。夏静华等采用沉肘法：患者坐在椅子上，健侧手握住椅子边，作为与术者施手法时的对抗，术者手腕握持伤肢的肘部，使伤肢屈肘90度，在其不在意时，骤然用力迅速向下拉压，感到骨滑动时，即已复位。李宝君采用拔伸提推法：在臂丛麻醉下，二助手拔伸牵引患臂，术者以外旋、抬举并内收患肢手法将肱骨头向关节盂推送而复位。阎宗海采用手法复位治愈2例陈旧性肩关节脱位。其操作：患者取坐位，医者先揉按患肩并小幅度摇晃；然后，第一助手在患者背后斜抱固定，第二助手立于患者侧前方，两手握住其前臂下段拔伸摇动，再轻轻向下后旋转及向前方外展摇晃，同时用力外展屈肘向胸前继而再向外旋转内收；医者立于患者斜后侧，右手呈握拳状紧贴患侧胸壁置于肱骨头内下方，用顶力向上外旋，左手握住患者上臂，先后伸再向前外旋，嘱患者咳嗽之际，医患同时协同操作，即可复位。

陈世春治疗肘关节脱位合并桡骨上段骨折的方法是先用手法行肘关节脱位之整复，然后才进行桡骨上段骨折复位。梁建昌、唐一生等以手法复位成功陈旧性肘关节脱位；梁氏以舒筋活血软坚洗剂薰洗患处1～2日后再进行手法复位；唐氏认为，手法复位的适应证是在臂丛麻醉下摇晃肘关节活动范围>5°者。李斌华治一例肘关节前脱位合并桡神经损伤；复位时取肘部伸直牵引，术者将前臂旋后，向内推挤尺桡骨，矫正肱骨髁部内旋侧方脱位，同时向前挤肱骨髁部屈曲肘关节，矫正前脱位。李金松等治疗月骨周围腕骨掌侧脱位2例，皆属后期，均用手法治疗而收效颇佳。

龙孝禄、陈有光等治疗髋关节前脱位皆用回旋手法。刘富成等治髋关节后脱位采用左手握小腿、右手托住腘窝部，使患肢在屈髋屈膝位向上摇晃，左右旋转并牵引，一面内收髋而使股骨外旋、外展即复位。陈子宗治疗中心性髋关节脱位伴有骨盆骨折，采用股骨髁上大重量持续骨牵引法（外展45°，负重11公斤）。肖永安等治陈旧性髋关节脱位则在上法的基础上加用手法（在腰麻下进行），以按摩髋周软组织、摇晃旋转股骨头，解脱其与周围软组织之间的粘连，最后用“问号”法即回旋与反回旋法复位。

（诸福度　戴福年）

【半脱位的治疗】

刘兆宁、陶有略、臧福科等报道，对成人环枢椎半脱位，皆采用手法复位效果良好。其常用的手法是侧旋提推法；以颈二棘突偏左为例，医者左手拇指触及颈二棘突左侧并固定之，右手扶持患者下颌部，使之右旋稍前屈，此时右手向上向右轻轻提牵，左手向右轻推颈椎，即可复位。曹贻训采用手法治疗腰椎小关节紊乱症30例，效果满意；其操作分三步：（1）循足太阳膀胱经按摩；（2）侧卧旋腰斜板法；（3）俯卧牵抖法。戴经泉采用旋转抬腿法治疗骶髂关节半脱位30例，皆获治愈。其法：患者取站立位，作被动的腰骶部左右弧形旋转数次，然后医者右手拇指按压骶部，左手握其大腿用力向后上抬高，闻响复位。杨文玉、张熙照以手法复位髋关节前半脱位的操作是：在牵引患肢下将其外展外旋并屈髋，然后再内收、内旋并伸直。杜赓儒治愈22例小儿髋关节半脱位，其手法分外展外旋与内收内旋二型施治，并对患肢按摩理筋。

（诸福度　戴福年）

【颈椎综合症】

黄志孝以白芍木瓜汤（白芍、木瓜、葛根、灵仙、桑枝、鸡血藤各20克，怀牛膝15克，川芎、陈皮各9克）治疗颈椎综合症37例，痊愈28例，显效5例，进步4例。姚树棠等以单方鹿寿草制剂——扩管速治疗本症69例，痊愈3例，好转54例，效差10例。糜纬真以颈复康冲剂（黄芪、丹参、葛根、地龙等22味）治疗本症177例，有效率达92.7%。罗永成以颈椎方（葛根、白芍各30克，丹参、黄芪各15克，桂枝12克，田七7克，炙甘草10克，生姜三片，大枣5枚）内治23例，显效14例，有效8例，无效1例。韦贵康等应用旋转复位法、配合拔、揉、搓等治疗本症135例，取得显效93例，有效30例，无效13例。张万福指出，颈部旋转复位分定点旋转法和非定点旋转法两种。施行此法，应根据年龄大小、性别之异、病情轻重、病程长短及耐受能力等区别施术，不可用暴力和猛力，最好在颈部肌肉痉挛松解后进行。旷时恩采用点穴按摩法，手法分十一步：点按常用穴、压放缺盆穴、压放极泉穴、搓揉法、前屈后伸运动、指操新设穴、揉压大椎穴、手法牵引、提端旋转法、压颈搬肩、捏拿法；治疗84例，治愈68例，显效14例，进步2例。杨加录则用中西医结合新疗法——提筋疗法，治疗本症310例，显效169例，良好87例，好转49例，无效5例。方法：以布巾钳在皮肤消毒、局麻后夹住项韧带或斜方肌腱膜进行提拉，用力为5～10kg，每分钟100次，每次10分钟，术后用棉球加压止血，敷以薄姜片，再用无菌纱布复盖、固定。

（诸福度　戴福年）

【头部外伤治疗进展】

宁学权以丹参合剂（丹参、酸枣仁）为主结合随证加减治疗脑外伤后综合症60例。其病程为3月～8年，年龄7～63岁，重型28例，轻型32例。治疗结果：痊愈54例，好转3例，无效2例，总有效率为96.33%。王作林报道用血府逐瘀汤加味：当归、生地各30克，怀牛膝、桃仁各20克，红花、枳壳、川芎、桔梗、乳香、没药各15克，地鳖虫10克，柴胡18克，气虚加黄芪30～60克，有颅骨骨折或开颅术后加自然铜30克。每日一剂，十剂为一疗程。共治疗38例，其中脑震荡31例（病程3月～3年），脑挫伤并颅内血肿术后7例。结果：痊愈33例，显效2例，有效2例，无效1例。张主恩用大柴胡汤治疗20例表现为少阳阳明合病的脑震荡患者，均获痊愈。张连贵用旋复代赭汤加减治脑震荡呕吐，收到满意疗效。吴胜东等采用脑伤宁（人参、黄芪、鹿茸、菊花、草决明、丹参、川芎、赤芍、桃仁、当归、远志、枣仁、柏子仁等五十味中药组成）治疗392例患者，结果：治愈60例，显效238例，好转48例，无效46例，总有效率为88.3%。他们并对该药进行了药理实验：取18～22克体重的小鼠20只，随机分为2组，一组为治疗组（用"脑伤宁"灌胃），另一组为对照组，分别观察其药理作用，结果提示："脑伤宁"能增强阈下催睡剂量戊巴比妥钠的作用，并能延长催眠剂量戊巴比妥钠的睡眠时间，对戊四唑引起的惊厥，能延缓其发生时间。小鼠食饵性迷宫实验表明："脑伤宁"可能有加强其记忆的能力。

（施　杞　朱　钢）

【外伤性截瘫】

外伤性截瘫是一种有待于攻克的疑难重症。近年来，在中医理论指导下，采用综合性治疗措施，使临床疗效得到了提高。

吴念先用牵引与中药内治结合，治疗颈部外伤所致的颈髓损伤86例，痊愈15例，基本治愈36例，好转23例，无变化5例，死亡7例。其牵引法是：用颌颈带持续牵引，重约4至5公斤；对屈曲型颈损伤须过伸位牵引，对伸展型颈损伤宜保持颈部直线牵引。其内治处方多选用：黄芪30克，丹参、葛根、山楂、鸡血藤各20克，党参、寸冬、赤芍各25克，当归、川芎、柴胡、骨碎补、地龙、香附各12克，五味子、桃仁、红花、桂枝、川军、枳实、厚朴、狗脊各10克；随症加减。

李永新介绍了"点穴按摩法"治疗颈性瘫痪的经验。取穴：阑门、建里、气海、带脉、左章门、左梁门、右石关、大椎、两肩井、膏肓、脾俞、肾俞、命门、曲池、大陵、承山、委中、悬钟。手法有补、泻、调、压、推、拨、摇、按八法。李氏指出，要根据病情的虚实来调整经络脏腑；腹部点穴以气通为度，大椎与两肩井并治时，以胸部有胀感为止，其它诸穴则以有酸胀或循经放射感为止。

冯绍福等用中医综合疗法治疗外伤性截瘫10例，均获治愈。内容包括：(1)内服中药：督伤络阻、脾肾阳虚型用温补肾督、健脾益气法；肝肾阴虚型用滋肝益肾、强筋壮骨法；截瘫恢复阶段用养血助阳、温通经脉法；巩固疗效阶段用温阳益气、养血填精法。(2)外用熏洗方：伸筋草、木鳖子各30克，防风、桂枝、红花各20克，川草乌各15克，透骨消100克　活螃蟹2只，加白酒250毫升与水同煎；先温熏患肢，后用药汁擦洗。(3)针灸及按摩。

左鉴钧等用疏通督脉、养血补阴、舒筋缓急、熄风镇痉的中药治疗痉挛性截瘫13例，获得近期解除痉挛者有9例。

胡永江等用中西医结合方法治疗脊髓不完全损伤186例，结果有感觉障碍改善92.5%，有运动功能改善88.7%，有膀胱功能改善47.8%；其中脊髓功能基本恢复占33.9%。治法：(1)药物封闭：取受伤椎体部位的背俞穴或趾端的井穴；弛缓型选用20%复方川芎、0.005%番木鳖碱、0.4%硝酸叶萩碱等注射液，以增强肌力；痉挛型则选用20%复方川芎或10%复方伸筋草注射液。(2)低频脉冲电针：依据以健带患、以上带下原则施治，能促进感觉功能恢复。(3)骶硬膜外腔注射20%复方川芎注射液20毫升能促进膀胱、直肠功能改善。(4)药物内治：用截瘫康复糖浆改善机体状况，治瘫药酒改善运动状况，强膝散改善膝软，强肾药酒以利性功能恢复。

黄英华治疗截瘫60例，基本痊愈5%，显效82%，有效13%。黄氏认为，体疗很重要，让患者在穿戴夹板固定膝关节和用腋杖的辅助下，每天站立和行走2小时，能防止肌萎缩和骨质疏松；针灸对膀胱功能康复有良效。

韩子钰等以针灸为主治疗截瘫374例，基本治愈37例，显著进步81例，进步210例，无效46例，总有效率为87.7%。方法：（1）药物穴位注射：常用药有维生素B_1、B_6、B_{12}、当归、ATP、硝酸士的宁、卡巴果、东莨菪碱等；常用穴有腰俞、八髎、秩边、殷门、伏兔、足三里、阳陵泉等。（2）针灸或激光针。（3）电针：取损伤处背俞穴及秩边、会阳穴。（4）红外线照射腰背、下肢。（5）低频磁疗或超短波下腹部、腰骶部治疗。

郭绪才报道了用大承气汤治疗脊椎损伤性气臌症的案例。气臌症是脊椎损伤常见合并症，该例患者11胸椎压缩性骨折，腹胀疼痛难忍，曾用新斯的明治疗效果不佳，改投大承气汤1小时后得泄下，腹胀除，腹痛止。

（方东行）

【胸胁内伤的治疗】

王建辉以舒筋散（制川乌、柴胡、乳香、没药各1份，制草乌、白芷各1.5份，山奈2份共研末每服4克）治疗胸胁内伤重症41例，显效32例，好转8例，无效1例；治疗轻症100例，显效96例，好转4例，效果较为满意。王心东以加味木防已汤（木防己、石膏各30克，桂枝15克，人参、元胡、香附各12克）治20例，皆取得较好效果。钱宗悫等以宣肃活血化痰法（生代赭石30克，生麻黄3克，杏仁、桔梗、红花、当归、生甘草、生白芍各10克，并配合化瘀消肿止痛的药膏外敷）共治102例，其效果优于西药对照组20例（$P<0.01$）。陈兴元将胸胁损伤分为三型：气滞型、血瘀型、气血两伤型用中药分型辨证施治，100例中除气血两伤型中5例导发严重气、血胸而加用西医方法治疗属无效外，95例皆有效。

唐宝山以逐瘀承气汤（大黄、黄芪各20克，当归、赤芍、桃仁、郁金、枳壳、党参各12克，红花、蒲黄、五灵脂各10克，三七3克）服10剂，后以八珍汤加减共治疗较轻的肝脾联合伤15例，取得了全部治愈的满意效果。唐氏并作了人工制造的肝脾联合伤家犬进行实验观察，表明创伤修复过程中，中药组优于对照组。应志华应用活血导痰法（白茅根、冬瓜子各30克，桑白皮、银花各12克，水蛭、桃仁、杏仁、浙贝母、地榆、生大黄、元明粉各10克，田七6克等）治疗外伤性血气胸11例，收到良好效果。

（诸福度　戴福年）

【石氏伤科手法及内治法经验】

石氏（筱山、幼山）伤科为我国中医骨伤科著名流派之一，其理伤特点是注重内外兼顾，整体调治。石氏认为，手法首先当用于诊断，比摸患处以了解伤情。一旦确诊，即需以“稳而有劲，柔而灵活”的手法施以治疗。根据临证经验，石氏总结出十二字常用手法，即：“拨、伸、捺、正、拽、搦、端、提、按、揉、摇、抖”。拨、伸、捺、正主要用于正骨，拽、搦、端、提主要用于上骱，按、揉、摇、抖多用于伤筋。

石氏的理伤特点除调理气血外，多取祛痰化浊之法，认为从痰论治，用之合度，能收到事半而功倍之疗效。头部损伤，石氏多认作乃瘀阻，以至升降失司，迁延日久，往往痰瘀交凝而使症顽不除。故处方用药除化瘀活血外，常以菖蒲、胆星等豁痰开窍。胸胁损伤多影响及肺，肺失宣肃，而至痰生，故见痰咯胶粘不畅，常用蛤壳、海浮石、白芥子等豁利痰浊，有助化瘀通络，收效颇佳。骨折后亦常相机运用化痰之品往往能够清痰利气，以加速骨折愈合。颈臂腰腿痛，究其原因大部份属痰湿入络。颈臂痛者，以牛蒡、僵蚕为君，豁痰散结，通利经络，合祛风活血之品。腰腿痛者，则多以川草乌开通关腠，驱逐寒湿，以威灵仙祛风湿，通经络，消痰涎，散癖积；若症情缠绵，久久不愈者，投以蜈蚣、全蝎以通利经络，化瘀散积。（施杞　朱钢）

参考文献

C

曹贻训　腰椎小关节滑膜嵌顿症　中医骨伤科杂志　(3)：35，1987

柴本甫等　活血化瘀药丹参治疗骨折的超微结构研究　中西医结合杂志　(7)：417，1987

陈世春　肘关节脱位并桡骨上段骨折二例报告　广西中医药　(3)：20，1987

陈兴元　中医药治疗胸胁损伤　中医骨伤科杂志　(2)：29，1987

陈有光　回旋手法整复髋关节前脱位体会　浙江中医　(6)：254，1987

陈子宗　多发性骨盆骨折并髋关节中心性脱位的治疗　新中医　(2)：43，1987

D

戴经泉　旋转抬腿法治疗骶髂关节开错　中医骨伤科杂志　(3)：41，1987

杜赓儒　手法治疗小儿髋扭伤22例临床报告　中医骨伤科杂志　(2)：21，1987

F

冯绍福等　中医治疗外伤性截瘫10例的临床体会　广西中医药　(2)：25，1985

符光利　通窍活血汤治疗重度脑震荡一例　云南中医杂志　(2)：49，1987

符诗聪等　中医手法治疗关节血肿的实验研究　上海第二医科大学学报　(1)：6，1987

G

郭绪才　大承气汤治疗脊椎损伤性气臌症　浙江中医杂志　(10)：452，1987

H

韩子钰等　以针灸为主治疗截瘫374例临床观察　中国针灸　(6)：3，1987

胡声宇等　中药治疗损伤半月板的动物实验观察(一)　中国运动医学杂志　(2)：97，1987

胡永江等　中西医结合康复医疗脊髓不全损伤　中国康复医学杂志　(3)：117，1987

黄英华　截瘫60例康复的临床观察　中国康复医学杂志　(3)：108，1987

黄志孝　白芍木瓜汤治疗颈椎骨质增生　山东中医杂志　(1)：25，1986

J

贾金鼎　气功“外气”促进骨折愈合二例报道　中国运动医学杂志　(2)：110，1987

姜华文等　膝顶挽肘牵拉旋转治疗肩关节脱位38例　辽宁中医杂志　(3)：28，1986

姜明轩等　胫腓骨干骨折晚期合并症的治疗　中医骨伤科杂志　(3)：16，1987

K

旷时恩　点穴按摩治疗颈椎病84例疗效观察　中医骨伤科杂志　(3)：43，1986

L

梁建昌　手法复位治疗陈旧性肘关节脱位　浙江中医　(6)：254，1987

李宝君　介绍拔伸提推法复位　新中医　(5)：3，1987

李斌华　少见的肘关节前方脱位1例报告　中医骨伤科杂志　(2)：49，1987

李金松等　月骨周围腕骨掌侧脱位　中医骨伤科杂志　(3)：62，1987

李永新　“点穴按摩”治疗外伤性颈性瘫痪验案　中医骨伤科杂志　(2)：52，1987

刘伯亮等　老年人股骨颈囊内骨折的类型和骨折原因机制的探讨　中医骨伤科杂志　(2)：12，1986

刘富成等　右髋关节后脱位伴髋臼后上缘骨折手法整复　中医骨伤科杂志　(3)：64，1987

刘兆宁　手法治疗成人环枢椎半脱位18例　广西中医药　(4)：22，1987

龙孝禄　单人整复髋关节前脱位　四川中医　(3)：38，1987

罗永成　颈椎方治疗颈椎综合征23例　湖北中医杂志　(1)：20，1987

M

糜纬真　颈复康冲剂治疗颈椎病177例临床疗效观察　中西医结合杂志　(3)：181，1987

N

宁学权　辨证治疗脑外伤后综合征60例　陕西中医　(4)：153，1987

Q

钱宗懋等　宣肃活血化痰法治疗胸廓损伤　中医骨伤科杂志　(3)：21，1987

S

石鉴玉等　石幼山理伤从痰治案探析　上海中医药杂志　(8)：32，1987

石仰山等　石氏理伤手法谈屑　上海中医药杂志　(1)：8，1987

苏宝恒等　关于成人锁骨骨折的若干问题　中医骨伤科杂志　(3)：26，1987

苏培基等　弹力带固定治锁骨骨折　新中医　(12)：25，

1987

孙炳烈等　平乐内服接骨丹对骨折愈合作用的实验研究　中西医结合杂志　(9)：544，1987

T

唐宝山　中医为主治疗肝脾联合伤的临床观察及实验研究　中医杂志　(3)：46，1987

唐一生等　陈旧性肘关节脱位18例临床分析　中医骨伤科杂志　(2)：26，1987

陶有略　旋转外伤性环枢关节半脱位（附8例临床报告）　中医骨伤科杂志　(1)：15，1987

W

王国晋　苏氏左右外推法治疗颞颌关节脱位　天津中医　(5)：21，1986

王建辉　舒筋散治疗胸部迸、挫伤141例　陕西中医　(2)：74，1987

王乐天　应用杠杆原理治疗下颌关节脱臼　江苏中医杂志　(2)：39，1987

王维佳　"8398"与"磁"促进骨折愈合的实验研究和临床疗效观察　北京中医杂志　(6)：41，1987

王文远　中医治疗肋软骨炎245例临床观察　中级医刊　(2)：54，1987

王心东　加味木防己汤治疗胸胁挫伤　山东中医杂志　(2)：41，1987

王　寅　气功外气治疗骨折六例　山西中医　(3)：35，1987

王作林　血府逐瘀汤加味治疗脑损伤后遗症38例　辽宁中医杂志　(1)：9，1987

韦贵康等　手法治疗颈椎病的疗效观察及其机制探讨　中医骨伤科杂志　(1)：36，1986

韦以宗　《理伤续断方》研究　中医骨伤科杂志　(3)：3，1987

吴念先　中医治疗颈髓损伤86例　陕西中医　(9)：393，1986

吴胜东等　脑伤宁治疗脑震荡综合征的临床观察及实验研究　中医杂志　(4)：28，1987

X

夏静华等　沉肘法治疗肩关节前脱位　中医药信息　(4)：21，1986

肖永安等　大剂量骨牵引加手法整复治疗陈旧性髋关节脱位　江西中医药　(2)：33，1987

Y

杨加录等　提筋疗法治疗颈椎病310例临床小结　中医骨伤科杂志　(4)：17，1986

杨文玉　手法复位治疗小儿髋关节前半脱位19例　广西中医药　(3)：18，1987

姚树棠等　扩管速治疗颈椎病69例　陕西中医　(9)：394，1986

易珍瑜　股骨颈骨折33例远期疗效观察　湖南中医杂志　(3)：20，1987

应志华　活血导痰法治疗外伤性血气胸　上海中医药杂志　(5)：28，1987

阎宗海　两例肩关节陈旧性脱位整复成功　上海中医药杂志　(5)：17，1986

Z

臧福科等　推拿手法治疗环枢椎半脱位20例　中医杂志　(11)：21，1987

张连贵　脑震荡呕吐拾偶　四川中医　(6)：15，1987

张万福　颈部旋转法致瘫痪一例报告　中医骨伤科杂志　(3)：52，1986

张熙照　手法整复幼年性髋关节半脱位30例报告　中医骨伤科杂志　(2)：20，1987

张　勇　应用肩肘带治疗锁骨骨折　中医骨伤科杂志　(4)：33，1987

张主恩　脑震荡临证一得　福建中医药　(2)：34，1987

钟　理等　屈肘联合夹板固定治疗尺骨鹰嘴骨折30例　吉林中医药　(6)：21，1987

周少逸　中药治疗非化脓性肋软骨炎24例　中医杂志　(2)：16，1987

朱　钢　浅述练功导引防治颈肩腰腿痛的发展简史　中医骨伤科杂志　(1)：17，1987

朱金山等　介绍肩关节脱位的"肩扛"复位法　江西中医药　(2)：58，1986

左鉴钧等　中药治疗痉挛性截瘫13例报告　中医骨伤科杂志　(1)：42，1987

(八) 五　官　科

【概述】

1987年从五官科发表的论文看，眼科以角膜病、眼底病变的临床报道较多。耳科以耳聋、聤耳（即中耳炎）报道较多。咽喉病的报道集中在乳蛾（即扁桃体炎）、声嘶、声哑（声带疾病）等。鼻科以鼻渊（即鼻窦炎）、鼻鼽（即过敏性鼻炎）报道居多。另外，还有口疮、牙痛等病的报道。兹分述如下：

（一）眼病　在角膜病方面，魏菊仙根据近年有关文献将其分为三种类型：(1)匐行性角膜溃疡：肺阴不足，用加减养阴清肺汤治疗；肝胃实热，用加减银花复明汤治疗；风热壅盛，用黄连解毒汤加减；肝胆火炽，用泻青丸加减；热结腑实者，用三承气汤加减等。(2)单纯疱疹性角膜炎及霉菌性角膜溃疡：风热偏盛，用银翘散加减；肝火炽盛，用龙胆泻肝汤加减；心火上炎，用导赤散加减等。此外，亦有从脾或卫气营血辨证论治者。(3)外伤及营养性角膜炎：随证分别采用驱风清热、清热解毒、泻肝解郁、活血化瘀等治疗法则。李丽霞认为角膜炎历代多从肝热论治，然而肺经风热与脾阳不健、湿热蕴蒸亦属常见。孙金章将角膜上皮点状剥脱（聚星障、聚开障）分为肝经风热和肝虚血少二种证型，治疗214例，治愈105例（51%）。

在眼底病变方面，石守礼综合近年来有关文献，将眼底出血归纳为热盛动血、肝火旺盛、肝郁气滞、瘀血阻滞、阴虚阳亢、脾不统血、痰湿阻滞等7个证型，分别用犀角地黄汤、龙胆泻肝汤、逍遥散、桃红四物汤、知柏地黄汤、归脾汤、二陈汤等治疗。

在视神经萎缩方面，刘益群将其分为玄府郁闭、肝肾亏虚、气阴两虚、目系毒害、目系损伤等5型，并分别采用和营通脉复明汤配针灸、培益复明汤、补益明目汤、和营通脉解毒复明汤、理伤益损方治疗。王尚明报道以羊肝丸治疗73例，有效率为65.7%。雷蕴英用桃红四物汤治疗13例、仅1例无效。

对视神经炎的治疗，周兆祯报道32例，服用菊花明目饮（菊花、酒黄芩、酒生地、赤芍、知母、决明子、玄参、丹皮、川芎、犀角粉），总有效率96%。

对中心性浆液性视网膜脉络膜病变的治疗，赵经梅等报道33例（35只眼）分为阴虚内热、脾虚湿泛、心气不足与肝肾亏虚等4型治疗，痊愈22只眼，好转7只眼。潘法萱报道90例，分为肝肾阴虚、肝经郁热、肝气郁结、肾虚等4型治疗，总有效率96.7%；袁良礼则以桃红四物汤加减治疗60例，有效率为93.4%。

近视眼的治疗，王毅夫报道300例（586只眼）服用病明眼丸，总有效率76.1%，一年后随访，视力稳定者占69%，曾育麟报道774眼，外用治近定眼膏后，视力上升数占81.4%。

对视网膜静脉周围炎、视网膜剥离、视网膜色素变性、视神经脊髓炎及老年性白内障的治疗的报道，均有专条介绍。此外，蒋大岑报道35例春季性结膜炎，服用夏枯草汤（夏枯草、黄芩、赤芍、荆芥、防风、陈皮、半夏、茯苓、枳壳、竹茹、乌梅、丹皮、甘草）后，全部有效。翟淑宜等对100例急慢性泪囊炎，以板蓝根液冲洗泪道，总有效率为97%。丁文玉等对215例睑缘炎，以苦黄汤（苦参、黄连、黄柏）外洗，全部有效。王元贵对86例麦粒肿，以清散粉（蜈蚣、全虫、大黄、冰片）外涂，治愈54例，有效28例。

（二）耳病　中毒性耳聋，特别是因滥用耳毒性抗菌素（如链霉素、庆大霉素等）而致聋，耿鉴庭以甘草、黑豆，辅以骨碎补、山茱萸等治之。杨更生则立养血平肝、清肝泻火、解毒通窍、补肾益气、补脾活血、补肾健脾、宣肺益气等七法，并配合针灸治之。突聋（即暴聋、卒聋），朱祥成报道治疗22例，分为三期，早期祛风、解毒通窍，中期通滞、祛瘀复聪；病久扶正、攻补兼施，有效率为75%。

聤耳多以外治法治之。如冯金海报道33例，用蛇矾散（蛇蜕、明矾、冰片、朱砂）吹耳，一般3～4天即愈。杜正尧用黄柏加水浓煎取液滴耳，方选书用核桃榨油入冰片滴耳，许爱军用麝香枯矾散（麝香、枯矾、乌贼骨、硼砂、冰片等为细末)吹耳，均获良效。杨鸿仁认为本病系由肝胆风火、湿热上注耳道所致，用小柴胡汤加减内服，治疗21例均愈。

耳源性眩晕证的文献报道较多，如龙铁牛等报道33例 以近效术附汤加味煎服，痊愈5例，显效9例，好转15例。张华珠则将眩晕之辨治归纳为脾虚湿停（用白术汤、代赭旋复汤、半夏天麻白术汤等），肝肾阴虚、肝阳上亢（用柴胡加桂枝龙牡汤），脾肾两虚、肝胃失和（用眩晕合剂），肝胆郁热、风痰上扰（用龙胆泻肝汤、小柴胡汤等），阳虚（用真武汤），肝胃虚寒（用半夏天麻白术汤、吴茱萸汤等），气血两虚（用保元汤）和血瘀（用桂枝茯苓丸）等八型。对耳廓假性囊肿的治疗，邓建新报道41例，以贴磁疗法，治愈35例；杨金凤报道50例，以脉冲电磁治疗，治愈48例。

（三)鼻病 慢性鼻炎，刘占儒等以鼻乐冲剂（金银花、夏枯草、蒲公英、菊花、川芎、苍耳子等）治疗21例，总有效率为90.47%。吕晓霖等自制电磁疗器治疗126例，有效率为87.3%。

鼻窦炎、过敏性鼻炎、萎缩性鼻炎及鼻衄的治疗报道较多，均有专条介绍。此外，程蔚棠报道85例鼻息肉，以息肉消化散（狗骨头灰、乌梅肉炭、人指甲炭、硼砂）吹鼻，有效率达97.6%。谢美兰报道30例鼻前庭炎，以黄连膏外涂，痊愈25例。

（四)咽喉口齿唇舌疾病 声带小结、声带息肉，华良才认为其病因除发音不当外，与身体素质有密切关系。可分为内热外感、痰气郁结、瘀血凝滞、气虚失荣、肺肾阴虚等型。徐绍勤认为其病因脏腑虚损，水湿不化，血行不畅，聚而为痰、为瘀；治当化痰散瘀、兼扶其本，以桃红四物汤加减。

扁桃体炎，林瑞珠用银翘散合五味消毒饮加减治疗，有效率为90.7%；庞瑞英用大柴胡汤治疗36例，全部治愈。

慢性咽炎、复发性口腔溃疡、牙痛及唇炎等的治疗报道，疗效较好，均有专条介绍。此外，张跃志报道治疗牙周脓肿37例，以六味地黄丸内服，总有效率为94.6%；武云萍等报道100例冠周炎，以中药板蓝根、黄芩、石膏、蒲公英、菊花、细辛、生地、大黄、丹皮、龙胆草、甘草等煎服，治疗3天后，有效率为98%。王毓斌等治疗50例冠周炎，以内托生肌散加味煎服，一般2～5剂显效。朱贤杰对154例口腔出血（拔牙、牙龈炎、外伤、血液病等引起）、外用复方乌贼骨粉（乌贼骨、重楼、参三七），一般多在1～1.5分钟内止血。

（熊大经）

【活血化瘀治疗眼底出血】

眼底出血多致瘀，瘀血不去，新血不生，所以在治疗上每单独或者同时兼用活血化瘀法治疗。刘定国报道11例，包括高血压性视网膜病变、视网膜静脉阻塞、视网膜静脉周围炎及外伤性眼底出血等，方用桃红四物汤加味，经2～3个月的治程，治愈（眼底出血全部吸收，视力明显提高）8例，有效（眼底出血大部吸收）1例。马肇嵘、魏湘铭、李全智等认为眼底血瘀多与气滞、气虚有关，所以在应用活血化瘀法时，还需调理气机。马氏以活血化瘀益气法治疗多种原因引起的眼底出血39例41眼，治愈27眼，有效11眼，总有效率为92.18%。魏氏治疗视网膜静脉阻塞31例，以补阳还五汤配合西药治疗，在平均28.5天的疗程中，治愈17例，好转11例，总有效率为90.4%。陈锦礼认为化瘀法於出血早期用之，可以缩短疗程，提高疗效。並以血府逐瘀汤为化瘀基本方，每获良效。滕维成等提出如下眼底瘀血特征：视盘充血，边界隆起、模糊；视网膜静脉粗大纡曲，色暗紫；网膜水肿、渗出、增生，暗紫色出血斑以及网膜新生血管形成等。凡具有以上特征之一，即可诊断为眼底瘀血而采用活血化瘀治则；用时，要结合辨证与出血时期而灵活掌握。滕氏等对92例患者，按临床表现分为阴虚火旺、气滞血瘀、肝肾不足与肝经郁热等四型，并分早、中、晚三期进行治疗。早期，发病时间在1个月以内，出血色鲜红，治则以凉血止血为主，辅以活血通络，方用生蒲黄汤加减。中期，发病时间在1～3月，出血部分吸收，余血呈紫黑色，治则以活血化瘀为主，佐以凉血止血，方用桃红四物汤加减。晚期，发病时间在3个月以上，网膜出血陈旧，或仅留有出血痕迹，伴类脂质变性沉着，或有增生机化组织，治则以化瘀通络为主，佐以活血明目，方用血府逐瘀汤、补阳还五汤加减。经治后，治愈32例，有效46例，总有效率达85.51％。朱有章治疗32例，早期出血属活动性，以清热凉血止血为主，佐以活血化瘀；中期，出血已经停止，无再出血倾向，则以活血化瘀为主，佐以凉血止血，但强调对视网膜静脉周围炎出血患者活血之品要少用或慎用，否则易造成再出血；晚期，眼底尚有小积血不易吸收或形成机化者，治以活血化瘀，通络散结，佐以滋补肝肾，特别对血已吸收而视力不增加者，同时重用补气药。蔡玉友亦认为不合理使用活血化瘀药可引起再出血，甚至发生出血性青光眼等不良后果。对本症辨证分型如属于气滞血瘀者（多伴胸闷、纳少、心烦、失眠、脉滑涩等临床见症）可用活血化瘀治则。褚家瑜等对260例眼底出血者进行临床分析，认为气滞血瘀型多见于出血中、后期，且伴舌质夹青或瘀、脉细弦之体征。蔡华松报道85例，其中属气滞血瘀型37例，予桃红四物汤加减，治愈9例，有效25例，无效3例。赵经梅整理莫维馨治疗眼科血证经验认为：眼底出血要注重塞流止血，慎用破瘀行气药。行气药与活血药并用，消瘀作用倍增，但除视网膜静脉阻塞外，一般很少应用，庞万敏认为眼底出血多由瘀热，新鲜者为热重必寓于瘀，陈旧者为瘀重，但也寓于热。热重时切不可单行凉血止血以免再瘀；瘀重时也不可单行活血化瘀以免引起再度出血。

综上资料提示活血化瘀法治疗眼底出血还必须结合病因、病种、病情、病程、出血性质与动态，以及所出现体征等辨证论治，灵活运用，才能取得较好疗效。同时必须注意活血化瘀有两重性，少用能活，多用则破，对视网膜静脉周围炎、糖尿病性视网膜病变等易反复出血的眼底血证要慎用。

（姚芳蔚）

【视网膜脱离的治疗】

视网膜脱离属中医暴盲范畴，治疗以手术为主，但对无裂洞不能手术以及手术后网膜下积液不退的病例，用中药治疗有较好效果。1981年吴迺川曾报道治愈42例（其中32例为手术后未愈，10例为眼底未发现裂洞不能手术之病例）。所用方剂：网膜1号汤（生地、当归、白芍、黄芪、茯苓、泽泻、车前、猪苓），用于手术后网膜下积液不退，网膜2号汤（生地、当归、白芍、车前、丹参、党参、红花、杞子、菟丝子），用于手术后近期眼部瘀血停滞或久服1号汤利水过甚而伤阴者；加减四苓二陈汤（半夏、陈皮、茯苓、白术、泽泻、猪苓、车前、菟丝子），用于网膜脱离无裂洞而伴湿邪滞留之病例。吴氏认为本症多因肝脾肾气血不足，而致水湿停滞、眼内积液，因而治疗用药在调补肝脾肾的同时，必须佐以渗湿利水之剂，方能获较好疗效。1984年李永才提出本症多由脾失健运、痰湿内停，肝阳上亢所致，用健脾利湿、平肝潜阳、滋阴清热法（猪苓、茯苓、白术、泽泻、半夏、夏枯草、牡蛎、柴胡、石斛、黄精、红花、川芎、珍珠母、昆布、海藻、当归、黄芪等）治疗3例，经1～2个月的治程，2例治愈，1例好转。汪苍璧认为本症多由肾气不足，脾失温养，以致运化不力，眼底水液停蓄，采用滋肾健脾、渗湿明目法，用黄芪、生地、白芍、川断、泽泻、丹参、白术、茯苓、车前、杞子、萹蓄、炙草等治疗10例。其中

5例未发现裂洞，治愈3例，好转2例；5例为手术未愈者，治愈4例，好转1例。朱有章治愈1例，辨证为湿热蕴脾，浊气上泛，经用猪苓汤加减（猪苓、泽泻、车前、白术、山药、菊花、女贞、归尾、茯苓、生地、甘草），仅服14剂，网膜平复，视力明显提高，继以益气养阴利水法善后，随访二月，未见复发。张怀安总结临床经验，对本症治疗归纳七法：伴有肝郁证，用疏肝解郁法，选方加味小柴胡汤等；伴湿热证，用清热利湿法，选方加味猪苓汤等；伴脾虚证，用益气健脾法，选方保元六君子汤等；伴痰湿证，用化痰行湿法，选方加味温胆汤等；伴脾肾虚寒证，用温补脾肾法，选方加味真武汤等；伴瘀滞症状，用除风益损法，选方加味除风益损汤等；伴肝肾虚体征，用滋补肝肾法，选方加味杞菊地黄汤等。张氏认为本症病因复杂，但总的不外脏腑功能失调，水湿停滞，因而治疗着眼于调整脏腑功能，使水除湿化、气血调和、目得脏腑精气而能视。

（姚芳蔚）

【视网膜色素变性的治疗】

视网膜色素变性为一种遗传性进行性眼病，中医称为高风内障，多由脾肾二虚、肝血不足所致。对本病的治疗主要有以下几种方法。

1.健脾补肾、养肝益血法，李万山报道19例38眼，辨证分肾阳虚、肾阴虚与肝虚血少三型，分别采用温补肾阳之桂附八味、滋阴补肾之六味地黄与补血养肝之四物汤加味治疗，通过90～150天的治程，显效（视力提高3行以上，视野扩大30°以上）10眼，进步(视力提高2～3行，视野扩大20～30°）14眼，好转（视力提高2行以下，视野扩大20°以下）6眼，总有效率为78.9%。王席国报道12例24眼，亦分以上三型论治，用加减驻景汤（菟丝子、复盆子、茺蔚子、车前子、五味子、夜明砂、葛根、谷精草、生三七等）为基本方。肝虚血少型加当归、白芍；肾阴虚型加熟地、丹皮，阴虚火旺加黄柏、知母；肾阳虚型加附子、肉桂。同时补充维生素AD。经治，获得显效8眼，有效12眼，总有效率为83.3%，疗程最短76天，最长137天。殿增报道2例，用加减冲和养胃汤（党参、黄芪、当归、白芍、茯苓、白术、羌活、防风、升麻、陈皮、银柴胡、焦三仙、谷麦芽、枳壳、甘草、生姜）治疗，并配合针刺睛明、太阳、承泣、四白、公孙、足三里等穴，隔日1次，通过2～4个月的疗程，视力由0.6～0.7增加到0.9～1.0，夜盲明显好转，随访3年，未见发展。雒定中治疗5例辨证为脾肾阳虚，方选补中益气汤、八珍汤、右归丸等随证加减，同时配合维生素及血管扩张药内服，肌注灵芝针等，获得较好疗效。

2.补益同时配合活血化瘀法　王继华报道22例，用自拟网变煎（黄芪、党参、熟地、女贞、杞子、当归、白芍、桃仁、红花、鸡血藤、熟附子、巴戟天、茺蔚子、路路通、菟丝子、密蒙花、升麻、柴胡、甘草等）每日2次，每次50毫升。经治后，视力恢复到1.0以上，视野扩大至50度以上者4例；视力恢复2行以上，夜盲改善，视野较治前扩大或无变化者17例；无效者1例。视力提高最快者为30天。王金元报道2例，在选用补益药的同时，加用红花、丹参、三棱、莪术等使视力有明显提高。许洪涛也报道结晶状样网膜变性，在滋补肝肾、调理脾胃的同时，加用理气活血药而得到明显效果。周允中以川红（川芎、红花）注射液作肌肉注射治疗本症14眼，获得显效3眼，进步5眼，有效率57.1%。又用桃仁注射液肌注治疗18眼，显效3眼，进步12眼，有效率83.3%。此外，尚有马肇嵘应用20%灵芝注射液肌注治疗本症44眼，在6个月至1年的治程中，视野显著扩大的19眼，扩大的5眼，视力进步的10眼；并以板蓝根肌注治疗16眼作对照，仅2眼视野扩大，余皆无进步。马氏对43眼作治疗前后视网膜电流图检查，发现有29只眼出现微型β波，提示视网膜功能有所改善。因此推测此可能是灵芝多糖D_8影响核酸蛋白质代谢过程，促进蛋白质合成，同时也可能与它能增强机体免疫功能，改善视网膜神经细胞的营养有关。

（姚芳蔚）

【视网膜静脉周围炎的证治】

视网膜静脉周围炎，吴茂慧等报道28例（48只眼）。辨证分型以阴虚血热型者居多，共23例，治以滋阴清热，用清营汤或犀角地黄汤加减；气滞血瘀者2例，治疗采用理气凉血活血法，用四物汤加味；肝胆火炽者2例，治以龙胆泻肝汤加减；气血亏虚者1例，治以四物汤加味。经治后显效22只眼，占52 3%，其中有6只眼，治疗前视力为指数或手动，治疗后上升至1.0以上；进步14只眼，占33.4%，无效6只眼，占14.3%。其总有效率为85.7%，平均治程68.8天。随访19例，有反复者7例，占25.9%。詹前贤等报道17例（25只眼） 分早、中 后三期治疗。早期，发病在10天以内者，予养阴清热，凉血止血法，用宁血汤加减（生地、白茅根、白芨、黄柏、阿胶、侧柏叶、白芍、仙鹤草、旱莲草、栀子炭、淮牛膝）；中期，发病超过15天者，予活血祛瘀法，用祛瘀汤加减：旱莲草、生地、丹参、桃仁、泽兰、当归尾、红花、郁金、川芎、田七末、赤芍；后期，治予益气养阴明目，用生脉饮合六味地黄丸加味。经治后，显效9眼（玻璃体积血消失或明显减轻，视力提高4行以上），有效（视力提高2～3行）14眼，无效2眼。郁北辰报道治疗12例（13只眼），初发，或新鲜出血期，以凉血止血、行气活血法，方用生蒲黄汤；反复出血、难以控制者，以养阴清热、止血和营法，方用养阴和营汤；病情好转后，用李桐华大夫丸巩固疗效。同时，应用西药安络血，维生素C、B、K，烟酸，安妥碘，透明质酸，5%碘化钾溶液等；外用包扎双眼，卧床休息。治疗后追踪观察6个月，显效（视力提高到0.8以上）9只眼，进步（视力提高到0.2～0.7）3只眼，无效1只眼。

（邹菊生）

【视神经脊髓炎的治疗】

视神经脊髓炎，以视力减退，肢体瘫痪为主证，属暴盲与痿证范畴。1984年钱茂报道治验1例，先以清肝利湿法，方用龙胆泻肝汤加减（龙胆草、山栀、黄芩、柴胡、生地、车前子、青葙子、菊花、忍冬藤、藿香、泽泻、石决明、白疾藜等），视力基本恢复后，改用养肝补肾健脾法，药用山药、杞子、石决明、石斛、密蒙花、谷精草、山萸肉等。前后共服药57剂，视力恢复左眼0.4、右眼0 7，四肢能自主活动。近二年，治疗本病的报道，多认为由肝肾不足所致，治疗则以调补脾肾为主。如李济民自拟明目壮筋汤（当归、锁阳、山萸肉、㺄仁、熟地、杜仲、杞子、狗脊、龟版、女贞）每日1剂，痊愈（视力恢复到1.0以上，瘫痪下肢肌力达Ⅴ级，双下肢运动正常，能参加一般劳动）15例；显效（视力恢复到0.8以上，瘫痪下肢肌力达Ⅳ级，能独立行走）3例；好转（视力恢复到0.5以上，瘫痪下肢肌力达Ⅲ级）1例；无效1例。总有效率95%。随访二年，无复发。石坚报道治愈1例，选用生地、龟版、牛膝、白芍、杞子等，以补益肝肾，配合明目地黄丸，以养肝明目，经治24天，下肢功能恢复，视力右眼达1.2，左眼达0.3。李巧英等报道治愈2例，用杞菊地黄汤加味，同时以针灸治疗，取穴为足运感（双），视区（双），运动区上1/5（双）及肾俞、关元、中极、环跳、委中、承山、昆仑、伏兔、阳陵泉、足三里、悬钟、三阴交、太溪等。

（邹菊生）

【老年性白内障药物治疗的研究】

曾亦嫒鉴于本症多伴阴虚阳亢体征，以益阴潜阳、化障明目法，自拟化障汤（石决明、磁石、夏枯草、石斛、谷精草、蒙花、生地、白芍、杞子、女贞子、白蒺藜、菊花、柴胡、炙甘草等）随证加减，治疗早、中期患者105例195只眼。通过3个月的治程，获得显效（视力提高4行以上或恢复到1.0）者160眼，有效者28眼，总有效率为96.4%，其中少数显效病眼的晶体混浊已见吸收，随访3年，视力稳定。庞涛报道60例114只眼，辨证分肝肾不足，脾虚气弱、心脾二虚三型，分别采用滋补肝肾，健脾益气与补益心脾等法治疗，对无明显体征者，内服自制化障丸。经6个月治程，视力提高1～2行者34只眼，提高3～4行者45只眼，5行以上者18只眼，总有效率为85.9%。李群林介绍袁彩云治疗本症经验，认为本症可归纳为肝肾亏损、脾胃虚弱与肝郁血虚三型，分别应用滋补降火之知柏地黄汤、益气健脾之参苓白术散与疏肝解郁的逍遥散随证加减治疗多例，疗效明显。李传课对本症早期病例亦以培补肝肾与补脾滋肾二法论治。凡见肝肾不足体征，选用杞菊地黄丸、石斛夜光丸等方，或用耳聋左慈丸合菟丝子丸（菟丝子、枸杞、山药、莲子、茯苓）加减治疗；脾胃虚弱者，常用补中益气汤、归脾汤或正元饮（四君子汤加黄芪、山药）加减，並重用茯苓以升清降浊。治疗多例，多数视力提高。吴厚章等报道以珍珠明目液（珍珠与冰片）滴眼治疗早、中期患者250眼。3个月疗程，视力增进3行以上者60眼，1～2行者115眼，总有效率为70%。陈依军等报道，制作豚鼠与家兔半乳糖性白内障模型，在制模过程中，同时应用珍珠明目液滴眼，又以生理盐水滴眼作为对照组，通过实验观察，发现对照组晶体全部混浊，而治疗组仅少数发现点状或条状混浊，二组比较，经统计学处理有显著意义。实验提示珍珠明目液能防止或延缓糖性白内障的产生。鉴于糖性白内障形成病理过程与老年性白内障基本相同，因而认为该药也有可能对老年性白内障的预防有效。

（姚芳蔚）

【耳聋的证治】

朱祥成等报道22例特发性耳聋，辨证分三期论治，总有效率75%。早期，祛风、解毒通窍，选用防风、荆芥、苍耳子、石菖蒲、薄荷、藿香、板蓝根等，适当佐以葛根、丹参、红花、川芎、赤芍、地龙等活血通络解毒之品。中期，通滞、祛瘀复聪。若气血郁滞、瘀阻耳窍，选用川芎、赤芍、桃仁、红花、地龙、葛根、丝瓜络、石菖蒲、泽兰、板蓝根等；若痰湿郁结、壅塞清窍，选用茯苓、半夏、泽泻、车前草、木通、生苡仁、石菖蒲、枳壳、地龙、丝瓜络等；若肝火上扰、遏闭清窍，选用龙胆草、栀子、黄芩、夏枯草、木通、泽泻、柴胡、地龙、川芎等。病久扶正，攻补兼施。若肾虚精脱，耳窍失养，选用耳聋左慈丸或补骨脂丸等；若脾虚下陷、清阳不升，选用益气聪明汤或补中益气汤加减。梁淑满等治愈突发性耳聋2例，以清开灵20毫升加入5%葡萄糖液500毫升中静脉点滴，每日1次，同时内服行气活血、健脾化湿、涤痰开窍汤剂。

此外，链霉素中毒之耳聋，杨更生报道分别以养血平肝、清肝泻火、解毒通窍、补肾益气、补脾活血、补肾健脾、宣肺益气等法治之；耿鉴庭报道使用甘草、黑大豆、骨碎补、山萸肉等，益肾加熟地，补肾阴加女贞子，补肺阴加桑椹子，活血凉血加紫草，养血加当归，通窍加菖蒲、路路通，头目不清加菊花、荷叶，心神不宁加百合、磁石，表情呆钝加龟版、龙齿，中毒较深加玳瑁等。

近年来，值得注意的是“耳聋治肺”的理论，有一定的进展。张纲提出，本症既无耳痒刺痛等肝胆风火湿热之症，又无胸脘痞满等脾胃痰浊内阻之象，而是以耳聋鼻塞、咳嗽声重等肺气失宣为特征。辨证为风寒束肺者，治宜疏风散寒、宣肺通窍，方用苍耳子散加减；客寒包热者，治宜散寒清热、宣肺通窍，方用麻杏石甘汤加减。孙晓明认为，肺气素亏，卫表不固，腠理疏松，易感受风、火、寒、暑、湿等邪气，邪从皮毛或鼻口而入，鼻为肺窍，耳鼻相通，故耳鼻常相继或同时为病。因此，“耳聋治肺”其意义不仅仅是耳聋之治法，更重要是促使临床实践对耳聋的病因病机进行更广泛深入的探索，对耳聋的认识更加完善，使疗效更加显著。

（张守杰）

【鼻鼽的辨治】

（一）辨证论治 “鼻鼽”一病颇类西医之“过敏性鼻炎”。林文森认为本病多因表虚不固所致，治当益气固表为主，用玉屏风散加味治疗225例，其中痊愈106例，控制72例、有效38例、有效率达84.7%。韦子章自拟鼻鼽汤（党参、白术、防风、细辛、荆芥、山药、薏苡仁、蝉蜕、桔梗、黄芪、诃子、甘草）为主，治疗33例，显效6例、有效23例、无效4例。闵捷等以党参、黄芪、白术、防风、辛夷、蝉衣、诃子肉、牡蛎，10日为1疗程，一般用药2～3个疗程即可获显效。谷志平自拟抗鼻炎汤（生黄芪、白术、防风、当归、白芍、辛夷、细辛、蝉蜕、五味子、菖蒲、甘草）治疗34例，治愈26例、好转7例。何石生以补肺、健脾、温肾等法治疗本病，並根据临床表现拟治疗五法：（1）温补肺气、祛散寒邪法，适用于营卫不和、肺虚虚弱者，用温肺固卫汤；（2）调补脾胃、升阳益气法，适用于脾胃虚弱，中气不足者，用调补脾胃汤；（3）健脾益气、芳香化湿法，适用于脾虚湿困、升清降浊失调者，用健脾醒胃汤；（4）温壮肾阳，纳气归肾法，适用于肾气亏损、气不归元者，用温阳纳气汤；（5）温经补气，活络祛瘀法，适用于寒凝经脉，久滞鼻窍脉络者，用温经通窍汤。庄金梅采用虫草菌冲剂，每日3次，4周为1疗程。治疗43例，其中显效26例，有效14例、无效3例，总有效率93%。庄氏认为本品具有滋肺阴补肾阳的作用。能增强单核——巨噬细胞系统的吞噬功能，提高机体免疫和抗病能力。李凡成观察了100例患者的甲皱微循环，发现相当部分的患者有不同程度的血瘀病理改变，由此认为本病可用活血化瘀法治疗。

（二）局部用药 陈锡润用1%鹅儿不食草点鼻液或配以10%凡士林软膏涂在纱条上，每个鼻腔放置一条，约15～20分钟。治疗62例，总有效率95.3%。乔玉珍用王不留行籽耳压，取内鼻、气管、肺为主穴，二耳交替，6次为一疗程。观察100例，有效率95%。闵捷等将煅鱼脑石、冰片研成极细末和匀，取少许吸入鼻孔，每日3次，交替使用。吕晓霖等使用自制的鼻炎电磁疗器，取穴印堂、迎香、外迎香，每日1次，10次为1疗程，治疗74例，有效率为77.1%。尤安民等用脉冲电置于两侧迎香穴，每日1次，10～15次为1疗程，治疗122例，痊愈15例、显效52例、好转43例、无效12例。张少珍等采用白芥子、细辛、元胡索、甘遂研末，再用姜汁、蜜糖调药成糊，制成药饼，于药面撒上少许麝香，敷贴穴位。初伏贴双侧百劳、肺俞、膏肓俞；中伏贴大椎、双侧风门、脾俞；末伏贴双侧大杼、肺俞、肾俞。治疗74例，痊愈3例，显效21例，有效40例，无效10例，总有效率86%。丁以洲以药枕临床试用数十例，效果良好。

（吴贤益）

【萎缩性鼻炎证治】

萎缩性鼻炎属“鼻藁”范畴，徐如恩认为本病因肺卫受邪，日久化燥伤津，鼻窍失荣所致，治以润肺生津为主，用自拟养血开窍汤（当归、鸡血藤、瓜蒌仁、桑皮、桃仁、红花、川芎、赤芍、地龙、白芷、辛夷、甘草）治疗多例，疗效颇佳。王锡国以外涂冰蜜擦剂（冰片3克研细，溶于蜂蜜100克中搅匀），每日3～5次，同时内服养阴清肺汤加味（生地、元参、麦冬、白芍、丹皮、白芷），5剂为1个疗程，一般用2～8疗程。治疗23例，治愈（自觉症状消失，下鼻甲恢复）8例，好转（自觉症状减轻，脓痂明显减少，鼻甲能辨认）10例，无效5例，总有效率为78.2%。黄友以耿鉴庭的祖传验方排脓清窦汤（桔梗、黄芩、天花粉、浙贝母、七叶一枝花、苍耳子、金银花、甘草节）治疗100余人次，效果良好。宣伟军介绍自拟通窍汤（藿香、石菖蒲、地龙、路路通、川芎）辨证加减；若久病伤津耗液，导致上窍失养不利，去川芎、菖蒲、藿香，加养阴清热解毒之品。闵捷等用桑叶、鱼腥草、炙刺猬皮、生地、天花粉，10天为一个疗程，谓一般2～3个疗程可获痊愈或获显效。此外，单用以局部治疗者之报道，如闵捷等用野菊花放在蜂蜜内隔水蒸，然后取出，再将冰片研极细末放入蜂蜜内调匀，储入瓶内盖严。用时沾少许涂鼻腔日三次。尤安民等用“脉冲电穴”取两侧迎香，每次20～30分钟，每日1次，10～15次为1个疗程，治疗萎缩性鼻炎10例，痊愈5例，好转1例。

（吴贤益）

【鼻渊证治】

鼻渊颇类西医之鼻窦炎。沈惠英认为本病多由湿热壅滞清窍所致，并以苍耳子散为基础方加减制成“鼻窦炎Ⅲ号方”（苍耳子、黄芩、葛根、桔梗、蒲公英、车前子、白芷、生甘草）随证加减治疗100例（以粘脓涕或黄脓涕、鼻塞、头昏、头痛、嗅觉减退、鼻粘膜充血肥厚、嗅裂或鼻咽部积脓、中鼻甲肥大、息肉样变、X线照片云雾状阴影、上颌窦穿刺有脓等为诊断标准，并以无任何主诉及客观检查无阳性体征为痊愈等，作为疗效评定标准），在65例随访病例中痊愈18例（27.7%）、明显好转34例（52.3%），总有效率80%。王心东认为本病为寒热虚实夹杂，涉及肺 胆、脾、肾（脑）等脏腑。以鼻流脓涕、头痛、鼻塞、不闻香臭等四大症为诊断标准。自拟能发散风寒、温化湿浊、清肺祛热之“重苍平渊汤”（苍耳子、藿香、白芷、辛夷、荆芥、炙麻黄、桔梗、丹皮、生石膏、连翘、玄参、桑皮、甘草），并重用苍耳子30克，随证加减治疗鼻渊77例。治愈45例，好转32例。徐乃茜等用五味消毒饮合苍耳子散加细辛，谓之“十味鼻渊饮”，治疗鼻窦炎15例。痊愈6例，好转8例。认为本方治疗急性患者较好。李久领自拟“额窦炎验方”（防风、羌活、半夏、茯苓、甘草）治疗额窦炎81例、疗效明显。谢焕镛用陈士铎之取渊汤（辛夷、柴胡、炒山栀、玄参、当归、浙贝）治疗20余例，认为一般3剂即可收功。简文政认为本病系风热郁滞肺窍，宜疏风、清热、解毒、排脓，自拟公英、地丁、鱼腥草、败酱草、夏枯草、杭菊、谷精草、生地、丹皮、细辛等治疗31例。近期治愈26例，好转5例。章天林用葛根芩连汤加减治愈鼻窦炎10例。宋新家自拟治鼻窦炎验方（当归、银花、生地、玄参、苍耳、辛夷、川贝母、炒山栀、白芷、甘草、柴胡、细辛）治疗；葛英华用“苍芷汤”（苍耳子、白芷、荆芥、川芎、杭菊花、鱼腥草、苡仁、败酱草）治疗，均取得疗效。张运舒等用中西医结合方法治疗42例与单纯服用西药30例进行对比观察。中西医结合组除用西医组的方法外，全部内服“加味苍耳子汤”（辛夷、白芷、薄荷、蚤休、黄芩、桔梗、甘草、党参、黄芪、败酱草、路路通、鱼腥草）随证加减。认为中西医结合治愈率明显高于西医组。

此外，外治法报道有王德明用辛夷、银花、鸡爪、黄连、麝香，麻油浸3日后滴鼻，治疗慢性鼻窦炎13例，痊愈4例，明显好转9例。傅德元用辛夷、白芷、苍耳、桂枝等烘干研末，纱布包药末，每晚睡时塞鼻，5日可见效。

本年度有关鼻渊之临床报道多注意到科学合理之诊断标准和疗效评定标准。如王心东以《实用中医内科学》和《中医疾病的整理研究》为据，以鼻流脓涕、头痛、鼻塞、不闻香臭为鼻渊之诊断标准。而沈惠英则辅以观察中鼻道、嗅沟、鼻咽部、中鼻甲等部之异常变化作为诊断标准。疗效评定标准也日趋合理。

（熊大经）

【鼻衄的辨治】

鼻衄临床以热证、实证或阴虚火旺为多见，故治多以泻火、清热、养阴为主。如杨学爽等报道以自拟“止血灵”（羚羊粉、山栀、丹皮、生地、赤芍、大黄等）治疗肺热鼻衄40例，有效率95%。李素琴、李鸿全等报道以“泻火凉血汤”（生地、白芍、丹皮、茅根、黄芩、栀子、胡连、大黄、生石膏）治愈多例。付继棻治愈1例鼻暴衄，用犀角地黄汤加味。李建都等报道治疗39例服用黑药煎（二花炭、生地炭、黄芩炭、地榆炭、白茅根、麦门冬、田三七），治愈35例，无效4例。叶明报道107例分为肺胃热盛、阴虚火旺、脾不统血三型治疗，显效88例，有效9例，无效8例，总有效率92.4%。王利报道28例急重患者，分为肝火上逆、肺热壅盛、肝肾阴虚等三型，治疗获愈27例。谢存柱报道100例，用白茅根汤（白茅根、寸冬、知母、生地、黄柏、当归、地榆炭、夏枯草、茯神、朱砂、藕节、甘草）疗效较佳。此外尚有较多以单验方或局部用药治疗本病的报道，如李茂林以鲜生地、白茅根煎服，治愈40余例。陈少军以四白汤（白木槿花、生石膏、白豆腐、白砂糖）煎服，治疗86例，痊愈79例。林昭焘等采用“消痔灵”（白矾、五倍子为主药）0.2毫升加入2%普鲁卡因0.2毫升，注入糜烂、充血的出血点，每次0.1～0.5毫升．平均2.2次，治疗5例，均痊愈。张履瑞治愈30余例，取大黄炭末用温开水调匀塞患侧鼻孔。

（吴贤益）

【慢性咽炎证治】

慢性咽炎属中医喉痹范畴，胡小红认为喉痹以阴虚证为常见。若阴虚证兼挟外邪者，治宜疏风清热，养阴利咽，用玄麦甘桔汤加减；若阴虚证兼挟痰浊者，治宜养肺健脾、豁痰利咽，方用参麦地黄丸合半夏厚朴汤加减；若阴虚证兼挟肝火者，治宜滋阴降火，疏利咽喉，以一贯煎加减；若阴虚证兼痹挟瘀血者，治宜养阴生津，活血化瘀，方用增液汤合血府逐瘀汤加减。王忠民则主张对本病以调治肝为主，分别以舒肝气、消壅滞、利湿畅咽，滋肝阴、平虚火、通络润燥，治肝体、除塞阻、宽胸化瘀，泻肝余、消炎热、解毒启痹等法治之。翟书庆报道156例，以用中药荆芥、防风、僵蚕、薄荷、桔梗、甘草煎服，治程不超过两个月，总有效率为95.5%。

此外一些简易疗法，对本病有较好的疗效。如蒋治平用射干猪脂膏（猪脂300克炼油入射干150克，文火煎射干至黄去渣）治疗17例，全部有效。李治方用红芽大戟，每次3克，口中含服，治疗54例慢性咽炎，痊愈25例，显效21例。黄国庆用紫金锭加三七粉醋调外敷于颈前喉结上方凹陷处，治疗7例，痊愈5例，显效2例。陈功泽介绍用青果7～8只，白矾米粒大小3～4粒，冰硼散0.2克，冲水含咽有效。

（张守杰）

【乳蛾】

“乳蛾”一病相当于西医之“扁桃体炎”。乳蛾的治疗，刘淑萍等用板蓝根、银花、桔梗、僵蚕、栀子、黄芩、甘草为主方，随证加减治疗52例，治愈（体温正常、症状与扁桃体炎性征消失）49例，有效（体温正常、症状与扁桃体炎性征明显减轻）3例。疗程均在2～4天内。邵维国治疗544例，有效率95.6%。对初起有表证者，先以苏叶、荆芥、防风、桔梗、杏仁、橘红、连翘、银花、薄荷、甘草、黄芩、板蓝根等煎服；若表证已解或无表证者，可服“上感解毒汤”(玄参、连翘、赤芍、薄荷、甘草、黄连、黄芩、银花、板蓝根、薏苡仁、蒲公英）。庞瑞英用大柴胡汤加味（柴胡、黄芩、芍药、半夏、枳实、大黄、生姜、大枣、银花、连翘）治疗36例，给药1～5剂后，全部治愈。林春裳报道30例，取鲜地胆草150～250克，捣烂取汁，加适量蜂蜜含服，每日5～6次，显效（服2剂，症状消失，扁桃体肿大部分遂消者）6例；有效（服5剂以内症状消失者）24例。何绍芹等采用蓍草总酸胶囊与庆大霉素作对照治疗本病67例，前者34例，有效率79.4%。后者33例，有效率87.5%。

急性扁桃体炎，治疗不当，常可引起化脓。何世银以“喉蛾煎”（玄参、板蓝根、山豆根、银花、土贝母等）合剂治疗51例，全部治愈。叶绮琴治愈36例扁桃体周围脓肿，对初起外邪束表者，宣解兼清热解毒，用荆芥、僵蚕、柴胡、升麻、连翘、桔梗、防风、蒲公英、牛蒡子、薄荷、甘草。表已解或表邪传里者，则清热解毒，兼活血化瘀，上方去解表药加地丁草、板蓝根、赤芍、穿山甲、皂角刺、制乳香、制没药、玄参。后期症状缓解，为防其复发，予活血化瘀兼清热解毒，方用柴胡、川芎、枳壳、红花、桃仁、赤芍、桔梗、玄参、蒲公英、连翘、甘草。平均疗程为7.1天。

（张守杰）

【声带小结与息肉的辨证治疗】

声带小结与声带息肉，周建春认为其形成的主要因素一是气血失和，二是痰浊凝滞。主要与肝、脾失调有关。肝失疏泄可影响气血运行，以致气滞血瘀、津聚为痰，留于声门；或脾之运化失常，气机升降失司，血行滞涩，痰湿内生，蕴久聚于声门，成为小结。李青春等认为，本病病机以肺之气阴两伤为本、痰瘀相阻为标。姚楚芳等认为本病主要因脾胃失司、阳毒内戕阴分而导致肺肾阴虚、痰火燥结、咽喉不利。

本病的治疗，周建春提出四法：(1) 散其滞气，方用四逆散、逍遥散；(2) 消其痰浊，方用消瘰丸、海藻玉壶汤；(3) 攻其瘀血，方用血府逐瘀汤、桃红四物汤；(4) 补其中虚，方用四君子汤、补中益气汤。华良才报道70例，辨证分为（1）内热外感型，治以疏风清热、散结开音，用六味汤加味；(2) 痰气郁结型，治以疏肝和脾、利气化痰，用逍遥散加味；(3) 瘀血凝滞型，治以活血化瘀、消结开音，用会厌逐瘀汤加减，(4) 气虚失荣型，治以补肺益脾，散结亮音，用补中益气汤合诃子汤。(5) 肺肾阴虚型，治以滋养肺肾，散结开音，用养阴清肺汤合知柏地黄丸。李青春报道12例声带息肉患者，用利咽散结汤（沙参、百合、牛蒡子、前胡、茯苓、白术、当归、赤芍、半夏、桔梗、全瓜蒌）治疗，11例声带息肉消失。姚楚芳等对108例声带息肉、声带小结患者，用加味天龙饮（天名精、龙须草、石龙芮、白英、杞子、生地、熟地、白芍、党参）治疗，总有效率80.6%。周天寒等报道用济生乌梅丸加减治愈声带息肉患者。叶绮琴等报道21例声带小结与息肉患者，以中西医结合治疗。其中痰湿为主型3例，以泻肺化痰散结法；瘀血为主型14例，以活血化瘀、泻肺利湿法；血凝痰结型4例，以行气活血、消瘀散结法。同时，结合抗生素、激素超声雾化吸入的方法。结果，痊愈（声音恢复正常、息肉或小结消失）10例，好转（声哑消失，息肉或小结明显缩小）10例，无效1例。有效率为95.2%，治愈率为47.6%。

（张守杰）

【口疮的辨治】

对口疮的辨证，临床多分虚实。刘崇达、李振吉报道，实证为发病急，病程较短，溃疡如黄豆大小，其色黄白或灰白，数量多，甚者融合成片，周围红肿明显。虚证则发病缓慢，病程较长，口腔粘膜溃烂成片，溃面呈灰白色，数量少，周围粘膜颜色淡红或不红。溃面较浅，易反复发作，多有此愈彼发，绵延不绝，微有疼痛之特点。虚实夹杂证者，口疮数目少，基底深凹，边缘水肿高起，周围充血不明显，溃疡发展快，愈合慢。对口疮的治疗，任仕裕用"银蓝汤加味"（生地、板蓝根、金银花、连翘、生山栀、薄荷、甘中黄）内服及局部用"口疮灵"，治愈68例。赵波用马鞭草、板蓝根煎服，治疗本病61例，6天内全部痊愈。华秀良等用中西医结合治疗复发性口疮383例，除用西药复方维生素B外，对肾阴虚型以滋阴清热，药用生地、地骨皮、山药、茯苓、野菊花、连翘、升麻、砂仁，脾虚湿热型，以健脾清热利湿治之，药用茯苓、焦六粬、山药、连翘、陈皮、半夏、焦白术、泽泻、升麻，疗效满意。此外，以外治法治疗本病的报道较多，有散剂、膜剂，有药液含漱或直接涂搽患处等。如姚金山用"口腔溃疡散"（生甘草、金银花、冰片、雄黄、朱砂、滑石）治疗300例，痊愈270例，占90%。李治方用溃疡散（青黛、冰片、五倍子、硼砂、薄荷、橄榄末），蔡秀仪等用养阴生肌散制成药膜贴敷，杨德政用板蓝根、黄柏皮煎水含漱，张玉珍用祖传秘方（煅炉甘石、人中白、青黛、冰片、枯矾）外搽患处等，均获较好疗效。还有用中西药制剂外治的，如颜炘东用"口腔溃疡散"（青黛、珍珠、硼砂、黄连、甘草、冰片、制乳香、地卡因）治疗109例，有效率占96.33%；马传学等用"肿节风口腔溃疡膜"（肿节风、盐酸丁卡因、淀粉、羧甲基纤维素纳、甘露醇、甘油等）治疗，有效率在98%以上；师庆璋报道用盐酸利多卡因注射液100毫克、地塞米松注射液4毫克混合等量封闭两侧天容穴（下颌角后胸锁乳突肌前缘之凹处），治疗复发性口疮30例，有效率为93.4。

（夏　翔　施惠君）

【单方验方治疗牙痛】

牙痛用单方验方治疗的报道较多，均获较为满意的疗效。如王利军用"胃热牙痛方"（生石膏、北细辛、生甘草为主）治疗牙龈肿痛20例；张秀珍等对心源性牙痛（在牙痛的同时都有明显的心电图改变者），从心论治，用瓜蒌薤白半夏汤、桃红四物汤加味治之；黎继炘用地骨汤（熟地、骨碎补）治疗23例肾虚型牙痛；尹家祥、梁宪年用麻黄附子细辛汤加味，治疗风、火、寒、热、虫等牙痛；文倩曦用露蜂房汤（露蜂房、白蒺藜、谷精草、焦山栀、生甘草）；赵正西用祖传牙痛秘方（升麻、黄柏、青盐、白芷、石膏、露蜂房、北细辛）；邓朝纲外用"哭来笑去丸"（巴豆、花椒、冷饭粒）治龋齿牙痛87例；严忠用玄明粉含化治牙痛；钟辉则外用冰片、樟脑粉末，治疗牙痛210例；罗国良介绍外用雄冰散（雄黄、冰片、樟脑、细辛、新鲜猪精肉）治龋齿痛；张士金则报道用巴豆大蒜膏塞耳治牙痛。卫秀敏发现治牙痛一新穴，位于患侧耳垂基部，经治各类牙痛452例，总有效率达98%。

（夏　翔　施惠君）

【唇炎的治疗】

唇炎的辨治，郝文轩报道分为五法。（1）胃经风火：宜清胃泻火，取防风通圣丸之表里双解，或取凉膈散之上下分清，或取玉烛散养血攻下。（2）脾经风热：偏热者用清胃散（防风、藿香、黄连、栀子、滑石、甘草）；偏寒者用清脾饮（白术、茯苓、青皮、甘草、草果、厚朴、柴胡、黄芩、半夏）。（3）肝经郁火：实则用柴胡清肝散（柴胡、黄连、黄芩、当归、生地、川芎、丹皮、升麻、栀子、甘草）；虚则用丹栀消遥散。（4）心脾不调：宜大补脾胃以滋化源，用"归脾汤"。（5）肾水枯竭：宜"济阴地黄丸"，"壮水之主，以制阳光”。盛业志等用“加味增液汤”（玄参、银花、生地、麦冬、石斛、丹皮、生甘草）治疗唇炎15例，其中痊愈12例，显效2例，好转1例。胡梅雪治愈2例，以健脾除湿，滋阴养胃清热法，药用白术、生苡仁、防风、黄芩、生地、丹皮、栀子、石斛、扁豆等。邓兴仁等介绍用“泻黄散加味”（藿香、栀子、防风、石膏、甘草）治疗口唇红肿疱疹，屡见奇效。此外，用中西医结合方法外治的，如许姜泽报道先用黄柏、马齿苋、蒲公英、仙鹤草、川槿皮浸泡唇部，每日1次，待疼痛、肿胀、溃烂等均有所减轻，改用土茯苓、蒲公英、生地榆、马齿苋，方法同前。夜间则用溃疡软膏（盐酸金霉素、醋酸强的松、盐酸地卡因、维生素A、羊毛脂、凡士林）及溃疡散（养阴生肌散、地塞米松）作为辅助治疗。

（夏　翔　施惠君）

参考文献

C

蔡航波　中毒性球后视神经炎　浙江中医学院学报　(5)：56，1987

蔡华松　眼底出血85例临床分析　山东中医杂志　(3)：21，1987

蔡秀仪等　中药膜剂治疗复发性口疮86例临床观察　中西医结合杂志　(8)：490，1987

蔡玉友　眼底出血辨证治疗探讨　中西医结合眼科　(1)：20，1986

陈功泽　治疗慢性咽炎验方　四川中医　(12)：24，1986

陈锦礼　血府逐瘀汤在眼科的临床应用　眼科通讯　(1)：23，1987

陈少军　四白汤治疗鼻衄　河北中医　(2)：16，1987

陈锡润　鹅不食草治疗过敏性鼻炎62例　陕西中医　(2)：74，1987

冻依军等　珍珠明目液对实验性白内障药效观察　眼科通讯　(6)：9，1987

程爵棠　息肉消化散吹鼻治疗鼻息肉85例　辽宁中医杂志　(8)：19，1987

褚家瑜等　260例眼底出血临床分析　中西医结合眼科　(1)：22，1986

D

邓朝纲　“哭来笑去丸”治疗牙痛　四川中医　(6)：44 1987

邓建新　贴磁治疗耳廓软骨膜炎41例　广西中医药　(4)：24，1987

邓兴仁等　泻黄散加味治疗口唇红肿疱疹　四川中医　(12)：45，1986

翟书庆　中药治疗慢性咽炎156例　陕西中医　(12)：541，1986

翟淑宜等　板蓝根液冲洗泪道治疗急慢性泪囊炎100例　中医杂志　(3)：56，1987

殿　增　加减冲和养胃汤治疗视网膜色素变性疗效观察　眼科通讯　(2)：22，1987

丁文玉等　苦黄汤外洗治疗睑缘炎215例观察　四川中医　(4)：51，1987

丁以洲　药枕治疗过敏性鼻炎、鼻窦炎　四川中医　(1)：8，1987

杜正尧　黄柏液治疗急慢性脓耳　四川中医　(4)：16，1987

F

方选书　治中耳炎验方　四川中医　(4)：39，1987

冯金海　蛇矾散治疗中耳炎　河北中医　(3)：23，1987

傅德元　中药塞鼻法治疗鼻窦炎　四川中医　(4)：52，1987

傅继棻　鼻暴衄治验　天津中医　(1)：37，1987

G

葛英华　治疗鼻渊经验方　北京中医学院学报　(3)：47，1987

耿鉴庭　诊治中毒性耳聋的点滴经验　中西医结合杂志　(2)：109，1987

谷志平　中药治疗过敏性鼻炎34例报道　河北中医　(6)：11，1987

H

郝文轩　唇风辨治五法　江苏中医杂志　(2)：18，1987

何绍芹等　蓍草总酸胶囊治疗急性扁桃体炎临床分析　中药通报　(5)：55，1987

何石生　治疗鼻鼽五法　新中医　(9)：31，1987

何世银　喉蛾煎治疗急性化脓性扁桃体炎的疗效对比观察　中医杂志　(8)：47，1987

华良才　声带小结辨证治验　中医杂志　(3)：28，1987

华秀良等　中西医结合治疗复发性口疮及尿17-酮类固醇

和血清胆碱酯酶观察　中西医结合杂志　(9)：535, 1987

黄国庆　紫金锭外敷治疗慢性咽炎　浙江中医杂志 (12)：562, 1986

黄　友　耿氏排脓清窦汤治疗干酪性鼻炎　中医药研究 (1)：12, 1987

胡梅雪　治愈紧唇二例　新疆中医药　(1)：61, 1987

胡小红　浅谈阴虚喉痹兼挟的辨证论治　江西中医药 (1)：34, 1987

J

简文政　中药治疗鼻渊31例报道　陕西中医函授　(1)：46, 1987

蒋大岑　夏枯草汤治疗春季性结膜炎35例临床观察　眼科通讯　(3)：28, 1987

蒋治平　射干猪脂膏治疗慢性咽炎　四川中医　(12)：23, 1986

L

梁淑满等　静脉点滴清开灵和内服汤药治疗突发性耳聋　北京中医学院学报　(4)：29, 1987

梁宪年　温热药治愈牙痛1例　山西中医　(2)：37, 1987

雷蕴英等　用桃红四物汤加味治疗外伤性神经萎缩13例　辽宁中医杂志　(1)：20, 1987

黎继祈　地骨汤治肾虚牙痛　新中医　(1)：49, 1987

李传课　治疗早期白内障的体会　浙江中医杂志　(7)：306, 1987

李凡成　100例变态反应性鼻炎甲皱微循环初步观察　湖南中医学院学报　(3)：48, 1987

李鸿全等　鼻衄的临床辨证治疗　辽宁中医杂志　(1)：29, 1987

李济民　明目壮筋汤治疗视神经脊髓炎20例　陕西中医 (1)：15, 1987

李建都　黑药煎加减治疗鼻衄39例　湖北中医杂志 (2)：21, 1987

李久领　额窦炎验方疗效观察　中国乡村医生　(1)：44, 1987

李丽霞　角膜炎的中医诊疗的体会　广东医学　(1)：32, 1987

李茂林　自拟鲜生地白茅根汤治疗鼻衄病有效　陕西中医函授　(3)：63, 1987

李巧英等　中医为主治疗视神经脊髓炎2例报告　陕西中医学院学报　(4)：22, 1986

李青春等　利咽散结汤治疗声带息肉12例　浙江中医杂志 (1)：20, 1987

李群林　袁彩云治疗老年性白内障经验　贵阳中医学院学报　(1)：18, 1987

李全智等　眼底出血的中药治疗　中西医结合眼科　(1)：16, 1986

李素勤等　鼻衄、鼻疔治验　中医函授通讯　(4)：34, 1987

李万山　中西医结合治疗视网膜色素变性病疗效观察　实用眼科杂志　(1)：61, 1984

李永才　中西医结合治疗视网膜脱离初探　中西医结合眼科　(4)：30, 1984

李振吉等　复发性口腔炎证治　中医杂志　(5)：11, 1987

李治方　溃疡散治疗口腔溃疡　山东中医杂志　(1)：42, 1987

红芽大戟含服治疗慢性咽炎54例　江西中医药 (4)：3, 1987

林春裳　地胆草治疗乳蛾30例　福建中医药　(5)：62, 1987

林瑞珠　清咽解毒汤治疗急性化脓性扁桃腺炎54例临床分析　福建医药杂志　(2)：20, 1987

林昭焘　"消痔灵"用治耳鼻喉科多种病症有效　新中医 (3)：32, 1987

林文森　益气固表为主治疗变态反应性鼻炎255例总结　上海中医药杂志　(1)：22, 1987

刘崇达　口疮的中医治疗　云南中医杂志　(6)：40, 1987

刘定国　活血化瘀法治疗眼底出血11例临床观察　中级医刊　(1)：51, 1987

刘淑萍等　乳蛾辨治体会　云南中医杂志　(4)：30, 1987

刘益群等　22例视神经萎缩的辨证治疗　中医杂志　(5)：40, 1987

刘占儒等　鼻乐冲剂治疗慢性鼻炎的临床观察　中医药信息　(5)：25, 1987

龙铁牛等　近效术附汤治疗耳源性眩晕33例　湖南中医杂志　(6)：56, 1987

吕晓霖等　自制电磁疗器治疗鼻炎200例临床观察　北京中医　(3)：40, 1987

罗国良　雄冰散治疗龋齿痛　浙江中医杂志　(8)：370, 1987

雒定中　中西医结合治疗视网膜色素变性　中西医结合眼科　(2)：39, 1983

M

马传学等　肿节风口腔溃疡膜的制备　中成药研究 (11)：44, 1987

马镲嵘　灵芝治疗原发性视网膜色素变性电流图的变化　中西医结合眼科　(1)：44, 1986

灵芝草注射液治疗原发性视网膜色素变性的研究　中西医结合眼科　(3)：9, 1983

中西医结合治疗眼内出血的疗效　中西医结合眼科　(1)：15，1986

闵　提等　治疗鼻炎验方三则　河南中医　(1)：24，1987

P

潘法萱　中医治疗中心性浆液性脉络膜视网膜病变90例　山东中医杂志　(4)：29，1987

庞瑞英　大柴胡汤治疗急性扁桃体炎36例　四川中医　(6)：44，1987

庞　涛　老年性白内障增视治疗观察　山西中医　(2)：30，1987

庞万敏　眼底出血的病因证治　中西医结合眼科　(1)：18，1986

Q

钱　茂　视神经脊髓炎验案　河南中医　(5)：46，1984

乔玉珍　耳压治疗过敏性鼻炎100例临床观察　天津中医　(6)：18，1987

R

任仕裕　银蓝汤加味治疗口疮68例　上海中医药杂志　(6)：14，1987

S

邵维国　急性扁桃体炎的中药治疗　陕西中医　(4)：170，1987

沈惠英等　中药治疗慢性鼻窦炎65例疗效观察　上海中医药杂志　(3)：29，1987

盛业志等　加味增液汤治疗唇炎15例　四川中医　(12)：48，1986

师庆璋　天容穴封闭治疗复发性口疮30例　中西医结合杂志　(8)：505，1987

石　坚　视神经脊髓炎　广西中医药　(6)：29，1987

石守礼等　近年来中医中药治疗眼底出血症概况　中医杂志　(4)：62，1987

史正芳　复发性口疮溃疡治验琐谈　辽宁中医杂志　(2)：23，1987

宋新家　治鼻窦炎（鼻渊）验方　四川中医　(6)：32，1987

孙金章　“消星饮”治疗角膜上皮点状剥脱214例小结　江苏中医杂志　(1)：14，1987

孙晓明　试论耳聋治肺　陕西中医　(8)：356，1987

滕维成等　运用活血化瘀法治疗眼底出血92例小结　中西医结合眼科　(4)：33，1986

W

汪苍璧　中西医结合治疗视网膜脱离　中西医结合眼科　(1)：45，1986

王德明　治疗慢性鼻窦炎验方　中国初级卫生保健　(2)：38，1987

王继华　网变煎剂治疗视网膜色素变性22例　山东中医杂志　(5)：1987

王金元　活血化瘀法治疗结晶样视网膜变性　四川中医　(3)：53，1984

王坤山　中耳炎散　四川中医　(4)：26，1987

王　利　中药治疗鼻衄28例　辽宁中医杂志　(10)：47，1987

王利军　胃热牙痛治验　四川中医　(6)：43，1987

王毅夫　病明眼丸治疗近视眼300例观察　河北中医　(2)：17，1987

王尚明　羊肝丸治疗73例神经萎缩临床疗效观察　中医药信息　(2)：47，1987

王席国　加减驻景汤治疗视网膜色素变性12例　眼科通讯　(2)：22，1987

王锡国　萎缩性鼻炎治验　四川中医　(10)：37，1987

王心东　重用苍耳子治疗鼻渊病77例　北京中医学院学报　(2)：26，1987

王毓斌等　内托生肌散加味治急性冠周炎效佳　新中医　(9)：22，1987

王元贵　消散粉治疗睑腺炎86例　中西医结合杂志　(11)：698，1987

王忠民　慢性咽炎以肝论治验案例举　黑龙江中医药　(6)：27，1986

韦子章　自拟鼻鼽汤治疗过敏性鼻炎33例　广西中医药　(6)：5，1987

卫秀敏　发现治牙痛一新穴　河南中医　(3)：19，1987

魏菊仙　角膜病的中医治疗概况　新中医　(2)：47，1987

魏湘铭　静脉点滴尿激酶、内服补阳还五汤治疗视网膜静脉阻塞31例　中西医结合眼科　(2)：24，1986

文倩曦　露蜂房汤治牙痛　四川中医　(12)：45，1986

吴厚章等　珍珠明目液治疗老年性白内障等眼病疗效观察　眼科通讯　(5)：3，1987

吴茂慧等　中药治疗视网膜静脉周围炎28例观察　中医杂志　(10)：40，1986

吴迺川　中药治疗视网膜脱离病　眼科中西医结合资料汇编　(1)：68，1981

武云萍等　中药治疗冠周炎100例疗效观察　中原医刊　(4)：36，1987

X

宣伟军　通窍法在耳鼻喉科中的应用　广西中医药　(3)：26，1987

谢焕镛　鼻渊效方——取渊汤　国医论坛　(1)：41，1987

谢美兰　黄连膏治疗鼻前庭炎　浙江中医杂志　(7)：309，1987

谢存柱 白茅根治疗单纯性鼻衄100例 云南中医杂志 (5)：43，1987

徐乃茜等 十味鼻渊饮治疗副鼻窦炎 中医杂志 (4)：66，1987

徐如恩 养血开窍汤治萎缩性鼻炎 四川中医 (4)：封三 1987

徐绍勤 声带病变验案四则 江苏中医杂志 (3)：21，1987

许爱军等 "麝香枯矾散"治疗慢性化脓性中耳炎 上海中医药杂志 (6)：32，1987

许洪涛 闪辉样视网膜变性治疗病例报告 中西医结合眼科 (3)：34，1984

许姜泽 慢性唇炎急性发作治验 中西医结合杂志 (6)：372，1987

Y

严 忠 玄明粉含化治牙痛 中医杂志 (3)：37，1987

颜耀东 "口腔溃疡散"治疗口疮 中医药学报 (1)：54，1987

杨德政 治口腔溃疡方 四川中医 (12)：19，1986

杨鸿仁 小柴胡汤加减治疗急性化脓性中耳炎21例 四川中医 (6)：41，1987

杨更生 中医药治疗链霉素中毒致聋 浙江中医杂志 (8)：350，1987

杨金凤 脉冲电磁治疗浆液耳廓软骨膜炎50例疗效观察 中级医刊 (2)：57，1987

杨学爽等 "止血灵"治疗鼻衄40例临床观察 天津中医 (6)：16，1987

姚楚芳等 加味天龙饮治疗声带息肉、声带小结108例 上海中医药杂志 (6)：25，1987

姚金山 口腔溃疡散治疗口腔溃疡 吉林中医药 (4)：22，1987

叶 明 辨证治疗鼻衄105例疗效观察 北京中医 (6)：36，1987

叶绮琴 中药治疗扁桃体周围脓肿36例 陕西中医 (8)：364，1987

中西医结合治疗声带息肉、声带小结21例临床观察 陕西医学杂志 (6)：50，1987

尹家祥 牙痛验方 四川中医 (12)：45，1986

尤安民等 用"脉冲电穴"治疗鼻炎285例疗效观察 河北医药 (3)：195，1987

郁北宸 中西医结合治疗视网膜静脉周围炎和玻璃体出血12例 浙江中医杂志 (11)：495，1987

袁良礼 桃红四物汤加减治疗中心性浆液性脉络膜视网膜炎 云南中医杂志 (1)：19，1987

Z

曾亦媛 化障汤治疗初中期老年性白内障105例 辽宁中医杂志 (10)：37，1986

曾育麟 治疗青少年假性近视药物新剂型——治近定眼膏研究的探讨 云南中医学院学报 (1)：32，1987

詹前贤等 中药治疗视网膜静脉周围炎及视网膜静脉阻塞的疗效观察 新中医 (8)：32，1987

张 纲 肺闭耳聋证治浅谈 辽宁中医杂志 (1)：21，1987

张华珠等 中药治疗耳源性眩晕近况 河北中医 (2)：48，1987

张怀安 视网膜脱离辨证治疗七法 上海中医药杂志 (6)：22，1987

张履瑞 大黄炭塞鼻治疗顽固性鼻衄 四川中医 (12)：44，1987

张少珍等 穴位敷贴治疗过敏性鼻炎74例 上海针灸杂志 (4)：10，1987

张士金 巴豆大蒜膏塞耳治牙痛 浙江中医杂志 (8)：1987

张秀珍等 心源性牙痛治验 陕西中医 (11)：502，1986

张跃志 六味地黄丸用于牙周脓肿 中成药研究 (9)：46，1987

张运舒 中西医结合治疗慢性鼻窦炎 中西医结合杂志 (5)：298，1987

张玉珍 口疮方 中医杂志 (12)：53，1987

章天林 葛根芩连汤治愈鼻窦炎两例 江西中医药 (3)：封四，1987

赵 波 马鞭草、板蓝根治疗疱疹性口腔炎31例 中西医结合杂志 (11)：698，1987

赵经梅 莫维馨治疗眼科血证的经验 浙江中医杂志 (10)：454，1986

赵经梅等 中心性浆液性视网膜脉络膜病变33例治疗小结 云南中医杂志 (4)：29，1987

赵正西 祖传治牙痛秘方 四川中医 (12)：20，1986

钟辉刚 牙痛 广西中医药 (3)：39，1987

周建春 中医对声带小结的认识与治疗初探 辽宁中医杂志 (7)：12，1987

周天寒等 济生乌梅丸加减治疗声带息肉 中医杂志 (10)：37，1987

周允中 川红、桃仁注射液治疗视网膜色素变性疗效观察 中西医结合眼科 (4)：18，1982

周兆祯 菊花明目饮治疗视神经炎32例 山东中医杂志 (6)：13，1987

朱祥成等 "暴聋"的辨证论治 浙江中医学院学报 (1)：32，1987

朱贤杰 复方乌贼骨粉口腔止血154例疗效 中西医结合杂志 (2)：107，1987

朱有章　中西医结合治疗眼内出血32例疗效观察　中西医结合眼科　(3)：29，1986

中药治疗视网膜脱离1例报告　江苏中医杂志　(4)：19，1987

庄金梅　虫草菌冲剂治疗变态反应性鼻炎疗效观察　中西医结合杂志　(1)：43，1987

（九）针　灸

【概述】

1987年，我国针灸主要有以下一些进展：

呼吸系统疾病　余跃华应用穴位埋羊肠线治疗慢性气管炎500例，结果总有效率96%，近控率为34.8%。田广勤以兔脑垂体和羊肠线埋藏治疗慢性支气管炎1203例，痊愈39.5%，显效43.4%。管遵惠以热针治疗哮喘64例，同时以中药组对照观察，结果热针组总有效率96.9%，中药组则为83.3%（$P<0.01$）。洪圣达等以液氮冷冻穴位治疗204例咳、喘症，结果显效与痊愈率47.55%，有效率94.22%。

循环系统疾病　高镇五等以针刺内关等穴为主，治疗心律失常220例，结果心气虚者疗效最好，有效率90.5%。王家恩等以华佗夹脊第4、5胸椎、内关穴为主针刺治疗冠心病160例，结果发现心功能改善与临床症状以及心律失常三个方面均有疗效，其中心电图的总有效率66.7%。赵颖等以针刺内关穴治疗冠心病36例，结果实证的疗效高于虚证，前者有效率为100%，后者为95%。张应勤以红外线治疗血栓闭塞性脉管炎，亦取得满意的疗效。

消化系统疾病　钱忠顺等以穴位注射黄芪注射液等治疗慢性萎缩性胃炎200例，结果显效者56%，薛浩针刺劳宫穴治疗胃痉挛30例，全部病例均针1次而获愈。贺思圣以中脘、足三里、三阴交、胃俞等为主，治疗241例胃下垂，结果治愈78例，总有效率95%。沈华莉等用电针和水针治疗胃下垂75例，痊愈24%，总有效率95%。韩华明用针刺治疗严重呃逆呕吐患者42例，取穴以内关、膻中等穴为主，治疗3个疗程后痊愈38例。喻雄师用针刺少商穴治疗顽固性呃逆25例，结果有23例在针刺2次后即获效。刘淑兰以耳针膈、胃等穴治疗重症呃逆47例，均在1～2次治愈。张生理采用注射用水注入天枢等穴位的方法治疗急性胃肠炎203例，痊愈率91.13%，总有效率95.56%。郭刚珍采用足三里穴注入小剂量胰岛素治疗胃肠神经官能症20例，痊愈13例，显著好转7例。郭清堂等采用王不留行籽耳穴贴压法治疗胆结石388例，经过平均37次的治疗后，排石率97.94%，排尽率为2.06%。吴佳起等采用电针为主结合口服33%硫酸镁治疗胆结石300例，排石率为90.3%，排尽率12%。

急腹症　顾月华采用电针治疗急性阑尾炎等急腹症164例，经一次电针治疗后痊愈56.7%，显效32.3%，总有效率96.3%。黄改娣等采用电针郄穴治疗胆囊炎等急腹症43例，痊愈23例，有效率为95.35%。莫廷文采用针刺巨阙等穴治疗胆道蛔虫症70例，结果显效率68.6%，总有效率98.6%，而用解痉镇痛药的76例对照组显效为57.9%，总有效率为92.1%（$P\leqslant0.05$）。侯淑英等采用电针中脘、天枢等治疗急性胃穿孔40例，一般在电针治疗2～4小时痛止，患者可在两周内治愈。张先涛等应用腕踝针治疗肾绞痛50例，治愈82%，总有效率94%。

泌尿系统疾病　余青萍等应用针灸治疗慢性肾小球肾炎蛋白尿，並与强的松比较，针灸组30例尿蛋白转阴12例；强的松组39例，尿蛋白转阴14例，两组间虽无显著差异，但针灸组无副作用。徐笨人等认为针刺会阴与肾俞穴治疗前列腺炎的疗效，明显优于针刺关元、中极等穴组。尤士征等应用激光针灸对前列腺直接照射的方法，治疗前列腺炎的治愈率为53.4%，有效率98.9%。朱中义等采用穴位注射10%葡萄糖液的方法治疗泌尿系结石1263例，治愈率64.77%，总有效率75.06%。杨丁林针刺京门、胃俞等穴位治疗泌尿系结石150例，总排石率为74%。任守中以氦氖激光针治疗遗尿症，显效率为84.9%，一般针灸则为73.7%。

妇科疾病　唐学正等用电热针治疗女阴营养不良46例，治愈率70.83%。夏玉卿等用电热针治疗女阴白色病变112例，近期治愈率66%，总有效率98.5%。文成泰采用针刺百会等穴並留针治疗子宫脱垂87例，痊愈64.3%，好转27.5%。张丽蓉针刺太冲等穴治疗习惯性流产558例，有效率93.4%。黄宝英等用氦氖激光照射穴位治疗盆腔炎758例，痊愈显效率85.4%。

代谢疾病　焦新民等以针刺三阴交、太白穴为主，观察针刺降脂82例，结果89%的高脂血症患者的血脂下降至正常，其中胆固醇降低有统计学意义（P<0.01)。彭素兰等用耳穴贴压法减肥959例，显效36.6%，总有效率为75.3%。崔述贵等用耳针治疗肥胖症1015例，显效26%，总有效率为62.5%。

内分泌系统疾病　郭效宗等用针刺良性甲状腺瘤周边及中心的方法治疗该病80例，以触诊判断总有效率为95%，以B超判断总有效率为88.89%。恒健生等用针刺治疗甲亢191例，获控者为923例，其中在2年内复发率为35.87%。何金森等通过120例甲亢患者分组观察，认为针药结合组的有效率为93.94%，高于针刺组（73.91%）与地巴唑组（85.37%）。朱慧宝用透明质酸酶1500毫升加醋酸氢化可的松25毫克注入双侧上天柱穴，治疗内分泌性突眼50例，总有效率83.7%，而对照组用相同药物作肌肉注射仅为33.3%(P<0.01)。吴泽森通过远期疗效观察亦证明，针刺治疗内分泌性突眼症的远期疗效优于药物对照组。在针灸治疗糖尿病方面，杜福天等通过对34例非胰岛素依赖型糖尿病的针灸治疗观察，有效率为76.4%。湛剑飞等则认为，针药结合组对改善糖尿病患者的血液流变学状态较单纯针刺组为好。

神经系统疾病　张蔚民采用穴位埋线治疗癫痫865例，显效率73.4%，总有效率95.0%。赵兰等以督脉穴为主埋线治疗癫痫病110例，显效29.09%，总有效率为91.7%。对于脑出血的急性期，李定明等发现针刺风府、哑门穴组的痊愈和基本痊愈率为50%，但其他穴位组仅为19.57%。陈道翼采用头皮针电动捻针仪的方法治疗脑源性瘫痪、失语444例，治愈率60%，有效率93%。王毅刚等治疗脑卒中后遗症251例，显效率为64.6%，总有效率96.8%。彭静山等以眼针为主治疗中风后遗症167例，基本痊愈与显效率为63.5%，总有效率97%。曲明东采用针药结合治疗中风偏瘫264例，痊愈76.14%，总有效率100%。天津中医学院第一附属医院针灸科以针刺内关、人中、三阴交为主，治疗2336例中风患者，治愈率为58.84%，总有效率97.43%。对于外伤性截瘫，陈志华以针刺损伤平面上下1～2个棘突的督脉穴，或损伤平面上下1～2个棘突的夹脊穴的方法，治疗本病106例，基本治愈23%，总有效率93%。韩子钰等以针灸为主配合维生素B_1穴位注射疗法治疗374例截瘫患者，显著进步与基本治愈率31.55%，总有效率81.7%。曾昭杰以针刺为主配合穴位注射治疗因肌肉注射所致下肢瘫痪39例，结果治愈85%，总有效率100%。在脊髓灰质炎后遗症方面，顾光等应用电排针治疗本病1000例，治愈36%，显效34%，总有效率96%。

精神病　袁玉民采用强刺激涌泉穴治疗癔症性瘫痪26例，完全治愈，同时发现在针刺后患者的红细胞胆硷酯酶明显升高。此外，武承迅等用耳针治疗学生考场综合征亦获得满意的疗效。

运动系统疾病　金伯华等采用“追风速”经穴注射疗法治疗类风湿性关节炎，治愈率为11.69%，有效率96.77%。谢可永等用激光穴位照射治疗肩周炎103例，优良疗效率87.3%。王庆等采用针刺、推拿综合治疗腰椎间盘突出100例，痊愈率42%，总有效率96%。孙法轩等用电兴奋穴位治疗急性腰肌劳损248例，痊愈74%，总有效率达100%。雷伦等用经络综合疗法治疗慢性腰背关节疼痛336例，痊愈40%，总有效率96.1%。王秀明等用缪刺治疗急性软组织损伤2000例，结果一次痊愈者达99%。裘爱国用中频灸疗机治疗活动障碍性疾病120例，总有效率达98%。此外，侯升魁等用磁针治疗骨质增生150例，临床治愈率为32%，有效率100%。

五官科疾病　李志明等针刺风池等穴治疗视神经萎缩124例，213只眼，结果感传到达眼区者有效率84.52%。钟梅泉以梅花针治疗远视眼87例162只眼，痊愈显效率94.1%。聂汉云用针刺配合穴位贴敷法治疗斜视，痊愈率为76%，总有效率97%。此外，薛浩针刺电光性眼炎50例，均1次治愈。陈瑞生针刺治疗夜盲72例，痊愈率70%，总有效率87%。对于耳鼻喉疾病，王富天等用氦氖激光穴位照射治疗急性中耳炎70例，痊愈75%，总有效率95%。

皮肤科疾病　钟以圣针刺然谷、曲池穴治疗头癣60例，结果临床治愈率80%，而黑白癣药水对照组治愈率为30%。张天文用点刺火罐疗法治疗银屑病662例，治愈率42.6%，有效率88.37%。邢克利用刺络法治疗痤疮304例，痊愈率44%，总有效率100%。张天文用火罐疗法治疗带状疱疹111例，痊愈率达100%。徐文亮等针刺治疗多形性红斑30例，痊愈73.3%，总有效率100%。张瑛以梅花针配合体针治疗斑秃31例，显效以上87%，总有效率96.8%。此外，朱应超等以火针加药捻治疗颈淋巴腺结核280例，痊愈率100%。

传染性疾病　陈子富针灸治疗百日咳63例，痊愈率92%，总有效率95.2%。张涛清等针灸治疗急性细菌性痢疾317例，治愈率90.6%，平均治愈天数4.12天，其疗效高于各种抗痢中西药物（$P<0.025$）。周榈声等用灸法治疗流行性出血热79例，痊愈率70.89%，有效率99.47%。何止湘针刺治疗破伤风28例，治愈25例，死亡3例。

针麻临床　幸祖谦等用进针留针法，进行针麻拔牙579例，优良率78.73%。黄鹤年用针麻进行全喉截除术604例，优良率82.5%。刘守智等用针麻进行甲状腺手术1066例，优良率90.80%，成功率98.97%。马丽华等用针麻进行颈椎椎管手术100例，成功率80.4%。何庭辉等针麻进行肺切除手术158例，优良率86.7%，成功率98.7%。秦学礼用督脉针麻进行40余种腹部手术2120例，优良率77.73%，成功率99.01%。代先富等用耳穴压籽代替麻醉剂进行纤维胃镜检查1100例，有效率99.2%，与药麻组效果相近似，但针麻组无下颌关节脱位等并发症。焦兆荣经过对针麻下手术方式的改进，结果针麻腹式输卵管结扎手术的优良率从75.1%提高到92.4%。

针法研究　王家瑞通过微循环等实验方法观察，发现补法均使血流速增快，泻法使其减慢；提插补法使皮温升高，捻转补法则对皮温无明显影响。

（王本显　王雪苔）

【针灸治疗痄腮】

（一）针刺疗法　曹素贞针刺取听会、翳风、颊车、合谷为主穴，列缺、丰隆、解溪为配穴；提插进针，留针30～60分钟，日一次。在收治的1073例患者中，五次以内治愈者1035例，占96.5%。黄中柱等则在患侧耳垂下3分处捻转进针后行泻法，结果收治的300例痄腮患者均在1～4次治愈。

（二）穴位放血疗法　孙景德等以少商为主穴，合谷为配穴。少商穴用三棱针点刺，挤出3～6滴血；合谷穴用平补平泻法，不留针。收治患者350例，结果一次治愈165例，2次治愈142例，3次治愈43例。

（三）电针加穴位放血法　靳志英取双侧合谷、少商、角孙及患侧腮腺炎刺激点（肿大腮腺之上缘处），进针后通电10～15分钟，起针后再点刺双侧少商出血，挤出5～7滴。结果在350例中，用上法1次治愈者50例，2次治愈者191例，3次治愈者92例，4次治愈者17例。

（四）火柴点烧法　张洪用此法治疗痄腮患者，取患侧角孙穴，双侧患者取双侧，将患侧耳壳向前曲折，耳尖正上方入发际处，剪掉毛发，用龙胆紫作标记，75%酒精棉球消毒后，点然火柴对准角孙穴一烧即可。收治的81例患者中，基本治愈80例，好转1例。

（罗　燕）

【针灸治疗肿瘤的临床与实验研究】

（一）临床治疗观察

1.单用针灸治疗肿瘤　俞氏从1966到1978年应用针灸治疗1569例各种晚期癌症，取得较好疗效。唐学正等用电热针治疗浅表肿瘤26例，痊愈6例，肿瘤消退5例，显效4例，有效4例，无效7例，总有效率73%。梁清湖针刺治疗浅表肿瘤130例，分别采用皮肤针、扬刺、齐刺、豹文刺、络刺、合谷刺、经刺、放射状针刺法，治愈44例，显效53例，有效27例，无效4例，总有效率为95.39%。崔开贤应用辨证取穴法以胃募中脘、脾募章门为主穴以补其正气，同时进行随证配穴。针刺得气后进行提插捻转补泻，留针20分钟，或用电针仪刺激20分钟。共治疗食道癌、胃癌30例。显效（自觉症状好转，病灶缩小50%以上，稳定在1年以上者）3例，占10%；有效（自觉症状好转，维持在半年以上者）9例，占30%；无效18例，占60%。总有效率为40%。

2.针药结合治疗肿瘤　林通国对40例良性肿瘤进行针药结合的治疗观察。用中药加针刺法，并进行辨证配穴，痰凝气聚者配合谷、丰隆、肺俞、脾俞；气滞血瘀者配曲池、血海、三阴交、大椎、三焦俞；气虚郁结者配神门、三阴交、合谷、阳陵泉、期门、肝俞；湿热蕴结者配合谷、足三里、中脘、关元、八髎、肾俞。治疗有效率为95%，治愈率为65%。朱汝功等对20例不宜手术、化疗与放疗的晚期癌症患者，按扶正祛邪治则，应用针刺及艾灸以温阳扶正、行气散结，同时配合扶正软坚、清热解毒的中药。第一阶段用麦粒灸；第二阶段根据不同症状，针刺四肢穴位，结合隔饼灸；第三阶段应用同病变部位相应的华佗夹脊刺。结果有效12例，无效8例，表明针刺与艾灸佐以中药对晚期食道癌、胃癌患者有缓解症状，促进机体抗癌能力，延长生存期的功效。

3.针灸对肿瘤患者放化疗反应的作用　麦玉卿等在临床观察时，将患者分为针刺组和对照组，即针刺加放疗组和单纯放疗组。结果表明，针刺组消化系统与神经系统的反应均明显轻于对照组，患者受抑制的造血机能得到改善，表明针刺有抗放疗所引起的外周血象抑制与免疫机能低下的作用。谢名英观察放疗中鼻咽癌患者免疫功能的影响，发现治疗组O.T试验反应增强，与对照组比较有明显差异（$P<0.05$）。陈克彦等对30例乳癌根治术后接受化疗药物治疗的病人，观察针刺补法、泻法与空白对照三个组的化疗毒性反应，结果发现化疗过程中，补泻两组白细胞总数变动不显著，对照组则自化疗第1周即显著减少，白细胞降至正常值以下的病例数，补泻两组也明显少于对照组。白细胞低于正常值的出现时间，三组分别为化疗后3周、2周、1周时出现。

（二）动物实验研究

1.在肿瘤上直接施行电热针　唐学正等

对多种荷瘤小鼠，随机分成治疗与对照二组，待肿瘤长到0.7～1.0cm时，治疗组小鼠用电热针插入瘤块中40分钟，治疗剂量为135～196卡，每周治疗2次。结果平均存活期大于60天，肝癌组大于45天。经1次治疗后，小鼠胃鳞癌治愈率为60%，肿瘤完全消除率为70～80%，肿瘤生长抑制率为70～100%；乳腺癌小鼠治愈率为50.0～68.0%，肿瘤完全消退率为76.0～83.3%，肿瘤生长抑制率为84.8～90.6%；肿瘤小鼠治愈率为70～88.2%，肿瘤完全消退率为88.2～90%，肿瘤生长抑制率为84.2～94.4%。治疗组转移率为0/17，对照组为7/17。

2.在距离瘤块较远部位施行针刺　李岩等选用小鼠Leuis肺癌、S_{180}肝癌、白血病L_{615}和大鼠W_{250}模型，在“大椎”、“少商”与“曲池”上针刺，每日1次。针刺深度1毫米，捻转10次。实验结果表明，针刺治疗对小鼠S_{180}、L_{615}、大鼠W_{256}均无抑制作用，针刺治疗也不加强环磷酰胺或平阳霉素对S_{180}或W_{256}的抗癌作用，但对小鼠Leuis肺癌似有一定的影响。还发现针刺能明显地提高小鼠巨噬细胞吞噬机能，对抗免疫抑制剂环磷酰胺对巨噬细胞吞噬功能的抑制作用。

（陈汉平　郭尧杰）

【针灸治疗面瘫】

面瘫的治疗除辨证取穴以外，多采用针刺透穴、艾灸，放血、拔罐、刺面神经干、激光等方法。

胡九初等在辨证取穴的基础上，取患侧的攒竹透睛明，地仓透迎香，瞳子髎透颧髎，合谷透劳宫等方法治疗216例，痊愈173例，治愈率为80%。袁清顺采用逆口眼㖞斜方向的透穴法，即先用补法针健侧颊车透地仓；再用泻法针患侧地仓透颊车，巨髎透承泣，鱼腰透阳白。在100例患者中，总有效率为96%。刘桂英采用透刺放血法治疗了108例面瘫，有效率为96.3%。其方法是先强刺激面部穴位，起针时挤压穴位放血，同时在患侧口腔内颊部用三棱针点刺放血（勿伤腮腺），并让患者吸吮。

李志明等对1014例面瘫患者分别采用针刺、针上加灸、苇管灸、隔姜灸、激光针等方法治疗，并对针上加灸组、针刺组、苇管灸组进行了疗效对比，治愈率分别为：针上加灸组76.92%；针刺组74.29%；苇管灸组56.76%。经统计学处理，针上加灸组与针刺组比较，无显著性差异；针上加灸组与苇管组比较，有显著性差异；针刺组与苇管灸组比较，有显著性差异。

关于面瘫患者的施灸时间，任留江主张在患病的第三阶段即发病的第五周以后，隔日针刺的同时，用艾条灸面部的地仓、颊车、巨髎、承浆、四白等穴半小时，起针后约进行五分钟的面部肌肉按摩，可提高疗效。吴经伟主张对半月以内病程的患者，以灸法治疗为主。用艾条灸耳垂下穴，即耳垂与颊面皮肤交际点直下约3分，以指甲上下刮动触得一直径约3毫米的绳索状物，且患者有酸胀感处。每日灸二次，每次30分钟。

一般认为，面瘫初期不用电针。严金保等主张起病初期以单纯针刺为主，进针宜浅，以小幅度捻转手法为宜，得气即止，不留针。病程一周以上而病情较重者，可采用透刺法，或加用电针刺激5～10分钟，通电量以面部肌肉微微跳动，患者感到舒适为宜。

吴经伟采用针灸面神经干治疗220例面瘫，痊愈167例，占75.91%；显效38例，占17.27%；进步13例，占5.91%；无效2例，占0.91%。总有效率为99.09%。取穴患侧完骨、翳风、耳垂下。针刺完骨穴时，针对印堂方向刺入乳突切迹，深约1寸；针刺翳风穴时，针尖略向上方刺入，深1寸；针刺耳垂下穴时，针刺五分或向面神经干的上、下侧面斜刺入深1寸。各穴均用雀啄点刺手法，轻刺激，不捻转。若刺激较重，治疗时可见到同侧面部表情肌抽动。

（郑其伟 钱淳宜）

【针刺治疗精神病】

近几年来，运用针灸治疗精神病取得一定的经验。张良栋等在治疗精神病眼幻觉82例中，以听宫、翳风、听会、耳门等为主穴，在辨证分型的基础上再取表里、主客、原络相配的四肢远端穴位。治疗结果：症状消失53例，占64.64%，症状减轻17例，占20.73%，无效12例，占14.63%。李清福等针刺五俞穴治疗100例，采用第一日刺井穴，第二至第五日刺荥穴，二十一天为一疗程，治疗结果明显改善42例，好转33例，无变化18例，病情恶化7例；史正修等针刺治疗精神分裂症500例，其中躁狂组取督脉穴为主，用泻法；抑郁组取任脉穴为主，用补法；妄想型取中脘、膻中、神庭、神门、三阴交或内关、公孙等穴，用补法。痊愈275例，显效84例，好转83例，无效58例，总有效率88.4%。对痊愈275例中的194例随访结果，复发63例，占32.5%。姚尊华用电针治疗癫狂病38例，按辨证分癫证型，取足三里、百会、鸠尾、太阳为主，狂证型取风府、间使、四神聪、大陵为主，癫狂混合型穴取足三里、丰隆、内关、人中为主，狂证用泻法，癫证用平补平泻。结果：痊愈31例（81.5%），显著进步3例（7.9%），进步2例（5.4%），无效2例（5.2%）。总有效率为94.8%。程隆光用针刺治疗84例癫狂症，治愈率67.8%，有效率92.9%。杨培泉用电针治疗更年期精神病40例，其中6例基本痊愈，13例显效，17例好转，4例无效。随证取穴：偏执取百会、人中、间使、丰隆；忧郁取百会、人中、合谷，太冲透涌泉；综合征取百会、人中、内关、足三里；幻听取翳风、听会、听宫；拒食取素髎、滑肉门；抑郁消极明显取临泣、大敦；易激动外跑加行间、合谷；恐惧加郄门、通里、阳白等。忧郁状态采用强刺激，偏执状态采用中刺激。赵密芬等以针刺治疗狂症105例，主穴：百会、神门、太冲，配穴：膻中、期门，行泻法。结果：治愈95人，占90.47%，显效7人，占6.7%，好转3人，占2.8%，20天为一疗程，1～3疗程痊愈60人，4～6疗程痊愈45人。此外，张晨钟等运用割拔疗法治疗162例，割拔部位分四组。（1）二、三胸椎间距背中线1.4厘米和三、四胸椎间；（2）四、五胸椎间和五、六胸椎间；（3）六、七胸椎间和七、八胸椎间；（4）八、九胸椎间和九、十胸椎间。治疗后有效率为96%。

（张洪度）

【电针治疗抑郁症的临床观察】

近年来，采用电针治疗抑郁症有所进展。罗和春等以电针百会、印堂穴与口服抗抑郁剂阿米替林治疗进行对照研究，在电针组133例中，痊愈72例，显著好转28例，好转30例，无效3例。阿米替林对照组108例中，痊愈50例，显著好转22例，好转31例，无效5例。两组病人经6周治疗后，应用Hamilton抑郁量表进行评分比较，其平均分数均显著下降；两组之间虽无显著差异，但电针治疗组的副作用较少。于江等报道电针组20例中，痊愈15例，显著进步3例，好转1例，无效1例。阿米替林组11例中，痊愈6例，显著进步3例，无效2例。从Hamilton抑郁量表平均分数来看，两组之间无显著差异，治疗前后每组四个主要症候群的分数自身比较均有显著差异。在治疗第一周，电针组较阿米替林组下降略快；第二、三周两组均下降明显，以后各周均逐渐近于平行。在治疗中每周分数动态变化的比较表明，电针组和阿米替林组在治疗的二、三周中，躯体焦虑症候群分数均下降，电针组的下降明显地较快；三周后两组下降近似平行。认识障碍症候群每周评分均逐渐下降，在第二周阿米替林组下降较电针组快。阻滞症候群每周评分两组均显著下降，但电针组第三周下降较阿米替林组慢，三周后两组下降速度相近。绝望症候群每周评分两组均逐渐下降，但阿米替林组治疗后一周先有上升趋势而后又逐渐下降，从第四周至结束不再下降，且其总的下降速度不如电针组稳定。根据临床总体印象量表（CGT）的分数变化分析，两组经一个疗程的治疗，其三项指标均有显著好转，病情减轻，其中以电针组分数的变化幅度更大一些。

罗和春等还对42例抑郁症病人作了有关的生理生化指标测定，发现治疗后血中可的松含量均有所下降。尿中MHPG-So4中枢介质（中枢去甲肾上腺素的重要代谢产物）排出量明显增加，说明电针与阿米替林均对中枢去甲肾上腺素代谢产生影响。对28例病人的脑电图研究表明，两组病人在治疗后的常规脑电图与诱发脑电图有不同的改变，提示电针治疗与阿米替林治疗可能有不同的治疗机理。此外，还观察到电针加阿米替林联合治疗组的疗效与电针组或阿米替林组相比，无明显差别，所以不能说明联合治疗有无协同或拮抗作用。丁勤璋等通过动物实验观察到：电针大鼠的“百会”、“定神”穴，可使脑干的多巴胺含量降低19.0%；使间脑和脑干的去甲肾上腺素含量分别升高32.5%和26.5%，与对照组相比有显著差异。其中尤以间脑区去甲肾上腺素含量的增加最为显著。

（赵善祥）

【针灸治疗不育症】

五十年代以来，应用针灸治疗不育症屡有报道，近年来继续进行了不少观察研究。

如女性不育症的治疗：杨挺宇以调经为先，辨证选穴治疗不孕症50例（原发性不孕43例、继发性不孕7例，其中虚证16例佐以中药），治愈48例。常用穴位为胞门、子户以及子宫、气海、关元、中极、曲骨、上髎、中髎、血海、三阴交、太冲等。

运用针灸治疗，不但可调经，又可诱发排卵而种子。林至君治疗无排卵性不孕症19例，在假设月经周期的第11～16天，交替针刺①关元、水道、地机、三阴交；②归来、大赫、曲骨、血海；③中极、水道、归来、三阴交三组穴位，配合灸法。结果15例出现排卵，11例妊娠。有1例无排卵型功能失调性子宫出血患者在针刺水道、归来时，突然呼吸急促，随即发绀，出现心跳减慢、抽搐、呼吸骤停，即行出针，经人工呼吸和吸氧后，逐渐恢复。但此患者仅此一次针刺，当月就出现排卵而受孕。此外，又以针刺加中药人工周期法治疗49例，出现排卵者43例，其中41例妊娠。刘继章在月经周期的第12～14天，轮流针刺①关元、归来、三阴交；②中极、气穴、足三里；③承浆、命门、血海3组穴位。34例不孕症中，经一个周期治疗后受孕8例，2个周期治疗后受孕6例，三个周期治疗后受孕8例，6个周期治疗后受孕3例，共计25例（73.52%）。坚持治疗3个周期未孕者4例，4个周期未孕者3例，6个周期未孕者2例，共9例。並观察到在30岁以上组受孕率明显低于30岁以下组；婚龄高者受孕率也相对低于婚龄低者，继发性不孕者则相对高于原发性不孕者。祝秀都等在月经第14～16天，每日电针关元、中极、子宫、三阴交。如1周内基础体温仍不上升者，再作电针加强1次。32例中有8例在一年内妊娠。陈德永用三阴交埋线法诱发排卵24例，在随访的22例中，有18例排卵，其中16例妊娠，4例无效者均为继发闭经患者。埋线在经净后3～7天进行。如埋线后基础体温呈双相，显示黄体功能不足者，于下次月经后肌肉注射绒毛膜促性激素（HCG）1000μ，一周二次。基础体温上升后，连续四天肌肉注射1000μ，以提高黄体功能。通过临床还观察到，三阴交埋线除能诱导排卵外，对多囊卵巢综合征亦有一定治疗作用。史常旭等在多囊卵巢综合征的治疗中观察到，单用针刺35例（47个周期），有21例（60%）出现28个（59.57%）双相周期，提示有诱发排卵作用。在与中药联合治疗的97例（228个周期）中，有90例（92.78%）出现162个（71.05%）有排卵月经周期。在单纯针刺组中有3例妊娠，联合治疗组有29例妊娠，中药组妊娠6例，共38例妊娠，占72例已婚者的52.78%。其针刺方法是在月经周期第14～17天，排尿后在双合诊或肛腹双合诊指引下针刺关元（深刺达子宫体）、子宫穴。

输卵管因素，也是引起女性不孕的常见原因，约占女性不孕症的30～50%。蒋征荣将79例输卵管炎性不孕症患者，随机分为氦-氖激光穴位照射组和药物治疗组。即在经净后3～5天照射关元、气海、患侧大赫等穴（或再选用气穴、水道、归来、子宫穴），与月经周期同步，15～20天为一疗程。经1～3疗程治疗后，激光组43例，受孕14例（32.56%）。药物组36例，受孕4例（11.11%）。两组间差异非常显著。临床观察表明，30岁以下、不孕在5年以内、输卵管炎性损害以炎症及积水为主者，治愈率较高。

导致男性不育症的因素很多，常见的有精子异常和性功能障碍（阳痿、不射精）等。张家声用针刺肾俞、次髎、关元、气冲穴为主，证属阴虚者只针不灸，证属阳虚者加用艾条温灸关元，治疗不射精症45例，有效34例（76%）。治疗精子总数减少、活动力减弱、畸形异常者32例，有效24例（75%）。治疗无精子者18例，疗效不显。一年后随访，疗效巩固，多数已育。梁雪英等交替应用针刺中极、太溪、隔姜灸关元和针刺肾俞、次髎、下髎、隔姜灸命门两组穴位，治疗不射精症152例，痊愈100例，好转24例，无效28例。并观察到如坚持治疗，疗效有增高趋势。随访59例中，痊愈52例（有生育者47例），好转5例（有生育者1例）。王静葵以针灸关元、肾俞、三阴交、足三里治疗不射精症41例，痊愈33例，其中30例已获得生育能力。在5次以内痊愈者3例，6～10次痊愈者5例，11～15次痊愈者6例，16～20次痊愈者19例。陶正新报道针刺关元、中极、足三里、太溪、照海，艾条温灸和中指按摩会阴穴治疗精子活动力低下者16例，有11例活动力平均上升40%/毫升以上，5例上升20%/毫升以上，有7例已生育。

此外，如石学敏等应用针刺中极、归来、子宫、肾俞、三阴交等穴，治疗男性不育症96例和女性不孕症9例，结果治愈52.38%，显效者占33.33%，无效者14.30%。通过针刺前后精液化验和输卵管检查的对比，其改善与疗效相一致。无效者多为无精子病例。

（赵善祥）

【针灸催乳】

近年世界各地的母乳喂养率大幅度减少，其原因之一是产妇的泌乳量不足。曹凤岐等调查了江苏兴化县地区792名产妇，缺乳率约占20%。刘志谦应用“乳三针”（乳源、乳海、乳泉）治疗69例，痊愈49例，好转15例。张如一等对144例授乳母亲分别应用维生素B_{12}穴位注射（膻中、乳根穴各50mg，每日一次，连续五次）、乳房按摩、中药内服、叶酸片内服、多酶片内服等方法，观察其促使泌乳的效果。结果表明穴位注射、按摩、中药三组均有明显催乳作用，治疗前后的日间增乳量均值在87.1～107.5克之间。三个月后随访，各组所出现的泌乳量不足或无奶者，分别为穴位注射者4例（13.3%），按摩组4例（19.0%）、中药组3例（15.0%）、叶酸组9例（33.3%）、多酶片组7例（27.0%）。曹凤岐等应用氦-氖激光照射乳头乳晕部位，112例中88例在短期内产生明显催乳效果，总有效率为78.6%，而对照组有效率7.4%（2/27）。一般照射4次就可见效，大部分病例在照射后第5天泌乳量开始增加，第10天达高峰，随访中一直保持稳定。在照射后三个月所随访的90例中，65例仍有效。随机抽取20例作母乳动态化学分析，显示总蛋白、乳糖、总脂、SIgA（分泌型免疫球蛋白A）均有所增加。谢启文等通过动物实验观察到，电针授乳期大鼠的“膻中”穴，可使催乳素分泌亢进；如针刺“足三里”穴，则效果较弱。经用特异的神经毒损毁中枢5-羟色胺或去甲肾上腺素能神经终末后，上述效应即行消失。

（赵善祥）

【针刺治疗小儿高热惊厥】

杨景柱用针刺治疗小儿发热惊厥40例，年龄最小者4个月，最大者5岁。主穴为百会，沿皮刺入1寸，留针6小时。上午针刺，下午起针，隔日针一次，5次为一疗程。同时配用治疗原发病的药物。经一疗程治疗后，基本痊愈（治疗后未惊厥者）38例，好转（发作一次，经再治疗后已有两年以上未发作者）2例。王景汉报道，针刺耳穴神门及在该处怒张的血管上放血，或加捏皮质下、枕和脑干区，治疗25例小儿上感高热惊厥，均针刺1～2次而愈。并观察到以上呼吸道无明显炎症，体温较高者效果较好。聂汉云等针刺十宣、印堂、人中、曲池、太冲治疗小儿急惊风31例，痊愈26例，好转4例，无效1例。如昏厥不醒加刺劳宫、涌泉，抽搐不止加刺后溪、阳陵泉、昆仑、行间，高热不退加刺大椎（点刺放血）、合谷。在动物实验研究方面，石成龙等报道，电针“百会”穴对家兔的内生致热原发热有明显的降热作用。在体温上升期，发热高度降低，抑制体温上升。体温达到高峰后，加大退热幅度和加快退热速度。在向百会穴内注射0.4%盐酸利多卡因进行封闭后，再行电针则基本无降热作用。电针“非穴位”也未发现有显著的降热作用，而呈现明显的发热效应。电针正常家兔的“百会”穴，其体温未发生明显变动。王永铮等通过电针“百会”、“大椎”、“足三里”防止豚鼠士的宁中毒的实验，以探讨针刺抗惊厥及解毒作用。结果表明，电针上述穴位可抵抗士的宁中毒所引起的惊厥，减轻呼吸肌痉挛所致的窒息，因而降低了死亡率。观察中发现，电针组动物中毒症状较轻，出现惊厥的平均时间较对照组延迟一分多钟，多数动物均能经过自身调节恢复正常活动。

（赵善祥）

【针刺治疗脑发育不全】

近几年来，脑发育不全的治疗，除有用针刺及梅花针治疗的个案报道外，杨兆勤以先针刺天柱，后刺颈夹脊（双侧），并配肾俞、内关、人中、神门、阳陵泉、足三里、悬钟等，起针后用乙酰谷酰胺在大椎、风池、哑门作穴位注射，治疗20例，显效7例，有效10例，无效3例。李嗣娴等用水针头部注射乙酰谷酰胺及呋喃硫胺治疗50例，按主要临床症状在头部大脑皮层功能定位对应区选穴，偏瘫取对侧的运动区上、中、下点，语言障碍取双侧言语一、二、三区，智能低下取哑门、百会、神庭、精神情感区；病情严重者可选数组穴位轮流注射。结果：显效37例，有效7例，无效6例，总有效率为88%。施炳培等用水针治疗本病270例，总有效率为64.8%，主穴：（1）哑门、肾俞；（2）风池、足三里；（3）大椎、内关。单纯智力低下者可轮流选择上述一组穴位，交替使用，合并有瘫痪等其他症状者可再按具体症状相应取穴。头部穴位采用乙酰谷酰胺100mg/支；四肢躯干穴位采用活血注射液（含当归、红花、川芎、丹参）或盐酸呋喃酸胺液。林丽玉等对50例患儿用水针治疗。主穴：(1)哑门、内关、足三里；(2)风池、曲池，环跳；(3)大椎、肾俞、阳陵泉。每次选择一组穴位，三组穴位轮流交替使用，亦可随症加减，治疗结果：基本治愈2例，显效16例，有效30例，无效2例，其中显效者大多在5～6个疗程之后。李美琪等治疗25例患者，配方选穴为：（1）智能低下选百会、印堂、四神聪；（2）头项软瘫选天柱、大椎或身柱；（3）上肢瘫痪选肩髃、曲池、外关、合谷；（4）下肢瘫痪选环跳、髀关、伏兔、足三里；（5）腰软瘫选肾俞、腰阳关等。结果痊愈7例，显效6例，好转10例，无效2例　总有效率92%。

（张洪度　丁育林）

【针刺为主治疗小儿麻痹后遗症】

小儿麻痹后遗症的治疗有其独特的疗效。

吕兴斋报道，采用针刺中药并施治疗212例本病患儿。取穴上肢以手阳明经穴为主，下肢以足阳明经穴为主，并配异经穴和奇穴。手法一般采用捻转雀啄术，病属实证用泻法，属虚证用补法。并配合中药复方治疗。结果：痊愈105例，显效34例，好转65例，无效8例。总有效率为96.2%。孙俊华等报道，针刺为主综合治疗570例患儿。治疗（1）针刺：上肢取肩髃　臂臑、曲池、手三里、合谷；下肢取环跳、风市、阳陵泉、足三里、悬钟。针法先用短促而强的刺激，后改为平补平泻手法。适用于弯曲变形和肌肉瘫痪者。（2）穴位注射：采用自制小儿麻痹灵注射液（加兰他敏、硝酸士的宁，当归，维生素B_1、B_{12}注射液混合组成），适用于轻度肌肉瘫痪者。（3）穴位埋线：适用于无肌肉萎缩的肌瘫痪者。（4）电兴奋：适用于无肌肉萎缩的瘫痪肢体或生活不能自理者。结果：痊愈189例，好转244例，进步132例，无效5例，总有效率达99.1%。虎发光采用针药并用治疗40例。取脾关、解溪、环跳、足三里、阳陵泉、委中、肾俞、脾俞。采用捻转手法，并配合中药复方外洗。结果，经2～4个疗程，治愈15例，显效16例，好转8例，无效1例，总有效率为97.5%。董敖齐报道，采用穿刺针埋线法治疗284例。上肢瘫痪取肩井、肩髃、肩髎、曲池、手三里　外关、合谷等；下肢瘫痪取大肠俞、肾俞、环跳、居髎、秩边、髀关、伏兔、足三里、阳陵泉、悬钟、解溪等。结果，痊愈100例，显效102例，好转67例，无效15例。总有效率为94.7%。高大海自制电热灸器治疗下肢肌肉萎缩呈驰缓性瘫痪患者56例，用电热轮温灼刺激患者的病变部位或治疗穴位。主穴为命门、肾俞、髀关、委中、环跳、承扶、血海等。配穴为腰1～5脊穴，足三里、股神经点、坐骨、飞扬、风市、承山等。结果：痊愈34例，好转11例，有效5例，无效6例。刘显荣等报道，用毫针针刺口腔粘膜治疗本病270例，效果较好。上肢区取上臂穴（上颌左侧第二双尖牙与第一磨牙之间口腔粘膜处）；前臂穴（上颌左侧尖牙与第一双尖牙之间口腔前庭粘膜处）。下肢区取大腿穴（下颌左侧第二双尖牙与第一磨牙之间，齿龈下方口腔前庭粘膜）；膝关节穴（下颌左侧第一、二双尖牙之间齿龈下方口腔前庭粘膜处）；小腿穴（下颌左侧尖牙与第一双尖牙之间齿龈下方口腔前庭粘膜处）。施术时，宜选择患侧一方的穴位。结果：本组270例中，治愈192例，好转63例，无效5例。总有效率为94.4%。

（娄国菁）

【针灸治疗婴幼儿腹泻】

（1）针刺长强穴　此法报道颇多。恒健生单刺长强一穴，治疗14例患者，结果13例痊愈，总有效率为92.8%。史宇广等以长强为主穴，腹胀腹痛加天枢，呕吐加下脘，虚象明显加关元。收治的64例患者，结果痊愈13例，显效28例，好转19例，总有效率为100%。

（2）针刺耳穴　王氏等用耳穴治疗保健仪治疗婴幼儿腹泻，外感型取肺、胃；伤食型取胃、脾；脾虚型取直肠下段，并随证加神门、脑点、肝肾等。共收治35例患者，结果痊愈31例，显效2例，好转、无效各1例。总有效率为97.2%。

（3）艾灸　张驰艾灸背部十二胸椎治疗脾虚泄泻，灸至十二胸椎正中的皮肤红润为度。共收治560例患者，结果痊愈498例，好转54例，总有效率为98.6%。徐筱芳则选太白、丰隆（双）施灸，治疗17例患儿亦全部告愈。林源震艾灸新止泻穴（丘墟穴下后方），治疗小儿肠炎100例，痊愈率达91%。

（4）针和灸同用　张玉荣等对110例婴幼儿腹泻患者选用针刺、艾灸及针刺加艾灸三种方法进行分组治疗，均选天枢、中脘为主穴。结果轻度泄泻者中，三组治愈率分别为95.2%、83.3%、100%；中度泄泻者中，三组治愈率分别为96.7%、50%、100%；重度泄泻者中，三组治愈率分别为83.3%、0%、100%。张氏等认为，针灸结合治疗小儿泄泻优于单用针刺或艾灸。

（5）穴位注射　曹济安取双侧足三里注射鱼腥草注射液各2毫升，日2次，治疗婴幼儿腹泻患者317例，结果注射1次基本控制症状者109例，注射2次后治愈者223例，其余均在两天内获效。

（6）其它　梁云霞用激光针治疗婴幼儿腹泻，以神阙、天枢为主穴，辨证选配穴，后用J_G—1型激光针灸仪照射，每穴5～10分钟，日1次，共收治患儿80例，结果总治愈率为86%。何金智则用稀土钴磁疗、激光光针、生物电子激导平衡疗法、针刺等法，治疗婴幼儿腹泻，选天枢、足三里或神阙、足三里、八髎等，收治1102例患者，结果痊愈827例，好转240例，总有效率为97%。

（罗　燕）

【针灸治疗落枕】

在1984至1986年三年中，对于落枕的报道，效果都是满意的。如李延芳针刺风池、天柱等穴，在风门、肺俞穴拔罐；叶受仁针刺悬钟穴，在压痛点拔火罐；孙法轩等以电兴奋治疗机轻揉穴位方法；衣振云针刺双侧外关穴；孔令举取中渚穴。疗效均为100%，而且大多患者均一次治愈。

1987年以来，周连仲报道，取落枕穴（握拳手背2～3掌指关节后半寸处），得气后留针20～30分钟，每天1次，在170例患者中，160例针1次告愈，10例针2次告愈。胡世刚等刺患侧天鼎穴，被治25例中1次治愈20例，2次治愈5例。赵福成针刺双侧阳陵泉（用提插及龙虎交战两法交替使用），然后留针20分钟，在95例患者中1次治愈64例，2次治愈18例，3次治愈13例。冯琼华则根据循经取穴方法，病在少阳取外关，病在太阳取后溪，病在督脉取人中，病在阳明取三间或列缺，在76例患者中治愈62例，好转14例。郭瑞兰运用经外奇穴“颈项点”（位于手食指掌指关节背侧尺侧缘，半握拳取之），加梅花针拔罐治疗落枕50例，经1次治愈者41例，2次治愈者7例，3次治愈者2例。赵裕廷等针刺申脉穴，同时按摩风池，风府，肩井等穴，被治125例中1次治愈68例，2次治愈31例，3次明显好转26例。刘爱滨综合针刺中渚、养老、风池，加推拿、拔火罐诸法，经治32例中1次治愈19例，2次治愈8例，3次治愈4例，4次治愈1例。夏红晨取后溪、中渚穴，得气后留针20分钟，被治32例均获显著疗效。

（谈国平）

【针灸治疗肱骨外上髁炎】

1982年以来，各地都有报道，如倪一峰局刺肱骨外上踝前、后缘凹陷处；王秀华等针曲池、外关，灸阿是穴；陈朝明等针后加灸曲池、手三里、肘尖等穴；文益华用七星针叩刺痛处；丁育林综合刺、罐、贴、灸诸法。尽管方法各异，均有一定的疗效。

近年来，梅忠英报道以针和灸同用治疗本症的疗效，取曲池、手三里、合谷、肘髎、肘部压痛点、配天井、外关等穴，得气后留针30分钟，起针后隔姜灸3～5壮，每日一次，6次一疗程，52例中痊愈25例，显效19例，好转6例，无效2例。何汝益报道用生姜灸肱骨外上髁压痛处、每日1次、每次灸7～10壮，5次一疗程，被治30例中痊愈18例，显效9例，有效2例，无效1例。孔尧其报道用头皮针刺顶颞前斜线（前顶穴至悬厘穴的连线）中三分之一节段，单肘针对侧，双肘针双侧，得气后留针1小时，留针期间令患者作适度的腕部屈伸和前臂屈伸，旋转等运动，在肘部压痛点作轻柔的按摩，在34例中治愈22例，显效7例，有效3例，无效2例。闻庆汉报道以轻手法推肘部压痛点，完毕后再灸七壮，共治21例，随访半年至一年无复发者9例，疼痛缓解但三个月内复发者8例，无效4例。

（谈国平）

【针刺治疗坐骨神经痛】

戚丽宜等将145例根性、干性坐骨神经痛患者分为少阳型、太阳型、混合型三种。治疗以肾俞、夹脊穴、大肠俞、关元俞、委中为主穴，并按经辨证配穴，如少阳型加环跳、阳陵泉、绝骨、邱墟；太阳型加秩边、委中、承山、昆仑。结果近愈（症状完全或接近消失，恢复正常工作及生活者）62例，显效（偶有局部痛，症状基本消失，可坚持工作者）41例，进步（较治疗前有改善者）36例，无效（治疗前后无变化者）6例，总有效率为95.7%。经观察针刺无论对根性、干性，中医各型以及病程长短均有一定疗效。

魏翼将148例坐骨神经痛患者分为二组，分别采用补泻手法和电针治疗。补泻手法组对久病体虚的患者用烧山火法，对实症患者用透天凉法，对久病迁延、虚实夹杂者用“阳中隐阴”、或“阴中隐阳”手法。电针组在针刺得气后用6805型电针机接通电源，通电15～20分钟。观察三个疗程后，结果手法组77例中，治愈51例，显效14例，进步17例，电针组71例中，治愈41例，显效18例，进步12例。治愈率手法组高于电针组（$P<0.05$）。

吴元培取坐骨神经投影点（位于髂后上棘与尾骨尖连线至股骨大粗隆连线中点稍下1/3处，为梨状肌下孔），用4寸长的银针以70度角刺入皮肤，针尖稍斜向内侧，当刺中神经干时针感似触电样下肢传至脚尖，或加用电针，并配委中、承山穴。164例患者中，病程在六个月以下的有效率为98.17%，六个月以上的有效率为90.91%，经统计学处理有显著差异。胡仕华用水针疗法，取坐骨神经走向的大肠俞、承扶、殷门、委中、承山等穴，每次选1～2个穴位，缓慢进针，徐徐推入生理盐水，每穴10～20毫升，每日一次，连续两周，结果32例患者中，痊愈20例，显效5例，有效5例，无效2例。

李钟旋等采用三棱针点刺放血的方法治疗了100例坐骨神经痛，总有效率为95%。基本穴位取腰俞、环跳、委中、申脉、坐骨（大转子与尾骨尖连线中点下一寸），并分别配用昆仑、阳陵泉、十七椎或绝骨穴放血。李风波以秩边穴为主治疗140例，痊愈89例，显效32例，好转18例，无效1例，总有效率为99.3%。

周海平采用耳穴（坐骨神经穴）埋针治疗40例，有效率为80%。黄宗勋还在针灸治疗的基础上，按中医辨证分型，配合相应的中药煎汤熏洗治疗了170例，痊愈129例，显效21例，进步18例，无效2例，总有效率为98.82%。

（郑其伟　钱淳宜）

【针刺治疗近视眼】

汪洋用腕踝针（小指侧的尺骨缘前方，用拇指端按压凹陷处）治疗近视眼151例（229只眼），痊愈17只眼，显效97只眼，进步139只眼，无效46只眼，总有效率为84.6%。黄喜梅用耳穴（眼、目$_1$、目$_2$、肝或脾）压豆疗法治疗青少年近视198例346只患眼，总有效率85.55%。王静超等用体针取四白穴和耳针痛点埋藏治疗青少年近视眼43例，其中双眼37例，单眼6例，共80只眼。第一次针刺治疗80只眼，有效率72.5%。第一疗程结束共治疗54只眼，有效率88.8%。第二疗程22只眼，有效率68%。同时观察了视力与屈光度的关系。在治疗视力增加的病例中，有小瞳检影对照共20只眼，其中屈光度下降17只眼，下降率为85%，下降幅度为－0.25D

至3.00D。还观察了视力增加与眼压的关系。在视力增加的病例中，有眼压对照的12只眼，其中眼压下降9只，下降率为75%。最多下降达7.08mmHg。贾鸿海等用ME—1型脉冲治疗仪配合自我按摩操治疗青少年近视眼704例（1355只眼），显效147只眼，有效808只眼，总有效率70.48%，与针刺效果相仿。方法是将脉冲治疗仪接上电极片放于承泣、下睛明穴，刺激产生振动感觉，该法对近视程度浅患者效果较好。姚善业等用针刺微电EDE—1经络近视治疗仪法治疗近视眼2400例，对其中治疗1个疗程以上，并已停止治疗1年以上者共100例作远期观察。第一年显效（视力高于治前5行以上）42只眼，有效（视力高于治前2行以上者）97只眼，无效61只眼。第三年显效12只眼，有效37只眼，无效151只眼。

（张仲芳）

【针刺治疗过敏性鼻炎】

李传杰等治疗33例，取百会、上星、印堂、素髎、迎香、曲池、合谷、内庭等穴，结果治愈13例，有效16例，无效4例，总有效率87.87%。林凌用深刺印堂穴治疗过敏性鼻炎30例，结果痊愈12例，显效11例，进步6例，无效1例，总有效率为96.7%。王秀华等用耳针治疗过敏性鼻炎25例，取穴分肺、肾上腺、内鼻和内分泌、皮质下二组，交替使用。结果痊愈20例，好转4例，无效1例，有效率为96%。随访3个月到6年余，疗效稳定者20例。张少珍等采用穴位药物敷贴(白芥子50%、细辛20%、延胡10%、甘遂20%共研成细末，再用姜汁和适量蜜糖调成糊状制成药饼)。取穴分三组：①百劳、肺俞、膏肓俞，②大椎、风门、脾俞，③大杼、肺俞、肾俞。各组穴在初、中、末三伏贴敷药饼3～4小时。共治疗441例，经1年随访74例中痊愈3例，显效21例，有效40例，总有效率86%。

（张仲芳）

【针刺治疗声带疾病】

针刺治疗声带疾患，是近两年来始见报道，颇值注意。

陈学义报道针刺耳穴肺、大肠、肾、膀胱，配体针太渊、列缺、合谷、照海，每日1次，留针30～45分钟，10次为一疗程。治疗7例声带小结中5例经10次治愈，1例15次治愈，1例20次治愈。陈静对40例急慢性声带炎、13例声带小结、7例声带水肿闭合不良患者，用弹入进针法针刺双侧人迎，水突，声带小结加刺合谷，留针30分钟，60例中治愈54例，显效4例，好转1例，无效1例。皮健对50例声带肥厚者用雀啄法取人迎、水突穴，进针后捻提补泻幅度要求轻柔而细小，留针15～30分钟，每天1次，7天为一疗程。治愈14例，显效24例，有效12例。皮氏认为肥厚肿胀累及声带边缘全长者疗效最显著，全声带肥厚肿胀者次之，局限性的结节样肥厚的疗效较差。

（谈国平）

【头皮针的应用】

（一）脑血管意外及瘫痪　刘淑珍用头皮针加体针治疗脑血栓25例，经1～4个疗程治疗，痊愈15例，占60%，显效5例，有效3例，无效2例。金氏还观察了15例脑血栓患者针刺前后脑血流图的变化。结果：针前血流图异常13例，大致正常2例，针后立即描记，14例脑血流图均有不同程度的改善。在13例异常脑血流图中转为大致正常者4例，好转8例，和针前相似1例。但陈道翼指出，在脑溢血出血未止，昏迷不醒时，不宜施行头针。

对脑源性瘫痪病人的治疗，申秀兰根据病变出现的运动障碍，结合大脑皮层的功能定位，采用相应的对侧区域针刺。如下肢瘫痪选对侧顶颞前斜线上1/5及顶旁1线；上肢选用对侧顶颞前斜线中2/5；面瘫、流涎、舌偏及运动性失语选对侧顶颞前线下2/5；手功能障碍选“运动区”。结果144例经治疗后，痊愈44例，显效62例，有效37例，无效1例，总有效率为99.31%。李志华治疗中风偏瘫患者，针刺后，配合电麻仪治疗86例，总有效率95.3%。此外，冉春风治疗因急性脊髓炎，脊髓前动脉血栓形成，脊柱骨折，脊髓横断性损伤所致截瘫各1例，以2寸毫针刺双侧头皮运动区的上1/5，顺时针大幅度捻转，当捻针30分钟时，瘫痪肢体可出现感觉，治疗4～5次后病情好转稳定。

（二）幻觉　张鸣九用头皮针治疗幻觉296例，总有效率为95.9%。其中精神分裂症292例，周期性精神病、更年期精神病及忧郁症共4例。主穴取后顶透百会。辅穴为：视幻觉取正营透目窗；听幻觉取颅息透翳风；味幻觉取头窍阴透天柱；嗅幻觉取承光透五处；触幻觉取百会透正营；前庭幻觉取风府透风池；内脏幻觉取头窍阴透颅息。透刺后行捻转和震颤术1～3分钟，气至病所后留针1～3小时。

（三）肩周炎及腰痛　孔尧其等治疗肩周炎患者时，取顶颞前斜线（前顶穴至悬厘穴的连线）中三分之一节段进针约1寸，针尖方向根据患者肩疼痛部位而定，在前者向阴面，在后者向阳面，抽气法运针，以当即患部疼痛消失或减轻为得气。122例经上述治疗，痊愈77例，显效23例，有效21例，无效1例，有效率为99.2%。

朱明清等报道，头针治疗急性腰痛病人时，正中腰痛者以枕上正中线为主，两侧腰痛以枕上旁线为主。治疗1～6次后，75例中急性腰扭伤70例，治愈48例，显效22例；腰椎间盘脱出症5例皆好转。

（四）遗尿症　陈再文对37例夜尿症患者，选顶中线沿皮斜刺1～1.5寸，在捻针的同时配合抽气法运针，留针4～8小时。针后一直未尿床三个月以上者6例；针后二个月以上偶有1～2次尿床，但尿量显著减少者21例；针后基本不夜尿，尿度及尿量减少者9例；无效1例。申合成等取足运感区治疗遗尿患者23例，病程最长25年，最短1年，针刺最多34次，最少2次，均获痊愈。同时认为疗效关键在于取穴准确，捻转频率不得低于200次/分。

（董秀琴）

【灸法的应用与研究】

（一）灸法的应用　近一年来，全国性和地方性学术杂志上公开发表的及专业学术会议上交流的有关灸法治疗的论文涉及到的病种有内、外、妇、儿、传染病、神经、皮肤、老年病、骨等科的疾病。杨樟辉报道，用灯芯火灸耳尖穴法治疗痄腮100例，有效78例。王富春等采用膻中，膈俞穴灸治14例，13例有效果。刘邦开报道，取适量丁香散调成药饼，隔物灸神阙穴，对慢性腹泻有治疗作用。廖方正用灸法治疗甲亢30例，选用大杼、风门、肺俞、风府、大椎、身柱、风池等主穴，分别采用着肤灸、火针、实按灸三法治疗，初见成效。并且发现，随着病情的好转，免疫球蛋白也恢复至正常。王松荣采用棉花灸刺激患区，治疗带状疱疹及单纯疱疹30例，治愈29例。龙锦焜艾灸百会穴治疗新生儿鼻塞17例，全部有效。周洵清等报道，艾灸百会穴治疗小儿脱肛，疗效满意。王祥福用灯火灸刺激膻中、中脘、天枢、足三里等穴治疗新生儿腹胀70例，效果显著，一般一次而愈，无副作用，邓世发使用艾灸的方法刺激阿是穴、气海、双血海等穴治疗146例，痊愈74例，显效35例、有效21例，无效16例。

杂病的灸法治疗，报道也很多，如刘邦开用艾条熏灸器灸左阴郄穴治疗盗汗，张国玺用艾灸绝骨穴治疗头痛，褚乃鲁用艾灸中极、关元穴治疗湿热淋、胡维正用艾绒直接灸治疗皮肤赘疣，祁春华用隔姜灸督脉经上的阿是穴治疗脊柱退行性病变，陈运宏用点燃的香烟火灸风池穴治疗落枕，林凌等直接灸肩髃、曲池、阿是穴治疗肩周炎，余志勇隔葱盐灸治疗腹部术后腹胀等，均取得较好的疗效。

对灸法的操作，补泻及灸治器材的研究也做了一些工作。如王昕耀将确定灸量的方法归纳为八种：由天时、地理定灸量；由年龄、体质、性别定灸量；由病情、病性定灸量；由所取穴的部位定灸量；由灸炷大小控制灸量；由病人感觉为度控制灸量；由发灸疱与否控制灸量；分次灸控制灸量。陈俊军概述了艾柱灸、艾条灸、温针灸、灯火灸四种艾灸方法的操作技巧、对灸的刺激量和艾条补泻提出了看法。谢如引用大量文献资料，论证了热证施灸有着悠久的历史和上千年的临床基础，并从理论上讨论了热证可灸的机理。马寿椿则从古代文献入手，总结了灸法在急症中的应用，认为灸法治疗急症较之针法更为广泛。孙明一研制的熨灸器具有方便、安全、效果好等特点。

（二）灸法作用机制的研究　近年来许多学者从多学科的角度进行了研究，取得了一些进展。如周杰芳将家兔制成急性微循环障碍动物模型，艾灸“人中”30分钟后，发现微循环血流明显加快，血流状态明显好转，但停止刺激后，随着时间的推移，作用强度逐渐减弱。倪锦芳等的研究证明：艾灸命门穴对羟基脲所致的“阳虚”动物不仅能增加体重，减少死亡率，提高耐冻能力，而且具有显著提高其肝脾组织DNA合成率的作用。彭正令等研究了灸法对恶性肿瘤白细胞总值的影响，发现艾灸大椎、命门、足三里等穴后，白细胞均有不同程度的上升。杨友泌等的实验证实了艾灸对小鼠移植性肉瘤180实体瘤有明显的抑制作用，能使瘤重减轻，提高带瘤机体的存活率。陈国民等通过实验观察，发现艾灸对免疫功能低下小鼠的巨噬细胞吞噬功能有明显的提高作用，且能改善因免疫抑制而导致免疫器官缩小的程度。同样，杨友泌等也证实了艾灸能激活巨噬细胞的吞噬活性，提高机体免疫功能。胡国胜等对艾灸感应传导与循环免疫复合物（CIC）含量变化的关系进行了研究。结果表明，出现感应传导的患者，经艾灸治疗后CIC测定值明显降低，而无感应的患者艾灸前后CIC测定值没有明显变化，说明艾灸感应传导与CIC测定值的变化有关系。

（喻国雄　陈汉平）

【针灸的调整作用】

（一）针灸对消化系统的调整作用

（1）对胃肠道的作用　赵淑敏等用精密pH试纸直接浸入受试者口腔唾液测pH值，发现食欲不振患者唾液pH值较正常人明显降低。当选用脾、胃经的穴位对17例食欲不振者行针灸治疗，发现病人在食欲改善同时，唾液pH值亦随之提高。周吕等针刺狗“足三里”、“脾俞”和“内关”穴，可使胃的碳酸氢盐和钠明显增加，而胃酸明显减少，并观察到针刺狗“人中”穴可明显地减弱狗胃窦部运动功能并伴随着5—羟色胺细胞和胃泌素含量降低。翁泰来等以胃电为指标，观察317名胃、十二指肠球部溃疡患者，当针刺“足三里”穴产生针感后，胃电波幅即刻升高，而针感传导越近胃脘部，胃电波幅越高。欧阳紫蓉以高浓度氯化钠溶液造成小白鼠胃粘膜急性损伤，观察到经电针“足三里”穴区，对胃粘膜有保护作用，使粘膜受损程度减轻；同时还可以降低血清胃泌素的含量。许冠荪等电针大鼠“足三里”和“上巨虚”穴能明显减轻由水浸——束缚应激性胃溃疡和由消炎痛引起的胃粘膜损伤，电针能明显降低胃电图的频率和幅值。并观察到针刺使胃粘膜pH值由低升高。秦良才等在狗空腹状态下，针刺“胃俞”、“公孙”穴，可加强以推进性运动为主的肠蠕动，而减弱以消化、吸收为主的肠分节运动。

（2）对肝脏的作用　杨友泌等在艾灸抗肿瘤作用的实验研究中，发现灸荷瘤小鼠的肝糖原强反应高于不灸的对照组。袁德霞等认为针刺可引起大鼠肝细胞一系列超微结构变化。如粗面内质网及游离核蛋白体增多；

胆小管扩张，微绒毛数目及直径增加，促进一系列酶活性，以加速胆汁的分泌；肝狄氏间隙内贮脂细胞（Ito细胞）脂滴扩大，维生素A含量增多等。

（二）针灸对心血管的调整作用

苏道刚等认为针刺内关能改善冠心病患者的心脏供血功能，提高脑、肢体血流量。孟竞壁等在观察对实验性心肌梗塞过程中心肌收缩性能及冠脉侧支循环功能的影响，发现针刺能促进缺血心肌侧枝循环的改善，使缺血区心肌血液供给量增加，有利于急性心肌缺血期间心脏功能的较好维持，缩小了心肌梗塞范围。朱广友等认为急性呼吸衰竭时左室心肌收缩性明显受损，而电针“大椎”穴能使之获得显著改善。彭悦等对36例老年人进行激光照射“足三里”穴有改善甲皱微循环的作用，主要表现为血流速度明显加快，袢顶瘀血减轻或消失，流变也有不同程度好转，血细胞聚集减轻，微血管扩张。周杰芳等观察到电针家兔不同穴位对微循环影响有很大差别，针刺“人中”组对家兔血流速度、血流状态和耳尖温度变化最大，“内关”组其次，非穴位基本无变化。艾灸、电针、针刺和穴位切割对微循环的影响也有较大差别，艾灸组变化最大，其次为电针、针刺组，穴位切割组变化不大。文琛等以儿茶酚胺荧光和胆硷酯酶组织化学方法观察失血性休克家兔的眼结膜，发现眼结膜儿茶酚胺荧光亮度和显示出荧光神经的量明显降低，经针刺后可基本达到正常水平。

（三）针灸对内分泌的调整作用

吴泽森等观察到46例甲亢患者血清中促甲状腺激素（TSH）及I^{131}抑制率明显低于正常值，血清甲状腺激素（T_4、T_3）较正常组显著升高，TSH与T_3、T_4两者无明显相关。通过针刺内关、合谷、间使、足三里、三阴交等穴，每周三次，共观察半年，发现经针刺治疗后TSH及I^{131}抑制率明显升高，T_3、T_4则显著下降，且TSH与T_4、T_3呈明显负相关，T_4与T_3呈明显正相关。吴氏还观察到29例女性甲亢患者血雌二醇(E_2)明显高于正常值，但血睾酮（T)在正常值范围，针刺治疗后男女患者E_2、T水平均有明显变化，男女患者24小时尿—17酮的高排量，经针刺后显著下降。何金森等发现未经治疗的甲亢患者，血清TSH受体抗体(TBII)阳性检出率为96.43%，其活性越高，血清T_4、T_3含量也越高，两者成显著正相关。针刺一疗程后，TBII活性明显下降，同时，T_4、T_3含量也随之显著降低，TBII活性以治疗后病情控制者下降最为明显。谢启文观察到针刺大鼠“足三里”可使肾上腺抗坏血酸含量减少（垂体—肾上腺激活的指标），其幅度及持续时间与针刺刺激量相关。去肾上腺大鼠在针刺“足三里”时，其外周血液中ACTH活性显著升高。

贾林等观察了针刺对大鼠垂体中间部及后叶某些组织化学变化，发现针刺可使中间部及后叶间隔内组织细胞的非特异性酯酶，丁酰胆硷酯酶，后叶内毛细血管、硷性磷酸酶、葡萄糖-6-磷酸酶等组织化学反应明显增强。严玉微证明针刺家兔“足三里”，可以调整血糖浓度，并对胰岛素有一定的阻抗作用。

（四）针刺对免疫活性（IR）的调整作用

柴信美等观察发现电针豚鼠“足三里”对肾上腺皮质cAMP—IR和cGMP—IR有显著增强。对豚鼠周血淋巴细胞cAMP—IR和cGMP—IR均有增强。周荣兴等观察66例手术后病人针刺前后对白细胞吞噬功能的影响，发现针刺组白细胞吞噬功能与对照组相比，有显著增强。杨友泌等观察了艾灸对氢化可的松小鼠腹腔巨噬细胞的吞噬活力，灸组巨噬细胞的吞噬率和吞噬指数均有提高。黄坤厚等观察正常人电针前后免疫功能变化，电针后酸性非特异性酯酶(ANAE)反应为点状“颗粒型”的T淋巴细胞、T淋巴细胞内酯酶活性、血清C_4和备解素B因子含量明显增加。吴景兰等观察了电针豚鼠“足三里”对血淋巴细胞鸦片样肽免疫活性(OLP—IR)和ANAE率的影响。电针可提高淋巴细胞OLP—IR，如甲硫氨酸脑腓肽（MEK）、亮氨酸脑啡肽（LEK）及β—内啡肽（β—EP）的活性。并发现MEK、β—EP与酸性非特异性酯酶点型（ANAE—F^+）率呈正相关。彭悦等发现激光及光灸照射“足三里”穴，可使老年人外周血淋巴细胞ANAE的阳性率明显升高。

（五）针刺对失血性休克的调整作用

关新民等观察电针“人中”、“承浆”对失血性休克家兔氧代谢的影响，发现电针对正常家兔的血氧含量无明显变化，而能明显提高休克家兔的血氧含量，电针还能翻转休克所致的肺摄氧率下降，并使之维持一较高水平。黄为敏等应用免疫细胞化学方法观察电针对失血性休克大鼠心房心钠素的影响，发现失血性休克心房心钠素颗粒多于正常对照组，而电针能使心钠素减少，并趋于正常。夏亚钦等进行针刺“人中”对失血性休克家兔心肌糖原和磷酸化酶影响的研究，结果表明针刺可明显提高休克动物心肌糖原和磷酸化酶含量，使其恢复近正常组水平。文琛等观察到针刺“人中”对失血性休克家兔肝脏有明显影响。失血后不针刺组，肝细胞的糖原随失血时间的延长而较快减少，磷酸化酶也随之逐步耗竭，肝组织中的肾上腺能神经(儿茶酚胺荧光)明显减少。而针刺组的糖原减少较慢，磷酸化酶激活时间也显著延长，且耗竭时间较慢，肝组织中肾上腺素能神经趋向正常。

（桂金水）

【针刺镇痛原理研究】

（一）针刺镇痛的外周机制

吕国蔚报道，来自穴位的针刺冲动主要由ABr和部份A_8纤维传导。范少光等的工作表明，在电针穴位的传入纤维中C类纤维可能不起主要作用。胡三觉等观察到痛感受器在受到局部刺激发生兴奋后可跟随一个抑制过程，降低对相继刺激的反应性。提示在疼痛部位针灸或按摩缓解疼痛的一个原因，可能是诱发了痛感受器的这一反应性降低的抑制过程。唐敬师等的工作表明，能够引起外周神经兴奋性降低的电针频率随神经纤维类别而异。I类纤维的临界频率最高（200次/秒）、II类纤维次之（100次/秒)、III类纤维较低（10次/秒）、Ⅳ类纤维最低（5次/秒）。因此认为在选择电针频率时，为了使神经纤维兴奋性不受影响并有一个较大的安全系数，用以兴奋I、II类纤维的弱电针刺激，其频率应小于100次/秒，用中等强度兴奋III类纤维的电针刺激，其频率应小于10次/秒，用强电针刺激兴奋Ⅳ类纤维的刺激，其频率应小于5次/秒。

桑德春等观察到，电针足三里和阳陵泉均能激活中缝大核引起镇痛。他们认为虽然足三里属足阳明胃经，阳陵泉属足少阳胆经，但两者均被腓总神经支配，因此两者的效应相近是可以理解的。这可为应用不同经穴配合治疗某些疼痛的疾病提供神经生理学基础。金淑然等报道，足三里穴在镇内脏痛中的特异性作用不取决于刺激部位的肌肉丰满程度；针刺穴位与直接刺激支配该穴区的神经的效果也不一致。认为每个穴位下的结构复杂性可能是造成针刺产生不同效应的原因之一。

朱丽霞等观察到，微波穴位照射可减弱组织胺致炎、致痛的效应，其疗效与关节腔温度升高有密切关系。

（二）脊髓某些痛觉机制在针刺镇痛中的作用

费宏等的工作表明，2赫兹和100赫兹电针可分别使大鼠脊髓释放甲啡肽和强啡肽，分别通过S和K型阿片受体产生镇痛作用。黄龙等报告，大鼠脊髓内的甲啡肽、强啡肽A-（1-13）和吗啡在镇痛中有相互加强作用。刘广斌等的工作表明，持续牵拉过程中的肌梭传入使伤害性电刺激诱发的背根电位幅值升高。现已公认，脊髓背根电位是初级传入纤维终末去极化在背根的反映，可作为突触前抑制的指标。因此，肌梭传入参与针刺镇痛可能是以突触前抑制形式起作用的。秦潮等观察到，皮神经以Ⅱ类纤维诱发的背根电位为强，肌神经和穴区以Ⅲ类纤维的作用最强，故认为针刺镇痛时兴奋Ⅱ、Ⅲ类纤维是必要的，而Ⅲ类纤维的作用似乎更为重要。由于皮肌神经的Ⅳ类纤维也可诱发背根电位，所以Ⅳ类纤维也可能通过突触前抑制方式参与针刺镇痛。

刘瑞庭等用记录脊髓背根诱发电位的方法观察到，内关穴区的传入冲动主要投射到颈$_4$—胸$_1$节段。白丽敏等用辣根过氧化酶法证明，合谷区的感觉神经元细胞体位于颈$_5$—颈$_8$神经节段内。陶之理等用同法证明，神门穴区传入神经元的节段为颈$_6$—胸$_2$，与心脏传入神经元的节段(颈$_8$—胸$_{10}$）在胸$_1$及胸$_2$有相互交汇及重叠；少海穴区的传入神经元节段为颈$_6$—胸$_2$，与心脏传入神经元的节段在颈$_8$及胸$_2$有交汇、重叠。这种交汇和重叠可能是针刺神门、少海治疗心脏病痛的形态学依据。

（三）脑内某些神经核团与脑区在针刺镇痛中的作用

缰核　缰核是前脑边缘系统主脑干的枢纽。王绍、刘伟民、刘国君等的工作证明，针刺的传入信号可以抑制外侧缰核的活动水平；损毁缰核引起痛阈升高，刺激缰核则能明显降低大鼠基础痛阈并对抗电针足三里穴使痛阈升高的作用。而且，缰核影响痛阈和针刺镇痛效应的程度明显大于弓状核。这些工作说明缰核在调节痛阈和针刺镇痛中发挥着重要作用。刘国君等的工作还表明，缰核的下行痛觉调节作用主要是通过中缝大核实现的，蓝斑核只在缰核对抗电针镇痛过程中起作用。

伏核　梅林等观察到，电刺激伏核对猫丘脑核群痛放电有抑制作用。于龙川等的工作证明，从伏核到中脑导水管周围灰质存在一条下行镇痛的神经通路，该通路可能以缰核为其中继站，在缰核内以甲啡肽为其递质，从缰核下达导水管周围灰质的神经通路中可能有多种递质参与，其中甲啡肽是传递镇痛的因素，而r—氨基丁酸可能起对抗作用。从伏核到中脑导水管周围灰质的下行镇痛通路，与从导水管周围灰质到伏核的上行镇痛通路(以5—羟色胺和甲啡肽为其递质)，构成的“中脑边缘镇痛回路”在针刺镇痛中发挥着重要作用。

隔核　刘国君等的工作表明，隔区的镇痛作用主要是经缰核实现的。刺激隔区和缰核对中缝大核痛敏神经元产生抑制作用，中缝背核是实现这一作用的必经核团。

杏仁核与扣带回　江澄川等的工作证实，杏仁核能识别针刺信息；刺激杏仁核引起痛阈升高并被纳洛酮翻转；毁损杏仁核后针刺镇痛效果明显降低。张景行等报道，用5赫兹刺激(模拟电针)AB类纤维时，C类纤维引起的杏仁核的诱发发电明显减弱。殷慧镇等报道，兴奋扣带回能抑制丘脑腹后外侧区和束旁核神经元的痛反应。刘伟民等的工作表明，杏仁核、扣带回可以通过调节外侧缰核放电活动来实现其镇痛作用，内源性吗啡样物质是实现这一作用的关键环节。

海马　罗达三报告，电刺激海马能提高电针镇内脏痛反应的作用，海马的内鸦片肽参与这种作用。朱笛霓等的工作表明，在正常情况下，中缝背核对部份海马细胞有抑制性的控制作用，此过程有5—羟色胺受体参与。

尾核　何莲芳、王照佩等的工作证明，电针能激活尾核内鸦片肽系统并产生镇痛作用。孙德玉等报道，尾核内多巴胺对抗电针镇痛的效应可能是通过抑制尾核内胆碱能神经元而实现的。赵维华等报道，尾核兴奋部份阻抑了经由丘脑腹外侧核上行的痛信息，可能是尾核参与针刺镇痛的一个重要方面。何莲芳等根据1975年以来对尾核在针刺镇痛中作用的研究资料认为，针刺信号经丘外系上传到尾核后，能引起尾核内各递质系统（乙酰胆碱、5—羟色胺、多巴胺、内鸦片肽等）的相互作用，通过抑制有关痛觉及痛反应整合区如丘脑束旁核和边缘系统的活动，及激活与镇痛有关的脑区如中央灰质—中缝大核的活动，阻遏痛信号的传递从而产生镇痛作用。陈正秋等报道，尾核也参与十字沟前皮层对丘脑中央中核伤害性反应的下行性调节。

黑质　王德宝等的工作表明，黑质对抗电针镇痛，主要是通过其多巴胺能投射纤维作用于中脑导水管周围灰质内的多巴胺受体，进而抑制中脑导水管周围灰质—中缝大核系统而实现的。

弓状核　朱梦漾等报道，刺激弓状核区的镇痛作用可能和去甲肾上腺素能系统的激活有关。茅建人等观察到刺激弓状核能改变中缝背核和蓝斑神经元对电针的反应，表现为中缝背核神经元在电针过程中的活动增强，而蓝斑神经元的活动减弱。沈伟星等报道，中缝背核对蓝斑核有紧张性的抑制作用，并在刺激弓状核和电针抑制蓝斑神经元伤害性反应中起调节作用。陈向阳等报道，从弓状核到束旁核可能存在着这样一条痛觉调制通路，即通过弓状核的β—内啡肽能纤维影响中缝背核的活动，继而又通过中缝背核的5—羟色胺能纤维影响束旁核的活动，从而影响痛觉的感知。

蓝斑　张春意等证实，蓝斑体中缝大核神经元的功能活动有紧张性的抑制作用，这种抑制作用可能是蓝斑在脑干水平拮抗针刺镇痛的机制之一。

（四）大脑皮层在针刺镇痛中的作用

徐维等报道，毁损或利多卡因处理大脑皮层可削弱电针对脊髓水平痛反应的抑制作用。黄忠致等报道，同时刺激体感Ⅰ区及Ⅱ区可使双侧后肢皮肤相应感受野痛阈明显升高。颅皮肤表面冷冻体感Ⅰ区或运动Ⅰ区也可提高外周皮肤痛阈并增强针刺镇痛效应；冷冻前额叶，部份实验可增强针刺镇痛效应，部份实验减弱针刺镇痛效应，还有相当一部份实验对针刺镇痛效应无明显影响。冯鉴强等观察到电刺激大脑皮层不同部位对体感皮层的慢反应有不同程度的抑制作用，其中前外侧联合区和体感Ⅱ区的作用明显大于体感Ⅰ区。唐忠良等的工作表明，家兔额叶皮层对视前区神经元伤害性反应有下行性的调制作用，其中尤以抑制作用为主。高美兰等的工作表明，体感Ⅱ区对中脑网状结构神经元的自发放电有一定的调制作用。王雪峰报道，针刺镇内脏痛可能主要是经体感Ⅰ区而发挥作用的。王德锁等的工作证明，体感Ⅰ区中接受伤害性传入的单位，可接受来自束旁核和中央中核的不同性质的调制作用，束旁核加强它们对伤害性刺激的反应，中央中核则抑制这种反应。

（五）中枢神经介质和生物活性物质的作用

去甲肾上腺素　曹小定等报道，视前区的去甲肾上腺素可通过α受体对抗电针镇痛作用。针刺穴位的传入冲动到达视前区后可能通过激活内鸦片肽系统抑制去甲肾上腺素的释放，从而产生镇痛效应。汪溯等的工作表明，隔核内的α受体和β受体同时参与电针镇内脏痛过程。王友京等的工作表明，电针可部份通过α受体和β受体调节脑内5—羟色胺的代谢。

乙酰胆碱　王友京等报道，腹腔事先注射阿托品，电针引起的延桥脑和中脑与羟色胺水平升高、纹状体亮氨酸脑啡肽升高、端脑多巴胺升高以及间脑多巴胺降低的效应，均被部份或大脑阻断。说明乙酰胆碱M型受体在电针镇痛中的作用，可能不同程度地通过中枢5—羟色胺、多巴胺和亮氨酸脑啡肽系统来实现。

γ—氨基丁酸　范少光等的工作表明，γ—氨基丁酸有降低电针镇痛作用，其主要作用部位在中脑导水管周围灰质。王友京等报道，腹腔注射γ—氨基丁酸受体阻断剂荷包牡丹碱，可阻断电针升高延桥脑和中脑5—羟色胺的效应，取消电针升高纹状体亮脑啡肽和脑干、间脑多巴胺的作用，同时使电针大鼠纹状体5—羟色胺和延桥脑亮脑啡肽含量升高。提示，γ—氨基丁酸降低针刺镇痛的作用，可能是通过中枢5—羟色胺、多巴胺和亮氨酸脑啡肽系统实现的。

吗啡样物质　刘鸿义等报道，针刺可使急性过敏性关节炎鼠垂体及脊髓（T_{12}—L_1）亮氨酸脑啡肽含量恢复或接近正常。徐双锦等报道，针刺镇痛时大鼠伏核内亮氨酸脑啡肽明显增多。郑珉等运用重组DNA等技术测定了大鼠纹状体和垂体中脑啡肽原的水平，认为脑啡肽原生物合成在转录水平和翻译水平上的加速是电针引起脑啡肽合成增加的机制之一。倪力等报道，电针耐受鼠与电针镇痛者比较，脑内各神经核团鸦片受体与3H—etorphine结合力明显下降，结合力下降较大的神经核团与参与针刺镇痛的神经核团基本相同，说明参与电针耐受与电针镇痛的神经核团是相同的。陈江报道，电针镇痛很可能与鸦片受体中M亚型的激动有关，而S型受体由于对抗M受体的作用，所以对电针镇痛起对抗作用。沈行良等观察到，激光穴位刺激可激活中脑导水管周围灰质内啡肽神经元。潘建粹报道，中脑导水管周围灰质腹侧部的鸦片受体参与下丘脑腹内侧核微量注射去甲肾上腺素增强电针镇痛的效应。陆卓珊等报道，利血平化的大鼠既能增强针刺的镇痛作用，又能提高脑和脊髓内脑啡肽的含量。这可能是由于利血平耗竭了多巴胺，解除了多巴胺对脑啡肽合成的抑制作用的结果。

加压素　刘琦等报道，针刺后加压素释入脑脊液的量增加。脑室注射加压素，脑内亮氨酸脑啡肽含量降低，而多巴胺和去甲肾上腺素含量升高，痛阈升高但不为纳洛酮所翻转。因之针刺的镇痛作用，除鸦片肽外，也可能有诸如加压素等一些非阿片肽的参与。

ρ物质　朱丽霞等的工作表明，ρ物质在脊髓水平可通过突触后去极化参与痛觉信息的传递；又可通过有γ—氨基丁酸参与的突触前后抑制参与镇痛作用。ρ物质还可通过阻断5-羟色胺的突触前负反馈调制而加强5-羟色胺下行抑制而实现镇痛作用。方宗仁等观察到，电针抑制脊髓ρ物质的致痛作用可被纳洛酮翻转。艾民康等根据对脊髓ρ物质、脑啡肽及鸦片受体的免疫组织化学、超微免疫细胞化学和放射自显影的研究推测，电针的镇痛效应，可能系脊髓胶状质内含脑啡肽的中间神经元释放脑啡肽，以及从血流释出阿片样物质，它们与一级传入细纤维终末(含ρ物质)上的鸦片受体相互作用，可能产生突触前抑制作用；它们与后角深层感受伤害刺激神经元而来的树突上的鸦片受体结合，可能产生突触后抑制的作用。并认为，电针镇痛的程度可能与脑啡肽、鸦片样物质或ρ物质的释放量的多少有一定的关系。

其它　贾林观察到，电针、手捻针都能促使垂体中间部边缘细胞某酶如NsEase、BuchE、Acpase反应活性增强、相对含量提高。提示，针刺能促使垂体中间部分泌增强，从而提高了机体抗痛能力。史美棠等的工作表明，不同强度和方式的电针对脑脊液中化学成份的影响不尽相同。弱刺激组含量升高的有钙离子、5-羟色胺、5-羟吲哚乙酸、天门冬酰胺、谷氨酸、丙氨酸等；异亮氨酸、旦氨酸等含量有不同程度的下降。强刺激组含量升高的有5-羟色胺、5-羟吲哚乙酸、去甲肾上腺素、多巴胺、磷酸丝氨酸、氨基丁酸；含量下降的有钙离子、镁离子、旦氨酸、异亮氨酸。强弱刺激同时进行时，镁离子、Mg^{++}/Ca^{++}、5-羟色胺、5-羟吲哚乙酸、谷氨酰胺、旦氨酸、亮氨酸、丙氨酸含量上升；钙离子、去甲肾上腺素，多巴胺、异亮氨酸、甘氨酸含量下降。这提示，不同强度和方式的电针刺激所引起的中枢神经过程不尽相同。

（林文注）

参 考 文 献

A

艾民康等　在脊髓胶状质（SG）水平，一种针刺镇痛的可能机制　第一届世界针灸学术大会针灸论文摘要选编　第353页，1987

B

白丽敏等　大鼠"合谷"穴区感觉和运动神经的节段性分布　中国医药学报　（3）：26，1987

C

曹凤岐等　低功率氦—氖激光照射催乳的临床及实验观察　中华理疗杂志　（4）：194，1986

曹济安　足三里药物注射治疗小儿腹泻317例　湖北中医杂志　（2）：55，1987

曹素贞　针刺治疗流行性腮腺炎1073例临床疗效　新中医（11）：30，1984

曹小定等　视前区的内阿片肽和去甲肾上腺素在针刺镇痛中的作用　第一届世界针灸学术大会针灸论文摘要选编　第321页，1987

柴信美等　电针对豚鼠肾上腺环核苷酸免疫活性的影响　第一届世界针灸学术大会针灸论文摘要选编　第356页，1987

电针对豚鼠周血淋巴细胞环核苷酸免疫活性及ANAE绝对值的影响　第一届世界针灸学术大会针灸论文摘要选编　第357页，1987

陈朝明等　针治肱骨外上髁炎　四川中医　（6）：47，1985

陈道翼　头针治疗脑源性瘫痪、失语444例报道　中国针灸　（2）：9，1987

陈德永　三阴交埋线促排卵初步报道　中西医结合杂志（9）：521，1984

陈国民等　艾灸大椎穴对小鼠巨噬细胞吞噬功能及脾脏重量的影响　四川中医　（9）：41，1987

陈　江　阿片受体激动剂对针刺镇痛的影响　上海针灸杂志　（2）：35，1987

陈　静　针刺治疗声带疾患60例临床观察　中国针灸（1）：18，1987

陈俊军　略论灸法操作及艾灸补泻　全国针法灸法学术会议资料　1986年10月

陈克彦等　针刺补泻手法对化学抗癌药物毒性反应的作用　中国针灸　（5）：17，1987

陈瑞生　针刺治疗夜盲72例　针灸学报　（1）：7，1987

陈向明等　电针和刺激下丘脑弓状核对丘脑束旁核单位痛放电影响的初步分析　针刺研究　（2）：110，1987

陈向阳等　中缝背核参与下丘脑弓状核对丘脑束旁核痛单位的抑制　生理学报　（1）：46，1987

陈学义　针灸为主治疗声带小结临床观察　陕西中医（11）：510，1986

陈运宏　火灸风池穴治疗落枕　四川中医　（6）:49，1987

陈正秋等　尾核参与十字沟前皮层对中央中核伤害性反应的下行性调节及电针效应　第一届世界针灸学术大会针灸论文摘要选编　第337页，1987

陈志华　外伤性截瘫的针刺治疗体会　第一届世界针灸学术大会针灸论文摘要选编　第39页，1987

陈再文　头皮针治疗夜尿症37例疗效观察　浙江中医学院学报　（5）：54，1987

陈子富　针灸治疗百日咳63例疗效观察　第一届世界针灸学术大会针灸论文摘要选编　第100页，1987

谌剑飞等　针刺治疗糖尿病的血液流变学观察　第一届世界针灸学术大会针灸论文摘要选编　第93页，1987

程隆光　针刺治疗癫狂症84例的临床观察　第一届世界针灸学术大会针灸论文摘要选编　第33页，1987

褚乃鲁　艾灸治疗湿热淋　吉林中医药　（5）：23，1987

崔开贤　针刺治疗食道癌、胃癌30例的临床观察　中国针灸　（2）：7，1987

崔述贵等　耳针治疗肥胖症1015例疗效观察　中国针灸（1）：17，1987

D

代先富等　耳穴压籽代替麻醉剂在纤维胃镜检查中的应用　中国针灸　（2）：27，1987

邓世发　灸治痛性结节146例临床观察　中国针灸（1）：29，1987

丁勤璋等　手摇电针对大鼠不同部位脑组织单胺类递质含量的影响　中华神经精神科杂志　（3）：165，1987

丁育林　综合治疗网球肘70例疗效观察　上海针灸杂志（2）：23，1986

董敷齐　穴位埋线治小儿麻痹后遗症284例　浙江中医杂志（3）：12，1987

杜福天等　针灸治疗糖尿病患者的疗效及实验观察　第一届世界针灸学术大会针灸论文摘要选编　第92页，1987

F

范少光等　脑内r-氨基丁酸在电针镇痛中的作用　医学研究通讯　(9)：278，1987

应用辣椒素研究电针镇痛的传入纤维成份　第一届世界针灸学术大会针灸论文摘要选编　第351页，1987

方宗仁等　电针镇痛和脊髓P物质的关系　第一届世界针灸学术大会针灸论文摘要选编　第350页，1987

冯鉴强等　直接电刺激大脑皮层的不同部位对体感皮层慢痛反应的影响　第一届世界针灸学术大会针灸论文摘要选编　第333页，1987

电刺激大脑皮层联合区对体感皮层慢痛反应的影响　第一届世界针灸学术大会针灸论文摘要选编　第332页，1987

冯琼华　循经取穴治疗落枕76例　云南中医杂志　(4)：34，1987

费　宏等　支持高频和低频电针在脊髓分别释放强啡肽和甲啡肽的新证据　第一届世界针灸学术大会针灸论文摘要选编　第305页，1987

G

高大海　电热灸器治疗小儿麻痹后遗症56例　云南中医杂志　(2)：34，1985

高美兰等　皮层内刺激体感Ⅱ区对中脑网状结构痛敏神经元活动的影响以及与针刺效应的关系　针刺研究　(1)：41，1987

高镇五等　针灸治疗心律失常220例临床观察　第一届世界针灸学术大会针灸论文摘要汇编　第8页，1987

辜祖谦　"进针留针法"针刺麻醉拔牙术579例次效果分析　第一届世界针灸学术大会针灸论文摘要选编　第180页，1987

顾　光等　电排针治疗脊髓灰质炎后遗症1000例临床研究　第一届世界针灸学术大会针灸论文摘要选编　第38页，1987

顾月华　电针治疗急腹痛症164例　上海针灸杂志　(3)：15，1987

关新民等　电针"人中""承浆"对失血性休克家兔氧代谢的影响　第一届世界针灸学术大会针灸论文摘要选编　第362页，1987

管遵惠　热针治疗哮喘64例临床观察　中国针灸　(1)：11，1987

电针配合穴位注射治疗肱骨外上髁炎60例吉林中医药　(1)：15，1987

郭刚珍　穴位注射胰岛素治疗胃肠神经官能症20例　中国针灸　(5)：8，1987

郭清堂等　耳穴贴压治疗胆结石之临床和实验观察　第一届世界针灸学术大会针灸论文摘要选编　第67页，1987

郭瑞兰　针刺颈项点穴加梅花针拔罐治疗落枕50例　四川中医　(7)：52，1987

郭效宗等　针刺治疗良性甲状腺瘤80例临床观察　第一届世界针灸学术大会针灸论文摘要选编　第89页，1987

H

韩华明　运用针刺降逆和胃法治疗严重呃逆呕吐42例临床小结　河北中医　(1)：16，1987

韩子钰等　以针灸为主治疗截瘫374例临床观察　中国针灸　(6)：3，1987

何金森等　针刺对甲亢患者血清TSH受体抗体活性的影响及其临床意义　第一届世界针灸学术大会针灸论文摘要选编　第88页，1987

针刺、抗甲状腺药及针药结合治疗甲亢症的临床疗效分析　第一届世界针灸学术大会针灸论文摘要选编　第87页，1987

何金智　新针疗法治疗小儿腹泻1222例临床观察　中国针灸　(3)：4，1986

何莲芳等　尾核在针刺镇痛中的作用　针刺研究　(1)：33，1987

尾核内阿片肽参与针刺镇痛　第一届世界针灸学术大会针灸论文摘要选编　第320页，1987

何汝益　隔姜灸治疗肱骨外上髁炎　上海针灸杂志　(2)：46，1987

何庭辉　针刺麻醉进行肺切除术158例体会　第一届世界针灸学术大会针灸论文摘要选编　第188页，1987

何止湘　针刺治疗破伤风28例　中国针灸　(4)：2，1987

贺思圣　针灸治疗胃下垂241例临床观察　第一届世界针灸学术大会针灸论文摘要选编　第63页，1987

恒健生　针刺长强穴治疗婴幼儿腹泻14例　上海针灸杂志　(1)：14，1987

恒健生等　针刺治疗甲状腺机能亢进症的远期疗效观察　第一届世界针灸学术大会针灸论文摘要选编　第86页，1987

洪圣达等　液氮冷冻穴位治疗204例咳、喘症的疗效分析　第一届世界针灸学术大会针灸论文摘要选编　第56页，1987

侯升魁等　磁针治疗骨质增生临床疗效观察　第一届世界针灸学术大会针灸论文摘要选编　第115页，1987

侯淑英等　低频电脉冲治疗急性胃穿孔40例　中国针灸　(5)：15，1987

胡国胜等　艾灸感应传导与循环免疫复合物含量变化的关系　上海针灸杂志　(3)：1，1987

胡三觉等　电刺激大鼠坐骨神经对Aδ纤维机械痛感受器

的传出抑制作用　第一届世界针灸学术大会针灸论文摘要选编　第299页，1987

胡仕华　穴位神经干注射治疗坐骨神经痛32例报告　江西中医药　(5)：39，1986

胡世刚等　针灸治疗落枕25例临床观察　中级医刊　(4)：59，1987

胡维正　艾绒直接灸治皮肤赘疣　四川中医　(10)：封底，1986

虎发光　针药并用治疗小儿麻痹症40例　安徽中医学院学报　(1)：59，1987

黄宝英等　氦氖激光照射穴位治疗盆腔炎758例临床观察　第一届世界针灸学术大会针灸论文摘要选编　第83页，1987

黄改娣等　郄穴治疗急腹症43例临床观察　第一届世界针灸学术大会针灸论文摘要选编　第71页，1987

黄鹤年　604例针麻全喉截除术临床效果的探讨　第一届世界针灸学术大会针灸论文摘要选编　第181页，1987

黄嘉梅等　耳穴治疗青少年近视的初步观察　河南中医　(3)：36，1987

黄坤厚等　电针穴位对正常人机体免疫功能的影响　第一届世界针灸学术大会针灸论文摘要选编　第392页，1987

黄　龙等　大鼠脊髓内甲啡肽、强啡肽A-(1—13)和吗啡在镇痛中的相互加强作用　生理学报　(5)：454，1987

黄为敏等　电针对失血性休克大鼠心房心钠素影响　第一届世界针灸学术大会针灸论文摘要选编　第363页，1987

黄中柱等　针刺治疗痄腮300例简介　江西中医药　(1)：41，1985

黄忠致等　猴颅皮肤表面冷冻大脑皮层不同区域对外周皮肤痛阈和针刺镇痛的影响　第一届世界针灸学术大会针灸论文摘要选编　第335页，1987

体感Ⅰ区和Ⅱ区同时皮层内微刺激对猕猴外周皮肤痛阈的影响　动物学报　(1)：36，1987

黄宗勋　针灸结合中药熏洗治疗坐骨神经痛170例　北京中医杂志　(2)：20，1987

J

贾鸿海等　用ME—1型脉冲治疗仪治疗青少年近视眼704例临床疗效观察　中国针灸　(2)：11，1987

贾　林　电针、手捻针镇痛对大鼠垂体中间部某些酶影响的组化观察　中国针灸　(6)：35，1987

贾　林等　电针、手捻针镇痛对大鼠垂体中间部及后叶某些酶影响的组织化学观察　第一届世界针灸学术大会针灸论文摘要选编　第398页，1987

江澄川等　电刺激杏仁核的镇痛作用及其在针刺镇痛中作用的探讨　第一届世界针灸学术大会针灸论文选编　第329页，1987

蒋征荣　氦—氖激光穴位照射治疗输卵管炎性不孕症43例　中华理疗杂志　(3)：157，1987

焦新民等　针刺降脂82例的临床观察　第一届世界针灸学术大会针灸论文摘要选编　第52页，1987

焦兆荣　针麻下腹式输卵管结扎术式的研究　中国针灸　(1)：19，1987

金伯华等　穴位注射治疗痹证650例疗效观察　中国针灸　(6)：1，1987

金淑然等　针刺“足三里”穴在清醒猫镇内脏痛中特异性作用的研究　针刺研究　(1)：73，1987

靳志英　电针治疗流行性腮腺炎350例疗效观察　上海针灸杂志　(2)：5，1984

K

孔令举　针刺中渚穴治疗落枕161例　乡村医学　(3)：25，1986

孔尧其　肱骨外上髁炎的头皮针治疗　新中医　(9)：34，1985

孔尧其等　头皮针治疗肩周炎122例临床观察　新疆中医药　(2)：42，1987

L

雷　伦等　经络综合疗法治疗慢性腰背关节疼痛336例疗效分析　中国针灸　(5)：7，1987

李传杰等　针刺治疗过敏性鼻炎33例　中国针灸　(3)：29，1987

李定明等　以风府、哑门为主穴针刺治疗脑出血的临床观察　中国针灸　(3)：1，1987

李栋森　麦粒灸治疗腱鞘炎30例临床疗效小结　全国针法灸法学术会议资料　1986年10月

李风波　针刺治疗坐骨神经痛140例　中国针灸　(2)：38，1987

李美琪等　针刺对小儿脑瘫的临床观察　第一届世界针灸学术大会针灸论文摘要选编　第37页，1987

李清福等　针刺五俞穴治疗精神病100例临床观察　新中医　(7)：27，1985

李嗣娴等　乙酰谷酰胺及呋喃硫胺头部穴位注射治疗脑发育不全50例　中国针灸　(2)：5，1983

李延芳　针刺加火罐治疗落枕100例　中国针灸　(4)：7，1984

李　岩等　针刺对荷瘤小鼠免疫功能的影响　浙江中医杂志　(8)：376，1986

李志明等　针灸为主治疗面瘫1014例疗效分析　中国针灸　(2)：1，1987

李志华　头针治疗中风偏瘫86例临床观察　新疆中医药

(3)：33，1985

针刺风池等穴治疗视神经萎缩气至病所的疗效观察（附针刺手法对皮肤温度影响的比较） 第一届针灸学术大会针灸论文摘要选编 第44页，1987

李钟旋等 针刺放血疗法治疗坐骨神经痛 吉林中医药 (4)：23，1985

梁清湖 针刺治疗浅表肿瘤130例临床观察 中国针灸 (6)：6，1987

梁雪英等 隔姜灸、针刺治疗不射精症——附152例疗效分析 第一届世界针灸学术大会针灸论文摘要选编 第77页，1987

梁云霞 激光针治疗小儿腹泻 中国针灸 (4)：56，1986

廖方正 灸法治疗甲状腺机能亢进症30例临床观察 全国针法灸法学术会议资料 1986年10月

林丽玉等 水针治疗小儿缺氧引起的脑瘫50例疗效观察 上海针灸杂志 (1)：9，1987

林 凌 深针印堂穴治疗过敏性鼻炎的体会 新中医 (2)：28，1985

林 凌等 灸治肩周炎15例 四川中医 (7)：44，1987

林通国 中药加针灸治疗良性肿瘤40例的临床观察 福建中医药 (2)：28，1981

林源震 灸治小儿肠炎100例临床分析 上海中医药杂志 (6)：8，1987

林至君 治疗无排卵性不孕症154例小结 湖北中医杂志 (3)：15，1987

刘爱滨 针刺推拿治疗落枕32例临床报告 黑龙江中医药 (6)：33，1987

刘邦开 灸法治疗盗汗 四川中医 (6)：48，1987

灸法治疗慢性腹泻 四川中医 (9)：封三，1987

刘广斌等 肌梭传入诱发的DRP及对刺激腓神经诱发的rRP的影响 第一届世界针灸学术大会针灸论文摘要选编 第304页，1987

刘桂英 透刺放血治疗面神经麻痹108例 陕西中医 (4)：171，1987

刘国君等 中缝大核、蓝斑核在缰核下行调节痛阈和针刺镇痛中的作用 第一届世界针灸学术大会针灸论文摘要选编 第318页，1987

阻断缰核和内侧前脑束对隔区镇痛作用的影响 第一届世界针灸学术大会针灸论文摘要选编 第325页，1987

隔区和缰核对中缝大核痛反应神经元的抑制作用及其途径 第一届世界针灸学术大会针灸论文摘要选编 第322页，1987

刘鸿义等 针刺对大鼠脑内及脊髓内亮啡肽含量的影响 针刺研究 (1)：49，1987

刘继章 针刺诱发排卵的临床观察 北京中医 (5)：42，1987

刘 琦等 加压素在针刺镇痛中的作用及其与中枢单胺类神经递质和脑啡肽含量变化的关系 第一届世界针灸学术大会针灸论文摘要选编 第347页，1987

刘瑞庭等 电针猫"内关"穴区传入途径的研究——脊髓背根诱发电位的观察 针刺研究 (2)：132，1987

刘守智等 针刺麻醉用于甲状腺手术1066例临床总结 第一届世界针灸学术大会针灸论文摘要选编 第185页，1987

刘淑兰 耳针治疗重症呃逆（膈肌痉挛）47例 中国针灸 (2)：46，1987

刘淑珍 头皮针治疗脑血栓形成 中国针灸 (2)：56，1987

刘伟民等 扣带回前部对外侧缰核单位放电的抑制作用 第一届世界针灸学术大会针灸论文摘要选编 第327页，1987

刺激杏仁基底外侧核对外侧缰核神经元单位放电的影响 生理学报 (4)：373，1987

刘显荣等 口针治疗小儿麻痹症270例疗效观察 河北中医 (5)：47，1985

刘志谦 乳三针治疗缺乳 辽宁中医杂志 (3)：35，1987

龙锦娘 艾灸百会穴治愈新生儿鼻塞17例 新中医 (6)：32，1987

陆卓珊等 针刺对利血平化大鼠痛阈以及不同脑区和腰髓内脑啡肽含量的影响 科学通报 (9)：714，1987

吕国蔚 穴位传入纤维及其在针刺镇痛中的作用 针刺研究 (1)：1，1987

吕兴斋 针药并施治疗小儿麻痹212例 河南中医 (6)：44，1984

罗和春等 电针治疗抑郁症临床观察与实验研究 北京医科大学学报 (1)：45，1987

电针治疗抑郁症的临床与实验研究 第一届世界针灸学术大会论文摘要汇编 第86页，1987

电针治疗情感性精神病（抑郁状态）疗效观察 中国针灸 (1)：1，1984

罗述三 兔海马在内脏伤害性刺激反应中的作用及对针刺抑制效应的影响 第一届世界针灸学术大会针灸论文摘要选编 第331页，1987

M

马丽华等 颈椎椎管手术针刺麻醉的应用 第一届世界针灸学术大会针灸论文摘要选编 第186页，1987

马寿椿 古代灸法在急症中的运用 全国针法灸法学术会议资料 1986年10月

茅建人等 电刺激下丘脑弓状核能改变中缝背核和蓝斑神

经元对电针的反应　第一届世界针灸学术大会针灸论文摘要选编　第312页，1987

梅忠英　针灸治疗肱骨外上髁炎52例　上海针灸杂志　(3)：28，1987

孟竞壁等　针刺对实验性心肌梗塞过程中心肌收缩性能及冠脉侧支循环功能的影响　第一届世界针灸学术大会针灸论文摘要选编　第376页，1987

莫廷文　针刺止痛治疗胆道蛔虫症70例观察　中国针灸　(5)：13，1987

N

倪　力等　电针耐受时大鼠脑内阿片受体结合的变化　第一届世界针灸学术大会针灸论文摘要选编　第345页，1987

倪锦芳等　艾灸命门穴对“阳虚”动物脱氧核糖核酸合成率的作用　全国针法灸法学术会议资料　1986年10月

倪一峰　“局刺”治疗网球肘100例疗效观察　中医杂志　(5)：49，1982

聂汉云　针刺配合穴位贴敷治疗麻痹性斜视42例　四川中医　(6)：49，1987

聂汉云等　针灸治疗小儿惊风84例　上海针灸杂志　(2)：20，1987

O

欧阳紫蓉等　电针小白鼠对化学性胃粘膜损伤的保护作用　上海针灸杂志　4：25，1987

P

潘建粹等　导水管周围灰质在下丘脑腹内侧核微量注射去甲肾上腺素增强电针镇痛中的作用　第一届世界针灸学术大会针灸论文摘要选编　第311页，1987

彭静山等　眼针为主治疗中风167例临床观察　中国针灸　(6)：23，1987

彭素兰等　耳穴贴压减肥959例　中国针灸　(6)：34，1987

彭　悦等　激光及光灸照射足三里穴对老年人免疫功能的影响　中医杂志　1：50，1987

氦氖激光照射足三里穴对老年人胃电图影响的探索　第一届世界针灸学术大会针灸论文摘要选编　第64页，1987

彭正令等　灸法对恶性肿瘤白细胞总值的影响　上海针灸杂志　(4)：13，1986

皮　健　针刺人迎、水突穴治疗歌者声带肥厚50例的疗效观察　中国针灸　(3)：17，1987

Q

祁春华　隔姜灸治疗脊柱退行性病变　上海针灸杂志　(2)：24，1987

戚丽宣等　针刺治疗坐骨神经痛及其镇痛机理的初步探讨　中国针灸　(5)：7，1984

钱忠顺等　穴位水针治疗慢性萎缩性胃炎的疗效观察及实验研究　第一届世界针灸学术大会针灸论文摘要选编　第62页，1987

秦　潮等　大鼠后肢皮、肌神经及穴位区诱发脊髓背根电位的传入纤维类别分析　第一届世界针灸学术大会针灸论文摘要选编　第305页，1987

秦学礼　督脉针麻对腹部手术的临床应用　第一届世界针灸学术大会针灸论文摘要选编　第188页，1987

秦良才等　针刺对狗肠道消化间期综合肌电影响的研究　第一届世界针灸学术大会针灸论文摘要选编　第382页，1987

曲明东　针刺为主治疗中风偏瘫264例　山东中医杂志　(4)：17，1987

R

冉春风　头针疗法治疗脊髓疾病所致的截瘫　辽宁中医杂志　(11)：15，1986

任留江　分型透刺法治疗面神经麻痹400例临床观察　中国针灸　(3)：13，1987

任守中　氦氖激光针治疗遗尿症的临床观察　中国针灸　(6)：20，1987

S

桑德春等　电针“足三里”和阳陵泉对中缝大核神经元效应的比较　第一届世界针灸学术大会针灸论文摘要选编　第315页，1987

申合成等　头针足运感区治脱肛遗尿效果好　河北中医　(1)：20，1987

申秀兰　头针治疗脑源性瘫痪144例疗效观察　河南中医　(4)：21，1987

沈华莉等　电针和水针治疗胃下垂75例疗效观察　第一届世界针灸学术大会针灸论文摘要选编　第63页，1987

沈伟星等　中缝背核在刺激弓状核和电针影响蓝斑神经元伤害性反应中的作用　第一届世界针灸学术大会针灸论文摘要选编　第331页，1987

沈行良等　激光穴位照射对中央灰质神经元自发放电及痛反应的影响　陕西新医药　(12)：55，1987

施炳培等　针刺治疗脑发育不全270例临床疗效观察　辽宁中医杂志　(5)：33，1984

石成龙等　针刺对家兔内生致热原性发热的效应　中国病理生理杂志　(2)：76，1987

针刺内生致热原发热家兔“百会”穴的降热效应及其机制分析　第一届世界针灸学术大会针灸论文摘要选编　第403页，1987

石学敏等　针刺治疗男性不育症和女性不孕症105例临床小结　第一届世界针灸学术大会针灸论文摘要选编　第77页，1987

史常旭等　多囊卵巢综合症的中医治疗——附117例临床

分析　中华妇产科杂志　(3)：144，1985

史美棠等　电针对伤害性刺激引起的脑脊液化学成份的影响　第一届世界针灸学术大会针灸论文摘要选编　第307页，1987

史宇广等　针刺长强穴治疗小儿泄泻64例　新中医(10)：31，1987

史正修等　针刺治疗糖分症500例疗效分析　中国针灸(4)：2，1985

苏道刚等　针刺内关对心电、脑阻抗血流、肢体阻抗血流效应的观察　第一届世界针灸学术大会针灸论文摘要选编　第365页，1987

孙德玉等　家兔尾核内注射毛莨云香硷翻转尾核内多巴胺对抗电针镇痛的作用　针刺研究　(2)：123，1987

孙法轩等　电兴奋穴位治疗急性腰肌扭伤248例　中国针灸(2)：17，1987

电兴奋穴位治疗"落枕"242例　中国针灸　(5)：48，1985

孙景德等　针刺放血治疗流行性腮腺炎350例　中国针灸(2)：14，1987

孙俊华等　针刺为主综合治疗小儿麻痹后遗症570例　江苏中医杂志　(3)：58，1984

孙明一　熨灸器的研制与临床应用　全国针法灸法学术会议资料　1986年10月

T

唐敬师等　不同频率电针对外周神经中各类神经纤维兴奋性的影响　针刺研究　(1)：68，1987

唐学正等　电热针对小鼠可移植性癌抑制作用的实验观察　中国针灸　(1)：16，1984

电热针治疗浅表肿瘤26例临床观察　内蒙古中医药(1)：1，1987

电热针治疗女阴营养不良——附46例病例分析　第一届世界针灸学术大会针灸论文摘要选编　第79页，1987

唐忠良等　家兔额叶皮层对视前区神经元伤害性反应的下行性影响　第一届世界针灸学术大会针灸论文摘要选编　第338页，1987

陶正新　针灸治疗精子活动力低下的临床观察　第一届世界针灸学术大会针灸论文摘要选编　第79页，1987

陶之理等　"少海"穴区传入及传出神经元的节段性分布(HRP法)　第一届世界针灸学术大会针灸论文摘要选编　第298页，1987

"神门"穴区传入及传出神经元的节段性分布(HRP法)　第一届世界针灸学术大会针灸论文摘要选编　第297页，1987

天津中医学院第一附院针灸科　醒脑开窍针刺法治疗中风2336例临床分析及实验研究　第一届世界针灸学术大会针灸论文摘要选编　第25页，1987

田广勤　穴位埋线治疗慢性支气管炎1203例　(2)：12，1987

W

汪　溯等　家兔隔核内去甲肾上腺素能系统对内脏痛及电针镇内脏痛的影响　第一届世界针灸学术大会针灸论文摘要选编　第327页，1987

汪　洋　腕踝针治疗近视眼151例　上海针灸杂志　(4)：11，1987

王德宝等　兴奋黑质对中缝大核神经元的抑制作用及其机制　北京医科大学学报　(6)：423，1987

王德锁等　束旁核、中央中核对皮层体感觉区伤害性反应单位的影响　生理学报　(1)：39，1987

王富春等　艾灸膻中、隔俞穴治疗冠心病心绞痛　江苏中医杂志　(8)：15，1987

王富天等　氦氖激光穴位照射治疗急性中耳炎70例临床疗效观察　中国针灸　(5)：9，1987

王家恩等　针刺治疗冠心病的临床研究　中国针灸　(2)：5，1987

王家瑞　提插捻转补泻手法的临床实验观察　中国针灸(3)：30，1987

王景汉　针刺治疗小儿上感高热惊厥　新中医　(2)：29，1987

王静超等　体针和耳针埋藏治疗青少年近视眼43例疗效观察　中国针灸　(2)：18，1987

王静葵　针灸治疗不射精症的临床观察　第一届世界针灸学术大会针灸论文摘要选编　第78页，1987

王　庆等　针刺、推拿治疗腰椎间盘突出症100例　中国针灸　(3)：21，1987

王　绍　前脑通过缰核的下行通路在针刺镇痛中的作用　第一届世界针灸学术大会针灸论文摘要选编　第325页，1987

王　绍等　L-谷氨酸兴奋缰核对痛阈和针刺镇痛的影响　第一届世界针灸学术大会针灸论文摘要选编　第323页，1987

缰核和弓状核对大鼠痛阈和针刺镇痛的影响　第一届世界针灸学术大会针灸论文摘要选编　第323页，1987

王松荣　棉花灸治疗带状疱疹及单纯疱疹30例　湖北中医杂志　(5)：36，1987

王祥福　灯火灸治疗新生儿腹胀　四川中医　5(9)：封三，1987

王昕耀　灸量文献述要　江苏中医杂志　(10)：25，1987

王秀华等　耳针治疗过敏性鼻炎观察　江苏中医杂志(3)：6，1985

针刺治疗肱骨外上髁炎33例疗效观察　上海针灸杂志　(3)：18，1984

王秀明等　缪刺治疗急性软组织损伤2000例　中国针灸　(4)：17，1987

王雪峰　皮层体感区对猫丘脑后核群内脏痛觉诱发放电的影响　第一届世界针灸学术大会针灸论文摘要选编　第317页，1987

王毅刚等　针刺治疗脑卒中后遗症251例临床观察　中国针灸　(6)：18，1987

王永铮等　电针对实验性士的宁中毒防治作用的研究　第一届世界针灸学术大会针灸论文摘要选编　第406页，1987

王友京等　电针镇痛中GABA受体的作用及其对脑内某些神经递质的调节　第一届世界针灸学术大会针灸论文摘要选编　第340页，1987

针刺镇痛中α和β受体的作用及其对脑内5-羟色胺代谢的影响　针刺研究　(1)：62，1987

电针镇痛中乙酰胆碱M型受体的作用及其对脑内某些神经递质的调节　第一届世界针灸学术大会针灸论文摘要选编　第339页，1987

王照佩等　针刺大白鼠头部穴区对尾核头部亮氨酸脑啡肽影响镇痛作用的探讨　第一届世界针灸学术大会针灸论文摘要选编　第319页，1987

王　正等　耳穴治疗保健仪治疗小儿腹泻35例疗效观察　江西中医药　(1)：44，1987

魏　翼　针刺补泻手法及电针治疗坐骨神经痛疗效比较　中国针灸　(2)：21，1987

文　琛等　家兔眼结膜的神经分布及其在失血性休克时针刺效应的组化观察　中国针灸　(3)：33，1987

针刺"人中"对失血性休克家兔肝糖原、磷酸化酶、儿茶酚胺荧光影响的组织化学研究　第一届世界针灸学术大会针灸论文摘要选编　第364页，1987

文益华　七星针加灸治疗肱骨外上髁炎　四川中医　(10)：40，1985

文成泰　针刺久留针治疗子宫脱垂87例的疗效观察　第一届世界针灸学术大会针灸论文摘要选编　第81页，1987

闻庆汉　推拿兼艾炷灸治疗肱骨外上髁炎21例　湖北中医杂志　(5)：37，1987

翁泰来等　针感"得气"与胃电图相关的实验观察　中国针灸　(3)：37，1987

吴佳起等　"推按运经仪"治疗胆囊结石——300例临床观察　第一届世界针灸学术大会针灸论文摘要选编　第68页，1987

吴经伟　针灸面神经干治疗周围性面瘫220例临床观察　中国针灸　(3)：19，1987

吴景兰等　针刺对机体细胞免疫影响机理的探讨——豚鼠血淋巴细胞阿片样肽免疫反应性研究　第一届世界针灸学术大会针灸论文摘要选编　第355页，1987

吴旭初等　周围性面神经麻痹针灸辨证论治初探——附216例疗效观察　湖北中医杂志　(3)：42，1987

吴元培　针刺坐骨神经干和穴位治疗坐骨神经痛164例　中国针灸　(3)：13，1985

吴泽森等　针刺治疗内分泌突眼症的远期疗效观察　陕西中医　(6)：273，1987

针刺对甲亢症垂体—甲状腺—性腺轴的调整作用　第一届世界针灸学术大会针灸论文摘要选编　第396页，1987

武承迅等　耳穴埋针治疗学生考场综合征200例疗效观察　针灸学报　(1)：12，1987

X

麦红晨　针刺后溪、中渚穴治落枕效佳　陕西中医函授　(2)：24，1987

夏亚钦等　针刺"人中"对失血性休克家兔心肌糖原和磷酸化酶影响的组织化学观察　第一届世界针灸学术大会针灸论文摘要选编　第365页，1987

夏玉卿等　针刺对恶性肿瘤病人放疗反应的疗效观察　中国针灸　(6)：6，1984

电热针治疗女阴白色病变疗效报道　第一届世界针灸学术大会针灸论文摘要选编　第80页，1987

谢可永等　激光穴位照射治疗肩周炎103例临床报道　中国针灸　(5)：11，1987

谢名英等　针刺对放疗中鼻咽癌患者免疫功能的影响　中国针灸　(5)：5，1983

谢启文　针刺对大鼠垂体——肾上腺皮质系统影响的实验研究　第一届世界针灸学术大会针灸论文摘要选编　第397页，1987

谢启文等　针刺对授乳期大鼠催乳素分泌的影响　针刺研究　(4)：307，1986

谢　如　热证施灸初探　全国针法灸法学术会议资料　1986年10月

邢克利　刺络法治疗痤疮304例临床小结　第一届世界针灸学术大会针灸论文摘要选编　第105页，1987

徐笨人等　针刺治疗慢性前列腺炎80例　中国针灸　(2)：19，1987

徐筱芳　艾条温灸治疗小儿脾虚泄泻　中国针灸　(4)：55，1986

徐双锦等　针刺前后大白鼠伏核内亮氨酸脑啡肽变化的免疫组织化学研究　第一届世界针灸学术大会针灸论文摘要选编　第354页，1987

徐　维等　利多卡因处理大鼠皮层体感区后电针对痛反应的影响　第一届世界针灸学术大会针灸论文摘要选编

第336页，1987

毁损大鼠皮层体感区对痛反应的影响　第一届世界针灸学术大会针灸论文摘要选编　第336页，1987

徐文亮等　针刺治疗多形性红斑临床观察　中国针灸（5）：18，1987

许冠荪等　针刺对大鼠胃粘膜损伤的保护作用　第一届世界针灸学术大会针灸论文摘要选编　第381页，1987

薛　浩　针刺劳宫穴治疗胃痉挛30例　新疆中医药（1）：53，1987

针刺治疗电光性眼炎50例　中国针灸　（1）：28，1987

Y

严金保等　针治面神经麻痹100例　四川中医　（9）：54，1986

严玉微　针刺家兔"足三里"对胰岛素所致低血糖的初步观察　第一届世界针灸学术大会针灸论文摘要选编　第397页，1987

杨丁林　针刺治疗泌尿系结石及绞痛150例初探　中国针灸（4）：9，1987

杨景柱　百会穴长时间留针治疗发热惊厥40例临床观察　中国针灸　（2）：15，1987

杨培泉　电针治疗更年期精神病40例　浙江中医杂志（3）：106，1984

杨挺宇　针刺治疗不孕症50例的体会　北京中医　（4）：33，1987

杨友泌等　艾灸对氢化可的松小鼠腹腔巨噬细胞活力影响的实验观察　全国针法灸法学术会议资料　1986年10月

艾灸抗肿瘤作用的实验观察　全国针法灸法学术会议资料　1986年10月

艾灸对氢化可的松小鼠腹腔巨噬细胞吞噬活力影响的实验观察　第一届世界针灸学术大会针灸论文摘要选编　第391页，1987

艾灸和D—苯丙氨酸对荷瘤小鼠肝糖原的作用　第一届世界针灸学术大会针灸论文摘要选编　第405页，1987

杨樟辉　灸耳尖穴治疖腮　中国针灸　（3）：56，1987

杨兆勤　针刺和穴位封闭试治儿童脑发育不全20例　中国针灸　（2）：10，1982

姚善业等　针刺微电法治疗近视眼100例远期疗效观察　上海针灸杂志　（2）：25，1987

姚尊华　电针穴位治疗癫狂病38例临床总结　云南中医杂志　（4）：43，1983

叶受仁　针刺悬钟加拔火罐治疗落枕28例　中国针灸（2）：23，1984

衣振云　针刺"外关"穴治疗落枕168例　吉林中医药（6）：17，1986

殷慧镇等　扣带回在针刺镇痛中的作用　第一届世界针灸学术大会针灸论文摘要选编　第330页，1987

尤士征等　激光针灸治疗慢性前列腺炎的临床研究报道　第一届世界针灸学术大会针灸论文摘要选编　第74页，1987

于龙川等　从伏核到缰核下行镇痛通路的研究　科学通报（17）：1344，1987

从缰核到中脑导水管周围灰质的下行镇痛通路　科学通报　（20）：1599，1987

家兔伏核注射引起的镇痛作用可被中脑导水管周围灰质注射纳洛酮或甲啡肽抗体所阻断　针刺研究　（4）：327，1987

于　江等　电针与阿米替林治疗抑郁症的疗效对比分析　中医杂志　（7）：49，1987

余青萍等　针灸治疗肾小球疾病蛋白尿疗效观察　第一届世界针灸学术大会针灸论文摘要选编　第73页，1987

余跃华　穴位埋线治疗慢性气管炎500例　上海针灸杂志（2）：14，1987

余志勇　隔葱盐灸治疗腹部术后腹胀130例观察　全国针法灸法学术会议资料　1986年10月

俞　云　切脉针灸治癌，自然杂志　（9）：671，1980

喻雄师　针刺少商穴治疗顽固性呃逆　湖南中医杂志（1）：33，1987

袁德霞等　针刺镇痛对肝脏超微结构的影响　针刺研究1：52，1987

袁清顺　逆向透穴治疗面瘫100例　山西中医　（2）：41，1987

袁玉民等　针刺治疗癔症性瘫痪时红细胞胆硷酯酶的变化　第一届世界针灸学术大会针灸论文摘要选编　第34页，1987

Z

曾昭杰　针刺治疗肌注所致下肢瘫痪39例　中国针灸（4）：6，1987

张　驰　艾灸背部十二胸椎治疗小儿泄泻560例　中国针灸　（3）：22，1987

张春意等　刺激和损毁脑桥蓝斑核对缝际大核神经元自发放电及其伤害性反应的影响　第一届世界针灸学术大会针灸论文摘要选编　第316页，1987

张　洪　火柴点烧治疗腮腺炎81例　中国针灸　（2）：26，1987

张国玺　艾灸绝骨穴治疗头痛　上海针灸杂志　（1）：45，1987

张丽蓉　习惯性流产针灸治疗558例　第一届世界针灸学术大会针灸论文摘要选编　第84页，1987

张良栋等　以针刺为主治疗精神病听幻觉82例　上海中医

药杂志 (4):23, 1981

张家声 针灸治疗男性不育症248例临床观察 中国针灸 (1):3, 1987

张景行等 刺激不同类型传入纤维引起的杏仁核诱发放电及其相互作用 第一届世界针灸学术大会针灸论文摘要选编 第328页, 1987

张如一等 几种促进母乳分泌方法的效果观察 中西医结合杂志 (2):89, 1987

张少珍等 穴位敷贴治疗过敏性鼻炎74例 上海针灸杂志 (4):10, 1987

张生理 注射用水注入穴位治疗急性胃肠炎203例 中国针灸 (3):22, 1987

张涛清等 针灸治疗细菌性痢疾的临床研究 中国针灸 (4):3, 1987

张天文 火罐疗法治疗111例带状疱疹的初步观察 第一届世界针灸学术大会针灸论文摘要选编 第107页, 1987

张天文等 点刺火罐疗法治疗662例银屑病的疗效观察 第一届世界针灸学术大会针灸论文摘要选编 第105页, 1987

张蔚民 穴位埋线治疗癫痫865例的临床观察 中国针灸 (3):5, 1987

张先涛等 腕踝针治疗肾绞痛50例临床观察 中国针灸 (5):16, 1987

张应勤 红外线热治疗血栓闭塞性脉管炎的观察 针灸学报 (1):3, 1987

张 瑛 针刺治疗斑秃31例 中国针灸 (6):54, 1987

张玉荣等 针灸治疗小儿泄泻 中国针灸 (5):56, 1986

张晨钟等 割拔疗法治疗精神病(附162例临床观察) 河南中医 (6):46, 1984

张鸣九 头皮针治疗幻觉296例的经验 中医杂志 (6):52, 1987

赵福成 针刺阳陵泉治疗落枕95例初步观察 贵阳中医学院学报 (2):36, 1987

赵 兰等 督脉穴位埋线治疗癫痫病110例临床观察 中国针灸 (4):7, 1987

赵密芬等 针刺治疗狂症105例的体会 中医药学报 (2):36, 1986

赵淑敏等 针刺对唾液pH值的影响 第一届世界针灸学术大会针灸论文摘要选编 第379页, 1987

赵维华等 电刺激大鼠尾核头部对丘脑腹后外侧核痛相关神经元活动的影响 动物学报 (2):110, 1987

赵 颖等 针刺内关穴治疗冠心病疗效分析及机理探讨 中国针灸 (3):15, 1987

赵裕廷等 按摩及针申脉治疗落枕125例 内蒙古中医药 (1):26, 1987

郑 珉等 电针显著增加大鼠纹状体和垂体中脑啡肽原MR NA含量 中国科学B辑 (4):398, 1987

浙江省新昌县中医院头针科研组 头皮针治疗青少年近视眼20例疗效观察 辽宁中医杂志 (3):43, 1986

钟梅泉 辨证分型梅花针治疗远视眼 第一届针灸学术大会针灸论文摘要选编 第45页, 1987

钟以圣 针刺然谷、曲池治疗头癣60例临床疗效观察 第一届世界针灸学术大会针灸论文摘要选编 第104页, 1987

周海平 耳针包埋为主治疗坐骨神经痛 北京中医学院学报 (6):17, 1984

周连仲 针刺治疗落枕170例 中国针灸 (4):8, 1987

周 吕 针刺对胃功能的调整作用及其机制研究 第一届世界针灸学术大会针灸论文摘要选编 第380页, 1987

周 吕等 针刺"人中穴"对狗胃运动效应的影响及其与外周五一羟色胺变化的关系 针刺研究 (2):130, 1987

周楣声等 灸法治疗流行性出血热79例临床观察 中国针灸 (4):15, 1987

周杰芳 艾灸家兔"人中"对循环影响的实验观察 广西中医药 (2):36, 1987

周杰芳等 针灸对微循环作用的临床和实验研究 第一届世界针灸学术大会针灸论文摘要选编 第366页, 1987

周荣兴等 针刺对人体白细胞吞噬功能的影响 第一届世界针灸学术大会针灸论文摘要选编 第390页, 1987

周洵清等 艾灸百会穴治疗小儿脱肛 四川中医 (1):24, 1987

朱笛霓等 背中缝核和赛庚啶在影响海马锥体细胞层单位放电中的作用 针刺研究 (1):58, 1987

朱广友等 急性呼吸衰竭对电针"大椎"穴对犬左室心肌收缩性的影响 第一届世界针灸学术大会针灸论文摘要选编 第373页, 1987

朱慧宝 穴位注射治疗内分泌性突眼50例临床观察 中国针灸 (3):7, 1987

朱丽霞等 P物质在痛觉调制与针刺镇痛中的作用 第一届世界针灸学术大会针灸论文摘要选编 第350页, 1987

微波穴位照射对组织胺致关节痛的影响 上海针灸杂志 (3):20, 1987

朱梦漾等 损毁和刺激下丘脑弓状核区对大鼠脑和脊髓内亮一脑啡肽、多巴胺、去甲肾上腺素含量的影响 生理学报 (2):190, 1987

朱汝功等 针灸结合中药治疗食道、胃癌临床及免疫指标

初步观察 中国针灸 (4):22, 1982

朱中义等 穴位注射治疗泌尿系结石 第一届世界针灸学术大会针灸论文摘要选编 第75页, 1987

朱明清等 头皮针治疗急性腰痛75例疗效分析 浙江中医学院学报 (2):48, 1987

朱应超等 火针加药捻治疗颈淋巴腺结核280例报道 中国针灸 (2):13, 1987

祝秀都等 针刺、中药结合诱发排卵59例观察 上海中医药杂志 (3):12, 1987

(十) 推 拿

【概述】

1987年在上海成立了全国推拿学会。学会的成立，将有助于整个推拿事业的发展。一年来，各地在推拿临床及实验研究方面做了大量的工作。公开发表的论著有200余篇，研究的病种多达50余种，有的论文已被选录于1987年在上海召开的中医药国际学术交流会议论文集。现就主要方面的进展概述如下：

（一）实验方面 陈国民报道了推拿合谷穴对失血性休克家兔的血压影响。实验结果表明：运用推拿手法刺激"合谷"穴，对于兴奋交感神经、加强心脏收缩功能、增大心搏量、心输出量，从而提高出血性休克动物的动脉血压、改善组织器官的血液灌流量、增强休克动物的代偿能力、延长代偿时间等，均具有较为积极的作用。郑效文等采用人、猴、羊、狗的颈新鲜标本观察推拿手法治疗颈椎病的作用后，认为旋转复位法可以影响椎间孔的形状与大小、改变神经根与周围病变组织的位置关系，使根型颈椎病的症状得以减轻或消失。手法在调整椎体关节及后关节紊乱时，受牵拉或挤压的交感神经得到理顺和复位，对交感型颈椎病能即刻见效。但是，对关节和血管退变的老年患者施行手法，必须谨慎。为防止推拿复位时出现的并发症，旋转复位手法须在手力牵引下进行，这样做既可扩大椎间孔，同时亦可起到加强推拿手法的治疗作用。

（二）临床研究方面 临床研究在原有的基础上，已向着手法应用更精确、更合理、更简便方面发展。杨景田对100例落枕患者运用摇晃转捻法治疗，97例有效，73例经一次治疗得愈。他们的手法简便，疗效迅速，亦便于推广。对腰椎间盘突出症及肩周炎治疗的手法研究，继1986年来，已有较大的进展。根据本病的病理特点，从力的作用来探求推拿的治疗原理，进而选择最佳推拿手法，这是1987年的主要特点。金望潮等用推拿四步法治疗腰椎间盘突出症543例远期疗效的分析，陈国民报道的用"三整一垫"法治疗20例腰椎间盘突出症、侯筱魁的腰椎间盘突出症的治疗与年龄关系以及张熙照报道的治疗肩周炎的点穴、运肩、松肩等方法，在手法的改革上都进行了一些较为成功的努力。

在结合血液流变学、生化学及应用先进的现代化仪器设备来研究手法的作用机理方面，一年来也取得了一些可喜的进展。顾华等运用整复、分筋理筋、松解按摩等手法治疗59例神经根型颈椎病，观察甲皱微循环的变化，证实手法纠正了解剖位置的异常，缓解了神经根的压迫，减轻了对神经根的刺激，促进了神经根周围炎症、水肿的消散和吸收，交感神经的兴奋性恢复正常。费季翔等从尿中单胺类物质含量的改变观察推拿手法治疗34例腰椎间盘突出症的镇痛机理提示：推拿手法后，腰椎间盘突出病人的尿中儿茶酚胺（CA）、多巴胺（DA）、3—甲氧—4羟苦杏仁酸（VMA）的含量均有明显升高，从而为手法治疗腰椎间盘突出症从生化学角度研究提供了一条崭新的研究途径。陆健民等通过对73例具有疼痛的患者，根据不同的疾病，在推拿手法前后分别测定了脑血流图的变化、血中内啡肽、5—羟色胺含量的变化及指端微循环的变化，进一步说明了运用现代医学的先进技术、现代化仪器设备来研究手法作用机理的重要性和必要性。

（何宗麟　陈国民）

【周围性面神经麻痹】

吴新洋报道，用推拿配合药物治疗本病20例，另设对照组20例（用药物配合针刺治疗）；结果：一疗程后，推拿组20例中显效14例，有效5例，无效1例，治愈时间平均为32天，而对照组则需59天。

舒洪文等用穴位点推法治疗本病31例，结果：治愈27例，好转4例。手法：（1）一指禅推法：以拇指从睛明穴开始至太阳、丝竹空、阳白、鱼腰、攒竹、迎香、地仓、承浆、颊车达下关穴；（2）一指点按法：用食指或中指指腹沿上述路线点按，并加点按健侧合谷，必要时加人中穴；（3）一指震颤法：在上述穴位分别施以震颤；（4）一手揉抹法：以拇指及食指在眼眶和口唇上、下缘行抹法，在脸部施以力度适宜的揉法。

张春璞用推拿手法治疗面瘫32例，病程最短者2天，最长者8年，结果：痊愈16例，显效5例，好转10例，无效1例。手法：（1）两手拇指交替平推患侧前额部，力量由轻到重，频率不断加快，约每分钟150次左右，操作2～3分钟；（2）以捏脊手法由下颌部向太阳穴反复捏挤皮肤数次；（3）将拇指与食指呈半握拳状在患侧面部的地仓、颊车、下关、太阳等穴处夹住肌肉，反复揪30次左右；（4）用点穴手法于面部有关穴位反复操作数次，最后点合谷穴。陶学成亦用推拿手法治愈本病42例，其特点是加用了以大鱼际或掌根在眼轮匝肌、额肌、皱眉肌、咬肌、颊肌等部位的反复推擦法，直至整个患部发热、发红深达皮下肌层。

李乃民等认为，本病应采用综合治疗法，争取早日恢复，以减少后遗症的发生。方法：（1）按摩：在患侧翳风、翳明、治聋四号穴等部位，先用热敷并涂抹中药复方酒浸液（防风、荆芥、独活各25克，皂刺、麻黄、当归各15克，细辛、红花各5.5克，冰片3分，麝香1分，用60度白酒浸泡一周），然后施以手法；（2）电针疗法；（3）中药内服、外敷；（4）其它疗法：挑治法、“701”治疗机穴位刺激法、穴位注射法（在翳风或治聋4号穴处注入加兰他敏注射液0.2毫克）等。

帕丽孜用蜡敷、按摩治疗本病40例，其中有15例曾作过针灸、药物治疗无效；结果：治愈28例，显效7例，进步3例，无效2例。发病30天以内疗效显著（$P<0.05$）。其所用石蜡温度约为42～46℃，敷于患侧耳后颈上区约15～20分钟，然后选用擦摩、揉法及运动点振颤等手法进行按摩。病程5天以内的，应先蜡敷5天后才能施行手法。

余志勇运用脉冲电针机对102例面瘫患者的预后进行了预测，结果预后与预测基本符合。方法：在初诊日取阳白、四白（或攒竹、丝竹空）为一组，颊车、地仓（或下关、迎香）为另一组，分别向各穴位输入疏波脉冲电流，如果穴位下的肌肉与脉冲频率同步收缩明显，病人自觉无疼痛者为针感优良，预后良好；针感差者，预后较差。此法简便快速，为选用正确的治法、恰当的刺激和提高疗效提供了依据。

（方东行）

【面肌痉挛】

肖继平等报道，用手法治疗本病26例，其中临床治愈16例，显效6例，有效3例，无效1例，平均治疗8.5次，平均疗程25.5天。手法：（1）旋转复位法：先以双拇指触诊定位，然后旋转复位（每3天一次手法，3～5次为一疗程），用于矫正上颈段有偏歪的棘突；（2）软组织松解法：从患侧乳突下方开始，沿面神经走行的方向用手法进行自后上而前下方向的弹拨理按，继而按压眼轮匝肌和口轮匝肌、口角提肌的肌纤维，并顺肌纤维走向理顺，手法宜柔和有力，逐渐施力以患者最大忍受为宜，用于矫正软组织微小的解剖变异、痉挛、粘连；（3）对局部伴有疼痛尤其肿胀的，配合热醋外敷，在手法的当天施用；亦可佐以消炎止痛的中西药治疗。肖氏指出，此病多发生于年龄较大者，提示此病可能与机体退行性改变有关，另外与颈椎病也有一定的关系；手法的机理是恢复神经的兴奋与抑制之平衡、使局部组织解剖的微细变异恢复原状、改善循环等；此外，还观察到年纪较轻、病程较短者疗效较好。

（方东行）

【肩关节周围炎】

吴恺平治疗肩周炎88例，对其中的30例进行了X线检查；发现18例有轻度骨质疏松和不规则的肌腱钙化阴影；3例有不同程度的结节间沟变浅、增生及合并有颈椎病，此3例远期效果欠佳；在其余85例中，81例痊愈，4例显效。治疗手法：揉按肩周及三角肌；分筋手法拨离粘连，点肩内俞，同时作展、收、旋转等被动动作；㨰患肩外侧及腋后部，点按肩髃、肩贞、秉风、合谷等，并使患肢作前屈上举活动；㨰、一指禅推项及肩胛部，拿按肩井、缺盆，点揉肩外俞、天宗，并使患肢作摸脊运动；再以扳、摇、抖、伸之法。

江宇治疗124例，病程为2月～21年。治愈96例。对于初病者，采用揉、㨰、捏、掐；久病者，则以振、抖、摇等法治之。江氏认为，采用俯、侧、仰卧及坐四种体位，比仅用坐位优越。早期患者，肩痛甚而体质弱者，不应作运动；稍作抬举而肩痛者，应在背部多作松解背阔肌的推、揉。

常瑞祥对推拿治疗本证的手法提出个人见解，他认为应用的方法有：自动摇肩，被动摇肩，牵引患肢，点合谷，伸屈腕关节，伸屈肘关节，点手三里、曲池、肩髃、中府、扶突，拿捏患臂，揉肩，被动前屈上举，点天宗，推肩拉肘，内收肩，被动后伸内旋，臂压肩，搓臂，抖臂。

陈伟仁治疗外伤引起的本症40例，以一指禅推法、㨰法、拔伸牵引、拿肩及摇肩等法进行治疗，40例均治愈。

检查本证最简便的方法是“侧上举”及观察“肩胛骨下角的移动程度”。患者最早受到影响的患肢运动不是上举，而是旋转，最晚恢复的运动也是旋转。

金德康认为，在辨证治疗中，患者可分为“肩痛为主”和“运动障碍为主”两类：前者以掌摩、掌揉、指揉、搓肩等手法进行治疗，而不必作被动运动；后者应以松解粘连为主，采用“拿法与被动动作相结合”或“㨰法与被动动作相结合”的方法，被动动作不宜过多，幅度不宜过大。冻肩到中期、后期时，不要对患者作被动动作；对于疼痛剧烈的患者，应先用按揉或掐穴的方法，如按揉云门、尺泽、曲池、前谷、阳谷、养老穴等。另外，根据患肩侧上举的程度，可分为五型，其应与“辨证治疗”法相结合。患肩侧上举已达180°，但内旋后弯时，患侧手部低于健侧者，为最轻型；若无明显疼痛，可教病员作“直肘两肩环转运动”，不必施行推拿手法治疗。侧上举大于135°，但小于180°者，为轻型；可使患肢置于肱骨外展位90°位，在施行推、揉、按、拨等手法的同时，使患者上臂作旋转运动。侧上举90°～135°者为中型，采用㨰法、掌揉法或指揉法，再使患者两肩同时作环转运动，然后用抖法及搓法。侧上举45°～90°者为重型；先以掌揉患肩前面及旋动上臂的方法进行治疗；若侧上举为45°～70°时，先取卧位，再取坐位，采用拿法及搓法治疗。重型患者的肩肱关节功能已大部份丧失，若作主动操练，反使患者过于疲劳，甚至引起患侧胸锁关节疼痛。最重型患者的侧上举约45°，其肩肱关节功能已完全丧失，治疗相当困难，须分阶段进行。由于冻肩以中、老年居多，病员还可能患有其它疾患，取俯卧位发生意外的可能性较大，以不取为宜。每天对患者进行推拿治疗，并不能提高疗效或缩短病程，以每周对患者进行2～3次治疗最为适宜。

（金德康）

【腰椎间盘突出症】

1987年运用推拿手法治疗腰椎间盘突出症的研究重点是向着如何更精确，更合理地运用手法方面发展。

徐正、金望潮等采用牵引、压腿、骨盆旋转、俯卧、按压等四步推拿法对804例腰椎间盘突出症进行了“一次推拿”治疗法，其中对543例进行远期疗效分析(随访七年三个月）结果：优90.98%，良3.68%，无效2.02%，复发率3.31%。认为：“一次推拿”法不仅适用于一般的腰椎间盘突出症的急、慢性期，而且也适用于中央型腰椎间盘突出症；其巩固疗效的重要因素是手法后短期卧床休息，适当固定及腰背肌锻炼。

陈国民等运用“三整一垫”法治疗20例腰椎间盘突出症，均经3～5次手法整复，下肢坐骨神经分布区的疼痛、麻木明显减轻，跛行现象消失，腰部活动基本正常。陈氏认为，“三整一垫法”能造成一个有利于突出髓核回纳的良好环境，减轻突出物与神经根之间的压迫，尤其在加强直腿抬高整复运动的基础上，将已抬高在90度的患肢在足背屈的情况下，作左右摇摆整复运动，此手法通过垂直位及左右横向位的牵拉坐骨神经，能改变神经根原来的受压位置，起到改善或拉开粘连的作用。陈氏还认为，由于“三整一垫法”同时还恢复了患者腰椎的生理弧度，改善了后纵韧带及背部肌的张力，使得椎体的后缘间隙得以减小，从而增加了阻止已回纳的髓核再度突出的有利条件。

侯筱魁等报道了腰椎间盘突出症推拿治疗与年龄的关系。将1036例腰椎间盘突出症患者按不同年龄分成5组，在麻醉下（椎间孔神经阻滞或硬膜外神经阻滞）推拿，采用了仰卧抬腿，侧卧斜板，对抗牵引和俯卧后伸四步手法，结果发现，其中小于30岁和大于50岁组的推拿有效率较高。侯氏认为，30岁以下青少年患者，其椎间盘髓核饱满，弹性充足，纤维环完整，可以运用较大幅度的后伸动作，利用椎间隙的变化使完整的髓核向前方推移；同时由于其神经根周围粘连少，因此斜板手法更能改变神经根与突出物的位置。50岁以上的腰椎间盘突出症患者，由于具有以下病理特点：（1）椎间隙狭窄，纤维环松弛，有些病人出现左右交替症状，提示突出物回纳的可能性；（2）后关节松弛，有利于神经根管容积的调整；（3）腰背肌肉组织较弱，肌痉挛不明显，有利于手法达到病变部位。所以老年患者同样有利于推拿治疗，但手法以斜板为主，不主张大幅度后伸，因过度后伸可以造成突出物挤向椎管或神经根管，后关节过度移位，导致神经受损，加重症状。

张献文以按摩点压，拔伸按腰，旋转扳腰，推运拔伸，直腿抬高等手法为主，结合中药及牵引，治疗52例腰椎间盘突出症，显效率为75%，总有效率为94%。笔者认为，对本病应适时施法。急性期，因椎间盘突出部位组织水肿明显，刺激或压迫神经根的症状严重，故手法宜轻柔，以按摩点压为主，并嘱患者绝对卧床休息，可配合牵引、中药，症状稍缓解即为治疗的最佳时机，当用推运拔伸、直腿抬高等手法，后期应注重腰背肌锻炼，以利功能恢复。

（何宗麟　陈国民）

【推拿治疗乳腺炎】

刘盛华运用民间推拿法治疗乳腺炎取得了较好的效果。其治法：推膻中，拿肩井，拿背胛筋，按揉章门、期门、脾俞、肝俞，摩乳根至乳头，敷阿是硬结、疏乳部。共治疗56例患者，55例痊愈。吴梅生用推拿手法配合中药治疗本病，其手法：先以拇、食二指轻轻揉、拉乳头，除去乳窍痂盖，待乳窍得通后，复以二指及指掌关节在乳房根部作对称、反复、有节律性的轻揉加压，并逐渐向乳头方向推进，使瘀积在乳络中的积乳、脓液从乳窍排出。周良模报道梁海泉继承祖传五代的按摩技术，视其乳痈发生的不同部位，灵活采用七组不同的穴位：第一组：用食指按气户穴，沿乳中线、过库房、屋翳至膺窗穴止。第二组：天泉穴与手太阴肺经外旁开处对位。第三组：天髎穴与手阳明大肠经对位。第四组：肝俞穴与魂门穴对位。第五组：渊液穴与周荣穴对位。第六组：大包穴后旁开与魂门穴外旁开对位。第二组至第六组手法用大拇指和食指对掐后向外一抡。第七组：沿膻中、灵墟、膺窗、天谿、乳根、步廊等穴用食指环乳房按划一周。待施术完毕再采用排乳法，先向患者胸壁方向稍将全乳压迫，随即再行挤捏。梁氏有选择性地复合使用了上述方法，共治69例，均一次治愈。

（郑贤国）

【推拿治疗作用实验观察】

顾华等用分筋理筋、松解整复手法治疗59例神经根型颈椎病患者，并观察了治疗前后的甲皱微循环变化，结果证实：手法后甲皱微循环管襻由模糊转为清晰21例，由消失转为模糊10例，管襻数目较前增多，自身对照有非常显著差异（P＜0.001），变异减少至16%，流态改善为线流和线粒流为主，流速增快。由于手法后患肢甲皱微循环改善，因此患者临床症状随着血液循环功能的改善而获得缓解。

龚金德等对30例急性腰扭伤患者作推拿前后的肌电图观察，结果如下：治疗前，30例患者肌电图均有不同程度的紧张性，电活动50～100微伏的有15例，100～200微伏者12例，200～300微伏者3例；治疗后，18例为50微伏以下者，9例为50～100微伏，3例为100～200微伏，其中紧张性肌电活动消失者18例，明显减少者9例，稍有减少者3例，随着肌电活动的逐渐减少，腰痛也相应减轻。

郭志英等以推拿为主对12例腰椎间盘突出症作康复治疗前后CT检查对比。观察结果有6例疗后突出物略有回缩，或密度减低，但突出物的大小仍同疗前。经讨论分析认为，“腰突”推拿治疗结果是消除局部无菌性炎症、水肿以及改变了神经根与突出的椎间盘的相互空间位置关系，因此能达到消除其症状体征的目的。

孙和甫研究了中医按摩牵拉手法对肌肉工作能力的影响。他采用完全性截瘫与去脊髓两类大白鼠的联体小腿三头肌标本分为159组，共进行318次实验。结果：完全性截瘫类，同组的两次实验加牵拉，工作时间分别延长3.5秒（P＜0.001）和2.1秒（P＜0.01）；去脊髓类则为2.9秒（P＜0.001）和1.8秒（P＜0.01）；两类之间无显著性差别。孙氏认为，牵拉手法具有提高肌肉工作能力的效应，此种效应不受神经反射的限制。

（张文才）

参 考 文 献

C

常瑞祥　冻结肩按摩手法之我见　按摩与导引　(2)：10，1987

陈国民等　“三整一垫”法治疗腰椎间盘突出症　上海中医药杂志　(9)：25，1987

推拿抗失血性休克的实验研究　中医药国际学术会议论文集　312　1987

陈伟仁　推拿治疗外伤性肩凝症40例　新中医　(5)：

33，1987

F

费季翔等　从尿中单胺类物质含量的改变观察推拿治疗34例腰椎间盘突出症的镇痛机理　中医药国际学术会议论文集　306　1987

G

龚金德等　推拿治疗前后急性腰扭伤肌电图观察　新中医　(4)：28，1987

顾　华等　神经根型颈椎病中医手法治疗前后甲皱微循环变化的观察　中医杂志　(4)：38，1987

郭志英等　腰椎间盘突出症康复治疗前后CT检查对比分析　中国康复医学杂志　(3)：102，1987

H

侯筱魁等　腰椎间盘突出症推拿治疗与年龄的关系　中医骨伤科杂志　(1)：3，1987

J

江　宇　按摩治疗肩周炎经验　上海中医药杂志　(2)：32，1987

金德康　推拿防治冻肩　第1页～96页　上海翻译出版公司　第一版　1987

金望潮等　推拿法治疗腰椎间盘突出症543例远期疗效分析　中医骨伤科杂志　(2)：16，1987

L

李乃民等　按摩、电针等方法治疗面神经麻痹　中国初级卫生保健　(5)：42，1987

刘盛华　民间推拿治疗乳腺炎56例疗效观察　中西医结合杂志　(1)：50，1987

陆健民等　推拿疗法的机理探讨　中医药国际学术会议论文集　314　1987

P

帕丽孜　蜡敷、按摩治疗周围性面神经麻痹40例　中华理疗杂志　(4)：253，1985

S

舒洪文等　穴位点推治疗周围性面神经麻痹31例　江苏医杂志　(9)：26，1987

孙和甫　中医牵拉手法对肌肉工作能力的影响　中国运动医学杂志　(1)：9，1987

T

陶学成　单纯手法治愈面瘫42例　按摩与导引　(5)：7，1987

W

吴梅生　推拿手法配合中药治疗乳痈　上海中医药杂志　(2)：21，1986

吴恺平　推拿治疗肩周炎88例　中国康复医学杂志　(2)：79，1987

吴新洋　按摩治疗周围性面神经麻痹20例　中国康复医学杂志　(6)：3，1986

X

肖继平等　手法治疗偏面肌痉挛26例报告　中医骨伤科杂志　(1)：33，1987

Y

杨景田　摇晃转捻法治疗落枕　上海中医药杂志　(2)：32，1987

余志勇　运用脉冲电针机对面神经麻痹预后的预测　中医药国际学术会议论文集　410　1987

Z

张春璞　手法治疗面瘫32例　中国农村医学　(9)：34，1987

张熙照　推拿治疗肩周炎78例临床疗效观察　新中医　(6)：30，1987

张献文　手法为主治疗腰椎间盘突出症　江苏中医杂志　(5)：23，1987

郑效文　颈椎病"推拿"疗法的实验研究　中医药国际学术会议论文集　313　1987

周良模　梁氏穴位按摩治疗乳痈法及其原理浅析　国医论坛　(1)：31，1986

(十一)　气　功

【概述】

一年来的气功学术动态内容丰富。气功历史文献的研究工作有：四川大学宗教学研究所于11月份在成都以《中国传统文化与道教》为主题，讨论了道教炼丹术的重要人物及其对中国文化的贡献。12月份《气功》杂志社和《医学百科全书·气功学》编委会联合举办了《周易参同契》和《悟真篇》等气功重要经典名著的专题学术讨论会。这些学术活动的开展，将有助于正确认识传统气功概念、流派和方法，有助于整理民间功理、功法。

气功临床应用及其原理研究仍是当前使人关心的两个主要问题。李彩熙等报道，西苑医院以家兔、大白鼠、小白鼠等动物，从生理学、免疫学和形态学等方面对气功“外气”进行实验研究，观察气功师外气的生物效应。如：外气可使动物毛发色白，有光泽，手感柔软。在光学显微镜下，对照组动物毛发表面粗糙，有较多的表皮角化细胞剥落；而外气组毛发表面光滑，几乎没有细胞剥脱。以中子活化分析法检测毛发的铜、锌等微量元素与毛发变化的关系时，未见到其中的相关关系。在观察气功外气影响家兔进食和饮水量时看到：对照组家兔平均每日吃142.42克的合成饲料，喝394克的水；气功组则吃131.1克的合成饲料，喝466.5克的水。经统计学处理，差异非常显著。虽气功组动物食量降低，但体重与对照组同样增加。在外气对新西兰白兔SRBC初次免疫反应的观察中，初期血清AC_{50}值，气功组为41.666±16.631，对照组为19.046±8.219（$P<0.05$）。另外，给家兔TyH901作初次免疫注射后，观察不同间隔时间检测血清中抗TyH901凝集素效价96天。结果：对照组血清中抗TyH901凝集素滴度几何均数的均值为1092.16±532.77；气功组为2195.09±795.5($P<0.05$)。以上实验说明气功组血清中抗体水平比对照组高，並且抗体产生时间延长。在观察外气对细胞免疫功能的影响时看到：外气不仅能提高正常家兔总E花环和活性E花环的形成百分率，而且也能提高免疫功能低下的小白鼠脾脏淋巴细胞活性E花环形成率，这些结果说明气功外气能提高免疫能力，与上海市气功研究所的结果是一致的。此外，以小白鼠腹腔巨噬细胞对白色念株菌的吞噬率、吞噬指数及杀菌率为指标，看到外气组比对照组有显著的提高作用。说明外气对动物非特异性免疫功能也有增强作用。在观察外气对脾脏组织化学反应的影响时看到，RNA、DNA显色，气功组家兔比对照组在A周围淋巴鞘内T淋巴细胞大量增殖变厚，淋巴小结增大，生发中心明显。脾脏压印片显色的结果也与其一致。这表明气功组动物脾脏内蛋白质合成代谢非常旺盛。实验中还看到气功组家兔心脏内糖元反应明显增强，SDH反应降低。他们认为外气有降低心肌耗氧量，提高心肌对缺氧的耐受力，使糖元在心肌细胞内储存增加。在外气对肝脏的研究中看到，外气可使肝脏内RNA反应增强，LDH反应降低，糖元增加，AChE反应也明显增加。还看到，外气可使肾上腺皮质内组织化学成分改变。极有兴趣的是外气对于由丝裂霉素C引起的细胞损伤有一定的缓解和保护作用。这结果与自练气功治疗肿瘤患者过程中，配合放疗或化疗能收到较好效果是符合的。在外气对体外培养的乳鼠心肌细胞功能的作用时看到外气不经神经体液的调节可直接作用于心肌细胞，可改变其搏动频率、节律和搏动强度。更值得注意的是，以气功“信息水”（即外气作用后的水）也可以改变小鼠的免疫功能。西苑医院曾以“信息水”喂养小鼠，结果表明，给小鼠喝“信息水”如同给小鼠发外气一样，也能提高脾脏淋巴细胞Ea形成率。

外气的磁场强度检测，近年来也有报道。李梦华报道了1985年在大连地震台地磁观测站，用核子旋进磁力仪对气功外气进行检测的经过，认为有外气磁场存在。继之，又以CT-3A型交直流高斯计对发放外气的气功师、练功者和不练功者进行广泛的磁场强度变化的对比测试，结果据测157人的劳宫穴磁场强度来看，人人均有磁场存在，但其强度有个体差异。同时，磁场强度又与练功效果密切相关。李氏认为：人体磁场是普遍客观存在的，气功锻炼可以增大人体磁场强度。磁场强度大小与练气功气感大小一致。柴剑宇等报道：上海市气功研究所与上海工业大学等单位合作，也看到了气功师发功时涂磁粉掌心的磁现象。看来，气功与磁场之间的关系值得进一步探索。李升平等介绍：清华大学和重庆中医研究所合作，以激光拉曼光谱仪观察发功效力很高的气功师的外气对水分子结构的作用。他们对“信息水”进行结构测试。並以普通水作对照。结果看到，二组谱线的差异极为明显。在“信息水”的谱线上可以清楚地看见存在一个从$1000cm^{-1}$到$3000cm^{-1}$区间的很大的峰。显然，这个峰的生成是由于外气作用所致。

任正心等报道了江西省中医药研究所与南昌三三四医院合作对56例练功者的测试结果，说明真气运行法可以诱发产生干扰素。人体内源性干扰素要以诱导剂促使机体产生，因此气功能诱发干扰素是一项重要发现。王崇行等报道了观察到的“内气外放”和“近红外辐射”对小鼠的下丘脑和纹状体等脑区的亮氨酸脑啡肽有明显增高的作用。他们认为这可能是“外气”激发了小鼠脑内的脑啡肽神经元使其释放增加所致，从而可以解释气功镇痛和调控体内多种功能的作用。吴盛贤报道：中国科学院长春物理研究所发现外气具有激光的特性，其主要特点：（1）射程很远，功率基本不下降；（2）频率很低，脉冲频率可调；（3）发射角很小，束流很细；（4）有很强的穿透力。

上述这些外气的生物效应或物理特性资料，若能得到更多有条件单位进行重复实验，必将是生物科学和医学领域的重要开拓性的基本理论问题新的突破点，值得重视。

1987年8月，中国气功科学研究会在辽宁兴城召开了一次全国气功科学学术交流会，较集中地报道了气功原理研究的许多问题，论文中可以看出：北京工业学院、航天医学工程研究所、浙江大学等单位都做了极有意义的工作。其中关于视、听、体感诱发电位的研究，都认为气功通过自身调节使网状结构对感觉的传递产生了上行性抑制影响，从而表现出诱发电位的波幅下降和某些成分的消失。但也有认为脑诱发电位的变化说明气功态下大脑皮层处于较广泛的抑制状态。应该知道，中枢神经系统的感觉传递的上行性抑制与大脑皮层的广泛抑制是两个不同的内涵。众所周知，脑诱发电位由于异常率较低，故在多种不同刺激下，可以选择性地观察特异传入神经通路的机能状态。作为神经生理解剖学的指标，在神经科学研究上有重要价值。在气功态研究中脑诱发电位的应用，也是刚刚开始的研究工作。如何结合其它工作予以讨论是一件值得关注的事情。其他练功的生物效应，如应急效应、人体的分子生物学效应、内分泌效应、血流图的观察等工作，今年都有了新的资料。还有气功入静生理特征的相关研究，气功益智的研究等都是新开辟的研究领域。

（林雅谷）

【内养功临床应用近况】

内养功是国内较早推广应用于临床的功法之一，曾在北戴河气功疗养院实践多年，其特点是练习入静结合进行腹式停闭呼吸。治疗消化道及其他慢性疾病，具有较好的疗效。如贾万等报道采用内养功治疗消化系统疾病90例（其中胃溃疡10例，十二指肠球部溃疡25例，慢性胃炎40例，胃肠功能紊乱9例，胃下垂4例，慢性胰腺炎1例，广泛肠粘连1例），病程最长20年，最短7个月，平均8年两个月。同时配合保健功、太极拳。每日上下午各练功一小时，自行掌握练功4～6小时。结果：自觉症状绝大多数是在15～30天好转或消失；练功后睡眠时间、食量、体重三项指标均有明显提高。任清峻报道采用练内养功并加练五禽功治愈一例经多次检查确诊为甲状腺髓样癌内颅转移，患者练功两月余后，颈部甲状腺和淋巴结肿块皆消失，压迫症状均随之缓解，发育正常，视力恢复到阅读1.5～2小时而不感疲劳，左肩、上肢酸麻胀痛、头痛皆消失。以后坚持练功，2年余随访仍健在。温桂清介绍内养功治疗便秘证的体会，认为由于内养功采用腹式呼吸，练功入静时，气随意行、小腹可以随意识的引导，按一定的呼吸节律起落．这种有节律的起落运动，有似对胃肠道轻柔的按摩，促进了肠管的蠕动，有利于排便。

沈鹤年等报道内养六合功，治疗心脏血管病冠心病、高血压等44例。本功具有动静结合、练养相兼的特点。治疗分三个训练阶段：第一阶段是在第一个月里作松弛训练，选用调气及意念诱导放松法；第二阶段是在第二个月里加强动静结合的训练，选用大雁六字动功；第三阶段是在2个月后强调炼丹养丹的训练，选用上内养功第一、二步功法。意守以脐为中心的丹田、命门和会阴。治后症状，体征明显好转；治疗前后作血压脑血流图心输出量，以及血液流变学八项指标的测定，都有明显改善，表明通过练功而松弛、入静，能抑制交感神经的兴奋，减少和消除机体持续紧张的应激状态，调整了植物神经功能使大脑和全身功能得到改善和增强。单怀海报道治疗焦虑症8例，治疗方法亦根据内养六合功的三个步骤，即调气、松弛、意守丹田等。疗程为6周，结果痊愈5例，显效2例，无效1例。练功后经测定脑电功率谱α波明显升高；肌电内功率谱总能量低于训练前水平；呼吸周期和幅度变系系数减少；频率减慢；反映自发波活动减少；心率减慢；耗气量减少。实验结果与临床观察基本一致。

（习观槿）

【气功提高学习效率的研究】

气功除了治病强身以外，其另一作用是益智。近年来有关报道颇为多见。何伟国、罗英报道北京市两个小学开展了气功锻炼，使部分学生的注意力得到提高，从而提高了外语学习的效果。郑向阳采用“气功形象控制法”明显地提高了大脑的记忆力，有些学生感到平时十分难记的外语单词，炼功后记起来却十分方便。综合各种与气功有关的提高记忆力的方法，均以气功中的静功为主，配合按摩、导引，并在放松、入静及呼吸的适当时机，纳入被记忆对象的余音和形象，以加深记忆效果。张淦昌等报道，用按摩和静坐调息法，使17个贪玩好动不能安坐学习的学生在练功两个月后，普遍感到头脑清新舒适，睡眠及视力改善，个别人便秘、心悸等症状消失。其中70%学生能集中注意力做作业。陆红杰报道，在一个有38名学生的“差班”中练习松静功和运目功，两个月后，理解力增强者18人，注意力集中者11人，记忆力提高者9人。学习成绩普遍有所上升。杨运良报道，采用动静结合的真气运行法，对141例中小学生进行实验观察，其中气功组71人的学习成绩明显提高，而对照组70人下降，两组相比差异显著（$P<0.001$）。针对气功能使学生注意力集中，加强记忆力，从而提高学习效率的现象；近年又有人从气功生理进行了研究。胡松昌等报道，对11例患者神经衰弱、高血压和冠心病的患者施以空劲气功，施功前后分别作了心理测试，结果施功后患者的瞬时图象记忆力、注意力和反应灵敏性均有明显改善（$P<0.01$）；又对6名气功师作练功半小时前后的心算力和皮肤两点辨别阈测试，结果表明练功后也有明显改善。华定博采用气功留音法和普通记忆法作对比观察，结果前者得分255分，后者仅得179分（$P<0.001$）。92%的学生认为，用留音法增强记忆力优于普通记忆法。罗鸿高等对50名大学生推行大雁功、站桩功和智慧按摩等功法，并用国际通用的比纳西蒙智力量表测试注意力和记忆力，结果表明功后该指标明显提高。祝蓓里等对9例注意力缺陷病和低能儿童施以气功疗法，一年后患者的注意稳定性、记忆力和动作协调性等均有提高。同时，有人对气功锻炼与学习提高效率的内在作用发生兴趣，作了初步的探讨。夏克简认为：气功入静时，由于排除了各种杂念的干扰，有利于条件反射的建立和巩固，且减少大脑能耗，降低血乳酸浓度，使大脑得到积极的休整。尹克立等认为气功入静时脑电波出现同步化活

动增强，故大脑协调功能也加强，是大脑思维的特殊注意态。李重风认为气功能挖掘大脑的潜力，而林曙光等多数人认为气功能改善睡眠，增强体质，改变性格，使心身健康精力充沛，因而提高了注意集中能力，增强记忆力和学习效率。

上述这个领域的气功益智作用，近年来陆续已有报道，工作尚未深入，但应引起关注。

（储维忠）

【气功偏差及其纠治的方法】

气功偏差（或称异常效应）的纠治日益引起重视。柴宏寿认为其临床表现，与中医的百合病，奔豚气近似。柴氏总结分析了自1982年初以来所纠治的153例，其中男性124例，女性29例，年龄以49～64岁为最多。原有精神疾患58例，占37.9%；起病以自已看书盲目炼功的发生率最高，占38.56%，在具体功法上，又以意守丹田法（26例），小周天法（25例），自发动功（25例）三种发生率最高。治疗措施包括：（1）与患者建立良好关系，根据“心定则气静”原则，以练功精神剖析法进行诱导、规劝和暗示；（2）对偏练静坐者诱发多练动功；（3）施行导引按跻、气功按摩、点穴、拍打等方法，结合语言暗示；（4）辨证施功，调整练功方法；（5）对于中、重度者可配合针灸、火罐、中药等综合性的治疗，同时结合语言暗示。疗效：轻度者110例，经门诊治疗三次左右，症状全部消失和好转。中度者38例，治后症状消失者20例，好转者18例。重度者5例，好转2例，无变化3例。经对中、重度偏差从症状改善率进行统计，达到66.54%。贾文卿等报道10例，其中9例亦因通过书刊学练功而发病，治疗针对原因，症状的轻重和偏差持续时间的长短不同，以不同的气功疗法为主进行纠正，辅助疗法大致同上。均取得良效。此外丁厚第介绍意气疏导法治疗偏差。先取无极站桩式，调意入静，意守涌泉片刻后施行本功法，包括丹田开合，膻中开合，印堂开合，引气下逝四个步骤。

辨证结合中药治疗练功偏差的经验也值得借鉴。如张玉恢治一女性，每次练功，双手及丹田很快发热如汤，此时心中常有紧张感，并有阳明火旺，气阴两虚等见症，乃诊为练功之偏差，治以清热养阴，益气宁神，方拟酸枣仁合竹叶石膏汤为治。服2剂睡眠好转，口渴目涩俱减，再以柴胡加龙牡汤善后。并嘱暂停练功，以消除原有的观念。还有蒋吉刚治验，患者因年前练防治近视眼时受惊，顿觉一股气上冲头部，随后头热重涨等，诊为练功出偏，肝胆经气失调，治以疏肝胆经气取相应耳穴（肝、胆、神门枕、脑平、失眠点、皮质下、内分泌）并以王不留行子置于胶布贴压于穴位。经治3次症减，10次而愈。

（习观槿）

【气功生化效应的研究】

王崇行等针对练功时出现的轻松感和缓和痛觉现象，对练功者的脑啡肽（EK）和催乳素（PRL）指标进行观察发现，12例练功者练功前血浆亮氨酸脑啡肽平均92.33±4.71（pg/ml），练功30分钟时为101.75±6.62（pg/ml）上升10.20%（P<0.001）；8例受试者治疗前血清催乳素平均为（14.56±5.34（ng/ml)练功一年后平均为20.16±6.48(ng/ml)，上升45.34%（P<0.05）王氏等认为上述变化为练功时轻松感和镇痛作用提供了部分依据。李少波等通过22例健康人气功锻炼前后（10个月）血浆皮质醇的对比检测，观察到功前平均是12.08±6.06（mg%）功后降为8.79±1.20（ng%）（P<0.01）。沈再文等则报道练功后血浆皮质醇趋向升高。邝安堃等报道46例高血压病人气功治疗一年前后血浆18-羟-11-去氧皮质酮的对照观察结果：治疗前平均值18.35±1.67（ng/dl）治疗后降为9.60±0.72(ng/dl)。（P<0.001)。邝氏等又观察到70

例有性激素环境异常的中老年男性肾虚患者气功锻炼一年后，原上升的血浆雌二醇含量和雌二醇（E_2）／睾酮（T）比值均下降；24例绝经期女性肾虚患者原降低的血浆E_2和T则上升。沈氏等亦观察到类似结果，提示了气功锻炼有纠正性激素异常的作用。胡明友等报道67例青少年锻炼气功三个月后，生长激素从练功前7.11±5.41（ng/ml）上升为8.86±6.16（ng/ml），而T_3和T_4水平则较练功前降低。王文健等报道一组不锻炼的男性老人，T_3平均值为0.84±0.21（ng/dl），而坚持太极拳锻炼一组男性老人T_3平均值为0.93±0.20(ng/dl)，两组对照有显著差异（$P<0.05$）。廖承济等研究了气功锻炼对人体糖代谢的影响。发现16例练功老人练功前糖酵解强度平均为1.06±0.25单位，而练功后上升为1.257±0.232单位（$P<0.05$），沈家敖等报道一组病人练功前血乳酸含量平均为13.0±3.8mg%，练功后则降为9.8±3.0mg%。刘元亮、袁鸿江等亦观察到类似的气功降血脂效应。刘德傅等报道31例肿瘤患者练功二个月后血浆纤维结合蛋白从216.6±42.07（ng/ml）上升为510.8±149.97（ng/ml）（$P<0.001$），王伽林等报道气功态对肝胆分泌胆汁机能明显增加，且肝胆汁中胆固醇浓度改变和胆红素水平升高。胡松昌报道16例练功者血Zn平均为0.99±0.01（ng/ml）而5例未练功者平均0.855±0.069（ng/ml）有显著差异（$P<0.01$）。

（王崇行）

【内丹术的研究】

传统内丹术又称周天功，是中国传统气功中最主要的流派之一。它渊源于早期的内炼功夫，而兴起于唐，盛行于宋元，成熟于明代。以《周易参同契》、《悟真篇》两书为经典。但这类功法的传授及著作，都用繁复的术语、隐秘难读，不易理解。更由于它还借用了大量的外丹术语，使人难以分辨；有些内容因不轻传，就采用了灯迷譬语，使人难得真髓。马济人研究内丹术多年，并撰文指出：（1）要明确内丹术的概念。所说内丹术或周天功，它是指在思想内敛的基础上，意气相依，以内气感觉沿任督脉等经络路线周流运行为其特点，故名周天功。又因它区别于服食外丹，而期望通过自我锻炼，以收到似内服“灵丹”那样的效用，故原称内丹术。这两个名称一以功法特点而言，一以功效果而云。（2）内丹功法有一个发展形成的过程。丹田这一名称出现在东汉末年，而内丹的名称，开始见于南北朝后期，唐代是内丹术的早期探索阶段，唐代后期钟离权、吕岩、施肩吾三代人对内丹术的发展形成起了很大作用。周天的概念以及三丹田三关运转之说已见于他们的著作中。内丹术的主要奠基人为北宋张伯端，到了元代内丹术更为盛行，至明代内丹功法基本定型。但在发展过程中也形成了若干不同的派别，如南、北宗，东、西派等。（3）周天原为古天文学上术语，是指天球上的大圆圈。内丹术中以之比喻人体任督脉的周流一圈，也有用古天文上的黄道一词，也有以河车指任督脉，河车搬运指内气运转。这是本功法区别于其它功法的主要内容。（4）内丹术的步骤，古代由于各家实践、体会及着眼点不同，虽有粗、细之分，但分为练精化气，练气化神，练神还虚三步，基本上是一致的。其中以练精化气为基础，又称为坎离交媾小周天；练气化神为中间环节，又称乾坤交媾大周天；练神还虚为上层功夫，功法要逐层进展。（5）内丹术中的鼎器、鼎炉、玄牝、谷神等均指丹田。丹田有三：上丹田、中丹田、下丹田。而其中以下丹田为主，下丹田在脐或脐下，方圆四寸，为关藏元气的地方，内丹术都从意守下丹田入手。（6）内丹术中的药物常用铅汞、水火、龙虎等术语，实指人体精、气、神。这三者互相关联，互相促进，互相转化。其中精是基本，气是动力，神是主导。但是内丹术中又强调要练先天的精、气、神，即元精、元气、元神，而非后天的淫泆所感之精，口鼻呼吸之气，心意思虑之神。但在练功实践中，仍是以后天入手，以后天促进先天。(7) 内丹术中火候的掌握，古人强调临炉指点，即现场指导，更强调自悟，所以具体内容很少记载。火指练功中的意念，火候指用意念来掌握运用呼吸。在火候问题中，要注意该起火的时间，内丹术中常用子时、冬至、一阳生来表示。在火候过程中要注意掌握武火、文火与内气在任督脉上运转相适应。古人为了对初学者说明火候过程，常用《周易》中的图卦来作比喻。火候过程和炼己是内丹术中的重要环节，为此马氏、于晓非先后发表了《内气周天运行图》、《内气周天节律》、《河车转运规律》及《炼己与河车搬运》等专题论著，形象地介绍了这两个概念。

（马济人）

【《周易参同契》的研究】

为传统气功内丹术派尊为“万古丹经王”的《周易参同契》，从唐宋以来一直受到气功界的重视，把它作为行内丹功法的理论依据，历代的注解本现存者也达三十余种。自八十年代初起，气功学者及科技史研究者，又开始重视对《周易参同契》的研究。大致有以下几个方面：

（一）作者　从明代起形成二说，以迄于今，一说为东汉魏伯阳一人所作，另说为三人合作，即魏伯阳为四言作者，徐从事为五言作者，另一部份为淳于叔通所写。主一人说者如丁贻庄、范北宸，主三人说如潘雨廷、孟乃昌等。

关于魏伯阳的籍贯，由于魏在书中自叙“郐国鄙夫”，过去多认为此是魏伯阳所用的隐语，系指会稽上虞(现浙江省上虞县)。孟乃昌认为应从本义来理解，郐国故地为今河南郑州以南密县境内。原籍上虞的范北宸经过考察，认为确系会稽上虞，现尚有遗跡三处。

（二）注解本：过去都认为现存最早的注解本为五代时彭晓的《周易参同契分章通真义》，几成定论，现孟乃昌认为《道藏》中阴长生注本与容字号无名氏注本的自身正文以及唐代多种来源不同的引文相合，证明本身时代属唐，彭晓本则是五代后蜀时的传本。

由于《周易参同契》文字古奥，且多隐语，古人曾作过很多注释。近年来，朱氏的四言经文释译及辛非元的注释等论文已有发表，又周士一辑录唐至清代十四种注释本成为集注，行将问世。

（三）性质　近年仍然持有三说：其一是外丹说者，认为该书系人体外烧炼五金八石的炼丹术，化学界大都主此说；其二是内丹说者，认为此书系概述人体内通过意念掌握及运转内气的修炼功法，现存古代注解者，行内炼术者均崇此说，现人丁氏、范氏及朱山海等也然；其三是主外丹、内丹兼述者，如顾启欧、孟氏等认为从其文字分析及隐语的理解，《周易参同契》既论内丹又论外丹是毋庸置疑的。

（四）其它　(1) 范北宸认为本书原文中都只用《参同契》三字，彭晓注本也说此书系魏伯阳约周易撰《参同契》，故可知原书名仅为《参同契》。现书名用《周易参同契》可能出于唐代，这是为了区别当时著名高僧石头希迁的《参同契》而加上周易二字的。(2) 丁氏认为《周易参同契》中有炼功的功能反应生理效应的描述。功能反应中有三个不同层次的反应，以喻内炼后人体形神之妙；生理效应包括周天功法雏型、气通三关、乾坤大交三个层次。(3) 周易引入丹经，始自《周易参同契》胡孚琛认为：用易理作为内外丹的理论体系，是魏伯阳首创的。而且他借用易经爻象的符号来描述作丹理论也恰到好处，如火候和成丹过程的阴阳变易之理等都是。

（马济人）

【《黄庭经》与气功】

《黄庭经》相传为太上老君所作，于西晋时扶桑大帝令旸谷神王授于南岳魏夫人，而流传于世。魏夫人（公元252—334年）名华存，字贤安，任城人。刘化冬认为该书是魏夫人所作。全书分《上清黄庭内景经》和《上清黄庭外景经》两篇。《外景经》在《抱朴子·遐览》已有著录，《内景经》还见于《唐书·艺文志》，故《外景》成书早于《内景》。两书均以七言歌诀述养生修炼原理，为古道书之一，属内丹派的气功学说。其内容奥妙非常，深邃莫测，故后世注此经者寥寥无几。近年气功古籍研究社(以下简称研究社)选择清乾隆山阴元真子董德宁《太上黄庭经发微》为底本，并参考宋《道藏·云笈七签》所载的梁丘子《黄庭经注》，对原文作了校注和直译，使之通俗易懂。刘氏对该书中的气功奥旨作了进一步剖析，简述如下：

（一）《黄庭》宗旨、气功养生　刘氏指出：《黄庭经》把人体比作一座宫殿，内设三宫。每一宫为一丹田，上丹田为脑中泥丸宫，中丹田为心中绛宫，下丹田为脾中生宫，其出入之处为精门。另外有心、肝、脾、肺、肾五官；上、中、下三部，每部有八景，合为二十四真人。三宫、五官、八景、二十四真人，即《黄庭经》所要锻炼的主要内容。“黄”为中央之色，“庭”为四方之中。研究社直译《上有章第二》：“上有魂灵下关元，左为少阳右太阴，后有密户前生门，出日入月呼吸存”一段文字时指出：黄庭位于人身之中，绛宫魂灵之下，气穴关元之上，少阳胆木之右，太阴肺金之左，密户肾之前，生门脐之后。刘氏指出：该书以丹田、黄庭为枢纽，守黄庭，炼丹田，调呼吸，达胎息，以积累精气为指归。研究社《上清章第一》译文说：“和气通神，积精累气，养志存神，炼成大药，鼓舞真元，以结胎仙。”《肾部章第十二》译文说：“人能知修炼之道，运用之方，自然能得长生。”这是该书的宗旨所在。

（二）呼吸日月、内炼胎息　刘氏认为，内丹之术，主要指呼吸行气，内炼胎息，炼精化气，炼气化神是为气功养生之道。《黄庭经》的呼吸元阳之气有“饮日气”、“吞月精”两种方法。吞饮“日气”、“月精”就能还精炼形，回宫补脑。胎息之气即内气，通过口鼻的吐故纳新，吞饮“日气”、“月精”以积累精气而达到胎息。研究社《天中章第六》译文说：“精勤修持，呼吸真气，身心安静，则精气上达，面部清和，神气游于五官，以生华彩。”说明调息是修炼气功的重要环节之一。

（三）保气固精、炼精化气　刘氏认为：“丹田气穴”被古代气功家称为“生死门户”。男子之精，女子之胎，皆与其息息相关。当气功练到一定程度时，精气充盈，则要固守其精，使无漏泄。《呼吸章第二十》说：“结精育胞化生身，留胎止静可长生。”留胎止精能还精炼形，填满脑宫。研究社《玄元章第二十七》译文认为，保气固精以养神，使水火既济，三田满，是为炼丹的根本，保养精神应如玉匙金锁之完坚，不能使之走失。《五行章第二十五》译文指出：“能存养真玄之道，则修丹之万事俱毕。然其至要，在身中精、气、神三宝不可使有漏失。说明固精保气在炼功过程中的重要性。

（四）入静凝神、炼神返虚　刘氏认为，养神之道，当以无有所思为最高境界。其大要以恬静寡欲为主，心不烦劳，精不散失，故能延年益寿。《上睹章第十六》说：“方寸之中念深藏，不方不圆闭牖窗，三神还精老方壮。”即指练功时要神气内藏，不使外越。研究社《隐藏章第三十五》译文说：修炼有素，功夫纯粹之人，身心安静，凝神于气穴，及至有杳冥恍惚之象时，则会现先天至清至灵的景状。《黄庭经》十分强调入静，研究社译文指出：神凝气聚，则无疾患之忧．可见能否入静是练功取得成效的关键所在。

（孔庆玺）

参考文献

C

柴宏寿　气功偏差纠治153例临床分析　上海中医药杂志　(4)：14，1987

柴剑宇　气功态下涂磁粉掌心的磁现象观察　气功　(9)：414，1987

陈道翼　头针治疗脑源性瘫痪、失语444例报道　中国针灸　(2)：9，1987

陈生庚　松静功可以提高记忆力和注意力　气功　(10)：452，1987

D

第一届全国气功科学学术交流会论文摘编　气功　(11)：483，(12)：535，1987

丁贻庄　周易参同契与古代气功　中国气功　(3)：21，1987

丁厚第　意气疏导法治偏　气功　(1)：38，1987

F

范方晶　《参同契》及其作者　气功杂志　(4)：175，1981

范北宸　上虞二位名传世界的古代学者——王充、魏伯阳　上虞县修志通讯　(2)：1986

魏伯阳及其参同契考略　气功古籍研讨会论文　1987年

G

顾启欧　参同契炼丹功法初探　宗教学研究　(6)：32，1985

H

何伟国　气功使你聪明　科学生活　(5)：20，1984

胡孚琛　中国科技史上的《周易参同契》文史哲　(6)：73，1983

胡明友等　真气运行法对青少年内分泌影响的探讨　气功　(11)：488，1987

胡松昌　从微量元素探讨气功奥秘　气功　(8)：339，1987

气功提高脑功能的观察　气功　(1)：3，1987

华定博　气功留音法提高记忆力的观察　气功　(2)：51，1987

黄仁寿等　气功与教育潜能开发　气功与科学　(10)：30，1987

J

贾　万等　内养功治疗消化系统疾病90例分析　中国气功　(1)：45，1987

贾文卿等　气功临床纠偏10例　中国气功　(4)：14，1987

蒋吉刚　耳穴贴压纠偏一则　气功　(2)：85，1987

Kuang AnKun et al: Effect of Qigong therapy on plasma 18-on-DOC level in hypertensives Journal of tradional Chinese medicine 1987; 7(3): 169

L

李彩熙等　气功外气的实验研究　中华气功　(1)：2，1987

李梦华　气功外气对磁场强度影响的研究　中华气功　(1)：5，1987

李升平等　激光拉曼仪对“气水”结构的测试　气功　(6)：246，1987

李重风　定能生慧　气功与科学　(12)：20，1986

李少波等　气功增进人体生理有序化程度——简介真气运行法对人体生理的影响　气功与科学　(7)：10，1987

林曙光　气功可以提高学习效率吗？　气功和科学　(2)：24，1986

刘德傅等　消化道恶性肿瘤术后气功治疗的临床观察　中西医结合杂志　(8)：465，1987

刘化冬　《黄庭经》与气功　气功　(1)：29，1987

刘元亮等　导引吐纳术降血脂效应观察　气功　(11)：487，1987

廖承济等　气功锻炼对老年红细胞糖醇解强度的影响　福建中医药　(6)：55，1985

罗鸿高　气功能提高人的注意力和记忆力　气功与科学　(8～9)：67，1987

罗　英　让孩子们更加聪明起来　中华气功　(1)．32，1984

陆仁杰　气功增进中学生智能的初步观察　气功　(1)：36，1984

M

马济人　传统内丹术的探述　中华气功　(1)：13；(2)：12；(3)：8；(4)：15；1987

周天功述要　上海中医药杂志　(2)：8，1986，(4)：23，1986，(6)：35，1986，(10)：32，1986　(12)：20，1986，(5)：26，1987

张三丰论内丹功法　气功　(1)：31　(2)：75，1987

内气周天运行节律　中华气功　(1)：封二，1987

孟乃昌　周易参同契通考　气功古籍研讨会论文　1987年

孟乃昌等　周易参同契的初步研究　杨州师院自然科学学报　(1)：88，1987

P

潘雨廷　参同契的易学与服完之道　中华气功　(1)：10，1987

Q

气功古籍研究社　黄庭经　气功　(6)：263，1986

R

任清峻　内养功治愈甲状腺髓样癌并内颅转移一例　中国气功　(4)：41，1987

任正心等　真气运行法诱发产生干扰素的研究　气功　(3)：99，1987

S

单怀海等　放松功治疗焦虑症8例疗效观察　气功　(2)：60，1987

沈鹤年等　内养六合功治疗44例心脑血管病的疗效观察及预防中风的初步探讨　气功　(10)：435，1987

沈家敖等　三线放松功后血乳酸含量变化的探讨　气功　(6)：257，1984

宋修亭　气功与阅读、记忆、思维关系之浅见　气功与科学　(5)：9，1987

沈再文等　练气功对人体血浆中三种激素含量的影响　自然杂志　(4)：252，1984

W

王伽林等　气功态时肝胆汁中胆固醇的变化　上海中医药杂志　(12)：42，1982

气功态时肝胆汁胆红素浓度的研究　气功　(5)：228，1983

王崇行等　“内气外放”和“近红外辐射”对小鼠各脑区亮氨酸脑啡肽含量的影响　中华气功　(4)：2，1987

王崇行等　气功锻炼过程中血浆脑啡呔含量变化的初步观察　气功与科学　(7)：17，1987

王文健等　太极拳锻炼对老年男性内分泌功能的影响　上海中医药杂志　(10)：3，1986

温桂清　内养功治疗便秘证　中国气功　(1)：40，1987

吴盛贤　外气具有激光的特性　气功　(12)：542，1987

X

辛非元　周易参同契　气功　(7)：插页，1987

夏克简　气功记忆术　气功与科学　(6)：10，1985

Y

袁鸿江等　我国传统健身术对老年人心血管功能及高血脂症康复的观察报告　中国康复医学杂志　(2)：63　1987

杨运良　真气运行法对中小学生学习成绩及体质影响的实验报告　气功与科学　(7)：20，1986

尹克立　从心理学角度看入静　气功与科学　(2)：14，1986

于晓非　炼已与河车转运　中华气功　(3)：10，1987

河车转运节律　中华气功　(3)：封二，1987

Z

周士一　潘启明　周易参同契新探　湖南人民出版社　1981年版

张铁钧　益智有良法　气功　(4)：151，1987

张玉恢　辨证治疗练功偏差讨论　气功　(5)：214，1987

张淦昌　保健气功提高青少年智能和体质的初步报告　气功　(1)：14，1983

郑向阳　气功形象控制法提高大脑的记忆力　气功　(1)：6，1987

朱山海　《周易参同契》版本谈　气功　(6)：257，1986

周易参同契中的四言经文释译　中国气功　(1)：14，1987

祝褡里等　气功提高注意力记忆力和动作协调能力的初探　气功　(3)：103，1987

（十二）预防、养生与护理

【概述】

预防疾病是医务工作者的首要任务。近年来有些学者在“预防为主”和中医学“治未病”思想指导下，继续采用中医中药的治疗方法以预防危害人民健康较大的传染病流行，收效显著。如郭谦亨等在流行性出血热疫区易感人群中志愿者8025人中，有4421人服用中药制剂出血热预防片，结果表明对本病的保护率为76.7%。并对其中100例于服药前后进行免疫学测定，证明该片有增强机体细胞的免疫力。又刘莉云取耳穴压豆法预防流行性腮腺炎，在易感区内观察2000例，经21

天后不再发生腮腺炎，而传染区亦宣告解除，表明本法有一定的预防效果。虞佩兰介绍对2～5天的新生儿用黄连煎剂滴鼻防治金黄色葡萄球菌感染，为新生儿预防保健提供了有效措施。

研究疾病发生发展及其转归，有利于病情预测和开展医疗护理工作。关于观察天体在星空中位置变化对疾病的影响，裘月娟根据《内经》有关理论对月廓盈亏与出血的关系进行分析，发现1774例产后大出血在月圆时占34.10%，而在月偏时仅占16.91%。因而提出在农历望日前后进行护理时尤应注意观察这类病人的病情变化。还有陈师丽观察到喘症在冬春两季发病率占72%，因而提出要注意气象护理。关于情志变化在中医发病机制上占有重要地位。李爱琳、孙兵等应用辨证护理暴盲和青光眼病人取得一些有益的经验：（1）追踪病因，劝慰开导；（2）消除疑虑，移情易性；（3）调达情志，摄生养性。李氏针对暴盲肝火上逆型多起于大怒之后《内经》所谓"怒则气上"护理时相应地采用"恐则气下"治法，耐心劝导，晓之以利害。以制其上逆之气，从而有助于治疗。富有成效。

护理工作与中医中药结合，展示了广阔的前景。如术前灌肠一般认为操作既繁，且病人痛苦。北京妇产医院自1982年以来改用口服中药，列为术前中医护理常规之一。经用83例观察开始通便，肠道清洁程度，术中肠胀气等情况，均优于对照组且胃肠功能恢复快。刘美兰、张宗仁等采用中草药对烧伤病人进行护理，如地黄醇制成的外用喷剂，具有疗效高，疗程短，且经济方便，特别适用设备条件较差的医疗单位。还有李雅琴、王秀明从情志、饮食起居和治疗综合介绍护理心肌梗塞病人的经验。也有着眼于辨证分型施护的，如丁丽娟对肺心病并发呼吸衰竭，邹功珍对疫毒痢，李建美对上消化道出血，刘应龙、孟锦余对汗症等护理经验体会均有可供借鉴之处。再如王敏论述了辨证施护与责任制护理的同一性，也是一项值得探讨的课题。

养生学的首要任务在于防止衰老，却病延年，从近年报道可见，历代有关养生长寿理论及其功法的文献相当丰富。例如杨沛渲论述了古代养生源流及房内导引，指出：马王堆出土的竹简《养生方》汇集中国古代医家道家之学，仙家之术为一体，举凡阴阳之道，饮食起居及房室导引，靡不毕具，为养生学提供了宝贵的资料。傅维康撰文介绍元代王珪《泰定养生主论》的养生学特点，认为该书叙述了婚合、孕育、婴幼童壮衰老宜摄避忌以御未然之病等内容，使优生学与养生学密切结合，甚为可贵。道家养生功法是中国养生学中的精华，不仅历史悠久，而且有其独特的功效。边治中继承整理古代道家养生的十二势功法，认为具有肾气和盛，还精补脑；疏通经络，调和气血；利通关节，协调脏腑等特点和作用。探索抗衰老的有效中药，也是养生保健或康复的一个重要内容，陈庆生等经对90岁以上老人240例检查分析，选出94例各项检查均在正常范围内，但都有不同程度的肾虚症候，其中肾虚明显者占47.87%。提示补肾药物的选用有助于延缓衰老。还有沈自尹等继续进行了肾虚与衰老的研究。原希偃等则认为"正气虚损，瘀血内停"是老年人病理生理常有的一个特点。经服扶正活血中药后，使血液流变学得到改善。吕志军亦探讨了年老多瘀与甲皱微循环的关系，持有与上相近的见解。还有孙向东讨论了胃气与饮食在康复医学中的作用等。

（陆鸿元）

【黄连煎剂滴鼻防治新生儿金黄色葡萄球菌感染】

新生儿金黄色葡萄球菌（以下简称金葡）感染不但多见，且在新生儿败血症中居重要地位。虞佩兰等报道了五十年代末开展中西医结合防治本症的经验。（当时虞氏等所工作的婴儿室曾有金葡感染流行有13位工作人员鼻咽部全部分离出金葡）经对出生2～5天的新生儿276例次培养中，分离出金葡115例次，全部作血浆凝固试验，除5例次外全部（+），阳性率占95.6%。当时住院新生儿41例中16例患金葡感染性疾病。在预防方面，采用了100%黄连煎剂滴鼻每次2滴，每日3次；同时执行隔离患者、带菌者与空气用具消毒等制度，使流行得以控制。虞氏等认为此法可以治愈带菌者与控制流行。在实验室抑菌试验中，黄连煎剂1/128的浓度开始抑菌，1/32完全抑菌。此外虞氏等根据辨证论治，随证加减并结合现代医学研究用中医药治疗新生儿金葡感染轻症、重症与恢复期，均有较好的效果。

（陈兆英）

【长寿老人五脏功能探析及其防治原则】

陈庆生等为了解长寿老人的脏腑、气血、津液等生理特点，从而探索抗衰防老的有效中药，经对240例90岁以上老人进行了体检，以及物理学和生化、免疫学等各项检查了（如X线胸片，心电图，肝、肾功能，蛋白电泳，乙型肝炎表面抗原γ-谷氨酰转肽酶，甲胎蛋白，免疫球蛋白，血脂，血尿常规等），再从中选出各项检查指标均在正常范围内的94名老人进行五脏功能分析（参照全国中医学院统编教材《中医诊断学》）。结果发现94例老人均有不同程度的肾虚，其中明显肾虚为主者45例，占47.87%；肝虚为主者32例；脾虚为主者8例；心虚为主者7例；肺虚为主者2例。舌质青紫36例；干红23例；淡胖20例，淡红15例。脉象细55例，弦25例，沉8例，结代6例。据此认为与《素问·上古天真论》所谓人年老由于“精少、肾脏衰”等论点相符合。现代资料亦表明：肾的精血衰竭与免疫功能的降低、内分泌失调、遗传装置的改变都有密切关系，而这几种情况都是衰老的重要原因。再从老年人多见面部色素斑沉着，结合舌质、脉象进行分析，其瘀象的存在较为普遍。因而抗衰防老的中药防治原则，应着重于补肾填精和活血化瘀两个方面。

王静怡等收集3年中内科60岁以上的中西医结合完整病历390份，以其所填的“中医诊断”辨证分析为依据，并随机抽取同期住院的内科20～35岁病历384份作为对照。辨证分析结果：反映了老年人以虚为主。虚证涉及一脏者，两组均以脾虚为最多，约占二分之一，其次则为心、肾，但两组无显著差异。虚证涉及二脏者，以肝肾虚为多，其次是脾肾虚，再次为心脾虚。对照组以脾肾虚为多，其次为心脾虚，再次为肝肾虚。若将脾虚与肾虚分别统计，老年人肾虚占65%，脾虚占48%，肾虚多于脾虚，两者有显著差异（$P<0.05$）；青年肾虚占60%，脾虚占70%，两者无显著差异。虚证涉及3脏者，肾虚占93%，脾虚占69%，两者有非常显著性差异（$P<0.001$）。对照组均有脾肾虚。表明老年突出为肾虚，其次为脾虚，青年则脾肾并重。提示老年由健康向疾病转化中，脾胃首当其冲。日久则及于肾，培后天以滋先天，对老年人来讲至关重要。本文分析又表明老年人痰浊水湿证远较气滞血瘀证为多，提示抗衰防老除如上述着重于补肾填精，活血化瘀外，利湿化痰也是应予注意的防治原则之一。

（陈兆英）

【心肌梗塞的护理】

心肌梗塞是中老年常见病之一，病死率高，根据现代医学知识结合中医辨证施护有助于提高治疗效果。李雅琴、王秀明分别介绍了护理经验，综述如下。

1.避免刺激　李氏、王氏都认为对于本病应十分重视七情护理，避免精神刺激，特别是外界突然而来的不良信号。通过语言、表情、姿势、态度和行为的影响对患者进行开导和解释，使其安静勿躁，心情舒畅，配合治疗。对于急性心肌梗塞患者发病48小时内绝对卧床休息，休息可解除患者的恐惧焦虑，减慢心率。

2.调其饮食　王氏认为急性期以流质为主，随病情好转，可改为半流质，饮食宜取清淡易消化为主，应少量多餐不宜过饱，以免增加心脏负担。李氏认为本病每与思虑过度，劳倦伤脾，脾失健运有关，故每餐以半饱或七分饱为宜。饮食疗法亦可配合，如心血不足者，食用人参莲肉汤；心阴不足者，可食生脉粥（人参、麦冬、五味子、粳米）；瘀血内阻者，给予桃仁红花羹（桃仁、红花、藕粉）。

3.缓泻通便　本病患者常因大便秘而用力解便，每易诱发心律失常，心源性休克，心力衰竭，甚至发生猝死。对于此等患者应给予缓泻剂，番泻叶15克代茶饮用或大麻仁50克水煮服，同时多食水果，蔬菜，排便最好在床上使用便盆，亦可用开塞路通便。

4.解除疼痛　剧烈的持续性或反复发作心绞痛不仅难以忍受，且加重思想上焦虑和紧张状态，加重病情，应立即给予氧气吸入同时报告医生进行抢救，给予冠心苏合丸，益心丸服用。王氏又认为心肌梗塞病人发病后长期卧床休息弊多利少，特别是老年患者，根据每人的身体情况安排恰当的活动程序，不必强求一致。

（任秀芝）

【肺心病及其并发症呼吸衰竭的辨证施护】

丁丽娟报道了肺心病的辨证施护，其特点是与临床分型紧密结合，有助于提高临床治疗水平。（1）寒痰雍盛型：用发汗解表药发汗、应多饮温热开水、热汤、热粥助汗，稍加衣服，使微汗出，不宜直接吹风擦浴。按时服用温肺化痰、止咳平喘的中药，并观察其痰的颜色和性质。此期病人要注意保暖，不能再受风寒，否则会加重病情。（2）痰热雍肺型：痰黄量多粘稠不易咳出，给予清热祛痰或化痰消炎药蒸气雾化吸入，帮助患者变动体位、拍背等，鼓励患者用力把痰咳出。注意饮食有节，多食营养丰富清淡蔬菜，水果等维生素多的食物，忌辛辣刺激油腻食物。（3）心脾肾阳虚水泛型：需绝对卧床休息，保持充足的睡眠，低流量低浓度持续给O_2吸入，水肿明显的患者给低盐饮食，不宜食生冷酸味收敛辛辣肥厚食物，做好尿量记录，饮水或补液量等需根据尿量而定，补液应缓慢。水肿患者，必要时给利尿剂。需按时翻身，多变动体位，避免局部受压过久产生褥疮。（4）气阴二虚型：冬季特别要注意背部及项部的保暖，有吸烟嗜好者应戒烟，室内保持空气新鲜，避免烟尘刺激，饮食宜清淡，忌油腻荤腥，痰多者要鼓励咳出，使呼吸道通畅，患者体质虚弱，防止交叉感染。病情稳定后可到户外活动做呼吸操，打太极拳等，改善肺功能及提高抗病能力。（5）阳虚欲脱型：乃为险证，易危及生命，需密切观察病情，病人取平卧头低位，大流量给O_2吸入，保暖，针刺或指捏人中、十宣等穴，随时作好抢救准备，若用独参汤或用其它汤药均需缓缓服用，若用苏合香丸、生脉散、一香返生丸时，必须把药丸研细，用水浸，溶化后再缓缓喂服。

当肺心病发展到呼吸衰竭患者（相当于阳虚欲脱型）除按上述护理要求处理外，在咳喘阶段，核心是祛“痰”。张建椢认为护理时鼓励病人咯痰，适当翻身拍背，除服中药外，恰当使用吐法，涌吐方法有多种，有经验的护士都能做到手指深吐；淡盐开水和栀子豉汤服后，用压舌板轻轻压舌根，立即呕吐，由于呕吐时横膈运动，有些致命的痰栓也会吐出来。

（彭佳珍）

【上消化道出血的辨证施护】

李建美等对上消化道出血按照不同辨证进行护理。（1）实热症患者常由心烦易怒，暴怒伤肝，肝气郁而化火，逆乘于胃，阳络损伤而致病，施护时要劝导病人静卧少动，消除紧张恐惧心理，避免情志刺激。口干舌干给予淡盐水漱口。服药时要注意少量多次分服。根据中医水火生克之理，可在药后服酱油二滴，达到咸降作用，以防呕吐。中等量出血者，给清淡素流汁；舌苔厚腻，泛酸嗳气者，以微咸清淡为宜，如米汤、藕汁、鲜茅根煎汁，或淡盐汤等，但忌酸，甘之品，如橘子、菠萝汁等。胃脘痛可针刺足三里等穴。(2) 虚寒证多属病程较久反复出血，应给以安慰，消除顾虑，出血止后饮食宜给予无渣半流汁，黑木耳，藕粉、豆浆、牛奶等，饮食要温热。对出血不止，可取吴茱萸10克，食盐15克炒热，用纱布包好熨足底涌泉穴，引火归元，达到止血目的。赵华云等护理10例胃溃疡出血病员，吐血量最少者500毫升，最多1500毫升。在护理中重点观察体温、血压、脉象、舌象尤其是舌苔的变化，其饮食护理原则与上述大致相同。赵氏等亦强调血症病人精神护理的重要性不容忽视。

(牛爱玲)

【汗证的辨证施护】

刘应龙等对六种汗证进行辨证施护。(1) 自汗：时时汗出，动辄益甚，多系卫阳不固，腠理疏松所致。常见于外表虚病人。护理除严密观察体温、脉搏、舌苔、呼吸、汗出情况等常规外，必要时可针刺复溜、内关穴，起到敛汗的作用。但不宜温灸，以防助热泄窍，汗出更甚。中药宜文火煎，饭后服为佳。忌食辛辣，戒烟酒。(2) 盗汗：睡中汗出，醒来即止。常为阴虚内热表现。除常规护理外（下同)。须保持心情舒畅，不过度劳累。多食新鲜蔬菜、维生素、蛋白质、铁质、忌肥甘辛辣，晚餐不宜过饱，坚持锻炼，中药宜小量饭后温饮。(3) 战汗：恶寒战栗，再后汗出。系正邪相争，汗出热退。若战栗而汗不出者，给饮热米汤或热开水或覆盖棉被，安卧以助汗出。汗出而热不解者，提示病情较重，须严密观察变化，详细记录，必要时报告医生。汗液过多，应即用干毛巾揩干并更衣。可用煅牡蛎粉干扑，另用五倍子或何首乌末填脐止汗。若发有定时，中药于发作前服，发无规律，饭后服即可。(4) 脱汗：在疾病危重阶段，突然汗出不止或汗出如油，肢冷息微，脉微欲绝或散大无根者，乃阴阳离决之象，应立即报告医生。即取红参1支，熬汤饮用或反复咀嚼后吞服，外用止汗红粉（麻黄根、煅牡蛎、赤石脂、龙骨共研细末）绢布包外扑以止汗。如出现昏迷或意识朦胧者参照昏迷病人抢救措施，同时针刺人中、素髎穴。密切观察神、色、汗、二便、舌、脉等，或留守监护。病室周围严禁高声喧嚷，病情平稳后配合膳食调养如核桃糯米粥、龙眼鸡肉汤等，忌海腥发物。注意休息，配合气功、保健操、太极拳、日光浴等体育锻炼。(5) 半身汗：汗出半身，或左或右，或上或下常为中风先兆和偏瘫，截瘫表现。护理应检查出汗部位和无汗部位的温度，感觉反应，测量血压、体温、脉搏、发现异常，及时报告医生。卧床休息，避免精神因素刺激，消除紧张，恐惧心理，保持情绪稳定。在无汗部位进行热敷或姜片温熨。温度不宜过高，以防烫伤。配合针灸、按摩曲池、合谷、足三里、昆仑穴、采取先补后泻手法。

除上述内伤杂病外，对于外感热病的辨证施护也很重要，孟锦余认为对于温热病卫分证的治疗，不论辛温解表或辛凉解表，目的就是要热从汗解。在护理上重点观察出汗的情况和体温的升降。邪在卫表时，严禁用冰袋、酒精擦浴等物理降温，否则会凉遏热伏，反使表邪不能外透而传里。在用发汗药后。必须严密观察发汗的量和部位以及体温下降等情况，如微微有汗，体温梯阶式逐步下降则为佳；如体温骤降，病人大汗淋漓伴有虚脱先兆，则应停用解表药及采取相应措施；如药后无汗或有汗而热不解，则可能是邪入气分，必须及时报告医生。为了增加药力，服发汗药后可喝些热粥或多喝开水。此期的饮食宜清淡的半流汁或软饭，在发汗期还须谨防重复感受风寒。

（牛爱玲）

【小儿疫毒痢厥脱及其先兆症状的护理】

疫毒痢是痢疾中一种特殊证型，多发于夏秋季节，常见于2～7岁小儿，发病急骤，往往出现高热、昏迷、抽风等厥脱危候或其先兆症状。故在护理时尤应密切注意。邹功珍按“实热内闭”和“内闭外脱”两型进行护理。(1)严密观察病情既病防变。如见先烦躁后神昏、谵语、或由表情淡漠转为神情呆滞。四肢由温转凉甚至凉过膝，肘关节。面色由红转向苍白或苍灰。实脉(洪滑弦)转为虚脉(细弱微)。无汗或汗出不多转为大汗。呼吸浅表而不规则者，均为厥脱先兆，应立即报告医生。对于高热、神昏面赤烦躁的患儿，如发现鼻根及两眉宇间发青，白睛上翻或屏气，全身肌肉紧张或嘴角抽动等现象。都是动风抽搐先兆，也应报告医生，采取应急措施。(2)退热止痉同时注意驱邪而不伤正。内闭外脱型禁用发汗药退热，实热内闭型原则上也不用发汗药退热，以防伤津耗气，诱发或加重厥脱。两种证型的高热均可用大黄、黄连、白头翁、丹参等中药煎煮取汁待凉，每次100毫升低压保留灌肠，每小时1次，直至体温下降接近正常。既有清热解毒凉血作用，又能降泄以助疫毒排出。内闭外脱型常见四肢发凉，面色苍白而体温反上升者，可用桂枝、细辛、生姜、红花、防风等浸泡的酒精略加温后擦浴，以温经通络，解除血管痉挛并助散热。实热内闭型常见热势较高。大热是抽搐前兆，可用50%的红花酒擦浴。配合针刺合谷、曲池、大椎、风府等穴协助退热。亦可用小量退热剂穴位注射。一旦发生痉厥须立即报告医生。同时针刺人中、合谷、另配内关、风池等。(3)饮食护理。高热神昏时暂禁食。清醒后可给以银花露、鲜藕汁、绿豆汤等清淡易消化，生津解毒之品。恢复期多用山楂冲剂，健脾八珍糕糊喂养患儿。秦毅又认为疫毒痢证情均比湿热痢为重，应予特殊护理。如患儿出现面色苍白、眼凹、口干舌燥、皮肤弹性差，意识模糊、冷汗、肢凉、脉细微，且有腹胀呕吐烦躁者，为热毒内闭；又如出现呼吸深浅、节律不齐，或叹息样呼吸，瞳孔大小不等，面色青灰，乃呼吸衰竭之危象，以上均应立即报告医生，并准备抢救措施。

（任秀芝）

【中草药对烧伤的治疗护理】

张宗仁等报道中西医结合治疗护理807例（其中大面积烧伤157例）均采用0.5：1紫珠草及红树液用涂布、喷雾、小纱布贴敷法，分别对Ⅱ度Ⅲ度烧伤各期护理治疗，由于这些中草药对创面无刺激性，收敛作用强，故取得满意效果。刘美兰等报道485例地黄醇治疗烧伤病人的护理，地黄醇液为治疗烧伤外用喷剂，分有Ⅰ号、Ⅱ号。其中Ⅰ号（由生药黄连、黄柏配制）有消炎、控制创面感染，喷药后创面干燥、保痂作用；Ⅱ号（由地榆配制）有止痛、收敛作用。使用方法：创面清洁后，先用地黄醇Ⅰ号喷创面5～10分钟后，再喷Ⅱ号，一般每日2～3次，如创面大渗出液多，每日3～4次。治疗结果：治愈率达98.8%。本疗法经济方便、疗效高、病程短，特别适用于设备，条件较差的医疗单位。

（彭佳珍）

【手术前后病人的辨证施护】

一般认为采用肥皂水灌肠，作妇科手术前肠道准备，不仅操作繁琐，且病人痛苦。北京妇产医院妇科改用口服中药作术前肠道准备，并自1982年以来列为妇科术前中医护理常规之一。据报道，共观察83例均为硬膜下麻醉子宫全切病人，随机分为三组。第1组用“妇科术前中药”（大黄、芒硝、厚朴、枳壳、丹参、茯苓、丹皮、赤芍），煎200毫升，于术前1日晨晚各服1次。第2组用

“妇科1号”（由以上煎剂加生大黄粉冲剂），于术前1日上下午各服1次。第3组用单味番泻叶于术前1日上午开始泡茶饮。另选同条件者40例术前灌肠作为对照。结果：开始通便，泻下次数，肠道清洁程度，术中肠胀气情况，中药组均优于对照组。前者术后排便、排气早，胃肠功能恢复亦快。护理观察认为由于三组药物作用有别，临床应用也要辨证施治。对体质较强，即日就行手术者，可用第2组中药；体质较弱，选用第1组中药；对需要较长时间进行肠道准备，如会阴Ⅲ°裂或拟行阴道成型术的病人，选用番泻叶，从术前3日起服番泻叶水，连服2日，术前1日，再服1组药物，效果满意。

辛少芳报道1例因车祸而致“左胫腓骨中段粉碎性开放性骨折，合并左胫前肌筋间膜综合征”病人的中医护理，患者为老年男性，伤口流血不止，但无昏迷呕吐。经作清创缝合及胫前肌间膜切开减张术，左胫骨纲板内固定处理后，首先运用四珍辨证施护，望神色，精神，唇色。受暴力压致骨断筋伤，血离经脉，妄行于伤口外或溢于肌腠之间，使气滞血瘀，郁瘀化热耗损津液则患肢肿胀，脉弦数，舌质淡暗有瘀斑，舌苔黄干，小溲黄短。又由于气血运行不畅，脾失健运，肠胃运化失职，则苔腻，纳减，便秘。因此饮食调护宜清淡薄素的鱼片粥、苡米粥、蔬菜、水果、蜂蜜，多饮水，不宜肥腻燥热之品，使尽快恢复脾胃功能。同时按照外伤科一般护理常规，观察病人全身和局部的变化情况，尤其要根据中医动静结合护理，鼓励锻炼，及早恢复功能。

吕丽介绍了术后病人的饮食护理，亦属重要。共归纳为五点：（1）饮食要适时、适量。（2）饮食要兼顾营养和功效。（3）饮食不宜偏嗜。（4）正确指导病人进补。（5）注意调动病人情绪，以利进食。

（牛爱玲）

【几种疾病中医外治护理】

1.口疮　陈俊对252例重危病员采用中药漱口，防治口疮。药物有野蔷薇、野菊花，各120克，加水1000毫升煎熬30分钟，药液每日用100毫升，早、晚各1次，对神志不清及生活不能自理者，用棉签蘸药清洗口腔，7天为1疗程。结果：甲组为有口疮者100例，治愈率达97%；乙组为无口疮者152例，仅有三人发生轻度口疮占1.97%，药理研究证明：野菊花有疏风清热，消肿解毒作用。对孤儿病毒、金黄色葡萄球菌，白喉杆菌及痢疾杆菌有抑制作用。野蔷薇功能清暑、和胃、止血，并有广谱抗菌作用。

2.胃脘痛　罗启坤在临床护理过程中，逐步摸索到运用按摩手法和按摩穴位止痛法解除病人的痛苦。取穴：胃俞、脾俞、内关、足三里、天枢、中脘、关元、气海、神阙，肝胃不和加肝俞穴；胆道蛔虫及胆道疾病加胆俞穴；腹胀呃逆加涌泉穴。背部及四肢用推、按捏法、腹部用揉法，虚证用补法即轻揉加向心性推法，实证用泻法即强刺激加离心性推法。每次治疗5～10分钟，疼痛再次发作，可以重复进行。点按的力量加大些。

3.便秘　马洁根据按摩腹部可以加强胃肠功能，调畅气机达到健脾助运的目的，用以护治便秘20例，效果满意。手掌按压的力量以病人能接受为限，由轻到重，稳而持续，一般按摩10分钟。如实秘则采用泻法，按顺时针方向，自右下腹→右上腹→左上腹→左下腹，再返至右下腹旋转。如虚秘则采用平补平泻法，即按泻法先在腹部做5分钟顺时针按摩，然后再用相同的时间做逆时针方向的按摩。

4.乳漏　乳漏因溃脓或切开或换药不当损伤乳腺导管所造成。李惠娟报道，采用蝶形胶布牵拉治疗乳漏12例取效甚捷。操作方法：伤口周围皮肤常规消毒，制一蝶形胶布，宽窄与伤口大小相等，先将蝶形胶布一端粘贴於伤口一侧的健康皮肤，将伤口向对侧牵拉，使伤口对合整齐，在对合伤口上方放置75%的酒精溶液纱条，再将蝶形胶布的另一端经过敷盖伤口的纱条上方，粘贴固定于伤口的对侧健康皮肤，然后用敷料16～20层放置其上加压包扎固定，1～2日更换一次，一般1～3次即停止溢乳，再行常规换药1～2次可获愈，应用此法，促使伤口及皮肤与创腔紧密粘合，压迫阻止溢乳，促进愈合。

5.臀部硬结感染化脓　马桂英报道，根据《本草正指》记载，“艾叶通十二经……善於温中逐冷，行血中之气，气中之滞”。应用隔姜灸法护治臀部于肌肉注射后所致硬结感染21例，治愈率占95%。施术方法：用圆椎形艾炷约1立方厘米放在约3分厚姜片上置于已消毒的硬结部位点燃每次20～30分钟，当患者觉灼痛时，立即将姜片略抬起，然后挟住姜片再灸，使局部红润为度，灸后伤口再进行常规消毒，然后用细纱条填塞包扎，隔日灸一次。

（彭佳珍）

【暴盲和青光眼的辨证施护】

素无眼病，若单眼或双眼骤然失明谓之暴盲，是眼科急重症之一。李琳爱根据发病机制，应用辨证施护及食疗等方法配合治疗，效果颇优。

本病多因劳瞻竭视、暴怒、思虑太过或恣酒嗜辛等，致肝气上逆，气血郁闭，心神失守，胃热蕴蒸，痰湿阻滞，其血不能上荣于目而倏然致盲，也可因撞击伤目所致。据李氏分析有以下数型：

1.肝火上逆型　患者于大怒之后，突然视物不见，头目胀痛，面红赤，口干喜冷饮，胸肋灼痛，便干溲赤，舌质红，苔黄，脉弦数。护理从“恐则气下”着眼以制其上逆之气，即反复向病人说明，暴怒伤肝可使病情恶化，以及视力丧失对本人的生活和工作所造成严重的后果，同时做其家属之间的调解工作，使其情绪稳定下来，例举一老年妇女因怒暴盲，经上述方法处理，并在饮食护理方面，予服“菊楂决明饮”代茶饮，以清肝祛瘀明目。病情很快好转，两月后视力提高到“0.2”而出院。

2.肝气郁结型　患者属于平素性格内向，郁闷寡欢，或与家人呕气，加之酗酒过度。致视力丧失。叹息不已，沉默寡言。肝喜调达而恶抑郁，因此劝导病人应于清晨，阳气初升，肝木始盛之时，广步于花丛绿草之地，以舒怀忘旧，条达肝气。例举一男性青年，经诊属于本型，患者住院后叹息不已，沉默寡欢，经按上述方法处理，坚持进行，病人性情惭趋开朗。在饮食护理方面，予服《本草纲目》“月季花汤”，以疏肝解郁。55天后，视力由入院时的0.01提高到0.1而出院。

3.脾虚痰阻型　患者视物昏昧不清，酷嗜厚味、烟酒或素体肥胖。按辨证施护：是由于脾气虚弱，痰湿内停，脉络瘀阻，饮食不节，脾胃有伤，五脏精气皆失所养，不能上注于目，则内障之病即生。嘱病人主食清淡，多吃蔬菜，忌食刺激，辛辣肥甘厚腻之品。戒烟酒，例举一中年男性患者辨证属于本型，颞侧仅有余光视野。按上述方法处理，并根据忧思伤脾的道理，劝说安心养病，勿牵念家中或单位的事务工作。另外配用药枕，开窍明目。使症状得到控制。50天后右眼由光感提高到0.08，视野扩大而出院。

孙兵亦认为青光眼是常见的致盲性疾病，属“五风内障”范畴。其发病与情志密切相关，而病变过程中也会产生情志变化，如担心失明，尤其仅有一只眼有视功能者更为紧张，还害怕发病时的剧烈头痛。如须手术治疗，既怕手术时疼痛，更忧虑术后能否恢复视力。这些都会伤肝而加重病情。因此，护理必须在辨证施护的基础上注重情志护理。情志护理及时得当是影响药物治疗效果的重要因素。总言之其措施有如下三点：（1）追踪病因，劝慰开导；（2）消除疑

虑，移情易性；（3）调达情志，摄生养性。 （钱 娴）

参考文献

B

北京妇产医院妇科 应用中药作妇科术前肠道准备 中华护理杂志 （3）：115，1987

边治中 中国古代养生长寿术——道家秘传回春功 上海翻译出版公司 1986年6月版

边治中 道家秘传养生功法 康复 （4）：36，1987

C

陈 俊 中药漱口水对口疮的预防及治疗 中华护理杂志 （9）：404，1987

陈庆生 94例90岁以上健康老人五脏功能初步分析 浙江中医杂志 （2）：75，1987

D

丁丽娟 肺心病的辨证施护 护士进修杂志 （5）：31，1987

F

傅维康 《泰定养生主论》的养生特点 浙江中医杂志 （2）：87，1987

G

郭谦亨等 中医药预防流行性出血热的研究 中医杂志 （6）：35，1987

L

李惠娟 蝶形胶布牵拉治疗乳漏 陕西中医学院学报 （3）：51，1987

李建美等 上消化道出血中医护理 上海中医药杂志 （1）：21，1987

李琳爱 辨证施护暴盲的临床体会 中华护理杂志 （11）：507，1987

李雅琴 心肌梗塞的护理 上海中医药杂志 （1）：20，1987

刘莉云 耳穴压定预防流行性腮腺炎2000例观察 中医药信息 （1）：43，1987

刘美兰等 485例地黄醇治疗烧伤病人的护理 实用护理杂志 （11）：17，1987

刘应龙等 汗证病人的中医护理 护士进修杂志 （1）：30，1987

吕 丽 术后病人的饮食护理 中华护理杂志 （1）：19，1987

吕志军 年老多瘀的甲皱循环初探——附120例 山东中医学院学报 （3）：17，1987

罗启坤 按摩在胃脘痛护理中的应用 中华护理杂志 （7）：309，1987

M

马桂英 隔姜灸法治疗臀部硬结感染化脓 中华护理杂志 （4）：170，1987

马 洁 按摩腹部治疗便秘 中华护理杂志 （6）：270，1987

孟锦余 卫气营血辨证护理 护士进修杂志 （5）：10，1986

Q

秦 毅 泻痢病证护理 陕西中医 （6）：279，1985

S

沈自尹等 肾虚与衰老的研究 中医杂志 （10）：57，1987

孙 兵 青光眼的情志护理 湖南中医学院学报 （2）：50，1987

孙向东 浅谈胃气与饮食在康复医学中的作用 黑龙江中医药 （5）：36，1987

W

王静怡等 390例内科老年住院病例的证候调查 浙江中医杂志 （2）：76，1987

王秀明 急性心肌梗塞的护理 陕西中医学院学报 （3）：49，1987

X

辛少芳 胫骨中下段骨折的中医护理 护士进修杂志 （8）：31，1987

Y

杨沛渲 略论古代养生源流及房内导引 贵阳中医学院学报 （3）：13，1986

虞佩兰等 新生儿葡萄球菌感染在婴儿室流行时与流行控制后健康新生儿鼻咽拭子的培养 中华医学杂志 （10）：946，1958

虞佩兰等 中西医结合防治新生儿金黄色葡萄球菌感染 中西医结合杂志 （10）：620，1987

原希偃等 抗衰药改善血液流变学作用的观察与分析 天津中医 （1）：34，1987

Z

张建楣 中医对呼吸衰竭的辨证施护 护士进修杂志 （6）：20，1987

张宗仁等 中西医结合治疗烧伤创面的护理 实用护理杂志 （11）：15，1987

赵华云等 吐血10例护理体会 陕西中医学院学报 （3）：47，1987

邹功珍 小儿疫毒痢的辨证施护 实用护理杂志 （8）：26，1987

文献研究

（一）医药古籍

【概述】

中医文献是中医知识的载体，因而文献的发掘，就其实质来说，也就是知识的发掘。中国中医，历代名家辈出、著作如林。然而天灾人祸、累遭劫难，文献散佚，不可胜数，而知识也就随之“花落人亡两不知”了。

无奈我国疆域广阔，人杰地灵，保存祖先的文化遗产向有传统。他时虽有劫数之厄，焉知今时无“石室之秘”与“孔壁之藏”？禹新初《湖南医籍考》便是一例。仅湖南一省，历代医籍已报道者达139部。其中多数久已无闻，但是几经搜访，有些医籍竟如“汲冢之发”复显于世！这次选载湖南医家的七部著作，皆出禹文。这些著作，皆是若存若亡，如《医学引路》、《余庆堂验方增辑》，有的殆成海内孤本。湖南如此，他省可知。湖北《医学萃精》原刻板片的保存至今完好，又是一例。这说明中医古籍的发掘是大有潜力的。

我们发掘中医古籍，不是当古董来欣赏，也不是最终目的，而是经过研究整理、评介刊行，更加丰富祖国医学的宝库，丰富我们的知识，更好地为今天的医教研服务。例如清·吴尚先于公元1864年撰成《理瀹骈文》一书，以往认为此书开中国外治法之先河。本《年鉴》1987年卷曾收录清·程鹏程于公元1805年所著的《急救广生集》，早于吴氏著作59年。而本卷介绍的清·黄钤于公元1793年撰成的《余庆堂验方增辑》，又早于《急救广生集》12年。实则，黄书是在其师汪亦山于1780年所寄赠的《勿药单方》一书基础上增辑而成。以此计之，则《勿药单方》早于《急救广生集》25年，早于《理瀹骈文》84年。三书各有侧重，师法不同，它不仅使中国外治专科史向前推进了近一个世纪，尤为重要的是给我们提供了更加丰富的外治法临床经验与资料。

明清以来，我国专科研究不断深入发展，一些疾病如风、痨、臌、膈；痘、疹、疟、痢；口齿、白喉；梅毒、麻疯等并皆出现了专著。它标志着中医学的进步。近又发现清·郭传龄《颠狂条辨》，从而填补了中国精神病专著史的一项空白。颠狂病至今仍是临床上的老大难，此书的发现，以及郭氏所提出理论与治法，为今后颠狂病的研究提供了新的资料与启迪。

文献的征集评价，良非易事。尤其是评介，它直接关乎读者对一部著作瞭解的深度、广度，从而对它的学术与应用价值进行初步的正确评估。文献评介，约略言之，主要不外十事：即定书名、纪图卷、征史传、考师承、撮旨义、通学术、叙源流、别异同、存别义、究得失、述序录、明版本。过去由于对文献学的忽视，书籍评介多所阙略而无纲纪。近年来诸多专家学者对于文献学得以重视，并渐普及，文献的发掘、整理、研究、推广、评介等并有发展。我们期待着不断获得更多的成果，使本《年鉴》文献专栏更加丰富多彩。

（史常永）

【《五十二病方》儿科内容浅析】

《五十二病方》中的儿科记述，提供了秦汉时在儿科方面的诊治水平。陈达理对婴儿三证作了认真探析。

“婴儿索痉”：原文“索痉者，如产时居湿地久，其肎（肎）直而口钔，筋挛（挛）难以信（伸）。”陈氏认为此证即为小儿脐风。理由：(1)连续三段病证均以“婴儿”冠首，可见皆为小儿疾患；(2)所述症状符合小儿脐风的表现；（3）索，《说文》释为绳索，小儿脐带恰似绳索状；（4）隋唐前医家认为妇人子痫发生在妊娠时期，这里言产时不符合妇人子痫证。

“婴儿病间”：原文“间者，身热而数惊，颈脊强而复大……。”认为此证似为现所谓急惊风或有热性惊厥。间通痫，古代痫证包括了惊风病。宋以前的著作《玉决》、《石壁经》记有惊风病名，宋以后始有将惊风与痫证分开的趋势。“身热而数惊”说明除肌挛外还有热和惊的现象，符合急惊风的发热和惊悸等症。而现今所述的癫痫证则并无发热，可见婴儿病间所指为当时的痫证和现在的急惊风证。

“婴儿瘛”：原文“婴儿瘛者，目繲䣍然，胁痛、息瘿瘿（嘤嘤）然 戾（矢）不化而青”。认为此证为小儿虚型的慢惊风。瘛，《说文》释曰：“瘛，小儿瘛疭病也。”以筋脉相引而急为其表现。“繲”：音懈，似通懈，目繲为目无光采而有倦意；䣍似通邪，䣍然，可理解为弛缓之貌；瘿通嘤，《说文》：“嘤，乌鸣也”故瘿瘿可视为视惕心惊而发出的声音；戾不化为下利清谷或奶瓣状排便，脾肾阳虚所致，矢青多由肝木克土、脾气极虚所致。可知本证为脾肾两虚之慢惊风。

由于现存儿科著作皆为隋唐以后之作，故现今对汉以前儿科状况了解不多，通过对《五十二病方》有关儿科内容的探讨可以了解当时儿科的诊疗水平。从这三证看：（1）治疗均未采用内治法，仅用熨、浴、祝、揢等外治法，疗效不会理想，可见儿科治疗还较落后；（2）婴儿病间方下有“小婴儿以水半斗，大者以一斗”的论述，可见当时已注意到年龄大小与剂量的区别；（3）诊断病证基本上能够抓住主要症状，如对肌肉痉挛的强度的描述，脐风用“直”、急惊风用“强”、慢惊风用“瘛”、都恰如其分；（4）在对证候诊断上远远超过《内经》中有关论述的水平。

（赵章忠）

【敦煌卷子《内经》残文】

法国巴黎国立图书馆藏有二件敦煌医学卷子，伯希和编号为P.3481与P.3287。王咪咪据以考论，并将原件有关文字录出发表。P.3481共13行，行22～24字不等，今见于《灵枢·邪气藏府病形》篇。P.3287共150行，其中31行文字见于今本《素问·三部九候论》。二件卷子文字亦见《脉经》、《甲乙经》、《太素》，是否《内经》古传本、抑是亡名氏古医籍中《内经》引文，尚待进一步考证。唯其校勘今本《内经》等，确有重要参考价值。兹仅录其卷子原文，以备考校之资。

P.3481卷子原文：“问曰：脉之缓急、大小、滑涩之形病如何？对曰：心脉急甚者为瘈。微急为心痛引背，食不下。缓甚为狂笑。微缓为伏梁，在心下，上下行，时唾血。大甚为喉吤。微大为心痹，引背，善泪出。小甚者善哕。微小为消瘅。滑甚为善渴。微滑为心疝引脐，小腹鸣。涩甚为厥。微涩为血溢，维厥，耳鸣，癫疾”。

“肺脉急甚为癫疾。微急为肺寒热，怠惰，咳唾血，引腰胸，若鼻息肉不通。缓甚为多汗。微缓为痿，漏风，以下汗出不可止。大甚为胫肿。微大为肺痹引胸背，起恶血。小甚为泄。微小为消瘅。滑甚息贲。”

P.3287卷子原文：王咪咪发表者，本无标点，对于文中少量通假字作了脚注。今为便于阅读，加用标点，王氏脚注散入正文，以括号（ ）标明。另有需注明者。括号中加“编者”二字以别之。因有夺误，句逗仅供参考。

“各别九野，九野（原作九九野野）为九藏。神藏以败，刑（形）藏以竭者，其色必夭。日（曰—编者）：形盛脉细、匈(胸)中气少不足以息者死也。其上下左（原夺左字—编者)右相失不？(不，疑训何—编者)

色相得者生，相失者死，若上者病也。其上下左右相失不？岐伯日（曰一编者）：察九候独小者病，独大者（原夺者字一编者）病，独热者病（原误作热者病独一编者），独寒者病，左（左字原病字互乙一编者）脉独陷者病。〇以左手去足内踝上五寸，指微案（按）之，以右手指当踝上，微而弹之，其脉中气动，应过五寸以上。需需然者不病也。需（蠕）需者，来有力，其气来疾中手。恽恽然者病也。恽恽（浑）者，来无力也，其气来徐徐，上不能至五寸，弹之不应手者死也。徐徐者，似有似无也。其肌宍（原误作宾一编者）身充，气不去来者亦死。不去来者，弹之全无。其中部脉，乍疎乍数者经乱，亦死若（危之讹一编者）矣也。其上部脉来代而勾（钩）者，病在络脉也。九候相应者，上下若一，不得相失也。一候后者则病矣，二候后者则病甚，三候后者则厄矣。所谓后者，上中下应不俱也。察其病藏而知死期，必先知经脉，然后知病脉也（脉也二字原互乙一编者）。真藏脉者亦死。足太阳气绝者，足不可屈申（伸），死必戴眼。冬阴夏阳奈何？岐伯日（曰一编者）：九候之脉，皆沉细悬绝者为阴也，主冬夜半死。脉皆盛躁耎（喘之讹一编者）数者为阳也，主夏日中死。寒热者，平旦死。热中及（原讹为反一编者）热病者，日中死。病风者，日夕死。病水者，夜半死。脉乍疎乍数，乍迟乍疾者，日乘四季死。若形宍（原讹作宾）以脱，九候虽调者亦死。上七候虽见，九候皆顺者不死。所以不死者，风气之病，及经间之病，似七诊之病，而非七也，故言不死。若有前七诊之病，其脉候亦败者则死，死者必发哕噫也。必须审谛，问其所始苦（原讹作若一编者）、所始之病，与今所痛异者，乃定吉凶。循其脉，视其经，浮沉上下逆顺。循之其脉疾者不病也，其脉迟者病也，若脉不往来者死。上部天，两额动脉；上部地，两颊动脉；上部人，耳前动脉。中部天，手太阴；中部地，手阳明；中部人，手少阴；少阴，手心主脉同。下部天，足厥阴；下部地，足少阴；下部人，足太阴。此名三部九候也。三部者，天地人也。九候者，部各有上中下，故名九也。”

（史常永）

【《玄感脉经》初探】

《玄感脉经》系敦煌脉书七种之一，现存法国巴黎国立图书馆，卷子高27厘米，存69行文字。王淑民对此作了初探。

《玄感脉经》一卷，未署撰者。查《旧唐书·经籍志》有“《玄感传尸方》一卷，苏游撰。”《宋史·艺文志》记有“《玄感传尸方》一卷，《玄感论》一卷，苏游撰。”根据史书记载和苏游所撰书籍均冠以“玄感”二字，且苏氏最早书籍见于唐代，可推断其作者是唐代苏游。

《玄感脉经》成书于何年，抄于某代，均无记载。根据书中的避讳字，曾三次出现旦字，二次将“旦”字写成“旦”，一次写成“口一”。缺笔避讳始于唐，考《旧唐书·睿宗本纪》云：“睿宗玄真大圣太兴考皇帝讳旦。”由此可知，卷中旦字缺笔是避唐睿宗之讳无疑。因此，《玄感脉经》的成书年代应在公元684～711年间。抄写年代似应在晚唐。

此书收集了唐以前脉书及医书中有关脉学理论，并有所发挥，是研究唐以前脉诊发展史的宝贵史料。

（高忠樑）

【王好古著作年代考】

王好古，字进之，号海藏，元·赵州人。一生著作甚多。《中医图书联合目录》（下简称《联目》）、《中医各家学说讲义》等（1964年上海科技版）所载，互有出入。尚志钧根据甲子纪年与王朝年号互证，对某些著作做了考订。

尚氏认为王好古著书序末用甲子纪年。

甲子纪年以60年为周期，难以得出绝对年代。必须把甲子与王朝年号联系起来，才能得出绝对年份。

《医垒元戎》题丁酉九月，《联目》认为1237年。元代共经历163年，前后约经三个甲子周期。因此，出现“丁酉”年可有三次。一在1237年，即金亡后第四年，此时元代尚无年号；二在1297年，元大德元年；三在1357年，元至正17年。《联目》订为1237年与《汤液本草》自相矛盾，待考。

《汤液本草》有三序，一为戊戌，二为丙午，三为戊申。《医籍考》据首序戊戌夏六月，订为1298年。尚氏认为“丁酉”与“戊戌”是前后相邻的二年，若订为1298年，则与1237年前后相差61年，又与相邻年份不符。待考。

《此事难知》，《联目》据序题戊申，订为1308年，与1237年相差71年，王氏未活到百岁以上，前后著作不能相差71年。尚氏据《此事难知》序题“至大改元秋七月”。苏州市图书馆藏本题“元至大戊申刊本”。“至大改元”是元武宗元年，即1308年（戊申年）。这是与年号连在一起的甲子纪年，是绝对年代。再据此年代，推算在同一周期内的“丁酉”与“戊戌”。丁酉为1297年，戊戌为1298年。据此，《医垒元戎》序题丁酉年，应为1297年。《汤液本草》序题戊戌年，应为1298年。《阴证略例》、《瘫论萃英》所题“丁酉年”，也应为1297年。订正了《四库全书提要》、《联目》等错误，并认为王好古的生卒年代也应重新考证。

（高忠樑）

【《本草原始》作者考】

《本草原始》卷首题“雍邱李中立正宇甫纂辑”。可是王重民《善本医籍经眼录》说：“中立，字士强，号正宇，上海人，万历二十三年进士，官大理寺评事。李氏科名颇盛，然多精于医。兄中梓，侄延昰，皆著医书行世”。赞同王氏说者不少。郑金生据《上海县志》、《明清进士题名碑录索引》、《本草原始》罗文英、马应龙两序，确证王重民将上海李中立误为河南杞县之李中立。罗文英，河南杞县人，万历三十五年进士，序中提到“李君名中立，少从余游”，可见李是罗的学生。马应龙，山东安丘人，万历二十年进士，序称“宰杞时，得李君中立”可证马是于杞县做官时，结识李。这于上海的李中立都绝不相及。按《汉书·地理志》云：雍丘县属东留郡，故杞国也，因而杞县得称雍丘。《本草原始》十二卷，载药452种，李氏手自绘图379幅。其图多为当时市售药材，饮片实物，并注鉴别特点，这是和其他本草书不同的。今存万历四十年（公元1612年）原刻本，及崇祯十一年（公元1638年）鹿城葛鼐校订本，能显示该书原貌。有清以降，多有坊间翻刻，率脱罗序，且图文质劣失真。

（史常永）

【《回回药方》综考】

《回回药方》现存残本四卷，藏北京图书馆。成书年代未见记载，近人虽有推论，但缺乏可信的证据。高晓山据此书卷十二治筋松肉慢节“黎鸡儿”的注文有北平地名，可推断其成书时间。当在公元1368～1403年间。

书中主要内容为阿拉伯医药知识，也包含着中医药学的内容。在中药部分有些可能是从阿拉伯医学中引进的，书中的无花果、石榴、安息香、乳香、没药、血竭、胡椒、芥子、阿魏等，并不能说明受中医药学的影响。在此书中还包含着相当数量只产于中国本部，长期为中药所特有的药物，有的重复出现多次，反复引用，应非偶然。书中中药名有时用本名，有时用译音加注本名。牡丹皮则通本只用本名，没有译音。牡丹只产于中国，很难说它是阿拉伯医学药物。书中收载了唯一以丹为名的“鹤顶丹方”，与其大致同期的《普济方》鹤顶丹方相对比，二者极近似，很可能源于一书。方中半夏、人参、马兜铃都是此书中唯一出现处，也都是常用中药；方中随证用汤引，是中成药常用方法，而该书中也是唯一出现处。可以推想，该书与《普济方》中的鹤顶丹的同一来源，很可能不是阿拉伯医书，而是宋、元时代的失传中医方书。书中可能还包含某些新疆地区穆斯林医药知识。因此，可以说该书是以阿拉伯医药为主体融合中医药学的著作，不是阿拉伯医学的译著。

该书采用了大量的口语化文字，以及语助词“的”，而且大量应用儿化名词，这在古代医著中是绝无仅有的，书的作者或是熟悉大致相当华北北部和东北南部一带的口语。更从“黎鸡儿”名称分布地域来看，该书最大可能成于北京一带。作者是一位长期居住或出生于北京的穆斯林，而不是中南亚人。

（陆肇基）

【《颠狂条辨》的发现】

《颠狂条辨》不分卷，清·郭传铃著。传铃里居生平未详。据张基谟报道，在整理藏书时发现，书为成都复真堂藏版，宣统元年（公元1909年）重刊。该书初刊于同治二年（公元1863年），距今已124年。《颠狂条辨》是迄今发现的中国第一部精神病学专著，诸家书目，罕见著录。该书分三部分：第一为颠狂辨证：分为颠狂总论、审脉以辨虚实、审色以辨浅深、审症以辨经络；第二为颠狂治法：主方有独活汤，以邪传脏腑论治，如肝、心、脾、肺、胃分治。又立五脏合病、伏火上炎，狂转颠症、真中颠症、心神不安等治法，并论述将愈吉兆、愈后调理，共二十三方。第三为应用诸方，计十三方。郭氏提出“颠症以温中升阳为主，寒凉断不可用”。又云：“治颠狂，仅温中解郁以理痰尽矣。狂则以理痰为先，清火次之。盖理痰以治其内，清火以治其外，标本兼治而治备矣”。

（史常永）

【外治方书《余庆堂验方增辑》】

《余庆堂验方增辑》二卷，清·黄钤撰。黄钤，号映庭，又号郎垣，湖南长沙人。据黄氏自序：曾长衡山学署十余年，平时注意搜集见效良方。庚子（公元1780年）冬，其师汪亦山（名涛）官河南汝州刺史时，寄赠《勿药单方》一书，共收方八百有零。其方屡试屡效，同僚索钞者甚伙。钤乃在《勿药单方》的基础上，增辑有效验方四百七十余首，别为六十四门。上卷列补益、虚劳、吐血等二十八门。下卷列咽喉、心胃、腹痛等三十六门。所选方药，皆简单易行，主要为外治方法。如疟疾门：“一方：以姜一块，研烂泥，团作饼，如指大，置于普通膏药中心，以火烙热，贴于颈项后从上数至第三节中合缝间。须于未发前先贴，其疟如失。又方：用大蒜三瓣，胡椒七粒，百草霜三分，共捣成十丸，男左女右，缚于曲泽穴上。又方：用辣椒末入脐内，膏盖，十六岁用五分，年小递减，至六十岁外亦递减，神效。又方：旱莲草捶烂，男左女右，置寸口上，以古钱压定，帛系住，良久起小泡，谓之天灸，其疟即止。或用马齿苋亦可。又方：老姜四两捣烂，男左女右，敷膝上，用油纸、蓝布扎紧，不令汁流出，须于未发之先敷之”。此书世鲜流传，今见有乾隆五十八年癸丑（公元1793年）刊本，这是继《急救广生集》后又一重要发现。

（史常永）

【《金针三度》与《三针并度》述略】

《金针三度》三卷、《三针并度》三卷，清·熊廷良（公元1702～1785年）撰。廷良（一作良廷），字相著，湖南衡山人。据廷良自撰《道源家传》云：“余家祖述岐黄，相传五十余世。世远者难以尽记，自我大高祖绍森公传高祖继周公，继周传曾祖君奇，君奇公传祖考微北，微北公传吾父文佐，文佐公传大兄时安及四弟廷武与余，凡六世”。廷良承家业，复从友人洪岫云言：“君欲穷气运、究三天（指浑天、宣夜、盖天等天文学——编者），非参地学莫能”。遂游古歙陈天际之门，再受南岳道者黄再聃之书。廷良年五十有五，乃著《金针三度》、《三针并度》，“曲尽辨疑释惑，破荒披径之法”。

《金针三度》，上卷为“三天原本说”、“三天发用说”、“三阳民火说”、“一家眷属说”等十七篇。中卷为“一度脉”、“二度病”、“三度方”、“小儿征病说”等。下卷为“四言脉纲”。其大要在乎“阐发乾坤奥旨，坎离精义，子母夫妇之生克，牝牡阴阳之配偶。其对于脉诀一道，尤枕葄功深，驳前人以呼吸定迟数及脏腑经络分配与正诊寄诊之谬，独能别开生面，寻出候内候外秘奥”。

《三针并度》上卷为《加注医方集解》，自谓“变用《伤寒》祖方，节取古订杂汤，详加脉法”为主。中卷为“自制方法”，共七十余方。下卷为“医案”，皆其得心应手经验”，记载了所治难、重、危症一百余例。其案例常用猛峻之药建功。亦有以猛药倖中而讥之者。廷良自谓“《三针并度》假命名而中串秘窍；准今的古，仗末议以启后法前”，颇为自信。

《金针三度》与《三针并度》撰于乾隆四十二年（公元1777年），书成未及梓行而廷良去世。山邑刘远扬，邀同好，收辑全稿，于民国三年（1914年）以木活字本刊行。或因印数不多，国内已极罕见。

（史常永）

【《金匮启钥》丛刊简介】

禹新初介绍《金匮启钥》丛刊三十六卷。该书系清·黄朝坊撰辑。朝坊，字妙山，湖南醴陵人，生卒不详。嘉庆元年（公元1796年）诏举孝廉方正。祖及父俱业医，趋庭训，间复遇姻亲匡邦宝，字纬韩（一作玮含），人称“匡神仙”。朝坊师事之，学有心得，为人治病屡获奇效，于是医名大振，群亦以“匡神仙”目之。嘉庆九年（公元1804年）著书数十卷于所居“不尽山房”。书成未梓，而朝坊逝。迨咸丰十年（公元1860年），其裔孙安梯募梓遗书，求序胡廷槐，胡名之曰《金匮启钥》。该书《贩书偶记续编》有著录，题“金匮启钥十四卷（原注：卷十分三卷，卷十四分二卷），妇科五卷，幼科四卷，痘科六卷，眼科六卷，清黄朝坊辑，咸丰庚申绍雅堂刊。”现国内馆藏极罕，《中医图书联合目录》著录总三十七卷，其中《痘科》题“九卷”，显误。《醴陵县志》载“《金匮启钥》二十四卷”，禹新初介绍作三十六卷，当是包括首一卷，盖《金匮启钥》实非全书总名，故以所见著录卷数，或有差异。

《金匮启钥》十四卷：卷一为“医学举要、脏腑总论”等六十六目；卷二至卷九为杂病，计“发热、潮热、恶寒、寒热往来”、等一百五十六目；卷十为伤寒，计“伤寒引、上赋、下赋”等六十六目；卷十一为春温，计有“春温引、冬伤于寒、春必病温”等六目；卷十二为“夏热、病热、湿温、斑毒”等；卷十三为瘟疫，有“瘟疫引、匡公经治疫证口诀”等十目；卷十四为痢症，有“痢引、六气主司、匡公治痢口诀”及孔以立《痢疾论》摘萃等。《妇科》五卷计“寒热、血风劳、客热”等六十五目。以上两书，多为阐述祖传、匡翁所授及黄氏平生之经历，为黄氏著述之汇要。其他《幼科》四卷，系陈飞霞《幼幼集成》；《痘科》六卷，系聂久吾《活幼心法》；《眼科》六卷，系傅仁宇《审视瑶函》；均属前人原著，稍事更张，或略附己见，无甚发明。黄氏别著《医案》十二卷，今未见。

（史常永）

【医学全书《彤园医书》简介】

《彤园医书》二十七卷，清·郑玉坛撰。玉坛字彤园，湖南长沙金井人，生卒不详。玉坛初攻举子业，三试乡闱不售，乃弃儒习医。生平服膺《医宗金鉴》，因以该书为蓝本，“每科标出品题于前，悉体法言，随症附方集于后，并择诸家经验方法，分门别类，荟萃成篇”。《彤园医书》实为继《医宗金鉴》后，增而广之的一部医学全书，共五集。禹新初撰文介绍。

《彤园初集大方脉》六卷：卷一为三阳伤寒篇、三阴伤寒篇；卷二为伤寒辨证篇；卷三为真中风、类中风等二十二门；卷四为肿胀、水肿等三十五门；卷五、卷六为伤寒杂病医方合编，载方七百有余。

《彤园二集小儿科》四卷：卷一为四诊门；卷二为惊风、痉病等十门；卷三为伤寒、感冒、瘟疫等十四门；卷四为霍乱、疟疾等十四门。

《彤园三集妇人科》六卷：卷一为妇科总括；卷二为嗣育、种子、受孕、养胎等五门；卷三为妊娠伤寒、妊娠感冒等十四门；卷四为胎前本病门；卷五为生育、催生等四门；卷六为乳疾、前阴等四门。

《彤园四集外科》六卷：卷一为脉诀总括、痈疽辨论、治法总括等十五门；卷二为颈部、脑后等十二门；卷三为胸部、乳部等十八门；卷四为疔疮、杂症等四门；卷五、卷六为外科医方便考，收方八百有余。

《彤园（五集）本草》五卷。原书未见。

《彤园医书》五集，初刻于乾隆六十年（公元1795年），后于嘉庆元年（公元1796年）、光绪二十五年（公元1899年）有重刻本。迄今未见完本。《中医图书联合目录》有著录，题《郑氏彤园医书四种》，子目与禹氏介绍书名有异。

（史常永）

【《医学萃精》简介】

《医学萃精》不分卷，清末民初汪昌美撰。昌美，字古珊，号改勉，以字行。生于道光二十二年壬寅（公元1842年），卒于民国六年丁巳（公元1917年），湖北恩施县蚂蝗坝人。汪氏博学广识，一生行医，积三十年之经验，采摘诸家之长，历时六年编成《医学萃精》一书，于公元1896年刻成，首次仅印193部，今国内馆藏已罕见。公元1904年施纪云在施南府设“医学研究所”，聘汪氏为教席。据张兴柱报道1955年，宣恩县中医刘绍南献出《医学萃精》木刻原版一套，现仍保存于鄂西自治州民族医院图书馆内。十年动乱，未罹劫灾，何其幸也！

（史常永）

【《医学引路》简介】

《医学引路》共两册，不分卷。清·肖培仁撰。培仁，字德安，湖南衡山人，生卒未详。此书久无传闻，《中国医籍考》、《中医图书联合目录》等均无著录。禹新初予以介绍，该书首例“鹿平刘宾贤先生纂集四要（四诊）八要（八纲）总诀”，依次为“好生堂刘鹿平先生心传”、“五症明辨叙”、“内景真传说”、“五运总诀”、“六气总诀”、“运气总论”。其大旨内科宗仲景、妇科宗万密斋、儿科宗陈飞霞。对于张景岳、吴又可、喻嘉言、冯楚瞻等，皆有采摭。肖氏论医，多有发前人所未发。如论脉云：“切脉不过辨明浮沉迟数，有力无力，有胃气无胃气，有神无神，虚实而已。但胃气难辨。余谓：不独六脉皆有，即浮沉迟数皆可察其有无。昔人有云：‘缓而和匀，不疾不徐’等语。若是，则平脉即有，病脉则无。余细揣之，当以来去缓急为辨。来去分明，至数均匀，应指有和缓之象，虽数亦是有胃气、有神。来去疾数模糊，如龙雷之火，过指即无，至数不匀，虽四至亦是无胃气、无神”。“切脉必知其平日脉象，临病方得有准。余曾见脉洪大弦紧如钱串者，有微细迟缓如虫行者，有浮取不现者有沉取全无者，生来如此，其人并无病。病则脉必反常，亦有不改者”。此皆经验之谈，非比泛泛空论。别有《医书歌括》未见。《医学引路》由其子、孙、曾孙刊行，衡州文林堂藏版。刊年未详。

（史常永）

【《医学脉灯》简介】

《医学脉灯》八卷，清·常朝宣撰。朝宣，号妙悟子，湖南长沙人。据该书其子跋语：朝宣幼应童子试，习举子业，风檐辛苦备尝，然屡踬场屋。岁乙丑（公元1685年—编者）随仕云间，得肠澼症，嗣是邃心医学。该书首列“脉神、十二经、五脏正脉、五脏手脉、五脏病脉、五脏死脉、五脏真脉，冲阳、太溪、太冲部位解”。次为“二十八脉（出《诊家正眼》）、“各病宜忌脉”（出《冯氏锦囊》）、“脉要歌”（出《景岳全书》、从《医学权舆》改编一编者）、“死脉歌、矫世惑脉辨”（出汪机）、“妊娠脉、天和脉”（出《轩岐救正论》）。最后为“《素问》六十年运气病治之纪、奇经八脉”，多采张景岳、肖通隐、李时珍之说。该书虽属编纂之作，然刊本稀少，可补目录史乘之阙。今存乾隆十四年家刻本。常朝宣尚撰有《痘疹慈航》二卷、《医灯》八卷（一作四卷），《医学纂要》一卷、《香枫书屋诗稿》一卷、《杜诗选》一卷，均未见。

（史常永）

参考文献

C

陈达理 《五十二病方》中的儿科内容小析 中华医史杂志 (1)：46～47，1987

G

高晓山 《回回药方》考略 中华医史杂志 17 (2)：65，1987

S

尚志钧 王好古著述年代讨论 江苏中医杂志 (6)：29，1987

W

王淑民 郭煌脉书 《玄感脉经》初探 上海中医药杂志 (8)：35，1987

王咪咪 敦煌卷子《内经》考 上海中医药杂志 (3)：38，1987

Y

禹新初 湖南医籍考 湖南中医杂志 (2)：51，1987 (4)：59，1987

禹新初 湖南医籍考 湖南中医杂志 (6)：59，1987 (6)：62，1987

Z

张基谟 《颠狂条辨》的发现与评介 中华医史杂志 (1)：25，1987

张兴柱 汪古珊与《医学萃精》 中华医史杂志 (2)：78，1987

郑金生 李中立及其《本草原始》的考察 中华医史杂志 (1)：32，1987

（二）仲景学说

【概述】

1987年，仲景学说的研究，在理论探讨、临床应用与用药剂量问题等方面颇多进展，摘要概述如下。

（一）理论探讨 对《伤寒论》的辨证方法的探讨，柯雪帆认为六经辨证是《伤寒论》的辨证纲领，提出具体的辨证方法可分为脉症结合，脉症动态、症状相关、症状比较、识别假象、治疗反馈、时相等七种，并分别阐明其意义、方法与具体应用。张光华阐述了《伤寒论》中一分为三的辨证方法，即三阴，三阳、表、里、半表半里，上、中、下三焦等。张家骥将《伤寒论》中的辨证技巧归纳为十种：提纲挈领法，持重固守法，随证变通法，由此及彼法，别具只眼法，无者求之法，不必悉具法，司内揣外法，去伪存真法，试探法。这十法实际包括辨证、论治以及学习《伤寒论》的方法在内。此外，对太阳经证进行了较为深入的研究，对《伤寒论》烦躁证的辨证治疗做了分析研究。还有对个别条文的释疑，也有一定的参考价值。“胃家实”涵义的探讨，陈永尧对《伤寒论选读》关于胃家实的解释（胃家实包括阳明病经证与腑证，腑证的临床基本症候是痞满燥实坚）提出了商榷。陈氏认为胃家实的基本症候是腹满按之痛。时振声认为阳明病的特征是胃家实，但胃家实并非都是阳明病，杂病也有胃家实。陈亦人认为阳明病经证、腑证之分美中不足，改为阳明病热证、实证为妥。胃家实包括无形之实（治以白虎汤）与有形之实（治以承气汤）。梅国强认为胃家实当然包括经腑二证，全国统编教材所引临床症状虽多，但临床上不一定全部出现。李克绍认为胃家实指的是肠中宿食粪便留滞，白虎汤证是阳明病而不是胃家实，把白虎汤证说成胃家实是对《伤寒论》的曲解。对《伤寒杂病论》与《易经》、《内经》、《难经》等的学术关系，也有研究探讨。关于如何提高《伤寒论》研究的水平，不少学者，提出了有益的见解和建议。

（二）临床应用　仲景学说广泛应用于外感、内伤、妇科、儿科、外科、针灸，均有成功的经验报道。游开泓报道用桃核承气汤加味治疗肝性血卟啉病35例，治愈率达88.5%。戚广崇报道用天雄丸治疗男子不育症32例，生育者13例。张绍舜报道用温经汤治疗女性不孕症25例，怀孕者19例。王廷敏报道用柴胡加龙骨牡蛎汤加减治疗癫狂症52例。李富生报道用芍药甘草汤治疗哮喘35例。许润三用四逆散加味治疗输卵管阻塞115例。范华昌报道用大剂量麻黄附子细辛汤治疗Ⅲ°房室传导阻滞。一方用于多种病证的报道更多，这是异病同治的具体体现。如刘渡舟、陈宝明报道用三黄泻心汤治疗高血压、精神分裂症、脂溢性脱发、子宫内膜异位症、多汗、偏枯等，王忠民报道将桂枝茯苓丸广泛用于妇科病证，如子宫肌瘤、葡萄胎、卵巢囊肿、子宫功能性出血、不孕症、闭经、痛经等。罕用经方的应用也有报道。如何复东报道用烧裈散治疗热病房劳后病证（瘥病）；张维广报道用侯氏黑散治疗原发性高血压。柯雪帆从七例具体病例出发，对少阴病的治疗规律作了初步探索，认为少阴病是严重的全身性的阴虚或阳虚，有寒、热、挟邪等证候，治疗不仅是温阳或滋阴，该急下者应急下以存阴，以利阳气的恢复。宋乃光对甘麦大枣汤的疗效作了回顾性评估，认为过去夸大了甘麦大枣汤对脏躁病的疗效应予纠正。

（三）剂量研究　1982年，柯雪帆曾提出了仲景方剂的剂量问题。王心东等对近年来使用大剂量麻黄的报道进行了综述，较大量为15～30克，最大剂量为120克，主要用于哮喘、肾炎、心脏病、关节炎等。范华昌报道用麻黄120克附子30克治疗Ⅲ°房室传导阻滞。

（柯雪帆）

【《伤寒论》与《易经》、《内经》、《难经》的学术关系】

张喜奎、王梅竹认为在《伤寒论·自序》“撰用《素问》、《九卷》、《八十一难》、《阴阳大论》……”中提到的《阴阳大论》，应从米伯让的推断，即《周易》之别名。证诸《礼记·礼运》：“孔子曰……我欲观殷道”，郑玄注：“得殷阴阳书也。”又庄子：“易以道阴阳。”《伤寒论》中以《周易》星宿命名的方剂有白虎汤、大小青龙汤、真武汤等。所以，张、王二氏认为《伤寒论》的六经辨证体系源于《易经》的三阴三阳（又称“六位”）概念。仲景依据《周易》的哲理，把复杂的伤寒病，按其病位的表里、病性的寒热、病势的虚实，归属为阴阳两类证型。《伤寒论》“病有发热恶寒者，发于阳也，无热恶寒者，发于阴也。发于阳，七日愈，发于阴，六日愈，以阳数七，阴数六故也”，就是将所有伤寒病归属于阴阳两类的概括，并据《周易》的水火之数推断其病程。再将阴阳两大类证分为三阳病、三阴病。伤寒始发、病位表浅、病情较轻的太阳证，相当卦之初位，而阳衰已穷，始于来复的厥阴病，则相当卦之上位。由此可见《伤寒论》的六经辨证体系，是在《周易》六位概念指导下建立起来的。

符友丰认为《内经》所述“伤寒”，系指病因，而非病名，《伤寒论》的“伤寒”病名，虽然可溯源于《内经》，但在《内经》“却找不出一个病名之伤寒”。陈宝明认为《伤寒论》六经分类方法，完全沿用了《素问·热论》六经分类的名称，而发展充实了新的内容。但两者有差别，《热论》之六经病，范围较小，病症较简单，只局限于六经的热证和实证；《伤寒论》之六经病，范围较大，病情较复杂，有表里寒热虚实的变化。在辨证上，较《热论》的论述丰富。在治则上，纠正了《热证》对少阳病的错误治法。《伤寒论》继承了《热论》的精义，加以充实发展。

符氏认为，“伤寒”作为狭义的病名，首先见于《难经·五十八难》：“伤寒有五，有中风，有伤寒，有湿温、有热病，有温病。”瞿双庆认为，《难经》创立了比较完整的脉诊体系，而《伤寒杂病论》则是把《难经》脉法运用于临床的第一家。《难经》创独取寸口说，提出“独取寸口，以决五脏六腑死生吉凶。”《伤寒论》中取寸口者有136条，可见仲景诊脉已以寸口为主。《难经·十八难》说“三部者，寸关尺也”，仲景继承《难经》之说，如《伤寒论》244条“太阳病，寸缓关浮尺弱，其人发热汗出……”。《难经·十八难》：“九候者，浮中沉也。”《伤寒杂病论》中也很注重取脉轻重，如“肺死脏，浮之虚”、“寸口脉浮而大，按之反涩”等。《难经》创立阴阳脉法，其义有二。一是脉位，即如《难经·二难》：“从关至尺，是尺内，阴之所治也；从关至鱼际，寸口内，阳之所治也。”二是轻重，如《难经·四难》：“浮者阳也，沉者阴也，故曰阴阳也。”《金匮·妊娠病》“妇人得平脉，阴脉小弱”，此“阴脉”即指关后尺部；而血痹虚劳病篇“血痹阴阳俱微”，此阴阳即指浮取沉取，以浮取沉取俱微来说明营卫气血之不足。综上所述，可见《难经》独创的脉法在《伤寒杂病论》中得到了广泛运用和发展。

（金芷君）

【仲景论脉探析】

仲景论脉，内容丰富。在《伤寒论》中脉证并举的原文有135条，论脉60种。在《金匮要略》中脉证并举者有120余处，论脉69种。近年来，对仲景论脉，进行了串解、探要、辨析。

（一）诊脉法归类　聂惠民、王竹修、姜建国等认为，仲景诊脉法可归为九类。(1)寸口诊脉法：《伤寒杂病论》原文多以“脉”来表示，为最主要的诊法。论述寸口脉有70多种，（单脉20种，兼脉50多种）并在其基础上发展了“三部九候”诊脉法。(2)趺阳诊脉法：即诊足背动脉。能诊断脾胃的病变。仲景述及趺阳脉有浮数、浮芤、浮涩、沉数滑、滑紧、微紧、紧数、微弦、伏及伏涩等。(3)少阴诊脉法：即诊手少阴心经的神门穴、足少阴肾经的太溪穴。能诊断少阴心、肾病变以及妇人病证。(4)寸口趺阳诊脉法：即寸口诊脉法结合趺阳诊脉法。能诊断五脏疾病，特别是心肺气血的有余、不足以及脾胃之气的强弱。(5)趺阳少阴诊脉法：即趺阳诊脉法结合少阴诊脉法，诊断先后天之根的强弱．(6)寸、尺部对比诊脉法：即寸部脉及尺部脉进行比较以辨别脏腑的表里、寒热、虚实的不同病变。(7)尺脉诊脉法：即诊尺部脉。能诊断下焦疾病，特别是肾气虚实以及妇女妊娠等．(8)

尺脉趺阳诊脉法：即诊尺脉结合趺阳诊脉法。能诊断脾胃及肾的病变。(9)关脉诊脉法：即诊关部脉，能诊断脾胃的病变。

（二）脉诊的特点 沈敏南、王竹修、朱宝贵、刘玉坤等探讨了仲景诊脉的特点。(1)以阴阳为脉诊的总纲：将脉象分阴、阳，如浮、大、数、动、滑为阳脉；濇、弱、弦、微为阴脉。次将部位分阴阳，寸为阳，主上焦；尺为阴，主下焦。再以浮沉取法分阴阳，浮取为阳，沉取为阴。(2)脉与四时相应：四时常脉是“春弦秋浮冬沉夏洪”，以病人的脉象与四时常脉比较可辨别疾病的病证。(3)因人辨脉：仲景认为病人的素体肥瘦，脉象也有变化。诊病时应加以注意。(4)脉与证治并举：仲景诊断疾病以脉、证、治三者相互结合，但尤重辨脉。其表现有五。①《伤寒论》、《金匮要略》二书，对于每一病证都冠题为“病脉证并治”，表明各种病是以脉证合参，证不离为原则，而脉又列于证之前。②险证重脉，判断预后。《伤寒论》以脉为主，推断预后的条文有18条。③凭脉示位，以脉定性。以浮脉为例，寸部脉浮，多系外感热病；趺阳脉浮，多见胃热亢盛。④审脉测因，以脉论病。仲景常以脉象来说明疾病的病因病机。如《金匮要略·水气痰饮病》篇“脉浮而洪，浮则为风，洪则为气”的脉浮、脉洪，作为推断风邪和水气的依据。⑤诊脉部位多样，《伤寒杂病论》根据疾病的不同病证、场合，采用了手脚并诊的诊脉法。以寸口为主，必要时结合诊“趺阳脉”和“少阴脉”。在寸口脉诊的具体应用上，仲景在《内经》、《难经》的寸、关、尺三部诊脉法的基础上有所发展。尤其对独取寸口诊脉法，寸、关、尺脉对比诊脉法，寸口、趺阳对比诊脉法以及尺脉趺阳对脉诊脉法各方面都颇有发挥，对后世脉学的发展影响很大。

（孙志远）

【太阳经证的研究】

太阳经证为六经辨证的重要证候，近年来颇多研究。

（一）太阳经证的分类 谢焕荣、柴中元认为太阳经证应包括伤寒、温病、风温、中暍、痉证等，属于泛指外感热病的概念。沈敏南按照病因的不同将太阳病分为风伤卫，为桂枝汤证类；寒伤营，为麻黄汤证类；风寒两伤营卫俱病，为大青龙汤证类。郭芳将太阳经证分为四个层次。以脉浮、发热、恶寒为主症，可用麻黄汤或桂枝汤；以脉微缓、发热、恶寒、热多寒少为主症，用桂枝麻黄各半汤；以脉迟、反发热、不能坐卧，身痒为主症，用桂枝二越婢一汤；以脉涩、躁烦、不知痛处，短气为主症，此为阳郁化热均较严重，可用桂枝越婢各半汤。

（二）营卫不和含义的讨论 李安民、万剑峰、谢焕荣、沈敏南、姜建国、杨力等认为《伤寒论》的营卫不和，有广义与狭义之分。广义泛指在病理状况下皮毛营卫的卫主外，充皮肤、司开阖；营在内，行肌肉而温腠里功能的失调。它包括太阳病的病机，如太阳伤寒属卫强营郁，太阳中风属卫强营弱。狭义的仅指营卫不和，又有强弱的不同。营弱卫强者，如太阳中风证，以发热、恶风、汗出为主症；营和卫弱者，如“脏无他病，时发热自汗出而不愈者，此卫气不和也”；营卫俱弱者，如“凡病若发汗，若吐，若下，若亡血，亡津液”。

（三）太阳中风与桂枝汤证的关系 郝印卿认为桂枝汤证的范围较大，包括太阳中风证和感受其他外邪的太阳病，如太阳伤寒证，以及非感受外邪，而属于太阳皮毛营卫处于卫阳疏张，营阴外泄的太阳杂病。

（四）桂枝汤属于发汗剂还是止汗剂 任占山、童增华认为桂枝汤属于发汗剂，理由有三。(1)仲景“若一服汗出病差，停后服，不可尽剂。若不汗，更服依前法……”“增桂令汗出”，明确指出该方属发汗剂。(2)该方“啜热稀粥”、“温覆令一时许”

目的均在于发汗。(3)该方主药桂枝辛温发汗，芍药不是敛汗而是益阴助汗。余国钧、孙其然认为桂枝汤属于止汗剂，理由有二。(1)桂枝汤证病机属营弱卫强，腠理疏松，营阴外泄，故不能再发汗更伤营阴。(2)该方虽有桂枝辛温发汗，但芍药能滋阴和营，敛阴止汗，故服桂枝汤后能使邪去而汗止。姜建国认为桂枝汤不是发汗剂也不是止汗剂，只是和剂。桂枝汤有解肌作用，它与麻黄汤的发汗作用不同。太阳伤寒属风寒外袭，卫阳阻遏，病在表皮，故可用麻黄汤发汗而解；太阳中风属"营弱卫强"，病涉肌肉，伤及营阴，营弱者汗自出，治疗宜注意益阴，故桂枝汤以桂枝解肌祛邪，又以芍药益阴敛汗。临床施用桂枝汤常有双相调节作用，汗多者药后汗止，无汗者药后汗出，故桂枝汤的解肌并非通过发汗祛邪，可能通过其他途径。

(孙志远)

【《伤寒论》烦躁证的研究】

《伤寒论》提到"烦躁"(或"躁烦")的原文有21条，太阳病12条，阳明病3条，少阳病1条，少阴病3条，厥阴病2条，另外"心烦""心中懊憹"等也属于烦躁范畴。张炳填、傅德元、姜建国、周纯然、孙素玲、刘艳芳等探讨了其辨证和治疗。

"烦躁"证的辨证：《伤寒论》烦躁证多见于邪热扰心，心阳浮越以及气血亏虚，心神失养。若按其病因病机，可分10类：风寒外来，阳气内郁化热，以发热、恶寒、无汗、烦躁、脉浮紧(或浮缓)为主症；热郁少阳，以寒热往来、胸胁苦满、心烦喜呕、嘿嘿不欲饮食、口苦、咽干、目眩、脉弦等为主症；余热留扰胸膈，以心中懊憹、虚烦不得眠、胸中窒、口苦等为主症；阳明气分大热，以大热、大渴、大汗、烦躁、脉洪大等为主症；阳明府实结聚，以潮热(或蒸蒸发热)、腹胀痛、谵语、烦躁、狂乱、便秘或热结旁流为主症；阴虚火旺，以心中烦、不得卧、舌红苔黄、脉细数为主症；火逆耗阳，心神不宁，以烧针火逆后、惊狂、卧起不安为主症；阳虚阴盛，以四肢厥冷、烦躁、汗多、下利清谷、脉沉微为主症；瘀血邪热互结，以谵语惊狂、少腹硬满痛、脉细涩等为主症；中阳不足，气血两虚，以心中悸而烦、腹痛等为主症。

"烦躁"证的治则主要有：(1)辛温重剂发汗，兼清里热法，适用于风寒外来，阳气内郁化热，阳气闭郁，汗出不彻者。证重者用大青龙汤，轻者用桂枝二越婢一汤。(2)和解少阳，清泄胆热法，适用于热郁少阳者，用小柴胡汤。(3)轻清清气法，适用于余热留扰胸膈者，用栀子豉汤。(4)辛寒清气法，适用于阳明气分大热者。用白虎汤，如气虚，用白虎加人参汤。(5)苦寒攻下法，适用于阳明府实结聚者，可选用大、小、调胃承气汤。(6)滋阴清火法，适用于阴虚火旺者，用黄连阿胶汤。(7)温阳宁心安神法，适用于火逆耗阳，心神不宁者。用桂枝甘草龙骨牡蛎汤，重者用桂枝去芍药加蜀漆牡蛎龙骨救逆汤。(8)回阳救逆法，适用于阳虚阴盛者。可选用四逆汤类方。(9)攻下逐瘀凉血法，适用于瘀血邪热互结者。轻者用桃核承气汤，重者用抵当汤或抵当丸。(10)温振中阳，补益气血法，适用于中阳不足，气血双虚者。用小建中汤。(11)辛开苦泄，寒热并用法，适用于寒热错杂、脾胃不和者，可选用半夏、甘草、生姜泻心汤。(12)暖胃化痰降逆法，适用于寒邪犯胃，浊阴上逆者，可用吴茱萸汤。(13)通阳利水法，适用于太阳府证，水气内停者，可用五苓散。

(孙志远)

【《伤寒论》研究的若干意见】

如何提高《伤寒论》研究的水平，不少学者提出有益的见解和建议，已成为《伤寒论》研究不可缺少的部分。

潘澄廉认为(施仁潮整理)，整理研究

《伤寒论》，要有利于临床实际。提出不囿于现存版本的体例，以六经辨证指导临床，重新编次《伤寒论》。先讲总论，阐明仲景的学术渊源、伤寒的基本涵义和对后世的影响等。以后依次讲太阳篇、阳明篇、少阳篇、太阴篇、少阴篇、厥阴篇，打破原有布局，以同类方汇集一处。末讲结语，谈《伤寒论》的辨证论治规律，方剂的临床应用。提出借助现代科学技术深入研究《伤寒论》的证和方。潘氏提出不能再以经解经，随文释义。对证建立客观指标，阐明其病理转归；对方分析成分，研究药理，提到新的水平。《南京中医学院学报》介绍了陈亦人等对《伤寒论》研究的思考。陈氏针对把《伤寒论》内容分别编入《诊法学》、《辨证学》、《方剂学》的说法，认为《伤寒论》不可取消。李国鼎谈伤寒学科的改革，一要明确伤寒学科性质和任务；二要编写新教材；三要有大批用经方的临床医生。认为《伤寒论》可能将被《辨证论治学》所取代。王三虎提出要重视借鉴日本研究《伤寒论》的成果。张大明等从流传、语言、写作等因素，论述了对《伤寒论》原文理解的不确定性，并从理解者的时代、心理、气质、方法等因素，论述了对《伤寒论》原文理解的多样化，认为“既然原意不可得，即可明智地放弃寻找伤寒论的唯一正确意——原意的无谓努力”。

王阶提出建立六经病证的动物模型，从证候标准化，诊断客观定量化研究《伤寒论》的证和方，并介绍了日本在这方面的研究。曾庆明也提出用实验方法揭示《伤寒论》六经证、治的微观本质，并使之客观化、精确化、科学化。研究可分两步走：第一步从较简单的方证入手，第二步开展六经病实质的研究。

于爱芬提出要挖掘仲景学说中的潜科学，创立“病前学”，以诊察处于健康与疾病的“中介”状态，创立中医预测学，以研究疾病发生、发展、转归的预见性判断。

（林功铮）

参考文献

C

柴中元　太阳六淫病初起有六型　湖北中医杂志　(2)：52，1986

陈宝明　刘渡舟教授活用大黄黄连泻心汤　北京中医学院学报　(3)：34，1987

　试从《伤寒论》六经辨证论仲景对《素问·热论》的继承发展　山西中医　(5)：4，1987

陈亦人等　关于《伤寒论》研究的思考　南京中医学院学报　(3)：1，1987

　胃家实刍议　中医杂志　(7)：55，1987

陈永尧　关于胃家实的探讨　中医杂志　(4)：52，1987

F

范华昌　中医药治结代促脉85例临床疗效观察　新中医　(8)：26，1987

符友丰　“伤寒”名义考　黑龙江中医药　(2)：6，1987

傅德元　《伤寒论》烦躁症治疗八法　四川中医　(5)：3，1987

G

郭芳　试析太阳经证的层次　河南中医　(3)：2，1987

H

郝印卿　《伤寒论》中的太阳中风证　山西中医　(4)：52，1987

何复东　烧裈散治疗阴阳易差后劳复病30例小结　国医论坛　(4)：35，1987

J

姜建国　《伤寒论》平脉法串解（三）　山东中医学院学报　(2)：19，1986

　《伤寒论》烦躁症之探讨　内蒙古中医药　(2)：25，1987

　“解肌”析　中医杂志　(4)：69，1987

　读《伤寒论》札记二则　浙江中医学院学报　(5)：50，1987

K

柯雪帆　少阴病治疗规律初探　全国第二次张仲景学说讨论会论文汇编　23页

　伤寒论辨证方法研究　中国医药学报　(3)：141，1987

L

李安民　试论太阳经病两类证型的成因　河南中医（2）：6，1987

李富生　芍药甘草汤治疗哮喘35例　中医杂志　（9）：66，1987

李克绍　我对胃家实的看法　中医杂志　（9）：54，1987

刘渡舟　漫谈三黄泻心汤　中医杂志　（3）：19，1987

刘艳芳　《伤寒论》烦躁之探讨　中医药学报　（2）：7，1987

刘玉坤　浅谈"平脉辨证"的临床应用　陕西中医学院学报　（1）：13，1987

M

梅国强　胃家实之我见　中医杂志　（8）：61，1987

N

聂惠民　《伤寒杂病论》脉法探要　国医论坛　（4）：14，1987

P

彭万年　张仲景用毒方法研究　全国第二次张仲景学说讨论会论文汇编　56页

Q

戚广崇　天雄丸治疗男子不育症32例疗效观察　中国医药学报　（1）：36，1987

瞿双庆　从脉法看《伤寒杂病论》与《难经》的学术关系　国医论坛　（2）：4，1987

R

任占山　桂枝汤是发汗剂还是止汗剂再辨　四川中医　（7）：3，1987

S

沈敏南　试述伤寒论的病因辨证　云南中医杂志　（3）：5，1986

试论《伤寒论》脉学之特色　国医论坛　（1）：1，1987

孙其然等　从桂枝汤及其类方看仲景"调整阴阳"的学术思想　辽宁中医杂志　（8）：7，1987

孙素玲　《伤寒论》烦躁症辨析　山东中医杂志　（3）：3，1986

施仁潮　考究《伤寒》刻意求新——潘澄廉研究员谈《伤寒论》的整理研究　河南中医　（1）：2，1987

时振声　对阳明病提纲的看法　中医杂志　（6）：60，1987

宋乃光　对甘麦大枣汤治脏躁病的疗效评价　中国医药学报　（3）：176，1987

T

童增华　桂枝汤应属发汗剂　四川中医　（6）：55，1986

W

万剑峰　营卫不和刍议　江西中医药　（5）：58，1987

王　阶　试论《伤寒论》实验研究的基础和方法　辽宁中医杂志　（8）：9，1987

王梅竹　试从《周易》三阴三阳概念浅析《伤寒论》六经辨证体系的形成　黑龙江中医药　（5）：14，1987

王仁旭　论汉代度量衡与张仲景方药剂量　全国第二次张仲景学说讨论会论文集

王心东　麻黄的重剂量应用与初步探讨　全国第二次张仲景学说讨论会论文集

王廷敏　柴胡加龙骨牡蛎汤加减治疗癫狂症52例总结　国医论坛　（2）：22，1987

王忠民　桂枝茯苓丸在妇科中的运用及实验研究　中医杂志　（7）：64，1987

王竹修　论《金匮要略》脉法　成都中医学院学报（2）：13，1986

X

谢焕荣　浅谈太阳为一身营卫之统摄　中医杂志　（4）：68，1987

许润三　四逆散加味治疗输卵管阻塞115例总结报告　中医杂志　（9）：41，1987

Y

杨　力　标本中气，开阖枢理论在《伤寒论》中的应用　天津中医　（3）：18，1987

余国俊整理　桂枝汤是发汗剂还是止汗剂　四川中医　（11）：51，1986

于爱芬　谈仲景学说中潜科学的挖掘　医学与哲学（9）：33、1987

Z

张炳填　仲景"烦"字浅析　湖南中医学院学报　（1）：50，1987

张大明等　对伤寒论研究之思考　医学与哲学　（12）：35，1987

张光华　伤寒论一分为三的辨证方法初探　北京中医学院学报　（3）：23，1987

张家骥　伤寒论辨证技巧十例　国医论坛　（4）：17，1987

张绍舜　金匮温经汤治疗不孕症25例疗效总结　国医论坛　（2）：26，1987

张维广　金匮侯氏黑散治疗原发性高血压　上海中医药杂志　（11）：25，1987

张喜奎　浅谈《周易》六位概念与《伤寒论》六经辨证体系　国医论坛　（1）：11，1987

周纯杰　《伤寒论》治疗烦躁症十六法　黑龙江中医药　（5）：11，1987

朱宝贵　张仲景重脉之辨析　天津中医　（3）：16，1987

（三）各家学说

【概述】

1987年度，各家学说的研讨主要涉及明末和清代的医家，明末如赵献可、缪希雍、吴又可，清代至民国初的医家有叶天士，薛生白、黄元御、陈修园、吴鞠通、费伯雄、唐容川、丁甘仁等。对于上述医家的学术研究，又多偏向于疾病证治方面。

明末赵献可的命门学说，人们虽对其继续有所探究，但已深入到杂病治疗方面。如认为赵氏论治吐血，常用微汗散寒、解郁清气、补气固元、补肾滋阴、调理脾胃等法。其论治中风，归咎于真阴不足。辨治痰证，分水泛为痰和水沸为痰。凡属郁证之喘逆，以逍遥散加味治之。关于缪希雍学术思想的探讨，最为突出的是其对于脾阴不足的论治。学者认为，缪氏的有关学说，不仅对当时医界习用温燥补脾起有纠偏补弊的作用，而且对清代胃阴学说的建立也有重要的启发。

清代叶天士、薛生白、吴鞠通，各以其温热病学说著称，然而近年对于三家学术的研究，除于温病方面继续有所深化外，每多偏重于杂病论治，也有论及其养生方面的。如学者总结了《临证指南医案》、《未刻本叶氏医案》所载治痢三百余案，将叶氏治痢的方法整理分为温补脾肾、补中健运、健脾祛湿、疏化湿浊、清利湿热、扶土抑木、温阳达饮、滋阴顾本、涩肠固脱、回阳泄浊等十法。此外，又整理了叶氏奇经病治疗三法、肝胃同治八法、治痰五法、治眼疾九法等。同时还对其用药特点进行了分析。

适值吴鞠通逝世150周年，中医界对吴氏学术经验进行了比较广泛的研讨，其内容包括胃痛、呕吐、痹证、痉证、妇女胎产病、小儿痱证等，且还归纳了吴氏治络八法和通利小便三法，这些治法不仅有所继承，而且颇多创新。

对于薛生白，学者总结了他治疗湿温病的成就，并分析了其用药规律。而在养生学上对薛氏学术思想进行探析，则还是初次。其养生要旨包括吐纳健步、交通水火、颐养静摄、药饵滋营等方面。

其他医家学说的研究，如对黄元御，强调其基本学术思想是贵阳贱阴，注重肝脾。学者並分析了黄氏的用药经验及其治伤寒学的思想方法。陈修园学术思想，除确认其尊经崇古，阐发《伤寒论》之外，还肯定其注重实践，善于临床，如治肝郁头痛、肾虚头痛、心腹痛、腰痛、吐泻等病证，俱有独到的经验。至于晚清医家费伯雄，论者探讨了其学术思想的四个方面，即提倡和缓醇正、阐发燥病证治、辨治脏腑气血、善于裁制新方。分析费氏临床治疗特点，为重视调理肝肾，善用养阴调营，於平淡中见奇，确实反映了费氏的概貌。关于唐容川的研究，人们对其运用小柴胡汤的经验颇感兴趣，从而分析了以此方治外感、通津液、去瘀血、舒郁火的经验，並重点讨论了以小柴胡汤治疗血证的机理。

丁甘仁是近世名家，学验俱丰，在临床上救治急症，卓建殊功，因而颇为医界关注。近年来人们对其治疗中风和温热病的特点进行了探索，如对中风的治疗法则，归纳为五：育肾阴，柔肝熄风；涤痰浊，畅通经隧；通腑气，导热下行；降肺气，承制肝阳；益气血，复正气。此外还重点探讨了丁氏救治温热病的用药特点。凡此，对学者不无启发。

目前，医学界致力于中医各家学说的研究，其势方兴未艾。然而，虽然近年来人们作了不同程度的努力，但如何从医家学说的广度和深度，及其相互联系等方面作进一步的研究，则还待努力。

（严世芸）

【张元素学术新探】

对金代名医张元素的治学思想，学术特点的研索，近年来颇为活跃。白兆芝认为：张氏之所以能在医学上取得重大成就，与他勇于创新探索的治学精神，探本穷源，勤求博采，理论与临证实践相结合的治学态度分不开。他把张元素的治学方法与思路归纳为二个方面。一为调节观的新发展。张氏十分重视“顺时令而调阴阳”，具体有定向调节、定位调节、定性调节、动静调节四点。定向调节的基本内涵是“运用药物升其清阳，降其浊阴，使阴阳恢复动态平衡”。定位调节主要反映在其归经学说及引经报使说，使临床用药能针对病变脏腑经络，直达病所。定性调节是辨别病证的性质后，针对机体病性而发挥治疗作用。元素深谙药性之气味厚薄、阴阳，重视药物定性调节的作用。动静调节主要认为人体疾病有动静之别，药物也有动静之异，如某些药物“走而不守”，某些则“止而不走”，动病治之以静，静病治之以动，动静失常则调之以动静配合。二为逻辑推理的作用。白氏认为元素在医药理论上的种种创建，都是他在研究中努力运用逻辑推理方法的结果。大致有归纳法、类推法、演绎法数种。

张光奇等撰文认为元素脏腑辨证说已众所周知，而其脾胃学说则医界研索较少。在脾胃生理功能方面，元素指出脾者主意与智，消磨五谷，寄在胸中，养于四旁，而胃为脾之腑，又名水谷之海，胃气壮则五脏六腑皆壮也。在病理辨证方面，元素说“脾病则见面黄萎”，乃脾胃病的主证。此外，脾病有寒热虚实的变化，如虚则多澼，喜吞，注痢不已，又脾虚则精不胜，少气乏力，手足缓弱，不能自持等。胃病的虚实寒热辨证为：胃实则中胀便难，肢节痛，不下食，呕逆不已；虚则肠鸣胀满，滑泄；寒则腹中痛，不能食冷物；热则面赤如醉人，四肢不收持，不得安眠等。在脾胃病的治疗方面，据脾胃特性而决定用药，元素认为“脾苦湿，急食苦以燥之，白术。脾虚则以甘草、大枣之类补之；实则以枳壳泻之。如无它证，虚则以钱氏益黄散；实则以泻黄散”。元素治疗思想侧重在内因，主张“养正积自除”，对胃虚积滞者，指出不可用峻利食药。他改制仲景枳术汤为枳术丸，白术用量大于枳实，养脾胃为主兼治痞消食，也体现了他的以扶养为主，祛邪为辅的治疗思想。李杲所制补中益气汤等俱承其余绪。

（潘华信）

【张子和学术思想研究】

（一）病因学思想　张志远指出，子和认为人之所以生病，是因为邪气侵害人体所致。张氏把邪气分为三种：一为在天之邪，即风、寒、暑、湿、燥、火；二是在地之邪，即雾、露、雨、雹、冰、泥；三为在人之邪，即停积于体内食物的酸、苦、甘、辛、咸、淡。茅晓认为子和还重视“药邪致病”说，即服药不当也是造成疾病的重要因素。金元时期，医界盲目滥用热燥药物的风气甚浓；病家喜温恶寒，喜补恶泻。结果造成阴液耗伤，内热炽盛，“百病交起，万疾俱生”，致发疮疡、掉眩、肿满、膹郁等病证，甚至暴瘖而死。张氏认为，中药久服，必有偏胜。偏胜则病。即使常用之品，如甘草之类，也不可久服，久服必有偏胜之弊。

（二）治疗学思想　（1）力主攻邪：张志远、王云聚等分别撰文认为子和治疗疾病以攻邪为主，邪去则病自安。张氏治病善用汗吐下三法，“高者因而越之”、“下者引而竭之”、“中满者泻之于内”、“在皮者汗而发之”，并认为大多数疾病都是可以用这三法治疗的。这种治疗学上的“攻邪”思想，也突出地表现在针灸方面。邵经明认为张子和善用刺络放血法治病。在《儒门事亲》中，记载刺络放血的医案就有19例。（2）倡导寒凉：张氏认为，五行之中，“火能焚物”，六气之中，“火能消物”。炽盛之火能伤害人体正气。治疗时应注意泻火热、保阴液，告诫医者不要妄用热燥药物。即使攻下，也不要轻易用巴豆之类的热性药物。（3）巧用心理：和贵章等指出张子和运用阴阳五行理论，巧妙地应用“以情胜情”的心理疗法，治愈了不少药物无法治疗的疾病。在《儒门事亲》中，记载用“喜胜悲”、“喜胜怒”、“怒胜思”、“惊则平之”、“移情胜病”的方法治愈的病案5则。（4）善用补法：张德贵指出张子和力主攻邪，善用汗吐下三法，被称为“攻邪派”。其实，他并非妄攻滥伐之辈，也善于用补法。对于可补之证，张氏是必补无疑的。其补法有以下几个特点。一是攻补兼施，以攻为先。二是寒热并用，重视寒补。针对当时喜用热补的情况，提出补应分寒热，不应一味追求热补。三是食药并用，意在食补，指出“补者，以谷肉果菜养体者也”。四是纯用补药，惟在虚损。在《儒门事亲》所载170余首内服方剂中，补益的方剂达51首，占1／4强。其中纯补的有四物汤、四仙丹、天真丸、无比山药丸等7首。（5）谨慎用药：而对临床“药邪”致病的实际，张氏竭力主张治病当先去其药邪，然后及病邪”。主张用药必须谨慎，在论述汗吐下三法时，反复强调“中病即止，不必尽剂，过则伤人”。

（刘道清）

【缪希雍脾阴学说探析】

缪希雍，字仲淳，号慕台，江苏常熟人。明末著名的医学临床家。缪氏治疗杂病每以调理脾胃为要着，认为胃气为后天元气，“治阴阳诸虚，当以保护胃气为急”。进而又认为调理脾胃应顾及阴阳，而脾阴比脾阳更为重要。因为脾为至阴之脏，为胃行其津液而化生阴血，具“藏营”、“统血”、“藏精”之功能，脾胃阴液实为后天阴血之源。

褚玄仁等撰文对缪氏脾阴学说的具体内容加以阐述。缪氏认为，脾阴亏损之由，可因“性欲”过度，饮食不节，劳倦内伤及湿热外邪消烁阴津所致。而用药不当，妄投香燥及苦寒之品，导致濡润之物涸竭也是其原因之一。脾阴亏虚的主要症状为食不消化，劳倦发热，腹痛喜按，泄泻便溏，倦怠少力，四肢不用，产后腹胀等。此外，水肿、胀满二证凡见“夜剧昼静”者，亦为脾阴亏虚之候。健忘、噎膈二证，则属脾胃气阴之虚。缪氏治脾，提倡远苦寒，戒温燥，极力主张滋养脾阴。黄煌认为缪氏调治脾胃的特点之一，就是多取甘润之品以益阴。滋养脾阴之名方资生丸，用淮药、莲肉、芡实、苡仁、扁豆以悦脾滋阴，人参、白术、茯苓、甘草以健脾益气，桔梗、麦芽升清助运，山楂、神曲、砂仁、蔻仁、陈皮、藿香理气和脾，少许黄连清脾和胃，全方滋润中寓通运，补而不滞，养阴不忘益气，俾气旺津生，阳生阴长，防治咸宜，攻效卓著。

褚氏等又指出，缪氏提倡养育脾阴，非单为脾虚证而设。如临床治疗阴虚火旺之证，也当滋阴养血，扶持脾胃，俾脾胃阴血渐生，虚火以宁，诸恙自安。此外，还将该治法广泛用于疟痢失音、痢后项强、中风、产后腿疼、疡毒内陷等症，收到了很好的疗效。壮氏等介绍了缪氏养育脾阴法在急症治疗中的运用，例举吐痢之证，最损脾胃，一则耗气，二则伤阴。缪氏用人参以补气生津、冀阳生阴长，而不单取甘寒生津之品。这反映了缪氏虽以重视脾阴为宗，但治疗手法却颇有变化。

黄氏指出，缪氏在仲景、东垣论治脾胃的理论基础上，侧重于对脾胃阴液的研究，创“脾阴不足”之论，主张用甘寒之品治脾，这一理论，是对当时医者拘于以温燥升补之剂治脾的矫偏，既填补了前人专主中阳忽视脾阴的空白，又启发了后贤叶天士胃阴学说的建立，为后世开辟了补脾法门。

（周崇仁　金　鸣）

【吴又可《温疫论》研究进展】

《温疫论》是吴又可丰富临床经验的结晶。它所提出的治疗温疫病的体系，对当今各种传染性疾病的辨证和治疗，具有重要的指导意义。肖德发论述了《温疫论》的主要学术观点。吴氏在与温疫病作斗争的长期实践中，目睹“时师误以伤寒法治之”而“枉死不可胜计”的现实，通过仔细观察终于辨明了伤寒与时疫的霄壤之别。并从病因，感邪途径，病理机转，临床表现，治疗方法，邪解方式等方面作了明确鉴别。

肖氏、叶威礼等指出吴氏从实践出发，根据温疫病势之烈，病情之重，传染力之强等特点，力排六淫成因之说，大胆地破“六淫”旧论，创杂气新说：认为杂气是一类客观存在的致病物质；杂气种类繁多，致病各具特点；杂气致病有定位的选择性；杂气致病有偏中性；杂气致病有传染性和流行性；杂气致病具有广泛性。这与现代病原学的观点颇为接近。

温疫病的病机，可以这样概括，即“始于膜原，其传有九”。九传实质是指由于温疫之膜原伏邪难于一时透尽，病情反复，变证层出所致。然而，传变虽有九种，但总不出表里之间；病势进退，则不出“从外解者顺，从内陷者逆”两个方面。吴又可强调“温疫起无表证，而惟胃实，故肠胃蓄血多，膀胱蓄血少”。治疗上，从温疫热盛伤阴出发，取桃仁承气汤。其实，该方从《伤寒论》桃核承气汤去桂枝、甘草，加当归、芍药、丹皮组成。既有活血化瘀功能，又有泄热护阴的作用。

对温疫病的治疗，吴氏归纳为这样几点：宣通导引为其治疗大纲。逐邪为主，但须严格掌握虚实补泻之尺寸。杂气不一，应有专病专药。在初期时，当予疏利透达，在中期时，急宜攻下逐邪，在后期时，则应养阴复液。

至于温疫解方式，吴又可从“但求得汗，得斑为愈”之说出发，可以理解为“气分汗解，血分斑解”。所谓气分汗解，是指气机宣通，腠理疏畅，正气驱邪外达的自然汗出。所谓斑解，说明血分热毒有外达之机，病势趋外。

张照其指出，吴又可经过无数次温疫病的临床实践的感性认识，认识到仲景治疗伤寒的六经辨证不能指导温疫病的治疗，因而创立了表里辨证。他认为温疫初起不在表之理：(1)虽有头疼身痛似表证，但脉不浮。(2)在表汗之可也，但温疫初起汗之热不退。又不在里之理：(1)虽发热日晡益甚，似里证，但尚有头痛身疼；(2)里证当下，而疫病初起，下之其渴益甚。所以，疫邪初客之病位，内不在脏腑，外不在经络，而在膜原处，即半表半里。表里辨证把疫邪在人体内造成的病理证候综合为半表半里证、表证和里证。其中半表半里证，证见昼夜发热、日晡益甚，头疼身痛，舌上白苔，脉不浮不沉而数，治以疏利膜原，达原饮主之。表证证见头疼身痛，发热而复凛凛，内无胸满腹胀，谷食不绝，不烦不渴，或见斑疹，或自汗、脉浮，治以辛凉解散，白虎汤主之。里证证见胸膈满闷，欲吐不吐，心腹胀满，热结旁流，或协热下利，或大肠胶闭，舌上芒刺，或舌裂，舌硬，舌短，黄苔或黑苔或白砂苔，唇燥裂，脉厥，体厥，发狂，脉沉。其治法，在上之邪宜吐之，瓜蒂散主之，在下之邪宜下之，三承气汤主之。

（沈庆法）

【张璐学术思想与临证经验】

张璐（公元1617—1700）字路玉，晚号顽石老人，江苏长洲人，业医六十余年，为清初名医。著有《张氏医通》、《伤寒缵论》、《伤寒绪论》、《本经逢原》等。

（一）研究伤寒　别具心得　沈敏南撰

文指出，张璐研究仲景之学有独到之见。如对《伤寒论》中引起心悸的缘由，宋代成无己认为不越二种，一为气虚，二为停食。张氏则认为心悸之证，“一者气虚而悸，一者汗下后悸，一者停食而悸”，并指出“汗出后而气内虚，邪气交击而悸较之气虚尤甚”，对汗下后而悸分析细微。针对《伤寒论》中诸多相似症状，张氏应用类比法求其异同，如同为血症，衄血与吐血是外感热病的常见症状，而衄血多属在经表邪之故，吐血则皆属传经里证。又如同为头汗之证，张氏则从二便的情况辨别其瘀血或发黄：瘀血头汗，则小便自利，大便色黑；而发黄之头汗则小便不利。

张璐研究伤寒，还立足临床，对许多有证无方的条文，既分析病机又补方药。如张氏分析《伤寒论》中363条：“一见误表其汗，则阳出而阴气弥塞，胸腹必致胀满而酿变耳，令用厚朴生姜半夏甘草人参汤，以温胃消胀为务也”。

（二）详辨脉理以明病机　朱炳林指出张璐学术经验丰富，精于脉学，在《张氏医通》书中各门之下均细辨脉象，将指下微妙之变与病理机制密切联系。如诊中风之脉，每见沉伏，旋即转为洪盛之脉，其理在于“初中之时，周身之气闭塞不行，故多沉伏，少顷气还微省，则脉随气奔而见洪盛，皆风火痰湿用事也”。并进一步指出“浮小缓弱者生”，此脉象恰与真气内亏之病机相合，反之，如脉坚大急疾者兼涩或伏涩不调，均为危兆。

（三）临证治病首重脾胃　朱氏撰文介绍了张璐治病首重胃气的经验。张氏治疗诸多虚证，常以进粥扶胃不药而痊；对一些久症、坏症，亦令患者先进稠饮，继进稀糜，使胃气输运再行施治。对于热邪内结，阴血大伤之急症，张氏先急下热邪，拯救气阴，药后嘱进糜粥调养，以俟胃气渐复而后再润导，更予调理脾胃而安。

（四）诊治妇疾辨证论治　张璐治月经不调之法并非囿于调经一端，而是重在辨证施治。如经行而头痛气满，心下怔忡者，系痰湿为患，则以二陈汤加当归、炮姜、肉桂；经水愆期，胸胁腰腹刺痛，虚浮寒战者，系冲任衰弱，藏气虚冷，以温经汤为治；如经色似黄浆水而心胸嘈杂者，为胃有痰湿，以六君子加肉桂、木香、苍术。张氏治漏胎下血之胎动不安，亦非一味安胎为务，而是针对病之所因而分别采用益气固胎法，温阳滋阴法，补气养血法，疏肝清热法，补血养血法，健脾养心法，补中升陷法，行血祛瘀法，气血双补法等。

（李孝刚）

【叶天士临床经验探讨】

近一年来，不少学者对叶天士的临床经验和用药法度作了深入的探讨。

在治疗眼科疾病方面，洪亮将叶天士治疗目病的经验概括为九法：（1）祛风清热法，药用桑叶、鲜菊叶、连翘、薄荷、黄芩、栀子等。（2）清暑利湿法，药用桑叶、苡仁、通草、茯苓等。（3）清泄郁火法，药用羚羊角、夏枯草、草决明、山栀皮、香附等。（4）淡渗利水法，方用五皮饮加味。（5）疏肝和胃法，药用香附、夏枯草、半夏曲、茯苓、橘红，石斛。（6）养血清热法，药用羚羊角、连翘、夏枯草、丹皮、桂枝、当归等。（7）柔肝健中法，药用黄芪、当归、白芍、煨姜、南枣等。（8）滋阴潜阳法，药用石决明、桑叶、菊花、枸杞、首乌、小胡麻等。（9）补益肝肾法，药用首乌、当归、枸杞、桑椹子、沙苑子等。

刘新华对叶天士治痰方法进行了探析，认为叶氏在其胃阴学说基础上，从调理阴液精血入手，杜绝生痰之源。其常用法为：（1）甘凉濡润、清养戊土。（2）益精固肾、摄水制痰。（3）济阴降火、金水双收。（4）甘寒清润、涵木柔肝。（5）滋达肺金、润燥化痰。

周富民将叶天士360则治痢医案作了分析统计。(1) 温补脾肾法，其中脾阳不足、肾阳不足、脾肾阳虚均用之。(2)补中健运法，用于中气下陷、脾胃虚弱、气虚食滞。(3) 健脾祛湿法。(4) 疏化湿浊法。(5) 清利湿热法，用于邪蕴肠道、邪陷血分。(6) 扶土抑木法。(7) 温阳达饮法，用于饮停中焦、脾阳不振。(8) 滋阴顾本法。(9) 涩肠固脱法。(10)回阳泄浊法。

叶天士临证常用肝胃同治法，陈国良进一步归纳其治法有八：(1)疏肝醒胃法；(2)养胃熄风法；(3)镇阳熄风法；(4) 安胃和肝法；(5) 温胃泄肝法；(6) 苦辛降泄法；(7) 泻心平调法；(8) 培土御木法。

夏桂成将叶氏《临证指南医案》载妇科病案235则，作了分析，认为其中65则提到论治奇经。论治奇经胞脉是叶氏的特点之一。具体方法：(1)调理血气，着重治心。如属血气失调时，着重治心，宜以宁心安神和清心降火法。(2)通补阴阳，通涩胞脉。通与涩是两种对立的治法，是治疗奇经胞脉的特殊法则。通为周期性排经所需要，涩为胞宫行其归藏所需要。通补又有滋阴通补，助阳通补等。(3)酸涩腥臭，调治胞脉。酸涩腥臭，直入奇经。重用酸涩止血之品，可直入下焦，由冲任而达胞脉，加强胞宫的敛藏作用。腥臭者，其味浓烈，沉渗下焦奇经而达胞脉，所谓同气相求，促阴长化阳。

周佩青对《临证指南医案》中用药特点进行了归纳分析，认为其用药法度有：(1) 苦辛凉润，轻药治上；(2)苦辛酸甘，淡渗治中；(3)温润碱寒，味厚治下；(4)邪犯心包，擅用药芯；(5)保津存液，喜取药汁；(6) 开痹调气，常投药皮；(7) 精于用药，讲究炮制；(8) 据病酌情，择时用药。

(廖晖明)

【薛生白的养生观及其临床经验】

薛生白（公元1681～1770年），名雪，号一瓢，江苏吴县人。工诗善画，尤精于医，著《医经原旨》。对湿热证治深有研究，舒松摩《医师秘笈》中的《湿热病辨》，传为薛氏之作。

朱伟常探讨了薛生白的养生观，指出薛氏吐故纳新、运动肢体，及其所论交通水火、静摄工夫，一以治疾，二可延龄，並分述薛氏养生要旨有四。(1) 学吐纳，调气借鉴于龟息；时常拄而登高舒啸，临流赋诗。(2) 认为《丹诀》“水火交，永不老”之说，是长寿之要诀。水火系指心肾。欲求水火相交，“无非寻常日用之间，心欲宁，肝欲和，肾欲实”。(3) 论颐养，须静摄。颐养之术，在病者更为紧要，欲求心宁，肝和、肾实，颐养之法，最要在于“静摄工夫”。(4) 求药饵，贵滋营。薛氏对人体阴液极其重视，认为“一身之中，津液真精皆为切要”。其手制的滋营养液膏为代表方，方由女贞、旱莲、桑叶、芝蔴、杞子、菊花、当归、白芍、熟地、沙苑、穞豆、南烛子、茯神、玉竹、广皮、炙甘草、阿胶、白蜜等组成。

郁党初就薛氏辨治湿温的学术经验作了探析，指出其成就有三。(1) 系统阐明湿病特点。病因系外感湿热交蒸为患，感邪途径是口、鼻，发病特点是“太阴内伤，湿饮停聚，客邪再至，内外相应”。阳明、太阴为主要发病部位，病机变化有热化、湿化两种趋势，皆与中气虚实相关。(2) 详细辨析湿温证治。如阴湿“犯卫阳之表”，以恶寒无汗为特征，辛温散表为先；阳湿“犯阳明之表”，以恶寒发热不为汗解为特征；湿已化热，以清化湿热和解达邪，邪热灼烁心血，宜清心开窍；营亏厥阴风火上升，宜凉肝熄风；邪气窜扰血分者，以凉血止血为原则；燔灼气血、热邪充斥表里三焦者，宜清心凉血兼顾。(3) 遵章循法，遣方用药。临证善用古方，如白虎苍术汤、缩脾饮、大顺散，来复丹、三甲散以及猪肤汤等治湿温本征及变证，并能因证自创新方，灵活给药，对后世温病立方有较大影响。

王景洪分析了薛氏治疗湿热病的用药规律，指出其特点有四：(1)用药善选优择能：临证处方用药分辨主次，首选、次选、缺药代用，井然有序。如湿伤肌表，郁遏卫阳首选藿香，次选羌活、苍术皮；而邪在卫表，湿渐化热则首选滑石、豆卷、次选苍术皮、藿香；湿热化燥、传入营血，首选犀角、羚羊角，次选连翘、生地。(2)用药善就地取材：尤其善用中药之鲜品治温病。热盛伤津、肝风内动，用鲜生地、生首乌、鲜稻根；治胃阴受伤，肝胆气逆，用西瓜汁、金汁、甘蔗汁磨服郁金、木香；脾胃两虚，津气俱伤，用生谷芽、鲜莲子等。(3)药物炮制，独具巧思：如银花不用煎剂而用银花露，发挥其清灵芳润特长，清透气分热邪尤佳；酒侵郁李仁，以泄邪气归胆腑；姜汁炒枣仁，安神兼散邪；元朱汤泡于术，养阴而不碍湿，祛湿而不伤阴；酒炒黄连，清热而不伤胃等。(4)用药剂量，轻重得宜：治湿热蕴结，卫气郁闭之证，用六一散一两、薄荷叶三四分泡汤调下；湿热余邪滞胃之呕恶不止，只取川连三四分、苏叶二三分煎汤呷下。（茅晓）

【黄元御学术思想探析】

清代著名医家黄元御，字坤载，号研农，别号玉楸子。山东昌邑人。所著《四圣心源》、《玉楸药解》、《伤寒悬解》、《素灵微蕴》等，合称《黄氏医书八种》。

陈家骅从《玉楸药解》一书探析黄氏的学术思想和临证经验，认为黄氏最基本的学术思想是贵阳贱阴，注重肝脾。这一精神贯穿于黄氏对人体生理、病理的认识和临床辨证、遣方用药的各个环节，以及却病延年的调补大法之中。黄氏学术思想的核心在于：人身之贵，莫过阳气，阳复则生，阳旺则康；反之，阳气衰败，则水寒土湿，肝郁脾陷，枢轴不转，清浊不得升降，导致各种疾病，甚至泯灭生机，令人损寿。黄氏论治遗精、崩漏、带下、癥结、痹痛、失血、吐衄等多种病证，注重水寒土湿、肝郁脾陷的病机，从而确立扶阳抑阴、疏肝健脾、升举清气为重要治疗原则，并强调五脏之中肝脾最为重要。在临床经验方面，《玉楸药解》展示了黄氏精研本草、熟知药性、临证选方用药灵活多变，因病因药而异的特色。具体有三：(1)芳香理脾药多炒研冲服，以取其气足，如白豆蔻、红豆蔻、砂仁、肉蔻等；(2)血肉有情之品多熬膏服，以收缓图滋补之效。如鹿茸、虎骨等；(3)剂型、给药途径灵活多变。如瓠芦一味，除入汤剂外，又可用作散剂、滴鼻剂、浸渍剂、吹耳剂等。

姜建国以黄氏《伤寒悬解》、《伤寒说意》为文献依据，分析其治伤寒学的基本思想及方法。评述要点有五：(1)力驳传经为热。传经为热，直中为寒，为大多数伤寒注家所赞同，黄氏以内因传病观力驳此说，与他的贵阳气思想密切相关；(2)大倡风寒营卫。但体例与伤寒三纲鼎立说不同，认为“太阳经病不过风寒二者而已”，“风寒双感，误世非小”，将大青龙汤证排弃于三纲之外，并把风寒营卫与脏腑连及而论；(3)善用气化学说。黄氏撰有“六气司令”、“一气独胜”等论，皆以气化学说为开篇，体现气化总统六经的指导思想；(4)推崇中阳二气。认为传经寒热，取火中气，水火不交，缘于中土，阴阳不接，责在中气；(5)主分经病腑病。黄氏主张六经必分经腑，太阳总统经病，腑病可以连经，进一步论证六经发病的复杂性和六经分证的双重性。姜氏认为黄元御治伤寒学的得失在于：(1)厚古薄今。其传经理论、气化学说、经腑学说等，都是厚古的成果，但又迷信风伤卫寒伤营，曲解太阳，大批“后世庸工”，持论不公；(2)片面偏激。黄氏主气化、贵阳气、崇中气，重肝胆等学术观点，通过其反复论证得到强化，但另一方面未免失之偏激，陷入片面性。如侈谈肝木，令人有玄意重重之感。

（茅晓）

【吴鞠通临床经验研究】

1987年是吴鞠通氏逝世150周年，在吴氏的故居淮阴市举行了“吴鞠通学术研讨会”，对吴氏的医学经验作了深入、广泛的研讨。

（一）内、妇、儿科方面　徐景藩通过分析《吴鞠通医案》，归纳出吴氏治胃痛呕吐有二个特点：（1）胃痛论治，其病因多责之寒邪郁怒，病位则多责之肝，选药以乌药、半夏、青皮、川椒、吴萸、厚朴、枳实等疏肝、理气、祛寒、宣通之品用得最多。（2）治呕吐法仲景，医案呕吐篇所列八方，治痰饮呕吐用小半夏汤、小半夏加茯苓汤、茯苓泽泻汤、旋复代赭汤等，其配伍规律，师法《金匮要略》治呕大法。

封太来指出，吴氏治痹证既有常法，又有变法。（1）病因责之湿热，治宜清利宣通。吴氏认为因於寒者固多，兼乎热者也不少，从其所立“湿痹”即今之“湿热痹”或“热痹”。针对前人用药之偏而创清热利湿、宣痹通络之宣痹汤治之。吴氏还善于用加减木防己汤等治疗湿热痹，认为乃“治痹之祖方”。（2）痹证重视治肺，强调治痹“惟贵宣通”，“宣通三焦，而以肺气为主”。用药擅长以石膏、杏仁开上焦肺气。

赵书阁认为吴氏论治痉病颇有特色：病因突出一个“风”字；病机突出一个“筋”字。辨证分为寒热虚实四纲及九症。九症即寒、风温、湿热、暑、湿、燥、内伤饮食、客忤和本脏自病痉。治疗强调“只治致痉之因，而痉自止”。

马大正认为吴鞠通在治疗胎产病方面经验颇丰。如滑胎责之于中下二焦，每用温补中州脾而充填冲任八脉，以补后天、养先天，保全胎元。催生主张不拘执一辙，阳虚者补阳，阴损者翕阴，血滞者通血。死胎吴氏认为不可悉用通法，当求其不下之故和当时见证，补偏救弊。对于产后诸症，如产后多瘀，诊断重视切诊，治疗认为瘀血实证轻者用生化汤，重者用回生丹。谢务栋指出，吴氏论治产后亡血、伤津、风动二大证，有所创新，提出了可用三甲复脉、大小定风珠、增液汤诸方以调筋、守神、增液。

闵长州指出，吴氏《温病条辨·解儿难》中治小儿疳证九法（疏补中焦；升降胃气；升陷下之脾阳；甘淡养胃；调和营卫；以乐侑食，以意治病；伤其脾胃者，调其饮食；苦寒酸辛.燥湿驱虫；丸药缓图），是根据小儿“脾常不足”之体质特点和疳证本虚标实的病理特点制定的治疗原则。

（二）治疗方法方面　谢路分析吴氏开宣肺气法贯穿于卫、气、营、血病程之中。（1）治卫气证重在恢复肺气之宣透。卫分证，宜辛凉轻剂、平剂，列桑菊饮、银翘散二方，恢复肺之宣降。湿温初起、邪在上焦，郁遏卫气，用三仁汤治之。（2）邪入气分，宣肺达邪。以辛凉重剂白虎汤主之。若肺热壅盛、肺不宣降，津液不布，停而为痰，用麻杏石甘汤。太阴湿温，“上焦清阳膹郁”，或“太阴蒸湿为痰”而致咳，或喘息不宁，或肺疟，分别以宣痹汤、千金苇茎汤加味、杏仁汤等。（3）气病及营血，清营凉血中注意开通气分，使邪气尽快外透。气营两燔，以加减玉女煎。卫营同病，以银翘散去豆豉加生地、丹皮、大青叶、元参。

许家松认为，吴氏除擅长养阴增液之法外，对内伤诸证，则更加重视阳气。但反对舍病证而泛论重阴重阳；无论外感内伤，统重胃气。

李正明认为，吴氏继承和发挥前人的治络经验，把治络法广泛运用到治疗温病和多种杂病。概而言之，有活络八法，即清络育阴、清肺宁络、芳香开窍通络、清少阳胆络、蠲饮通络、飞走通络、宣通络脉、疏通阴络。周正效则将吴氏“邪侵上焦辨治”概之为：轻清保液一用清剂；宣郁存津一用平剂；止汗护阴一用重剂；清营败毒一用清宫。

杨世权提出吴氏通利小便开拓性三法。(1)化肺气，开膀胱法。其创制了三仁汤一方，即是轻开肺气，促使气化湿亦化的著名方剂。(2)疏肝郁，开阴络法。以《金匮要略》肝着主方旋复花汤加桃仁、归须、小茴、降香、麝香、两头尖、琥珀等。(3)甘苦化合，滋津液、益尿源法。立冬地三黄汤一方。

（俞尔科）

【陈修园的学术思想及临证经验探讨】

陈念祖，字修园。推崇仲景，明古奥之医理于微词要旨，发深邃之经典以简洁明达；善事临床，重经方而灵活运用，守古法而独辟蹊径。

（一）尊经宗古、阐发《伤寒》　尊经宗古，创已独见，是修园研究《伤寒论》的一个特点。傅瘦生指出，后世某些医家因此而对修园有“复旧”和“维护旧论”之诋，是不妥当的。认为对传本的不同看法，是各医家从不同角度对《伤寒论》研究的结果，都是为了学术探讨的不断深化。同时，不少学者也认识到修园的学术思想既有崇古之嫌，又有否定旧论，创已独见之功。马剑云例举陈氏在《伤寒论浅注》中，否定了几百年“传经俱为热证，寒邪只有直中而无传经”的既定理论，认为寒邪热邪都可有直中。卓家和也指出，陈氏主张“遵之经，断自我”的学习方法。

以简释繁，启蒙后人，是修园阐述《伤寒论》的特色。马氏指出，修园著论　对已要求深入浅出，返博为约；对人要求由浅入深，从简到繁。因而付出毕生精力，撰著易读、易懂、易用的通俗性医书。卓氏例举修园对古义深奥的《伤寒论》原文夹以小注，参以已见，可与原文联系起来阅读，成为很通畅的文字，浅显易读。故后世对其有“通俗中医教育家”之称。

（二）注重实践、善事临床　陈氏宗《内经》，法仲景，遣方用药守法度而灵活多变，临证治病辟蹊径而另有一功，其治疗经验，可在《时方妙用》中略见一斑。刘友梁认为，辨证选方，灵活运用，治有创见，简要不繁是该书的四大特点。曾绍裘撰文总结了陈氏医学实践的经验。(1)治头痛经验：逍遥散加防风、川芎治疗肝气郁滞之头痛；左归饮、六味地黄丸加川芎、细辛治疗肾虚头痛。(2)治疗口舌生疮，意在以温药引火归原，用十味地黄丸（金匮肾气丸倍用附子、肉桂加白芍、玄参)。(3)治痰饮咳嗽遵《金匮》之法，坚守干姜、细辛、五味子同用。(4)治心腹痛经验：以归脾汤加石菖蒲治胃脘虚痛、心悸喜按；用小建中汤治坤土虚寒，喜按喜暖；用理中汤去甘草加当归、川椒、黄连、乌梅治虫积腹痛。(5)治腰痛经验：腰痛而重，主以白术加杜仲、附子；腰痛筋挛，难以屈伸，主以苡仁加附子、木瓜、牛膝。(6)治疗虚劳重视温脾而不喜滋阴。陈氏强调指出：“血虽为阴，取汁必在中焦；肾虽为阴，而精生于谷”。

李光春认为陈氏对吐泻病机首重阴寒致病，治疗方法则宗仲景分轻重缓急而辨证施治。如：轻证用五苓散健脾利湿，升清降浊；阴寒内盛，真阳衰微用四逆汤；中气虚寒之缓者用理中汤；四肢厥逆，脉微欲绝用通脉四逆；厥逆烦躁，通脉四逆加猪胆汁人尿以急救之；脾胃俱败主以吴茱萸汤；吐蛔而厥吴茱萸加乌梅九枚。对吐泻的瘥后调理，更有详尽之论。如：胃气逆、利止，橘皮竹茹汤加麦门冬、代赭石、旋覆花；火格于上，干姜黄连黄芩人参汤以开之降之；虚羸少气多呕，竹叶石膏汤；利止大烦渴，白虎竹叶石膏汤；利后虚烦不得眠，栀子豉汤；心烦不得卧，黄连阿胶汤。

（金　鸣　周崇仁）

【费伯雄的学术思想及临床研究】

费伯雄（公元1810～1885年），字晋卿，江苏武进孟河人。是晚清以来孟河四家之一。费氏世代业医，至伯雄已历七世。名噪咸、同间。曾集数十年心得，撰《医醇》二十四卷，惜未及付梓，即毁于兵燹。晚年追忆《医醇》中语，但“不及十之二三”，乃名之《医醇賸义》。

（一）学术思想　谭德福据《医醇賸义》探讨了费氏学术思想。(1) 倡和缓醇正之学。主张议病用药，既不能固执成法，又不可趋奇立异，故立论以和缓、平正为旨，治法以清润、平稳为旨。(2) 发六气病机之微。对于“燥”，认为必兼温、凉二义，所制清金保肺汤、润肺降气汤等，以温、凉分治，从而脱出前人以辛温统治秋燥的窠臼。(3) 重脏腑气血辨治。认为气血与脏腑密切相关。所谓“救肾者本于阴血”、“救脾者必本于阳气”等。特别对肝脏，着意于调气、和营、柔肝，使气血和平、脏腑功能恢复，诸症自愈。(4) 擅裁古而制新方。《医醇賸义》共裁方480余首，其中费氏自制方近二百首，以立法精细、实用、有效为切要。

（二）临床经验　王荫三分析《孟河费氏医案》、费伯雄先生《医案》，归结为三大特点。(1) 重视调理肝肾。费氏深入研究了由于肝肾阴阳盛衰的变化导致的种种疾患的特点，强调调理肝肾的重要性。在103案中，从肝肾论治者竟达52例。《医案》精辟地阐述了肝肾失调使各脏腑组织器官致病的病理。鉴于此，费氏临证极重视补肾填精、滋水涵木、养阴增液、疏肝理气、平抑肝阳、清泻肝火、镇肝熄风、柔润肝体。在此基础上，随证配合养心、健脾、肃肺、和胃及化痰、通络、分利等法。(2) 善用养阴调营。在103则医案中，就有46例是按阴虚营血不足来辨治的。诸如由阴血亏虚所致的内伤咳嗽、痿证、胃脘痛、虚损、不寐、月经不调及耳目咽喉等疾病，都着意于养阴调营，佐以祛风、化痰、调气、利湿，或清或温等法。(3) 平淡而见奇功。费氏尝谓：“平淡之极，乃为神奇。”在他的医案中，立法处方用药都突出了这一点。不以大补大泻、大苦大寒，大辛大热、大温大清取胜，而以轻剂清品，以奏其功。

（俞尔科）

【丁甘仁治疗思想及特点探析】

丁甘仁（公元1866～1926），名泽周，江苏武进人，为江南近代名医。丁氏治学严谨，医技精湛，治验甚丰，对杂病论治及急证救治特具匠心。

靳士华对丁氏中风病证的治疗思想进行了探析，总结了丁氏中风论治的特点，归纳为五大法则。一为“育肾阴，柔肝熄风”法。中风因阴亏所致，则水亏不能涵木，内风上旋，治疗应育阴柔肝，制上旋之风以治其本，并潜镇肝阳、清热熄风以治其标。常用麦冬、玄参、生地、石斛、白芍、山药育阴柔肝，用牡蛎、珍珠母、生石决以潜镇肝阳，用钩藤、天麻、菊花、羚羊角清热熄风。二为“涤痰浊，畅通经隧”法。中风之发生还因痰浊阻塞经络，上蒙神明清窍所致，治疗主张运中涤痰，通经络，畅气血为主。常用姜半夏、竹沥、竹茹、茯苓、枳实、瓜蒌、胆星、远志、川贝、天竺黄、菖蒲、指迷茯苓丸以涤痰浊。还认为中风之痰浊，多由阴虚火热，煎熬津液所致，故化痰应寓于育阴清热之中。三为“通腑气，导热下行”法。靳氏指出丁氏对年高营阴亏耗，风扰于胃，腑气不通，津液变为痰涎上阻清窍者，治以通胃涤痰下浊垢，导热以下行为主。常用麦冬、石斛，配以半夏、枳实、风化硝，育阴而降胃气。四为“降肺气，承制肝阳”法。若肺失清肃，不制肝阳，则肝阳化风上犯神明。常用光杏仁降肺气以制肝气，配以枇杷叶、桑白皮以肃肺气。五为“益气血，复正气”法。对于年高气血两亏或经年不愈之中风病证，加益气养血，助阳化痰之品。用生黄芪、党参、吉林参须、生于术、生白术益气；用当归、白芍养血；用熟地、桂枝助阳。对于中风不省人事、汗出脉伏、小便自遗之暴脱重症，除化痰外，还用别直参、熟附子同用以固将亡之阳气。

方凡分析了丁氏救治急症验案，认为具有六大特点。其一，丁氏救治急症，及时把握病机，以识大证为其关键。如对伏温挟湿病证之治，由于厥阴正虚，外邪内陷，气郁不达四末，而见四肢厥冷。故取《伤寒论》四逆散之意而治之。其二，丁氏善用轻清透达之法以挽危局。如对痧证的论治，凡见神昏谵语重证，常以轻清泄肺为主。对温病的治疗，丁氏在临证中体会到不仅营分之邪可透热转气，血分之邪也可转出气分而解。对温邪扰动血室，证见吐衄兼作，来势虽凶，却常以轻清透达引邪出营血从表而解。其三，丁氏在急证救治中善用以温治温之变法，认为伤寒可以化热，温病亦能化寒，因此治疗不拘一格，用参、附、龙、牡等温涩之品治疗温病，屡起险情。其四，对于神识昏迷之证的治疗，丁氏擅长涤痰开窍。治疗上重视涤痰醒神，常用温胆汤加减。其五，对吐血重症，善用降肺平肝之法。吐血之由，多因肝火升腾，肺气不能下降之故，而降肺平肝，能肃降肺气而吐血止。其六，诸痛之治，重在疏肝调气。丁氏认为不同原因所致的痛证，均是气血失调所致，因此畅达气机为治疗痛证的关键。如对痛厥之治，以疏通气机为主。

（陈照甫）

参考文献

B

白兆芝 "试述张元素的治学方法与思路"《山西中医》(4)：1，1987

C

陈国良 论叶天士肝胃同治八法 福建中医药 (4)：45，1987

陈家骅 从《玉揪药解》探析黄元御的学术思想 山东中医杂志 (1)：9，1987

F

方 凡等 丁甘仁急证救治特点举要 上海中医药杂志 (12)：33，1987

封太来 吴鞠通痹证证治经验浅析 江苏中医杂志 (8)：9，1987

傅瘦生 谈对陈修园学术的研究和评价 福建中医药 (6)：2，1986

H

和贵章等 张子和以情胜情的心理疗法 吉林中医药 (3)：3，1987

洪 亮 《临证指南医案》目病治疗九法 陕西中医 (1)：22，1987

黄 煌 明代名医缪希雍的学说与经验简解 新中医 (6)：50，1987

J

姜建国 黄元御治伤寒学思想述评 国医论坛 (4)：41，1986

靳士华 论丁甘仁中风篇治疗思想 山东中医杂志 (2)：13，1987

L

李光春 陈修园治疗吐泻经验初探 福建中医药 (2)：12，1987

李正明 吴鞠通治络八法 江苏中医杂志 (8)：8，1987

刘心德 吴鞠通与《医医病书》 新中医 (6)：52，1987

刘新华 叶天士理阴制痰法探幽 中医药研究 (4)：8，1987

刘友梁 陈修园《时方妙用》的特点 河北中医 (6)：5，1986

M

马大正 吴鞠通治疗胎产病经验介绍 浙江中医学院学报 (6)：31，1986

马剑云 通俗中医教育家陈修园的学术思想探讨 国医论坛 (3)：44，1987

茅 晓 张子和"药邪致病"学术思想探析 江苏中医杂志 (1)：29，1987

闵长州 吴鞠通治疳方法浅析 新中医 (11)：14，1986

S

邵经明　张从正刺络泻血学说初探　河南中医　(3)：28，1987

沈敏南　张璐父子的伤寒学术思想　云南中医学院学报　(1)：8，1987

T

谭德福　《医醇賸义》探要　湖北中医杂志　(3)：2，1987

W

王景洪　薛生白《湿热病篇》用药规律探讨　陕西中医　(11)：521，1986

王荫三　费伯雄临证特点探微——《费伯雄先生医案》析　江苏中医杂志　(2)：33，1987

王云聚　张从正"攻邪学说"简述　国医论坛　(1)：43，1987

X

夏桂成　试论叶天士论奇经胞脉的特色　上海中医药杂志　(4)：42，1987

肖德发　试论吴又可《温疫论》的主要学术观点　江西中医药　(2)：1，1987

谢务栋　试论吴鞠通《解产难》的学术思想　河北中医　(2)：9，1987

谢　路　吴鞠通的开宣肺气法　中医药研究　(1)：40，1987

徐景潘　《吴鞠通医案》胃病呕吐篇析　南京中医学院学报　(4)：5，1986

许家松　吴鞠通学术思想探讨　江西中医药　(3)：1，1987

Y

杨世权　吴鞠通利小便开拓性之法　河南中医　(1)：8，1987

叶威礼　吴有性"戾气学说"探讨　福建中医药　(4)：13，1987

郁觉初　薛生白湿温病辨治浅析　安徽中医学院学报　(1)：7，1987

Z

曾绍裘　陈修园医学实践经验撷粹　湖南中医学院学报　(3)：4，1987

张德贵　张子和补法浅析　安徽中医学院学报　(2)：11，1987

张光奇　"张元素的脾胃学说初探"　《贵阳中医学院学报》　(4)：12，1986

张照琪　论《温疫论》的学术思想　河北中医　(2)：3，1987

张志远　继续发扬"攻邪派"——论张子和及其学说　山东中医学院学报　(2)：65，1987

赵书阁　略谈吴鞠通之论痉　内蒙古中医药　(2)：30，1987

周富明　略谈叶天士治泻痢十法　江苏中医杂志　(3)：31，1987

周佩青　《临证指南医案》用药法度初探　上海中医药杂志　(4)：40，1987

周正效　吴鞠通邪侵上焦辨治浅识　江苏中医杂志　(8)：11，1987

朱炳林　张璐学术经验研讨　江苏中医杂志　(11)：30，1986

朱炳林　《张氏医通》初探　江西中医药　(2)：46，1987

朱炳林　《张氏医通》妇科经验撷菁　上海中医药杂志　(11)：44，1987

朱伟常　薛雪论养生　上海中医药杂志　(7)：39，1987

褚玄仁等　缪仲淳脾阴学说的研讨　江苏中医杂志　(9)：32，1987

壮　健等　拯危定倾显功力　上海中医药杂志　(5)：36，1987

卓家和　陈修园的学术思想刍谈　江苏中医杂志　(11)：32，1987

医史文物

（一）医 药 史 料

【概述】

1987年医药史料的研究，已从史料的考订，深入到史论的探析。在医学思想史、近代医药史、医史研究方法等方面，都有一定进展。对地区医学史的研究，也日渐引起重视。摘要分述如下。

通史　郭成圩、高明明等再次探讨了"医学起源"的问题。郭子光探讨了中医学术史三次重大突破，《黄帝内经》的诞生，《伤寒杂病论》的问世，温病学说的创立。认为从张仲景到叶天士，虽然有许多创新，但是都没有脱离《内经》的理论框架。其重要原因，是中医学从开放体系变成封闭体系。孔祥序从中西医学方法论的差异，探讨了中西医汇通派汇而未通的学术缘由。孙溥泉等探讨了火葬的习俗。

医学思想史　廖启义、覃保霖等论述了《周易》对中医学的影响。廖育群认为《易》与中医学并无直接联系。陈梦赉，鄢良等论述了儒学与中医学的关系。寇崇秀等探讨了眼科预防思想史。方鸿论述了老子思想对中医理论形成的影响。

专科史　龚纯探讨了明代军医组织，设有军医编制、惠军药局、军医学校。由于航海事业的发展，促进了海军军医的设立。傅维康介绍了中医妇产科发展史略，指出《小品方》中已有孕妇产育时骨骼松动的记载。高春媛探讨了中医医案发展简史。竹剑平介绍了中国导引发展史。

少数民族医药史。于永敏对契丹族的医学起源与发展、医政设施、医疗技术和卫生保健进行简述。强巴赤烈简述了藏族医药学的形成和发展。郭成圩等介绍了傈僳族的幻想医学，"东巴"医学和经验医学的概况。

近代医药史　樊玉琦等介绍了近代山西省的中医事业，学术团体有山西国医馆、山西中医改进研究会、太原市中医公会等。教育机构有晋城医学馆、山西医学传习所。1921年创办山西医学杂志。陈新谦介绍了本世纪20～40年代中国对中药研究的概况。殷伯伦回顾了新中国成立以来，中医眼科学的成就和发展。张遂康等介绍了最早的《针灸杂志》，创刊于1933年，主编承澹盦。

中医教育史　孔祥序介绍了四川国医学院。

学术团体史　袁立人介绍了创立于民国十二年（公元1923年）的北京中医学社。

地区医学史　刘时觉，张玉才等再次探讨了新安医学形成和发展，医家和医籍，新安医学的特点，认为不宜称为"新安医学派"。刘小斌介绍了广东地区的草药学医家医著。

药物史　郝近大考证了烟草的传入和药用的历史。尚志钧、孙启明继续考释了《五十二病方》的药物。刘德荣探讨了历代闽医对本草学的贡献。

药厂店史　范士宏介绍了徐灵胎创办的嘉兴兰台药局。卢文清介绍了樟树药业的百年老店长春。《中成药研究》还介绍了解放后创建的沈阳市中药一厂，太原中药厂、厦门中药厂等。

医史学　陆肇基从《中华医史杂志》分析了医学史研究的现状。蔡景峰回顾了少数民族医史研究的状况。李经纬提出发扬优良传统，开拓医史研究领域。林功铮介绍了医学史的研究方法。马堪温提出开拓东西方比较医学史研究。李晓敏论述了比较法在医史研究中的应用。

（林功铮）

【中国医学史研究近况】

中国医学史近代研究状况。首推1991

年、陈邦贤撰成第一部《中国医学史》。程之范、傅维康等回顾了50年来医史学界的经历。30年代、李涛在北京协和医学院开设医学史课程，出版了《医学史纲》。李涛、王吉民等发起组织“医史委员会”。王吉民创建了医史博物馆。40年代，创刊了《医史杂志》(《中华医史杂志》前身)，从而奠定了中国医学史研究的基础。北京大学医学院（今北京医科大学）、北京协和医学院、江苏医学院相继开设医学史课程，北医设立医学史科，为中国较早的医学史的教学组织。1954年，卫生部规定医学史是高等医学院校的一门正式课程，有条件的学校应列为必修课。姒元翼回顾了1956年首届医史高级师资进修班。该班为卫生部委托中医研究院医史研究室和北京医学院医史教研组联合举办。是最早的医史专业系统教育。这批学员返校后，可惜未能学以致用。自1956年以来全国20几所中医学院都设立了医史教研室，讲授中国医学史。近年来，在医学自然辩证法研究，整体医学和生物、社会、心理医学模式的讨论的推动下，医学史又重新受到重视。在全国西医院校中，不少院校相继开设了医学史课程。全国医史机构已有40余个，专业人员约二百余名。1978年起相继有11个单位招收医史硕士研究生，1984年中国中医研究院中国医史文献研究所举办了一年制医史师资班。

关于医史的发展，有人提出：把医学史发展为医史学；确立医史学在医学领域中先头学科的地位；创立坚强的组织中心；积极培养医史专业人才；加强医史教材建设，在中医学院逐步开设世界医学史课程。

在研究工作方面，陆肇基通过《中华医史杂志》1～15卷刊出的30类中国医学史论著，计643篇的统计分析，医学著作占22.39%，医学人物占20.68%，分期史占6.37%，比前两类有显著差异。中国医学史论著中涉及近现代医学史的偏少。蔡景峰介绍了少数民族医学史研究，认为80年代以来的研究论著，在数量上和质量上都有了很大的提高。研究较为深入，争鸣较为活跃。程之范认为对于世界医学史，由于外国一些古代医家的原著，目前国内还很少见到，根据第一手资料的研究还有困难，主要是介绍国外的研究。

中华医学会第六届医史学术会议是一次医史学理论学术讨论会，涉及医史研究和教学的目的、意义、方法；医史研究的革新和医史学科发展的战略问题；中国医学史的分期及其与诸多社会因素的关系；西方医史、东西方医学比较史等有关问题，龚维义对会议论文作了综述。

从中国医学史的研究现状来看，要适应现代化的需要必须开拓医史研究领域，变革和完善研究方法。李经纬提出：继承发扬中国传统医学优良传统的研究，既有历史意义，又有着深刻的现实价值，开拓这一研究领域，必能促进中国医学史研究的深入和发展，也将为中国传统医学实现现代化作出有益的贡献。马堪温认为比较医学史的研究是中国医学史研究中的一个值得开拓的领域。医学史的研究在于鉴古知今，科学地预测未来，如果不是用高层次的研究，即用哲学分析史学，是很难达到这个目的的。所以医学史研究应向高层次转变，加强理论思维，重视整体综合研究，同时既重视学术价值又注意社会效益。在研究方法上，林功铮论述了医史研究常用的八种方法。

（陆肇基）

【儒学对中医学的影响】

陈梦赉、鄢良等探讨了儒学与中医学的关系。陈氏认为儒学始祖孔子没有关于医药的论述。五行之说源于《尚书·洪范》，阴阳之说始于《周易·系辞》，二者本无关联。战国邹衍首先结合二说，创五德终始论，经董仲舒发挥，提出相生相胜、顺逆变救的理论。当时医家根据《淮南子》万象一体之说，竞相发挥董氏天人合一说，以人身比附天象、以五行配五脏，形成了运气学说、五行生克，司天在泉的理论。把阴阳五行学说系统地引入医学则始于《黄帝内经》。宋代儒家排弃旧说兴起理学，出现了不同哲学流派的长期争论。金元以后医家各树一帜，自立异说，形成各自流派，可以说导源于宋代理学诸儒之风。理学思想，如太极图说等对后世医学理论有相当影响。朱熹编纂《通鉴纲目》采用的细目分类法，后世医家多有效仿此法于医籍编著。清代朴学之风大开，起初仅致力于经史百家，继而兼及医籍，当时以大儒整理医籍者，不乏其人，有校勘、辑佚、解故、析疑、都对中医学作出了较大贡献。

鄢良等指出：儒学伦理观和人生观导致中医高度社会化。孝以事亲，忠以事君，疗君亲之疾是致忠孝之道，所以儒士视能知医疗疾为贵。仁是儒学最高道德标准，以济世利天下为最高理想。医术常被称为仁术。儒学伦理观和人生观构成强大的推动力，激发大量儒士从事医学的学习和研究，有的弃儒终身致力于医。大量儒士加入医学队伍后，提高了医学的社会地位，医生的文化素质和医学研究的效率。济世思想促使社会各阶层高度重视医籍的编纂和刊行，保证了医学知识的积累和流传。儒学重人事远鬼神的观点，保证了医学不受宗教迷信的束缚，为中医发展提供了有利的社会环境。

儒学的伦理观和实用的风尚限制了解剖学的发展，导致形态医学的夭折，并使中医学朝着实用化、经验化的方向发展，束缚了理论医学的进步，这些都阻碍了中医学的发展，只能在经验学的发展道路上缓慢前进，两种力量至今犹存。基础理论不能作为临床医学的附属物，应该先于临床医学而发展。中医学能否长期立于不败之地，关键在于能否产生先进的基础医学理论。

（陆肇基）

【古代眼科预防思想史】

寇崇秀等探讨了古代眼科预防思想，认为在《内经》时代已萌芽，提出脏腑气血的调和，对眼病的防治有重要意义。隋·巢元方首次对眼病从病因及证候学的角度进行了具体论述，为诊治提出了理论根据。唐·孙思邈首次详细而明确地论述了眼病预防的重要性，发生眼病的原因及预防的方法。他指出：五辛、热食、酗酒、纵欲、夜读等16种是丧明之本，并告诫人们从儿时就应注意保护眼睛。还首次记载了用动物肝脏预防和治疗夜盲症。宋·严用和指出，人能善自调摄，养气存神，安心惜视，然后心气通畅，肝气和平，精气上注于目，就不会发生眼病，若六淫外伤，七情内郁，嗜欲不节，饮食无度，彻夜奕博，热啖煎炙，久视勤书，忧郁悲泣，都能使眼致病。《秘传眼科龙木论》，推崇陈无择三因极一的观点，把眼病的病因分为三类，内因多与情志及身体素质有关；外因多是遭受外邪入侵之故；不内外因则是个人保养不慎所致。眼科的预防思想到了唐宋以后得到确认，并在金元时代更加深化，刘河间把预防火热之邪伤目的重要性提到新的高度。张子和认为，虽目得血而能视，但血之太过不及也能导致眼病，对后世研究如何运用药物预防眼病，具有一定的指导意义。李东垣则认为由于心事烦冗，饮食失节，劳役过度，都可导致脾胃虚弱而引起眼病。朱丹溪认为，凡眼目昏花的人，是由于肾经真水之微所致。对后世研究虚证眼病的防治产生了深远的影响。元末倪维德在《原机启微》中对眼病的本质作了深入的探讨，把病因和眼病的关系，分析得更为透彻，提出如何预防各种眼病的发生，受到后世眼科医家的一致推崇和重视。明末傅仁宇《审视瑶函》首次把眼病的各类病证及其病因具体地一一结合起来，更使人们知晓预防的重要性和必要性，以及预防的原则、方法。清代顾锡认为七情过伤俱可损目，如心清神澹，则眼病不生。黄庭镜指出，大凡病到内障，虽擅八法神针，可治者十有四五，不可治者十有六七，十分明确地表述了把预防列为眼病防治的首位。

（陆肇基）

【火葬简史】

火葬在中国由来已久，孙溥泉等作了历史回顾。据甘肃、辽宁的考古发掘，表明火葬墓的出现约在原始社会末期。进入阶级社会后，中原地区火葬习俗逐渐减少。汉代宣帝以后，由于崇尚儒道，尸葬盛行。但在军队中还实行火葬，从军死者赐櫘，诸将战死者赐秘器。晋唐时，由于佛教盛行，民间的火葬仪式增多。孙氏收藏有晋代盛骨灰器——晋瓷櫘。在《北史》、《周书》中也有记载。宋代火葬比较普遍，已有专门的火化设施"化人亭"。尸体火化后除埋葬外，有的则"焚而置之水中"。还有的将骨灰撒于"撒骨池"内。辽金元时期，火化盛行，马可波罗的游记中记载了元代敦煌、杭州、北京、淮安、宝庆等地的火葬情况。明代朱元璋曾于洪武三年（公元1370年），下令严禁火葬。清代初期，地方官吏也屡次严禁火葬，火葬由此在中原地区逐渐消失。但浙江嘉兴、嘉善、桐乡等地的贫苦人民，还有焚化棺木，以节省葬费。在此期间，少数民族仍有火化之习俗。火葬是中华民族自古就有的卫生习俗，由开始仅因原始宗教信仰，发展到以预防疾病，节省葬费为目的。

（高忠樑）

【北京中医学社简介】

袁立人据文献介绍了二十年代初的北京中医学社。为研究近代中医学术团体史，提供了可贵资料。

据清《太医院志》记载："癸亥花朝，同人集中医学社"。《医统正脉》卷首亦云："民国十二稔（公元1923年），中医学社成立。发起是社者，多清太医"。文末署"北京中医学社"。

该社名誉社长赵文魁（晚清太医院院长），社长金成斋、（御医），副社长袁其铭（御医），总干事吴焕臣（七品吏目），设著作股、评议股、研究股、交际股、庶务股、调查股、文牍股。从组织机构来看，北京中医学社致力于研究中医理论，曾整理编辑清太医院史，对清太医院的建立、沿革、发展及医事制度等内容，均按大清会典及行事公文一一辑录，甚为翔实可靠。还集资，重行修补、刊印了明王肯堂的《医统正脉》若干部。其使古籍得以流传，于医、于民都是一大贡献。

（姚　勇）

【四川国医学院简史】

四川国医学院创建于1936年，停办于1949年，共培育中医人才近千人，为传播中医学术作出了重要贡献。孔祥序对其创办沿革作了介绍。

四川国医学院的前身是1925年吴学海筹办的益中医学讲习所（后改名四川中医学院、四川医学院）。1936年，由中央国医馆四川省分馆主办，全名"中央国医馆四川省分馆国医学院"。由名医赖华锋任院长。同年秋举办三年制本科班。每年春、秋季各招一班，至1944年夏，第十一班结业，培养本科毕业生338人。后国医学院改名私立中医专科学校。1945年暑期停办中医专校，恢复学院制，仍沿每年春秋各招一班旧例。至1945年累计招生23班，培养学生近千人。

自1936年至1940年，当时在成都的名医纷纷云集学院执教，先后有李斯炽讲《金匮》、生理、诊断、传染病学；邓绍先授《内经》、《伤寒》；何伯勋授《温病》；易尚达授《伤寒》；杨白鹿、王景虞授妇科；熊宝珊授外科；徐庶遥授眼科；刘安衢授方剂；潘国贤授中药、儿科；肖达因授国文；王杏楼授中药、方剂；尧天民授针灸；彭子益授中医系统学等。还特邀叶成之、姚秀峰等讲授西医医药常识、急救、法医等课程。从1937年起，在学院内还置有一简陋免费门诊部，派专人指导学生实习。1938年，名医赵沅章举办中医医院，为部分学生提供临床实习场所。

1941年，由省国医学院聘孔健民主讲中国医学史，兼授国文、伦理学、中医内科。各科教授除学院原有李斯炽、何伯勋、邓绍先、熊宝珊诸人外，还先后聘请张先炽授《难经》、医古文；李兴隆授西药；承淡安授针灸；申止固授逻辑学；陈社辉授生理、产科；罗品三授《金匮》；周禹锡授诊断、中药。1945年秋，学院重新调整课程，拟改本科为四年制，毕业后在实习中医院服务一年，其中内科、外科四月，妇科、针灸按摩、公共卫生各一月。以充实学习内容，增益学生技能。1946年2月，四年制本科正式设立。其课程安排如下：

第一学年：伦理学、国文、物理学、普通化学、分析有机化学、生理解剖学、病理学、药理学、灵素生理学、本草经。

第二学年：中国医学史、灵素生理论、灵素病理论、灵素方药论、诊断论、方剂学、灵素气运论、难经、伤寒论、杂病论、针灸学。

第三学年：湿热病论、传染病论、儿科学、妇科学、外科学、花柳病论、眼喉科论、隋唐医学名著、内科诊断。

第四学年：妇科学、产科学、个人卫生学、公共卫生学、金元医学名著、名家医案、法医学、临床诊疗。

为加强学术交流和扩大影响，国医学院还曾先后创办了《医药改进月刊》、《中和医刊》等刊物。总之，四川国医学院对中医人才的培养，对近代中医教育都作出了一定贡献。

（吴鸿洲）

【嘉兴兰台药局】

范士宏介绍嘉兴兰台药局，该药局座落在浙江嘉兴南湖之滨，为有清名医徐大椿创建，距今已有二百余年。乾隆嘉许大椿医术，曾在太医院任职，居于兰台阁内，阁为皇宫收藏历代医药典籍之地。徐氏在阁内阅读群书，抄录医书及宫廷秘方。数年后，徐不惯宫中生活，辞退南归。一面行医著书，一面在秀水县(现嘉兴市)选址建造药局。店名借用太医院兰台阁之“兰台”二字，初创时名“徐兰台药局”。药局在经营上坚持质量，饮片、成药、诸胶、露酒均在店内后场加工。如饮片选用地道上等药材精制；制首乌、制香附等制法与众不同；细料丸散部分采用宫廷处方修合。成药中的延年益寿药品“安息葆元贡带”系徐大椿所独创。

1957年，药局后场与他店合并，成立嘉兴中新药制药厂。1958年兰台药局盖新楼于嘉兴市中心。

（姚　勇）

参考文献

C

陈梦赉　儒家学说与中国医学　中医药研究　(4)：29，1987

陈新谦　本世纪20～40年代国人对中药的研究　中华医史杂志　(2)：107，1987

程之范　回顾50年来我国的世界医学史　中华医史杂志　17(3)：131，1987

蔡景峰　少数民族医学史　中华医史杂志　(3)：139，1987

F

樊玉琦等　解放前山西的中医事业　中华医史杂志　(4)：193，1987

范士宏　南湖之滨百年老店——嘉兴兰台药局　中成药研究　(4)：40，1987

方　鸿　哲学与中医——浅谈老子思想对中医理论形成的影响　医学与哲学　(5)：24，1987

傅维康　古代中医妇产科发展史略　上海中医药杂志　(6)：40，1987

G

高春媛　中医医案发展简史　中华医史杂志　(4)：207，1987

高明明等　再论“医学的起源”　医学与哲学　(4)：

49，1987

郭成圩等　四川德昌金沙傈僳族医学的初步考察　中华医史杂志　(3)：183，1987

把医学起源问题的讨论继续下去　医学与哲学　(4)：46，1987

郭子光　中医学术历史上三次突破的启示　光明日报　1987年2月10日2版

龚　纯　明代军医组织的特点　中华医史杂志　(1)：8，1987

龚维义　中华医学会第六届医史学会议论文综述　安徽中医学院学报　6(1)：56，1987

H

郝近大　对烟草传入及药用历史的考证　中华医史杂志　(4)：225，1987

K

孔祥序　中西医汇通派鉴戒初论　成都中医学院学报　(1)：40，1987

四川国医学院史　中华医史杂志　(2)：99，1987

寇崇秀等　我国古代眼科预防思想史　中华医史杂志　17 (2)：91，1987

L

李经纬　发扬优良传统开拓医史研究领域　中华医史杂志　(3)：134，1987

李晓敏　论比较法在医学史研究中的应用　医学与哲学　(8)：46，1987

廖启义　浅谈《周易》对祖国医学的影响　新中医　(10)：1，1987

廖育群　《易》与中国医学并无直接联系　中医杂志　(7)：18，1987

林功铮　医史研究方法刍议　中华医史杂志　(2)：84，1987

刘德荣　历代闽医对本草学的贡献　福建中医药　(2)：5，1987

刘时觉　明清时期徽州商业的繁荣和新安医学的掘起　中华医史杂志　(1)：11，1987

陆肇基　从《中华医史杂志》看我国的医史研究　中华医史杂志　(1)：1，1987

M

马堪温　一个值得开拓的医史研究领域——东西方比较医学史研究　中华医史杂志　(3)：137，1987

Q

强巴赤烈　藏医藏药学的形成与发展简述　中华医史杂志　(2)：126，1987

覃保霖　《黄帝内经》与古代三易研究　内蒙古中医药　(3)：31，1987

S

尚志钧　《五十二病方》药物丹、水银、青考释　中药材　(5)：43，1987

姒元翼　纪念我国首届医史高级师资进修班30周年　中华医史杂志　17(3)：142，1987

孙溥泉　火葬是中华民族自古就有的卫生习俗　中华医史杂志　(3)：164，1987

孙启明　《五十二病方》药物选释　浙江中医学院学报　(2)：40，1987

Y

鄢　良等　儒学与中国医学的发展　中华医史杂志　(3)：154，1987

殷伯伦　对中医科学的回顾　江西中医药　(4)：60，1987

于永敏　辽代契丹族医学史事简述　中华医史杂志　(1)：60，1987

袁立人　二十年代初的北京中医学社　北京中医　(5)：41，1987

Z

张遂康等　近代中国最早的针灸期刊《针灸杂志》　中华医史杂志　(4)：199，1987

张玉才　《新安医学》纵横谈　安徽中医学院学报　(2)：16，1987

竹剑平　中国导引发展史略　按摩与导引　(5)：24，1987

(二) 医史人物

【概述】

1987年有关医史人物研究，多补史料的阙如，可正记载的错讹。特别是对近代医史人物的研究，尤其引人瞩目。摘要分述如下。

传略：孔祥序考证皇甫谧的家世、生平，列有世系略表、生平事略年表，可资参考。孙红昺考订了《晋书·皇甫谧传》的错误。焦振廉据李榕的《华岳志》记载，认为王履当生于元至顺三年（公元1332年），卒于明洪武十六年（公元1383年），享年51岁。晚号畸叟。並对王氏入陕，登华山、绘华山图的时间作了考证，认为王履是绘华山图的第一人。俞志高根据《姑苏志》、《吴门补乘》和《续医说》补充了明代医家刘宗序的家世、著作、治验等。王鸿义根据刘氏族谱．里籍调查，认为刘奎号松峰或松峰山人，非字松峰。生卒年约公元1714～1797年，享年84岁。传子刘秉锦、刘秉淦。著有《松峰说疫》、《疫痧二症合编》、《温疫论类编》等。死后葬于诸城县槎河山庄南茔，现为王莲县户部乡杨家沟村，立有碑，毁于1958年，附有年表。王淑民介绍了东晋时期新安医家羊欣的生平、著述。刘小斌介绍了广东草药学医家，有何克谏、赵寅谷、肖步丹等，充实了岭南草药学发展史。还有武之望、熊宗立、曹沧洲、韩达哉、邵兰荪、何梦瑶、王吉民等，已有专条介绍 不再赘述。《中国医药学报》专稿介绍了近代医家。

生卒：李时珍生卒年，公认为公元1518～1593年。李裕据有关记载考订时珍生于明正德十年（公元1515年），卒于万历十八年（公元1590年），此说可资医史学界的研究。陈克正考订了王幼孙生卒年为公元1223～1298年；刘若金生卒年为公元1586～1665年。陶华生卒年为公元1369～1463年；陈氏又考补了：吴尚先生卒年为公元1806～1894年；卢之颐生卒年为公元1591～1655年；郎簡生卒年为公元968～1056年；董说生卒年为公元1620～1686年；陈虬生卒年为公元1851～1904年。以上可正史料的错脱。陈先赋再次考正了唐宗海生卒年，定为公元1846～1897年。张一群考订了于志宁生卒年，应定为公元589～666年。

里籍：孔祥序考证了皇甫谧的故里，"安定朝那"今在何处？认为在今宁夏省固原县东部、南部和甘肃省平凉县西北部一带，朝那故城在今固原县境内。认为今灵台县的皇甫谧墓、史迹等，属於历史上讹传。

年谱：有叶显纯的张山雷年谱暨生平考证。陈克正对吴师机年谱作了补遗。

学派：高春媛从学术渊源探讨了善学张从正汗、吐、下三法的医家，有王珪，字钧章，号中阳老人，元代吴郡人，著《泰定养生主论》，专主攻下，善用滚痰丸。朱丹溪继承张氏倒仓法。中神琴溪，名孚，日本人，生卒年代公元1743～1833年。师承吉益东洞，善用汗、吐、下三法，自创龙门丸，著有《生生堂治验》等书。王三尊，字达士，清海陵人。善用攻下法，著有《医权初编》二卷。

（林功铮）

【熊宗立著述及思想考析】

明代医家熊宗立，名均，字道轩，自号勿听子，福建建阳人。生于明永乐、成化年间。俞慎初撰文考析其著述及学术思想。俞氏认为熊氏生于明初，其祖彦明精医，私淑宋元医家刘舒温、刘完素等。宗立承继家学，亦颇受影响。后师事刘剡学医卜术。刘为明初理学家，宗立亦宗运气学说。生平著述颇多，举要介绍于后。

类证的书：如《名医类证医书大全》24卷，刊于1446年。该书是在《南北经验医方大成》基础上扩充编撰，分成68门，再分小类，选方2200余，多切实用。《类编经验医方大成》10卷，为元·孙允贤所辑，刊于1321年，集录宋元医家习用的要方类编成书。约2000余方，方论简要，熊氏加以增订。还有《医学源流》、《袖珍方》、《山居便宜方》等书。俗解的书有：《勿听子俗解八十一难经》7卷，《勿听子俗解脉诀》1卷，《八十一难经经络解》不列卷等。注释的书有：《素问入式运气论奥》3卷，为刘温舒撰，熊氏逐条逐段加以说明注释。各科的书：如《外科精要附遗》3卷，《妇人良方大全补遗》24卷等。其他如《洪范九畴数解》、《通书大全》、《金精鳌极》等书。

熊氏为明代普及医学的先驱。重视继承，学习经典，力求普及，通俗易解，绘图文意，便利学习。曾将注释和俗解的方式用于医学经典著作。如《俗解八十一难经》，熊氏用浅显易懂的文句注释；对《王叔和脉诀图要俗解》取各家注释；将孙氏原作“芟证归类”；把运气编为歌辞著成《素问运气图指定局立成》，《伤寒运气全书》于临床诊断也有参考价值。

（包明蕙）

【武之望生平史迹遗存考】

武之望生平，史少记载，间有错误。姜亚洲搜集史料，走访故里，对武氏生平史迹作了新的考证。

武氏祖籍陕西白水。先祖武进春、进孝兄弟迁至临潼广阳镇（今武屯）。有子六人，后裔遂分六门。武之望系出第三门。有兄弟三人，之望行二。

武之望生平。生年已不可考。据“少与同年王肯堂先生医学齐名”，而称生于明嘉靖三十一年（公元1552年），但姜氏认为此同年乃指同科考中之人。武氏幼年就读于临潼栎阳舅家。年稍长兼涉医书，常求教于其族叔当地名医武带川，受其影响较大。武氏万历十六年中科乡试解元，次年中进士，为三甲138名（王肯堂为同科三甲184名）。即任霍邱（今属安徽）知县。万历十九年，调任江都（今属江苏）知县。三年后提升至吏部，任考功主事。武氏“立朝不为朋党，遇事独断，曾不依违两可”。因而“忤当路，改兵曹”，万历二十八年被免职，归里讲学之余，钻研医学，诊疗疾病。万历三十四年，孙患疹，武氏检管撷《保赤全书》方投之获痊。嗣后闾里接踵求治，旬日间所活近百。万历三十六年，武氏纂修《临潼县志》四卷并梓行于世，为现存最早之《临潼县志》。万历四十五年，儿疹复流行。武氏于诊余检得疹家方论数种，开始编集《疹科类编》。武氏再次被起用，年代待考。万历四十六年，任太仆寺少卿，次年，升太常寺少卿。五月乞休，积极编纂《济阴纲目》。万历四十八年，奉敕整饬海盖、永平等处兵备，并任山东按察司副使、吏部文选司主事等职。于该年完成《济阴纲目》五卷。天启三年，升任大理寺右少卿。次年任太常寺卿。后出任登莱巡抚。天启五年六月在登州（今山东蓬莱）公署撰成《疹科类编》，前后历时九年。是年十二月，武氏由登莱巡抚、右副都御史升为南京吏部右侍郎，后为南京兵部添设左侍郎，次年以疾乞休。年底，完成二百余万言之巨著——《济阳纲目》。崇祯元年，武氏任右都御史兼兵部右侍郎，总督陕西三边军务，驻固原州（今宁夏固原），秋防驻花马池（今宁夏盐池）。崇祯二年（公元1629年）二月，病故。武氏尚著有《慈幼纲目》、《医帜》等医籍及《举业卮言》、《海防疏》、《鸡肋编》等，完成年代待考。武之望史迹遗存，经姜氏调查，武屯街西南，有武氏祖坟——元祖坟。街南，渭（南）阎（良）公路东约四百米处有武氏母亲和长子献哲墓等；在街中间有武氏祠堂（“文革”前有武之望塑像一尊)。武屯街武姓人均为武氏后裔，曾保存有完整的《武氏家谱》。足证武氏是武屯街人，今临潼县武屯乡广阳村人。在今栎阳街东北一砖厂前有武氏主持建造之东阳桥（乾隆时又名栎阳桥）。系两孔石拱桥，桥面宽阔，造型美观。桥东北的石栏杆上原有石雕白兔娃一座，今已无存。至今该处还流传着有关武氏造桥的传说。

武之望墓在武屯以东约八里的综合村旁。陵墓庞大，原有石碑、石兽、石人等，在“文革”期间被毁。今仅剩碑座、石羊座、旗杆座等。

武氏祠堂由武氏子献哲辈建成，代有修葺。现存祠堂，曾于清嘉庆、光绪年间两度重修。祠辈碑三个，今仅剩最晚一座，已移置陕西中医学院图书馆楼前。祠系土木建筑，前后殿各有五间。武之望像在后殿正中。1984年姜氏调查时尚见到墙塌屋漏之后殿，嗣后被拆毁或改建，塑像、门前石狮及其它文物今均无存。

武屯街南二里许，有武氏后裔墓群——倒马坟。墓群已被挖掘，穴内有墓志铭及碑记，现为武庄队仓库作铺地用。存碑及铭文，字体清晰，史料丰富，可为研究武之望家世及编撰地方志提供资料。

（傅　芳）

【何梦瑶生平著述考】

何梦瑶为清代岭南名医。刘小斌对其生平著述曾作考证，摘介如下。

生平：何梦瑶，字报之，号西池，晚年自号研农，南海云津堡（今南海县西樵区崇北乡沙村）人。生于清康熙三十一年（公元1692年），卒于乾隆二十九年（公元1764年）。自幼聪颖，十岁能文，十三工诗，即应童子试。及长，博学多闻，举凡文史、音律、算术、历法等无所不通，于医学尤感兴趣，日喜诵岐黄家言，认为“医虽小道，亦道也”。康熙辛丑（公元1721年），何梦瑶29岁时，遇长州天牧惠士奇督学广东，检考郡邑诸生，对何氏甚为器重，认为“入室弟子，亲受业焉”。遂成为当时“惠门八子”之一。雍正己酉（公元1729年），何梦瑶“拔贡”旋领。庚戌（公元1730年）38岁科试联捷登进士第。官历广西义宁、阳朔、岑溪、思恩等县令，及奉天辽阳州牧。乾隆庚午（公元1750年），何从辽阳弃官返里。潜心学术，先后出任广州粤秀书院，越华书院，肇庆端溪书院院长，致力于医学教育。子何之蛟，曾孙何清臣，亦以医名于世。传至九代，至今仍有人行医。

著作：何氏先后著有：《医碥》七卷。成书于乾隆十六年（公元1751年）。现存乾隆年间同文堂刊本。为何氏的代表著作。《幼科良方》不分卷。《痘科良方》不分卷。《妇科良方》不分卷。《追痨仙方》二卷。《神效脚气方》四卷。《人子须知》四卷。《三科辑要》不分卷。三科为婴科、痘科、妇科。内容与《幼科良方》、《痘疹良方》、《妇科良方》基本相同，但注文稍异。《伤寒论近言》不分卷。还有哲学、历史学、文学、音乐声学、算术等多种著述。据广东地方志载，尚有《绀山医案》、《针灸吹云》等十余部著作。

（王忠云）

【唐宗海生卒年新考】

唐宗海，字容川，四川彭县三邑乡人，生卒年代，向无定论，陈先赋曾考证为1845～1896年。陈又通过实地查访，文献考证，从新考定。特别是唐宗海之子唐守潜应四川省志编修馆所写的《唐容川先生传》的发现与鉴定，确定唐宗海生卒年为1846～1897年。现将《唐容川先生传》中有关生卒记载，抄录如下。“丙申春，选得广西来宾县。奉母由沪溯江，欲从湖南入桂，抵鄂而母病，时母年已七十有四，因气血太虚，扶不能起，遂卒于鄂。明年扶柩回川，又经过梁山、大竹。是年大瘟疫，遭其传染，遂疾。力疾扶柩回乡，已不能言。子祖监于医有闻，而不精习，集他医商治，仅十日遽卒，年方五十一”。据此可知，宗海确于丙申选得广西来宾县。卒于翌年丁酉，即公元1897年，终年51岁，生年应为公元1846年。

（陆肇基）

【晚清御医曹沧洲事略】

曹沧洲为晚清御医，近代史料少见收录。陈雪楼撰文介绍。曹沧洲，名元恒，字智涵，晚号兰叟，又号兰雪老人。世籍江苏苏州。生于清道光二十九年（公元1849年），卒于民国二十年（公元1931年），享年83岁。曹氏居姑苏阊门西街。祖父曹云洲、父亲曹承洲，皆精内科方脉，兼通外科，医德冠吴中。传至沧州，医名益隆。求治者日逾百人，对贫病者则义诊送药。1907年，光绪帝病笃，征召名医会诊。曹沧洲与陈莲舫被召入京，为清帝治病，一时名重清宫。翌年因老弱有病，告归，谢绝诊事，颐养天年。曹氏有三子，长子南笙，次子黼候，幼子融甫，皆业医。娌及孙辈，皆为医界名流。有《内外科医案》两卷传世。为门人居锡溪所辑。《内科医案》两集，为再传门人董雪帆辑录，未梓。陈雪楼曾辑《清代御医曹沧洲先生医案》，在十年动乱中，原稿散佚。（编者按：沧洲姪惕寅曾刊行“兰叟手定”的《救急便览》一册，书由苏城虹桥高义泰代印）。

（林功铮）

【邵兰荪生平考略】

邵兰荪的生卒、里籍，现有记载，多有误讹。陆晓东考证，颇有所获。

邵氏籍贯《中医大辞典》载“浙江绍兴人，世居扬讯桥”。《中国历代医史》称有二人，一是山阴邵兰荪，一是萧山邵兰荪。陆氏考证，邵兰荪只有一人，世居山阴扬讯桥，与萧山仅一河之隔，距萧山县城十八里，且山阴与萧山两地同属清代绍兴府。而邵氏一生的医事活动又大多在萧山，故以讹传讹。

生卒年月：《中医大辞典》称清代人，《中国历代医史》载：“生于清同治末，卒于宣统初”。有的提出“生于清咸丰乙卯（公元1855年），卒于宣统庚戌（公元1910年），终年五十五岁”。陆氏据林之愚辑《邵兰荪医案》稿本中的传记资料，邵氏“生于公元1864年4月10日，卒于1922年9月7日，享寿五十九岁。”林氏对邵氏研究有素，且其时代相距甚近。陆氏认为此说可为定论。另据手稿本及其他资料考定，邵兰荪名国香，字兰荪，人称““小郎中”。而《珍本医书集成·邵氏医案》将兰荪讹作兰生。

生平和著作：邵氏“家素清贫，其叔瑞如公，向以挑沙（痧）针惊为业，一生无后，先生自幼出继，旋蒙教育成长，传授医术，继承遗业”。邵氏“迭慕邻医王福(馥)原学问渊博”，“因此投教于王福原先贤门下有年”。邵氏“深究《内经》、《灵枢》，精研学理，施治灵活，随机变通，继仲景而至叶挂之后，治病救人，曾负盛名”。至今当地仍流传着一首民谣：“活神仙，何处逢；扬讯桥，小郎中”。“足见其在当地民众中影响之深远”。邵氏毕生行医，无暇著书。后世流传的几种邵氏医案，都是后人收集整理的。有曹炳章辑《邵兰荪医案》四卷，收入《中国医学大成》；裘吉生辑《邵氏医案》一卷，收入《珍本医书集成》；潘国贤辑《邵兰荪累验医案》，浙江中医学院油印本；周毅修辑《邵兰荪医案》（手稿本），内附邵兰荪遗像，略史等，为邵氏医案中内容最丰富，病案最完整的一种。

（杨振国　姜典华）

【韩达哉生平事略】

韩达哉，字达卿，号永璋，又号淮阴道人。据殷大彰考证：韩氏幼读经书，攻举子业，通儒能文。父为淮安名医，在其指导下，通读“家藏医籍数十种”，并拜当地名医李厚坤等人为师。达哉勤奋好学，父教又严，学业大进。谨遵父训：“医家如掌兵权，须臾命系，倘学之不精，不如不学医也”。矢志“不能为良相，必为良医，以医救人”。“二十二岁遂弃儒就医，专心孜孜，先后读书临症，十阅春秋”。自《素》、《难》、《肘后》、《千金》等，莫不探幽发微，邃密底蕴，结合朝夕侍诊，尽得家传师授之秘。光绪十八年（公元1892年）春，随父进京，是夏京师暑瘟流行，死者无数。韩氏施诊，疗效得到“都中人士交口揄扬”。后考取太医院医士，曾任医官局提调、禁烟公所检察员，朝廷充电灯处委员、兼玉牒馆誊录等职务。

韩氏客京二十余年，活人甚众，“术噪京邑盖世”。光绪三十二年（公元1906年），将十余年医案、治疗验方及师授家传之秘，著成《医学摘瑜》，厘为二卷，由北京斌魁斋陈家刻字铺附设石印局承印。上卷涵其外感、内伤、妇、幼医案四十八案。下卷有伤寒分经、温病、治疹、汤头等词赋、歌括、医论、治验及验方。内容继承发扬了“山阳医派”的宗师吴鞠通学术思想，并为这一医派贡献了一本传世之作。

（刘歆民）

【医史学家王吉民事略】

王吉民（1889—1972年），又名嘉祥，号芸心，广东东莞人。为中国医学史界著名的开拓者和耕耘者。傅维康撰文介绍其生平和贡献。

王吉民15岁毕业于香港皇仁书院，后进香港西医大学堂习医，21岁毕业。他从小因受祖父从事中医的影响，对中国医药学怀有好感。尤其是对中国医学史更有浓厚的兴趣。为了“保存国粹，矫正外论”，用十多年时间，从医学的各方面探索中国古代的发明创造。自1925年起，以中英文陆续撰文介绍。1928年，他将上述文章汇集成册，冠以《中国历代医学之发明》书名出版。对帮助读者正确认识中国医学史上的发明创造及其成就，产生了极大的作用。王吉民还与伍连德合作，以英文撰写《中国医史》专著，1932年完稿出版，1936年再版。在国际医史界有一定影响，迄今仍被国际医史学者列为参考书。

为了“促进医史学术之探讨与研究”，王吉民与伍连德、李涛等人在1935年冬发起成立“中华医学会医史委员会”，王氏被选为主席。1937年4月，“医史委员会”更名为“中华医史学会”，王氏继任会长。由于王氏等的努力，中华医史学会成为中华医学会最早组成的12个分科学会之一，对促进医史学术活动起了很大作用。王氏还负责编辑出版了中英文版的《中华医学杂志 医史专号》、《中华医学会五周年纪念特刊》、《医史杂志》等刊物。成为介绍和交流医史学术的重要园地，对国外也有一定影响。

1938年7月，经王氏的努力和多方筹划，创建了中国历史上第一个医学史专业博物馆——中华医学会医史博物馆。王氏曾把医史博物馆的作用归纳为：(1)收集历代医史文物，“妥为保存，以免散失”，并使“国粹不致外流”。(2)将所收藏文物，“供学者研究，借以考察医学之变迁，治疗之演进”。(3)“对学生为有效之教授方法，对民众可作宣传医药常识之利器”。王氏不仅重视医史文物的收集与保存，同时也重视对医史文献资料的征集与研究。在筹建医史博物馆的同时，特设置了医史文献资料室，收集积累了大批资料。並将自己历年收藏的医史文献资料慨然赠送该室。使该室所藏医史资料，在数量上居国内前列。

王吉民性格温文沉静，待人热情耿直，热心于公益事业。他多次把珍藏的书刊杂志赠送中华医学会、上海中医学院。自1938年至1966年，担任医史博物馆馆长，从事医学史的研究。鉴于他在国内外医史界的影响，1941年被接收为国际医史学会会员。他还先后主编了《中文医史论文索引》、《中国医学外文著述书目》、《中国医史外文文献索引》等工具书，发表论文、文章100余篇，对中国医学史研究作出了相当的贡献。

（林廉洁）

参考文献

C

陈克正 《清代名医吴师机年表》补遗 浙江中医杂志 (3)：129，1987

《中医大辞典》若干浙江医史人物条目考补 浙江中医学院学报 (2)：35，1987

医史拾考三则 中华医史杂志 (3)：144，1987

陈雪楼　曹沧洲先生事略　江苏中医杂志　(5)：31，1987

陈先赋　唐宗海生卒新考　中华医史杂志　17 (1)：18，1987

F

傅维康　医史园地悉耕耘50年——著名医史学家王吉民　中华医史杂志　(3)：145，1987

G

高春媛　浅说善学从正诸家　国医论坛　(1)：45，1987

J

姜亚洲　武之望生平及史迹调查　中华医史杂志　(2)：95，1987

K

孔祥序　皇甫谧故里及灵台纪念地的史学考评　浙江中医杂志　(2)：89，1987

皇甫谧家世及生平事迹考略　浙江中医杂志　(7)：328，1987

L

李　裕　关于李时珍的生卒年代　中华医史杂志　(1)：45，1987

刘小斌　何梦瑶生平及著作考　新中医　(1)：53，1987

广东草药学医家医著简介　新中医　(10)：52，1987

陆晓东　邵兰荪生平考略　浙江中医杂志　(5)：233，1987

S

孙红昺　《晋书·皇甫谧传》的疑点考订　中华医史杂志　(2)：73，1987

W

王鸿义　刘奎生平事迹考辨　山东中医学院学报　(2)：32，1987

王淑民　四、五世纪的新安医家——羊欣　安徽中医学院学报　(1)：16，1987

Y

叶显纯　张山雷年谱暨生平考证　中华医史杂志　(1)：26，1987

殷大彰　韩达哉生平及其《医学摘瑜》　江苏中医杂志　(6)：31，1987

俞慎初　"医善专心，药贵经验"，明代普及医学的先驱——熊宗立的学术思想及著述考证　福建中医药　(5)：2，1987

俞志高　明代医家刘宗厚　浙江中医杂志　(1)：519，1987

Z

张一群　陕西医史人物于志宁生卒考　陕西中医　(2)：60，1987

(三) 文物史迹

【概述】

出土文物的研究今年主要有下列研究与论述：

对最早的人体结构刻像的研究。1983年，在陕西清涧县李家崖村商周古城址，出土一件雕刻石块，上刻人体结构图像——骷髅人像。吕智荣认为，人体结构刻像是北方少数民族鬼方族崇拜的灵碑，但它却是较为真实的人体骨骼结构图像。反映出很早以前中华民族的祖先对人体结构已有一定的认识。这就把《黄帝内经·灵枢·骨空论》、《希波克拉底文集》中有关的人体解剖知识，向前推移了六、七百年。

1985年在广西武鸣县马头乡西周古墓出土二枚青铜针，钟以林认为，其针身短小锐利，是作为浅刺的针具，它是迄今所发现的最早的金属针具。河北满城汉墓的深刺金针，可能是由这种浅刺铜针发展而成的。为《黄帝内经》中有关九针从南方来的论述，提供了实物的例证。

翁福清介绍了"王纶墓志"，据以纠正现有史料记载的错误。张存明等追述了山东滕县"北辛文化"遗址出土的骨锥(针)，证明了中国先民早在7000多年前，就已应用砭石、骨针治病。证实了《黄帝内经·异法方宜论》有关砭石从东方来的论述。又介绍了东汉时期，男女分厕的陶厕模型，从中可以看出东汉时期环境卫生的一斑。何保仪等根据“宋《新铸铜人腧穴针灸图经》”残石，(图见1984年卷《中医年鉴》)考证了碑文作者、刻碑年代，碑文内容和历史沿革，可作为重刻《图经》的依据。刘丽仙认为长沙马王堆汉墓出土的药物，为研究中药学的发展、应用和炮制等提供了实物的依据。

医事史迹的查考王仁宇等考察了苏州“阊门外渡僧桥下塘街48～54号”古宅，据民间传说和古宅结构特征，认为是清代名医叶天士故居。姜亚洲对武之望的里籍、祖坟、祠堂、家谱等进行了实地调查。毛光骅介绍了开封“穆蔼堂”碑石，为研究中原地区医学史，提供了珍贵的史料。

(林功铮)

【中国陕北发现最早的人体结构刻像】

1983年，陕北考古工作队在清涧县李家崖村西发掘出一座商周之际的中国北方少数民族—鬼方族的古城址。在该城址内的宗庙式院庭内，出土一件在中国还是首次发现的刻石，上刻人体结构图像—骷髅人像。该雕像上宽25厘米，下宽27厘米，厚12厘米。现残存高42厘米（从胸的下部断缺）。

骷髅人像是用粗阴线条延顺梯形石块雕成。从残存的雕像正面可见骷髅像的头顶呈半球状，两颊狭窄，方下颌，蒜头形鼻，圆窝形双眼，鼻下有五道短竖线，似是人的口和牙齿。肋骨是以正面绕于背面的横向粗阴线雕刻，右边残存肋骨9根，左边残存肋骨8根。背面正中有“介”字形图案，似人的脊椎骨；下面的椭圆形圈，似为人的肛门。

吕智荣认为，这块石雕骷髅人像，体积大而笨重，明显不是供人们玩赏的工艺品。据出土的迹象与有关民族学、古文献和中外的考古资料研究认为，这是商周之际活动在中国北方地区的鬼方族先民崇拜的一种象征死人灵魂的灵牌。该灵牌上的线雕骷髅人像，是一幅较为真实的人体骨骼结构像。它不仅反映了距今三千年左右的石雕艺术水平和鬼方族崇拜人的风俗特点，也反映了中华民族的祖先早就对人体结构有了一定认识，并掌握了一定的人体解剖知识，从而把医学史上中国《内经》和古希腊《希波克拉底文集》中记载的人类已知解剖知识的时代又上溯了六七百年。

(傅　芳)

【九针来源的实物例证】

《素问·异法方宜论》载：“南方者，天地所长养，阳之所盛处也，其地下，水土弱，雾露之所聚也，其民嗜酸而食胕。故其民皆致理而赤色，其病挛痹，其治宜微针。故九针者，亦从南方来。”钟以林等考证认为马头青铜针灸针的使用族体为壮族先民。这些针灸针是迄今为止国内发现的年代最早的金属针灸针具，也是《内经》九针从南方来的实物例证。

1985年10月，广西壮族自治区考古工作者在广西武鸣县马头乡发掘西周古墓群，在101号墓穴中出土了两枚精致的青铜针。出土时针体的表面仍有光泽感（其中一枚出土时已残断）。从针的外表看，铜质好，硬度高，针具制作精细，表面光滑，边缘整齐。全针长2.7厘米，分针柄、针身。针柄扁而薄，呈长方形，长2.2厘米，宽0.6厘米，厚0.1厘米。针身长0.5厘米，呈圆锥状，根部直径0.1厘米，针尖极锐利。针身形似柚子树上刺。方形针柄极适于持握，短小锐利针身，既可浅刺皮肤，又不重伤肌肉。故该针只能作为浅刺针具。

与武鸣马头青铜针同时发掘的近三百座西周至战国墓，经鉴定认为“墓葬形式颇为独特，具有浓厚的地域色彩”。在墓葬群中，出土了一种铸造模型“石范”，表明当时广西地区已能自制青铜器。若将马头青铜针与以往各地出土的砭石及内蒙古发现的青铜砭针相比较，则会发现它们的造型及风格大不相同。这都说明了马头青铜针是壮族先民——古越人在冶炼技术发展的基础上自己制造的。马头青铜针与现代针具更为接近。

钟氏认为，广西气候炎热，瘴疫流行，针刺治疗有一定疗效；广西多山多丛林，有不少针叶树木，人们穿行其间，常受刺戳，意外地减轻了病痛，促进了针刺治病的发展。古越人纹身习俗从石器时代就盛行，这使得古越人掌握针刺方法的熟练程度更优于其他民族，医术与这一风俗民情结合，就会激励整个民族去探索实践，总结经验，当冶炼技术成熟，就有可能制造出适合本民族需要的金属针具。

（姚　勇）

【滕县出土的医药文物】

张存明等介绍山东滕县出土的医药文物。

骨针、砭石，1978～1979年，在滕县北辛村，发掘原始社会文化遗址，发现大量砭石类医疗器具，有骨锥（针）十余枚，有方楞体、三楞体、圆锥体及疹刀状等，制作精细。经碳[14]测定，为距今7345年母系氏族社会的遗物。还有制作砭石、骨锥的工具——砺石。表明早在七千多年前，就有针刺器具的发明。

厕所、猪圈模型，在林村出土东汉时期陶制的厕所猪圈模型。底部为猪圈，上为厕所，并列二个，推测为男女分厕。

（林功铮）

【从唐代酒杯谈制造烧酒时间】

酒与医药关系密切。制造烧酒的时间尚无确论。一般皆从《本草纲目》之说“自元代始得其法”。张厚墉从两件西安韩森寨唐墓出土的小瓷杯，圆口圈足，与今日使用的烧酒杯相同。並据文献定为唐代的烧酒杯，可作为烧酒首制于唐代的佐证。再据有关记载，《本草纲目》“葡萄酒”中分为“酿酒”与“烧酒”两种，李时珍认为葡萄烧酒是“古西域造之，唐时破高昌始得其法”，并描述了生产过程。张氏认为时珍的见闻是正确的，唐代既然能生产果类的烧酒（蒸馏酒），按理也能生产蒸馏谷物的酒。苏东坡曾说：“唐时名酒烧春者，当即烧酒也。”今日著名“剑南春”酒，即产于唐代剑南道绵竹乡。说明唐代已有烧酒（蒸馏酒）。再如《本草拾遗》记载的“甑汽水”就是今日的“蒸馏水”，也是唐代已有蒸馏技术又一佐证。张氏进而论证了“即烧”与“烧酒”的不同。认为“即烧“不是蒸馏酒”。依据烧酒的词义，古今相同，从词语是客观事物的反映，也表明了唐代已有烧酒。

方心芳考察了民间流传的蒸酒器，认为渊源有自，传自南宋，并非元代时外来的。但指出不能断言南宋前就没有蒸馏酒。由此足证烧酒非自元代始。

（高毓秋）

【灵台出土宋代铁制药具】

1982年4月，在甘肃省灵台县百里镇野狐湾村，出土窖藏的陶、瓷、铜、铁器物共计82件。经考察南宋建炎四年（公元1130年）灵台一带被金占领，这批器物入窖时间可能在此前后。刘得祯介绍了出土器物。其中有：铁药煮，1件。已残，形如罐，有短流。高19，口径11.5厘米。铁药臼，1件。高18.3，口径10.5厘米。形如罐，直口，鼓腹，腹中部以下铸五条翼状高棱，足与底齐平，沿下有一周9个凸起的钮扣状饰。

（林功铮）

【王纶墓志的发现】

王纶，字汝言，号节斋，为明代医家。《明史·方技传》有小传，有关医史少记载。近年在浙江慈溪出土了王纶墓志，高61厘米，宽61.5厘米，志文共41行，行50字，楷书。有盖，篆题“明故通议大夫都察院右副都御史节斋王公墓铭”，左边镌行书“嘉靖乙卯三月谷旦”右边镌行书“孝男巢县知县”。翁福清撰文介绍，据墓志王纶享年58岁，可证《中医大辞典·医史文献分册》“卒年78岁”之误。现将墓志正文摘录如下，以资参考。

公讳纶，字汝言，节斋其别号，系出铜川。唐开元间，有司农卿珙摄御史检括浙东，逃移留居鄞。五代末曰秀者徙慈，四传至宗文，以道鸣于乡。宗文弟□□□孙自然俱登宋进士。自然六传生常，即公曾大父。常生琼，即公大父。琼生□号贞静，即公父也。以公贵，封承德郎工部主事，加封直奉大夫礼部员外郎。母洪氏，赠安人，加封宜人。公童时早慧，属对不凡，君博桂公廷言见而奇之，以子妻焉。长就学，益自励，攻苦食淡，鲜尝甘寝，名称籍甚，为邑鸿儒。成化庚子以《诗》领浙江乡荐。明年会试，莆阳陈学士师召嘉其文，将列峻等，密藏而遗之，悔无及。乃亟召公，公竟不往，陈愈益贤之。自兹名益振，游从益众。甲辰第进士，乙巳许归觐。□丙午夏除工部都水司主事，职掌内府工作，剔蠹求便，廉能丕著。弘治己酉奔母丧，服阕，改礼部仪制。公虽未当事，然常取累朝故典阅习之，櫽括于心，时或赞一问，动中肯綮，盖是曹务已了了矣。……丙辰选擢仪制郎中，莅任即为条约，以饬群吏。遇事之来必长虑周防，期于可久。天下郡王二百余府，将军、中尉至二千余，庶生男女咸乞禄米，公悉裁以祖训，且请查修玉牒，限年受封，岁省百万。播州宣慰扬爱倚奥援李兴奏乞蟒衣玉带，公即其家传《忠孝堂集》折服之，兴亦无词。……戊午诏九卿举各郎官可方面寄者，公膺首荐，庚申升广东参政。……正德丙寅升湖广右布政使，……己巳春承巡抚湖广之命，时年侵盗起，……公往平之。至衡，奔父丧，及黄而夺情起复之命至，且敕公得专生杀，公不得已，雪涕还，……乃庚午五月，盗悉平。……捷闻，上嘉之，许终制。时公忧劳日久，感病已深，虽自素明医药，势弗可疗，乃是年九月甲戌□于姑苏舟中，从行惟一仆。御史苏公锡、郡守林公廷棉为治后事，得年仅五十有八耳。……所著有《学庸要旨》《节斋杂稿》、《礼部要稿》、《分守要稿》，藏于家。其承宣、巡抚二稿则已梓于官而颁之有司矣。其天文、地理、阴阳、星术之说靡不穷究，而尤精于医。所著《本草集要》、《明医杂著》，争相传刻，济利弘多。……

（林功铮）

【《崇华医学会碑记》发现】

覃保霖，1986年冬游桂林时，发现《崇华医学会碑记》一方，高70厘米，宽38厘米，阴文真书，首尾俱全。足证“崇华医学会”为近代广西中医学术团体之先河。现将全文抄录如下。

“崇华医学会碑记：

中华黄帝裔也，《内经》黄帝言也。后世子若孙，宜如何保存？如何研究？乃上下数千年，纵横几万里，先哲先达，渺若晨星。秦汉代兴，诊胜方胜，道经日午，华公继起，更能阐发俞跗衣钵心传，深造《灵枢》经脉奥旨，志切匡汉，杀身成仁，至心至德，为来世宗。宋室迂儒，目为小道，愈趋愈下，日见陵夷。我辈既属同道，复为操觚，慨世道云汩，正伤斯文之将丧。急起直追，组织成会，名曰崇华，典产业以作基本，借他山以资攻错，谓保存其裔也可，谓研究其经亦可，爰弁诸端。

赞成员：阳子瑗　李容轩　张觐南　陈芝九　王守如

会员：董植正　陈霭六　熊静和　宁少松　刘心如　刘赓甫　谭贻谋　熊希轩　宁方正　黎旭东　刘砌城　王荣祖　秦舜友

发起会员：刘绍香　房炤珊　吴仲复

宣统三年七月初一立。”

（刘歆民）

【开封“穆禟堂”碑石的发现】

开封“穆蔼堂”为专治妇科病的医药铺，已有百余年历史。1982年，在开封市西门大街城隍庙旧址发现其碑石，毛光骅撰文介绍，并追述其沿革史。

碑名《新建穆蔼堂西院碑》，高1.80米，宽0.60米，系祥符（今开封）高泽、笠樵撰文，江苏吴县姜荣书写，字为五分汉隶。长恒县杨元晖镌刻，□州王承枫，丹露篆额。碑文："豫省穆蔼堂，建于道光壬午，时疫病流行，有高姓数人于□祖阁祈祷仙方济世，配制丸药奏效如神，惟因地处偏僻不便栖业，适都城隍庙皇经坛有屋三楹，空地一区，以为制药公所，因顾及制药乃方书仙赐，即于其地建帝君殿三楹，颜曰：'穆蔼堂'。碑载穆蔼堂创立于道光二年壬午（公元1822年），距今已有165年。清同治元年（公元1862年）重修。最初，由监生高普照与同仁创办，以助医施药济世。当地曾流传民谚“汴梁城里穆蔼堂，专治妇科乌金丸”。清末民初，更传遍开封府十六县。乌金丸因有百草霜而得名。

民国初年，该堂一度衰落，沦为棺柩寄放所。1945年后，有两个穆蔼堂，庙西为高松岭，庙东为孙玉坤。1958年，高家已不卖药，孙家参加联合诊所。1972年，联合诊所合并，改称“龙亭医院中医妇科”。1980年，在东大街路南25号重建“穆蔼堂”，遵方配制乌金丸，就医购者日渐增多。穆蔼堂碑今已移置穆蔼堂内，将建碑楼保护。穆蔼堂碑的发现，为编纂地方志，研究医学史，提供了珍贵的实物资料。

（林功铮）

参考文献

F

方心芳　关于中国蒸酒器的起源　自然科学史研究（2）：131，1987

H

柯保仪等　宋·天圣《新铸铜人腧穴针灸图经》碑文考　河南中医　（5）：5，1987

L

刘得祯　甘肃灵台百里镇出土一批宋代文物　考古（4）：337，1987

刘丽仙　长沙马王堆三号汉墓出土的药物　中国医药学报（2）：40，1987

吕智荣　我国最早的人体结构刻像　中华医史杂志（3）：159，1987

M

毛光骅　开封“穆蔼堂”及其碑石考　河南中医　（6）：44，1987

Q

覃保霖：广西《崇华医学会碑记》的发现　中华医史杂志（3）：133，1987

W

王仁宇等　叶天士故居初考　中华医史杂志　（2）：88，1987

翁福清　王纶墓志介绍　浙江中医杂志　（9）：427，1987

Z

张存明等　滕县医药卫生遗迹　山东中医学院学报（3）：39，1987

张厚墉　由唐墓出土的烧酒杯看我国烧酒出现时间　陕西中医　（4）：188，1987

钟以林　九针从南方来的实物例证——广西武鸣出土青铜针灸针初探　广西中医药　（3）：33，1987

杏林人物

方 药 中

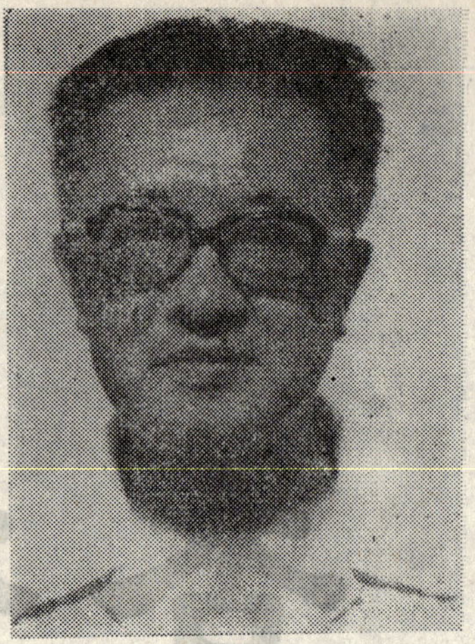

方药中，四川省重庆市人，1921年生。1944年师成后在重庆行医。1951年参加西南卫生部中医科工作。1957年于北京医学院毕业后到中医研究院工作至今。现任中国中医研究院研究员、专家委员会委员，国务院学位委员会学科评议组成员，国务院科学技术进步奖评审委员会委员，卫生部药品评审委员会委员，卫生部药典委员会委员，国家中医管理局重大中医药科学技术成果评审委员会委员，中华全国中医学会常务理事等职。主要著作有《医学三字经浅说》、《辨证论治研究七讲》、《黄帝内经素问运气七篇讲解》、《论中医理论体系的基本内涵及其产生的物质基础》、《温病汇讲》等。先后指导了博士和硕士研究生共40多名。

早在50年代，方氏就著文提出中医研究必须遵循中医理论体系。1982年，他对中医理论的基本内涵作了系统论述：中医学的指导思想是整体恒动观，理论基础是气化论；中医学对人体生理和病理生理的认识是脏象论，对病因的认识是正邪论，对病机的认识是求属论．对疾病的诊断治疗特点是辨证论治；中医学的说理工具是阴阳五行学说，中医理论产生的物质基础是“候之所始，道之所生”。方氏认为中医学的发展，除了遵循中医固有的理论体系之外，还应运用现代科学知识和方法进行研究，并加以提高。

方氏提出辨证论治规范化的新设计——辨证论治五步，即是：(1)按脏腑经络来确定病位；(2)从阴、阳、表、里、气、血、虚、实、风、火、湿、燥、寒、毒十四个方面来确定病性；(3)“必先五胜”，即找出起主导作用的病理生理变化；(4)治病求本，提出相应的治疗法则和方药；(5)治未病。这一设计不但较好地融汇了既往各种辨证方法的优点，突出了中医特色，适用面广，简便易行。方氏十分重视人体在发病和康复过程中的自调能力。在这一观点指导下，对肝病、肾病和其它一些疑难病证的治疗，取得满意的疗效。

（许家松）

王 绵 之

王绵之，1923年出生于江苏省南通市，著名中医方剂学专家。1938年从父受业，1942年在当地正式悬壶，1947年参加国家（中医）考试，取得中医师证书。1956年春任江苏省中医进修学校（即今南京中医学院）方剂教研组组长。1957年秋调往北京中医学院任教並筹建方剂教研室，曾任室主任、基础部主任、院务委员会副主任，现任方剂学教授、博士生导师，兼任院学术委员会委员、基础部学位分委员会主任、卫生部药品评审委员会委员暨中药分委员会主任、中国药典委员会委员暨中医组组长、国家中医管理局中医药重大科技成果评审委员会委员、中华全国中医学会副会长、全国中药学会会长、方剂学研究会会长等职。并任全国政协第六、七届委员。

王氏从事中医教学已逾30年，主要负责方剂学教研工作。除培养了许多本科生、进修生和外国留学生外，还培养了二十余名硕士研究生，并正在指导博士研究生。此外，还曾应邀赴日本、泰国、澳大利亚讲学和医疗，受到国外医药卫生界人士的称赞。

王氏除编写过多种方剂学教材与辅助教材外，公开发表的主要学术专著和论文有《中医学概论（初版）》、《方剂学》、《汤头歌诀白话解》（发行六百万册以上）、《纵论四逆汤及其类方》、《方剂学的形成与发展简史》、《方剂学自学重点提要与复习思考题》等。

王氏从事中医药工作五十年来，一贯坚持理论与实践相结合，传统的中医药学与现代科学相结合，中药与中医理论相结合的观点。在从事教研工作之余，坚持利用业余时间进行临床。他不仅强调用中医理论指导辨证论治，也重视现代科学的检查与化验，擅长治疗内、妇、儿科疑难病证，精于遣药组方，注重寓防于治，备受患者赞扬。他还曾改进了祖传秘方“王氏保赤丸”的处方与制作工艺，並提高了疗效。近年来研制的“健脾消食丸”，受到患者的普遍欢迎。

（北京中医学院办公室供稿）

史鸿涛

史鸿涛，生于1911年，吉林省德惠县人。1933年毕业于上海中国医学院，悬壶吉林。曾任吉林市医院中医科主任、主任医师、教授，吉林省抗癌协会委员，吉林省政协委员，吉林市中医学会顾问，吉林市政协常委。

史氏对糖尿病、泌尿系统结石、脱发、不育、外阴白斑、食道憩室等病症的治疗疗效显著。《中草药治疗重症肌无力》一文于1981年被吉林市科委评为优秀论文。《中草药治疗黑皮、毛发异常》、《中草药治疗蟹足肿》1986年通过省级鉴定，获市科技成果一等奖。《消瘀排通汤治疗蟹足肿》被评为1986年国家中医管理局中医药重大科技成果甲级奖。

1986年夏，史氏与国内外植物学家一起，对长白山植物资源进行了考查，发现了十三种新的药用植物。

史氏临证，突出“消、提、平、奇”四法。“消”即消法，是应用攻坚散结、活血化瘀、行气宽满之品，以消磨病人积滞、癥、瘕的一种手段，“消积排通汤”即是以此命名。“提”，即提导之法，如治疗重症肌无力。“平”即平调阴阳、气血，如治糖尿病。“奇”即奇恒之法，治疗一切奇恒之病，如“血小板忽高忽低”、“鬼剃头”等病。

（金东明　史力）

成云龙

成云龙，生于1911年，江苏省南通市钟秀乡人。自幼随父学医，在祖传秘方“铁脚将军草”（学名金荞麦）医治肺脓肿的基础上，不断总结经验，提高疗效。金荞麦系蓼科植物，具有清热解毒、排脓排痰、活血化瘀、健脾利湿、润肺补肾等作用。药用其根，煎成汤剂服用（后经北京医科院改制成片剂），疗效卓著，价格低廉，无副作用。曾用汤剂或片剂治疗急性肺脓肿539例，痊愈占72.9%，好转占8.4%，无效占18.7%，一般在服药后一周后见效，汤剂与片剂的疗效无显著差别。几年来，经北京、黑龙江、福建等省市的许多医院临床应用，都肯定了金荞麦对肺脓肿的疗效。为此，曾先后获江苏省科技成果二等奖，卫生部科研成果二等甲级奖，1984年国家发明三等奖。

（南通市中医院）

江育仁

江育仁，生于1916年，江苏省常熟县人。现任南京中医学院附属医院主任医师、教授，中华全国中医学会理事、全国中医儿科专业委员会副主任委员、江苏省科学技术协会常委、江苏省卫生厅科学技术委员会副主任委员、江苏省高等学校教师职务任职资格评审委员、江苏省六届人大常委等职。

江氏从事中医儿科医疗、教学、科研工作已有五十年，早年著有《中医儿科诊疗学》、《中医儿科临床手册》、《中医儿科纲要》等，1984年主编并出版了大型参考丛书《中医儿科学》。此外，还主编了全国高等中医药院校的《中医儿科学》五版教材和全国高等中医药院校《中医儿科学教学参考资料》等书。

江氏对小儿脾胃病有较深的研究。他根据小儿“脾常不足”的生理特点，采取运脾法，并应用D——木糖吸收排泄试验和尿淀粉酶活性测验，对584例小儿疳症、98例小儿厌食症作了研究。经运脾治疗，检验结果明显改善，提示运脾法的作用机制与增强肠道吸收能力，促进消化酶分泌有直接关系，从而初步得出“健脾不在补贵在运”的结论。

小儿脾胃病最多表现为疳证，过去名目繁多，分类亦不统一。为了使诊断、疗效客观化，江氏通过对533例疳证的观察，根据病情、病机和病性，将疳证分为“疳气”、“疳积”、“干疳”三大类，并指出疳气为疳之初期，以和为主，疳积为虚中夹实，消补兼施，干疳为疳之晚期，以补为主。此项结论，已先后为全国中医高等院校儿科学教材和卫生部制订的《中医儿科病证诊断、疗效标准》所采用。（南京中医学院）

刘冠军

刘冠军，生于1929年，吉林辉南人，幼承家学，后就学于辽源伤寒论专家洪哲明先生。学成执业里群。1951年出任辽源市中医门诊部副主任，1953年执教于辽东省中医进修班，1956年调入吉林省中医进修学校执教，1958年被聘执教于长春中医学院，历任温病、针灸教研室主任。现任长春中医学院附属医院院长、教授，中华全国中医学会理事，中国针灸学会理事，全国中医基础理论研究会委员，全国中医教材编委，东北针灸经络研究会副会长，吉林省中医学会副理事长，市人大代表等职。主要著作有《现代针灸医案选》、《中医针法集锦》、《经穴命名汇解》、《针挑疗法》等。

刘氏擅长针灸，兼精内科，对脑、神志、脾胃病的治疗有独到之处，其研制的"麝香抗栓丸"治疗中风、偏瘫，疗效确切，获省科技进步奖。参与研制成人体经络智能模型，曾在日本展出，获卫生部科技重大成果奖。

刘氏临诊，重视脉诊，主张"辨脉诊，探本求源"，"别异同，揣摩病情"，著成《脉诊》一书，内容全面，立论明确，说理透彻，且兼绘有脉象模示图，深受广大读者欢迎；美国学者据此研制成"脉波仪"，日本学者以此做为教材。刘氏认为五脏之气要应天时，著有《子午流注易通》一书，意在简便运算，便于掌握。后将此法输入计算机内，为推广流注医学开辟了新途径。

（长春中医学院附属医院）

何世英

何世英，1912年生，天津市人，华北国医学院毕业，为施今墨先生亲传门人。现任天津市中医医院总顾问、中华医学会及中华全国中医学会理事兼中医脑病学组组长、天津市中医学会会长、《天津中医》主编等。出版著作有《儿科疾病》、《何世英儿科医案》、《历代儿科医案集成》、《中医理论选读》、《中医诊断学》、《增订幼科类萃》等。

何氏原业医大方脉，解放后参加天津市儿童医院工作。先后研制出常用中成药数十种，如"疏表散"，"清肺片"、"肺闭宁"、"增食丹"、"磨积片"、"胆郁通"、

"清降片"、"清化丸"、"抗痫灵"、"癎痛定"等，疗效可靠，简便易服，药费低廉。

何氏很早就提倡伤寒与温病应当有机结合，灵活应用，统一辨证；突破经典著作中某些固定程式，以有利于临床实践；走中西医结合道路，从理论与医疗实践上找出规律。

自调入天津市中医医院后，着手创立中医脑病学科。何氏认为人的精神活动的物质基础是由脏腑所化生，脑病可通过五脏六腑的见证体现出来，从而形成脑病从五脏论治的原则，为中医脑病的研究作出了贡献。

（天津市中医医院）

李国桥

李国桥，1936年生于广东省南海县。1951年至1967年分别在广东中医药专科学校、广东省中医进修学校、广州中医学院任教生理、针灸。1967年至1983年任广州中医学院疟疾研究室负责人。现任广州中医学院副院长、副教授、疟疾研究室主任、全国疟疾专题委员会委员。

李氏20年如一日，坚持在海南岛和云南边疆开展抗疟工作。为寻找治疗间日疟的有效穴位，在自己身上作试验。1974年李氏在云南运用中医研究院从青蒿分离出来的单体青蒿素治疗恶性疟，比氯喹的疗效快、毒性低，在治疗脑型疟疾中，效果也较好。该项研究获1979年国家二等发明奖。又用青蒿素及其衍生物治疗脑型疟疾，治愈率、病死率达到国内外先进水平。为了验证恶性疟原虫裂殖同病情的关系，李氏用自身做恶性疟原虫感染实验，达到了预期的效果。1986年初，中共广东省委授予李氏优秀共产党员的称号。1987年获全国劳动模范称号。

（广州中医学院）

俞慎初

俞慎初，生于1915年，福建省福清县人。先后毕业于上海中医专科学校和上海诚明文学院。1946年考试及格，领取卫生部和省政府中医师证书。1952年毕业于北京中医进修学校。1955年以来，先后担任中华全国医史学会、中国药学史学会委员，福建省医史学会主任委员，陈修园学说研究会主任委员，福建中医学院学术委员会副主任委员，《福建中医药》杂志编委会副主任委员，中华医学会福州分会理事，福建中医学院医史研究室主任、教授、内科主任医师，福建省五、六届政协委员，中国农工民主党中央委员等。

俞氏致力于中医教学、临床和医史研究工作，著述达二十多部，发表论文一百三十余篇，共约三百万字。1955年出版了《新编中药学》之后，又编著《虫类药物临床应用》，获1984年省级科技成果奖。《中国医学简史》系建国以来一部较完整而系统的中国医史，获1985年卫生部科技成果乙级奖。1987年《中国药学史纲》出版发行。主持编校《陈修园医书十六种》，主编《闽台医林人物志》，参加《医学百科全书》中医内科学和医史分卷的编写工作，还参加校注《神农本草经》、《李濂医史》等书。

俞氏擅治内科杂证，如用补阳还五汤加减治脑血管意外，五金汤加味治疗结石症，瓜蒌薤白半夏汤、血府逐瘀汤、活络效灵丹等化裁治疗各型心脏病，用全蝎梢、蜈蚣、地龙加入牵正散治疗面部神经瘫痪的口眼㖞斜等。俞氏治学，着力于“史”的客观真实情况的考证，重视史料的甄别辨伪，力求所论有据。

（叶锦先　刘德荣）

欧阳锜

欧阳锜，湖南省衡南县人，生于1923年。15岁随家伯学医。18岁起，即在家乡行医，以内科为主。解放后，历任衡南县中医院院长、湖南省中医药研究所副所长等职，现为湖南省中医药研究院研究员。

欧阳氏致力于辨证论治理论方法的研究，主要著作有《中医内科证治概要》、《证治概要》、《伤寒金匮浅释》、《中医病理概说》等。并发表“内科辨证学”、“十二经主病辨证的临床应用”、“论甘温除热”、“论闭与脱”、“麻疹并发肺炎的防治”、“肝硬化腹水的辨证治疗”等论文近百篇，都是从不同侧面阐明辨证论治的理论方法对临床实践的指导意义。欧阳氏根据辨证与辨病相结合的原则总结出治疗乳腺增生病、经前乳部胀痛有块的乳核内消汤，已作为新品种投产。

近年来，欧阳氏致力于中医临床思维方法的研究，认为辨证必须掌握、运用中医学中符合辨证法的观点，分清每个证候的主次症状，从主症的变化，分析证与证的质量变换关系，这样才能提高辨证的准确性，保证临床疗效。以此为指导，承担了卫生部下达的“中医病名诊断规范”的研究课题，并取得了一定的进展。

（湖南省中医药研究院科研医教处）

杨 甲 三

杨甲三，江苏省武进县人，1919年生，1932年受业于常州中医吴秉森门下，满师后，又从师针灸大家承淡安先生，专修针灸，复受岳翁华庆云（中医内、妇科）亲传。原任北京中医学院针推系主任、附院针灸科主任。现任中医学院院务委员会委员。先后聘为国家科委医药组成员、卫生部医学科学委员会委员、全国高等医学院校教材编审委员会委员、腧穴组组长，北京中医学院学术委员会副主任委员。曾任第三届全国人大代表，第五、六、七届全国政协委员。

五十余年来，杨氏在腧穴的定位、主治性能、配伍应用及刺灸方法等诸方面的研究，既有继承，又有创新。他编著出版有《经络挂图》、《针灸经穴挂图》、《针灸取穴图解》（该书国内外发行245万余册，并由外国人译成英、日等文，至今仍行销海外）。1978年《杨甲三取穴经验》一书问世，该书以体表解剖标志为关系，结合骨度分寸折量，将相邻穴位分经分部，进行对比、定位，总结出经穴定位的规律性，以简代繁，易懂易记，很适合临床和教学的实际需要。该书由外文出版社译成英、西班牙文出版，外国人又译成意大利文行销海外。以本书为脚本拍摄的电影《针灸取穴法》于1985年获卫生部乙等科学成果奖。杨氏主编的教材有《俞穴学》、《俞穴学教学参考资料》、《针灸学教学参考资料》、《袖珍针灸取穴图解》等。

杨氏曾先后赴日、法、西班牙等国交流《针灸治疗》、《毫针刺法》等，并参加医疗小组赴印尼、斯里兰卡、罗马尼亚、菲律宾、法国等国，于1963年荣膺印尼四级好儿男国家勋章，为祖国医药学赢得了荣誉。

（北京中医学院东直门医院办公室供稿）

杨 学 志

杨学志，生于1917年，辽宁省盖县人。1942年毕业于满洲医科大学并在该校专攻妇产科学临床和科研工作。1946年获日本医学博士学位。1948年任江西医学专科学校教授兼妇产科主任，1953年以来历任江西医学院教授兼妇产科教研室主任、江西省妇产医院院长兼主任医师。现任江西医学院妇产科教授、江西省妇产医院名誉院长、江西省科协副主席、中国抗癌协会常务理事兼子宫颈癌专业委员会主任委员、世界卫生组织（WHO）宫颈癌合作中心国家代表、“七五”国家医学重点攻关项目——宫颈癌癌前阶段的阻断研究课题的负责人。杨氏于1955年首次在我国成功地引进日本冈林氏子宫颈癌广泛根治性术式，著有

《子宫颈癌根治手术》。1962年以来从事宫颈鳞癌的组织发生学的研究，明确了宫颈慢性炎症与宫颈癌变发生联系是通过激惹储备细胞增生阶段、不完全化生出现率增加而实现的。

杨氏自1959年起进行中西医结合治疗早期宫颈癌的研究。1973年建立了三品一条枪锥切治疗早期宫颈癌的新疗法，1986年获全国中医药重大科技成果甲级奖。杨氏自1964年开始，在宫颈癌高发区靖安县建立了我国第一个宫颈癌防治试点研究现场，连续十二年开展两年为一轮的宫颈癌普查普治及流行病学、病因学研究，1987年获省级、部级科技进步二等奖。

早在50年代，杨氏还从事子宫肌瘤和乳腺小叶增生的中西医结合的研究。实践证明，溶纤I号方对鹅蛋大以下的壁间肌瘤和各种类型的乳腺小叶增生有独到的疗效，对其疗愈机理正在作深入研究。

（杨大森）

杨 继 荪

杨继荪，生于1916年，浙江省余杭县人。师承家传，悬壶江浙。解放后，历任杭州市广兴中医院院长，浙江医院中医内科副主任，浙江省中医院内科主任、院长、主任医师、学术委员会主任，浙江中医学院副院长，中华全国中医学会理事，浙江省科协技术学会副主席等职。现任浙江中医学院顾问、中国中西医结合研究会呼吸病学组顾问、中华全国中医学会浙江分会副会长、浙江省中医药人员高级职务评审委员会主任、浙江省高教职务评审委员会中医学科组成员、浙江省人民代表大会常务委员会委员。1986年被评为浙江省优秀共产党员及卫生部全国先进工作者。

杨氏擅长内科，在肺心病、冠心病等研治方面有独到创新之处。推崇以中医理论为基础，与现代科学技术相结合的观点。杨氏主持整编了《叶熙春医案》，撰写了《中医对肺心病认识与证治》等著作，并参与流行性乙型脑炎和晚期血吸虫病的临床研究和总结。杨氏兼任胡庆余堂、天目山药厂等技术顾问，重视剂型改革，先后提供治疗气管炎和糖尿病的验方，制成“复方淡竹沥”、“养阴降糖片”，效果显著，均已推广使用。其中“复方淡竹沥”已远销东南亚地区。此外，还制定了“五参安神糖浆”、“复方板蓝根冲剂”及“清热止咳糖浆”等，经临床应用，皆有良效。最近，又提供了治疗“病态窦房结综合征”及“快速型心律失常”的有效方药，正在深入研究观察中。

（潘智敏）

张海峰

张海峰，江苏省镇江市人，1915年生于江西南昌。世代行医，幼承家学，1933年考入江西中医专门学校，1936年毕业后开始行医。解放初期与同道创办了全国第一个中医刊物《江西中医药月刊》，并任总编辑。曾任南昌市卫生工作者协会副主席，江西省第一、二、四届政协委员。现任第六届全国人大代表，全国中医内科学会委员，江西省中医学会副会长，江西省中医内科学会主任委员，江西省中西医结合研究会顾问，江西中医学院中医内科教授、主任医师。

1953年，张氏在江西中医实验院对疑难病证进行了专题研究，并在剂型改革工作上取得了初步成效。相继撰写、主编出版了《三年来的中医实验研究》和《中医护理学》。张氏在系统研究李东垣的《脾胃论》和叶天士"养胃阴"学说的基础上，结合临床实践撰写了《脾胃学说临证心得》一书，1979年出版后，由日本翻译出版。张氏积极主张中西医结合，走中医现代化的道路，并用中西医结合方法研究了一些临床实际问题，发表了《热入营血与DIC》、《活血化瘀在心血管方面的应用》、《辨证与辨病》、《辨证论治降低转氨酶》等论文。

（张小萍）

张镜人

张镜人，生于1923年，上海人。家世业医，为第十二代传人。历任上海市卫生局中医处正、副处长、副局长。现任中华全国中医学会副会长暨上海分会副理事长、上海市科委医学专业委员会委员、上海市科学技术协会常务委员、上海市卫生局顾问、上海市第一人民医院气血理论研究室主任、上海医科大学教授等职。先后撰写了《热病证治薪传》、《发热的证治》、《昏迷的证治》、《水肿的证治》、《慢性肾功能不全的证治》、《暑温与湿温的证治》、《慢性胃炎的证治》等论文。还曾参加《辞海》中医部分、《中医症状鉴别诊断学》、《中医证候鉴别诊断学》等书的编纂。三度赴日本讲学，交流中医药学。

张氏在外感热病治疗上提倡"表"、"透"二法的应用。主张新感务求"表透"，杜邪入里；伏气则务求"透表"，促邪外达。并认为豆豉或豆卷，兼擅"表"、"透"功能，应用于治疗变应性败血症、巨细胞病毒感染，每获桴应。对萎缩性胃炎的证治，张氏认为脾胃位居中焦，脾气主升，胃气主降，脾性喜燥，胃性喜润，二者的生理相反而相成。故在治疗萎缩性胃炎时，必须结合其病理状态。

遵从吴鞠通“中焦如衡，非平不安”的治则，注重调升降，适润燥，以求气顺血和，达到平衡。经52例临床观察及病理分析，提供了可信的疗效，打破了胃粘膜腺体萎缩不可逆转的观念，为防治胃癌的发生开拓了新的途径，获1986年国家中医管理局中医药重大科技成果甲级奖。对慢性肾功能不全的证治，张氏并不墨守“脾肾阳虚，浊阴上逆”的辨证认识，指出慢性肾功能衰竭之症，多由湿热邪浊困聚，内伤脾肾气阴，日久营血俱亏，遂致清浊干混，阴阳乖乱，形成危候。气阴之损虽可及阳，然阳虚仅处从属地位，气阴复则阳虚自复。若投桂、附等刚燥温补药物，阴血更耗，病性将有增无减。此际惟宜清湿热而泄邪浊，益气阴而养营血，标本同治，临床效果满意，获1980年上海市中医、中西医结合科技成果二等奖。

（胡国庆）

周凤梧

周凤梧，生于1912年，山东省临邑县人。长于内、妇、小儿诸科。尤擅治内科杂证，对温病学的研究有一定的造诣，善于治疗湿热、湿温、暑温等。在妇科疾病调治中，重视肾肝脾三脏的作用，治疗过程中，始终顾护胃气，强调小方在临床上的应用，反对药物堆砌。先后主编和编著出版的著作有《黄帝内经素问白话解》、《黄帝内经灵枢语释》、《山东中草药》、《中医妇科学》、《中药方剂学》等；近年著有《黄帝内经素问语释》、《实用中药学》、《实用中医妇科学》等，曾任山东中医学院内科教研室副主任兼附院的内科副主任、《山东医刊》副总编辑、中华全国中医学会理事兼中医理论研究会委员、山东省第四届政协委员、中华全国中医学会山东分会副理事长。现任山东省第五届政协常务委员、山东省红十字会副会长、《山东中医学院学报》编委会主任委员兼主编、《山东中医杂志》编委会主任委员兼主编、《齐鲁中医》主编，山东省中医学会顾问委员会主任委员，山东中医学院教授兼中药教研室、方剂教研室顾问等职。1985年被评为山东省优秀教师。

（山东中医学院）

施 奠 邦

施奠邦，生于1924年，上海崇明县人，三代祖传中医，18岁随父侍诊，以内、外、喉科执业。1952年由中央卫生部选招入北京医学院学习，毕业后调中国中医研究院西苑医院。曾任消化系研究室主任，中国中医研究院副院长、院长，现任名誉院长、主任医师。兼任中国科学技术协会常务委员，中华全国中医学会副会长，中华医学会理事及《中国医学百科全书》编委会副秘书长。

施氏对温病卫气营血辨证，深有心得。临证中善将时方与经方结合，治外感热病常用败毒散加减获效。对消化系疾病尤其是肝炎、肝硬化腹水的治疗，曾作过系统的总结和研究；对肝病所致的鼻、龈衄血，常用费伯雄的豢龙汤及苍玉潜龙汤加减收功。对脾胃病的辨证认为应从脏腑、阴阳、寒热、虚实、气血五方面进行。对咳喘无痰属燥证者，每宗喻嘉言清燥救肺汤为主。

施氏强调辨证论治的同时，也强调运用现代医学的诊疗技术，这样才能提高中医研究工作的水平。施氏多次出国为他国领导人治病，目前仍坚持门诊，深受病员欢迎。

（张贻芳）

祝 谌 予

祝谌予，生于1914年11月，汉族，北京市人。早年随名医施今墨学习中医，深得其传。1939年至1943年留学于日本金泽医科大学，回国后曾在津、京开业，后任四区公路局医务室主任，第六工程局医院院长。1956年调任北京中医学院第一任教务长，兼金匮教研室主任。后调任中国医学科学院北京协和医院中医科主任、中国医学科学院学术委员会委员、中医教授。现任中国中西医结合研究会副理事长、中医学会理事，第六、七届全国政协委员，第六届北京市政协副主席，第五、六届中国农工民主党中央委员，第六届农工民主党北京市委员会主任委员。

祝谌予毕生力倡中西医结合，擅长中医内科脾胃病、妇科。1974年在协和医院开设糖尿病专科门诊，用中医疗法诊治糖尿病，根据辨证论治理论将糖尿病辨证分型，并在实践中创出活血化瘀治疗糖尿病的方法。在治疗妇女痛经方面，用西医化验检查指标作参考，以中医辨证指导治疗，总有效率达94%。在数十年的临床实践中，力主辨证论治，辨证与辨病相结合，在中医同道中有很高声誉。其著作有《祝选施今墨医案》、《施今墨临床经验集》。

又主办“施今墨医药学术研究中心”，为将施今墨的学术思想流传后人，为中医事业竭尽全力。近年来在多种杂志上发表各种学术论文四十一篇。

（北京协和医院宣传处供稿）

顾　小　痴

顾小痴(1910～1987)天津人。1934年高中毕业后，就读于华北国医学院。同时又拜医界名宿杨淑澄先生为师。1937年悬壶津门。1954年参加天津市立中医医院。历任天津中医门诊部妇科副主任，天津中医医院妇科主任，天津中医学院妇科教授、主任医师，天津中医学院第一附属医院院长兼中医学院教务处处长，天津中医研究所副所长。第五届全国政协委员，天津市政协四届委员，五、六届常委，天津中医学会副会长，天津气功科学研究会会长，中华全国中医学会理事，中华全国中医学会妇科委员会常务理事等职。主编有《中医学讲义》、《金匮要略讲义》等书，撰写了《功能性子宫出血临床观察》、《妊娠呕吐辨证论治的经验介绍》、《二陈汤临床应用》、《治疗崩漏的经验介绍》、《治疗经前诸证经验介绍》、《治疗痛经经验介绍》、《月经病治疗简介》等论文。

顾氏在妇科方面对傅青主和徐灵胎尤为推崇。病因上重视气、血、痰、湿、郁；证、病合辨，中西结合；重视整体治疗，善用双向调节法和探试法；主张治病宜兼顾标本，喜用成方化裁，用药少而精；喜用“二陈”治痰，注重调和气血，调理脾胃；对口眼歪斜，采用风药和补药，标本兼顾；治喘注重发病之机、呼吸之势、痰涎之状；治妇科病善于理气开郁，善调理冲任；对经前诸证提出“脏腑先虚，冲脉气盛，虚邪勿发”之见；对子宫出血采用行瘀固冲止血法；对不孕、闭经、男性不育等症，自拟补冲丸，效果卓著；创拟消炎丸，外治宫颈糜烂；对先兆流产、更年期综合征、月经病、妊娠呕吐等在治法、选方用药上皆有独到之处。如治一妊娠6月，胸中烦热、四末厥逆患者，其脉象滑数，舌红少苔。顾氏认为系阳郁不伸所致，以四逆散加桂枝、太子参、砂仁、广皮，一剂后厥逆减，二剂后则愈。治脾胃虚寒型妊娠呕吐重症，常以半夏、人参、川贝、干姜各等分，共为细末，日服三克，分三次以伏龙肝、西洋参煎水送服，每用必效。

（王　哲）

强巴赤列

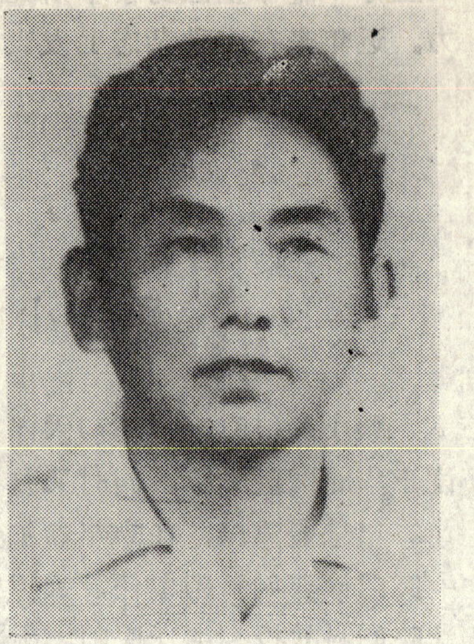

强巴赤列，1929年生于西藏自治区拉萨市。自1981年起，历任中华医学会中藏医分会会长、西藏天文星算学会副会长、《中国医学百科全书·藏医分卷》副主编、自治区科学学会副会长、第六届全国人大代表、自治区人大常委会委员、自治区科协副主席等职务。现任自治区卫生厅副厅长、自治区藏医学院院长、自治区藏医医院院长、西藏大学藏医系主任。主要著作有藏医教科书十一种和译著、论文约三十种，近百万字。以他为首翻译的八十幅藏医学彩色挂图，被誉为"国内中医界第一部医学教学彩色挂图"。《秘诀部形象论记》、《〈四部医典〉形象概论》、《〈四部医典〉后续部形象论记》，被藏医界推崇为"填补空白"之作。他参加《西藏医学史》的主要翻译工作，编著《藏医历史人物传记》一书，为1703年以来二百多年间西藏、青海、甘肃、四川等地的著名藏医专家立传，完成了古人未竟的事业。在该著作中引用了大量确凿的史料，证明藏医最早产生于公元前四世纪，把藏医的历史向前推延了八百多年。在编写《中国医学百科全书·藏医分卷》时，找到了二十八处可靠的依据，证明《四部医典》不是从印度传来的，而是八世纪时藏医老玉妥、云丹贡布所著，该结论也被两位西德的学者所证实，从而结束了这一历史悬案。他在星算方面的造诣也很高深，著有《天文历算简史及几年来天气预报工作经验》一书，很受藏族群众的欢迎。为了使藏医、星算事业更好地为"四化"建设服务，他抽调专门人材，成立了图书资料抢救小组，并开始写作《藏医藏药目录学》。为了表彰他的功绩，1987年国家科委授予强巴赤烈"国家级有突出贡献的专家"的称号。

（西藏大学）

曾育麟

曾育麟，生于1930年，四川省成都市人。1952年毕业于华西大学药学系，先后在云南省药物食品检定所、云南省药品检验所和云南中医学院担任药师、所长、主任药师、教授、系主任等职，及中国药学会常务理事，中药和天然药物学会副主任委员兼民族药学组组长，中国药学会云南分会理事长，云南省民族民间医药研究会会长，中华人民共和国药典委员会委员，《中国民族药志》主编，《原色中国本草图鉴》、《中药志》、《药学通报》、《中药通报》、《药物分析杂志》、《云南医药》等书刊的编委。1958年获"全国医药卫生技术革命先进工作者”称号，1978年获“全国医药卫生科研先进工作者”称号，1980年和1985年两次被评为“全国科普积极分子”。

曾氏主编的《中国民族药志》备受海内外同行推崇；他负责主编的《原色中国本草图鉴》第七、十二、十四卷也受到日方专家的好评。目前，他正在筹办全国性的《民族药杂志》，主编《云南民族药物资源志》，参加《中华本草》的编纂工作。先后有13项科技成果获全国或全省的奖励。1987年2月，世界卫生组织在印度举行的首届国际民族医药学术讨论会上，曾氏的论文《从民族药中寻找新药》获金质奖。

（云南中医学院中药系）

民族医药

【发展中的民族医药】

我国是一个多民族国家，很多民族在历史发展中都形成了自己的民族医学。如蒙医、藏医、维医和傣医等。都有自己的理论体系和较长的历史。壮、苗、彝、朝鲜等民族也拥有很多民间医生和医疗方法。近几年来，我国民族医药事业得到了较快的恢复和发展。截至1986年底止，我国已有民族医药的医疗、教学和科研机构110个。民族医药人员4302人，其中蒙医3043人，藏医944人，维医276人，傣医39人，还有为数更多的民间民族医和草医。内蒙古自治区已建成旗县以上的蒙医医疗机构43所，蒙医研究机构6所，设病床1700余张；建立5个蒙药厂和蒙药车间，可生产各种蒙药制剂、成药350种；近年又建成了内蒙古蒙医学院和呼伦贝尔蒙医学校；全区蒙医药人员由解放初期的900余人发展到现在的3000余人。西藏已经建成1所县级、4所市级、1所省级藏医院。此外，71个县医院开设了藏医科，设病床170张；全区有藏医人员1176人，其中属国家编制的454人，在医院工作属编外的117人，民间的605人。该自治区藏医院的建筑具有浓郁的民族风格，建筑面积3万平方米，设150张病床，附设藏医药研究所和藏历历算研究所。1986年，全区藏药总产量已达20余万斤，已基本满足区内需要。西藏大学设有藏医学院，不断培养经过系统学习的高级藏医人才。藏医学院院长、藏医主任医师强巴赤列，被国家科委授予"国家级有突出贡献的专家"荣誉称号。其他如维医、傣医等近年来也做了很多发掘整理工作，医药机构和学术水平都有了一定的发展。

（陈珞珈）

【藏药"唐冲"的原植物研究】

"唐冲"是藏医在临床上常用于急性腹痛、肠梗阻、癫狂病、胆道蛔虫病、肺脓疡、炭疽病，外用于痈肿疔疖、溃疡恶疮、无名肿毒的一类植物药，大部分产于青藏高原。据《如意宝树》、《晶珠本草》及《图鉴》的记载，"唐冲"分白、黑、花三种。白者为唐冲嘎博（又名嘎尔博切合土卜、朗青轮巴、道朗苟居尔），其功效治痈疽、白喉、乳蛾；黑者为唐冲那博（即黑莨菪，又名唐旱合），其功效杀虫，治疗疮、炭疽病；花者为唐冲莨菪泽（即花莨菪，又名加唐超木、赛尔博哈都拉），其功效杀诸虫、治炭疽病。罗达尚、夏光成对白，黑、花三种"唐冲"分别进行考证和鉴定，初步解决了三种"唐冲"应包括哪些原植物的问题。简述如下：1.唐冲嘎博（白者）。原植物为茄科唐古特马尿泡（Przewalskia tangutica Maxim），青藏高原特有种。多年生草本，高10～15厘米，根粗壮，呈类圆柱状或纺锤状。茎短，常埋地下。叶于茎顶密生，叶片长椭圆形，全缘，两面均被柔毛及稀疏腺毛。花5～13朵腋生于叶丛中；花萼圆筒状，长约1厘米，顶端5浅裂，花后扩大，形成果囊，顶端呈一小口；花冠漏斗状，长2厘米，黄色；雄蕊5，着生于花冠近喉部，花药长圆形；子房上位，卵圆形。蒴果球形，种子肾形，黑褐色。本品还包括茄参（Mandragora Caulescens）和青海茄参(M.Chinghaiensis)。与唐古特马尿泡相比，茄参植株高20～500厘米，茎上部分枝，花冠5中裂，暗紫色；青海茄参植株6厘米以上。两者的花萼和花冠均呈钟形。2.唐冲那博（黑者）。原植物为山莨菪（Anisodus tonguticus Pasch.）青藏高原特有种。多年生宿根草本。根粗长，可达90厘米，径达20厘米。茎直立、丛生，高1米左右。单叶互生，呈长卵圆形，长10～25厘米，浓绿肥厚。花单生于二歧分枝叉间的叶腋；萼钟形，长2～3厘米，果期膨大呈壶状；花冠钟状或漏斗状，紫色，先端5浅裂；雄蕊5；子房上位，柱头杯状。蒴果球形，包于萼囊内；果萼长约6厘米，肋和网纹显著隆起。本品还包括铃铛子（Anisodus lutidus)、三分三（A. acutangulus）、黄花山莨菪（A tanguticus Var. viridulus）及赛莨菪（Scopolia Carnioli-coides）。与山莨菪相比，铃铛子植株及花萼被柔毛，花冠常浅黄色，裂片略带紫色；三分三花冠黄绿色，果俯垂；黄花山莨菪，花冠黄色；赛莨菪花冠黄色，檐部微裂，果萼纵肋不明显。3.唐冲莨菪泽（花者）。原植物为天仙子（Hyoscyamus niger L.）两年生草本植物，全株被粘性腺毛，有臭气。根具纤维质。茎高50～90厘米。叶片长卵形，叶缘具不规则羽状齿；基部叶半抱茎，上部叶无柄，下部叶有短柄；花常生于一侧叶腋；花萼筒状钟形，被细腺毛和长柔毛；花冠钟状，长为萼的一倍，黄色，具紫色脉纹；雄蕊5；子房长卵形；蒴果包藏于宿存萼内，长卵圆形；种子近圆盘形，淡黄色。

（徐雪燕）

【蒙医药的临床研究】

白波介绍了蒙医药对糖尿病治疗的临床经验。糖尿病类似蒙医的“西精”病范畴。蒙医的“西精”病被归纳为三型。其一，“巴达干”转化型，症状为食物不化、饮食不进、恶心呕吐、嗜眠而痰涎增多；其二，“希热”转化型，阴茎及膀胱刺痛、身热口渴、饮食俱增；其三，“赫依”转化型，心悸少寐、气逆不安、战慄刺痛等。蒙医认为“西精”病因为多方面，多食甜、辛热、重滞之物或多卧湿地，气候、生活等环境多变，使人体肾、胃的“赫依”、“希热”、“巴达干”三者的平衡失调。“赫依”、“希热”相聚在一起出现偏盛，“巴达干”相对减少则偏衰，造成肾脏劳伤、胃机能紊乱而出现“多饮、多食、疲乏、消瘦”等临床表现。白氏采用主方与配方相结合的方法，临床辨证治疗“西精”病，着重调节肾、胃的“赫依”、“希热”、“巴达干”，使之处于平衡。通过对6例患者治疗，取得满意的疗效。其主方一为：蒙药“通嘎拉各——5味”（成分：全石榴、红花、白豆蔻、荜拨、肉桂）制成绿豆大水丸服用。其主方二为：“吉朱木道尔吉”（成分：草乌、硇砂、刺柏、贯仲、甘松、麝香、红花、牛黄、熊胆）制成绿豆大水丸服用。用蒙药“协日·嘎——4味汤”（成分：姜黄、黄柏、栀子、蒺藜）煎汤作引子，配合而服。以上两主方均为蒙医验方及标准方剂，具有消糟归精、止渴生津、解热散病、消肿益肾之功效。另有配方：“色日西”、“伊赫汤——25味”、“撒力增阿”、“教西根——18味”、“其查日干——5味”等，作临症辨证施药。

李红介绍用蒙药“乌力吉——18”、“巴嘎图日——7”治疗10例急慢性乳腺炎患者、痊愈9例的临床经验。对于急性乳腺炎的治疗，李氏主张晨服“乌力吉——18”1丸（其药物组成：诃子、广木香、山奈、赤包子、月石(制)、刺柏、丁香、朱砂、熊胆、土木香、五灵脂、益母草、鹿茸、艾叶、朱黄、红花、冬虫草、沙棘），用茜草、栀子各10克水煎为引，功效调经活血；晚用“巴嘎图日——7”每服15粒(其药物组成：草乌茸、多叶棘豆、麝香、银珠、诃子、茜草、紫草茸）用透骨草、红花各5克水煎为引，功效清热解毒、止痛。若乳头皲裂，局部有热感或有炎症化脓时，烟草根水煎，其汁搅拌“勒格毕巴乐朱日”外敷患处。慢性乳腺炎，凡脉虚者用上组方剂，配伍其它药物辨证应用。早服“乌力吉——18”1丸，同服“当归啊瓦”15粒；晚服“巴嘎图日——7”15粒，用“曾登西汤”水煎为引。

宝音介绍蒙药“壮西普立塔拉”为主结合其它蒙药对10例Ⅱ期和Ⅲ期食管癌患者治疗的经验（其中3例Ⅱ期食管癌，7例Ⅲ期食管癌）。宝氏均采用温中散寒、健脾散结、消食止痛、软坚化滞法治疗。其主方为“壮西普立塔拉”（药物组成：诃子、光明盐、荜拨、麦门冬、硼砂、寒水石、硼磺等），制成粉剂内服，每日早服一剂3～5克。同时对于不同的临床表现，给予对症治疗。虚寒者加服“森布如西瓦”、“帚吉德”，气滞者加服“西吉德如克巴”，“杜日才力日嘎尔”、“札木沙西汤”，郁热者加服“嘎日那嘎朱瓦”、“色尔灯阿瓦”、“给旺古瓦”，血瘀者加服“当玛奈召格”。另外还可以结合扶正培本法给予壮阳、补气、补血等药物结合治疗。结果痊愈一例，症状与体征完全消失；显效2例，症状消失，主要体征显著好转，存活2年以上；有效4例，症状体征有所改善，食欲增加，生存8个月至1年半；无效3例，自觉症状虽有改善，但反复发作，存活7个月均死亡。

（徐雪燕）

【彝药黄秦艽和蒙药广枣的原植物研究】

黄秦艽为彝族常用药之一，彝语名“木都次克”。该药味苦、性寒，具清热解毒、杀虫之功效。彝族人用它治疗肺热咳嗽、肠炎、阿米巴痢疾、蛔虫病及烧伤等。四川很多地区将黄秦艽混作中药秦艽使用和收购，但两者性味、功效均大不相同。宋砚农、王学明等对黄秦艽进行实地考察，经过对原植物的生药学鉴定，认为黄秦艽的原植物是龙胆科植物滇黄芩（Veratrilla baillonü Franch）的干燥根。该种分布于四川、云南，生于海拔3500米以上的高山草地，为多年生草本，高85厘米左右。龙胆科滇黄芩是1977年版《中药大辞典》及1983年版《全国中草药汇编》未收载之植物。宋氏等人特将该植物形态、药材性状及生药显微鉴定作了详细介绍，並将黄秦艽与秦艽作了鉴别比较。其主要鉴别简述如下：(1)药材鉴别，黄秦艽的残存叶鞘是膜质状，秦艽的残存叶鞘为纤维状；（2）粉末鉴别，黄秦艽的木质部粉末在365nm紫外光谱下无荧光，秦艽则有黄白色或金黄色荧光。

广枣系藏蒙医习用药材之一，蒙古文译音为“吉如很·肖夏”，原植物是漆树科南酸枣属植物南酸枣（Choerospondias axillaris Burtt et Hill)的干燥成熟果实。具有行气活血、养血安神功效，临床主治气滞血瘀、心悸不安、心区作痛等症。白明纲曾撰文对该药源流、应用沿革及其药理方面作了回顾性的介绍。对于广枣的化学成分研究，王乃利等介绍：以往认为从广枣中分离出的总黄酮就是广枣的有效成分，所以对广枣的黄酮类化合物研究较多，故曾有报道从该植物的树皮中分离出两种新的双氢黄酮类化合物——柑桔素（Naringenin）和南酸枣甙（Choerospodin）。近年来，王氏等人在广枣的化学成分研究方面有新的突破並作了详细介绍。他们以ADP诱导血小板聚集的抑制活性为指标，采取跟踪分离方法，首次从广枣中分离出六种活血有效成分——酚酸类化合物。经化学和光谱分析法鉴定出该六种成分为：原儿茶酸Protocatechuic acid（Ⅰ）、没食子酸gallic acid（Ⅱ）、鞣花酸 ellagic acid（Ⅲ）、3，3-二甲氧基鞣花酸（Ⅳ）、柠檬酸（Ⅴ）、对苯二酚（Ⅵ）等六个结晶体。其中Ⅰ～Ⅴ均具有抑制ADP诱导的血小板聚集作用。其中晶体Ⅲ、晶体Ⅳ作用明显，但水溶性极差。王氏等认为，为了提高应用价值，须进一步研究如何解决晶体Ⅲ和晶体Ⅳ的溶解度问题和多指标测试决定活血作用等问题。

（徐雪燕）

【壮医药线点灸的应用】

崔丽萍用常规药线点灸手法治疗流行性腮腺炎10例（双侧肿胀者2例），取穴：角孙、翳风、合谷、足三里、颊车，局部梅花穴。每穴灸1壮，每日灸1次。结果10例全部治愈，治愈时间最短者1天，最长者4天。10例中体温在38°C以上者7例，经灸治1次后体温降至正常者5例，灸治2次后热退者2例。吕琪玲治疗面瘫10例。主穴为患侧的翳风、攒竹、阳白、太阳、下关、地仓，健侧的合谷。随症加减穴为颧髎、颊车、四白、风池、迎香、人中。每天点灸1次，10次为1疗程，两疗程间休息一天。结果：痊愈（3个疗程后，症状和体征完全消失）5例，显效（仅在笑时口角稍向健侧歪斜）1例，好转（眼闭合不紧，口角轻度歪斜）4例。痊愈和显效的6例，疗程均在1～2个月以内。王家珍用本疗法治疗失眠症30例，病程1周～2年。以头维、攒竹、中冲、劳宫、内关、间使、神门为常规用穴，随症加减，10次为1疗程。结果：近期治愈13例（每夜入睡7小时，头晕、心悸等兼症消除），显效14例（每夜入睡4～6小时，兼症明显减轻），有效2例（每夜入睡2～3小时，兼症改善），无效1例。黄瑾明等对1例长期用西药和针灸治疗而无效的帕金森氏综合征患者用本法治疗，取穴：脑户、百会、身柱、肝俞、上髎、下髎、阳池、手三里、梁丘、伏兔、阴市、足三里。每天施灸1次，连治10天后，诸症明显减轻，续治1月，四肢抖动基本消失，生活基本自理，间断地再治2月，随访半年，疗效巩固。

（徐施德）

参考文献

B

白　波　蒙药治疗糖尿病　内蒙古中医药　(2)：9，1987

白明纲　蒙药广枣　中药材　(3)：53，1987

宝　音　蒙药壮西普立塔拉治疗食管癌　内蒙古中医药　(2)：8，1987

C

崔丽萍　壮医药线点灸治疗流行性腮腺炎10例　广西中医药　(3)：41，1987

H

黄瑾明等　壮医药线点灸疗法治疗帕金森氏综合症1例　中医杂志　(4)：20，1987

L

李　红　蒙药治疗乳腺炎　内蒙古中医药　(3)：5，1987

罗达尚、夏光成　藏药"唐冲"的考究　中草药　(6)：37，1987

吕琪玲　壮医药线点灸治疗面瘫10例　广西中医药　(3)：41，1987

S

宋砚农、王学明等　彝药"黄秦艽"的生药鉴定　中草药　(7)：35，1987

W

王家珍　壮医药线点灸疗法治疗失眠症30例　广西中医药　(3)：40，1987

王乃利等　广枣（南酸枣）活血有效成分的研究　中草药　(11)，2，1987

國外中医葯

【日本对经络研究进展】

日本对经络的研究，门派众多、思路广泛，选摘有所进展的研究，概要介绍如下。

高野千石依据离子传导理论考察了电流流经的道路和组织间的电传导度与经络的关系，认为电流传导路决定着经络的体表分布，其传导度则影响着经络的生理特性，而传导路的形成和传导度的大小与组织间的离子密度和离子流过的介质粘度等多种因素有关。在此理论基础之上，结合藤田六郎的“肌运动主因性脉管外流体波动通路膜系统”和本山博的“经络在结缔组织多水层”的论说，高野氏提出经络本质的又一假说：结缔组织内具有高离子密度、低介质粘性的脉管外液体流通通路说。并认为：(1)良导络的本质可以认为是良导络线下疏松结缔组织内具有高离子密度及低介质粘性的脉管外流体。(2)这种脉管外流体的生理病理学变化直接与良导络的体表电传导相关。(3)这种体液流在疏松结缔组织内的径路，在理论上与良导络一致，而且也与中医学的经络是一致的。

间中喜雄揉合中医经络理论、生物通讯理论、生物遗传理论，提出关于经络问题的“X—信号系统”假说。认为这是一个人类发生早期的原始信号系统，其后虽被进化过程中发展起来的复杂控制系统所掩盖，但它仍残留在体内，并在生理、病理过程中发挥着重要作用。在针灸治疗中扮演着重要角色的也正是这个系统。

“X—信号系统”具有以下特点：(1)可以感受极细微的难以称为神经刺激的微小动因而发生反应。(2)信号输入部位和输出部位是特异的，难以用神经学的知识予以说明。(3)该系统由点到线、由线到面形成完整的机能结构，构成一个整体体制。(4)在这个体制中由所谓的全息律支配，任何部位都有整体的投影。(5)经穴状治疗点、反应点的相互关系具有位相几何学的配列规律。(6)可以按此系统应用现代医学尚不了解的机体纵向相关关系。(7)此系统可以解释人体的八区分划性。

为验证该系统的存在，间中氏做了一系列验证工作。(1)用磁石的北极接近耳穴的大肠点，手大肠经的合谷穴压痛就会减轻。而用南极接近，疼痛就会增加。(2)在大肠经上任选两点，近心端用锌棒，运心端用铜棒，分别接触这两点，合谷穴压痛就会减轻。如将两棒的位置倒换，疼痛就会增加。(3)在与大肠经同侧的肺经上任选两点，进行锌、铜棒接触试验，产生合谷减痛效果的位置排列与(2)相反。近心端是铜，远心端是锌。(4)把肺经、大肠经、胃经、脾经作为一个环，构成气血的通路。在这循环路线上，任选上游一点触以铜棒，任选下游一点触以锌棒，也可以产生合谷减痛反应。而与两点距离无关。(5)把1.5伏电池的阳极放在曲池上(大肠经的土穴)，被试者的手指压在阳极上，合谷的压痛就会减轻。而调换极性，压痛又会明显增加。用二间穴(大肠经的水穴)作这项试验时，极性效应相反，阴极使压痛减轻，阳极使压痛增加。按传统的五行理论，大肠经为金经，土生金，故曲池为其补穴；金生水，故二间为其子穴。据补母泻子的法则，正极对曲池与负极对二间可以产生同样的效果。各项试验表明：(1)经络上的任意一点均有识别微小刺激的作用。(2)经络与经穴间存在着五行生克的关系。(3)经络有流注方向。(4)阴经与阳经有着不同的性质。(5)这些特点与古典经络理论的描述是一致的。

在试验中还观察到如下现象：(1)前述各项试验中，在一侧合谷穴压痛消失的同时，对侧的合谷穴常出现代偿性压痛。(2)用磁石的北极接触同侧耳穴的“大肠点”，出现同侧合谷穴压痛减轻，而南极无效。在另一侧耳穴“大肠点”对对侧合谷穴压痛则是南极有效，而北极无效，但该侧“大肠点”背面的点，其极性效应却与对侧的“大肠点”相同。(3)右侧合谷压痛时，取与之相对应的左侧、阴经的太白穴(脾经原穴)，用磁石的南极接触时，右合谷压痛消失，且不出现对侧的代偿性压痛，从而取得了完全平衡的状态。间中氏根据这些现象，再结合赤羽幸兵卫的“跷板现象”，及高木健太郎发现的“压发汗”反射，认为人体存在着上下、前后、左右的八区分划性。其区分界线是：左右的分界线为任脉和督脉。上下的分界线为带脉。前后的分界线是心包经与三焦经连接的侧面线。

间中氏认为“X—系统”，还有以下几方面的意义。(1)可以明确被人忽略的针刺手法意义。(2)可以开发出新的手法。(3)得到判别有关针刺理论不同说法正确与否的线索。(4)得到了重新认识经络经穴整体构成及相互关系的方法论。(5)可以简化治疗体系。(6)不用针的“针刺治疗”也成为可能之事。

（甄立学）

【国外耳针治疗肥胖症近况】

针灸和中药作为肥胖症的辅助疗法，已取得一定疗效。特别是耳针疗法，由于操作简便，无副作用，已作为常用疗法。

自从Giller、Lau等人报告耳针治疗肥胖症有效以来，应用耳针治疗的日渐增多。一般认为单独使用针刺治疗肥胖症疗效不显著，建议采用复合疗法。顺势疗法，使用金针、银针或激光针刺激耳穴，伴服药物，如维生素和辅梅等。KoskenniemiT，治疗18名体重超20%的肥胖者。用饮食疗法的同时，在耳甲腔埋针，2周3次，隔2周改换另一耳。6周后大多数人食欲减退，体重明显下降，10和15个月后体重仍持续下降。认为耳针可以治疗肥胖症，无副作用．减肥也较持久。Pontinen P.、Pennala M.用耳穴埋针法治疗1200例肥胖患者。在最初370例的研究中有90%的患者食欲减退，体重减轻，而且有治疗作用，使偏高的血压降低，偏头痛、失眠、胃痛等症状缓解。在同时服用抗高血压药物的患者中，血压和体重都有明显下降。Raman Kapus 研究针刺治疗肥胖症4年后，认为耳针加体针治疗效果最好，优于单纯耳针或穴位压迫疗法。Chandnani J.K.报道针灸治疗100例肥胖症的结果，经耳针和体针治疗30次后，80%患者体重下降6～10公斤，20%无效。

Dung H.C.报道了4年来用耳穴埋针进行减肥的临床资料，而实验结果不理想。讨论了耳针减肥效果不好的原因主要是患者在耳针治疗的同时不能减少摄食量。耳针减肥必须要有耐心坚持，而许多人往往在二三周未达到理想的效果就中断治疗，除非耳针结合其他方法而加强心理作用的工作，否则耳针的疗效是有限的。Dung H.C.提出耳针治疗肥胖症机制的假说：耳部的机械刺激发出神经冲动沿着迷走神经传到中枢，干扰和阻断对胃肠道发出的饥饿信号的传进。而在一定程度上降低饥饿感，使摄食量减少而减肥。由于神经长期受刺激易疲劳，因此，其治疗在最初的二星期疗效最好，治疗二星期后休息7～10天，再重复治疗才能保持疗效。Bucek 报道用针刺戒烟和治疗肥胖症的10年经验，认为减肥只有在受试者改变饮食习惯条件下才能取得远期疗效。

特别是向野义人的多年研究，在1986年发表文章，曾获得日本的代田奖，该文对耳针治疗肥胖症的一些基本问题作了回答：(1)耳针治疗肥胖症并非安慰剂效果。(2)耳廓肺区的皮电点是治疗肥胖症最有效的点。(3)耳壳迷走神经分布对耳针的效果有影响，耳针治疗可抑制肠道迷走神经的活动。(4)破坏大鼠下丘脑腹内侧核的饱腹中枢（不完全破坏），使其摄食过量，造成实验性肥胖，用耳针治疗，而取得减肥效果。下丘脑腹内侧核是支配交感神经的重要核团，而下丘脑外侧(摄食中枢所在)是支配副交感神经的中枢。认为耳针减肥是由于减轻了交感神经的抑制状态，使植物神经的不平衡得到改善。因此，耳针减肥必须有下丘脑腹内侧核部分功能存在。(5) 作者认为肥胖有虚胖和实胖的个体差异、虚胖患者有水、钠贮留，耳针降低体重的效果较实胖者显著。二者的主要取穴也不同。(6) 耳针几乎没有副作用，长期用耳针者可发生轻度便秘、肩痠痛、月经周期延长等。中止耳针治疗即可恢复正常。

但是，七堂利幸等，对耳针治疗肥胖持批判态度，对其有效性提出疑问。

(朱元根)

【国外对黄芪及其同属近缘植物的化学研究】

黄芪为豆科紫云英属植物膜荚黄芪(Astragalus membranceus(Fisc h) Bge.) 或内蒙黄芪 (A.mongholi Cus Bge.) 的根。该属植物约有1600种，中国有130种以上。中国药典规定膜荚黄芪和内蒙黄芪作为药用正品。七十年代以来，国外对黄芪及其同属近缘植物中的化学成分，特别是三萜皂甙类成分进行了大量研究。由于分离技术的进步，目前已先后从膜荚黄芪及其同属近缘植物中分离出约40余种三萜皂甙类化合物。1981年北川勳等首次报道从膜荚黄芪中分离出黄芪甙 (astragaloside) Ⅰ～Ⅷ 等12种三萜皂甙。苏联学者从苏联产绵毛黄芪中分离出环绵黄芪甙 (cyclosieversioside) A～H等皂甙，从塔什干黄芪 (A. taschkendicus Bge.) 中分离出塔什干黄芪甙 (asrendoside)A～D，从A.basineri Trautv.中分离出cyclosieversioside B.D等数种皂甙，从这些植物中还分离出一些不连糖的三萜化合物，如cycloasgenin B,3-dehydrocycloasgenin C, Cycloasgenin A, cyclo versigenin, dasganthogenin。目前黄芪皂甙类及其甙元的命名尚较混乱，重复命名的屡有所见。

已分离出的黄芪皂甙除大豆皂甙Ⅰ及黄芪甙Ⅷ以大豆皂甙元 (soyasapogenol) B为甙元外，其余均以9，19-环羊毛脂烷型的四环三萜类为甙元，即环黄芪醇(cycloastragenol) cyclosieversigenin, cyclonsgenin C等。目前发现的黄芪皂甙类中的糖链一般连接在3位、6位羟基上，个别也有在25位上的。所连接的糖主要为木糖、葡萄糖、鼠李糖、阿拉伯糖。

分离黄芪中的三萜皂甙类，由于含量较低，分离较困难，对其药理作用研究尚少，有待进一步研究。

(王惠康)

【日本对汉方浸膏制剂生产制订GMP实施细则】

日本医药界于1974年参照欧美各国的GMP (优秀药品生产规范),制订了日本国的GMP标准，1979年由厚生省作为法律正式公布，1980年9月起正式实施。汉方浸膏制剂原则上也应按照此标准组织生产，但由于汉方制剂与合成药品的不同，1987年2月，在厚生省的指导下，由日本汉方生药制剂协会 (日汉协，由49个中成药生产、经营企业组成) 牵头组织起草委员会讨论制订汉方浸膏制剂的GMP细则，已起草完毕，不久将正式实施。细则内容不无可供参考之处，概要介绍如下。

宗旨：强调汉方浸膏制剂是以天然生药为主要原料，其内在质量易受产地、收获季节、杂质混入等影响，其应注意的事项要比合成药品多，因此要按照GMP精神，制定生产管理、质量管理、生产卫生管理的实施细则，以尽量保证最终产品与标准汤剂具有同等性。

原料生药的质量：规定要按药典规定结合最新科研成果制订原药材的管理标准。包含购入标准 (原药材的质量标准、产地管理、批号管理、采样方法、原料药生产厂的规格标准等)，用料标准 (批号管理、采样方法、原料厂家的规格标准) 及贮存管理标准（药材的保管条件及方式、防止污染的方法、再检验标准、对照品管理方法），并应指定原药材质量的技术负责人，明确其职责。

提取生产过程中的质量：规定稳定生产的设备、工艺条件，指定专人负责监督生产。制定产品具体生产工艺标准（如加水量、温度、提取时间、固液分离、浓缩、干燥、过筛、混合的方法、生产用水管理、提取成份、得率、指标成分含量、污染管理等），生产卫生管理标准（包括职工、车间、机械等卫生）及设备管理标准。如产品的设备、机械、生产方法等有改变时，要重新制订确认。

生产的原始记录：规定从原药材到最终产品的全过程中所有生产管理、质量管理、生产卫生管理，都必须建立一目了然的原始记录，并须保存3年。每批产品的原始记录，应包括药品名称、批号、生产工艺及日期、原料名称及批号、配伍量、包装材料名称、管理号、使用量、各道工艺的投料量及按理论收率计的得率，中间工艺的检验结果及不合格时采取的措施，质检部门的检验结果及不合格时的措施，对是否按工艺单生产的确认情况，生产过程中采取的其他措施、记录者姓名及记录日期，生产负责人对生产管理的确认及可否发货的决定等。对产品说明书、包装每批是否合格要进行确认，并建立记录；对每批原料及产品（包括半产品）、包装,材料的出入库要按批号进行严格管理并建立记录；对生产设备的清扫、定期保养、维修以及生产人员的卫生管理要建立记录。

强化中间原料厂家与制剂厂家的衔接，规定双方要密切配合确保原料的质量。制剂厂家应对原料厂家提供的原料就生产许可证的各项规定，中间原料的生产管理、质量管理、产品说明、运输、供销记录等进行确认，必要时可要求提取物生产厂家提供生产管理、质量管理、生产卫生管理的有关记录，以便进行确认。

最终产品的检验，规定除按生产许可证的规格和检验方法进行检验外，尚应适应科技进步和时代要求积极研究可靠的新方法改善充实检验项目。一般应检验外观性状、干燥失重、灰分、酸不溶物、重金属含量、浸膏浸出量、所含生药的定性、崩解度、含菌数等，并尽可能进行指标成分的定量。

质量事故的处理：规定一旦发生产品质量及副作用等问题时应迅速处理并采取改善措施。要及时查清原因，采取有效措施加以改善。要建立处理事故的体制和方法。属于产品质量不合格的应采取回收措施并向各级政府的卫生部门报告。对事故的调查结果及处理要建档保存。

（王惠康）

【日本加强提高汉方浸膏制剂质量的研究】

日本的汉方浸膏制剂从1976年被收入健康保险基准以来，已得到长足的发展。1976年汉方制剂的年生产金额为95亿日元，而到1984年已达到724亿日元。汉方浸膏制剂的质量也有很大提高。1982年厚生省为了迎接汉方浸膏制剂收入保险药价基准10周年，制订了一个2年计划，组织了研究班与恳谈会，以进一步提高汉方制剂的质量。研究班由专家学者和行政、企业的代表参加。于1984年提出了最终报告，就对待医疗用汉方制剂的基本态度及确保质量的新实施方法提出了具体意见。厚生省药务局据此于1985年5月发出了关于医疗用汉方浸膏制剂的制造方法及其质量评估的通知。通知要求：(1)生产厂家要将其最终产品与标准煎液（用同一批原料煎制）进行比较，证明两者具有同等性；(2)比较同等性的指标成分，不能仅用一个，至少要有两种以上；(3)对赋形剂与浸膏混合而成的最终产品的日用量仍不加限制。

日本汉方制剂厂家，以前对原药材的质量控制，除采用药典、药典外生药规格、GMP规格外，各公司还都制定了各自的规格。厚生省药务局于1987年8月5日，以药监第72号通知下达了日本汉方生药制剂协会制订的“关于医疗用汉方浸膏制剂的制造管理及质量管理的自主基准”，在原材料的质量控制上，逐步确立各公司共同的标准。並规定各厂家必须配备具有相应资格的生药管理人员，负责建立原药材检验的采样方法，对形态鉴定结果进行评价，对原药材检验人员进行培训，进行其他有关确保原药材质量的工作。

选择定量指标的理想成分时，应具有从生药转移到煎剂或干燥浸膏时的良好转移率，耐热，不易分解，挥发、受其他各类成分干扰等性质。研究表明，对五苓散或配伍有桂皮的处方可选用反式桂皮酸(t——cinnamic acid)，对配伍有生姜的处方可选用6——gigerot或6——shogaol(6——生姜酚)作为指标成分。对当归芍药散，可选用川芎中的阿魏酸(ferulic acid)作为指标成分，由于川芎中的松柏醇基阿魏酸酯在煎制过程中完全分解生成阿魏酸，因此如将测得的阿魏酸作为游离酸与其酯的总和，则可用来对当归芍药散进行质控管理。对八味地黄丸可选用芍药甙（Paeoniflorin）和马钱甙（loganin)。对半夏厚朴汤、小半夏加茯苓汤可选用厚朴中的厚朴酚（magnolol）和生姜中的6——shogaol作为指标成分。对麻黄附子细辛汤中的附子可选用乌头碱（aconitine）类作为指标成分，用紫外吸收法进行定量，麻黄中的甲基麻黄碱（methylephedrine）会产生干扰，可用其他方法定量后减去，从而来控制处方中附子的总叔胺生物碱的含量。对配伍有黄连、黄柏的处方可选用小檗碱（berberine)、黄连碱（coptisine)、巴马汀（palmatine）等。对配伍葛根的处方可选用大豆黄素（daizin）和葛根素（puerain）作为指标成分。对配伍甘草的处方一般都采用甘草酸（glycyrrhizin）作为指标成分。对配伍杏仁、桃仁的处方一般多对苦杏仁甙（amygdalin）进行定量，也有将其用β-葡萄糖甙酶分解后测定生成的苯甲酸从而间接测定苦杏仁甙，该法灵敏度高而干扰较少。对配伍有厚朴的处方常对b-eudesmol、和厚朴酚（honorinol)、木兰醇（magnolol）进行定量。对配伍有柴胡的处方常对柴胡中的柴胡皂甙a、c、d等进行定量，也有将它们用酸处理后生成具紫外吸收的芸轮二稀化合物后进行定量的。配伍山栀的处方常选用栀子甙（geniposide）作为指标成分。配伍芍药的处方目前均采用芍药甙作为指标成分，尚有人探讨了芍药甙的酶免疫分析法，具检出值约是HPLC法（高速液相法）的2倍，可能是与其他类似成分产生交叉反应所致。对配伍大黄的处方最近采用HPLC对大黄中的番泻甙（sennoside）A、B、C、E、及8-β-D-葡萄糖基大黄酸进行了分析，但番泻甙类受热易分解，在样品前处理时应避免加热操作。

以上仅例举了部分分析实例，目前定量分析方法中约80%采用高速液相（HPLC）法，然后是薄层层析光密度计（TLC-DM）法、气相层析（GC）法。采用HPLC法时，所用的柱约90%是反相ODS系列的柱，所用溶剂绝大多数是乙腈——水系统，有时加醋酸或缓冲剂以利用离子抑制效应。最近尚开始利用离子对层析分析小蘖碱、甘草酸、麻黄生物碱类。

在以上这样一个背景上下，日本最近出现了一个新的市场，即中药成分定量用标准品市场，目前已有十多家公司经营纯度一般均在98%以上的甘草酸、栀子甙、人参皂甙Rb1、Rg1、黄芩甙、芍药甙等几十种成分，有力地推动了汉方浸膏制剂的质量管理。

（王惠康）

参考文献

A

A. N. Suechnikava, R. U. Marova et al; Triterpene Glycosides of Astragalus and Their Genins Ⅱ: Struetures of Cyclosiversiosides A and C Chem Nat.Compdls 18:595, 1982

B

保険漢方薬の質の変更について，丁宗铁，NHK 第 2 台「今日の医学の节目的讲演报告

北川勳等 日本药学会第101次年会讲演要旨集 P504 4; 熊本 1981

Bucek Combination of Auricular and Body Acupuncture in the Treatment of Nicotine Addiction and Obesity, Dtsch z. Akupunkt, 29(2):27～32, 1986

C

Chandnani J. K. 针刺治疗肥胖症 世界针联第一届世界针灸学术大会论文摘要汇编 39页 北京 1987

G

Giller, M. N. Auricular Acupuncture and Weight Reduction, Am. J. Acupuncture (3):147～150, 1975

高野千石 経絡の本態——皮膚電気伝導理論からの近接《東洋厚生科学研究所纪要》 Vol. 42:7—9 1987

H

Hung H. C. Role of the Vagus Nerve in Weight Reduction Through Auricular Acupuncture Am J. Acupuncture 14(3):249～254, 1986

Hung H. C. Attempts to Reduce Body Weight Through Auricular Acupuncture Am J.Acupuncture 14(2):117～112, 1986

I

I.Kitagawa et al, Saponin and Sapogonol XXXV. Chemical Constituents of Astragali Radix the Root of Astragalus Membranaceus Bunge Chem Pharm Bull 31:69, 1983

J

间中喜雄、坂谷和子 情報系に対する干涉としての針灸——経絡治療とx——信号系，《矢数道明先生退任記念東洋医学論集》 医圣社 P. 354～377, 1986年7月

K

Koskenniemi T. Effect of Ear Acupuncture for Obesity, Acupuncture Electrother Bes 10(3): 231, 1985

L

Lau, B. H. S. et al Effect of Acupuncture on Weight Reduction, Am. J. Acupuncture, (3):335～338, 1975

M

Mastalier O. Intensive Combination Therapy for Obesity and Disturbances of Lipometabolism, Akupunkturarzt／Aurikulotherapeut, 12 (2): 107～110, 1985

P

Pennala M. et al Long-term Experiences in the Treatment of Obesity by Implanted Ear Press Needles in Hypertensive Patients, Acupuncture Electrother Res, 10(3):211～212, 1985

Pontinen PJ. et al Long-term Effect of Treatment of Obesity by Auricular Point Imbedding Therapy, Akupunk Theorie Praxis 14(2):69～70, 1986

Q

七堂利幸 他 肥満に対するろ耳ハリ効果の論文について 医道の日本 38 (10):14, 1979

R

日本国立卫生试验所铃木英世访华报告资料 1987. 11.

Raman Kapus 针灸对肥胖症的治疗作用 世界针联第一届世界针灸学术大会论文摘要汇编 39页 北京 1987

R. U. Marova Triterpene Glycosides of Astragalus and Their Genins Xv. Cyclosiversiosides B and D from Astragalus basineri Chem Nat Compds 20: 174, 1984

X

向野義人 肥満の針灸治療 現代东洋医学 7(4):36～42, 1986

Y

薬事ハンドブック86，薬業時報社（東京），1986

医療用漢方エキス製剤のGMP実施細則の自主基準，日本松浦薬業公司提供

政策与行政管理

（一）卫生厅局长会议

一九八七年全国卫生厅局长会议

一九八七年全国卫生厅局长会议于一月四日至九日在北京召开。会上交流了各地卫生改革的情况和经验。讨论了《"七五"时期卫生工作改革提要》、《卫生部门关于加强社会主义精神文明建设的八点措施》、《一九八七年卫生工作要点》、《一九八七年中医工作要点》。胡熙明同志在闭幕式上讲了话，崔月犁同志作了会议的总结。胡熙明同志在报告中着重谈了全国中医和成立国家中医管理局的有关问题，认为从党的十一届三中全会以来，卫生部党组对中医工作是逐步加深认识、逐步加强领导的。最近几年的卫生厅局长会议上，中医工作一直是作为一条短线、一个薄弱环节提出来的。我们在北京、衡阳、石家庄、合肥等地召开过一系列关于中医、中西医结合工作的重要会议，制订了有关政策，推动了中医事业的恢复和发展。在当前国家正在进行政治体制改革、继续精简机构的形势下，建立国家中医管理局及地方中医管理局，是历史经验的总结，是党和国家的领导人经过深思熟虑以后作出的重要决策，是我国卫生事业的重大改革措施。

中国的卫生事业，既有中医，又有西医，这是我们的基本特点和优势。当前国内思想界、学术界对中国传统文化的反思和国际上"针灸热"、"中医热"的兴起，都促使我们重新认识自己，加深了对中医药学的理解和重视。但多年来中医事业的发展非常缓慢，与"四化"建设和人民防病治病的需要远远不相适应。"中医机构少、小、差的状况相当严重。中医队伍人才缺乏，素质不高，分布不匀，知识结构不合理。一些县级中医院连一个大学毕业生都没有。过去中医基础相当好的一些乡村，现在群众找不到一个中医。中医学术发展缓慢，业务阵地相对缩小，有的医院几十年维持一个大内科门诊，连一张中医病床都没有。不少中医专科业务萎缩，有些绝招已经失传。尽管卫生部想过一些办法，制订了一些政策措施，想扭转这种局面，但正如彭真等中央领导同志指出的那样，中医问题"始终未能处理好"、"问题始终没有根本解决"。

卫生部党组经过大量的调查研究和反复论证，认为造成中医事业衰落的原因是复杂的，有历史的原因，有认识上的偏见，也有管理体制上的原因。建国以来，我国的卫生管理体制基本上是一个按照现代医学模式建立起来的领导管理体制，这个管理体制的主体是西医，中医只能处于从属地位。加上卫生部门一直很穷，在基本建设和业务建设的投资分配上，常常是挤了中医。这不是哪一个人的责任，也不是一个地区、一个单位的个别现象。因此，部党组经过郑重考虑，认为根本扭转这种局面的有力措施是从管理体制的改革着手。

一九八五年六月，中央书记处明确指出要把中医和西医摆在同等重要的地位。去年一月四日，国务院决定成立国家中医管理局，并于七月二十日发出了《关于成立国家中医管理局的通知》，中医管理体制问题终于得到了比较满意的解决。根据国务院规定，国家中医管理局的主要职责是：

责是：

1.根据党和国家的方针、政策，拟定有关中医工作的条例、法规；

2.根据国家要求，编制中医事业发展规划和年度计划，安排和建议中医事业经费与基建投资的分配使用；

3.管理中医药、中西医结合和民族医药等机构，并在业务上指导西医机构内的中医和中西医结合工作；

4.会同有关部门制定中医药专业人员技术职务任职标准和管理办法；

5.管理中医外事工作，开展国际中医药学术交流与技术合作。

国家中医管理局是国务院直属机构，由卫生部代管。它和卫生部的关系是分工不分家，在基本工作职责、人权、财权、业务管理权等方面，中医管理局主管独立的中医药、中西医结合和民族医药的医、教、研机构，西医机构内的上述所属单位则仍由卫生行政部门管理。因此，管理局与卫生部门的关系，在处理卫生事业的共性问题上，在基层中医事业的工作交叉上，实际上是我中有你，你中有我，两者的关系仍然十分密切，无法截然分开。尚未建立中医管理局的省、自治区、直辖市，中医和中西医结合、民族医药机构的工作仍由当地卫生厅局管理。中医工作是整个卫生事业的重要组成部分，成立国家中医管理局的目的是加强中医工作，同时也就理所当然地加强整个人民卫生工作，而决不可能、也决不允许与此相反。宪法规定要“发展现代医药和我国传统医药”。我国传统医药中又包括中医、民族医和民间医药。这样，中国人民的卫生保健事业就有了多种医学手段，中国的医学科学就可能出现“百花齐放，百家争鸣”的局面，中国的卫生工作就有了中国的、民族的特色。而如果中国的卫生事业失去了中国特色和民族性，就降低了、甚至失去它在世界上应有的地位。

一九八七年的中医工作，会议发了一个工作要点，这里主要补充谈一下中医人才的培养和县级中医医院的建设问题。

发展中医事业的关键在于人才。中医管理局建立以后的首要任务是培养足够数量的、合格的、多规格、多层次的中医人才，包括农村需要的中医人才和民族医药人才在内。根据部党组对未来医药卫生人才的预测，有两笔大帐。一笔是今后中医的人数要达到全国人口总数的千分之一；第二笔是西医人数要达到全国人口总数的千分之二。也就是说，在我国每千人口中，中西医人员之比大体是一比二。这就为我们提出了一个人才培养的长远目标。目前，全国的中医人数共三十四万余人，其中中医师以上为十二万余人，离这个目标还相距很远。特别是农村最需要中医的地方，群众却难找到中医，不少县中医院需要中医院校毕业生，但求之不得。因此，我们应该采取切实有效的措施，加速中医人才的培养，打通人才通向农村的渠道。从中医教育内部来讲，亟需改变层次结构和专业结构比例失调的状况。我国现有高等中医院校二十六所，中等中医学校三十所，有十五个省、自治区、直辖市没有独立的中等中医学校，中医的大专学校全国一所都没有。八六年中医院校的大学本科毕业生仅六千多人，中专毕业生仅二千余人。由于中医药学专业分化不够，培养的人才规格与类型单一，造成专科人才奇缺。这些问题都需要通过教育体制改革予以解决。今后，各个中医院校都必须进一步改善办学条件，挖掘潜力，扩大招生，提高教育质量，加强短线专业建设。有条件的省、市需要开办第二中医学院，还应该办一些中医的大学专科，重点为农村培养一批适应面较宽、业务能力较强的中医人才。要大力发展中医中等专业学校。尚未建立中医学校的省、自治区、直辖市，要力争在“七五”期间都能建立二三所中医中专。各地卫生学校中已经建立起来的中医药、针灸等专业，要坚持办学。一些省、市针对农村需要中医的实际情况办了一些中等中医药学校，面向农村，定向招生，定向培养，定向分配，很有成效，值得提倡。对于为农村培养人才的各种形式的社会办学，应该给予鼓励和支持。凡是有条件的中医医院，也应该在当地教育和卫生部门的支持下，兴办各种类型的中医班，培养一批以掌握实际技能为主的中等专业人才。

其次是关于县级中医医院的建设问题。卫生部“七五”规划曾提出县县建立中医院的要求，这是适合中国国情和适应八亿农民需要的一项重要措施。旧中国每个县都有一批中医，一般还有几个名医。现在，全国还有一千多个县没有中医医院，人民群众对此是有意见的。近几年各地在“三分之一县”的建设中，已根据卫生部的要求，把县中医院建设规划了进去，应一如既往地把它抓好。全国已经建立起来的一千一百多所县中医院，发展也很不平衡，其中有不少是原来的城关卫生院或某个集体卫生所改建的，而且集体所有制的比重很大，这部分医院的问题，一是仅仅换了一块牌子，缺乏中医特色；二是条件十分简陋，管理上又沿袭全民所有制模式，因而困难很多。我们已经制定了一个《关于加强县级中医医院建设的意见》，希望各地根据有关规定，对现有的中医医院加以整顿、充实、提高，以期分期分批地达标。在尚未建立县中医院的地方，要继续抓紧县中医院的建设。在某些少数民族地区，可建立民族医医院。确实有困难的，可以先建立中医或民族医门诊部，为建立县中医院或民族医医院准备条件。

全国各级中医医院都要坚持改革，加强科学管理，突出中医特色，抓紧专科建设，提高临床疗效，发展中医学术。只有这样，我们才能不辜负人民的信任和期望。

国家中医管理局刚刚成立，面临的困难还很多，需要各方面的支持和帮助。目前已经成立中医管理局的地方，要切实抓好自身建设，努力把中医工作管好；尚未成立中医管理局的省、自治区、直辖市，要积极创造条件，争取把中医管理局尽快成立起来。我相信，在各级党和政府的领导下，在卫生部和各地卫生部门的关怀与支持下，我国的中医工作一定会迈出新的步子，为人民的卫生保健事业作出新的贡献！

崔月犁同志做会议总结时，着重谈了以下几个方面的问题。

一、一九八六年卫生改革的主要情况

1. 农村实行多种形式办医，巩固发展了基层卫生组织

农村商品经济发展的形势和农民对医疗保健的新要求，打破了传统模式的影响，各地根据群众的意愿，农村卫生组织实行集体办、乡村医生联合办、个体开业以及卫生院到村设点等多种形式办医，采取多种途径，落实乡村医生报酬。有的地方将卫生工作纳入农村建设的总体规划，支持农村卫生事业的发展。乡镇卫生院经过整顿，改革经费补助办法，实行独立核算、自负盈亏，工资奖金浮动，调动了积极性。办得较好的卫生院不断增加，有些地方百分之六十到七十的乡镇卫生院做到收支平衡或略有节余。有的卫生院实行承包或租赁，发展小专移，以工养医，初步改变了人浮于事的状况，增强了卫生院自我发展的能力。各地都在积极落实加强中心卫生院建设的任务，使全国一万多个中心卫生院能发挥应有的作用。乡卫生院交乡政府领导，促进了卫生院的发展，取得了明显的社会效益。

2. 医疗卫生单位的自主权逐步扩大

据各地调查，县以上医疗卫生机构实行院所站长负责制的单位占百分之四十左右。加强了院所站长领导的决策和指挥权，提高了工作效率。许多单位制定了院长任期目标管理责任

制，建立健全职代会。各地都有不少医疗卫生单位实行补助经费定额包干和责、权、利相结合的承包制，开展夜诊、急诊、专家门诊，支持医务人员兼职和业余服务，实行超额劳务收入提成的办法。云南昆明市十一所市、县级医院采取工资及日常经费自理，将“人头费”改为设备补助费，实行“自收自支、自我平衡”的办法，享受三个月免税奖金，改变医院吃国家大锅饭的状况，有利于医院发展。

3．医疗联合体和多渠道办医蓬勃发展

各地都有几十个至上百个各种医疗卫生联合体，联合办医的内容更加丰富，形式更加多样化，有医疗方面的联合，也有预防保健、教育科研方面的联合，由扩大服务的联合发展为技术、人才、资金的联合；打破了全民、集体、个体所有制界限，实行跨地区跨部门的联合，取得了十分明显的社会效益。各地动员社会力量集资联合办医，取得明显效果。近年来，四川省县以上医疗卫生单位集资五千八百二十多万元；吉林省从各种渠道集资四千余万元；广州医疗卫生单位接受港澳同胞、华侨和外国友好团体、友好人士的捐赠资金及物资兴办卫生事业。有的地方通过银行贷款、职工入股、自筹资金，用于兴建扩建病房和更新医疗仪器设备，使医疗条件得到一定程度地改善。全国城乡个体开业行医已发展到十二万多人。

4.预防保健工作逐渐落实到基层

各地预防保健机构在改革中得到加强，预防工作的重要性越来越被各级领导和广大卫生人员所重视，自觉地把预防为主方针落实到基层。广东三水县把几个有关预防保健的机构组建统一的防保中心的经验，已在甘肃、湖北、北京、重庆和西安等省市一些人口较少、财政较困难的县推广。许多地方实行以防保任务为主要考核指标，对卫生院进行补助的防保任务承包责任制。辽宁、广东、广西、浙江等地试行将乡镇卫生院的防保组独立出来，加强农村防保工作。河南、河北等地的一些市县还试行了计划免疫保险制、围产期保健制、母婴保健保险等预防保健制度的改革。各地不少防疫机构、妇幼保健机构开展技术服务，实行有偿服务，又防又治，增添了活力。

5.人才培养和医学科研打开新局面

许多省市和医学院校，扩大定向招生，办大专班；大的医疗卫生机构办中专、护校，与教育部门合办卫生职业高中；还有民办的卫生学校。去年湖南省拨出六百万元专款，办三十一所职业中专，招生一千五百名。黑龙江省一九八六年全省中专卫校招生二千六百人，其中为农村“四定”招生一千八百人。辽宁省定向招生的医学本科生占百分之三十，专科生占百分之七十，中专生占百分之八十。有些地区扩大招生指标，当地政府承认资格，解决农村人才缺乏问题。特别是江西省在每个专区都办了大专或医学院分院，这对各专区自力更生地培养骨干人才起了重要作用。

医学科研获得了一批有价值的成果。一九八六年医药卫生科技八十二项获部级成果奖，其中“乙型肝炎血源疫苗”的研究和“液电冲击波体外破碎肾结石技术”，达到了八十年代国际水平。全国已创办五百多种医药期刊杂志，有一万多名专家参加编审工作，这些杂志为介绍和传播国内外先进医学科学技术，提高卫生技术水平，发展医学科学，起了重要作用。

6.中医工作进入了新的发展阶段

国家中医管理局的成立，计划财务单列和中医专款的扶持，使中医工作有了相对独立自主发展的地位。一年来，又有一些省区召开振兴中医或民族医药工作会议。中医机构和队伍有了较快的发展。目前全国有中医医院一千五百多所，病床十万多张，中医队伍三十多万人，承担着大量医疗保健工作，业务技术和管理水平有了普遍提高。各地县中医院或门诊部的建设正在逐步落实。黑龙江、吉林、江苏、辽宁、广东等省实现县县有中医医院。许多地方发展中医小专科，办得很有生机。中医科研有三十二项获部级科研成果奖。在治疗早期宫颈癌、缺血性中风、小儿肺炎等某些常见病、多发病和疑难病方面有所进展。青海、西藏、新疆、内蒙等省区在培养少数民族医方面有新的发展，并完成了几部民族医古籍的编译、出版工作。

7.改革医疗收费制度又前进了一步

去年又有十多个省市区以及一些地市进行了部分医疗项目调价。有些省、市开始下放调整制定医疗收费标准的管理权限，实行由省、地（市）县分级管理的办法；有的地方年年有调整，安徽、重庆等地规定，医用消耗材料的收费标准可随着市场价格变动。各地协同有关部门改革公费医疗管理，取得了一些成绩。

8.卫生事业开始走向法制管理

《药品管理法》、《食品卫生法》的贯彻实施，在社会上发挥了较大作用，人们守法的观念和执法部门的权威正在逐步形成。全国检查、验收了六万三千多家药品生产、经营企业和医疗单位制剂室；查处了上万起制售假药劣药案件，清理出价值近二亿元的伪劣药品。食品卫生监督队伍素质有所提高，食品卫生合格率有所上升，食物中毒案件有所下降。《国境卫生检疫法》已经人大常委会颁布，国务院、卫生部以及与有关部门联合颁发卫生行政法规条例七十一件。有些省市制定了地方卫生法规，加强了卫生法制建设。

9.卫生工作对外交流合作取得新成绩

通过开展官方、民间、双边及多边的对外交流和合作，引进技术、人才、信息、设备、资金和科学管理，进一步巩固和发展了我国与世界卫生组织、世界银行、联合国儿童基金会等国际组织和一些国家的友好合作。去年，共派出进修生八百七十五名，对外签订重要合作协议十四项，与日本签订了笹川医学奖学金协议，日方将在十年内向我国提供一千名医学奖学金，总额二十多亿日元。在加强中医药国际交流方面，举办了两次大型国际学术会议，派遣中医药专家赴日本、阿联酋、哥伦比亚、墨西哥、突尼斯等国讲学，进行技术指导和针灸培训，为十四个发展中国家培养了近百名初、中级针灸医生。

10.精神文明建设进一步加强

去年，我们重点加强了“四有”教育和医德医风的职业道德教育，有些地方成立了政治思想工作研讨会，探索新形势下做好思想政治工作的方法。各地加强了急诊首诊责任制，增强了广大医护人员的责任心，使医疗服务质量有所提高。全国又有一批医疗卫生机构获得文明单位的称号。各地评选出先进集体三百多个和先进个人一千多名。通过全国卫生系统先进模范汇报团到京演讲，进行生动活泼的理想纪律教育，在全国卫生系统产生了很好的影响，促进了医疗卫生单位的精神文明建设。

二、一九八七年卫生改革的基本要求

（一）坚持改革，进一步搞活卫生工作

继续抓改革仍是1987年卫生工作的首要任务。我们要在实行院长负责制，扩大卫生机构自主权，增强医疗卫生单位经营活力，改革分配形式等方面，进一步放宽政策，把卫生工作进一步搞活。为此，需要进行观念更新。

第一、要树立社会主义商品经济的新观念

社会主义商品经济的观念是马克思主义理论上的一个新发展，对深入开展卫生改革、发展卫生事业，也是一个很重要的思想观念。医疗卫生机构作为一个事业单位，有大量的经济活动，也是一个社会经济实体，它同社会发生联系，也具有商品等价交换的关系，受着价值和价格的支配，这是不以人的意志为转移的客观规律。医疗卫生服务是一种技术密集的高级的活劳动和物化劳动，消耗了大量的医疗设施、器械、材料、物品和水、电、煤等资源。因此，医疗服务同样具有商品经济的属性和特点。对于医疗卫生单位的经费开支在目前国家财力包不下来，要靠自身服务收入来维持其发展，在现阶段社会主义商品经济条件下，必须保持收支平衡，抓好经济核算，减少浪费，逐步实行保本经营。

第二、要树立经营和竞争的观点

按照所有权和经营权分离的原则，给卫生机构以充分的经营自主权，这是深化改革的重要内容。要提倡竞争的意识，克服那种把平均主义当作社会主义道德准则的错误观念。要鼓励在医疗卫生技术服务的市场上展开竞争，以优良服务赢得患者。在竞争中求质量、求发展，促使提高技术水平，改善服务态度。在这样的条件下"应当肯定由此而来的人们在分配方面的合理差别"，鼓励医务人员为社会多作贡献，并获得合理的报酬和应得的补偿。

第三、要树立科学技术是生产力的观念

科学技术是生产力，这是一个重要思想。医学是现代科学技术发展的一个重要领域。医学科技必须建立技术市场，促进技术成果商品化，实行专利制度、有偿转让、技术入股等。对医药卫生人员有特殊贡献的要实行重奖。

（二）关于今年工作几个需要重点强调的问题

1.加强农村基层卫生组织建设

我国是十亿人口的社会主义大国，经济、文化、科学、卫生又比较落后，地区之间发展不平衡。在进行卫生事业建设的时候，必须从十亿人口八亿农民的卫生预防、医疗、保健需要出发，统筹安排城乡卫生工作。在解决这个问题上，我国创造了三级医疗预防网，几十年的实践证明，这是符合我国国情的。随着农民生活水平的不断提高，必须把发展农村卫生事业作为重点，在组织上、业务上、管理上把基层卫生组织的建设提高到一个新的水平。

2.贯彻预防为主、综合治理的方针

首先，要明确控制和消灭传染病的暴发流行，减少地方病危害，仍然是我国预防医学的近期的战略重点。同时，我们应当重视对某些严重危害人民健康的肿瘤、心脑血管等慢性病的预防战略研究，提高预防手段和人们自我保健的能力。第二是调动各方面积极性，恰当集中财力物力，分期分批加强县级卫生防疫站和妇幼保健所的重点装备，增强预防保健的能力。第三是随着乡镇企业的发展、集贸市场的活跃，要抓好劳动卫生、食品卫生、学校卫生和治理环境污染，制订卫生法规。第四是坚持不懈地开展爱国卫生运动，大力普及卫生常识，提高人民群众特别是农民在个人卫生、环境卫生，以及衣、食、住等方面的卫生知识水平。

3.把人才培养作为战略措施来抓

现行医学教育体制阻碍人才的加快培养，一定要改革医学教育体制，下放权力，给医学教育单位以较多的自主权。各地可以借鉴有些省市由地方政府协调有关部门办大中专教育的经验。有条件的地、市、州要办大专医学院校，定向招生，定向分配，为农村输送人才；可招自费生、走读生、不包分配，学业期满，成绩合格发给毕业证书，由用人单位择优录用；

有条件的大中型医疗卫生机构，可以办中专、护校，培养护士和预防保健人员；有条件的县要办卫校或职业中专。要加强各级各类在职人员培训，加快知识更新，提高广大卫生人员的业务能力和管理水平。

4.加快发展中医事业，适应国内外的需要

各省、市、区中医机构要建立和加强起来，卫生部门要一如既往管好中医工作。要突出抓人才培养，实行国家办学、社会办学，要制定跟师带徒的具体政策措施，使名老中医的学术经验得到继承发扬。要重视培养具有中医理论与一定实践经验的中青年一代名医。一九八七年争取有三分之一的省市实现每县建立一所县中医院或民族医院。对中医各类技术人员的职称评定，要实事求是，不要受文凭、学历的限制，特别是六十年代学徒出身的，评职称时不能歧视。近年来国际上出现了学习、应用和研究中医的热潮，我们更要奋发努力，保持中医学术在国际上的优势，促进中医走向世界。

5.扶持老少边地区发展卫生事业

卫生部和内地各省市要在人力、物力、财力上扶持这些地区，研究制定一些特殊政策和措施，从大中城市组织动员部分技术骨干，组成教学小分队、技术指导组，分期分批地到少数民族地区，建立专门基地，培养高中级卫生人才，进行技术支援，发展民族医药事业。

（三）把卫生部门精神文明建设提高到一个新水平

卫生工作必须把为人民服务放在首要地位，认真进行精神文明建设，发扬救死扶伤的精神，对病人要极端负责任，对技术精益求精，使一切为病人的优良医德医风发扬起来，真正体现出我国社会主义人与人之间同志式的友爱关系。我们要把医德医风的宣传教育放在极为重要的地位，使每个医药卫生人员对人民健康有高度的责任心。要对广大职工进行四项基本原则教育和“四有”教育，使广大卫生人员把美好的理想和追求与国家的安定团结、繁荣富强联系起来，与本单位的具体奋斗目标结合起来。要继续创建“文明医院”和“文明卫生单位”，改进评比办法，不搞形式主义。

（罗益勤　摘）

(二) 行政文件

关于进一步加强药品广告宣传理管的通知

（87）卫药字第15号

各省、自治区、直辖市卫生厅（局），工商行政管理局，广播电视厅（局），出版局（总社），中央人民广播电台、中央电视台：

近年来，随着我国商品经济的发展，各种商业性广告宣传得到了蓬勃发展，在促进生产，扩大流通，指导消费，方便人民生活以及发展国际经济贸易等方面发挥了积极的作用。但在广告宣传上也出现了一些问题，如有的广告，违背科学、弄虚作假，恣意夸张，坑害消费者，尤其是某些药品、类药品的广告存在的问题更为严重。有的药品生产单位和广告经营单位不遵守国家的有关规定，对未经卫生行政部门批准的药品和尚在试验阶段的药品，或不宜作广告宣传的药品，也进行了宣传，致使国内外纷纷来信来人求购，给药品研制单位和有关部门带来许多困难，给社会和人民群众的心理带来不良影响，有损于我国广告事业的信誉。对此必须认真加以整顿，绝不允许广告宣传中的这些不良现象继续存在。

为进一步加强对药品广告宣传的管理，保障人民的身体健康，根据国务院《广告管理暂行条例》、国务院办公厅《关于加强广告宣传管理的通知》以及国家工商局、卫生部《药品广告管理办法》等有关规定，特作如下通知，望认真贯彻执行。

一、各省、自治区、直辖市卫生厅（局）、工商行政管理局、广播电视厅（局）、出版局（总社）要互相配合，密切合作，加强对药品广告宣传工作的管理和领导，要求所属单位严格遵守《广告管理暂行条例》、《关于加强广告宣传管理的通知》和《药品广告管理办法》等有关规定，增强法制观念。要使药品广告宣传，做到真实、科学、准确，真正体现社会主义的道德风尚。

二、加强对药品和含有药物并明确注明对某种疾病有防治用途的食品、化妆品（以下简称类药品）广告宣传的管理。今后，凡刊播药品广告和类药品广告，一律按照《药品广告管理办法》的规定办理，都必须经当地省、自治区、直辖市卫生厅（局）的药政部门审查批准，发给药品宣传批准文号后，方可在本省、自治区、直辖市范围内进行广告宣传。跨省、自治区、直辖市进行广告宣传时，必须得到当地卫生厅(局)的药政部门注册并经批准。药品宣传批准文号的有效期限为二年。期满后仍需作广告宣传的，须重新申请换发宣传批准文号。

药品宣传批准文号的统一格式为：省、自治区、直辖市简称，卫药宣字（年号）月份——××××。例如北京一九八七年五月批准的药品广告，可表示为：京卫药宣字（1987）05——××××。

三、各省、自治区、直辖市卫生厅（局）药政部门要严格按照《药品广告管理办法》的规定，切实履行职责，认真审查。尤其是对适应症、治愈率等内容，要严格审查把关，删除无科学依据和不适宜宣传的内容。

各地卫生行政部门要积极配合工商行政管理机关加强对药品广告宣传的监督管理。发现违反规定的，应及时与工商行政管理机关联系，并通知广告经营单位停止刊播。情节严重者，要按照《药品管理法》、《广告管理暂行条例》和《药品广告管理办法》的有关规定严肃处理。典型案件的查处结果，请及时上报卫生部和国家工商行政管理局。

四、各级工商行政管理机关要加强对广告经营单位的监督管理。凡未经当地工商行政管理机关核发营业执照或广告经营许可证的，一律不准经营广告业务。广告经营单位对客户要求刊播的药品及类药品广告，要严格按照《药品广告管理办法》的规定，认真审查，严格把关。广告内容不得超出卫生行政部门批准的范围。对未经省、自治区、直辖市卫生厅(局)的药政部门批准的药品和类药品广告，一律不准刊播；新闻单位不得以发布新闻的方式来宣传未经批准的药品。对违反者，各级工商行政管理机关要依照《广告管理暂行条例》的规定严肃处理。

卫生部
国家工商行政管理局
广播电影电视部
新闻出版署
一九八七年三月二十五日

国务院办公厅关于加强广告宣传管理的通知

各省、自治区、直辖市人民政府，国务院各部委、各直属机构：

近几年来，我国的广告事业有很大的发展，在传播信息、促进生产、扩大流通、指导消费、活跃经济、方便人民生活和发展国际经济贸易等方面，发挥了重要作用。但在其发展的过程中，也出现了某些混乱现象，值得引起注意。例如，有些广告热衷于吹嘘国外的东西，贬低我们自己的产品，有失民族尊严。有的产品装璜，全部用外文标注，给使用者造成很大的不便。有些企业见利忘义，利用广告弄虚作假，坑骗消费者。某些广告，特别是某些药品广告违背科学，恣意夸张，对人民健康极不负责。一些单位把经营广告作为捞钱的手段，未经广告主管机关批准，擅自经营广告业务，硬性向企业摊派赞助费用。有的新闻单位或记者以发布新闻为名刊登所谓“新闻广告”从中捞取好处，损害社会主义新闻事业的声誉。有的广告经营单位为了争揽广告，采取请客送礼、多付“手续费”、吃“回扣”等不正当手段。以上种种，已给经济生活和社会生活带来不利影响，对此必须严肃认真地加以整顿，绝不允许这种情况在我们社会主义国家继续存在。

应当指出：在我国，广告不仅是一种传播经济信息的手段，也是社会主义宣传工作的一种形式。我们的广告宣传应当坚持社会主义的经营方向，体现社会主义的道德风尚，既要为建设社会主义的物质文明服务，又要为建设社会主义的精神文明服务。广告经营单位必须严格遵守国家有关规定。为了加强对广告宣传的管理，根据中央和国务院的指示精神，特作如下通知：

一、我国的广告宣传应当坚持四项基本原则。在各类广告中，不得包含违反国家政策、法令的内容，诽谤性宣传的内容，有损我国民族尊严的内容，以及反动、淫秽、丑恶、迷信的内容。广告宣传不得使用有损国格的语言，不能迎合庸俗低级的趣味。凡属违背上述规定的广告，必须立即停止刊播、设置、张贴。

二、广告的内容必须真实、科学。保证广告的真实性，维护广告的信誉，是广告客户应负的社会责任和法律责任。每个广告客户都必须对自己的广告负责。凡是弄虚作假，包括盗用名牌产品的商标刊登广告，欺骗消费者的，都要追究责任，给予惩处。凡造成严重损失和后果的，要依法惩办。广告经营单位对客户要求刊播的广告，要按有关规定认真审查，严格把关，对社会和人民负责，做到既积极发展正当的广告事业，又不被弄虚作假利用。如果明知故犯，严重失职，同样要追究责任，后果严重的要依法从严处理。

三、凡是经营广告的单位（包括专营的和兼营的），都必须向当地工商行政管理机关申请登记，否则一律不准经营广告业务。新闻单位设立的广告部门，经工商行政管理机关批准登记后，才能经营广告业务。严禁新闻记者借采访名义招揽广告，严禁利用发布新闻的形式刊播广告，收取费用。

四、经营外商广告，必须经省级以上工商行政管理机关批准。经营单位要认真审查其广告内容，并严格执行有关涉外规定，统一对外。不准用竞相降价或多付“手续费”的办法，争揽外商广告。

五、各级人民政府都应加强对广告宣传工作的领导，督促和支持工商行政管理机关加强对广告宣传的管理。各地接到本通知后，应当责成工商行政管理机构对本地区的广告进行一次清理和检查，认真研究解决广告工作中存在的问题，端正经营方向，促进我国广告事业的健康发展。

国务院办公厅
一九八五年十一月十五日

药品广告管理办法

第一条　根据中华人民共和国《药品管理法》和国务院《广告管理暂行条例》的规定，为加强对药品广告（不包括兽药和农药）的管理，正确地向药品经营单位、医药卫生工作者和人民群众介绍药品的成份、功效、用法、用量、禁忌症和毒副作用，以达到防病、治病、合理用药之目的，特制定本办法。

第二条　凡利用各种媒体刊插、印制、设置、张贴有关药品质量和功效的广告，均属本办法管理范围。

第三条　药品广告的管理机关是各级工商行政管理局。药品广告内容的审查批准机关是省、自治区、直辖市、卫生厅（局）。

第四条　广告客户必须持有省、自治区、直辖市卫生行政主管部门审查、批准的“药品广告审批表”，方可发布药品广告。

第五条　广告客户申请办理“药品广告审批表”，应事先提供下列证明：

一、制药企业必须持有《药品生产企业许可证》；经营药品的企业，必须持有《药品经营企业许可证》。

二、营业执照。

三、地、市卫生行政主管部门审批的证明文件。

四、批准该药品生产的文号、说明书、商标注册证、颁奖证书。

五、外国企业在我国申请办理药品广告或进口药品广告，必须提供生产该药品的国家（地区）批准的证明文件、药品说明书和有关资料。

第六条　广告经营单位应按“审批表”批准的广告内容设计、制作、发布广告。广告批准号必须列入宣传内容同时发布，“审批表”应立案存档备查。

批准的广告内容，不得擅自更改；如需要更改，应重新申报。

第七条　下列药品，禁止发布广告：

一、未经国务院卫生行政主管部门或省、自治区、直辖市卫生行政主管部门批准生产的药品；

二、麻醉药品、精神药品、毒性药品、放射性药品、临床试用、试生产的药品。

第八条　按地方标准生产的药品，在外省、自治区、直辖市发布广告，须经药品生产所在省、自治区、直辖市卫生行政部门批准，未经批准，不得发布广告。

第九条　经批准发布广告的药品，如发生下列情况之一者，省、自治区、直辖市卫生行政部门有权通知广告经营单位，暂停发布广告或吊销其药品广告批准文号。

一、临床发现药品有新的严重不良反应；

二、药品质量下降，未达到规定的标准；

三、企业停产、停业整顿或被吊销《药品生产企业许可证》、《药品经营企业许可证》。

第十条　对虚假广告、违法广告，各级工商行政管理部门应按照《药品管理法》、《广告管理暂行条例》、实施细则及有关法规进行查处。

第十一条　本办法自文到之日起执行。

颁发《关于新药保护及技术转让的规定》的通知

(87) 卫药字第17号

各省、自治区、直辖市卫生厅（局）、解放军总后卫生部：

为了促进医药科研、生产单位积极开发新药，并保护其合法权益，我部根据《药品管理法》第二十一条“国家鼓励研究、创制新药”以及《新药审批办法》的有关规定，在征求了国家专利局等部门的意见的基础上，制定了《关于新药保护及技术转让的规定》，现予下达执行，并请转知所属单位及各有关部门，自《新药审批办法》实施后，由我部审批并发给“新药证书”的新药均照此规定办理。在执行中有何问题和意见，亦请及时向我们反映。

卫生部

一九八七年三月二十四日

关于新药保护及技术转让的规定

根据《药品管理法》第二十一条“国家鼓励研究、创制新药”以及《新药审批办法》的有关规定，为保护科研、生产单位研制新药的积极性，促进新药的发展，特作如下规定：

一、新药经卫生部审核批准后，即发给研制单位“新药证书”正本和副本，该副本可用于新药的技术转让。

二、凡卫生部批准的新药，其他单位如未得到原研制单位的技术转让，在以下时限内不得移植生产：自颁发“新药证书”之日起，第一类新药八年（含试产期二年）；第二类新药六年（含试产期二年）；第三类新药四年；第四类新药三年。

三、新药在试产期间不得进行技术转让。

四、新药研制单位在转让新药时，除与受让方签订合同外，须将“新药证书”副本交给受让方，并有责任将全部技术无保留地转给受让方，保证生产出质量合格的产品。

五、新药研制单位如要再次进行技术转让，每次必须向所在省、自治区、直辖市卫生厅（局）提出申请，经审查后转报卫生部，由卫生部审核同意后，可再发给“新药证书”副本。

六、接受技术转让的单位必须持有“药品生产企业许可证”。在申请生产新药时，按

《新药审批办法》的程序办理，除报送有关资料外，还必须附有技术转让合同（影印件）及“新药证书”副本，对于卫生部已经批准生产发给批准文号的品种，尚须附有省级药品生产主管部门的意见。

七、接受技术转让的单位申请生产的新药，如系国内首次生产的品种，按《新药审批办法》第十四条办理；如该新药系卫生部已经批准生产并发给批准文号的品种，则由省、自治区、直辖市卫生厅（局）审批，抄报卫生部备案。凡批准生产的品种，在发给批准文号的同时，应将申报时提供的“新药证书”副本退生产单位保存。

八、接受技术转让的单位无权再行技术转让。

九、凡两个以上各自进行新药研究的单位同时或先后向卫生行政部门提出同一新药的申请，在该新药尚未颁发“新药证书”之前，卫生部均可接受申请，符合条件者发给“新药证书”。

十、若干单位联合研制并申请同一新药，经审核符合条件者，“新药证书”发给参加研制的单位并共同署名，但副本只发给负责单位。该新药如要进行转让，持有新药证书副本的负责单位必须征得其他研制单位的同意。

十一、研制单位在取得新药证书后，无特殊理由在二年内既不生产亦不转让者，该新药的保护期即自行失效。

十二、新药的技术转让必须根据医疗的需要，合理布局。技术转让除执行上述规定外，应按照《国务院关于技术转让的暂行规定》办理。

十三、凡已在我国取得生产方法专利或外观设计专利的药品，按照《中华人民共和国专利法》执行。

关于下达“《新药审批办法》中有关中药问题补充规定和说明”的通知

（87）卫药字第12号

各省、自治区、直辖市卫生厅（局），部各直属单位：

我部（85）卫药字第43号文下达的《新药审批办法》，已对新药审批有关问题和技术要求作了规定，使新药研制工作逐步沿着科学化、规范化方向发展。

为进一步做好中药新药的研制、审批工作，结合我国目前的实际情况，在《新药审批办法》的基础上经组织有关中医药专家起草、制订了“《新药审批办法》中有关中药问题的补充规定和说明”，并反复征求各省、自治区、直辖市卫生厅（局）及有关单位的意见，作为《新药审批办法》的补充。现发给你们，自1987年4月15日起执行。

卫生部

一九八七年三月三十一日

新药审批办法

《有关中药问题的补充规定和说明》

（一九八七年四月十五日起施行）

《新药审批办法》中有关中药问题的补充规定和说明

中药新药的研制是在中医药理论指导下，突出中药特色，利用现代科学技术方法，在继承的基础上不断创新。《新药审批办法》已对新药审批有关问题和技术要求作了规定，使新药研制工作逐步沿着科学化、规范化方向发展。

为进一步做好中药的审批工作，结合我国目前的实际情况。现就《新药审批办法》中的有关中药新药审批的某些问题做以下五个方面的补充规定及说明：

一、新药（中药）分类和申报资料项目的补充规定和说明。

二、药材引种、试种栽培品种申报资料项目。

三、新药（中药）药理、毒理研究的技术要求补充说明。

四、新药（中药）稳定性试验资料的补充规定。

五、新药（中药）临床研究的技术要求补充说明。

附：中药制剂标准编写通则。

一、新药（中药）分类和申报资料项目的补充规定和说明

分类部分：

（一）第一类“中药材的人工制成品”

1.以人工方法在动物身上的制取物，如人工牛体内育黄，人工引流熊胆等，原则上应按一类新药报送资料。其中申报资料3、4、5、7项的研究应与天然品对比，如结果基本一致可免报11～16，18，22项。但该药材审核批准使用后，应立即进行临床考察（参照Ⅲ期临床试验要求），在卫生行政部门指定的医院，观察该药的疗效和不良反应，并按照《新药审批办法》第15、16、17条要求申报正式生产。如果资料3、4、5、7项研究与天然品差异较大，则按一类新药的要求，报送全部申报资料项目。

2.“中药材新的药用部位”的申报资料项目，按《药材引种、试种栽培品种申报资料项目》进行申报，并要求与原药用部位做对比试验（例如新的药用部位“人参叶”与“人参根”的成份、理化性质、药效、药理学的比较）的资料。

（二）菌类药材，如系人工培养发酵品（如冬虫夏草），按一类新药报送资料，药品名另起。

（三）从国外引种的药材，由省、自治区、直辖市卫生厅（局）审核批准的只限在本省、自治区、直辖市辖区内销售使用。跨省、市、区或在全国范围销售使用，须报卫生部审批。

“从国外引种的药材”和“中药材新的药用部位”按新药第一类管理，所需申报资料见“药材引种、试种栽培品种申报资料项目”。

（四）第二类“天然药物中提取的有效部位及其制剂”，包括中药中提取的非单一成

分，如总黄酮、总生物硷、总甙等及其制剂。

（五）第二类“改变中药传统给药途径的新制剂”系指注射剂。

（六）第二、三类的复方制剂，其组方中不应含有未制订质量标准的药材，如含有该类药材，应先制订该药材的质量标准（参照“药材引种、试种栽培品种申报资料项目”中的1，2，3，5，6，8，11项的要求）。

第四类新药包括“改变剂型或改变给药途径的中药制剂（其它剂型改变为注射剂的按第二类新药要求申报资料）。並应申报新剂型与原剂型在临床疗效等方面的对比实验资料。

（七）国内试种栽培的药材按新药第四类管理，由栽培单位和生产主管部门一起申报当地卫生厅（局）审核批准，抄报卫生部备案，申报资料项目见“药材引种、试种栽培品种申报资料项目”。

（八）申报资料项目部分：

1.项目2，参照“中药制剂标准编写通则”（附后）。

2.项目6，应包括方解。

3.项目9、10，参照“新药（中药）药理、毒理研究的技术要求补充说明。”

4.项目14、19，参照“新药（中药）稳定性试验资料的补充规定”。

5.项目15、20，参照“中药制剂标准编写通则”（附后）。

（九）科研用药可在协作组医院使用，但应按《药品管理法》及有关规定执行。

二、药材引种、试种栽培品种申报资料项目

（一）名称及命名依据（包括正式品名、拉丁、汉语拼音等）。原植物名称及科、属、种的学名，产地，药用部位，选题的目的与依据。

（二）有关原产地及引种产地的植物生态环境、栽培技术、加工工艺等资料。

（三）有效成分或有效部分及与质量有关的研究资料或文献资料。

（四）与国外原产地药材、引种栽培药材、国产类同品种药材的植物形态、药材性状、组织特征、理化性质（定性、定量、分析）对比实验研究资料（方法、数据、附图及结论）。

（五）根据传统中医药学理论和经验提供有关依据。

（六）与治疗有关的主要药效学试验资料及文献资料。

（七）一般药理研究的实验资料及文献资料。

（八）动物急性及亚急性毒性试验资料及文献资料。

（九）原植物及引种栽培品标本各二份（带花、果等鉴定特征），药材药品各1公斤（贵重及质轻药材根据情况而定）。

（十）产品质量标准草案（包括农药残留量的测定）及起草说明。

（十一）按质量标准检验有代表性样品（三批）检验报告书。

（十二）有关临床试验要求，根据具体品种实际情况而定。

（十三）对国内引种栽培品或培养品，如与原植（动）物品种鉴定相同，药材性状及化学成分相同，除免做毒性及药理实验外，其它要求同上。

注：产品经审批后，在生产的同时，继续进行三代引种监测（按4项要求），以了解种子是否有变异退化现象，便于及时采取措施，保证产品质量。

三、新药（中药）药理、毒理研究的技术要求补充说明

新药（中药）的药理、毒理研究是保证新药安全有效的重要手段，对于指导临床用药，预测疗效和安全是必不可少的一环。也是审批新药进行临床研究的科学依据。鉴于中药的特点，实验时常遇到一些实际问题，又考虑到中药有长期临床实践的基础，现就中药药理、毒理研究的技术要求作如下补充：

（一）急性毒性试验

中药制剂如因药物浓度或给药体积过大，无法测出LD_{50}时，可给予动物能够接受的最大浓度下的最大体积进行急性毒性测定，并可在24小时内口服多次（2～4次），以观察短期内（七日内）所产生的不良反应。

有的制剂无法通过注射途径（皮下、腹腔或静脉注射）给药时，可考虑只用胃肠道给药。

（二）长期毒性试验

1．新药（中药）如因体积过大难以选出中毒反应或死亡的高剂量，其剂量选择可参照急性毒性试验，选动物能够承受的最大剂量和数倍最大有效剂量（并注明为预测上临床的有效剂量的倍数）几个组别进行。给药方式应与临床一致。

2．三类新药（中药）如文献记载无毒，无十八反、十九畏配伍禁忌，又未经化学处理（水、乙醇粗提除外）的制剂，并有一定的临床资料可借鉴，长期毒性试验可先用大鼠、给药时间为60～90天，如试验结果无明显毒性，可免做狗的长期毒性试验。否则应按《新药审批办法》要求进行。

（三）药效学研究

药效学研究中的阳性对照药，应是临床公认的、疗效确切的、与所研制药物有相同药理作用的中西药物。

四、新药（中药）稳定性试验资料的补充规定

新药（中药）稳定性试验要求

剂型	稳定性考核项目	考核时间
注射剂	性状，鉴别，澄明度，pH值，无菌，热原，溶血，刺激性，含量测定	1年半
合剂或口服液	性状，鉴别，澄清度，相对密度，pH值，含量测定，卫生学检查	1年半
糖浆剂	性状，鉴别，相对密度，pH值，含量测定，卫生学检查	1年半
酒剂或酊剂	性状，鉴别，含醇量，含量测定，卫生学检查	1年半
丸剂	性状，鉴别，溶散时限，水份，含量测定，卫生学检查	1年半
散剂	性状，鉴别，均匀度，含量测定，水份，粉末细度，卫生学检查	1年半
煎膏剂	性状（反砂，分层），鉴别，相对密度，不溶性检查，含量测定，pH值，卫生学检查	1年半
胶囊（胶丸）	性状，鉴别，水份（胶丸不考核），崩解时限，含量测定，卫生学检查	1年半
片剂	性状，鉴别，硬度，崩解时限，质量测定，卫生学检查	2年
流浸膏	性状，鉴别，pH值，含乙醇量，总固体，含量测定，卫生学检查	1年半
浸膏	性状，鉴别，含量测定，卫生学检查	1年半

剂　型	稳　定　性　考　核　项　目	考核时间
乳剂	性状（乳析、破乳、分散相粒度），鉴别，含量测定，卫生学检查	1 年
冲剂	性状（吸潮、软化），鉴别，水份，粒度检查，溶化性检查，含量测定，卫生学检查	1 年
混悬剂	性状（微粒大小、沉降速度、沉降容积比），鉴别，含量测定，卫生学检查	1 年
软膏剂	性状（酸败、异臭、变色、分层、涂展性），鉴别，含量测定，致病菌检查，皮肤刺激性	1 年半
膏药	性状，鉴别，软化点，含量测定，皮肤刺激性	1 年
橡皮膏	性状，鉴别，拉力，含膏量，含量测定，皮肤刺激性试验	1 年
胶剂	性状，水份，灰分，重金属砷盐类，卫生学检查	2 年
药材	性状，鉴别，浸出物，含量测定，霉变，虫蛀	2 年
栓剂(座剂)	性状，鉴别，重量，含量测定，融溶时间，pH值，卫生学检查	1 年
气雾剂	性状（沉淀物、分层），鉴别，喷射效能，异臭、刺激性	1 年
膜剂	性状，融溶时间，刺激性，pH值，卫生学检查	1 年

注：1.某个新药的稳定性考核项目，可根据该药品质量标准（草案），结合上述对应剂型稳定性考核项目拟定。

2.药物的初步稳定试验，室温考核时间不少于3个月；药品稳定性试验，考核时间为1年半～2年，个别品种因稳定性较差，又为临床用药需要，考核时间可为一年。

3.研制新药所报送的稳定性试验资料，应申报试验方法、数据、结论及文献资料。

4.药物稳定性试验，至少进行三批以上样品观察。

五、新药(中药)临床研究技术要求的补充说明

(一) 病理的选择

根据目前情况，在中医药临床研究中，存在着辨证论治和辨病论治两种情况。前者是以证候为主体，后者是以中医或西医的病名为主体，在病例选择时，必须制定严格的辨证或诊断标准。凡有全国性统一标准者，均应遵照执行，若无统一标准应当分别制定。

1.以证候为主体：可参考高等中医院校统编教材的有关内容和《中医诊断学》，结合临床实际，制定证候判定标准。

2.以中医病名为主体：可参考高等中医院校教材的有关内容，结合临床实际制定诊断标准。尽可能选择一些特异性检测标准做参考。

3.以西医病名为主体：可参考西医临床各科高等医学院校统编教材的有关内容，结合临床实际制定诊断标准，并对其中医证候分别制定判定标准。

(二) 疗效的判定

1.应按全国性统一标准执行，若无统一标准，应分别制定合理的疗效标准，并分为：临床痊愈、显效、有效、无效四级。

2.在评价其疗效时，一般均观察其显效以上结果；特殊病种或疑难病证，可观察有效以上结果。

3. 对于受试的每个病例，都应严格地按照疗效标准，分别加以判定。在任何情况下都不能任意提高或降低标准。

4. 不能任意舍弃“受试病例”，或增加“非受试病例”，以免影响疗效率的总评。疗

效结果的各项数据均应做统计学处理。

5.为了排除患者和医生对新药的偏见，应尽量采用双盲法观察，在结束试验时最后揭晓。

（三）对照组的设立

为了提高中医药临床研究的科学性，需要普遍建立对照比较的观察方法。

1．分组对照：即用已知有效药物为标准对照组，与试验用药治疗组进行对照。标准对照药物可按病种、证候，选用1985年《中华人民共和国药典》或“部颁标准”所收载的同类药物。若以西医病名为主体时，可用已知有效西药或中药进行对照。一般不采用空白对照。

2．自身对照：在分组对照有困难时，有的可以采用自身对照，即将用药前后的系统观察结果进行对比。自身对照也适用于局部用药的临床试验。

3．复合处理对照：适用于中西医结合治疗疑难危重病证。在有机组合中西药物时，治疗组除加用试验用的中药以外，其他处理与对照组完全相同。

4．复方（取代）对照：适用于贵重或稀缺中药代用品的研究。在复方制剂中除代用品（如水牛角代犀角）外，其他药物均相同。治疗组用代用品制剂，对照组用原标准制剂。

以上为中医药临床研究常用的对照方法，应以分组对照为主；若属特殊病种例数较少或病情较重，可采用自身对照。其他对照方法可根据情况选用。对照组的例数根据统计学的要求而定。

5．试验组与对照组之间除用药不同外，其他对于治疗结果可能有影响的因素，如性别、年龄、发病季节、病程、证候等，要尽可能地一致起来。

6．分组的原则必须随机化，医生和患者都不能主观地选择谁进入试验组或对照组，每个患者被分配到各组的机会是均等的。

（四）临床试验的目的与要求

1．Ⅰ期临床试验

本期的主要目的是研究人体对新药的反应和耐受性，初步确定该药的安全程度以及初步疗效，提出给药方案和注意事项。

（1）对于一、二类或含有毒性成分，或有配伍禁忌（如十八反、十九畏）的新药（中药），必须进行Ⅰ期临床试验，选择正常成年人，或少数病人，例数为10～30例。

（2）正常人的选择除一般体格检查外，应进行血、尿、粪便常规化验和心、肝、肾功能检查，均属正常者。并注意排除有药物、食物过敏史者。

（3）对于有明确文献记载，或有一定数量的临床统计资料的古方、验方、秘方，经审核确认后，可以免做Ⅰ期临床试验，或根据情况在病人身上试用，例数为10～30例。

（4）对于初试剂量，可根据亚急性毒性试验安全剂量的1/10量，或根据共同讨论的预测量（一般不超过1/5），作为起始用量。对于浓缩剂型，特别是注射剂的初试剂量更应慎重。

（5）对于所定各项检测指标应定期复查，发现异常时，应认真分析，仔细鉴别，若确属药物所引起，应立即中断试验，必要时做相应的保护性处理。

2．Ⅱ期临床试验

本期是临床评价的重要环节，必须对新药的疗效和安全性做出肯定的结论，并与已知疗效较好的药物做出相应的比较，指出它的优缺点。

（1）本期的两个阶段，即对照治疗试验阶段与扩大对照治疗试验阶段，可以同时进行。试验单位不少于三个，每单位所观察的例数不少于30例。

（2）本期对常见病、多发病证所需病例数一般不少于300例（若属同类证候，其中主要病证不能少于100例；若属不同证候，各病证例数不能少于300例）。对于恶性肿瘤、危重病例及特殊病种所需例数，可根据具体情况而定。避孕药要求不少于1000例，每例观察时间不得少于12个月经周期。对照组另设，例数应按统计学要求而定。

（3）受试者应以住院病例为主，若为门诊病例，要严格控制可变因素，主要是保证不附加其他任何治疗因素，单纯服用试验用药。

（4）Ⅱ期临床试验必须在指定的具备科研条件的医院或相关专业的临床科研基地进行，参加的人员必须具备相应的能力，或经过技术培训，或经过考核符合条件者。

（5）Ⅱ期临床试验的用量可根据Ⅰ期试验结果或临床实际情况，在保证安全的前提下，适当加以调整。

（6）观察的疗程应根据病、证的具体情况而定，凡有全国性统一标准者，均按其规定执行。若无统一规定，应以能够判定其确切疗效的最低时限为起点。

（7）应根据病、证的诊断标准，用中医、西医的医学术语详细记录，以保证病历资料的完整性与可靠性，不能任意涂改。

（8）对于慢性病的治疗用药或补益类新药，应当积累一定数量的服药半年至一年的受试病例，以观察长期疗效或慢性毒、副反应。

3.Ⅲ期临床试验

主要是针对第一、二类新药（中药）长期疗效或毒、副反应的社会性考察与评价。即在新药获准试产后，有计划地在某地区或多个医院，对该药进行安全性考察，肯定其优缺点。观察的项目同Ⅱ期临床试验。

（五）临床验证的目的和要求

临床验证主要是针对改变剂型、改变给药途径（不包括注射剂）、增加适应症的中成药的疗效和毒、副反应的观察，应设立对照组，对照药物可采用原剂型药物。所需例数不少于100例。

（六）临床试验的总结

临床试验的总结包括临床试验资料的整理与统计分析。

1.资料的系统化：对每个病例的原始资料进行整理，按设计要求对每个证候、每项观察指标、分组情况认真进行核对，避免错漏，并进行统计分析。

2.资料的取舍：对于符合试验设计与试验条件的资料，不允许任意舍弃；对于不符合设计要求或记录明显错误的资料予以舍弃。

3.资料的判断：应当实事求是，根据试验结果引出结论，全部试验数据均应做统计学处理。

4.资料的总结：各期的临床试验总结必须客观、全面、准确地反映全部试验过程。论证要求系统性和逻辑性，要突出中医药特色，文字要简练，结论应当明确。

附：中药制剂标准编写通则

一、名称：

1.中文名：

（1）中成药名称应明确、科学、简短，不得用代号及容易混同或夸大疗效的名称。

（2）中成药名称应与该药剂型相符。

2.汉语拼音：

（1）药名的拼音应与剂型拼音分隔书写。如脏连丸为Zang—lian Wan。

（2）药名较长的可按适当的音节分隔拼音。如通宣理肺丸为Tong Xuan Lifei Wan。

（3）成药均不注拉丁名称。

二、处方：

1.处方中所用药材名：

中国药典、部颁标准、地方标准已收载的药材，采用此法定的名称；未收载者选用多数地区通用名称。

2.处方中药材的排列：

根据组方原则按顺序排列。

3.处方内药材生品与炮制品的写法：

（1）处方内药材不注明炮制要求的均指生药材。

（2）某些剧毒药材，如草乌、天南星等为了更加明确，依习惯冠以“生”字，即生草乌、生天南星等。

（3）药材需炮制者均应加脚注，如黄芪（蜜炙）、牡蛎（煅）、地榆（炒炭）等。长期习惯直接用炮制名的药材，可写炮制品名，如熟地黄、熟大黄、蕲蛇肉等。

（4）属于一般性的净洗等加工方法不另注明，可参照中国药典炮制通则和药材项下的规定，如肉桂去粗皮等。

4.处方中药材用量：

处方内各药材用量一律用公制，以克即“g”为单位。

5.处方应包括所用辅料名称、用量、品质或等级。

三、制法：

1.制法主要说明药材共多少味，各药材的制备工艺及半成品的质量要求，剂型及其制成品的数量等。

2.药材粉碎度可按中国药典有关规定如“粗粉”、“细粉”等，不列筛号，如筛号影响质量时，则应注明。

3.一般一个品名收载一个剂型。但蜜丸可按大蜜丸、小蜜丸、水蜜丸等剂型收载。

四、性状：

性状按颜色、外形、气味等依次描述。

五、鉴别：

1.中成药多为复方，其理化反应常互相干扰，专属性不强，应选择能与之配合的其它鉴别方法列入正文。

2.显微鉴别其常规操作可按中国药典附录规定不必重复，可直接观察描述鉴别特征即可。同一药材在不同成药中一般采用统一的鉴别特征，描述也应统一。但在有些成药中为了与其它药材容易区别，也可另行选择鉴别特征。

六、检查：

1.各中成药检查项目，除有特殊要求外一般可写，应符合该剂型的制剂通则有关各项规定。

2.有些品种如需检查通则规定以外的项目时，照下列格式写：〔检查〕×××……。

其它应符合相应剂型项下有关的各项规定、

七、含量测定：

中成药有含量测定者，应先写明含量测定方法。

含量标准的规定应另起一行。

八、功能与主治

1.先写用法，后写一次量与一日使用次数。如尚可供外用的，则列在内服用量后 并以分号隔开。

2.用法：为温开水送服的内服药，则写“口服”，其它服用方法应另写明。

3.用量：一般采用常用的成人有效剂量。必要时可注明特殊用量。儿童用中成药应注明儿童剂量或不同年龄的儿童剂量。同一处方剂型不同者，用量应分别叙述。

九、规格：

以丸数服用的中成药应说明每丸的重量或多少粒重几克。以瓶（或包）数计算服量的，应注明每瓶（或包）的装量。

十、贮藏：

除有特殊要求外，一般品种可注明“密闭，防潮”。易虫蛀的可注明“防蛀”。含挥发性成分或易吸潮的，可注明“密封”。需要避光保存的亦应注明。

关于转发国家中医管理局《关于成立各省、自治区、直辖市中医药技术职务评审委员会的请示》的通知

职改字〔1987〕第19号

各省、自治区、直辖市人民政府及职称改革工作领导小组：

经研究，同意国家中医管理局《关于成立各省、自治区、直辖市中医药技术职务评审委员会的请示》。现转发给你们，请结合具体情况贯彻执行。

附件：关于成立各省、自治区、直辖市中医药技术职务评审委员会的请示

中央职称改革工作领导小组

一九八七年五月十八日

关于成立各省、自治区、直辖市中医药技术职务评审委员会的请示

中央职称改革工作领导小组：

根据中央的部署，今年全国卫生系统的技术职务聘任工作将进一步展开。中医、西医是两种不同的医学体系，中医药人员技术职务聘任工作有其自身的规律和特点，为了做好中医药人员和中西医结合人员的技术职务聘任工作，根据中医、西医应实行同行评议的原则，经征得卫生部同意，我们建议：各省、自治区、直辖市卫生厅（局）、中医管理局尚未成立中医药技术职务评审委员会的，应尽快成立起来，并接受当地职称改革工作领导小组领导，负责对中医，中药、民族医药和中西医结合人员进行技术职务评审；中医药高级技术职务评审委

员应由中医、中药、中西医结合专家以及中医行政管理人员组成，下设若干学科（专业）评议组。中医药人员的技术职务聘任工作不应过分强调学历，本着实事求是，重视实际业务能力的原则，根据本人的技术水平、工作能力以及工作成就，确定其相应的技术职务。

以上意见当否，请批示。

国家中医管理局

一九八七年五月十三日

关于推广应用鹅喉羚羊角、黄羊角、山羊角的通知

（87）卫药字第33号

各省、自治区、直辖市卫生厅（局）、药材公司（医药公司）、中国药品生物制品检定所，药典会、新药审评办公室：

羚羊角为中医常用的贵重药材，一直依靠进口，价格昂贵，而且还远远不能满足临床需要。1977年，卫生部、商业部曾以（77）卫药字第58号、（77）商药联字第4号文组织内蒙、北京、江苏、上海、天津、广东等地区的有关单位制定了鹅喉羚羊角、黄羊角、山羊角的科研计划，以寻找与羚羊角相同疗效的药物，开发新的药物资源。1978年9月又召集上述地区的有关单位对各种羊角化学、药理、临床研究计划作了进一步的充实、修改，并以（78）卫药字第1716号、（78）商药联字第78号下发。

近年来，内蒙、北京、江苏、上海、天津、广东在原来研究的基础上，对各种羊角继续进行药理、药化和临床观察、取得了进一步的科研数据。今年5月卫生部药政局和中国药材公司在呼和浩特召开了六省市区羊角类科研协作工作总结会。会议认为：鹅喉羚羊角、黄羊角、山羊角同羚羊角具有相似功效，可以作为药材供药用。

根据这次会议总结的情况，现作如下通知：

1.鹅喉羚羊角、黄羊角、山羊角正式作为药材生产、供应，并在全国推广使用。这三种羊角可作饮片配方和配制中成药、亦可用于单方。

2.各级医药生产、供应部门应根据医疗需要，积极组织货源，做好这三种羊角的收购、加工和供应工作。

3.三种羊角的暂行部颁标准由卫生部药典会复核后下发。

卫生部

一九八七年六月九日

印发《关于中医药和中西医结合人员技术职务聘任工作若干问题的意见》的通知

（87）国医人字第27号

各省、自治区、直辖市、计划单列市卫生厅局、中医管理局，京内外各直属单位：

为了做好中医药和中西医结合人员的技术职务聘任工作，根据中央有关指示精神，结合

各地在工作中遇到的问题，制定了《关于中医药和中西医结合人员技术职务聘任工作若干问题的意见》。现印发给你们，请结合本地区、本单位实际情况，认真研究，贯彻执行。工作中有何问题，请与国家中医管理局人事处联系。

卫生部　国家中医管理局

一九八七年六月十七日

关于中医药和中西医结合人员技术职务聘任工作若干问题的意见

为了做好中医药和中西医结合人员职称改革工作，妥善解决中医药人员技术职务的遗留问题，卫生部已于一九八五年相继下达了《中医药人员技术职务任职条件（试行）》(85）卫人字第86号《关于对六十年代以前的中医药学徒出师人员实行专业技术职务聘任的办法》、（85）卫中司字第59号关于《中西医结合人员技术职务任职条件（试行）》和（85）卫中医字第62号《关于对未取得学历的中医药人员聘任中医（药）师（士）职务进行统一考试的通知》等文件，作为评定技术职务的依据。

现根据中央关于改革职称评定制度，实行专业技术职务聘任制的指示精神和一九八六年国务院常务会议关于“对中医的职称问题，要按中医的标准来评定。对一些老中医，应以实践为主评定”的意见，结合各地在中医药人员职称改革工作中遇到的一些共性问题，提出如下意见：

一、加强组织领导

根据中央关于“把中医和西医摆在同等重要的地位”的指示精神，为加强对中医药职称改革工作的组织领导，经中央职称改革工作领导小组办公室同意，国家中医管理局已成立中医职称改革工作领导小组。各省、自治区。直辖市卫生厅（局）、中医管理局也应尽快建立中医药职称改革工作领导小组。

二、建立中医各级评审组织

国家中医管理局报中央职称改革工作领导小组《关于成立各省、自治区、直辖市中医药技术职务评审委员会的请示》，业经中央职称改革工作领导小组（1987)职改字第19号文批准，转发各地实行。请各省、自治区、直辖市、计划单列市卫生厅（局）、中医管理局尽快成立中医高级职务评审委员会；地、县也应成立相应的中医技术职务评审委员会；在当地职称改革工作领导小组领导下，负责对中医药、中西医结合和民族医药人员的专业技术职务评审。

各级中医技术职务评审委员会，应由中医、中药、中西医结合专家和中医行政管理人员组成。专家人数不足的单位，可邀请外单位专家参加评审，也可委托外单位中医评审组织负责评审。评审组织的组建和评审办法可参照卫生部《卫生技术人员职务试行条例》实施意见中第二条的有关规定执行。

三、任职基本条件的掌握

由于中医药院校开办较迟，中医药人员大多数是祖传师授、学徒成才，无正规学历。故对他们的评审，不应强调学历、论文和外文，应本着实事求是，重视实际业务能力的原则进行。

1.关于六十年代以前的中医药学徒出师人员实行专业技术职务聘任问题，卫生部（85）卫人字第86号文已有具体规定。其中，对有资格被聘为主任中医（药）师的人员，在行医时间上应掌握在三十年以上为宜；对有重大贡献者，可不受此限。一些地区当时对中医学徒未颁发中医师证书及相当资格证件的，应从当时的实际情况出发，审查资格。

2.关于六十年代以后未取得大、中专学历的中医药学徒出师人员实行专业技术职务聘任问题，（85）卫中字第62号文已有规定。其中，在六六年底以后，各省、市、县统一招收的学徒，当时招生文件中已明确规定出徒考试合格定中医（药）师（士）并已取得职称者，应予承认；符合高聘条件者可聘任相应职务。虽是省、市、县统一招生的学徒，当时并未规定出徒后定何职称和非省、市、县统一招收的学徒，未取得职称的。要明确为中医(药)师(士)者，均须经地、市统一考试和考核合格、并经评审委员会评议，符合任职条件者，可予聘任。

3.少数长期在中医药专业技术岗位上从事相当士以上专业技术工作的人员（包括工人编制），确因工作需要，经过统一考试合格，并经评审委员会评议。符合任职条件者，可聘任相应技术职务。这部分人员的技术职务聘任在有些地区已经得到了解决。其他地区可参照他们的经验执行。

4.中医药人员专业技术职务任职条件中的各级职务任职年限，按照中央职称改革工作领导小组职改字（1986）第20号文转发卫生部《卫生技术人员职务试行条例》的规定执行。其中，从事中医（药）士八年以上晋升为中医（药）师和从事中西医结合医士工作八年以上晋升为中西医结合医师均改为五年以上（包括见习期）。主任中医（药）师，须从事副主任中医（药）师工作五年以上。

中西医结合人员专业技术职务任职条件中的各级职务任职年限，应与上述条例相一致。其职务聘任，不应低于同年资西医院校毕业生。少数西医院校毕业生，虽未脱产学习过中医，但长期从事中西医结合工作并有一定成绩，可聘任其相应的中西医结合医师职务。

四、中医机构内的护理人员业务技术考试，应从他们从事的实际业务技术出发，具体考试内容和办法，由各省中医职称改革工作领导小组确定。

五、民族医药人员的技术职务评聘工作，可按本文精神和有关省、自治区、直辖市的实际情况执行。

六、本文件和历次下达的有关中医药专业技术职务聘任工作的文件（与本文件有抵触的，以本文件为准），均适用于全民所有制事业单位，企业单位和集体所有制单位可参照执行。

一九八七年六月五日

关于印发《中医领域计算机软件开发推广应用办法（试行）》、《中医领域计算机软件成果评定办法（试行）》的通知

（87）国医科字第5号

各省、自治区、直辖市、计划单列市中医管理局、卫生厅（局）中医处。海南行政区卫生局

中医处，局直属单位：

现将《中医领域计算机软件开发推广应用办法（试行）》、《中医领域计算机软件成果评定办法（试行）》印发给你们，请参照执行，并把在执行过程中遇到的问题及时告诉我们，以便进一步修订。

附件：1.《中医领域计算机软件开发推广应用办法（试行）》

2.《中医领域计算机软件成果评定办法（试行）》

国家中医管理局

一九八七年七月九日

抄报：国家科委，卫生部

中医领域计算机软件成果评定办法（试行）

中医领域计算机软件成果系指在中医理论体系指导下，应用电子计算机进行有关医疗、教学、科研等方面研究并有所创新者。评价软件成果应以三性（即实用性、科学性、先进性）为标准，根据不同成果的特点，分别进行评定。具体办法如下：

一、评定范围

中医医疗、教学、科研及有关管理的知识处理、数据处理和科学计算均可作为成果申报评定。

二、评定原则

1.同行评议：以中医及从事中医计算机应用研究的专家为主，并根据所涉及学科面，适当邀请有关专家参加评议。

2.掌握三性：对于每项软件成果都应以它的实用性、科学性、先进性为评价标准。实用性指成果的实用价值；科学性主要指成果的理论意义和可信度，即反映主客观事物的准确性；先进性系指成果的学术或技术水平及与同类软件成果相比较其优越程度如何。

3.实行分级管理，并由同级组织鉴定。一般分为为四级国家、部门、省、基层。每级又分若干等，分等办法和受奖线由同级制订。

三、评定内容

1.医理设计：医理设计是软件设计的基础。在所涉及的知识领域内，必须遵循中医理论体系，充分反映其内在特点和规律性。

2.模拟方法：重点评定对中医知识表达的形式化和数量化所用的模型和方法：对中医辨证论治思维模拟所用的决策模型和方法；所建立的模型和方法的独创性和通用性；所建立的模型和方法的软件的可实现性。

3.程序设计：程序设计必须准确反映医理设计。评定的主要内容有：数据结构是否合理；算法是否优化；是否具备可移植性和通用性；输入输出方式是否便于用户使用和符合中医要求；所提供的其它实用程序和功能。

4.实效考核：实效考核是软件成果的重要审核步骤，也是反映软件水平的重要指标。对于教学软件，主要考核其教学效益；诊疗软件，主要考核其临床效益即能否用于疾病防治，在临诊上有无确切效应。一般临床病历资料不应少于100例，疑难病可酌减；科研和管理软件主要考核其学术水平和使用价值。

四、评定方法

1.书面评定：采用双盲法，即编码标记，使评定者和被评定者之间互不知道；亦可采取三盲法，即评审者之间也互不通气。

2.会议形式：作者要宣读论文，公布资料、图片，当场答疑，然后回避，展开评议，并行无记名投票。

3.鉴定要求：要求评定者认真负责，不苛求，不迁就，最后拿出公正的结论性意见，包括评价和改进意见以及推广、保密、成果等级、奖励等意见。

五、评审步骤

1.鉴定申请：凡有合同的课题，根据完成期限，由课题负责人按期填写成果简表，由负责单位签署意见后上报主管部门。未列入课题项目的由科研人员和单位写出报告，提供资料，上报主管部门批准。

2.鉴定资料：拟鉴定课题必须提供医理设计、模拟方法、程序设计、实效考核以及有关实物等技术资料，以备鉴定。

3.主持鉴定：根据管理级别，由相应的主管部门主持鉴定或由主管部门委托有关单位鉴定。

4.上报备案：凡鉴定通过以后，应及时整理材料逐级上报。其内容包括：申报表、鉴定资料、批准手续、该项软件成果有关论文总结报告、照片、图纸、成果报告简表、鉴定书等，要求资料齐全，手续完备，作为技术档案妥为保管。

中医领域计算机软件开发推广应用办法（试行）

应用计算机技术已成为继承发展中医药学的有效途径和方法之一。为了进一步做好中医领域计算机软件的开发与推广应用工作，特制订本办法。

一、本办法适用于各类软件，包括中医医疗、教学、科研以及有关知识处理等方面所研制的计算机软件。

二、各级中医管理及卫生行政部门应加强领导，把计算机软件的开发推广应用工作纳入科研规划，并给予切实有效的支持，包括人才培养、工作条件及经费等。

三、国家中医管理局负责制订中医领域计算机软件开发推广应用的总体规划。其研究内容要点有：

1.中医专家特别是著名中医临床经验的继承和总结；

2.中医辨证论治规律的研究；

3.中医古今文献数据库的研制；

4.中药及方剂数据库的建立；

5.用于中医基础理论和四诊研究软件系统的开发；

6.中医教学系统的开发研究。

各地亦应根据上述内容，并结合实际情况，制订出相应的规划。

四、课题的选题指导思想和原则、申报审批、管理及实施、经费资助和使用可参照国家中医管理局印发的《中医科研计划课题管理办法（试行）》执行。

五、中医领域计算机软件部级课题成果及部级受奖成果，由国家中医管理局管理；其它级别的软件成果，由同级中医或卫生行政部门管理。各地要积极创造条件把已鉴定的软件成果尽快地应用于中医医疗、教学、科研工作。在应用实践过程中，进一步修改完善。

六、中医领域软件成果原则上实行有偿转让。其具体合同条款如移植费和双方的权利义务等，应由研究单位和接收单位共同协商制订，报相应主管部门批准。

七、转让和移植费的数额，应根据软件的质量和移植工作量确定。若研究单位是两个或两个以上单位的协作组。则由协作组牵头单位出面签订合同。研究单位在成果移植中所得的收入，按国家有关规定处理。对于著名中医提供的临床经验应计入科研成本。

八、中医领域计算机软件的国际转让工作，由国家中医管理局负责统一管理。需要转让的软件，由研制单位向所在省、自治区、直辖市的中医管理或卫生行政部门申报，经专家对其内容、应用效果及加密措施进行技术论证，同意后，报国家中医管理局审批。在签署合同时，应注意维护我方的经济利益和知识产权。

关于印发全国提高中医临床疗效研讨会主要文件的通知

（87）国医医字第8号

各省、自治区、直辖市、计划单列市卫生厅（局）、中医管理局，海南行政区卫生局，局直属单位：

现将一九八七年五月二十六日到三十日在贵阳市召开的全国提高中医临床疗效研讨会上讨论通过的《关于进一步提高中医临床疗效的意见》和诸国本副局长在会议上的报告、张宏贵副司长的总结讲话，印发给你们。请组织所属各级中医医疗机构认真学习讨论，并根据本地区、本单位的实际情况，制定切实可行的措施贯彻落实，不断提高中医临床疗效，为人民的医疗保健事业作出新的贡献。

国家中医管理局

一九八七年七月十三日

关于进一步提高中医临床疗效的意见

中医药学是一门实践性很强的医学科学。它历经数千年而不衰，至今仍显示着无限的生命力，最根本的原因就在于它具有经得起实践检验的临床疗效。确切的中医临床疗效是中医赖以生存和发展的根本所在。它关系到中医能否继续为人类健康提供良好的医疗保健服务，关系到中医事业的成败兴衰。对这样一个关系重大的问题，各级中医主管部门和中医医疗机构应予高度重视。

当前，随着党的中医政策的深入贯彻，中医工作正从过去长期所处的从属地位，逐渐进入一个相对独立自主、稳定发展的新时期。近几年来，中医事业有了较快的恢复和发展，社会对中医的需求日益增长，中医医疗机构不断增加，中医专科不断发展，中医急症工作初见成效，中药新剂型不断涌现，中医临床工作处于建国以来的最好时期。但是，我们必须清醒地看到，由于种种原因，中医学术发展还比较缓慢，中医队伍素质偏低，中医特色和优势没有充分发挥，中医急症及中药剂型改革远远不能适应中医临床发展的需要，加之缺乏科学管理和中医诊疗技术的量化标准，一些中医人员尤其是中医临床教学和科研人员存在脱离和忽视临床工作的倾向，加之其它一些问题，影响了中医临床疗效的提高，与当前国内外对中医医疗的需求很不适应。因此，进一步提高中医临床疗效已成为发展中医学术的当务之急。

要做好这项工作，必须全面、准确贯彻执行党的中医政策，保持和发扬中医特色，更重要的还要从中医医疗工作主观上找原因，从自身建设做起，采取一系列切实措施，保证中医临床疗效的进一步提高。为此，提出以下意见：

一、加强在职教育，提高临床人员业务技术素质

提高中医临床疗效，关键在人才，在于中医、中药、护理和技术人员整体素质的全面提高。因此，各级中医医疗机构都要把在职卫生技术人员的基本功训练和知识更新，当作医院管理的一项重要内容来抓。要根据本单位的实际情况和发展需要，制定业务技术人员在职教育的培养规划和实施计划，并切实组织落实。

住院医师在职教育，重点要放在中医基本功和临床基本技能、基本知识、基本操作的训练上，全面提高辨证论治水平，要尽可能地实行住院医师二十四小时负责制；高年资住院医师和主治医师要根据其专长，在全面提高临床工作能力的基础上，进行专科专病定向培养；高级中医人员必须坚持临床，为培养中医临床人才作贡献。有条件的中医医疗机构要积极开展中医临床科研工作，鼓励中医药人员不断进取。同时加强中医护理及其他医技科室人员的在职教育。

各级中医医院一定要把中医、中药、护理和技术人员的主要精力和注意力，引导到临床实践上来，提倡奋发读书，勤于思考，善于吸取各家之长和引进最新科研成果，在保持和发扬中医特色，提高辨证论治水平上下功夫。要对不同层次的医、药、护、技人员的临床工作时间、数量、质量及考核评比办法作出明确规定，认真检查，定期考核，年终总评，记入技术档案并作为职务晋升、聘任和奖励的考核、考评标准。

二、继承各老中医的学术经验，发掘中医传统医疗技术专长

各地要在全面总结继承各老中医学术经验的基础上，把此项工作纳入正常工作轨道，并与培养新一代中医临床专家的工作紧密结合起来。继承各老中医学术经验，要以临床应用为重点，要根据各老中医的特长，设置有专科（专病）特色的科室或病房、病床。要提倡各老中医坚持临床第一线、言传身教培养后继人才，传授诊疗技术。要充分利用电化教学等手段，加快继承工作的速度。要对在继承工作中做出显著成绩的单位和个人给予奖励，对卓有成效的继承者，可予以提前或破格晋升。

要从中医极其丰富的古代文献宝库中，吸取临床医学理论及临床诊疗技术的精华，挖掘有效的诊疗专长，古为今用，不断验证和运用于临床。

要深入发掘蕴藏在中医界和民间的中医传统诊疗技术，有效方药，进行研究提高，推广应用，为提高中医临床疗效服务。

三、积极利用现代科学技术，加强临床科研工作，及时推广科研成果

中医临床学术要不断深化和更新，在遵循中医理论体系，突出中医特色的前提下，要积极利用现代科学技术，提高中医诊疗水平，应逐步将现代科学技术（包括西医）所提供的检测手段纳入中医辨证论治体系。

要加强中医临床科研思路和方法的研究，提高中医临床科研的设计能力，既要重视传统方法的自我完善，又要善于吸取现代的科研方法，使之适应中医科研特点的需要。

在继续抓紧，抓好几个全国中医急症协作组工作的同时，积极开展对常见病、多发病和疑难病重症的临床研究工作。对中医有独特疗效的一些慢性疾病，要集中力量，组织临床科研课题协作攻关，自上而下地形成一个中医临床科研网络，一个病一个证地解决问题。

要做好科研成果的评估、鉴定、推广和转让工作，使科研成果尽快投入临床应用。

四、搞好中医急症科室的建设，开展危急重症的抢救治疗工作，提高应变能力

历史上中医学的许多次突破性进展都与急症研治有着密切联系，中医对急危重症的抢救治疗不但具有悠久的历史和丰富的经验，而且也有一定的特长和优势，不发挥这一特长和优势，只收治局限的慢性病种，中医医院和中医科就没有活力和竞争力。

要本着实事求是，对病人负责的精神，根据能中不西，先中后西的原则，大力开展中医急症工作。一方面要充分发掘应用中医急诊的各种有效方法和药物，采用中医的综合疗法抢救治疗急重病人，另一方面，要在保持和发扬中医特色的前提下，积极引进现代急救医学的技术和方法为我所用，增强中医应急、应变能力。各级医疗机构都要在人力、物力、财力等方面，为中医急诊提供保证，采取切实可行的措施，建立健全急症科室。

五、加强中医护理队伍建设，提高辨证施护水平

中医护理工作是中医医疗工作的重要组成部分，它直接关系着中医临床疗效，必须予以足够重视。

要充分发挥和调动各方面的力量，多渠道、多层次、多形式地发展中医护理教育事业，要努力挖潜，扩大护士招生数额。有条件的地区在做好人才预测的基础上，要积极创办中医护校，或在现有卫校或护校内开设中医护士班。提倡医院办护校这种行之有效的方法。对在职护士，要有计划地采取多种形式进行在职教育。尤其是要提倡业余学习，岗位练兵。对来自西医护校的学生，应先予短期集中培训，进行中医基础训练后再进入临床。

要按照《全国中医院组织和编制原则》配备护理人员，严重缺编的要进行调整，要坚持护理人员的相对稳定，不得随意改行。

要提倡开展辨证施护的理论及临床研究。有条件的省、市级中医医院应建立护理研究室，并提供一定的经费和条件，挑选二至三名临床护理经验丰富，具有科研素质的护师从事护理研究工作，发展具有我国特色的中医护理学科。科研处（室、科）要把护理研究室的工作纳入计划，并积极指导。

六、提高中药质量，加强剂型改革

要加强中药质量管理，认真贯彻《药品管理法》，尽快建立健全中药生药、中药炮制和中药制剂等质量控制标准。

中医医院要积极开展临床中药学的研究工作，真正做到科学用药、合理用药、有效用药。各级中医医院要严格执行中药加工炮制规范，保证饮片加工质量，尽快恢复中药传统制剂的生产。设专人把关不购不用伪劣霉变中药。严格执行中药贮存、保管、配方、煎熬等各种规章制度。有条件的中医医院要尽快建立中药鉴定室。

各级中医行政管理部门，要与当地医药行政部门密切保持联系，及时通报中药质量情况，共同研究具体解决办法。

要把中药剂型改革与寻找最佳投药途径有机地结合起来，研制出一批高效、速效、安全、给药方便，有自己特定最佳投药途径的新剂型，对于有苗头及较大实用价值的新剂型、新制剂，尤其是注射剂，要集中力量攻关，并及时推广使用。

七、加强科学管理，为提高中医临床疗效提供可靠保证

当代中医医疗方式已从过去个体化作业形式转变为群体化生产，面对这一现实，加强中医医疗科学管理至为重要。中医医疗机构的管理人员必须转变观念，努力提高科学管理水平，适应中医事业发展的需要。中医医院的各项工作要紧紧围绕医疗过程的全面质量管理这个中心，紧紧围绕提高医疗质量，提高中医临床疗效这个目标正常运行。根据中医医院管理的有关规定，尽快建立健全以岗位责任制为中心的正常工作秩序。

要加强中西医之间，中医与中西医结合人员之间的团结协作，在中医医院中，充分发挥各自的作用，互相尊重，取长补短，共同为提高中医临床疗效而努力。

要逐步建立健全中医医疗技术系列量化标准。在继续组织制订各科病证诊断、疗效评定标准的同时，要抓好中医病名证候规范化工作，并着手制定各科疾病治疗常规。

要根据社会需要和疾病谱的变化，确定中医临床科室设置，在有条件的地方，可按系统，病种、对现有科室进行分化，划分出更有利于提高疗效的专科、专病科室。要发挥中医各种治疗手段和方法的综合效应，改变治疗方法单一的现状。各地要根据实际情况，规定收治病种的最低数额，危急疑难疾病应占一定比例。不断拓宽中医诊治范围。

要逐步扩大中医医疗服务范围。针对社会人群出生、发育、疾病、衰老等各个自然过程开展各种中医医疗服务。要在修复、保护社会劳动力，减轻疾病痛苦，解除心理异常状态、延长寿命等方面，开拓医疗服务新领域。要开展治疗、急救、康复、保健、咨询等多项业务，从多方面体现中医的优势。

中医医疗质量管理，是中医医院管理的核心，而提高中医临床疗效则是这一核心的主体。各级中医医疗机构必须提高认识，加强领导，真正把工作的重心转移到提高中医临床疗效上来。各级卫生、中医行政部门，要切实把医疗质量当作头等大事来抓，及时督促检查，把中医医疗质量作为评定文明中医院的重要标准之一，并为中医医疗机构提高医疗质量提供必要的条件。促使中医医疗工作在新的历史时期提高到一个新水平，为人民的医疗保健事业做出新的贡献。

提高中医疗效是人民医疗保健事业的迫切需要

——在全国提高中医临床疗效研讨会议上的讲话

诸国本

（一九八七年五月二十七日）

同志们：

国家中医管理局于去年年底开始工作以后，在加强自身建设、完善管理体制、开展调查

研究的同时，正在把主要精力放在中医事业的建设方面。今年上半年着重抓三件大事，一是人才培养，二是临床疗效，三是科技决策。这里我想就提高中医临床疗效问题谈几点意见。

我们认为，中医事业的灵魂是学术，中医学术的基础是临床，临床工作的中心问题是提高医疗质量，发扬中医特色。中医学是一门实践性很强的科学，没有临床疗效，中医事业就失去生命力，中医理论就成了空谈。因此，提高疗效是发展中医学术和振兴中医事业的核心问题，也是中医的社会效益和学术价值的具体体现。历代著名的中医都是集临床学家与理论家于一身，但他们总是首先当临床学家，以后才兼作理论家。人民需要中医，主要是通过临床工作认识中医的。当前国际上的“针灸热”和“中医热”，也首先是中医的临床疗效赢得了世界人民的信任。没有临床疗效，就没有中医事业。

临床疗效的重要性，还反映在当前因疗效不高所引起的中医学术的衰落方面。因为理论的发展需要有一个从积聚到创新的过程，稳定是它的常态，突破并不是经常发生的。而临床工作则是日常的、大量的、基本的医疗任务。后继乏术的危机、临床阵地的窄化、中医专科的萎缩，已经成为全国中医界的一块心病。所以提高疗效问题具有明确的针对性。

再有一点，就是竞争引起的紧迫感。在中、西两种医学体系的激烈的竞争中，虽然各有所长，但从总体来看，中医没有得到应有的发展，如再不注意疗效的提高，差距将越来越大，将无法应付时代的挑战。

近十年来，提高中医医疗质量的问题日益引起多方面的关注。由于抓了中医病历书写、中医专科建设、中医急症研究，中医剂型改革以及中医医院管理等一系列工作，中医疗效有所提高，有效地防治了常见病、多发病和一些疑难病，在治疗骨折、肛肠、急腹症以及开展针灸、推拿、气功等专科方面，呈现出一定的临床优势；取得了一批临床科研成果。一些新的临床学科（如老年病学）正在形成，并出现了一批中医专科医院，中医治疗的国际影响也不断扩大。但是，当前在临床医疗方面也存在不少问题。例如，中医诊疗的病种相对减少和临床阵地不断缩小，有相当一批中医单位、特别是地、县以上的一些中医单位缺乏中医特色。急症治疗没有展开，中医临床缺乏生机与活力。也未能对现代科学技术真正地吸收消化，为我所用。临床科研缺乏适合中医特色的思路和方法，缺少突破性的重大成果。加之中医的系统诊治规范尚未形成，随着疾病谱的改变，对许多严重危害人民健康的疾病还未摸索出一套诊治规律。尽管近几年来出现一些疗效上升的苗头，承认这样一种严酷的现实，有利于我们卧薪尝胆，奋发前进。我们应该清醒地看到，面对未来各方面的挑战和竞争，中医丢掉的危险依然存在。国外在针灸和中医中药方面想超过我们的，已大有人在。所以赵紫阳总理语重心长地讲，“中医不能再萎缩了，再继续萎缩下去，恐怕要全盘输掉。”

今天我们召开这样一个会议，就是要在分析现状的基础上，发挥优势，扭转劣势，开创中医临床工作的新局面。这种局面，大致体现在四个方面：（一）中医防病治病水平普遍提高，临床阵地和所治病种不断扩大，对急重危症的防治能力大大加强。（二）中医临床学科体系健全发展，全国统一的病证及诊断、疗效评定标准基本建立，在某些专科专病的治疗方面有所创新。（三）涌现出一批医术精湛的临床学家和学科带头人，并初步形成梯队，临床队伍的群体素质有明显的提高。（四）出现一批有较高水平的临床科研成果。

为了达到这个要求，我们必须在人才培养等工作上作出努力。

一、提高中医临床疗效的关键在于提高临床人员的素质和水平，造就一批精通中医理论、临床经验丰富、医术精湛的当代名医。

中医医院应千方百计地把中医药人员的主要精力吸收到提高临床工作能力和提高中医医疗质量上来。要强调高年资医师坚持临床第一线，把临床实践放到第一位。临床水平的提高需要一个长时间的积累过程，必须从现在起，切实把重点放在临床知识技能的培养上，从难从严地进行临床基本功训练，培养独立承担中医医疗工作的临床医生。中医学院应以培养合格的中医师为主要目标，重视实践性教学环节，并改变人才类型单一的倾向，期望到本世纪末，能涌现一批符合“上工”要求的临床专家。中医临床工作无疑是艰苦而光荣的职业，我们应该从指导思想上，人才制度上，充分考虑到他们的劳动价值，逐步给他们创造良好的工作条件，在奖励、晋升、聘任职务等方面制定有利于医务人员安心临床岗位的政策。

二、进一步发扬中医特色，正确处理中医学继承与发扬的关系。

保持和发扬中医特色，是中医医院的性质和任务所决定的。中医最重要的特色是以中医理论体系指导临床实践，在辨证论治上狠下功夫。对中医独特的诊疗技术和民间的特效方药，要重视挖掘利用，加以提高。在医疗实践中难免借用西医疗法时，要坚持能中不西、先中后西的原则。碰到临床中的难题，首先从中医中去想办法，找出路，而不要轻易地套用西医的疗法。这里还需要指出的是，保持和发扬中医特色和提高中医疗效两者并不矛盾，而且是完全一致的。失去了中医特色，离开了中医理论体系，就谈不上中医疗效水平的提高。

要保持和发扬中医特色，就要正确处理继承和发扬的关系，在中医临床工作中，我们既要重视继承，也要重视发扬。有人说，这几年继承喊多了，我认为，喊多喊少都要用实际情况来衡量。诸如历代著名医家的学术经验，是否已经得到了真正的挖掘整理；对著名老中医的学术专长是否都已掌握到手，广有传人？对大量散在的中医独特诊疗技术和方药是否已经得到研究验证等等，看来在这些方面还有大量的工作要做。当然，我们还应看到，只讲继承，不讲发扬，裹足不前，也是不行的。我们在学术上应该开阔视野，深化实践，锐意创新，在不断攻克临床难关中发展自己，提高自己。总之，必须正确处理继承与发扬的关系，正确处理利用当代先进科学技术与发扬中医特色的关系。发扬，首先是中医学术的主体发展。在强调利用当代先进科学技术时，要防止忽视或丢掉中医特色这个根本问题；在强调发扬中医特色时，又要防止忽视利用当代先进科学技术为我所用。这两个方面缺一不可，决不能强调一个方面而忽略另外一个方面。

三、要加强中医临床科学研究。

科研是推动学术发展，向未知领域和更高层次的探索和进军。中医学作为一门自然科学，要在历史发展的长河中不断前进，就必须把科研工作搞上去。三十多年来，中医临床科研虽然取得了不少成就，但中医自己的科研力量薄弱，而且青黄不接，没有形成梯队，在不少科研课题中尚未起主导作用，科研选题和思路也缺乏中医特色。为了使中医药学术不断发展和创新，必须在普遍提高中医治疗常见病、多发病疗效的同时，重点开展急危重症、疑难大症的研究，在疾病的诊断、治疗、护理、急救等方面，要充分发挥中医的优势和特长。对著名老中医诊疗经验和学术思想的整理研究，应切实抓好。这个工作喊了多年，一直落实不好。现在身怀绝技或具有高超技术的老中医已经不多，再不能停留在一般号召上了，而应该制定具体办法，定人员、定任务、定时间抓出成效。

四、要进一步加强临床工作的科学管理。

中医医院应以医疗为中心，以提高疗效为目的。中医医院的领导要认真研究中医临床发展的自身规律，研究中医办医院、管病房的基本经验，研究如何在当今社会背景、科学背景下提高中医疗效的制度、办法和措施。这里特别要强调加强基础性的诊疗、护理、药剂工作。因为疗效不是凭空得来的，它由医务人员的素质所决定，也要由一整套井井有条、一丝不苟的医疗、护理、用药等规范和制度作保证。在一个制度不严，管理混乱的医疗单位，提高疗效就无从谈起。

五、加强中医专科建设。

加强中医专科建设是提高中医疗效的重要组成部分，也是解决中医队伍后继乏人的重要途径。如江苏省百分之六十一的县级中医医院，开设了八个以上的专科，并把九所县中医医院建设成为全省的中医专科培训基地。山西省的小型专科医院已达到四百一十三所，其中百分之七十以上是中医和中西医结合的专科医院。他们的经验值得我们学习。这里需要指出的是，在中医专科建设中，一方面要充分保持和发扬自己的特色，同时必须坚持以中医基本理论为指导，加强辨证论治，一切专科人员都应该有大内科的功底，切忌把专科搞成有术无学的雕虫小技。

六、提高中药质量，改进药房工作。

中药是中医防病治病的主要武器和物质基础，与中医相互依存，相互促进。目前中药质量下降，品种短缺，价格上涨等问题，继续存在。中药剂型远不能满足中医临床需要，医院中药房和制剂室的工作没有得到应有的重视，普遍缺乏专业技术人员和必要的设备条件，中药炮制、煎煮、服法没有严格要求，使药效大大降低，这些现象必须迅速扭转，否则对提高中医疗效十分不利。振兴中医必须与振兴中药同步进行。要大力开展中药临床研究，扩大研究基地，使中药临床研究逐步走向标准化和规范化。根据中医需要，要改革中药剂型和给药途径，研制出一批既符合中医辨证论治要求，又具备现代质量标准、安全有效的中药新剂型，使中药更好地为我国人民及世界各国人民服务。

在当前，提高中医疗效既是必要的，也是完全可能的。在认识了这个问题的重要性之后，必须立即采取有效措施，把任务落实到每个中医医院和中医科室，包括综合医院的中医科在内。在各级中医医院内，尤其是在中医学院的附属医院和地县以上中医医院内，如果能集中当地临床水平较高的一批中医长期坚持在临床第一线工作，集中一批疗效卓越的中医疗法和科研成果推广使用，集中各地最有效的一批中药制剂用于临床，把一般医疗水平提高到科研成果所达到的水平，那么，我们完全有把握在三年之内使中医临床水平有一个明显的提高；同时建立和健全急症科室，加强急症工作，以五年为期，能使中医的急症水平有一个明显的提高。

在国家中医管理局成立以后，我国的中医工作正在由过去所处的从属地位转入相对独立自主发展的新时期。在这种形势下，提高中医疗效、振兴中医学术的问题已经成为当务之急。我们应该自信、自尊、自爱、自强、尽职尽责，把中医临床疗效搞上去，把中医医疗质量搞上去。这件事，对中医事业和中医学术的振兴不仅具有重大的现实意义，而且有深远的历史意义。十年以后回头一看，历史会证明我们今天抓的这件工作，是极其重要的。

在全国提高中医临床疗效研讨会议上的总结讲话

医政司副司长　张宏贵

一九八七年五月三十日

同志们：

全国提高中医临床疗效研讨会历时四天，今天就要结束了。在这次研讨会上，国家中医管理局诸国本副局长就提高中医临床疗效问题作了讲话，贵州、江苏、江西、天津、甘肃五省市的代表介绍了关于影响中医临床疗效的因素及如何提高中医临床疗效的调查分析结果，高辉远、焦树德、袁家玑、任继学、黄星坦等几位著名专家作了重要发言，各小组代表将讨论的意见又进行了大会交流，此外，会议共收到了探讨提高中医临床疗效的论文十四篇。

几天来代表们紧紧围绕影响中医临床疗效的诸因素和如何提高中医临床疗效这一核心问题展开了热烈的讨论，对《关于进一步提高中医临床疗效的意见》（讨论稿）进行认真的讨论和修改。大家畅所欲言，各抒己见，充分发表了意见，表现了对中医事业的极大关注和热忱。代表们一致认为，国家中医管理局成立不久，在一手抓事业、一手抓学术之际，召开提高中医临床疗效的研讨会，抓住了发展中医学术带根本性的问题，抓得很准，抓得及时，会议开得很成功，收获很大，达到了预期的目的。

一、会议主要收获

1.提高了认识，统一了思想

通过几天来的讨论，大家对提高中医临床疗效的重要意义和作用有了进一步的认识，看到了提高临床疗效的必要性和重要性，弄清了提高中医医疗质量与中医事业发展的关系，提高了认识，统一了思想。

代表们一致认为，提高疗效是发展中医学术和振兴中医事业的核心问题。在科学技术飞速发展、疾病谱不断变化、竞争日益激烈、医疗社会需求日益增长的形势下，召开提高临床疗效的研讨会，认真分析影响中医医疗质量的因素，探索提高中医疗效的途径和方法，是一项关系到中医事业兴衰成败的基础性工作。

2.分析了因素，明确了目标

正确看待中医当前的临床疗效水平，全面分析影响中医医疗质量的因素，是研讨如何提高中医临床疗效的前提。通过讨论，代表们对如何评估目前中医临床疗效取得了比较一致的意见。从中医自身发展的历史来看，建国以来，尤其是十一届三中全会以后，中医的临床疗效有了明显的提高，许多方面都有很大发展。时代的前进，科学技术的发展，西医的发展，人们对卫生保健事业不断增长的需要，使得现代社会对中医临床疗效提出了前所未有的高要求。这又形成了目前中医临床疗效在某些方面不够令人满意的情况，而且由于种种原因，使中医的学术领域和临床实践经验丢失太多。所以，进一步提高中医疗效就成为目前十分迫切的任务了。

大家认为，影响中医医疗质量的因素比较复杂，既有客观方面的，又有主观方面的；既有行政管理方面的，又有业务技术方面的；既有可控的，又有不可控的。经过讨论，大家一致认为，我们这次研讨的目标主要是围绕主观因素，寻找业务技术方面，可控方面影响中医临床疗效的因素。这些因素大致可归纳为：①缺乏对提高临床疗效重要意义的认识，不少中医医疗单位尚未把这样一个重要问题列入议事日程；②对提高临床疗效的有效途径和方法缺乏研究、实践和总结；③对各老中医的经验继承不够，民间绝技发掘不力；④治疗手段单一，特色不浓，很少采用中医的综合疗法；⑤现代科学技术在很大程度上未能纳入辨证施治的轨道，没有做到有机结合；⑥新技术、新疗法及科研成果推广不力；⑦技术队伍（包括医、药、护、管理多方面的人员）业务素质偏低，应变、应急能力不足；⑧病种较窄，对危急重症，缺乏抢救措施；⑨中药质量下降，剂型单一，给药途径不能适应临床需要；⑩缺乏诊疗标准，缺乏行之有效的科学管理。只有把影响临床疗效的因素找准了，才能针对这些因素制定措施。

3.互相启发，开阔了视野

参加这次会议的代表，既有长期从事管理工作的行政人员，又有长期从事临床各科工作的专家；既有著名的老中医，又有中西医结合专家；还有从事中医教育和科研工作的学者和专家。大家通过讨论，从不同的角度，围绕提高中医临床疗效这一议题，各抒己见，互相启发，活跃了思想，开阔了视野，提高了从整体上认识问题、分析问题的能力。代表们反映，这种讨论方式使与会者得益非浅，也大大提高了会议质量。

4.运畴决策，开展了软科学研究

这次会议既不是工作会议，也不同于一般的学术讨论会，而是一次通过向专家提出咨询，为医疗行政管理工作决策服务的咨询实践，是将软科学研究应用到中医管理工作中的一次有益尝试。各位专家发表了很好的意见与建议。这不但为我们今后围绕提高中医疗效进行决策提供了科学依据，而且为进一步开展中医软科学研究提供了有益的经验。

5.认真讨论，修改了《意见》

对于会议提交的《关于进一步提高中医临床疗效的意见》的草案，大家进行了认真讨论，提出了许多有益的、中肯的、切实可行的意见和建议，并进行了认真的修改。这对于我们进一步修改和完善这一文件有很重要的作用。会后，我们将根据大家的意见进一步研究，结合全国各地的实际情况，把这个文件修改好。

二、需要强调的几个问题

会议期间，大家对如何提高中医医疗质量提出了很多好的建议。下面就几个问题，讲一点意见，供同志们参考：

1.提高认识，把提高医疗质量放在医院工作的首位

医疗工作是中医院工作的核心，提高医疗质量是推动中医事业发展的内在动力，中医疗效是中医生命的所在，中医医院的各项工作必须以医疗为中心，以提高医疗质量为目标，树立病人至上的思想，开展优质医疗服务，真正把提高临床疗效放在医院工作的首位。中医医院的院长要把医疗工作的组织和管理作为自己的中心工作，认真听取各方面的意见，结合本单位的实际情况，制定具体措施，抓好医院管理，不断提高医疗质量和服务质量。一个中医医院院长，如果不坚持中医医院的办院方向，不抓医疗工作，就不是一个名副其实的中医医院院长；如果拿不出具体措施，不能提高医疗质量，就不是一个称职的院长。今后要将有无医疗管理计划，医疗规章制度是否健全，是否开展医疗效果的检查评定作为考核院长是否履行职责的主要内容。

医护人员要安心临床工作，努力提高临床水平。要制定政策和办法，鼓励医护人员从事临床工作．调动医护人员学习业务的自觉性和积极性。目前，我们正在制定中医药各类各级人员业务考核标准，意在引导中医药人员尤其是老中医和中壮年中医钻研学术，坚持临床工作，不断提高临床疗效。今后我们将依据这个标准，对中医药人员进行定期考试考核，并记入技术档案，作为今后职务晋升、聘任和奖励的主要依据。医院的各个职能机构，辅助科室和后勤部门，也要围绕医疗这个中心开展工作，为提高医疗质量服务。

2.增强信心，提高临床疗效

影响中医医疗质量的因素很多，提高中医医疗质量工作的困难不少，任务艰巨。但是如果能用历史的，发展的观点来看问题，就不难看出：提高中医医疗质量不但是可能的，而且是大有作为的。中医学有数千年的发展历史，有独特的理论体系，有丰富的诊治经验和经得起实践检验的卓越疗效；中医学的医学模式、基本理论、独特的诊治方法，符合科学的未来发展方向；实践证明，凡是注意保持和发扬中医传统的医疗特色，引进现代科学技术的手段和方法，发挥了中医专科优势的地方，中医临床疗效都得到了不同程度的提高，展示了提高中医临床疗效的发展前景。尤其是近年来，党中央和国务院对中医工作十分重视，成立了国家中医管理局，为中医事业的发展提供了组织上的保证，中医医疗机构普遍建立、医、教、研体系正在逐步形成，许多省、自治区的党政部门和卫生部门也积极扶持中医事业的发展，中医医疗机构的人力、物力、财力得到了不同程度的充实。只要我们不断努力、奋发向上，积极开拓前进，在争取社会支持的同时，努力自我完善，就一定能不断提高医疗质量，开创临床工作的新局面。那么，如何评价一个中医医院的医疗质量呢？是否可以从这几个方面予以评价，第一看是否聚集了一些名医，各个学科都有学科带头人，拥有一批技术骨干，形成技术梯队。第二看是否在中医理论指导下，形成了自己的独特风格特点，开设突出中医特色的专科病门诊，并吸收了国内中医成果以及新技术；第三看是否具有应变应急能力，对危急重症给予及时抢救；第四看是否开展了优质医疗服务，具有良好的医德医风，取得较高的社会效益和合理的经济效益。

3.建立标准，加强质量控制

标准化是组织现代化生产的重要手段，是科学管理的重要方法。要稳定地、普遍地、较大幅度地提高中医医疗质量，必须逐步地在中医医疗管理中推行合理的中医医疗技术标准，使医疗质量控制进入量化的新阶段，保证中医诊疗技术取得最佳效益。今后要从二个方面加强这一工作。第一方面，要根据《全国中医医院工作条例》建立健全各项规章制度，明确各类人员职责，实行全面质量控制，从难、从严要求，打好基础，为提高临床疗效奠基。要使中医医疗技术标准系列化，要抓好病名证候规范，诊断标准、疗效判定标准和治疗常规的配套。在六省一市试行中医内、外、妇、儿科部分病证诊断和疗效标准的基础上，不断总结经验，进一步组织制定其他各科的诊断疗效标准，并开始着手制定各科疾病治疗常规。另一方面，要组织各级中医医疗单位的管理干部和医务人员认真学习，提高对贯彻执行医疗技术标准重要性和迫切性的认识，在提高医务人员执行技术标准的自觉性的同时，要加强对临床科室实行质量控制，定期检查标准执行情况。

4.奋发进取，争当一代名医

人才是事业发展的关键，中医医疗质量是否能提高，中医学术能否适应时代的挑战，中医事业能否在竞争中生存并发展，关键在于我们能否造就一批医术精湛的临床学家和临床学科带头人，中医卫技人员，特别是中青年医务人员要从自身做起，从我做起。要自信、自尊、自爱、自强，要勤于钻研，敢于拼搏，要在中医基础理论上下功夫，在辨证施治上下功夫，博览群书，广采百家之言，吸收先进科学技术，在临床实践中增长才干，争当一代名医。要采取多种形式，对在职人员进行培养，要根据社会的实际需要，选择确定专科发展方向，在提高常见病多发病诊疗水平的同时，要将主要的精力放在提高危重疑难病症诊疗水平上。各级领导要加以引导，予以鼓励，为他们创造必要的条件，要善于发现尖子，进行重点培养。

5.百花齐放，活跃学术气氛

由于各人所从事的工作性质，所处的工作位置及认识方法的不同，必然会对如何提高中医医疗质量提出不同的见解，只要有利于中医学术的发展，有利于提高医疗质量，都应该欢迎，应该通过科学的论证，实践的检验，来不断深化认识，统一认识。百花齐放，百家争鸣，只会有利于学术的发展，而不会阻碍学术的进步。医学实践是一种社会实践，个人的临床经验总是有限的，要善于吸取前人、他人的诊治经验，不断丰富自己；另一方面，也要将自己的经验不断整理、进行交流。要消除门户之见，要提倡互相学习、取长补短。要积极进行学术交流，推广成果，应用成果。要解放思想，在当今时代，要有改革、竞争的观念，要有继承发展的观念。要正确处理保持和发扬中医特色与吸收先进科学技术的关系，要加强中医、中西医结合及其他卫技人员的团结合作，共同奋斗，为提高中医诊疗水平而努力。

会议以后，我们将根据大家的意见，把《关于进一步提高中医临床疗效的意见》修改好，争取早日下发。请大家将这次会议的精神迅速传达到各级卫生、中医行政部门和中医机构，广泛宣传，提高认识。并根据《意见》的要求，结合本单位的实际，制定切实可行的措施，争取在三年之内使中医临床水平有一个明显的提高！

我们深信，只要我们从事中医药工作的同志不畏艰难，肯于钻研，勇于实践，团结一致，就一定能够开创中医临床工作的新局面，进一步提高医疗质量，更好地为人类的医疗保健事业做出贡献。

最后，让我们再一次感谢为这一次会议的召开进行了一年调研的五省、市代表，感谢为这次会议出谋献策的与会代表，感谢为这次会议进行宣传报导的《新华社贵州分社》、《贵州时报》、贵州电视台的记者、《光明日报》、《健康报》的记者，感谢为我们这次会议顺利召开提供良好条件的贵州省卫生厅、贵阳中医学院及一、二附院、贵州中医研究所、贵阳医学院以及日夜辛勤工作，不辞劳苦的所有工作人员。

关于印发《全国普通高等学校医药本科专业目录》等文件的通知

(87) 教高二字015号

国务院各有关部委，各省、自治区、直辖市及计划单列市教育委员会、高教(教育)厅(局)、卫生厅(局)、中医管理局、医药管理局(医药总公司)、计委、科委、劳动人事厅(局)，各高等医药院校和有关高等学校：

全国普通高等学校医药本科专业目录的修订工作，自我委于一九八六年三月十八日外

（86）教高二字008号文部署以来，经过一年多的调查研究、科学论证和审议修订，业经我委最后审定。

现将审定后的《全国普通高等学校医药本科专业目录》及《全国普通高等学校医药本科专业简介》、《全国普通高等学校医药本科专业名称对照表》、《全国普通高等学校医药本科专业目录修订情况说明》、《全国普通高等学校医药本科专业目录实施办法》一并发下，请即照此实施，并将在实施过程中遇到的问题及时向我委反映。

国家教育委员会

一九八七年八月二十六日

全国普通高等学校医药本科专业目录

一、基础医学类专业（略）

二、预防医学类专业（略）

三、临床医学类专业

……

0311　护理学

四、口腔医学类专业（略）

五、中医学类专业

0501　中医学

0502　中医养生康复学

0503　中医五官科学

0504　针灸学

0505　推拿学

0506　中医骨伤科学

0507　蒙医学

0508　藏医学

六、法医学类专业（略）

七、药学类专业

……

0709　中药学

0710　中药制药

0711　中药鉴定

八、管理类专业

0801　卫生事业管理

0802　医药企业管理

九、应用文理工科类专业

0901　科技外语（医学·药学）

0902　图书情报学（医学·药学）

……

0906　生物医学工程

十、试办专业

试01　中医基础医学

试02　中医文献学

试03　中医外科学

……

试07　中药药理学

试08　中药资源

……

国家教育委员会

一九八七年八月

说明：与中医无关的专业，在目录中从略。

关于下达《中药保健药品的管理规定》的通知

（87）卫药字第70号

各省、自治区、直辖市卫生厅（局）、计划单列市、海南行政区卫生局：

为了加强中药保健药品的监督管理，促进中药保健药品的不断发展，现将《中药保健药品的管理规定》发给你们，请遵照执行，并对几个问题通知如下：

1.对非药政部门批准投产的中药保健药品，各省、自治区、直辖市卫生厅（局）要组织医药专家重新进行评审，符合要求的发给"健"字文号，不符合要求的予以取消。

2.中药保健药品的审批收费标准，可参照三类新药的审批收费标准执行。

3.省地对中药保健药品的审批，要认真审查，严格把关，切实加强对此类药品的监督管理。

卫　生　部

一九八七年十月二十八日

中药保健药品的管理规定

一、根据《中华人民共和国药品管理法》的有关规定，为进一步加强中药保健药品的管理，保障人民身体健康，特制定本规定。

二、本规定所指的中药保健药品是指对人体有一定程度的滋补营养、保健康复作用，长期服用对人体无害的药品。

三、中药保健药品不得加入麻醉药品、精神药品、放射性药品、毒剧药品。一般不使用被国家列为重点保护的濒危动、植物药材和以进口为主的原料。

四、中药保健药品所用的辅料、添加剂，应符合药用要求和食品卫生的有关规定。

五、中药保健药品临床和生产的审批，委托各省、自治区、直辖市卫生厅（局）负责办理，审批同时抄报卫生部备案，批准文号为“×卫药健字（ ）Z－××号”，（例如“冀卫药健（87）Z－01号）。由各省、自治区、直辖市卫生厅（局）批准生产的中药保健药品，不发给“新药证书”，不享受新药保护期。如果生产厂家希望发给“新药证书”和享受新药保护期者，由各省、自治区、直辖市卫生厅（局）转报卫生部审批，受理程序同新药（中药）三类，批准文号为“（ ）卫药健字Z－××号”。

六、中药保健药品申报资料参照新药（中药）三类的有关项目要求。考虑到此类药品有长期服用的特点，应强调注意安全性。

七、中药保健药品生产企业、经营企业的管理，按照《药品管理法》第二、三章规定执行。

八、中药保健药品的包装、广告、商标等管理，同治疗性药品一样，依照《药品管理法》的有关规定和要求执行。

九、中药保健药品一律不得公费报销。

十、本规定自下发之日起执行。违反本规定者按《药品管理法》的有关规定办理。

〔卫生部颁发《地区性民间习用药材管理办法》〕

1987年6月13日，卫生部发布了《地区性民间习用药材管理办法》（以下简称“办法”），于1988年1月1日起执行。

“办法”对地区性民间习用药材的涵义作了规定：地区性民间习用药材系指国家标准（药典和部颁标准）未收载，而在局部地区有多年生产、使用习惯（其它地区没有使用习惯）的药材品种。

“办法”对地区性民间习用药材的管理作了具体规定，各省、自治区、直辖市应对地区性民间习用药材制订地方药材标准，并将其标准和起草说明报卫生部药典会备案；经省、自治区、直辖市卫生厅（局）审核批准的地区性民间习用药材，只准在本地区内销售使用。调往外省（自治区、直辖市）销售使用的，必须经调入省（自治区、直辖市）卫生厅（局）批准；地区性民间习用药材在本地区调拨使用时，按照《药品管理法》第36条的规定：“必须有包装。每件包装上，必须注明品名、产地、日期、调出单位，并附有质量合格的标志”；以地区性民间习用药材为原料生产中成药制剂的，必须按“新药（中药）审批办法”《有关中药问题的补充规定和说明》的有关规定办理；新发现的中药材应按“新药审批办法”的有关规定办理。

（韩白石 丁建华）

（三）医疗管理

【国家中医管理局通报有突出疗效的中医临床成果】

近年来，各级中医医疗机构突出中医特色，狠抓医疗质量，中医临床涌现出一批有突出疗效的成果。1987年3月，国家中医管理局向各省卫生厅发出通知，要求报送有突出疗效的中医临床材料，范围是：对某一病证或某个专科疗效突出，经过大量病例使用观察，在国内居领先地位，在群众中有较高信誉的临床经验、独特疗法、创新技术和高效方药等（包括被评为科技成果和未被评为科技成果的。不包括基础理论）。通知发出后，26个省市自治区上报154项临床资料。随后，国家中医管理局组织专家进行了认真的评审和论证，最后，评选出了疗效突出、资料完整的13项，这13项都通过省级鉴定，有一部分曾获部级科技成果。1987年8月19日，中国卫生记者协会召开中医专题会议，由卫生部副部长兼国家中医管理局局长胡熙明通报了这批有突出临床疗效的中医临床成果。这批成果是：

（1）五妙水仙膏
江苏省灌南县中医院周达春

（2）中医药“三品”锥切治疗早期宫颈癌
江西省妇女保健院杨学志等

（3）鱼鳞汤（片）治疗鱼鳞病
大连市第三人民医院中医科周鸣岐

（4）消积排通汤治疗蟹足肿
吉林市第四人民医院史鸿涛等

（5）中医治疗慢性化脓性骨髓炎
山西省稷山县骨髓炎医院杨文水

（6）消痔灵液注射疗法治疗三期内痔
中国中医研究院广安门医院史兆岐等

（7）老中医治疗慢性胃炎
上海市第一人民医院张镜人等

（8）中西医结合治疗急性再生障碍性贫血
河北省廊坊地区人民医院梁冰等

（9）金荞麦治疗肺脓肿
江苏省南通市中医院、南通市中药厂、南通市药检所、中国医学科学院药物研究所等20余个单位

（10）尿舒通治疗前列腺增生症
江苏省南通市城区医院、南通医学院附院、中国中医研究院、南京药学院等10个单位

（11）骨结核丸治疗骨与关节结核
山西省吕梁地区骨结核病专科医院高志海

（12）中药阴疽膏治疗皮肤癌
辽宁省阜新市中医院张桐

（13）SW-I型平衡牵引固定器治疗不稳定性胫腓骨干骨折
山东省文登县骨伤科研究所

（陈珞珈）

【全国中医专科医院工作会议】

1987年10月11日至16日，全国中医专科医院工作会议在山西省运城和临汾地区召开。参加这次会议的有各省、自治区、直辖市和计划单列市分管中医工作的卫生厅(局)长、中医管理局局长、中医处处长、部分中医专科医院院长和国家中医管理局直属单位与新闻单位的代表，共155人。卫生部副部长兼国家中医管理局局长胡熙明、山西省副省长冯其茂、国家中医管理局副局长诸国本等领导出席会议并讲了话。

会议总结交流了各地建设中医专科医院的经验，研究讨论了在改革中进一步加强中

医专科医院建设的问题，参观了山西省运城地区的头针研究所、九针医院、稷山县骨髓炎医院、痔瘘医院和临汾地区中医皮肤病医院、精神病医院、临汾市中西医结合眼科医院、曲沃县里村正骨医院和曲村镇中医医院。

胡熙明局长在会上作了题为“加强中医专科医院建设，为提高人民健康水平服务”的讲话，谈到据不完全统计，目前全国各种类型的中医专科医院已经发展到303所。会议对今后中医专科医院的建设和发展提出：在指导思想上要继续解放思想、放宽政策，调动各方面的积极性。同时，要统筹安排，有计划有步骤地发展，制订中医专科医院标准，对办院的条件进行审批。要处理好中医综合医院与中医专科医院的关系，在把中医综合医院建起来的基础上，有计划地发展中医专科医院。对于县以下的基层，既支持在乡镇卫生院办好中医专科，也鼓励有条件的地方建立中医专科医院、中医专科诊所或门诊部。要把中医专科人才的培养摆在重要地位，特别要为农村培养留得住用得上的人才。会议还对不同层次的中医专科医院提出了不同的要求。

（陈珞珈）

【中医急症工作的进展】

1987年，全国中医急症治疗工作进展较大，学术水平明显提高，突出表现在：

1.中医急症协作范围扩大，形成网络。参加全国中医急症协作组的7个组(中风、厥脱、血证、痛证、南方热病、北方热病、剂型改革）的中医医院近百个，遍及全国东、南、西、北、中，打破了地区与部门的界限，不同地区不同层次，联结成纵横交错的协作网络，团结攻关。一年之中，各协作组在大量临床实践及科研的基础上，召开了一系列论证、协调和经验交流会议。

2.中医急症科研又获得新成果。全国中医急症协作组科研成果在近几年获得4项部级重大科技成果奖（中风协作组2项，血证组1项，北方热病组1项）、8项省级科技成果奖之后，今年又获国家中医管理局重大科技奖甲级奖1项（“参附青”对邪毒内陷所致厥脱证的临床与实验研究）、乙级奖3项（心痛气雾剂的临床运用与实验研究，参附注射液的研究，紫地合剂治疗胃，十二指肠溃疡及炎症所致上消化道出血）。

3.国家中医局召开全国中医急症研讨会。为了检阅中医急症科研成果，进一步推动中医急症工作向前发展，于1987年8月11～15日在长春召开了全国中医急症研讨会。这次会议共收到论文513篇，内容丰富，选题广泛。经过专家评审、其中60篇论文提交大会交流，全国105位中医急症专家参加大会，充分反映了中医急症工作已引起中医界的广泛重视，工作已由点到面，出现了逐步扩大的好势头。

4.中医急症诊疗规范工作有了新进展。全国中医急症协作组在广泛进行临床验证、试行和调研及专家咨询论证的基础上，制订了中风、热病、血证、心痛、急性胃痛、厥脱六大急症的诊断和疗效评定标准以及诊疗规范，这次标准及规范已在全国许多省市中医医院施行，获得好评。这项工作为今后建立和完善中医“病——证——症”的诊断治疗标准系列提供了经验。

5.中医急症学术水平有了新提高。首先是研究工作大多属于前瞻性，设计严密、富有创造、结论可靠。如全国厥脱证协作组上海中医学院附属曙光医院等的参附青注射液治疗邪毒内陷阳气虚脱型厥脱证104例，从临床到实验设计均较严密，总有效率及显效率明显优于多巴胺、阿拉明组，药物维持时间长，无药物依赖性，血压稳定后即可停药，无明显毒副作用，疗效稳定，实验结果数据可靠。其次是疗效高于西药对照组或与之相仿，如全国胸痹心痛协作组的心痛气雾剂经1391例重复验证，其3分钟内止痛率达50.55

～54.20%，与美国产硝酸甘油相仿，经过严格的自身对照经统计学处理确定其有可靠的速效止痛作用，经毒性试验为安全试剂。第三是今年急症研究成果都具有较好的推广使用价值。

6.中医急症科室建设受到了各级中医医院的普遍重视。目前，地市以上中医医院已建立了中医急诊科室，使中医急症工作有了临床基地。

（詹文涛）

【关于影响中医临床疗效因素的调查】

为了切实提高中医临床疗效，弄清目前影响中医临床疗效的因素，委托江苏、天津、江西、甘肃、贵州五省卫生厅中医处联合就影响中医临床疗效的因素进行了广泛的社会调查。

这次调查是从1986年5月开始，到1987年4月结束，历时一年。

调查的方法是：（1）实地抽样考查。采取召开各种类型的座谈会和采访个人等形式。对象是省、地（市）、县三级中医医院和综合医院中医科，人员是各类卫技人员及行政管理人员；（2）查阅病历。对中医院的住院病历采取随机抽样的方法抽查、分析、统计；（3）寄发表格。设计了A、B、C、D四种调查问答卷101个调查专题，分别向医药卫技人员、行政管理人员、病人及家属进行调查。除江苏外，其他四省共寄出《调查问卷》13435份，收回6093份，回收率为45.4%，然后进行统计、分析、处理。

调查结果表明：1.当前中医临床疗效和“文革”前相比，确有一定提高。但由于社会的发展、经济的变化，尤其是疾病模式的变化，目前中医临床疗效还不能满足人们的需要。2.中医队伍的知识结构和文化素质比“文革”前普遍提高，但临证经验不足。3.病人及家属认为：中医的服务好，在群众中享有声誉，深受人民群众欢迎。4.中医医院的管理制度得到建立，但科学管理水平不适应形势发展的需要。5.中医人员绝大多数对中医非常热爱，但少数人对事业抱“无所谓”的态度。6.影响中医临床疗效的主要因素是（按赞成该意见人数的多少为序）：（1）中医工作未受到应有的重视；（2）中药质量差；（3）中药人员业务素质下降；（4）中医管理工作落后，管理水平较低；（5）中医科研工作落后，成果不易推广；（6）中医人员业素质下降；（7）中医诊疗缺乏规范化标准。

（张宏贵）

【中西医结合医院调查】

为加强中西医结合医院的建设，制定有关中西医结合医院建设和检查标准，国家中医管理局医政司和中西医结合研究会于1987年4月至7月共同组织人员对四川、湖南、湖北、河南、河北、云南、福建、吉林、江西、浙江、山东等省共17所中西医结合医院进行了调查，调查结果如下：

17所中西医结合医院平均拥有病床323.19张；日平均门诊量1047.61人次；中医临床科室2.56个，中西医结合临床科室4.94个；门诊中医药治疗率36.92%；病房中医药治疗率28.87%；病床使用率91.68%；治愈率74.62%；好转率20.53%；病死率1.57%；业务用房面积11449.25平方米；年末固定资产总值350.85万元；年业务收入265.76万元；年业务支出296.96万元。医药人员构成分析见表Ⅰ、表Ⅱ。从表Ⅰ可以看出，作为中西医结合医院，中医和西学中医生仅占医生总数的

表Ⅰ　各级医生构成分析

（单位：%）

	中医	西医	中西结合医	合计
主任医师	9.81	80.38	9.81	100
副主任医师	16.95	62.71	20.34	100
主治医师	10.96	74.89	14.15	100
医师	17.44	71.41	11.15	100
医士	20.59	79.41	0	100
总平均	16.42	73.48	10.1	100

表Ⅱ　各级药剂人员构成分析

（单位：%）

	中　药	西　药	合　计
主任药师	100	0	100
副主任药师	42.86	57.14	100
主管药师	21.88	78.12	100
药　　师	38.22	61.78	100
药　　士	35.49	64.51	100
总 平 均	35.85	64.15	100

1／4左右，缺少多学科基础研究人员。基建规模和仪器装备基础较差，经费来源困难。对中西医结合医院的各项工作缺乏自身的衡量标准和指标。

（李尚青）

【四省农村中医工作调查】

为了认真解决好中医为八亿农民服务的问题，国家中医管理局于1987年4月初至5月上旬组织人员对山西、四川、湖南、江苏四个省的农村中医工作现状进行了分组抽样调查，为制订正确的农村中医工作的方针、政策提供了依据。

3个调查组对四省范围内1个市、3个专区、18个县的19所县级中医医院、5所卫生和中医学校、34所区、乡（镇）卫生院、23所村卫生所（室）、43名乡村和个体医生情况进行了调查，重点针对：1.在新形势下，县以下农村中医机构的组织形式与任务；2.农村中医人才的培养与提高；3.农村中医工作的办法及政策界限等问题进行了深入细致的现场考察与分析研究。（有关调查数据见附表）

调查结果表明：近几年来，全国县级中医医院工作抓得较好，发展较快，各地县级中医医院已逐步发展成为农村中医临床和学术交流的中心，也为发展农村三级中医医疗网络奠定了基础。目前农村中医工作最薄弱的环节在于区、乡卫生院，同时，对于县级中医医院也应该注意在技术水平、科学管理、办院方向等方面加强正面引导，而当务之急是要抓好人才培养，改善中医医、教、研条件，提高临床疗效，恢复和增强中医在人民群众中的威信，进一步贯彻落实改革、开放精神，增强中医自身活力。

附表Ⅰ　山西省中医药人员抽样调查情况

（单位：人）

	总数	副主任医(药)师以上	主治医(药)师	医（药）师	医（药）士	初级人员
临汾、忻州地区	2610	1	5	737	1587	280
8 个县	753	1	7	186	380	179
7 所县中医院	126	/	5	53	64	4
12所乡级卫生院	82	/	/	13	42	27

附表Ⅱ　四川、湖南七所县级中医医院人员情况

（单位：人）

	主任医(药)师	副主任医(药)师	主治(管)医(药)师	医（药）师	医（药）士	其　他
中　医	2	1	26	138	112	39
西　医	/	/	6	37	65	/
中　药	/	/	2	10	55	/
西　药	/	/	/	2	19	/

附表Ⅲ　江苏省五个县中医人员情况

（单位：人）

	正副主任医师	主治医师	医师医士	初级人员
合计	5	30	435	358
太仓		5	65	3
常熟	3	15	119	4
泰县	2	7	104	24
高邮			77	16
宝应		3		21

附表Ⅳ　山西省七所县级中医医院医疗情况

	全年总门诊人次(人)	床位(张)	全年出院人数(人)	门诊中医药治疗率	病房中医药治疗率	中医科室数(个)	专业设备(万元)	业务收入(万元)
总计	253351	266	4197			45	47.31	87.4
平均	26193	38	599.6	74.9%	71%	6.4	6.76	12.5

附表Ⅴ　四川、湖南两省七所县级中医医院业务情况(每院平均数)

指标	业务情况	指标	业务情况
全年总门诊人次（人）	258402	全年出院人数（人）	1623.14
日平均门诊人次（人）	882.50	病床周转次数（次）	16.79
病床数（张）	90.86	病床使用率	91.03%
中医临床科室数（个）	10.29	病床工作日（天）	323.81
门诊中医药治疗率	76.70%	治愈率	64.59%
病房中医药治疗率	68.86%	好转率	31.43%
全年开设家庭病床（张）	171.71	病死率	0.74%
全年家庭病床诊疗人次（人）	2758.43	年末固定资产总值（万元）	69.23
平均1门诊人次医药费（元）	2.52	专业设备（万元）	11.23
平均1住院病人医药费（元）	37.36	业务收入（万元）	94.78

附表Ⅵ　江苏省三所县级中医医院业务情况

业务项目	太仓	常熟	泰县
病床数（张）	100	150	174
全年门诊人次（人）	192438	233043	177209
日平均门诊人次（人）	628	762	581
中医临床科室数（个）	10	11	14
门诊中医药治疗率	60%	75%	75%
病房中医药治疗率	40%	48%	64%
年出院人数（人）	2525	3416	3375
病床周转次数（次）	25.3	23.4	18.9
病床使用率	99.6%	100%	97.6%

（金二澄）

（四）教育管理

【中医教育概况】

一年来的中医教育工作，围绕深化教育改革、完善教育体系充实改、善办学条件和提高教育质量等，开展了以下几方面的工作。

1.强化中医教育的管理，制定中医教育发展规划：国家中医管理局成立后，在原中医司教育处的基础上成立了教育司，下设高等中医教育和成人、中等中医教育处，健全以中医教育的管理体制。同时组织部分省市的卫生、中医管理部门及有关中医院校，对中医教育现状、中医药人才需求预测和人才资源开发等进行了点、面结合的调查研究，并从人才培养的指导思想和方针、战略目标、主要发展指标和基本措施等方面进行了科学论证，初步制定了中医教育发展规划（草案），供决策参考。

2.深化中医教育改革，增强院校活力：在3所中医学院中进行了《高等中医院校办学水平评估方案》的评估试点，并对《方案》进行了修订和提出开展评估的实施步骤。同时，对中医专业主要课程教学质量的评估也进行了试点，摸索了经验。协助国家教委审定了《高等中医、中药本科专业目录》，并提出了专业布点的指导思想、原则及实施办法。

在加强研究生教育方面，中医内科、针灸等临床学科部署了《中医、中西医结合临床医学（博士）研究生培养改革方案》的试点工作；对中医硕士研究生入学进行了统考试点；修订了中医和中西医结合研究生学科专业目录。

在中等中医药教育方面，着重抓了多种类型、多种渠道办学，把发展全日制中等中医学校和中等中医职业技术学校、卫生学校中医药专业（班）、中医职工中专的发展结合起来，进一步推动中等中医教育的发展，为农村基层培养中医药人才。

3.中医教育的科学研究有了发展：随着教育改革的深入发展，各中医院校普遍加强了中医教育研究室的建设，配备了专职研究人员，全国已初步建立了一支专、兼职结合的中医教育研究队伍。中医教育的研究课题，有的已被列入省市的软科学研究课题。1987年6月上旬，召开了第一届高等中医教育研讨会，总结交流了中医教育科研成果，倡议筹备成立全国高等中医教育学会。

4.加强学生的思想政治工作：根据1987年2月上旬全国教育工作会议精神和《关于加强高等学校思想政治工作的决定》，各中医院校从学生工作的组织领导、建立专职政工队伍和开展经常性多种形式的思想政治教育等方面做了大量的工作，并制定了具体措施，普遍加强了政治理论课教学，开设了德育、中医伦理等选修课。多数院校进一步完善了专职辅导员、兼职班主任和高年级试行导师制等制度，积极组织学生参加社会实践，开展社会调查和医疗保健等服务咨询活动，使学生的思想觉悟不断提高。

5.中医教育的办学条件有所改善：为了促进中医教育和民族医学教育的发展，国家中医管理局从中医专款中拨出1500多万元用于高、中等中医教育和中医成人教育的建设，更新教学设备。同时还拨出360万元用于高、中等蒙医、藏医和维吾医院校的建设。高等中医院校发展到27所，宁夏医学院设置了中医专业并开始招生。中等中医药学校发展到35所，中医职业技术学校办了12所。高等中医教育招生6823人，毕业生5585人，在校生31329人。中等中医药教育招生5867人，毕业生3357人，在校生15347人。中医函大20所，夜大学18所，招生3119人，毕业生1914人，在校函夜大学生15793人。

（张殿璞）

【全国高等中医教育研讨会】

全国首次高等中医教育研讨会1987年6月4日至8日在广州召开，来自全国26所中医学院、5所高等医学院校的院校长、教学管理干部、专家教授、教育研究工作者、教师和研究生等102名代表，共聚一堂，交流中医教育研究的成果和经验，商讨改革大计。国家中医管理局教育司、国家教委高教二司和广东省、广州市的领导及有关厅局的负责同志出席会议并讲了话。

会议经过近一年的筹备，收到学术论文共315篇，选出78篇作为大会书面交流。教育司傅世垣司长代表国家中医管理局致开幕词，有19篇学术论文大会交流。论文的主要内容：三十年高等中医教育的经验总结；制定和实现高等中医教育战略目标的研究；中医传统教育的反思；中医、药本科生知识结构、能力培养和教学计划的探讨；中医专业课程结构现代模式的探讨等。

国家教委高教二司的领导，从高等中医教育的根本任务、办学方向和指导思想，高等中医教育的层次结构、发展速度和规模、专业设置，改善办学条件和提高教育质量等问题，作了专题发言，使与会代表深受启发。

研讨会以“深化中医教育改革，提高教育质量”为中心议题，采取大会发言和小组讨论，开会研讨和现场参观相结合的多种形式进行。代表们认为，三十年来，创办高等中医教育是成功的，为国家培养了近8万名高级中医药人才，他们大多成为中医事业的骨干力量，具有中国特色的高等中医教育已初步建立。会议从教师队伍、学生素质、管理体制、临床教学等七个方面，分析了影响本科教育质量的主要问题。并从如何深化教育改革、提高教育质量，发展学校之间和学校与医院多种形式的横向联合办学，加强教学基地建设以及建立质量检查评估制度等方面，提出了一系列改革措施，得到了代表们一致赞同。会议确定下一次研讨会的议题是后期临床教学问题。

为了加强中医教育的学术研究，研讨会提出成立全国中医教育学会的倡议，并委托北京等五所中医学院筹办。国家教委和中国高等教育学会已于12月初批准成立中国高等教育学会中医教育分会，并成立了筹备小组。

（张殿璞）

【全国高等中医院校教育改革汇报会】

国家中医管理局教育司于1987年5月16日至18日在武昌主持召开了全国高等中医院校教育改革汇报会。教育司负责同志，26所高等中医院校的教务处长、教学管理干部和湖北中医学院正、副院长等共32名代表出席了会议。

会议认为，从1985年11月召开全国高等中医院校教育改革经验交流会议以来，各中医院校深入学习贯彻中共中央《关于教育体制改革的决定》，明确了改革的指导思想，一些院校通过举办研讨班，召开教育思想讨论会，转变教育思想，在不到一年半的时间里，使高等中医院校的教育改革又有了新的进展：

1.校、系两级领导体制改革迈出了新步伐。有的院校实行了院长负责制和系主任负责制，大部分学校实行了院（医院）系合一，系所合一或院系所合一的领导体制，加强了横向联合，从而进一步协调了教学、医疗与科研的关系。

2.改革专业结构和层次结构。很多院校根据需要，发展了短缺专业，如中医骨伤、推拿、外科、中医护理（大专）和中药制药专业等。26所中医院校根据社会的需求，结合自身优势，在本科教育的最后一学年中，实行了专门化培养，以适应不断发展的社会需要。7所学校还举办了多种形式的教育改革试点班，摸索教改的系统经验，并使改革点面结合，互相促进，探索多模式、多规格中医人才的培养途径。

3.课程设置的改革探索。贯彻“打好基础，拓宽知识，加强实践，培养智能”的原则，坚持德、智、体、美全面发展，坚持中医药为主，加强“三基”训练，合理调整教学计划，改革精简课程设置，积极而稳步地进行中医基础学科的分化和课程体系的建设工作。27所院校普遍减少了必修课，并增设选修课在10门以上。总学时减少400学时左右。周学时从每周26学时压缩到23学时左右，以便学生有更多的自学时间。

4.改革实验室管理体制，加强了中医基础课的实验教学。3所院校把实验室从教研室中分出来，根据学科性质重新组合，成为与理论课教学并列的院、系（专业）两级管理的实验室新体制。各院校增加了实验、实习课程，特别是加强了中医药的实验教学。

5.进一步改革考试与考核方法，实行全面的质量管理。如4所院校对学生的理论知识、智能和技能实行“百分制”考核方法，或从德、智、体、美方面对学生素质进行综合评定。3所院校采用毕业实习前、实习当中和毕业的“三步考试法”，加强了对学生综合能力的考核和临床技能测试，提高了临床教学和毕业实习的效果。

6.改革招生与分配制度。5所院校由招理科学生，改为从文、理科招生；有计划地扩大定向招生，定向培养。在毕业生分配方面，实行“供需见面”的分配办法不断完善。通过改革扩大了招生数量，提高了培养能力，为中医药人才通向农村基层创造了有利条件。

（张为佳）

【高等中医本科教育质量调查】

根据国家教委（87）教厅秘字027号文件关于“要狠抓高等教育的质量，在对高等学校本科教育进行系统调查研究的基础上，提出加强本科教育工作的意见”的精神，1987年4月至6月，国家中医管理局教育司拟订了《高等中医院校本科教育质量调查提纲》，对北京、上海、广州、成都、辽宁、湖北、山东、南京、天津、湖南、河北等11所高等中医院校进行了调查。重点是1977年以来入学的中医本科毕业生的教育质量。

组织了教师、在校学生、近几年高等中医院校本科毕业生等人员，进行了6次座谈。5月16～18日召开的各中医学院教务处长会议上，对提高中医本科教育质量的有关问题，进行了专题研讨。

调查结果表明：近几年来，高等中医院校中医本科毕业生的质量是好的，基本上达到了各专业培养目标的要求；大多数用人单位对毕业生的质量是满意的。综合各高等中医院校取得成效的主要经验是：

1.端正办学方向，明确培养目标，坚持以本科教育为主，教育质量才得以不断提高。自1977年恢复高等中医本科教育以来，坚持教育“三个面向”，把培养德、智、体、美全面发展的“四有”人才作为高等中医教育的根本任务。同时也明确了中医教育必须发扬中医特色，坚持以中医理论体系为主的办学指导思想。广州中医学院对在中医医院工作的600名历届毕业生请用人单位从思想品德，工作态度，专业知识，业务能力等方面进行评价，认为近几年毕业生75%以上是好的和比较好的。

2.坚持教书育人。近几年来，许多中医院校制定了加强政治思想工作的措施，使多数学生的思想觉悟和政治素质得到了提高。湖北中医学院对338名本科毕业生调查表明：85%以上的毕业生能坚持四项基本原则，关心政治，拥护改革。湖南中医学院调查了1982～1986年毕业的本科生1490人的工作情况，因道德品质而开除公职的只占1.3‰。这说明，高等中医院校在抓学生的政治思想教育，教书育人方面是有成效的。

3.立足教育改革，提高中医本科人才的培养质量。改变过去对学校管得太多，统得过死的状况，学校有权调整教学计划，可以自编自选教材，从而调动了学校办学的积极性。许多学院围绕提高教学质量，采取了一系列改革措施。如实行“院系合一”、“系所合一”的教学管理体制，有利于医疗、教学、科研紧密结合；学院与用人单位联合办学，解决了实习基地和经费不足以及分配不对口方面的问题；转变传统的教育思想，改革陈旧的教学方法和更新教学内容，采取讲授与小组讨论相结合的讲课方法，增加选修课，减少必修课，压缩总学时，开设第二课堂等，调动了学生自学的积极性，拓阔了知识面；改革考核制度和毕业考试方法，减轻了对毕业生产实习的冲击；加强临床教学和实践环节，坚持早临床，多临床。多数学院开设了中医药基础课实验教学，既加深了学生对理论的理解，又训练了学生的实验技能。

通过调查发现，高等中医教育还存在许多问题。

教学方面：由于部分地区知识分子政策尚不够落实，教师的积极性还没有得到充分的发挥；教师的知识结构还不能完全适应当前的需要，教学方法呆板；教学艺术和临床实践经验还嫌不足；部分学生的专业思想不够稳定，学业上重视分数，轻视实际能力的现象还较普遍，少数学生毕业后适应实际工作的周期较长；办学条件普遍较差，规模小，设备简陋，经费不足；实习基地严重不足，大多数中医学院仅有一所附属医院，且规模小，床位少，中医院校在校生与病床数之比不到1∶0.4，远远低于国家规定1∶1的标准；实习药厂不足，学生不能参加关键性的生产过程实习，影响了学生实际技能的训练，限制了中医院校的招生数量。管理方面：政治思想工作抓得不够扎实，政工队伍不健全；教学管理人员不稳定，素质不高，部分院校没有处理好发展数量与提高质量的关系，影响了本科教学。

通过这次调查研究，一致地认识到，保护和加强中医本科教育是发展高等中医教育的当务之急，并提出了建议和措施，上报国家教委。

（濮传文）

【中医研究生教育概况】

1987年，全国已有11个单位，56个学科点（不含西医单位）有中医、中药和中西医结合博士学位授予权，共有博士生导师82人；有26个单位的263个学科点（不含西医单位）有中医、中药、中西医结合硕士学位授予权，从1978年到1987年，全国共培养中医、中药和中西医结合的研究生1279人；其中临床研究生663人，占总数的51.8%；基础理论研究生616人，占48.2%。目前全国中医院校和中医研究机构的在校研究生总数已达1766人。其中在校研究生数达100人以上的院校和科研单位有8所。

1987年，国务院学位委员会批准了9个中医教育、科研机构的31个学科点为临床医学博士研究生培养单位和试点学科。这些单位的试点学科都已招收了新学员，并按照国务院学位委员会1986年批准的《培养医学博士（临床医学）研究生的试行办法》的要求进行第一阶段的培养。

国务院学位委员会还批准了3所中医学院，4个学科点有在职人员申请博士学位授予权；7所中医学院，42个学科点被批准有在职人员申请硕士学位授予权。目前已初步形成了脱产与不脱产两种研究生培养渠道。

（余晓丹）

【关于如何培养中医研究生的探索综述】

近年来中医院校招收研究生逐年增多，对于高层次教育如何适应四个面向的探索也逐步深入，很多院校在实践中不断改革，并有不少论文对此进行论述。

一、关于培养目标的探讨

张奇文提出：新型的中医学家应当是经典中医学术的集大成者，把现代科学技术应用于中医研究的创造者，把中医学推向世界的开拓者。张奇文对新型中医学家的基本素质作了论述，认为应在中医专业中进一步分化出以下几种专家：一是经典中医学家，二是临床中医学家，三是中西医结合学家，四是现代中医学家，并在各专业领域中达到一定的高度。他还提出，新型中医学家有两个本质特征，一是中医学家，传统中医学的素养是他们全部素质结构中的精髓和灵魂，是他们的立“家”之本。二是现代型的专家。一方面基本素质是现代型的，增加了现代科学技术的内容。另方面，面临的任务是当代社会的医疗课题。王国柱为新一代的中医临床家定下了具体标准：①保持中医特色。②具有时代精神。他认为，中医临床高级人才奇缺，临床研究生数量少，临证能力急待提高，而临床实践是中医发展的根本动力，临床是发挥中医优势的主要阵地，必须大力培养新一代中医临床家。魏欣甫等提出中医研究生的培养目标，（一）以继承为主的，其目标是培养担负从事古典医籍的校勘和整理工作。（二）以临床为主的，其目标主要是培养中医临床诊疗及临床科研的专门人才。（三）以科研为主，培养中医科研专门人才。（四）以教学为主，培养中医教学的专门人才。（五）以管理为主的，培养中医管理方面的专门人才。郭振球对中医诊断学研究生的培养目标提出培养能够在继承和发扬中国传统医药学理论体系和诊疗技术的基础上进行科学实验研究，胜任医学教学和临床医疗实际工作需要的高级专科人才。

二、关于培养方向的探索

王子谟认为，各高等中医院校的所在地，大都是本省的政治、经济、文化中心，有理、工、农、医、文高等院校多所，学科专业门类齐全，师资力量雄厚，教学科研设备先进，高等中医院校可利用各种专业优势，进行学科交叉，文理渗透，发展横向联系，借他山之石，为我攻玉。王键等提出要加强校际学术交流，与综合性大学交流，中医院校之间交流，和其它综合性大学联合办学等，教研室之间也可开展校际交流。对于联系的内容，有联合开课，联合科研，联合培训师资，联合图书服务等。王子谟并例举湖北中医学院与华中工学院联系，联合招收生物医学工程专业研究生，为中医脏象研究培养了急需人才。有关教学方法和教学内容，于世家提出，中医基础理论研究生亟需加强实验研究能力的培养，用分析与综合相统一的研究，才能将中医治病的机理由抽象思维进入到实验验证的阶段，才能进入高层次的水平。

三、关于进一步改革的设想

王一方分析了当前中医高等教育改革的三大障碍：①思想禁锢，学风沉闷；②轻视实验，学用分离；③封闭办学，产销脱节。在研究生培养中，一些老学科招收的研究生较多，实际需要已经饱和，而新兴学科大多缺乏高级职称的人才，因而无法招收研究生，不利于新兴学科的发展，这种状况一定要改革。王键还提出中医学院教材内容陈旧，教师知识老化，学生知识面狭窄，应该培养出一大批博洽之才，从中医框架中走出来，对中医进行思考，进行变革，要重视临床，改变理论脱离实际的情况，要培养中医专才。张奇文也认为要改变单一模式，多层次，多渠道发展中医教育，包括办好各种少年班；加强研究生的培养工作；深入搞好本科教育的改革；进一步加强各种在职教育；并强调要加强专业分化。肖相如提出，要组建强有力的管理机构，要提高师资水平。目前全国24所中医学院拥有的仪器设备等固定财产的总和还不如一所北京医学院或南京工学院。因此，应该加以充实，起码每所中医学院要建立一个比较象样的中心实验室，条件较好的应建立研究生实验室。

（朱抗美）

【中等中医教育在改革中发展】

近年来中等中医教育有了较大的发展。

一、落实“七·五”规划，大力发展中等中医药学校。“七·五”规划提出：到1990年，全国要有中等中医药学校70所，重点建设5～6所；平均每个省、自治区、直辖市要建设2～3所中等中医药学校（包括民族医学校）。自1985年起，国家每年拨款500万扶植改建和新建中等中医药学校，改善老校办学条件，挖掘潜力，扩大招生。到1987年底，全国已有35所中等中医药学校和3所中等民族医药学校，比1985年增加了16所；并在65所卫生学校内开设了近150个中医药专业班。1987年全国招生数为5402人，在校学生12570人，毕业生数3031人，均比1985年增长了25%。

二、不断完善中等中医教育的自身建设。在1985年制定的中医士专业等四个教学计划和中医药课程教学大纲的基础上，1987年完成了第一批22门教材的全部编审工作，出版征订了《中药学》、《中医基础学》、《针灸学》、《推拿学》、《语文》五门教材。同时又组织了针灸专业及各专业西医课程共16门教材的编写工作。至此，全国中等中医药学校已初步建立和健全了各专业的基本教材。结合新教材的编写，开展了各学科校际之间的学术交流，促进教学质量的提高。此外，还组织了对开办最早的中医士、中药士专业办学情况的调查研究，从教学管理、办学条件、师资队伍、课程设置等方面初步制定了专业建设标准，以保证培养质量。

三、面向农村基层，改革办学形式。1987年中等中医教育加强宏观管理，在深入调查研究的基础上，改革了过去单一的国家办学形式，采取多途径、多形式办学，面向广大农村基层，培养留得住、用得上的中级中医药人才。(1)开办中医职工中专，培训基层在职的中医药人员，提高他们的中医理论水平和业务素质。(2)改建县级卫生学校为中等中医职业技术学校，根据地方所需人才开办专业，地区招生，承认学历，不包分配，择优录用。1987年湖南省先后开办了11所，深受广大农民的欢迎。(3)医院办班。为了解决中医护理人员严重不足的问题，许多有条件的省、市级中医院先后办起了中医护理班，自己培养，自己使用。（4）开展中等中医自学考试，从实际出发，培训乡村医生。广东、黑龙江等省首先开考了中药、中医护士等短缺专业，有效地调动了乡村医生学习中医药的积极性，提高了基层中医药人员的业务水平。

（濮传文）

【中医人才优化培养的探索】

合理的知识结构，是实现人才优化培养的必要前提。程东旗、林声锵认为改革现行课程体系，是完善中医学生知识结构的一项必要措施。在这方面进行实践探索的有：上海中医学院自1985年起即招收的中医专业试点班，必修课从34门削减到20门，选修课增设近50门，其内容涉及自然、社会、人文及边缘学科等方面的基础知识，进行人才优化培养的实践探索。夏洪生等也进行了将《内经》、《伤寒》、《金匮》作为选修课的改革探索。王子谟、王键等还建议可通过院校间的横向联系，和综合性大学联合办学的方式进行学科交叉、文理渗透，以优化中医人才的知识结构。如湖北中医学院与华中工学院联合招收了生物医学工程专业的研究生。该专业设置除医学外，还有生物物理学、生理工程学导论等课程，由二院校合作完成。这种合作，解决了中医药院校师资缺乏、设备和经费不足等实际问题，也扩大了工科知识的应用范围。

转变单一的人才培养模式，根据社会需要培养多向型的中医人才，也是当前中医教育研究的重要课题。严世芸等认为，现行统一的教学计划、单一的人才培养模式，造成了整个学科体系人员分布的不平衡：临床内科趋于饱和，供过于求，而眼、喉、骨伤等专科和中医文献整理、中医实验研究等方面却人才匮乏，供不应求。为改革中医人才培养模式单一的现状，在试点班设置了文献整理、中医临床、实验三个系列选修课。山东中医学院自1985年起招收以培养传统中医为目标的少年班。目前少年班已招生三届。祁宝玉报道，北京中医学院1985年从81届本科班中医系同学中挑选14名，进行中医五官科定向培养，很受社会欢迎。贵州、上海等中医院校也分别仿效。可见中医人才培养的模式，已由单一培养模式向多种培养模式发展的趋势。

转变传统人才观，提高中医本科生的能力素质，是优化人才培养的一个重要方面。张奇文等认为，按照“三个面向”树立新型人才观念和教育思想，是造就一代新型中医学家的必要条件之一。严世芸、汪松葆等针对“重知轻能”、“唯分量质取人”之风的现状，认为必须试行“多项指标综合测评学生”的方法，全面地评价学生。综合中医院校在能力培养方面所采取的措施主要有：削减课时，增加自学时间，加强中医学生自学能力的培养；重视基地的建设，临床师资的培养和健全考核制度等，以加强学生临床实践能力的培养；在中医基础课程教学中，开展实验教育，组织科研兴趣小组等，对学生科研能力的培养；组织学生进行专题调查，公益劳动、科技咨询服务等活动，提高学生社会实践的能力。杨青录还报道：组织学生去“老、少、边”等地区考察，提供医疗服务等活动，使学生们在写作、口头表达、组织、分析和社交能力等方面都得到了锻炼。

（卢华玲）

参考文献

C

程东旗　关于培养中医工作者创造性思维能力的几个问题　中医教育　(1)：24，1987

G

郭振球　中医诊断学研究生教育的发展趋势　浙江中医学院学报　(3)：41，1987

L

林声锵　从医学模式谈中医高教课程的设置问题　中医教育　(3)：26，1987

Q

祁宝玉　发展和培养中医专科人才的尝试　中医教育　(2)：18，1987

W

汪松葆　高等中医教育必须与我国社会政治、经济和科技发展相适应　中国高等医学教育　(3)：32，1987

王国柱　振兴中医培养新一代中医临床家　中医教育　(2)：19，1987

王一方　当前中医高等教育发展的三大障碍探析　医学与哲学　(6)：41，1987

王子谟　开展横向联系，搞好人才培养——试谈发展高等中医教育的一种对策　中医教育　(3)：18，1987

王　键等　建立开放的中医教育体系　中医教育　(1)：12，1987

王　琦　当前中医临床存在问题及其对策　中西医结合杂志　(8)：494，1987

X

夏洪生等　贯彻三个面向，推进教学改革　中医教育　(1)：8，1987

肖相如　中医研究生教育改革初探　中医教育　(4)：34，1987

Y

严世芸等　中医人才优化培养的初步尝试　中医教育　(1)：21，1987

杨青录　在社会实践中铺设成材之路　中医教育　(5)：32，1987

于世家　中医基础理论研究生亟需加强其实验研究能力的培养　医学与哲学　(2)：8，1987

Z

张奇文等　造就一代新型中医学家　中医教育　(2)：1，1987

（五）科研管理

【中医证名规范化研究概况】

中医证名规范化研究，近年来多对中医病、证、症的基本概念，进行探讨，各见仁智。杨建武等认为：症的规范化研究必须做到辨证术语要有准确的定义。全国中医证候规范化研究第二次会议确定：症状是病人自觉感到的异常变化及医者通过四诊等诊察手段获得形体上的异常特征，是疾病的表现。这个定义目前可以作为症状概念的规范。证候命名的要求：一要正名，别名或异名不可太多；二要充分体现中医学术特点；三是命名要确切，不可含混不清；四要提出一级证候，二级证候，三级证候的命名要求。而证的结构有三大层次。即核心证候，基础证候，具体证候。也可视为一级、二级、三级结构层次。虚、实、寒、热、气、血、阴、阳等病机与症状，属证候的核心。心、肝、脾、肺、肾、卫、气、营、血的病机与症状，属病位证候，是证候的定位标志及阶段标志。阳虚、气虚、血虚、阴虚、气滞、气逆、血瘀、湿热、痰浊等是核心构成比较基础的部分，属于基础证候或基本证候。朱文锋认为一个完整、规范的证名，应当明确病变所在的主要位置，如“气虚”是肾气虚还是脾气虚。“瘀”是阻于心脉，还是阻于脑络等。认为对证候的归类，以病种为纲，即按外感时病与内伤杂病进行辨证归类。以病位为纲，主张表里为总纲。表里之下各分寒、热、虚、实，从而将各种证候归纳于其中。以病性为纲，即以病理性质的虚实为纲，或直接以阴阳寒热、气血津液等为纲，再辨别具体病理性质，如气虚、气滞、血虚、血瘀、阴虚、阳亢等，并进而落实到脏腑等病位。对病名的规范原则，欧阳锜提出，一是统一病名，正确区分症、证、病三者的概念及其相互关系，二是处理好症状作病名，病类与个病的区别，三是诊断规范，病的应有见证必须同步规范。並且认为一些疾病的规范方案，有两种形式，一为某些学者和单位对某类或某种疾病规范的研究和制定。二为通过学术会议组织协作制定具体疾病的诊疗规范。陶杏云认为中医病名规范化的研究，主要是对历代医籍中的病名，进行分类、归纳、整理后，在众多的病名中选择一个确切的，为人熟知的，易被广大医务人员所接受的病名，作为规范化病名的标准，将其它有关这个病的一些不同名称作为别名列在后面备考。

（张玉萍）

【生物物理技术在中医药研究中的应用】

生物物理技术是以现代物理学方法和实验、测量技术为手段结合化学、电子技术用于生命科学研究而形成的新技术体系，根据生命机体从微观到宏观的不同水平有分子、细胞、组织和器官生物物理技术，以物理学分支或实验技术各自对生物研究的内容可以划分为生物电、生物磁、生物声、生物光技术等等。姜灿文认为，生物物理技术的特点是能够精确定量测定，并可能用简明的数学形式概括事物的相互关系，随着研究的深入，它一定能够渗入中医体系而且其本身得到发展和充实。姜氏归纳了其在中医药研究领域已初露端倪的几种技术。（1）X线衍射技术：是测定生物大分子二级、三级结构及邻近基团的位置和取向最有用的工具，用于中医基本理论、“证”本质阐述特别是中药药理分子水平研究。(2)红外吸收光谱技术：能判断分子含有的基团及分子的不同构型变化，特别是能检测大分子的含量百分比，广泛用于中药结构及中药药理研究。(3）电子显微镜技术：超高分辨水平电子显微镜的问世，使分辨率可达2A°的水平，特别是免疫电镜、电镜放射自显影可用于中医药研究的许多特殊领域，如“肺与大肠相表里”，在电镜观察下，显示了分子水平的病理学联系。在这一方面郑樨年则对电镜在中医治则，方剂研究中的应用情况作了总结。(4)核磁共振和电子自旋共振技术：核磁共振技术可用于分析大分子复杂构象，确定某些特定基团的功能，对研究中药结构有独到之处；核磁共振扫描成像电子计算机系统可无创伤地对人体的一系列变化过程进行断层扫描成像，适合于中医整体 动态研究生理病理现象的特点。电子自旋共振能精细地观测生命机体的自由基数量和质的变化，用于筛选抗癌中药、研究中药抗癌的一种定量技术方法。（5）细胞电泳：可分析细胞表面带电的物质与分布。目前，红细胞、白细胞电泳已作为中医基本理论、临床疗效观察、药物作用机理研究的一个非特异性指标而被广泛采用。在这一方面，王志义等探讨了红细胞测定的影响因素。(6）其它：还包括沉降技术，荧光技术、人工膜技术等等，并不断出现新的技术和仪器。杨宁对应用血液流变学探讨中医“瘀血症”的研究进行了归纳。张栋等在近年来经穴研究的基础上，通过穴位对外加电压反应情况的实验观察，以及耳穴上的这种反应与疾病、脏腑关系的分析，探索出了一个临床和实验的新指标：电振荡现象。

（方东行）

【中医科研计划课题管理】

1987年国家中医管理局科技司对中医科研计划课题的管理，做了一些改革尝试。

一、设立“青年中医科研基金”

为培养优秀青年中医科技工作者，造就更多的中医科学技术研究人才，促进中医学术发展，1987年国家中医管理局设立了“国家中医管理局青年中医科学研究基金”。凡年龄在35岁以下的青年中医科技工作者（不包括在读研究生），有两位副研究员以上职称的专家推荐，经所在地区及单位学术委员会审核，均可提出申请。1987年共有25项课题获得资助。

二、扶持边远地区民族医药及中医科研

针对边远地区民族医药及中医科研竞争能力差，难以在课题招标中得到支持的问题，今年实行单列计划经费，委托有关省、自治区中医科研主管部门根据实际情况专项安排民族医药及中医科研课题。10个省、自治区的20多项民族医药及中医科研课题获得了资助。

三、组织中医科研管理软课题研究

为提高中医科研的管理水平，在有关单位申报的科研课题基础上，结合中医科研管理工作的实际需要，1987年补充安排了一批中医科研管理软科学研究课题，如“全国中医药科技统计资料管理系统”等。

（宋春生）

【全国中医科研战略研讨咨询会召开】

国家中医管理局科技司于一九八七年八月三日～六日在哈尔滨市召开了全国中医科研战略研讨咨询会，全国四十八位中医药专家、教授和有关单位的领导出席了会议。与会同志对中医科研工作作了历史回顾，对中医科研的思路和方法，以及重大课题的选择等，各抒己见，进行了充分论证。

会议一致认为，中医科研工作是发展中医事业的关键。中医科研工作者要坚持遵循中医理论，保持中医特色，发挥中医优势。同时，要走开放道路，积极利用先进科学技术和现代化手段，吸收、消化现代科学的最新成就，以丰富和发展自己。

中医科研难度大，周期长，面对我国财力薄弱，人才较少，百业待兴的局面，应确立医药结合，全面规划，系统研究，重点突破的原则，加强计划管理和科学管理。

与会同志倡仪要重视加强中医科研人才的培养，认为人才是中医科研和中医事业发展的基础。培养人才要改善方法，要根据青年人思维活跃的特点，注意发挥青年人的作用。老一辈专家学者要以培养人才为己任，要把培养人才看作自己的最大成绩和光荣。

关于具体的科研工作，与会同志们认为：（1）在临床应用研究方面，中医对许多常见病、疑难病、急性热病的治疗有一定的优势。今后应对一些疗效突出、影响较大的成果进行总结，加以推广，普及应用。（2）加强中医工作规范化，标准化研究。标准化是事物发展进步的必然趋势，也是中医科研发展的客观需要。中医证型、病名、治法、方剂、药材品种、疗效等都亟待实现规范化和标准化。（3）要对中医文献进行全面整理。对散佚民间和流失国外者，要通过各种渠道收集、复制回归。著名中医经验和民间中医专长的研究整理，要在肯定疗效的基础上，总结提高，普及推广。（4）要进一步加强“经络研究”。对经络显示和针灸原理进行深入系统地整理研究，以保持国际领先地位。要继续下大力量对阴阳学说、五行学说、天人相应、脏象理论、气血津液学说、辨证论治、治法治则等进行研究。（5）要重视中医软科学的研究。要研究中医的历史，特别是建国后中医科研的经验教训，以把握今后的发展。要建立中医系统工程学，研究中医的科研模式和发展规律，预测未来的发展趋势和方向，使中医科研有明确的目的性。

（沙凤桐　程翔林）

【中医和中西医结合科研课题设计的若干问题】

当前中医和中西医结合的临床研究工作，虽有较大的发展，但存在着不少问题亟待研究。其一，缺乏临床科研设计，多为低水平重复。王琦指出：“由于缺乏科研基本训练，临床报道缺少大宗病例观察，且多为回顾性总结，开展前瞻性研究较少，病例的选择，诊断的确立，资料的积累缺少规范，许多临床报道，由于未设立对照或未作统计分析而科学性较差，且长期处于低水平重复”。宋健红等指出：以客观的科学态度分析，临床经验结论可能存在着两种情况：要么是真实的，要么是错误的。由于医学研究的客观特殊性，其研究结果不可避免地受各种主观因素的影响，尤其是目前不少赖以作为诊断和疗效判别依据指标如疼痛、眩晕等软指标的度量仍难以达到标准化、客观化和量化，极易影响观察结果的真实性。其二，金志甲指出，课题在选择和设计时一些问题常被忽视：（1）准备提出一个什么问题进行研究？它有多少未知数，如何解决？（2）对研究问题的历史及现状是否有足够的认识？（3）准备从哪个层次及哪个角度介入并解决问题？（4）解决问题的依据将是何种理论或假说？（5）对研究结果是否有把握？（6）选择哪些技术方法来保证研究能沿着所设想的正确方向进行。其三，疗效观察缺乏对照。张育轩观察总结了近三年来所刊登病例数在30例以上的中医药（含针灸）临床疗效观察文章中，大约2／3以上文章缺乏对照。其四，进行动物实验以阐明中医理论的研究做得不够。李培旭指出：中医进行动物实验应以阐明和发展中医理论为宗旨，通过动物实验为进一步阐明中医理论提供实验科学依据，利用动物实验的意义；通过动物实验为实现中医微观指标的客观标准提供线索；中医科研机构应加强中医动物实验设施和重视培养中医人员的实验能力。

赖世隆等根据近年来加拿大、美国等科技发达的国家采用了统一的DME标准进行科学设计、衡量、评价临床医学科研课题的经验，认为在当前中医和中西医结合的临床研究工作中也应采用DME标准，並介绍DME的概念：设计（Design）是指临床研究或观察方法的设计。衡量(Measure ment)是确定适当的度量措施和合理的度量指标，以期能客观地表达人群中的健康和疾病状况及有关现象的一整套方法。评价（Evaluation）又称批评鉴定，是运用科学的客观的原则和思维分析方法来审度、鉴定临床科研或临床观察资料和结论是否能反映事物的真实性、是否具有可应用性。

（张玉萍）

【1987年度全国中医药重大科技成果甲级授奖项目简介】

1.应用跟骨靴和弹性踏轮治疗跟骨骨折的临床疗效及机理研究

跟骨骨折是临床常见的骨折之一。近200年来国内外虽然提出过各种治疗方法，但仍有固定时间长、疗程长、后遗症多的缺点。天津中西医结合治疗骨折研究所、天津医院顾云五、张铁良等专家，把祖国医学中“动静结合”、“欲合先离”的正骨理论，运用到闭合复位之中，将拔伸牵引、横向挤压手法和患足摇摆、翻动等活动结合起来，使全部复位过程处在足部不停运动之中，制定出一套独具特色的治疗方法。在复位上，设计并多方面改进了复位手法，使复位成功率由原39％提高到96％；在固定上，研制出新型外固定器和功能锻炼装置——跟骨固定靴和弹性踏轮，完全取代了传统的石膏外固定。新固定器在固定原理上与传统固定器完全不同，它是通过固定靴两侧的压垫，对跟骨侧壁产生持续的、向心的局部挤压力而达到固定作用的，其挤压力大小可随意调节。在整个固定时期，无需限制患足关节活动，伤后24小时，患者可借助弹性踏轮练习早期关节活动，防止了足部关节和软组织粘连和强直。伤后四周，患肢小腿三头肌力可恢复到近正常值。由于持续的功能锻炼，踏轮的弹性反作用力，对损伤了的跟骨底、足弓和后关节面，起到了塑形作用。伤后5～6周，患者即可扶拐下地行走，整个疗程较以前缩短了1／2～1／3。8年临床应用表明：骨折的后遗症已由原62％下降到10％以下。

2.艾灸至阴穴矫正胎位的临床规律及作用原理的探讨

自1979年以来，由江西省中西医结合研究所等五个单位组成的协作组，对艾灸矫正胎位的临床疗效及作用原理进行了研究。通过对1000余例臀位孕妇的临床观察，发现：（1）灸治组臀位七天转正率为80.9％，同条件对照自然转正率为49.2％($P<0.005$)；

转正后的复发率，灸治组（8.2%）明显低于对照组（16.9%），证实了艾灸对促进异常胎位转正有明显的治疗作用。（2）疗效出现相对集中于疗程的前6天，主要在前3天；室温对疗效有影响，室温高（>11℃）疗效好（84.4%），室温低（<10℃）疗效降低（60.7%）；疗效高低亦与孕妇的中医辨证有关，阳虚(有效率85.4%)>阴虚(76.9%)>气阴两虚（71.8%）。（3）经对1000余例正常胎位及异常胎位孕妇进行中医辨证分型，其中约1／3的孕妇有一定程度的耗气伤阴，而臀位组阳虚型明显高于正常胎位组，且患者血浆皮质醇含量亦偏低。（4）艾灸后普遍胎动增加，胎心率增快，孕妇血浆皮质醇含量增加，前列腺素E（PGE）含量明显下降，从而使PGF／PGE的比值增大。实验研究结果表明：（1）灸或针动物（兔和狗）穴位有子宫紧张性增高、胃舒张、膀胱收缩反应，外源性激素实验有类似穴位刺激效应。（2）交叉循环实验刺激供血狗"至阴"，可引起受血狗子宫运动增强。(3)灸或针动物后肢躯体神经有与灸穴位类似效应，但高位切断坐骨神经及股神经仅见部分反应消失。由此推论：艾灸至阴穴可引起母体垂体——肾上腺皮质兴奋，间接引起子宫活动增强，胎动增加，胎心率增快，而促成胎位矫正。体液因素可能为重要环节。肾阳虚与臀位的形成有关。

3.参附青注射液对邪毒内陷所致厥脱证的临床与实验研究

厥脱证是指病人脉微欲绝，神志淡漠或烦躁不安，四肢厥冷等为主证的一种危重急症，相当于现代医学的感染性休克，有急、重的特点。对于本病的治疗，西药有较好的疗效，但同时存在一些药物依赖性，药物毒副作用等问题，而中药则由于某些用药的不便，一直是人们努力探索的课题。由上海中医学院附属曙光医院余志鼎等牵头的全国厥脱证协作组自一九八四年至一九八六年底研制的参附青注射液是针对本证的良好中药制剂。用参附青注射液共治疗本症104例，显效58例，有效30例，总有效率为84.6%；西药多巴胺、阿拉明对照组治疗31例，显效10例，有效11例，总有效率为67.7%。"参附青"除有效率较西药组高以外，还具有（1）药物维持时间长；（2）无药物依赖性，血压稳定后即可停药；（3）药物无明显毒副作用等特点。

参附青注射液是参照回阳救逆之古方"参附汤"与"回阳汤"中主要药物，取红参、附子、青皮，经剂型研究，用TLC—S等控制其主要成份的含量而制成，其质量可靠。临床研究中采用先进的仪器进行观察和检测。临床资料表明"参附青"有明显升高血压的作用，升压作用快，可在24小时停药，作用持续稳定；能提高末梢温度，改善四肢厥冷，改善脉象图等。

"参附青"疗效判断标准和病例取舍严格，已在8个省级或中医、西医学院附属医院进行了交叉验证，其疗效稳定，结果可靠。与此同时，课题组还进行了严密的以内毒素性休克动物模型为基础的动物实验和机理探讨，证实该药（1）能调整血管舒缩，改善微循环；（2）稳定细胞膜，改善代谢；（3）改善血液凝聚度，使血小板颗粒的释放和凝聚反应减轻；（4）对心肌细胞有保护作用，能增强心肌收缩力等。

（王亨立　洪　净　林超岱）

【1987年度全国中医药重大科技成果奖励项目简介】

1987年获奖项目共25项，其中甲级奖3项，乙级奖22项，其特点是：

1.急症研究占四项："参附青"对邪毒内陷所致厥脱证的临床和实验研究（甲级奖）；心痛气雾剂临床应用与实验研究（乙级奖）；参附注射液的研究（乙级奖）；紫地合剂治疗胃、十二指肠溃疡及胃炎所致上消化道出血（乙级奖）。通过这些课题的研究，使中医在治疗感染性休克、冠心病心绞痛和上消化道出血方面有了一定的进展。

2.针灸和针刺麻醉的研究占七项。其中“艾灸至阴穴矫正胎位的临床规律及作用原理的探讨”（甲级奖），观察了1000多例，臀位转正有效率为80%，方法简便，安全有效；“针麻全子宫切除术临床规律研究”（乙级奖），1958年～1978年观察了3300例，近七年来又施术1276例，针麻优良率达80.4%；“针刺治疗乳腺增生临床及机理研究”（乙级奖），通过500例观察，总有效率为94.7%，近期治愈率为54%；对针刺镇痛原理的研究亦有较快进展。

3.有的获奖项目专家们给予了很高评价。如天津市中西医结合治疗骨折研究所的“应用跟骨靴和弹性踏轮治疗跟骨骨折的临床疗效及机理研究”（甲级奖），应用这种跟骨固定靴和弹性踏轮，可使跟骨骨折复位率提高到90%，疗程较以前缩短1／3～1／2，后遗症降低到10%以下。

4.今年有两项电子计算机软件被评为乙级奖项目，“人体经络腧穴、头穴、耳穴微机化模型”及“中医运气学说电脑应用系统”的研究，将会对有关学科的教学产生促进作用。

5.获奖项目主要研究者之中，最年轻的仅35岁，“甲状腺机能亢进症的针刺疗效与机理研究”（乙级奖）是博士研究生何金森的毕业论文，是对上海名老中医金舒白的临床经验总结。

6.十八项应用及开发研究，都取得了不同程度的社会效益，其中七项（占39%）已取得了明显的经济效益。“人参叶茎总皂甙生产新工艺”、“提高山茱萸产量研究及入丘栽培试验”、“羊角类药材资源开发利用研究”和“龟上、下甲化学成分及药理作用的比较研究”，对增产、创汇、缓解山萸肉、羚羊角、龟板的供应紧张状态将有较大促进作用。（获奖项目见本卷资料栏内“中医药科研获奖项目”）

（张瑞祥　林超岱）

参考文献

J

姜灿文　生物物理技术及其在中医学中的应用　中医药信息　(5)：8，1987

金志甲　中医药科研题目的选定　陕西中医学院学报　(2)：33，1987

L

赖世隆等　临床医学科研设计、衡量、评价（DME）专题讲座简介　中国医药学报　(1)：57，1987

李培旭　中医动物实验研究刍议　医学与哲学　(4)：13，1987

S

山东中医学院教学研究室　关于试办中医专业少年班的体会　中医教育　(6)：4，1987

宋健红等　临床科研结果的几种可能解释　中国医药学报　(2)：57，1987

T

陶杏云　对中医病名创新性的一点看法　湖南中医杂志　(3)：27，1987

W

王志义等　红细胞电泳测定及影响因素探讨　(附191例正常值报告)　陕西中医学院学报　(1)：39，1986

王　琦　当前中医临床存在问题及其对策　中西医结合杂志　(8)：494，1987

Y

杨健武等　病、证、症的规范化研究　云南中医杂志　(1)：7，1987

杨　宁　血液流变学探讨中医“瘀血症”研究进展　江西中医药　(3)：59，1986

Z

张育轩　中医临床观察需要有对照　中西医结合杂志　(6)：376，1987

张　栋等　经穴生物物理学的一个新特性　北京中医学院学报　(1)：30，1987

郑樨年　电镜在中医治则方剂研究中的应用概况　南京中医学院学报　(2)：53，1987

朱文锋　证名规范研究之我见　辽宁中医杂志　(1)：14，

1987

证名规范研究之我见　辽宁中医杂志　(2)：17，

1987

(六) 其他管理

【第四十届世界卫生大会在日内瓦举行】

第四十届世界卫生大会于1987年5月4日至15日在瑞士日内瓦万国宫举行。中国卫生部副部长兼国家中医管理局局长胡熙明同志率代表团出席了大会。

在5月6日的大会上，胡熙明副部长代表中国代表团作了关于中国传统医药在实现2000年人人享有卫生保健战略目标中的重要作用的发言。发言指出：中国是个文明古国，中国卫生事业的特点和优势之一就是传统医学。中国政府一贯重视中医药学在保护人民健康中的作用。中国传统医学的现状足以说明它在我国卫生保健事业中的重要地位和作用。中医药学的发展和取得的成就，日益受到各国的注目。中医药学已成为全人类的共同财富，它应该为实现2000年人人享有卫生保健的全球战略作出应有的贡献。

在甲委员会全体会议讨论关于传统医学1988～1989年度规划时，中国代表发言指出，保证传统医学的健康发展，是实现2000年人人享有卫生保健所必不可少的内容。

大会通过了由印度发起，有中国、印度尼西亚、科威特、毛里求斯、蒙古、巴基斯坦、斯里兰卡、坦桑尼亚、越南和南斯拉夫等国代表团参加的关于传统医学的提案。决议指出，从事传统医学的人员是一个巨大的资源，药用植物几乎是取之不尽的财富。决议要求，总干事调集预算外经费，支持各会员国进行发展传统医学的活动，以增进互相了解、传播知识和交流经验。

大会召开前，胡熙明副部长分别拜会了世界卫生组织总干事马勒博士、副总干事T.A.兰波，以及西太区办事处主任中岛宏博士。马勒总干事说，他希望中国支持世界卫生组织防治艾滋病的规划，发挥中国潜在的能力，研究药物和疫苗，同时也希望艾滋病永远不要侵入中国。中岛宏博士说，中国可以研究用中药防治艾滋病。我全力支持你们这项工作。

大会期间，许多国家代表团主动要求拜会中国代表团负责人。胡熙明副部长会见了比利时、摩洛哥、英国、象牙海岸、苏丹、索马里、联邦德国、莫桑比克、贝宁、葡萄牙和澳门等代表团。摩洛哥卫生大臣邦切克说，中国在传统医学方面具有明显的优势，中国应对第三世界国家作出贡献。象牙海岸卫生部长科特迪瓦教授希望扩大两国在传统医学方面的合作，欢迎中国派针灸教学人员到该国培训医生。世界卫生组织美洲区办事处主任De Macepo拜会了胡熙明副部长，在谈到拉美四国卫生部长准备访华时说，拉美国家对传统医学非常感兴趣，他们到中国主要想看中国的传统医学。中国这方面的经验和资源非常丰富，这些都适合第三世界，特别是拉美国家，所以美洲办事处非常愿意与中国建立合作，美洲国家也非常愿意这种合作，我本人非常支持这种合作。

这次世界卫生大会，有157个国家的代表出席，其中有119个国家派部长级代表出席。讨论总干事的报告时，有116个国家的代表结合本国卫生工作的情况发了言。在大会期间，中国代表团全体成员主动积极做工作，广泛结交朋友，与许多国家建立了联系，增进了友谊，达到了预期目的。

（史宇广）

【世界针灸学会联合会成立大会暨第一届世界针灸学术大会】

世界针灸学会联合会成立大会暨第一届世界针灸学术大会于1987年11月18～26日在北京举行。11月22日，世界针灸学会联合会宣告成立。第一批会员计55个针灸学会和学术团体，代表近百个国家和地区约4万名针灸工作者。全体会员一致选举中国针灸学会会长胡熙明为世界针灸学会联合会主席，王雪苔为秘书长、陈佑邦为司库，同时选出6名副主席和10名执行委员。

11月23日，举行了第一届世界针灸学术大会。中华人民共和国副主席乌兰夫以及习仲勋、黄华等领导出席了开幕式。乌兰夫副主席在会上作了重要讲话。卫生部部长陈敏章、副部长兼国家中医管理局局长、世界针联主席胡熙明、日本高木健太郎、法国阮文仪、世界卫生组织西太区办事处主任中岛宏等在会上讲了话。此后，至26日，进行了针灸学术交流。

这次大会来自五大洲59个国家和地区的国外代表计516名，国内代表509名，来宾350名，中外记者107名。大会收到国内论文998篇，国外论文192篇。

学术会展示了当今世界针灸医学的新水平。在临床医疗领域内，针灸不仅扩大了应用范围，而且也提高了操作技术。中国学者的论文中，对针刺治疗良性甲状腺瘤，针刺治疗链霉素中毒性耳聋，艾条温和灸法治疗发热，针刺治疗乳腺增生病，氦氖激光照射穴位治疗盆腔炎，梅花针治疗远视，灸法治疗流行性出血热等都作了引人注目的临床报导。中国的微针、眼针、毫针单手进刺等新针法受到国内外学者的好评。国外学者在针灸临床上也有新的探索。如意大利等国的专家用针灸治疗老年病，并预防早衰；美国等国的专家用针灸治疗神经官能症、精神分裂症等神经内科疾患；美国专家还把针灸应用于妇产科，治疗难产、妊娠呕吐及妇科常见疾病；联邦德国、印度等国专家用针灸治疗癫痫、舞蹈病等顽症；美国、法国等国的专家用针灸治疗皮肤病等。

学术会展示了近年来世界针刺麻醉的新进展。许多中外学者介绍了用针麻成功地完成剖腹产、喉切除和甲状腺、头面部等手术。针刺镇痛原理的研究也有新的进展。中国、苏联、日本等国学者都在针刺镇痛原理这一课题上，发表了较有份量的论文。

学术会另一引人注目的内容是实验研究。运用现代实验手段探索针灸、经络等课题，在近年来确有长进。其中，结合临床探索中医的经络、气血、阴阳学说，首推中国学者。在循经感传、经络时相特征，针灸对人体各系统生理功能的影响，以及俞穴的生物学效应与特征等实验研究，中外学者在思路上、方法上、深度上，都在原有基础上有所新的突破，有的甚至公认达到世界先进水平。特别是对于经络实质的理论探讨，近年来，中外学者又掀起了一个新的热潮。罗马尼亚、香港、波兰及中国学者所提出的见解，都颇有新意。

还值得提及的是，为了促进针灸事业的发展，在兄弟学科的帮助下，一个以改进针灸仪器和实验与临床设施为宗旨的"针灸工程"新学科正在崛起。中国的针灸文献分析检索系统，微电脑针灸模型显示系统，子午流注功能机，头皮针诊断处方仪，以及日本、新加坡、比利时等国家的各种针灸诊断治疗仪器的问世，都标志了针灸工程学科正在日臻完善。

总之，世界针灸学会联合会成立暨第一届世界针灸学术大会，开辟了针灸事业发展的新阶段，标志着中国针灸学已经走向世界。它为发展中国传统医学，造福全人类，做出了巨大的贡献。

（史宇广　刘海起）

【世界卫生组织传统医学合作中心主任会议在中国举行】

世界卫生组织传统医学合作中心主任会

议于1987年11月16日至19日在北京举行。参加会议的有世界卫生组织总部、西太平洋区办事处的官员和尼日利亚、美国、墨西哥、瑞典、意大利、罗马尼亚、印度、中国、日本17个世界卫生组织传统医学合作中心主任，中国、日本、南朝鲜、越南和美国还派观察员列席了会议。会议由世界卫生组织总部传统医学处阿克番里医师主持，西太平洋区主任中岛宏博士代表世界卫生组织致开幕词，中国卫生部副部长兼国家中医管理局局长胡熙明医师致欢迎词。世界卫生组织驻中国代表阮並达博士也出席了会议。会议回顾了世界卫生组织传统医学合作中心的活动，讨论了传统医学的进展、艾滋病项目与传统医学、传统医学合作中心的主要作用及国际合作等问题。会议还就上述内容组织各国代表和观察员进行了现场参观。

设在中国的7个世界卫生组织传统医学合作中心——中国中医研究院中药研究所、针灸研究所、临床研究和情报研究所，中国医学科学院药用植物开发研究部，南京中医学院，上海中医学院，上海第一医科大学针麻原理研究所均派代表出席了会议并介绍了中国传统医学的发展情况。

（张闾谔）

【首届中医药国际学术会议和展览会在沪召开（SINOMED'87）】

经国家科委1986年4月8日224号文批准，于1987年7月16日～20日在上海举行首届中医药国际学术会议和展览会。这次会议是在上海市科委和市卫生局的领导下，在中央卫生部和国家中医管理局的支持下，由中华全国中医学会上海分会、中国中西结合研究会上海分会、中华传统医学仪器学会上海分会、上海中医学院、上海市中医药研究院、上海国际技术进出口公司学术交流展览部联合发起的。国外由国际东洋医学会、新加坡中医师公会、美国中医基金会、新加坡展览服务有限公司合作支持。

会议于1987年7月16日中医药国际学术会议和展览会在上海展览中心开幕。出席开幕式和剪彩仪式的有中外七百余名中医药学专家和100多名参展单位代表。上海市市长江泽民和卫生部副部长、国家中医管理局局长胡熙明参加了开幕式並在会上讲了话。开幕式由上海市卫生局副局长施杞主持，组织委员会主席魏瑚致开幕词。她说：建国以来我国政府对中医中药的继承和发扬始终给予高度重视，列为卫生工作的重要内容之一，坚持把中医和西医放在同等重要的地位，並在我国宪法中明确规定“发展现代医学和传统医学”，我国用现代科学技术和各学科交叉手段研究中医药取得了举世瞩目的成就，来我国进修中医的外国留学生占自然科学留学生中的首位。日本国际东洋医学会主席坂口弘、新加坡中医师公会主席梁世海，都在开幕式上讲话，对大会的召开表示热烈的祝贺。

会议共收到国内外学术论文2000余篇，经过学术委员会审定选入论文集467篇。其中国内论文421篇，包括国内近年来部级科研成果60项，国家奖3项；国外论文46篇。

本次会议的学术论文包括10个专题：（1）中医药学基本理论研究；（2）内科疑难病的临床研究（包括肿瘤、心脑血管、胃、肠、肝、胆、肾、血液病、红斑狼疮、风湿性关节炎、重症肌无力、脉管炎、老年病等）；（3）针灸临床或机理研究；（4）推拿临床或机理研究；（5）气功临床或机理研究；（6）中药方剂的临床研究；（7）妇、儿、外、伤骨、肛肠、皮肤、耳鼻喉科的临床或机理研究；（8）中医食疗学研究；（9）传统医学仪器的研究；（10）现代医学仪器设备在中医诊断和治疗上的应用。17日～19日上午10个分会场对17个专题进行了学术交流，共交流专题报告265篇，其中国外代表交流了43篇。卫生部副部长、国家中医管理局局长胡熙明作了题为《中医药学的历史、现状与展望》的报告。整个学术会议共出席3400余人次，学术气氛异常活跃，学术空气极其浓厚。

展台征集工作也得到国内外中医药学术单位和厂商的热情支持，国内征集到65个展台，内容包括：中医药图书，传统医学仪器、教具，中成药，名贵药材，中药保健药品、器械，老中医电脑专家系统，並设立了电脑医院。国内参加展出的单位60余家。国外征集10个展台。展览会从7月16日～20日共接待国内外来宾和参观者11200人次，参观者反映展览会形象地体现了中医药领域的国际性成就，展示了传统中医药与现代科学技术相结合的广阔前景，国内外来宾特别对传统医学仪器的研制和应用感兴趣。

这次会议是我国第一次筹备的全面系统地反映国际上中医药学术研究最新水平和检阅最新中医药科研成果的大型中医国际学术活动，通过这次会议，更好地向国际上宣传了我国中医药学术理论和临床研究在世界上领先地位和优势，促进了以我国为中心的国际中医药学术交流活动，增进了各国中医药科学工作者与中医药团体之间的友谊与合作，以推动国际上中医事业的发展。从这次中医药国际学术会议总体的学术水平来看，体现了当前国际上中医现代化研究五个“新”：中医基础理论的研究进入新的领域；中医诊断客观化有新的进展；中医治则方药的研究有新的成果；中医的临床疗效达到新的水平；传统医学工程有新的突破。总之，这次会议和展览会反映了中医药的现代化研究手段已逐渐达到国际先进水平，中医药的传统理论和治疗效应有新的发展，中医药的医疗保健效果为现代人的文明生活提供了重要的手段，中医药的研究成果丰富发展了世界现代医学。

（孟宪益）

【全国中医药人员技术职务聘任工作】

按照中央职称改革工作领导小组的统一部署，全国卫生系统的职称改革工作在1987年全面展开。为了配合有关部门协调、指导全国中医职称改革工作，国家中医管理局于4月成立了中医职称改革领导小组，5月，卫生部、国家中医管理局在北京召开了全国中医药职称改革工作会议。会议提出，对于中医药人员的技术职务聘任工作，不应过份强调学历，应该坚持实事求是、重视实际业务能力的原则。要考虑他们从事中医药工作的年限，从事学习的情况以及在长期实践中积累的丰富经验，尤其要坚持同行评议。会后，卫生部、国家中医管理局制定下发了《关于中医药和中西医结合人员技术职务聘任工作若干问题的意见》；中央职称改革工作领导小组向各地转发了国家中医管理局《关于成立各省、自治区、直辖市中医药技术职务评审委员会的请示》。

到1987年12月，局属中医机构的专业技术职务聘任工作已基本结束；大部分卫生厅局直属中医机构已完成了评审工作，正在检查验收；地、县中医机构经过试点后正在逐步展开。全国已有22个省、自治区、直辖市成立了中医高级技术职务评审委员会，部分省、市还成立了中医职称改革工作领导小组。

根据国家对中医药人员实行技术职务聘任的有关精神，各地分别拟定了一些具体办法和补充意见，使这项工作在掌握界线上更为明确。许多地方对经验丰富、在群众中有一定名望、行医25年以上而过去又未正式评定过职称的老中医，经考核和评审合格，一般确定任职资格为副主任医师，个别突出的评为主任医师；对过去评职太低的，规定这次可越级高评。对中医师带徒人员的学历问题，江苏、广东、河南等省，在省政府的重视和有关部门的配合下，得到了比较妥善的解决。他们对“文革”前经县以上卫生行政部门批准招收的中医学徒，根据其入学前文化程度、学习年限、所学教材等制订了具体规定，分别按照大专、中专对待，可享受相应的待遇，评审时与院校毕业生一视同仁。

中医职称改革工作的成绩是主要的，但也存在一些问题。主要是，因受技术职务限额的限制，少数达到任职条件的中医药技术人员，未能被聘任相应职务；一些地区、一些单位对中医药人员的技术职务评审还未做到同行评议；中医药人员各级职务的考核，考试办法还不够完善等等。

（吴 刚）

【多国医疗器械、中医科技展览会】

为祝贺世界针灸学会联合会成立及第一届学术大会召开，由中国针灸学会、国家中医管理局科技司主办的"多国医疗器械、中医科技展览会"于1987年11月22日～11月26日在北京举行。此展览包括中医药科技成果、医疗器械、药品及图片等71个展台，其中科技成果120项，医疗器械300多种规格，能反映出当前中医药科技进步的新动态、新成绩，引起中外代表及参观者的极大兴趣和欢迎，参观者达1万多人。

一、参展项目内容丰富，能突出中医特色，符合当前国内外中医药技术市场的需求。从销售情况看，购销两旺，成交形势喜人。展览三天就已把展品大部分售完，最后把样品亦出售了，仅"华陀"牌针灸针就售出600万根；90%的产品都收到订货单；中医图书也极为畅销，仅中国图书进出口公司一个单位就售出1万元书籍。外展64台仪器已售出70%，成交额为60万美元。一位东欧教授的6台仪器都成交后，客人非常感谢，发自肺腑地说：'我们希望中国强大，使我们也能同中国一起发展。"上海针灸教授黄羡明说："我从事中医50年，从没想到组织中医科技与医疗器械展览会这样受欢迎。希望在我有生之年还能见到一二次。"中国中医研究院田从豁研究员说："我特地来参观两次，展览会对我有吸引力。"

二、选择了传统和现代的科学方法和手段研制的新技术、新疗法，深受国内外参观者的称赞和欢迎。

中医科技成果"磁镍针"是根据古代九针和经穴磁疗原理结合现代科学研制而成的袖珍式针灸高效磁疗仪，深受国内外参观者的欢迎，经济效益显著，国外代表参观完广州中医学院音乐可编程序电针治疗仪和福建医学院的电针灸人后说："中医科技也向现代化迈进了一步。"中药"排石汤"、"甲亢灵"、"生发"和延缓衰老、延年益寿的"还精煎"等，疗效可靠、装璜考究、剂型简便，吸引国内外参观者前来光顾。

三、宣传形式多样，效果好。

为了搞活展览会气氛，组织安排展品时，力求以多种形式达到宣传目的，如请参展代表进行录音、录相、电教、现场演示及医生表演等，以便加强了解。并提供合适的交流、洽谈场所，使学者、专家、厂家能彼此交流学术，了解技术市场的需求，互通信息，各取所需，参展及参观者都纷纷说："这次没白来一场。"如天津中华针灸进修学院见匈牙利"CO_2穴位呼吸测定仪"引起市场注意，立即与其客户进行洽谈并通过使馆即时签订建立合资企业"中匈中医技术信息交流中心"的协议书，为中医科技进入东欧市场打开出路。匈使馆参赞说："这是我国与中国建立的第一个合资企业，我们愿意第一个合作项目是中医药。"

此外，从本次展览会也发现在中医科技成果中，一些确有疗效的临床应用项目缺乏推广交流的治疗药物，以致不能满足客户的需求，必须予以扶持，尽快形成商品，进入技术市场。许多代表及厂家呼吁，随着世界性"中医热"的发展和世界针联的成立，中医药科技对外交流形势大好，希望建立"国际中医药科技交流中心"，尽快实现为国家出口创汇，支援四化建设。

（王亨立）

資　料

（一）1987年中医药界纪事

【工作会议】

▲“2000年中医药学的继承和发展”规划论证会　4月24日至27日在北京召开。70多位专家对建国以来首次被列为国家重点项目的“中医中药学发展规划”进行全面论证。国家科委、全国政协、中国科协、卫生部等领导出席开幕式并讲了话。与会者认为继承和发展中医药学的特色和优势，用现代科学技术和方法研究中医药理论，完全有可能在生命科学上取得突破。

▲全国提高中医临床疗效研讨会　5月底在贵阳召开。会议由国家中医管理局召开，宗旨是实事求是地分析目前中医临床疗效质量的因素，讨论研究提高中医临床疗效的意见和办法。诸国本副局长在开幕式上作了专题讲话。与会代表围绕提高中医疗效，开创中医临床工作新局面的问题进行讨论，并对国家中医管理局起草的《关于提高中医医疗质量的意见》（讨论稿）进行了讨论和修改。

▲首届全国高等中医教育研讨会　6月4日至8日在广州中医学院召开。会议由国家中医管理局主持，是高等中医院校成立以来首次全国性大型中医教育学术会议，共收到论文315篇。国家中医管理局教育司司长付世垣、国家教委高教二司副司长王镭出席会议并讲了话。会议总结了三十年来高等中医教育的成功经验，并围绕“深化改革、提高质量”的问题进行广泛研讨。与会者认为，在教育发展较快时期，更要重视教育质量。教育质量是教育的生命。同时要确定培养目标和培养规格等。

▲全国中医科研战略研讨咨询会　8月3日至6日在哈尔滨市召开。全国48位中医药专家出席了会议。卫生部副部长兼国家中医管理局局长胡熙明到会并讲了话。与会者认为中医科研要加强计划管理和科学管理，加强中医科研人才的培养。关于具体中医科研工作，一致认为要保持中医对许多常见病、疑难病、急性热病治疗的优势，要加强中医工作规范化、标准化的研究，要对中医文献进行全面整理，要进一步加强“经络研究”，要重视中医软科学研究等。

▲全国中医急症研讨会　8月11日至15日在长春市举行。国家中医管理局胡熙明局长出席了会议并讲了话。与会代表100多人。会议检阅了1983年以来全国各地中医对热证、中风厥脱、痛证、血证和制药改革方面的工作成果，组织审议和论证了各专题协作组提出的诊治常规和疗效评定标准，研究并修改了《关于加强中医医院急症科室建议的意见》。

▲中西医结合在中医发展中的地位和作用研讨会　8月25日至28日在乌鲁木齐市召开。160多位有关专家出席了会议。中医管理局局长胡熙明和中国中西医结合研究会理事长崔月犁在会上讲了话。代表们认为：中西医结合是中医事业的重要组成部分，不仅促进了中医药事业的发展，还对现代医学的充实发挥了重要作用。与会者还就今后中西医结合工作提出新的建议，这对制订中国整个中医事业的发展战略规划提供了重要的依据。

▲首届中医影像学研讨会　9月8日至11日在贵阳召开。会议代表70人。33人汇报了中医影像学的研究进展和成果。大会议定了中医影像学的研究方向、范围及发展设想，并成立了学术筹备会。

▲全国中医专科医院工作会议　10月11日至16日在山西省运城和临汾地区召开。各地分管中医工作的卫生厅（局）长、中医管理局局长、各省市中医处处长、部分中医专科

医院院长等150多人参加了会议。与会者参观了运城地区的头针医院、九针医院、稷山县骨髓炎医院、痔瘘医院和临汾地区的中医皮肤病院、中医精神病院、里村正骨医院等单位。胡熙明同志在会上作了专题发言，总结了前几年中医专科医院建设的成绩，提出要学习山西的经验，在实现省、地（市）、县有一所综合性中医医院的基础上，大力发展县以下中医专科医院、诊所及门诊部。

▲青海省藏蒙医院院长工作会议　12月24日至25日在西宁市召开。省内各级藏医院、蒙医院、藏蒙医院的院长及藏医代表24人出席了会议。与会者分析了各级藏蒙医院及全省藏蒙医药事业中存在的问题，探讨解决这些问题的途径和方法。

【学术会议】

▲全国中医男性病学术委员会成立大会暨首届中医男性病学术研讨会　5月24日至28日在湖南沅陵召开。来自全国各地代表120余名出席了会议，论文102篇。与会者就中医药治疗男性不育症、男性性功能障碍及相关泌尿系统疾病等专题，进行了广泛的学术交流，一致认为中医药治疗男性病在临床上取得了较好疗效并蕴藏着很大的潜力。会议期间，代表们参观了全国首家男性病医院——沅陵中医男性病医院，同时成立了中医男性病协作组。

▲全国提高中医临床疗效研讨会　5月26日至30日在贵阳市召开。会议认为提高中医临床疗效是发展中医学术、振兴中医事业的核心问题。会议通过了《关于进一步提高中医临床疗效的意见》并于7月13日下发实施。

▲全国第一次辨证施护研讨会　6月15日至20日在大连市召开。该会由国家中医管理局医政司与中华护理学会联合主持。共收到论文500余篇，展示了中医护理临床研究的成就。

▲湖北省首次青年中医药学术会暨青年中医药研究会成立大会　6月在武汉召开。会议代表200余人，交流论文200多篇。会议选举产生了湖北省青年中医药研究会。

▲甘肃省中医药科技情报协作委员会成立大会暨学术交流会　7月9日至10日在兰州市召开。省中医药科技管理干部及科技工作者37人参加了会议。会议收到论文21篇。

▲全国首届中医体质学说、中医腹诊学术研讨会　8月4日至7日在河北省秦皇岛市召开。来自全国各高等中医院校，各部、省级中医科研单位及国家科委、国家中医管理局等代表130多人参加会议，收到论文400篇。会议同时收到了著名中医专家及日本朋友的贺电、贺信。

▲全国针灸治疗急性病学术交流会　于9月23日至26日在天津市举行。来自全国23个省、市、自治区的共67人出席了会议，57篇论文参加大会交流。与会论文多来自临床，采取问题答辩与专题讨论相结合形式，反映了用毫针、耳针、水针、眼针、激光针、电针等治疗30余种急性病的疗效，尤其在流行性出血热、急性菌痢、急性中风、中毒等病种方面有明显效果。

▲全国中医学会老年医学会成立大会暨首届学术交流会　于10月21日至24日在杭州举行。党和国家领导人邓颖超、聂荣臻、杨尚昆、彭冲、王任重为大会送来了贺词。它的成立对发挥中医药特色研究，防治老年性疾病创造了良好基础。会上，来自全国各地的近50位专家、学者就中医对老年性疾病的防治进行了系统的学术交流。

▲云南省针灸学会成立大会暨学术交流会　10月27日至30日在昆明市召开。有关人员66人出席了会议，论文约40篇。会议交流了27篇论文，审议通过了学会工作报告，选举产生了第一届理事会、常务理事会。

▲中华全国中医学会骨伤科学会科研学术交流会　于11月3日至6日在北京中国中医研究院骨伤科研究所召开。来自全国各省市的

59名代表出席了会议，在京各医疗单位的代表35名列席了会议。中顾委委员钱信忠、国家中医管理局局长胡熙明等到会并讲了话。会议交流了38篇学术论文，并编印了论文集。该会的开幕式和中国中医研究院骨伤科研究所建所十周年庆祝会开幕式同时举行的。

▲全国首届大黄学术研讨会　11月10日至13日在上海召开。来自全国24个省、市、自治区41所高等院校、研究院（所）及解放军代表共120人出席了会议，收到论文225篇。论文内容包括大黄的临床运用、药理药化、生药鉴定、制剂、文献研究等。据与会者介绍：大黄复方在近代临床应用已达190种病证，单味大黄治疗25种病证均有满意疗效。会议就血证、急腹症、尿毒症、抗感染、抗衰延年等课题进行临床与基础理论混合编组，开展专题讨论。

▲全国中医学会医用气功科学研究会第一届学术会议　于12月8日至10日在北京召开。来自全国20多个省市地区的有关代表60余人参加会议，收到论文190篇。论文内容包括：气功抗衰老、抗肿瘤研究，气功生理效应、临床观察研究，传统功法及其机理研究等。国家中医管理局副局长田景福、中华全国中医学会代秘书长陆长鸿、全国医学气功研究会理事长高鹤亭等出席了会议开幕式。高鹤亭理事长在会上介绍了近几年来气功事业的复苏和发展情况，谈到目前高校已将气功研究推向分子生物学领域。提出今后要重视人才培养，要发展健全机构，以临床科研为重点，采取严谨的科学态度，坚持多学科协作共同开拓气功事业。开幕式上气功高手李小玲、刘冬、黄美光等做了发放外气治病及特异功能的表演。

▲贵州省民族民间医药研究会成立大会暨学术研讨会　12月11日至12日在贵阳市召开。参加大会的有汉、苗、布依、彝、满、瑶、壮、土家、侗、仡佬、水等11个民族的民间医务工作者及民族医院院长、民族医药科研人员共86人。会议收到论文37篇，其中学术论文29篇，行政管理论文8篇。会议提出，民族民间医药是贵州医药卫生事业的重要组成部分，是贵州卫生工作的一个特色和优势，应积极发展。今后三年的工作要以巩固和加强民族民间医药机构为依靠，以发掘提高民族民间医药内涵为核心，以发掘、整理民间单验秘方和苗族医药、侗族医药为突破口。

▲青海省藏医学会成立大会暨第一届会员代表大会　12月21日至23日在西宁市召开。出席会议代表55人，大会宣读论文12篇，交流18篇。会议选举了该学会第一届理事会，修改并通过《青海省藏医学会章程》，制订了1988～1990年学会工作规划。

【中医药科研获奖项目】

国家级发明奖

获奖年份与级别	研究课题	研究单位与个人
1987年 国家科委 三等发明奖	贲门癌的吞水音图诊断	山东中医学院 朱云瑞 山东大学 陈荔香 孙国忠 王培一 杨志强
1987年 国家科委 四等发明奖	治疗急性胆道感染新药假密环菌甲素	南京药物研究所 程培之 江苏省中医研究所 曹 平 南京大学 冯骏才 南京药物研究所 孙奋治 中国医学科学院药物研究所 梁晓天 南京制药厂

国家级医药卫生科学技术进步奖获奖项目

获奖年份与级别	研究课题	研究单位
1987年 二等奖	西红花烂花萎花防治的研究	中国药科大学中药学院 周锦祥等
1987年 二等奖	《中药粉末显微鉴定》	中国药科大学中药学院 徐国钧 徐珞珊等
1987年 二等奖	同名异物中药鉴定研究	中国药科大学中药学院 徐国钧 等
1987年 三等奖	伤科内伤诊治法	福建中医学院 张安桢 王和鸣
1987年 三等奖	五妙水仙膏	江苏省灌南县中医院 周达春
1987年 三等奖	制备胶体金标记抗体和多重免疫染色的新方法	陕西省中医药研究院 王保乐

一九八七年中医药科研获奖项目（国家中医管理局）

研究课题	获奖单位及个人	获奖级别
艾灸至阴穴矫正胎位的临床规律及作用原理的探讨	江西省中西医结合研究所 江西省妇产医院 江西医学院 江西中医学院 余鹤龄 黄维新 刘汉清 余运初 许鹤年	局甲级
"参附青"对邪毒内陷所致厥脱证的临床与实验研究	全国厥脱证协作组——上海中医学院附属曙光医院等 余志鼎 王 左 张陈福 贾筠生 徐德生等	局甲级
应用跟骨靴和弹性踏轮治疗跟骨骨折的临床疗效及机理研究	天津市天津医院 天津市中西医结合治疗骨折研究所 顾云五 张铁良 宫文清 王小同 刘伟航等	局甲级
心痛气雾剂的临床运用与实验研究	全国胸痹心痛协作组 沈绍功 徐承秋 许心如等	局乙级
甲状腺机能亢进症的针刺疗效与机理研究	上海市中医药研究院针灸经络研究所 何金森 金舒白 恒健生 陈汉平 桂金水等	局乙级
参附注射液的研究	全国剂改协作组——成都市中医药研究所 华西医科大学 四川省雅安制药厂 廖工铁 冯菊农 刘鸿祥 丁培琳 楚 延等	局乙级
人体经络腧穴、头穴、耳穴微机化模型（经络腧穴系列智能模型）	长春中医学院附属医院 刘冠军 景伯舒 刘志新 王跃明 纪青山等	局乙级
针麻腹式全子宫切除术临床规律研究	全国针麻腹式全子宫切除术协作组——西安市第四医院等 刘金惠 陈启智 谢学鹍 翁嘉颖 李长根等	局乙级
羊角类新药源的开发利用研究	北京中医学院 北京市药品检验所 北京中医医院 李云谷 江佩芬 李乾构 刘启泰 刘建国	局乙级
中枢5-羟色胺能系统在针刺镇痛中的作用及其某些神经介质受体的调节	中国中医研究院针灸研究所 王友京 陆卓珊 崔仁麟 赵湘杰 张霆筠	局乙级

研 究 课 题	获 奖 单 位 及 个 人	获奖级别
紫地合剂治疗胃、十二指肠溃疡及胃炎所致上消化道出血	全国血证协作组——广州中医学院 丘和明 邓若文 邱健行 刘国普 张惠臣	局乙级
补肾法对老年男性下丘脑-垂体-性腺轴作用的临床和实验研究	上海医科大学中西医结合研究所 王文健 沈自尹 张新民 陈素珍 张玲娟等	局乙级
舌诊仪的研制与应用	湖南中医学院 湖南省电子研究所 徐新林 余 娅 江一平 张 虹 杨连初	局乙级
生地、龟板和附子、肉桂对β受体-cAMP系统的调整作用	上海第二医科大学基础部 易宁育 夏宗勤 冯国平 佘逸明 林育忠等	局乙级
人参叶茎总皂甙生产新工艺	四川省中药研究所 朱 果 吴懋方 鲁灵恩 曾 骆 肖绍容	局乙级
龟上、下甲化学成分及药理作用的比较研究	中国中医研究院骨伤科研究所 江西中医学院药学系 中国中医研究院基础理论研究所 杨梅香 谢 平 谢仰洲	局乙级
提高山茱萸产量研究及入丘栽培试验	四川省中医药研究院南川药物种植研究所 四川省安县中药材公司 刘先齐 袁林华 唐跃忠	局乙级
中医运气学说电脑应用系统	济南铁路局中心医院 刘 杰	局乙级
经络感传肌电现象的研究	湖南中医学院 严 洁 易受乡 李伟伦 王履华 封根泉	局乙级
大脑皮层体感Ⅱ区对丘脑髓板内核群神经元伤害性反应及针刺镇痛效应的下行性调节	中国中医研究院针灸研究所 徐 维 陈正秋 林 郁 张燕丰	局乙级
针刺治疗乳腺增生的临床及机理研究	陕西中医学院 郭诚杰 张卫华 郑少祥 昌兴国 韩祥庭	局乙级
针麻腹式输卵管结扎研究	全国针麻女扎协作组——江苏省淮阴市第一人民医院、四川省成都市第一人民医院、湖北中医学院附院、上海市国际妇幼保健医院、广东省妇幼保健医院等 王叔义 徐子玉 陈道志 何凤琴 陆 珏等	局乙级
李东垣温胃汤化裁治疗萎缩性胃炎的研究	安徽中医学院 解放军第105医院 苏椿郎 金乃时	局乙级
月经周期的调节及其与月相的关系	广州中医学院 罗颂平 罗元恺 曾洁英	局乙级
中药艾叶平喘新功效及其有效成分的研究	浙江省中医药研究所 浙江医科大学 上海医药工业研究院 虞小霞 孙静芸 卞如濂 凌 年	局乙级

医药科研获奖项目（省、市、自治区）

地 区	研 究 课 题	研 究 单 位	获 奖 级 别	年 份
河北省	缺血性中风预测的研究	邢台地区医院 王顺道 郭赤 吕运山 王一贤 贾滋欣	省科委三等奖	1987
	中西医治疗急性非淋巴细胞性白血病	廊坊地区医院 梁冰 段盛 王继亮 侯伟 徐秀芹	省科委三等奖	1987
	中西医结合治疗四种急腹症1301例	河北医学院第三医院 李乐天 毕庚年	省科委四等奖	1987
	激光与黑光辅助药物治疗白癜风	献县中医院 葛恩国 王雅荣 王东海 董玉山 赵炎年	省科委四等奖	1987
	芮氏肛瘘刀、芮氏肛瘘挂线刀	河北中医学院附院 芮恒祥 河北省医院 芮洪顺 河北中医学院附院 芮冬	省卫生厅一等奖	1987

地　区	研　究　课　题	研　究　单　位	获　奖　级　别	年　份
河北省	补心合剂治疗心气虚损型冠心病的疗效观察	唐山市中医院　王国三　高文增　陈维亚	省卫生厅一等奖	1987
	瘿宝灵治疗甲状腺疾患临床观察	河北省医科院　史定文 衡水地区卫校　王建平 衡水市二院　呼宗术 河北省医科院　李俊杰 衡山地区运输公司卫生科　张会平	省卫生厅二等奖	1987
	中西医结合治疗阵发性睡眠性血红蛋白尿28例	河北医学院第三医院　王金凯　顾连方　迂俊清	省卫生厅二等奖	1987
	胸痹、眩晕客观指标及病理基础研究	保定市第二医院　郄增旺 保定地区医院　李振华　程风宽 保定地区中医院　程连瑚	省卫生厅二等奖	1987
	小儿速效退热口服液	石家庄市第一医院　郑忠兴　靳增娥　郑利华　刘兰波	省卫生厅二等奖	1987
	舌诊比色板研制及其在癌症临床上的应用	河北省肿瘤研究所　侯俊 河北省医院　王济民 河北省肿瘤研究所　郭建文　阎付荣 河北医学院第四医院　黎同山	省卫生厅二等奖	1987
	日、时、干支快速推算法	国营河北第二机械厂医院　韩新强	省卫生厅二等奖	1987
	电针“足三里”穴对肾小体及肾小管超微结构的作用	河北医学院　袁德霞　付志良	省卫生厅三等奖	1987
	人胎儿合谷穴与涌泉穴区感受器发育的观察	河北医学院　王仲涛　吴淑兰　曹玉纯	省卫生厅三等奖	1987
	中药寒热药性与微量元素的初步研究	邢台地区医学科技情报站　冯玉明　李荣谱	省卫生厅三等奖	1987
	李兆华验方“骨痨丸”治疗骨结核的总结及临床疗效验证	河北省中医研究所　李正文	省卫生厅三等奖	1987
	循经感受的机理研究	河北医学院　谢浩然	省卫生厅三等奖	1987
	健脑冲剂的研究	邢台地区行署门诊部　阎月恒 邢台地区人民医院　张丛善	省卫生厅三等奖	1987
	手摇电针对大鼠不同部位脑组织单胺类递质的影响	河北医学院第二医院　丁勤璋 河北省医科院　符云峰　王徽　张士联	省卫生厅三等奖	1987
内蒙古自治区	《王永福医案》一、二集	伊盟蒙医研究所　王永福　敖特根　毕力格　岳庆贵	区科委二等奖	1987
	马奶酒疗法的研究	锡盟蒙医研究所　扎木苏　海忠乃　莫日根	区科委三等奖	1987
	对增生性脊椎炎与“肾气盛衰”肾主骨的研究	内蒙古自治区医院　汪坤　马淑兰　格根	区科委三等奖	1987
	蒙医古典著作《医药月帝》	内蒙古自治区医院　吴井昌　甘珠加希　高尼拉　扎希	区科委三等奖	1987
吉林省	中国吉林红参	吉林省中医中药研究院（协作单位）	省政府特等奖	1987
	癌得安（人参多糖）注射液治疗胃癌研究	吉林省中医中药研究院　王本祥	省卫生厅一等奖	1987
	“益髓冲剂”的研究	长春中医学院　阎红臣	省卫生厅二等奖	1987

地　区	研　究　课　题	研　究　单　位	获　奖　级　别	年　份
吉 林 省	中医脉诊客观化脉象原理初探	长春中医学院附属医院 王志良	省卫生厅三等奖	1987
	中药《喘嗽宁》治疗哮喘症研究	吉林省中医中药研究院　王玉	省卫生厅三等奖	1987
	白山蘑菇药制药工艺及质量标准资料	长春中医学院　夏德林	省卫生厅三等奖	1987
黑龙江省	刺玫果研究	黑龙江中医学院　刘中申 苑春升　匡海学	省科委二等奖	1987
	第三腰椎横突症临床与基础研究	黑龙江中医学院　刘蓮海 徐日晔　赵喜胜	省科委三等奖	1987
	康儿灵治疗慢性营养消耗症的临床与实验研究	黑龙江省中医研究院　常志南 郭秀芬　　甄薇	省科委四等奖	1987
	中医炼丹术新工艺的研究	黑龙江省中医研究院　滕义和 庞振	省科委四等奖	1987
	外切内扎悬吊缝合术治疗各型混合痔	黑龙江中医学院　朱治忠	省科委四等奖	1987
	电脑模拟韩百灵教授诊治妇科崩漏程序的研究	黑龙江中医学院　韩百灵 岳长礼　刘珍玉	省科委四等奖	1987
	防风野生变家植	黑龙江省中医研究院　哈永年 杨永祥　吴成倍	省中医管理局二等奖	1987
	东北龙胆野生变家植生产试验	黑龙江省中医研究院　刘鸣远 付克治	省中医管理局三等奖	1987
	《百灵妇科》	黑龙江中医学院　韩百灵	省中医管理局三等奖	1987
	肾气丸法辨治肾病型肾炎的临床与实验研究	黑龙江中医学院 马　骥　于福年 王　君	省中医管理局三等奖	1987
	古今肝病名方选	佳木斯医学院 郑艺钟 徐鹏翔 刘殿文	省中医管理局四等奖	1987
浙 江 省	何任医论选	浙江中医学院　何　任　何若苹	省科研成果二等奖	1987
	中华猕猴桃多糖的免疫药理作用	浙江中医学院 张菊明 林佩芳 何冲	省科技成果二等奖	1987
	正常与急性白血病儿童骨髓培养CFu-C的测定	浙江中医学院 高瑞兰 厉膺华 洪文澜	省科技成果三等奖	1987
	用声过度声带的实验研究	浙江中医学院 赵荣祥 蔡钺侯 王辉萼	省科技成果三等奖	1987
	急性白血病患者辨证分型与血象、骨髓象及血尿环核苷酸关系的临床观察	浙江中医学院 沃兴德 周思文 赵树珍	省科技成果三等奖	1987
	体积描记测定法及常数	浙江中医学院　马孔阜	省科技成果三等奖	1987
	中药艾叶平喘新功效及其有效成分的研究	浙江省中医药研究所　虞小霞 孙静芸 浙江医科大学　卞如濂 上海医药工业研究院　凌　年	省科技成果三等奖	1987
	米胚芽营养及强化食品研制	浙江省中医药研究所　施觉民 (协作)	省科技成果三等奖	1987
福 建 省	慢性肺心病固本治疗十年随访报告	厦门市中医院 高迟岩 何其昌 康良石　曾志德， 福建中医药研究所　林求诚 厦门市医药研究所（协作）	省卫生厅一等奖	1987
	理胃化结汤结合手术与化疗治疗320例胃癌的疗效分析	福州市第一医院　潘明继 李永辉　陈莲舫　王桂英 游幼钦	省卫生厅一等奖	1987
	中药人工周期治疗不孕症118例分析	福建省立医院妇产科　林浩然 董谊贞 福建医学科学研究所　吕绍光	省卫生厅二等奖	1987

地区	研究课题	研究单位	获奖级别	年份
江西省	髌骨复位加压固定器	江西中医学院附属中医院 许鸿照	省政府三等奖	1987
	鸡胚宝宝素研究	江西中医学院制药厂 吴远珧 匡远然	省政府三等奖	1987
山东省	贲门癌的吞水音图诊断法及音图描记仪	山东中医学院 朱云瑞 山东大学 陈荔香 孙国忠 王锫一 杨志强	省科委一等奖	1987
	苦杏仁燀法改进的研究	山东省中医药研究所	省科委二等奖	1987
	中医推拿力学信息计算机处理系统	山东中医学院 王国才 山东省计算中心 刘鲜京	省科委三等奖	1987
	中药车前、苍耳和益母草的研究	山东中医学院 葛传吉 李岩坤 徐炳声 颜历 倪陈凯	省科委三等奖	1987
	《黄帝内经素问语释》	山东中医学院 周凤梧 张灿玾	省教育厅一等奖	1987
	《实用中医妇科学》	山东中医学院 周凤梧 李广文	省教育厅三等奖	1987
	毛白杨叶化学成分的研究	山东中医学院 马天波	省教育厅三等奖	1987
	怀牛膝不同播种期形态解剖与化学成分的比较研究	山东中医学院 卫云 丁作超 高玉敏 李岩坤 周樾	省教育厅三等奖	1987
	罗勤治疗女性不孕症的研究	山东中医学院 王长墉 山东中医学院附院 金维新 王兆伦 孙少霞	省教育厅三等奖	1987
	《伤寒瘟疫条辨》	山东中医学院 徐国仟 张鸿彩 董锡玑	省教育厅三等奖	1987
	怀牛膝多倍体质量的研究	山东省中医药研究所 姚乾元	省医药总公司一等奖	1987
河南省	《阳虚证型与甲状腺素关系的研究》	河南省中医研究所 王秀云 宁选 宋诚 邓启华 翟明义 省科学院同位素研究所 高艳珠	省科委、省卫生厅二等奖	1987
	POD＋活血化瘀法、扶正方治疗中晚期食管癌的研究	肿瘤研究所 邵梦阳	省科委三等奖、省卫生厅二等奖	1987
	《新夹脊穴治疗脑卒中后遗症及痿证的研究》	河南省中医研究所 毕福高 陈佃夫 郝长源 朱超英 毕巧莲 王虹 郭澍	省科委、省卫生厅三等奖	1987
	青少年近视眼的病因调查与增明合剂的临床研究	郑州市中医院 李纪源	省科委三等奖	1987
	肿瘤耳部信息早期诊断	河南中医学院 李振华等	省科委、省卫生厅三等奖	1987
	黄芪注射液对培养中鸡胚软骨生长和糖胺多糖合成的促进作用	河南洛阳正骨医院	省卫生厅二等奖	1987
	中医手法治疗肱骨髁间骨折	河南洛阳正骨医院	省卫生厅三等奖	1987
	中药雄黄炮制学研究	河南中医学院 原思迪 张广强等	省卫生厅三等奖	1987
	增视功治疗青少年近视研究	河南中医学院 路世才等	省卫生厅三等奖	1987
	子午流注速算捷径	河南中医学院 孙学忠等	省卫生厅四等奖	1987
	年月日时天干地支速算法	河南中医学院 冯明秀	省卫生厅四等奖	1987
	气管炎菌苗和中药"扶正固本方"联合治疗小儿哮喘的研究	省人民医院 罗致桓	省卫生厅三等奖	1987
	复方长效降压胶囊治疗高血压病131例效果观察	郑州市中医院 丁家法	省卫生厅三等奖	1987

地区	研究课题	研究单位	获奖级别	年份
湖北省	中药复方舒心宁治疗冠心病的临床及实验研究	湖北中医学院附院　张晓星　朱啬年　竺稽能	省科技成果二等奖	1987
广东省	《妇人规》	广州中医学院　罗元恺	省高教局、卫生厅二等奖	1987
	月经周期的调节与月相的关系	广州中医学院　罗元恺　曾洁英	省高教局、卫生厅三等奖	1987
	针挑疗法	广州中医学院　黎文献　广东肇庆市中医院　梁庆临	省高教局、卫生厅三等奖	1987
广西壮族自治区	驱风痛片的研制	广西壮族自治区中医药研究所　唐人九　洪庚辛　陈　一　曾雪瑜　相正心	区卫生厅三等奖	1987
	肺气虚病人的免疫与植物神经功能状态的研究	广西中医学院传统医药研究所中医肺脏研究室	区卫生厅三等奖	1987
四川省	彝族医药起源和发展的考察研究	凉山州药品检验所　贺廷超　李耕冬	省科委二等奖	1987
	人参免疫调节作用的研究	泸州医学院　余汉述	省科委二等奖	1987
	05-88、06-99医用级聚乙烯醇材料	四川省中药研究所（协作）	省科委二等奖	1987
	太白贝母野生变家种的研究	南川药物种植研究所、万县地区中药材公司、巫溪县红池坝农场、四川省中药研究所　郑良敏　申明亮　黄　衡　向跃定　张忠善	省科委三等奖	1987
	参附注射液的研究	成都中医药研究所　冯菊农　丁培琳　华西医科大学　方工铁　楚延　雅安制药厂　刘鸿祥	省科委三等奖	1987
	BS—MRI粉及中草药蚊香研制	重庆市卫生防疫站、万源县蚊香厂　赵显伦　陈友均　张学奎　李忠荣　潘享忠	省科委三等奖	1987
	解毒化瘀Ⅱ号方治疗温病的研究	泸州医学院附属中医院　徐应杼　张世善　张培明　李跃英　方大忠	省科委三等奖	1987
	中医专家诊疗系统	成都中医学院　陈德济　中科院成都计算机研究所　朱学增　张震中　李世年　方　峻	省科委三等奖	1987
	痛经口服液	成都中医学院制药厂　陈世桂等	省科委三等奖	1987
	《景岳全书校注》	成都中医学院	省中医管理局二等奖	1987
	正常家兔PHA皮试前后外周血淋巴细胞转化率的时辰变化	成都中医学院　微生物教研室　骆永珍等	省中医管理局三等奖	1987
贵州省	中医系统分析电子计算机对呼吸四病的辨证论治	贵阳中医学院	省政府三等奖	1987
	急性肾炎中医辨证论治规律的研究	贵阳中医学院	省政府三等奖	1987
	电视教学片《阴阳》	贵阳中医学院	省政府三等奖	1987
	针灸电脑诊疗仪	贵阳医学院　余酒登　程照鲁	省科委二等奖	1987
	杜仲皮和杜仲枝的化学及药理研究	贵州省中医研究所　王翰龙　续俊文　陈家明　李亚峰	省科委二等奖	1987

地区	研究课题	研究单位	获奖级别	年份
贵州省	数字式小鼠自主活动强度测定仪	贵州省中医研究所 李一平 饶光宇 刘杰	省科委三等奖	1987
	四首古方治疗肺心病急性发作期瘀症的研究	贵阳中医学院 陈治英 庄生一 崔淑荣 余登霞 曹素之	省科委四等奖	1987
	贵州大籽獐牙菜的化学成分及药理作用研究	贵州省中医研究所 茅青 刘杰 刘亚平 贵阳中医学院 时琼珍 马美扬	省科委四等奖	1987
	珊瑚姜的化学和药理研究	贵州省中医研究所 茅青 贵阳中医学院 张俊巍 李亚峰 魏育宗	省卫生厅二等奖	1987
	消痔注射液的药理研究	贵阳中医学院 宋杰云 岭燕飞 曾万玲 方玉珍 皮巨川	省卫生厅二等奖	1987
	消炎利胆散防治胆囊炎、肝胆结石症临床观察	贵阳医学院 李俊辉 谭自民 黄能慧 雔有贤 刘丽华	省卫生厅二等奖	1987
	罗克聪主任医师治疗胆囊炎软件	贵州省中医研究所 罗克聪 施诚 田应昌 刘维克	省卫生厅二等奖	1987
云南省	“肾福宝”治疗急性肾炎的临床研究	云南中医学院 管鹏声 杨素琼 孙少莱 李秀珍 沈宝林	省政府三等奖	1987
	“中药十八反”相反药物配伍后部分药理实验研究	云南中医学院 肖庆慈 郭桂森 毛小平 赵翠兰 胡剑琴 李开源 金建民	省政府三等奖	1987
	《滇南本草》附方的研究	云南中医学院 杨国祥 吴宗柏 金建民 张大年 冯奕斌	省政府三等奖	1987
	中医“证”的考察研究	云南省中医研究所	省科委二等奖	1987
	中医疾病的整理研究	云南省中医研究所	省科委三等奖 省卫生厅二等奖	1987
	楚雄奕族医药考察研究	云南省楚雄州药品检验所	省科委三等奖	1987
	Ⅲ°环状混痔中西医结合术式改进	云南中医学院附属医院	省卫生厅三等奖	1987
	肾阳虚、脾阳虚实验性研究的初步报告	云南中医学院	省卫生厅成果表扬奖	1987
陕西省	针刺治疗乳腺增生的临床与机理研究	陕西中医学院 郭成杰 张卫华 昌兴国 郑少祥	省科委二等奖 省中医管理局二等奖	1987
	《内经素问》电子计算机整理研究	陕西省中医药研究院 武长春	省中医管理局一等奖	1987
	制备胶体金标记抗体和多重免疫染色的新方法	陕西省中医药研究院 王保乐	省中医管理局一等奖	1987
	氦-氖激光光针镇痛机理研究	陕西省中医药研究院 赵建础	省中医管理局二等奖	1987
	中医药科研管理研究	陕西省中医药研究院 杨文儒	省中医管理局二等奖	1987
	陕西关中地区中药材农药残毒含量的分析测定	陕西中医学院 金志甲 梁桢 王彩英 郝保华 张跃林	省中医管理局二等奖	1987
	通脉舒络液治疗中风的研究	陕西中医学院 张学文 陶根鱼 陈尚莲 冯珍 李丰先	省中医管理局二等奖	1987
	柔脉冲剂治疗高脂血症的研究	陕西中医学院 杜雨茂 郗琴媚 路淑英 李世光 曾福海 王宗柱	省中医管理局二等奖	1987
	实验性高脂血动物血脂与血液流变学的比较观察	陕西省中医药研究院 许青媛	省中医管理局三等奖	1987
	应用微机对先天性红绿色盲鉴别与程度分级	陕西省中医药研究院 滕维成	省中医管理局三等奖	1987

地区	研究课题	研究单位	获奖级别	年份
陕西省	氮分子激光治疗肿瘤机理的研究	陕西省中医药研究院　倪乃乐	省中医管理局三等奖	1987
	关于疾病死亡和时间关系的调查报告——附10185例资料分析	陕西省中医药研究院　陈克勤	省中医管理局三等奖	1987
甘肃省	胃经经脉的实验定位及其低阻抗特性的研究	庆阳县中医医院　谢君国等	省科委一等奖	1987
	慢性萎缩性胃炎中西医结合治疗方祛的研究	兰州医学院附属第一医院　许自诚等	省科委二等奖	1987
	抗癌药合成用原料鬼臼毒生产方法的开发研究	甘肃省新医药学研究所　曲臼谦等	省科委三等奖	1987
	促进免疫作用新药——贞芪扶正冲剂的生产	甘肃省定西制药厂　高健邦等	省科委三等奖	1987
	当归挥发油口服制剂——当归腹宁滴丸	甘肃省药物研究所　李光华等	省科委三等奖	1987
	杜仲间作黄连栽培试验	甘肃省陇南地区五马药材试种厂　郝继荣等	省科委三等奖	1987
	当归的基础药理与化学成分研究	兰州医学院药学系　张培棪等	省卫生厅二等奖	1987
	愈痢丸临床疗效分析	庆阳地区中医医院　赫炎光	省卫生厅二等奖	1987
	秦艽生物碱提取分离方法及含量的测定新方法研究	甘肃省新医药学研究所　钟静芬等	省卫生厅三等奖	1987
青海省	炎症反应和针灸抗炎治疗	青海医学院　李景荣	省卫生厅二等奖	1987
	臀穴位按摩	西宁市按摩医院　任治平	省卫生厅二等奖	1987
	高原气虚证的研究	青海省中医院　郭永惠等	省卫生厅三等奖	1987
	从我国植物区录看中国藏药的区系组成	青海省药品检验所　左振常等	省卫生厅三等奖	1987
	藏药药浴治疗类风湿性关节炎	青海省藏医院　卡　海等	省卫生厅三等奖	1987

【出版、重印中医书目】

类别＼项目	书名	编著（译）者	出版单位	出版年月	开本	页数	价格(元)
中医学	中国医学百科全书（推拿学）	丁秀峰主编	上海科学技术出版社	1987.10	16	66	1.30
	中医学概要（供医士、妇幼医士专业用）（全国中等卫生学校教材）	俞大祥主编　王新华主审	人民卫生出版社	1987.10	16	359	2.75
	中医学辨证法概论（试用教材）	刘汝琛主编	广东科技出版社	1986.7	大32	447	2.80
	中医学辨证法专辑	刘汝琛等主编	广东科技出版社	1986.3	16	311	3.30
	中医学导论（上海中医学院中医基础系列教材之一）	何裕民主编	上海中医学院出版社	1987.7	大32	237	1.55
	中医学导论（西南西北片区高等中医院校试用教材）	泸州医学院主编	贵州人民出版社	1987.7	16	102	1.60
	中国中医研究院三十年论文选	中国中医研究院编	中医古籍出版社	1986.3	16	516	11.95
	北京中医学院三十年论文选（1956～1986）	北京中医学院	中医古籍出版社	1986.8	16	656	精 8.5 平 6.5
	北京中医学院三十年论文选（1956～1986）（续编）	北京中医学院编	中医古籍出版社	1986.8	16	68	0.50

类别＼项目	书名	编著（译）者	出版单位	出版年月	开本	页数	价格（元）
中医学	实用中医院管理学	邵公厚主编	江西科学技术出版社	1987.4	32	397	2.34
	全国中医学院考试题解（1977年～1985年）（临床分册〈上〉）	《全国中医学院考试题解》编审组编	人民卫生出版社	1986.8	16	480	5.05
	中医考试题集（中药学）	凤良元主编	安徽科学技术出版社	1987.5	32	123	0.95
	中医多选题集*	广州中医学院《中医多选题集》编写组	广东科技出版社	1986.12	32	504	2.80
	中医晋升必读	马荫笃等编	宁夏人民出版社	1987.7	32	473	3.05
	中医自学丛书（第二分册：诊断）	杨牧祥著	河北科学技术出版社	1987.9	大32	272	2.17
	中医自学问答	《中医杂志》编辑部编	陕西科学技术出版社	1987.7	32	420	3.10
	医古文（高等教育中医专业自学考试指导丛书）	辽宁中医学院等主编	辽宁科学技术出版社	1986.12	16	184	2.40
	医古文（供中医士专业用）（全国中等卫生学校试用教材）	《医古文》编写组编	人民卫生出版社	1987.5	16	56	0.50
	医古文（供中医、中药、针灸专业用）（高等医药院校教材）	段逸山主编 赵辉贤副主编	上海科学技术出版社	1987.5	16	395	3.40
	医古文易览	陈增英 方文辉编	广东科学技术出版社	1986.1	16	208	2.40
	医古文自学必读	段逸山主编	上海中医学院出版社	1986.11	32	411	2.60
	医古文语法学习	魏希启编	山东大学出版社	1987.10	32	99	1.00
	中医文言修辞	段逸山著	上海中医学院出版社	1987.6	32	160	1.30
	古医籍的句读标点	严振海编著	上海科学技术出版社	1987.7	32	95	0.60
	中医训诂知识	薛凤奎编著	江苏科学技术出版社	1986.12	32	147	0.98
	中医大辞典（内科分册）（试用本）	《中医大辞典》编辑委员会编	人民卫生出版社	1987.11	16	428	精8.10 平6.90
	中医大辞典（外科骨伤五官科分册）（试用本）	《中医大辞典》编辑委员会编	人民卫生出版社	1987.4	16	295	精6.10 平4.85
	简明中医辞典*	《中医大辞典》编辑委员会编	人民卫生出版社	1986.6	32	1026	精8.25
	汉英中医辞典	欧明主编	广东科技出版社三联书店香港分店	1986.12	大32	640	精8.50
	日汉对照中医常用词语读音手册	韩晶岩编著	辽宁教育出版社	1987.4	32	217	2.50
	中医年鉴（1985）	上海中医学院主编	人民卫生出版社	1986.6	16	730	精14.30
	中医各家学说（供中医专业用）（高等医药院校教材）	任应秋主编裘沛然 丁光迪副主编	上海科学技术出版社	1987.4	16	289	3.05
	中医百家言	《中医杂志》编辑部编	山西科学教育出版社	1987.7	32	267	2.30
	中医名言录	邓铁涛主编	广东科技出版社	1986.12	大32	626	3.80
	经史百家医录	湖北省中医药研究院编	广东科技出版社	1986.9	16	740	精15.00
	历代医学名著序集评释	叶怡庭编	上海科学技术出版社	1987.6	大32	407	3.20
	中国古代著名医学家（祖国丛书）	余裴民著	上海人民出版社	1987.6	32	236	1.15
	中国历代名医传	陈梦赉编著 耿鉴庭 陆雍基校订	科学普及出版社	1987.1	大32	476	2.85

类别 \ 项目	书名	编著（译）者	出版单位	出版年月	开本	页数	价格(元)
	清代名医何书田年谱（《何氏历代医学丛书》之三十五）	何时希编著	学林出版社	1986.8	32	128	1.20
	李时珍研究论文集——纪念李时珍逝世三百九十周年	中国药学会药史学会编	湖北科学技术出版社	1985.8	大32	370	2.20
	中医急症实用手册*	彭胜权等编 欧明审	广西人民出版社	1987.11	32	221	1.70
	中医笔谈	韦明德编	甘肃科学技术出版社	1987.7	32	93	0.64
	您的中医顾问	本书编写组编	江苏科学技术出版社	1987.1	32	715	3.67
	家庭中医顾问*	黎成科编著	科学普及出版社广州分社	1987.3	32	356	1.95
中	中国医学史（中医自学丛书）	甄志亚主编	江西科学技术出版社	1987.6	32	355	2.20
	中国医学史（供中医、中药、针灸专业用）（高等医药院校教材）	甄志亚主编 傅维康副主编	上海科学技术出版社	1987.4	16	147	1.40
	中国医学史略	范行准著	中医古籍出版社	1986.1	大32	260	精4.10
	珍本医书集成（七：内科类）	裘吉生原编 王玉润等审订	上海科学技术出版社	1986.8	32	108	精6.90
	珍本医书集成（十一：方书类〈丙〉）	裘吉生原编 何传毅等审订	上海科学技术出版社	1986.8	32	235	精3.70
	珍本医书集成（十三：医案类〈乙〉）	裘吉生原编 王玉润等审订	上海科学技术出版社	1986.8	32	100	精5.05
	珍本医书集成（十四：杂著类）	裘吉生原编 王玉润等审订	上海科学技术出版社	1986.8	32	123	精6.25
医	近代中医珍本集（温病分册）	陆拯主编	浙江科学技术出版社	1987.4	大32	890	精9.80 平8.30
	近代中医珍本集（五官科分册）	陆拯主编	浙江科学技术出版社	1987.5	大32	620	精7.50
	中医难题百题解（内经分册）	曹培林著	山西科学教育出版社	1987.9	32	183	1.70
	中医学解难（中基分册）	天津中医学院编	天津科学技术出版社	1987.6	32	150	0.99
	中医学解难（诊断分册）	天津中医学院编	天津科学技术出版社	1987.2	32	140	0.97
	中医学解难（内科分册）	天津中医学院编	天津科学技术出版社	1987.2	32	131	0.90
	中医学解难（妇、儿科分册）	天津中医学院编	天津科学技术出版社	1987.1	32	97	0.70
	中医学解难（针灸分册）	天津中医学院编	天津科学技术出版社	1987.3	32	256	1.60
	中医学解难（中药分册）	天津中医学院编	天津科学技术出版社	1987.2	32	106	0.75
	中医学解难（方剂分册）	天津中医学院编	天津科学技术出版社	1986.1	32	139	0.87
学	怎样写中医论文	浙江中医杂志编	浙江科学技术出版社	1986.4	32	152	0.95
	刘树农医论选	刘树农著	上海科学技术出版社	1987.2	32	329	2.30
	谦斋医学讲稿	秦伯未著	上海科学技术出版社	1987.10	32	239	0.98
	中医心理学（高等中医药院校试用教材）	王米渠等主编	湖北科学技术出版社	1987.4	16	131	1.75
	中医心理学原旨	朱文锋主编	湖南科学技术出版社	1987.7	32	218	1.80
	实用中医心理学	董建华 马朋人编	北京出版社	1987.7	32	324	1.85
	中医伦理学（高等医药院校选用教材）	徐作山主编	上海科学技术出版社	1987.10	16	167	2.45

类别 \ 项目	书名	编著（译）者	出版单位	出版年月	开本	页数	价格(元)
中医基础理论	中医学基础（供药学、中药专业用）（高等医药院校教材）	李向中主编	人民卫生出版社	1987.10	16	274	2.45
	中医基础理论（高等中医药院校外国进修生教材）	北京中医学院编	中医古籍出版社	1986.10	16	114	3.30
	中医基础理论（供中医、针灸专业用）（高等医药院校教材）	印会河主编 张伯讷副主编	上海科学技术出版社	1987.4	16	145	1.35
	中医基础理论（日文）	韩晶岩编著	辽宁教育出版社	1987.4	32	312	3.00
	中医基础理论（中医自学丛书）	刘燕池主编	江西科学技术出版社	1987.6	32	493	2.96
	中医基础理论问答*	王志善 朱海玉编著	陕西科学技术出版社	1987.2	32	256	1.70
	中医学基础问答	邓中炎等编	广东科学技术出版社	1987.2	32	295	1.70
	中医学基础概论（第一分册）（中医刊授丛书）	刘燕池著	中医古籍出版社	1986.6	16	158	2.05
	中医学基础概论（第二分册）（中医刊授丛书）	刘燕池著	中医古籍出版社	1986.6	16	120	1.55
	中医学基础概论（第三分册）（中医刊授丛书）	刘燕池著	中医古籍出版社	1986.6	16	163	2.15
	中医理论问题（中医师复习自测丛书之一）	江玉文编	湖南科学技术出版社	1986.7	32	286	1.65
	中医基础与临床各科题解（中册）（全国高等中医院校统编教材）	《中医基础与临床各科题解》编写组编	辽宁科学技术出版社	1986.10	16	278	3.55
	活幼口议（中医珍本丛书）	（元）曾世荣著	中医古籍出版社	1985.1	大32	359	精3.30 平2.10
	灵枢经脉翼（中医珍本丛书）	（明）夏英编绘	中医古籍出版社	1984.3	大32	132	0.71
	食物本草（三函二十四册）（中医珍本丛书）	（明）李时珍参订	中医古籍出版社	1985.9	12		线装 243.00
	心印绀珠经（中医珍本丛书）	（明）李汤卿撰	中医古籍出版社	1985.11	大32	256	精5.65
	罗遗编（中医珍本丛书）	（清）陈廷铨编	中医古籍出版社	1984.6	大32	235	精2.70 平1.45
	温病合编（中医珍本丛书）	（清）石寿棠编	中医古籍出版社	1985.5	大32	298	精3.75 平2.15
	痉症治例（中医珍本丛书）	（清）朱增藉撰	中医古籍出版社	1986.2	大32	410	精7.20 平4.95
	万育仙书（中医珍本丛书）	（清）曹无极撰	中医古籍出版社	1986.7	大32	337	精5.55 平3.55
	凌门传授铜人指穴（中医珍本丛书）	不著撰人	中医古籍出版社	1987.9	大32	116	1.15
	采艾编翼（中医珍本丛书）	（清）叶茶山辑	中医古籍出版社	1985.11	大32	378	精5.95
	证因方论集要（中医珍本丛书）	（清）汪汝麟著	中医古籍出版社	1986.8	大32	466	精6.85 平4.85
	方症会要（中医珍本丛书）	（清）佚名著	中医古籍出版社	1985.6	大32	466	精5.80
	二火辨妄（中医珍本丛书）	（日）芳村恂益撰	中医古籍出版社	1985.11	大32	262	精4.85
	清修妙论笺（《遵生八笺》之一）	（明）高濂著	巴蜀书社	1985.12	32	85	0.50
	四时调摄笺（《遵生八笺》之二）	（明）高濂著	巴蜀书社	1985.12	32	162	0.78
	延年却病笺（《遵生八笺》之三）	（明）高濂著	巴蜀书社	1986.1	32	107	0.56
	饮馔服食笺（《遵生八笺》之四）	（明）高濂著	巴蜀书社	1985.12	32	120	0.60
	燕闲清赏笺（《遵生八笺》之五）	（明）高濂著	巴蜀书社	1985.10	32	199	0.93
	灵秘丹药笺（《遵生八笺》之六）	（明）高濂著	巴蜀书社	1986.1	32	107	0.60
	起居安乐笺 尘外遐举笺（《遵生八笺》之七）	（明）高濂著	巴蜀书社	1986.3	32	134	0.66

类别＼项目	书　　名	编　著（译）者	出　版　单　位	出版年月	开本	页数	价格(元)
中医基础理论	医宗必读*	（明）李中梓著	上海科学技术出版社	1986.3	32	349	2.15
	医学纲目（上册）	（明）楼英编撰	人民卫生出版社	1987.5	16	888	精15.00
	医学纲目（下册）	（明）楼英编撰	人民卫生出版社	1987.5	16	926	精15.50
	重庆堂随笔（中医古籍小丛书）	（清）王学叔著	江苏科学技术出版社	1986.12	32	135	0.86
	袖珍中医四部经典	天津科学技术出版社编	天津科学技术出版社	1986.4	64	809	精2.45
	中医经典温课（中医师复习自测丛书之四）	欧阳倚主编	湖南科学技术出版社	1986.4	32	258	1.30
	黄帝内经素问译释（第二版）*	南京中医学院医经教研组编著	上海科学技术出版社	1987.10	32	794	3.90
	黄帝内经章句索引	任应秋主编	人民卫生出版社	1986.12	16	1602	精25.10
	内经知要（中医基础丛书第一辑）	（明）李念莪辑注	北京市中国书店	1985.12	32	88	0.60
	内经要览（中医自学丛书）	许鑫梅等编	广东科技出版社	1987.5	32	220	1.20
	内经选读（中医自学丛书）	程士德主编	江西科学技术出版社	1987.6	32	656	4.00
	内经讲义（供中医、针灸专业用）（高等医药院校教材）	程士德主编 孟景春副主编	上海科技出版社	1987.10	16	211	2.30
	内经讲义（全国高等中医院校函授教材）	傅贞亮主编 张登本副主编	湖南科学技术出版社	1986.11	16	338	3.95
	内经的哲学和中医学的方法*	刘长林著	科学出版社	1987.9	大32	362	3.30
	灵素节注类编（中医古籍珍本医门棒喝三集）	（清）章楠虚谷编注方春阳孙芝斋点校	浙江科学技术出版社	1986.11	大32	475	3.90
	难经本义（中医古籍小丛书）	（元）滑寿著 王自强校注	江苏科学技术出版社	1987.3	32	126	0.88
	生理学（供中医、针灸专业用）（高等医药院校教材）	刘国隆主编 马吉庆副主编	上海科学技术出版社	1987.4	16	306	3.25
	解剖生理学（供中药专业用）（高等医药院校试用教材）	邱树华 刘国隆主编	上海科学技术出版社	1987.10	16	367	3.40
	折迭式经穴层次解剖图解（头颈部分）	严振国主编	上海科学技术出版社	1986.7	折迭64		0.50
	折迭式经穴层次解剖图解（躯干部分）	严振国主编	上海科学技术出版社	1986.7	折迭64		0.50
	折迭式经穴层次解剖图解（上肢部分）	严振国主编	上海科学技术出版社	1986.7	折迭64		0.50
	折迭式经穴层次解剖图解（下肢部分）	严振国主编	上海科学技术出版社	1986.7	折迭64		0.50
	中医脏象学（上海中医学院中医基础系列教材之二）	钱承辉 王庆其 主编	上海中医学院出版社	1987.8	大32	232	1.65
	经络学（供针灸专业用）（高等医药院校试用教材）	李鼎主编 肖少卿副主编	上海科学技术出版社	1987.10	16	115	1.35
	经络穴位解说	靳　瑞 杨锦森 编著	科学普及出版社广州分社	1987.5	16	209	3.20
	十二经六十六穴及奇经八穴的临床应用	张应泰编	甘肃科学技术出版社	1987.4	32	89	0.79
	腧穴学（供针灸专业用）（高等医药院校试用教材）	杨甲三主编 曹一鸣副主编	上海科学技术出版社	1987.10	16	199	2.20

类别＼项目	书名	编著（译）者	出版单位	出版年月	开本	页数	价格(元)
中医基础理论	阴阳五行学说（自学中医之路丛书）	内蒙古医学院中医系主编	天津科学技术出版社	1987.1	大32	102	0.70
	中医病因病机学	宋鹭冰主编	人民卫生出版社	1987.1	大32	366	2.70
	中医病因病机学（上海中医学院中医基础系列教材之三）	吴敦序主编	上海中医学院出版社	1987.8	大32	207	1.40
	病理学（供中医、针灸专业用）（高等医药院校教材）	魏民主编 李雪梅副主编	上海科学技术出版社	1987.4	16	181	2.20
中医临床学	中医临床诊疗常规	广州中医学院附属医院编	广西人民出版社	1987.12	大32	587	4.95
	中医诊断学（高等教育中医专业自学考试指导丛书）	辽宁中医学院等主编	辽宁科学技术出版社	1987.1	16	164	2.15
	中医诊断学（供中医针灸专业用）（高等医药院校教材）	邓铁涛主编 郭振球副主编	上海科学技术出版社	1987.10	16	205	1.85
	中医证候鉴别诊断学	赵金铎主编	人民卫生出版社	1987.7	16	589	6.95
	疑似病证的鉴别与治疗*	张震编著	上海科学技术出版社	1987.4	32	166	0.76
	痛症鉴别诊断	乔玉川编著	科学技术文献出版社重庆分社	1987.7	32	145	1.20
	中医脉学入门	蒋长远编著	科学技术文献出版社重庆分社	1986.12	32	189	1.20
	脉学刍议	张琪著	黑龙江人民出版社	1986.11	32	196	1.40
	脉贯（九卷）（一函四册）		中医古籍出版社	1987	12		线装本
	脉法解析	蒋泽霖 白玉珣编著	陕西科学技术出版社	1986.9	32	161	1.10
	濒湖脉学、脉诀考证、奇经八脉考（中医基础丛书第1辑）	（明）李时珍撰	北京市中国书店	1985.12	32		1.00
	中医脉象研究	黄世林　孙明异著	人民卫生出版社	1987.3	32	237	1.65
	色脉舌诊	吴翰香编著	上海科学技术出版社	1987.3	32	89	0.58
	望诊切脉实录	谭宗健整理	湖南科学技术出版社	1986.11	32	237	1.65
	望舌诊病	李乃民等编著	黑龙江科学技术出版社	1987.3	32	228	1.55
	舌诊四言诀	燕山高编	云南科技出版社	1987.8	32	61	0.49
	形色外诊简摩（中医古籍整理丛书）	（清）周学海撰 肖洪等点校	人民卫生出版社	1987.7	32	124	0.91
中医治疗学	自我保健穴位推拿	李业甫　白效曼著	安徽科学技术出版社	1987.6	32		
	动功按摩秘诀（珍本医籍丛刊）	(清)汪启贤 汪启圣 傅景新点校	中医古籍出版社	1987.12	32	39	0.40
	中医学基本常识及针灸学（供卫生医士、口腔医士、护士、助产士专业用）（全国中等卫生学校教材）	周萍主编 彭泽南主审	安徽科学技术出版社	1986.8	16	207	2.05
	中国针灸学	程莘农主编	人民卫生出版社	1986.7	16	645	精30.00
	针灸学（供中医专业用）（高等医药院校教材）	邱茂良主编 张善忱副主编	上海科学技术出版社	1987.10	16	328	3.55
	简明针灸学	杨明远编著	黑龙江人民出版社	1987.9	大32	318	2.60

类别 \ 项目	书　　名	编著（译）者	出版单位	出版年月	开本	页数	价格(元)
中医治疗学	针法灸法学（供针灸专业用）（高等医药院校教材）	奚永江主编 司徒铃副主编	上海科学技术出版社	1987.4	16	118	1.35
	针灸学辞典	安徽 上海中医学院	上海科学技术出版社	1987.8	大32	754	精8.60
	针灸手册	靳瑞黄结新编	广东科学技术出版社	1987.4	32	238	精1.90
	实用针灸取穴手册	南京中医学院针灸教研室编	江苏科学技术出版社	1987.2	32	189	1.06
	提高中医疗效的方法•	贾河先 王辉武编著	重庆大学出版社	1987.4	32	212	1.50
	中医拮抗疗法	林通国著	湖南科学技术出版社	1987.3	32	141	1.50
	推拿学（供针灸专业用）（高等医药院校教材）	俞大方主编	上海科学技术出版社	1987.10	16	256	2.75
	实用推拿疗法挂图	骆竞洪 施 术 骆仲遥编制	科学技术文献出版社重庆分社	1987.9	2	4	4.50
	齐鲁推拿医术	孙承南主编	山东科学技术出版社	1987.7	大32	537	5.85
	中国民间推拿术•	刘光瑞 刘少林编著	科学技术文献出版社重庆分社	1987.10	32	209	1.35
	推拿自学之门	金义成编著	上海科学技术文献出版社	1987.4	32	192	1.30
	推拿手法学	曹仁发主编	上海中医学院出版社	1987.8	32	122	0.98
	中华推拿医学志（手法源流）	骆竞洪主编	科学技术文献出版社重庆分社	1987.7	32	384	2.70
	按摩疗法（农村医疗卫生丛书）	奕长业编著	山东科学技术出版社	1987.4	32	149	0.85
	推拿治疗颈肩腰腿痛•	潘新平编著	湖北科学技术出版社	1986.6	32	265	1.45
	按摩疗法	刘严编著	陕西科学技术出版社	1987.7	32	186	1.35
	伤科临床推拿法	沈跃生等编著	金盾出版社	1986.12	32	240	1.70
	家庭按摩疗法	霍金山编著	科学普及出版社广州分社	1987.1	32	210	1.25
	家庭简易推拿法	臧福科等编	河北科学技术出版社	1987.5	32	175	1.10
	点穴疗法	贾立惠贾兆祥编著	山东科学技术出版社	1987.4	大32	240	1.80
	点穴疗法（英文）	贾立惠 贾兆祥编著 江启元 高英茂译	山东科学技术出版社	1987.1	大32	277	11.00
	点穴疗法（重编本）	马秀棠著	陕西科学技术出版社	1987.2	32	250	1.80
	针灸经穴图	上海中医学院 上海市针灸经络研究所编绘 北京中医研究院针灸研究所等审订	上海科学技术出版社	1987.5	全张7幅		5.00
	针灸经穴（英文版）	上海中医学院 上海市针灸经络研究所编绘 北京中医研究院针灸研究所等审订	上海科学技术出版社	1987.6	全张7幅		8.00
	袖珍针灸取穴图解	杨甲三主编 盛应农绘图	天津科学技术出版社	1986.8	全张	19	2.26
	经外奇穴纂要	常得新编著	人民卫生出版社	1987.8	32	249	1.60
	针灸模拟考试题解	高忻洙等编	安徽科学技术出版社	1986.7	32	581	3.90
	各家针灸学说（供针灸专业用）（高等医药院校试用教材）	魏稼主编	上海科学技术出版社	1987.12	16	104	1.35

类别＼项目	书名	编著（译）者	出版单位	出版年月	开本	页数	价格(元)
中医治疗学	中国灸法集粹	田从豁 臧俊岐编著	辽宁科学技术出版社	1987.2	16	350	精8.45 平6.10
	针灸医籍选（供针灸专业用）（高等医药院校试用教材）	靳瑞主编 郭诚杰副主编	上海科学技术出版社	1987.4	16	169	1.85
	现存针灸医籍（中国针灸荟萃第二分册）	郭霭春主编 石琢莹副主编	湖南科学技术出版社	1987.6	16	653	10.40
	针灸聚英	（明）高武纂集	上海科学技术出版社	1987.10	大32	299	1.65
	鍼灸大全（中医古籍整理丛书）	（明）徐凤撰 黄幼民郑魁山点校	人民卫生出版社	1987.4	大32	176	1.70
	针灸探微	谢文志著	科学技术文献出版社重庆分社	1987.7	32	654	4.95
	针灸要诀与按摩十法*	赵缉庵著 赵玉青赵寿毛整理	中医古籍出版社	1987.3	大32	262	2.30
	针灸临床问答	孙学全编	山东科学技术出版社	1987.7	32	281	2.00
	临床针灸新编（增订本）	陈全新编	广东科学技术出版社	1986.3	32	214	1.05
	针灸临床经验辑要*	焦国瑞编	人民卫生出版社	1987.11	16	378	5.05
	针灸治疗学（供针灸专业用）（高等医药院校试用教材）	杨长森主编 何树槐副主编	上海科学技术出版社	1987.4	16	225	2.40
	指鍼疗法	赵振国著	黑龙江人民出版社	1987.1	32	111	精2.20
	针灸治痛（针灸宝库）	贺普仁编著	科学技术文献出版社	1987.11	32	273	2.05
	针灸歌赋校释	施土生编	山西科学教育出版社	1987.2	32	268	1.80
	中国针灸处方学	肖少卿编著	宁夏人民出版社	1986.3	大32	731	精6.50
	针灸医案与临症备急	张济民编著	科学普及出版社广州分社	1986.12	32	105	0.68
	针灸治要	郭命三编著	陕西科学技术出版社	1987.2	大32	152	1.35
	针刺事故预防	杨占林编著	山西科学教育出版社	1987.1	大32	345	2.70
	传统老年医学	李聪甫主编	湖南科学技术出版社	1986.1	16	622	精9.70
	老年保健锻炼（老年保健丛书）*	赵翔 吴毅文编著	安徽科学技术出版社	1987.5	32	115	0.65
	老人保健必读*	北京医院主编	人民卫生出版社	1987.11	32	154	0.86
	中老年自我保健	王维亮编	甘肃人民出版社	1987.4	大32	389	2.55
	中医健身术*	曹希亮编	陕西科学技术出版社	1987.2	大32	307	2.90
	跑步与健康	南仲喜 李涛编著	陕西科学技术出版社	1987.7	32	128	1.20
	十二段锦（康健之路）	潘霨伟著	天津市古籍书店	1987.4	32	65	0.58
	古人养生强身功法	白效曼 李业甫编著	安徽科学技术出版社	1986.10	32	191	1.05
	保健拳操	浙江省老年体育协会编	浙江科学技术出版社	1987.5	32	133	0.75
	意拳养生法	晏耀辉著	人民卫生出版社	1986.12	32	84	0.45
	养生导引法（中国养生丛书）*	（明）胡文焕校正 胡伯虎 赵晓梅编	中医古籍出版社	1987.4	32	95	0.71
	实用养生法*	曲 元编著	甘肃人民出版社	1987.8	32	121	0.78
	中国医学保健作品选（养生抗老指南）	黄建民选编	山西科学技术出版社	1986.11	大32	288	2.00
	中国古代养生长寿秘法	浙江省当代国际问题研究会主编	浙江科学技术出版社	1987.2	32	340	2.50

类别 \ 项目	书名	编著（译）者	出版单位	出版年月	开本	页数	价格(元)
中医治疗学	中国古代延年益寿术	李士信编著	黑龙江人民出版社	1986.11	32	146	0.86
	寿世青编（中医基础丛书第1辑）	（清）尤乘纂 李锦章校订	北京市中国书店	1985.12	32	53	0.40
	养生寿老集	林乾良、刘正才编著	上海科学技术出版社	1987.5	大32	334	1.25
	中医谈食物保健	柴松岩等编	北京出版社	1987.6	32	204	1.20
	中国食疗学	钱伯文等主编	上海科学技术出版社	1987.6	16	445	5.30
	食物疗法精萃*	王　桢编著	山西科学教育出版社	1987.2	32	488	2.10
	食疗	上海食疗研究会编	浙江人民出版社	1986.3	32	312	1.30
	古方饮食疗法（增订本）	梁剑辉编	广东科技出版社	1986.4	32	130	0.72
	饮膳正要（中医基础丛书第一辑）	（元）忽思慧撰	北京市中国书店	1985.12	32	—	2.00
	随息居饮食谱(中医古籍整理丛书)	（清）王士雄撰 聂伯纯等点校	人民卫生出版社	1987.8	大32	83	0.98
	日常进补谭	江灵珠著	广西民族出版社	1986.11	32	127	0.85
	食疗变蛋	张乙亭　强致和编著	陕西科学技术出版社	1986.11	32	88	0.74
	天府药膳	彭铭泉编著	四川人民出版社	1986.11	32	207	1.26
	神经衰弱疗养食谱	陈存仁著	广西民族出版社	1986.11	32	156	1.05
	饮食抗癌法	萧德桢编著	金盾出版社	1987.7	32	121	1.20
	常见病的饮食疗法	董三白编著	中国食品出版社	1987.1	32	247	1.80
	常见慢性病食物	傅时鉴　傅时摄编著	江西科学技术出版社	1987.7	32	354	2.16
	果品营养与食疗	魏德保编著	中国林业出版社	1986.12	32	229	1.60
	饮茶与健康*	徐永成　毛先旦编	甘肃人民出版社	1987.7	32	129	0.80
	中国气功学*	马济人编著	陕西科学技术出版社	1987.2	大32	370	3.10
	中国气功（第三辑铜钟气功）*	马有忠编著	浙江科学技术出版社	1987.8	32	86	0.54
	中国气功学概论	赵宝峰等著	人民卫生出版社	1987.4	32	395	精2.85
	气功（朝鲜文）	延边朝鲜族自治州 气功科学研究会编	延边人民出版社	1987.6	32	263	1.30
	气功（英汉对照）	王培生　陈冠华编	新世界出版社	1986.11	大32	61	
	气功——气功与生命的探索*	黄仲林　刘季尧著	山东科学技术出版社	1987.1	32	193	1.20
	实用气功*	曹钟刚著	河南科学技术出版社	1987.1	32	99	0.60
	气功强身术（修订本）*	蒋敏达等编	上海教育出版社	1987.3	32	124	0.55
	养生气功学	林海编著	广东科技出版社	1987.3	32	298	2.10
	气功康复养生精要	周稔丰　李自然编著	天津科学技术出版社	1987.8	32	302	2.10
	放松功、保健功、按摩功练功说明书（附磁带）	曙光医院黄健理编	上海有声读物公司	1987	32	18	
	中国气功疗法（英文）	张明武　孙星坦著 杨恩堂　姚秀清译	山东科学技术出版社	1985	大32	264	6.50
	运气学说（增订版）	任应秋著	上海科学技术出版社	1987.10	大32	174	1.20
	真气运行法	李少波著	甘肃人民出版社	1985.5	大32	92	0.83
	增订真气运行法*	李少波著	甘肃人民出版社	1987.8	大32	149	1.40

类别	书名	编著（译）者	出版单位	出版年月	开本	页数	价格(元)
中医治疗学	气功疗法集锦（二）*	陶秉福　杨卫和编	人民卫生出版社	1987.8	32	321	1.65
	气功疗法集锦（三）*	陶秉福　杨卫和编	人民卫生出版社	1987.8	32	370	1.85
	中国传统气功（虚明功）	田宏汁　远天宇著	河北科学技术出版社	1987.6	32	374	2.00
	中国流行气功选*	邱　陵编	广东科学技术出版社 万里书店有限公司	1987.5	32	306	2.80
	新气功疗法（初级功修订本）*	郭　林讲授 陶秉福整理	安徽科学技术出版社	1987.2	32	116	0.75
	气功自控疗法*	张明武　孙星垣著	山东科学技术出版社	1987.5	32	144	0.85
	五运六气详解与运用	权依经　李民听编著	甘肃科学技术出版社	1987.6	大32	237	1.95
	气功外气疗法	王　寅编著	山西科学教育出版社	1986.10	32	169	1.30
	气功精选续篇*	陶熊等编著	人民体育出版社	1987.2	32	717	3.70
	少林绝技——秘本珍本汇编*	《少林绝技》编写组编	吉林科学技术出版社	1986.10	32	838	4.50
	少林气功（修订本）（少林武术集锦）*	德禅法师传授 德虔等整理	河南科学技术出版社	1987.8	32	46	0.45
	少林气功内劲一指禅	王瑞亭著	陕西科学技术出版社	1987.10	32	102	0.90
	金刚气功*	杨少清编著 孙之镐整理	湖南科学技术出版社	1986.10	32	83	0.55
	大雁气功*	杨梅君主讲	湖北科学技术出版社	1986.5	32	213	1.65
	中国鹤翔庄气功*	赵金香著	北京出版社	1987.12	32	326	3.25
	峨眉十二庄	叶涤生著	上海翻译出版公司	1986.5	32	112	0.62
	太湖气功养生法	李志如编著	福建科学技术出版社	1987.6	32	235	1.60
	通经功	杨启编著	广东科学技术出版社	1987.4	32	88	0.70
	实用武当气功	裴锡荣编著	江苏科学技术出版社	1986.11	32	98	0.57
	秘传简明彭祖五部功	刘德华著	黑龙江人民出版社	1987.5	32	161	3.75
	八宝硬气功阐秘（武林秘籍珍本）	莫文丹著	广西民族出版社	1987.8	32	182	1.30
	三才门乾坤戊己功功谱（武术健身读物）	王培生著	漓江出版社	1986.8	32	71	1.00
	意气功详解	王贤宾著	天津市古籍书店	1987.4	32		0.47
	太极拳气功入门*	李文涛著	江苏科学技术出版社	1986.9	32	132	0.65
	徐氏太极气功	徐国君著	黑龙江科学技术出版社	1987.7	32	115	0.75
	瑜伽治病百图（技法图解丛书）	来　贤编著	岭南美术出版社	1987.8	32	95	1.10
	常见病瑜伽疗法	(印度)普勒金达、辛哈著木君译	知识出版社	1987.6	32	164	1.40
	30分钟的瑜伽术*	(印度)M．拉尔著 刘炳成译	安徽科学技术出版社	1987.6	32	44	0.34
	华佗五禽戏（行动歌诀详解）	姜洪清教传张柯 董文成整理	辽宁科学技术出版社	1987.7	32	97	0.75
中医护理学	中医护理手册	贵州省卫生厅中医处	贵州人民出版社	1987.7	32	249	1.75
	中医护理手册	吴瑞屏　张旋	广西人民出版社	1987.3	32	253	1.65

类别	书名	编著（译）者	出版单位	出版年月	开本	页数	价格(元)
医案、医话	华陀神医秘传*	（汉）华陀撰 （唐）孙思邈编集 彭静山点校	辽宁科学技术出版社	1986.8	大32	342	3.75
	万氏家传广嗣纪要	（明）万全（密斋）著 罗田县万密斋医院校注	湖北科学技术出版社	1986.6	大32	113	1.30
	万氏家传保命歌括	（明）万全（密斋）著 罗田县万密斋医院校注	湖北科学技术出版社	1986.6	大32	451	3.90
	万氏家传点点经	（明）万全（密斋）著 罗田县万密斋医院校注	湖北科学技术出版社	1986.6	大32	89	1.10
	万氏家传幼科发挥	（明）万全（密斋）著 罗田县万密斋医院校注	湖北科学技术出版社	1986.6	大32	148	1.50
	万氏家传幼科指南心法	（明）万全（密斋）著 罗田县万密斋医院校注	湖北科学技术出版社	1986.6	大32	112	1.25
	万氏家藏育婴秘诀	（明）万全（密斋）著 罗田县万密斋医院校注	湖北科学技术出版社	1986.6	大32	215	2.05
	万氏家传痘疹心法	（明）万全（密斋）著 罗田县万密斋医院校注	湖北科学技术出版社	1985.8	大32	316	3.60
	万氏秘传片玉痘疹	（明）万全（密斋）著 罗田县万密斋医院校注	湖北科学技术出版社	1986.6	大32	134	1.40
	刘纯医学全集（医经小学 玉机微义 杂病治例 伤寒治例）（中医古籍整理丛书）	（明）刘纯撰 史常永等点校	人民卫生出版社	1986.8	16	995	精14.60
	妙一斋医学正印种子编（珍本医籍丛刊）	（明）岳甫嘉撰	中国古籍出版社	1986.6	32	99	0.86
	灵兰要览（中医古籍丛刊）	（明）王肯堂著 江平 戴祖铭点注	江苏科学技术出版社	1987.1	32	62	0.50
	慎斋遗书（中医古籍丛书）	（明）周子干著 孟景春点注	江苏科学技术出版社	1987.1	32	250	1.45
	清代宫廷医话	陈可冀主编	人民卫生出版社	1987.8	32	239	精2.40
	松峰说疫（中医古籍整理丛书）	（清）刘奎撰	人民卫生出版社	1987.4	大32	286	2.85
	王旭高临证医案（中医古籍整理丛书）	（清）王旭高撰 张殿民 史兰华点校	人民卫生出版社	1987.3	大32	181	1.65
	增补叶天士医案（共四册）	陆士谔辑 林颖校注	江苏广陵古籍刻印社	1986.12	20		16.00
	医学从众录（新校注陈修园医书）	俞长荣审阅	福建科学技术出版社	1987.3	32	164	0.95
	岳美中医话集*	中医研究院西苑医院主编 陈可冀等整理	中医古籍出版社	1984.11	大32	166	0.86
	程门雪医案	上海中医学院编	上海科学技术出版社	1987.6	大32	254	1.40
	陆观虎医案	纪民裕选编	天津科学技术出版社	1986.5	32	646	精4.90
	成孚民医案医话	成孚民著 沈宝藩 杨仕琼整理	新疆人民出版社	1986.11	32	259	1.60
	黄寿人医镜	杜家经等整理	湖北科学技术出版社	1985.8	32	276	1.80
	医海涓聚	张志雄编著	学林出版社	1986.10	32	356	2.25

类别 \ 项目	书名	编著（译）者	出版单位	出版年月	开本	页数	价格(元)
医案医话	医海拾贝	杜勉之　杜平编著	江西科学技术出版社	1987.7	32	290	2.05
	难病辨治	陈　熠等编	上海科学技术文献出版社	1987.10	32	233	1.80
	三十种病治验录	王智贤编著	山西科学教育出版社	1987.3	32	276	2.10
	中医疑难病例分析	董建华等编	山西科学教育出版社	1987.5	32	202	1.55
	中医实践经验录	魏长春编著	人民卫生出版社	1986.12	32	262	1.60
	本草纲目医案类编	金汉明　刘增编	山西科学教育出版社	1986.9	32	73	0.70
	北京市老中医经验选编（第二集）	本书编委会编	北京出版社	1986.10	大32	926	精7.80 平5.90
	现代著名老中医临床诊治荟萃	张河渠主编	科学技术文献出版社	1986.8	32	783	5.30
	名医特色经验精华	陈泽霖　宋祖儆主编	上海中医学院出版社	1987.3	大32	308	2.80
	医论医案荟萃	湖北科学技术出版社编	湖北科学技术出版社	1984.11	16	410	5.10
	医林五十年	麻瑞亭编著	陕西科学技术出版社	1986.10	32	179	1.28
中医各科	中医内科学（高等教育中医专业自学考试指导丛书）	辽宁中医学院	辽宁科学技术出版社	1987.2	13	236	3.15
	中医内科学（供中医、针灸专业用）（高等医药院校教材）	张伯臾主编 董建华　周仲瑛副主编	上海科学技术出版社	1987.10	16	298	3.15
	实用中医内科学*	方药中等主编 黄文东总审	上海科学技术出版社	1987.10	16	659	精10.80
	中医内科学题解（中医自学辅导丛书）	董建华等编	中医古籍出版社	1986.7	16	158	2.00
	中医内科临床治疗学	冷方南主编	上海科学技术出版社 河南科学技术出版社	1987.5	16	802	精13.50
	中医内科临证备要*	南京中医学院内科教研组　南京中医学院附属医院内科编	江苏科学技术出版社	1987.8	32	320	2.15
	内科临证录*	张耀卿、陈道隆著	上海科学技术出版社	1987.6	32	320	1.40
	论中医内伤热病学*	朱曾柏著	湖北科学技术出版社	1984.3	32	113	0.44
	伤寒论（供中医、中药、针灸专业用）（高等中医院校教学参考丛书）	李培生主编 刘渡舟副主编	人民卫生出版社	1987.5	16	783	9.20
	伤寒论讲义（供中医专业用）（高等医药院校教材）	李培生主编 刘渡舟副主编	上海科学技术出版社	1987.4	16	228	2.45
	伤寒论选读（中医自学丛书）	刘渡舟等编写	江西科学技术出版社	1987.5	32	563	3.34
	伤寒赋	邵维翰著	陕西科学技术出版社	1986.11	32	184	1.30
	伤寒论纵横	贺有琰编著	湖北科学技术出版社	1986.11	32	497	3.40
	伤寒论浅注(中医基础丛书第一辑)	（清）陈修园集注	北京市中国书店	1985.12	32	170	1.10
	伤寒方论（中医珍本丛书）	（清）不著撰人	中医古籍出版社	1984.7	大32	162	0.88
	伤寒论条文表解	李筱国　李凤熙	云南科技出版社	1987.9	16	117	1.30
	伤寒论指归	王继中编著	青海人民出版社	1987.8	大32	219	1.50
	伤寒理法析	张斌编	内蒙古人民出版社	1987.7	32	407	2.45
	伤寒论医案集	孙溥泉编著	陕西科学技术出版社	1986.10	32	247	1.85

类别＼项目	书　　名	编 著（译）者	出 版 单 位	出版年月	开本	页数	价格(元)
中医各科	《伤寒论》求是	陈亦人编著	人民卫生出版社	1987.3	32	190	1.20
	伤寒瘟疫条辨(中医古籍整理丛书)	(清)杨璿撰 徐国仟等点校	人民卫生出版社	1986.9	大32	347	3.40
	伤寒瘟疫条辨（中医基础丛书第一辑）	（清）杨璇撰	北京市中国书店	1986.1	32		1.05
	金匮要略讲义（供中医专业用）(高等医药院校教材)	李克光主编 杨百茀副主编	上海科学技术出版社	1987.10	16	272	2.90
	金匮临证举要（中医自学丛书）	陈纪藩 廖世煌编写	广东科学技术出版社	1987.2	32	150	0.80
	金匮要略阐释	杜雨茂 张联惠编著	陕西科学技术出版社	1987.3	大32	660	5.30
	温病学（供中医专业用）（高等医药院校教材）	孟澍江主编 王乐匋副主编	上海科学技术出版社	1987.4	16	250	2.65
	温病学（全国高等中医院校函授教材）	孟澍江主编	湖南科学技术出版社	1987.7	16	199	2.80
	温病辑要（中医自学丛书）	邓铁涛　欧明主编	广东科学技术出版社	1986.4	32	125	0.70
	温病释要	金寿山讲授 李其忠整理	上海中医学院出版社	1986.11	大32	205	1.50
	温病述评	郭谦亨编著	陕西科学技术出版社	1987.8	大32	733	6.70
	温热经纬评注	朱佑武评释	湖南科学技术出版社	1986.10	大32	306	2.90
	温热暑疫两种（《何氏历代医学丛书》二十一、二十二）	（清）何平子著 何时希编校	学林出版社	1987.4	32		0.76
	温病条辨百题解	沈庆云编著	湖南科学技术出版社	1987.7	32	200	1.50
	感冒（中医内科自学辅导丛书）	沈全鱼　吴玉华编	山西科学教育出版社	1986.9	32	45	0.45
	痢疾（中医内科自学辅导丛书）	沈全鱼　吴玉华编	山西科学教育出版社	1986.11	32	47	0.45
	泄泻（中医内科自学辅导丛书）	沈全鱼　吴玉华编	山西科学教育出版社	1986.11	32	45	0.45
	中医脑病证治	吕光荣　刘楚玉编	科学技术文献出版社	1987.6	32	289	1.95
	中风证的中医治疗	姜子云编著	甘肃人民出版社	1987.7	32	130	1.74
	肺痨（中医内科自学辅导丛书）	沈全鱼 吴玉华编著	山西科学教育出版社	1986.9	32	30	0.35
	肺痈（中医内科自学辅导丛书）	沈全鱼 吴玉华编著	山西科学教育出版社	1986.9	32	25	0.30
	慢性气管炎（百病中医自我疗养丛书）	李赓韶著	人民卫生出版社	1987.1	32	108	0.60
	咳嗽（中医内科自学辅导丛书）	沈全鱼 吴玉华编著	山西科学教育出版社	1986.9	32	38	0.40
	哮证（中医内科自学辅导丛书）	沈全鱼 吴玉华编著	山西科学教育出版社	1986.9	32	30	0.35
	喘证（中医内科自学辅导丛书）	沈全鱼 吴玉华编著	山西科学教育出版社	1986.9	32	38	0.40
	胃脘痛（中医内科自学辅导丛书）	沈全鱼 吴玉华编著	山西科学教育出版社	1986.11	32	49	0.45
	新脾胃论	索延昌著	山西科学教育出版社	1986.8	大32	283	2.15
	黄疸（中医内科自学辅导丛书）	沈全鱼 吴玉华编著	山西科学教育出版社	1987.5	32	67	0.55
	黄疸的中医治疗	韩　䆷著	人民卫生出版社	1987.6	32	145	0.77
	肝胆论	章真如编著	湖北科学技术出版社	1986.9	32	183	1.25
	肝病证治概要	刘渡舟程昭寰编著	天津科学技术出版社	1985.8	32	213	1.35
	中医肝病与病毒性肝炎	张荣显主编 林天东编著	海南人民出版社	1987.7	32	161	1.25

类别 \ 项目	书名	编著（译）者	出版单位	出版年月	开本	页数	价格(元)
中医各科	腰背（腿）痛的诊断与治疗	曹正礼编	科学普及出版社广州分社	1987.3	32	91	0.58
	中医补肾法	邹高祈编著	山西科学教育出版社	1987.5	32	377	3.40
	消渴（中医内科自学辅导丛书）	沈全鱼 吴玉华编著	山西科学教育出版社	1986.11	32	37	0.40
	水肿（中医内科自学辅导丛书）	沈全鱼 吴玉华编著	山西科学教育出版社	1986.11	32	55	0.50
	痹证论	李志铭著	广东科学技术出版社	1987.5	32	194	1.15
	痹证通论	李济仁 仝小林编著	安徽科学技术出版社	1987.5	32	147	1.10
	饮证（中医内科自学辅导丛书）	沈全鱼 吴玉华编著	山西科学教育出版社	1986.9	32	30	0.35
	腹痛（中医内科自学辅导丛书）	沈全鱼 吴玉华编著	山西科学教育出版社	1986.11	32	37	0.45
	淋证（中医内科自学辅导丛书）	沈全鱼 吴玉华编著	山西科学教育出版社	1986.11	32	46	0.45
	胁痛（中医内科自学辅导丛书）	沈全鱼 吴玉华编著	山西科学教育出版社	1987.9	32	36	0.35
	老年病（百病中医自学疗养丛书）	吕光荣 刘楚玉编著	人民卫生出版社	1987.4	32	119	0.60
	中医外科学（供中医专业用）（高等医药院校教材）*	顾伯康主编 黄耀燊副主编	上海科学技术出版社	1987.4	16	243	2.60
	实用中医外科学	尚德俊主编	山东科学技术出版社	1986.10	32	549	精4.15 平3.35
	实用中医外科学*	顾伯华主编	上海科学技术出版社	1987.10	16	665	精10.90
	中医外科心得*	夏少农著	上海科学技术出版社	1987.6	32	111	0.70
	外科证治全书(中医古籍整理丛书)	(清)许克昌 毕法同辑	人民卫生出版社	1987.4	大32	191	1.85
	中医外科医籍存佚考	张赞臣编著 余瀛鳌增订	人民卫生出版社	1987.4	32	113	0.74
	中医外治法类编(原名《理瀹骈文》)	李 超主编	湖北科学技术出版社	1987.3	32	490	3.50
	瘰疬证治	徐学春编著	江苏科学技术出版社	1987.7	32	138	1.00
	中西医结合皮肤病学	边天羽 俞锡纯编著	天津科学技术出版社	1986.11	16	345	5.35
	中医皮肤病诊疗	张曼华编著	广西人民出版社	1985.7	32	276	1.40
	中医伤科学（供中医专业用）（高等医药院校教材）	岑泽波主编 吴诚德副主编	上海科学技术出版社	1987.10	16	257	2.75
	中医外伤科学(供中医士专业使用)(全国中等卫生学校试用教材)	全国中等卫生学校试用教材《中医外伤科学》编写组编写	江苏科学技术出版社	1987.2	16	268	2.52
	跌打伤科验方精选	《武林》编辑部编	科学普及出版社广州分社	1987.4	32	69	0.45
	中国骨伤科学（卷三，治疗学）	刘伯龄 樊春洲主编	广西人民出版社	1987.12	16	207	3.45
	正骨术	王成友著	陕西科学技术出版社	1986.11	32	230	1.65
	错骨缝的诊断与治疗	田纪钧编著	山西科学教育出版社	1987.2	大32	204	1.90
	关节炎（百病中医自我疗养丛书）	恒健生著	人民卫生出版社	1987.8	32	70	0.44
	疡科古论选读	刘再明主编	人民卫生出版社	1987.4	32	185	1.30
	中医妇科学（全国高等中医院校函授教材）	黄绳武 毛美蓉主编	湖南科学技术出版社	1987.8	16	169	2.40
	中医妇科学（供中医专业用）（高等医药院校教材）	罗元恺主编 曾敬光副主编	上海科学技术出版社	1987.4	16	189	2.50
	实用中医妇科学*	周凤梧主编	山东科学技术出版社	1987.8	32	373	精3.35 平2.55
	中医妇科百问*	黄宣能 李祥云编著	河南科学技术出版社	1987.8	32	192	1.70

类别＼项目	书　　名	编著（译）者	出版单位	出版年月	开本	页数	价格(元)
中医各科	妇科三百证	刘兰芳 刘典功编写	江西科学技术出版社	1987.12	32	267	2.00
	妇科病的中医治疗	张忠选 杨鸿仁编著	甘肃科学技术出版社	1987.9	32	281	1.70
	中医妇科急症备要	亢海荣编著	陕西科学技术出版社	1987.5	32	115	0.95
	妇科诊疗秘要	李呈瑞著	厦门大学出版社	1987.9	32	113	1.00
	妇科治验	刘云鹏著	湖北人民出版社	1985.8	32	322	1.90
	中医妇科学多选题评述	上海中医学院妇科教研室编	上海科学技术出版社	1987.10	32	143	1.15
	妇人规	(明)张景岳著 罗元恺点注	广东科技出版社	1986.12	大32	369	2.30
	妇科玉尺	(清）沈金鳌撰	上海科学技术出版社	1987.4	32	174	0.78
	沈氏女科辑要（中医古籍小丛书）	(清）沈又彭编著 陈丹华点注	江苏科学技术出版社	1985.6	32	99	0.61
	女科经纶（中医古籍小丛书）	(清）萧　埙编著 陈丹华点注	江苏科学技术出版社	1986.8	32	352	2.13
	傅氏女科家传应用	王培章编著 王温协助整理	山西科学教育出版社	1987.5	大32	123	1.60
	傅山医学手稿（傅山医学研究丛书之二）	何高民校考	山西人民出版社	1985.8	大32	37	1.30
	傅青主男科重编考释（傅山医学著作研究丛书之六）	何高民编考	山西科学教育出版社	1987.1	大32	227	2.10
	傅青主男女科（中医基础丛书第一辑）	(清）傅　山撰	北京市中国书店	1985.12	32		1.50
	刘奉五妇科经验*	北京中医医院 北京市中医学校编	人民卫生出版社	1987.10	32	317	2.40
	妇女月经病的诊治	赵树仪编著	科学技术文献出版社	1987.4	32	170	1.15
	中西医结合治疗妇科常见病*	林至君 梁玉屏编著	江西科学技术出版社	1987.9	32	236	1.55
	妊娠呕吐(百病中医自我疗养丛书)	陈慧珍著	人民卫生出版社	1986.10	32	57	0.34
	流产子宫脱垂（百病中医自我疗养丛书）	马宝璋著	人民卫生出版社	1987.7	32	156	0.85
	实用中医泌尿生殖病学	徐福松著	山东科学技术出版社	1987.8	32	411	精4.30 平3.55
	中医儿科学（高等中医院校教学参考丛书）	江育仁主编	人民卫生出版社	1987.1	16	344	4.15
	中医儿科学（供中医专业用）（高等医药院校教材）	江育仁主编 王玉润副主编	上海科学技术出版社	1987.4	16	179	2.00
	中医儿科学（全国高等中医院校函授教材）	衷诚伟主编	湖南科学技术出版社	1987.2	16	234	2.80
	中医儿科学（供中医士专业使用）（全国中等卫生学校试用教材）	全国中等卫生学校试用教材《中医儿科学》编写组编写	江苏科学技术出版社	1987.2	16	123	1.22
	实用中医儿科学	靳祖鹏主编	山东科学技术出版社	1987.2	32	428	精3.90 平3.10
	幼幼新书（中医古籍整理丛书）	(宋)刘昉撰 幼幼新书点校组点校	人民卫生出版社	1987.4	16	1624	精22.05
	岭南儿科双璧	(清)程康圃(民国)杨鹤龄著 邓铁涛等点校	广东高等教育出版社	1987.2	32	214	2.90
	小儿杂症	玉振喜编著	广西人民出版社	1987.11	64	98	0.35

类别\项目	书名	编著（译）者	出版单位	出版年月	开本	页数	价格(元)
中医各科	中医耳鼻喉科学（高等中医院校教学参考丛书）	王德鉴主编	人民卫生出版社	1987.7	16	374	4.05
	中医耳鼻喉科学（供中医专业用）（高等医药院校教材）	王德鉴主编 干祖望副主编	上海科学技术出版社	1987.4	16	136	1.65
	尤氏喉科秘书、咽喉脉证通论（中医基础丛书第一辑）		北京市中国书店	1985.12	32	84	0.60
	中医眼科学（供中医专业用）（高等医药院校教材）•	廖品正主编 陆绵绵副主编	上海科学技术出版社	1987.4	16	157	2.00
	实用中医眼科学	李坤吉编著	重庆出版社	1987.4	大32	234	1.70
	眼科外用中药与临床	曹建辉编著	人民卫生出版社	1987.2	32	403	2.75
	中西医结合治疗精神病	伍后胜编	人民军医出版社	1986.4	32	150	1.05
	中医治疗精神病•	张鑑修编著	湖北科学技术出版社	1984.3	32	148	0.79
	精神分裂症治验录•	乔玉川著	重庆出版社	1987.10	32	67	0.50
	癔病（百病中医自我疗养丛书）	邓振明著	人民卫生出版社	1987.7	32	69	0.44
	三叉神经痛与中医疗法	卢芳编著	黑龙江科学技术出版社	1987.9	32	135	0.90
	中医肿瘤学（上册）•	郁仁存著	科学出版社	1987.3	大32	352	3.15
中药学	中药学(第一分册)(中医刊授丛书)	高学敏著	中医古籍出版社	1986.6	16	211	2.70
	中药学(第二分册)(中医刊授丛书)	高学敏著	中医古籍出版社	1986.6	16	123	1.70
	中药学(第三分册)(中医刊授丛书)	高学敏著	中医古籍出版社	1986.6	16	17	2.30
	中药学（中医自学丛书）	颜正华主编	江西科学技术出版社	1987.6	32	539	3.25
	中药学（供中医、中药、针灸专业用）（高等医药院校教材）	凌一揆主编 颜正华副主编	上海科学技术出版社	1987.4	16	322	2.80
	实用中药学•	周凤梧主编	山东科学技术出版社	1985.4	32	886	精6.50 平5.35
	实用中药（中医自学丛书）	骆和生 李衍文编写	广东科技出版社	1987.4	32	236	1.30
	中药基本问题（中医师复习自测丛书之三）	王奇成等编	湖南科学技术出版社	1986.4	32	157	0.85
	中药人员晋升复习题解	太原市卫生局编	山西科学教育出版社	1986.7	32	464	2.95
	中药记忆法	董汉良编著	江苏科学技术出版社	1986.10	32	59	0.37
	大众中医药	四川人民广播电台科教部编何道文马有度主编	中国广播电视出版社	1986.12	32	420	2.55
	中医中药与临床研究（1.台港及海外中文报刊资料专辑）（1986）	北京图书馆文献信息服务中心剪辑	书目文献出版社	1987.3	16	96	1.55
	中医中药与临床研究（2.台港及海外中文报刊资料专辑）（1986）	北京图书馆文献信息服务中心剪辑	书目文献出版社	1987.3	16	96	1.55
	中医中药与临床研究（3.台港及海外中文报刊资料专辑）（1986）	北京图书馆文献信息服务中心剪辑	书目文献出版社	1987.3	16	89	1.55
	中医中药与临床研究（4.台港及海外中文报刊资料专辑）（1986）	北京图书馆文献信息服务中心剪辑	书目文献出版社	1987.3	16	96	1.55
	中医临床合理用药	李家仁 陶永福编著	甘肃科学技术出版社	1987.8	32	331	1.80
	中药化学（供药剂士专业用）（全国中等卫生学校教材）	唐得时主编	人民卫生出版社	1986.11	16	397	3.00

类别 \ 项目	书名	编著（译）者	出版单位	出版年月	开本	页数	价格(元)
中药学	中草药化学（供药剂士专业用）(全国中等卫生学校试用教材)	全国中等卫生学校统编教材《中草药化学》编写组编写	江苏科学技术出版社	1987.2	16	280	2.62
	中草药成分化学（供药学、中药专业用）（高等医药院校教材）	北京医学院 北京中医学院 主编	人民卫生出版社	1987.6	16	543	5.05
	生药学（供药学、中药专业用）(高等医药院校教材)	徐国钧主编 施大文副主编	人民卫生出版社	1987.6	16	578	5.75
	生药学（供药剂士专业用）（全国中等卫生学校教材）	郑学忠主编	人民卫生出版社	1987.11	16	490	3.95
	中草药栽培与加工	张世筠 彭淑春编著	中国农业科技出版社	1987.5	32	227	1.40
	常用中草药加工手册*	肖定辉编写	湖南科学技术出版社	1986.7	32	349	1.90
	中药材的采集与加工	俞长芳编	农业出版社	1986.12	32	88	0.49
	中药彩色图谱（第一册）	卫生部药品生物制品检定所主编	科学出版社	1987.4	10	300	精146.00
	中药彩色图谱（第一册）英文	卫生部药品生物制品检定所主编	科学出版社	1987.4	10	300	精装一
	中药鉴定学（供中药专业用）（高等医药院校教材）	任仁安主编	上海科学技术出版社	1986.11	16	661	6.80
	中药材真伪鉴别图谱	黄燮才等编著	广西人民出版社 三联书店香港分店	1986.12	16	166	精20.00
	易混淆的中药材鉴别	潘 纲编著	江苏科学技术出版社	1987.6	32	373	2.60
	药用植物学（供中药专业用）（高等医药院校教材）	丁景和主编 曾万章副主编	上海科学技术出版社	1987.10	16	563	3.35
	药用植物栽培技术	郭生桢主编	陕西科学技术出版社	1987.3	32	528	4.30
	药用植物栽培*	杭州市药物研究所等编著	上海科学技术出版社	1987.9	32	575	3.40
	常用中草药栽培	杨德忠等编著	中原农民出版社	1986.6	32	309	1.65
	药用蔬菜	张超良等编	广西人民出版社	1987.11	32	104	0.76
	药用花卉	王云章编	山西科学教育出版社	1986.9	32	408	2.60
	北方药材栽培技术	周良璧编	辽宁科学技术出版社	1987.1	32	270	1.50
	甘肃药用真菌	顾龙云编著	兰州大学出版社	1986.1	32	149	1.20
	天麻的人工栽培（农村副业生产常备丛书）	郧县中药材公司 张国荣编著	湖北科学技术出版社	1984.3	32	62	0.25
	实用天麻栽培法（农业实用技术丛书）	王连贵编	吉林科学技术出版社	1985.4	32	118	0.45
	天麻栽培一百题	阮正、祥时编	农业出版社	1986.10	32	70	0.42
	西洋参栽培	袁崇文编	贵州人民出版社	1987.7	32	64	0.40
	灵芝（滋补药丛书）	乔廷昆 杨淑芬编	科学普及出版社	1986.11	32	54	0.35
	灵芝(第二版)(农村科学实验丛书)	陆文樑等编著	科学出版社	1987.8	32	132	0.98
	当归（滋补药丛书）	刘文成 张益民编	科学普及出版社	1986.11	32	60	0.40
	山楂（滋补药丛书）	刘仲则 崔万钧编	科学普及出版社	1986.11	32	75	0.48
	一枝蒿（中草药丛书）	刘勇民编著	新疆人民出版社	1987.6	32	87	0.45
	阿魏（中草药丛书）	沈观冕编著	新疆人民出版社	1987.6	32	56	0.30

类别＼项目	书名	编著(译)者	出版单位	出版年月	开本	页数	价格(元)
	常见药用动物*	高士贤等编	上海科学技术出版社	1987.8	32	297	1.50
	广西药用动物*	林吕何编著	广西人民出版社	1987.11	32	529	3.50
	药用蜈蚣(少棘蜈蚣)	龚泉福编著	上海科学技术文献出版社	1986.11	32	122	0.90
	药用蜈蚣养殖生物学	张崇洲著	科学出版社	1987.8	32	106	0.90
	蜂王浆(滋补药丛书)	乔廷昆编	科学普及出版社	1986.11	32	84	0.50
	保健药石(麦饭石)	李连春 文成峰编	南开大学出版社	1987.4	32	30	0.44
	食物药用手册	贾丹兵编著	黑龙江科学技术出版社	1987.3	32	274	1.70
	益寿中草药选解	陆钦尧 黎明编著	人民卫生出版社	1987.8	32	233	1.20
	本草纲目(校点本)(第三册)*	(明)李时珍著	人民卫生出版社	1987.4	大32	834	5.75
中	本草纲目效方今释	李义注	山西科学教育出版社	1986.12	大32	506	3.80
	本草乘雅半偈(校点本)	(明)卢之颐 覈参 冷方南 王齐南校点	人民卫生出版社	1986.8	32	790	5.40
	抗癌本草	常敏毅编著	湖南科学技术出版社	1987.4	32	361	2.90
	中药药剂学(供中药专业用)(高等医药院校试用教材)	曹春林主编	上海科学技术出版社	1986.11	16	615	6.35
	历代中药炮制法汇典(古代部分)	王孝涛主编	江西科学技术出版社	1986.10	大32	587	精4.80
	雷公炮炙论(辑佚本)*	(南北朝)雷敩撰 王兴法辑校	上海中医学院出版社	1987.8	32	140	1.20
	炮炙大法(中医基础丛书第一辑)	(明)缪希雍撰	北京市中国书店	1985.12	32		0.70
药	中药炮制学(供中药专业用)(高等医药院校教材)*	徐楚江主编 叶定江副主编	上海科学技术出版社	1987.4	16	188	2.05
	湖南省中药材炮制规范*	湖南省卫生厅编	湖南科学技术出版社	1986.2	32	430	2.40
	云南省中药饮片炮制规范	云南省卫生厅编	云南科技出版社	1986.9	32	393	2.15
	药酒与膏滋*	胡龙才编著	江苏科学技术出版社	1987.7	32	134	0.91
	中医外科外用药与制剂	苏庆山编著	山西科学教育出版社	1987.2	32	160	1.35
	中药药理学(供中药专业用)(高等医药院校试用教材)*	王筠默主编 姜名瑛副主编	上海科学技术出版社	1987.4	16	140	1.60
	药理学(供中医、中药专业用)(高等医药院校试用教材)*	王饮茂主编 李代奎副主编	上海科学技术出版社	1987.10	16	306	2.85
	大黄的药理和临床应用	焦东海等编著	甘肃科学技术出版社	1986.9	32	164	0.90
学	蚯蚓的药理及其临床应用	张复夏等编著	陕西科学技术出版社	1987.9	32	84	0.75
	常用中药的抗菌作用及其测定方法	周邦靖著	科学技术文献出版社重庆分社	1987.7	32	381	2.95
	中药毒性防治	高汉森编著	广东科技出版社	1986.8	32	257	1.35
	中药中毒解救指南	马兴民编	陕西科学技术出版社	1987.3	32	476	3.35
	中西药相互作用与联合用药(临床药学参考丛书)	贾公孚 谢惠民编	湖南科学技术出版社	1987.5	大32	320	3.65
	中药疗效谈(科学小品丛书)	王佑民著	江苏科学技术出版社	1987.7	36	192	1.30
	中药新用*	王辉武 贾河先编著	科学技术文献出版社重庆分社	1987.10	32	336	2.20
	常用中成药小常识(健康小丛书)	郭淑惠编著	人民卫生出版社	1987.8	32	46	0.26

类别 \ 项目	书　　名	编著（译）者	出版单位	出版年月	开本	页数	价格(元)
中药学	选用中成药的诀窍（《卫生知识》丛书第一辑）*	汪天曙等编著	重庆出版社	1987.4	32	94	0.52
	新编中成药	胡永盛等编著	吉林科学技术出版社	1987.5	32	871	精7.90
	天津中成药画集（汉英文对照）	韩长奇主编	中医古籍出版社	1985.12	16	176	精一
	广州著名中成药荟萃（汉英对照）	《广州著名中成药荟萃》编辑委员会编	广东科技出版社	1985.10	32	111	1.00
方书方剂	方剂学（供中医中药针灸专业用）（高等医药院校教材）	许济群主编 王绵之副主编	上海科学技术出版社	1987.4	16	256	2.75
	中医方剂学（全国高等中医院校函授教材）	傅瑞卿主编	湖南科学技术出版社	1986.5	16	248	2.75
	中医方剂临床手册*	上海中医学院中药系方剂学、中药学教研组	上海科学技术出版社	1987.1	32	321	1.45
	中医方剂题解*	江平安等编写	江西科学技术出版社	1987.11	32	302	2.48
	精选方剂学题解 200	黄荣宗编著	福建科学技术出版社	1987.2	32	132	0.90
	中药方剂多选题集	梁颂名主编	广东科技出版社	1987.2	大32	418	2.70
	中医名方鉴别运用	段苦寒编著	天津科学技术出版社	1987.9	32	148	1.20
	名方与临床	孙玉甫等编著	广东科技出版社	1987.3	32	592	3.15
	古今名方*	杨蕴祥　刘翠荣编	河南科学技术出版社	1987.3	32	798	精6.50
	古方新用*	权依经编著	甘肃人民出版社	1987.8	32	154	1.10
	奇难杂症古方选*	潘文昭等编	广西人民出版社	1987.11	32	76	0.61
	历代长寿方精选	孙溥泉等编	黑龙江人民出版社	1987.5	32	129	0.82
	抗老膏方集锦	胡龙才编著	天津科学技术出版社	1986.10	32	121	0.77
	补品补药与补益良方	杨智孚　张峰编著	金盾出版社	1987.5	32	210	1.75
	古今药方纵横	周凤梧主编	人民卫生出版社	1987.1	32	399	2.00
	集验方	(北周)姚僧垣撰 高文铸辑校	天津科学技术出版社	1986.10	大32	275	2.65
	鸡峰普济方	(宋）张锐编撰 上海中医文献研究所古籍研究室选	上海科学技术出版社	1987.4	32	402	精3.30
	普济本事方*	(宋）许叔微述	上海科学技术出版社	1987.10	大32	157	0.95
	祖剂（中医古籍整理丛书）	(明）施沛撰 达美君点校	人民卫生出版社	1987.3	大32	251	2.30
	金镜内台方议(中医古籍整理丛书)	(明)许宏撰 王云凯　吴学章点校	人民卫生出版社	1986.9	大32	174	1.75
	卫生易简方*	(明)胡濙撰	人民卫生出版社	1986.9	32	354	1.85
	灵验良方汇编（珍本医籍丛刊）	(清)田间来是庵辑 汪国柱　傅昕校点	中医古籍出版社	1987.4	32	178	1.35
	长沙方歌括*	(清）陈修园著	上海科学技术出版社	1987.5	32	114	0.54
	删订医方汤头歌诀添岁记（《何氏历代医学丛书》十四、十五）	(清)何书田著　何时希校	学林出版社	1987.4	32	112	1.15
	孙真人海上方注释	姜晓等编	陕西科学技术出版社	1987.7	32	94	0.85
	汤头新歌	马志文编著	陕西科学技术出版社	1987.2	32	369	2.60

类别 \ 项目	书　　名	编　著（译）者	出　版　单　位	出版年月	开本	页数	价格(元)
方书方剂	趣味速记汤头歌诀	刘寿永　黄颖编	华夏出版社	1987.3	32	126	0.80
	时病论歌括新编	周选堂编著	湖北科学技术出版社	1987.7	32	124	1.15
	医方囊秘*	颜德馨　方春阳编著	云南科技出版社	1987.3	32	320	1.80
	处方纲要	何伦　顿宝生编著	陕西科学技术出版社	1987.8	32	374	2.85
	经方要义	石国璧等编著	甘肃人民出版社	1986.6	大32	496	2.85
	经方验	刘景祺编著	内蒙古人民出版社	1987.6	32	127	0.75
	经证证药录	王继志遗稿　王克万　李振英校注	甘肃科学技术出版社	1987.4	大32	489	3.20
	草木便方今释（一元集）	杨济中　韦明勤编著	贵州人民出版社	1986.11	大32	601	4.50
	脏腑病机组方	蓝建信编著	内蒙古人民出版社	1987.4	32	159	0.90
	临床验方集锦（续二）	晋襄编	福建科学技术出版社	1987.5	32	279	1.55
	常见杂病的防治与验方	黄振鸣　黄永源编著	广东科技出版社	1986.12	32	195	1.05
	百病良方(第一集)*	贾河先编	科学技术文献出版社重庆分社	1987.10	32	218	1.10
	百病良方(第二集)*	贾河先　王辉武编著　黄星垣审阅	科学技术文献出版社重庆分社	1987.10	32	213	1.05
	百病良方(第三集)*	贾河先编著　郭铭信审订	科学技术文献出版社重庆分社	1987.10	32	173	1.00
	中国民间小单方	刘少林　刘光瑞编著	科学技术文献出版社重庆分社	1987.9	32	272	1.95
	家用偏方二百三	范其云编著	山西科学教育出版社	1986.9	32	69	0.50
少数民族医学	四部医典（蒙古文）	特·特木热校注　龙德格审订	内蒙古科学技术出版社	1987.9	大32	1174	5.60
	实用蒙药学	仓都古仁编著	内蒙古人民出版社	1987.9	32	369	2.10
	特殊病蒙医疗法（蒙古文）	陈树廷编著	内蒙古科学技术出版社	1986.11	32	399	1.40
	兰塔布（蒙古文）	特木热核对抄写	民族出版社	1987.8	大32	838	4.15
	西藏医学	日琼仁颇且　甲拜衮桑编著　蔡景峰译	西藏人民出版社	1986.10	大32	511	3.47
	新编藏医学（藏文）	西藏藏医院医学研究所编	西藏人民出版社	1985.9	大32	593	3.90
	四部医典	宇妥　元丹贡布等著　马世林等译注	上海科学技术出版社	1987.10	16	316	精7.50
	四部医典形象论集（藏文）	钦绕诺布等著	民族出版社	1987.3	16	547	精9.65
	藏医人体学藏医病机学（藏文）（全国中等藏医学校试用教材）	桑白编写	青海民族出版社	1987.8	16	233	2.45
	藏医内科学（藏文）（全国中等藏医学校试用教材）	优宁等编写	青海民族出版社	1987.9	16	238	2.60
	藏医热病疫病学（藏文）（全国中等藏医学校试用教材）	桑旦编写	青海民族出版社	1987.4	16	59	0.72
	藏医妇科学　藏医儿科学　藏医神志病学（藏文）（全国中等藏医学校试用教材）	昂翁降措等编写	青海民族出版社	1987.9	16	103	1.15

类别 \ 项目	书　　名	编　著（译）者	出　版　单　位	出版年月	开本	页数	价格(元)
少数民族医学	藏医治疗学、藏医外治学（藏文）（全国中等藏医学校试用教材）	桑旦编	青海民族出版社	1987.5	16	129	1.45
	藏医保健学（藏文）（全国中等藏医学校试用教材）	桑旦编写	青海民族出版社	1987.6	16	100	1.20
	藏药学与方剂（藏文）（全国中等藏医学校试用教材）	桑旦编写	青海民族出版社	1987.6	16	166	1.75
	晶珠本草	帝玛尔、丹增彭措著	上海科学技术出版社	1986.2	16	200	精5.30
	彝医动物药	贺廷超　李耕冬编	四川民族出版社	1986.9	大32	329	2.21
	瑶医效方选编	著罗金裕等编	广西民族出版社	1987.9	32	159	1.20

注：1.本目录据中国版本图书馆1987年收藏的中医书籍样书整理

2.书名后 • 者为重版书

吴素蓉　供稿

【逝世名中医】

徐湘亭（公元1905～1986年）江苏常州人。江苏中医杂志编辑部副主任。1928年毕业于无锡国专中文系，曾任中学文史教员。1937年，拜近代名医恽铁樵为师，潜心研究岐黄之术，并付诸临床实践，在江南一带颇有名气。1954年正式从教育转入临床，1960年起在江苏中医杂志编辑部任职。长于训诂、音韵学，一生勤笔耕耘。曾写了27万余字的《内经考订》资料，出版了《麻疯证治》一书，发表了40余篇学术论文。

徐汉江（公元1889～1987年）江苏省江都县人。著名老中医。少时受业于江苏名医、前清举人王吟江，因勤奋好学，深得师传，当悬壶于高邮樊川镇时，即名声大振，百里咸知其名。后在泰州开业。解放后参加泰州市中医院筹建工作，并担任副院长。业医七十余年，勤求古训，重视实践，对金元李东垣《脾胃论》尤有体会，用药独树一帜。曾受聘于南京中医学院担任名老中医继承班导师，一生带徒一百多人。先后发表了《脾胃病治疗的浅见》、《徐汉江老中医治疗肺痨的用药经验》、《徐汉江老中医治疗肾炎经验一二》等多篇论文。

魏长春（公元1898～1987年）浙江慈城人。著名中医内科主任医师。曾任浙江省中医院副院长、省中医学会副会长。曾被评为省卫生系统先进工作者、省科技大会先进个人。18岁时拜宁波名医颜芝馨为师，潜心学习歧黄之道。20岁时便悬壶慈城。1956年始在浙江省中医院任职，次年任该院副院长。在几十年的医术生涯中，勤求古训，博采众长，形成了自己独特的学术思想和临床经验。先后发表过数十篇论文及《慈溪魏氏验案类编初集》、《魏长春临床经验选辑》、《中医实践经验录》等著作。

尚启东（公元1902～1987年）安徽省全椒县襄河镇人。曾任安徽省人民政府中医学术研究员、省科协中医理事、安徽中医研究所研究员等职。16岁拜名医夏葆和先生为师，七年后悬壶行医，在当地享有“小神仙”之号。后辗转江西、湖南、贵州、广西、四川、湖北、河南等地行医，广泛吸收各地名医、民间的医疗方法，博采百家之长，临床经验十分丰富。对中医基础理论和中国医学史具独到见解并擅长考据。诊疗之余，勤于著述，先后发表论文30多篇及《华佗医书考辑》、《中国医学论衡》等著作。曾荣获省级奖励。

许玉鸣（公元1902～1987年）江西省南昌市人。省名老中医。贵阳中医学院教授。曾任省四届政协委员、贵州省中医学会副理事长。其家三世业医，自幼秉承庭训，青年时即悬壶应世。1944年，迁居贵阳设诊，以擅长中医内、妇、儿科而颇具名声。解放后历任贵阳医学院祖国医学教研室、贵阳中医学院内经教研室主任，教务处处长等职。临床经验丰富，尤其对血液病及肾病的辨证施治有其独到之处，曾荣获贵州省科学大会一等奖。在执教的四十余年间，以精湛的医术为中医事业培养了许多优秀人才。

万云程（公元1903～1987年）四川合江人。主任医师。曾任中国针灸学会理事、四川省针灸学会主任委员等职。1923年至1931年在合江随师学针灸术，后即在川南、成

都、贵州、重庆等地行医。1955年起先后在重庆市第一中医院、重庆市中医研究所工作，任针灸医师、针灸主任医师。青年习医时深得罗时前老先生厚爱，因而独得秘传的“易经循流图”和“太极气功”，又积五十余年临床经验，形成了独具特色的“易经经外奇穴针按疗法”。该法施治手法重，尤其对风湿痹、偏瘫、瘿瘤、萎症、急重痛症多有良效，在百姓中享有较高声誉。总结有《十三种热性病的针按疗法》、《易经外奇穴急救针按疗法》、《面瘫的针灸指按疗法》、《脑震荡、乙型脑炎选穴》等经验性论文，收载于重庆市中医研究所《老中医经验汇编》中。

潘国贤（公元1905～1987年）浙江省新昌县人。省名老中医。浙江中医学院教授。1930年，肄业于上海国医学院。1935年起先后任苏州国医学院、苏州国医研究院讲师，四川高等国医学院教授，中央国医馆教务主任，佛教中医院院长。1957年后任浙江中医学院中药教研室主任、肿瘤研究室主任等职。从教五十多年，桃李满天下。医术精良，尤在中医肿瘤病防治方面起步较早，成效卓著。一生主要著作有《药物学讲义》、《儿科学讲义》、《中医内科手册》等。

姜达衢（公元1905～1987年）江西省鄱阳县人。研究员。曾任中国科学院药物研究所植物化学室主任，广西中医药研究所名誉所长，中国药学会理事、广西分会名誉理事长、中药和天然药物分会主任委员等职。早年留学德国，1938年获柏林大学自然科学博士学位。此后一直从事天然植物化学的研究。1961年起任广西药物研究所植物化学室主任和研究员。对常山、蜀漆及萝芙木属植物的有效成分研究具有突出贡献。近年来为开拓传统植物药资源，对广西蜜花美登木、蛤蚧等进行考察和研究，同时培养了一批科研人才。1985年11月，广西卫生厅、药学会曾为他从事药学研究55周年举行庆祝活动，表彰他在植物药事业上的成就和贡献。

徐南甲（公元1909～1987年）江苏省无锡县人。中医副主任医师。1930年起先后受业于程宪章、华劬生、邓星伯等先生，学成后在无锡荡口镇及苏州开业行医。1956年起在无锡市中医医院工作。早年擅长治温病，后重视中西医结合方法，对肝炎、肝硬化腹水、进行性肌萎缩、肾炎、再生障碍性贫血、红斑狼疮等疾病进行长期临床研究探索，均取得了满意的疗效。晚年为编制其治疗急、慢性肾炎计算机应用软件付出了辛勤劳动。曾撰写了《中风》、《中西医结合治疗慢性肾炎疗效观察》等十数篇论文。

顾小痴（公元1910～1987年）天津市人。著名中医妇科专家。曾任第五、六届全国政协委员，中华全国中医学会理事、妇科委员会常务理事，天津市中医学会副会长、气功科学研究会会长，天津中医学院教务处处长、第一附属医院院长等职。青年时期就读于华北国医学院，亲炙京都名医施今墨先生之门，同时拜杨淑澄先生临证侍诊，尽得名师之传。1937年学成后回津执业行医，声誉隆盛，为津门一代名医。五十年来，博览诸家各论，师古不论，形成独特的学术思想和宝贵的临床经验。

徐克明（公元1910～1987年）原名徐达德，江西省南昌县人。主任中医师。1934年从师当地名医许寿仁老先生，后自开业。1953年参加工作，先后任江西中医学校门诊部主任、江西医学院二附院中医科及教研室副主任等职。从事中医临床及科研数十年，凭古借今，融会贯通，不拘一格，对内、妇科病症治疗经验丰富，并撰有《五参饮治疗心律失常》、《防己茯苓汤临床应用》、《临床琐谈》等文。

陈嘉栋（公元1911～1987年）江苏省沙洲县人。中医副主任医师。早年曾拜江阴外科名医张宿辉、常熟名医金兰升为师，学成后在沙洲开业。1951年任江阴苏市桥联合诊所主任，后调至江阴长泾医院工作。临症数

十年，勤奋好学、勇于实践，在群众中享有较高声誉。曾于五十年代末，整理和总结出用于中期妊娠引产的验方“天花粉牙皂合剂”并将其贡献给国家。先后发表八篇论文，带教了20余名学生。

刘快虹（公元1912～1987年）辽宁省辽阳市人。省名老中医。黑龙江中医学院教授。早年曾先后拜四位名师学医12年，博采众家之长。对经典著作有较深的造诣，尤其对《伤寒论》的研究颇有独到之处。在中医治疗急危重症方面积有丰富经验。为人正直，医德高尚，在近五十年的教学和医疗过程中培养了许多中医人才。曾撰有《岐黄门人——伤寒论继承问题的讨论》等论文。同时还酷爱篆刻书法艺术 是省内知名的篆刻家、书法家。

吴素行（公元1912～1987年）安徽当涂人。省名老中医、中医副教授。曾任中华全国中医理论研究会委员、中国图书馆学会理事、省中医学会理事、安徽中医学院原内经教研室主任。20岁始先后受业于恽铁樵、滕脉华等名医。1957年参加南京中医学院第一期教学研究班学习，结业后在北京中医学院文献编研组工作。1959年后在安徽中医学院工作。从事中医教学、临床五十多年，治学严谨、医术精湛，中医理论造诣既深且博，是国内知名的《内经》专家。

王伯岳（公元1912～1987年）四川省中江县人。著名儿科专家、研究员。曾任全国六届政协委员、中国农工民主党九届中央委员、中华医学会常委等职。出身中医世家，自幼禀承家学，后师四川名医廖蓂阶先生，学成后随父悬壶成都。精通中医古籍，善于结合临床实践，在五十余年的医疗实践中，形成了自己独特的学术思想，尤为儿科更具专长。且热心培养人才，为发展中医儿科事业作出了重要贡献。一生撰写了许多专著名

篇垂示后人，其中部分论著已在国外翻译出版。

冉品珍（公元1912～1987年）四川遂宁县人。中医内科教授。成都中医学院第一、二届学位委员会委员。早年从师学医，后在遂宁一带行医。解放后曾任县中医师公会理事长、卫生工作者协会学术组长。1956年调入成都中医学院执教。学术造诣较深，善采众家之长，擅长诊治脾胃疾病，处方用药独具风格。数十年如一日，忠诚于中医教育事业，培养了大批人才。同时勤于笔耕，著书立说，先后撰写成《内科证治》、《内科临床证治录》两部约六十万字的专著，为后人留下了宝贵的学术财富。

牛东生（公元1913～1987年）青海省互助县人。中医主任医师。曾任西宁市第一人民医院副院长、青海省中医学会副会长。多次评为卫生模范工作者。1936年毕业于西宁简易师范学校，后留校任教并兼任校医。1945年起从事中医工作，数十年间积有丰富的临床经验。近年出版的《牛东生医案医话选》一书获省卫生厅1983年科技成果一等奖。另外，《牛东生带下病专家咨询系统》的计算机软件也获得西宁市科委颁发的二等科技进步奖。

陈孟恒（公元1918～1987年）上海青浦

县人。主任医师、教授。青年时代求学于上海国医学院，后拜师程门雪，学成后在家乡行业，擅长中医内、妇科。解放后先后在河北中医学院、河北省中医研究院、天津中医学院、河北新医大学、河北医学院等处任职。对中医学理、法、方、药诸方面均有较深造诣，不但善于教学讲课，而且勤于著作。除了论文之外，还书有《伤寒简明释义》、《新编伤寒论》、《中医医案八十例》等著作。

柯利民（公元1921～1987年）黑龙江省庆安县人。省名老中医。黑龙江中医学院教授。曾任省中医学会副会长。青年时期拜韩子庚等数位名师学医。1954年进黑龙江中医进修学校学习，后留校任教。1958年入北京中医学院教学研究班学习，结业后任黑龙江中医学院伤寒教研室主任、附属医院门诊部主任等职。从医执教三十余年，经验丰富，擅长治疗内科杂证，其验案载于《龙江医案医话选》一书中。

宋继美（公元1924～1987年）四川省广汉县人。教授。1947年毕业于上海同济大学，相继在湖南湘雅医学院、大连医学院任教。1958年以后一直在辽宁中医学院组织胚胎教研室任教，长期从事“经络与肥大细胞”的研究。1977年在国内首先提出经络与肥大细胞有关的学术观点，并做了大量的科

学实验。曾发表了《肥大细胞与经络现象》、《穴位下肥大细胞的观察》等论文。

查国科（公元1925～1987年）江西省婺源县人。主任中医师。江西省名老中医。曾任中国科协会员、江西中医学会理事等职。早年拜上海名医刘民叔为师，1946年毕业于上海华阳中医专科学校，1947年获南京考试院全国中医师证书。为博采众家所长，曾聆听钱今阳、程门雪等数位当代名医之教诲，从医40余年，临床造诣较深，妇科更为擅长。曾于1952年赴兰州工作，先后在兰州医学院、甘肃省中医学校、省医药科学研究所

任职。1972年因病回江西，任江西医院中医科主任。著有《妇科实践录》一书，发表学术论文40余篇。

徐廷素（公元1931～1987年）四川省江北人。副教授、主任医师。历任陕西省中医学会理事、中医外科学会副主任委员、陕西中医学院外科教研室主任等职。1949年参加中国人民解放军，1955年毕业于贵阳医学院，1962年后一直在陕西中医学院任职，主要从事中医外科学的教学、医疗和科研工作。著有《乳房病的辨证论治》等数篇论文并主持编写《中医外科学》乳病、疝类部分。

【中外交流】

△上海“福寿宴”在新加坡　以上海中华传统医学仪器学会上海分会秘书长孟宪益副主任医师为团长、上海西郊宾馆经理孙继豪为副团长的“上海福寿宴”演示团一行8人，应新加坡酒楼工会名誉会长、作家协会名誉理事长周颖甫先生的邀请，于2月21日至3月20日赴新加坡，在同禾鱼翅酒家进行技术表演，正式演示19天，共206桌。品尝者除新加坡外，还有印度尼西亚、马来西亚、文莱、泰国、美国、日本等客人，共达2000多人。新加坡总统黄金辉也光临宴会祝贺。上海福寿宴的构思出自中国传统的“食疗”，在传统中国宫廷与民间食疗的基础上，将中医学、药理学、烹调学、营养学巧妙地熔为一炉。

△国家中医管理局胡熙明局长率团访问欧洲十国　以卫生部副部长兼国家中医管理局局长胡熙明为团长的中国医药代表团及中国针灸代表团分别于3月26日、5月8日访问欧洲十国。出席了在法国斯特拉斯堡举行的“中国与欧洲医学讨论会”。胡熙明在会上作了“中医药学的发展及其国际合作的前景”的发言，并在巴黎、米兰、罗马、马德里等14个城市讲学。

△日本中日《内经》学术交流团赴天津中医学院参加交流以岛田隆司为团长的日本中日《内经》学术交流团一行23人5月2日赴天津中医学院举行第二届中日《内经》学术交流会。会议编纂了中、日论文集各一册。

△卫生部副部长胡熙明率团赴日内瓦出席世界卫生大会　第四十届世界卫生大会于5月4日至15日在瑞士日内瓦举行。卫生部副部长兼国家中医管理局局长胡熙明率领中国代表团出席大会并在会上作了关于中国传统医药在实现“2000年人人享有卫生保健”战略目标中的重要作用的发言。会议期间，中国代表团举行了招待会，世界卫生组织的官员及西太区各会员国代表120余人出席了招待会。

△中国药科大学代表团访问日本岐阜药科大学　以李千生为团长的中国药科大学代表团一行4人于5月24日至31日赴日本岐阜药科大学访问，出席了在岐阜召开的第一届国际中草药研究讨论会。双方签署了两校1988年学术交流的协议。

△中医药国际学术会议和展览会　7月16日在上海展览中心召开。来自日本、美国、新加坡、泰国、加拿大、英国、澳大利亚、新西来等12国230多名代表与国内29个省市近500名代表参加了会议。国家科委、卫生部、上海市政府的有关领导出席了开幕式并讲话祝贺。会议收到论文2000多篇，从基础理论、诊断、治则、方药、疗效、传统医学工程等

方面反映了当前中医药研究的国际水平。

△中美防治艾滋病研讨会在京召开　由北京中医学院主办，以探讨中医学防治艾滋病为中心内容的中美防治艾滋病研讨会8月4日至5日在北京召开。美国艾滋病与气功卫生科学代表团一行10余人及中国有关中医药专家、学者共80余人参加了会议。与会者就艾滋病的防治问题，从行为医学、免疫学及气功、针灸、中药等方面进行探讨。中美双方11位代表在会上交流发言。

△中国传统骨伤科学中日学术交流会在南宁举行　中国传统骨伤科学中日学术交流会于8月18日至20日在南宁举行。包括日本柔道整复师会乌居良夫名誉会长、小仓八郎会长的日本柔道整复师学术交流团一行4人应邀参加。会议期间，中日两国骨伤科专家就中国骨伤科技术史研究进展、接骨领域中寒冷疗法等进行学术交流，并签署了为期10年的学术交流协议。

△中国传统医学考察团赴朝访问　以国家中医管理局科技司副司长张瑞祥为团长的中国传统医学考察团一行5人于8月21日至9月5日访问朝鲜民主主义人民共和国，对东医东药情况进行考察。考察团由朝鲜民主主义人民共和国保健部东医处处长李培吉陪同，参观了东医科学院、红十字医院、平壤医科大学附属医院等单位，双方进行了多次座谈交流。

△中国藏医师赴匈牙利参加国际藏学讨论会　应匈牙利“乔马学会”邀请，西藏自治区藏医院藏医主任医师德格才朗与自治区社会科学院和西藏大学的学者一行6人赴匈牙利布达佩斯参加9月13日至19日召开的国际藏学讨论会。“乔马学会”是匈牙利共和国的藏学研究机构、曾开过4次国际藏学讨论会。

△国际活血化瘀治则学术讨论会在天津召开　由中国医学科学院血液学研究所主办，中日双方代表参加的首次国际活血化瘀治则学术讨论会10月9日至11日在天津市召开。以寺泽捷年为团长、间中喜雄为名誉团长的日方代表团13人及中方代表100余人参加了会议。会上宣读论文28篇，其中日方论文8篇。讨论会的中心议题是：血瘀证实质的探讨；活血化瘀治则对疑难病证的治疗；活血化瘀药及其作用机理。“活血化瘀”是中日两国同为重视的研究课题。在这一领域开展交流与合作，必将促进其研究及学术发展。

△中国、加拿大合办中医学院　据《中医药动态》10月29日报道：天津中医学院和加拿大魁北克省蒙特利尔市传统针灸交流会协商，决定在蒙特利尔市合办一所四年制的学院——天津-蒙特利尔中医学院。该院是为了满足北美地区学者学习传统中医学而建立的。该院将于1988年初招收第一批学员。双方议定：由中方负责制订教学计划和教学大纲，派出教师进行教学，临床实习在天津中医学院进行。学员经考核达到规定的学分后，由天津中医学院颁发毕业证书。

△第二届中日中医药学术讨论会在北京召开　由国家中医管理局与日本富山医科药科大学共同举办的第二届中日中医药学术讨论会于11月2日至3日在北京中国国际经济技术交流中心召开。以日本富山医科药科大学副校长熊谷朗为团长的日本汉方医药研究学者一行13人参加了学术讨论会，中国中医研究院、北京中医学院等单位的代表80余人参加了会议。卫生部副部长兼国家中医管理局局长胡熙明出席了开幕式。中日双方学者就生药的资源开发与化学、代谢研究，方剂的理论与临床应用，证及其动物模型的研究等专题作了讲演和讨论。

△世界卫生组织传统医学合作中心主任会议在中国举行　世界卫生组织传统医学合作中心主任会议于11月16日至19日在北京举行。参加会议的有世界卫生组织总部、西太平洋地区办事处的官员和尼日利亚、美国、墨西哥、瑞典、意大利、罗马尼亚、印度、中国、日本等17个合作中心主任。会议回顾

了该合作中心的活动，讨论了世界传统医学的进展，艾滋病研究项目及传统医学的国际合作问题。

△中日皮肤病中西医治疗研讨会在沪召开　由上海市卫生局和日本株式会社津村顺天堂主办的中日皮肤病中西医治疗研讨会于11月21日在上海召开。参加会议的中方代表70余人，日方代表50余人。9名中日皮肤病专家就皮肤病的中西医辨证论治、病机、临床观察及其极理研究作了交流发言。

△波兰针灸协会访华团访问黑龙江中医学院　波兰针灸协会访华团一行3人于11月28日参观访问黑龙江中医学院，商讨有关双方学术交流事宜，受到院长栗德林等人的热情接待。

△日本学者平田义正等赠书中国药科大学中药学院正在建设中的中国第一所中药学院——中国药科大学中药学院于12月初左右收到了日本著名教授赠送的书刊1904卷册。这次赠书是由中国药科大学名誉教授、日本名城大学平田义正教授和日本松浦制药株式会社松浦敬一社长发起，分别由平田义正、鸬野武、矢数道明、松下嘉一、长泽之夫、伊藤清夫、新井基夫、胜田正泰、大冢恭男九位著名教授和爱知县卫生研究所、日本全药工业株式会社赠送的。其中平田义正教授一人就赠书刊1451卷册。

【消息】

1月

△《浙江中医杂志》社讯：《浙江中医杂志》创刊30周年（1956～1986）庆祝大会18日在杭州举行。省中医界各方代表60余人参加会议。全国人大常委会副委员长周谷城、国家中医管理局局长胡熙明及全国许多知名老中医发来了贺词、绘画、篆刻50余幅以示祝贺。

2月

△《中国医药报》12日报道：云南中医学院曾育麟教授在2月中旬召开的首届国际民族医药学术讨论会上宣读的《从民族药中寻找新药》一文获得金质奖，并受到印度总统和世界卫生组织副主席阿·克里尼博士的接见。讨论会受世界卫生组织委托，由印度民族医药研究中心主办。出席会议的代表来自亚、非、拉、欧美等29个国家，收到各国论文400多篇。

3月

△《中医报》27日报道：中华全国中医学会中药学会10日在北京成立。来自全国的100多名中药专家出席了成立大会。会上通过了全国中药学会条例，通过了致全国中药工作者的一封信，讨论了学会年度工作计划，交流了国内外中药学术概况。中华全国中医学会副会长、名老中医王锦之教授任该会主任委员，黄火青等任顾问。

4月

△《中医报》5月17日报道：经国家教委批准，我国第一所蒙医学院——内蒙古蒙医学院，22日在通辽市成立。该院办学宗旨是：突出蒙医药特色，培养高级蒙医药人才，为继承和发扬蒙医药服务。

5月

△《医药信息报》28日报道：由美国学者发起组织的国际针灸会议于26日至30日在旧金山举行。来自美国、中国、日本、英国、法国、联邦德国和南朝鲜等国的450名医师、针灸医师和心理学家参加了会议。上海中医学院气功研究所沈家麟副教授和上海市针灸经络研究所奚桂芳助理研究员作为中国代表出席了会议。

8月

△国家中医管理局报道：全国中医学院第二届传统保健体育运动会1日至6日在黑龙江中医学院举行。参加本届赛会的有27个院校代表队，324名运动员。卫生部副部长、国家中医管理局局长胡熙明同志出席运动会并致开幕词，国家教委、黑龙江省的有关领导同志在开幕上讲了话。本届赛会首次把传

统保健功法列入了比赛项目。比赛共分传统保健功法、集体项目和武术三大项。比赛结果获团体总分前三名的是上海中医学院、福建中医学院和云南中医学院。

△《健康报》15日报道：西藏藏医学院院长、藏医主任医师强巴赤列，荣获1987年国家科委授予的“国家级有突出贡献的专家”称号，并受到自治区表彰。58岁的强巴赤列是一位学识渊博，造诣精深的藏医和天文星算学家。他曾写有《藏医基础学》、《秘诀部形象论记》等专著、译著和论文约30种。

9月

△《中医报》7日报道：首届中医情报学研究生已于最近在中国中医研究院图书情报研究所通过毕业论文答辩。该研究所于1984年招收研究生，分中医情报管理、中医情报研究和古籍整理三个专业。

△《中医报》27日报道：由广州中医学院、美国美洲中医学院及美国加州大学三家联合辟建的“中药园圃”已在美国柏克莱市加州大学植物园揭幕。该园圃占地面积3000多平方米，按中医传统分类法进行栽培。首批有抗癌类、解表类和理血类药物约80种。美国舆论界认为，这标志着中国医药被正式引进美国高等学术研究领域。

10月

△《中医药动态》10月第30期讯：第一届全国眼科名老中医学术讲座于10月7日至14日在北京中国中医研究院召开。来自全国十省两市30多名学员参加首次讲座班。国家中医管理局、中国中医研究院及中华全国中医学会等有关领导到会祝贺。国内著名眼科老中医陆南山、唐由之、韦玉英、孔庆丰、张子述、庞赞襄等就不同的专题给学员们做了精彩的报告。学员们认为：这种形式打破了师徒传带的传统授学方式，对中医的眼科学术继承发展无疑是有益的。

△《中医报》11月17日报道：23日至27日正值河南省洛阳正骨医院建院30周年之际，该院举办了正骨学术研讨会。国家主席李先念题了贺词：“值此贵院建院三十周年之际，特函祝贺！希望运用现代科学技术，发展中医正骨事业，为人民群众造福。”国家中医管理局局长胡熙明到会祝贺，高度赞扬了平乐正骨医术。平乐郭氏正骨医术是中国骨伤科中的一个重要流派，有近二百年的历史，相传六世。三十年来，平乐郭氏正骨由一个家庭医生发展成为拥有400多张病床，2个门诊部，附设研究所，有现代医疗科研设备，能承担国家和省教学科研任务和医、教、研相结合的中医骨伤科中心。

△《中医药动态》10月第29期讯：继中国气功养生学研究所成立后，日本在中国中医研究院焦国瑞教授访日期间，在焦教授指导下成立了日本气功养生学研究会。该会宗旨在于正确地继承、学习中国气功养生学的传统及最新的科学成果，同时结合现代心理学、生理学及医学的实践，使之适应日本的社会与文化的需要并在日本普及。该会已举办了第一次气功交流会，并将焦国瑞教授在日本讲学期间的讲义整理加工配以图片声像作为教材在内部发行。

11月

△《中医报》17日报道：由河南省开封市卫生局、开封市中医学会组织的重铸宋代天圣针灸铜人研制成功，目前通过鉴定，使这一泯灭的国宝重现于人间。国家中医管理局局长胡熙明出席了揭幕仪式。该铜人用青铜冶炼、浇铸而成，古铜色有光泽。高172.5厘米，前胸后背两面可开合，开可见浮雕式脏腑器官，合则全身浑身浑然一体。其制造工艺具宋天圣铜人的特点，有针入水出之功能。

△《中医工作简讯》1988年1月1日讯：世界针灸学会联合会于22日在北京成立，55个针灸学术团体代表近百个国家和地区的针灸工作者，一致选举中国针灸学会会长胡熙明为世界针联主席。23日至26日举行了第一届世界针灸学术大会，来自世界五大洲50多

个国家和地区的一千多名针灸专家出席了大会。大会期间举办了科技成果和多国医疗器械展览会。世界针联是第一个总部设在我国的国际民间学术组织。

12月

△《中医报》7日报道：全国第一所“九针医院”经山西省卫生厅批准，在运城市成立。“九针”是在挖掘、发展传统针灸疗法的基础上研制的九种新型针具，具有疗法适应范围广、见效快等优点，尤其对小儿腹泻、类风湿性关节炎、冠心病、美尼尔氏综合征、植物性神经紊乱等疾病疗效显著。

△《中医简报》1988年1月1日讯：21日国家中医管理局举行1987年度中医药重大成果奖新闻发布会，获奖25项中，甲级3项，乙级奖23项，其中应用成果占72%，特别是中医治疗危、急、重症的项目引人注目。此外评审委员会还对1984年以来的获奖项目进行了回顾性评估，一致认为必须加强中医药科技成果的管理。

△《中医报》27日报道：一种准确可靠、科学、方便实用的新方法——成人体表经纬划区定位法，经过辽宁锦州市凌河区医院黄启民医师三十多年潜心钻研宣告成功。11日由世界针灸联合会秘书长王雪苔及各地专家共三十多位组成的鉴定委员会认为：该法在临床各科及法医学和人体解剖学等方面有实用价值；在针灸、腧穴教学方面有参考意义；在美术、体育、服装设计等方面也有广阔前景。黄启民又成功地对该法实行电子计算机检索。

(二) 中医机构

〔1987年全国中医机构、人员、床位数表〕

		单位	数字	合计
中医医疗机构	县及县以上中医医院	个	1,718	2,176
	中医门诊部（所）	个	370	
	中医学院附属医院	个	36	
	中西医结合医院	个	16	
	其他中医院	个	36	
中医药研究机构	研究所一级（独立）	个	57	57
高等中医院校和高等医药院校中医系	高等中医院校	个	27	
	高等医药院校中医系（或专业）	个	11	
	在校学生数	人	31,329	
	1987年毕业数	人	5,585	
	1987年招生数	人	6,823	
中医药从业人员	中医师	人	129,217	508,621
	中西医结合医师	人	2,939	
	中医士	人	149,791	
	中药师	人	16,209	
	中药剂士	人	56,831	
	中药剂员	人	86,178	
	其他中医	人	67,456	
中医床位数	县及县以上中医医院	张	126,808	147,944
	中医门诊部（所）	张	665	
	中医学院附属医院	张	14,219	
	中医药研究院（所）	张	788	
	中西医结合医院	张	1,089	
	其他中医院	张	4,375	

1987年各地区中医医院及中医门诊部（所）

地　　区	合　计	县及县以上中医医院	中医学院附属医院	中西医结合医院	其他中医医院	中医门诊部（所）
全国总计	2,176	1,718	36	16	36	370
北京市	21	15	1			5
天津市	18	9	2		1	6
河北省	116	78	1	1		36
山西省	92	88		1	2	1
内蒙古自治区	101	64			4	33
辽宁省	82	66	1			15
吉林省	62	54	1	3	1	2
黑龙江省	104	75	6	2	3	18
上海市	18	10	3			5
江苏省	74	65	1			8
浙江省	68	44	1		1	22
安徽省	68	55	2		3	8
福建省	62	60	1	1		
江西省	101	91	1	1		8
山东省	97	90	1		1	5
河南省	128	116	1	1	1	9
湖北省	82	71	1	1	1	8
湖南省	103	101		1		1
广东省	110	86	3		1	20
广西壮族自治区	73	47	2			24
四川省	204	161	2	3	5	33
贵州省	54	42	2		3	7
云南省	83	47	1	1	6	28
西藏自治区	13	13				
陕西省	87	60	1		2	24
甘肃省	63	56			1	6
青海省	29	27				2
宁夏回族自治区	13	9				4
新疆维吾尔自治区	21	18	1			2

1987年各地区中医药卫生技术人员数

地区	合计	中医师	中西医结合高级医师	中药师	中医士	中药士	其他中医	中药剂员
全国总计	508,621	129,217	2,939	16,209	149,791	56,831	67,456	86,178
北京市	9,538	4,190	570	558	1,707	1,287	468	758
天津市	6,634	2,838	33	284	1,702	472	519	786
河北省	20,507	6,151	286	467	7,784	1,572	1,323	2,474
山西省	17,564	4,187	200	397	6,342	1,376	1,973	3,089
内蒙古自治区	13,964	3,500	11	285	5,245	1,785	1,125	2,013
辽宁省	18,152	6,899	61	1,658	3,502	2,253	928	2,851
吉林省	11,944	4,149	197	540	2,981	1,640	516	1,923
黑龙江省	17,749	5,885	226	1,011	5,220	2,688	540	2,179
上海市	7,894	4,814	35	283	1,940	291	149	382
江苏省	20,051	7,285	68	742	5,169	2,258	1,649	2,880
浙江省	17,827	4,432	16	366	4,282	1,793	2,674	4,264
安徽省	14,625	3,879	2	555	4,106	2,044	2,082	1,959
福建省	13,880	3,519	26	204	3,273	1,298	2,371	3,189
江西省	20,617	3,793	8	463	5,166	2,371	4,784	4,032
山东省	24,223	5,530	23	1,489	7,918	3,843	1,508	3,912
河南省	32,731	8,744	22	1,304	9,716	3,695	4,595	4,655
湖北省	34,706	9,361	114	1,748	8,841	6,707	3,920	4,015
湖南省	34,745	6,727	57	701	8,060	3,769	5,647	9,784
广东省	36,224	7,448	26	360	8,974	3,539	3,870	12,007
广西壮族自治区	14,311	3,620	24	392	2,513	1,174	5,090	1,498
四川省	61,201	7,877	132	843	24,916	4,684	12,479	10,270
贵州省	8,165	2,358	203	392	1,532	901	1,480	1,299
云南省	10,460	2,561	8	210	4,367	1,009	1,655	650
西藏自治区	1,055	214	28	21	573	45	149	25
陕西省	20,862	5,124	311	406	7,850	2,101	2,652	2,418
甘肃省	10,744	1,576	158	160	3,590	738	2,500	1,842
青海省	2,305	760	9	60	782	238	153	324
宁夏回族自治区	2,179	616	36	159	611	444	86	227
新疆维吾尔自治区	4,192	1,002	49	151	1,128	816	573	473

1987年各地区民族自治地方专业卫生人员数

地区	专业卫生人员总数	其中：少数民族	中医	其中：少数民族	民族医	其中 蒙医	藏医	维医	傣医
全国总计	562,349	147,783	41,722	12,464	4,764	2,974	1,434	317	39
河北省	2,210	692	262						
内蒙古自治区	115,164	23,838	9,870	3,702					
辽宁省	8,301	2,500	694	320					
吉林省	19,822	9,623	882	330					
黑龙江省	787	129	90	25					
浙江省	458	11	79	1					
湖北省	13,369	6,558	2,729	1,643					
湖南省	12,022	4,471	1,036	368					
广东省	13,564	1,410	574	91					
广西壮族自治区	125,134	29,984	11,223	2,312					
四川省	27,947	6,789	2,737	—					
贵州省	29,172	8,782	1,133	286					
云南省	51,657	13,336	3,841	1,076					
西藏自治区	8,958	6,460	936	859					
甘肃省	6,661	1,499	796	231					
青海省	11,640	3,050	824	397					
宁夏回族自治区	21,374	1,746	1,313	121					
新疆维吾尔自治区	94,109	26,905	2,703	636					

1987年全国中医医院机构、床位、人员数和构成

	实有数			构成（%）		
	机构（个）	床位（张）	人员（名）	机构（个）	床位（张）	人员（名）
总计	1,806	146,491	220,117	100.0	100.0	100.0
县及县以上中医医院	1,718	126,808	184,816	95.1	86.6	84.0
中医学院附属医院	36	14,219	27,245	2.0	9.7	12.4
中西医结合医院	16	4,375	6,694	0.9	3.0	3.0
其他中医医院	36	1,089	1,362	2.0	0.7	0.6

1987年全国县及县以上医院床位与人员比例

	每张床位与总人员之比	占人员总数比重（%）			占卫生技术人员比重（%）					每名医生与护理人员之比	每名护理员与护师、士之比
		卫技人员	管理人员	工勤人员	医生	护理人员	药剂人员	检验人员	其他卫技人员		
中医医院	1:1.46	79.58	8.87	18.46	41.17	26.59	18.38	3.63	9.12	0.65	3.02
综合医院	1:1.38	75.71	8.06	15.11	36.16	40.00	9.92	4.75	7.19	1.11	3.13

【中医医疗机构】

中国中医研究院广安门医院

地址：北京市广安门内北线阁5号　电话：3013311

院长：闫孝诚

职工930人。卫技人员中，中医198人，其中主任医师8人、副主任医师22人、主治医师70人、住院医师92人、中医士4人；中西医结合72人，其中主任医师18人、副主任医师29人、主治医师17人、住院医师7人；西医75人，其中主任医师8人、副主任医师29人、住院医师24人；中药72人，其中主任中药师1人，副主任中药师4人、中药师15人，中药士51人。

床位总数为400张。其中妇科30张，骨科35张，肿瘤69张，内科100张，泌尿16张，皮肤科14张，眼科32张，针灸科35张，外科33张，肛肠36张。

中国中医研究院西苑医院

地址：北京市海淀区西苑　电话：282121

院长：房定亚

职工870人。卫技人员中，中医114人，其中主任医师5人、副主任医师6人、主治医师41人、住院医师62人；中西医结合65人，其中主任医师5人、副主任医师20人、主治医师24人、住院医师16人；西医31人，其中主任医师1人、副主任医师7人、主治医师13人、住院医师10人；中药49人，其中副主任中药师2人、主管中药师2人、中药师15人、中药士30人。

床位总数为293张。其中肾病29张，妇科21张，外科29张，儿科27张，呼吸科32张，老年病16张，心血管45张，血液科44张，神经科20张，消化科30张。

北京中医学院东直门医院

地址：北京市东城区海运仓5号　电话：444841

院长：杜怀棠

职工1073人。卫技人员中，中医509人，其中主任医师7人、副主任医师34人、主治医师98人、住院医师166人、中医士204人；中西医结合62人，其中主任医师4人、副主任医师29人、主治医师29人；西医70人，其中主任医师2人、副主任医师4人、主治医师34人、住院医师30人；中药70人，其中副主任中药师4人、主管中药师11人、中药师22人、中药士33人。

床位总数为481张。其中内科147张，外科89张，妇科34张，儿科32张，骨科38张，按摩科17张，骨研所30张，眼科11张，口腔科10张，耳鼻科11张，针灸科32张。

北京市区中医院情况

全　称	所有制	病床总数（张）	职工总人数	中医人数	西学中人数	西医人数	中医临床科室数	详细地址
鼓楼中医院	全民	100	382	103	31	44	11	北京市东城区豆腐池胡同13号
护国寺中医院	全民	240	502	116	36	42	10	北京市西城区棉花胡同83号
宣武区中医院	全民	235	615	163	20	98	10	北京市宣武区万明路8号
崇文区中医院	全民	20	225	58	17	36	8	北京市崇文区西兴隆街1号
石景山中医院	全民	30	110	35	4	8	7	北京市石景山区五里坨
门头沟中医院	集体	80	180	36	4	9	9	北京市门头沟区新华南大街1号
清河中医院	全民	50	116	16	2	20	8	北京市海淀区清河镇二街72号
房山区中医院	集体	215	273	37	11	60	10	北京市房山区保健路1号
北京联大中医学院附属中西医结合医院	全民	414	914	21	36	375	1	北京市东城区交道口北二条36号
罗有名中医骨伤科医院	全民	20	19	8			2	北京市朝阳区高碑店北路

北京市县中医院情况

所有制	医院数	病床总数（张）	职工总人数	其中		
				中医人数	西学中人数	西医人数
全民所有制县中医院	4	156	297	98	8	19
集体所有制县中医院						
合　计	4	156	297	98	8	19

天津中医学院第一附属医院

地址：天津市和平区多伦道169号　电话：22971

院长：石学敏

职工804人。卫技人员中，中医154人，其中主任医师4人、副主任医师30人、主治医师56人、住院医师164人、中医士6人；中西医结合24人。其中主任医师1人、副主任医师2人、主治医师19人、住院医师2人；西医22人、其中主任医师1人、副主任医师8人、主治医师5人、住院医师7人、医士1人；中药64人。其中主任中药师1人、副主任中药师2人、主管中药师7人、中药师49人、中药士5人。

床位总数为300张。其中内科111张，外科34张，眼科19张，骨科19张，按摩科18张，针灸科81张，妇科18张。

天津市区中医院情况

全　　称	所有制	病床总数(张)	职工总人数	中医人数	西医中人数	西医人数	中医临床科室数	详　细　地　址
和平区中医院	全民	100	200	42		32	10	天津市和平区贵州路43号
南开区中医院	全民	150	244	53	3	18	12	天津市南开区广开四马路
河东区中医院	全民	100	211	46	3	32		天津市河东区张贵庄道
河西区中医院	全民	120	234	59	11	40	16	天津市河西区大沽南路
红桥区中医院	全民	100	106	40	3	5	11	天津市西于庄城防里35号
东郊区中医院	全民	112	68	16		6	6	天津市东郊区跃进路44号
西郊区中医院	全民	85	123	10		45	5	天津市西郊区杨柳青15街建设路35号

天津市县中医院情况

所　有　制	医院数	病床总数(张)	职工总人数	其中：中医人数	西学中人数	西医人数
全民所有制县中医院	3	223	304	83	1	55
集体所有制县中医院						
合　　计	3	223	304	83	1	55

河北省地市中医院情况

全　　称	所有制	病床总数(张)	职工总人数	中医人数	西学中人数	西医人数	中医临床科室数	详　细　地　址
石家庄市中医院	全民	252	384	125	21		9	河北省石家庄市中山中路47号
保定地区中医院	全民	152	336	104	3	27	10	河北省保定市裕华西路32号
保定市中医院	全民	48	69	33	1	1	11	河北省保定市刘守庙2号
承德市中医院	全民	100	219	71	1	16	10	河北省承德市大庆路南152号
张家口市中医研究所附属医院	全民	250	305	65		26	11	河北省张家口市东河沿街56号
沧州市中西医结合医院	全民	306	409	26		81	11	河北省沧州市南环西路23号
邢台市中医院	全民	122	184	43	1	24	12	河北省邢台市桥东区东门里路北
衡水地区中医院	全民	60	50	22		2	9	河北省衡水市问津街
沧州市中医门诊部	全民		74	26	1	4	9	河北省沧州市新华中路139号
邯郸市中医院	全民	324	456	108	1	34	9	河北省邯郸市和平路东段
廊坊地区中医院（筹）	全民		67	16		6		河北省廊坊市廊北路
唐山市中医院	全民	200	243	74	4	5	10	河北省唐山市新华路中
秦皇岛市中医院	全民	100	164	45	1	17	13	河北省秦皇岛市海阳路
沧州地区中医院	全民	100	87	33	3	2	10	河北省沧州市运河区光荣街

河北中医学院附属医院

地址：河北省石家庄市长安西路3号　电话：46308

院长：李恩复

职工574人。卫技人员中，中医100人，其中主任医师1人、副主任医师7人、主治医师42人、住院医师50人；中西医结合1人，为副主任医师1人；西医61人，其中主任医师1人、副主任医师16人、主治医师35人、住院医师9人；中药10人、其中主管中药师2人、中药师7人、中药士1人。

床位总数为402张。其中内科153张，外科30张，妇科39张，儿科32张，针灸科54张，骨伤科30张，五官科18张，肛肠46张。

河北省县中医院情况

所有制	医院数	病床总数(张)	职工总人数	其中		
				中医人数	西学中人数	西医人数
全民所有制县中医院	114	4821	7405	2029	21	784
集体所有制县中医院	2	80	137	28		14
合计	116	4901	7542	2057	21	798

山西省中医研究所附属医院

地址：山西省太原市并州西路12号　电话：223284

院长：徐生旺

职工454人。卫技人员中，中医87人，其中主任医师2人、副主任医师12人、主治医师29人、住院医师41人、中医士3人；中西医结合33人。其中主任医师7人、副主任医师26人、西医20人，其中主任医师2人、副主任医师3人、主治医师9人、住院医师4人、医士2人；中药42人，其中副主任中药师1人、主管中药师14人、中药师27人。

床位总数为300张。其中内科91张，外科44张，妇科33张，儿科9张，干部病床20张，神经病科17张，五官科6张，皮肤、肛肠科15张，针灸科22张。

山西省地市中医院情况

全称	所有制	病床总数(张)	职工总人数	中医人数	西学中人数	西医人数	中医临床科室数	详细地址
太原市中医研究所附院	集体	202	281	93		13	13	山西省太原市坝陵南街13号
大同市中医院	全民	200	251	106		101	14	山西省大同市马王庙街1号
阳泉市中医院	全民	100	135	38	2	22	12	山西省阳泉市保全街
长治市第一中医院	全民	131	192	55		29	9	山西省长治市西门外华丰路3号
长治市第二中医院	全民	84	207	67		101	9	山西省长治市下南街紫坊巷
雁北地区中医院	全民	40	43	17		6	5	山西省大同市东环路
临汾地区中医院	全民	40	30	12		3	5	山西省临汾市解放路
晋中地区中医院	全民	103	167	37	6	11	11	山西省榆次市迎宾路
运城地区中医院	全民	100	76	29		2	6	山西省运城市建设路
忻州地区中医院	全民	50	17	5		2		山西省忻州市城内
吕梁地区中医院	全民		35	14	2	4		山西省离石县城北滨河路2号

山西省县中医院情况

所有制	医院数	病床总数(张)	职工总人数	其中		
				中医人数	西学中人数	西医人数
全民所有制县中医院	55	2312	2246	629	71	207
集体所有制县中医院	18	770	880	241	20	100
合计	73	3082	3126	870	91	307

内蒙古自治区中蒙医院

地址：内蒙古自治区呼和浩特市新城区

电话：26231

院长：苏力

职工658人。卫技人员中，中医171人，其中主任医师4人、副主任医师23人、主治医师52人、住院医师70人、中医士9人；中西医结合22人，其中主任医师1人、副主任医师12人、主治医师9人；西医14人，其中副主任医师4人、主治医师5人、住院医师4人；中药65人，其中主任中药师2人、副主任中药师3人、主管中药师8人、中药师16人、中药士26人。

床位总数为352张。其中中医内科91张，外科32张，妇科6张，五官科9张，针灸科6张，肿瘤科5张，气功、推拿科3张，肛肠科30张；蒙医内科69张，外科37张，脑系科39张。

内蒙古自治区地市中医院情况

全称	所有制	病床总数(张)	职工总人数	中医人数	西学中人数	西医人数	中医临床科室数	详细地址
乌海市中蒙医院	全民	50	77	36	5	2	8	内蒙古自治区乌海市
伊盟中医院	全民	50	110	68	6	4	5	内蒙古自治区伊盟东胜市
巴盟中医院	全民	85	231	110	20	23	8	内蒙古自治区巴盟临河市
伊盟蒙医研究所	全民	50	143	86	5	5	6	内蒙古自治区伊盟东胜市
巴盟蒙医院	全民	54	110	72	2	3	4	内蒙古自治区巴盟临河市
锡盟蒙医研究所	全民	100	179	97	2	5	5	内蒙古自治区锡盟乌兰浩特

内蒙古自治区县中医院情况

所有制	医院数	病床总数(张)	职工总人数	其中		
				中医人数	西学中人数	西医人数
全民所有制县中医院	39	964	2730	2054	121	96
集体所有制县中医院	15	450	1050	759	52	21
合计	54	1414	3780	2813	173	117

吉林省地市中医院情况

全称	所有制	病床总数(张)	职工总人数	中医人数	西学中人数	西医人数	中医临床科室数	详细地址
长春市中医院	全民	381	705	145	3	91	15	吉林省长春市
吉林市中医院	全民	105	175	49		17	10	吉林省吉林市
四平市中医院	全民	130	184	55	1	16	12	吉林省四平市
辽源市中医院	全民	120	176	28	3	9	10	吉林省辽源市
通化市中医院	全民	214	248	60		14	13	吉林省通化市
浑江市中医院	全民	54	111	28	1	8	9	吉林省浑江市

吉林省县中医院情况

所有制	医院数	病床总数(张)	职工总人数	其中		
				中医人数	西学中人数	西医人数
全民所有制县中医院	32	2334	3915	542	7	347
集体所有制县中医院	12	814	1682	264	7	146
合计	44	3148	5597	806	14	493

黑龙江中医学院附属医院

地址：黑龙江省哈尔滨市动力区和平路16号　电话：221401　228412

院长：于耀才

职工1053人。卫技人员中，中医174人，其中主任医师2人、副主任医师21人、主治医师57人、住院医师94人；中西医结合64人，其中主任医师4人、副主任医师22人、主治医师38人；西医28人，其中主任医师1人、副主任医师4人、主治医师8人、住院医师15人；中药108人，其中主任中药师1人、副主任中药师2人、主管中药师10人、中药师22人。

黑龙江省地市中医院情况

全称	所有制	病床总数(张)	职工总人数	中医人数	西学中人数	西医人数	中医临床科室数	详细地址
哈尔滨市中医院	全民	250	526	140	49	10	11	黑龙江省哈尔滨市道里区中医街
齐齐哈尔市中医院	全民	310	521	138	45	17	11	黑龙江省齐齐哈尔市铁峰区
牡丹江市中医院	全民	250	250	80	16	10	11	黑龙江省牡丹江市西安区长安街
佳木斯市中医院	全民	350	530	100	49	20	11	黑龙江省佳木斯市
鸡西市中医院	全民	150	200	60	10	4	10	黑龙江省鸡西市
伊春市中医院	全民	50	50	15	1	1	6	黑龙江省伊春市伊春区
鹤岗市中医院	全民	70	150	35	10	8	10	黑龙江省鹤岗市
大庆市中医院	全民	260	500	86	40	44	6	黑龙江省大庆市萨尔图区
双鸭山市中医院	全民	70	150	50	2	1	7	黑龙江省双鸭山市
七台河市中医院	全民	60	110	30	1	1	8	黑龙江省七台河市新兴区

床位总数为530张。其中内科呼吸32张，循环38张，消化37张，血液44张，肾病32张；老年病32张；肿瘤科20张；外科泌尿40张，疮疡25张；肛肠30张；妇产科50张；骨科85张；儿科20张；针灸科45张。

黑龙江省县中医院情况

所有制	医院数	病床总数(张)	职工总人数	其中		
				中医人数	西学中人数	西医人数
全民所有制县中医院	58	3591	6401	1394	335	45
集体所有制县中医院						
合计	58	3591	6401	1394	335	45

上海中医学院附属曙光医院

地址：上海市普安路185号　电话：261650

院长：石印玉

职工1005人。卫技人员中，中医199人，其中主任医师5人、副主任医师17人、主治医师50人、住院医师120人、中医士7人；中西医结合14人，其中主任医师8人、副主任医师6人；西医94人，其中主任医师5人、副主任医师11人、主治医师54人、住院医师43人、医士7人；中药37人，其中主管中药师5人、中药师7人、中药士25人。

床位总数450张。

上海中医学院附属龙华医院

地址：上海市宛平南路725号　电话：389700

院长：朱大年

职工829人。卫技人员中，中医196人，其中主任医师5人、副主任医师18人、主治医师62人、住院医师108人、中医士1人；中西医结合22人，其中主任医师4人、副主任医师1人、副主任医师4人、主治医师6人；西医35人，其中主任医师1人、副主任医师4人、主治医师17人、住院医师14人；中药43人，其中主管中药师2人、中药师12人、中药士29人。

床位总数为350张。其中内科80张，外科78张，妇科24张，儿科16张，伤科42张，肿瘤科27张，肝科29张，针灸科29张，耳鼻喉科5张，眼科4张，晚期吸血虫病专题10张，肾炎专题6张。

上海中医学院附属岳阳医院

地址：上海市岳阳路45号（住院部）青海路44号（门诊部）电话：374450（住院部）536300（门诊部）

院长：张　天

职工636人。卫技人员中，中医165人，其中主任医师5人、副主任医师12人、主治医师61人、住院医师79人、中医士8人；中西医结合38人，其中主任医师1人、主治医师4人、住院医师33人；西医46人，其中主任医师3人、副主任医师5人、主治医师17人、住院医师19人、医士2人；中药44人，其中主管中药师4人、中药师8人、中药士12人。

床位总数为200张。其中内科39张，外科8张，痔科21张，妇科11张，伤科40张，针灸科12张，推拿科23张，神经科7张。

上海市中医医院

地址：上海市眉州路34号　电话：417870

院长：朱德馨

职工383人。卫技人员中，中医155人，其中主任医师3人、副主任医师11人、主治医师35人、住院医师102人、中医士4人；中西医结合5人，其中主任医师1人、副主任医师

2人、主治医师2人；中药22人，其中主管中药师3人、中药师15人、中药士4人。

床位总数为105张。其中内科30张，外科23张，眼科2张，肝胆科8张，伤科18张，老年科4张，肿瘤科20张。

上海市中医门诊部

地址：上海市石门1路67弄1号　电话：580112

主任：曹家骏

职工210人。卫技人员中，中医75人，其中主任医师1人、副主任医师4人、主治医师24人、住院医师39人、中医士7人；中西医结合3人，其中副主任医师1人、主治医师1人、住院医师1人；西医7人，其中主治医师4人、住院医师3人；中药5人，其中主管中药师2人、中药师2人、中药士1人。

上海市区中医院情况

全　　称	所有制	病床总数(张)	职工总人数	中医人数	西学中人数	西医人数	中医临床科室数	详　细　地　址
南市区中医院	全民	102	336	38		66	11	上海市方浜中路59号
香山中医院	全民	102	242	22		14	11	上海市香山路28号
东海中医院	全民	46	81	35			10	上海市锦州路300号
普陀区中医院	集体	50	155	45		28	11	上海市西康路1000号

上海市县中医院情况

所　有　制	医院数	病床总数(张)	职工总人数	其中		
				中医人数	西学中人数	西医人数
全民所有制县中医院	1	30	73	21		9
集体所有制县中医院	4	325	692	163		90
合　　计	5	355	765	184		99

南京中医学院附属医院

地址：江苏省南京市汉中路155号　电话：641166

院长：唐蜀华

职工805人。卫技人员中，中医184人，其中主任医师13人、副主任医师32人、主治医师46人、住院医师93人；中西医结合29人，其中主任医师3人、副主任医师15人、主治医师11人；西医25人，其中副主任医师3人、主治医师11人、住院医师11人；中药74人，其中主任中药师3人、副主任中药师3人、主管中药师16人、中药师23人、中药士29人。

床位总数为382张。其中内科146张，伤科21张，痔科35张，针灸科40张，眼科11张，妇科32张，儿科30张，外科49张，脉管科18张。

江苏省地市中医院情况

全称	所有制	病床总数(张)	职工总人数	中医人数	西学中人数	西医人数	中医临床科室数	详细地址
南京市中医院	全民	340	573	148	8	43	16	江苏省南京市金陵路1号
无锡市中医院	全民	210	363	101		25	13	江苏省无锡市后西溪33号
徐州市中医院	全民	240	314	87		15	13	江苏省徐州市人民南路石磊巷
常州市中医院	全民	310	450	112		29	16	江苏省常州市和平路南路156号
苏州市中医院	全民	210	482	129		45	13	江苏省苏州市景德路314号
南通市中医院	全民	160	283	68		33	12	江苏省南通市建设路41号
盐城市中医院	集体	250	291	79		17	13	江苏省盐城市人民中路93号
扬州市中医院	全民	80	179	59		13	12	江苏省扬州市广陵路71号
镇江市中医院	全民	124	216	59		13	12	江苏省镇江市大同西路同德里38号
连云港市中医院	全民	31	98	22		5	9	江苏省连云港市新浦区南极南路
淮阴市中医院	全民	24	71	20		4	10	江苏省淮阴市淮海南路30号

江苏省县中医院情况

所有制	医院数	病床总数(张)	职工总人数	其中		
				中医人数	西学中人数	西医人数
全民所有制县中医院	45	3711	5227	1063	3	678
集体所有制县中医院	17	1409	2231	379		348
合计	62	5120	7458	1442	3	1026

浙江中医学院附属医院

地址：浙江省杭州市邮电路54号　电话：28001

院长：徐志镇

职工861人。卫技人员中，中医146人，其中主任医师3人、副主任医师14人、主治医师42人、住院医师79人、中医士8人；中西医结合11人，其中主任医师1人、副主任医师3人、主治医师6人、住院医师1人；西医144人，其中主任医师8人、副主任医师25人、主治医师63人、住院医师42人、医士4人；中药59人，其中主任中药师1人、副主任中药师1人、主管中药师3人、中药师23人、中药士31人。

床位总数为500张。其中内科160张，外科100张，儿科40张，妇科20张，血液、肿瘤科50张，骨伤、推拿科55张，综合病区55张，干部病区20张。

浙江中医学院附属门诊部

地址：浙江省杭州市庆春街中医学院内　电话：72313

主任：沈敦道

职工65人。卫技人员中，中医14人，其中副主任医师1人、主治医师2人、住院医师11人；西医9人，其中副主任医师1人、主治医师7人、住院医师1人；中药17人，其中中药师3人，中药士11人。

浙江省地市中医院情况

全称	所有制	病床总数(张)	职工总人数	中医人数	西学中人数	西医人数	中医临床科室数	详细地址
杭州市中医院	全民	300	599	130	9	69	10	浙江省杭州市环城西路59号
宁波市中医院	全民	150	230	83	2	6	13	浙江省宁波市孝闻巷64号
温州市中医院	全民	152	168	52		14	8	浙江省温州市大士门
湖州市中医院	全民	180	271	81		10	9	浙江省湖州市解放街
嘉兴市中医院	全民	50	219	61		39	10	浙江省嘉兴市勤俭路底
绍兴市中医院	全民	200	173	54	6	5	11	浙江省绍兴市上大路179号
金华市中医院	全民	200	236	68	2	33		浙江省金华市胜利路79号

浙江省县中医院情况

所有制	医院数	病床总数(张)	职工总人数	其中		
				中医人数	西学中人数	西医人数
全民所有制县中医院	45	1730	4120	944	12	592
集体所有制县中医院	7	324	809	203	1	142
合计	52	2054	4929	1147	13	734

安徽中医学院附属医院

地址：安徽省合肥市梅山路　电话：62764

院长：徐宝圻

职工702人。卫技人员中，中医169人，其中主任医师7人、副主任医师23人、主治医师48人、住院医师87人、中医士4人；中西医结合2人，其中主任医师1人、副主任医师1人；西医82人，其中主任医师8人、副主任医师21人、主治医师37人、住院医师16人；中药48人，其中副主任中药师2人、主管中药师5人、中药师20人、中药士11人。

床位总数362张。其中内科50张，外科12张，妇科25张，儿科13张，针灸15张，推拿科36张，伤骨科27张，老干部病房56张，泌尿科8张，五官科5张，眼科8张。

安徽中医学院附属针灸医院

地址：安徽省合肥市六安路75号　电话:73133

院长:周逸平

职工111人。卫技人员中，中医43人，其中主任医师2人、副主任医师3人、主治医师9人、住院医师19人、中医士3人；西医7人，其中主任医师1人、副主任医师1人、主治医师4人、住院医师1人；中药7人，其中中药师4人、中药士3人。

床位总数为100张。其中针灸内科50张、推拿科24张、伤骨科26张。

安徽省地市中医院情况

全称	所有制	病床总数(张)	职工总人数	中医人数	西学中人数	西医人数	中医临床科室数	详细地址
淮北市中医院	全民	40	40	15	1		9	安徽省淮北市相山淮海路80号
淮南市中医院	全民	100	142	51		5	5	安徽省淮南市人民路
马鞍山市中医院	全民	100	205	65	1	43	9	安徽省马鞍山市金家社区西新路40号
芜湖市中医院	全民	300	389	105	3	25	10	安徽省芜湖市九华山路340号
安庆市中医院	全民	160	254	53		30	10	安徽省安庆市龙山路67号
六安地区中医院	全民	150	169	35		16	10	安徽省六安市人民路
宿县地区中医院	全民		18	9			7	安徽省宿州市胜利路西段
蚌埠市中医门诊部	全民		37	20		1	6	安徽省蚌埠市朝阳路332号

安徽省县中医院情况

所有制	医院数	病床总数(张)	职工总人数	其中 中医人数	西学中人数	西医人数
全民所有制县中医院	30	1170	1609	570	4	229
集体所有制县中医院	19	963	1278	332	1	176
合计	49	2133	2887	902	5	405

福建中医学院附属人民医院

地址：福建省福州市吉祥山　电话：558135

院长：范德荣

职工516人。卫技人员中，中医132人，其中主任医师1人、副主任医师6人、主治医师28人、住院医师69人、中医士22人；中西医结合1人，为主治医师；西医60人，其中副主任医师8人、主治医师24人、住院医师27人、医士1人；中药31人，其中主管中药师2人、中药师5人、中药士22人。

床位总数为364张。其中急诊科20张，内科126张，外科45张，肿瘤科15张，痔瘘科30张，骨伤科30张，针灸科26张，妇科22张，眼科6张，耳鼻喉科6张，儿科38张。

福建省地市中医院情况

全称	所有制	病床总数(张)	职工总人数	中医人数	西学中人数	西医人数	中医临床科室数	详细地址
福州市中医院	全民	71	222	69	1	14	10	福建省福州市鼓东路13号
厦门市中医院	全民	195	338	76	1	35	10	福建省厦门市镇海路12号
漳州市中医院	全民	300	397	83		36	11	福建省漳州市吓仔巷
泉州市中医院	全民	200	256	70		11	9	福建省泉州市城南向阳新村
三明市中医院	全民	52	94	30		7	9	福建省三明市三元区
宁德地区中医院	全民	90	127	37		4	9	福建省宁德城东

福 建 省 县 中 医 情 况

所有制	医院数	病床总数(张)	职工总人数	其中		
				中医人数	西学中人数	西医人数
全民所有制县中医院	46	2417	2760	671		201
集体所有制县中医院	10	363	589	104		51
合计	56	2780	3349	775		252

江西中医学院附属中医院

地址：江西省南昌市八一大道153号

电话：62606

院长：黄存垣

职工559人。卫技人员中，中医103人，其中主任医师3人、副主任医师16人、主治医师38人、住院医师45人、中医士1人；中西医结合6人，其中主任医师1人、副主任医师1人、主治医师4人；西医24人，其中主任医师3人、副主任医师4人、主治医师12人、住院医师3人、医士2人；中药41人，其中副主任中药师2人、主管中药师10人、中药师28人、中药士1人。

床位总数为350张。其中内科100张，急诊科36张，针灸39张，肛肠科51张，中外科40张，儿科10张，伤骨科49张，眼科10张，妇科15张。

江西省地市中医院情况

全称	所有制	病床总数(张)	职工总人数	中医人数	西学中人数	西医人数	中医临床科室数	详细地址
洪都中医院	全民	200	320	84	3	14	11	江西省南昌市长征路138号
赣州市中医院	全民	270	271	77		20	10	江西省赣州市西津路42号
宜春市中医院	全民	200	204	47	2	26	10	江西省宜春市中山路330号
抚州市中医院	全民	208	175	46	2	15	9	江西省抚州市大公路142号
景德镇市中医院	全民	170	260	85	3	11	11	江西省景德镇市珠山路20号
新余市中医院	全民	100	172	50		14	9	江西省新余市建设路
萍乡市中医院	全民	150	215	70		7	10	江西省萍乡市跃进路站前三路
吉安市中医院	全民	81	132	51		10	10	江西省吉安市中山路37号
上饶市中医院	全民	55	199	48		21	10	江西省上饶市红东村
鹰潭市中医院	全民	150	140	28		25	8	江西省鹰潭市
九江市中医院	全民	80	108	36	2	4	9	江西省九江市

江西省县中医院情况

所有制	医院数	病床总数(张)	职工总人数	其中		
				中医人数	西学中人数	西医人数
全民所有制县中医院	84	4245	5236	1233		447
集体所有制县中医院	1	10	17	8		
合计	85	4255	5253	1241		447

山东中医学院附属医院

地址：山东省济南市历下区文化西路42号　电话：20414

院长：吕同杰

职工807人。卫技人员中，中医157人，其中主任医师11人、副主任医师23人、主治医师43人、住院医师79人、中医士1人；中西医结合43人，其中主任医师4人、副主任医师13人、主治医师26人；西医30人，其中主任医师1人、副主任医师5人、主治医师6人、住院医师15人，医士3人；中药74人，其中副主任中药师3人、主管中药师13人、中药师28人、中药士30人。

床位总数为404张。其中内科99张，外科33张，推拿科10张，妇科23张，儿科18张，血液病科28张，保健科19张，针灸科26张，痔瘘科28张，骨科68张，眼科18张，耳鼻喉科6张，急诊科28张。

山东省地市中医院情况

全称	所有制	病床总数(张)	职工总人数	中医人数	西学中人数	中医人数	中医临床科室数	详细地址
聊城地区中医院	全民	170	261	68		27	11	山东省聊城市文化路
德州地区中医院	全民	180	186	46		14	9	山东省德州市东方红路
菏泽地区中医院	全民	143	288	62		20	10	山东省菏泽市丹阳路
临沂地区中医院	全民	304	474	90		95	11	山东省临沂市解放路
惠民地区中医院	全民	102	159	49		9	9	山东省宾州市
济南市中医院	全民	220	407	122	14		11	山东省济南市共青团路麟趾巷
潍坊市中医院	全民	252	378	98	2	26	9	山东省潍坊市工农路
泰安市中医院	全民	100	168	56	1		10	山东省泰安市东岳大街西首
济宁市中医院	全民	120	258	53		31	9	山东省济宁市环城北路2号
淄博市中医院	全民	182	238	81		13	9	山东省淄博市周村区
烟台市中医院	全民	115	201	56	1	9	10	山东省烟台市芝罘区建德街1号
枣庄市中医院	全民	95	270	45	2	37	9	山东省枣庄市市中区公胜街

山东省县中医院情况

所有制	医院数	病床总数(张)	职工总人数	其中 中医人数	西学中人数	西医人数
全民所有制县中医院	67	3431	5133	370	1	354
集体所有制县中医院	6	503	752	52		63
合计	73	3934	5885	422	1	417

河南中医学院第一附属医院

地址：河南省郑州市人民路5号　电话：22520　院长：吕靖中

职工837人。卫技人员中，中医148人，其中主任医师3人、副主任医师32人、主任医师32人、住院医师3人、中医士1人；中西医结合49人，其中主任医师2人、副主任医师16人、主治医师30人、住院医师1人；西医62人，其中副主任医师4人、主治医师30人、住院医师26人、医士2人；中药72人，其中副主任中药师1人、主管中药师12人、中药师42人、中药士17人。

床位总数为500张。其中内科214张，肛肠科34张，皮肤脉管炎39张，外科47张，骨伤科30张，儿科30张，眼科30张，妇科45张，针灸31张。

河南省洛阳正骨医院

地址：河南省洛阳市白马寺镇　电话：51284

院长：郭维淮

职工553人。卫技人员中，中医90人，其中主任医师1人、副主任医师14人、主治医师26人、住院医师48人、中医士1人；中西医结合4人、其中主任医师1人、副主任医师1人、住院医师2人；西医22人，其中主任医师1人、副主任医师7人、主治医师8人、住院医师6人；中药28人，其中主管中药师1人、中药师14人、中药士13人。

床位总数为444张。其中骨伤科410张，内科30张。

河南省地市中医院情况

全称	所有制	病床总数(张)	职工总人数	中医人数	西学中人数	西医人数	中医临床科室数	详细地址
郑州市中医院	全民	444	600	116	18	70	13	河南省郑州市友爱路
洛阳市第一中医院	全民	250	302	76	3	20	19	河南省洛阳市玻璃厂路
洛阳市第二中医院	全民	200	252	65	2	23	16	河南省洛阳市南昌路口
开封市第一中医院	全民	280	356	154	3	7	14	河南省开封市财政厅东街54号
开封市第二中医院	全民	95	155	64		15	15	河南省开封市西郊解放路
新乡市中医院	全民	200	254	94	6	12	11	河南省新乡市向阳路
平顶山市中医院	全民	174	241	69	2	20	14	河南省平顶山市中兴路北段
安阳市中医院	全民	260	365	124	3	6	16	河南省安阳市三道街81号
濮阳市中医院(筹)	全民	15	20	11	2	1	3	河南省濮阳市京开大道北段
三门峡市中医院	全民	80	79	21		13	6	河南省三门峡市六峰路
鹤壁市中医院	全民	100	156	42	1	17	11	河南省鹤壁市汤河街13号
焦作市中医院	全民	207	342	73	11	29	9	河南省焦作市解放西路115号
漯河市中医院	全民	102	120	35	2	8	10	河南省漯河市交通路中段84号
许昌市中医院	全民	212	287	85	1	53	15	河南省许昌市前进路13号
周口地区中医院	全民	200	259	60	8	45	16	河南省周口市七一路西段
信阳地区中医院	全民	203	295	54	3	26	12	河南省信阳市解放路
商邱地区中医院	全民	165	259	55	12	46	10	河南省商邱市民主东路70号
驻马店地区中医院	全民	140	175	50	3	3	12	河南省驻马店市解放路西段

河南省县中医院情况

所有制	医院数	病床总数(张)	职工总人数	其中		
				中医人数	西学中人数	西医人数
全民所有制县中医院	82	4524	5693	1225		575
集体所有制县中医院	4	531	672	143		76
合计	86	5055	6365	1368		651

湖北中医学院附属医院

地址：湖北省 武汉市 武昌花园山4号

电话：877461　877462

院长：艾利民

职工1276人。卫技人员中。中医145人，其中主任2人、副主任医师13人、主治医师30人、住院医师98人、中医士2人；中西医结合37人，其中主任医师18人、副主任医师14人、主治医师5人；西医164人，其中主任医师4人、副主任医师15人、主治医师75人、住院医师70人、医士1人；中药72人，其中副主任中药师1人、主管中药师9人、中药师38人、中药士24人。

床位总数为703张。其中内科145张，外科15张，妇科42张，儿科19张，传染科70张，针灸科40张，五官科32张。

湖北省地市中医院情况

全称	所有制	病床总数(张)	职工总人数	中医人数	西学中人数	西医人数	中医临床科室数	详细地址
襄樊市中医院	全民	400	587	99	8	50	11	湖北省襄樊市长征路112号
武汉市中医院	全民	230	510	171	2		9	湖北省武汉市江岸区黎黄陂路
黄石市中医院	全民	230	362	80		14	11	湖北省黄石市
宜昌市中医院	全民	170	240	55	4	4	8	湖北省宜昌市胜利三路一号
鄂州市中医院	全民	130	157	38	1	29	9	湖北省鄂州市
鄂西州民族医院	全民	60	140	31	4	6	9	湖北省恩施市航空路31号
郧阳地区中医院	全民	50	105	18	1	7	6	湖北省十堰市茅箭区武当路12号
咸宁地区中医院	全民	50	53	12		4	6	湖北省咸宁市
荆门市中医院	全民	50	40	13		2	6	湖北省荆门市

湖北省县中医院情况

所有制	医院数	病床总数(张)	职工总人数	其中		
				中医人数	西学中人数	西医人数
全民所有制县中医院	71	6210	8643	1394	13	396
集体所有制县中医院	1	50	56	41		4
合计	72	6260	8699	1435	13	400

湖南中医学院第二附属医院

地址：湖南省长沙市蔡锷北路185号　电话：22978

院长：贺执茂

职工319人。卫技人员中，中医73人，其中主任医师1人、副主任医师12人、主治医师27人、住院医师43人、中医士5人；中西医结合6人，其中主任医师1人、副主治医师1人、住院医师2人；西医21人，其中主治医师7人、住院医师6人、医士8人；中药26人，其中主管中药师4人、中药师2人、中药士20人。

床位总数为179张。其中内科64张，骨伤科41张，肛肠科34张，皮肤疮疡科18张，针灸科14张，眼科8张。

湖南省地市中医院情况

全称	所有制	病床总数（张）	职工总人数	中医人数	西学中人数	西医人数	中医临床科室数	详细地址
湘潭市中医院	全民	202	269	136		21		湖南省湘潭市人民路
衡阳市中医院	全民	415	361	137		30		湖南省衡阳市解放路
株洲市中医院	全民	343	366	97		55		湖南省株洲市贺家土
长沙市中医院	全民	254	382	133		40		湖南省长沙市书院路
湘西民族中医院	全民	94	97	47		5		湖南省湘西苗族土家族自治州
邵阳市一中医院	全民	233	271	89		37		湖南省邵阳市
邵阳市二中医院	全民	170	171	76		11		湖南省邵阳市
岳阳市中医院	全民	125	147	62		15		湖南省岳阳市洞庭路

湖南省县中医院情况

所有制	医院数	病床总数（张）	职工总人数	其中		
				中医人数	西学中人数	西医人数
全民所有制县中医院	92	10075	10199	2810		1287
集体所有制县中医院	1	125	168	47		23
合计	93	10200	10367	2857		1310

广州中医学院附属医院

地址：广东省广州市机场路广州中医学院附属医院　电话：661912

院长：陈宏珪

职工830人。卫技人员中，中医126人，其中副主任医师9人、主治医师28人、住院医师87人、中医士2人；中西医结合9人，其中副主任医师5人，主治医师4人；西医46人，其中主任医师1人，副主任医师7人、主治医师13人、住院医师24人、医士1人；中药76人，其中主管中药师3人、中药师24人、中药士29人。

床位总数为502张。其中内科108张，外科47张，妇科32张，儿科45张，骨伤科60张，眼科18张，耳鼻喉科17张，针灸科45张，康复科32张，肿瘤科30张，港澳华侨外宾综合区40张，皮痔28张。

广州中医学院附属广东省中医院

地址：广东省广州市大德路111号 电话：887233

职工795人。卫技人员中，中医164人，其中主任医师2人、副主任医师30人、主治医师45人、住院医师82人、中医士5人；中西医结合57人，其中主任医师2人、副主任医师10人、主治医师19人、住院医师25人、医士1人；中药87人，其中副主任中药师3人、主管中药师3人、中药师6人、中药士48人。

床位总数为412张。其中内科121张，儿科31张，骨科85张，外科52张，针灸科28张，痔科36张，妇科28张，眼科14张，急诊17张。

广东省地市中医院情况

全称	所有制	病床总数（张）	职工总人数	西学中人数	西医人数	中医人数	中医临床科室数	详细地址
广州市中医院	全民	132	657	3	70	131	6	广东省广州市珠玑路16号
佛山市中医院	全民	200	376	1	38	69	15	广东省佛山市亲仁路9号
中山市中医院	全民	129	223	2	17	52	16	广东省中山市石岐悦来街2号
阳江市中医院	全民	120	251		25	36	9	广东省阳江县城漠阳街
江门市中医院	全民	165	404		37	85	7	广东省江门市跃进路62号
汕头市中医院	全民	50	185	4	24	47	11	广东省汕头市新兴路10号
梅州市中医院	全民	113	220		25	47	7	广东省梅县市梅松路20号
惠阳市中医院	全民	120	202		14	38	10	广东省惠州市下角区万寿山
东莞市中医院	全民	140	266	2	22	54	12	广东省东莞市莞城镇东城街60号
河源市中医院	全民	11	68		6	9	4	广东省河源县城公园西路29号
肇庆市中医院	全民	97	138		8	28	11	广东省肇庆市端州五路
湛江市第一中医院	全民	160	201	1	26	32	10	广东省湛江市赤坎区
茂名市中医院	全民	103	159	2	18	25	11	广东省茂名市油城五路
韶关市中医院	全民	123	213		5	72	9	广东省韶关市武江南路
清远市中医院	全民	100	129		9	28	9	广东省清远县城牛皇庙
湛江市第二中医院	全民	150	197		21	38	13	广东省湛江市霞山解放西路24号
深圳市中医院	全民		250	3	44	63	11	广东省深圳市解放西路147号
珠海市中医院	全民	35	29					广东省珠海市吉大景乐路

广东省县中医院情况

所有制	医院数	病床总数（张）	职工总人数	其中		
				中医人数	西学中人数	西医人数
全民所有制县中医院	64	2582	6039	940	44	652
集体所有制县中医院	8	169	877	106		120
合计	72	2751	6916	1046	44	772

广西中医学院第一附属医院

地址：广西壮族自治区南宁市园湖路2号　电话：22294

院长：李少强

职工637人。卫技人员中，中医109人，其中主任医师1人、副主任医师13人、主治医师38人、住院医师47人、中医士10人；中西医结合8人，其中副主任医师4人、主治医师4人；西医68人，其中副主任医师17人、主治医师39人、住院医师12人；中药28人，其中副主任中药师1人、主管中药师6人、中药师13人、中药士8人。

床位总数为460张。其中内科150张，外科100张，痔瘘科50张，儿科45张，妇产科40张，针灸科50张，高干病房科25张。

广西中医学院第二附属医院

地址：广西壮族自治区南宁市南京路39号　电话：25453

院长：韦永兴

职工527人。卫技人员中，中医84人，其中副主任医师6人、主治医师25人、住院医师48人、中医士5人；中西医结合5人，其中副主任医师3人、主治医师2人；西医88人，其中主任医师2人、副主任医师15人、主治医师39人、住院医师26人、医士6人；中药15人，其中主管中药师1人、中药师6人、中药士8人。

床位总数为300张。其中内科90张，外科90张，儿科35张，妇产科35张，针灸科35张，门诊观察室及简易病床15张。

广西壮族自治区地市中医院情况

全称	所有制	病床数(张)	职工人数	中医人数	西学中人数	西医人数	中医临床人数	详细地址
桂林市中医院	全民	355	395	104	5	30	14	湖南省桂林市临桂路4号
柳州市中医院	全民	285	205	82		17	12	湖南省柳州市解放北路32号
柳州市第二中医院	集体	12	175	44		24	12	湖南省柳州市罗池路1号
梧州市中医院	集体	53	260	76	1	28	12	湖南省梧州市埠民路4号
北海市中医院	全民	264	281	68	1	21	12	湖南省北海市中山西路83号
南宁市中医院	全民	75	271	57	1	39	12	湖南省南宁市新华街28号
玉林地区中医院	全民	200	284	59		19	13	湖南省玉林市县西路174号
河池地区中医院	全民	165	173	33		17	12	湖南省河池市新建路69号

广西壮族自治区县中医院情况

所有制	医院数	病床总数(张)	职工总人数	其中 中医人数	西学中人数	西医人数
全民所有制县中医院	39	1970	2999	624		159
集体所有制县中医院						
合计	3	1970	2999	624		159

四川省地市中医院情况

全称	所有制	病床总数(张)	职工总人数	中医人数	西学中人数	中医临床科室数	西医人数	详细地址
泸州医学院附属中医院	全民	170	230	45	1	15	19	四川省泸州市忠山
重庆中医研究所附院	全民	302	308	73		13	13	四川省重庆市一号桥
重庆市中医院	全民	111	297	145	2	12	7	四川省重庆市小什字街
成都市中医院	全民	237	408	73	1	14	14	四川省成都市红星街中路44号
自贡市中医院	全民	242	457	162	3	10	34	四川省自贡市大安区马二中口街59号
泸州市中医院	全民	120	214	73		10	11	四川省泸州市新区
内江市中医院	全民	110	200	35		10	5	四川省内江市河西村街42号
绵阳市中医院	全民	30	88	41		7	7	四川省绵阳市成绵路90号
广元市中医院	全民	122	165	26		8	9	四川省广元市建设路44号
遂宁市中医院	全民	200	142	23		9	12	四川省遂宁市裕牛街3号
甘孜州藏医院	全民	50	47			5		四川省康定县城关

四川省县中医院情况

所有制	医院数	病床总数(张)	职工总人数	其中		
				中医人数	西学中人数	西医人数
全民所有制县中医院	74	5637	6686	1822	11	344
集体所有制县中医院	77	5183	7255	1886	3	276
合计	151	10920	13941	3708	14	620

贵阳中医学院第二附属医院

地址：贵州省贵阳市飞山街83号

电话：24687 23162

院长：陈忠仁

职工485人。卫技人员中，中医69人，其中副主任医师5人、主治医师27人、住院医师33人、中医士4人；中西医结合38人，其中副主任医师7人、主治医师30人、住院医师1人；西医45人，其中主任医师1人、副主任医师4人、主治医师22人、住院医师6人、医士12人；中药31人，其中副主任中药师1人、主管中药师5人、中药师3人、中药士9人。

床位总数为250张。其中内科135张，外科50张，妇产科40张，骨伤科25张，针灸科13张。

贵州省地市中医院情况

全称	所有制	病床总数（张）	职工总人数	中医人数	西学中人数	西医人数	中医临床科室数	详细地址
黔南州中医院	全民	200	311	97		45	8	贵州省都匀市
黔西南州中医院	全民	80	133	28	1	20	6	贵州省兴义市
黔东南州中医院	全民	35	91	44		4	5	贵州省凯里市
毕节地区中医院	全民	120	219	73		18	7	贵州省毕节县城关镇
遵义市中医院	全民	220	266	98		24	9	贵州省遵义市
贵阳市南明区中医院	全民	97	174	40		56	8	贵州省贵阳市
六盘水市水城特区中医院	全民	16	43	15		13	5	贵州省六盘水市水城特区
铜仁市中医院	全民	100	125	26		31	7	贵州省铜仁市

贵州省县中医院情况

所有制	医院数	病床总数（张）	职工总人数	其中		
				中医人数	西学中人数	西医人数
全民所有制县中医院	31	1117	1367	474	2	229
集体所有制县中医院	3	165	245	107		35
合计	34	1282	1612	581	2	264

云南中医学院附属医院

地址：云南省昆明市光华 街104号

电话：22056　22057　22058

院长：吴生亢

职工593人。卫技人员中，中医115人，其中主任医师8人、副主任医师12人、主治医师32人、住院医师57人、中医士6人；中西医结合8人，其中主任医师2人、副主任医师1人、主治医师5人；西医87人，其中主任医师4人、副主任医师12人、主治医师31人、住院医师23人、医士17人；中药34人，其中副主任中药师1人、主管中药师8人、中药师16人、中药士9人。

床位总数为300张。其中内科60张，外科50张，儿科40张，五官科30张，干部病房20张，妇科30张，痔瘘科50张，急诊科20张。

云南省地市中医院情况

全称	所有制	病床总数（张）	职工总人数	中医人数	西学中人数	西医人数	中医科室临床数	详细地址
昆明市中医院	全民	402	483	93		68	15	云南省昆明市东风东路27号
楚雄州中医院	全民	170	211	51		26	8	云南省楚雄市鹿城西路
保山地区中医院	全民	120	96	43		6	6	云南省保山市
思茅地区中医院	全民	165	181	37		23	7	云南省思茅县南正街21号
文山州中医院	全民	60	61	30		4	5	云南省文山县开化镇
东川市中医院	全民	50	83	24		15	7	云南省东川市新村古钢路
曲靖地区中医院	全民	60	53	24		1	6	云南省曲靖市交通路
昭通地区中医院	全民	100	160	41		16	7	云南省昭通市
怒江州中医院	全民		30	13		4		云南省怒江州泸水县六库镇
迪庆州藏医院	全民		12	10				云南省中甸县

云南省县中医院情况

所有制	医院数	病床总数（张）	职工总人数	其中		
				中医人数	西学中人数	西医人数
全民所有制县中医院	36	937	1286	370		202
集体所有制县中医院	21	634	832	213		97
合计	57	1571	2118	583		299

陕西中医学院附属医院

地址：陕西省咸阳市安定路　电话：5378

院长：张武翔

职工585人。卫技人员中，中医102人，其中主任医师2人、副主任医师11人、主治医师23人、住院医师65人、中医士1人；中西医结合42人，其中主任医师1人、副主任医师2人、主治医师13人、住院医师26人；西医29人，其中主任医师1人、副主任医师6人、主治医师7人、住院医师15人；中药55人，其中主管中药师5人，中药师13人、中药士35人。

床位总数为260张，其中内科68张，外科40张，骨伤科20张，妇科30张，儿科22张，传染科37张，肿瘤科17张，眼科12张，针灸科14张，急诊科9张。

陕西省中医药研究院附属医院

地址：陕西省西安市西华门20号　电话：71—8712

院长：章逢润

职工350人。卫技人员中，中医72人，其中主任医师1人、副主任医师7人、主治医师36人、住院医师28人、中医士3人；中西医结合56人，其中主任医师2人、副主任医师26人、主治医师28人；西医18人，其中主治医师9人、住院医师7人、医士2人；中药36人，其中主任中药师2人、主管中药师7人、中药师11人、中药士16人。

床位总数为200张，其中内科96张，热病26张，外科13张，骨伤科13张，针灸科9张，儿科11张，妇科11张，眼科11张，肛肠科10张。

甘肃省中医院

地址：甘肃省兰州市七里河王家堡27号 电话：35211

职工520人。卫技人员中，中医106人，其中主任医师5人、副主任医师8人、主治医师22人、住院医师63人、中医士8人；中西医结合30人，其中主任医师2人、副主任医师5人、主治医师20人、住院医师3人；西医67人，其中副主任医师4人、主治医师21人、住院医师24人、医士18人；中药31人，其中副主任中药师3人、主管中药师7人、中药师18人、中药士3人。

床位总数为500张。其中痔瘘科51张，干部20张，内科心脑57张，内科消化呼吸65张，针灸科67张，急诊18张，中医外科61张，按摩18张，儿科38张，妇科24张，骨科81张。

甘肃省地市中医院情况

全称	所有制	病床总数（张）	职工总人数	中医人数	西学中人数	西医人数	中医临床科室数	详细地址
天水市中医院	全民	100	98	52	2	1	4	甘肃省天水市解放路
庆阳地区中医院	全民	200	256	44	4	36	7	甘肃省庆阳地区西峰市
武威地区中医院	全民	70	91	18	1	10	3	甘肃省武威市城关镇东关街1号
临夏州中医院	全民	50	56	15		2	4	甘肃省临夏市
金昌市中医院	全民		20	9		1		甘肃省金昌市延安路
白银市中医院	全民		7	5				甘肃省白银市

甘肃省县中医院情况

所有制	医院数	病床总数（张）	职工总人数	其中		
				中医人数	西学中人数	中医人数
全民所有制县中医院	54	1112	1861	637	5	215
集体所有制县中医院	1	100	55	18		14
合计	55	1212	1916	655	5	229

青海省中医院

地址：青海省西宁市七一路220号 电话：77036

院长：胡国栋

职工448人。卫技人员中，中医82人，其中主任医师2人、副主任医师5人、主治医师38人、住院医师32人、中医士5人；中西医结合22人，其中主任医师1人、副主任医师4人、主治医师7人、住院医师10人；西医18人，其中主任医师2人、副主任医师4人、主治医师10人、住院医师2人；中药32人，其中副主任中药师3人、主管中药师6人、中药师8人、中药士15人。

床位总数为346张。其中内科134张，外科28张，妇科40张，肛肠科32张，保健科24张，针灸科36张，急诊科16张，骨伤科36张。

青海省地市中医院情况

全称	所有制	病床总数(张)	职工总人数	中医人数	西学中人数	西医人数	中医临床科室数	详细地址
玉树藏族自治州藏医院	全民	62	47	24			5	青海省玉树州结古镇
海西蒙古族藏族自治州蒙藏医院	全民	25	37	11	4	1	6	青海省海西州德令哈镇幸福路7号
黄南藏族自治州藏医院	全民	50	65	28		4	5	青海省黄南州同仁隆务镇
海南藏族自治州藏医院	全民	54	39	15		3	2	青海省海南州恰卜恰镇
果洛藏族自治州藏医院	全民	20	21	11			2	青海省果洛州大武镇

青海省县中医院情况

所有制	医院数	病床总数(张)	职工总人数	其中		
				中医人数	西学中人数	西医人数
全民所有制县中医院	22	427	593	227	13	59
集体所有制县中医院						
合计	22	427	593	227	13	59

宁夏回族自治区地市中医院情况

全称	所有制	病床总数(张)	职工总人数	中医人数	西学中人数	西医人数	中医临床科室数	详细地址
银川市中医院	全民	152	304	63	5	28	12	宁夏回族自治区银川市解放西街
固原地区中医院	全民	70	99	19		11	4	宁夏回族自治区原县城政府街
石嘴山市中医院	全民	14	43	12		2	2	宁夏回族自治区石嘴山市石嘴山区

宁夏回族自治区县中医院情况

所有制	医院数	病床总数(张)	职工总人数	其中		
				中医人数	西学中人数	西医人数
全民所有制县中医院	6	285	421	77		43
集体所有制县中医院						
合计	6	285	421	77		43

新疆维吾尔自治区中医医院

地址：新疆维吾尔自治区乌鲁木齐市黄河路53号　电话：53611　53612

院长：金洪元

职工587人。卫技人员中，中医83人，其中主任医师5人、副主任医师4人、主治医师24人、住院医师46人、中医士4人；中西医结合36人。其中主任医师6人、副主任医师6人、主治医师23人、住院医师1人；西医24人，其中主任医师1人、副主任医师1人、主治医师9人、住院医师9人、医士4人；中药53人，其中主任中药师1人、副主管中药师8人，中药师22人、中药士22人。

床位总数为324张。其中心血管、血液科46张，内科80张，外科81张，妇科44张，儿科16张，针灸科48张，干部9张，观察床5张。

【中医药院校】*

北京中医学院

地址：北京市北三环东路11号　电话：4212731

院长：高鹤亭

职工1297人。医药专任教师335人，其中教授29人、副教授69人、讲师95人、助教130人、教员12人。

专业设置	学制	在院学生数	1987年毕业人数	1987年招生人数
中医	6年	750	120	147
中药	5年	399	48	77
针灸推拿	5年	201	26	37
护理	3年	60		

在院硕士研究生141人。1987年招硕士研究生49人，毕业40人。在院博士研究生12人。1987年招博士研究生5人，毕业2人。在院外国留学生59人。

附属机构：北京中医学院附属东直门医院、第二附属医院、中药研究所、气功研究所，基础理论研究所，制药厂，《中华气功》杂志社，《中医教育》杂志社。

北京针灸骨伤学院

地址：北京市北新仓18号　电话：446661—3003

院长：陈绍武

职工231人。医药专任教师70人，其中副教授32人、讲师60人、助教57人。

在院硕士研究生5人，1987年毕业5人。

专业设置	学制	在院学生数	1987年毕业人数	1987年招生人数
针灸	5年	31		16
骨伤	5年	42		27

北京联合大学中医药学院

地址：北京市和平里花园街22号　电话：4211194

院长：方生

职工208人。医药专任教师84人，其中副教授9人、讲师38人、助教30人，教员7人。

专业设置	学制	在院学生数	1987年毕业人数	1987年招生人数
中医	5年	324	42	47

北京卫生学校

地址：北京市宣武区南横西街94号　电话：336731

职工336人。医药专任教师150人，其中高级讲师2人、讲师50人、助理讲师1人、教员97人。

专业设置	学制	在校学生数	1987年毕业人数	1987年招生人数
中药士	3年	140	45	45

中日友好医院卫生学校

地址：北京市中日友好医院内　电话：

* "中医药院校"栏中，专业设置、学制、在校学生数、毕业数与招生数等，均由国家教委计财局统计处李焕珠、林志华提供。

446831转4702

职工39人。医药专任教师15人，其中高级讲师2人、讲师8人、助理讲师2人、教员3人。

专业设置	学制	在校学生数	1987年毕业人数	1987年招生人数
中药士	3年	19	15	5

北京市医疗器械学校

地址：北京市朝阳区劲松二中院内　电话：781456

职工100人。医药专任教师57人，均为教员。

专业设置	学制	在校学生数	1987年毕业人数	1987年招生人数
中药制剂	4年	80		40

通县卫生学校

地址：北京市通县梨元乡　电话：9525931

职工76人。医药专任教师39人，其中高级讲师3人、讲师3人、教员33人。

专业设置	学制	在校学生数	1987年毕业人数	1987年招生人数
中医士	4年	177		50

门头沟区卫生学校

地址：北京市门头沟区大峪南路30号　电话：8773458

职工41人。医药专任教师23人，其中讲师3人、教员20人。

专业设置	学制	在校学生数	1987年毕业人数	1987年招生人数
中医士	4年	40		

房山区卫生学校

地址：北京市房山区大石河　电话：9323138

校长：李让

职工91人。医药专任教师45人，其中讲师4人、教员41人。

专业设置	学制	在校学生数	1987年毕业人数	1987年招生人数
中医士	4年	48		

天津中医学院

地址：天津市南开区西湖村　电话：703426

副院长：高金亮　吴炳岳

职工682人。医药专任教师302人，其中教授16人、副教授35人、讲师125人、助教107人、教员19人。

专业设置	学制	在院学生数	1987年毕业人数	1987年招生人数
中医	5年	442	121	75
中医康复	5年	32		15
中医外科	5年	74		15
中医骨伤	5年	76		15
针灸	5年	155		30
中药	4年	91		30

在院硕士研究生87人。1987年招硕士研究生33人，毕业22人。在院博士研究生1人，1987年招博士研究生1人。

附属机构：天津中医学院第一附属医院，第二附属医院，中医研究所，《天津中医》杂志社。

天津市中药学校

地址：天津市河东区复兴庄西街1号　电话：241527

校长：闫建民

职工91人。医药专任教师42人，其中高级讲师4人、讲师6人、助理讲师23人、教员3人。

专业设置	学制	在校学生数	1987年毕业人数	1987年招生人数
中药商品	4年	119	39	
中药商品	3年	65	48	
中药制药	4年	86		44

塘沽卫生学校

地址：天津市塘沽　电话：984779

职工57人。医药专任教师38人，其中讲师2人、助理讲师8人、教员28人。

专业设置	学制	在校学生数	1987年毕业人数	1987年招生人数
中医护士	3年	80		80

天津市护士学校

地址：天津市和平区鞍山道182号　电话：702088

职工232人。医药专任教师126人，其中讲师32人、教员94人。

专业设置	学制	在校学生数	1987年毕业人数	1987年招生人数
中医护理	4年	40		

武清卫生学校

地址：天津市武清县杨村镇新开西路北侧　电话：931133

职工77人。医药专任教师47人，其中讲师4人、教员43人。

专业设置	学制	在校学生数	1987年毕业人数	1987年招生人数
中医护士	3年	40		40

河北中医学院

地址：河北省石家庄市新石南路　电话：31500

院长：夏锦堂

职工401人。医药专任教师136人，其中教授7人、副教授26人、讲师21人、教员21人、助教61人。

专业设置	学制	在院学生数	1987年毕业人数	1987年招生人数
中医	5年	690	102	150
针灸	3年	82		50

张家口医学院中医系

地址：河北省张家口市长清路14号　电话：3571　3563转375

主任：任启瑞

中医药教师共29人，其中副教授5人、讲师8人、助教11人、教员5人。

专业设置	在院学生数	学制	1987年毕业人数	1987年招生人数
中医	205	5年		

承德医学院中医系

地址：河北省承德市翠乔路　电话：4592转

主任：张华珠

中医药教师30人，其中副教授6人、讲师13人、助教6人、教员5人。

专业设置	在院学生数	学制	1987年毕业人数	1987年招生人数
中医	124	5年		40

河北省卫生学校

地址：河北省保定市红星路21号　电话：22740

职工57人。医药专任教师48人，其中讲师5人、教员43人。

专业设置	学制	在校学生数	1987年毕业人数	1987年招生人数
中药士	3年		50	

石家庄地区卫生学校

地址：河北省石家庄市农机街8号　电话：23534

职工164人。医药专任教师89人，其中高级讲师1人、讲师23人、教员65人。

专业设置	学制	在校学生数	1987年毕业人数	1987年招生人数
中医士	3年		40	

沧州卫生学校

地址：河北省沧州市西环路　电话：23282

校长：张春兰

职工212人。医药专任教师111人，其中讲师27人、教员84人。

专业设置	学制	在校学生数	1987年毕业人数	1987年招生人数
针灸医士	3年	144	51	40

邢台地区卫生学校

地址：河北省邢台市桥西区钢铁北路83号　电话：2503

校长：王寿增

职工169人。医药专任教师75人，其中讲师10人、教员65人。

专业设置	学制	在校学生数	1987年毕业人数	1987年招生人数
针灸医士	3年	121	40	41

大同医学专科学校

地址：山西省大同市　电话：22195

中医药教师共17人，其中讲师9人、助教6人、教员2人。

专业设置	学制	在校学生数	1987年毕业人数	1987年招生人数
中医	3年	300	101	98

山西省中医学校

地址：山西省太原市双塔东街14号　电话：222432

职工79人。医药专任教师55人，其中高级讲师1人、讲师14人、助理讲师31人、教员9人。

专业设置	学制	在校学生数	1987年毕业人数	1987年招生人数
中药士	3年	123		45

山西省中药材学校

地址：山西省太原市民航南路8号　电话：774794

职工248人。医药专任教师98人，其中讲师8人、助理讲师56人、教员34人。

专业设置	学制	在校学生数	1987年毕业人数	1987年招生人数
中药商品	2年	55	191	
中药商品	3年	191	97	
中药鉴定	2年	57		
中药鉴定	3年	96		96
药用植物栽培	2年	56		

山西省盲人中级卫生学校

地址：山西省太原市王村南街12号　电话：774103

校长：秦玺

职工32人。医药专任教师14人，其中助理讲师5人、教员9人。

专业设置	学制	在校学生数	1987年毕业人数	1987年招生人数
按摩	4年	91		

运城地区卫生学校

地址：山西省运城市红旗西路　电话：3460

校长：王庆孝

职工154人。医药专任教师96人，其中讲师23人、助理讲师31人、教员42人。

专业设置	学制	在校学生数	1987年毕业人数	1987年招生人数
中医士	3年	91		50

忻州地区卫生学校

地址：山西省忻州市健康西路　电话：3483

职工133人。医药专任教师74人，其中高级讲师1人、讲师11人、助理讲师47人、教员15人。

专业设置	学制	在校学生数	1987年毕业人数	1987年招生人数
中医士	3年	170	40	90
中药士	3年		40	

雁北地区卫生学校

地址：山西省大同市南关小东门4号

职工146人。医药专任教师86人，其中讲师4人、教员82人。

专业设置	学制	在校学生数	1987年毕业人数	1987年招生人数
中医士	3年		39	

长治市卫生学校

地址：山西省长治市环东路　电话：4081

职工62人。医药专任教师62人，其中讲师1人、教员37人。

专业设置	学制	在校学生数	1987年毕业人数	1987年招生人数
中医护士	3年	80		80

内蒙古医学院

地址：内蒙古自治区呼和浩特市新华大街　电话：34910

中医药教师共62人，其中教授1人、副教授7人、讲师21人、助教33人。

专业设置	学制	在院学生数	1987年毕业人数	1987年招生人数
中医	5年	270	44	80

内蒙古蒙医学院

地址：内蒙古自治区通辽市　电话：3796

院长：苏荣扎布

职工890人。医药专任教师232人，其中教授1人、副教授22人、讲师78人、助教81人、教员50人。

专业设置	学制	在院学生数	1987年毕业人数	1987年招生人数
蒙医	5年	411	44	130
蒙医	3年	40		40

附属机构：内蒙古蒙医学院附属医院。

内蒙古医院附设卫生学校

地址：内蒙古自治区呼和浩特市南街南门外　电话：43631转314

校长：李汉芸

职工48人。医药专任教师27人，其中讲师2人、教员25人。

专业设置	学制	在校学生数	1987年毕业人数	1987年招生人数
中医士	3年	18		

乌盟卫生学校

地址：内蒙古自治区集宁市文化路9号　电话：2312

职工252人。医药专任教师110人，其中讲师11人、教员99人。

专业设置	学制	在校学生数	1987年毕业人数	1987年招生人数
中药士	3年	40		40

锡林郭勒盟卫生学校

地址：内蒙古自治区锡林郭勒盟太旗宝昌镇

职工62人。医药专任教师26人，其中讲师2人、教员24人。

专业设置	学制	在校学生数	1987年毕业人数	1987年招生人数
中草药	3年		35	

内蒙古呼伦贝尔蒙医学校

地址：内蒙古自治区海拉尔市　电话：3596

校长：宝音德力格尔

职工136人。医药专任教师73人，其中讲师19人、助理讲师36人、教员7人。

专业设置	学制	在校学生数	1987年毕业人数	1987年招生人数
蒙医士	3年	40		40
蒙药士	3年	42		42

辽宁中医学院

地址：辽宁省沈阳市北陵大街三段五号 电话：62567

院长：刘鹏举

职工895人。医药专任教师340人，其中教授17人、副教授61人、讲师106人、助教156人。

专业设置	学制	在院学生数	1987年毕业人数	1987年招生人数
中医	5年	653	151	115
中药	4年	210	50	30
针灸	5年	206	30	59
骨伤	5年	90		30

在院硕士研究生78人，1987年招硕士研究生40人、毕业7人。在院博士研究生1人，1987年招博士研究生1人。

附属机构：辽宁中医学院附属医院，附属卫校，制药厂。

沈阳药学院

地址：辽宁省沈阳市沈河区文化路三段7号 电话：483706

院长（代）：靳瑞征

职工1109人。医药专任教师314人，其中教授12人、副教授68人、讲师104人、助教130人。

专业设置	学制	在院学生数	1987年毕业人数	1987年招生人数
中药	4年	250	59	60

辽宁中医学院附属卫生学校

地址：辽宁省沈阳市皇姑区北陵大街三段5号 电话：67036

校长：杨永广

职工14人。医药专任教师5人，其中讲师3人、教员2人。

专业设置	学制	在校学生数	1987年毕业人数	1987年招生人数
中药	3年	30	29	
护士	3年	457	30	147

长春中医学院

地址：吉林省长春市工农大路15号 电话：52265

院长：邓明鲁

职工1357人。医药专任教师275人，其中教授19人、副教授59人、讲师97人、助教84人、教员16人。

专业设置	学制	在院学生数	1987年毕业人数	1987年招生人数
中医	5年	642	81	119
中药	4年	168	39	42
针灸	5年	43		43
针灸	3年	86		
骨伤	3年	42		42

在院硕士研究生47人，1987年招生硕士研究生21人。

附属机构：长春中医院附属医院，长春中医学院附属卫校，长春中医学院中医研究所，长春中医学院附属药厂，《吉林中医药》编辑部、《长春中医学院学报》编辑部。

长春中医学院附属卫生学校

地址：吉林省长春市工农大路14号 电话：52771

校长：王兵

职工30人。医药专任教师20人，其中高级讲师2人、讲师5人、助理讲师6人、教员7人。

专业设置	学制	在校学生数	1987年毕业人数	1987年招生人数
针灸推拿医士	3年	60		30
中医护士		92		50

吉林省人民医院卫生学校

地址：吉林省长春市红旗街工农大路副11号　电话：53501转269

校长：刘琨

职工30人。医药专任教师21人，其中高级讲师2人、讲师5人、助理讲师11人、教员3人。

专业设置	学制	在校学生数	1987年毕业人数	1987年招生人数
中医护士	3年	70	46	

吉林省卫生学校

地址：吉林省长春市船营区珲春街53号　电话：25739

职工190人。医药专任教师108人，其中高级讲师4人、讲师19人、教员85人。

专业设置	学制	在校学生数	1987年毕业人数	1987年招生人数
针灸推拿	3年	45		

通化市卫生学校

地址：吉林省通化市民主路88号　电话：2083

职工207人。医药专任教师108人，其中高级讲师2人、讲师26人、教员80人。

专业设置	学制	在校学生数	1987年毕业人数	1987年招生人数
中医士	3年	50		50

延边卫生学校

地址：吉林省延吉市新兴街　电话：5502

职工192人。医药专任教师102人，其中高级讲师6人、讲师24人、教员72人。

专业设置	学制	在校学生数	1987年毕业人数	1987年招生人数
中药	3年	197	48	50

黑龙江中医学院

地址：黑龙江省哈尔滨市动力区和平路14号　电话：220652

院长：栗德林

职工1008人。医药专任教师313人，其中教授14人、副教授53人、讲师138人、助教108人。

专业设置	学制	在院学生数	1987年毕业人数	1987年招生人数
中医	5年	626	183	119
中药	4年	245	89	60
针灸	5年	264		62
骨伤	5年	139		39
中医护理	3年	37		

在院硕士研究生116人，1987年招硕士研究生34人、毕业21人。在院博士研究生6人，1987年招博士研究生4人。

附属机构：黑龙江中医学院附属医院，中药研究所，中医基础理论研究所，中医实验研究中心，中药厂，《中医药学报》编辑部。

黑龙江省中医药学校

地址：黑龙江省佳木斯市　电话：21894

校长：崔天东

职工190人。医药专任教师90人，其中高级讲师1人、讲师20人、助理讲师24人、教员45人。

专业设置	学制	在校学生数	1987年毕业人数	1987年招生人数
针灸医士	3年	32	41	
中医士	3年	52		52
骨伤医士	3年	73	41	42
中药士	3年	214	52	102
中医护士	3年	156		52

上海中医学院

地址：上海市零陵路530号　电话：385400

院长：陆德铭

职工995人。医药专任教师246人，其中教授35人、副教授61人、讲师70人、助教80人。

专业设置	学制	在院学生数	1987年毕业人数	1987年招生人数
中医	5年	650	113	118
针灸	5年	214	32	54
推拿	5年	213	20	50
中药	4年	185	30	38

在院硕士研究生171人，1987年招硕士研究生49人，毕业46人。在院博士研究生6人，1987年招博士研究生3人。

附属机构：上海中医学院附属曙光医院、龙华医院、岳阳医院，上海市气功研究所，上海市针灸经络研究所，上海中医学院中医文献研究所，中药研究所，《上海中医药杂志》社，上海中医学院附属卫生学校。

上海中医学院附属卫生学校

地址：上海市徐汇区宛平南路650号 电话：381576

职工70人。医药专任教师43人，其中高级讲师4人、讲师27人、助理讲师12人。

专业设置	学制	在校学生数	1987年毕业人数	1987年招生人数
推拿医士	4年	31	31	
中医护士	3年	47		47
护士	3年	185	84	38

上海市医药学校

地址：上海市浦东沈家弄路700号 电话：847179

职工188人。医药专任教师69人，其中高级讲师2人、讲师20人、助理讲师42人。

专业设置	学制	在校学生数	1987年毕业人数	1987年招生人数
中药制药	4年	156		73
中药士	4年	27		

上海市闸北中医学校

地址：上海市大统路933号 电话：62803

校长：张学忠

职工87人。医药专任教师46人，其中讲师3人、教员43人。

专业设置	学制	在校学生数	1987年毕业人数	1987年招生人数
中医士	3年	30		30
中医护士	3年	144		36

上海市黄浦区卫生学校

地址：上海市江西中路264号 电话：212754

职工46人。医药专任教师32人，其中讲师2人、教员30人。

专业设置	学制	在校学生数	1987年毕业人数	1987年招生人数
推拿医士	4年	35	35	

上海市普陀区卫生学校

地址：上海市延长路1600号 电话：611837

职工123人。医药专任教师62人，其中讲师5人、助理讲师2人、教员55人。

专业设置	学制	在校学生数	1987年毕业人数	1987年招生人数
中药士	3年	140		40

南京中医学院

地址：江苏省南京市汉中路282号 电话：641462

院长：周仲瑛

职工823人。医药专任教师291人，其中教授13人、副教授55人、讲师122人、教员33人、助教88人。

专业设置	学制	在院学生数	1987年毕业人数	1987年招生人数
中医	5年	888	153	151
针灸	5年	255	31	55
中药	4年	267	62	81
护理	2年	52		29

扬州医学院中医系

地址：江苏省扬州市淮海路6号　电话：42334

主任：张春涛

中医药教师共46人，其中副教授3人、讲师18人、助教18人、教员4人。

专业设置	学制	在院学生数	1987年毕业人数	1987年招生人数
中医	5年	164	38	40

中国药科大学中药学院

地址：江苏省南京市童家巷24号　电话：631611—420

院长：严永清

中医药教师共100人，其中教授9人、副教授33人、讲师28人、助教30人。

专业设置	学制	在院学生数	1987年毕业人数	1987年招生人数
中药	4年	250	30	60

在院硕士研究生39人，1987年招硕士研究生17人，毕业6人。在院博士研究生8人，1987年招博士研究生3人，毕业1人。

苏州卫生学校

地址：江苏省苏州市书院巷20号　电话：26646

职工186人。医药专任教师98人，其中讲师24人、助理讲师9人、教员65人。

专业设置	学制	在校学生数	1987年毕业人数	1987年招生人数
中医士	4年	40		

南京中医学院附属医院卫生学校

地址：江苏省南京市汉中路155号　电话：649464

职工17人。医药专任教师8人，其中助理讲师5人、教员3人。

专业设置	学制	在校学生数	1987年毕业人数	1987年招生人数
中医护士	3年	140	38	50

南京市第二卫生学校

地址：江苏省南京市鼓楼双龙港22号　电话：636030

职工142人。医药专任教师68人，其中讲师10人、教员58人。

专业设置	学制	在校学生数	1987年毕业人数	1987年招生人数
中药剂士	3年		39	
针灸推拿医士	3年	41		41

扬州卫生学校

地址：江苏省扬州市念泗路5号　电话：41720

职工58人。医药专任教师36人，均为教员。

专业设置	学制	在校学生数	1987年毕业人数	1987年招生人数
中医士	3年	50		50
中医护士	3年	50		50

盐城市卫生学校

地址：江苏省盐城市建军西路156号　电话：24913

职工187人。医药专任教师100人，其中高级讲师6人、讲师23人、助理讲师51人、教员20人。

专业设置	学制	在校学生数	1987年毕业人数	1987年招生人数
中医士	4年	51		51

连云港卫生学校

地址：江苏省连云港市新浦连东路　电话：3486

校长：吴国法

职工98人。医药专任教师43人，其中讲师5人、助理讲师12人、教员26人。

专业设置	学制	在校学生数	1987年毕业人数	1987年招生人数
中药剂士	3年	301	99	100

启东卫生学校

地址：江苏省启东县汇龙镇环城北路156号　电话：2536

职工94人。医药专任教师45人，其中讲师2人、教员43人。

专业设置	学制	在校学生数	1987年毕业人数	1987年招生人数
中药剂士	3年	50		50

南通卫生学校

地址：江苏省南通市启秀路9号　电话：513096

校长：王士德

职工123人。医药专任教师63人，其中讲师14人、教员49人。

专业设置	学制	在校学生数	1987年毕业人数	1987年招生人数
针灸推拿士	3年	121		40
中医护士	3年	149		49

常州卫生学校

地址：江苏省常州市局前街223号　电话：24741

职工151人。医药专任教师76人，其中讲师14人、助理讲师11人、教员51人。

专业设置	学制	在校学生数	1987年毕业人数	1987年招生人数
中医士	4年	90		40

浙江中医学院

地址：浙江省杭州市庆春路　电话：71914

院长：葛琳仪

职工530人。医药专任教师236人，其中教授12人、副教授42人、讲师76人、助教100人、教员6人。

专业设置	学制	在院学生数	1987年毕业人数	1987年招生人数
中医	5年	744	194	99
针灸	5年	40		20
针灸	3年	90	32	30
推拿	3年	41		21
中药	3年	74		41
中医（函授、夜大）	4年	217		107

在院硕士研究生36人，1987年招硕士研究生13人。在院外国进修生9人。

附属机构：浙江中医学院附属医院，附属门诊部，分子医学研究所，《浙江中医学院学报》编辑部。

浙江省医药学校

地址：浙江省宁波市姚江文教路1号　电话：61361

校长：竺芝芬

职工60人。医药专任教师37人，其中高级讲师2人、讲师10人、助理讲师23人、教员2人。

专业设置	学制	在校学生数	1987年毕业人数	1987年招生人数
中药士	4年	82		40

台州卫生学校

地址：浙江省临海市望天台35号　电话：2517

校长：陈式钧

职工150人。医药专任教师80人，其中讲师8人、助理讲师70人、教员2人。

专业设置	学制	在校学生数	1987年毕业人数	1987年招生人数
中医护士	3年	80		40
针灸推拿士	3年	42	42	

丽水卫生学校

地址：浙江省丽水市城关凤凰山　电话：33183

校长：胡官春

职工134人。医药专任教师82人，其中讲师6人、助理讲师68人、教员8人。

专业设置	学制	在校学生数	1987年毕业人数	1987年招生人数
中医士	3年	46		

金华卫生学校

地址：浙江省金华市四眼井12号　电话：25287

职工196人。医药专任教师124人，其中高级讲师1人、讲师22人、助理讲师98人、教员3人。

专业设置	学制	在校学生数	1987年毕业人数	1987年招生人数
中药士	3年	129	41	46

安徽中医学院

地址：安徽省合肥市梅山路　电话：62548

职工703人。医药专任教师243人，其中教授11人、副教授53人、讲师35人、助教40人、教员104人。

专业设置	学制	在院学生数	1987年毕业人数	1987年招生人数
中医	5年	581	137	86
针灸	5年	175		30
推拿	3年	103		30
中药	4年	140	30	30
药学	4年	127	30	30

安徽省医药学校

地址：安徽省合肥市合作社北路　电话：74810

校长：方先舟

职工82人。医药专任教师27人，其中讲师1人、助理讲师25人、教员1人。

专业设置	学制	在校学生数	1987年毕业人数	1987年招生人数
中药商品	3年	136		43
中药制剂	4年	52		
中药制剂	2年		98	

芜湖中医学校

地址：安徽省芜湖市九华山路刑家山1号　电话：4472

校长：吴恒亚

职工142人。医药专任教师80人，其中高级讲师1人、讲师18人、助理讲师52人、教员9人。

专业设置	学制	在校学生数	1987年毕业人数	1987年招生人数
中药士	3年	174	40	42
针灸士	3年	86	41	24
推拿士	3年	84	39	25
中医士	3年	135	43	41
中医护士	3年	83		38

阜阳地区卫生学校

地址：安徽省阜阳市团结路3号　电话：2328

职工129人。医药专任教师79人，其中高级讲师2人、讲师24人、助理讲师42人、教员11人。

专业设置	学制	在校学生数	1987年毕业人数	1987年招生人数
中医士	3年	40		

福建中医学院

地址：福建省福州市五四北路　电话：571708

院长：杜建

职工502人。医药专任教师225人，其中教授11人、副教授27人、讲师83人、助教90人、教员14人。

专业设置	学制	在院学生数	1987年毕业人数	1987年招生人数
中医医疗	5年	653	150	99
骨伤	5年	126	20	20
针灸	5年	131	29	30
推拿	3年	63	22	20
中药	3年	91	31	30

在院硕士研究生18人，1987年招硕士研究生7人。

附属机构：福建中医学院附属人民医院，福建省第二人民医院，福建省中医药研究所，福州屏山制药厂，《福建中医药》杂志社。

福建医药学校

地址：福建省福州市洪山桥　电话：536079

校长：张庆春

职工58人。医药专任教师28人，其中讲师2人、教员26人。

专业设置	学制	在校学生数	1987年毕业人数	1987年招生人数
中药栽培	2年	79		40
中药	2年	80	50	40

龙岩卫生学校

地址：福建省龙岩市　电话：388

职工79人。医药专任教师51人，其中讲师11人、教员40人。

专业设置	学制	在校学生数	1987年毕业人数	1987年招生人数
中医士	3年	50		

泉州卫生学校

地址：福建省泉州市县后街50号　电话：23475

校长：陈国华

职工118人。医药专任教师72人，其中高级讲师1人、讲师22人、助理讲师36人、教员13人。

专业设置	学制	在校学生数	1987年毕业人数	1987年招生人数
中医士	3年	92		45
针灸医士	3年	92	46	45

漳州卫生学校

地址：福建省漳州市英雄路　电话：22674

职工126人。医药专任教师54人，其中讲师11人、教员43人。

专业设置	学制	在校学生数	1987年毕业人数	1987年招生人数
中药剂士	3年	139	52	45
中药士	2年	103		53

江西中医学院

地址：江西省南昌市阳明路20号　电话：63992

院长：杨扶国

职工725人。医药专任教师401人，其中教授15人、副教授72人、讲师217人、助教127人、教员51人。

专业设置	学制	在院学生数	1987年毕业人数	1987年招生人数
中医	5年	834	187	99
针灸推拿	5年	40		40
骨伤	5年	45		
中药	4年	199	51	47
药学	4年	197	49	50

在院硕士研究生27人，1987年招硕士研

究生15人、毕业2人。在院外国留学生1人。

附属机构：江西中医学院附属中医院，江西省中医药研究所，附属制药厂，动植物实验部，《江西中医药》编辑部。

九江医学专科学校

地址：江西省九江市

专业设置	学制	在校学生数	1987年毕业人数	1987年招生人数
中医	3年	60		60

江西省中药学校

地址：江西省南昌市

职工46人。医药专任教师26人，其中讲师1人、助理讲师23人、教员2人。

专业设置	学制	在校学生数	1987年毕业人数	1987年招生人数
中药士	3年	48		

抚州中医学校

地址：江西省抚州市

职工88人。医药专任教师48人，其中讲师5人、助理讲师22人、教员21人。

专业设置	学制	在校学生数	1987年毕业人数	1987年招生人数
中医士	2年	50		50
针灸医士	3年	200	51	
推拿医士	3年	49		49
中药士	3年	101		51

萍乡市卫生学校

地址：江西省萍乡市

职工97人。医药专任教师54人，其中助理讲师43人、教员11人。

专业设置	学制	在校学生数	1987年毕业人数	1987年招生人数
中医士	3年	397	103	150

山东中医学院

地址：山东省济南市经十路23号　电话：4691。

院长：张灿玾

职工797人。医药专任教师264人，其中教授13人、副教授64人、讲师112人、助教75人。

专业设置	学制	在院学生数	1987年毕业人数	1987年招生人数
中医	5年	742	162	100
中药	4年	198	41	50
针灸	5年	121		40
骨伤	3年	40		40

在院硕士研究生77人，1987年招硕士研究生21人，毕业28人。在院博士研究生2人，1987年招博士研究生2人。在院外国留学生2人。

附属机构：山东中医学院附属医院，山东省中医药研究所，山东中医学院实验药厂，《山东中医学院学报》编辑部。

益都卫生学校

地址：山东省青州市　电话：21666

职工161人。医药专任教师97人，其中讲师4人、助理讲师90人、教员3人。

专业设置	学制	在校学生数	1987年毕业人数	1987年招生人数
中医士	3年		42	

山东省中医药学校

地址：山东省莱阳市文化路2号

校长：王德玉

职工203人。医药专任教师93人，其中高级讲师3人、讲师14人、助理讲师61人、教员15人。

专业设置	学制	在校学生数	1987年毕业人数	1987年招生人数
中医士	3年	40	41	
中医士	4年	118		40
针灸士	3年	200	78	80
中医护士	3年	40		40
中药士	3年	281	82	40
中药士	2年	30		30
中医	3年	50		

河南中医学院

地址：河南省郑州市金水路东段　电话：56695

院长：尚炽昌

职工978人。医药专任教师379人，其中教授16人、副教授92人、讲师130人、助教141人。

专业设置	学制	在院学生数	1987年毕业人数	1987年招生人数
中医	5年	1269	242	197
中药	4年	255	61	71
针灸	3年	138	39	50
骨伤	3年	41		41
中医	2年	69	91	34

在院硕士研究生34人，1987年招硕士研究生13人，毕业7人。

附属机构：河南中医学院第一附属医院，第二附属医院（筹），制药厂，中药试验场，《河南中医》编辑部，印刷厂，教学门诊部。

张仲景国医大学

地址：河南省南阳市　电话：2497

校长：赵清理

职工106人。医药专任教师71人，其中教授1人、副教授2人、讲师16人、助教32人、教员20人。

专业设置	学制	在校学生数	1987年毕业人数	1987年招生人数
中医（专修）	3年	134		
中医（专科）	3年	476		211
中医少年班	5年	124		

附属机构：《国医论坛》杂志编辑部。

河南省医药学校

地址：河南省开封市龙亭后体育场东路　电话：24885

校长：王金名

职工139人。医药专任教师69人，其中讲师7人、助理讲师1人、教员61人。

专业设置	学制	在校学生数	1987年毕业人数	1987年招生人数
中药制药	3年	159	39	41

安阳市中医药学校

地址：河南省安阳市纱厂路南段　电话：24902

校长：樊廷林

职工94人。医药专任教师51人，其中讲师5人、教员46人。

专业设置	学制	在校学生数	1987年毕业人数	1987年招生人数
中医士	3年		100	
针灸、推拿、气功	4年	103		
中医痔瘘	3年	88		40
中药士	3年	100		
中医护士	3年	158		59

安阳卫生学校

地址：河南省安阳市北关区轻工路11号　电话：24084

校长：夏登高

职工202人。医药专任教师112人，其中讲师17人、教员95人。

专业设置	学制	在校学生数	1987年毕业人数	1987年招生人数
中医士	3年	54	91	
针灸士	3年	138		47

云阳中医中药学院

地址：河南省南召县云阳镇

校长：罗书印

职工129人。医药专任教师67人，其中讲师3人、助理讲师40人、教员24人。

专业设置	学制	在校学生数	1987年毕业人数	1987年招生人数
中药士	3年	245	104	41
中医士	3年	90	40	50
中医护士	3年	83		41

信阳卫生学校

地址：河南省信阳市赵家桥　电话：258

校长：孙　英

职工327人。医药专任教师192人，其中高级讲师3人、讲师32人、助理讲师45人、教员113人。

专业设置	学制	在校学生数	1987年毕业人数	1987年招生人数
针灸士	3年	49	49	

焦作市中医中药学校

地址：河南省焦作市学生路一巷　电话：3359

校长：付春来

职工148人。医药专任教师54人，其中高级讲师10人、讲师20人、助理讲师23人、教员1人。

专业设置	学制	在校学生数	1987年毕业人数	1987年招生人数
中医士	3年	101	80	59
中药士	3年	197	83	94
中医护士	3年	226		46

河南省盲人按摩学校

地址：河南省洛阳市涧西区青岛路29号　电话：23484

校长：邹贤路

职工90人。医药专任教师29人，其中讲师1人、助理讲师3人、教员25人。

专业设置	学制	在校学生数	1987年毕业人数	1987年招生人数
按摩医士	3年	199	78	70

商水卫生职业中专学校

地址：河南省商水县城

职工46人。医药专任教师36人，其中助理讲师16人、教员20人。

专业设置	学制	在校学生数	1987年毕业人数	1987年招生人数
针灸士	3年	104		
中医护士	3年	102		

湖北中医学院

地址：湖北省武汉市武昌云架桥110号　电话：87594

院长：张六通

职工745人。医药专任教师232人，其中教授7人、副教授28人、讲师70人、助教101人、教员26人。

专业设置	学制	在院学生数	1987年毕业人数	1987年招生人数
中医	5年	777	206	101
骨伤	5年	85		30
针灸	5年	238		32
中药	4年	257	43	42
护理	3年	36		36

在院硕士研究生65人，1987年招硕士研究生34人，毕业9人。

附属机构：湖北中医学院附属医院，中医系统工程研究所，中西医结合研究所，脏象肝病研究所，制药厂，印刷厂，《湖北中医杂志》社。

宜昌医学专科学校

地址：湖北省宜昌市胜利路　电话：21585

中医药教师共28人，其中副教授2人、讲师11人、助教15人。

专业设置	学制	在校学生数	1987年毕业人数	1987年招生人数
中医	3年	155	41	52

恩施医学专科学校

地址：湖北省恩施市舞阳大街4巷61号　电话：2088

中医药教师共24人，其中副教授2人、讲师5人、助教17人。

专业设置	学制	在校学生数	1987年毕业人数	1987年招生人数
中医	3年	177		60

湖北省制药工业学校

地址：湖北省武昌南湖周家湾　电话：872953

职工175人。医药专任教师70人，其中讲师3人、助理讲师4人、教员63人。

专业设置	学制	在校学生数	1987年毕业人数	1987年招生人数
中药制药	3年	58		48
中药材	3年	41		

鄂西自治州卫生学校

地址：湖北省恩施市干阳大街4巷　电话：2880

职工129人。医药专任教师63人，其中讲师6人、助理讲师28人、教员29人。

专业设置	学制	在校学生数	1987年毕业人数	1987年招生人数
中药士	3年	149	38	44

荆州地区卫生学校

地址：湖北省江陵县荆州镇　电话：67952

校长：吴本善

职工199人。医药专任教师110人，其中讲师28人、助理讲师43人、教员39人。

专业设置	学制	在校学生数	1987年毕业人数	1987年招生人数
中医士	3年		55	

咸宁地区卫生学校

地址：湖北省咸宁市温泉　电话：55160

校长：陈鸿驰

职工118人。医药专任教师84人，其中讲师9人、助理讲师54人、教员21人。

专业设置	学制	在校学生数	1987年毕业人数	1987年招生人数
中药	3年	43		
中医护士	3年	89		50
针灸推拿	3年	48		
中医	3年		45	

黄冈地区卫生学校

地址：湖北省黄州　电话：52902

职工202人。医药专任教师100人，其中高级讲师1人、讲师15人、助理讲师25人、教员59人。

专业设置	学制	在校学生数	1987年毕业人数	1987年招生人数
中药剂士	3年	98	49	53
针灸推拿医士	4年	178		40

沙市中医院附属学校

地址：湖北省沙市市毛家坊　电话：3436

职工33人。医药专任教师22人，其中讲师4人、助理讲师14人、教员4人。

专业设置	学制	在校学生数	1987年毕业人数	1987年招生人数
中医护士	3年	40	46	
针灸推拿医士	4年	49		

湖北省十堰市卫生学校

地址：湖北省十堰市　电话：51124

职工67人。医药专任教师32人，其中讲师1人、助理讲师14人、教员17人。

专业设置	学制	在校学生数	1987年毕业人数	1987年招生人数
中药	3年	40		
中医	4年	41		41

武汉市卫生学校

地址：湖北省武汉市解放大道320号　电话：354387

职工278人。医药专任教师137人，其中高级讲师20人、讲师37人、助理讲师75人、教员5人。

专业设置	学制	在校学生数	1987年毕业人数	1987年招生人数
中药士	3年	53		53

湖南中医学院

地址：湖南省长沙市韶山路84号　电话：33123

院长：肖佐桃

职工782人。医药专任教师244人，其中教授6人、副教授42人、讲师133人、助教63人。

专业设置	学制	在院学生数	1987年毕业人数	1987年招生人数
中医	5年	908	212	155
针灸	5年	74		40
五官	3年	34		34
中药	4年	251	43	63

吉首卫生学校

地址：湖南省吉首市莱昌路　电话：2660

职工163人。医药专任教师88人，其中高级讲师1人、讲师13人、助理讲师38人、教员36人。

专业设置	学制	在校学生数	1987年毕业人数	1987年招生人数
中药士	3年	139	42	48
针灸推拿	3年	87	40	48

郴州地区卫生学校

地址：湖南省郴州市人民西路25号　电话：24569

职工217人。医药专任教师115人，其中讲师18人、助理讲师51人、教员46人。

专业设置	学制	在校学生数	1987年毕业人数	1987年招生人数
中医士	3年	39		

邵阳市卫生学校

地址：湖南省邵阳市宝庆西路44号　电话：4147

职工206人。医药专任教师113人，其中高级讲师2人、讲师17人、助理讲师78人、教员16人。

专业设置	学制	在校学生数	1987年毕业人数	1987年招生人数
中医护士	3年	130	41	40

常德地区卫生学校

地址：湖南省常德市人民中路　电话：22887

校长：皮华南

职工201人。医药专任教师107人，其中讲师14人、助理讲师83人、教员10人。

专业设置	学制	在校学生数	1987年毕业人数	1987年招生人数
中医士	3年	39	40	

益阳地区卫生学校

地址：湖南省益阳市易家村　电话：24748

职工162人。医药专任教师84人，其中高级讲师1人、讲师13人、助理讲师48人、教员22人。

专业设置	学制	在校学生数	1987年毕业人数	1987年招生人数
中医士	3年	44		

岳阳市卫生学校

地址：湖南省岳阳市东茅岭

职工158人。医药专任教师75人，其中讲师7人、助理讲师65人、教员3人。

专业设置	学制	在校学生数	1987年毕业人数	1987年招生人数
中医士	3年	54		54

株州中医学校

地址：湖南省株州市南区高家坳　电话：22295

职工128人。医药专任教师67人，其中讲师2人、助理讲师56人、教员9人。

专业设置	学制	在校学生数	1987年毕业人数	1987年招生人数
针灸医士	3年	40		40
中医护士	3年	40		40

广州中医学院

地址：广东省广州市三元里机场路　电话：661233

院长：陶志达

职工2844人。医药专任教师473人，其中教授18人、副教授94人、讲师208人、助教153人。

专业设置	学制	在院学生数	1987年毕业人数	1987年招生人数
中医	5年	1037	199	160
针灸	5年	200	46	40
骨伤	5年	40		40
中药	4年	172		60

在院硕士研究生159人，1987年招硕士研究生52人、毕业16人。在院博士研究生6人，1987年招博士研究生5人。在院外国留学生37人。

附属机构：广州中医学院附属医院，广东省中医院，附属骨伤科医院，附属护士学校，三亚热带病研究所，《新中医》编辑部，《广州中医学院学报》编辑部。

广东省医药学校

地址：广东省沙河龙洞　电话：888941

校长：吴质朴

专任教师28人，其中高级讲师1人、讲师4人、助理讲师19人、教员4人。

专业设置	学制	在校学生数	1987年毕业人数	1987年招生人数
中药商品	3年	98		45

汕头卫生学校

地址：广东省潮州市南门　电话：733421

校长：陈章贤

职工138人。医药专任教师71人，其中讲师24人、助理讲师42人、教员5人。

专业设置	学制	在校学生数	1987年毕业人数	1987年招生人数
中医士	3年	47		

惠阳卫生学校

地址：广东省惠州市东坡亭　电话：30618

职工141人。医药专任教师80人，其中高级讲师1人、讲师21人、助理讲师42人、教员5人。

专业设置	学制	在校学生数	1987年毕业人数	1987年招生人数
中医士	3年	90		50

海南卫生学校

地址：广东省海口市秀英区　电话：6169

职工98人。医药专任教师48人，其中讲师8人、助理讲师36人、教员6人。

专业设置	学制	在校学生数	1987年毕业人数	1987年招生人数
中医士	3年	105		54
中药士	3年	89		45

清远县卫生中等专业学校

地址：广东省清远县牛王庙　电话：33039

职工14人。医药专任教师8人，其中讲师2人、教员6人。

专业设置	学制	在校学生数	1987年毕业人数	1987年招生人数
中医士	3年	48		48

广州市白云区卫生学校

地址：广东省广州市沙河龙岗路64号　电话：705202

校长：黄志勤

职工52人。医药专任教师31人，其中讲师9人、教员22人。

专业设置	学制	在校学生数	1987年毕业人数	1987年招生人数
中药剂士	3年	150		47
中医护士	3年	70		

广州市医药中等专业学校

地址：广东省广州市海珠区昌岗东路　电话：448349

校长：叶　平

职工60人。医药专任教师32人，其中讲师3人、教员29人。

专业设置	学制	在校学生数	1987年毕业人数	1987年招生人数
中药制药	4年	78		40

番禺县中等卫生学校

地址：广东省番禺县市桥镇桥东路68号　电话：22157

职工27人。医药专任教师15人，均为教员。

专业设置	学制	在校学生数	1987年毕业人数	1987年招生人数
中医士	3年	30		30

广西中医学院

地址：广西壮族自治区南宁市明秀路　电话：30101

院长：王荣慈

职工745人。医药专任教师266人，其中教授4人、副教授42人、讲师112人、助教107人、教员1人。

专业设置	学制	在院学生数	1987年毕业人数	1987年招生人数
中医	5年	756	157	142
中药	4年	231	44	60
针灸	3年	88		45
中药	3年		65	
中药	2年	43		43
中医（函授、夜大）	4年	267		117

在院硕士研究生11人，1987年招硕士研究生4人。在院外国留学生12人。

附属机构：广西中医学院第一附属医院，第二附属医院，附属护士学校，传统医药研究所，附属制药厂，《广西中医药》编辑部，壮医门诊部。

广西药科学校

地址：广西壮族自治区南宁市茅桥　电话：29293

校长：吴唐庆

职工201人。医药专任教师102人，其中讲师5人、教员97人。

专业设置	学制	在校学生数	1987年毕业人数	1987年招生人数
中药士	4年		48	
中药士	3年	279	84	92

广西中医学院附设护士学校

地址：广西壮族自治区南宁市建政路 电话：288987

校长：赵淑明

医药专任教师36人，其中高级讲师1人、讲师13人、助理讲师13人。

专业设置	学制	在校学生数	1987年毕业人数	1987年招生人数
中医护士	3年	265	50	120

玉林地区卫生学校

地址：广西壮族自治区玉林市 电话：3275

职工143人。医药专任教师87人，其中讲师9人、教员54人。

专业设置	学制	在校学生数	1987年毕业人数	1987年招生人数
针灸推拿士	3年	50		50

成都中医学院

地址：四川省成都市十二桥街5号 电话：69241

院长：李明富

职工1072人。医药专任教师368人，其中教授36人、副教授95人、讲师131人、助教96人、教员10人。

专业设置	学制	在院学生数	1987年毕业人数	1987年招生人数
中医	5年	979	206	161
针灸	5年	229		60
骨伤	5年	41		41
中药	4年	247	60	60

—— 在院硕士研究生65人，1987年招硕士研究生19人、毕业14人。在院博士研究生7人，1987年招博士研究生6人、毕业1人。

附属机构：成都中医学院附属医院，附院附属针灸学校，中医古籍文献研究所，成都中医学院制药厂，《成都中医学院学报》编辑部，《中医药信息报》社。

泸州医学院中医系

地址：四川省泸州市忠山 电话：4211转362

主任：何廷华

中医药教师共62人，其中教授2人、副教授7人、讲师33人、助教20人。

专业设置	学制	在院学生数	1987年毕业人数	1987年招生人数
中医	5年	304	60	59

四川省中药学校

地址：四川省峨嵋县马路桥 电话：2807

校长：郏家林

职工222人。医药专任教师102人，其中讲师12人、教员90人。

专业设置	学制	在校学生数	1987年毕业人数	1987年招生人数
中药商品	3年	628	246	170
中药制药	4年	127		87
中药制药	3年	53		20

万县中医学校

地址：四川省万县市乌龙池12号附1号 电话：2159

校长：黄吉庆

职工94人。医药专任教师61人，其中讲师7人、助理讲师16人、教员38人。

专业设置	学制	在校学生数	1987年毕业人数	1987年招生人数
中药士	3年	89	38	23
针灸推拿士	3年	65		
中医护理	3年	80		80

达县中医学校

地址：四川省达县市张家湾79号 电话：23796

校长：向方远

职工91人。医药专任教师53人，其中讲师4人、助理讲师30人、教员19人。

专业设置	学制	在校学生数	1987年毕业人数	1987年招生人数
中医士	3年	194		80
中医针灸士	3年	121	41	40

绵阳中医学校

地址：四川省绵阳市南山

校长：张锡常

职工107人。医药专任教师60人，其中讲师9人、教员51人。

专业设置	学制	在校学生数	1987年毕业人数	1987年招生人数
中医士	3年	41		
针灸医士	3年	122	43	40
中医士	4年	40		40
中医护士	3年	133		40

重庆中医学校

地址：四川省重庆市中区山城巷80号　电话：46413

校长：韩为琨

职工138人。医药专任教师61人，其中讲师7人、助理讲师16人、教员38人。

专业设置	学制	在校学生数	1987年毕业人数	1987年招生人数
中药士	3年	89	38	23
针灸推拿士	3年	65		
中医护理	3年	80		80

成都中医学校

地址：四川省成都市红星中路44号　电话：22771

校长：白淑仪

职工121人。医药专任教师78人，其中高级讲师3人、讲师16人、助理讲师45人、教员14人。

专业设置	学制	在校学生数	1987年毕业人数	1987年招生人数
中药剂士	3年	121	39	40
中医士	3年	26		
针灸医士	2年	40		40
针灸医士	3年		40	

涪陵地区卫生学校

地址：四川省涪陵城乌江路　电话：2014

校长：张先新

职工159人。医药专任教师77人，其中讲师12人、教员65人。

专业设置	学制	在校学生数	1987年毕业人数	1987年招生人数
中医护士	3年	80		

南充卫生学校

地址：四川省南充市和平西路　电话：3376

校长：冯高林

职工115人。医药专任教师54人，其中助理讲师47人、教员7人。

专业设置	学制	在校学生数	1987年毕业人数	1987年招生人数
中医士	3年	40		

自贡卫生学校

地址：四川省自贡市西台山　电话：3212

校长：成万钧

职工151人。医药专任教师74人，其中讲师19人、助理讲师47人、教员8人。

专业设置	学制	在校学生数	1987年毕业人数	1987年招生人数
中医士	4年	40		

内江中医学校

地址：四川省内江市东兴镇　电话：

3781

校长：吴自强

职工45人。医药专任教师33人，其中高级讲师3人、讲师7人、助理讲师 15 人、教员8人。

专业设置	学制	在校学生数	1987年毕业人数	1987年招生人数
中医士	3年	40		
中药士	3年	80	40	40
中医护士	3年	80		40

成都中医学院附属医院针灸学校

地址：四川省成都市新罗路 电话：69763

校长：刘完正

职工35人。医药专任教师22人，其中高级讲师3人、讲师6人、助理讲师7人、教员6人。

专业设置	学制	在校学生数	1987年毕业人数	1987年招生人数
针灸推拿医士	4年	120		40
中医护士	3年	121	39	40

贵阳中医学院

地址：贵州省贵阳市市东路1号 电话：22633

副院长（主持工作）：邱德文

职工770人。医药专任教师306人，其中教授32人、副教授73人、讲师197人、助教73人、教员44人。

专业设置	学制	在院学生数	1987年毕业人数	1987年招生人数
中医	5年	763	158	130
针灸	5年	53		
中药	4年	158	36	40
骨伤	3年	79		29
中药	2年	50	45	50

在院硕士研究生20人，1987年招硕士研究生6人，毕业8人。

附属机构：贵阳中医学院第一附属医院，第二附属医院。

遵义中医学校

地址：贵州省遵义县南白镇 电话：2521

职工33人。医药专任教师23人，其中讲师1人、助理讲师20人、教员2人。

专业设置	学制	在校学生数	1987年毕业人数	1987年招生人数
中医护士	3年	50		
中药士	3年	50		50

云南中医学院

地址：云南省昆明市白塔路6号 电话：24972

院长：宣明盛

职工537人。医药专任教师234人，其中教授7人、副教授54人、讲师72人、助教83人、教员18人。

专业设置	学制	在院学生数	1987年毕业人数	1987年招生人数
中医	5年	674	184	97
中药	4年	160		39
针灸推拿	3年	89		30
中医（函授、夜大）	4年	243	140	32

在院硕士研究生5人，1987年招硕士研究生5人。在院外国留学生2人。

附属机构：云南中医学院附属医院，云南中医学院附属门诊部，云南省高校心理卫生研究所，云南省民族民间医药研究会，《云南中医学院学报》编辑部。

保山卫生学校

地址：云南省保山市小梨园 电话：2371

职工85人。医药专任教师47人，其中讲

师5人、助理讲师28人、教员14人。

专业设置	学制	在校学生数	1987年毕业人数	1987年招生人数
中医士	3年		50	
中医护士	3年	99		50

玉溪卫生学校

地址：云南省玉溪市文化路　电话：2731

校长：李兴如

职工90人。医药专任教师57人，其中讲师12人、助理讲师32人、教员13人。

专业设置	学制	在校学生数	1987年毕业人数	1987年招生人数
中医护士	3年	50		50
中医士	4年	49		

陕西中医学院

地址：陕西省咸阳市渭阳路1号　电话：2766

院长：杜雨茂

职工606人。医药专任教师216人，其中副教授9人、讲师58人、助教132人、教员17人。

专业设置	学制	在院学生数	1987年毕业人数	1987年招生人数
中医	5年	625	140	64
中医	3年	89		33
针灸	5年	168		38
中药	4年	137	30	37

在院硕士研究生97人，1987年招博士研究生33人、毕业7人。

附属机构：陕西中医学院附属医院，制药厂，印刷厂。

宝鸡市中医学校

地址：陕西省宝鸡市大庆路18号　电话：4852

职工101人。医药专任教师53人，其中讲师2人、助理讲师27人、教员24人。

专业设置	学制	在校学生数	1987年毕业人数	1987年招生人数
中医士	3年		48	
中医士	4年	131		41
中药士	3年	211	80	52
针灸推拿士	4年	150	30	53

自强中专学校

地址：陕西省宝鸡市东十里铺　电话：3641

校长：邓满鱼

职工61人。医药专任教师22人，均为教员。

专业设置	学制	在校学生数	1987年毕业人数	1987年招生人数
按摩医士	4年	99		25

渭南地区中医学校

地址：陕西省渭南市杜桥　电话：3915

校长：林德英

职工152人。医药专任教师64人，其中讲师13人、教员51人。

专业设置	学制	在校学生数	1987年毕业人数	1987年招生人数
中医士	4年	115	41	36
中医护士	3年	132		42
中药士	4年	82	40	42

汉中地区卫生学校

地址：陕西省汉中市伞铺街112号　电话：2605

职工206人。医药专任教师109人，其中讲师11人、教员98人。

专业设置	学制	在校学生数	1987年毕业人数	1987年招生人数
中医士	3年	31		

甘肃中医学院

地址：甘肃省兰州市城关区定西东路35号　电话：27121

院长：丛春雨

职工380人。医药专任教师149人，其中教授4人、副教授25人、讲师44人、助教 74人、教员2人。

专业设置	学制	在院学生数	1987年毕业人数	1987年招生人数
中医	5年	526	99	106
中药	3年	102		37
针灸	3年	155		53
中医(夜大)	4年	17		17

附属机构：甘肃中医学院附属门诊部。

甘肃省中医学校

地址：甘肃省兰州市七里河区安亚路30号　电话：33877

校长：伊达伟

职工119人。医药专任教师67人，其中高级讲师4人、讲师9人、助理讲师 35 人、教员19人。

专业设置	学制	在校学生数	1987年毕业人数	1987年招生人数
中医士	3年	158	50	45
针灸医士	3年	133	40	47
中医护士	3年	80		40
中药士	3年	40		40

临夏州卫生学校

地址：甘肃省临夏市民主东路52号　电话：2123

职工68人。医药专任教师39人，其中讲师3人、助理讲师10人、教员 26人。

专业设置	学制	在校学生数	1987年毕业人数	1987年招生人数
中医士	3年	80	40	40

庆阳地区卫生学校

地址：甘肃省西峰市北大街卫校巷54号　电话：3445

职工89人。医药专任教师40人，其中讲师3人、助理讲师25人、教员12人。

专业设置	学制	在校学生数	1987年毕业人数	1987年招生人数
中医士	3年	41		

平凉地区卫生学校

地址：甘肃省平凉市盘旋东路31号　电话：2040

校长：辛斌枢

职工114人。医药专任教师63人，其中高级讲师 3 人、讲师18人、助理讲师12人、教员30人。

专业设置	学制	在校学生数	1987年毕业人数	1987年招生人数
中医士	3年	41		
中医士	4年	38		38

陇南地区卫生学校

地址：甘肃省武都县汉云乡杨坝村　电话：467

校长：孙北文

职工110人。医药专任教师58人，其中讲师3人、助理讲师30人、教员25人。

专业设置	学制	在校学生数	1987年毕业人数	1987年招生人数
中药士	3年	121		40

天水市卫生学校

地址：甘肃省天水市秦城区　电话：4094

校长：俞康成

职工96人。医药专任教师54人，其中讲师20人、教员34人。

专业设置	学制	在校学生数	1987年毕业人数	1987年数招生人
中医士	4年	40		
中医士	3年		48	

武威卫生学校

地址：甘肃省武威市东关街市民路49号 电话：2335

校长：杨简青

职工104人。医药专任教师53人，其中讲师9人、助理讲师30人、教员14人。

专业设置	学制	在校学生数	1987年毕业人数	1987年招生人数
中医士	3年	140		

青海医学院中医系

地址：青海省西宁市昆仑路84号 电话：23577

主任：张经明

中医药教师共42人，其中教授1人、副教授1人、讲师1人、助教21人。

专业设置	学制	在院学生数	1987年毕业人数	1987年招生人数
中医	5年	160		30

青海省卫生学校

地址：青海省西宁市七一路219号 电话：77659

职工166人。医药专任教师64人，其中讲师15人、助理讲师14人、教员35人。

专业设置	学制	在校学生数	1987年毕业人数	1987年招生人数
针灸医士	3年		39	

宁夏医学院

地址：宁夏回族自治区银川市南郊 电话：22831

专业设置	学制	在校学生数	1987年毕业人数	1987年招生人数
中医	5年	31		31

宁夏卫生学校

地址：宁夏回族自治区银川市新市区

职工208人。医药专任教师96人，其中高级讲师3人、讲师25人、助理讲师5人、教员17人。

专业设置	学制	在校学生数	1987年毕业生人数	1987年招生人数
中药士	2年		37	

新疆中医学院

地址：新疆维吾尔自治区乌鲁木齐市新医路10号 电话：43394

院长：张绚邦

职工204人。医药专任教师82人，其中教授2人、副教授16人、讲师19人、助教43人、教员2人。

专业设置	学制	在院学生数	1987年毕业人数	1987年招生人数
中医	5年	80		40
中医	4年	116	40	
针灸	5年	81		40
针灸	4年		38	

附属机构：新疆中医学院附属医院，新疆中医研究所。

【中医药研究机构】

中国中医研究院

地址：北京市东城区北新仓18号 电话：446661

院长：陈绍武

职工3915人。科研人员中，中医1369人，其中研究员27人、副研究员97人、助理研究员304人、研究实习员471人；中西医结合429人，其中研究员79人、副研究员113人、助理研究员131人、研究实习员89人；中药377人，其中研究员22人、副研究员46人、助理研究员100人、研究实习员152人；西医525人，其中研究员36人、副研究员67人、助理研究员143人、研究实习员129人。

下属研究所：针灸研究所，中药研究所，骨伤科研究所，图书情报研究所，医史文献研究所，基础理论研究所。

在院硕士研究生135人，1987年招生35人、毕业45人。在院博士研究生13人，1987年招生9人、毕业3人。

附属机构：广安门医院，西苑医院，《中医杂志》社，卫生学校，研究生部。

中国中医研究院中药研究所

地址：北京市东直门北新仓18号　电话：446661—2954

所长：姜廷良

职工349人。科研人员中，中西医结合3人，其中研究员1人、副研究员1人、助理研究员1人；中药211人，其中研究员18人、副研究员40人、助理研究员67人、研究实习员86人。

在所硕士研究生7人，1987年招生1人、毕业2人。

附属机构：实验药厂，《中药通报》杂志社。

中国中医研究院针灸研究所

地址：北京市东直门内北新仓18号　电话：446661—2912

所长：邓良月

职工342人。科研人员中，中医88人，其中研究员3人、副研究员5人、助理研究员28人、研究实习员52人；中西医结合41人，其中研究员8人、副研究员14人、助理研究员19人；中药3人，均为助理研究员；西医49人，其中研究员9人、副研究员17人、助理研究员6人、研究实习员17人。

下属研究室：临床第一、二、三研究室，针法第一、二、三研究室，灸法研究室，气功研究室，针灸原理第一、二、三研究室，国际针灸培训中心 。

在所硕士研究生23人，1987年招生2人、毕业14人。

附属机构：中日联合诊所，《中国针灸》编辑部，《针刺研究》编辑部。

中国中医研究院骨伤科研究所

地址：北京市东直门内南小街甲50号　电话：446661—2665

所长：蒋位庄

职工218人。科研人员中，中医37人，其中副研究员3人、助理研究员5人、研究实习员29人；中西医结合71人，其中研究员8人、副研究员8人、助理研究员23人、研究实习员32人；中药7人，其中副研究员2人、助理研究员3人、研究实习员2人；西医35人，其中研究员3人、副研究员5人，助理研究员8人、研究实习员19人。

下属研究室：中医传统手法临床研究室，颈椎病临床研究室，脊柱与内脏相关疾病临床研究室，腰腿痛临床研究室，骨病临床研究室，老年骨病临床研究室，骨折临床研究室。

在所硕士研究生9人，1987年招生3人、毕业2人。在所博士研究生3人，1987年招生1人、毕业1人。

中国中医研究院中国医史文献研究所

地址：北京市东直门内海运仓3号　电话：446661—3221

所长：李经纬

职工62人。科研人员中，中医23人，其中研究员1人、副研究员2人、助理研究员10人、研究实习员10人；中西医结合4人，均为研究员；西医5人，其中助理研究员4人、研究实习员1人。

下属研究室：医史一、二室，文献一、二室，医史博物馆，图书资料室。

在所硕士研究生11人，1987年招生4人。在所博士研究生3人，1987年招生3人。

天津市中医研究所

地址：天津市西湖村中医学院内　电话：703737—76

所长：高金亮

职工51人。科研人员中，中医21人，其

中副研究员2人、助理研究员9人、研究实习员10人；中西医结合3人，其中研究员1人、助理研究员2人；中药6人，其中副研究员1人、助理研究员3人、研究实习员2人；西医12人，其中研究员1人、副研究员3人、助理研究员5人、研究实习员4人。

下属研究室：风湿寒临床研究室，心血管研究室，妇科研究室，辨证论证研究室，气功研究室，中医古籍文献整理研究室，基础实验室，情报资料室，医学摄影室。

附属机构：天津市中医研究所实验药厂，天津市中医研究所附属门诊部，天津市中医研究所附属气功门诊部。

河北省中医研究所

地址：河北省石家庄市长安西路3号 电话：46812

职工30人。科研人员中，中医15人，其中副研究员2人、助理研究员8人、研究实习员5人。

下属研究室：临床研究室，资料情报研究室，中心实验室。

张家口市中医研究所

地址：河北省张家口市东河沿56号 电话：4946

所长：顾黎光

职工30人。科研人员中，中医9人，其中研究员1人、副研究员3人、助理研究员3人、研究实习员2人；中药1人，为研究实习员；西医12人，其中研究员1人、助理研究员8人、研究实习员3人。

下属研究室：呼吸病研究室，消化病研究室，肛肠病研究室，药物研究室，情报资料室。

山西省中医研究所

地址：山西省太原市并州西街12号 电话：223577

所长：徐生旺

职工109人。科研人员中，中医24人，其中研究员2人、副研究员7人、助理研究员6人、研究实习员9人；中西医结合17人，其中研究员4人、副研究员11人、助理研究员2人；中药7人，其中副研究员1人、助理研究员1人、研究实习员5人；西医4人，其中研究员2人、研究实习员2人。

下属研究室：中医基础理论研究室，中药研究室，方剂研究室，肝病研究室，细菌免疫室，病理研究室，眼病研究室，中心仪器室，动物实验，情报资料室。

在所硕士研究生5人，1987年招生3人，毕业2人。

内蒙古自治区中蒙医研究所

地址：内蒙古自治区呼和浩特市健康街15号 电话：26231—260

所长：苏 力

职工67人。科研人员中，中医15人，其中研究员2人、副研究员3人、助理研究员3人、研究实习员7人；中西医结合2人，其中副研究员1人、助理研究员1人；中药16人，其中研究员1人、副研究员1人、助理研究员2人、研究实习员5人；西医3人，其中助理研究员1人、研究实习员2人。

下属研究室：中医理论研究室，蒙医理论研究室，生理、病理研究室，药物实验室，生化实验室，情报资料室。

在所硕士研究生3人。

附属机构：《内蒙古中医药》杂志编辑部，《内蒙古蒙医药》编辑部。

本溪市中医研究所

地址：辽宁省本溪市市府路 电话：43276

所长：季福洪

职工25人。科研人员中，中医12人，其中副研究员2人、助理研究员6人、研究实习员4人；中药2人，其中助理研究员1人、研究实习员1人。

下属研究室：临床研究室，中药研究室，计算机室，情报室。

吉林省中医中药研究院

地址：吉林省长春市工农大路17号 电

话：52291

院长：刘庆欣

职工397人。科研人员中，中医110人，其中研究员2人、副研究员12人、助理研究员45人、研究实习员51人；中西医结合9人，其中研究员3人、助理研究员2人、研究实习员4人；中药85人，其中研究员3人、副研究员9人、助理研究员18人、研究实习员55人；西医16人，其中研究员3人、副研究员4人、研究实习员9人。

下属研究所：中医研究所，中药研究所，老年病研究所。

附属机构：吉林省中医中药研究院药厂，吉林省中医中药研究院骨伤科医院。

中国农业科学院特产研究所

地址：吉林省吉林市左家特区　电话：九台县4110

所长：姜春生

职工708人。科研人员中，中医2人，均为研究实习员；中西医结合2人，均为研究实习员；中药60人，其中副研究员10人、助理研究员18人、研究实习员32人；西医5人，助理研究员3人、研究实习员2人。

下属研究室：人参研究室，西洋参研究室，野生果树研究室，山葡萄研究室，经济动物研究室，经济动物疫病研究室，野禽研究室，组织培养研究室，土肥植保研究室，科技情报室。

在所硕士研究生7人，1987年招生1人，毕业7人。

附属机构：职工医院，制药厂，《特产研究》和《国外特种经济动植物》编辑部。

上海市针灸经络研究所

地址：上海市宛平南路650号　电话：390339

所长：陈汉平

职工154人。科研人员中，中医130人，其中研究员2人、副研究员12人、助理研究员34人、研究实习员32人。

下属研究室：临床研究一室，临床研究二室，内分泌研究室，生化研究室，免疫研究室，形态研究室，病生研究室，中心实验室，生理研究室，新疗法研究室，情报研究室，文献研究室，《上海针灸杂志》编辑室。

上海中医学院中医文献研究所

地址：上海市南昌路218号　电话：273691　275670　272526

所长：肖敏材

职工45人。科研人员中，中医39人，其中副研究员3人、助理研究员18人、研究实习员14人；中药4人，其中助理研究员2人、研究实习员2人。

下属研究室：古籍研究室，医史研究室，上海地区中医学术研究室，现代文献研究室，年鉴编辑室。

上海市中医药研究院中药研究所

地址：上海市零陵路530号　电话：385400×314

所长：李仪奎

职工42人。科研人员中，中药42人，其中副研究员5人、助理研究员5人、研究实习员14人。

下属研究室：肿瘤药物研究室，植物细胞培养研究室，炮制研究室，复方药理研究室，剂型研究室，中药有效成分研究室，农药残留量研究室，中草药标本室。

上海市气功研究所

地址：上海市宛平南路650号　电话：384141

所长：柴剑宇

职工109人。科研人员中，中医29人，其中研究员1人、副研究员5人、助理研究员13人、研究实习员10人；中西医结合7人，其中研究员1人、副研究员1人、助理研究员1人、研究实习员4人；西医26人，其中研究员2人、副研究员3人、助理研究员10人、研究实习员11人。

在所硕士研究生7人，1987年招生2人、毕业1人。

上海市中医文献馆

地址：上海市瑞金二路198弄9号甲 电话：335009

馆长：王翘楚

职工32人。科研人员中，中医17人，其中研究员3人、助理研究员6人、研究实习员8人；中西医结合1人，为副研究员。

下属研究室：老中医经验及民间医药研究室，中医文献研究室，中医情报研究室，中医政策及管理研究室。

上海医科大学中西医结合研究所

地址：上海市华山医院内 电话：311600—2

所长：沈自尹

职工50人。科研人员中，中医7人，其中研究员2人、助理研究员5人；中西医结合24人，其中研究员6人、副研究员3人、助理研究员15人；西医5人，均为助理研究员。

下属研究室：脏象研究室，传统老年医学研究室，心血管研究室，肝炎研究室，肿瘤研究室，中西医结合研究室，妇科虚证研究室，儿科中西医结合研究室。

在所硕士研究生5人，1987年招生2人，毕业1人。在所博士研究生1人。

江苏省中医研究所

地址：江苏省南京市汉中路155号 电话：642859

所长：陈 廉

职工198人。科研人员中，中医25人，其中研究员1人、助理研究员8人，研究实习员16人；中西医结合35人，其中研究员5人、副研究员11人、助理研究员7人、研究实习员12人；中药19人，其中研究员4人、副研究员1人、助理研究员1人、研究实习员13人；西医25人，其中研究员3人、助理研究员9人、研究实习员13人。

下属研究室：药物研究室，药理研究室，病理研究室，生化研究室。

浙江省中医药研究所

地址：浙江省杭州市天目山路26号 电话：82214

所长：王锦云

职工257人。科研人员中，中医22人，其中研究员1人、副研究员4人、助理研究员2人、研究实习员15人；中西医结合5人，其中研究员1人、副研究员2人、助理研究员1人、研究实习员1人；西医6人，其中副研究员4人、助理研究员1人、研究实习员1人。

下属研究室：临床研究室，基础研究室，中药研究一、二室，针灸研究室，文献研究室，情报研究室。

附属机构：实验药厂，《浙江中医杂志》社，门诊部。

浙江中医学院分子医学研究所

地址：浙江省杭州市 电话：71914转分子所

所长：张菊明

职工24人。科研人员中，中西医结合18人，其中副研究员2人，助理研究员5人、研究实习员3人；中药5人，其中助理研究员2人、研究实习员2人；西医1人，为助理研究员。

下属研究室：中药研究室，生化研究室，细胞研究室，免疫研究室，微量元素研究室。

江西省中医药研究所

地址：江西省南昌市文教北路101号 电话：331921 331741

所长：蔡秉仁

职工77人。科研人员中，中医30人，其中研究员1人、副研究员2人、助理研究员14人、研究实习员12人；中西医结合3人，其中研究员1人、副研究员1人、助理研究员1人；中药8人，其中副研究员1人、助理研究员3人、研究实习员4人；西医6人，其中副研究员1人、助理研究员1人、研究实习员4人。

下属研究室：文献研究室，临床研究室，中药研究室，中医基础研究室，气功研究室，图书情报研究室，临床部。

在所硕士研究生3人，1987年招生1人。

山东省中医药研究所

地址：山东省济南市文化西路42号　电话：21103

所长：俞昌正

职工125人。科研人员中，中医35人，其中副研究员4人、助理研究员6人、研究实习员21人；中西医结合4人，其中研究员2人、副研究员2人；中药43人，其中研究员8人、副研究员9人、助理研究员11人、研究实习员15人。

下属研究室：中医临床研究室，活血化瘀研究室，虚证、老年病研究室，中药化学研究室，中药炮制研究室，生药研究室，中药制剂研究室，药理研究室，病理研究室，实验研究室，情报资料研究室。

河南省中医研究院

地址：河南省郑州市城北路7号　电话：22590

院长：庞春生

职工210人。科研人员中，中医55人，其中研究员3人、副研究员7人、助理研究员13人、研究实习员32人；中西医结合13人，其中研究员1人、副研究员6人、助理研究员6人；中药18人，其中研究员1人、副研究员3人、助理研究员4人、研究实习员10人；西医2人，其中副研究员1人，助理研究员1人。

下属研究室：临床研究室，针灸经络研究室，基础研究室，中药研究室，情报资料研究室。

附属机构：制剂车间、《中医研究》编辑部。

河南省洛阳正骨研究所

地址：河南省洛阳市启明南路1号　电话：51838　51839

所长：郭维淮

职工50人。科研人员中，中医26人，其中研究员1人、副研究员4人、助理研究员18人、研究实习员3人；中西医结合2人；中药2人，其中助理研究员1人；西医10人，其中副研究员4人。

下属研究室：生理实验室，病理实验室，药物实验室，生化实验室，临床研究室。

湖北省中医药研究院

地址：湖北省武汉市武昌路瑜路232号　电话：870404　870249

院长：李同生

职工384人。科研人员中，中医140人，其中研究员3人、副研究员8人、助理研究员41人、研究实习员69人；中西医结合7人，其中研究员1人、副研究员6人；中药45人，其中副研究员4人、助理研究员8人、研究实习员20人；西医86人，其中研究员1人、副研究员7人、助理研究员24人、研究实习员22人。

下属研究所：骨伤科研究所、中西医结合研究所，医史文献研究室，图书情报室。

附属机构：湖北省中医药研究院附属医院。

湖南省中医药研究院

地址：湖南省长沙市麓山路167号　电话：82211

院长：刘祖贻

职工374人。科研人员中，中医98人，其中研究员4人、副研究员12人、助理研究员32人、研究实习员44人；中西医结合6人，其中研究员3人、副研究员1人、研究实习员2人；中药72人，其中研究员2人、副研究员5人、助理研究员18人、研究实习员31人；西医45人，其中副研究员2人、助理研究员18人、研究实习员14人。

下属研究所：中医临床研究所，中医基础研究所，中药研究所，情报资料研究室。

在院硕士研究生26人，1987年招生4人、毕业21人。

附属机构：《湖南中医杂志》编辑部。

广西壮族自治区中医药研究所

地址：广西壮族自治区南宁市古城路20号 电话：23514

所长：郑学忠

职工185人。科研人员中，中医9人，其中副研究员2人、助理研究员5人、研究实习员2人；中药120人，其中副研究员19人、助理研究员24人、研究实习员23人。

下属研究室：植化研究室，药理研究室，中医研究室，中药研究室，制剂研究室，仪器分析室，情报资料室，实验动物室。

四川省中医药研究院临床医学研究所

地址：四川省成都市四道街

所长：林万和

职工241人。科研人员中，中医56人，其中研究员1人、助理研究员2人、研究实习员5人；中西医结合16人，其中研究员3人、副研究员1人、助理研究员2人；中药15人，其中研究实习员2人；西医5人，其中研究员1人、研究实习员4人。

下属研究室：电脑应用研究室，生理研究室，文献理论研究室，中药研究室，血液病研究室，骨伤研究室。

四川省中医药研究院中药研究所

地址：四川省重庆市南岸黄桷垭 电话：481615

所长：鲁灵恩

职工401人。科研人员中，中医2人，其中副研究员1人、助理研究员1人；中西医结合2人，均为助理研究员；中药232人，其中研究员3人、副研究员41人、助理研究员72人、研究实习员116人；西医2人，均为助理研究员。

下属研究室：中药生药研究室，中药栽培研究室，中药化学研究室，中药药理研究室，中药炮制制剂研究室，中心实验室，中药开发应用研究室，实验动物研究室，图书情报研究室。

在所硕士研究生7人，1987年招生1人。

附属机构：临床门诊部、附属药厂，《中药药理与临床》杂志编辑部。

贵州省中医研究所

地址：贵州省贵阳市市东路10号

所长：马文亮

职工182人。科研人员中，中医28人，其中副研究员4人、助理研究员10人；中西医结合15人，其中研究员2人、副研究员4人、助理研究员9人；中药35人，其中副研究员2人、助理研究员5人、副主任药师2人、主管医师4人、研究实习员20人；西医23人，其中副主任医师2人、主治医师11人、住院医师10人。

云南省中医研究所

地址：云南省昆明市人民东路东栗巷8号 电话：29308

所长：张震

职工63人。科研人员中，中医33人，其中研究员1人、副研究员3人、助理研究员8人、研究实习员19人；中西医结合1人、为副研究员；中药8人，其中副研究员2人，助理研究员1人、研究实习员2人；西医3人，其中助理研究员2人、研究实习员1人。

下属研究室：民族医药研究室，中医临床研究室，中药药理研究室，耳针研究室，中医文献情报研究室。

附属机构：《云南中医杂志》编辑部。

陕西省中医药研究院

地址：陕西省西安市西华门20号 电话：71—6312 71—6873 71—0237 71—3310

院长：赵建础

职工668人。科技人员518人，其中研究员6人、副研究员59人，助理研究员164人、研究实习员138人。

下属研究所：中医文献医史研究所，中医基础研究一、二室，中药药理研究室，中药化学成分研究室，针灸经络研究室，中药剂型生药研究室，食疗研究室，中心仪器室，实验动物研究室。

附属机构：陕西省中医药研究院附属医院，科研实验药厂，《陕西中医》、《陕西医学杂志》编辑部，《陕西卫生志》编辑部。

陕西中药研究所

地址：陕西省咸阳市　电话：4428

所长：齐忠俭

职工183人。科研人员中，中医1人，为助理研究员；中西医结合1人，为研究实习员；中药77人、其中副研究员2人、助理研究员20人、研究实习员54人；西医1人，为研究实习员。

下属研究室：药用植物分类鉴定研究室，药用植物栽培研究室，药用动物研究室，植化研究室，药理研究室，新产品开发研究室，情报研究室。

附属机构：陕西中药研究所中间试验药厂，《西北药学》杂志编辑部。

新疆中医研究所

地址：新疆维吾尔自治区乌鲁木齐市解放北路29号　电话：77222

职工100人，科研人员中，中医14人；中西医结合10人；中药15人；西医3人。

下属研究室：心血管研究室，老年病研究室，血液病研究室，中医药情报研究室，中医理论研究室。

【中医学术团体】

中华全国中医学会

地址：北京市和平里东街樱花路甲四号　电话：4218311

会长：崔月犁　副会长：胡熙明　施奠邦　刘志明　高辉远　王绵之　王永炎　李顺成　陈彤云　张镜人　王一章　凌一揆　副秘书长：陆长宏　肖　含　肖德馨　会员34000人。

分科学会：内科学会，外科学会，妇科委员会，儿科专业委员会，眼科学会，骨伤科学会，肛肠学会，中医理论整理研究会，医学气功研究会，医古文研究会，老年病学会，推拿学会，中药学会，耳鼻喉科学会。

中国中西医结合研究会

地址：北京市东直门内北新仓18号　电话：446661—3026

理事长：崔月犁　副理事长：吴咸中　田景福　陈可冀　廖家桢　沈自尹　唐由之　祝谌予　秘书长：吕维柏　副秘书长：危北海　陈士奎　会员　17700人。

分科学会：急腹症专业委员会，活血化瘀专业委员会，虚证与老年病专业委员会，肿瘤专业委员会，骨伤科专业委员会，妇产科专业委员会，儿科专业委员会，急救医学专业委员会，微循环专业委员会，精神疾病专业委员会，呼吸病专业委员会，中药专业委员会，肝病专业委员会，周围血管疾病专业委员会，四诊研究专业委员会，皮肤性病专业委员会，耳鼻喉科专业委员会，风湿类疾病专业委员会，血液病专业委员会，心血管病专业委员会，基础理论研究专业委员会，眼科专业委员会。

中国针灸学会

地址：北京市东直门内北新仓18号　电话：446661—3063

会长：胡熙明　副会长：王雪苔　陈绍武　陈佑邦　陈汉平　程莘农　贺普仁　曹小定　秘书长：李维衡　副秘书长：古　励　田从豁　会员10050人。

下设针灸临床研究会：经络研究会，腧穴研究会，针法灸法研究会，针刺麻醉研究会，实验针灸研究会，针灸文献研究会。

中华全国中医学会内科分会

地址：北京市和平街北口北京中医学院　电话：4212731转644

主任：王永炎　副主任：焦树德　张镜人　巫君玉　路志正　杨明钧　秘书长：晁恩祥　副秘书长：任占利

下设肺病学组，心病学组，肝病学组，脾胃病学组，肾病学组，中风病学组，血证学组，辨证论治学组，仪器析测学组，脑病学组。

中华全国中医学会妇科专业委员会

地址：天津市南开区天津中医学院内　电话：703426

主任：哈荔田　副主任：高金亮　罗元凯　蔡小荪　秘书长：高金亮　副秘书长：吴炳岳　吴高媛

中华全国中医学会儿科专业委员会

地址：山东省济南市省卫生厅内

主任：王伯岳　副主任：张奇文　江育仁　王玉润　马新云

中华全国中医学会肛肠学会

地址：北京市广安门北线阁广安门医院内　电话：33851

会长：丁泽民　副会长：史兆歧　闻茂康　王方林　张庆荣　陆　琦　李雨农　李润定　金　虎　杨书兴

中华全国中医学会医古文研究会

地址：北京市和平里北街北京中医学院内　电话：462731

副主任：刘振民　陈增英　刘　健　段逸山

中华全国中医学会医学气功研究会

地址：北京市和平街北口11号　电话：4212731—402

理事长：高鹤亭　副理事长：冯理达　焦国瑞　林雅谷　王莒生　秘书长：杜洛伊　副秘书长：张　宇　钱菊卿

下设外事组，科研组，组织组，医疗组，增视组。

中华全国中医学会外科学会

地址：北京市广安门北线阁广安门医院　电话：3013311

主任：朱仁康　副主任：陈彤云　顾乃强　施汉章　秘书长：王　沛　秘书：李林　黄春木　李博鑑

下设疮疡专题学组，胶原病专题学组，肿瘤专题学组，牛皮癣专题学组，男性病专题学组，周围血管病专题学组，乳腺病专题学组，皮肤癌专题学组。

中华全国中医学会骨伤科学会

地址：上海市北京西路1623号　电话：565939

主任委员：施杞　副主任委员：郭维淮　李国衡　李同生　孙树椿　武春发　岑泽波　张安桢　刘柏龄　秘书长：石印玉　副秘书长：朱云龙　韦以宗　殷家骅　会员　2400人。

下设学术部，教育部，科技情报部，秘书部。

中华全国中医学会北京分会

地址：北京市东单三条甲7号　电话：550460

理事长：关幼波　副理事长：董德懋　巫君玉　方和谦　陈彤云　秘书长：陈彤云　副秘书长：王鸣凤　李惠治　曹希平　会员1800余人。

分科学会：内科学会，妇科学会，儿科学会，针灸学会，正骨按摩学会，皮肤、外科学会，基础理论研究会。

中国中西医结合研究会北京分会

地址：北京市东单三条甲七号　电话：550460

理事长：高寿征　副理事长：危北海　王宝恩　谢竹藩　廖家桢　陈可冀　秘书长：贾葆鹏　副秘书长：马必生　王莒生　会员1338人。

下设内科专业委员会，外科专业委员会，妇产科专业委员会，儿科专业委员会，皮肤科专业委员会，基础理论专业委员会，中药专业委员会，活血化瘀专业委员会，骨伤科专业委员会，肿瘤专业委员会，肥胖症研究专业委员会，急救医学专科委员会，肝病专业委员会，耳鼻喉学组，周围血管学组，精神病学组。

中华全国中医学会天津分会

地址：天津市河西区佟楼佟卫里14号

电话：317875

会长：何世英　副会长：王一章　王士相　戴钖孟　赵恩俭　李少川　秘书长：王一章　副秘书长：张大宁（兼）　会员806人。

下设基础理论学术委员会，内科学术委员会，妇科学术委员会，儿科学术委员会，综合学科学术委员会。

中国针灸学会天津分会

地址：天津市河西区佟楼佟卫里14号　电话：317875

会长：赵藕善　副会长：石学敏　曹一鸣　秘书长：石学敏　副秘书长：李宜中　郄大正

下设学术委员会，组织委员会，外事委员会，咨询委员会，基础理论学会，临床学会。

中国中西医结合研究会天津分会

地址：天津市河西区佟楼佟卫里14号　电话：317875

会长：吴咸中　副会长：边天羽　王今达　尚天裕　秘书长：原希偃　副秘书长：许树朴　会员477人

下设学术工作委员会，科普与教育工作委员会，组织工作委员会。

中华全国中医学会河北分会

地址：河北省石家庄市富强大街　电话：46762

会长：王立山　副会长：郑兆华　夏锦堂　郑英州　马新云　高濯风　李恩复　于鸿玲　张伯石　王其飞　李彬之　秘书长：赵玉庸　副秘书长：林宏益　孙万珍

分科学会：中药学会，内科学会，外科学会，妇科学会，儿科学会，气功学会，肛肠学会，按摩学会，眼科学会，耳鼻喉科学会。

中国中西医结合研究会河北分会

地址：河北省石家庄市富强大街　电话：4672

理事长：傅大为　副理事长：李彩瑞　李　恩　郑英州　毕庚年　纪民育　秘书长：李　恩　副秘书长：叶增茂　赵元璋

下设组织工作委员会，普及工作委员会，咨询工作委员会，学术工作委员会，肿瘤专业委员会。

中华全国中医学会山西分会

地址：山西省太原市东华门23号　电话：382793

会长：蒋天佑　副会长：师怀堂　金振堂　秘书长：蒋天佑　副秘书长：赵尚华　马宁启　会员　1380人。

分科学会：内科分会，外科分会，妇科分会，儿科分会，肛肠分会，中医基础理论研究分会，五官科学组。

中国中西医结合研究会山西分会

地址：山西省太原市东华门28号　电话：382791

理事长：贾得道　副理事长：于载畿　刘万程　包尚恕　杨占林　秘书长：刘万程　副秘书长：李国章　王　宁　会员 801人。

下设学术委员会，咨询委员会，科学普及委员会，组织工作委员会，皮肤科专业委员会，活血化瘀专业委员会。

中国中西医结合研究会内蒙古分会

地址：内蒙古自治区呼和浩特市　电话：23701

理事长：杨殿相　副理事长：吴德树　汪　珅　那　顺　副秘书长：张志明　杨景芬　会员156人。

下设科普组　妇科组　内科组　儿科组

中华全国中医学会内蒙古自治区分会

地址：内蒙古自治区呼和浩特市　电话：23201

理事长：云曙碧　副理事长：肖康伯　吴德树　王与贤　王俊奇　秘书长：孔庆洪　会员　1200人。

下设妇科专业委员会，儿科专业委员会，内科专业委员会，针灸专业委员会，中医基础理论专业委员会。

中华全国中医学会辽宁分会

地址：辽宁省沈阳市皇姑区黄河大街七段六号　电话：64439

理事长：王镇藩　副理事长：史常永　刘忠德　秘书长：史常永　副秘书长：于景宏　陈玉琦　张　信　会员1140人。

分科学会：内科专业委员会，外科专业委员会，骨伤科专业委员会，针灸专业委员会，肛肠专业委员会，妇产科专业委员会，辨证施护委员会，仲景学说委员会，推拿专业委员会，中医基础学组，古典医籍学组，人体科学学组，医院管理学组。

中国中西医结合研究会辽宁分会

地址：辽宁省沈阳市省中医研究院内　电话：64484

会长：王镇藩　副会长：朱俊贵　会员730余人。

下设血证学会，肿瘤学会，老年病与虚证学会，急症学会，软组织骨科学会，气功学会。

中华全国中医学会吉林省分会

地址：吉林省长春市东民主大街副2号　电话：825126

理事长：马　志　副理事长：刘冠军　李学中　秘书长：　刘柏龄　副秘书长：王粈廷　会员784人。

下设肛肠专业委员会，针灸专业委员会，骨伤科专业委员会，内科专业委员会，外科专业委员会，妇科专业委员会，儿科专业委员会，仲景专业委员会，医古文专业委员会，医史专业委员会，气功专业委员会，推拿专业委员会，五官科专业委员会。

中国中西医结合研究会吉林分会

地址：吉林省长春市东民主大街副2号　电话：25126

会长：刘庆欣　副会长：谭家兴　安西川　吴胜东　王保义　秘书长：谭家兴　副秘书长：何　莉　段奇玉　会员451人。

分科学会：急腹症专业委员会，活血化瘀专业委员会，肝病专业委员会，软组织损伤专业委员会，学术工作委员会，科普咨询工作委员会，组织工作委员会。

中华全国中医学会黑龙江分会

地址：黑龙江省哈尔滨市南岗区长兴路14号　电话：64733

会长：张金良　副会长：栗德林　张琪　赵　京　高树仁　秘书长：段钦权　副秘书长：李国清　王克勤　会员1100人。

分科学会：内科专业委员会，妇科专业委员会，儿科专业委员会，外科专业委员会，骨科专业委员会，中医基础理论学会，中药学会，医学气功研究会，针灸学会，中医管理研究会，肛肠专业委员会，蒙医学会。

中国中西医结合研究会黑龙江分会

地址：黑龙江省哈尔滨市南岗区长兴路14号　电话：64733

理事长：张金良　副理事长：张亭栋　姜　涛　黄炳山　焦士舜　张风山　秘书长：　姜　涛　副秘书长：韩志杰　杨书兴　会员1037人。

下设活血化瘀专业委员会，老年病专业委员会，儿科专业委员会，妇科专业委员会，急腹症专业委员会，咨询工作委员会，培训工作委员会，血液病专业委员会，呼吸病专业委员会，消化病专业委员会，神经病专业委员会，眼科病专业委员会，农村基层学组，肝炎学组，心血管学组，肾病学组，骨科学组，职业病学组，肿瘤学组，虚证学组，基础理论学组，周围血管病学组，精神病学组。

中华全国中医学会上海分会

地址：上海市北京西路1623号　电话：532271

理事长：王玉润　副理事长：施　杞　张镜人　黄羡明　顾伯华　朱南孙　钱永益　秘书长：孟宪益　副秘书长：邬尧清　会员

总数2718人。

下设内科分会，外科分会，妇科分会，儿科分会，推拿分会，伤科分会，喉科分会，眼科分会，气功分会，肛肠科分会。

中国中西医结合研究会上海分会

地址：上海市北京西路1623号　电话：58174

理事长：沈自尹　副理事长：施　杞　赵伟康　陈梅芳　秘书长：蒋　槐　副秘书长：周冶萍　会员总数1190人。

下设虚证与老年病专业委员会，妇产科专业委员会，皮肤科专业委员会，肿瘤专业委员会，急腹症专业委员会，骨伤科专业委员会。

中华全国中医学会江苏省分会

地址：江苏省南京市中央路42号　电话：713546

会长：张华强　副会长：江育仁　朱良春　周仲瑛　李国光　秘书长：张锦清　会员4173人。

分科学会：内科专业委员会，外科专业委员会，妇科专业委员会，儿科专业委员会，针灸专业委员会，肛肠专业委员会，推拿专业委员会，伤骨科专业委员会，皮肤专业委员会，眼科专业委员会，耳鼻喉科专业委员会，心系专业委员会，肝系专业委员会，脾胃系专业委员会，肺系专业委员会，肾系专业委员会，医学气功研究会，肿瘤学术研究会，中医急证学术研究会，温病学术研究会，《内经》学术研究会（筹），医古文研究会（筹），仲景学说研究会，医史研究会，中医院管理研究会，中药研究会，中医护理研究会。

中国中西医结合研究会江苏省分会

地址：江苏省南京市中央路42号　电话：713883

理事长：陈　萍　副理事长：顾亚夫　徐长桂　陈　廉　任光荣　秘书长：陈德华　副秘书长：丁冠明　会员1470人。

下设伤骨科专业委员会，急腹症专业委员会，皮肤科专业委员会，肝病专业委员会，中药专业委员会，肾病免疫学组，肿瘤病学组，乳房病学组，微循环学组，周围血管病研究学组。

中华全国中医学会浙江分会

地址：浙江省杭州市青春路仁德里新12号　电话：20044转

理事长：何　任　副理事长：王绪鳌　杨继荪　冯鹤鸣　盛循卿　朱承汉　于诗俊　秘书长：张泳泉　副秘书长：黄光华　朱鹏飞　王钖贞　会员2690人。

下设内科学会，外科学会，妇科学会，儿科学会，伤科学会，推拿学会，耳鼻喉学会，眼科学会，医史学会，中药学会，医院管理学会，肛肠学会。

中国中西医结合研究会浙江分会

地址：浙江省杭州市天目山路26号　电话：82214（转）

理事长：戴　迪　副理事长：王竹昌　于诗俊　王　曼　王锦云　宫云志　周朗生　洪用森　秘书长：宫云志　副秘书长：钟达锦　周　俊　胡培德　樊良卿　会员922人。

下设微循环与莨菪药专业委员会，急腹症专业委员会，肛肠专业委员会，皮肤病专业委员会，妇科专业委员会，儿科专业委员会，活血化瘀专业委员会，肾病专业委员会。

中华全国中医学会安徽分会

地址：安徽省合肥市省卫生厅内　电话：63966

会长：王任之　副会长：陈可望　孟德海　查少农　孟昭威　秘书长：孟德海　副秘书长：夏晋和　会员700人。

分科学会：内科专业委员会，儿科专业委员会，妇科专业委员会，推拿专业委员会，肛肠专业委员会，骨伤专业委员会，中药专业委员会。

中国中西医结合研究会安徽分会

地址：安徽省合肥市梅山路安徽中医学

院附属医院内　电话：60694

理事长：李　毅　副理事长：孙弼纲　金乃时　贺承钧　秘书长：孙弼纲　副秘书长：原存信　徐国榕　会员300人。

中华全国中医学会福建分会

地址：福建省福州市古屏路17号　电话：32750

会长：黄春源　副会长：俞友荣　蔡友敬　肖　熙　秘书长：王宜方　副秘书长：林　颖　肖钦朗　叶威礼　会员1714人。

分科学会：内科专业委员会，妇儿科专业委员会，肛肠专业委员会，外科专业委员会，推拿专业委员会，草医药专业委员会，理论专业委员会，医学气功研究会，心理学研究会，陈修园学说研究会。

中国中西医结合研究会福建分会

地址：福建省福州市古屏路17号　电话：32750

理事长：黄春源　副理事长：林求诚　庄子长　张安桢　叶孝礼　秘书长：余育元　副秘书长：林祥慎　赵竞成　会员523人。

下设儿科专业委员会，妇产科专业委员会，耳鼻喉口腔科专业委员会，微循环专业委员会，急腹症专业委员会，虚证与老年病研究专业委员会，肝病学组。

福建省针灸学会

地址：福建省福州市古屏路17号　电话：32750

会长：藺云桂　副会长：梁栋富　黄建章　陈以教　秘书长：梁栋富　副秘书长：肖钦朗　吴炳煌　吴咏仁　会员178人。

中华全国中医学会江西分会

地址：江西省南昌市八一大道153号　电话：66543

会长：杨扶国　副会长：张海峰　姚奇蔚　杨卓寅　洪广祥　邹公厚　秘书长：陈瑞春　副秘书长：任正心　黄存垣　会员1367人。

分科学会：内科分会，妇科分会，伤骨科分会，肛肠分会，气功分会，五官分会，儿科分会，推拿分会，中医管理分会，外科分会。

中国中西医结合研究会江西分会

地址：江西省南昌市叠山路97号　电话：222691

理事长：周　标　副理事长：余鹤龄　徐炽度　秘书长：汤益民　副秘书长：龚璟模　李国贤　会员692人。

下设急腹症专业委员会，急救医学专业组，骨伤科专业学组，活血化瘀专业学组，妇产科专业学组，眼科专业学组，精神病学组，基础理论学组，针刺艾灸学组。

江西省针灸学会

地址：江西省南昌市八一大道153号　电话：66006

会长：魏　稼　副会长：宗瑞麟　黄延龄　秘书长：黄延龄　会员252人。

下设经络研究组，腧穴研究组，刺灸临床研究组，针灸技术咨询组。

中华全国中医学会山东分会

地址：山东省济南市青年东路1号　电话：23921—145

理事长：向　克　副理事长：张灿玾　吕同杰　蔡剑前　秘书长：蔡剑前　副秘书长：张吉人　卢尚岑　会员1702人。

分科学会：内科学会，外科学会，儿科学会，针灸学会，推拿学会，五官科学会，肛肠学会，气功学会，中医基础理论学会。

中国中西医结合研究会山东分会

地址：山东省济南市青年东路1号　电话：23921—145

理事长：黎　萍　副理事长：代　岐　王荣江　崔明修　陈克忠　肖　琪　李艳冬　田　文　李　碧　王正锷　秘书长：王荣江　副秘书长：顾振东　俞昌正　会员325人。

中华全国中医学会河南分会

地址：河南省郑州市纬五路东段　电话：51279

理事长：张　磊　副理事长：李振华　郭维淮　乔保均　韩俊钦　秘书长：韩俊钦　副秘书长：周世印　李纪源　会员1671人。

下设内科学会，外科学会，骨伤科学会，中医基础理论学会，妇科学会，儿科学会，眼科学会，气功学会，医古文学会，推拿学会，肛肠学会，针灸学会。

中华全国中医学会湖北分会

地址：湖北省武汉市武昌东湖路27号　电话：811592

会长：李今庸　副会长：李同生　孙国杰　章真如　艾利民　秘书长：梅国祥　副秘书长：徐晋文　陈珞珈　会员1712人。

分科学会：内科学会，皮外科学会，妇科学会，骨伤科学会，儿科学会，中药学会，针灸学会，按摩学会，肛肠学会，青年中医药研究会。

中国中西医结合研究会湖北分会

地址：湖北省武汉市武昌东湖路27号　电话：811592

理事长：涂用宏　副理事长：史世勤　李鸣真　靳明辅　余青萍　秘书长：舒达夫　副秘书长：陈珞珈　胡思吉　徐升阳　会员702人。

下设骨伤科学会，活血化瘀学会，妇科学会，肾病学会，肝病学会，皮肤性病学会，颈肩腰腿痛学会，急腹症学会，呼吸病学会。

中华全国中医学会湖南分会

地址：湖南省长沙市省卫生厅内　电话：26285转

理事长：崔洪源　副理事长：夏度衡　欧阳锜　肖佐桃　王奇成　高　德　秘书长：李　芳　副秘书长：谭克陶　朱佑武　朱文锋　会员1100人。

分科学会：针灸学会，中药学会，肛肠学会，五官科学会，外伤科学会，内科学会，马王堆医书研究会，妇科学会，儿科学会，推拿按摩学会，科普工作委员会。

中国中西医结合研究会湖南分会

地址：湖南省长沙市麓山路167号　电话：82532

理事长：虞佩兰　副理事长：孙材江　王明辉　杨蕴祥　张自强　秘书长：王明辉（兼）　副秘书长：朱　杰　何　锐　吴　轰　会员1250人。

下设急腹症专业委员会，骨伤科专业委员会，皮肤科专业委员会，眼科专业委员会，活血化瘀专业委员会，急救医学专业委员会，虚证与老年病专业委员会，儿科专业委员会。

中华全国中医学会广东分会

地址：广东省广州市大德路省中医院内　电话：882831

理事长：岑泽波　副理事长：陶志达　尤润珠　陈全新　刘惠纯　陈宏珪　秘书长：尤润珠　副秘书长：陈全新　林镇尧　刘赤选　尹根立　梅运筹　会员1127人。

分科学会：内科学会，外科学会，骨伤科学会，妇科学会，儿科学会，针灸学会，中药学会，按摩学会，气功研究会，肛肠学会，中医护理学会。

中国中西医结合研究会广东分会

地址：广东省广州市惠福西路进步里2号　电话：84610

理事长：欧　明　副理事长：王建华　李委　布　彦　秘书长：罗日永　副秘书长：朱伯威　徐复霖　崔　巍　余少琼　张扎康　周立东　吴俊来　刘义海　会员427人。

下设骨伤科协作组，急腹症协作组，肝炎病协作组。

中华全国中医学会广西分会

地址：广西壮族自治区南宁市桃源路35号　电话：23986

会长：张　羽　副会长：曾昭明　黄谨明　韦贵康　班秀文　秦家泰　王鉴均　许式谦　李少强　张洪源　秘书长：黄谨明　副秘书长：李钖光　黄汉儒　邓家刚　会员1660人。

分科学会：内科学会，外科学会，骨伤科学会，妇科学会，儿科学会，肛肠科学会，医史学会，基础理论研究学会，医古文学会，针灸学会。

中国中西医结合研究会广西分会

地址：广西壮族自治区南宁市桃源路35号 电话：23986

理事长：兰芳馨 副理事长：谭家祥 富雅珍 会员230人。

下设内科学会，儿科学会，蛇伤防治学会，骨伤科学会。

中华全国中医学会四川分会

地址：四川省成都市上汪家拐街34号

电话：26576

会长：邓明仲 副会长：李克光 李明富 杨明钧 郁文俊 凌一揆 秘书长：杨明钧 副秘书长：罗士信 余定国 徐洪勋 尹 重 会员3300人。

下设内科专业委员会，外科专业委员会，妇科专业委员会，儿科专业委员会，骨伤科专业委员会，眼科专业委员会，肛肠专业委员会，医史专业委员会，仲景基础专业委员会，中药专业委员会，医院管理专业委员会，民族医药专业委员会。

中国中西医结合研究会四川分会

地址：四川省成都市文庙西街80号 电话：26576

理事长：邓明仲 副理事长：吴康衡 黄星垣 文长青 陈文彬 张基谟 秘书长：吴康衡 副秘书长：曾桂芳 刘言正 会员844人。

下设活血化瘀血液病专业委员会，虚症、老年病专业委员会，外科专业委员会，呼吸病专业组，肿瘤专业组。

四川省针灸学会

地址：四川省成都市上汪家拐街34号 电话：26576

会长：李仲愚 副会长：李伯宁 郝怀仁 张邦燊 秘书长：李伯宁 副秘书长：严仁芳 会员250人。

下设针灸专业委员会，推拿专业委员会，医用气功专业委员会，针麻专业委员会，针灸原理专业委员会。

中华全国中医学会贵州分会

地址：贵州省贵阳市市北村 电话：23943—594

理事长：袁家玑 副理事长：王祖雄 贺志光 刘尚义 秘书长：曹 柱 副秘书长：张厚权 徐学义 刘丽华 张 粡 会员：650人。

分科学会：内科学会，外科学会，妇科学会，肛肠学会。

中国中西医结合研究会贵州分会

地址：贵州省贵阳市市东路10号 电话：22416

理事长：马文亮 副理事长：杨勤槐 陆鸿滨 周延龄 张厚权 秘书长：周延龄 副秘书长：李志伟 张凤群 吴家驹 会员525人。

下设呼吸系统病组，血液病组，肾病组，心血管组，消化疾病组，活血化瘀组，软组织组，妇科组，老年病组，针灸组，传染病组，肿瘤组，骨伤科组，皮肤组。

中国中西医结合研究会云南分会

地址：云南省昆明市人民东路东栗巷8号 电话：29308

理事长：欧振康 副理事长：张 震 苏 涟 于兰馥 杨荣辉 秘书长：张 震 副秘书长：赵天敏 孙培毅 会员559人。

下设急腹症专业委员会，闭塞性周围血管病治疗中心，妇产科专业学组，心脑血管病科研协作组。

中华全国中医学会陕西分会

地址：陕西省西安市西华门20号 电话：716873转

会长：卢希谦 副会长：米伯让 张学文 张鹏举 白武刚 赵建仙 申生桢 午雪峤 秘书长：郑志文 副秘书长：杨文儒

吴生昌　刘绍国　张德兴　会员1350人。

下设内科专业委员会，外科专业委员会，儿科专业委员会，妇科专业委员会，中医基础理论专业委员会，中药专业委员会，肛肠专业委员会，气功专业委员会，眼科专业学组，男性学专业学组。

中国中西医结合研究会陕西分会

地址：陕西省西安市西华门20号　电话：713310转

理事长：卢希谦　副理事长：赵建础　王志义　白武刚　马　授　刘　锐　党正祥　杨　俊　秘书长：郑志文　副秘书长：杨文儒　会员652人。

下设内科专业委员会，急腹症专业委员会，眼科专业学组。

陕西省针灸学会

地址：陕西省西安市西华门20号　电话：713310

会长：雷自申　副会长：赵建础　郭诚杰　郝金凯　章逢润　秘书长：郑志文　副秘书长：王学礼　张德兴　会员160人。

中华全国中医学会甘肃分会

地址：甘肃省兰州市省卫生厅学会办公室　电话：25811

会长：于己百　副会长：石国璧　贾斌　王德林　华占福　杨毓青　旦　巴　秘书长：贾　斌　副秘书长：郭　志　缪华明　刘履坦　赵川荣　会员387人。

分科学会：真气运行研究会，肛肠学会，民族医学会，儿科学会，妇科学会，内科学会，医古文研究会，中医基础理论研究会，骨伤科学会，外科学会。

中华全国中医学会青海分会

地址：青海省西宁市七一路220号　电话：22567

理事长：张　翼　副理事长：胡国栋　王道瑞　马正国　秘书长：曹正逵　副秘书长：汪辉东　张　杰　会员237人。

分科学会：内科学会，外科学会，妇科学会，气功学会，骨伤科学会，肛肠学会，针灸学会。

中国中西医结合研究会青海分会

地址：青海省西宁市北大街84号　电话：47167

理事长：庞世同　副理事长：李树毅　陈祥林　贺　捷　秘书长：沙成金　副秘书长：黄淑贞　葛植厚　会员227人。

下设内科学术组，外科（骨伤科）学术组，儿科学术组，妇产科学术组，针灸学术组。

中华全国中医学会宁夏分会

地址：宁夏回族自治区银川市民族北街150号　电话：23515

理事长：董　平　副理事长：王又恩　戴玉勤　薛厚文　常　清　王风山　张衡达　秘书长：王又恩　副秘书长：于炳信　卢化平　侯玲玲　会员248人。

下设骨伤科专业委员会，妇科工作委员会，痔瘘工作委员会，中草药工作委员会。

中国中西医结合研究会宁夏分会

地址：宁夏回族自治区银川市民族北街150号　电话：23515

理事长：黄辉钊　副理事长：王又恩　刘峰岚　李玉幸　孙鸿鹏　张衡达　邹先珍　秘书长：范开龙　副秘书长：于炳信　曹福崇　会员224人。

下设肝炎学组，骨伤科学组，活血化瘀学组，学术工作委员会，组织工作委员会，科普工作委员会，急腹症学组。

中华全国中医学会新疆分会

地址：新疆维吾尔自治区乌鲁木齐市龙泉路66号　电话：25422

会长：张绚邦　副会长：刘昌寿　金洪元　杨永彦　王振海　秘书长：张万杰　副秘书长：沈宝凡　李兴培　王多让　会员820人。

下设中国西域传统医药科技开发集团，中医基础研究会，内科专业委员会，外科专业委员会，妇儿科专业委员会，肛肠研究会，医学气功研究会，中药专业委员会，推拿学组。

【中医药期刊杂志一览表】

名称	创刊年月	出刊周期	字数(万字)	发行数(册)		编委会			主编或副主编	编辑部				地址	电话
				国内	国外	主任	副主任	委员人数(人)		主任	副主任	职工数(人)	其中编辑数(人)		
中国医药学报	1986.7	双月		20,000	200	胡熙明	董建华 方药中 费开扬 邓铁涛 高辉远	47	主编 董建华 副主编 肖德馨 许有玲	王玉英		7	5	北京市和平里东街樱花路甲4号	4212731—699 4215576
中医杂志	1955.1	月刊	14	130,000	2,000	胡熙明	费开扬等	56	副主编 钮思源	宋祖敷	朱步先 杨钢	33	26	北京市东直门内北新仓18号中国中医研究院内	446661—3034
中医杂志(英文版)	1981.7	季刊	8	500	1,000	吕炳奎	季钟朴	59	陈集瑞	陈集瑞		6	3	北京市东直门内北新仓18号中国中医研究院内	446661转
中医杂志(日文版)	1987.3	月	12			钮思源	吉川昌之	13	钮思源			3	3	北京市东直门内北新仓18号中国中医研究院内	446661—403
中西医结合杂志	1981.7	月	12	48,000	312			77	主编 季钟朴 副主编 陈可冀 沈自尹 侯大山 陈维养		陈贵廷 陈文琦	12	9	北京市西苑	281631—337
中国针灸	1981.8	双月	10	51,000	800				主编 王本显	王本显		7	7	北京市东直门内北新仓18号中国中医研究院内	446661—946
针刺研究	1976	季	12.5	2,000	60				主编 马廷芳		王少荣	4	2	北京市东直门内北新仓18号中国中医研究院内	446661—925
中医教育	1982.11	双月	7			傅士垣	王永炎	30	刘振民	贾维胜		5	4	北京市北三环东路11号北京中医学院内	4212731—336
中药通报	1955	月	9.6	16,000	200				徐国钧 毛华训 孙南君 冉小峰	毛华训		10	8	北京市东直门内北新仓18号中国中医研究院内	446661—966
中华医史杂志	1947.3	季	11	21,243	1,652	陈海峰	程之范 李经纬 耿鉴庭	18	陈海峰			3	2	北京市东直门内北新仓18号中国中医研究院内	446661

名称	创刊年月	出刊周期	字数(万字)	发行数(册)		编委会			主编或副主编	编辑部				地址	电话
				国内	国外	主任	副主任	委员人数(人)		主任	副主任	职工数(人)	其中编辑数(人)		
国外医药中医中药分册	1978.11	双月	10	10,600								8	7	北京市东城区东直门内北新仓18号 中国中医研究院内	44.6661—425
北京中医	1982.3	双月	12	15,000	276	关幼波 高寿征	陈彤云 危北海 李惠治	63	李惠治	刘殿永		6	5	北京东单三条甲七号	55.7767
北京中医学院学报	1959.10	双月	10	10,000	200～300	任应秋	董建华 印会河 刘渡舟 王绵之 杨甲三 李家实 王永炎 肖德馨	36	主编 刘渡舟 副主编 王永炎	张年顺		5	3	北京市和平街北口北京中医学院内	421.2731—322
天津中医	1984.10	双月	7.2	4,000	118	何世英	吴咸中 赵藕善 戴锡孟 王一章 李振华 郭霭春 边天羽 汪钧 高金亮	36		杨亚各	职延广	7	5	天津市南开区西湖村	70.3737
天津中医学院学报	1982	季	8	3,200		哈荔田	郭霭春 曹公寿 阮士怡	18	主编 郭霭春	郭霭春		4	2	天津市南开区西湖村天津中医学院内	70.3737
中草药	1970.1	月	7	20,000	300	沈家祥	仇有珍 顾家裘 韩长有 陈钧鸿	44	主编 仇有珍 副主编 刘德延			5	4	天津市南开区西湖村天津中药研究所内	70.6744
中文科技资料目录—中草药	1978	季	19	1,000			刘俊英	8						天津市南开区西湖村天津中药研究所内	70.6744
中国气功	1986.2	季	8	140,000	1,000	左林	张天戈	10	左林或张天戈	张天戈		8	4	河北省北戴河海滨东经路198号气功康复医院	41057
河北中医	1979.10	双月	8	6,100		夏锦堂	高濯风 马新云	56	夏锦堂 高濯风 马新云 宗全和 李恩复 李彩瑞 李彬之 萨芳			4	3	北河省石家庄青园街62号	46687

名称	创刊年月	出刊周期	字数（万字）	发行数(册)		编委会			主编或副主编	编辑部				地址	电话
				国内	国外	主任	副主任	委员人数(人)		主任	副主任	职工数(人)	其中编辑数(人)		
卫生科普	1981.1	双月	6	80,000		王文元	张剑倜	3	王文元	李 川		7	5	河北省保定市红旗路18号	4911
山西中医	1985.1	双月	8.5			孙建成	蒋天佑	68			崔天说	3	3	山西省太原市东华门23号	382791—287
中医药研究杂志	1984	双月	7.5	12,500	700	卢祥之	王世民 许晓琳	117	主编 卢祥之	睚惠兰		5	4	山西省太原市青年路东陵里2号	
内蒙古中医药	1982.7	季	7	3,500		沈湘汉	肖康伯 吴德树 孔庆洪 胡志坚 苏 力 伊光瑞		主编 孔庆洪 副主编 胡志坚 刘玉书 成贵珈	刘玉书	成贵珈 赛西亚 张志民	4	3	内蒙古自治区呼和浩特市健康路	26231—265
辽宁中医杂志	1958.11	月	8.5	18,000	300	李 棕	赵守勋 李玉奇 孙元中 孟宪民 李寿山 彭静山	41	主编 赵守勋 副主编 韩昭明	姚 森	高德林 董维龄	16	13	辽宁省沈阳市皇姑区北陵大街三段五号	62567转221
中医函授通讯	1982	双月	10	48,900		刘忠德	张立江	43	杨连生	张立江		5	4	辽宁省沈阳市皇姑区北陵大街三段五号	65857
吉林中医药	1979	双月	8	5,000	110	刘庆欣		30	高光震			9	6	吉林省长春市工农大路15号	53006转62
长春中医学院学报	1985	不定期	9			邓明鲁	夏洪生 王耀廷 刘冠军 闫洪臣	31	闫洪臣 任继学 程绍恩 高士贤 高光震	高光震				吉林省长春市工农大路15号	
黑龙江中医药	1965.10	双月	8.5	6,000		张 琪	张金良			王克勤	古凤江	7	6	黑龙江省哈尔滨市香坊区三辅街72号	53086
中医药学报	1973.6	双月	8	5,500						王永庆	王玉玺	9	5	黑龙江省哈尔滨市动力区和平路14号	55002—337
中医药信息	1984	双月	7.8	7,300						王永庆		7	5	黑龙江省哈尔滨市动力区和平路14号	55002—337

名称	创刊年月	出刊周期	字数（万字）	发行数（册）国内	发行数（册）国外	编委会主任	编委会副主任	编委会委员人数（人）	主编或副主编	编辑部主任	编辑部副主任	编辑部职工数（人）	其中编辑数（人）	地址	电话
上海中医药杂志	1955.6	月	9	50,000	800	王若水	茹小华 黄宣能		陆德铭	王若水	茹小华 黄宣能	15	13	上海市零陵路530号	385400×242
上海针灸杂志	1982.2	季	8	2,000		黄羡明	陈汉平	21	赵增午	赵增午		5	4	上海市宛平路650号	383453 385361
中成药研究	1978.8	月	8.5	12,000		任德权	张元珍 沈坚 程述祖 郭济贤	64	张元珍	张元珍	沈坚	5	4	上海市人民路324号	289639
江苏中医	1956.10	月	7	10,000	200	王一峰	李国光	69	王一峰 江育仁	李国光		8	7	江苏省南京市中央路42号	44580
南京中医学院学报	1959.6	季	12	2,000		周仲瑛	项平 陈子德 许济群	33		黄煌	顾荣复	4	3	江苏省南京市汉中路282号	649121转264
浙江中医杂志	1956.12	月	8	3	400	王锦云	赵树珍 王坤根 陆拯	26	陆拯 方春阳 吕直		陆拯	10	8	浙江省杭州市天目山路26号	82214
气功杂志	1986.12	月	4.8	420,000	2,000	王锦云	赵树珍 王坤根 陆拯	26	主编 陆拯 副主编 方春阳 吕直		陆拯	8	6	浙江省杭州市天目山路26号	82214
浙江中医学院学报	1977.3	双月	9	8,000	200	葛琳仪	蒋文照 华祝考 高秋松	21		蒋文照	华祝考 高秋松	7	7	浙江省杭州市青春路	71914
绍兴中医药	1979.12	季	8	3,000		陆国范	陈天祥 郑淳理	15		陈天祥	郑淳理 楼定惠	4	3	浙江省绍兴市上大路179号	34035
安徽中医学院学报	1981.12	季	10	14,000			刘中本	17	刘中本		马宗华	5	4	安徽省合肥市梅山路	63966—236
江西中医药	1951.4	双月	10.3	7,000	133	洪广祥	皮持衡 魏稼	36	主编 洪广祥 副主编 匡奕璜		匡奕璜	5	4	江西省南昌市阳明路20号	66006
山东中医杂志	1981.10	双月	11	17,000	135	周凤梧	张灿玾 张奇文 蔡剑前	34		丛林		12	9	山东省济南市经十路23号	46911—359
山东中医学院学报	1977.2	季	12	3,500	140	周凤梧	邹积隆 刘献琳	17		丛林	李庆升	12	9	山东省济南市经十路23号	46911—359

名称	创刊年月	出刊周期	字数（万字）	发行数（册）		编委会			主编或副主编	编辑部				地址	电话
				国内	国外	主任	副主任	委员人数（人）		主任	副主任	职工数（人）	其中编辑数（人）		
沂蒙中医	1977.2	半年	6	1,000		秦贞兆	刘启庭	16	刘启庭 朱晓鸣	刘启庭	孙玉甫	5	5	山东省临沂地区中医院	4013
福建中医药	1956.7	双月	10	7,126	268	俞长荣	俞慎初 庄子长	53	俞长荣	叶挺兴	刘友樑	7	6	福建省福州市五四北路53号	570952转
河南中医	1981.1	双月	7.5	17,000	400	李振华	赵清理 杨毓书	33	主编 李振华 副主编 赵清理 杨毓书	李信如	赵凤山	10	7	河南省郑州市金水路东端河南中医学院内	54174～526
国医论坛	1986.2	季	10	10,000		赵清理	廖国玉 赵安业		主编 赵清理 副主编 廖国玉 赵安业	赵体浩		6	5	河南省南阳市张仲景国医大学内	2497转
湖北中医杂志	1979.9	双月	9.6	10,500	150				主编 张六通 副主编 左覃鑫	左覃鑫		8	6	湖北省武汉市武昌区云架桥	871374
湖南中医杂志	1985.5	双月	8.5	6,283		欧阳锜	谭日强 刘炳凡 夏度衡 肖佐桃 刘祖贻	55	欧阳锜 朱佑武	朱佑武		6	5	湖南省长沙市麓山路167号	82852
湖南中医学院学报	1979	季	10	3,000		谭日强	胡天雄	47	胡天雄	胡天雄	李文海	6	6	湖南省长沙市韶山路84号	33123转
广州中医学院学报	1984.9	季	9.6	2,700	5	陶志达	何伯苍 罗元恺	25	主编 陶志达 副主编 欧 明 区永欣			2	1	广东省广州市三元里机场路10号	661233～268
新中医	1969.12	月	9	110,000	1,000	陶志达	黄吉棠 邓铁涛 罗元恺	15	陶志达 黄吉棠	曾德寰 程 方		8	9	广东省广州市三元里	661233～485或482
中药材	1978.1	双月	10.2			李 军	徐国钧	63	严 辛	元四辉		5	4	广东省广州市沙河龙洞	706203
气功与科学	1982.8	月	5	200,000	2,000				黄小松			26	8	广东省广州市桂花岗飞鹅西路南一街3号地下	773795

名称	创刊年月	出刊周期	字数(万字)	发行数(册) 国内	国外	编委会 主任	副主任	委员人数(人)	主编或副主编	编辑部 主任	副主任	职工数(人)	其中编辑数(人)	地址	电话
按摩与导引	1985.4	双月	6.7	37,000		尤润珠	季委	9	主编：卓大宏 副主编 赖在文 黎泽泉 邝日建	惠广喜		7	3	广东省韶关市武江南路61号	5883
广西中医药	1965.3	双月	7			谭家祥	韦贵康	66	主编 班秀文 副主编 刘坚	刘坚	杨福耀 莫非	6	5	广西壮族自治区南宁市明秀东路21号广西中医学院内	32101转422
四川中医	1982.10	月	10	61,706	168	傅灿冰		62	金家浚	金家浚		6	5	四川省成都市上汪家拐街34号	26595
成都中医学院学报	1958	季	10	5,000		凌一揆		33	主编 凌一揆 副主编 黄英志	黄英志		5	4	四川省成都市十二乔街15号成都中医学院内	69241转69242
新医学文摘(卡片)中医分册	1981.1	双月	3.2	14,500		黄星垣	夏睿明	16		顾波波			1	四川省重庆市青年路44号	42869
贵阳中医学院学报	1979.7	季	10	4,000		袁家玑	王祖雄	31			吴元黔	6	4	贵州省贵阳市市东路8号	24759
云南中医杂志	1980.2	双月	7	42,000	1,800	张震	廖濬泉 魏书均	18	主编 张震 副主编 廖濬泉 魏书均 杨健武	张震	杨健武	8	3	云南省昆明市人民东路栗树头	
云南中医学院学报	1978.1	季	7	3,000		戴慧芬	苏涟 许子健 吕光荣	25	主编 戴慧芬 副主编 吕光荣		马逢昇 吴家骏	5	4	云南省昆明市白塔路云南中医学院	
陕西中医	1980.2	月	8	11,500	187	李经纶	米伯让	42		黄洁		7	6	陕西省西安市西华路1号	2766转2788
陕西中医学院学报	1978	季		5,000		张学文	孙继芬	22		李天德	王友和	4	3	陕西省咸阳市陕西中医学院内	2766转2788

名称	创刊年月	出刊周期	字数（万字）	发行数（册）		编委会			主编或副主编	编辑部				地址	电话
				国内	国外	主任	副主任	委员人数（人）		主任	副主任	职工数（人）	其中编辑数（人）		
陕西中医函授	1981.9	双月	10	20,000		张学文	孙继芬 白武刚	25		王景洪			4	陕西省咸阳市陕西中医学院内	2766转2788
新疆中医药	1981.1	季	10			张绚邦	赵昆 刘昌寿 阿不里米提 玉素甫	30	张万杰	张万杰		3	2	新疆维吾尔族自治区乌鲁木齐市龙泉街66号	25422

索 引

A

B

E

F

J

K

L

M

N

O

P

Q

R

S

T

W

X

Y

Z

主题词字头拼音顺序表

A

ái ài ān
癌 艾 安

B

bā bá bái bǎi bài bān bǎn bàn bǎo
八 拔 白 百 败 斑 板 半 保

bào běi běn bēn bèng bí bì biǎn biǎn
暴 北 本 贲 崩 鼻 蓖 扁 砭

biàn biàn bìng bǔ bǔ bù bù
便 变 病 卟 补 不 布

C

cāng cáo cè chái chán chǎn cháng cháng
苍 曹 侧 柴 蟾 产 长 肠

chén chén chéng chì chōng chóng chóng
沉 陈 成 赤 冲 虫 崇

chū chú chuān chuān chún cǐ cōng cuò
出 除 川 穿 唇 此 葱 痤

D

dá dà dài dài dān dǎn dàn dāng dǎo
达 大 带 袋 丹 胆 淡 当 导

dī dí dǐ dì diān diān diǎn diàn diē
滴 涤 骶 地 癫 滇 点 电 跌

dié dīng dìng dōng dú dú duō
蝶 丁 定 冬 毒 独 多

E

é é ě ér ěr èr
鹅 额 恶 儿 耳 二

F

fā fán fán fāng fáng fēi féi fèi fèi
发 矾 烦 方 防 非 肥 肺 费

fēng fèng fú fú fù fù fù fù
风 凤 扶 浮 复 腹 附 妇

G

gān gān gǎn gāng gāo gé gé gèng
甘 肝 感 肛 高 膈 葛 更

gōng gōng gōu gǔ gǔ gù gù guā
肱 宫 钩 骨 股 固 顾 瓜

guān guǎng guī guì guó guò
冠 广 归 桂 国 过

H

hǎi hán hán hàn hàn hé hé hé hēi
海 韩 寒 汗 汉 何 合 河 黑

hóng hóu hū hú hǔ hù huà huà huán
红 喉 呼 胡 虎 护 桦 化 环

huáng huáng huí huó huǒ huò
黄 皇 回 活 火 藿

J

jī jí jì jiā jiǎ jiān jiǎn jiàn jiāng
激 脊 济 嘉 甲 肩 睑 健 江

jiàng jiāo jiāo jiǎo jiǎo jiǎo jiē jié jié
降 胶 焦 角 矫 脚 接 截 结

jiě jiè jīn jìn jīng jīng jīng jǐng
解 芥 金 近 惊 精 经 颈

jìng jiǔ jiǔ jiù jú jūn
静 灸 九 救 菊 菌

K

kāi kāng kàng kǎo kē kē ké kè kǒu
开 康 抗 考 疴 科 咳 课 口

kǔ kuān kuān kuì kūn
苦 宽 髋 溃 昆

L

lán láng láng lǎo léi lē lèi lèi lǐ
阑 狼 郎 老 雷 肋 类 泪 理

lǐ lì lì lì lì lián liáng líng liú
李 历 利 痢 傈 臁 凉 灵 刘

liú liù lóng lóng lú lú lù lù luò
流 六 龙 癃 卢 颅 鹿 陆 落

M

má mǎ mǎ mài mài máo měng méng
麻 马 蚂 麦 脉 毛 蒙 礞

mì miàn miào míng mó mù mù mù
泌 面 缪 明 膜 木 目 穆

N

nán nǎo nèi niào níng nǚ nuǎn
南 脑 内 尿 宁 女 暖

O

ōu ǒu
欧 呕

P

pà pái pēi pèi pén pí pín píng
帕 排 胚 配 盆 脾 贫 平

pò pǔ
破 蒲

Q

qī qì qì qián qián qiāng qiáng qiáo
杞 气 契 荨 前 羌 强 桥

qīng qīng qiū qū qǔ qù quán quē
青 清 秋 祛 取 去 全 缺

R

rè rén rì róng rú rǔ ruǎn
热 人 日 溶 儒 乳 软

S

sāi sān shàn shāng shàng shāo sháo
腮 三 山 伤 上 烧 芍

shǎo shào shé shé shè shēn shēn shén
少 邵 舌 蛇 射 参 深 神

shèn shēng shēng shēng shèng shī shī
肾 生 升 声 胜 失 施

shī shí shí shí shǐ shì shǒu shòu shū
蓍 十 石 食 史 视 手 寿 舒

shū shū shú shǔ shuāng shuǐ sì sōng
疏 输 熟 鼠 双 水 四 松

sòng sū sù suān sǔn suō suǒ
宋 苏 肃 酸 损 缩 锁

T

tāi tài tài tān tán tàn tāng táng
胎 泰 太 瘫 痰 炭 汤 唐

táng táo táo téng tí tǐ tiān tiáo tiě
糖 桃 陶 藤 提 体 天 调 铁

tíng tíng tōng tōng tòng tóu tuī tuì
葶 聤 彤 通 痛 头 推 退

tuō
脱

W

wài wán wán wáng wǎng wēi wěi wèi
外 顽 完 王 网 威 痿 胃

wèi wēn wū wú wǔ wǔ
魏 温 乌 吴 五 武

X

xī xī xī xī xī xí xì xià xiān
西 息 膝 犀 锡 席 细 夏 先

xiān xiāng xiāo xiāo xiāo xiāo xiǎo
仙 香 肖 消 逍 硝 小

xiào xié xiè xiè xīn xīn xíng xiōng
哮 斜 泄 泻 心 新 行 胸

xiōng xióng xióng xū xuān xuán xuán
芎 雄 熊 虚 宣 玄 旋

xuàn xuē xuè xuè
眩 薛 穴 血

Y

yá yān yān yán yǎn yáng yáng yáng
牙 咽 烟 研 眼 杨 羊 阳

yǎng yāo yào yě yè yè yī yí yǐ
养 腰 药 野 叶 夜 医 遗 乙

yì yì yì yì yì yīn yīn yín yǐn
抑 易 疫 益 溢 茵 阴 银 引

yìng yū yú yú yú yù yuán yuǎn yuè
硬 瘀 于 余 鱼 玉 芫 远 月

yún
云

Z

zàng zǎo zé zēng zēng zhà zhāng zhào
藏 早 泽 增 曾 痄 张 赵

zhēn zhēn zhēn zhèn zhèng zhī zhī zhī
珍 真 针 镇 证 支 栀 知

zhǐ zhǐ zhì zhì zhì zhì zhōng zhǒng
止 枳 至 蛭 炙 治 中 肿

zhòng zhòng zhōu zhū zhú zhù zhù zhù
重 仲 周 珠 逐 助 祝 驻

zhuǎn zhuī zī zī zǐ zǐ zú zǔ zuò
转 追 资 滋 紫 子 足 阻 坐

主题词字头笔划顺序表